U0856213

北汽福田车辆股份有限公司

BEIQI FUTIAN VEHICLE CO., LTD.

造福亿万百姓

北京牌京霸系列 BJ1605 四轮农用运输车

BJ1028 北京小卡福田汽车

福田公司事业部之一：诸城车辆厂一隅

公司地址（北京）：北京市东环中路 32 号
邮　　码：100020
电　　话：(010) 65921776
传　　真：(010) 65921776

公司地址（山东）：诸城市密州路西首
邮　　码：262200
电　　话：(0536) 6212964
传　　真：(0536) 6211028　电挂：6292

中国机械工业年鉴

1998

中国机械工业年鉴编辑委员会　编

机械工业出版社

图书在版编目（CIP）数据

中国机械工业年鉴/中国机械工业年鉴编辑委员会编．-北京：机械工业出版社，1998
ISBN 7-111-06311-2

Ⅰ．中…　Ⅱ．中…Ⅲ．①机械工业-重工业经济-中国-年鉴 Ⅳ．F426．4-54

中国版本图书馆 CIP 数据核字（98）第 34143 号
广告经营许可证：京工商广临字 98088 号

出 版 人：马九荣（北京市百万庄大街 22 号　邮政编码 100037）
北京林业大学印刷厂印刷・新华书店北京发行所发行
1998 年 11 月第 1 版・1998 年 11 月第 1 次印刷
787mm×1 092mm 1/16・46 印张・26 插页・1716 千字
0 001—4 000 册
国内定价：158.00 元

致全国机械工业工作会议的信

同志们：

在新的一年即将来临的时候，机械工业召开工作会议深入学习和贯彻落实党的十五大和中央经济工作会议精神，非常及时、非常重要。我代表国务院对会议的召开表示热烈祝贺！同时，借此机会向与会代表，并通过你们向辛勤工作在机械工业战线上的全体干部职工及家属致以新年的慰问！

机械工业是国民经济的装备工业，也是国民经济新的经济增长点，在实现“两个根本性转变”中肩负着光荣的使命，任务艰巨、责任重大。党中央和国务院历来对机械工业十分关心、十分重视，并寄予厚望。根据党的十五大和中央经济工作会议精神，机械工业结合自身的实际情况，提出以提高国内外市场竞争力作为发展的根本任务，坚定不移、坚持不懈地打好“三大战役”；以全面深化改革作为发展的根本动力，大胆探索符合“三个有利于”标准的改革新路，努力使生产关系适应生产力发展的需要；以“两手抓，两手都要硬”作为发展的根本保证，着力塑造“四个形象”，确保两个文明相互促进、共同发展。这个工作思路很好，完全符合中央精神，希望大家认真贯彻落实好。

当前，机械工业面临的形势正在发生巨大的变化。在新的机遇和挑战面前，希望全国机械行业高举邓小平理论的伟大旗帜，以党的十五大精神为指引，按照这次工作会议的部署，在新的一年里，把各项工作做得更加扎实，更富有成效。希望机械工业管理部门进一步加强和改善行业管理，积极探索行业管理的新途径，切实履行好管理全行业的责任。希望广大职工积极投身到振兴机械工业的火热实践中去，为使机械、汽车工业尽快成为国民经济的支柱产业作出新贡献。

最后，预祝会议圆满成功！

朱镕基

一九九七年十二月二十三日

中国机械工业年鉴编辑委员会

名誉主任委员

邹家华

主 任 委 员

邵奇惠　国家机械工业局局长

顾　　问

何光远　全国政协常委

陆燕荪　全国人大财经委员会委员

副主任委员

薛德林　国家机械工业局副局长

马九荣　机械工业部科技信息研究院院长

编 辑 委 员（以下按姓氏笔画排列）

于清笈　国家机械工业局办公室副主任

马敏修　国家有色金属工业局行业管理司副司长

马雄鸣　中国科学院应用研究与发展局

万肇初　公安部消防局总工程师

戈　成　中国福马林业机械集团有限公司总经理

王天锡　建设部综合财务司副司长

王文斌　国家机械工业局企事业改革司司长

王廷俊　中国石化物资装备公司副经理

王佩文　国家电力公司电力机械局局长

王炳南　国家机械工业局办公室主任

史习盐　中国石油物资装备总公司副总经理

卢　环　中国地质装备总公司总经理

冯丽珍　水利部机械局副局长

孙元勋　国家机械工业局人事司司长

朱　岩　中国航天工业总公司经济研究中心副主任

刘传筑　农业部农垦局副局长

孙腾良　石油和化学工业局中国化工装备总公司总经理

杜文华　中国机械进出口（集团）有限公司总裁办公室主任

李兴植　教育部条件装备司副司长

李启明　国家统计局工业交通统计司司长

李彦武　交通部公路管理司副司长

邱慧辉　中国船舶工业总公司综合计划局局长

杨　桦　国家机械工业局规划发展司司长

严　龙　国家轻工业局中国轻工机械总公司总经理

柳仁德　中国纺织机械器材工业协会副理事长

周建平　国家机械工业局行业管理司司长

赵和平　中国地震局规划财务司司长

顾仲潮　中国航空工业总公司办公厅主任

秦　刚　中国铁路机车车辆工业总公司副总经理

邱建钢　中国核工业总公司计划与经营开发局副局长

黄英达　国家科学技术部国家科学技术奖励工作办公室主任

傅兰生　机械工业部科技信息研究院总工程师

廉级三　中国建材技术装备总公司总经理

蔡惟慈　国家机械工业局总工程师

潘广成　国家药品监督管理局政策法规司司长

薛际贵　国家煤炭工业局中国煤矿工程机械装备集团公司副总经理

《中国机械工业年鉴》特约顾问

中国第二重型机械集团公司总经理	姚正耀
中国第一汽车集团公司总经理	黄金河
中国重型汽车集团公司总经理	徐仁根
北京汽车工业集团总公司总经理	马守平
天津汽车工业（集团）有限公司董事长	纪学澂
上海汽车工业（集团）总公司总裁	陈祥麟
跃进汽车集团公司总经理	黄小平
长安汽车有限责任公司总经理	江从寿
广州摩托集团公司总经理	杨大冬
上海电气（集团）总公司董事长	夏毓灼
东北输变电设备集团公司总裁	左长林
广州南洋电器企业集团有限公司董事长	赵　群
中国一拖集团有限公司总经理	方　刚
北汽福田车辆股份有限公司总经理	王金玉
华源凯马机械股份有限公司董事长	周玉成
绵阳新华内燃机股份有限公司董事长	黎建功
中国机械设备进出口总公司总经理	吴晓华
中国机械对外经济技术合作总公司总裁	王永安
中国工程与农业机械进出口总公司总经理	姜承勋
中国机床总公司总裁	权义鲁
中国通用石化机械工程总公司总经理	李昌礼
中国机械工业安装总公司总经理	任怀栓
北京开关厂厂长	黄国诚
石家庄金刚内燃机零部件集团有限公司董事长	商树荣
天同集团有限公司董事长	谷全诚
保定天威集团有限公司董事长	阎世博
瓦房店轴承集团有限责任公司公司领导	王路顺
江苏双良集团公司董事长	缪双大
杭州前进齿轮箱集团有限公司总经理	王兆勤
华立集团有限公司董事长	汪力成
万向钱潮股份有限公司总经理	周建群
正泰集团董事长	南存辉
浙江亚太机电集团公司总经理	黄来兴
吴泰集团有限公司董事长	吴　敏
温州海米特集团董事长	章　义
开封机械厂厂长	杨尚礼
长沙通大（集团）有限公司董事长、总经理	吴京生
浦沅集团公司总经理	高　桐
广东世联实业(集团)公司董事长、兼总经理	林家春
广东新力集团公司总经理	傅嘉驹
柳州工程机械(集团)有限公司董事长	张　沛

《中国机械工业年鉴》编辑出版工作人员

总　编　辑　傅兰生
副总编辑　杜焕生　张友鹤
编辑部副主任　王福俭
责任编辑　王　如　王亚水　白　萍　申建丽
封面设计　姚　毅
广告设计　姚　毅
出版负责人　张友鹤（兼）　申建丽
发行负责人　王　如
广告负责人　白　萍　王亚水
责任校对　申建丽
责任印制　王书来
编辑部地址　北京市西城区阜外百万庄路 22 号
邮　　码　100037
电　　话　(010)68326039,68326677—2608、2609

《中国机械工业年鉴》各部门特约编辑（机构改革前）

部门	编辑	部门	编辑
国家教委	俞伟跃	经济信息中心	于海燕
国家科学技术奖励工作办公室	张　松	包装食品办公室	许占林
公安部	尹铁林	冶金工业部	西德源
地质矿产部	冯　琳	化学工业部	马俊青
建设部	宋昌松	铁道部	郑昌泓
电力工业部	张海青	交通部	王瑞军
煤炭工业部	张天力	水利部	王　鹏
机械工业部		农业部	马孟发、李国志
办公厅	王立佳	林业部	戴芳芳
政策法规体改司	郑竞贤	国内贸易部	林　西
	田淑坤	中国机械进出口总公司	王玉龙
	李海燕	国家统计局	方　健
行业发展司	常映礼	中国轻工总会	吴基华
科技与质量监督司	佟力芹		刘德山
	李建林	中国纺织总会	龚明德
	徐仕敏	中国科学院	刘　昱
经济调节与国有资产监督司	王子民	国家技术监督局	戴　莹
	陈洪喜	国家建筑材料工业局	张　奇
生产与信息统计司	班如萍	国家医药管理局	汪彦斌
国际合作司	刘建玲	国家地震局	武守春
教育司	杨黎明	中国航空工业总公司	苏醒社
军工司	宫建辉	中国航天工业总公司	卢晓萍
汽车工业司	姜　英	中国船舶工业总公司	郭莲英
农业装备司	马文焕	中国石油化工总公司	袁　艺
重大装备司	韩英俊	中国石油天然气总公司	刘津生
	陈英汉	中国核工业总公司	杨宝龙
	温顺如	中国有色金属工业总公司	张贵斌
机械基础装备司	李冬茹	中国机械冶金工会	李　烨
	孙振滨	中国机电产品进出口商会	王中奇
	唐　禹	中国机电日报社	卜基桥

《中国机械工业年鉴》各地区特约编辑

《中国机械工业年鉴》特约顾问单位特约编辑

编辑说明

一、《中国机械电子工业年鉴》从1984年创刊，连续出版了三期。1987年根据原国家经委批示，分为《中国机械工业年鉴》和《中国电子工业年鉴》出版。1988年国家机构改革，组建了机械电子工业部，1989年重又出版《中国机械电子工业年鉴》，分为“机械卷”和“电子卷”。1993年，成立了机械工业部，又开始出版《中国机械工业年鉴》，该年鉴由机械工业部主办，国务院所属有关部门及省、自治区、直辖市参加编写。

二、本年鉴是记述我国机械工业状况的权威性、信息性、资料性、史册性大型年刊。1998年刊主要反映1997年我国机械工业及其各行业、各地区的发展情况和所取得的成绩，全面地、系统地提供机械工业的经济技术资料和统计数据。

三、本年鉴收集资料的范围是全国性的。参加1997年刊撰稿的部门有国家教委、机械工业部、电力工业部、煤炭工业部、农业部、建设部、铁道部、国内贸易部、国家统计局、海关总署、中国机械进出口总公司、中国船舶工业总公司、中国石油化工总公司、中国航空工业总公司、中国轻工总会等30个部、局、总公司、总会，还有32个省、自治区、直辖市和4个计划单列市的机械工业厅、局或集团控股公司，39个特约顾问单位(机械企业集团、直属公司)，共计105个单位。

四、本年鉴分为十个栏目。特载刊登：吴邦国副总理“致全国机械工业工作会议的信”，机械工业部包叙定部长在全国机械工业工作会议上的讲话，邵奇惠常务副部长在全国机械工业工作会议上的总结摘要。1997年“三大战役”工作进展情况，1997年机械工业部系统大中型企业工业经济效益综合指数指标排序。

五、本年鉴参照国家统计局、国家标准局的国民经济行业分类方法编排，兼顾当前管理体制的现状，划分为80多个行业，并按部门分别叙述。1998年刊编辑体例与以前基本相同。

六、本年鉴各部门所列数字，因来源和统计口径不同而不尽一致，全面的数字均以国家统计局提供的“机械工业全国统计资料”为准。各项全国统计数字均不含台湾省。

七、查阅本年鉴，可从广告前面的目录中见到各部分栏目序号、标题、页码，再从下书眉中查到相应的栏目、序号、页码，即可读到所需内容。

八、由于时间仓促，水平有限，难免出现错误及疏漏，敬请各界读者批评指正。

中国第一汽车集团公司

地址：长春市绿园区东风大街83号
邮码：130011
电话：(0431)5902674
传真：(0431)5909944

中国第一汽车集团董事长
中国第一汽车集团公司总经理 耿昭杰

CA7220红旗轿车

新捷达王轿车

一汽新产品——9吨载货车

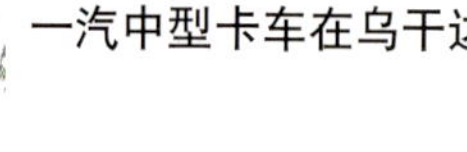

一汽中型卡车在乌干达

一汽轻型卡车在阿联酋

上海汽车工业(集团)总公司

地址：上海市武康路 390 号
邮码：200031
电话：(021)64336892
电传：222481
传真：(021)64330518

集团总裁(法人代表)：陈祥麟

桑塔纳 2000 型轿车装配线

上海大众技术中心扩建工程奠基仪式

“上海通用”正式成立

联合汽车电子公司建成投产

“上海汽车”鸣锣驶入证券市场

出口拖拉机整装待发

跃进汽车集团公司

NJ1030 双排座汽车

地址：南京市中央路 331 号
邮码：210037
电话：(025)3437788
传真：(025)3433526
电挂：5956

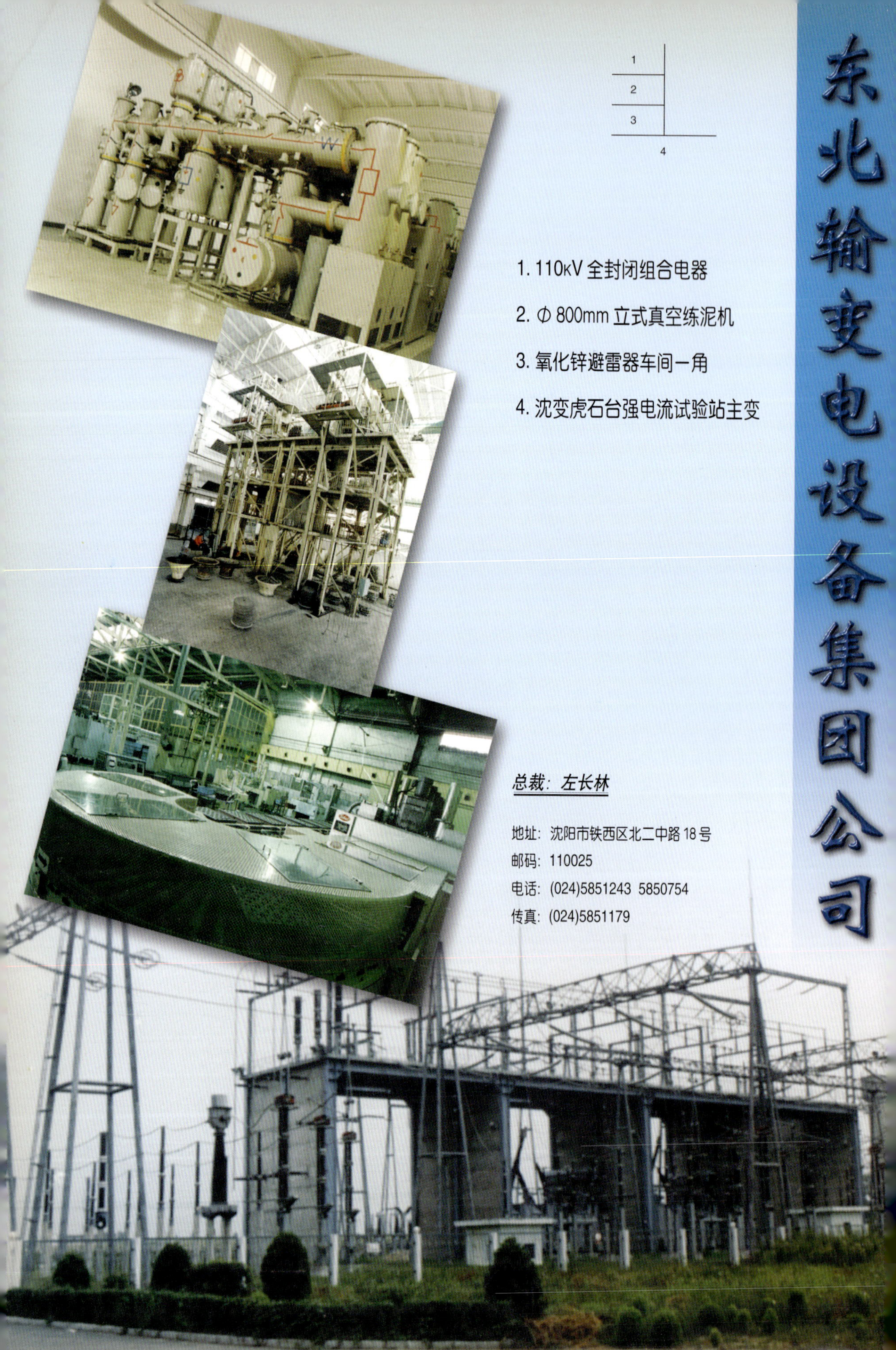

东北输变电设备集团公司
1
2
3
4
1. 110kV 全封闭组合电器
2. Φ 800mm 立式真空练泥机
3. 氧化锌避雷器车间一角
4. 沈变虎石台强电流试验站主变
总裁：左长林
地址：沈阳市铁西区北二中路 18 号
邮码：110025
电话：(024)5851243 5850754
传真：(024)5851179

广州南洋电器企业集团有限公司

董事长：赵　群　总经理：黎业升

地址：广州市黄华路43号

邮码：510050

电话：(020)83830229

传真：(020)83828485

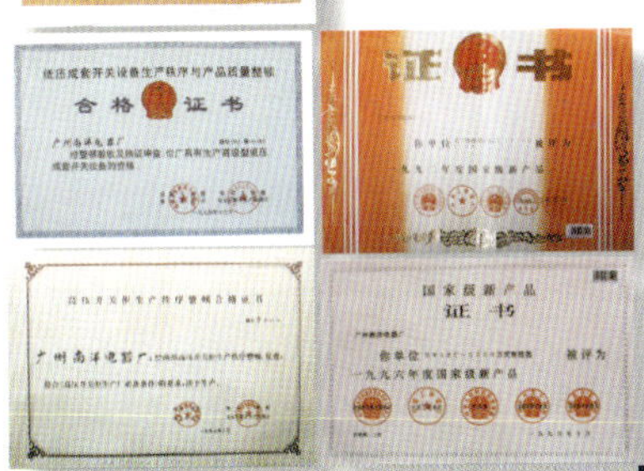

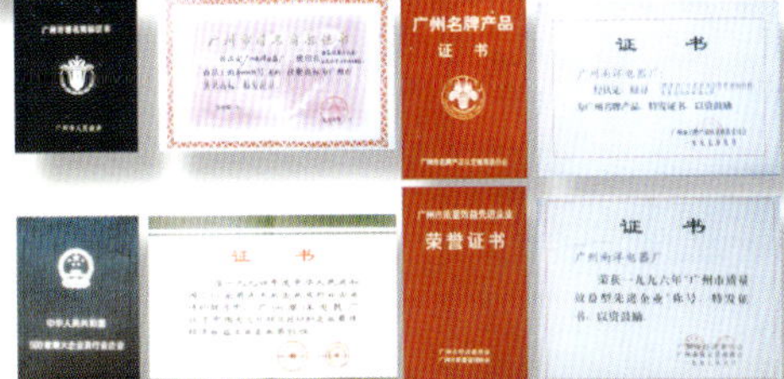

NANYANG
ELECTRIC
®

DW18–Z 万能式低压断路器

ZN18–10(VK–10)型
真空断路器

DW18(AE–S)万能断路器

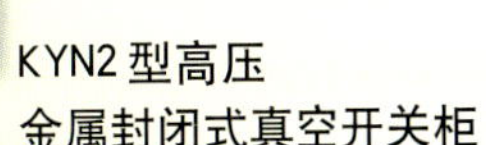

KYN2 型高压
金属封闭式真空开关柜

GCL–B 型低压抽出式开关柜

上海电气(集团)总公司

董事长：夏毓灼

CHAIRMAN OF THE BOARD：Xia Yuzhuo

总　裁：周飞达

PRESIDENT：Zhou Feida

绵阳新华内燃机企业集团

法人代表：黎建功

“剑门”牌JM491Q(4Y)型汽油机占有国内同类型产品70%以上市场份额

公司大力推进技术创新，新产品产值占总产值的60%

“剑门”牌ZH1110型柴油机自1996年正式投产以来，连续两年保持西南地区产销量第一

四川省'97购物首选品牌

推荐证书

绵阳新华内燃机企业集团公司：

根据对市场进行分类抽样调查的结果，并经“四川省推进名牌战略联合大行动领导小组”按知名度、质量水平及用户满意率等指标进行综合审定，兹将你公司生产的剑门牌S195型柴油机、1100型柴油机、ZH1110型柴油机、491Q型汽油机以“四川省'97购物首选品牌”向社会郑重推荐。

“四川省推进名牌战略联合大行动领导小组”成员单位

一九九七年十二月

以工作质量保证产品质量，公司“内抓管理，外塑形象”初战告捷

计算机辅助设计(CAD)系统为图档管理规范化、新工艺新技术的及时应用起到了有力的推动作用

地址：四川省绵阳市绵兴路中段114号
邮码：621000
电话：(0816)2362752
传真：(0816)2364007

----- 华源凯马机械

凯马机械股份有限公司是中国最大的农用机械生产商之一。公司注册于中国21世纪的经济、贸易及金融中心——上海浦东新区，牢固地占据着业内的领导地位。

公司注册资本：人民币64 000万元
总股本：64 000万股
其中24 000万股是境内上市外资股（B股）
上市首日：1998年6月24日
上市地：上海证券交易所

Worldbest Kama Machinery Co., Ltd.("Worldbest kama") is one of China's largest agricultural machinery producers. Registered in Shanghai Pudong Development Zone, China's 21st century financial and commercial center, Worldbest Kama stands firmly at the forefront of the industry.

Registered capitai: 640 million yuan RMB
Total capital stock: 640 million shares
(including B-share: 240 million shares)
The first day of appearing on the market: June 24th, 1998
The place of appearing on market: Shanghai Stock Exchange Building

董事长：周玉成

股份有限公司----

华源凯马机械股份有限公司于1998年6月由著名的中国华源集团有限公司等十一家单位共同发起、经优化重组后成立。

华源凯马机械具有国内独一无二的从关键主机——单缸柴油机、小缸径多缸柴油发动机到最终产品——拖拉机、农用运输车纵向一体化组合的“大农机”产业结构，汇聚品质领先、六大类二百余种系列农机产品。

总经理：陆鸣人

Worldbest Kama Machinery Co., Ltd. was set up in June, 1998 by the renowned China Worldbest Group Co., Ltd.(CWGC) and 10 other affiliated enterprises following a strategic re-structuring and rationalization.

The company designs and manufactures and impressine range of vertically-integrated product lines which are unique in China, from major parts such as single-cylinder diesel engines and small bore multi-cylinder diesel engines, to end-use products such as tractors and agricultural transport vehicles(ATVs), collecting six categories, a series of over two hundred kinds, high quality agricultural machinery products.

华源凯马将以高质量的产品、强劲的科研技术实力、富有远见的管理以及一流的效益推动中国农业产业化、机械化的远大目标。

With top quality products, strong research and technology capabilities, avisionary management and cutting-edge efficiency, Worldbest Kama is ready to lead the way in the automation and modernization of China's agricultural industry.

地址：中国上海市中山北路1958号华源世界广场6楼
电话：86-21-62031188（内线6612） 86-21-62035587
传真：86-021-62030851
Add: 6th Floor, Huayuan World Plaza, No.1958, Zhong Shan Road North, P.R. China
Tel: 86-21-62031188(ext. 6612) 86-21-62035587
Fax: 86-021-62030851

中国机床总公司

China National Machinery Tool Corporation

总裁致词 Message of President

中国机床总公司成立于1979年，是中国机电行业第一家实行内外贸相结合，集技工贸于一身，具有甲级机电设备成套资格的国家级公司。公司主要负责组织全国机床工具行业开拓国内外两个市场，从事机床、工具等机电产品的进出口贸易和国内营销业务，开展生产技术合作，提供机械工程项目技术设备成套服务，是中国机床工具行业最大的进出口和技术设备成套专业公司。

十几年来，公司与世界上80多个国家和地区的客商建立了稳定的贸易联系，具有较广泛的国外用户和较强的组织国外技术、设备、资源的能力。进出口额逐年增长，自1991年以来，一直跻身于中国最大的500家外贸企业行列，在对外贸易中形成了“信息——技术——贸易——服务”的新格局。

公司与国内一批科研院所、重点骨干企业建立了多渠道、多方位、多层次的联合，形成了较强的技术组织、产品开发和成套服务能力。在汽车、机械、兵器、电子、航空航天等行业，共承接了200多个国家重点基本建设和技术改造成套项目，其中国家重点大型项目15个，组织供应设备超过50亿元人民币。公司以过硬的技术、周到的服务和大量的交钥匙工程得到了广大用户的一致好评。

在改革开放中，公司得到不断发展壮大，已成为在海内外拥有70多个直属、分支机构及300多个紧密联合企业的企业集团，实现了生产、贸易、仓储保税、房地产开发、劳务出口、电业、高速公路改性沥青等跨行业、跨领域经营。

中国机床总公司的发展壮大，是多年来广大客户支持的结果，对此我们表示衷心感谢。公司将一如既往，遵循“用户至上、信誉第一、真诚合作、共同发展”的经营方针，期望与更多的海内外朋友携手，共创辉煌的明天。

中国机床总公司总裁　权义鲁

Quan Yi Lu, the President of CNM

中国机床总公司新建的洲际大厦

CONTINETAL BUILDING NEWLY CONSTRUCTED BY CHINA NATIONAL MACHINE TOOL CORP.

中国机床总公司新建的洲际大厦位于北京市东城区安德路地兴居。***地势显赫*** 位于北二环与龙脉中轴线交汇处。***交通便利*** 数条市区主要交通要道环绕四周，距二环鼓楼站地铁出入口仅100m。***环境优美*** 北京中轴线上著名景点尽收眼底。 ***气势宏伟*** 大厦总面积66 000m^2，地下三层，地上十三层，南北长73m，是北京龙脉线上第一大厦。***装璜精美*** 银灰色金属外墙，高贵典雅，高级磨光花岗石地面，古朴大方。***停车便当*** 地上设停车位70个，地下二、三层设停车位230个。 ***设备先进*** 8部进口原装载客电梯；500门国际直拨及1 000门程控电话交换机；双路供电加UPS系统，中央空调及新风系统；手动报警系统及自动防盗报警系统；烟雾加温度自动报警，自动喷淋灭火系统；卫星接收系统，全频道闭路电视；综合布线系统。***功能合理*** 内设餐厅、夜总会、保龄馆、健身中心、快餐厅、航空售票处、商务中心、银行营业大厦。地上二至十三层均为高档写字间，面积可根据客户要求分割。***价格适宜*** 写字间起价期房2 400$/$m^2$，现房2 800$/m^2，银行、快餐厅、餐厅、娱乐用房价格协商。***竣工时间*** 1999年5月。

联 系 人：朱先生 孙先生

预售电话：84251565 84251566

传　　真：64209068

E-mail：cnmtczy @ txserver.cnm.co.cn

The NEW CONTINETAL BUILDING IS LOCATED AT DIXINGJU, ANDE ROAD, DONGCHENG DISTRICT, BEIJING.

SUPERIOR LOCATION–MEETING POINT OF THE NORTH SECTION OF THE INNER RING ROAD AND THE CITY AXIS. BACKBONE OF THE DRAGON.

EASY TRANSPORT ACCESSES–A NUMBER OF CITY ARTERIES RUNNING AROUND AND ONLY 100 m AWAY FROM GULOU SUBWAY STATION.

SPLENDID ENVIRONMENT–A BIRD'S EYE VIEW OF ALL THE WELL-KNOWN SCENIC SPOTS ON THE CITY AXIS.

IMPOSING BUILDING–A TOTAL SPACE OF 66,000 m^2, 3 STORIES UNDERGROUND AND 13 STORIES ABOVEGROUND. 73 M LONG N-3, NO.1 BUILDING ON THE BACKBONE OF THE DRAGON IN BEIJING.

PARKING LOT–70 PARKING BERTHS ABOVE GROUND AND 230 UNDERGROUND.

SOPHISTICATED INSTALLATIONS–8 IMPORTED PASSENGER ELEVATORS. 500 IDD TELEPHONES & 1,000 PC SWITCHBOARD EXTENTIONS, DUAL POWER SUPPLY PLUS UPS, CENTRAL AIR-CONDITIONING & FRESH AIR VENTILATION, MANUAL EMERGENCY-CALLING & AUTOMATIC SECURITY WARNING SYSTEMS, AUTOMATIC SMOKE & HUMIDITY WARNING SYSTEM, AUTOMATIC SPRAY THROWERS, SATELLITE TV RECEPTIONS, ALL CHANNEL CCTV SYSTEM, GENERAL WIRING SYSTEM.

MULTI-FUNCTIONS–BUILT-IN RESTAURANT, NIGHT CLUB BOWLING ROOM,GYM CENTER, CAFETERIA, AIR FLIGHT BOOKING OFFICE, COMMERCIAL CENTER. BANK COUNTER, OFFICE ROOMS/SUITES FROM THE 2ND FLOOR UP TO THE 13TH FLOOR. FLEXIBLE OFFICE SPACE AT THE USERS REQUEST.

REASONABLE PRICES–USD 2,400/m^2 AND UP FOR FUTURE OFFICE ROOMS, USD2,800/m^2 FOR OFFICE ROOMS READY-TO-MOVE-IN, BANK OFFICE, CAFETERIA, RESTAURANT AND SPACE FOR RECREATIONAL FACILITIES OPEN TO NEGOTIATION.

ESTIMATED TIME OF COMPLETION–IN MAY 1999.

CONTACTS: MR. ZHU/MR. SUN

TEL: 84251565 84251566

FAX: 64209068

公司总经理云庆华

北人集团公司始建于1952年，现已发展成中国最大的印刷机械制造厂，机械工业部重点骨干企业之一，国家大型一档企业，是集印刷机械科研、开发、生产、经营、进出口于一体，具有法人地位的经济实体。

北人集团公司占地面积60万m^2以上，主要生产设备1000多台(套)，职工5000多人，其中工程技术人员700余人，由12个分厂和15个分公司组成，总资产20亿元。主要生产单张纸和卷筒纸两大系列80多种规格的各式胶印机。注册商标为"北人牌"。产品遍布全国并出口到10多个国家和地区，产品销售额占国内同类产品的70%左右。1997年，J2108B对开单色平版印刷机、J2205对开双色平版印刷机、PZ4880-01B对开四色平版印刷机荣获机械工业部名牌产品称号。在国内同行业中初步形成了品种、质量、市场、规模、效益五大优势。

"八五"期间连续四年进入全国500家最佳经济效益企业行列，1995年被授予中国机械工业优秀企业，1996年被授予北京市双十佳企业称号。

北人集团公司新研制开发的BEIREN104型对开四色平版印刷机，最高印刷速度15000张/h

俯视北人集团公司总部

地址：北京市朝阳区广渠路南侧44号
邮码：100022
电话：(010)67737711
电传：222481
传真：(010)67711389
电挂：北京9321

董事长兼总裁：谷全诚
拖拉机生产线
汽车生产线
三轮车生产线
天同集团
TIANTONG
地址：石家庄市和平东路418号　邮码：050033
电话：(0311) 5051173 5082693　传真：(0311) 5054672

保定天威集团有限公司

保定天威集团有限公司是原河北省保定变压器厂作为国务院全国百家建立现代化企业制度试点，于1995年改制而成。企业始建于1958年，属国家大型一档企业，机械工业部定点生产超高压大容量变压器的骨干企业，企业规模居全国变压器行业第二位。公司属国家经贸委512家重点企业之一，河北省大型支柱性企业集团。现拥有四个全资子公司、四个控股子公司、四个分公司和一个事业单位，占地面积82万m^2，资产总额11.2亿元，员工5 800余名。经营产品以电力变压器、互感器、铝杆、电磁线、继电器、断路器、高压隔离开关等输变电产品为主，同时涉及商贸服务业。

公司1996年通过了机械工业质量认证中心的GB／T19000-ISO9001质量体系认证。公司主导产品电力变压器代表了我国超高压大型变压器技术性能和产品质量的先进水平，特别是500kV级变压器，至今仍保持着唯一的国产变压器无质量事故的殊荣。公司是国内变压器厂家唯一获得两个核电站认可的核电工业的合格供应商。

公司拥有自营进出口权。

张家口发电总厂（沙岭子）SFP-370000kVA／500kV主变压器

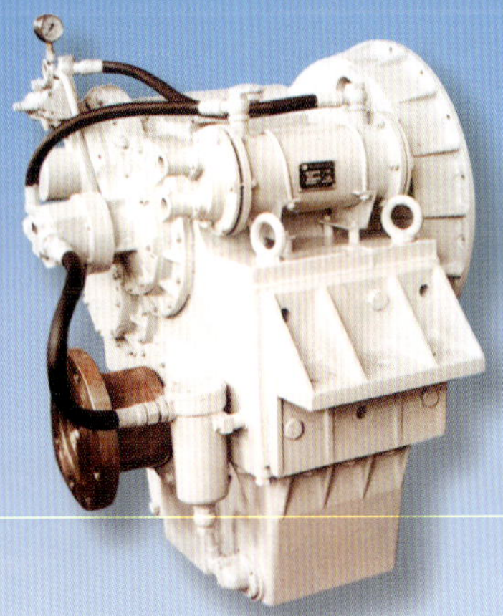

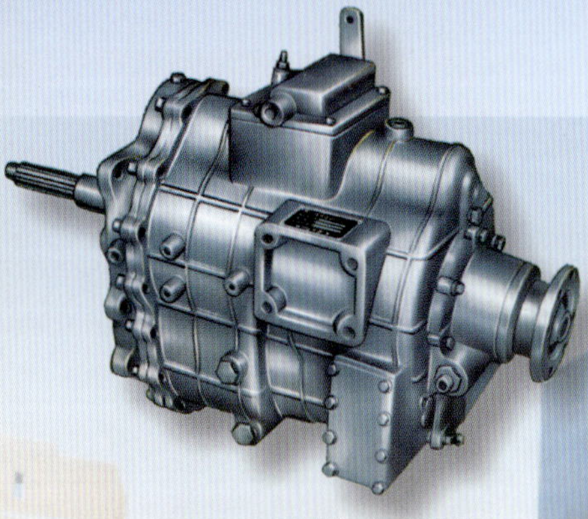

CHiNT
中国·正泰集团
法人代表：南 存 辉
地 址：浙江省温州市正泰工业园
邮 码：325604
电 话：(0577)2777777
传 真：(0577)2777888

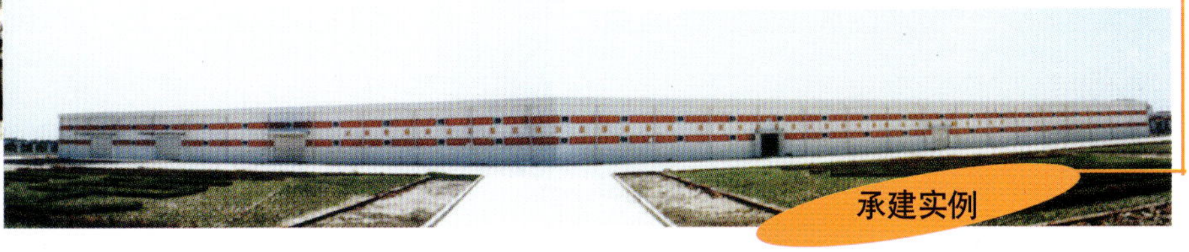

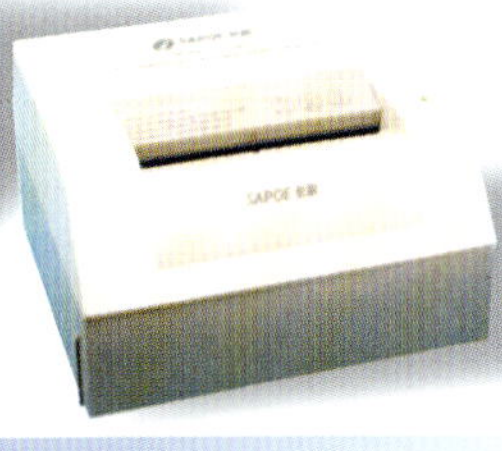

广东新力集团公司

地址：广东省顺德市大良凤山西路6号
邮码：528300
电话：(0765)2222883
传真：(0765)2228066
网址：www.sunny-group. com
E-mail: sunny@shunde.gd.cn

广东新力集团公司挂牌仪式

16 000kV · A 树脂绝缘干式变压器
是亚洲第一大的干式变压器产品

15 000kvar空心并联干式电抗器
是国内第一大的干式电抗器产品

CJ250M2-NC 数控全自动注塑机

柳州工程机械（集团）有限公司

WY20 挖掘机

斗 容 量：0.8m³
接地比压：42.1kPa
机　　重：19000kg
发动机功率：100kW

WY20履带式液压挖掘机是近年来公司借鉴国际上多种先进机型，独立研制开发的新产品，其主要部件全部采用国外著名厂家生产的产品，整机性能参数达到国内同类产品的先进水平，其主要性能参数达到国外90年代同类产品的先进水平。

额定斗容量：3m³
额定载重量：5000kg
机　　重：18000kg
发动机功率：154kW

ZL50D轮式装载机是公司近年来开发的新产品，吸收ZL50C的所有优点，独家采用美国CAT公司的全液压流量放大转向技术，使转向稳定可靠，传动部件采用世界著名的传动部件厂家德国ZF公司生产的变速箱和驱动桥，具有寿命长、可靠性高、免维护的优点，大大提高了整机水平，是当今国内轮式装载机高科技含量的产品。

ZL50D 轮式装载机

董事长：张　沛　总裁：王晓华
地址：广西柳州市柳太路1号
邮码：545007
电话：(0772)3838788
传真：(0772)3611147

定代表：陈根德

电广告公司（CACME）是一家
、综合型专业广告公司。
向全国机械、汽车、电子行业
单位和国内外各类工商企业，
告策划、市场调查、设计制作
、代理业务，组织国内外经济
览与交流。
办以来，积极承办、代理各类
告业务，多次举办全国性和国
型展览会和促销活动，为国内
家工商企业提供了各种方式的
务。经营能力、经营手段和综
不断增强，已跻身于全国50家
力的广告公司之列。
有精通业务、经验丰富的广
术、经济管理和工程技术等各
人员、建立起规范、科学、高
营管理机制、注重优化系统功
挥群体智慧和创造力。能够为
供系统化、全方位、多层面的
销服务。
体员工遵奉"团结、创新、开
实"的敬业精神，恪守公司利
户利益、社会利益三位一体的
旨，竭诚为机电企业及各界客
完美、高效的服务，不断追求
事业发展的更新、更高的境

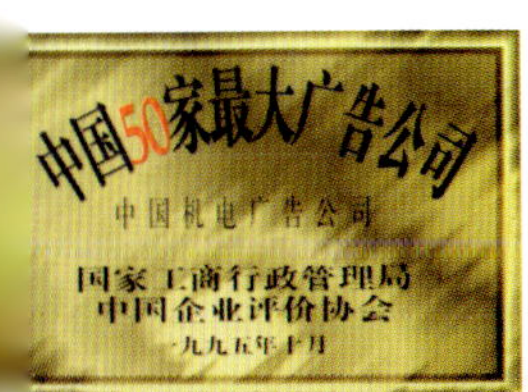

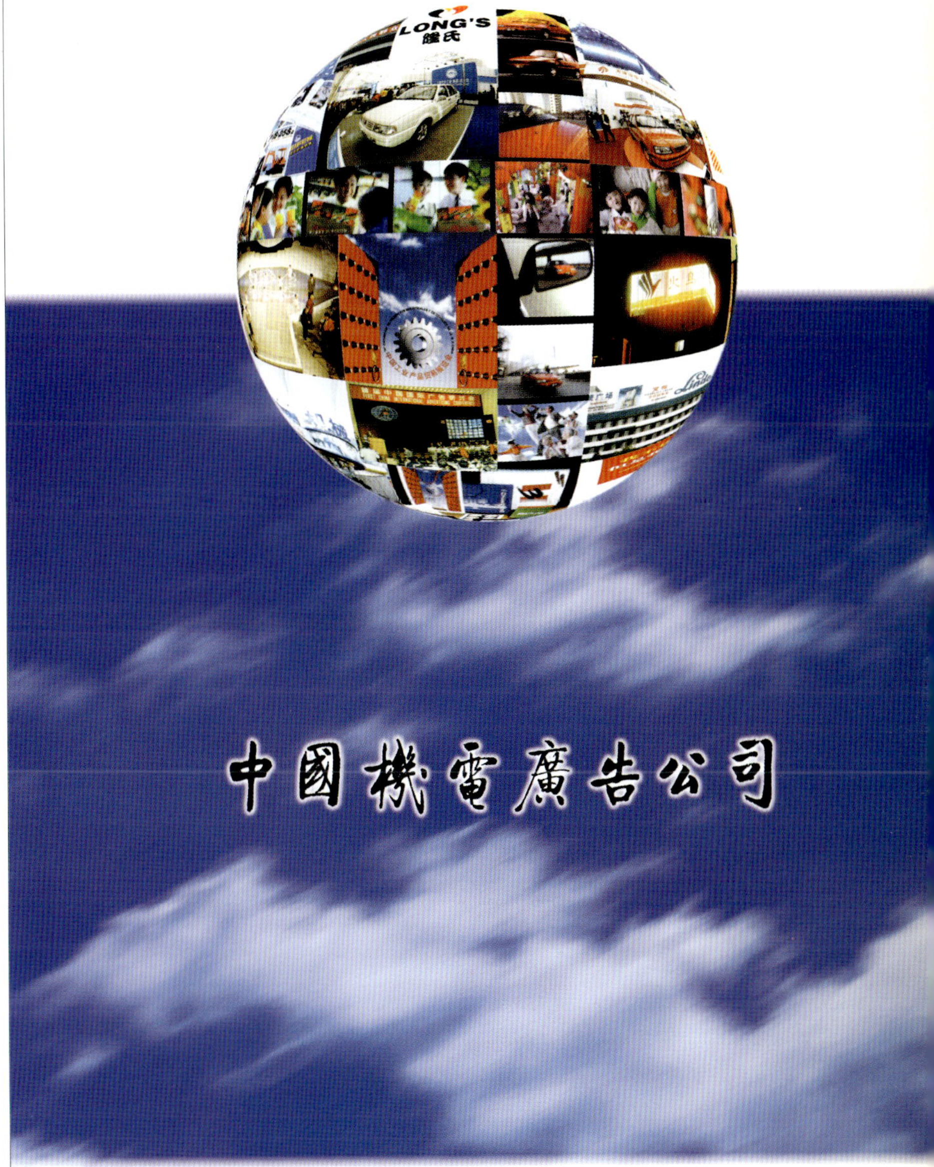

中國機電廣告公司

公司地址：北京市西城区百万庄大街二十二号
电话：010-68326282 传真：010-68326295
邮政编码：100037

国家机械工业局主办

国务院 30 多个部委、公司、局参加编写

CMIY

《中国机械工业年鉴》

每年一期／内容新颖／连年订阅／必有收获

电工分册

齿轮分册

……

98

《中国机械工业年鉴》于1984年创刊，十几年来，为年鉴撰写稿件和题词的有江泽民、李鹏、朱镕基、李岚清等党和国家领导人及各部、省级领导。

《中国机械工业年鉴》逐年记载上一年机械工业的经济技术状况，以大量的统计数据、翔实的资料反映了全国各地、各行业的生产发展、市场销售、科技进步、产品开发、对外合作、产品质量等各方面的情况，是一本集权威性、信息性、资料性、史册性于一体的大型工具书和实用型数据库。

《中国机械工业年鉴》1995年获机械工业部科技进步二等奖，1996年获首届中央级年鉴评比一等奖。

1998年同时推出《中国机械工业年鉴》及《中国机械工业年鉴电工分册》，今后将逐步开拓齿轮、磨料磨具等行业分册，竭诚为机械工业各行业提供权威的文献信息。

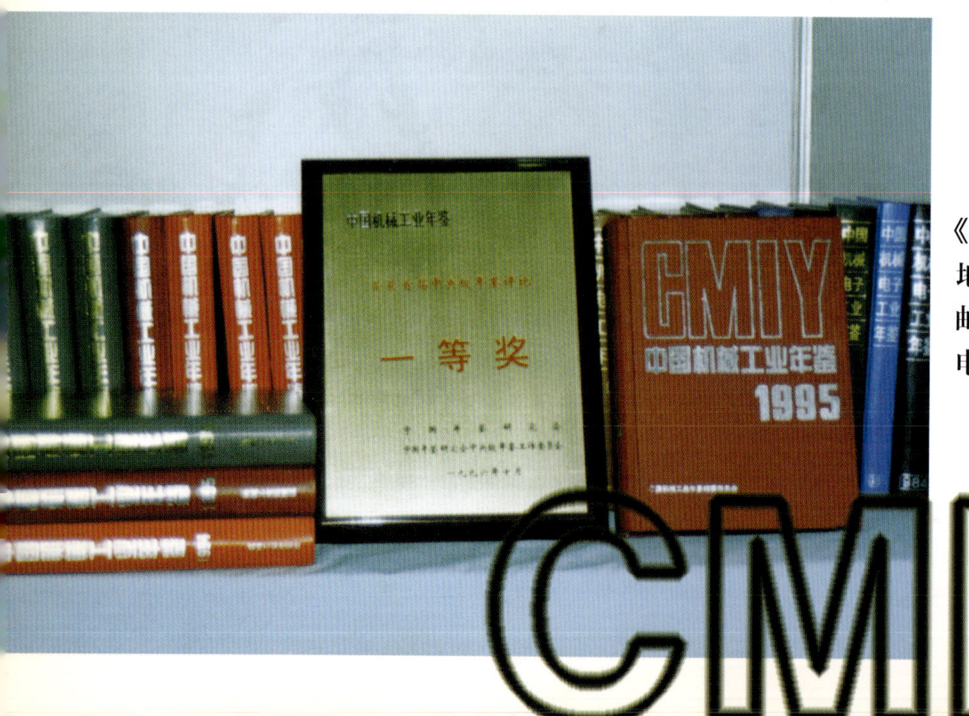

《中国机械工业年鉴》编

地址：北京市百万庄路 2

邮码：100037

电话：(010) 68326039

68326677-2608、2

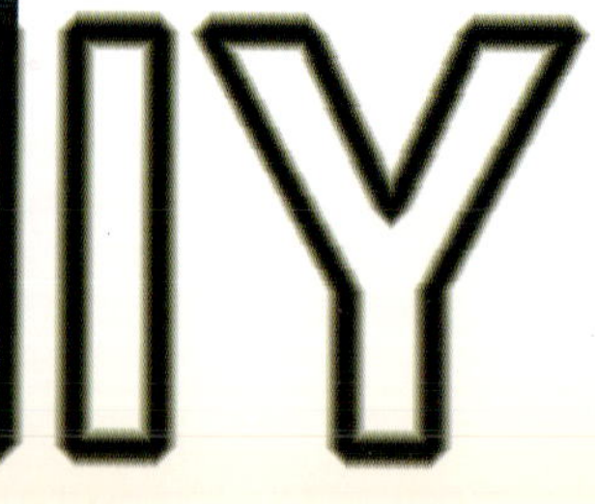

目　录

特　载

第Ⅰ部分　机械工业发展情况

第Ⅱ部分　机械工业地区发展情况

第Ⅲ部分 机械工业行业概况

第Ⅳ部分　机械工业发明及优秀科研成果

第Ⅴ部分　机械工业产品和技术进出口

第Ⅵ部分　机械工业全国统计资料

第Ⅶ部分 1997 年机械工业大事记

第Ⅷ部分 机械工业企业介绍

附 录

广 告

特载

深入贯彻十五大精神
努力实现行业振兴工作的新突破（摘要）

——1997年12月23日在全国机械工业工作会议上的讲话

包叙定

同志们：

我们这次会议是在全国认真贯彻党的十五精神的新形势下召开的。我们这次会议的任务，就是要通过深入学习、贯彻十五大和中央经济工作会议精神，解放思想、转变观念，完善行业的工作思路。在此基础上，研究、部署下一阶段全面深化改革、打好“三大战役”、塑造“四个形象”等重点工作，动员全行业职工同心同德、艰苦奋斗，在十五大精神指引下，努力实现振兴工作的新突破。

1997年行业工作取得了一定的进展。经济运行在困难依然较大的情况下，继续保持了发展的势头：预计部系统全年完成工业总产值4 900亿元、销售收入4 600亿元、工业增加值1 230亿元，分别比上年增长10%、5%和6%，实现利税将比上年略有增加；预计机电产品出口可超额完成550亿美元的计划目标。“三大战役”不断深入：创出名牌产品58个、明星企业17家；发表“质量保证承诺声明”的企业达到1180家，45家发电设备主辅机企业“声明”的内容有了深化，机床行业建立了践诺机制；涌现出76个无废品优秀班组。通过兼并联合，“巨人”备选企业较快成长，8家企业销售收入已经达到“巨人”企业的要求；山东活塞、一汽散热器等企业进一步向“小巨人”方向发展，新联、许继等一批企业内部结构转型迈出了较大的步伐。企业技术中心建设正在积极推进，国家级技术中心已达49家，其中一拖、一汽、四联等企业完成了一期建设；新产品开发速度明显加快，预计全年部系统开发部级新产品700项以上；CAD应用支撑系统建设取得阶段性成果。部洛阳会议提出塑造“四个形象”后，全行业逐步达成共识，具体工作正在起步。

下面，根据会议的任务我讲四个方面的问题。

一、解放思想、把握“行情”，完善工作思路

我们机械行业认真贯彻落实十五大精神，需要有一个基本的思路，以统一思想、总揽全局，指导好全行业各方面的工作。

当前机械工业面临的形势已发生深刻的变化。我国经济体制的转变，迅速推动着企业进入市场经营；世界性新技术革命突飞猛进，正前所未有地影响着经济的发展。这种趋势使得国内外市场日益融合，市场竞争日趋激烈。对此，机械工业表现出明显的不适应：市场占有率和经济效益下滑，相当多的国有企业经营出现危机，亏损面和亏损额升势不减。如此艰难的局面是以往任何时候都不曾有过的。我们分析“行情”必须从这个背景出发，才能得出正确的结论。

一是从机械工业的地位和机械产品的特性来认识“行情”。长期以来，我们主要强调机械工业在国民经济中的装备作用和服务地位，强调为国民经济各部门提供技术手段，行业也主要是围绕生产技术装备来发展。但90年代以来，机械工业发展的机制和环境已发生根本性变化，这就要求我们必须对机械工业的地位作用和产品特性进行再认识。必须既强调它的装备性、特殊性，又注重它的商品性和一般性；既强调它的服务性，又注重服务的竞争性和被选择性；既强调发展生产资料，又注重大力发展市场所需的日用机电产品。

二是从机械工业的所有制结构和公有制实现形式认识“行情”。改革开放前，机械工业是单一的公有制，基本上是国有国营。改革开放以来，机械行业中的非国有经济有了长足的发展，近几年行业对公有制实现形式也进行了积极的探索。这些变化对增强行业实力和提高经济效益起到了重要作用。但从总体上看，生产关系不适应生产力发展水平的问题依然十分突出。我们必须深刻认识在社会主义初级阶段调整所有制结构和完善公有制实现形式的必然性，从注重发展国有机械工业，转向注重发展以公有制为主体、多种所有制经济共同发展的机械工业；从注重国有经济的比例，转向强调国有经济的控制力，大胆利用一切反映社会化生产规律的公有制实现形式；从注重增量投入，转向注重对投入的管理和存量资产的搞活，逐步建立出资人制度和企业的法人治理结构。

三是从机械工业的组织结构认识“行情”。机械工业现有的组织结构是在计划经济体制下形成的。在企业内部，“两头小、中间大”，中间的加工能力臃肿，两头的开发和销售、服务薄弱；从行业看，企业大小只是等比例放大缩小，加工手段“大而全”、“小而全”，两头“大亦弱”、“小亦弱”；地区结构严重趋同，你有我也有，你不会干我也干不了。这种组织结构在市场竞争中受到了越来越严峻的挑战，不调整就没有出路。为此，必须改造企业内部“橄榄型”的结构，加快形式“两头强、中间精”的“哑铃型”；必须改变大小企业的“全”又“弱”，加快形成“大而强、大而优”、“小而精、小而专”；必须改变地区结构重复、趋同，加快形成各具特色、充分发挥优势的新格局。从而，有力地推动行业的组织结构适应市场竞争的需要。

四是从机械工业的增长方式认识“行情”。长期以来，机械工业增长主要靠国家投资拉动，发展的路子基本上是争项目、争投资，自成体系、自我壮大。进入90年代后，这种方式越来越不适应市场经济和科技进步的要求。机械工业必须尽快改变传统的增长方式，由主要依靠国家投资拉动，转向主要依靠市场需求拉动；由主要依靠产量的扩大和资源的占用，转向更多地依靠科技进步，提高技术在经济增长中的含量；由自我壮大、封闭运行，转向在全方位开放的环境中发展；由单纯的产品经营，转向产品经营和资本经营相结合。从而，实现集约化增长，走出一条既有较高质量又有较好效益的发展路子。

五是从机械工业的管理方式认识“行情”。机械工业的部门管理方式是按计划经济体制的要求建立起来的。改革开放后，我们较早地认识到必须对这种方式进行改革，由部门管理转向行业管理，并在实践中进行了积极的探索。近年来，随着调整所有制结构、发展“四跨”联合、政府职能转变的进展，一方面迫切需要我们转向行业管理，另一方面客观上也为这个转变创造了条件。对此，我们的认识必须尽快从主要管部系统，转向管全行业；从主要进行个量管理，转向通过产业政策、发展规划、法律法规和信息引导进行总量管理；从重点着眼新增生产能力，转向更多地引导行业提高竞争素质。另外，企业的管理方式也要改革，要按照市场经济规律的要求定位，围绕提高市场竞争力不断创新。

根据党的十五大精神和对机械工业“行情”的认识，我们认为今后一个时期，机械工业基本的工作思路，可以概括为以下三个要点：

一是机械工业发展的根本任务是千方百计提高国内外市场的竞争力。机械工业发展生产力的关键就是要集中力量打好产品质量翻身、组织结构优化、开发能力提高“三大战役”，有效地提高竞争力，才能引导行业的各种能力有机地发展，使机械工业的生产力有高的质量、高的效益，才能保证更好地为国民经济服务，并能够逐步在国际市场占有一席之地。

二是机械工业发展的根本动力是深化改革。通过分析机械工业的“行情”可以看出，不把深化改革作为机械工业发展的根本动力，行业的素质性、结构性矛盾就不可能解决，解放和发展生产力的任务就难以完成。

三是机械工业发展的根本保证是努力把握好“两手抓、两手都要硬”的工作大局。在我们行业来讲，贯彻两个文明一起抓的方针是整个工作的大局，是做好一切工作的根本保证。忽视了精神文明建设，没有精神支持和组织保证，不塑造好产品、企业、队伍、机关“四个形象”，行业的振兴就没有希望。

为简捷起见，可以把上述思路概述为：全面深化改革，打好“三大战役”，塑造“四个形象”，实现行业振兴。

二、坚定不移、坚持不懈地打好“三大战役”，大力提高国内外市场竞争力

全行业要进一步坚定打好“三大战役”的信心，继续把打好“三大战役”摆在中心位置，坚定不移、坚持不懈，扎扎实实地向前推进。1998年是全面实现“三大战役”第二阶段各项目标的一年，全行业要按照“一手抓重点突破，一手抓面上推动，点面结合，以抓重点为主，充分发挥重点突破带动面上战役发展”的总体要求开展工作，确保“三大战役”初见成效。

1. 瞄准主攻方向，进一步确定好重点

要正确把握选择重点四个原则的有机联系。部在7月初党组扩大会议上提出了选择重点的四个原则，即整体性、可操作性、聚焦性和示范性原则。整体性原则强调把九个主攻方向作为选择重点的钢，每个主攻方向都要选出突破的重点，其它的原则都是围绕这个原则的展开和深入；可操作性原则要求把按九个主攻方向选出的重点具体到产品、项目、工程、企业和重点工作上，使其有所依托，便于落实；聚焦性原则意在重点具体化后，都尽可能落实到“巨人”备选企业上，通过“聚合”作用使重点更易突破；示范性原则规定在确定首批突破的重点时，一定要严格要求，宁缺勿滥，保证突破后，真正可靠、过硬，起到有效的带动和示范作用。

企业要把内部结构转型作为起牵头带动作用的重点来抓。整个行业的重点突破，需要按九个主攻方向全面地抓。首先，就企业而言，内部结构转型关联三个战役九个主攻方向，抓住了“转型”，可以总揽全局、牵动全局；其次，企业从计划经济转到在市场经济条件下经营，必须对自身的功能进行根本的调整，增强产品开发和市场营销、服务能力，并按专业化组织生产，抓住了内部结构转型，将有效地加快功能调整的完成；再次，从国际著名大公司看，最能反映其强大市场竞争力的本质特征就是其“哑铃型”的内部结构。由此可以说，一个企业“三大战役”打得成功不成功，很大程度上是看其内部结构转型成功不成功。

要明确重点突破的期限。选择的重点要限期突破，才能充分发挥带动战役全面发展的作用。1997年部抓的重点要有一批取得突破，一批取得显著进展。“产品质量翻身战役”取得突破的有：300MW火电机组等重点产品，名牌产品及明星企业认定等重点工作；取得显著进展的有：自走式联合收割机等重点产品，宝钢三期设备等重点工程，“千厂万组无废品活动”等重点工作。“组织结构优化战役”取得突破的有：企业内部结构转型措施办法等重点工作，新联等重点企业；取得显著进展的有：东北通用机械集团资产重组等重点项目，一拖等重点企业。“开发能力提高战役”取得突破的有：汽车电子控制技术攻关等重点项目，CAD应用等重点工作；取得显著进展的有：30万辆轿车装备开发研制等重点项目，一汽等重点企业技术中心建设。具体的部署已在“三个战役”指挥部明年工作意见里做了安排。各省市、各企业都要明确所抓重点突破的期限，特别要确定好明年突破的重点，保证“三大战役”初见成效。

2. 采取正确方法，把抓重点的工作落到实处

要制定好计划。要分层次制订计划，管理部门制订推进计划，企业制订实施方案，避免上下一般粗。要按“上下联动”的原则制订计划，部抓的重点，省市厅局和企业都要从各自的角度同步制订好计划及实施方案。要参照“一条龙”的思路制订计划，尽可能把与重点突破有关的因素考虑进去，如重点产品要把主机、辅机、配套、协作、零部件、材质保证等考虑进去，重点工程要把总包、分包、研制、现场服务等考虑进去，做到系统实施，全面保证。

要建立领导责任制。抓重点的工作能否到位，关键在各级领导是否真正重视、真抓实干。要制订领导抓重点的工作制度，定期专题研究抓重点的问题，并有选择地联系部分重点，经常深入基层调查研究，以工作制度保证领导抓重点的责任落到实处。要对领导抓重点的成效进行评价，机关年终公务员考核要把抓重点的工作作为重要内容，企业年终业绩考核也要这样做。

要分类指导抓重点的工作。要用典型引路实施分类指导。近年来，一些企业实施“三大战役”创出了不少新鲜经验，他们的做法实践性强，对抓好重点突破有很强的指导作用。要制订指导性意见实施分类指导，部在这方面进行的探索，下一步将根据重点进展的需要扩展到其它领域。

3. 着力创造条件，为重点突破提供有力支撑

要切实把改革的政策向重点倾斜。对承担重点突破的企业，行业各级管理部门要优先支持其开展联合兼并、增资减债工作和减员增效、实施再就业工程，并享受相关政策；要优先推荐其股改上市和进入国家重点联系企业名单，以及进一步扩大对外经济技术合作，以有效地增强实现重点突破的能力。

要把行业方方面面的力量组织起来。共同促进重点突破。要充分发挥信息引导和新闻媒介的作用，加大对重点突破的宣传力度，及时刊发政府的重要方针和政策，广泛反映实践的发展和突破，并发挥好舆论的监督功能。要充分发挥社团组织的作用，强化对市场和用户的调查研究，广泛推荐行业的名牌产品，为企业重组“穿针引线”，建立“质量保证承诺活动”的践诺机制。要充分发挥勘察设计单位和科研院所的作用，积极为重点企业提供新设计、新技术，主动承担重点科研开发任务，努力在中小企业技术开发体系形成中担当重任。

三、抓住机遇、深化改革，为机械工业发展提供强大的动力

机械工业国有老企业多，机制转换难度大，改革的任务特别艰巨和繁重。我们一定要抓住机遇、开拓前进，着眼于公有制实现形式的突破，着眼于从整体上搞活国有经济，着眼于“三改一加强”，着眼于推动企业经营机制转换。通过艰苦努力，用三年左右时间，使大多数国有大中型亏损企业摆脱困境；力争到本世纪末，使大多数国有大中型骨干企业初步建立起现代企业制度。

1. 大胆探索公有制实现形式，积极推进现代企业制度建设，加快企业经营机制转换

要对大多数国有大中型机械企业实行公司制改造。对具备条件的企业可通过股改上市、收购兼并的方式进行股份制改造。一般大中型企业要在进一步实施“鼓励兼并、下岗分流、减员增效和再就业工程”的基础上，采取多种形式进行公司制改造。有的可以采取“一厂多制”，有的可以广泛引入外资和社会资本，有的也可以在企业间实行产权置换、循环持股，有的还可以探索将企业资产划给与企业有关的主体持有的办法进行改造。这类企业在公司制改造中，都要坚持形成多元投资主体的原则，努力建立规范的法人治理结构，切实通过改制转换经营机制。

要对国有小型企业全面放开搞活。要积极探索和推进股份合作制，但一切要从实际出发，充分尊重职工的意愿，防止“刮风”。要积极推进租赁和承包经营，鼓励优势企业租赁、承包经营，特别应鼓励本企业的优秀经营人才对企业实行租赁和承包经营。要有条件地对部分企业整体出售，在出售中，必须审查收购方的承债能力和市场信誉，必须履行征求债权人和企业职工意见、进行严格的资产评估、合理确定支付方式、提出收购后的运营方案等必要程序，保证企业被收购后能成功地经营。

要对少数关系国计民生和国家经济安全的国有大型企业实行国有独资或国家控股。这部分企业在行业是极少数，但地位和作用特殊，必须在保证国家控股的基础上进行公有制实现形式的探索。主要可采用国有独资公司和国家控股公司两种形式。采用这两种形式的企业，一方面应严格按《公司法》规范运作，真正建立起法人治理结构和内部各种管理制度；一方面要对子公司进行多种形式的改革和改组，实现用少量和集中的国有资本控制大量和分散的社会资本，有效地增强国有经济的控制力和竞争力。

国有企业探索公有制实现形式的过程，同时也是建立现代企业制度的过程。因此，在探索公有制实现形式的工作中，要按照“产权清晰、权责明确、政企分开、管理科学”的要求，积极推进制度创新，确保两者同步实施、同步突破。

2. 加大改组联合力度，对机械工业国有经济进行战略性重组

要把握好重组的原则。资产重组总的原则就是要有利于提高国有资产的质量和效益。实际操作，还需把握好几项具体原则。一是要把改革、改组、改造结合起来。改革往往需要在改组的基础上进行，改组离开了改革就失去了依托，通过改革、改组进行改造，不仅可较快地完成改造的任务，而且将有效地利用好存量资产，对提高重组的质量具有极为重要的意义。二是要推动大型企业集团的发展。通过重组逐步造就一批实力雄厚、跨地区、跨行业、跨所有制及跨国的大型企业集团，将极大地提高机械工业的市场竞争力。三是要充分发挥市场配置资源的基础性

作用。市场配置资源的机制是社会平均利润率对资本流动的导向，显然，这个机制对保障重组的效益具有关键的作用。

要解放思想，探索重组的新途径。要打破部门、行业界限进行重组，鼓励部系统的企业重组使用部门的企业，也鼓励使用部门的企业重组部系统的企业；鼓励机械企业重组外贸、流通企业和科研机构，也鼓励外贸、流通企业和科研机构重组机械企业。要大力推动“强强”联合，支持生产上有配套、成套关系的“强强”重组，也支持经营上有互补性的“强强”重组；支持同类企业“强强”重组，也支持上下游企业的“强强”重组。在重组中还要特别鼓励跨地区的产业重组，使行业的结构调整更符合国家整体战略调整的要求。

要广泛采用多种重组的手段。要采取资本运作的手段，通过兼并收购、参股控股、调整债务关系及转让、托管等各种方式实现重组。同时，国家已规定新上市企业要有兼并的内容，我们要充分发挥这一政策效能，推动较大范围的重组。要利用好无偿划转的手段，可以进行整体划转，也可以进行部分划转，尤其要鼓励跨地区、跨行业的划转。要探索运用整体改造的手段，通过增量投入带动存量重组。

部初步设想，以国机集团、国家试点企业集团和“巨人”备选企业为“龙头”，大力度、大范围地推进行业的国有资产进行重组，形成一批具有较强实力的大型企业集团。国机集团要在现有的基础上尽快联合部分生产企业和科研院所，形成集工、科、贸、金于一体的综合性特大型企业集团，并通过自身的发展壮大、带动行业的资产重组。电力设备制造行业可以“龙头”企业为基础，吸收部分配套企业、重机企业、设计院所及工程安装公司，发展成为电力成套装备集团；重矿行业在积极稳妥地推进与电力设备企业联合的同时，也可探索行业内部“强强”联合和以产品配套为基础的重组工作；石化通用设备行业的部分骨干企业、研究院所、成套公司可通过联合，组建石油化工装备集团；汽车行业要以一汽、东汽、上汽等为基础，大力推进汽车行业重组，逐步形成几大家具有一定国际竞争力的大型汽车企业集团；工程机械行业可以部分骨干企业为基础，吸收一些重点发动机和零部件配套企业，组建大型工程机械集团；农机行业可以骨干企业为核心，吸收部分耕作机械、收割机械和内燃机及配附件企业，形成几个更具实力的大型农机集团。机床行业要继续完善沈阳、上海两大集团的重组，为行业结构优化发挥示范作用；仪器仪表行业要积极推进重庆、西安、上海三个自控仪表基地为核心的联合重组工作。通过联合重组，从整体上改变机械工业组织结构“散、乱”状况。

3. 切实抓好增资减债、减员增效，努力创造企业低成本运行环境

要通过多种方式增资减债。要学习资本经营的知识，积极运用有效的手段筹资融资增加企业资本金；在国家统一安排下，抓紧推进“贷改投”、“债改股”试点，降低企业负债率；充分利用好政策，盘活有效资产，分离无效资产，改善企业的负债结构。要加大利用外资的力度，除国家规定支柱产业的骨干企业要由国家控股外，在符合产业政策和规范操作的前提下，各种方式都可以探索，以促进企业增资减债。

要“分流人员、精干主体”，减员增效。解决冗员问题从根本上说是市场经济发展的需要，也符合工人阶级的长远利益，必须下决心予以推进。要实行分流与安置相结合积极推进再就业工程，一方面通过定编、定岗切实把富余人员减下来；一方面充分利用好国家的政策，通过转岗、定向保险及其它方式，进入再就业服务中心和劳动力市场等各种途径把下岗职工安置好，特别是要把困难职工的生活安排好。在分流的同时，还要认真做好凝聚人才、精干主体的大文章，根据“允许和鼓励资本、技术等生产要素参与收益分配”的精神，尽快建立留住人才、吸引人才的有效机制，使企业“增效”和长远发展建立在人才支撑的基础之上。

要加快分离企业办社会的步伐。卸掉办社会的职能，使企业轻装前进，也是形成低成本运行环境的有效措施。要按照“先分后离、分步实施”的原则，积极稳步地推进。要把分离与改革结合起来，该交政府的交，该走向市场的应走向市场。要在分离社会职能的同时，分离共性服务职能，扩大经营、增加效益。

4. 改革企业管理，保证企业体制创新和管理创新协调推进

要按社会主义市场经济的要求改革企业管理。管理创新的方向就是要把一切管理行为都调整到符合市场经济要求的轨道上来，改革企业管理必须牢牢把握这个基本点。要以增强市场竞争力为目标改革企业管理体系，牢固树立市场经营观念，强化市场研究和战略决策，建立反应灵敏、精干高效的组织机构，形成以严格为基础、以精细为核心的管理制度。要大力推进开放型管理方式，努力把市场、社会纳入企业管理的视线，真正使品牌、形象、信誉成为重要的管理内容，与市场相联结构造企业的信息流、资金流和服务网络，严格做到专家咨询、民主决策、职工参与管理的规范化、制度化。

要用改革的办法推进管理创新。改革企业管理与改革企业体制一样，都是一场深刻的革命，都需要勇于探索、善于总结、不断推进。要学好“邯钢经验”、“推墙入海”，通过全方位进入市场，营造改革企业管理的氛围，增强管理创新的紧迫感和推动力。要对体制和管理改革联合设计、同步实施，一方面用体制改革的措施促进管理的改革，另一方面通过管理改革巩固体制改革的成果。

要强化对企业管理改革的指导。要加大对新的管理思想、管理方式和典型经验宣传的力度，特别要注意对一汽的“精益管理”、春兰的“资本运营管理”和北开的“99＋1＝0”等一些带有全局性、变革性成功典型的宣传，增强企业管理创新的意识和信心。要指导企业积极探索新型管理模式，在功能配置、职能分布、组织结构、制度体系等方面进行有效

地创新。

四、"两手抓、两手都要硬"，确保两个文明建设协调发展

我们必须进一步提高对加强行业精神文明建设重要性和紧迫性的认识，紧密围绕打好"三大战役"和全面深化改革，始终不渝地坚持"两手抓，两手都要硬"的工作大局，着力塑造好"四个形象"，确保行业两个文明建设共同推进、协调发展。

1. 采取有力措施，切实把塑造"四个形象"的工作落到实处

要抓好宣传、发动，进一步动员广大职工积极参与塑造"四个形象"的工作。要开展形式多样的宣传活动，充分利用各种媒介进行宣传，提高宣传的广度；积极利用宣传月、宣传周集中进行宣传，提高宣传的力度；广泛采用讲演会、研讨会、座谈会专题进行宣传，提高宣传的深度。

要从抓好企业塑形活动入手，带动塑造"四个形象"的工作向前发展。企业塑形活动既涉及产品形象、队伍形象、机关形象，又通过每个企业的形象塑造，为整个行业形象的形成打下基础。因此，抓好企业塑形活动，将有效地带动行业"四个形象"的形成。要按照"从实际出发、突出个性、全员参与、内外并举"的方针抓好企业塑形活动，做到注重实效，培育特色，形成合力，整体推进。要努力把塑形活动与"三大战役"结合起来，使争创名牌产品、实现"质量保证承诺"、"千厂万组无废品活动"、培育"巨人"企业、内部结构转型、增强创新意识、推动CAD应用等工作成为塑形活动的重要内容。

要做好基础性工作。要建立机械工业的视觉识别系统，引导好企业外观形象的塑造。要加快培养专业人才，适应企业塑形工作的需要。要加强对行业重大展示活动的管理，使其真正成为宣传中国机械工业形象的窗口。

2. 切实加强领导班子建设，加快培育和造就一支适应社会主义市场经济要求的企业家队伍

要加强学习，解放思想，尽快适应改革与发展的新形势。各级领导干部都要认真学习邓小平理论和党的十五大精神，完整、准确地把握基本观点和精神实质，善于运用"三个有利于"判断是非得失，进一步增强政治上的坚定性和把握大局的能力。认真学习社会主义市场经济理论和政策法规，掌握市场分析、战略决策、现代企业管理、宏观经济管理等知识和技能，以及相关的经济政策、法律法规，增强洞悉市场变幻、驾驭行业和企业发展的能力。

要振奋精神，努力拚搏，显著提高领导班子的战斗力。要树立拚搏的精神，以高昂的激情、顽强的斗志，推动行业振兴向前发展。要树立创新的精神，站在改革的前列，把握时代的脉膊，在振兴的实践中，大胆探索，敢于突破。要树立求实的精神，一切从实际出发，扎扎实实，一步一个脚印地完成好振兴的各项任务。

要探索建立有效的机制，造就一批适应社会主义市场经济要求的企业家。加强领导班子建设是个关键，而培养和造就优秀的企业家又是关键的关键。中央[1997]4号文件提出，要积极探索通过市场培育企业经营者的有效途径，积极稳妥地推进企业经营者职业化改革试点，引进竞争机制。这就为我们逐步建立培养和造就优秀企业家的有效机制指明了方向。机械工业技术密集、竞争性强，对经营者有特殊的要求，需要我们按中央统一的部署，结合行业的实际进行积极、有效的试验。

3. 发挥党密切联系群众的优势，做好改革推进中的思想工作

机械行业各级党组织都要围绕经济工作这个中心，把搞好企业改革、打好"三大战役"、塑造"四个形象"作为工作的出发点和落脚点，在参与重大问题决策、坚持党管干部原则、加强两个文明建设、做好思想政治工作中发挥政治核心作用，保证党和国家各项方针政策在全行业的贯彻执行。

要把改革推进中的热点问题作为思想政治工作的重点来抓。要围绕增强改革的信心做好思想政治工作，认清改革的必然性和重要性，引导职工转变观念，勇于面对市场的选择，适应新的就业形势和就业机制。

同志们，党的十五大精神正在贯彻落实，行业改革与发展的任务艰巨而繁重。让我们解放思想、开拓前进、艰苦奋斗、扎实工作，以推进行业振兴的实际为国民经济发展和国力强盛做出更大的贡献。

邵奇惠常务副部长在全国机械工业工作会议上的总结讲话（摘要）

（1997年12月25日）

同志们：

三天来代表们认真听取了中央经济工作会议精神传达；认真学习了吴邦国副总理对会议所作的重要指示；认真学习和讨论了包叙定部长作的工作报告；研究了部的几个文件。八个单位介绍了他们深化改革、打好“三大战役”、塑造“四个形象”的经验；17个明星企业、58个名牌产品和军工用户满意产品受到了表彰。经过代表们的共同努力，会议圆满完成了任务。

在讨论中，代表们认为，吴邦国副总理对会议所作的指示，非常重要。体现了党中央和国务院对机械工业的殷切期望，为行业今后的工作指明了方向。代表们一致反映包部长报告的最大特点是在邓小平理论指导下，着眼于整个经济、社会形势，立足于行业实际来贯彻十五大精神。代表们认为，包部长的报告自始至终突出了增强行业的国内外市场竞争力；对“行情”分析立意新、很透彻；对深化改革、“三大战役”和“四个形象”的工作安排，有许多新观点、新内容、新举措，兼顾了近期和长远，是机械工业跨世纪的战略部署。

一、在全行业统一对基本工作思路的认识

在讨论中，代表们一致赞同包部长报告提出的基本工作思路，认为，这个思路既贯彻了十五大精神，又十分切合机械工业的实际，对指导行业跨世纪发展和实现振兴具有深远的意义。进一步说机械行业的振兴有赖于全行业上下，统一对基本工作思路的认识。有鉴于此，我想结合部在形成这个工作思路时的一些考虑，再就这个问题谈几点看法。

我们这次会议是在十五大召开之后的大好形势下召开的，时代对行业提出了崇高的任务，同时我们又面临巨大的困难，半数企业亏损，有些企业扭亏难度很大。包部长的报告开宗明义，肯定成绩，正视困难。我们的责任不仅要有勇气承认困难，而且要认识困难的时代背景，从而找到避免和克服这些问题的基本路子。基于这一点，部党组认为完全有必要明确行业的基本工作思路，尤其要在行业的主要领导层中统一认识，用改善了的工作思路去面对变化了的形势和任务。大家已经注意到，包部长报告对工作思路的概述，采用了基本的工作思路和根本任务、根本动力、根本保证这样的概念和视角。可以说，这样概述是着眼于对其内涵的深层次思考。包部长报告就是从任务、动力、保证三个方面提出工作思路，是为了使其更加完整，具有长远的指导意义；“基本”、“根本”两个概念强调了基础性，也是为了使工作思路能够在一个较长的时期指导行业的工作。至于近期的工作路数，部已陆续做出了部署。对此，吴邦国副总理致大会的信给予了充分肯定，我们要坚定不移地抓下去，务期达到既定的目标。

经过多次分析研究，部党组认为，行业的市场竞争力弱与国内外市场竞争日益加剧之间的矛盾，是机械工业现在，乃至今后相当长一个时期的主要矛盾，只有牢牢抓住这个主要矛盾指导工作，才能把握住行业工作的全局，有效地促进其它矛盾的解决。由此，部党组决定把提高国内外市场竞争力作为行业今后发展的根本任务。十五大提出，社会主义的根本任务是发展生产力，部提出行业发展的根本任务是提高市场竞争力，两者是完全一致的。就我们一个行业来讲，把提高市场竞争力作为发展生产力这个根本任务的切入点，是从市场经济的激烈竞争形势出发，从注重提高生产力质量的角度来体现发展生产力的。总结行业这些年发展的经验教训，以提高市场竞争力来发展生产力，才能真正使行业的生产力得到发展，才能有效地引导行业各方面能力有机、全面地得到发展。这一点，包部长在报告里已作了明确的阐述。

江总书记在十五大报告中指出，在社会主义初级阶段，围绕发展生产力这个根本任务，要把改革作为推动建设有中国特色社会主义事业各项工作的动力。因此，把全面深化改革作为机械工业发展的根本动力。就行业的实际来说，这也是一个必然的选择。从行业改革开放以来的历程看，没有改革就不可能有发展。回顾一下历史，从1978年到1986年，推动机械工业发展的力量主要来自打破两个“大锅饭”、放权让利和企业承包制等改革。1987年国家实行“拨改贷”后，金融和投资体制改革又成了推动行业发展新的动力，可以说没有这项改革，行业“七五”、“八五”的快速发展和多种经济成分的活跃是不可想像的。1984年以来，股改上市、资产重组又跟了上来。近几年，行业里一些企业发展较快，也得益于资产重组和低成本扩张。从行业今后的发展来看，没有改革的推动就不可能有强的竞争力。

坚持“两手抓、两手都要硬”的重大意义，党的十五大已讲得很清楚了。在机械工业，把握好这个工作大局对行业改革、发展的保证作用，包部长在五月部“洛阳会议”和这次会上也都作了详细的阐述。从现实出发，当前强调“两手抓、两手都要硬”，一方面是强调精神文明这一手不能软，另一方面强调物质文明与精神文明建设同时抓才能发挥保证作用。这是由物质与精神两者互动关系的规律决定的。

总之，包部长报告提出的基本工作思路内容广泛,寓意深刻,是指导行业今后一个时期工作的战略方针，是行业的总体思路。

二、关于企业经营

代表们在讨论中对当前企业经营的状况非常关心,许多同志担忧之情溢于言表。这的确是一个十分严重的问题,也是我们必须首先面对的问题之一。到1997年10月底,部系统企业亏损面已接近50%,亏损额高达107.98亿元,预计到年底产成品存货将达680亿元以上,比去年又增加12%左右,这都是历史上没有过的。包部长报告对如何解决这个问题已作了全面的部署,提出了企业经营的新思路,只要大家努力贯彻落实,并在实践中勇于探索、大胆创新,用三年左右的时间，使行业大多数国有大中型亏损企业摆脱困境这个目标是可以实现的。这里,我想从企业经营的角度谈谈如何理解包部长提出的思路，供同志们研究。

世纪之交,国际政治、经济格局正在发生巨大的变化，与此同时，经过18年的改革开放，中国的经济结构正从量变走向质变的临界点。中国的企业同时面对着国际资本与商品的大举进入和国内经济结构性的振荡，这些都给企业带来了严重的压力和挑战,使企业身处困境。企业是市场的基本单元,行业的振兴、竞争能力的提高都要从这里开始。量变到质变,首先要变的是企业。改革开放以来已经发生了许多变化,正是这些变化,保证了企业在改革大潮中的生命力。现在,中央明确指出了企业改革的方向是建立现代企业制度。当然这是一个总目标,具体实现的程序和步骤还有待于在实践中去创造。我在这里要讲的,不是现代企业制度本身,而想强调一下在建立现代企业制度过程中企业应该有一个较为全面的经营之道。

企业像一棵树，从根部生长。根基是核心能力,树干是核心产品,所得果实就是最终产品。企业管理既有外部也有内部，企业内部管理型战略和企业外部交易型战略的有效运用，是获得与发展核心能力的根本途径,是企业经营之精髓,也正是包部长提出的企业竞争力之所在。

内部管理型战略实质是一种产品扩张战略，在现有资本结构下，通过整合内部资源，包括控制成本，提高生产效率，开发新产品，拓展新市场，调整组织结构,提高管理能力等,维持并发展企业竞争优势，横向延伸企业生产周期曲线。

外部交易型战略实质是一种资本扩张战略，通过吸纳外部资源，包括组建合营企业、吸收外来资本、开展技术转让、战略联盟、长期融资、进行兼并与收购等，推动企业生命曲线纵向扩展。

这两个战略,一个主内,一个主外,一个主要指我们通常所说的产品经营，另一个主要指我们通常所说的资本经营,一个横向延伸企业生命曲线,一个纵向扩展企业生命曲线。两者密不可分。相对来说我们比较熟悉前者,对后者比较生疏。有些同志忘记了领导者最主要的品质和责任,不能全面审视局势,全面负起领导责任,以致出现了这样一种局面,放松了已经有一定基础的、自认为比较熟悉的企业内部经营管理,而把希望仅仅寄托在陌生的、并不实际的外部交易上。有些企业上市成功，但内部没有变化；有些企业只关注企业行为的外在效果，例如产品的市场占有率、品牌的知名度、企业的生产规模等，却很少认真分析这些指标的内在因素，忽视改革和做好企业的基础工作。一时成功的企业不能平心静气地总结之所以成功的根本原因,对自身估计过高;一时失败的企业更不能静心找出问题的症结,卧薪尝胆,再展宏图。这就是求生存时期企业的通病,结果企业疲于奔命,企业不仅成长不良,生存本身有时也成了问题。

包部长在报告中指出，企业要尽快从产品经营转向产品经营和资本经营相结合，这是本次工作会议的一个重要思路,也是企业经营的又一次飞跃,具有质的飞跃的性质。“七五”以来，由于实行“拨改贷”和银行融资为主的体制,加之许多国有企业没有积累，导致一批国有企业在严重缺少自有资本的情况下高负债经营。这些带来了三个极为严重的后果：(1)企业资金紧缺，制约了发展；(2)一些很有发展前景的产业没有足够的资本来壮大企业的实力，无法形成优势集团,也无力量并购劣势企业;(3)使企业在国际竞争中处于劣势，给外国资本集团蚕食和并吞中国企业一个难得的机会。而与此同时社会大量资本却凝固或游离在产业之外。因此国有企业除全力通过“三改一加强”补充自有资本外,只有强化资本经营，培育核心能力，才是出路。

资本经营就是通过市场竞争，促进现有资产合理流动和优化重组,对企业实施战略性改组。有人曾担心,资产流动会造成国有资产流失,而事实上不是流动,正是资产存量凝固化,即呆滞造成巨额国有资产的损失。资产只有流动和利用才能创造价值。流动包括不同所有制之间的流动,当然要等值交换。长期以来,资本这个词是一种讳言之词,资本经营更无人敢想。在计划经济条件下,企业外部资源的吸纳和重组依靠政府行政划拨,关停并转依靠行政命令,在向市场经济转轨的过程中，越来越清楚地看到产业结构的优化和企业发展都不能单纯指望政府投资，也不能依靠自然积累,而是要依靠资本经营。从更广泛的意义上说,企业开展资本经营还与增长方式、资金市场形成、建立现代企业制度密切相关。从增长方式转变来看,实行集约经营,不仅意味着新投放资金要按市场方式动作，而且要求对存量资产按市场规则和规模经济的要求进行调整和重置。存量调整最佳的途径就是让企业开展资本经营,通过收购、兼并与资产转让,使闲置的资产流动起来，经济、合理地配置到需要的企业或产业中去,得以增值,产生应有的效益。从形成资金市场看，长期以来，我国资金市场发育缓慢,企业吊在银行这棵树上经营,一方面导致企业高额负债，经营的结果很大程度上是在为银行“打工”;另一方面又导致银行不良债务不断攀升，加大了社会的金融风险。解决的办法就是开放直接融资，发展资金市场。建立直接融资机制，既需要政府改革金融体制，也需要企业引入资本经营方式。从建立现代企业制度看，有三个条件必须具备的：一是政企职能分开，使企业在经济活动中具有独立的意志和利益；二是企社职能分开，使企业摆脱办社会的困扰；三是政资职能分开，使企业乃至全社会形成一个有效的资本生成、资本竞争、资本增值机制，这也要求企业把产品经营和资本经营结合起来，有效地促进企业制度的创新和现代化。企业开展资本经营的意义是广泛而深刻的，需要大家进行认真的体会和研究。

企业资本经营的内涵，大致有广义和狭义之分。广义的资本经营是指以资本增值为目的一切经营活动，它包含产品经营；狭义的资本经营是指独立于产品经营而存在，以价值化、证券化了的资本或可按价值化、证券化操作的物化资本为基础，通过优化配置来提高资本经营效益的经营活动，它与产品经营是递进的关系。我们目前所说的资本经营是指狭义的。企业资本经营与产品经营既有联系，又有明显的区别。产品经营是资本经营的基础，资本经营以商品(产品)为载体。资本经营与产品经营的区别在于：产品经营，经营用户直接接受的商品，资本经营，经营价值化的资本；产品经营靠不断扩大市场占有率来盈利，资本经营靠资本向高利产业流动来“盈利”;产品经营的投资活动主要围绕强化工艺装备和产品开发来进行，资本经营的投资活动主要围绕企业兼并收购、联合重组、参股和转让股权来进行。分析两者之间的关系可以使我们得出这样的结论：资本经营是企业交易型战略的运用。资本经营的方法之一是股票和上市，这是企业直接融资的一种有效方式，尤其在当前企业流动资金紧缺之时十分吸引人，但这不是资本经营的唯一或主要的方式。兼并、拍卖、转让、收购和重组才是资本经营中最复杂、最普遍的运行形式，才是资本经营的核心。世界上和国内有实力的大集团无疑都依靠资本经营。但资本经营的目的不是为了企业最大化，而是为了效益最大化。强调了资本经营的重要性，并不表明它是唯一的和万能的，更不应忽视内部管理和产品经营，二者是相辅相承的。没有产品经营的有效实施，资本经营就失去了前题和基础；没有资本经营，企业的渐进积累发展根本不足以让企业保持长期竞争优势。

近几年我国企业资本经营也有了一定的发展，春兰的超常规发展、北汽福田的低成本扩张都是成功的典型。但总体上看，我国企业开展资本经营还处于起步阶段。

目前，机械工业的产业结构、资产结构、企业组织结构等已难以为继，“三大战役”正推动着结构的优化，一轮大规模重组迫在眉睫，包部长报告对此作了全面部署。每一个企业，每一个地区和各个分行业对自身的发展需要有清醒的战略意识，根据企业的现状、企业所处的位置，作出正确的选择：是内部挖潜还是外部扩张，是通过短期的信贷迅速筹资还是发行股票、债券进行长期融资，是部分出售资产还是兼并、收购，都需一一作出判断。现在，国有企业的改革已进入攻坚阶段。在国企改革的十六字方针中，“产权”和“管理”实为两大根本性、战略性问题。同志们需要在这两个方面下功夫，取得突破。

三、关于行业管理

行业管理问题既非常重要，又与机构改革相联系。因此，大家都很关心。目前，形势的发展越来越紧迫地需要对机械工业实行行业管理。无论是解决行业现存的矛盾，还是更好地引导行业的发展，都必须实行行业管理不可。十五大精神的贯彻落实将为实行行业管理创造必要的条件。对此，我们要认真研究。

这几年有几个问题引起了是否需要行业管理和行业管理部门的争论：譬如，(1)有人错误理解政企分开，认为多一个管理部门就多一个“婆婆”，有些人有一种实用主义的观点，用你的时候什么都必须，不用你的时候一切都多余；(2)综合经济部门和专业经济部门的责权划分问题；(3)块块经济的发展，希望摆脱产业政策、规划、技术标准的“束缚”、“限制”;(4)我们行业管理部门有些同志留恋计划经济时的“权力”，觉得现在太虚了，不如避虚就实，既当“婆婆”又当老板。应该说，这些都是改革过程中出现的问题，也是我们没有解决好的问题。包部长报告中提出的行业管理是指政府行业管理的职能和方法，而不是其它(除此以外协会等从不同角度也有行业管理的职能)。我们思考机械工业的行业管理问题，并做好下一步的工作，立足点和最高准则就是一切从国情出发，从行业的实际出发，一切服务和服从于国民经济和行业发展的需要。机械行业是一个竞争性行业，但不是一般性竞争行业，而是保障国家经济安全和国际竞争能力的重点竞争性行业。机械、汽车是国家两个支柱产业，是国家的装备工业，在某种意义上说它的水平和结构是国家科技水平和经济实力的重要标志。机械工业又是市场经济中的新的经济增长点之一，自然应当成为政府对经济进行管理的重点。我们常说中国是发展中国家，差距究竟在那里，主要就差在重点竞争性行业。我们赞成政府从一般性竞争性行业逐步退出，但对于重点竞争性行业不是退不退的问题，而是运用政府可以用的一切政策、财力、物力加大对行业的支持与管理。

再从机械行业的分布情况看，1996年统计：全行业企业个数12.4万个，其中部系统9 200个，其余分布在各部、委、省、市、县、乡各层次；从资产和产值看，大约1/3在部系统，1/3在国务院40个部委系统，1/3在乡镇企业。拿一个小行业看，内燃机1996年共生产2亿kW，其中农业装备司归口占49.1%，汽车司归口占39.1%，另有16个部、总公司归口11%。所有这些情况都说明，目前低水平重复建设、趋同化严重的情况，有体制的原因，单纯依靠市场自由竞争是难以在较短的时间，以较小的代价取得成效。只有一方面完善市场体系，另一方面转变政府职能，加大行业管理力度才能奏效。

从理论上讲，经济管理体制主要由三个部分组成，即管理主体、管理对象、管理制度。管理主体与管理对象之间的关系是由管理制度决定的，有什么样的管理制度，就有什么样的政企关系。所谓政企分开是指按社会主义市场经济的要求正确地划分政府与企业的职责和事权，不改革管理制度，只着眼于政府部门间的职权转移，不可能解决政企分开问题。从实践上看，改革开放以来，国家通过《企业法》和《转换企业经营机制条例》对一些管理制度进行了改革，调整了政府与企业的事权关系，扩大了企业自主权，从而有力地促进了政企分开。比如，以生产管理为例，过去企业生产计划要政府下，生产的产品由政府调拨，政企自然是一体的。改革管理制度后，多数专业经济管理部门仍然存在，但有谁能说在生产管理上没有政企分开。反之，以投资管理为例，过去企业投资要找政府，现在投资管理制度改革没到位，资本市场没形成，许多企业投资还得找政府，虽然把投资决策权都集中到了综合部门，但又有谁能说在投资管理上政企分开了。因此，无论从哪方面看，把政企仍未完全分开归结于专业经济管理部门是根本站不住脚的。由部门管理转向行业管理可解决的问题之一就是条条分割，与谁是行业管理的主体根本没有关系。现在比较新的提法是行业主管部门的改革方向是逐步改组为不具有政府职能的经济实体，有些地方则改为国有资产控股公司或集团公司，作为一种改革的探索，无可厚非，但现实的一些问题也不能回避，需要我们去认真研究。(1)机械行业中，国有经济所占的比重。据1996年统计：全行业资产总额19 394亿元，其中国有企业占48.29%，集体企业占22.8%，“三资”企业占18.5%，股份制和个体企业占10.4%。如果从企业个数来看行业中国有企业只占15.8%。可见国资控股公司可以在调控和引导市场中起重要作用，但无法实现政府对全行业进行管理的全部职能甚至主要职能。(2)如果授权这些集团行使或代行某些政府行为的管理职能，显然与改革的大方向相悖，其行业管理显然有失公允。(3)机械行业的行业管理是全局性的、全面的。就行业分类来说，11个分行业，160多个小行业，随着科技的进步还会扩大，这是任何一种实体难以摆脱自身的局限而全面统筹安排的。(4)地区差距逐步扩大，没有政府干预难以扭转。(5)从中国的现实出发，机械行业分布在40多个部门和系统中，没有政府行业主管部门通过行业管理的统筹是难以发挥作用的。(6)从行业管理的内涵看，一头是管企业，一头是管市场，在国内市场上进口机械产品占35%左右，估计明年将更多。这就需要不仅有政策、规划引导，而且要有行政监督、协调，甚至行政处罚等行政权力。这次会议上大家对市场的某些混乱现象反映强烈，市场的过度竞争、无序化、二手货冲击、走私冲击急需政府、法律法规起作用。从照相机行业可以看出，加强管理以后对控制走私还是有一定效果的。

综上所述，我认为：我们要从我国的实际出发，从历史进程中多次出现的经验和教训出发，从国家建设支柱产业的根本任务出发，负责地在世纪之交中解决好行业管理的基础性工作。机械工业管理部门应该从专业经济部门向实行大行业管理的工业管理部门转化，这就是改革的现实需要和正确的选择。现阶段机械工业行业管理的任务，就是包部长报告讲的，围绕提高国内外市场的竞争力，指导行业全面深化改革、打好“三大战役”、塑造“四个形象”。即使实现了面向全行业，现阶段也应该主要抓好这些事。我们认为，机械工业行业管理的组织体系设置，采用“一体两翼”的结构可能是适当的。“一体”就是各级机械工业管理部门这个主体，“两翼”，一翼是行业协会；一翼是各级管理部门的支撑机构，包括决策前期研究机构、信息服务机构、行检行测机构、新技术推广机构等。在管理部门的主导下，各方面密切配合，共同承担和完成好行业管理的任务。至于机械工业的行业管理的具体组织机构形式问题，中央正根据十五大精神研究，我相信不久就会有一个正确的决定。

四、关于明年行业的经济运行工作

行业明年面临的形势有许多有利的条件，但也有相当严峻的一面。明年国家安排进口贸易增长17.9%，进口机电设备会大幅度增加；加之，国家对能够带来高新技术的外商投资项目进口设备给予税收优惠，这都将对国内机电产品市场产生较大的影响。东南亚金融风波使得这个地区的大多数国家货币贬值，增强了它们出口产品的竞争力。由于我国出口的机电产品在结构和档次上与这些国家类似，明年增加出口将遇到较大困难。同时，货币贬值也使东南亚国家进口需求下降，直接影响到我国机电产品对这个地区的出口。明年国家要取消贷款额度的管理办法，将更严格地按企业的经济效益借贷，这对经济效益普遍不高的机械行业来说，获得资金支持难度更大。明年香港和国内股市仍会处于低迷状态，企业股改上市的步伐也将放慢。

从上述新的因素可以看出，明年行业面临形势的严峻性是显而易见的，对此我们必须有充足的思想准备。行业明年的经济运行工作总体上要继续坚持“稳中求进”的方针，工业总产值增长8%；工业增加值增长7%；工业产品销售率达到97%以上；实现利润比今年有所增长。通过艰苦努力，力争保持行业经济继续平稳运行。为此，要着重抓好以下三个方面的工作。

1. 确保国家重点任务如期完成

一是要精心组织好重大技术装备的科研攻关。我部“九五”重大技术装备研制攻关计划共50项，已完成立项的“三峡枢纽关键设备”、“大型压水堆核电站成套装备”等项目，要抓好实施；正在立项的“600MW超临界火电机组”等项目要力争尽快立项，并努力做到资金、依托工程和合同三落实。

二是要抓好国家重点建设项目所需设备的制造、安装、调试和服务。国内要重点抓好元宝山和盘山电厂、宝钢三期工程、三峡水轮机组和输变电等工程。出口要重点抓好伊朗阿拉克4台325MW火电机组、德黑兰地铁等项目。各企业一定要努力克服困难，保质、保量、按期完成制造任务，并努力按创名牌的要求提供优质的服务。

三是要以高度负责的态度，不折不扣地完成好军工任务。

2. 进一步开拓市场，为行业经济平稳运行创造条件

一是要继续努力开拓国际市场。要大力调整出口商品结构，培育和发展有后劲的支柱出口产品。明年部要制定发电设备、输变电设备、汽车、摩托车、农机、工程机械六类重点商品的出口计划，制订出口产品结构调整的具体意见，并利用出口专项信贷、双加技改出口专项、出口发展基金及其它各类技改费用集中安排一批技改项目。要继续抓好大型成套设备和单机批量出口，疏通信息渠道，做好投标工作，争取多签约、签好约；同时，充分利用好政策，加大对机电产品出口支持的力度。要逐步建立机电产品出口商情网、销售网、服务网，形成快速反应、快速供货、快速服务的机制。要进一步加强出口产品的质量监督和管理工作，努力塑造出口产品的信誉和形象。

二是要向国内市场的广度和深度进军。要加快开发和生产农业产业化需要的各类技术设备；加快发展为住宅建设服务的中、小型施工机械和新型建材生产所需的成套设备；积极发展大型船舶机电设备和汽车、摩托车、家用电器专用加工、装配线成套设备。要按“量体裁衣、高效可靠”的要求广泛承揽“交钥匙工程”，并努力发展制造服务业，向市场的深度进军。

三是要积极培育新的经济增长点。今年七月部党组扩大会已对这项工作做了部署，要尽快按市场需求大、产业关联度高、科技含量多、经济效益好、带动作用强的原则，选择和确定行业新的经济增长点，并制定好专项发展规划和创造必要的条件，推动其迅速成长。

3. 狠抓扭亏增盈，力争经济效益状况有所好转

一是要大力强化市场营销工作。现代企业营销的目标是市场创新、产品创新、服务创新和效益创新，强有力的营销是提高市场占有率的重要手段。要利用各种机会向社会广泛宣传产品和企业的形象，扩大企业知名度。要建立灵敏快捷的市场信息系统，及时了解市场需求变化和用户对服务的要求。要建立稳定、高效的销售服务网络，选调优秀科技人员充实和加强营销队伍，切实加大营销工作的力度，提高营销工作的质量。

二是努力提高对资金、成本的控制能力。要建立健全各项财务管理制度，严格账户管理，避免资金流失和沉淀；切实把资金管理贯穿于企业生产经营的全过程，强化资金使用的计划性，统筹调度、集中使用，提高资金的周转效率。要把改进产品设计、压缩各项费用开支、减少次品和废品损失作为降低成本的重点来抓，建立和完善成本考核制度，建立岗位节约责任制，依靠职工当家理财，努力把蕴藏在企业内部的成本潜力充分挖掘出来。

三是要抓好扭亏工作。要按国家经贸委对扭亏工作的统一部署，重点抓好42家亏损大户的扭亏增盈。要继续探索运用改革的办法做好扭亏工作，与“三改一加强”和兼并、破产工作相结合，力求有所突破。要层层建立责任制，做到目标明确、责任到人、措施落实，力争这些企业先行走出困境。

我们这次会议是全面贯彻党的十五大和中央经济工作会议精神，关系行业今后一个时期改革和发展工作的一次重要会议。

同志们，机械工业面临着新的机遇和挑战，形势逼人、任重而道远。让我们团结起来，坚韧不拔、扎实工作，为实现行业振兴的目标而努力奋斗。

1997年“三大战役”工作进展情况

一、“产品质量翻身战役”

一年多来，按战役确定的工作计划，围绕实物质量、管理质量、服务质量三个目标，“产品质量翻身战役”各方面的工作已全面开展，各项重点工作都在向前推进并逐步向纵深发展，战役的目标、重点工作、措施以及为推进战役所需要制订的文件、培训资料等工作都已基本完成。

(一)名牌产品和质量信得过明星企业评价工作

名牌产品和明星企业评价工作在部有关装备司、协会、省市厅局的配合下，按实施计划进行了下列工作：

1. 成立中国机械工业名牌产品认定委员会、中国机械工业质量信得过明星企业评定委员会

根据《中国机械工业名牌产品认定管理办法》和《中国机械工业质量信得过明星企业评定管理办法》，成立了中国机械工业名牌产品认定委员会和中国机械工业质量信得过明星企业评定委员会，并设立相应的办公室，负责委员会的日常工作。

2. 公布机械工业创名牌产品品种目录。组织公布了1997～1998年度机械工业创名牌产品品种目录，共计65类，1997年度对其中39类产品开展名牌产品认定工作。

3. 组织制订名牌产品评价实施细则

对1997年度开展名牌产品认定的39类产品，组织制订并公布了33类产品的名牌产品评定实施细则，第一批公布了8类，第二批公布25类产品。风机、发电设备、输变电设备、炼油化工设备、泵类产品五类产品的名牌评价工作结合重点工程组织评价

(由重大装备司组织进行)。

4. 组织企业申报名牌产品

根据自愿的原则，通过省市机械工业管理部门组织企业报名参加创名牌产品工作。第一批有213个企业的217种产品，第二批有257个企业的317种产品申请名牌认定。

5. 下达1997年度机械工业名牌产品认定计划

根据《中国机械工业名牌产品认定管理办法》的要求，征求有关部门意见后，下达名牌产品认定计划:第一批下达47个企业的52个产品,第二批下达124个企业的124个产品的认定计划。

6. 组织相关名牌产品评价工作机构，并开展用户调查和对申报产品进行评价

7. 组织开展明星企业的评定工作

根据《中国机械工业质量信得过明星企业评定管理办法》和有关文件的要求,各省市机械工业管理部门就1997年明星企业的评定工作做了布置。报送预选名单并组织评审。

(二) 围绕重点开展工作

按照“抓重点突破”的要求，确定了部工作的五个重点，包括5个重点产品、5个重点工程、2个重点项目、5项重点工作、9个重点企业。

1. 重点产品

(1) 300MW火电机组，哈尔滨、上海、东方三大集团及北京、武汉等制造厂，都制定了创名牌计划。

(2) 茂名加氢反应器、大庆石化乙烯三机两项重点产品,正按合同开展工作;重大装备司派人参加协调会,深入工厂了解检查进展,其中沈阳鼓风厂因外方提供的工艺数据变化大进度推迟两个月，但仍争取按合同期限完成。

(3) 自走式联合收割机，农业装备司组织调查组深入各收割机制造厂调查摸底,科学分析,剖析质量状况，提出提高措施。

2. 重点工程

(1) 伊朗阿拉克4台325MW机组工程,生产与信息统计司上半年召开工作会议,协调设计进度,下半年深入制造厂及辅机配套厂协调检查解决问题并召开储运会议,使“三大战役”精神及重点工程推进计划在相关的机械、电力、铁路、船运等行业的企业中都得到贯彻。

(2) 盘山2×600MW电厂工程，与电力工业部协同成立重点工程协调小组，哈尔滨电机有限责任公司及三大主机厂制定了工作计划，完成了设计审查。

(3) 宝钢三期工程，跟踪1580mm热连轧机运行及1420mm冷连轧机安装调试，协调斗轮堆取料机进度。

(4) 一汽红旗轿车装备国产化工程，机械基础装备司两次派人调查，协调处理质量问题。

3. 重点项目

(1) 红旗牌轿车创名牌“一条龙”，一汽制定了计划,汽车工业司制定了配合工作计划,正在按进度要求开展工作;针对协作配套产品质量问题,汽车工业司发文给有关省市厅局、部门及企业,指出质量问题及整改要求。

(2) 深化质量保证承诺，建立践诺机制，以经济赔偿为特征的质量保证承诺和践诺制度已向纵深发展,践诺有了初步的机制和措施。从最早发起承诺的机床行业150家企业参加承诺活动,到目前已有:机床、发电设备主辅机、石化通用机械、重型起重运输、电力电子设备、电焊机、电度表、拖拉机、联合收割机、液压液力元件等行业开展了质量承诺活动。地方省市主管部门也组织了本地区的企业参加承诺活动，计有山东、广西、安徽、四川、浙江、福建、黑龙江、广东、陕西、宁夏、云南、上海、武汉等30多个省市。据初步统计已有1 180个企业参加了质量保证承诺活动,发表了质量保证承诺声明。一汽、东汽、重汽等企业集团也开展了承诺活动。机床行业在承诺、践诺方面做得比较深入，今年7月将赔偿金额、“三包”期等作了进一步的规定，加大了赔偿力度和跟踪力度。发电设备的质量保证承诺活动由机械、电力两部联合组织，承诺内容从产品质量、服务扩展到交货期、价格。今年二季度，我部会同国家经贸委、国家技术监督局、国内贸易部、国家工商行政管理局、农业部共同研究农机“新三包”，即按照《产品质量法》、《消费者权益保护法》、《合同法》等法律法规，规范调整农机制造企业、农机销售部门、农机修理企业和农民在产品质量方面的责任、权利和义务,并由各政府部门实行综合管理和行政监督,“新三包”的实施可将企业的生产经营活动、销售和维修活动纳入法治轨道。

4. 重点工作

名牌产品和明星企业评价两项重点工作已如前述,另三项重点工作是组织开展“千厂万组无废品活动”、“质量兴厂活动”和“用户满意活动”。“千厂万组无废品活动”能充分调动全体职工、班组的积极性，今年加大了推进力度。我部与国家技术监督局、中国机械冶金工会联合发出了《关于机械行业开展“千厂万组无废品活动”的通知》,3月份召开动员大会后，活动已轰轰烈烈地开展起来，取得一定效果。在今年9月份召开的质量工作会议上表彰了46个无废品班组和29个优秀班组。“质量兴厂活动”结合QC小组和质量信得过班组活动开展，中机质协对此进行了专门的总结和表彰，评选出123个部级优秀QC小组和56个部级质量信得过班组。当前，用户满意活动结合名牌产品认定和明星企业评定工作进行,通过函调、走访和召开座谈会等方式,组织用户满意调查,为评价提供依据,名牌、明星评价工作很重要的一点是用户说了算。

5. 重点企业

对于9个重点联系企业，工作目标是早日培育出一批名牌产品和明星企业，力争创出一批国家产品质量奖和国家质量管理奖。为实现这个目标,除部和有关省市厅局要关心这些企业,加强指导外,更要靠企业自身的努力。

9月份部召开了机械工业质量工作会议。会议总结了一年多来“产品质量翻身战役”各项工作情况，安排全行业明年的质量工作，同时还表彰了一批质量优秀班组。有6个企业和7个班组在会上交流了质量管理工作的经验。12月份召开了机械工业计量工作会议，明确了“九五”后三年配合“三大战役”要做的三项重点任务。

去年底，国家发布了《质量振兴纲要》，我部结合“产品质量翻身战役”的目标、要求，已制订了《机械行业质量振兴实施计划》讨论稿。目前为止，“产品质量翻身战役”所有的准备工作已全部完成，战役已发动起来，工作正在向纵深推进。

二、“组织结构优化战役”

（一）由部直接推进的几项工作取得积极进展

——由部重点推进的国机集团，经过一年的紧张工作和磨合，形成了一个完整的推进思路，正逐步发展成为集工、科、贸、金为一体的综合性大型企业集团，担当机械工业战略性改组的依托力量和发展平台。

——由农业装备司牵头推进的“工程机械四方战略合作委员会”工作取得积极成果。“工程机械四方战略合作委员会”于1997年4月在京召开了第一次会议，就共建销售网络、联合开发、配套协作、政策支持等四个方面开展联合、实现优势互补达成了共识，确定了四个工作小组1997～2000年重点工作及目标。通过了《四方战略合作委员会章程》，选举产生了第一届“四方战略合作委员会”组成成员（简称“四方联盟”）。在协作配套方面，徐工集团不再上发动机项目，主要由上海柴油机厂提供；安叉集团不再上变速箱项目，由青海工程机械集团配套，确定1997年四方内部配套销售额将达1亿元、联合销售1000万元。9月第二次会议确定要抓好三件实事，一是四方联合建立股份制的销售公司；二是在原有配套协作的基础上增加新的内容，由上海东风机械集团为安徽叉车集团开发叉车配套发动机；三是商定上海东风机械集团与青海工程机械厂、徐州工程机械集团与青海齿轮厂的兼并事宜。首次以“工程机械四方联盟”的名义成功地参加了9月份1997年国际工程机械展览会，树立了形象，扩大了影响。该联盟通过开展实质性工作，逐步实现相互持股、参股和资产重组，最终形成以资产为纽带的企业集团。

——由重大装备司负责推进的空分集团以股份制形式组建板式换热器公司的筹建工作已开始起步。目前已经组成由三家企业参加的工作小组。

为了组建东北通用机械集团，重大装备司与指挥部办公室多次赴沈阳进行协调，目前拟通过发行股票，进一步推进资产重组，尽快使集团运作起来。

——由汽车工业司负责推进的一汽集团内资产重组和主配联合取得了新进展。一汽集团对零部件厂按全资子公司模式改造，在完成了散热器厂等3个专业化厂的改造后，1997年继续把具备条件的零部件厂及辅助性服务单位推向市场。同时，也扶植了一批“小型巨人”企业。如长春齿轮厂由于一汽的扶植，生产能力由几千台提高到20万台，80%的产品对集团外销售，成为全国轻型车变速箱行业的“排头兵”。现在一汽集团以资产为纽带已组建了35个专业厂和243个协作厂，资产结构已开始向“哑铃型”发展。

（二）企业兼并、结构转型、专业化协作工作推进顺利

1.“巨人”备选企业的进展

——通过资产划转，壮大了常柴实力。今年5月，经常州市委、市政府决定常州东风农机集团公司、常州飞天集团公司成建制划归常柴集团。其国有资产授权给常柴集团公司统一经营管理。资产划转后，组建具有经营优势、规模实力的东风农机股份有限公司，争取发行股票。

——嫁接改造以及跨行业联合增强了瓦轴集团的市场竞争能力。1997年3月份瓦房店轴承股份公司正式成立，之后又成功地上市发行了外资股（B股）1.3亿股，为了壮大公司实力，瓦轴集团在1996年兼并大连拖拉机厂、大连科隆链条链轮公司、辽阳轴承厂的基础上，1997年初又兼并了大连仪表集团公司，使总资产扩大了2.78亿元。到目前为止，瓦轴集团已拥有13个控股子公司，3个全资子公司，9个参股子公司共25个企业，总资产达36.3亿元。

——一拖集团大公司、大集团战略按计划稳步推进。一拖集团在1997年成功发行H股获得16亿元发展资金后，积极考虑与行业内企业的重组和联合，对要求加入一拖集团的20个企业，有重点地选择10个企业进行了考查、论证，积极探讨与清江拖拉机厂、新疆十月拖拉机厂、银川拖拉机厂等6个企业的联合兼并工作。

——通过推进“强强”联合、“强弱”联合，一汽集团壮大了实力，扩大了市场份额。今年3月，一汽集团在已形成东北轻型车生产基地的基础上，与云南红塔集团实行“强强”联合，以控股形式兼并蓝箭汽车厂，成立了一汽红塔云南汽车制造有限公司，进一步调整优化了产业布局。到目前为止，一汽已经兼并和控股了15个企业，涉及职工8万多人，盘活了大约200多亿元呆滞资产。通过联合兼并，发挥大集团技术管理的辐射作用，也盘活了资产。如一汽控股金杯公司以后，对其进行全面的调整、改组、改造，在短短两年内扭转了经济效益不好的局面。吉林轻型车厂进入一汽后，不仅增加了1t轻卡和轻型客车两个拳头产品，而且根据市场变化情况，调整了产品结构；其产值和全员劳动生产率分别比进入一汽时提高了13.3倍和7.4倍。大连柴油机厂亏损额曾高达几百万元，划归一汽后当年就扭亏为盈，此后产量、产值、利税平均每年以36%，35%和80%的速度增长。

——上海电气（集团）总公司，自1996年底由原上海电气（集团）总公司与上海机电控股（集团）公司实行资产联合重组后，拥有350亿元资产，形成了较强的竞争优势。为了实现上海机电工业的新一轮突破，形成以贸易为“龙头”、金融为支撑、技术为后劲的制造业为主、多种经营的特大型公司，提出了四个创新，组建7个事业部的发展思路。四个创新，即机制创新，结构创新，技术创新，管理创新。7个事业部是电站、输配电设备、通用机械、重型机械、工程机械、机床、机械基础件。各个事业部联合了一大批工艺相近、产品及协作有互补性的相关企业。通过这种形式的改组联合，实现了由单个企业竞争向组织企业群体联合对外竞争的态势。

——徐工集团重组了起重机械公司，将徐州回转支承公司和进出口公司改制为有限责任公司；春兰集团与苏州机械控股（集团）公司合资，不仅使春兰空调生产能力很快得到扩大，苏州空调器也盘活了存量。

——江苏宝胜集团公司为了建设“巨人”企业，积极考虑同用户部门结合，以技术、品牌、资金等跨地区、跨部门联合济南供电局属下一个电缆厂，通过这种形式的运作，联合当地用户，开拓山东市场。按照这种思路，宝胜集团还在上海、黑龙江等地市开展同类型兼并联合，发展规模经营。

——在加快改组联合建设“巨人”企业上，各省市开展了大量工作。如辽宁省采取各种措施，积极促进鞍山冷却器厂、鞍山整流器厂、丹东电力电容器厂、营口特种变压器厂、辽阳纸板厂等一批企业加入东北输变电集团。

2. 企业内部结构转型的进展

——上海柴油机股份有限公司在积极推动联合兼并，壮大集团实力的同时，非常注重企业内部资产重组和结构转型，精干主体、加强两头。每年投入新产品开发和技术创新的费用已占销售额的3%～5%，1997年开发的三个新产品（G6135、B114、6180柴油机）显示了广阔的市场前景；公司内各生产厂组建具有法人资格的子公司独立经营，大力推进专业化协作，通过合资组建零部件生产企业，使零部件的自制率从过去的60%～70%下降到目前的30%；加强营销队伍建设，公司本部营销人员从1994年的103人增到400人，其中大专以上学历及中级职称人员占20%，营销网点遍布全国；从1996年起，公司每年按4%～5%的比例进行人员分流下岗，减员增效，1996、1997年分别下岗了417人、604人，并对生活服务及辅助部门进行分离，推向市场独立经营。

——哈尔滨量具集团加强对内部资产进行优化重组，发挥集团效应。如将锻压生产集中在哈尔滨第一工具厂，热处理集中在哈尔滨量具刃具厂等，从配料到生产，结构更加合理。与此同时，集团还把尺架等产品的粗加工扩散出去，把技改放在精加工和关键工序上，提高了技术开发水平，实现了数控刀具系列化。

——济南第二机床厂按“哑铃型”结构组织企业的技术改造，盘活存量资产，通过“九五”改造，加强技术开发和总装调试能力的建设，向“两头强、中间精”的组织结构努力，同时，调整毛坯与零件制造厂的职能，将原来只为本厂服务的单一职能，改为既服务企业又面向社会的双重职能，达到优化结构创收的目的。

——东风汽车公司加大改组力度，发展专业化协作、新产品零部件的自制率已降低到30%，同时加快零部件厂改造为子公司的步伐，到目前为止，东风公司已有8个零部件专业厂成为面向市场的独立实体，逐步向“小型巨人”企业方向发展。

3. “小型巨人”备选企业的进展

——中原内燃机配件总厂通过整体改制，实施兼并联合，扩大经济规模和生产能力，以实现本世纪末将企业建成亚洲乃至世界最大的汽缸套生产企业的目标。

——以山东活塞厂为核心的渤海活塞集团通过与长春一汽合资，建立长春分公司，利用地域优势，占领东北汽车配套市场；利用技术与产品优势，在淄博建立农机活塞基地；通过引进外资，消化吸收引进技术建立活塞专机和特种铸造公司，逐步壮大实力。

——韶关铸锻总厂正在按制订的企业联合兼并、实现规模经营的方案，争取实现成为我国最大的铸锻件专业化生产企业的目标。

三、“开发能力提高战役”

（一）进一步完善战役目标和推进思路

经过企业的一段实践，以及大量的调查研究，对战役目标进行了完善。

1. 完善后的战役目标

在1997年7月部党组扩大会议上，包部长针对“三大战役”调整后的工作目标进行了全面阐述，“开发能力提高战役”包含三个方面的目标：

一是技术中心建设目标。在300个企业中建立起具有较强开发能力的技术中心；

二是产品结构调整目标。围绕满足市场需求，要开发出1 000种具有较高市场占有率和自主知识产权的产品，加强产品结构调整；

三是为中小企业服务目标。充分利用科研院所、大专院校及社会的力量，建立起为中小企业服务的技术开发体系。

2. 新的推进思路

1997年7月部党组扩大会议之后，战役指挥部根据包部长的重要讲话，重新修定了工作思路，进一步突出了“抓重点、带全面”的思路，具体内容是：

——以“CAD技术应用”工作为突破口和切入点，以企业技术中心建设为“龙头”，促进企业开发能力的全面提高。

——以一批重点企业技术中心的建设、一批重点产品的研究开发、一批重点科技项目的攻关，带动“四个指南”的全面实施。

——起动“建立中小企业技术开发服务体系”的前期研究工作。

——明确分工、密切配合。重点企业技术中心的建设、重点产品的开发、重点科研项目的攻关由汽车工业司及各装备司负责，指挥部办公室协助；指挥部办公室负责企业技术中心建设情况的调研、“CAD应用发展年”及“建立中小企业技术开发服务体系”

前期研究等。

（二）进一步推进技术中心建设工作

建立技术中心，是提高企业自主开发能力和技术创新能力，促进企业成为技术开发主体的组织保证，也是开发能力提高战役的核心内容。战役指挥部主要通过加强督促调研、经验推广、争取支持三种方式来促进这项工作的开展，并收到了较好的效果：

1. 对加强技术中心建设有了新的认识

1997年，部汽车司、各装备司和指挥部办公室利用各种机会，开展了大量的调查研究工作，先后100多个企业进行了实地调查；下半年还通过函调形式，对300多家技术中心备选企业的进展情况进行了调查。通过调研，不仅了解了技术中心建设的进展情况，而且对一些问题有了新的认识：

第一、坚持“有的企业为，有的企业不为”的原则。大型企业，特别是企业集团及行业的排头兵企业要抓紧建设，其他中小企业应依靠社会上的技术服务体系。

第二、坚持“统筹规划、分步实施”的原则，技术中心建设必须从企业的发展需要和现有条件出发，制定人才引进、培养计划，设备购置计划、资金投入计划，同时要避免出现“大而全、小而全”现象，造成资源的浪费。

第三、坚持“优势互补、开放建设”的原则，对于基础条件较差的企业来说，要建立起具有一定规模和实力的技术中心，绝不是三年、五年就能实现的，需要较长时期的努力和巨额的资金投入，必须从长计议，充分利用社会上的科技资源来加速中心的建设进程。

第四、中心建设要坚持边建设边开发；坚持产学研结合、开放式研究；坚持高起点，技术引进与自主开发相结合。

2. 绝大部分企业已启动技术中心建设工作

《机械工业企业技术中心建设指南》，共列入了300个备选企业，从调研情况，以及地方上报情况看，备选企业中的绝大部分对技术中心建设都十分重视，基本都启动了技术中心建设计划，只是在资金投入的强度和人才的配备方面，存在着程度上的不同。

3. 国家和各地方十分重视技术中心建设

第一、得到了国家经贸委的大力支持。1992年，国家经贸委开始认定国家级企业技术中心，到今年已分四批共认定了180个企业技术中心。经过企业、地方政府和部的共同努力，机械行业中国家级企业技术中心已经达到49个，另有国产化基地18个。1997年10月，部科技与质量监督司在对有关企业全面考核的基础上，又向国家经贸委推荐了江苏宝胜集团公司等9个企业申报新一轮国家级企业技术中心。这对于机械工业企业技术中心建设，无论是资金支持方面，还是政策支持方面都会起到较大的促进作用。

第二、各省市主管部门和部有关司采取多种方式督促技术中心建设。据对24个省市情况的调查分析，有18个地方政府部门开始认定企业技术中心工作，112个机械企业列入省（市）级企业技术中心。各地区还采取各种措施促进技术中心建设。如山东省制定了《山东省企业技术开发中心评价考核办法》，要求中心必须人员和组织落实，有显著的技术创新成果，有良好的技术创新机制，有合理的经费投入和必要的开发手段及条件。

4. 部分企业技术中心建设获得进展

在机械行业中，一汽集团、猴王集团、瓦轴集团、徐工集团、柳工集团、春兰集团、沈阳鼓风机厂等一批企业的技术中心建设取得较大进展，四联集团、一拖集团等企业已顺利完成了一期建设计划，并获得国家经贸委颁发的“八五国家技术创新优秀项目奖”。例如，四联集团在一期建设中共开发新产品122项，其中国家试产项目5项，国家攻关项目10项，国家火炬项目8项，96%的新产品达到国内领先水平或国际同类水平，发挥了技术中心提高企业开发能力，增强发展后劲的巨大作用；一汽集团重点抓了产品设计能力、产品试验能力、新产品试制能力的提高和人员培训工作，有力地促进了技术中心建设。

为了推广这些企业的好经验，带动行业中企业技术中心的建设，战役指挥部于今年分别在沈阳鼓风机厂、一拖集团公司、瓦轴集团、汕头超声研究所召开了四个现场会议。会议以总结、推广这些企业在企业技术中心建设、加大技术开发资金投入强度、调动工程技术人员积极性等方面的经验为主题，让企业代表现场体会这些企业的作法，取得良好效果。

（三）CAD应用工作有较大进展

CAD应用工作是“开发能力提高战役”的技术切入点和突破口，这已成为各级主管部门和企业的共识。部在成功地组织了“CAD应用1215工程”后，又组织实施了“1550应用工程”，并将1997年定为“CAD应用发展年”，以求在全行业上的推动。

第一、提高了各级管理部门和企业领导对CAD工作的认识。各省市均将加强CAD应用工作纳入到本地区开发能力提高战役的实施计划之中，并作为一项重要的考核目标。

第二、逐步完善了咨询服务体系。到目前为止，已成立了拖拉机、通用机械等11个行业分中心，江苏、辽宁等13个地区分中心，使机械工业CAD咨询服务体系初具规模，为企业应用CAD技术奠定了良好的基础。

第三、CAD软硬件支持合作网已基本建成。现有网员单位18个，包括国内外的机械CAD软件供应商。该网今年已配合“1440应用工程”和“CAD应用发展年”开展了一系列工作，取得了满意的结果。

第四、“CAD应用1550工程”已经起动。目前已有200多个企业申报1550工程示范企业，现正对这些企业的技术方案进行评审，已完成100多个企业的评审，并确定了第一批30个示范企业。

第五、“全装机”工作正顺利进行。根据“CAD应用发展年”工作计划，今年下半年起动了企业

CAD支撑平台的规范化、正规化工作，即“全装机”活动。通过与AUTODESK公司的协商，双方达成协议，AUTODESK公司愿以最优惠的条件向机械行业已使用AUTOCAD软件的企业实施全装机工作，在短短两个月时间里，已有近百家企业提出全装机意向。

（四）加强了形成自主开发能力的途径探讨

形成自主开发能力，开发出具有自主知识产权的产品是实施“开发能力提高战役”的最终目标，在我国企业的综合技术实力和水平与发达国家存在较大差距的情况下，汽车行业积极努力，率先探索适合行业特点的发展思路。

1997年，汽车工业司组织力量先后与上海汽车集团公司、一汽集团公司、神龙富康等企业共同商讨产品的更新换代工作；召集行业内重点企业，共同分析行业中存在的关键技术；还于10月召开了汽车行业形成产品开发能力高级研讨会，行业中的13个重点企业的主要负责人以及部有关领导出席了会议。

与会代表经过讨论，初步形成了下一步的发展思路，即为了参与国际市场竞争，发展我国的汽车工业，必须抓住机遇，利用发达国家的成熟技术，利用国内市场对外国公司的巨大吸引力，积极与之合作，走联合开发的道路，选准重点，逐步突破，建立自主开发体系，形成自主开发能力。

（五）其它重点工作也在逐步落实

1. 新产品开发工作

1997年，新产品开发工作有较大进展。《机械工业重点开发产品指南》中相当一批产品已列入1997年新产品试制计划。截止至二季度，山东省将本省列入开发指南产品的60%，列入了各类科技计划进行实施；湖北省已完成8项；江苏省列入指南的产品有73项，到目前已鉴定投产15项，出样机23项，正在试制的有10项，处于设计阶段的有20项，获得满意的效果。

上海汽车集团自战役第二阶段以来，共开发新产品95项，产值达190亿元，新产品产值率达50%。

一汽集团今年上半年投入新产品开发资金2 424万元，同比增加一倍多，共完成18种车型的开发工作，其中12种已通过鉴定并上目录，其余6种车型已具备鉴定条件，而上年同期仅8种通过鉴定。

2. 重点科技攻关项目

部有关司，积极向国家计、经、科三委申报各类科研项目，其中重点项目27项；截至年底，已经落实经费或进入实施阶段的项目有12项。

3. “中小企业技术开发服务体系”研究工作

为了探索建立服务体系的途径，指挥部办公室已于下半年起动了研究工作。今年已制定研究方案，收集分析国外中小企业的技术服务体系，并对行业内数百家中小企业技术开发能力进行了函调，整个研究工作正按计划如期进行。

〔责任编辑：张友鹤〕

1997 年机械工业部系统大中型企业工业经济效益综合指数指标排序

机械工业部生产与信息统计司根据 1997 年机械工业部系统的 2 959 个大中型企业的年报资料，选择了 139 个小行业，进行效益指标排序，以反映机械工业各行业及较好企业的水平。本《年鉴》选择工业经济效益综合指数（单位为%）排序资料予以刊登。根据各行业内的企业数量多少，而选择排序的企业数量。

工业经济效益综合指数排序　　(单位:%)

排序	企业名称	指数
	全国机械工业	**85.09**
一	**农业机械工业行业**	**89.62**
	大中型拖拉机制造业	**92.98**
1	宁波中策拖拉机汽车有限公司	231.42
2	上海拖拉机内燃机公司	176.64
3	中国一拖集团有限公司	99.23
4	山东拖拉机厂	86.49
5	天津拖拉机制造有限公司	76.91
6	淮阴拖拉机集团公司	67.73
7	哈尔滨拖拉机厂	−5.13
8	湖北拖拉机厂	−15.57
9	安徽拖拉机厂	−69.49
	小型拖拉机制造业	**71.79**
1	安徽六安手扶拖拉机厂	298.94
2	河南省燎原集团公司	235.40
3	开封机械厂	198.32
4	新乡市第一拖拉机厂	182.51
5	聊城拖拉机厂	156.77
6	德州拖拉机厂	140.89
7	山东手扶拖拉机制造厂	138.19
8	山东潍坊拖拉机集团总公司	125.94
9	昆明市手扶拖拉机厂	124.91
10	东风农机集团公司	124.17
	内燃机制造业	90.21
1	云南内燃机厂	302.08
2	中国一汽无锡柴油机厂	272.19
3	武进柴油机厂	255.49
4	安徽全柴集团有限公司	223.41
5	常柴股份有限公司	223.06
6	泰安柴油机厂	200.83
7	江苏行星机械集团公司	196.52
8	江苏江动集团有限公司	191.65
9	常柴集团金坛柴油机总厂	175.41
10	郑州金牛集团有限责任公司	174.07
	拖拉机内燃机配件制造业	**71.96**
1	舟山动力机器厂	460.06
2	无锡威孚集团公司	351.09
3	仪征活塞环厂	228.21
4	上虞动力机厂	195.74
5	广东肇庆动力配件有限公司	191.31
6	株洲火炬火花塞股份有限公司	173.86
7	武进电机厂	173.73
8	杭州天宇油泵油嘴有限公司	159.43
9	四川海陵实业股份有限公司	158.26
10	无棣机械股份有限公司	158.15
	机引耕作农具制造业	**120.64**
1	山东华日集团总公司	285.99
2	连云港市旋耕机集团公司	173.22
3	德州农机厂	134.64
4	延吉市插秧机制造厂	108.62
5	公主岭播种机厂	95.51
6	石家庄市农业机械厂	85.26
7	河北省保定农机厂	70.91
8	禹城机械厂	65.91
9	徐州农业机械厂	61.19
10	佳木斯北方机械有限公司	57.49
	机动植保机械制造业	**165.85**
1	临沂华盛企业集团有限责任公司	231.21
2	苏州农业药械厂	147.84
3	浙江今飞机械集团有限公司	87.36
	收获机械制造业	**106.45**
1	桂林联合收割机总厂	256.19
2	河南省舞阳惠方集团公司	236.00
3	新疆联合机械集团有限责任公司	166.77
4	佳木斯联合收割机厂	157.48
5	南通农业机械总厂	116.23
6	牟平收获机械制造厂	105.33
7	四平联合收割机总厂	52.92
8	北京联合收割机发展集团	46.35
9	镇江脱粒机厂	20.72
10	北京市机械设备厂	19.38
	场上作业机械制造业	**122.77**
1	河南省临颖机械厂	154.84
2	曲阜活塞厂	126.35
3	高密市农业机械厂	118.91
4	内乡县机械厂	92.60
	农副产品加工机械制造业	**141.26**
1	郯城精华机械（集团）股份有限公司	358.21
2	河南企鹅集团有限公司	151.71
3	乐陵机械厂	96.14
4	鱼台机械制造厂	89.93
5	广西绿珠股份有限公司	85.14
6	邯郸棉花机械厂	84.43
7	天津市静海机械工业公司	76.35
8	云南茶叶机械厂	68.89
9	山东面粉机械厂	64.62

（续）

排序	企业名称	指数
	农业运输机械制造业	**146.35**
1	山东黑豹股份有限公司	464.25
2	山东时风集团公司	453.57
3	安徽飞彩（集团）公司	390.27
4	山东巨力股份有限公司	362.80
5	安徽省宁国市甲路通用机械厂	335.02
6	广平县机械厂	319.39
7	聊城双力农用车集团公司	271.46
8	北汽福田车辆股份公司怀柔车辆厂	269.58
9	寿光华源聚宝农用车有限公司	249.38
10	宜昌至喜集团公司	245.40
	排灌机械制造业	**83.93**
1	河北省霸州市机械制造有限公司	96.72
2	平江潜水电泵厂	86.85
3	山东省肥城市农机厂	79.04
4	衡阳市湘南电机厂	64.01
	畜牧机械制造业	**51.97**
1	文登市农业机械厂	193.71
2	德清县机械厂	90.03
3	上海浦东电工电器公司	64.30
4	大同农牧机械厂	55.26
5	海拉尔牧业机械总厂	45.12
6	山东省五莲县农牧机械厂	22.15
7	青岛大华机器厂	2.82
8	青海农牧机械厂	-0.53
9	阿坝州牧业机械厂	-361.03
	半机械化农机具制造业	**24.04**
1	五莲县减震器有限公司	169.88
2	山东省济宁市车辆厂	124.68
3	南阳市宏大机械厂	87.11
4	信阳环宇机械（集团）有限责任公司	34.30
5	盐城风驰集团有限公司	13.73
6	南阳康远机器总厂	-50.10
7	湖北省襄樊市车辆总厂	-70.08
8	邢台车辆厂	-286.04
	农业泵制造业	**104.49**
1	南京制泵集团股份有限公司	214.05
2	浙江丰球集团公司	213.94
3	日照机械（集团）股份有限公司	196.91
4	石家庄市潜水电泵厂	189.71
5	山东双轮集团有限公司	184.44
6	江苏泰丰潜水电泵厂（集团）	160.24
7	山东电泵股份有限公司	156.76
8	宁津机械厂	150.77
9	杭州水泵总厂	135.55
10	杭州大路实业有限公司	135.53
	农机齿轮制造业	**77.39**
1	江苏飞船齿轮厂	305.20
2	常州齿轮厂	176.68
3	安阳齿轮厂	155.61
4	武进金城齿轮有限责任公司	152.90
5	兴化齿轮厂	135.56
6	安徽省东至齿轮厂	126.18
7	江苏力士集团公司	120.08
8	山东济宁齿轮厂	117.07
9	皖南光明（集团）有限责任公司	105.57
10	南皮县齿轮总厂	99.54
	水利机械制造业	**-53.60**
1	黄骅市五一机械厂	114.01
2	隆回县机械制造有限公司	71.57
3	廉江市机械厂	-407.11
	粮油工业专用设备制造业	**117.76**
1	赞皇县机械厂	231.05
2	南阳光辉机械厂	198.74
3	四川青江机器股份有限公司	127.30
4	皖南利民机械总厂	102.68
5	南皮县机械厂	82.63
6	安徽省五河县机械厂	76.40
7	吉林市机械厂	41.79
8	沈丘县机械厂	38.71
9	常德中兴机械厂	36.91
10	吴川市机械集团公司	-42.29
	饲料工业专用设备制造业	**20.26**
1	广东华达集团有限公司	20.26
	营林机械制造业	**-2.78**
1	漯河林业机械厂	-2.78
	其他农林牧渔业机械制造业	**53.22**
1	张家港市渔业机械厂	233.39
2	大连船用齿轮箱厂	-71.97
3	地方国营普陀机械厂	-144.87
二	**工程机械工业行业**	**63.79**
	挖掘机制造业	**21.57**
1	国营长林机械厂	128.41
2	合肥矿山机器厂	108.56
3	抚顺挖掘机制造厂	5.48
4	上海建筑机械制造厂	4.44
5	北京建筑机械厂	1.21
6	贵州詹阳机械工业有限公司	-14.14
	压路机制造业	**54.07**
1	上海金泰股份有限公司	61.85
2	三明重型机器有限公司	51.44
	推土机制造业	**24.12**
1	宣化工程机械厂	106.99
2	山东推土机总厂	82.06
3	黄河工程机械厂	81.01
4	湖北咸宁工程机械股份有限公司	48.83
5	彭浦机器厂	34.75
6	吉林省和龙机器厂	5.73
7	青海工程机械厂	-45.81
8	鞍山第一工程机械股份有限公司	107.32
	工程起重机械制造业	**70.29**
1	徐州工程机械集团有限公司	106.98
2	泰安专用汽车制造厂	89.12
3	湖南省浦沅集团有限公司	82.45
4	北京起重机器厂	78.66
5	抚顺市起重机总厂	75.37
6	锦州重型机械股份有限公司	44.83
7	四川长江工程机械集团有限公司	38.21

（续）

排序	企业名称	指数	排序	企业名称	指数
8	安徽省蚌埠安利机器厂	12.79	7	天津三达电器有限公司	92.93
9	泰安起重机械厂	−10.51	8	无锡威达电工仪表有限公司	90.93
10	哈尔滨工程机械厂	−311.43	9	南京电表厂	88.67
	叉车制造业	**75.77**	10	上海电表厂	85.41
1	安徽叉车集团公司	165.59		**分析仪器制造业**	**89.10**
2	山东光明机器厂	128.99	1	上海精密科学仪器有限公司	117.08
3	杭州叉车总厂	89.75	2	佛山分析仪器厂	91.70
4	大连叉车总厂	73.62	3	高密分析仪器厂	65.18
5	厦门海德总公司	65.99	4	北京分析仪器厂	46.35
6	宜昌市叉车厂	54.54	5	南京分析仪器厂	45.66
7	江西电工厂	53.14		**光学仪器制造业**	**84.61**
8	锦州叉车总厂	46.76	1	苏州第一光学仪器厂	147.42
9	天津市叉车总厂	23.87	2	江西光学仪器总厂	130.64
10	江苏靖江工程机械集团有限公司	16.48	3	北京光学仪器厂	114.50
	风动工具制造业	**43.90**	4	重庆光电仪器总公司	111.62
1	宜春风动工具厂	78.73	5	梧州市光学仪器厂	94.63
2	桂林风动工具厂	60.88	6	南京江南光电集团股份有限公司	81.78
3	通化市风动工具厂	59.14	7	长春第一光学仪器厂	79.18
4	南京工程机械厂	21.93	8	上海光学仪器四厂	56.54
5	湘潭风动机械厂	−26.95	9	北京瑞利分析仪器公司	40.32
	凿岩机制造业	**15.92**	10	天津市光学仪器厂	28.33
1	浙江开山股份有限公司	93.66		**试验机制造业**	**45.83**
2	天水风动工具厂	16.73	1	汕头超声研究所	547.52
3	宣化采掘机械厂	−55.61	2	上海申克试验机有限公司	119.88
	其他建筑机械制造业	**98.80**	3	济南试金集团有限公司	104.91
1	柳州市建筑机械总厂	324.93	4	莱州试验机总厂	75.36
2	山东临沂工程机械股份有限公司	236.61	5	广州试验仪器厂	57.84
3	山东工程机械厂	184.02	6	长春试验机集团公司	43.86
4	厦门工程机械股份有限公司	178.42	7	苏州试验仪器总厂	27.14
5	宜春工程机械股份有限公司	144.45	8	浙江竞远机械设备有限公司	2.53
6	新河钻机厂	143.26	9	营口仪器厂	−29.42
7	柳州工程机械企业集团公司	126.67	10	丹东射线仪器（集团）股份有限公司	−36.06
8	成都工程机械（集团）有限公司	117.40		**实验室仪器及装置制造业**	**386.58**
9	河北省东光县第一机械厂	95.16	1	春兰（集团）公司	536.01
10	广元市机械集团有限公司	94.82	2	重庆试验设备厂	88.44
三	**仪器仪表工业行业**	**130.79**	3	淄博空调风机股份有限公司	27.32
	工业自动化仪表制造业	**74.40**	4	湖南仪器仪表总厂	−35.23
1	上海罗斯蒙特有限公司	506.25		**电影机械制造业**	**−4.12**
2	上海横河电机有限公司	444.37	1	天津市中环影像设备公司	16.02
3	承德热河克罗尼仪表有限公司	439.45	2	哈尔滨电影机械厂	−4.08
4	上海·福克斯波罗有限公司	223.94	3	甘肃光学仪器工业公司	−4.35
5	温州海米特集团公司	219.47		**照相机及器材制造业**	**313.50**
6	安徽省天长市仪表厂	130.62	1	麦科特集团公司	500.28
7	上海自动化仪表股份有限公司	128.79	2	上海美能达光学仪器有限公司	297.82
8	成都水表厂	116.02	3	天津三星光电子有限公司	132.60
9	重庆仪表厂	113.34	4	上海海鸥照相机厂	101.59
10	宁波水表厂	113.18	5	上海海鸥照相机有限公司（实体）	65.53
	电工仪器、仪表制造业	**91.00**	6	天津市照相机公司	41.65
1	湖北沙市电工仪表集团公司	284.37	7	北京市照相机总厂	20.14
2	宁波三星集团股份有限公司	235.38		**光学玻璃制造业**	**86.48**
3	华立集团有限公司	206.95	1	上海新沪玻璃厂	86.48
4	青岛电度表厂	161.87		**幻灯机及投影仪制造业**	**58.11**
5	上海电度表厂	130.52	1	南京电影机械厂	63.80
6	上海市仪表（集团）公司	103.87	2	郑州照相机厂	45.21

(续)

排序	企业名称	指数	排序	企业名称	指数
	复印机制造业	**139.97**	8	安徽省合肥化工机械厂	12.87
1	上海施乐复印机有限公司	402.74	9	北京金属结构厂	6.60
2	营口复印机有限公司	197.62	10	盘锦市石油化工机械总厂	0.00
3	广州复印机厂	129.64		**印刷工业专用设备制造业**	**99.06**
4	广东世联实业(集团)公司	120.36	1	威海滨田印刷机械有限公司	340.59
5	天津市中环复印绘图机械公司	58.97	2	上海亚华印刷机械有限公司	219.44
6	天津市复印设备公司	57.30	3	上海申威达机械有限公司	212.05
7	天津佳能有限公司	−58.16	4	上海紫光机械有限公司	204.68
	其他文化办公用机械制造业	**80.88**	5	上海高斯印刷设备有限公司	193.03
1	上海打字机厂	−42.57	6	景德镇市印刷包装机械有限公司	189.76
	专用仪器仪表元器件制造业	**93.17**	7	威海市印刷机械厂	184.85
1	苏州仪表元件厂	214.94	8	北人印刷机械股份有限公司	163.20
2	上海爱普生磁性器件有限公司	193.79	9	深圳市机械工贸公司	161.51
3	湖北省襄樊市仪表元件厂	110.29	10	上海第二印刷机械厂	129.88
4	天津天力有限公司	102.72		**制药工业专用设备制造业**	**71.05**
5	苏州晶体元件厂	101.42	1	上海天祥健台制药机械有限公司	139.24
6	上海合金厂	90.21	2	上海阿仁科机械有限公司	−51.22
7	四川川仪有限责任公司	64.57		**环境保护机械制造业**	**123.63**
8	杭州仪表元件厂	31.60	1	浙江华宝实业公司	261.52
9	国营青岛磁钢厂	−98.62	2	浙江天洁机械集团有限公司	230.39
	衡器制造业	**34.73**	3	浙江菲达机电集团有限公司	137.50
1	营口市仪器三厂	39.80	4	龙净企业集团公司	100.92
2	承德市自动化计量仪器厂	32.56	5	湖北环保集团股份有限公司	93.59
	气象海洋水文天文测量仪器	**10.19**	6	唐山清源环保机械公司	92.85
1	长春气象仪器厂	10.19	7	潍坊环保设备厂	51.99
	医疗器械制造业	**153.08**	8	湘乡机械厂	45.52
1	广东威达医疗器械(集团)公司	153.08	9	淄博环保设备厂	25.33
	汽车仪器仪表制造业	**54.72**	10	百色通用机械厂	−0.05
1	天津华狮汽车仪表有限公司	93.92		**冷冻设备制造业**	**138.88**
2	上海易初日精有限公司	90.33	1	上海合众—开利空调设备有限公司	1 261.52
3	上海福电汽车电子有限公司	−127.02	2	上海通惠—开利空调设备有限公司	857.12
	其他仪器仪表计量器具制造业	**149.74**	3	上海哈格诺克冷气机有限公司	669.63
1	上海石油仪器厂	104.54	4	浙江春晖集团公司	211.90
2	天津市建筑仪器试验机公司	34.12	5	浙江省三花集团公司	206.73
四	**石油化工通用机械工业行业**	**85.51**	6	上海第一冷冻机厂	203.05
	石油工业专用设备制造业	**34.01**	7	浙江联丰集团	202.31
1	中国通化石油工具股份有限公司	276.40	8	上海一冷开利空调设备有限公司	175.45
2	金湖机械厂	208.34	9	广州冷冻机厂	174.88
3	吉林省大安石油机械厂	101.75	10	东莞市中兴保鲜设备有限公司	157.86
4	上海轻工机械股份有限公司	91.44		**气体压缩机制造业**	**82.64**
5	兰州兰石总厂机械制造公司	79.79	1	上海英格索兰压缩机有限公司	572.00
6	上海第一石油机械厂	79.17	2	余姚通用集团公司	179.81
7	广饶石油机械股份有限公司	78.45	3	广州空气压缩机厂	110.43
8	四川慧剑石化装备有限责任公司	74.86	4	上海压缩机有限公司	101.06
9	抚顺机械厂	69.03	5	南京压缩机股份有限公司	97.78
10	淄博石油机械制造总厂	61.68	6	柳州第二空气压缩机总厂	88.43
	化工与化纤设备制造业	**9.99**	7	上海东方压缩机厂	86.72
1	盘锦兴达股份有限公司	145.53	8	常熟机械总厂	75.20
2	天津市换热装备总厂	74.24	9	南京华冠压缩机有限公司	71.27
3	兰州长征机械厂	73.19	10	开封空分设备厂	69.88
4	云南化工机械厂	59.54		**气体分离设备制造业**	**54.28**
5	苏州化工机械厂	54.23	1	无锡压缩机股份有限公司	130.78
6	青岛通用机械厂	44.72	2	四川空气设备集团有限责任公司	84.54
7	新乡利民机械工业公司	26.99	3	吴县苏州制氧机厂	79.42

（续）

排序	企业名称	指数
4	杭州制氧机集团公司	74.08
5	重庆气体压缩机厂	73.38
6	哈尔滨制氧机厂	64.05
7	江西气体压缩机厂	59.48
8	江西制氧机厂	58.51
9	自贡机械一厂	−2.25
10	哈尔滨环保制氢设备工业公司	−85.23
	工业泵制造业	**72.79**
1	上海水泵厂	322.06
2	安徽省宁国市工业泵厂	152.04
3	佛山水泵厂	145.24
4	唐山市水泵厂	122.50
5	昆明市水泵厂	111.96
6	开平市开平机械厂	100.75
7	重庆水泵厂	97.83
8	上海凯士比泵有限公司	93.67
9	天津泵业机械集团有限公司	91.14
10	石家庄水泵厂	90.34
	风机制造业	**85.93**
1	浙江上风集团公司	451.17
2	四平金丰股份有限公司	158.27
3	石家庄市风机厂	122.63
4	上海鼓风机厂	116.93
5	北京风机二厂	106.26
6	哈尔滨暖风机厂	102.20
7	章丘鼓风机厂	101.45
8	南通风机厂	94.37
9	天津市鼓风机总厂	80.58
10	陕西鼓风机（集团）有限公司	80.44
	真空获得及应用设备制造业	**54.81**
1	广东真空设备厂股份有限公司	94.60
2	上海真空泵厂	90.77
3	浙江真空设备集团有限公司	75.53
4	北京仪器厂	70.44
5	淄博真空设备厂	65.80
6	兰州真空设备有限责任公司	54.82
7	上海曙光机械制造厂	30.96
8	抚顺真空设备厂	−31.89
9	锦州真空设备制造总厂	−167.93
	橡胶工业专用设备制造业	**43.55**
1	三明双轮化工机械有限公司	64.24
2	四川亚西机器厂	13.92
	塑料工业专用设备制造业	**310.85**
1	顺德市震德塑料机械厂有限公司	449.37
2	宁波海天股份有限公司	363.08
3	东华机械有限公司	305.76
4	张家港维达机械集团公司	302.88
5	上海塑料机械厂	27.56
	高中压阀门制造业	**62.11**
1	大连冈野阀门厂	289.45
2	上海耐莱斯—詹姆斯阀门有限公司	216.49
3	上海良工开维喜阀门有限公司	152.20
4	浙江高中压阀门厂	134.47
5	天津市阀门公司	119.36
6	上海阀门二厂	105.04
7	上海阀门厂	104.06
8	安徽来安县新星阀门制造有限公司	103.05
9	上海良工阀门厂	97.21
10	苏州高中压阀门厂	91.60
	低压阀门制造业	**73.17**
1	天津塘沽瓦特斯阀门有限公司	172.24
2	石家庄市阀门三厂	145.98
3	长沙市阀门厂	139.22
4	上海阀门五厂	132.78
5	安徽省和县宏大集团公司	99.78
6	成都阀门厂	96.23
7	山东益都阀门股份有限公司	91.58
8	石家庄市阀门一厂股份有限公司	60.51
9	辽宁省铁岭阀门厂	53.16
10	鞍山阀门总厂	48.82
	金属结构制造业	**70.07**
1	廊坊市巨龙工业总公司	71.56
2	大连新威模板制品有限公司	67.87
	其他通用设备制造业	**57.32**
1	铁岭精工集团股份有限公司	152.95
2	舒兰市通用机械厂	133.55
3	上海化工机械厂	89.93
4	北京空调器厂	82.36
5	江苏希达空调净化设备总公司	82.06
6	上海大隆机器厂（本部）	73.25
7	大理泰安实业有限公司	72.98
8	广州广重企业集团公司	59.79
9	湘潭市离心机厂	46.57
10	四川江北机械厂	45.77
五	**重型矿山机械工业行业**	**93.09**
	矿山设备制造业	**43.05**
1	张家港凌虹集团公司	311.19
2	石首市振兴矿山机械有限公司	218.62
3	安丘市机械厂	180.83
4	上海建设·路桥机械设备有限公司	178.22
5	南通市矿山机械厂	144.29
6	绍兴矿山机械厂	122.79
7	上海冶金矿山机械厂	119.17
8	梅河口市矿山机械厂	101.43
9	个旧市冶金矿山机械总厂	94.65
10	洛阳风动工具厂	89.17
	起重运输设备制造业	**174.68**
1	上海三菱电梯有限公司	1 046.25
2	天津奥的斯电梯有限公司	535.60
3	常熟千斤顶厂	365.99
4	山东起重机厂	218.29
5	古方机械厂	179.23
6	台山市机械厂	176.34
7	湖北宜都运输机械厂	167.89
8	杭州武林机器厂	146.94
9	广州起重运输机械实业公司	132.39
10	承德输送机集团有限公司	118.52
	工矿车辆制造业	**−5.79**

（续）

排序	企业名称	指数	排序	企业名称	指数
1	石家庄市动力机械厂	15.37		**木工机械制造业**	**83.28**
2	常州工矿电机车厂	－16.89	1	上海人造板机器厂	124.28
3	秦皇岛市机车车辆厂	－26.72	2	文登市通用机床厂	113.40
	减速机械制造业	**93.46**	3	牡丹江木工机械厂	91.51
1	江苏泰隆减速机（集团）公司	144.66	4	信阳木工机械厂	75.08
2	上海减速机械厂	110.05	5	沈阳市带锯机床厂	49.08
3	天津市减速机总厂	101.21	6	四川省岷江林业机械厂	－11.23
4	马鞍山市传动机械厂	70.99		**台钻、砂轮机及抛光机制造业**	**51.24**
5	济南引力股份有限公司	53.78	1	杭州西湖台钻总厂	99.82
6	太原重型减速机厂	48.42	2	安徽省黄山台钻厂	57.21
	冶金工业专用设备制造业	**52.51**	3	临沂金星机床股份有限公司	56.30
1	宁波中元股份有限公司	99.98	4	江苏砂轮机厂	40.54
2	陕西压延设备厂	93.84	5	安徽池州家用机床股份有限公司	－4.96
3	大重集团公司	93.22		**机床电器制造业**	**59.59**
4	邢台市钢窗厂	88.01	1	天水二一三机床电器厂	161.75
5	江阴动力机厂	75.83	2	无锡市机床电器厂	112.63
6	上海重型机器厂	69.80	3	天津市机床电器总厂	109.26
7	上海东风机器厂	66.92	4	桂林机床电器厂	93.73
8	第一重型机械集团公司	64.12	5	苏州机床电器厂	89.47
9	第二重型机械集团公司	61.00	6	北京机床电器厂	61.39
10	泊头市焦化设备成套总厂	50.55	7	苏州西门子电器有限公司	56.90
六	**机床工具工业行业**	**52.39**	8	江西机床电器厂	40.08
	金属切削机床制造业	**44.10**	9	北京第一机床电器厂	38.83
1	河南省新机（集团）有限责任公司	160.37	10	长江机床电器厂	－47.80
2	宁夏长城须崎机床铸造有限公司	138.11		**机床附件制造业**	**44.77**
3	宝鸡机床厂	132.96	1	平原机械厂	100.61
4	上海江宁机床厂	131.24	2	呼和浩特机床附件厂	74.88
5	绍兴机床集团公司	130.57	3	上海机床附件一厂	68.92
6	杭州铣床厂	125.92	4	山东机床附件总厂	66.93
7	秦川机床集团有限公司	116.25	5	烟台第二机床附件厂	61.00
8	沈阳机床股份有限公司	105.65	6	天津市数控机床配套公司	42.02
9	扬州机床厂	104.19	7	烟台机床附件厂	5.15
10	安徽省皖南机床厂	101.68	8	南京金宁精密机械总厂	－65.50
	锻压设备制造业	**64.33**	9	武汉富特机械股份有限公司	－187.26
1	广东锻压机床厂	155.56		**量具量仪制造业**	**48.17**
2	上海达力机械设备有限公司	141.62	1	上海量具刃具厂	112.71
3	佛山市康思达液压机械总公司	127.33	2	上海机床附件六厂	90.80
4	高密锻压机床股份有限公司	125.29	3	三门峡中原量仪股份有限公司	88.00
5	泰安华鲁机械有限公司	122.55	4	靖江量具有限公司	82.20
6	上海冲剪机床厂	117.80	5	安徽量具刃具厂	60.03
7	浙江双力集团有限公司	113.46	6	桂林量具刃具厂	45.34
8	江阴机械厂	112.56	7	北京量具厂	44.80
9	上海锻压机床厂	104.14	8	哈尔滨量具刃具厂	39.69
10	黄石锻压机床（集团）公司	100.29	9	北京工具厂	25.32
	铸造机械制造业	**73.50**	10	开封量具刃具厂	－44.23
1	青岛华青铸造机械有限公司	231.53		**切削工具制造业**	**41.05**
2	上海压铸机厂	139.14	1	上海标准件工具厂	133.75
3	青岛铸造机械集团公司	72.66	2	廊坊市工具厂	113.14
4	苏州铸造机械厂	69.79	3	上海工具厂有限公司	112.60
5	灌南县压铸机厂	54.28	4	上海刃具厂	108.72
6	蚌埠隆华机器厂	26.10	5	山东齿轮箱厂	102.32
7	阜新北方压铸集团公司	－26.97	6	浙江双钻工具制造有限公司	83.38
8	天水铸造机械总厂	－149.25	7	常熟量具刃具厂	83.23
9	重庆铸造机械厂	－167.37	8	韶关工具厂	81.09

（续）

排序	企业名称	指数	排序	企业名称	指数
9	镇江三和工具集团公司	78.40	1	上海汽轮发电机有限公司	330.02
10	关中工具厂	71.59	2	福建省福发股份有限公司	155.24
	磨具、磨料制造业	**87.08**	3	上海马拉松革新电气有限公司	152.09
1	第二砂轮厂深圳联合公司	180.66	4	淄博牵引电机（集团）股份有限公司	114.41
2	太原双塔刚玉集团有限公司	170.36	5	武汉汽轮发电机厂	112.26
3	四砂股份有限公司	148.48	6	临海电机厂	106.67
4	苏州远东砂轮有限公司	121.88	7	北京重型电机厂	91.32
5	新会市砂轮厂	102.91	8	常州牵引电机厂	88.01
6	上海砂轮厂	91.42	9	昆明电机有限责任公司	85.51
7	梅河口市砂轮特耐公司	90.02	10	东方电机厂	72.57
8	郑州白鸽（集团）股份有限公司	87.67		**电动机制造业**	**64.18**
9	沈阳砂轮厂	72.92	1	浙江百官机电集团公司	345.28
10	安徽省合肥砂轮厂	68.20	2	上海电机（集团）公司人民电机厂	201.45
	机床配件制造业	**62.00**	3	河北电机股份有限公司	186.69
1	株洲市机床齿轮厂	92.36	4	诸城市开元电机股份有限公司	178.22
2	汉江机床厂昆山分厂	83.14	5	东莞电机厂	167.12
3	南京工艺装备制造厂	56.76	6	广东省顺德电机集团有限公司	161.95
4	济宁丝杠厂	52.71	7	大厂回族自治县电机厂	146.88
	其他金属加工机械制造业	**29.28**	8	上海电机（集团）公司南洋电机厂	138.24
1	阜新市压力容器管道公司	166.33	9	安徽南华电机集团公司	137.08
2	上海富安工厂自动化有限公司	126.81	10	衡水电机股份有限公司	123.51
3	威海市量具总厂	99.84		**微电机制造业**	**104.80**
4	青海山川铸造铁合金集团有限公司	3.40	1	浙江佳雪微特电机有限公司	393.44
5	青海机床锻造厂	—109.32	2	浙江卧龙集团公司	310.56
七	**电工电器工业行业**	**78.97**	3	广东凌霄机电有限公司	207.37
	锅炉制造业	**64.58**	4	上海电机（集团）公司日用电机厂	199.03
1	无锡锅炉厂	130.36	5	安徽省朝阳微电机厂	136.46
2	杭州富春锅炉容器有限公司	122.69	6	仙游电机总厂	116.68
3	济南锅炉厂	119.31	7	鹤山市电机厂	62.80
4	上海锅炉厂	118.20	8	柳州市微电机总厂	46.99
5	江西锅炉厂	109.97	9	许昌市微型电机有限公司	43.06
6	福州锅炉厂	107.40	10	南京南华大方电机有限公司	12.00
7	长沙锅炉厂	99.23		**电动工具制造业**	**82.52**
8	温州金欧集团有限责任公司	96.82	1	闽日电动工具有限公司	160.04
9	上海四方锅炉厂	94.91	2	上海日立电动工具有限公司	139.52
10	张家口市锅炉厂	94.24	3	保定市电影机械厂	110.13
	汽轮机制造业	**92.49**	4	浙江恒丰电器集团有限公司	93.69
1	上海动力设备有限公司	150.20	5	成都欧亚电动工具有限公司	76.01
2	杭州汽轮动力集团公司	139.18	6	呼和浩特电动工具厂	40.29
3	上海汽轮机有限公司	126.31	7	长春电动工具厂	24.42
4	青岛捷能动力集团公司	119.75	8	青海电动工具厂	—73.12
5	南京汽轮电机（集团）有限责任公司	106.39	9	石家庄市电动工具厂	—118.85
6	上海电气集团无锡叶片厂	81.32	10	浙江省永康电动工具厂	—134.45
7	东方汽轮机厂	78.19		**电工专用设备制造业**	**26.96**
8	哈尔滨汽轮机有限责任公司	57.53	1	上海电工机械厂	69.86
9	广州劲马动力设备企业集团公司	43.61	2	阳泉电工机械厂	45.98
10	东方汽轮机厂工业公司	33.26	3	江西车辆开关厂	44.34
	水轮机制造业	**75.20**	4	东工集团公司	34.28
1	浙江金轮机电实业有限公司	174.14	5	芜湖电工机械厂	—42.82
2	临海机械厂	89.02	6	沈阳电工机械有限责任公司	—79.59
3	化州双龙水电设备有限公司	75.81		**变压器制造业**	**93.51**
4	重庆水轮机厂	69.38	1	顺德特种变压器厂	551.28
5	邵阳水电设备总厂	4.00	2	海口金盘特种变压器厂	488.76
	发电机制造业	**71.17**	3	山东省金曼克电气股份有限公司	282.66

（续）

排序	企业名称	指数	排序	企业名称	指数
4	新疆特变电工股份有限公司	252.59	4	天津市电焊机总厂	60.88
5	杭州钱江电气集团有限公司	224.63	5	沈阳电焊机厂	44.28
6	江苏华朋集团有限公司	172.48	6	株洲市电焊机厂	38.03
7	上海 ABB 变压器有限公司	162.03	7	长春焊机制造厂	－59.95
8	青岛变压器（集团）有限公司	157.49	8	广东省电焊机厂	－80.37
9	大连互感器厂	153.54	9	成都成华焊接装备总公司	－100.07
10	江西变电设备总厂	143.88		**焊条制造业**	**61.76**
	电容器制造业	**70.68**	1	天津金燕焊接材料有限公司	244.08
1	锦州电力电容器有限责任公司	140.24	2	猴王股份有限公司	155.26
2	无锡市电力电容器厂	117.82	3	四川大西洋集团有限责任公司	145.28
3	中原电力电容器厂	70.01	4	青岛铜材厂	93.71
4	桂林电力电容器总厂	63.18	5	江苏宇宙焊接材料集团公司	92.65
5	北京电力电容器厂	－75.30	6	淄博电焊条厂	89.16
6	南京南华电力电容器有限公司	－163.31	7	常州市电焊条厂	88.87
	整流器制造业	**22.58**	8	上海电焊条有限公司本部	84.94
1	青岛整流器厂	90.07	9	株洲电焊条股份有限公司	79.04
2	北京椿树整流器厂	33.52	10	郑州市电焊条厂	73.43
3	鞍山市整流器厂	31.71		**电线电缆制造业**	**81.93**
4	北京整流器厂	－40.83	1	上海瑞侃电缆附件有限公司	930.21
	开关控制设备制造业	**91.01**	2	上海诺基亚光缆有限公司	531.24
1	温州正泰集团公司	380.68	3	海南电缆厂	246.73
2	厦门 ABB 低压电器设备有限公司	368.86	4	上海电缆厂十分厂	234.52
3	江苏长江电器集团公司	325.77	5	阳谷电缆集团公司	233.87
4	宁波天安（集团）股份有限公司	318.56	6	青岛汉缆集团公司	231.16
5	华通电器集团公司	258.33	7	山东泰山国际电缆电器有限公司	199.03
6	上海西门子开关有限公司	249.58	8	福州大通机电股份有限公司	187.67
7	苏州通用电器阿尔斯通开关公司	161.95	9	常熟电缆厂	180.66
8	常熟开关厂	159.75	10	佛山市中宝电缆厂	178.21
9	广州南洋电器厂	149.66		**工业陶瓷制造业**	**47.32**
10	江都电器开关厂	147.05	1	浙江省临安膨润土矿	125.11
	电器设备元件制造业	**36.58**	2	苏州电瓷厂	83.98
1	上海 MWB 互感器有限公司	146.24	3	大连电瓷厂	80.41
2	嘉兴电气控制设备厂	133.56	4	安徽省星球电瓷厂	58.22
3	三门腾龙电器有限公司	121.63	5	抚顺电瓷厂	57.59
4	上海电瓷厂	112.06	6	南京雷电（集团）有限责任公司	55.65
5	德阳东电电器公司	105.78	7	甘肃省安口电瓷厂	51.93
6	佛山市开关厂	103.23	8	福建恒通电瓷有限公司	51.03
7	瓦房店防爆电器厂	94.61	9	唐山市高压电瓷厂	42.00
8	旅顺船舶电器厂	84.79	10	阳泉市高压电瓷厂	40.66
9	广州市电器工业公司	76.51		**电工用碳素制品业**	**59.23**
10	衡阳互感器厂	62.66	1	上海摩根碳制品有限公司	182.87
	工业用电炉制造业	**19.99**	2	东新电碳股份有限公司	66.60
1	天津市高频设备厂	80.25	3	哈尔滨电碳厂	－16.21
2	上海电机（集团）公司上海电炉厂	76.85		**绝缘制品业**	**50.34**
3	哈尔滨松江电炉厂	46.58	1	诸城四达绝缘材料股份有限公司	254.91
4	长春电炉厂	39.13	2	泰州绝缘材料厂	198.58
5	江西工业电炉厂	36.86	3	东方绝缘材料股份有限公司	95.73
6	湘机电炉厂	－31.43	4	常州绝缘材料总厂	79.84
7	天津市电炉制造总厂	－33.89	5	衡阳绝缘材料总厂	46.60
8	济南专用汽车厂	－161.87	6	上海电机（集团）公司绝缘材料厂	38.76
	电焊机制造业	**36.79**	7	上海石棉制品厂	36.11
1	东营市五星集团公司	148.84	8	包头市绝缘材料厂	18.78
2	上海电焊机厂	91.80	9	天津市绝缘材料总厂	14.95
3	南通电焊机厂	72.49	10	哈尔滨市绝缘材料厂	4.07

（续）

排序	企业名称	指数	排序	企业名称	指数
	蓄电池制造业	**72.22**	6	苏州轴承厂	165.06
1	保定风帆蓄电池有限公司	198.98	7	张家港市AAA轴承有限公司	144.72
2	华北蓄电池集团公司	197.62	8	西北轴承股份有限公司	140.03
3	广州蓄电池企业有限公司	123.27	9	襄阳汽车轴承股份有限公司	139.96
4	天津市蓄电池厂	94.01	10	阜阳轴承股份有限公司	134.38
5	梧州市蓄电池厂	78.89		**液压件及液力件制造业**	**59.86**
6	绍兴灯塔蓄电池股份有限公司	76.79	1	上海立新液压件厂	139.61
7	昆明市蓄电池厂	61.35	2	宁波液压马达（集团）有限公司	138.46
8	青岛蓄电池厂	56.97	3	临海液压件厂	136.45
9	重庆万里蓄电池股份有限公司	26.86	4	广东广液实业股份有限公司	120.30
10	江南蓄电池厂	19.19	5	大连液压件厂	111.54
	洗衣机制造业	**−70.64**	6	广东福伊特中兴液力传动有限公司	109.46
1	云南省洗衣机厂	104.20	7	栖霞液压件厂	99.06
2	广州凤凰电器工业公司	−107.48	8	镇江液压件总厂	98.91
	电冰箱制造业	**206.09**	9	合肥长源液压件股份有限公司	93.71
1	攀枝花市机械厂	521.35	10	韶关液压件厂	91.66
2	广东科龙（容声）集团有限公司	361.29		**气动元件制造业**	**83.17**
3	景德镇华意电器总公司	164.43	1	肇庆方大气动有限公司	95.12
4	中国扬子集团有限公司	47.07	2	烟台气动元件厂	85.26
5	浙江新一洲电器集团有限公司	37.94	3	济南华能气动元器件公司	80.46
6	漳州通用电器总厂	−3.70	4	上海液压气动总公司气动成套公司	71.92
7	上海上菱长安冰箱有限公司	−69.22		**紧固件制造业**	**34.74**
8	开封电冰箱厂	−180.73	1	上海螺钉厂	279.70
	电风扇制造业	**−28.48**	2	浙江万新集团公司	141.76
1	广州远东风扇厂	60.31	3	常熟标准件厂	137.75
2	台山市电热器具厂	44.25	4	上海高强度螺栓厂	115.76
3	滁州电扇总厂	37.79	5	诸城高强度紧固件股份有限公司	102.32
4	吴县防爆电机厂	−45.04	6	自贡市标准件总厂	73.68
5	广州电风扇厂	−48.06	7	上海螺帽一厂	66.31
6	绍兴电器厂	−174.34	8	上海标准件十厂	66.00
7	广东省三水市机电厂	−336.08	9	上海标准件四厂	63.39
	空调器制造业	**118.54**	10	北京市轴承工业联合公司	60.99
1	广东省吉荣空调设备厂	171.54		**密封件制造业**	**129.54**
2	顺德华南空调制冷实业有限公司	117.83	1	安徽省宁国中鼎股份有限公司	222.41
3	浙江吉佳机电设备有限公司	0.00	2	滨州柔性石墨密封件厂	62.70
4	中山市空调设备厂	−37.59	3	青岛密封工业公司	28.07
	其他电气机械及器材制造业	**83.77**	4	上海申雅密封件有限公司	−49.26
1	大连第一互感器厂	234.74		**链条制造业**	**51.92**
2	牡丹江互感器厂	172.15	1	武进链条厂	142.85
3	许继集团有限公司	170.26	2	苏州环球链传动有限公司	139.19
4	南京华洋电气控制设备有限公司	156.49	3	安徽省黄山链传动有限公司	114.79
5	上海继电器厂	141.32	4	湖州锐狮链传动集团公司	111.87
6	阜新封闭母线有限责任公司	126.93	5	诸暨链条设备总厂	94.55
7	保定继电器厂	124.03	6	齐齐哈尔链条链轮厂	70.77
8	江苏省如皋高压电器厂	104.30	7	株洲市链条总厂	58.24
9	天津市水电控制设备厂	70.46	8	柳州市链条总厂	44.17
10	南京耐特机电（集团）公司	66.98	9	沈阳链条厂	31.24
八	**通用基础件工业行业**	**63.57**	10	杭州盾牌链传动集团公司	−54.55
	轴承制造业	**64.05**		**弹簧制造业**	**185.14**
1	上海通用轴承有限公司	587.85	1	中国弹簧厂	252.03
2	绍兴明星集团公司	259.10	2	上海中威弹簧有限公司	217.87
3	温州轴承厂	194.77	3	浙江省诸暨弹簧总厂	136.97
4	东阿县钢球厂	188.21	4	上海中旭弹簧有限公司	−44.49
5	龙溪轴承厂	178.56		**粉末冶金制品业**	**67.55**

(续)

排序	企 业 名 称	指 数	排序	企 业 名 称	指 数
1	宁波东睦粉末冶金有限公司	208.08	1	延边龙川包装机械有限责任公司	92.33
2	常州轴承总厂	137.66	2	上海伟海包装机械厂	85.96
3	宁波金鸡粉末冶金集团有限公司	114.71	3	锦州欧仕包装机械有限公司	61.88
4	江门市粉末冶金有限公司	76.60	4	汕头机床厂	52.84
5	北京摩擦材料厂	72.64	5	桂林包装机械厂	49.07
6	北京粉末冶金公司	49.52	6	南宁模具中心	−46.91
7	金华金信粉末冶金有限公司	49.28	7	四川南浦机械厂	−94.80
8	诸城龙昌粉末冶金股份有限公司	48.62		**商业饮食业服务业机械制造业**	**85.87**
9	青岛粉末冶金厂	44.18	1	增城市通用机械股份有限公司	265.52
10	韶关粉末冶金厂	38.29	2	廊坊市通用机械厂	92.06
	其他齿轮制造业	**35.07**	3	商丘市机械厂	87.43
1	三明齿轮厂	82.04	4	广州市洗涤机械实业公司	9.53
2	上海机床齿轮厂	79.83	**十**	**汽车工业行业**	**111.93**
3	四川丹棱齿轮股份有限公司	47.23		**汽车发动机制造业**	**110.73**
4	海南省大金轮实业有限公司	25.56	1	天津市内燃机厂	417.73
5	阜新市精密齿轮厂	−72.60	2	大连柴油机厂	180.10
6	重庆长江齿轮厂	−173.45	3	绵阳新华内燃机股份有限公司	103.26
	模具制造业	**75.77**	4	重庆康明斯发动机有限公司	79.68
1	上海斯米克金刚石工模具有限公司	144.85	5	杭州汽车发动机厂	77.60
2	国营星光工模具厂	128.09	6	东川公司南充内燃机厂	52.22
3	广州型腔模具厂	101.48	7	内蒙古汽车修造厂	22.63
4	上海标准件模具厂	83.54	8	成都空气压缩机厂	21.58
5	佛山汇星精密模具有限公司	77.79	9	天津丰田汽车发动机有限公司	−19.64
6	韶关市模具厂	70.76	10	湖南长发发动机有限公司	−66.40
7	天津市金刚石工具厂	70.42		**载重汽车制造业**	**87.59**
8	北京模具厂	56.48	1	庆铃汽车（集团）有限公司	356.01
9	上海仪表钢模厂	5.75	2	北汽福田车辆股份有限公司	187.33
10	天津汽车模具有限公司	−35.46	3	跃进汽车集团公司	135.29
	其他通用零部件制造业	**115.86**	4	青岛汽车制造厂	133.53
1	江苏钢球厂	306.51	5	江铃汽车股份有限公司	103.87
2	焦作制动器（集团）有限公司	89.95	6	广州羊城汽车有限公司	103.21
3	通辽市大林型砂股份有限公司	55.75	7	中国第一汽车集团公司（核心层）	103.16
4	吴县石油机械厂	34.68	8	江淮汽车有限公司	95.85
九	**食品及包装机械工业行业**	**62.41**	9	包头市奔驰重型汽车有限责任公司	95.74
	金属包装物品及容器制造业	**88.91**	10	富奇汽车厂	94.93
1	肇庆嘉隆包装机械制造有限公司	286.48		**客车制造业**	**40.69**
2	北京天海工业有限公司	103.97	1	中国一汽集团无锡汽车厂	111.17
3	广东惠阳机械厂有限公司	91.81	2	四川旅行车制造厂	97.64
4	汕头韩江实业（集团）公司	80.65	3	广州威达汽车制造厂	93.46
5	涿鹿高压气瓶厂	64.20	4	河北胜利集团有限公司	83.86
6	浏阳医药设备总厂	37.36	5	上海客车制造公司	71.10
7	江苏亚泰燃气用具有限公司	−112.37	6	海南汽车制造厂	70.05
	食品饮料烟草专用设备制造业	**52.32**	7	丹东汽车制造厂	66.48
1	昆明市第三机器厂	134.36	8	河北田野汽车集团有限公司	60.04
2	昆明市第二机器厂	127.51	9	天津三峰客车有限公司	−69.11
3	新会市食品炊具机械厂	96.37	10	北京旅行车股份有限公司	−92.41
4	如皋市食品机械厂	84.21		**小轿车制造业**	**425.70**
5	周口包装机械厂	80.01	1	上海大众汽车有限公司	1058.02
6	河南省宇航包装机械厂	77.22	2	天津市微型汽车厂	503.82
7	张家口市通用机械厂	74.76	3	一汽一大众汽车有限公司	375.44
8	昆明市风动机械厂	61.45	4	北京吉普汽车有限公司	196.37
9	廊坊锻压机床厂	59.39	5	神龙汽车有限公司	−113.72
10	温州方正企业集团公司	55.54	6	广州标致汽车公司（有限）	−199.91
	包装工业专用设备制造业	**32.62**		**微型汽车制造业**	**118.28**

(续)

排序	企业名称	指数	排序	企业名称	指数
1	天津华利汽车有限公司	146.28	6	上海汽车股份有限公司	492.21
2	柳州微型汽车厂	138.47	7	上海小糸车灯有限公司	467.72
3	天津市专用汽车厂	126.08	8	联合汽车电子有限公司	434.65
4	合肥昌河汽车有限责任公司	11.84	9	上海爱德夏机械有限公司	417.93
	特种车辆及改装汽车制造业	**65.30**	10	上海易初通用机器有限公司	414.12
1	厦门金龙旅行车有限公司	940.74		**摩托车零部件及配件制造业**	**62.70**
2	一汽三友汽车有限公司	399.82	1	广州凌兴齿轮厂	147.06
3	河北新凯汽车制造有限公司	218.94	2	广州摩托集团公司	112.07
4	扬州扬子旅游车厂	195.94	3	北京义发摩托车制造公司	96.52
5	柳州特种汽车厂	166.35	4	内蒙古第一通用机械厂	65.26
6	张家港牡丹汽车集团公司	164.87	5	广州市永大集团公司	52.06
7	江苏紫琅汽车集团股份有限公司	136.28	6	广州市五羊自行车企业集团公司	50.58
8	济南考格尔特种汽车有限公司	124.68	7	重庆三铃工业股份有限公司	35.73
9	华北汽车制造厂	118.65		**汽车修理业**	**146.13**
10	上饶客车厂	109.95	1	深圳市新永通实业有限公司	333.99
	摩托车整车制造业	**198.49**	2	清远粤江微型汽车装配有限公司	58.66
1	五羊本田摩托（广州）有限公司	472.67	**十一**	**其他民用机械工业行业**	**80.08**
2	佛斯弟摩托车有限公司	426.03		**金属表面处理及热处理业**	**81.43**
3	海南嘉泰摩托车有限公司	381.56	1	石家庄市热处理厂	81.43
4	海南新大洲摩托车股份有限公司	332.68		**铸件制造业**	**69.48**
5	江门市大长江摩托车有限公司	309.44	1	南通市有色金属铸造厂	170.13
6	浙江钱江摩托集团有限公司	232.98	2	上海汽车有色铸造总厂	168.12
7	长春长铃集团有限公司	180.42	3	上海汽车铸造总厂	166.06
8	天津本田摩托有限公司	139.23	4	天津柳河压铸有限公司	134.73
9	顺德雅奇摩托车厂	24.46	5	常州日升有色铸造有限公司	131.73
10	浙江奉通机电集团公司	−16.70	6	上海新艺有色铸造厂	122.33
	汽车车身制造业	**83.21**	7	山东汇金股份有限公司	121.28
1	厦门金龙汽车车身有限公司	431.74	8	新会铸造厂	101.59
2	湖北汽车车身股份有限公司	147.73	9	天津市三达铸造有限公司	80.07
3	十堰市汽车车身有限责任公司	47.44	10	韶关铸锻总厂	79.55
4	江苏东堡集团股份有限公司	−4.12		**锻件制造业**	**125.43**
	汽车齿轮制造业	**52.78**	1	上海汽车锻造总厂	219.72
1	天津汽车齿轮有限公司	185.38	2	溧阳市锻压厂	106.44
2	湖北汽车齿轮厂	72.70	3	常州锻造总厂	90.39
3	安徽省汽车齿轮箱总厂	65.06	4	天津汽车锻造有限公司	64.69
4	青岛精锻齿轮厂	61.34	5	成都锻造厂	32.98
5	郧阳汽车齿轮总厂	55.76	6	上海正升锻造有限公司	−43.98
6	株洲汽车齿轮厂	54.97		**其他民用机械制造业**	**93.19**
7	武汉汽车齿轮厂	48.52	1	浙江淳安沪千人造板制造有限公司	213.86
8	南充齿轮厂	48.00	2	霸州市钢管厂	179.46
9	綦江齿轮厂	47.22	3	天津市中环先利士光学有限公司	43.65
10	白城齿轮总厂	45.74		**其他工业专用设备制造业**	**78.04**
	汽车零部件及配件制造业	**122.69**	1	上海造纸机械总厂	95.09
1	上海采埃孚转向机有限公司	726.39	2	沁阳市机械厂	60.53
2	上海吉翔汽车车顶饰件有限公司	670.11	3	抚顺机器制造厂	−42.19
3	上海汽车制动系统有限公司	648.45		**其他民用机械修理业**	**49.37**
4	厦门民兴工业有限公司	627.80	1	国营卫东机械厂	80.83
5	上海纳铁福传动轴有限公司	620.74	2	国营汉丹电器厂	10.29

〔责任编辑：申建丽〕

特约顾问单位介绍

中国第二重型机械集团公司

总经理：姚正耀　副总经理：李家堃、李　平、孙唯林、石　柯、王　计　总工程师：李家楦
地址：四川省德阳市珠江路1号　邮码：618013
电话：(0838) 2203919、2203909　传真：(0838) 2203292

发展情况　二重集团公司1997年完成工业总产值（1990年不变价）50 923万元、工业总产值(当年价)70 135万元，产品销售收入76 957万元，机器产品产量29 041t，实现利润总额238万元、利税总额5 856万元。全面完成了年度经营生产目标。先后完成了江阴大桥、鞍钢二号连铸、攀钢1 450mm轧机改造等国家重点工程项目。二重集团公司1997年积极推进企业改革，进行了母子公司体制构建、股份制改造的方案设计工作，落实了减人增效的措施，分流富裕人员1 870人。通过ISO9000的取证，强化了企业管理工作。主要经济技术指标、产品产量及进出口情况详见表1、表2、表3、表4。

表1　1997年主要经济技术指标

项　目	单位	全年完成	比上年增长%
全部职工平均人数	人	18 056	−8.3
工业总产值：当年价	万元	70 135	−21.7
不变价	万元	50 923	−15.8
工业增加值	万元	13 462	−52.2
产品销售收入	万元	76 975	−5.2
产品销售税金及附加	万元	583	−16.7
利润总额	万元	238	114.4
固定资产原价	万元	150 119	1.5
固定资产净值平均余额	万元	81 335	6.7
流动资产平均余额	万元	126 230	7.8
出口创汇	万美元	472	27.2

表2　1997年完成主要产品产量

产品名称	单位	产量	比上年增长%
金属轧制设备	t	8 168	−35.7
铸锻加工件	t	6 430	−7.6

科研成果及新产品　二重集团公司自1995年10月向国家计委、机械工业部呈报国家重点科技项目(攻关)计划可行性报告后，相继签定了大型热连轧板机、异型坯连铸机、万能型钢轧机关键技术研究3项专题合同。

表3　1997年主要产品出口情况

产品名称	出口产品 (t)	出口额（万美元）
矿山设备件	189.68	37.77
轧制设备	213.56	59.27
锻压设备	196.46	43.58
工矿配件	40.00	8.90
船用件	7.02	1.95
电站产品	526.20	248.42
冶金设备	295.50	71.82

表4　1997年主要出口国家、地区情况

国家、地区	出口额（万美元）
日本	267.23
英国	22.72
香港	0.36
印尼	1.40
伊朗	110.00
叙利亚	70.00

为具体落实攻关目标和攻关内容，1995年底在北京又签定了8个分专题合同。在大型热连轧板机主机设备研制下具体攻克了“PC轧机机架研制”和“辊子锥套的研制”两项任务。

经过科研人员的艰苦努力，该两项研制鉴定会由机械工业部重大装备司主持，于1997年11月中旬在四川通过专家鉴定。

1997年获部级科技进步奖的有：大型无中心孔转子的制造技术研究获二等奖；汽轮机叶轮模锻工艺及质量完善化研究和液压安全连轴器获三等奖。

1997年获省级科技进步三等奖的有：提高GC-4材料模锻件AK值的研究、大型升船机及大型金属结构“五项”科技攻关成果。

基本建设及技术改造　1997年完成技术改造投资2 666万元。其中建筑安装203万元、设备2 413万元、其他50万元。具体实施项目为国产化基地技术改造一期、二期共两项。

(1) 国产化基地技术改造一期项目：该项目全

称为大型板坯连铸机成套设备国产化基地技术改造，1994年经四川省经济委员会以川经（94）字第1179号文批准实施。项目实现目标为年产大型板坯连铸机成套设备2 000t。计划总投资2 950万元，资金来源：工行专项贷款2 400万元、企业自筹550万元。

该项目实施过程中，由于市场对集团公司产品结构的需求变化，项目中的部分内容有所调整，总投资在原批准的投资额上有一定的突破。经四川省机械厅川机规（1997）便字第21号文、四川省经贸委（1998）重21号文同意将原项目投资规模2 950万元调整为2 995万元，调增45万元，调增资金为企业自筹。1997年完成投资额2 550万元，其中建安203万元、设备2 303万元、其他44万元。1997年具体实施项目有：金属结构分厂新增5×14m数控切割机设备到货安装完成，金属结构分厂新增进口喷焊及重熔设备到货安装完成，设备动能公司新增进口弯管机到货交付生产使用，重机分厂新增5×17m数控龙门铣镗床设备到货安装。该项目自1995年开始至1997年年底累计完成投资2 995万元。正在进行个别项目的收尾和验收准备工作，争取1998年上半年交国家有关部门进行验收。

(2) 国产化基地技术改造二期项目：1996年上报的《国家重大技术装备国产化二期基地计改项目可研报告》，已于1996年9月和11月经四川省经委以川经贸（1996）重90号文和四川省机械工业厅川机规（1996）第65号文做了批复。

项目改造目标为：在现有焊接生产能力的基础上进一步完善配套，提高产品质量，形成年产焊接结构件10 000t的生产能力，以满足重大技术装备对焊接结构件需求。

项目总投资为2 800万元（含外汇90万美元），其中工行专项贷款2 000万元、企业自筹800万元。

该项目自1997年4月底开始实施至1997年底，累计完成投资116万元，其中设备110万元、其他6万元。用于购置34台二氧化碳气体保护焊机和12台可控硅焊机，已到货交付生产使用。

1997年完成基本建设投资1 749万元，其中建筑工程1 693万元、其他56万元。1997年基本建设项目全部是宿舍福利工程，包括：1995年30%职工集资修建住宅，基础件研究所职工住宅，1997年职工全额集资修建住宅，职工医院住院部迁建。施工面积68 124m²，其中住宅60 626m²，竣工面积20 641m²，其中住宅19 989m²，交付使用住宅258套。

管理及改革 (1) 狠抓了定编定员工作，按照压缩在岗人员10%的目标，分流富余人员1 870人，在岗人数由1996年底的17 092人降至15 017人。(2) 加大了转机建制的力度，1997年4月10日，党政班子研究决定：股份制改造与母子公司构建并举的方针，10月3日党政班子研究通过了体制改造的总体思路，并且成立了集体公司改革工作委员会，向国家、省、市申报了股份制改造方案，同时，以资产为主要连接纽带的母公司体制的构建取得了实质性的进展，第一个比较规范的子公司——中国第二重型机械集团万路运业有限公司已正式挂牌运作。(3) 本着"独立核算、适当补贴、自我约束、自我发展"的原则，加大了对社会服务部门改革的力度。(4) 通过积极努力，争取到了德阳市国家"安居工程试点单位的政策"。

中短期发展目标 采取果断和有效措施，以国家重点发展项目为依托，开发主导产品，拓展市场，在1995～2000年期间选择国家经济重点建设的电力、钢铁、汽车和能源、原材料、交通、石油化工、农业、基础工业等发展急需的大型水、火电配套铸锻件、冶金轧钢连铸连轧设备、汽车工业的大型锻压设备、化工容器、工程机械及化肥设备等，作为集团公司的重点发展主导产品。通过改革，达到产权明确，主辅剥离，形成以成套为主线、电站为先，主体精干、辅助放开、"三产"搞活发展、提高效益的现代企业运行模式。

〔撰稿人：中国第二重型机械集团公司总师办胥小芹〕

中国第一汽车集团公司

总经理兼党委书记：耿昭杰　副总经理：徐兴尧（兼总工程师）、林敢为、马文兴、黄金河、李启祥（兼总经济师）、赵　吉、崔明伟、王镇昆、竺延风、徐建一、安德武　党委副书记：吴　畏、马振东、赵方宽（兼纪委书记）　工会主席：方伟杰

地址：长春市绿园区东风大街83号　邮码：130011
电话：(0431) 5902674　传真：(0431) 5909944

概况 1997年，在国内汽车市场连续五年疲软的困难情况下，中国第一汽车集团公司（简称一汽）的汽车总产量、总销售量继续保持行业第一，各项工作均取得较好成绩。

1997年，一汽（含控股子公司）生产汽车26.9万辆，销售25.8万辆，仍居行业首位。其中，一汽（不含控股子公司）生产汽车174 279辆（载货汽车141 341辆，客车11 114辆，轿车21 824辆）。全年

完成工业总产值（不变价）2 157 538 万元，销售收入 2 285 838 万元，利税 192 133 万元，利润 28 751 万元，出口创汇 2 761 万美元。

产品与质量 一汽经过产品结构调整，在汽车行业率先形成中、轻、轿全面发展的战略格局。中、重型车已形成 4、5、6～9、15、16、20～30t 上百个品种，汽、柴油并举，长、短头并举的系列产品。现生产长头载货汽车 21 种，平头载货汽车 15 种，自卸汽车 10 种、牵引汽车 3 种，自卸车底盘 9 种，二类底盘 6 种，长途客车底盘 7 种，城市客车底盘 4 种；轻型车包括 1、2、3t 和轻客 4 个系列。现生产 1t 载货汽车 9 种，2t 载货汽车 15 种，新开发了 3t 载货汽车，轻客 4 种，轻客底盘 15 种；轿车 3 个系列，其中 CA7220 红旗轿车是一汽在消化吸收奥迪轿车和克莱斯勒发动机技术的基础上，开发出的拥有知识产权和中国品牌的轿车。在 CA7220 基础上，又开发生产 15 种系列产品。捷达轿车是一汽一大众公司的主导产品。为满足用户需要，已开发生产的系列产品有 5 档变速箱捷达轿车，电动升降窗、中央控制门锁等多种选装件和各种颜色的金属漆捷达轿车，装有 5 气阀发动机并有 10 余项重要改进的捷达王轿车、警车和双色出租车等。

一汽视产品质量为企业的生命线。到 1997 年，已连续开展了 12 个“质量年”活动，整车可靠性提前三年达到国家颁布的 2000 年标准，产品质量又上一个新台阶。中型卡车继 1991 年被评为国优产品后，各项主要性能指标一直保持国内领先；轻型卡车系列产品平均故障里程达到 1 300km；奥迪轿车和捷达轿车已被用户公认为名牌产品，小红旗轿车在 1997 年国家技术监督局进行的强制性行业统检中名列第一。1996 年，一汽在全国特大型企业中首家整体通过 ISO9000 质量体系认证，1997 年又顺利通过了年度审核。

15 万辆轿车项目通过国家验收 一汽一大众 15 万辆轿车项目是经国务院批准，达到国际先进水平，按经济批量一次建成，以集中投入和中外合资方式建设的国家“八五”重点建设项目，也是一汽历史上投资最大、规模最大的建设工程。工程总概算为 89 亿元。整个工程包括轿车厂的 4 个车间，发动机传动器厂的 2 个车间及 55 个单体建筑工程。1991 年 8 月开工，1996 年全面建成。截止到 1996 年，累计生产轿车 7.5 万辆，国产化率达 80%以上，上缴国家各种税款 30 亿元。1997 年，企业已开始盈利。

1997 年 8 月，国家验收委员会对一汽一大众 15 万辆轿车项目进行正式验收。验收组一致认为，一汽一大众 15 万辆轿车项目按国家计划要求建成投产，形成整车 15 万辆、发动机 27 万台、传动器 18 万台的生产能力。制造工艺达到或接近世界先进水平，产品性能优良，整车达到 90 年代初国际水平，发动机达到目前国际先进水平。国务院副总理邹家华出席验收大会并讲话，高度评价了工程建设成就及其对发展壮大一汽集团和振兴我国汽车工业所产生的重要影响。

管理与改革 一汽自 1992 年以来，全面推行精益生产方式。在生产领域实行拉动式生产、“三为”机制和“五 S”管理，总装线实行长、平头，汽、柴油车混流生产。在制品连续数年较大幅度下降。此外，产品开发中的主查制，协作产品和原材料供应中的精益采购、直送工位，物流运输中的双向管理以及群众性的改进改善活动都取得了明显的成效。

一汽的股份制走的是一条“先小后大，先局部后整体，先境内后境外”的路子。1996 年，一汽包装四环公司上市，这是一个只有 1 500 万股的小型股份公司，通过一汽四环公司的上市，两次融资 1.6 亿元，使一汽四环公司生产经营规模迅速扩大，所属改装车厂年生产能力由 400 辆提高到 6 000 辆，提高 14 倍。公司组建四年累计实现利润 2 亿元，各项指标均创历史最高水平。荣获省标准化股份公司和“中国企业 AAA 级最佳形象”称号。1997 年，一汽又把从事整车装配的第一轿车厂、第二轿车厂与为红旗轿车配套，效益良好的第二发动机厂、长春齿轮厂合为一体，组建了一汽轿车公司。“一汽轿车”国内 A 股股票于同年 6 月 18 日在深圳成功上市。这将大大加快小红旗轿车在产量、质量上的迅速提高，也为一汽加快股份制改造开辟了更加广阔的前景。

从 1995 年起，一汽把具有产品开发能力、市场占有能力和管理基础较好的零部件厂陆续改造成全资子公司，使其走向市场。现已组建了散热器、化油器、车轮三个有限责任公司。

在深化企业内部改革过程中，一汽把福利、子弟教育、房产、卫生（医院）、电信、厂区管理等部门从企业主体中剥离，于 1995 年成立一汽实业总公司，至今共安置分流人员 2 306 人。通过深入进行“三项制度”改革，一汽累计减少职工 1 万多人，连续三年实现人员负增长。

科研与人才开发 一汽的产品开发中心、工艺材料研究中心、装备设计制造中心构筑了技术常新的框架。一汽的产品开发能力和工厂设计能力居汽车行业第一位。“七五”、“八五”期间共开发出新产品 200 多种。其中，中、重型车 100 多个品种，已投入生产 81 种；轻型车 4 个系列 83 种，已投入生产 43 种；轿车系列 40 种，已投入生产 22 种。现在一汽不仅能在一年左右时间里推出市场需要的卡车新车型，而且能够独立地对捷达轿车、红旗轿车进行再改造、再开发。

1995 年以来，一汽在实施跨世纪人才工程方面，选送 33 名管理骨干参加吉林工大在职和业余管理型硕士研究班深造，委托哈工大代培 3 名博士研究生，向国外选送 13 批 193 人参加各类高层次的学习和培训。从技术复杂、技术含量高的岗位上选拔各类各层次专家 165 人，评定各类高级专业技术职务 1 802 人。

开拓国际市场 一汽在扩大国内市场，不断提高占有份额的同时，大力开拓国际市场。1995 年出口车种包括中卡、轻卡、厢式车、奥迪轿车、捷达轿车和小红旗轿车。1996 年，采取海外设点，选择代理商等形式，又开发了亚洲、非洲、南美洲等10多个国家和地区的新市场，整车出口一次最大批量达1 525辆。1997年，一汽出口国家和地区30多个，出口创汇总额2 761万美元。至此，一汽已将中、轻、轿系列产品全面推向国际市场，并在非洲、中东等地区，合资组建了三个解放牌系列产品组装厂。

集团建设 截至1997年年末，一汽集团共有成员企业270个。拥有35个直属专业厂、11个全资子公司、12个控股子公司、14个参股公司和200多个关联企业。从兼并吉、长两市四厂到一汽控股金杯，实行“强强”联合，一些大企业纷纷进入一汽集团，使集团的生产、经济规模不断扩大。现在，一汽集团已形成重、中、轻、轿、客、微六大整车系列，包括改装车、专用车、底盘在内的200多个品种，年生产能力在40万辆以上，产品覆盖全国各地。生产基地已由东北大本营向沿江、沿海、经济开发区延伸。先后与美国、德国、日本、韩国等70多个国家和地区1 000多个工厂和公司建立了外经业务联系和合资合作关系。除一汽—大众公司外，还建成了一汽—杰克赛尔空调器有限公司、一汽兴洋转向装置有限公司等18个中外合资企业。

〔撰稿人：中国第一汽车集团公司石　志〕

中国重型汽车集团公司

法定代表人、董事长兼总经理：徐仁根
地址：济南市无影山中路53号　邮码：250031
电话：(0531) 5952530　传真：(0531) 5952412

企业概况 中国重型汽车集团公司（简称重汽公司）是中国重型汽车集团（简称重汽集团）的核心企业，经原国家机械委批准，成立于1983年3月29日。重汽集团自1987年起在国家计划单列，1991年被列为国家试点集团，1993年被国家批准为首批实施国有资产授权经营的试点单位，授权重汽公司代表国家统一经营和管理紧密层成员企业中的国有资产。重汽公司现已成为拥有34个控股企业、10个参股企业、68个协作企业的集团公司，集团成员企业分布在全国12个省区。1997年末，重汽公司和控股企业共有职工86 186人（其中具有中、高级技术职称人员8 225人），资产总额达192.9亿元，所有者权益47.1亿元。

经营情况 1997年是重汽集团发展史上极不平凡的一年，在国家规范金融秩序、加大宏观调控力度、实行双紧的财政政策的大环境下，生产经营面临极大的困难。面对资金紧张、市场竞争加剧等压力，重汽集团各级领导和广大职工努力拼搏，使生产经营取得一定成绩。1997年，完成工业总产值（1990年不变价）537 950万元，同比下降8.2%；实现销售收入980 655万元，同比增长73.6%；实现利润总额3 135万元，同比增长63.1%。1997年主要经济指标完成情况见表。

在严重困难的情况下，重汽集团主要从以下几个方面做好工作。

第一，以提高质量、开发品种促营销，以抓市场带动全局。在加强质量管理方面，吸取多年来的教训，更多地采用经济手段进行管理。一是总装配厂实行“联产联质计奖计酬”办法，使人为质量问题明显下降；二是在集团范围内实施产品质量损失赔偿办法和售后服务、质量追偿管理办法，有效地防止不良品流入下道工序，促进了售后服务质量的提高；三是实施质量责任制考核，落实各级各类人员的质量责任。同时，广泛开展贯标认证工作，开展各种形式的“降废减损”活动。通过这些工作，使产品质量上了一个新台阶，促进了重汽集团整车市场的回升。

1997年主要经济指标完成情况

项　目	单位	全年完成	比上年增长%
企业数	个	19	
全部职工平均人数	人	86 186	－0.3
工业总产值：当年价	万元	534 042	－11.8
不变价	万元	537 950	－8.2
工业增加值	万元	93 400	－31.5
产品销售收入	万元	980 655	73.6
产品销售税金及附加	万元	8 591	350.0
利润总额	万元	3 135	63.1
固定资产原价	万元	676 474	5.0
固定资产净值平均余额	万元	467 600	26.0
流动资产平均余额	万元	1 163 602	52.9
出口创汇	万美元	5 551.88	－14.6

为适应市场，重汽集团建立产品开发快速反应机制，实行分管领导风险抵押和项目负责人制，加强对新产品开发工作的领导；制定并实行新产品开发奖励办法，调动工程技术人员的积极性和创造性，从而加速了新产品开发进度。1997年，新开发的品种有：4种后取力水泥搅拌车底盘、4×2垃圾车底盘、黄河245双层客车底盘、3种改进型黄河车等，同时还完成了MAN大客车底盘技术资料国产化等工作，以适应市场对小批量、多品种重型汽车的需求。

1997年，重汽集团更加重视市场营销工作，把销售服务系统作为“特区”来建设。一是加强销售队伍建设，转换内部机制。集团公司及时调整充实了销售公司领导班子，并在集团公司范围内公开招聘政治、业务素质好的人员充实销售服务队伍。同时，在销售系统实行“竞争上岗、动态管理”的用人制度，并实行包括工资、差旅费补贴、招待费、奖金在内的大包干销量工资制，建立起激励、约束并重的用人分配机制。二是制定了适应市场的营销策略。在调查研究的基础上，分别制定了现款、融资租赁、买方信贷、易货贸易、分期付款等销售政策。为了争夺载重10t4×2汽车的市场，调整了斯太尔4×2车的价格，提高了市场份额。同时，在发挥集团自销和社会经销点作用的基础上，加强与改装车厂家和大客车厂家的合作。由于采取了上述各项措施，1997年在全国汽车市场竞争激烈的形势下，重汽集团重型汽车销售量比上年增长5.2%，全年生产各种重型汽车11 630辆，销售13 148辆。

第二，学邯钢，转机制，“双增双节”见成效。1997年，重汽集团多数企业深入开展了学邯钢活动。一是制定了较为先进合理的指标体系，将原材料、燃动力消耗、低值易耗品、修理费、废品损失等项生产单位的指标和差旅费、办公费、招待费、会议费等项管理部门的指标，层层分解、落实责任。二是制定了科学严格的考核体系，逐月考核、兑现。有的厂实行了“三联（联产、联责、联利）双否决（质量、成本）”方案，并抓住销售回款这个“龙头”，降低成本。各厂在学邯钢工作过程中，注重资金占用指标的考核，降低生产、储备资金，降低采购成本，取得了一定实效。同时，1997年，重汽集团各厂普遍增强了深化改革、转换机制的紧迫感，从实际出发，积极主动地推进企业内部的改革，在用工、分配制度改革方面加大了工作力度，为企业实现转机发展创造了条件。

“三大战役”进展情况 按照机械工业部关于“九五”期间打好产品质量翻身、组织结构优化、开发能力提高“三大战役”的部署，1997年，重汽集团按计划组织实施。一是在继续抓好贯标工作，巩固达标认证成果的基础上，把创造名牌产品，实施名牌战略，作为重汽集团在国内国际市场竞争中取胜的重要手段。对国内市场需求量大面广的载重10～12t4×2车型，采取以不断扩大市场占有率为主的战略原则，以国内一流的质量和一流服务开拓市场、扩大销售，以提高生产批量和控制成本降低价格取得效益。对国内市场占据主导地位、具有相对竞争优势的载重15～20t6×4车型，采取以巩固市场占有率为主，提高质量，改善服务，稳定价格的战略原则，扩大销售，提高效益。二是加快建立现代企业制度改革，实施产品结构和集团组织结构调整。1996年，重汽集团按照国家经贸委等5部委联合下发的“国经贸企〔1995〕868号”文件，完成了将济南汽车制造总厂（原属重汽公司最大的子企业）并入重汽公司的组织结构调整工作，壮大了集团母公司的实力。1997年，通过国家有关部委考察，任命了济南汽车制造总厂并入集团公司后新一届领导班子（董事长、副董事长及董事，总裁班子，党组书记、副书记及党组成员），成立了集团公司董事会，并召开了首届首次董事会会议，研究确定了集团三年发展目标。值此，集团母公司按照国有独资公司规范，健全法人治理结构，加快了建立现代企业制度的步伐。在此基础上，为实现“以存量资产重组带动企业组织结构调整”的任务，重汽公司继续深化体制改革，拟将济南汽车制造总厂并入后的专业厂逐步改造为独立法人实体，使之自主经营、自负盈亏、面向社会发展。1997年末，重汽集团济南传动轴厂、内饰件厂、精密铸造厂、运输公司先行试点运行，迈出了专业厂分立的第一步。在产品结构调整方面，1997年重汽集团按照“九五”规划，重点抓好5项产品结构调整的技改项目和5项出口专项技改项目的落实，以尽快启动实施。同时，重汽公司与瑞典沃尔沃卡车公司合资生产大功率重型汽车项目，经过双方4年的努力，于1997年12月17日获得了国务院的立项批准。三是建立产品开发快速反应机制，进一步提高产品开发能力。1997年，重汽公司制定了新产品开发奖励办法，调动了技术发展中心的工程技术人员进行新产品开发的积极性，全年奖励金额达50万元，从而建立了激励机制。同时，针对市场对重型汽车多品种的需求趋势，对用户有特殊要求的品种，采取了灵活的新产品开发管理方式，克服“大循环”管理体制的弊端，采取“小循环”方式，快速反应，使新品种尽早交付用户，拓宽市场。另外，为了提高产品开发能力，尽管当前资金困难，重汽公司仍适当集中部分资金用于技术发展中心的完善建设，1997年将提高开发能力项目列入国家第一批重点工业产品结构调整导向性项目计划，总投资7 628万元，其中自筹2 288万元，进行计算站扩建、车身造型室建设、车身及附件试验室建设，以及完善发动机试验室。该项目1998年开始投资，2000年完成。

“九五”期间，重汽集团按照“三大战役”部署，在产品结构调整中重点形成载重车系列、客车及客车底盘系列、军车系列三大系列产品，达到年产7万辆重型汽车的生产能力。集团组织结构，按照现代企业制度要求，逐步完善母子公司。集团母公司按国有独资公司进行规范，子企业改造按专业化要求组建整车公司、发动机公司、专用车公司、客车公司，以及齿轮箱、零部件等分公司（事业部），初步形成母子公司体制格局，向着大公司、大集团方向发展。

〔撰稿人：中国重型汽车集团公司经济政策研究室阎瑞林〕

北京汽车工业集团总公司

总经理：马守平
地址：北京市宣武区南纬路 31 号　邮码：100050
电话：(010) 63043411　传真：(010) 63012351

概况　北京汽车工业成为北京市的支柱产业之一和中国轻型汽车重要生产基地之一。北京汽车工业集团总公司主要产品是轻型越野车、客车、货车、农用车、摩托车及汽车配件。北京汽车工业从 1958 年 6 月第一辆“井岗山”小轿车诞生；在累计投资仅 25.9 亿元情况下，经过“六五”至“八五”三个五年计划的技术改造，整车生产能力达 20 万辆，北京牌汽车的社会保有量超过 140 万辆，累计实现利润超过百亿元，上缴利税 60 多亿元，近十多年出口创汇 1 亿多美元，成为北京市的利税大户，并带动了一批相关行业和郊区工业的发展。

北京汽车工业集团总公司是北京汽车工业集团的核心企业，是在原北京汽车工业总公司的基础上，经北京市人民政府批准，于 1995 年 5 月 18 日组建的。北京汽车工业集团总公司是全国机械行业百强企业和国家重点扶植的 512 家大型国有企业之一，是北京市人民政府管辖的大型企业集团。下属 36 个直属企事业单位，分布在北京市 11 个区、县。

发展情况　1997 年是北京汽车工业在市场竞争中经历严峻考验的一年，经营工作遇到极大困难。各级干部、职工积极采取多种措施，以打好质量翻身仗为突破口。使整车质量保持了上年水平，零部件产量比上年提高 5 个百分点。同时努力加强销售工作。年初拟定了集团销售体制改革方案，并开始筹划 3 个“集团统一示范联销服务网点”，集团配套率提高了 3.3 个百分点。全年产销汽车 10.6 万辆，在全国八大汽车集团（公司）中居第 5 位，销售收入 88.7 亿元。全民企业实现利润 5 000 万元。

北京吉普汽车有限公司两大系列产品（BJ2020 和 BJ2021）在传统市场——东北三省销量达到历史最好水平。5 月 16 日，在吉林省机电设备总公司成立“吉林北京吉普专卖行”。10 月 7 日至 11 日，该公司首次直接参加国际汽车展，其 97“狂潮”系列最新品 BJ2020ST“城市猎人”与四缸电喷切诺基在第五届越南国际汽车展上参展。该公司与越南国防部达成购销 50 辆 BJ2020SG 车的初步意向。从 1996 年到 1997 年出口越南的 BJ2020 系列车已有 300 多辆。

北京轻型汽车有限公司继 1996 年 5 月以总成部件形式（即 SKD）向非洲出口整车后，又于 12 月以 SKD 形式出口古巴 58 辆北京牌轻型卡车，其中包括 18 辆 BJ1061 3t 卡车，为“北京轻卡”进入南美市场开辟了一条途径。此后，又首次以散件形式（即 CKD）出口非洲 15 辆 BJ1061 右置转向器 3t 卡车。该公司在年中，针对其销售网点存在的问题，提出产品新销售政策，从 8 月开始，实施产品统一异地发货价，规范价格体系，平抑区域差价，鼓励经销商开发当地市场，并对非北京地区经销商实行免费送货到库。在 7 月召开的联营公司会上，达成吸收第三方北汽集团总公司供销公司参股经营意向；通过 BJ1041 两系列产品下靠上连，延伸产品功能，提高产品经济寿命。

北汽摩进出口公司和美国 BAM、NORTH、AMERICA CO，在北京就 $BJ2023S_1C$、BJ2020SA 和 BJ2032S 等越野汽车达成协议，签订了出口 100 辆汽车订单。后于 5 月底出口 20 辆柴油车到美国。

北汽福田车辆股份有限公司走低成本扩张的道路，通过技术改造和新产品开发，充分利用社会存量，提高整车生产能力，在 1996 年农用车产销 2.6 万辆基础上，1997 年四轮农用车产销超 5 万辆，实现利润 91 000 多万元，继续保持了全国四轮农用车排头兵地位，成为北京汽车工业新的经济增长点。该公司及其总经理王金玉分别被评为北京 1997 年十佳企业和十佳经理之一。

主要经济指标附表 1、表 2、表 3、表 4。

表 1　1997 年主要经济技术指标

项　目	单位	全年完成	比上年增长%
企业数（包括事业单位）	个	36	
全部职工平均人数	人	56 228	
工业总产值：当年价	万元	841 000	−14.0
不变价	万元	755 000	−11.1
工业增加值	万元	154 000	−25.0
产品销售收入	万元	975 000	−12.5
产品销售税金及附加	万元	27 000	−14.6
利润总额	万元	−19 700	亏损
固定资产原价	万元	489 000	15.0
固定资产净值平均余额	万元	286 364	18.0
流动资产平均余额	万元	566 249	−1.0
出口创汇	万美元	2 100	0

表 2　1997 年完成主要产品

产品名称	单位	产量	销量	比上年增长%
汽车	万辆	10.6	10.61	−18.0
摩托车	万辆	1.6		−25.1
农用车	万辆	5.2	5.2	210.0
汽车配件	亿元	9.1		−19.7
拖拉机配件	亿元	2.4		−6.9

表3　1997年主要产品出口情况

产品名称	出口额（万美元）	比上年增长%
汽车及零部件	2 350	13

表4　1997年主要出口国家、地区情况

国家、地区	出口额（万美元）
东南亚、中东、美国、香港、日本	2 350

科研成果及新产品　北京汽车工业在积极发展"两车"的同时，研究制定了开发经济型多功能车方案。BJ2020ST、BJ6395轻型客车，BJ1041CD、BJ1028EC1和BJ1028EC2柴油系列卡车，7Y-650和7Y-950三轮农用车等7种整车新产品1997年已投入批量生产。北京汽车摩托车联合制造公司的BJ6470客车首批300辆投放北京出租车市场运营。全年新产品实现销售收入和税金分别占53%和57%。MPV新产品开发项目开设启动。

北京吉普汽车有限公司于1997年3月下旬推出BJ6395新车型并批量上市，其市场价格低于4.3万元。该车采用两轮驱动，保留了BJ2020轻型越野车优势，同时具有能耗小、维修简便的优点。

1997年北京BJ1041系列汽车被列为北京市138种名牌之一。综合能力达到80年代国际同类水平。

1997年12月，由北京汽车摩托车联合制造公司和北京有色金属研究院共同承担的"粉末法制备铝铅轴瓦合金复合带"课题，通过了机械工业部和北京市的技术鉴定。该项目解决了连续复合轧制等关键技术，各项性能达到国际同类水平，并实现年产1 000t生产能力。

基本建设及技术改造　1997年北京市经委下达给汽车系统技术改造、技术引进结转项目计划共7项，计划投资30 231万元，其中贷款2 000万元，计划工作量31 111万元；竣工项目计划共7项，其中市计划项目3项，公司计划4项；新开项目计划6项，当年投资13 080万元，其中贷款10 190万元，工作量1 650万元。导向项目计划10项，计划总投资28 960万元。截至1997年底，结转项目投入资金26 315万元，为全年计划的87%，比上年增长12%；完成工作量47 097万元，为全年计划的151%，比上年增长113%；房屋竣工面积7 866m²。

1997年北京市经委下达考核验收计划3项，其中，北京汽车摩托车联合制造公司化油器"八五"技术改造项目，北京汽车仪表厂切诺基六缸机转速表项目均已竣工验收；北京传动轴厂的"八五"技术改造项目已在1997年12月竣工验收。

北京轻型汽车有限公司五十铃技术改造实施项目是1997年技改重点工作。1996年底，集团总公司将转股的1.5亿元投入到轻汽后，停了两年多的北京轻型汽车有限公司五十铃项目重新启动。1997年初北京市领导批复了市经委关于支持北轻汽等市重点企业技术改造项目的报告，集团总公司、轻汽公司落实了1亿元资金，基本达到了预期的目标，并且可以在1998年初进入全面调试阶段。1997年北轻汽五十铃技改项目资金用量为1.5亿元，累计完成工作量3.3亿元。

1997年基本建设项目共18项，年计划投资9 447万元，计划开复工建筑面积79 807m²，已竣工面积39 719m²。基建新批立项4项，建筑面积9 550m²，总投资1 055万元。

管理及改革　为积极培育整体优势，集团总公司把推进内部结构调整和资产重组作为全年重点工作。1997年北京汽车摩托车联合制造公司的摩托车生产部分整建制纳入北汽福田公司管理，发展福田公司农用车优势，增加三轮农用车产品，培育新经济增长点。并将农用车部分的生产配套纳入了集团的配套体系。北汽福田的股票上市工作也基本就绪。

北京市方向盘厂整体租赁给外资企业瑞安祥光有限公司，以充分利用现有资产存量，引进科学管理，转换经营机制，增加产品，搞活经营；提高效益。

北京汽车工业系统按照机械工业部"九五"管理规划和北京市关于学"北开"的要求，认真推行价值工程，目标成本等现代化科学管理方法，1997年全系统管理创效益1 000万元以上。

〔撰稿人：北京汽车工业集团总公司李燕英　审稿人：北京汽车工业集团总公司王立生〕

天津汽车工业（集团）有限公司

董事长：纪学徵　副董事长：钟建华（兼党委书记）、董仪隆　总经理：张应吉　副总经理：刘清茂（常务）、周正和、黎信聪、王　放、陈先平、林　引　党委副书记：刘胜利

地址：天津市和平区烟台道78号　邮码：300040

电话：(022) 23399926、23120045　传真：(022) 23310858

概况　天津汽车工业（集团）有限公司（以下简称天汽集团）是我国百户建立现代企业制度试点单位之一和国家120个企业集团试点单位之一，是集科研开发、生产销售、融资、外贸、服务一体化并进行资产经营的国有特大型汽车生产企业。

天汽集团现有国有全资子公司17个、集体企业

8个，中外合资、合作公司23个，股份公司和有限公司各1个，并设有销售公司、物资公司、进出口公司、产品开发中心和职工培训中心等。1997年底，资产总额220亿元。拥有职工59 154人，其中高级职称769人、中级职称2 493人，技师（含高级技师）489人。

主要产品有夏利牌系列轿车、华利牌系列微型汽车、三峰牌系列旅行客车、雁牌系列轻型载货汽车以及各类专用汽车、铁牛牌大中型轮式系列拖拉机和汽车发动机等各种汽车、拖拉机零部件。汽车年生产能力23万辆，其中轿车年生产能力15万辆，大中型轮式拖拉机年生产能力1万台。

天汽集团销售公司是商品车的总经销商，销售公司在全国设有3个分公司，32个合作经营的有限公司，100多个专业代理商和229个产品特约维修服务站。1997年底，夏利轿车和华利微型车在全国出租车市场占有率超过50%，部分品种有少量出口。

1997年完成工业总产值142.6亿元，比上年增长11%；生产汽车158 581辆，比上年增长4%（其中夏利轿车951 55辆，比上年增长8%；华利微型汽车55 615辆，比上年增长7%）；生产拖拉机10 450台，比上年增长11%；销售收入116.9亿元，比上年减少3%；利税13.9亿元，比上年增长4%；出口创汇1 431万美元，比上年增长30.9%。

完善市场销售体系 1997年，全国汽车市场继续在低速中运行。虽然轿车和微型车成为拉动汽车需求增长的主要力量，但是难与已建成的轿车生产能力相适应。在供大于求的态势下，汽车行业生产能力严重闲置，地方保护有增无减，产品价格大战越演越烈。面对严重的市场冲击，天汽集团大力建设和不断完善市场销售体系，对全国的32个有限公司，严格按照整车销售、配件供应、维修服务、信息反馈“四位一体”功能加以规范，建立每年召开有限公司工作会议制度，并向各地有限公司派驻直接参与管理的领导人员，加强管理和监控。1997年，32个有限公司总销车量已占销售公司总销量的65%以上，成为天汽集团的销售主渠道。

针对一些传统大城市出租市场的饱和现象，天汽集团一方面加强3个销售分公司及传统大城市市场的工作，并向周边地区辐射；另一方面，继续开展开拓人口在15万以上的全国338个中、小城市出租车市场的“338”战略，在中小城市和边远省份大力发展二级销售网点，提高这些地区的市场占有率和产品覆盖率。与此同时，不断改变营销策略，努力拓宽市场，在品种、质量、价格、服务等全方位增强竞争能力，在各地建立10个商品车中转库；在全国20多座大、中城市开展联销促销活动；开展分期付款销车和租赁车业务。经过不懈的努力，天汽集团1997年销售汽车158 917辆，实现销售收入116.9亿元，连续三年实现销售收入超百亿元。

建立技术创新机制 加快新产品的开发、研制和市场投放，尽快建立企业技术创新机制，已成为天汽集团工作的重中之重。1997年1月，经天津市企业技术中心认定领导小组审定，以天津市汽车研究所为主的天津汽车工业（集团）有限公司技术中心成立，并坚持以技术中心的建设带动开发能力的提高，以产品开发、技术攻关项目的实施带动机构建设和人才培养，以重点产品开发促进产品结构的优化调整的方针，在技术中心建设和产品开发方面进行了卓有成效的工作。天汽集团自筹2 466万元建设了两个大型试验室，从美国MTS公司、德国西门子公司和申克公司分别引进了价值320万美元的振动、转毂、排放等4套大型开发试验检测设备并完成调试、使用，新建并装备了车身造型室，利用世行贷款购入了8台工作站和相应软件，使技术中心目前拥有工作站14台及配套设备、4台高档微机和61台586微机，建立了计算机辅助设计管理规范，提高了CAD技术运用能力。为继续提高技术中心的开发能力，天汽集团已将技术中心的建设计划纳入了“九五”发展规划，一个投资2.3亿元的建设项目正在规划中。

从引进技术的消化吸收逐步向技术创新转移，加快新产品开发，争取成为国家100家技术中心之一，是天汽集团“九五”发展规划的奋斗目标之一。经过近几年的消化吸收，夏利轿车和华利微型车国产化率已分别达到93.3%和98%，使天汽集团处在向技术创新转移的非常重要的转折时期。1997年，天汽集团紧紧抓住机遇，新产品开发取得丰硕成果，在整车开发和改进方面，先后有10种新车型通过产品定型鉴定并陆续投放市场。完成了夏利轿车局部换型，特别是装有排量为1.3L4缸发动机的97新款夏利轿车，以新的性能和款式赢得了用户的青睐。同时，华利微型车局部改型的成功，使这一老产品重新焕发了青春。一批新产品开发项目，如双燃料夏利轿车、加长夏利轿车、新型华利厢式车、小卡车的研制开发已接近尾声，有望1998年陆续投放市场。在总成和零部件开发方面，进行了夏利轿车用电控机械式自动变速器（AMT）等7个项目的开发。目前，夏利二代车型的开发论证以及旅行型夏利轿车、华利汽车等整车和零部件开发项目也在实施中。

为尽快建立企业技术创新机制，天汽集团十分重视开发队伍的培养和建设，通过各种渠道不断吸纳专业人才，采取各种措施对开发人员进行专业技术培训，不断提高研究开发人员占职工总数的比例。技术中心现有专业技术人员318人，其中高级专业人才88人，中级专业人才120人，这支专业技术人才队伍已成为天汽集团新产品开发研制的中坚力量。

按照市场配置资源 按照市场配置企业资源，是天汽集团快速发展的基本经验之一。在“围着市场转，盯着市场干，随着市场变”的经营思想指导下，先后对近30个企业进行了调整、改组、兼并和改造，特别是近年来，又由过去单一的企业组织结构调整转到与技术改造相结合、与产品结构调整相结合、与引进外资、嫁接改造企业相结合、与股份制改造相结合上来，进一步优化资产结构。

1997年2月，总投资22.12亿元的夏利轿车15

万辆扩建项目通过了国家验收，它的建成投产标志着天津汽车工业的发展跃上了一个新台阶。此项扩建工程使所属5个大中型企业得到了彻底的改造，形成了15万辆夏利轿车生产能力，技术工艺水平和整体实力以及盈利水平明显提高。在此之前，总投资4.75亿元的零部件配套技术改造项目也通过国家验收，并被国家授予“八五”技术改造优秀项目。此项目使所属8个零部件企业得到了改造。初步改变了天津汽车零部件基础工业水平落后的局面，形成了一批技术含量高、生产批量大的专业配套生产企业。

为了解决快速发展与资金紧缺的矛盾，天汽集团加大引进外资、嫁接改造企业和股份制改造的工作力度。1997年，又成立了3个合资企业，使合资企业总数达到23个，占全部企业总数的44%，累计直接利用外资2.66亿美元。这些合资企业不仅引进了外资，减轻了企业负债，同时引进了先进的技术、设备和管理，提高了企业的整体发展水平。作为国务院批准的第四批境外上市预选企业，1997年8月，以天汽集团所属天津市微型汽车厂、天津市内燃机厂和天津市汽车研究所3个单位为主体，成立了夏利股份有限公司，在股份制改造上迈出了关键的一步。通过资产重组，它将以独家发起方式，以夏利牌轿车为主导产品准备上市工作，将为天汽集团的大发展注入新的活力。

〔撰稿人：天津汽车工业（集团）有限公司闫建政〕

上海汽车工业（集团）总公司

总裁：陈祥麟　党委书记：林树楠　副总裁：叶　平、胡茂元、洪积明、蒋志伟、郁子冲、陈因达、唐登杰　党委副书记：刘雅琴

地址：上海市武康路390号　邮码：200031

电话：(021) 64336892　传真：(021) 64330518

概况　1997年，上海汽车工业（集团）总公司完成了各项主要经济指标，保持了良好的发展态势。具体表现在：

(1) 经济效益持续增长。全年完成销售收入同比增长11.81%，完成工业总产值同比增长11.8%，实现利润同比增长5.10%，上缴各类税收同比增长21.6%。详见表1。1997年，上汽集团积极开拓，顺利完成了桑塔纳轿车23万辆的产销任务，同比增长15%，保持了国内市场50%的占有率。特别是轿车整车出口实现了零的突破，共计出口228辆，1997年主要产品出口情况，详见表2、表3。与此同时，拖拉机产量完成1.95万台，同比增长2.63%；公交大客车1 548辆，同比增长32.8%，1997年主要产品产量详见表4。并且提前完成了公交空调车在“七一”香港回归之前投入营运的任务，巩固了公交改革的成果。但是，由于市场的压力，摩托车、载重车的产量分别同比下降了41.4%和39.9%。

(2) 技改项目相继投产，新产品开发取得成效。上汽集团有34项技改项目顺利竣工，预计可新增销售收入55.2亿元。其中，涂塑保险杠项目、空调压缩机项目、上海大众二期扩展项目等一批关键项目竣工验收，相继投产。新产品开发项目总数达到495项，形成产值160亿元，新产品产值率达54%，创汇1 095万美元。新型桑塔纳2000轿车、2VQS发动机、SK6105KP等8种公共汽车、6102大客车等新产品通过技术鉴定。其中，上海大众二期技术改造工程暨上海桑塔纳2000轿车项目荣获1997年度中国汽车工业科技进步奖唯一的一等奖。

(3) 技术开发体系初步形成。上汽集团与美国

表1　1997年上海汽车工业（集团）总公司主要经济技术指标

项　目	单位	全年完成	比上年增长%
工业总产值	万元	4 376 000	21.0
工业增加值	万元	1 125 607	5.1
产品销售收入	万元	7 334 701	11.8
产品销售税金及附加	万元	195 772	6.0
利润总额	万元	700 256	5.1
固定资产原价	万元	1 507 588	30.3
固定资产净值平均余额	万元	969 208	25.9
流动资产平均余额	万元	4 246 265	58.5
出口创汇	万美元	6 725.2	-3.8

表2　1997年主要产品出口情况

产品名称	出口产品		出口额（万美元）
	单位	数量	
轿车	辆	228	210
拖拉机	台	1 025	720
摩托车	辆	6 460	510
汽车零部件			1 755

表3　1997年主要出口国家、地区情况

序号	国家、地区	出口额（万美元）
1	美国、欧洲地区	2 650
2	南美、非洲	780
3	日本、东南亚地区	1 050

表 4　1997 年完成主要产品产量

产品名称	单位	产量	比上年增长%
轿车	辆	230 443	15.1
拖拉机	台	19 501	2.6
摩托车	辆	257 311	−41.4

通用汽车公司共同投资 4 亿元，组建的泛亚汽车技术中心有限公司于 1997 年 6 月正式运行；投资达 8 亿元的上海大众汽车有限公司技术中心扩建工程也于同月开工。这两个技术中心将与正在论证扩建方案的集团技术中心一起构成技术开发体系的主体，三者之间开发任务各有侧重、分工，优势、功能互补。同时，作为集团技术开发体系的有机组成部分，各零部件企业的研究开发中心已全部采用 CAD/CAM 的设计手段，并在国产化工作、系统模块供货和同步开发等方面培养和提高了自主开发能力；集团先后与上海交通大学、同济大学、复旦大学、上海大学、华东理工大学和清华大学等高等院校共建了汽车整车设计、汽车模型风洞、汽车噪声与振动、汽车造型与内饰设计、汽车金属材料研究等 13 个工程中心，与上海外国语大学共建了语言培训中心，这将成为集团产品开发的基础研究、前期开发、科技攻关和人才培养的重要基地。

(4) 大集团试点步伐加快。1997 年 5 月，上汽集团被国务院正式批准列入国家 120 个大集团试点企业行列，为进一步发展壮大上海汽车工业创造了良好的发展环境。为此，集团已着手组织专家论证，拟订大集团试点方案，争取于 1998 年 6 月前提交国务院审核通过。120 个试点大集团将逐步建立财务公司，上汽集团因较早成立了财务公司，在这方面保持了一定的“时间差”优势。截止至 1997 年底，财务公司资金规模同比增长 31.8%，为集团发展发挥了日益突出的金融服务作用。集团母子公司体制框架初步建立。在原上海汽车有限公司转制成为股份公司之后，上汽集团与上海国际信托投资公司决定将原上海汽车有限公司的被剥离出上市公司的部分资产重组建立了上海汽车工业有限公司。并按照现代企业制度要求，建立了监事会、董事会，改变了原来集团与有限公司“二块牌子，一套班子”的模式，为集团深化机构改革奠定了基础。

(5) 质量保证能力得到增强。继 1996 年 16 个企业的产品通过 ISO9000 质保体系认证后，又有上海汽车铸造总厂、上海延锋汽车饰件有限公司、上海汽车有色铸造总厂、上海吉翔汽车车顶饰件有限责任公司、上海采埃孚转向机有限公司、上海申雅密封件有限公司、上海联谊汽车拖拉机工贸公司等企业的相关产品通过了贯标认证。同时，上海实业交通电器有限公司、上海离合器总厂、上海汽车电器总厂、上海汽车锻造总厂 4 个企业又有新的产品获得贯标认证。至此，集团内为桑塔纳轿车配套供货一年以上的企业已 100%通过 ISO9000 质保体系认证。同时，为不断提高用户对上汽集团产品的满意程度，根据市场反馈的信息，1997 年初制订了主导产品的质量改进计划，其中轿车 11 项，摩托车 2 项，拖拉机 4 项。通过质量改进、技术攻关，逐步满足用户对产品越来越高的技术、质量要求，提高了产品的市场竞争能力。桑塔纳 2000 轿车（电喷）荣获上海市工业系统重点产品质量攻关二等奖。1997 年在省（市）级以上质量监督抽查中，整车整机合格率达到 100%；零部件总成监督抽查合格率达到 100%；桑塔纳轿车零件成品缺陷率在 6×10^{-5}以下的有 33 种，同比增加 17.9%。

(6) 利用外资硕果累累。从 80 年代中期开始，上汽集团的蓬勃发展吸引了有技术、有管理、有市场、有资金的国际合作伙伴。到 1997 年底已经先后建立了 32 个合资企业，初步掌握了从整车到配套零部件的一整套先进技术，1997 年在注重提高利用外资工作质量和水平的前提下，继续稳步扩大利用外资、不断扩大合作项目和领域，新建了 7 个合资企业。特别是由于与美国通用汽车公司成功地合资建立上海通用汽车有限公司、泛亚汽车技术中心有限公司，使全年利用外资项目的总投资创下了公司发展史上的新纪录，达到 17.5 亿美元，同比增长 583.92%，其中实际利用外资也创下最高纪录，达到 3 亿美元，同比增长 450%。同时，还与德国科尔本施密特有限公司和德国投资与开发有限公司，三方投资 2 980 万美元组建了上海科尔本施密特活塞有限公司，到 2001 年将达到 450 万只活塞的年生产能力，成为国内生产发动机活塞的“小型巨人”；与美国 TRW 公司合资1 500万美元，组建了上海天合汽车安全系统有限公司，到 2000 年将形成 194 万套安全带的年产能力；与美国江森控制系统公司合资 2 869 万美元，成立了上海延锋江森汽车座椅有限公司，到 2003 年将形成 10 万套汽车座椅的年产能力；还分别合资建立了上海兴盛密封垫有限公司和上海上实交通摩托车电器有限公司。

(7) 人员培训制度全面推行。1997 年，集团继续全面推行“40+4”的全员培训制度，即要求每个员工每周工作 40 小时，参加培训 4 小时。年内共举办了各类培训班 2 474 个，培训人次达 22.5 万人次，同比增长 49.1%。加大对青年高级技术工人的培训力度。同时，为加强对技术工人后备力量的培养，统筹利用集团现有多所技工学校的教育资源，1997 年 5 月正式成立了上海汽车工业联合技工学校。根据产业结构调整的要求，在优化人员结构上又有了新的进展。一方面，加快引进高级人才，形成企业人才高地。上汽集团的博士后工作站也已由机械工业部批准成立，进入实质性操作阶段。另一方面，引进市场调节机制，全面展开了减员增效的工作，推行了 1%员工脱岗制度，形成了职工上岗竞争机制，同时实施“再就业工程”，通过培训、转岗、分流等多种形式促进人员的合理流动。

(8) 投资控股广电集团。1997 年 4 月，上汽集团投资 5 亿元注入重组后的上海广电(集团)有限公司，成为拥有该公司 48.5%股权的第一大股东，这是集团“以资本经营为抓手，实行多元化经营”的重大举措。重组后的广电集团是全国电子行业第一个从整机到显像管、玻壳为一体的彩电生产集团，也是国家120个试点大集团之一。作为第一大股东，集团在控股后积极帮助广电集团改善资产结构，增加投资回报，提高经济效益。

上海通用汽车项目建设全面启动 1997年3月25日，上汽集团与美国通用汽车公司正式签署合营合同及章程，双方决定投资15.7亿美元，各占50%股份，建立上海通用汽车有限公司和泛亚汽车技术中心有限公司。这是迄今为止中国最大的中美合资项目，是加快推进我国汽车产品升级，提高上海汽车工业在21世纪竞争能力的跨世纪项目。

上海通用汽车有限公司生产中高级轿车，达纲年生产能力为10万辆，并要实现“1998年底出样车，1999年4月批量投产”的总体目标。将生产的别克轿车在价格、质量等方面与同类进口车相比具有相当的竞争力，将填补我国汽车技术上的一批空白。同时，将充分利用我国现有的零部件配套基础，在实现零部件国产化中，坚持“等效替代”和“打中华牌”的原则，起步国产化率将达到40%，将带动上海市和国内汽车零部件工业及相关产业的快速发展。泛亚汽车技术中心有限公司将承担上海通用汽车有限公司下一代产品的开发，并最终形成包括车辆内饰、底盘和动力总成（发动机、变速箱）在内的整车开发能力，将向国内外其他公司提供汽车开发服务。

这两个公司都落户于浦东新区，将带动一大批零部件企业进驻浦东。这样，上海汽车工业在建成浦西上海大众轿车生产基地的基础上，将在浦东建成新的生产基地，最终形成浦东、浦西双向联动、遥相呼应的发展新格局。

1997年6月，上海通用汽车有限公司、上海泛亚汽车技术中心有限公司正式成立，标志着上海通用项目建设已经全面启动。按照总体目标，全面开展了工厂建设、设备安装、国产化配套、员工培训等各项工作，并已取得了阶段性的建设成果。油漆、冲压、动力总成、车身、总装等五大车间的主体厂房已开始交付工艺设备安装；建设中的工厂采用模块化设计，不但工艺先进而且具有柔性化，可实现多种车型并线生产，突破了目前国内轿车生产企业刚性生产线的工艺水平；首批国产化零部件已全部定点，国产化布点达到60%，以确保投产实现40%的起步国产化率目标。上海市政府高度重视和支持上海通用项目建设，并于1998年初将该项目列为上海市一号工程，这将有力地促进项目建设。

“上海汽车”进军证券市场 经中国证监委批准，上汽集团作为独家发起人，在原上海汽车有限公司资产重组的基础上，采用社会募集方式设立了上海汽车股份有限公司，正式进军证券市场，拓宽融资渠道。股份公司以上海汽车齿轮总厂为母体，该厂是国内规模最大、技术最先进的汽车、拖拉机变速器总成生产企业，各项经济技术指标均居全国同行之首。股份公司总股本10亿股，每股面值1.00元，其中发起人股7亿股，社会公众股3亿股（包括职工股3 000万股)。2.7亿股公众股于1997年11月7日在上海证券交易所上网定价发行，11月25日正式上市，发行价每股7.02元，发行市盈率为14.9倍，引起了广大投资者的极大兴趣，申购锁定资金创下历史最高纪录。

股票发行成功后，共募集了20.82亿元资金，主要用于投资正在建设中的上海通用汽车有限公司（占19%股权）以及桑塔纳轿车变速器10万台齿轮、轴类技术改造项目。1997年底前，股份公司又先后投资收购了集团内的部分优质资产，保持了股份公司股本扩张和经营业绩的同步增长。其中，投资1.49亿元全资收购了中国弹簧厂，投资1.13亿元和0.92亿元分别收购上海易初通用机器有限公司40%股权和上海纳铁福传动轴有限公司35%股权。

1997年股份公司每股净资产为3.30元，每股盈利为0.473元，净资产收益率为14.32%，圆满完成了招股说明书上的盈利预测承诺。股份公司作为上汽集团的概念股、形象股，将充分发挥证券市场的资本放大效应，为上汽集团的进一步发展壮大不断拓展融资渠道，并促进集团的结构调整。

上海大众保持良好的发展势头 作为上汽集团的“领头羊”，上海大众汽车有限公司再创经营佳绩，保持了良好的发展势头。

轿车产量再创全国新纪录。1997年，桑塔纳系列轿车产量达到23万辆，同比增长15%，已累计生产轿车97.3万辆，均创下了中国轿车工业年产量和累计产量的新纪录。扩建年产30万辆冲压、车身和总装生产能力的技术改造项目通过国家竣工验收，标志着轿车生产规模又跃上了新的台阶。同时，具有国际最新技术水平的发动机二厂正式建成投产，形成了2VQS发动机的批量生产能力，这为上海大众进一步提高生产经营规模和产品技术含量打下了扎实的基础。

新型桑塔纳2000轿车通过国家技术鉴定，在对现有桑塔纳2000轿车产品技术改进、优化设计的基础上，配置2VQS发动机的新型桑塔纳2000轿车顺利通过国家级技术鉴定，将于1998年正式投放市场。同时，ABS刹车系统、新型电子防盗装置、液压操纵离合器系统等多项先进技术将逐步被运用于新型桑塔纳2000轿车。这是提高产品技术含量、适应市场需求的一大重要举措。

轿车国产化不断取得新的进展。到1997年年底，桑塔纳普通型轿车的国产化率已达到91.87%，桑塔纳2000型轿车已提高到84.03%。国产化率的不断提高带来了产品成本的不断下降，从而进一步增强了桑塔纳轿车的市场竞争能力。并且国产化工作的重点已由单纯的提高国产化率向总成供货和适时供货两大体系的建立发展。1997年内，仪表板、转向机等10多个零部件实现了总成供货。

1997年5月，投资8亿元的技术中心扩建工程正式启动，将建设一个高质量的小型试车场、动态试验场，能满足各种车型的多种性能试验，还包括CAD设计中心、工程分析中心、造型中心，试制和试验基地等，为尽早形成自主开发能力提供强大的技术支持。

1997年12月，通过了ISO14000环境管理体系的审核认证，成为国内首家“生产绿色产品，创建绿色企业”的汽车生产厂家。

上海客车产品加快升级换代 上海客车制造业有过辉煌的历史，曾是全国城市客车的“领头羊”。然而，由于缺乏全面统一的规划和技术资金的投入，从80年代后期开始逐渐丧失优势。1996年6月，在上海市政府的关心、支持下，上汽集团兼并上海公交4个客车企业，组建了上海客车制造公司，力求早日重振上海客车制造业的雄风，使之成为上海汽车工业的新的经济增长点。

1997年，新组建的上海客车制造公司以市场为导向，以科技进步为动力，加快产品的升级换代，把开发城市新型公交客车作为工作突破口。年初，仅用100天就开发成功国外流行款式的SK6105系列新型公交客车。并在7月1日前仅用90天承接完成了700辆新型公交空调客车的开发生产任务，为改变上海城市公交面貌作出了新的贡献。

为了提高市场竞争能力，增强企业发展后劲。上汽集团投资1.27亿元对企业进行全面技术改造，按照“一项规划，分期实施”的原则，第一期工程已正式建成投产，形成了1 500辆整车和1 500台底盘的年产能力。同时，上汽集团已与国外著名的客车制造集团进行合资谈判，寻求通过合资或引进技术的途径，建立“两头在内、中间在外”的大客车生产基地，进一步提高客车产品的技术水平，加快产品的升级换代，到本世纪末形成年产3 000辆大客车、3 000台大客车底盘的能力。

〔撰稿人：上海汽车工业（集团）总公司夏军〕

跃进汽车集团公司

总经理：黄小平　副总经理：周锦清、朱国璋、黄世清、朱正林、许淑芝、戴则樵、吴志原
地址：南京市中央路331号　邮码：210037
电话：(025) 3437788　传真：(025) 3433526

概况 1958年3月10日第一辆跃进牌载货汽车诞生，至今已经40周年，公司已经历了半个世纪的发展历程。几十年的发展，公司产品已涵盖了轻型汽车的诸多品种，形成跃进、依维柯两大名牌，仅上国家正式目录的已达328种，公司已成为国内轻型汽车主要生产企业。

发展情况 1997年公司坚持以依维柯汽车销售为支柱，不断拓展市场，取得了可喜的成绩。依维柯汽车销售连续三年每年净增5 000辆，A49.10汽车一上场就受到欢迎，展示了广阔的市场前景。并且加大各种专用车的销售，依维柯运钞车、救护车、警车等特种改装车已实现大批量生产，销售量比上年增加了32%。依维柯汽车还作为驻港部队首选用车，在香港回归祖国之时，进入香港地区。

公司确立新跃进产品为新的经济增长点。通过广告、展示会、发布会、大巡展等途径，宣传新跃进产品，对新跃进产品实行“定点投放，定点销售”，对新跃进产品用户进行上门服务，跟踪服务。使新跃进产品的市场开拓取得了明显成果，销量3 905辆，并实现了出口。公司产品在全国轻型汽车市场占有率仍达到15.6%，其中轻卡为18.8%，轻客为10.2%。

公司1997年主要经济指标详见表1、表2。

各零部件厂积极为跃进、依维柯汽车提供配套，获得了较好的经济效益，依维柯后桥部件及40.10后制动器、分泵支座出口意大利，赢得了外商的信赖。零部件厂还扩大自销量，转向器1997年自销量比上年增长50%。

表1　1997年主要经济指标

项　目	单　位	全年完成	比上年增长%
企业数	个	1	
全部职工平均人数	人	20 565	−1.4
工业总产值(不变价)	万元	677 604	17.9
工业增加值	万元	108 400	38.9
销售收入	万元	569 986	21.0
利润总额	万元	25 400	309.7
税金总额	万元	31 170	14.1
出口创汇	万美元	1 000	128.0

表2　1997年完成主要产品产量

产品名称	单　位	产　量	比上年增长%
依维柯系列	辆	20 101	33.9
跃进系列	辆	52 546	−11.8

在市场开拓中，公司加强信息和调研工作，建立了内部和外部的市场信息网络，组织召开了信息工作会议和集团企业营销座谈会。围绕市场及时调整产品品种，发挥计划、调度部门的作用，使生产紧跟市场节拍，公司汽车产品产销率达102%。

公司加强售后服务仓储管理，实现对广大用户有服务承诺，及时提供维修配件。全年新增跃进汽车特约维修厂14个，跃进汽车特约厂的数量已发展到237个厂，派出四批36个小分队赴全国各地，走访了几十家经销公司和170个直接用户，举办了8期

技术服务培训班，培训192人次。公司对依维柯汽车大用户举办驾驶人员和机务人员培训班，对依维柯汽车特约维修单位开展评审工作，纳入管理系统，向标准管理迈出一步。

1997年进出口工作取得了长足的进步，全年进口CKD19 500台（份），出口整车791辆，出口额总计962.34万美元，分别比上年增长206.6%和128%。

新产品 公司充分利用已获得的引进技术，消化吸收、自行开发小型客货车产品。在短短一年时间里，完成从效果图到模型，建立数模到实体模型，样车试制和试验，发动机及有关总成部件的试制、试验等，按贯标要求完成NJ1020GHA、NJ1020GHE两种车型鉴定文件，通过机械工业部组织专家评审，已列入1997年国家机动车辆目录。

依维柯汽车为公司引进产品，经过几年的生产，国产化率逐年提高，经机械工业部、海关总署的核定，依维柯汽车国产化率已达84.9%，成为国内引进轻型客车品种中最先通过80%国产化核定的产品。

对外合作 1997年的中外合资工作获得很大进展。江苏农用车有限公司、南京泰克西铸铁有限公司、南京泰克西铸铝有限公司、南京法雷奥离合器有限公司、南京依维柯汽车有限公司变速箱厂等中外合资企业的成立，增强了企业发展后劲。另外，与美国福特公司合资生产发动机项目主合同已草签，技术转让合同等辅助合同正在商谈中。华东铸造中心项目也正在商谈中。

管理及改革 1997年公司的管理工作从基础抓起，以贯标、降本增效、推进精益生产方式三项全员活动为主要内容，规范工作程序，降低成本，增加效益，取得了阶段性成果。

1997年贯彻ISO9001质量管理标准进入实质性阶段，公司组织各级领导、干部和工人进行了分层次、分岗位的质量培训，举办了2期内审员培训班，编制出版了《职工质量知识手册》，组织全员职工学习研讨质量体系文件，把质量意识贯穿于生产经营的全过程。完成质量手册、程序文件、管理作业文件等体系文件的编制并正式颁布实施；还进行了两次内部审核和管理评审，以及由咨询机构联合走访检查。对查出的问题，各单位积极整改。年底，经过天津玖仟论证中心及江苏商检中心论证，质量管理体系通过了第三方认证，获得两部门的认证证书。

公司通过分析企业现状，找出薄弱环节，“横向到边，纵向到底”，做到人人有指标，个个抓落实，全年降本增效1.3亿元，劳动部门重新核定工时定额，使跃进车工时定额平均压缩了8%，依维柯车工时定额平均压缩了20%。采购系统严格控制原材料、辅料、协作件的成本；生产系统从压缩在制品资金，收回二级扩散自制，增收创利三个方面控制费用。设备部门重新调整年度大修计划，并在实施过程中从严控制委外大修的项目，加大自修力度，降低和压缩备品和备件。动能部门严格考核费用，理顺管网走向，检查滴漏现象，杜绝浪费。技术部门从新品开发设计、试制、试验入手，挖掘潜力，降低成本。工会广泛发动，积极开展“六小”活动（小考核、小革新、小改革、小建议、小经验、小节约），参与企业的管理。全年共提合理化建议3 109条，实施完成了589项，节约各类资金或取得经济效益合计1 200万元。

公司积极改革生产组织，在有条件的专业厂推广精益生产方式，合理配置资源，机关处室以精益思想指导工作，更好地为基层服务。全年已改造25条精益生产加工线和2条加工工序，压缩人员130人，节约资金1 568.5万元，节省厂房2 572m²。

集团发展 抓集团建设，规范集团管理。吸收朝阳柴油机公司、常熟专用汽车厂成为集团成员，壮大跃进集团队伍。公司探索资产合作的形式，组织控股企业与公司签订责任考核合同，推动控股企业在管理上与公司同步前进。重申《董事会准备工作》管理文件，组织了董事函授培训。不断提高外派董事股东效益意识、风险意识以及决策能力。

为了使跃进系列农用车能够尽快形成大批量、低成本的生产格局，提高农用车市场的占有率，集团的金猴农用车有限公司、镇江农用车厂、丹阳宏运农用车厂等企业1997年进行从整车经销逐步过渡到SKD组装，已初步形成了SKD组装生产能力。

1997年，集团内跃进公司控股生产型企业，销售收入58.5亿元，总资产90.2亿元。

〔撰稿人：跃进汽车集团公司办公室沈　洁　审稿人：跃进汽车集团公司总经理助理向荣昌〕

长安汽车有限责任公司

董事长：赵国华　副董事长：江从寿
总经理：江从寿　副总经理：尹家绪、景之金、李　栩、王重生、赵鲁川、应展望、邹文超
地址：重庆市江北区建新东路260号　邮码：400023
电话：（023）67851921、67856892　传真：（023）67870261

生产发展情况 长安汽车有限责任公司是兵器行业的特大型骨干企业，以汽车、发动机、民用猎枪

及人工降雨弹为支柱民品，兼顾军品科研、制造、生产经营项目。其主要产品长安牌微型汽车已有6个基型车，45个改型车种系列。公司生产的微型汽车被国家纳入汽车工业长期发展规划的重点项目。公司拥有职工23 231人，其中科技人员5 548人，具有高中级技术职称的有2 190人；公司占地面积1 730万 m^2，建筑面积155万 m^2。现有总资产76亿元，是全国500家、机械行业100家最大工业企业之一，是国家批准的八大轿车生产企业之一。

销售与市场 加大销售力度，提高了市场占有份额。自在北京首先推出“18·18”工程之后，公司又推出了以“规范市场、统一售价、让利用户、圆你车梦”为主题的“1997年长安汽车特别行动”，率先在微车市场降价，销售稳中有升，其市场占有率达到24%，比上年提高了5个百分点。同时，加强了销售网络的建设，在全国几大重要市场建立了长安汽车直销公司和长安汽车专营市场，基本形成了联营、直销、专营、连锁销售等多层次、多渠道复合型立体销售网络。另外，通过CI工程的全面导入，大大提升了长安公司的企业形象，营销工作取得了突破性的进展。

为了积极开拓国际市场，公司成立了海外部，逐步把公司产品推向国际市场。1997年完成整车出口957辆，达到前十年汽车累计出口量的116%，产品出口到叙利亚、巴基斯坦、埃及、沙特、摩洛哥、阿根廷、苏丹、塞浦路斯等国家。

公司1997年销售汽车113 219辆、实现销售收入46亿元，分别比上年增长44%和67%，产销率为100%。

1997年公司加大新品开发力度。为抢占市场，完成了12个新品的鉴定。其中新款面包车、加长轴距的单双排等10个新品车投放市场，受到消费者的欢迎。

1997年公司开展了质量大整顿行动。并与质量认证工作相结合，提高了军、民品质量。汽车的主要技术质量问题已经得到解决。配套体系整顿取得了一定成绩，对配套厂家加大质量控制力度，并实行质量索赔制度，对质量问题追根究底，处罚了质量事故的责任人，挽回一定的经济损失，产品实物质量有了明显改观，产品质量稳步提高。

长安汽车股份有限公司的组建和对江陵发动机公司的兼并，实现产权结构和机制的重大变革，建立了以资产经营责任制为标志的公司内部管理机制。为了强化资产经营责任制，严格资产经营考核指标的奖惩兑现。深入开展“外学邯钢，内学嘉陵”的活动，加强费用控制，内部挖潜初见成效。配套件采取“准时制”管理，降低流动资金占用。为了降低成本，公司实施了配套件降价的举措，预计1998年可降低成本1亿多元。冷轧钢板与宝钢和攀钢也分别达成了降价协议。

公司在成功发行B股的基础上，长安汽车A股于6月10日顺利上市，再筹集资金7.4亿多元，为公司发展提供了资金保证。

公司长安奥拓15万辆项目已获国家正式批准，新增投资额高达45亿元，项目建设已进入实施阶段。

1997年公司主要经济技术指标、主要产品产量及进出口情况详见表1、表2、表3、表4。

表1　1997年主要经济技术指标

项　　目	单　位	全年完成	比上年增长%
企业数	个		
全部职工平均人数	人	23 728	0.1
工业总产值:当年价	万元	339 829	22.1
不变价	万元	355 598	38.8
工业增加值	万元	49 671	-17.2
产品销售收入	万元	468 030	67.0
产品销售税金及附加	万元	5 415	10.8
利润总额	万元	4 403	-38.3
固定资产原价	万元	305 786	15.0
固定资产净值平均余额	万元	222 168	30.3
流动资产平均余额	万元	350 010	64.0
出口创汇	万美元	277	128.0

表2　1997年完成主要产品产量

产品名称	单　位	产　量	比上年增长%
长安牌微型汽车	辆	113 899	44.7
微车发动机	台	142 388	48.2
人工降雨弹	万发	30	0

表3　1997年主要产品出（进）口情况

产品名称	出口产品		出口额（万美元）	比上年增长%
	单位	数量		
SC1010微型单排载货汽车	辆	218	64.1	
SC1010微型双排载货汽车	辆	731	209.0	
SC1010X微型厢式汽车	辆	8	3.2	
JL462Q发动机	台	2	0.3	
合计			276.6	127.8

表4　1997年主要出口国家、地区情况

序号	国家、地区	出口额(万美元)
1	叙利亚	34.4
2	阿根廷	29.0
3	埃及	206.9
4	塞浦路斯	0.7
5	苏丹	5.3
6	新加坡	0.2
7	菲律宾	0.1

〔撰稿人：长安汽车有限责任公司计划部冉松、任　强、凌代贵〕

广州摩托集团公司

董事长：梁志坚　总经理：杨大冬
地址：广州市滨江中路352号　邮码：510220
电话：(020) 84423888（总机）　传真：(020) 84475816

概况　广州摩托集团公司隶属广州市经济委员会，前身广州摩托车公司组建于1987年。该公司是1个综合性多功能的大型全民所有制股份企业集团，是我国摩托车生产定点企业、广东省70个重点大型企业集团及广州市57个重点企业集团之一。集团公司属下有各类型企业19个，其中核心企业6个，全资、控股企业5个，参股企业8个。企业除生产主导产品五羊牌、五羊——本田牌摩托车，主要产品华南牌缝纫机、五羊牌自行车外，还从事房地产开发、普通机械、汽车及摩托车维修、糖业、发电、纤维板、制衣、金属家具等产品的加工制造及第三产业服务。

自组建以来，集团公司坚持走"外引内联"发展摩托车生产的道路，依靠科技进步和严格管理，企业得到迅速的发展。集团公司目前已形成以五羊——本田摩托车为"龙头"，广州摩托集团公司为主体，拥有100、125、145三种排量17种车型，具有年产60万辆摩托车和60万台发动机生产能力的摩托车工业生产体系。企业总体实力强，营运状况良好，在"中国工业企业综合评价最优500家"中排名第31位。

发展情况　集团公司1997年生产经营情况良好。在摩托车市场竞争日趋激烈的情况下，生产经营指标仍呈大幅度增长。工业总产值（1990年不变价）完成56.7亿元，摩托车整车完成31万辆，销售30万辆，工业总产值列广东省机械工业企业第一位。

生产发展特点：市场竞争激烈，产品处于供大于求的状态；质量好、价格适中的摩托车仍有一定市场份额；适销对路的摩托车新产品的批量生产和投放市场，在一定程度上促进了老产品的生产和销售。

科研成果及新产品　集团公司为使企业在激烈的市场竞争中赢得市场，一贯重视做好新产品开发工作。1997年，集团公司共开发摩托车新产品整车10项，发动机5项。WY125系列摩托车被机械工业部评为"中国机械工业名牌产品"。

基本建设及技术改造　1997年，集团公司固定资产技改投资逾23 000万元。已形成年产60万辆摩托车整车和60万台发动机的生产能力。

管理及改革　1997年，集团公司根据机械工业部集中力量打好"三大战役"的总体部署，对建立现代企业制度、搞好搞活大型企业集团进行探索。一是实施企业兼并。集团公司根据国家的产业政策，走低成本扩张发展摩托车生产的道路，从1997年1月1日起对广州市五羊自行车企业集团公司和华南缝制设备集团公司实施兼并，兼并工作得到国务院国有企业改革工作联席会议批准，已于1997年10月与有关银行签定企业兼并银企协议。通过兼并，公司扩大生产场地近360 000m²，建筑面积440 000m²；增加资本净值4.9亿元。经过重组，用少量增量盘活资产约4.8亿元；享受银行给予免、停息政策，累计可减少利息负担5.9亿元。二是抓好大集团组建工作。公司继兼并了广州市五羊自行车企业集团公司和华南缝制设备集团公司后，于1997年5月完成了广州市永大集团全建制划归广州摩托集团的交接工作，同时按现代企业制度的要求进行以资本为纽带的结构优化组合，组建广州五羊企业集团和广州五羊集团有限公司，接受广州市政府授权经营管理广州摩托集团公司全部国有资产。

中短期发展目标　集团公司总的发展设想是：以"两条腿走路"为重点，迅速扩大摩托车生产。"九五"期间，摩托车产品继续向豪华型、普及型、实用型系列发展，并根据市场需求适度发展自行车、缝纫机等传统名牌产品，积极发展房地产、商业贸易、旅业、维修服务等第三产业，发展成为跨行业、跨地区、跨国的，集工、科、贸、金融于一体的大型企业集团。

〔撰稿人：广州摩托集团公司陈学军〕

上海电气（集团）总公司

法人代表、董事长：夏毓灼　总裁：周飞达
地址：上海市四川中路110号　邮码：200002
电话：(021) 63215530　传真：(021) 63216017

概况 上海电气(集团)总公司是经中共上海市委、市政府批准，由原上海机电控股(集团)公司和原上海电气(集团)总公司实行资产联合重组，于1996年12月27日正式宣告成立的。新的上海电气(集团)总公司以高新技术产品为先导，以综合商社贸易拓展和财务公司资金融通为支撑，以电站设备和机械制造为产业支柱，集科、工、贸、金融、信息于一体，是国内最大的装备类企业集团。

1997年集团公司所属工业企业共366个，其中国有经济企业178个，集体经济企业49个，联合经济企业45个，股份制经济企业4个，中外合资经营企业77个，港澳台与大陆合资经营企业12个，其他企业1个。年末职工总数20.98万人。完成工业总产值297.48亿元，销售额480亿元(包括“三产”)，比上年增长30%。总资产500多亿元。工业发展及经济效益情况，详见表1。出口产品情况，详见表2。

1997年集团公司工业生产主要特点，是在资产重组中大幅度调整产业和产品结构，持续健康快速发展。对10个年销售额超20亿元有市场的产品抓大扶强，对没有竞争优势的产品实行关停并转，使国有资产向高技术含量、高附加值的产品集中。通过调整，虽低档次产品产量有些减少，但整体经济效益却有较大提高。电站设备、机床机械、工程机械、通用机械等四大主机销售额已占集团总销售额的40%以上。电站设备产量已突破5 000MW，占全国50%。利用重组后的成套和整体销售优势，统一调整和加强销售布局，在广东、广西、云南、贵州、青海、新疆、陕西等边远地区新建7个销售网点。同时积极主攻大项目，拓展大市场，承接了浦东国际机场、三峡工程、燕山20万t乙烯工程，在山东聊城电厂、荷泽电厂和伊朗、塞班岛、印度、巴基斯坦等国内外重大项目指标中连连中标，工程质量都受到好评。还利用品牌、技术、管理、人才等无形资产优势，在上海市内外投资控股、收购兼并企业40个，新增销售额30亿元。

表1 1997年工业企业主要经济技术指标完成情况

项　目	单　位	全年完成	比上年增长%
企业数	个	366	20.8
全部职工平均人数	人	209 816	−8.9
工业总产值：当年价	万元	2 974 827	16.3
不变价	万元	2 998 861	21.5
工业增加值	万元	750 878	2.1
产品销售收入	万元	2 854 283	6.7
产品销售税金及附加	万元	—	—
利润总额	万元	104 293	1.5
固定资产原价	万元	1 251 780	−8.5
固定资产净值平均余额	万元	919 701	7.7
流动资产平均余额	万元	2 796 143	9.7
出口创汇	万美元	78 000	20.2

表2 1997年主要产品出口情况

产品名称	单　位	出口数量	出口额(万美元)	比上年增长%
紧固件	万件	999 998.1	3 389.2	−23.2
滚动轴承	万套	3 885.9	2 611.3	−11.6
交流电机	MW	81.2	1 852.7	38.6
高中压阀门	只/t	61 058/3 715.7	1 791.4	71.7
印刷机械	台/t	8 881/1 715.5	1 254.9	−6.3
金属切削机床	台	1 960	1 244.3	−0.9
电力电缆	km	21 551.8	1 093.0	20.2
工业锅炉	台/t(蒸汽)	89/676.8	789.2	−12.6
锻压设备	台	1 823	764.6	−31.4
内燃机	MW	5.4	689.2	−20.5
变压器	kV·A	166 748.0	473.9	−52.8
起重设备			353.2	−7.0
推土机	台	42	301.2	−42.2
工矿配件	t	457	295.7	86.1
制冷设备	套	220	267.3	96.0
冶炼设备	t	1 187.9	261.4	66.7
工业泵	台	213	210.1	100.0
农业泵	台	24 111	185.0	−47.8
塑料机械	台/t	71/232.8	130.1	34.6
液压件	万件	0.1	126.4	77.1
橡胶机械	台/t	139/537	106.1	22.5
内燃发电机组	MW	0.8	84.3	9.7
食品机械	台	106	74.7	−9.9
单斗挖掘机	台	10	53.4	60.0
直流电机	MW	1.4	43.6	45.0
空气压缩机	台	1 033	11.1	−32.7
其他产品			37 847.8	29.4
合计			56 305.1	20.0

科研成果及新产品 1997年共完成科研项目150项。其中有6个项目获上海市1997年度科技进步二等奖，7个项目获三等奖。有42个企业获1997年度上海市高新技术企业称号，有37个企业获ISO质量体系认证。上海电缆厂、上海建设——路桥设备有限公司获机械工业质量信得过明星企业称号。完成新产品研制136项，其中有国家级重点新产品26项。还有59项获1997年上海市优秀新产品奖，其中一等奖1项、二等奖17项、三等奖41项。完成技术进步产品1 175项，比上年增加88项，总产值129.12亿元，比上年增长3.99%。

1997年集团公司有6个产品列入国家机械工业名牌产品，即山宝牌PEX系列颚式破碎机，上缆牌10-35kV交联聚乙烯绝缘电力电缆，龙牌ZIC(16～26mm)系列双重绝缘电锤和JIZ(6～23mm)系列双重绝缘电钻，狮印牌TYM780～920、TYM750A、E、MW780A～1550A自动烫印模切机，飞达牌QZK780～1550程控切纸机，SW牌608(Z2/Z3)系列电动轴承。还有27个产品列入1997年度上海市名牌产品。

对外合作 1997年集团公司共有中外合资和港澳台与大陆合资工业企业89个。当年新增10个，其中投资额200万美元以上的企业8个，新增投资额1.15亿美元。新增10个企业的投资外方来自美国、德国、法国、日本、荷兰。1997年合资企业总产值107.12亿元，比上年增长33.19%，占集团总产值的36%，销售收入124.80亿元，占集团销售总额的43.72%。

管理及改革 重组以后的集团公司借鉴国际跨国公司先进经验，结合自身实际情况，拼弃行政公司传统，向以资产经营为主的企业集团转换角色，以能否实现增值为机构设置的主要依据，将原总部机构改制为企业化的四部（战略发展部、资产财务部、人力资源部、经济运行部）二室（集团办公室、审计室）一处（企业改革处）五中心（技术中心、质量监督中心、再就业中心、培训中心、信息中心）八个事业部（电站设备、机床机械、基础机械件、工程动力机械、通用机械、输配电、重型机械、家用电器事业部）的新格局。生产经营权彻底放给企业，事业部所属的40多个子公司和工厂分别成为利润中心、生产成本中心和真正的市场竞争主体。集团总部主要抓战略规划、资产经营和产权代表（经营者）。各事业部所属企业，详见表3。

表3 集团公司各事业部所属企业

部类	所属企业
电站设备事业部	上海汽轮机厂、上海电机厂、上海锅炉厂、上海重型机器厂、上海电站辅机厂、上海华通开关厂、上海电瓷厂、上海继电器厂、上海互感器厂、无锡叶片厂
输配电事业部	上海电线电缆(集团)有限公司、上海电缆厂
机床机械事业部	上海机床工具(集团)有限公司、上海机床厂有限公司、上海明精机床厂有限公司、上海力达锻压设备有限公司、上海工具厂有限公司、上海印刷包装机械总公司、上海轻工机械股份有限公司、上海造纸机械总厂、上海人造板机器厂
基础机械件事业部	上海电机(集团)有限公司、上海上标(集团)有限公司、上海轴承(集团)有限公司、上海液压气动公司、上海电焊条有限公司、上海电焊机厂
工程机械事业部	上海东风机械(集团)有限公司、上海柴油机股份有限公司
通用机械事业部	上海通用机械(集团)公司、上海压缩机有限公司、上海大隆机器厂、上海鼓风机厂、上海石油化工设备公司
重矿机械事业部	上海重型矿山机械公司、天地成套设备制造有限公司、上海化工机械厂
家用电器事业部	上菱家用电器(集团)总公司、上菱电器股份有限公司、上海日立家用电器有限公司

〔撰稿人：上海电气（集团）总公司卫我乡　审稿人：上海电气（集团）总公司韩国璋〕

东北输变电设备集团公司

总裁：左长林　副总裁：李茂才、唐英奇、黄　平　总工程师：高兴耀
地址：沈阳市铁西区北二中路18号　邮码：110025
电话：(024) 5851243　传真：(024) 5851179

概况 东北输变电设备集团公司组建于1985年，经过11年的发展目前已成为中国输变电设备制造行业最大的集团公司，是中国输变电设备制造、科研和出口基地。1990年起在国家计划中实行单列，

是国务院首批试点的56家企业集团之一。集团公司所属企业沈阳电缆厂、抚顺电瓷厂、沈阳电工机械有限公司和控股子公司东北输变电机械制造股份有限公司的全资子公司——沈阳变压器有限责任公司、沈阳高压开关有限责任公司、锦州电力电容器有限责任公司、阜新封闭母线有限责任公司，均为全国同行业的排头兵或骨干企业。集团公司拥有7个分公司，7个控股子公司，23个附属企业，员工4.8万人，初步建立了实业、金融和贸易三大产业体系，已经成为多层次、多产业、跨地区、跨行业、跨所有制、全方位的现代化大型企业集团。

集团公司拥有雄厚的科研开发实力，完善的检测手段，现代化的生产设备和工艺装备。全部按照国家标准（GB）和国际电工委员会标准（IEC）及欧美发达国家标准进行产品制造，并严格贯彻ISO9000质量管理系列标准。可生产具有当代水平的优良的50～60Hz电气产品，一批在国际市场具有竞争力和国内名牌产品已形成规模生产能力。主要产品有变压器、互感器、全封闭组合电器、高压断路器、高压隔离开关、电线电缆、高压电瓷、避雷器、电力电容器和封闭母线等，共200多个系列、1 600多个品种、43 000多个规格。产品总体水平和主要经济技术指标在全国同行业中均处于领先地位。具有为全国年装机40%的综合配套能力。产品国内市场覆盖率和重要设备配套率均达到95%以上，产品还远销40多个国家和地区，在海外有良好的声誉。

经营发展状况　1997年我国国民经济呈现了高增长、低通胀的好势头，短缺经济基本结束，国企改革进入攻坚阶段。

面对市场有效需求不足、资金匮乏、低价位竞争日趋激烈的严峻形势和挑战，集团公司和各企业加速进行转机建制，加大了改革和开拓市场的力度，强化了企业管理。大多数企业市场竞争意思和适应市场、开拓市场能力明显增强，并注重研究市场营销工作的新思路、新对策，及时准确地捕捉各方面信息，不断调整充实经营队伍，保持了经济工作整体上平稳运行的态势，集团公司整体实力和规模有了进一步发展和壮大。具体各项经营指标完成情况详见以下表1～表3。

表1　1997年主要经济指标完成情况

项　　目	单　位	全年完成	比上年增长%
企业数	个	35	9.3
全部职工平均人数	人	48 674	0.8
工业总产值(当年价)	万元	274 738	−4.0
工业增加值	万元	63 765	−12.0
产品销售收入	万元	288 721	0.1
利润总额	万元	9 803	7.1
流动资产平均余额	万元	391 009	9.0

表2　1997年主要产品产量完成情况

产品名称	单　位	产　量	比上年增长%
变压器	MV·A	22 560	8
互感器	台	1 124	13
高压断路器	台	−654	−15
高压隔离开关	组	6 078	−8
电力电容器	Mvar	4 030	11
钢芯铝绞线	t	7 759	−4
电力电缆	km	6 360	−24
高压电瓷	t	8 553	17
离相封闭母线	m	6 644	9

表3　1997年主要产品出口情况

产品名称	出口额（万美元）	出口国家、地区
变压器	1 235	东南亚国家
互感器	287	东南亚国家
高压断路器	20	东南亚国家
高压隔离开关	145	东南亚国家
电力电缆	524	东南亚国家
其他	388	东南亚国家
合计	2 599	

科研成果及新产品　截止到1997年底，集团公司共完成开发新产品68种，实现新产品产值75 190万元，利税12 764万元，销售收入76 190万元。新产品水平率达到90%以上；全部指标超额完成了全年计划。

在开发的68种新产品中，有22种获得部、省、市级的各种奖励，其中ZF6-500SF6全封闭组合电器获机械工业部科技进步二等奖；SSP-300/500三相电力变压器等6种产品分别获省政府科技进步二、三等奖；叙利亚迪什林水电工程用105MW封闭母线等5种产品分别获省政府优秀新产品二、三等奖；乙丙橡皮绝缘氯磺化聚乙烯护套阻燃电力电缆等3种产品获省厅科技进步奖；SSP7-450000/330三相强油水冷电力变压器等7种产品获市科技进步一、二、三等奖。

技术改造　1997年集团公司技术改造共完成投资31 174万元，实施项目11个，有4个项目已通过了验收，其中沈变公司的互感器制造公司项目是根据国家输变电行业的发展需要而重点兴建的。该项目总投资19 000万元，总建筑面积57 914m²，共完成44个单项工程，新购置安装和制造工艺设备466台（套）。该项目采用新技术、新工艺和先进的设备，形成了年生产各类互感器3 500台的能力，并按国际IEC标准生产500kV以下互感器产品，部分产品达到国际先进水平。

基本建设　抚顺二期迁建工程是公司1997年唯一的一个基本建设项目。该项目总投资26 500万元，工程建设期3年。主要建设内容是制泥厂房、棒型厂房、氧化锌避雷器厂房、高压试验室、锅炉房和科技开发中心及职工住宅等。该项目截止到1997年底，已累计完成投资13 544万元。

对外合作 沈阳电缆厂与日本古河电气工业株式会社、伊藤忠商事株式会社合资兴建的沈阳古河电缆有限公司，历经两年的施工建设，于1997年5月竣工投产。该公司总投资额4 400万元，是目前国内最大的全封闭生产超高压交联电缆企业，汇集当今世界先进生产线，年产66～500kV、大截面(2 500mm²)、大长度(880m)交联电缆达280km，在投产仅半年时间里，该公司已先后为北京供电局、南京供电局、天津供电局和苏州供电局提供了世界一流的超高压交联电缆产品。

管理及改革 1997年，以建立企业现代制度、转换经营机制、规范产权结构、完善母子公司建设、减人增效为主要内容的集团公司和企业改革开始向深层次切入，并加大力度。集团公司的现代企业制度试点方案，经反复论证，已上报有关部门，正在进一步细化和完善，即将进入全面实施阶段。

1997年集团公司在认真落实好十五大精神的同时，又制定了十二条深化改革加速发展的具体规划和措施。这十二条的具体内容是：(1)加速国有企业公司制改造的步伐；(2)加大集体企业改革力度；(3)规范集体公司管理体制；(4)精简集团公司机关机构；(5)做好企业减人增效工作；(6)发展集团规模，加快造大船步伐；(7)发扬艰苦奋斗精神，杜绝奢侈浪费；(8)强化经营管理各项工作；(9)强化对企业的宏观指导；(10)以产品为"龙头"，提高集团公司整体市场占有率；(11)加强领导班子建设；(12)以企业文化建设为重点，加强精神文明建设。集团公司各归口负责部门都全力以赴投入精力实施这十二条规划，到1997年底，各项工作都有成效。为发展集团整体规模，加快造大船步伐，集团公司兼并了鞍山冷却器厂、连云港变压器厂并与辽阳工业纸板厂签订了兼并意向书。

回顾1997年，集团公司在经济形势步入新格局、外部环境比较严峻的形势下，经过公司各企业的共同努力，取得了经济工作的平稳发展。但是，摆在我们面前的困难和存在的问题还很多，我们要认真分析形势，把握机遇，增加信心，力克难关，推动和促进集团公司加速发展。

〔撰稿人：东北输变电设备集团公司张小宏　审稿人：东北输变电设备集团公司郭文元〕

广州南洋电器企业集团有限公司

董事长：赵　群　副董事长：黎业升
总经理：黎业升　副总经理：莫海燕、区棋培、张　诚、陈文健
地址：广州市黄华路43号　邮码：510050
电话：(020) 83830229　传真：(020) 83828485

生产发展情况 1997年度集团公司在激烈的市场竞争面前，面临着急待解决的三大难题：一是国家明令淘汰的旧式产品与新产品交替衔接的矛盾；二是集团公司属下广州高压电器厂易地改造生产场地，调整与日常生产任务的矛盾；三是广州高压电器厂合资新厂与原旧厂人员分流的矛盾。

全年公司内各企业生产上最大的特点是任务不均衡，用户要货急，生产周期短，非标型号多，高新技术产品市场占有量增大，常规性产品生产量减少。针对以上特点，我们重点进行"三大调整"即产品结构、生产布局、生产人员调整。实行"八字方针"即"强化管理，稳中发展"，经过一年来一系列的努力，经济上达到预期效果，除广州高压电器厂因生产结构及场地调整等因素出现亏损之外，广州南洋电器厂实现利润550万元，保持第十九年盈利，广州电器工业公司实现了扭亏为盈，广州远东风扇厂保持了盈亏平衡。

1997年主要经济技术指标及完成主要产品产量见表1、表2。

"三大战役"实施情况 1997年，广州南洋电器企业集团有限公司，按照机械工业部大打"三大战役"的部署要求，在着重理顺了新的集团公司之间的各种关系的基础上，对1993年原华南电气企业集团公司制订的15年发展规划，进行了修改、补充。重新制订、论证了广州南洋电器企业集团有限公司发展规划(1997～2000～2010)，确立了集团公司分三步走的发展战略计划。对全集团公司从组织结构，盘活存量资产，扩大规模经济，加强成套输变电产品配套能力，提高企业整体经济效益等方面，理顺了整体发展思路。

1. 打一场"产品质量翻身仗"，重塑机械产品良好形象。

(1) 抓好质量管理，开展无废品的活动，大打"产品质量翻身仗"。

集团公司内主体核心企业南洋电器厂，在上年实施了ISO9001质量体系贯标认证的基础上，1997年又通过了复查，并以复查工作为动力，抓住复查中的薄弱环节，按照检查→整改→再检查→再整改，直至完全合格的循环方式，坚持建制确保质量体系的

正常运作,使企业全员质量意识得到质的飞跃。广州高压电器厂集中精力解决四类变压器产品清洁度问题,严格执行提高变压器油清洁度的工艺规定,以实际行动,消除过去该产品在用户中不良影响;进入下半年后,有了较大的好转,恢复了用户对该产品的信心。远东风扇厂在企业内部全面展开ISO9001标准的贯标整治工作,为日后申请ISO9001认证工作作了充分的准备。电器公司在抓好产品质量管理、财务管理、成本管理的同时,着手结合实际情况制定开展ISO9001贯标认证的工作方案,做好培训的基础工作。

表1 1997年主要经济技术指标

项　目	单　位	全年完成	比上年增长%
企业数	个	4	0
全部职工平均人数	人	3 374	-5
工业总产值:当年价	万元	29 912	-9
不变价	万元	27 958	-8
工业增加值	万元	5 794	34
产品销售收入	万元	27 239	-14
产品销售税金及附加	万元	213	-90
利税总额	万元	1 259	-68
固定资产原价	万元	17 231	36
固定资产净值平均余额	万元	12 488	9
流动资产平均余额	万元	27 622	8

表2 1997年完成主要产品产量

产品名称	单　位	产　量	比上年增长%
高压开关板	面	1 165	-10
低压开关板	面	3 206	-37
高压电器元件	台	719	-12
低压电器元件	万件	1 096	1
电力变压器	MV·A	692.5	-49
电风扇	万台	15.70	-19

(2)实施名牌发展战略,推行科学的质量管理方法,提高企业质量管理水平。

集团公司核心企业南洋电器厂具有半个世纪生产电器产品的历史,"南洋电器"这个无形资产随着该厂生产规模日益发展而不断壮大,每年都有技术含量高的新产品向市场推出,该厂的N牌产品自80年代注册,在国内广大用户中享有盛誉。自从该厂获得ISO9001这个进入国际市场的"通行证"后,为该厂的产品在国内市场历次招标中都助了一臂之力。进入1997年,该厂N牌产品被列入为省、市两级创名牌工作计划之列,目前已获得市级名牌称号,及广州市58个著名商标之一,该N牌产品覆盖高、低压电器元件及高、低压电器成套设备市场。

(3)转变观念,树立和增强全员服务意识,取信于用户。

转变观念是完全以市场需要为导向,一切以服务于用户为目的,不断提高为用户服务水平。集团公司核心企业南洋电器厂的做法是:将售后服务组,改成为独立架构的专职部门,发挥质量监控作用,设立质量保证金的质量承诺制度。广州高压电器厂重新修订了产品的质量承诺,提高了售后服务标准,对产品售出18个月内和18个月后的产品维修及服务标准作出新的规定,并且每年至少一次主动上门对用户作质量追踪服务,稳住了老客户。远东风扇厂针对过去首创的钻石牌风扇商标,因种种原因被迫转出后,质量水平每况愈下的状况,主动提出"抓质量、抓服务、重塑远东"风扇王牌风范的系列活动,新的品牌远东牌在市场上站稳了脚根。

(4)以申办高新技术企业认定为契机,促进企业整体管理水平进一步提高。

集团公司核心企业南洋电器厂,是国家计委和机械工业部重点振兴企业,其主导产品DW18型柜架式断路器被确定为国家重点振兴电器产品,获国家"双加"工程项目荣誉,ZN18中压真空式断路器是引进日本东芝公司技术,消化吸收后全部国产化的,高技术、高附加值产品。经过"七五"、"八五"技改,该厂引进了国外全套数控金属加工设备,拥有良好的工艺装备和先进的检测手段,有着雄厚的技术开发力量和健全的质量保证体系,产品性能稳定可靠,覆盖面广阔,符合国家关于高新技术企业的认定标准。该厂抓住申办高新技术企业的契机,对企业内部经营管理、技术开发力度、信息管理、质量上水平、生产周期衔接、品牌形象的确立等各方面,进行了全面的整顿后,近日向市科委提出了"高新技术企业认定"的申请,广州市科委正在审理之中。

2. 打一场组织结构优化的战役,促进资产合理配置。

(1)调整集团公司资产结构,明晰产权关系,企业运作方式由过去的资金营运转为资产营运,按照"市场导向,扶优扶强,改组改造,规模经济"的原则,进行组织结构优化调整,在上半年清理对外投资整顿过程中,对经营状况不佳的项目及时刹车,以产权纽带连结母子公司的利益关系,在重新确定产权所属关系的同时,核定资产收益,实行建账建制,堵塞国有资产流失漏洞,母子公司之间建立资产经营责任制,重点考核资产保值增值,资金营运效率,资产负债率,销售收入和利润等主要指标,经营负责人实行风险承包责任制。

(2)打破企业资产固化不变的格局,通过多种途径取得资金,加快企业资产流动,促进企业组织结构优化。

集团公司内广州高压电器厂是个生产变压器的老企业,在华南地区首屈一指,但产品开发能力、生产设备、工艺上与先进国家相比仍存在较大差距。近年来,与国内同类先进企业相比亦拉大了距离,该厂希望通过引进外资和先进技术设备,加速生产工艺改造和产品更新换代。合资资金的来源,通过土地资源的置换获取。该厂通过老城区51 000m^2的厂房用于房地产合作开发,取得补偿资金后,部分资金用于在另一东厂区安置职工生产,另一部分用于偿还债务,再以一部分与奥地利伊林公司及黄埔开发区合作,在广州开发区组建广州伊林变压器有限公司,该公司总投资额为2 950万美元,外方占股比61%,中方占股比39%（含开发区2%）。该合资项目已于当年9月签署合同，合营期为50年，两年后投入规模生产，年生产能力电压等级为110～220kV具有90年代国际先进水平的变压器6000MV·A。

（3）根据市场竞争需要确定组织结构和产品结构的调整，重点支持优势企业和优势产品，提高生产集中度，扩大规模经济。

具体做法是，首先选准新产品开发的重点，集中技术优势加大开发力度，制定全年15个新产品开发项目，集中抓住市场急需的高附加值产品，有110kV SF_6 自能式灭弧高压断路器、VE型中置式真空开关柜、VU型双层组装式真空开关柜、新型塑壳式低压断路器，其次按照新制定的集团公司发展规划部署，对原集团公司内产品开发重复交叉、各自为战、经济规模小的问题进行协调，理顺关系，实行专业分工，产品分工，提高产品集中力度，扩大规模经济。

3. 打一场开发能力提高战役，努力掌握产品开发主动权。

（1）抓好广州南洋电器企业集团有限公司技术中心的建立和正常运作工作，从提高集团公司自主开发能力入手，使集团公司成为技术开发的主体，掌握产品的发展主动权，推动整个集团的技术进步。

（2）充分利用经过“七五”、“八五”技改后的企业资源，用活用足这些资源。南洋厂经过两期五年规划后，厂房、设备比以往有了极大的提高，引进的全套数控加工中心的设备，已进入满负荷的运作，最大程度地发挥设备的利用率。今后，其它各分公司的设备，亦不再重复引进。

（3）成立广州南洋电器企业集团公司计算机中心，该中心属于南洋厂“九五”规划“双加”工程项目，由企业自筹，银行贷款投资为320万元，该中心使用美国EDS公司的CAD/CAM软件，可对高低压电器元件和成套设备产品，实现三维空间的设计，极大地提高设计效率，并可与数控设备联网，实现无图样程序加工产品。

（4）设立集团公司科技、新产品开发奖励基金，用于奖励重大新产品、新技术的开发和应用，激励科技人员的积极性。

〔撰稿人：广州南洋电器企业集团有限公司郑铁〕

中国一拖集团有限公司

董事长：尹家喜　副董事长：方　刚、陈立威
总经理：方　刚　副总经理：罗廷赞、王　洪、朱士岑、邢德余、刘大功、刘阿南、董永安、刘文英
地址：河南省洛阳市建设路154号　邮码：471004
电话：（0379）4972048　传真：（0379）4913228

概况　中国一拖集团有限公司（从属名称第一拖拉机制造厂）是国家“一五”期间156个重点建设项目之一。建厂40多年来，已从单一生产履带拖拉机的生产厂发展成为目前生产拖拉机、汽车、工程机械三大类、多系族、50多个品种、100多种型号产品的综合性机械制造企业，是我国农机行业唯一的特大型企业。截至1997年，一拖共生产大、中、小型拖拉机110多万台，累计上缴利税30多亿元，相当于国家投资的7倍多。以中国一拖集团有限公司为核心的一拖集团，是国家首批57个试点企业集团之一，一拖公司被国务院确定为512个重点企业之一，国家建立现代企业制度百家试点企业之一。1998年被机械工业部评定为农机行业唯一一个管理进步示范企业、被河南省政府评定为管理示范企业。1997年5月，以一拖股份有限公司为主体的股份制改造顺利完成。公司东方红品牌1996、1997年连续两年被评为“中国最有价值品牌”之一。集团公司及东方红100系列柴油机被评为全国用户满意企业和产品。1997年，在全国用户工作会议上，公司继获“全国用户满意企业”、东方红牌柴油机获“全国用户满意产品”之后，公司又获“全国用户满意服务”企业。1997年，一拖集团公司顺利通过机械工业部、河南省机械电子工业厅联合论证组对一拖“特级安全级”企业的复评认证，从而成为国家特大型机械工业企业中的第一家“特级安全级”企业。在1995、1996连续两年实现销售收入、利税大幅度增长的基础上，1997年公司实现销售收入近50亿元，保持了较高的增长势头。

发展情况　围绕深化改革和加快发展这两条主线，突破旧体制的束缚，在建立现代企业制度和构筑母子公司体制上迈出了决定性的步伐，推进了经营机制和管理体制的改革。

（1）公司化改造和股份制改造取得突破性进展。按照建立现代企业制度的要求，5月4日，中国第一拖拉机工程机械公司正式改制为中国一拖集团有限公司，组建了以董事会、监事会及管理层为框架的法人治理结构。6月23日，一拖股份有限公司H股在香港联交所挂牌上市，募集港币15.075亿元，一拖集团公司成为农机行业唯一在境外发行股票的企业。1997年，公司内部其他配套改革也围绕公司化改造全面推开。

（2）以市场和用户需要为第一要则，规范管理行为，改进生产组织方式，强化质量工作，构建大营销格局。

切实贯彻“先配件后主体”的方针，基本做到了生产什么、生产多少由市场决定，以满足用户需要为工作出发点。在生产组织上，采取快捷的组织方法，及时调整产品品种、数量，增强了企业对市场的应变能力和适应能力。大型拖拉机、小型拖拉机、柴油机等产品分别创造了月产历史最高纪录；小型拖拉机、汽车、柴油机、叉车、压路机等主导产品销量及出口创汇同比增长，继续保持了销售收入的一定增幅。

在管理工作上，以进入全国500优为企业管理标志，制定下发了《“九五”企业管理规划》，在抓好争创部、省“管理进步示范企业”工作的同时，扎实推进现代化管理方法。结合贯彻落实国务院颁布的《质量振兴纲要》精神和公司“产品质量翻身战役实施项目”，制定了《一拖集团公司质量振兴纲要》，有4个专业厂、子公司通过贯标取得了第三方认证。1997年在集团公司个别单位试行了资产回报考评制度，并逐步在各子公司推行。制定资产回报考评制度的指导思想是：集团公司根据授予各子公司的权力和责任，确立对其经营绩效的评价考核方式，以责、权、利相统一为原则制定量化的指标体系，通过对经营过程的监督和经营结果的评价考核，达到调动责任人以至全体职工的积极性，保证集团公司总体发展目标实现的目的。

11月5日，一拖集团公司代表29个全国拖拉机主要生产企业在京发布《质量保证承诺》，以促进产品质量的提高和售后服务工作的开展。

为了更有效地开拓市场，促进企业发展，产品开发工作也取得了新进展，1997年完成产品设计30项、产品鉴定15项，并组织了10次农机具演示，新技术、新工艺研究项目顺利完成。公司“九五”期间的大功率1004-1204轮式拖拉机和1002-1202履带拖拉机两个“双加”技术改造项目的初步设计顺利通过国家级审查。

(3)搞好市场营销，实行多元化经营是公司的战略重点。一拖集团公司目前有销售服务中心（站、点）162个，在巩固完善销售主渠道体系的同时，开展多元化经营。一是建立独资公司，独资建点经销直接贴近市场。二是建立合资公司，建立一拖产品经销和联销中心。此外，积极开拓国际市场，外贸经营的思想由过去单纯的追求创汇转变到以创效为主。针对市场竞争加剧的新形势，制订了适应市场变化的营销策略和销售办法，如改变了小型拖拉机按档优惠的办法，使小型拖拉机同比销量增长4.95%。为确保营销队伍整体高素质的要求，除对现职营销人员采取竞争上岗外，对需补充的人员，一律在全公司范围内实行公开招聘，选拔了70多人充实营销一线。实践证明，正确的营销策略为全年实现近50亿的销售任务提供了保证。

(4)树立质量市场观，落实各级质量责任制。为用户提供满意产品是企业立足的根本，公司推行质量工作一把手是第一责任人，层层落实质量责任的要求。以一发厂大件车间飞轮小组组长王二栓名字命名的“王二栓班组”成为公司基础管理的一面旗帜。8月份，开展了用户满意活动，增强全员质量意识，以此促进产品质量、工作质量的提高。对外协件、扩散件质量整顿，抓紧生产环节和过程管理。组织“打假队”，与工商部门一起，查处假造一拖产品的制假窝点，打击制假者，切实悍卫消费者权益。

资本经营 积极推进大公司、大集团战略，实现从产品经营向资本经营的跨越。为进一步壮大集团实力，保持集团公司在行业中应有的地位和优势，集团制定了《一拖集团公司实施大集团、大公司战略方案》，实施大集团、大公司发展战略的指导思想是：“以建设有中国特色社会主义理论为指导，以市场和国家产业政策为导向，以产品经营为基础，以资本运营为核心，以产权交易为手段，以追求最大的投入产出效益为目的，在行业治散中发挥骨干作用，做到既大又强，形成行业先导地位；体现出对农机行业和地方经济的带动作用；既能实现资产的不断增值，又能对市场变化具有快速反应能力和驾驭能力。在本世纪末基本建立现代企业制度的同时，实现从产品经营到资本运营、从国内经营到国际经营的跨越，把公司建设成为具有较强竞争力的跨地区、跨行业、跨所有制和跨国经营，具有国内一流水平的大型企业集团。”1997年，先后成功收购了江苏清江拖拉机集团公司，兼并了信阳柴油机厂，组建了上海强农股份公司。并对申请加入一拖集团公司的70多个企业进行了认真的研究、论证和考察。

精神文明建设 全国机械工业第三次精神文明建设工作会议1997年在一拖胜利召开。公司党群部门开展了一系列活动，以“塑形活动”（塑造产品形象、塑造管理形象、塑造员工形象）为载体，有力地推动了公司的精神文明建设和公司的生产经营工作。1997年，机械工业部在我公司召开了“产品开发能力提高战役”现场会，对我公司产品开发工作给予充分肯定，广大职工受到了很大鼓舞。另外，10月份，公司成功地承办了全国青年岗位能手（车工）技能运动会。

〔撰稿人：中国一拖集团有限公司办公室路秋霞
审稿人：中国一拖集团有限公司办公室主任魏黎明〕

北汽福田车辆股份有限公司

董事长：安庆衡　总经理：王金玉
北京地址：北京市东环中路32号　邮码：100020

电话：(010) 65921776　传真：(010) 65921776
山东地址：诸城市密州路西首　邮码：262200
电话：(0536) 6212964　传真：(0536) 6211028

概况　1994 年以来，福田公司通过跨地区、跨行业资产重组，盘活国有存量资产，走出了一条适势、借势、造势的发展路子，四年迈出三大步。其中净资产增长了 59.7 倍，员工人数增长了 5.8 倍，年产量增长了 28.4 倍，销量增长了 28.1 倍，销售收入增长了 28.3 倍，利润增长了 285.9 倍，税金增长了 39.5 倍，产品市场占有率达到 20%以上，一跃成为全国农用运输车行业的排头兵和北京市新的经济增长点。被国家统计局授予“1997 中国市场同类产品产销量第一名”称号，并荣获中国市场畅销品牌证书。

福田公司主导产品为“福田”汽车、北京牌农用运输车、三轮摩托车、收获机械、塑料机械、化学建材、轻钢结构装备及构件、植保机械和随机工具等。1997 年产销北京牌四轮农用运输车 5 万多辆，实现销售收入 13.15 亿元，利税 1.4 亿元。其中利润 9 178万元，以绝对优势稳居行业第一名。公司自 1996 年 8 月成立以来，不到两年的时间，即 1998 年 6 月 2 日“福田股份”又在上交所隆重上市，共筹集股本 5 000 万股，筹得资金 3.23 亿元。鉴此，福田注册资本已达到 1.94 亿元

对于福田公司的改革和发展，党和国家领导人以及有关部委和省市的各级领导给予了充分的肯定和鼓励。江泽民、李鹏等党和国家领导人先后在中南海参观了北京牌农用运输车。朱镕基、李岚清、贾庆林、李铁映、吴仪、吴官正等领导同志先后到福田公司视察指导工作。李岚清副总理高兴地说：“你们的路子走对了！”吴仪同志指出：福田公司的优化国有存量资产，跨地区、跨行业经营取得了成功，希望继续走下去。原机械工业部包叙定部长指出：北汽福田公司是按照现代企业制度运作形式发展起来的一个股份制公司，最大的特点是充分利用存量资产和社会资源，低成本高效率发展，这条发展道路值得探讨和研究，这不仅对北京汽车工业，而且对全国汽车行业乃至机械行业都有重大启示。

福田公司的历史沿革和发展历程　福田公司的快速、高效、持续发展可高度概括为四年迈出三大步，走出了一条外向市场、内转机制、实现低成本规模效益的路子。

第一步，走“强强”联合之路。1994 年 1 月 18 日，山东诸城机动车辆厂携带 576 万元净资产与北京汽车摩托车联合制造公司合并，实行跨地区的资产重组，盘活国有存量资产。此举为福田公司改革与发展历程中关键的第一步。

第二步，成立股份公司，实施大跨度的资产重组。企业要走低成本高效率发展的路子，就必须充分利用社会存量资产，通过存量调整、资产重组求发展。这是福田公司发展史上具有战略意义的第二步。

1996 年 8 月 28 日，经北京市人民政府批准，由北汽摩公司、江苏常柴集团等 100 个法人企业共同发起成立了北汽福田车辆股份有限公司。股份公司的成立，找到了存量调整与增量投入的最佳结合点，达到了存量调整为主，存量通过增量撬动的目的，使有限的增量带动了巨大的存量。

成立股份公司，是跨地区、跨行业的资产重组的成功。盘活存量的关键是“活”，福田公司实施的是动态的、优化的重组，这种重组使企业真正活起来。一是在投资成本最低化的条件下，实现企业迅速扩张。二是实施社会存量资产的优化组合，使实物资源、货币资源、技术资源、人力资源和管理资源得到合理配置，解决了福田公司发展中的许多关键性问题。三是促进了企业生产经营组织形式的合理化。福田公司坚持走社会化生产，专业化分工的道路，避免再走大而全、小而全的老路。按“哑铃型”结构形式，重点发展企业核心能力，抓好产品开发和市场营销。四是形成了新的经济增长点。福田公司的高速发展，已引起上级主管部门和同行业的高度重视。北京市将福田公司列入全市优中选优，重点扶植企业，将农用车纳入市发展规划，列为北京市新的经济增长点。由于公司的发展业绩显著，被北京市授予福田公司全市 1997 年度“双十佳”企业称号。被国家统计局授予行业第一名证书和金牌。

第三步，积极申请上市股票，继续对国有资产进行重组调整，为北京市经济发展和社会稳定做出贡献，实现公司的可持续发展。

1998 年 2 月 27 日，中国证监会批准福田上市额度 5 000 万股。5 月 11 日在沪上网发行，共筹集资金 3.23 亿元，6 月 2 日“福田股份”在上海证券交易所隆重上市。

“福田股份”的上市是福田公司发展的新的里程碑，这不但为公司的发展提供了稳定的融资渠道，而且也使公司彻底地进入了资本市场，标志着福田公司现代企业制度的全面运作。

福田公司的内部管理机制　福田公司是按现代企业制度运作形式建立的股份制企业，成立之初，就摒弃了种种僵化的管理模式，逐步探索并建立了一套独具福田特色的运行机制。

(1)企业组织结构设计合理，运行体系适应公司的发展要求。

福田公司组织系统各事业部、职能部门的划分，主要从系统性、科学性、目标一致性、整体协调性、产品专业化分工和市场的适用性等方面考虑确定的。

公司生产经营实体共设置了七个事业部：怀柔车辆厂、北京摩托车制造厂、诸城车辆厂、诸城轻工机械厂、潍坊工模具总厂、潍坊模具厂、营销公司。同时设置十一个职能部门：技术中心、质量管理部、发展规划部、产业经济研究所、生产部、制造工程部、

证券部、财务部、人力资源部、综合管理部、总经理办公室。

福田公司在组织系统设计上有两大特点：

一是博采众长、破除陈规、富于创新。

二是适应发展、动态管理、及时调整。

福田公司组织结构试运行的同时配套出台了福田公司的管理原则：集中决策、统一规划、分层管理、有效控制。“十六字”管理原则与职能——事业部制的管理模式，一个是管理的基础，一个是管理的灵魂。十六字管理原则透彻的明示了福田组织系统分权与集权的关系，强调了计划和动态控制的严肃性、原则性。因此它们两者最显著作用是：为福田公司稳定、健康、快速、高效发展的管理机制，提供了最基础的保障条件。一个良性发展及富成长性的企业没有一个正常、超前适应战略发展的组织结构，将缺乏抵御风险的能力，就好比一个人没有一个正常发育的骨骼，将不能成长和壮大一样。总结福田公司职能——事业部制组织结构运行以来的经验和企业发展的态势，充分显示了这一结构设计带来的五点优势：机制转换的平稳性、团队运行的协作性、高速增长的适用性、战略发展的超前性、市场经济的相容性。

(2) 以市场营销为中心，创立市场营销体系。

福田公司的营销准则是“用户第一、经销商第二、福田公司第三”。这一准则鲜明地体现出“造福亿万百姓”的经营宗旨，体现出以产权为纽带和以风险共担为原则组织起来的经销商的利益。根据这种思想创立的营销体系，实施区域分割，由点到面细分全国市场。营销公司下设6个分公司，即诸城分公司、潍坊分公司、北京分公司、摩托车分公司、成都分公司、长沙分公司。分公司下设近40个市场部，市场部下设近600个销售网点，有1 100多人的营销队伍，分布于28个省、市、自治区。就如同一张网覆盖全国，建立和形成了市场开发、商品销售、配件供应、技术服务、信息反馈“五位一体”的市场营销体系。

福田公司以市场为中心的经营机制体现在公司的各个环节中：企业经营面向市场，产品开发贴近市场，营销策略创造、引导、规范市场，生产组织依托市场，技术进步立足市场，人力资源来自市场，资金筹集取之市场，质量考核标准源于市场，内部机制适应市场，培植外部环境服务市场。福田公司从上到下念的就是市场这本“经”。

(3) 以质量管理为核心，以市场为最终裁判，提高质量管理体系运行水平。

福田公司面向农业和农村市场，面向城乡结合部，面对的是一个特殊的消费群体——普通百姓，为普通百姓造车，决不能粗制滥造！而是在不牺牲技术含量和质量水平的前提下，生产百姓喜欢的、适用而又买得起的商品。公司成立之初，就把“树精品意识、创名牌产品”定为公司的质量方针。续后在全公司开展了以“转变质量观念、明确质量责任、加快技术进步、提高产品水平、宣贯ISO9000、提高竞争能力、追求优质高效、确保用户满意”为主题的“树立危机意识、实施精品工程”活动，在全公司打一场提高质量水平的翻身战。福田质量工作以接受市场的考核为中心内容，以市场为最终裁判，最大化实现顾客满意度。

(4) 以人为本，优化人力资源，完善分配、激励机制。

福田公司要建成国内一流的现代企业，人才是决定性因素。福田公司发展的秘诀之一得益于人才战略的实施。可以毫不夸张地说没有人才就没有福田。公司实施人力资源战略，首先是从观念上突破，从而带来管理的突破。福田用人机制独具特色。

一是面向市场实施人才战略。

二是注重后备人才的储备、选拔、培训、培养。

三是完善考核、奖励、分配机制。制定《人才工程实施管理办法》，规范人才管理工作。

(5) 技术创新，形成企业经营核心能力，加速技术中心的建设。

一个企业成功的关键在于有一个适销对路的产品，北汽福田公司正是因为有了适销对路的产品系组合而获得了成功。公司在产品开发上遵循了以市场为导向，以产品为“龙头”，适应市场，发展自己的模式，开发和培植企业的核心能力。

1997年北汽福田公司产销四轮农用车5万多辆，实现销售收入13.15亿元，其中80%以上是新产品实现的。由于福田公司以不断满足用户需求为企业发展先导，不断加大新产品开发力度，所以到目前为止公司仅车辆类产品就已拥有8条产品线，73个产品项，300多个品种，在车辆类产品上形成了多品种、系列化。纵观福田公司近年来在产品开发上的成功经验，有四个方面的特点。

一是把产品开发视为企业发展的生命线加以高度重视。

二是以无限制多层次满足用户需求为产品开发追求的目标。

三是充分利用企业内部资源和社会资源，开辟多种形式的产品开发渠道。

四是注重市场与技术的有机结合，建立了以市场为导向的快速高效的产品开发机制。

由于福田公司产品开发能力的不断提高和适销对路的产品不断推向市场，不仅产品结构更趋合理，而且使企业在激烈的农用车市场竞争中，站稳了脚根。到目前为止，已连续两年撷取了全国同行业产销量第一的桂冠。

(6) 提高企业形象经营力，造就企业优势，塑造“福田人”的良好形象。

福田公司是国内农用运输车制造行业第一个、也是到目前为止惟一的导入CI的企业。求实务实的福田人在导入CI起步之际，就摈弃了贪大求洋的做法，扎扎实实地从企业自身的经营理念、价值取向、产业构成、特性和自身的内在发展规律出发，全面自行导入。在高度提炼出的福田公司经营理念前提下，从视觉识别（VI）入手，科学而独具特色地规范了企业的VI基本要素和应用要素。VI手册以企业法规的形式全面贯彻执行。

福田公司在行为识别(BI)运作中，以科学和从严管理的要求出发，加强企业结构的科学设置和员工要素的合理配置，强化员工行为理念，制度与法规并举，激励与制约同行，有机地将企业生产经营目标同“造福亿万百姓”的理念结合、贯穿在员工的具体行为中，全面实施动态管理。同时，公司以积极的社会责任感，不失时机地开展了一系列公益活动，近年来不惜重金为贫困地区捐赠车辆、资助修建希望小学、送报下乡扶贫……，使得公司的良好行为形象得到了社会的普遍认同。

福田公司MI独具特色。以“造福亿万百姓”的经营宗旨为中心内容的企业理念已为全员所认同。来自不同地区、不同背景的亚文化在福田重组、亲和，整合凝炼成具有共同追求和价值取向的福田文化。近7 000名自然人在福田文化的熏陶中成为具有团结、爱岗、敬业、好学、奉献精神的“福田人”，他们是支撑福田伟大事业的基石。

福田经营理念

福田经营宗旨：造福亿万百姓。

福田精神：团结、创新、发展。

福田文化：市场经济文化——竞争文化。

福田信念：团结就是力量、知识就是财富。

福田经济发展思想：全力提高经营力水平，通过资本的集聚、增值，向社会提供“行”和“往”的商品，造福亿万百姓，振兴民族工业。

福田口号：忘我工作，超常发展，服务社会，造福百姓。

福田质量方针：树精品意识、创名牌产品。

福田管理原则：集中决策、统一规划、分层管理、有效控制。

福田营销准则：用户第一、经销商第二、福田公司第三。

福田广告语：福田送福。

1998年“福田股份”成功上市，则寓示了公司“老三步”发展战略的全面落实和完成。1998年7月公司在年中经济工作会议上又提出了新三步发展战略。福田公司在1994年至1998年成功实施了“老三步”战略，奠定了稳步发展的基础，为保持公司持续稳定发展，实现造福亿万百姓的经营宗旨，根据公司经济发展思想和产业经营方向，提出在1998-2006年期间“新三步”战略目标如下：

(1) 2000年(第一步)：实现销售总收入80亿元。

(2) 2002年(第二步)：实现销售总收入160亿元。

(3) 2006年(第三步)：实现销售总收入500亿元。

福田公司下一个八年的新三步发展战略，让世人拭目以待。

〔撰稿人：北汽福田车辆股份有限公司宋建国〕

华源凯马机械股份有限公司

董事长：周玉成

地址：上海市中山北路1958号，华源世界广场6楼　邮码：200063

电话：(021) 62036619　传真：(021) 62030851

异军突起的华源凯马机械股份有限公司

概况　就在资本经营之概念、之运作在中国大地愈炒愈热之时，作为中国华源集团有限公司又一资本运营的成果，华源凯马机械股份有限公司(以下简称华源凯马)诞生了。华源凯马从无到有，再到成功发行股票上市，形成拥有总股本6.4亿股、总资产27亿元、净资产11亿元的股份有限公司，一举确立了在农机领域与一拖和常柴相抗衡的三足鼎立之势，仅历时两年，充分显示了在市场经济条件下，通过资本经营这一外部交易型战略进入另一崭新行业，并实现成功组建企业的高效率。1997年，华源凯马实现销售收入33亿元，利润2.2亿元。

华源凯马的筹建始于1996年。在中国农机行业进入一个前所未有的结构性大调整、并面临历史性发展机遇的时刻，中国华源集团积极响应机械工业部提出的“产品质量翻身、结构优化、开发能力提高”的“三大战役”的要求，从集团自身的发展战略和产业定位出发，联合江苏行星机械集团公司、山东莱动内燃机有限公司、山东潍坊拖拉机集团总公司、山东聚宝农用车辆总厂、山东光明机器厂、山东拖拉机厂、中国农机总公司、中国纺织技术开发公司、上海内燃机研究所、机械工业部第四设计研究院，通过发行B股募集设立了华源凯马，以跨行业、跨地区、纵向一体化的组合形式成功架构了“大农机”产业结构，昂首跨入农机行业。

成立后的华源凯马，不仅拥有国内技术比较先进、具有一定生产规模的生产基地(公司六大类产品中，三个产销量全国排名第一：小缸径多缸柴油机、中功率拖拉机、小四轮拖拉机；一个排名第二：四轮农用车；一个排名第三：单缸柴油机；一个排名第六：三轮农用车)，而且还拥有较强的技术开发能力，上海内燃机研究所、第四设计院将给予强有力的技术支撑，中国农机总公司庞大的销售网络则给予强大的市场支撑。以技术、市场为两翼，以生产为中心的企业架构从一开始就赋予了华源凯马比较先进的机制优势、产品优势、销售优势和技术开发优势。

华源凯马的经营优势

1. 纵向组合，独一无二的产业竞争优势

华源凯马的成立，突破了行业、地区、所有制的局限，拥有迄今为止中国农机行业任何一个企业都未能企及的独特的产业结构，即从关键主机——单缸及小缸径多缸柴油机，到由三轮、四轮农用车和中小功率拖拉机组成的纵向一体化的、跨地区的“大农机”产业结构，形成了华源凯马独具的竞争优势：

(1) 增强了抵御市场波动和风险的优势。

华源凯马生产的柴油机有 50%可通过内部配套消化，相比较其他柴油机生产厂家面对的是 100%外部市场，华源凯马的柴油机产业更具有抵抗市场波动的能力；而上下游产品配套，既构成了价值叠加的生产链，又能各自面对市场，由此形成了盈利能力的均衡性、多样化，对分散市场风险提供了有利保障。

(2) 增强了上下游产品配套、组合开发的优势。

华源凯马不仅拥有中间产品——柴油机，还拥有最终产品，因此完全有条件根据农用车、拖拉机需要开发专属配套的柴油机，或根据已开发的新型柴油机研制、推出新型农用车、拖拉机。上下游产品的配套组合开发，将凭借其独有的专属性特点，使华源凯马开发的产品更具有竞争力，更有条件摆脱现时农机产品较为普遍的趋同性，进而占据市场竞争的制高点。

(3) 增强了控制与保障质量的优势。

农机产品的故障 70%是由发动机的故障造成的。因此华源凯马农用车和拖拉机的发动机在实现 100%内部配套后，将有条件建立对整机产品更完善的质量保障体系，有条件对华源凯马的整机产品提供全方位的令用户更方便的质量保障和售后服务。

(4) 增强了规模扩张优势。

华源凯马业已建立跨地区的集团化发展格局，未来资产注入的选择范围将不受地区的限制，而通过关键主机的横向配套扩展和最终产品的纵向功能延伸，又为公司资产的规模扩张在结构上提供了广阔的空间。

2. 优质可靠，持续稳定的产品优势

华源凯马下属 6 个生产性全资子公司，它们是：无锡华源行星动力有限公司、山东华源莱动内燃机有限公司、山东潍坊华源拖拉机有限公司、山东寿光华源聚宝农用车有限公司、山东华源光明机器制造有限公司、山东华源山拖有限公司。这 6 个子公司作为华源凯马重要的生产基地，提供了六大类产品，每一类产品又是多品种系列化，在同类农机产品中均具有一定的竞争力。

华源行星动力有限公司和华源莱动内燃机有限公司主要生产单缸与小缸径多缸柴油机。1996 年小缸径多缸柴油机产销量位居全国第一，市场占有率为 17.3%，单缸柴油机居全国第三位，市场占有率 13.3%。华源凯马生产的柴油机已形成系列化，新产品产值率已达到 40%以上，而且近两年来，新产品产值在以平均每年 69.5%的幅度递增。除农用车市场，小缸径多缸柴油机已开始批量进入轻型车市场，与奥地利 AVL 公司合作开发的具有国际 90 年代先进水平的高速车用多缸机也将批量投放市场。

华源潍坊拖拉机有限公司和华源山拖有限公司主要生产中小功率拖拉机。其中中功率拖拉机在市场份额上占绝对优势(1996 年约为 60%)，其主要零部件自制率为 80%。公司适应市场发展需要，开发、生产了 29.4kW 拖拉机，该产品的推出将更加巩固中功率拖拉机的“龙头”地位；小四轮拖拉机的优势在于质量好、品种多，连续八年国内产销量第一，近年来又适时调整了产品结构，减少了普通型的生产，提高了 D 系列、TY 系列拖拉机的生产比例。

华源聚宝农用车有限公司和华源光明机器制造有限公司以生产农用车为主，四轮农用车的产销量 1997 年位居全国第二，三轮农用车居全国第六。四轮农用车有 27 个品种列入国家目录，产品适用范围广泛，1996 年新产品年产值率达到 35%，1998 年一季度达到 86%。1998 年年底即将投产的以生产农用车覆盖件为主的冲压中心，对提高农用车外型、档次将起到重要作用，必将大大增强华源凯马农用车的竞争实力。

3. 网络发达的国内外市场优势

华源凯马所属 6 个子公司的前身都是国内比较有名的农机企业，技术实力比较雄厚，生产的产品质量好，市场覆盖面广，拥有较好的客户群体。此次中国最大的拥有覆盖全国 5 000 多个网点的农业销售公司——中国农业机械总公司，作为发起人股东参与华源凯马重组，对华源凯马加强农机产品销售力度，对在整合、重组、扩展基础上建立和完善公司的营销网络和售后服务网络，将起重要作用。

作为华源凯马主发起人的中国华源集团有限公司，从 1992 年成立之初就大举发展外贸行业，努力开拓国外市场，现已列入全国出口百强企业，连续多年名列上海市进出口十强企业，此次把华源机械进出口公司整体投入华源凯马，不仅提供了强大的进出口网络，也提供了一批高素质的外销人才，为华源凯马扩大出口的主力军。

以市场为导向，开发新产品已成为华源凯马技术人员和销售人员的共识，遍及全国的销售网络不仅把产品推销出去，还把市场对产品的反应及市场新动向及时反馈给技术部门，技术部门根据市场信息改进老产品，开发新产品。两个系统的协同合作，充分发挥了华源凯马的产品优势和销售优势，加强了公司实现利润的速度。

4. 强有力的技术开发优势

近两年来，华源凯马柴油机每年的新产品产值率达到了 40%，农用车的新产品产值率达到了 35%，拖拉机的新产品产值率近 20%，企业已具备较强的产品技术开发能力，已拥有一定的技术储备优势。

上海内燃机研究所和机械工业部第四设计研究院作为发起人，把资产投入华源凯马的同时，也向华源凯马输送了一批老专家和技术骨干。另外，中国最权威的拖拉机研究所——洛阳拖拉机研究所前总工程师及上海柴油机厂研究所前所长等一批社会知名的老农机专家也加盟了华源凯马。此外，在华源凯马的筹建过程中，公司就积极与世界著名内燃机、拖拉机研究机构及国内的湖南大学汽车学院、江苏理工大学农机学院等建立良好的合作关系。华源凯马的董事会成员，不仅包括发起人代表，还聘请了一些有影响力的社会知名人士及专家。在智力成为企业发展决定性因素的时代，华源凯马注意吸收人才的举措，赋予了公司可持续发展的优势。

华源凯马重组的启示

1. 市场化的重组模式更能确保重组效应的有效实现

华源凯马从成立之日起，就先天具有了一定的产品优势、市场优势和技术开发优势，但更富有创新意义的是，华源凯马是当今中国为数不多的完全通过市场机制实现重组的产物，具体表现在：

(1) 实施重组的主体是企业，即中国华源集团，而非政府主管部门。

(2) 实现重组的动力是市场机制，而非行政手段。

推动华源凯马重组的原动力，并非政府主管部门的决策，也不是凭借行政手段"捆绑"、"撮合"而成，而是参与重组的企业基于自身生存和发展的内在需求，以及对华源凯马发展理念的认同，完全由企业按效益最大化原则将优质资产有机组合而成的。

(3)重组架构突破了行业、地区、所有制的局限。

作为华源凯马的主发起人也是重组主体的中国华源集团有限公司是属于纺织行业的国有大型企业集团，注册于上海浦东。华源凯马是华源集团首次突破行业的界限，通过对位于江苏、山东的国有或集体所有的农机企业在购并基础上实施重组的产物。加上作为发起人之一的位于北京的中国农机总公司，位于河南的第四设计研究院，此次重组包括了北京、上海、河南、山东、江苏五地的共 9 个城市。

在社会主义市场经济体制尚未完全建立，大多数国有企业还无法真正独立于市场的现实条件下，由政府作为主体推动企业重组和国企资源的优化配置，仍有其一定的必要性和积极意义。但相比之下，华源凯马市场化的重组模式较之于行政化的重组模式，更能确保重组效应的有效实现：

其一，更有利于重组后的有效整合。重组企业能否发挥资产一体化经营的优势，能否产生 1＋1 大于 2 的效应，关键在于重组后能不能在管理体制、生产经营、企业文化等方面顺利地实现整合。由于华源凯马的重组各方都是基于自身发展的需求以及对华源凯马重组模式和发展理念的认同而主动参与重组，并非被动地基于行政计划走到一起，这就使得重组后的整合有了一个坚实的思想基础，或者说先天具备了推动整合的内因。

其二，确保了重组资产的优质和结构的优化。由于华源凯马的重组是市场行为，因此组合什么样的资产，完全由企业按效益最大化的原则，通过市场要求取舍：符合要求的进入，达不到要求的摒弃或剥离后进入，不存在任何人为的不良资产"搭车"现象。

由于华源凯马是跨行业重组，对农机产品结构组合的选择，完全不受地区、部门及企业属性的限制，从而有可能最大限度地保证华源凯马重组结构的优化。

2. 要维持企业的可持续发展

华源凯马已成功重组上市，如何维持企业的可持续良性发展成为华源凯马经营层考虑的头等大事。为此，华源凯马特聘请了德国罗兰·贝格咨询公司为企业的组织架构建设、企业的内部整合提供咨询。

企业要持续优秀稳定发展，必须依靠创新，而作为企业赖以生存的组织，其创新是企业一切创新活动的源泉和根本。计划经济条件下，企业只是相当于国家的一个生产车间，按照国家的指令性计划去完成生产任务，不需考虑供销问题。但在市场经济条件下，企业要自己去找市场、去找原料、去找资本，去参与国内外竞争。为适应新环境，企业的组织结构、运作机制必须发生变化，要建立适应市场经济的组织体系。作为上市公司，华源凯马的法人治理结构由股东大会、董事会、监事会、总经理组成，其管理体制采用母子公司模式，母公司为混合控股，兼具投资控股及经营功能；子公司由主要产品的生产经营主体构成，是成本利润中心，其法人治理结构由董事会、总经理组成。在华源凯马成立不久的现阶段和未来的两三年，这种母子公司模式无疑会加强母子公司间、子公司间的融合，充分发挥母公司对子公司的协调作用，发挥纵向一体化的综合优势。但在两三年后，当各子公司充分磨合以后，向事业部的转变可能会成为华源凯马组织结构的首选。

近几年，很多大企业、大集团都逐渐重视发展战略在企业生存、发展中的重要作用。企业的发展战略基本上可概括为两类：内部管理型战略和外部交易型战略。内部管理型战略，是在现有资本结构下，通过加强内部管理、降低成本、提高生产效率、开发新产品、拓展新市场、调整组织结构，从而维持并发展企业竞争优势；外部交易型战略是资本扩张战略，通过吸收外部资源，包括组建合营企业、吸收外来资本、开展技术转让、战略联盟、长期融资、进行兼并与收购等，从而发展企业的竞争优势。内部管理型战略和外部交易型战略在企业发展的每个阶段都共同存在，只不过侧重点有所不同。华源凯马的成立是典型的外部交易型战略的成果，中国华源集团有限公司在很短的时间内迅速形成在农机行业的竞争优势；而华源凯马成立后，其战略重点则要转移到加强内部管理上，要巩固已获得的优势，加强内部整合，发挥整体优势，当然也不排除通过进一步兼并收购扩张竞争优势。

企业的发展要谋长久之计。华源凯马是市场经济的优生儿，但要走的路还很长。重组企业的机制转换，适应市场经济观念的转变，原有竞争优势的巩固，新的竞争优势的形成等，我们期待着华源凯马能够茁壮成长！

〔撰稿单位：华源凯马机械股份有限公司战略发展部〕

绵阳新华内燃机股份有限公司

董事长兼党委书记：黎建功　总经理兼党委副书记：孙伯苓　副总经理：易　杰、尚崇敬、朱正晓、刘刚、王运光　纪委书记：杨清润　工会主席：陈谦华

地址：四川省绵阳市绵兴路中段114号　邮码：621000

电话：(0816) 2362752　传真：(0816) 2364007

概况　绵阳新华内燃机股份有限公司（简称新华公司）是绵阳新华内燃机企业集团公司核心企业，是机械工业部、中汽总公司定点研制、生产农用柴油机、车用汽油机的专业公司，国有大型企业。拥有从德国、日本等引进关键设备的近30条流水生产线。总资产3.4亿元，在职职工1 600多人，占地面积24公顷，是西南地区经济实力雄厚、设备先进、技术密集的现代化内燃机研制生产基地，也是我国重要的出口内燃机生产基地之一。

新华公司前身为绵阳新华内燃机总厂，始建于1950年3月，是绵阳地区最早组建的地方国营机械加工维修企业。经过几代新华人三次艰苦创业，1994年1月，经四川省体制改革委员会批准，以原新华内燃机总厂为投资主体，发起组建绵阳新华内燃机股份有限公司。同年，公司先后跻身全国普通机械制造业最大经营规模100强和四川省最大工业企业经营规模100强，并被列入国务院委托国家经贸委和中国人民银行重点联系企业。

狠抓“两手”促进发展　“八五”期间，公司立足自身实际，坚持两个文明一起抓，取得了物质文明和精神文明建设双丰收，形成年产剑门牌单缸柴油机15万台、汽油机3万台的规模，实现了企业经济持续增长的发展目标。“八五”末期与“七五”末期相比，实现产值和销售收入均增长8倍，利税是增长43倍，资产净值增长6倍。

在实行资产重组和企业改革发展中，近年来，公司先后兼并了原绵阳市焊管厂（现华兴机械厂），合并了绵阳市轻型汽车厂，接管了绵阳铸造有限公司，并于1994年12月以绵阳新华内燃机股份有限公司为核心，组建绵阳新华内燃机企业集团公司。

在全国小型柴油机行业竞争“白热化”，轻型汽车市场持续难以明显启动的不利环境中，绵阳新华内燃机股份有限公司群策群力，1997年实现产值32 548万元、销售收入33 254万元、利税2 112万元，同比分别增长98.7%、33.8%、110%。据四川省人民政府办公厅、四川省经济贸易委员会、四川省统计局举办的1997年度四川省大中型工业企业排位统计，绵阳新华内燃机股份有限公司“最大规模”、“最大市场占有份额”、“利税”等几项指标均荣登“龙虎榜”，跻身四川省普通机械制造工业企业最佳效益5强。1996年，公司被评为“四川省优秀企业”，中组部命名公司党委为“全国先进基层党组织”，绵阳市委、市府授予公司“最佳文明单位”称号。

转机建制　适应市场　作为四川省首批探索新体制试验企业、建立现代企业制度试点企业，新华公司实行股份制改造后，严格按照股份制试点和进行新体制试验的有关政策规定进行运作。并参考行业和国内知名企业股份运作经验，加强企业文化建设。结合企业实际，公司内部着重以“三项制度”改革为主线条，建立了与之相应的灵活的管理构架和规范的管理模式。

在劳动用工制度改革方面，新华公司在实行全员劳动合同制的基础上，又在绵阳市率先签订了集体劳动合同。本着稳步推进的原则，对现有的关键岗位逐步实行培训考核，竞争上岗，通过对检验等岗位的试行，效果良好。对不安心本职工作，屡教不改，不服从调配者，按照合同规定严肃处理，1996年以来先后解除劳动合同54人。在管理人员中明确了工作质量责任，提出“干部工作五不准”，施行效能监察。几年来，先后免去不能胜任工作的中层干部18名，新任命和提升中层以上干部47名，形成了“能进能出，能上能下，优胜劣汰”的用工格局。1997年初，新华职培中心面向社会招收100名高中以上毕业生进行技能培训，择优录用87名为劳务合同工，进一步加大用工改革力度。

在分配制度改革方面，公司在实行技能岗位工资制的基础上，将岗位工资、奖金的发放与产品（劳务）销售数量、收款数和利润指标挂钩考核，视工作实绩奖勤罚懒。突出对消耗、成本、质量和效益的考核，使其逐步成为具有否决权的指标。对机关处室执行A、B、C等级考核制，连续9个月得C等的部门，其负责人岗位工资下调一档。工程技术人员在产品开发、质量改进上有重大贡献的给予重奖。在销售人员中推行销售收入、工资、奖金、差旅费含量包干制。1997年在部分二线岗位推行工资定额包干的试点，以强化量的考核的方式，拉开了分配差距。

随着产权的明晰和责任制的完善，公司转机建制不断深入，资产结构和经营业务呈多元化特点，经营范围由内燃机及配件生产、销售扩展到汽车和拖

拉机配件、五金交电、冶金炉料销售及汽车运输、汽车维修、装饰装修、餐饮、住宿服务、科技信息咨询、科技转让、技术服务等，向技、工、贸一体，集约化经营方向发展的条件日趋成熟，走上了规模经营之路，形成了资产授权经营，实现保值增值的经营体制，被列入绵阳市重点扶持扩张型企业。

苦练内功　科技兴业　新华公司全力响应机械工业部打好“三大战役”的号召，向工作质量要效益，不断提高企业竞争实力。

公司以教育为先导，用企业几经市场沉浮的实例启发职工牢固树立“质量事故下降一小点，市场就扩展一大圈”的观念，柴油机、汽油机厂分别组建了质量管理部门，通过开展“内部用户”互访等活动，把提高产品一次性检验合格率，降低返修率作为重中之重来抓。公司还加强了对外协配套件的管理，通过派员监督、协助完善配套厂家质量管理体系等方式，严把“入口关”，确保整机质量，争取市场份额。1996年，剑门牌柴油机荣获“全国十大市场畅销名牌产品”称号。1997年，剑门牌汽油机荣获“中国名牌汽车发动机十佳”荣誉。

1996年初，新华公司省级技术开发中心成立，负责市场调研、新品开发工作，标志着“科技兴企”工程全面启动。“八五”期间，新华公司仅汽油机项目就投入技改资金7 500万元，形成单班年产具有国际先进水平的491Q（4Y）汽油机3万台生产能力。投入单缸柴油机技改资金1 325万元，生产能力提高2.5倍。汽油机技改工程大部分采用微机控制，部分金加工设备采用了刀具自动补偿装置，居于国内领先地位。公司重视科技人员的引进、使用，充分发挥科技人员的能动性。员工具有专业技术职称的有378人，占总人数的21.5%。对有突出贡献的科技人员实行特殊津贴制，以鼓励他们多出成果，出好成果。解决了重大质量攻关项目，则给予重奖，1997年共推广应用新技术新工艺10项，创直接经济效益30余万元。在公司常年坚持的专项课题攻关中，成功率在80%以上，保证了产品在行业关键技术上的绝对优势。

现在，新华公司剑门牌2.2～16.2kW（3～22hp）单缸柴油机有R165、R175、JM180、S195（部优）、S1100（部优）、ZH1105、ZH1110、ZH1115等系列20余个规格品种，在西南、西北地区市场占有率达40%。剑门牌JM491Q（4Y）系列汽油机与一汽金杯、贵州航天、南京跃进等国内一流汽车实现大批量配套，占有国内同类型产品70%以上市场份额。具有国际领先水平的4Y-E、3RZ汽油机，以及R160、ZH1120柴油机等新品的开发工作正紧锣密鼓地进行，前景看好。

坚持发展　迎接挑战　1995年初，公司党委结合学理论，学党章活动的开展，提出“三适应，三提高”目标，要求广大党员、干部学以致用，做“适应社会主义市场经济，适应向大型企业集团转变，适应现代企业制度建立；提高职工素质，提高经营管理效益，提高精神文明建设水平”排头兵，充分发挥党员、干部的先锋模范作用和党组织的战斗保垒作用，有力的激发了全体职工爱企兴企的热情，随着“远学邯钢，压本增量；近学长虹，严管促效”活动的持续深入开展，新华公司呈现出前所未有的生机和活力。

“九五”期间，新华公司拟投入技改资金7.5亿元，以ZH1105、ZH1110型柴油机，491Q、3RZ汽油机为技改重点，在现有生产能力的基础上，新建厂房，增添大型、关键、精密设备，以机械工业部“三大战役”为主线，以良好的质量价格比，扩大剑门牌系列柴油机市场占有份额，保持、扩展剑门牌汽油机的“黑马”地位，为我国农机、汽车工业的发展做出新的、更大的贡献。

〔撰稿人：四川绵阳新华内燃机企业集团公司党委宣传部刘　勇　审稿人：四川绵阳新华内燃机企业集团陈万永〕

中国机械设备进出口总公司

CHINA NATIONAL MACHINERY & EQUIPMENT IMPORT & EXPORT COPRATION

总经理：吴晓华　常务副总经理：胡桂祥　副总经理：李树智、韩　钢、宋海希

地址：北京市宣武区广安门外大街178号　邮码：100055

电话：（010）63451188、63268208、63268157　传真：（010）63261865、63268203

电子信箱：info@centeru.cmec.com.cn

概况　中国机械设备进出口总公司（CMEC）成立于1978年，是在中国外贸体制改革中诞生的第一个工贸结合从事外贸和对外经济技术合作的公司。

CMEC致力于国际市场的开拓，与140个国家和地区建立了贸易关系，在30多个国家和地区设立了代表处，独资和合资公司，形成了遍及五大洲的信息、销售、服务网络。CMEC先后在60多个国家和地区举办机电产品专业展览会或参加国际博览会，展出200余次。CMEC司徽和有关产品的商标已在许多国家和地区注册登记，具有了国际知名度。

CMEC在工程承包和机电产品成套设备出口方面形成优势，在国内处于领先地位。自1978年公

司成立以来，共签订和执行成套设备出口合同1 000多份，项目800多个，总成交额约30亿美元。CMEC成套设备已出口到近40个国家和地区，项目涉及能源、电工、重型矿山、通用机械、交通运输等领域。

多年来，CMEC坚持贸工技与金融相结合，内外贸共同发展，充分发挥整体优势，在全国设有数十家专业从事进出口贸易、信托投资、国际工程承包、国内外展览、国际招标、国际商务运输及国内贸易的子公司，同时，CMEC和机电行业上千家生产企业、研究院所建立了经销代理业务关系，形成了稳定的供货渠道，建立了密切的合作。

1994年7月，以CMEC为核心成立了中国机械设备进出口集团（中设集团）。中设集团现拥有38个紧密层成员（包括16个海外企业），42个半紧密层成员和144个松散层成员。中设集团经营已涉及到机电、轻纺、化工、金融、信息咨询、物业管理等多个领域，已初步形成一个以产权联结为主要纽带，以外贸为主体，集贸、工、技、金融、服务为一体的大型机电产品进出口企业集团。

1997年发展情况

（1）1997年CMEC进出口总额为84 995万美元，其中，出口50 824万美元；进口到货304 171万美元，国内中标3 804万美元。主要出口国家和地区有：美国、新加坡、德国、日本和香港；主要出口产品有：机械、船舶、文体用品、黑色金属、汽车及零配件。主要进口国家和地区有：香港、日本、德国、瑞典、美国；主要进口商品有：成套设备、船舶、机械、电子设备及仪器、家用电器、有色金属，化肥和农药。

（2）1997年CMEC成套机电产品出口成果显著。巴基斯坦木扎发戈4号机组于1997年12月顺利完成运行试验，进入商业运行；孟加拉吉大港电站2号机组于1997年5月26日并网发电，9月21日顺利通过连续试运行后，进入商业运行；马来西亚古晋电站1号机组已于1997年8月并网发电，1998年2月顺利完成30天连续运行后，进入商业运行；2号机组也于年底前并网发电，1998年4月完成30天连续运行，投入商业运行，1998年5月完成性能试验，6月1号机组获得接受证书。另外，印尼电缆项目和土耳其煤矿综采项目均于1997年内分别通过开通运行验收或初步验收。伊朗空冷和变压器项目的国内分包，缅甸货轮的工程进度进展正常。

在成套项目开发、成交方面也卓有成效。其中：伊朗阿塞拜疆2×32.5MW电站项目于年内签约，马来西亚玻璃斯州650MW联合循环电站项目合同也基本谈妥，两个项目都有望于1998年内正式生效；伊朗空冷和变压器项目已于1997年底全部生效；巴基斯坦水电站闸门、菲律宾电站等一批中型项目于年内签约并生效；中东、非洲的业务有所进展；国内中标三峡水电站设备供货项目也签约，1998年可望全部生效；一批大型和中小型项目正在抓紧跟踪开发，有的已经开标，从地区和领域上都有所扩大，为1998年成套项目的成交生效打下了良好的基础。为提高成套设备出口能力和水平，1997年9月成立了中设国际工程有限责任公司。

（3）开展多样化经营，拓展业务领域。1997年CMEC利用世行、亚行、联合国发展基金署贷款的国内投标业务逐步占有一定比例，1997年共完成3 804万美元，比上年增长44%；中工信托投资公司抓住有利时机，积极开拓业务，正在成为支持机电产品出口的全行业性信托投资公司，并成为CMEC新的经济增长点，国际招标公司业务有较大突破的基础上当年盈利；国际展览公司强化财务管理，加强费用核算，盘活资金，增加收益，为进一步发展打下基础；国际商务运输代理公司于1997年7月1日正式开业，圆满完成全年的进出口运输任务；物业公司于1997年9月正式成立，已开始按新的用工制度和管理模式运营。

（4）股份制改造。实行股份制改革是建立现代企业制度的主要内容和实现方式，也是当前国有大型外贸企业改革的方向。1997年CMEC成立了股份制改革领导小组和工作小组，进行了广泛而深入的前期调研，并与众多的证券公司、会计师事务所、评估机构、法律事务所等中介机构进行了接触和交流，初步拟定了股份制改制的总体方案，并于年底成立了股份公司筹备委员会和筹备工作办公室，开展实质性工作。

（5）1997年初，机械工业部以CMEC为主体成立了中国机械装备（集团）公司（简称国机集团）。国机集团具有贸易、产业、科技、金融及资产管理等综合职能，其主要任务是：推动和扩大机电产品出口，特别是成套设备出口；承担大型建设项目的工程承包；搞好下属公司的国有资产的运作管理，确保保值增值；组织新技术装备的开发研制；促进科研成果的商品化、产业化等。

〔撰稿人：中国机械设备进出口总公司办公室王晓星〕

中国机械对外经济技术合作总公司
（CMIC）

总裁：王永安　副总裁：梅振新、计红军、齐景宏、崔同忠
地址：北京市三里河路1号西苑饭店2号楼　邮码：100044
电话：（010）68310123　传真：（010）68310020、68310030

发展情况 1997年是CMIC整顿、调整的一年。公司的经营方针是，以上项目、抓利润为“龙头”，在继承中发扬，在发扬中改革。全年进出口总额再次突破1亿美元，其中单机实际出口7 199万美元，进口订货4 289万美元，对外承包工程及劳务生效合同额1 806万美元。1997年还为1998年储备了项目，待生效合同3 546万美元，待签合同3亿美元。并初步形成了贸易、实业、金融并举的经营格局。出口情况见表1～表4。

表1 出口超百万美元的大类产品

产品名称	出口额(万美元)	
	1997年	1996年
机械设备	3 851	5 096
工农具	1 471	207
五金矿产	1 046	947
化工产品	205	196
家电设备	197	107
轻工业品	196	140
纺织丝绸	173	113
运输工具	171	172
服装	100	76

表2 出口超百万美元的机电产品

产品名称	出口额(万美元)	
	1997年	1996年
电动工具等	1 144	833
一般交流电机	724	919
钢芯铝绞线	578	
千斤顶	328	271
砂轮机	310	407
工业轴承	246	260
铸铁件	199	121
磨料	173	168
铸铁盖板	157	94
其他量具	140	34
电工产品零配件	135	186
手动搬运车	108	58
车床	107	104
多功能机床	101	

表3 出口市场分布

市场名称	出口额(万美元)	
	1997年	1996年
亚洲	2 289	3 123
欧洲	1 866	2 035
北美洲	1 826	1 700
拉丁美洲	473	300
大洋洲及太平洋岛屿	113	192
非洲	96	128

管理及改革 为加强领导班子的集体领导，建立了一系列决策管理制度，如党政联席会、总经理业务工作会、司务会、重大项目论证会、总经理工作汇报会等。

整顿了财务秩序。调整了存贷款结构，压缩了不合理开支。实行了二级核算，建立了个人、项目、部门三级台帐。实行了捆绑式竞争激励机制，业务部门实行经济责任承包制，管理部门实行预算费用包干制。调整了组织管理机构，制定了减人增效方案。

表4 出口超百万美元的国家、地区

序号	国家、地区	出口额(万美元)	
		1997年	1996年
1	美国	1 768	1 453
2	德国	1 025	776
3	菲律宾	566	102
4	香港	498	627
5	日本	453	597
6	泰国	395	433
7	意大利	373	375
8	加拿大	297	247
9	印尼	235	222
10	阿联酋	203	118
11	英国	199	197
12	巴西	192	190
13	西班牙	139	120
14	新加坡	124	323
15	秘鲁	107	
16	法国	102	39

加强了子、分公司管理。将5个分公司按《公司法》改制为有限责任公司，对部分子、分公司实行了关、停、并、转，完成了16个子、分公司的审计工作。对驻外机构进行了调整，分别撤人撤点、撤人保点或撤资保点。

展望 CMIC确立了经营发展总的指导思想，以经济效益为中心，以上项目、抓利润为“龙头”，在前进中加强管理、深化改革、重塑形象、再振雄风，力争使1998年的进出口工作再上新台阶。将狠抓重点工程项目的市场开拓、管理和协调，既不放松传统的东南亚市场，更要努力拓展拉美、中东、非洲和东欧市场；重视单机进出口的重点市场、重点产品，扩大服务范围和深度；巩固传统的劳务市场，积极开拓新市场。稳妥积极地推进资本经营。探索项目经理负责制与行政分工负责制相结合的管理模式。

〔撰稿人：中国机械对外经济技术合作总公司杜娟〕

中国工程与农业机械进出口总公司

总经理：姜承勋　副总经理：江兆荣、侯允超、刘桂伟、库金明、冯晓明
地址：北京市阜成路43号（北京2103信箱80分箱）　邮码：100037
电话：（010）68410203、68410204　传真：（010）68410201、68410198

概况　1997年，在中国工程与农业机械进出口总公司(CAMC)的历史发展过程中，既是继续调整的一年，也是阶段性改革的一年。总公司领导年初制定的经营目标，明确提出了"要通过达到一定的经营规模，保持良好的经济效益，继续调整经营结构，培育发展后劲；加大投资力度，做好资产运营工作；进一步深化改革，转化内部机制"的经营指导思想。1997年全公司经营规模虽有下降，但经济效益略有上升。全年进出口总额15 080万美元，比上年下降15%，其中：出口创汇14 100万美元，比上年下降12%，进口到货980万美元，比上年下降了47%，人均创汇62万美元。CAMC在1997年中国进出口额最大的500家企业中位居第184位。

1997年7月，总公司在调整经营结构，深化内部改革方面，取得了突破性进展。打破了原有机构的布局，以贸易、实业、服务、管理功能重新划分，初步形成了贸易、实业、服务、金融多元化经营的新格局。

出口情况　由于年初在手合同少，新市场、新项目周期长，一时不能见效；加之受全球经济形势的影响，致使CAMC连续十年的高增长速度第一次受阻。由于公司领导坚决贯彻以经济效益为中心的原则，出口规模虽有下降，但经济效益比上年增长了11.5%。

在巩固传统产品、传统市场方面，对美洲重点恢复了古巴市场。为了适应项目由传统政府项下的易货贸易向现汇贸易的变化，公司相应调整了策略，采用现汇、商业贷款、政府贸易三管齐下的办法，巩固和扩大了对古巴的出口份额。对秘鲁、委内瑞拉、阿根廷、乌拉圭等国的市场，通过对驻外机构人员的调整充实，继续下功夫作好已签贷款项下合同的生效工作，并用良好的售后服务巩固已开辟的市场。在欧洲，除继续巩固传统产品市场，如：万向节、传动轴、轴套等产品外，还开发了特种钢球、油嘴的市场。阿尔巴尼亚市场虽然经历了政治动荡，政府更迭，但公司始终致力于这一市场的巩固，出口额不但没有下降，而且以轻纺为主的出口产品品种，还在逐步扩大。在大洋洲的激烈市场竞争中，通过发展系列品种，提供优质服务等手段，使农药产品出口额和经济效益双获新高。

在中东对伊朗、土耳其以及在非洲对苏丹、津巴布韦的机电产品出口，都取得了较好的业绩。

在开发成套项目方面，已经承建和完成的项目有：糖厂、面粉厂、桥梁、泵站、石料破碎站、轴承厂、活塞厂等。

进口情况　1997年对CAMC进口业务来说，全年任务的完成只有靠自营和代理进口。为了探索自营进口和国内农机销售市场的情况，进口部与意大利新荷兰农机公司合作，对新荷兰80.85kW(110hp)的拖拉机进行了积极的促销；但是，比年计划亏欠太多，导致进口规模继续下滑。

资产运作情况　1997年加大了对实业、金融的投资，成立了与香港合资的华隆电脑图文制作有限公司；投资入股了中国华源有限公司、福建龙溪轴承股份有限公司。

1997年1月28日由机械工业部直属26个大公司组成的中国机械装备(集团)公司成立。CAMC总经理姜承勋任常务副总裁。

调整与改革　1997年7月，在结构调整，确立新的增长点上进行了较大力度的改革。CAMC近十年的发展过程，已经积累了一些改革的成功经验。公司领导强烈意识到只有继续改革，才能为公司发展增添后劲。经过三个月的对话讨论，公司上上下下形成了共识，大多数同志认为"必须坚持不断调整，不断改革；调整和改革的步子要尽可能快些；迟改不如早改"。在统一思想的基础上，确定了改革分三个阶段完成。第一阶段，机构按照贸易、实业、服务、管理四个板块进行调整，人员按照双向选择的原则，公司重新聘任中层干部，重新安排工作人员岗位。第二阶段，业务人员、管理人员的定级，按自报公议，公司认定的原则重新确认，重新拟订内部分配改革方案，成本核算到人的管理办法，模拟法人公司管理办法以及其他相应的改革配套方案。第二阶段的改革自1998年1月正式实施。第三阶段将把"资产重组改制"作为重点，把部分资产改组，成立内部职工持股的股份有限责任公司。

调整改革后的CAMC经营工作重点突出，发展趋势后劲看好。突出了三个重点，一是市场和产品重点；二是成套项目重点；三是资本运作重点。成套项目成为经营工作中的新的增长点。

管理工作　1997年度公司管理工作重点是不断完善和执行已有规章制度，切实纠正规章制度流于形式的弊端。目前公司已制订了110多种规章制度。1997年新制订的有《CAMC职代会民主评议领导干部实施细则》、《CAMC模拟法人公司核算方案》、《CAMC内部结算制度》、《CAMC费用管理暂

行办法》、《CAMC 重大项目奖金提成的实施细则》等 22 个。为了执行的方便，并且与 ISO9000 国际系列标准接轨；公司组织专门人员对这些规章制度重新进行了清理，对常用部分力求简明扼要，通俗易懂；同时力求细化和量化，便于考核。

提高质量意识，重视出口产品质量是管理工作的第二个重点。公司领导十分重视出口产品质量，把出口产品质量视为企业的生命线。除了择优订货外，一是对重点项目建立质量跟踪制度，二是聘请专家进行质量监造，三是增加质量保证条款，四是根据不同航线、运输方式设计专门包装。全年出口的产品质量，不论内在质量和外在包装都好于往年。

改革财务核算工作，全面实施成本核算到人的责任制，是管理工作的第三个重点。通过计算机的管理，全公司基本做到了对应收帐款、收汇、资金占用表的一月一提供。对每个业务员的费用报表每季一提供。

严格执行审计制度，加强对国有资产的监控是管理工作的第四个重点。1997 年已完成了 7 个子公司、办事处及 6 个驻外机构的财务收支情况的审计；完成了对 7 个直属单位负责人任期经济责任的审计。

〔撰稿人：中国工程与农业机械进出口总公司总经理办公室罗　莹〕

中国通用石化机械工程总公司

总经理：李昌礼　副总经理：杨炎如、陆文鼎、黄　劲、张　朋、牟国超　党委副书记：刘建中
地址：北京市宣武区太平街甲 2 号　邮码：100050
电话：(010) 63042288 (总机)　传真：(010) 63010347

概况　中国通用石化机械工程总公司（英文名称缩写 CPGME）于 1979 年在北京创立，是技、工、贸结合为一体的工程公司，是经国家认证的甲级工程设计、甲级工程总承包、甲级机电设备成套、甲级工程咨询、甲级工程设备招标和建设工程监理单位，具有一、二、三类压力容器设计和环保专项设计资格，主要从事工程设计、工程监理、设备成套、安装调试、人员培训、技术咨询、工程设备招标等业务。公司还享有对外贸易经营权，是中国机电产品进出口商会和国际商会中国国家委员会会员。公司现有职工 465 人，其中研究员级高级工程师 26 人，高级工程师 135 人，工程师 99 人，助理工程师 35 人，其他系列技术人员 84 人，有一批压力容器的标准、材料、设计、制造专家和通用设备（机、泵、阀）、电气、控制等方面的专家。专业齐全，人员配置合理。公司本着“团结、求实、诚信、创新”的精神，积极开拓国内外两个市场，赢得了用户的信赖，并与日本、美国、德国十多个国家和地区的著名公司建立了长期稳定的合作关系。为了充分发挥公司的技术和人才优势，公司在国内外设有 7 个全资子公司和工厂，6 个国内联营企业和 5 个中外合资企业，在泰国设立了代表处。公司创立近二十年来，为国防、电力、交通、环保、石油、石化、化工、轻工、纺织、医药、冶金、城建、建材、农业等行业和领域提供了冷冻空调、环境工程、气体处理、流体输送、管网节能、给排水、供热工程、系统控制等方面的工程设计、工程承包、设备成套、专用设备和新产品开发研制、成套机电产品进出口等服务。共完成各类工程项目和科研开发项目 2 500 多项，其中国家重点工程 850 余项，成套出口 100 多项，累计出口创汇达 1.5 亿美元以上。获国家、部、省级科技进步奖、科技成果奖和重大技术装备奖 60 多项。为保证国家重点工程项目和重大技术装备研制项目的完成，为成套设备出口和企业技术改造，以及为石化通用机械行业产品技术进步和产品更新换代做出了突出的贡献。

发展情况　1997 年总公司执行项目 219 个，新签项目 61 个，技术开发项目 2 项。在激烈的市场竞争中，总公司积极适应形势发展的要求，不失时机地开拓市场，在多个领域里取得了很好的成绩。伊朗德黑兰地铁通风系统成套供货项目，1997 年已全面开始启动；苏丹泵站项目合同正式签约并生效，在苏丹泵站项目中总公司获总承包资格，承担现场安装、调试、试运行任务；总公司承担的毛主席纪念堂维修更新改造工程按时优质完成，该工程是一项重要的政治任务，工程工期短，要求严，涉及更新的设备品种多，质量要求高，总公司负责供货的各类设备近 9 000 台（件），参加项目人员的努力工作和奉献精神，得到了毛主席纪念堂维修改造工作领导小组的充分肯定，并获得有关领导部门的嘉奖；天津 LG—大沽 PVC 工程现场贮罐项目，系韩国 LG 化学与天津大沽化工厂合资兴建工程的配套项目，总计贮罐 17 台，其中碳钢贮罐约 550t，不锈钢贮罐约 323t，该项目质量要求高、工期紧，经过多次技术洽谈和议标工作，最终以总公司的信誉和技术优势夺得此标，并保质保量按期完工；在联合国援建的中小型环保项目中公司获得了一批项目的总承包权，使公司在城市环保工程项目中又增加了新的领域；在核电领域，公司首次进入了“核俱乐部”，并得到了国家有关部门的支持，获得专项立项和岭奥核电厂的第一个分包合同；公司自行开发的二氧化碳应用技术又有了新的提高并在电站等行业中扩大了应用；总公司开发研制的 OM 型医用氧气发生装置，在经过改进后

已生产出了第二代产品，并与外商签定在印度做该产品总代理商的协议。在进出口业务中，虽然总公司传统市场受东南亚金融危机的影响出现萎缩，但是在南美、中东等地又开辟了新的市场。总公司注重精神文明建设，连续三年荣获了“中央国家机关文明单位”和“首都文明单位”光荣称号。

科研成果与新产品 (1) 青岛前湾煤码头环境保护系统工程项目获1997年度机械工业部科技进步三等奖。青岛前湾煤码头项目是利用日元贷款，国内公开招标的项目。我公司分包环境保护系统工程，其内容包括承担工程设计、设备制造、供货、指导安装调试和现场技术服务等，该项目环境保护系统工程主要采用了干式法布袋除尘和洒水喷枪湿式法洒水除尘等形式，有效地控制了煤粉尘的扩散。设备投产运行情况良好，除尘效果显著，达到了国际先进水平。(2)广州新沙港煤矿石码头工程装卸与控制系统成套设备项目获1997年度机械工业部科技进步一等奖。广州新沙港煤矿石码头年吞吐量为1 000万t，主要为北方南运煤炭和矿石做接货码头。该项目为国际招标项目，总公司承担了该项目中的环保系统工程的工程设计、设备制造、供货、现场安装和调试等工作。从系统设计到成套设备的制造供货都达到世界先进水平，填补了该类工程系统设计的空白。(3) 低焊接裂纹敏感性07MnCrMoV系列钢的研制科研项目获1997年度冶金工业部科技进步一等奖。公司作为该项目的主要完成单位，参加了该项目从提出、论证立项到试验室研究、工业性试生产、直至钢板的大生产及推广应用的工作。该系列钢除具有高强度外，还拥有优良的焊接性能和低温韧性，是国际上新一代的低合金高强度钢。该产品已在总公司承包的BOC项目中的低温容器上推广使用。(4) 公司开发研制的内加热再生气干燥装置被国家专利局授予实用新型专利，专利权限期十年。

对外合作 总公司于1997年12月22日与日本世界通商株式会社签订了利用日方技术在国内生产立体停车装置并出口日本的合同。在消化吸收先进技术满足出口的同时，为缓解城市停车占地这一难题做出应有的贡献。该立体停车装置具有占地省，机械性能稳定，拆装、移动方便，使用寿命长，停车安全可靠等优势，并具备低噪声、低能耗、低价格、高收益的特点，采用整体钢结构，电脑自动控制系统，以其优秀的品质领先于国内同类产品，达到国际先进水平，得到国家科委、建设部、北京市的关心和支持。

管理与改革 为使公司的质量管理体系达到一个更高的水平和层次，使公司业务管理上一个新台阶，为增强公司国际竞争能力创造必要的条件，总公司下大力气开展了ISO9001的认证工作，完成了ISO9001质量和质量保证体系的全部文件、规定共50个，重组了公司业务流程，使公司建立了更加严密的质量管理和质量保证体系，诸项管理得到加强。为了更好地贯彻落实劳动法，解决职工后顾之忧，公司在1997年完成了全体职工参加养老保险、社会统筹的工作，使这项工作基本走上正轨，并为全面推行劳动合同制，实行正常化管理奠定了良好的基础。为更好地发挥公司的整体优势，在对机构进行调整的同时又进行了各级领导班子的调整充实，使一批年青干部走上领导岗位，新老交替稳步顺利进行。

发展目标 以中共十五大精神为指导，深化改革，以市场为导向，以经济为中心，以技术开发为龙头，加强精神文明建设，逐步建立起现代企业制度。

(1) 以市场为导向，不断扩大经营，年度总经营规模要上一个台阶，经济效益进一步提高，自营出口开拓新市场。

(2) 贯彻“以人为本”的方针，全面推行劳动合同制，做到人尽其才，才尽其用。

(3) 尽快地完成干部队伍的四化建设，使公司平稳地跨入21世纪。

(4) 改革经营体制以适应市场经济的需要。

(5) 建立ISO9001质量管理和质量保证体系，达到认证水平。

(6) 坚持科学技术是第一生产力，继续搞好技术开发和技术进步。

(7) 计算机管理和计算机辅助设计水平上一个新台阶。

(8) 以现代化企业制度为模式，对二级企业进行规范化管理。

〔撰稿人：中国通用石化机械工程总公司翟　英　审稿人：中国通用石化机械工程总公司总经理李昌礼〕

中国机械工业安装总公司

总经理兼党组书记：任怀拴　党组副书记兼机关党委书记：方万柏　副总经理兼总工程师：王清训　副总经理：张习武、闵德仁

地址：北京市王府井大街277号　邮码：100740

电话：(010) 65233410　传真：(010) 65124181

主要业绩 中国机械工业安装总公司是中央级国有施工企业，经国家批准的施工总承包一级企业，具有AAA级银行信用等级和对外承包工程的资质。总公司始建于1952年，是中国最早的国有大型

机械安装企业之一，经验丰富、技术力量雄厚、装备精良，曾承建过国家多项重点工程和战略性工程。足迹遍及除西藏、台湾以外的省、市、自治区，以及亚、欧、美、非等国家和地区。工程涉及机械、汽车、电子、电力、冶金、石油、化工、轻工、纺织、食品、旅游、畜牧、交通运输、通信、广播电视、军工等行业，曾荣获数十个国家和省市级奖。如桂山鸟油库群和汉江钢厂工程获国家优秀焊接奖，天津电视塔和中国科学院合肥加速器实验室工程获国家鲁班奖，香港青马大桥工程获国际优秀奖，新沙港工程获中国安装之星奖，河南心河大桥工程获国家银质奖，业绩享誉国内外。

在建材行业，总公司承建了从丹麦引进年产1 290 000t的广州珠江水泥厂、越南水泥厂和从日本引进日产550t大型的广东江门浮法玻璃厂等任务。

在桥梁和钢构工程方面，总公司承建了香港青马大桥、虎门大桥任务，北京国贸大厦39层和泰国SV花园4栋34层以及正在建设中的江阴长江大桥、文莱国际会议中心的钢结构工程。

在交通港口码头建设方面，总公司承建了广州大型现代化的新沙煤矿石码头、秦皇岛石臼所港码头和四川乐山为长江三峡工程配套的大件运输码头550t起重设备的安装工程。

在大型容器方面，总公司承建了南中国海桂山岛供油基地10万m^3的大型油库群和广州白云机场供油基地油库群工程。

在冶金行业，总公司承建了陕西汉江钢厂和洛阳钢铁厂38m^3级的高炉和热风炉建设，以及马来西亚现代化大型轧钢厂安装工程。

在高、大、精、尖机械设备安装施工方面，总公司曾承建第一、二汽车制造厂，第一、二重型机器厂，第一拖拉机厂，哈尔滨和东方“三大动力”厂的成套大型设备安装调试工程，成功地安装了12 000t水压机、12 500t锻压机床和世界上最大的螺杆锤和卷板机工程。

在通信、广播电视行业，总公司承建了天津、南京电视塔和厦门新闻广播中心安装工程。

在轻工食品方面，总公司承建了罐装啤酒生产线、统一方便面厂、广州加乐式麦片厂和可口可乐生线线、缅甸糖厂工程，以及总公司承建的成都恩威、西安杨森、北京拜耳医药保健有限公司的生产线工程。

在市政民用建设方面，总公司承建了北京光华大厦安装工程、成都污水处理二期工程、广州地铁体育西路站工程等。

在汽车行业，总公司承建了南京汽车厂、济南汽车厂、郑州宇通轻型车、天津丰田、二汽轻型车、天津本田摩托车的设备和生产线工程等。

在石化行业，总公司承建了二汽煤气厂、郑州天然气储备站、苏州化工厂、开平、广汉、宜昌聚酯切片厂、天津开发区气化混气站等工程建设。

在电力行业，总公司承建了河南新郑电厂、湖北随州电厂、小浪底电力工程以及马来西亚古晋电厂等工程。

在军工、航空行业，参加了中国科学院合肥加速器实验室的建设，并获鲁班奖。参加了2.4M^3风洞试验室建设，建了亚洲最大的集中制冷站——北京首都机场集中制冷工程。

发展战略　在改革和开放中，总公司按照充分发挥集团型的整体优势，走联合总承包的路子，开拓国内外两个市场。立足国内、拓展国外，提高沿海特区市场的占有率，进一步开拓华东地区，逐步向内地伸延，要进一步扩展东南亚市场，加强与德国西门子公司的联合，跟踪欧洲市场，开拓东欧进军西欧，扩大与日本高砂等国外大公司的合作，提高国外市场的占有率，积极探索新领域和新的经济增长点。

管理战略：规范化、科学化和法制化管理，利用三年左右时间初步建立起现代企业制度。到2000年全系统通过GB/T19002（ISO9002）认证。

技术战略：确保质量标准、满足用户需要、精心组织施工、创造精品工程。

经营战略：建立信息反映快捷、决策果断、人才齐备的经营队伍。

发展战略规则

(1) 总产值：2000年达到5亿元，2005年达到8～10亿元，2010年达到10～15亿元。

(2) 国有资产保值增值率：2000年达到102%，2005年达到105%，2010年达到108%。

(3) 技术装备：2000年重点工程均采用机械化施工。

(4) 工程质量：全面推行项目经理制，2000年工程交验一次合格率达100%，优良品率达65%。2010年工程交验一次合格率达100%，优良品率达70%，杜绝死亡事故和质量事故。

(5) 市场战略：面向两个市场，在巩固和发展国内市场的基础上，积极开拓东南亚、欧美和非洲市场。到2000年使国外的施工工程占公司总承包工程的30%。

(6) 人才战略：2000年中级职称达1 000人，高级职称500人、技师500人、高级技师150人。2010年中级职称2 000人，高级职称1 000人、技师800人、高级技师300人。

1998年总公司的重点工程　(1) 缅甸日处理1 500t甘蔗糖厂工程。(2) 文莱国际会议中心钢结构制作安装工程。(3) 广州地铁体育西路站工程。(4) 马来西亚轧钢厂设备安装工程。(5) 广州江门日产550t大型浮法玻璃厂生产线安装工程。(6) 马来西亚古晋电厂商运和维护服务工程。(7) 南京汽车厂西班牙亚特二手设备安装调试和大型厂房公用系统安装工程。(8) 北京首都机场集中制冷站工程。(9) 江苏江阴长江大桥钢结构制作拼装工程。(10) 成都污水处理二期工程。(11) 北京赛姆菲尔玻璃纤维厂安装工程。

组织机构　总公司下设十二个部室：总经理办公室，党委办公室，人事劳资部，教育培训部，财务部，行政部，技术质量部，综合计划部，工程项目一部、二部、三部，标准定额站。

两个派出机构：上海联络处，广州办事处。

八个全资子公司：中国机械工业第一安装工程公司（四川省德阳市），中国机械工业第二安装工程公司（湖北省十堰市），中国机械工业第三安装工程公司（陕西省西安市），中国机械工业第四安装工程公司（河南省郑州市），中国机械工业第五安装工程公司（安徽省合肥市），中国机械工业机械化施工公司（河南省郑州市），中国机械工业深圳安装工程公司，中国机械工业天津进口设备检验安装工程公司。

一个学校：中国机械工业安装技工学校（四川省德阳市）。

三个中心：中国机械工业安装总公司焊接培训中心，机械工业部施工项目经理培训中心，机械工业部安装工程标准定额站。

〔撰稿人：中国机械安装总公司办公室徐善增〕

北京开关厂

厂长（法人）：黄国诚　党委书记：程文燕　副厂长：于宗杰　田群宝（营销）、陈　明（营销）、吕德增（兼总工程师）、黄　平、顾维喜、张文聚、姜福举、总会计师：刘德云　工会主席：闫俊岭

地址：北京市朝外关东店12号　邮码：100020

电话：(010) 65025779，65021131（总机）　传真：(010) 65023309

概况　北京开关厂始建于1952年，是研制和生产高、低压电器，高、低压成套配电装置及核电站控制设备的大型企业。其产品额定电压为380V～220kV。主要产品有：110～220kV瓷柱式六氟化硫断路器、220kV罐式六氟化硫断路器、110kV封闭式六氟化硫组合电器、10～35kV真空断路器、6～10kV真空接触器、27.5～55kV电气化铁道真空开关、10～220kV少油断路器、35～220kV隔离开关、电流互感器、低压框架式船陆两用空气断路器、高压成套配电装置、低压成套配电装置、核电站控制设备等。共计三大类、43个系列、2 166个规格。为大型发电厂、变电站、城市电网、钢铁、石化、煤炭、船舶、电气化铁道和城市建设等提供成套配电开关设备。企业占地面积193 000m²，建筑面积124 000m²，厂房面积81 000m²，总资产4.325亿元。现有职工2 909名，离退休职工1 662名，其中工程技术人员约600名，管理人员334名，具有高级工程技术人员职称和高级管理人员职称为70名。

发展情况　北京开关厂在连续五年生产经营以20%以上年均速度增长情况下，1997年完成工业总产值26 609.7万元（不变价）；产品销售收入为36 522.3万元（包含“三产”为4亿元），实现利税2 780.4万元（含三产为3 000万元），承接订货销售额5.9亿元。1997年主要经济技术指标，详见表1。这些指标是在提足折旧、新产品开发费用（占产品销售收入3.5%）、税利费用下取得的，并且做到“五不欠”，即不欠国家税、不欠银行利息、不欠职工工资、奖金、医疗费。北开厂在人均工业总产值、人均销售收入、劳产生产率等经济效益综合指标上名列全国五大开关制造厂前列。1988～1997年，十年来产值增长了2.8倍，销售收入增长了4.6倍，总资产增长了4.66倍，计划1998年销售收入完成5亿元。

北开ZF4-110全封闭组合电器产品于1994年被列入北京市“十佳”产品，1995年被评为北京市名牌产品；ZN12-10真空断路器于1995年被列入北京市“十佳”产品，1996年被评为北京市名牌产品。ZF4-110全封闭组合电器产品市场占有率为全国第一位，目前已有500多个间隔在国内外安全运行，创造了运行十年不大修的全国记录，并出口到印尼等国家。KYN800-10、KYN-35高压真空开关柜被评为国家级重点新产品，ZN12系列真空断路器产品已成为系列化强、品种规格全、技术指标高、产量大、质量水平领先的产品。1998年又研制出额定电流4 000A、短路开断电流63kA国内最高水平的真空开关。1997年完成主要产品产量详见表2。

1997年，出口伊朗开关板280面，高压开关3台，低压开关板3面，共创出口额403万美元，比上年增长25.9%。

表1　1997年主要经济技术指标

项　目	单位	全年完成	比上年增长%
企业数	个	1	
全部职工平均人数	人	2 896	−1.2
工业总产值：当年价	万元	37 254	26.6
不变价	万元	26 610	28.3
工业增加值	万元	11 176	4.8
产品销售收入	万元	36 522	20.0
产品销售税金及附加	万元	2 046	6.0
利润总额	万元	735	26.3
固定资产原价	万元	14 116	14.5
固定资产净值平均余额	万元	7 436	18.9
流动资产平均余额	万元	32 686	22.4
出口创汇	万美元	403	25.9

表 2　1997 年主要产品产量

产品名称	单位	产量	比上年增长%
封闭式组合电器	间隔	97	6.6
真空开关	台	3 197	5.0
开关板	面	2 001	24.4
低压开关	台	4 810	16.5
高压断路器	台	890	

北开设有专门科研、开发机构——北京高压电器设备研究所，为市级技术中心；设有经国家级高压设备质量检测中心认证的产品测试机构——北京高压电器设备检测站。1996 年通过了国内质量认证机构的 ISO9001 国际质量体系认证及军工产品质量认可。1997 年又通过了英国 SGS（YARSLEY）认证公司的 ISO9001 认证。1998 年开展了 ISO14000 环境管理体系认证工作。

管理及改革　企业精神：团结拼搏、志在一流；经营管理思想：坚持全员、全方位、全过程实施 99＋“1”＝0 的管理。此种管理思想的实质是：坚持以市场为导向、以“零缺陷”严格要求，以“零起点”不断进取，以“零突破”创新发展。

北开是全国机械工业优秀企业，全国机械工业文明单位和北京市双十佳企业之一，厂长黄国诚同志被授予双十佳厂长和获全国“五一”劳动奖章，工厂于 1997 年获得全国“五一”劳动奖状。1997 年机械工业部、电力工业部授予本厂“全国电站服务优秀奖牌”，北京市质协授予“用户满意企业”称号。

由中国质协、国家技术监督局、国内贸易部、机械工业部、冶金工业部、化工工业部、邮电部、中国轻工总会、电子工业部、建设部、中国民航总局、农业部、中国企协、中国企业家协会、全国用户委员会十五个部、委、局、协会，于 1997 年 12 月 13 日在北京国谊宾馆召开了“全国用户满意工程推进大会”，会上北京开关厂荣获 1997 年全国实施用户满意工程先进单位称号。12 月 14 日，在 1997 年全国用户工作会暨用户委员会会议上，根据用户评价，北京开关厂又荣获了“北开牌高、中、低压电器及成套设备产品为 1997 年度全国用户满意产品”奖牌。

1997 年 6 月 28 日，以北京开关厂为核心企业的北京输变电设备集团成立。

1995 年北开兼并了原北京电碳厂，合资组建了北京 ABB 高压开关设备公司、北京北益绝缘制品有限公司。现在在北京市政府、市机械工业局帮助下，筹备公司制改造，建立现代企业制度，申请股票上市，通过收购、兼并方式，实施低成本扩张，集中力量打好产品质量翻身、组织结构优化和开发能力提高“三大战役”。并针对企业内部组织结构实施由“橄榄型”向“哑铃型”转变的《北京开关厂“变型”规划》，这一规划受到机械工业部包叙定部长的充分肯定。北京开关厂决心为振兴国有企业创出一条中国特色之路。

〔撰稿单位：北京开关厂信息中心〕

石家庄金刚内燃机零部件集团有限公司

董事长、总经理：商树荣
地址：石家庄市和平东路 313 号　邮码：050031
电话：(0311) 5054061　传真：(0311) 5051008

概况　石家庄金刚集团是在原石家庄内燃机配件总厂的基础上组建的大型企业集团，于 1997 年 11 月 18 日正式成立。核心企业为石家庄金刚内燃机零部件集团有限公司，获政府授权负责国有资产经营。公司是国家机械行业大型一档骨干企业，系生产内燃机零部件的专业公司。

公司生产的金刚 SNP 牌活塞、活塞环、缸套、活塞销、气门、轴瓦 6 种主导产品，是汽车、农机、工程机械、船舶机械的内燃机关键基础件，年生产能力达 4 000 万件以上。产品为一汽集团、东风集团、跃进集团、重汽集团、北内集团、一拖集团、江铃集团、天津汽车工业公司、大连柴油机厂、朝阳柴油机厂、潍坊柴油机厂、天津动力机厂、无锡柴油机厂、玉林柴油机厂、江西汽车发动机总厂、沈阳发动机厂、长沙发动机厂、长春轻型发动机厂等 50 多个汽车和发动机大集团、大公司等主机企业配套，同时供应全国 31 个省、市、自治区维修配件，部分产品远销美国、加拿大、英国、日本、印度和东南亚等十几个国家和地区。目前是国内生产内燃机配件品种最多，并唯一能同时配套供应活塞、活塞环、缸套、活塞销——发动机摩擦副零部件的生产企业。

石家庄金刚集团公司通过技术引进和技术改造，使企业的工艺水平、技术装备水平、产品水平、质量水平以及后方制造能力在同行业中处于领先地位。公司现在是河北省百强优势工业企业之一和质量效益型先进企业，机械工业部组织结构优化战役重点培育的零部件专业化“小型巨人”，国家科委确定的“技术创新工程示范企业”。

企业经济运行保持稳中有升态势　1997 年，石家庄金刚集团公司保持着稳中有升的良好发展态势，全年完成工业总产值 24 006 万元，比上年增长 3.93%；实现销售收入 25 037 万元，比上年增长

8.78%；实现利税总额 3 262 万元，比上年增长 3.52%，其中实现利润 1 035 万元，比上年增长 2.86%。详细情况见下表。

1997 年主要经济技术指标

项　目	单位	全年完成	比上年增长%
企业数	个	1	
全部职工平均人数	人	4 802	1.1
工业总产值：当年价	万元	25 303	3
不变价	万元	24 006	3.9
工业增加值	万元	7 318	0.2
产品销售收入	万元	25 037	8.8
产品销售税金及附加	万元	212	3.8
利润总额	万元	1 035	2.9
固定资产原价	万元	51 194	32.5
固定资产净值平均余额	万元	26 381	72.3
流动资产平均余额	万元	31 325	22.0
出口创汇	万美元	53	持平

1997 年，公司主要产品拖拉机配件共生产 2 784.51万件，比上年减少 7.56%。拖拉机配件出口 3.12 万件，比上年增长 0.06%，创汇达 53 万美元，主要出口到英国、美国、新加坡、加拿大、印度及台湾等国家和地区。

消化吸收引进技术，积极开发新产品　公司紧紧围绕国内各大汽车集团引进和自行开发研制的新型汽车、发动机的零部件国产化配套，消化吸收引进技术，相继开发研制了一大批新结构、新材料的活塞、活塞环、缸套、活塞销等产品。如第一汽车制造厂的 CA488 活塞、活塞环，一汽——大众的捷达轿车发动机活塞环，一汽集团大连柴油机厂和无锡柴油机厂的 6110 发动机球墨铸铁活塞环，东风汽车公司的康明斯 B 系列发动机活塞、活塞环、活塞销，重型汽车工业公司的斯太尔 WD615 活塞、缸套，南京汽车工业公司的依维柯发动机活塞以及 D433 活塞、活塞环、缸套，天津汽车工业公司的夏利轿车 3760 活塞，北京内燃机总厂的 B493、FL912、BFL913、CW2.2 发动机的活塞、活塞环、活塞销，江铃集团和四二〇厂的五十铃 4JB1 发动机活塞等。这些新型发动机摩擦副零部件主要包括异形截面镀铬活塞环、球墨铸铁活塞环、内撑油环、钢质环、喷钼环，镶圈、镶钢片、中凸变椭圆和石墨喷涂活塞，珩磨平顶深网纹缸套、风冷缸套、薄壁缸套、干式缸套、湿式缸套，温挤压活塞销、冷挤压活塞销等，工艺先进，品种优良，成为新型发动机配套的最佳选择。目前，汽车配件已占集团公司总产量的 75%以上。1997 年公司近 20 个机型通过了等级品认定，活塞、缸套共有 5 个机型通过采用国际标准和国外先进标准的双采认定。公司生产的活塞、活塞环、缸套、活塞销、气门、轴瓦 6 种主导产品均被评定为石家庄市和河北省名牌，其中斯太尔、6102、D433 柴油机用干式薄壁铸铁气缸套和康明斯、斯太尔型柴油机用活塞被评定为中国机械工业名牌。

加大科技投人，加快技术改造步伐　公司坚持科技兴企方针，根据我国汽车工业特别是轿车工业的发展和产品质量水平的要求，在“六五”至“八五”技术改造的基础上加大科技投入，在继续引进国内外先进技术和设备的同时，高起点进行技术改造。相继引进了白俄罗斯三工位造型机、法国 CNC 高精度活塞环双端面磨床、日本钢质环和钢带组合油环制造设备、德国活塞环等离子喷钼设备以及 CNC 高精度活塞加工车床等，提高了 1～1.2mm 薄型活塞环、钢质环、钢带组合油环和喷钼活塞环的生产能力，从而为提高轿车发动机国产化的配套率创造了条件。通过技术引进和改造，公司新建成了新结构汽车活塞环生产线、两条活塞环 12 工位周期换向快速镀铬生产线、两条缸套出口线、活塞加工生产线等，使新结构、高附加值的活塞年生产能力达 250 万只，活塞环达 2 500 万片，气缸套达 250 万只，公司生产能力达 4 000 万件以上。

公司高度重视“双加”工程项目的落实。根据国家经贸委国经贸改［1996］555 号文《关于下达技术改造第二期“双加”工程导向性项目计划的通知》，公司的二期“双加”项目——活塞、活塞环技术改造工程项目可行性研究报告已由机械工业部汽车工业规划设计研究院编制，并于 1996 年 11 月 19 日通过了由国家经贸委委托河北省经贸委组织的专家评审论证，1997 年 2 月通过了机械工业部初审，1997 年 3 月通过了工商银行河北省分行专家的评估和省、市分行的评审，已上报国家经贸委和工商银行总行。1997 年 11～12 月，公司技术人员与机械工业部第三设计院共同编制了项目的初步设计。该项目总投资 12 000 万元，将进一步引进轿车活塞、活塞环的制造技术和关键设备及检测仪器，形成“高起点、大批量、专业化、优质量”的规模生产，适应我国汽车工业特别是轿车工业的发展，为引进的新型汽车发动机的零部件实现国产化配套做出贡献。

积极推进“三改一加强”，增强企业的竞争素质　公司围绕着“两个根本性转变”，密切联系企业实际，积极推进“三改一加强”，实施集团化发展战略，构建现代企业制度，增强企业的竞争素质。

公司坚持积极稳妥，重点突破，加快步伐的原则，加大企业的改革力度。对劳动人事、分配制度进一步深化了改革，引入竞争机制，特殊岗位实行持证上岗，在依靠减员增效发展生产上有了新突破。对部分非生产机构，实行了面向市场“推墙入海”，自主经营，自负盈亏，从而使公司员工的思想观念发生了较大变化，激发了工作热情和责任感，提高了工作效率。为了加快“小巨人”的建设，公司积极推进低成本扩张，于 1996 年 11 月顺利兼并了市国营四五一一工厂。公司充分认识国有企业改革的紧迫性，牢牢把握改革与发展、稳定的关系，按照省、市的总体部署和《公司法》的要求，在 1996 年完成建立现代企业制度方案论证、清产核资、资产评估等项工作基础上，全力推进公司制改革，于1997年11月18日正式挂牌，组建了石家庄金刚集团，核心企业为石家庄金刚内燃机零部件集体有限公司，成为国有独资授权经营国有资产的法人实体。

公司贯彻落实机械工业部关于打好“产品质量翻身战役”的部署，结合企业的实际，全面开展了以贯彻GB/T19000（ISO9000）标准，完善质量保证体系为主线，以强化工艺工作为突破口，以加强现场管理为重点，以成本管理为中心的“产品质量翻身战役”，努力提高产品质量，提高管理水平，提高企业的经济效益。公司按照系统性、科学性、实用性、有效性和经济性的原则，脚踏实地地贯彻GB/T19000（ISO9000）标准，从公司到各子公司建立健全有效的质量保证运行体系。“工艺突破口”工作根据机械工业部提出的五项标准要求，对现场工艺，包括工艺文件、工艺定额、工艺平面、工艺标准、工艺管理以及工艺纪律的贯彻进行了整顿整改，使其为企业提高管理水平奠定了基础。公司把“产品质量翻身战役”的主战场放在了生产现场，从加强工序控制，推行定置管理和“整理、整顿、清扫、清洁、素养”5S活动抓起，对现场生产管理进行了综合治理，使现场管理处于一种有序、受控的管理状态，建立了文明生产的良好秩序。公司围绕着经济增长方式的转变，真抓实干学邯钢，运用“倒推法”确立企业的目标成本，层层进行分解落实，动员组织企业全体员工人人当家理财，从制造成本的源头开始，以班组为阵地，开展各种改善成本的活动，最大限度地挖掘企业内部的潜力，提高管理效益。“产品质量翻身战役”广泛深入的开展，进一步增强了全体员工的质量意识和效益意识，有力促进了名牌战略的实施和企业经济效益的提高。三年来，实现销售收入平均增长13.77%，实现利税总额平均增长22.47%，实现利润平均增长91.45%。1997年集团公司被省政府授予质量效益型先进企业。

〔撰稿人：石家庄金刚内燃机零部件集团有限公司谢醒狮〕

天同集团有限公司

董事长、总裁、党委副书记：谷全诚　党委书记、副董事长：刘立柱　常务副总裁：李金声　副总裁：李庆华、商树荣、徐晓技、宇彦玲、刘凤祥、孙　乐　副书记：匡保华　工会主席：王保富

地址：河北省石家庄市和平东路418号　邮码：050033

电话：（0311）5051173、5082693　传真：（0311）5054672

概况　天同集团有限公司是为了落实河北省政府和石家庄市政府大力发展河北省农用车事业的战略构想，由原石家庄拖拉机厂在兼并原石家庄汽车制造有限责任公司、石家庄市柴油机厂、石家庄市轻工机械厂、石家庄市钢圈厂的基础上组建而成。1997年9月5日正式挂牌运行。

天同集团有限公司为河北省大型支柱性企业集团，国有资产授权经营机构。按照产品及专业化分工的原则，集团公司下设6个全资子公司：拖拉机公司、汽车制造公司、停车设备公司、柴油机公司、轻工机械公司、钢圈公司；一个控股子公司：天津希望三轮车有限公司。

集团公司占地面积112.8万m^2，建筑面积58.6万m^2；总资产15.27亿元；职工10 287人，其中工程技术人员925人；各种制造、检测设备4 551台；具有较强的锻造、铸造、冲压、焊接、油漆、机加工、装配等专业制造和加工能力；拥有3个产品研究所和30多台加工中心、车削中心等设备组成的新产品试制车间，具有较强的产品开发和新产品试制能力。

目前主要产品及年生产能力为：中小功率拖拉机15万台，三轮农用车10万辆，四轮农用车3万辆，轻型、微型汽车8 000辆，柴油机5万台，钢圈35万只，立体停车设备200个车位。此外，还有焊接设备、造纸机械和环保设备等产品。

调整产品结构，启动生产　集团公司成立前，被兼并的4个厂除钢圈厂因产销量低亏损外，其余3个厂产品均严重滞销，资金极度匮乏，长期处于停产、半停产状态。因连年亏损，4个厂亏损额共计1.7亿元，负债5.1亿元。天同集团是由高额亏损开始起步的，是在特殊条件下组建的特殊集团。集团组建后的当务之急是迅速调整产品结构，启动生产，遏制亏损。根据以农机产品为主，多元化发展的战略目标，淘汰竞争力弱的产品；保留有一定销路的产品，以销定产；重点发展市场容量大的优势产品——中小功率拖拉机和三轮、四轮农用车。按照上述原则，石家庄拖拉机厂调整为以生产中小功率拖拉机和11.03kW（15hp）三轮农用车为主，作为拖拉机和大功率三轮车生产基地；石家庄汽车制造有限责任公司保留有销路的汽车车型，以销定产，集中力量上四轮农用车，作为四轮农用车生产基地；石家庄轻型汽车厂经过改造，重点生产5.88～14.7kW（8～12hp）三轮车，作为中功率三轮车生产基地；与天津津海机械集团控股合资在天津大邱庄建立2.21～4.41kW（3～6hp）小三轮车生产基地；石家庄市柴油机厂通过与江淮动力机厂控股合资，引进江动技术和品牌，组建为石家庄拖拉机厂配套的卧式柴油机生产线，并根据市场需求不断扩大品种，最终发展成为发动机生产基地；石家庄市轻工机械公司转

产为石家庄拖拉机厂、石家庄汽车制造有限责任公司生产关键零部件和配套件，并继续扩大品种，成为主机零部件生产基地；石家庄市钢圈厂除扩大为石家庄拖拉机厂、石家庄汽车制造有限责任公司及其他同行业大厂配套轮圈外，继续提高产品品位和质量，扩大配套领域，最终发展成为国内钢圈生产“小巨人”企业。

完成产品结构调整后，4个公司生产经营出现良好发展势头，到年底仅4个月实现减亏3 500万元。

引进内资，盘活存量资产 集团公司按照四个有利于的原则进行了引进内资工作：一要有利于现有“龙头”产品的市场开拓；二要有利于现有存量资产盘活；三是要有利于加快集团产品结构调整步伐，加快重点项目建设速度；四要有利于集团多元化发展，不断开辟新领域，形成新的经济增长点。1997年已完成了两个项目：

（1）集团公司与天津静海县津海机械集团合资建立了天津希望三轮车公司，投资总额800万元，集团公司控股51%，投资408万元。目前已具备1万台生产能力，经过技术改造，将建成年产10万台2.21～4.41kW（3～6hp）小三轮车生产基地。

（2）引进江苏盐城动力机厂的资金和技术组建卧式柴油机公司。投资总额2 300万元，集团公司以石家庄市柴油机厂厂房及部分设备入股，占65%股份；江苏盐城动力机厂以总装线和零部件入股，投资800万元。生产江动牌柴油机，为石家庄拖拉机厂配套。现已形成5万台生产能力。

还在运作石家庄天同钢圈有限公司部分产权转让，以扩大该公司资产规模，解决资本金不足问题，预计可增加资本金500万元以上。

产品开发及技术改造 （1）14.7kW（20hp）单缸小拖王。该机采用1115动力，改变了变速箱传统的传动方式，动力比更加合理，承载能力增强；采用8档变速，配有标准的动力输出，可配带各种农机具，深受市场欢迎。该产品已获国家专利，并被河北省列为名优重点产品。计划投资800万元建一条刚性箱体生产线，已完成投资400万元。（2）18.4～29.4kW（25～40hp）中功率拖拉机。该产品为我国自行开发研制的换代产品，是国内目前技术含量较高的中功率拖拉机系列产品，为机械工业部重点发展产品。石家庄拖拉机厂被定位两个重点发展企业之一。在国家技改未到位的情况下，为早日形成批量生产能力，石家庄拖拉机厂已先期投入2 370万元，建成一条国内同行业一流水平的油漆线和一条自行设计、制造、安装具有同行业先进水平的装配线及相应的传动线。（3）石家庄拖拉机厂又开发了14.7、16.2、18.4kW（20、22、25hp）双缸短系列拖拉机。该产品提高了动传效率，并配有后动力输出轴和可靠的气刹装置。石家庄拖拉机厂投资1 100万元完成箱体加工线和离合器加工线的改造，目前已形成5万台的生产能力。（4）立体停车设备。引进吸收日本、韩国等国家的先进技术，研制开发了立体停车设备，该设备采用高层钢结构、高速电梯、VVVF调速、PLC自动控制等多项科研成果。具有多机型、自动化，适用于各种地形、地貌等特点。该设备还配备了完善的安全保护装置，双重上下极限开关、错缺相保护开关、热继电器、短路保护、过流继电器、液压缓冲器以及二氧化碳灭火系统等，有效地保证设备的安全运行。在石家庄市建造的第一座商品塔占地面积52.55m^2，高43.15m，设有40个存车位。

主要经济指标完成情况 省政府在下达考核指标时充分考虑到集团组建时的特殊情况，1997年下达亏损指标。

省政府考核指标完成情况见下表。

1997年考核指标完成情况

指标名称	单位	考核指标	实际完成	指标完成率（%）
销售收入	万元	136 200	138 750	101.87
实现利税	万元	−1 296	1 046	180.70
其中：利润	万元	−2 440	−617	174.71
国有资产保值增值率	%	91.8	97.87	提高6.07个百分点

〔撰稿人：天同集团有限公司张　岩〕

瓦房店轴承集团有限责任公司

董事长兼总经理：王路顺　党委副书记、副总经理：刘一丁

地址：辽宁省大连市瓦房店市北共济街一段1号　邮码：116300

电话：（0411）5509888　传真：（0411）5500585

概况 瓦房店轴承集团有限责任公司（简称“瓦轴”）座落于辽东半岛北部重镇瓦房店市境内（前身瓦房店轴承厂），始建于1938年，是我国轴承工业三大骨干企业和500家最大工业企业之一。瓦轴，作为中国轴承工业的发源地和故乡，在新中国成立，特别是改革开放以来，在中国轴承史上创造了一个又一个的第一。不仅研制出数以千计的新规格轴承，设计制造数百种轴承专用设备，而且培养造就了一代又

一代新中国轴承工人、工程技术人员和领导干部,向全国上百个重点企业输送了技术骨干,为中国轴承工业的发展做出了有口皆碑的贡献。

1995年10月22日,瓦轴整体改制为国有独资企业。现拥有员工2.4万人,占地1 770 000m²,拥有子公司32个,其中合资企业13个,总资产40.27亿元,能生产并经营十大类型、5个精度等级、100多个系列、5 000多种规格的工业轴承以及等速万向节、轿车轮毂轴承、滚珠丝杠副、特种钢材、专用机床、仪表仪器、磨料磨具、包装制品等主要产品。产品近销国内5 000多个用户,远销国外82个国家和地区,并以过硬的产品质量和良好的服务受到用户的青睐。

瓦轴是中国轴承工业第一套轴承的诞生地。50年代,瓦轴被列为国家重点扩建项目,进行了大规模扩建;80年代中期,瓦轴再次被列为国家和机械工业部技术改造重点企业之一,引进了一批具有世界水平的先进设备和实用技术,为国家重点工程开发出300多种高技术含量的新产品。"八五"期间,瓦轴加大技术改造力度,完成技改项目128项,新增生产能力6.5亿元。作为中国轴承工业的"长子"和最大的轴承制造商,瓦轴曾有过数不清的辉煌;我国第一套轴承的诞生,运载火箭、新型歼击机、新型坦克、特种雷达配套轴承的研制,核工业主机轴承,铁路轴承,轧机轴承的开发和批量生产等,都是瓦轴在不同历史时期为国民经济和社会发展做出的重要贡献。由于功绩卓越,瓦轴先后被列入全国百家知名企业、中国技术开发实力百强企业、中国机械十大杰出企业,获得全国"五一"劳动奖状等各种荣誉称号,因而瓦轴成为国家512个重点扶持集团之一,辽宁省17个企业集团和大连市四大集团企业之一。

发展情况 毫不隐讳地讲,1997年是机械工业遭遇困难最多的年份,不仅国内市场继续疲软,而且东南亚金融危机给企业带来的几乎更是一场灾害。愈是举步维艰的情况下,瓦轴愈是不乱方阵,审时度势,因势利导,显示出瓦轴的风骨。瓦轴坚定"只要思想不疲软,办法总比困难多"的信念;发扬"团结、拼搏、奉献"的企业精神;采取"扬长避短,抢占市场制高点,夺取市场绿洲"等系列措施;恪守"一流的产品来源于无止境的创造"的经营理念,硬是在企业内外部生产经营环境比较恶劣的前提下,出色地完成各项生产经营指标。其中销售额18.8亿元,实现利润1.15亿元,主要经营指标连续十四年名列轴承行业榜首,独占鳌头。其中尽管受东南亚金融危机的波及,但瓦轴的出口创汇仍然有增无减,1997年出口创汇连续三年超过2 000万美元。具体生产经营指标详见表1、表2、表3、表4。

科研成果及新产品 1997年,瓦轴首先将东北三省最大的轴承研究所扩建为全国首屈一指的轴承技术研究中心,组织并网络了高级知识分子和专业人才,广泛对科研成果进行深层次地探索,目的在于研制出先进的且是一流的新产品领导中国轴承潮流。1997年瓦轴开发新产品230余种,其中有30余种获省市新产品奖励,9种获国家和机械工业部新产品奖。97/7815EK汽车系列轴承获全国机械工业名牌产品称号。连续十二年瓦轴每年间都以200种以上新产品问世,使得瓦轴的知名度和产品不断响誉全国。瓦轴所开发和研制的等速万向节、轿车轮毂轴承、滚珠丝杠副、准高速铁路等成果,不仅开发了轴承边缘产品,而且还填补了国内空白。瓦轴开发研制的22208C调心滚子轴承、E6727/959K四列圆柱滚子轴承、686908A夏利前轮毂轴承、Lm300849/Lm300811圆锥滚子轴承等为瓦轴实施"生产一代、储备一代、研制一代、开发一代"科研战略和生产环状打下了扎实的基础,也为瓦轴抢占高科技制高点奠定了前提条件。

表1 1997年主要经济技术指标

项 目	单位	全年完成	比上年增长%
全部职工平均人数	人	25 511	-4.3
工业总产值:当年价	万元	165 511	4.7
不变价	万元	130 033	8.2

表2 1997年完成主要产品产量

产品名称	单 位	产 量	比上年增长%
工业轴承	万套	1423.7	7.3

表3 1997年主要产品出口交货值

产品名称	单 位	出口数量	金 额(万美元)
工业轴承	万套	373	1 678
等速万向节	万支	16.2	330

表4 1997年主要出口国家、地区情况

国家、地区	出口交货值(万美元)
日本	86
欧洲	150
香港、东南亚	360
美国	762

技术改造 已有60年悠久历史的老企业,瓦轴与其他国有老企业一样急需进行技术改造,1997年瓦轴在技术改造问题上颇有力度,围绕四条主线,大刀阔斧:

(1)扩大轿车轮毂轴承生产能力,引进国外先进的磨加工生产线,引进自动装配线,引进配套钢球生产线。

(2)提高冶金矿山配套轴承生产的能力,引进国外当代水平的专用圆柱滚子、圆锥滚子在套圈磨削加工生产线、渗碳压模淬火线、热处理生产线。

(3)提高汽车圆锥轴承生产能力,引进国外先进圆锥滚子轴承提高磨加工生产线、连续渗碳压模淬火生产线。

(4)开发新一代铁路轴承生产能力,引进套圈磨加工设备和渗碳压模淬火生产线、装配线等。

这四个技术改造项目，1997年均得到落实。其中，冶金矿山配套轴承的技术改造，已投资19 626万元，新增产量144.1万套，被国家经贸委检查验收通过。其他项目已通过国家可行性分析报告，正在实施过程中，且已成为新的经济增长点，技术改造的迅速转换，加快了瓦轴向高新技术领域进军的步伐。

对外合作 1997年可谓是瓦轴的合资合作年。在短短一年之中，瓦轴与美国中西部航空技术公司合资合作为瓦房店鸿承机械有限公司，与台湾正升实业股份公司合资了大连华升纸塑复合包装制品有限公司，与德国庞帝集团有限公司合资了大连大发胶粘带制品有限公司。目前，瓦轴13个合资公司共吸引外资8 646万美元，开发国际级新产品10余项，其中4个合资公司的产品处于世界级水平，具有广阔的市场前景。瓦轴与外商合资具有以下几个特点：一是与世界知名大公司联姻，先后与瑞典的SKF、日本的KOYO、THK、美国的GBC、GE、Gm和ROCKWELL等大公司联手；二是引进高新技术，生产高附加值产品；三是以存量吸引增量，以增量盘活和提高存量，带动产权结构调整；四是在引进资金、技术的同时，拓展了国际市场；五是冲破轴承单一产品领域，促进了产业结构的优化。

管理及改革 1997年6月，瓦轴为了使在国内享有盛名的“ZWZ”产品同样响誉全球，打开通往国际大市场的绿色通道，一次性通过挪威船级社(DNV)的国际质量体系认证，这标志着瓦轴产品实物水平达到当代国际同类产品水准。

1997年6月，瓦轴推行的塑造“星级管理”新型企业管理模式获中国机械工业第五届管理创新成果重大创新成果一等奖。瓦轴在积极推行技术进步的同时，时刻不忘管理创新，以管理进步促进其他工作的有序开展。1997年，瓦轴以下发《员工手册》为契机，转变员工观念，实施并强化十大管理工程，其中投资1 000万元推行CAD（计算机辅助设计）、CAPP（计算机辅助工艺管理），MIRP-Ⅱ（制造资源管理）和Stundard cost（标准成本管理）得到世界同行领袖们的称赞，并与国际管理惯例接轨。

瓦轴推行的“星级管理”，1997年已评出2个二星级单位、6个三星级单位，到2000年瓦轴将达到五星级即国际当代先进的管理水平。

1997年2月28日，瓦轴在建立现代企业制度的高起点上，又成功地在香港举行了B股推介会，并顺利地在深圳上市发行1.3亿元股境内上市外资股，共募集改造资金5 240万美元。紧随其后，瓦轴将主体部分经折股作价包装上市改造成为瓦轴股份有限公司。由此，瓦轴又揭开了创建股份合作制新的里程碑。

遵循国家“下岗分流、减员增效”的指标精神，1997年瓦轴一次性下岗分流4 000余人，力度之大，前所未有。人事制度的重大变革，极大地激发了员工“敬业爱岗”的积极性，而分配制度和劳动制度的变革，进一步促进了“报酬看贡献，上岗靠竞争”优胜劣汰格局的形成，促进改革工作进入成熟期，并已取得阶段性重大成果。

中短期发展目标 “九五”期间，瓦轴将投资16亿元进行技术创新的技术改造，新建或扩建年产1 000万套汽车圆锥滚子轴承生产基地，扩建390万套轿车轮毂轴承生产基地，扩建32万套铁路轴承生产基地；扩建320万套冶金矿山轴承生产基地，扩建年产4.8万套滚珠丝杠副生产基地，年产60万组等速万向节总成和30万支BJ端生产基地等项目，形成规模经济。并将在1997年兼并大连仪表集团公司的跨行业兼并和收购辽阳轴承厂同行业联营的基础上，大力致力于走大集团公司发展之路。到2000年，瓦轴的工业总产值将达到35亿元，销售收入50亿元，实现利税6.9亿元，净利润3.5亿元。

届时，“ZWZ”将成为世界驰名商标，瓦轴也将跻身于世界轴承行业最大企业前15名行列。

〔撰稿人：瓦轴集团公司蔡适应　审稿人：瓦轴集团公司王全清〕

江苏双良集团公司

董事长兼总经理：缪双大
地址：江苏江阴利港镇　邮码：214444
电话：(0510) 6818899，6631555，6631909　传真：(0510) 6818666，6631333

江苏双良集团公司位于北带长江、南襟太湖的江阴市利港镇。公司创建于1982年，“八五”期间组建省级集团，1995年被批准为国家级乡镇企业集团、乡镇大型一档企业。集团公司下属2个中外合资公司和8个子公司及1个四星级大酒店。企业占地面积45万m^2，建筑面积26万m^2，总资产15亿元，集团总人数3 200多人，其中各类科技人员700多人。1998年销售收入10.5亿元，利税2.3亿元。

公司主要产品有直燃型冷热水机组，蒸汽型、热水型冷水机组，螺杆式、离心式冷水机组，溴化锂溶液，冷却塔，风机盘管，变风量空调器，智能型燃油、燃气直流式、贯流式锅炉，汽车多层立体停车设备，医药保健品等。主要为航天、电子、冶金、石油、化工、医药、机械、轻纺、宾馆及民用建筑等有关部门提供配套用中央空调系统设备，为城镇提供绿色锅炉系列设备，为城建提供立体停车系列设备，为广大消费者提供系列医药保健产品。

集团公司是机械工业部中央空调定点生产企业、国家级企业技术中心、中央空调测试中心，列入中国机械十大杰出企业、全国高新技术百强企业、全国名优产品售后服务最佳企业，并获得江苏省文明单位称号。双良为行业制订了溴化锂制冷机的国家标准。企业获得中国方圆和德国T ÜVISO9001质量体系认证、美国ASME压力容器认证。“双良”被评为江苏省名牌。企业为全国驰名商标保护单位。

双良集团公司以“求实、创新、奋发、开拓”的企业精神，不断探索，追求卓越，争当行业先锋。双良人以“凝聚、文明、自强、奉献”的企业文化提高素质、追求完美，实现自身价值。

集团公司在全国设有15个销售服务分公司，85个办事处，实施销售、售后服务一体化战略。产品在国内市场占有50%的份额，大型工程中标率在80%以上。产品销售国内30多个省、市、自治区，并远销海外。公司计划到2000年达到国内市场销售30亿元，海外市场销售10亿元。

双良集团拥有世界最先进的加工手段和装备，有世界一流的DFM生产流程，有领先的技术和产品质量。双良特灵已经成为中央空调的标志。

展望未来，双良的目标是创立世界品牌，瞄准国际市场，组建跨国集团，迎接世纪挑战，服务全人类。

〔撰稿人：江苏双良集团公司副总工程师殷大炳〕

杭州前进齿轮箱集团有限公司
（杭州齿轮箱厂）

法人代表：王兆勤
地址：浙江省萧山市萧金路45号　邮码：311203
电话：（0571）2673888　传真：（0571）2675966

概况　杭州前进齿轮箱集团有限公司（杭州齿轮箱厂）（以下简称前进集团公司）始建于1960年，1965年建成投产。三十多年来，企业从单一船用产品的生产逐步发展到了动力传动装置类的多品种专业化生产。改革开放以来，企业投资1.8亿元，相继进行了较大规模的技术改造，引进消化吸收了6项制造与工艺技术，培养了一批专业人员和技术工人，为企业生产出高品质的产品提供了雄厚的物质基础。前进集团公司现有职工4 200人，工程技术人员占职工总数的11%；占地53万m^2，拥有10个分厂、7个公司、1个计算机中心，2个国家二类研究所。

集团公司1993年通过ISO9000质量体系认证，同年进入国家100家最大机械工业企业行列。被机械工业部选为“小巨人”企业。曾荣获国家级安全先进企业、生产现场管理先进企业、全国职工教育先进企业称号，连续五次荣获全国“讲理想、比贡献”先进集体和全国“五一”劳动集体奖状等荣誉称号，主要经济指标处于同行业领先地位。

生产发展情况　以“前进”和“杭齿”为商标的船用齿轮箱、汽车变速箱、工程机械变速箱等是前进集团公司的主导产品。1997年，公司实现销售收入24 392万元，实现利税总额1 824万元。船用齿轮箱的生产销售，由于受渔业资源限制、内河航运萎缩而下降。但公司加大了国际市场的促销力度，使1997年度自营出口额比上年度增长5%，减缓了国内销售的下降幅度。

工程机械变速箱销售形势良好，销售额比上年增长32%，资金回笼率95.8%。其中现金回笼只占36.2%，其余为抹帐。抹帐比例偏大，一定程度上影响了企业的再生产。

1997年主要指标及进出口情况详见表1、表2、表3、表4。

表1　1997年主要经济技术指标

项　目	单位	全年完成	比上年增长%
企业数	个	1	0
全部职工平均人数	人	4 475	−11.4
工业总产值：当年价	万元	24 551	−22.4
不变价	万元	19 077	−22.6
工业增加值	万元	7 697	−14.2
产品销售收入	万元	24 392	−27.7
产品销售税金及附加	万元	147	−47.5
利润总额	万元	306	26.0
固定资产原价	万元	30 676	12.5
固定资产净值平均余额	万元	14 190	−21.1
流动资产平均余额	万元	38 321	9.3
出口创汇	万美元	883.8	−10.9

表2　1997年完成主要产品产量

产品名称	单　位	产　量	比上年增长%
船用齿轮箱	台	7 671	−42.7
工程液变箱	台	3 551	31.2
汽车变速箱	台	3 004	−66.5

表3　1997年主要产品出口情况

产品名称	出口产品		出口额（万美元）	比上年增长 %
	单位	数量		
船用齿轮箱	台	5 051	797.3	−12.3
齿轮箱配件	万件	6.76	86.5	1.4

表4　1997年主要出口国家、地区情况

序　号	国家、地区	出口额（万美元）
1	新加坡	238.8
2	香　港	159.9
3	泰　国	91.0
4	马来西亚	78.4
5	美　国	37.8
6	越　南	37.2
7	澳　门	36.9
8	缅　甸	35.9
9	土耳其	22.7
10	孟加拉	18.2
11	菲律宾	16.9
12	比利时	16.1
13	澳大利亚	5.6

科研成果及新产品　1997年，共开发船舶、工程、汽车用各类变速箱新产品20余种，其中代表产品有：(1) HCD400型船用齿轮箱。具有体积小、重量轻、动力传递能力大、使用可靠的特点。结构设计有新突破，性能指标已接近国外同类产品。推向市场后，深受用户好评，当年销售收入达250万元。(2) TS6-90及TS6-120型重型汽车变速箱。与一汽集团9～16t重型汽车配套，两种产品1997年均已投放市场，需求量不断增加。(3) 引进德国ZF公司技术制造的WG180/181系列液力变速箱，1997年销售130台。公司科技人员根据市场需要，在消化吸收引进技术的基础上，已经自行开发出WG200系列（配套190kW以上主机）和WG120系列（配套170kW以下主机）的创新产品。该产品的三大件（档位选择器、操纵阀、内置油泵）已基本实现国产化，提高了产品的市场竞争能力。

在科技攻关方面，公司1987年投入新材料——纸基摩擦材料的研究开发，1993年通过浙江省计经委技术鉴定，产品技术指标达到国内领先地位，填补了国内大功率传动装置采用纸基摩擦材料的空白。这种纸基摩擦材料，具有摩擦系数高，动静摩擦系数接近，传递扭矩力强，接合平稳柔和，噪音低和成本廉的特点，广泛用于传动装置的离合器内。为使科研成果尽快转化为生产力，1996年，浙江省科委、省计经委、省财政厅联合发文，在前进集团公司建立纸基摩擦材料中间试验基地，并列入省火炬计划。目前中试基地摩擦材料生产线已累计生产船用齿轮箱、叉车、拖拉机等变速器用纸基摩擦材料137种，10万多片。中试基地的竣工验收将在1998年进行，届时可形成年产40万片的生产能力。

集团公司于1996年对“等温退火”工艺进行试验，1997年列入杭州市重大科技攻关项目计划。经过近一年的努力，“等温退火”工艺在该公司汽车齿轮制造应用中获得成功，解决了汽车变速箱齿轮齿坯在锻造中会造成应力及金相组织的不均匀的汽车齿轮加工的关键难题。使齿轮在最终热处理时消除锻造应力和改善金相组织，预先热处理后的齿坯获得了均匀的共析铁素体＋片状珠光体，硬度控制在HB160～190范围内。该课题于1998年4月通过杭州市科委技术鉴定。

质量管理　集团公司于1997年初发布了总经理一号令《关于开展质量承诺的决定》，把强化质量管理、确保产品质量作为全年工作重点提到了全公司职工的面前。公司成立了质量承诺领导小组，对内与生产班组和个人签订质量承诺协议书，对外与各联营协作配套单位签订了质量承诺协议书，进一步完善了质量保证体系。同时，举办了1997年质量教育展览会，对产品质量问题予以公开曝光，增强了职工的质量意识。1997年公司顺利通过了中国船级社质量认证公司的质量体系认证和两年一度的国家计量体系复查审核。

中短期发展目标及技术改造　“九五”期间，企业将按照国民经济发展总方针和产业发展政策，坚持全方位、多元化经营战略，瞄准国际先进水平，使企业逐步发展成为以船用齿轮箱、汽车变速箱、工程机械变速箱为优势的传动装置及关键零部件生产基地，真正成为亚洲一流的传动装置研制销售中心。

(1) 在船用齿轮箱方面，从8.8～7353kW较为完整的大、中、小三个系列的基础上，以市场为导向，重点调整产品结构，扩大应用范围，开辟新的服务领域，加快V型传动装置的开发应用，使游艇齿轮箱尽快形成批量生产能力。

(2) 在工程机械变速箱方面，重点发展WG系列产品，性能指标达到德国ZF公司标准，进一步扩大产品的覆盖面。

(3) 在汽车变速箱方面，充分利用现有的基础条件，迅速形成以TS6-90和TS6-120型为代表的重型车变速箱年产1万台能力；形成以塔菲克NE3为代表的轻型车变速器年产4万台能力。产品水平分别达中国一汽和法国雷诺标准。

(4) 加强技术改造。

1997年企业主要抓了重型车变速箱技改项目的实施工作，增添关键的齿轮、箱体加工设备和检测仪器，改造装配线，初步形成批量生产能力。

1998年技术改造将着重抓好以下几项工作：一是三江雷诺NF3变速器装配线改造；二是增添关键部件的加工设备，增强重型车变速箱壳体和同步器的加工能力；三是加快V型传动装置的开发，尽快形成批量生产能力。

〔撰稿人：杭州前进齿轮箱集团有限公司办公室　徐坚钢〕

华立集团有限公司

法人代表：汪力成
地址：杭州市莫干山路 78 号　邮码：310005
电话：（0571）8836688　传真：（0571）8080838

高歌猛进看华立

概况　华立集团是机械工业部重点企业，国家大型一档企业，机械行业百强企业和“技术进步示范企业”之一。华立集团总资产逾 10 亿元，拥有 16 个设备一流、管理先进的独资、控股生产企业，生产经营跨越电工仪表、电子基材、房地产开发等产业，并涉足证券、文化、教育、科研开发等领域，形成了商品经营与资本经营相结合的多元格局，成为跨地区、跨行业、外向型的企业集团。

华立集团培育出了著名的“华立”品牌，主导产品华立牌电能表在国内市场的占有率已达 23%，连续五年名列全国行业之首；华立牌铜箔板已成为同行业的佼佼者，90%的产品出口国际市场，进入全国同行三强之列。

发展情况　面对国际化的市场竞争，华立集团充分认识到，一个企业要持续、稳定、快速发展，必须实现由粗放型向集约型，由单纯依赖外延扩大再生产向内涵挖掘再生产的转变。总结了“八五”的经验和教训，华立集团实施了“调整、优化、提高、发展”的“九五”战略。

1997 年，根据“调整战略、缩短战线、集中力量、扶优扶强”的经营战略，集团加大、加快了发展步伐，各项主要经济指标增长较快。1997 年，完成工业总产值 6.52 亿元，出口创汇 2 101 万美元，利税总额 5 661 万元。

围绕“实现规模效益，拓展跨国经营，提高企业素质，创立中国名牌”的“九五”经营方针，华立集团花大力完善集团制度建设和功能建设，从内部建设上增强集团的竞争体能，为在“九五”后期实现快速发展奠定内涵基础和条件。

组织结构优化的具体措施　围绕“九五”目标，华立集团大力推进了组织结构优化工作。

变“橄榄型”为“哑铃型”的企业组织结构。

在产品开发、生产和销售三个环节中，以产品开发和销售作为生产经营结构的两端，而生产居中，那么橄榄型可形象概括为“两头小、中间大”，而哑铃型可归结为“两头大、中间精”。为适应市场经济发展需要，及时转变企业组织结构，实现了由“橄榄型”向“哑铃型”转变。

在以前计划经济条件下，企业一切以生产为主，尽可能地扩大生产规模，生产部门集中了几乎所有的人、财、物，企业搞成“大而全”和“小而全”，而产品的开发和销售环节则较薄弱。

随着由计划经济向社会主义市场经济的转轨，竞争日趋激烈，企业以市场为导向，制定了“以需定产”的经营方针。新产品的开发和市场营销被放在重要位置。在生产环节，按照国际大企业发展的经验，把大部分零部件的生产转移到小企业及其它协作厂生产，企业转变为“大而专”，主要负责组装、调试等最后几道工序及关键零部件的生产。因此，同过去“大而全”的生产相比，现在的生产过程已较为精干。

（1）增强技术开发的力度。

为保证市场竞争的优势，随着组织结构优化战略的实施，企业加强了技术开发的力度。一批行业内成熟的一流技术开发人才，投资各类必需的测试试验设备，采用“学企”、“院企”相结合以及借用“社会科技力量”等开放式的技术开发管理方法，使华立主导产业的新产品、新工艺开发水平接近和达到国际先进水平。

华立单相脉冲电能表 DD862-4M、三相脉冲电能表 DS864ZM 等新品已被认定为 1997 年度国家级新产品；第二代高智能复费率表已研制成功；由华立自行研究和开发的远程集中抄表系统、民用自动收费系统已经批量生产，投放市场；与世界一流电表公司合作开发的全电子式电能表，宽过载、长寿命电能表其技术和质量达到世界先进水平。华立铜箔板提高设备自动化水平，重点开发和生产多层板材、有色板、UV 板等高附加值产品，使其高技术含量比重达 52%。

（2）强化市场营销体系。

随着“组织结构优化战役”的实施和经营领域、地域的进一步拓展，华立集团在已有营销管理体制的基础上，集中做好下面改革与完善工作：一是从目前遍布全国的办事处中，实施新的布局优势组合、组建多个地区性的营销公司或分公司，通过这些公司覆盖周边地区，加大对销售工作的管理力度，提高销售和售后服务能力。二是华立经营管理学校培养的销售工程师，充实到各营销公司和销售办事处，实现从简单推销向技术推销的过渡，使客户获得超值服务。通过竞争淘汰的方式，逐步提高营销队伍的素质，使之适应新的营销模式和产品更新换代的要求。三是通过对营销及售后服务人员的培训以及计算机管理客户档案的完善，建立一支一条龙服务队伍，从销售、安装到用户技术培训，提供能满足用户需求的完善的售前、售中、售后服务。四是改革销售方式，由目前以直销为主向以直销和代理相结合发展。地区销售公司或分公司与总部销售公司之间实行一次性买断销售。五是在拓展出口销售的同时，尽量减少中间环节，有计划、有步骤地培育地区总代理。分别在东南亚和南美洲地区以及欧洲、美国等地直接开设销售分公司，并建立或组建统一的出口基地，实现出口生产与出口销售的基地化、专业化经营管理，提高出口生产能力，加大产品出口量。

(3) 调整生产结构，初步完成了由企业独立型生产向社会化协作型生产的转变。

当初，华立产品所需的各种零部件85%以上是由自己生产的，而现在集团公司主导产品的零部件70%以上是由协作厂生产，由自己生产的比例则降至30%左右，已接近发达国家大企业生产标准。

生产结构的转型，给企业带来诸多好处：一是专业化生产带来生产规模的扩张。如电度表生产，在生产人员基本不增的情况下，经结构转型后，年产量猛升，几乎翻了一番。二是提高了产品质量。专业化协作促进了产品质量提高，华立牌电能表被评为浙江省名牌，华立达铜箔板公司、华立股份公司、华立集团有限公司分别通过国际标准认证。专业化协作与企业内部管理的完善，有利于规模经营和质量提高，成本下降，企业进入良性循环。

(4) 按"公司化"规范企业的组织结构

华立集团在建立现代企业制度试点中，围绕"三改一加强"工作，按照现代企业制度要求，借鉴跨国公司的组织结构的经验，对原有的松散的结构组织进行了改组，改变了过去机构庞大，工作效率不高的状况。

搞活存量资产，优化增量资产 华立集团对"八五"期间形成的效益不明显的产业和产品，采取关、停、并、转等形式，盘活存量资产，提高资产运行质量。提出两个90%的观点，即集中90%的人、财、物发展制造业，在制造业中集中90%的人、财、物重点发展电工仪表、电工材料两大主导产业，形成有利于提高市场竞争能力的地域布局，迅速扩张华立电能表、铜箔板的市场覆盖面。

(1) 盘活存量资产。

针对华立集团原有23个（包括参股企业）企业存在"散、乱、小、差"造成资源配置不合理，行业优势不突出的问题，采取了"抓大放小"的方针，进行了资产重组工作。几个生产规模小、技术含量低、效率差或机电行业以外的企业，采取以租赁、出让方式转变或剥离，与集团脱离隶属关系和产权关系。此外，对于尚需保留，但属集团独资的，进行有限责任公司改造。

通过"放小"措施，集团公司不仅盘活存量、回收了一大笔资金，企业经营风险大大降低。同时重点发展规模较大、技术含量高、效率高、市场前景好的骨干企业，形成电能表、覆铜板等支柱产业。使主导行业资产约占集团总资产比例达90%。经过转制重组后，华立集团不但克服了以往企业个数多，"散、乱、小"影响资源配置和集团发展的弊端，而且聚集了优势资本，突出了主导产业，使集团整体效益大大提高，集团工业总产值以28%的速度递增。

(2) 优化增量投入。

"九五"期间，华立以电能表、铜箔板两大主业的品牌、资金、市场、技术为纽带，在全国范围内兼并、联合、收购、控股、参股具有战略意义的同行业企业，迅速扩张电能表和铜箔板的企业规模，带动了电工仪表、电工材料两大行业的发展。

1996年，华立兼并西南最大电能表生产厂——重庆电度表厂。通过一系列改组、改制和技术改造，使这个濒临破产的企业迅速形成了120万台华立牌电能表的生产能力，通过统一的营销网就近供应西南地区用户，使华立电能表在西南地区销售额上升70%。同时，又在东北、西北、华南建立了营销咨询机构和校验服务工厂，在全国范围内形成一个布局合理，高生产集中度的电工仪表产业网络体系。同时，华立集团投入资金600万美元，提高铜箔板生产能力和自动化装备水平，又选择了浙江省和华南地区1～2个同行企业进行兼并和技改，从而形成一个能同时生产各类华立牌铜箔板，能提供各种产品服务的制造群体。

组织结构优化的配套措施

(1) 加强人力资源开发，提高全员整体素质。

大胆创新，大胆试验，逐步建立起一整套适应中国国情的具有高效激励机制和约束机制的人事制度；进一步完善各项包括社会保险、医疗保险、大病保险、失业保险、住房福利改革、经营者年薪制、离任审计、连带责任、逐级述职等在内的用人配套措施；充分发挥职工持股会，职工互助基金会等民间经济组织的社会保障作用和职代会、监事会、工会、合理化建议委员会等企业内部组织的民主监督作用，增强职工参与管理的力度和企业的凝聚力。

通过培训和自学相结合，使用和培养相结合，全面提高员工文化素质和业务素质；充分发挥华立集团经营管理学校的基础培训作用；采取倾斜政策，大量引进高素质专业人才，鼓励各类跨学科学位的进修、自学。在物资与精神上采取不同方式，激励他们进行技术创新，多出成果。

(2) 建立健全的激励约束机制。

① 华立定期或不定期地组织员工进行企业文化教育，不断强化职工对企业的凝聚力、归属感和奉献精神，从思想上强化职工的企业主人翁意识。为此，集团在各子企业设立支部，专门负责此项工作，并以《华立报》作为宣传工具，以华立经营管理学校作为培训场所。

② 试行企业职工入股。根据岗位级别和工龄，上至集团总裁，下至一般员工都按规定参股持股，而且还设立职工股奖励制度，对于在工作中表现出色或为企业作出突出贡献者，奖励红股作为内部职工股，既具有激励作用，又具有约束作用。一方面职工股属于个人拥有，代表着一种产权、而且每年分红和

配股，因此职工股有利于强化主人翁意识。另一方面，职工股又具有约束作用，特别是对经营者约束效果明显。由于经营者持股量比较大，他的个人收入就与公司的业绩好坏息息相关，公司好，则分红就多，否则红利就少，因此，经营者必须努力把公司搞好。由于企业职工，尤其是经营者持有股份不允许转让，而且还规定：如发现经营者经营行为有损集团或企业利益，则视情况可罚没部分股权，这一点对经营者的经营行为具有很强的约束力。

此外，经营者在企业经营与管理上，还受到职工（股东）的监督与制约，增强了经营者的压力。

经过组织结构优化，华立集团已成为一个以资产为纽带、产权明晰、层次分明、管理顺畅的现代企业，从而增强资本营运能力和抗风险能力。使主导产业地位更加突出，行业竞争优势更加明显。华立集团为实现“九五”计划目标而努力奋斗。

〔撰稿人：华立集团有限公司方 捷 审稿人：华立集团有限公司邱小平〕

万向钱潮股份有限公司

董事长：鲁冠球 总经理：周建群
地 址：浙江省萧山市 邮码：311215
电 话：（0571）2716888 传真（0571）2602132、2716898

概况 万向钱潮股份有限公司是在创建于1969年的原杭州万向节总厂基础上经股份制改造而成的规范化上市公司。其发起人为万向集团公司、中国汽车工业投资开发公司、中国工程与农机进出口公司、华联汽车发展有限公司。1994年1月“万向钱潮”股票在深圳证券交易所挂牌交易。公司是我国最大的汽车万向节专业生产企业和惟一的出口基地。建厂近三十年来，在全国知名企业家、董事长鲁冠球带领下，现已发展成为拥有十多家子公司、总资产达15亿元，专业生产轿车等速万向节、轿车减振器、汽车传动轴、汽车轴承、特种轴承、汽车万向节十字轴总成、差速器十字轴、工程机械万向节总成、汽车橡胶密封件、滚动体等汽车零部件的集团型制造企业。到1996年底，“钱潮”牌系列十字轴万向节有6大类850多个品种，轿车等速万向节有70多个品种，汽车轴承有300多个品种，特种轴承有150多个品种，汽车传动轴有30多个品种。公司既是一汽、二汽成员企业，也是重汽、南汽、天汽等大型汽车制造集团的合作联营伙伴。其中万向节国内配套市场占有率达65%以上，公司业务额中40%左右出口到世界四大洲三十多个国家和地区。公司主导产品之一的万向节已形成年产2000万套的生产能力，万向节市场占有率已连续十二年居全国第一。

发展情况 1997年，公司实现主营业务收入66 299.81万元，主营业务利润8 613.68万元，税后利润8 389.71万元，主营业务出口创汇2 792.9万美元。详见表1、表2、表3、表4。

科研成果及新产品 1997年，公司共开发新产品436个，完成科技攻关项目106项，新增产值10 074.16万元。1997年度，“等速万向节及汽车减振器CAD/CAM开发应用”项目列入国家科委1997年第一批科技开发计划，机械工业部CAD1550工程示范项目和全电办电子信息应用贷款建议项目计划。万向集团技术中心建设项目，列入国家技术开发专项贷款新开项目和省机械工业1997年科技发展计划。奥拓7080微型轿车等速驱动轴总成和IU40万向节总成列入1997年度国家重点新产品计划。CA150万向节总成、汽车轮毂单元（圆锥滚子轴承系列）、L87三球销式万向节总成、EQ1060传动轴等16个产品列入浙江省1997年新产品试制计划。夏利轿车等速驱动轴总成获省科技进步三等奖。GHK7060云雀微型轿车左、右等速驱动轴通过国产化鉴定，郑州皮卡万向节总成、XJ213-Ⅰ万向节总成、汽车轮毂单元（圆锥滚子轴承系列）通过省级鉴定。

表1 1997年主要经济技术指标

项目	单位	1997年完成	比上年增长%
企业数	个	11	
全部职工平均人数	人	4 640	-2.9
工业总产值：当年价	万元	95 687	45.9
不变价	万元	90 686	56.3
工业增加值	万元	32 608	23.4
产品销售收入	万元	79 428	26.4
产品销售税金及附加	万元	616	-29.6
利润总额	万元	14 293	58.2
固定资产原价	万元	61 069	49.6
固定资产净值平均余额	万元	41 716	51.7
流动资产平均余额	万元	47 744	52.2
出口创汇	万美元	2 903.1	22.0

表2 1997年完成主要产品产量

产品名称	单位	产量	比上年增长%
万向节	万套	1 395.66	12.4
轴承	万套	1 139.02	35.5
等速万向节	万支	17.51	47.5
传动轴	万根	67.40	17.3
滚针、钢球	万粒	142 726.60	1.0
橡胶密封件	万件	10 466.08	14.9

表3　1997年主要产品出口情况

产品名称	出口产品		出口额（万美元）	比上年增长 %
	单位	数量		
万向节	万套	469.81	1 637.8	7.2
轴承	万套	383.03	570.9	51.7
等速万向节	万支	6.15	295.6	206.0
传动轴	万根	22.3	320.8	−10.4
滚针、钢球	万粒	1 447.94	77.9	275.1

表4　1997年主要出口国家、地区情况

产品型号	国家、地区	出口额（万美元）
万向节	东南亚、西欧、南美、北美等	1 637.8
轴承	美国、欧洲、马来西亚、香港	570.9
等速万向节	英国、美国、意大利等	295.6
传动轴	意大利、荷兰、泰国等	320.8
滚针、钢球	美国、阿根廷等	77.9

基本建设及技术改造　1997年，公司安排技术改造资金达4.15亿元，主要用于“双加”工程项目。

（1）扩大等速万向节生产能力技改项目。该项目1996年被国家经贸委列为“双加”二期工程项目，1997年又被省计经委列为省重点、重大项目。等速万向节是轿车的关键零部件，技术含量高，加工手段复杂，公司已有4年开发、生产等速万向节的历史，综合能力已经形成了年产25万支的生产能力，部分工序已达到50万支的生产能力。根据制定的改造方案，项目将通过引进相关的开发技术，增加关键设备，为达到50万支的整体规模填平补缺。公司一方面利用自有资金，对部分配套设施进行投资改造，另一方面利用万向集团租赁公司，通过租赁方式解决引进设备和专机的投资，使项目进展比较顺利。1997年累计投入2 670万元。现云雀、捷达、奥拓轿车等市场开拓方面已取得显著成效，其中云雀轿车等速驱动轴总成已通过国产化鉴定。出口市场形势看好。

（2）轿车减振器项目。该项目是在发挥现有产品优势的基础上，积极向其他汽车零部件拓展、开发的技术含量和附加值相对较高的项目，在产品选型上，针对市场需求和国际上减振器行业的发展趋势，以轿车配套的充气减振器作为本项目的主要产品，同时考虑双筒不可拆式轿车减振器的通用性。项目达产后，年生产能力将达到120万支。项目筹建进展顺利，到1997年底已按计划完成第一期并开始投入试生产，其中1010前减振器、夏利前减振器、富康前减振器已进入小批量生产。

（3）轿车轮毂轴承迁、扩建项目：为了能替代进口，并能在国外的维修市场上立足而投资建设了这个项目。一期工程自1996年初开始实施，1996年底基本完成，共投入技改资金4 470万元。二期工程自1997年初开始实施，主要是开发新一代带法兰的轮毂单元并批量生产，以新增设备及工艺改进为主。

（4）圆锥滚子轴承项目：该项目到1997年底已完成了开发区新厂房一期工程并顺利搬迁，同时完成固定资产投资2 000万元，实现产值4 500万元。工程达产后将形成年产圆锥滚子轴承800万套的生产能力，主要出口美国、韩国市场。

（5）传动轴60万根扩建项目。该项目共计完成投入2 300万元，已形成年产60万根传动轴的生产能力。下一步主要是对形成80万根生产能力的薄弱环节进行技术改造，填平补缺。到目前为止，该项目已实际产出各类传动轴58万根，实现产值5 611万元，利润602万元，出口创汇333万美元。

管理及改革　公司以“产品系列化、经营国际化、企业集团化、管理现代化”的现代公司为发展目标，建成了独具特色的“整体营销”管理运作模式，进一步完善发展了现代企业制度建设。公司“整体营销管理法”被评为浙江省第十二届企业管理现代化应用成果一等奖。

在大力推行销售围绕市场转、生产围绕销售转、部门围绕生产转运作并取得成效的基础上，公司1997年进行了系统的总结分析，认为必须在“三转”基础上确立一种企业整体围绕市场运作的机制，实施企业整体营销运作来最大限度地提高全员的市场竞争意识。

“企业整体营销”的运作机制，简言之就是把传统的生产经营工厂运用机制及职能设置定位按照一家围绕市场的“营销公司”来进行机制调整和重新划分内部职能设置定位，以使企业能更好地真正从机制上保证企业整体围绕市场进行运作。按这一思路，在“三转”基础上，我们按营销运作的特点将企业整体重新划分为五大职能进行新的定位动作，具体明确为一个“龙头职能”、一个“控制职能”以及三个内部保障职能。

（1）市场“龙头”职能。这一职能按照企业“经营以市场为导向”的原则来定位。为真正确立市场职能在企业所有职能中的“龙头”地位和领导地位，以发挥导向作用。在调整中，1997年初公司确定由各企业常务副总经理兼任市场部经理，使市场部真正成为具有高于公司其他职能权限的“龙头”部门，以使该职能有权强制按市场要求协调指令其他职能部门，充分围绕市场做好工作。

（2）财务控制职能。这一职能是按照企业“经营以效益为核心”的原则来设置运作的。作为公司效益保障职能，公司财务控制职能在重新定位以后的运作中，主要突出了目标管理与控制手段的有效结合来进行效益保障。财务控制职能确立以后，在全公司范围内全面推行了“目标管理，过程控制法”，并随即建立了与之相适应的部门分配核算体系进行监督制约，使各部门的分配总额，员工收入与本部门的目标完成情况紧密挂钩，每月对照目标对各部门进行预算执行情况的检查、分析、考核，并进行分配结算，有力地保证了企业成本控制的有效性和效益目标的实现。据统计，1995～1997年，公司财务职能通过实施目标管理、过程控制，共节约各方面费用近1 400万元。

(3)内部产品竞争力三大保障职能(品牌保障、成本保障、生产供货保障)。这三大职能是按照“企业管理以不断提高产品竞争力为目的”的原则来设置定位的。扩大产品市场占用率，需要科学合理的市场体系来开拓市场，但产品必须具备成本、质量、服务三要素为特征的竞争力优势才能占有市场，这也就是“竞争在市场，决胜在工厂”的实施含义。这三大内部保障职能定位以后，为了强化其运作，进一步提高企业整体素质水平，公司于1996年为自己提出了更高的标准——进入国外一流汽车主机厂配套。为此公司在建立ISO9000体系的基础上，瞄准为美国通用汽车公司等国际一流主机厂配套的目标，进行汽车行业专业的QS9000标准体系的贯标及规范化整顿。经过近两年时间的努力，1997年8月底正式通过了美国通用考察团的现场检查评审，并正式下达了首批7.5万套的订单。这标志着万向钱潮公司在汽车零部件行业已率先达到了与国际一流水平接轨的标准。

中短期发展目标 公司将走高起点、专业化、集团化道路，现已制订的“九五”规划目标为建成中国最大的汽车零部件基地。为达到此规划目标，公司充分运用上市公司优势开展资本经营，通过兼并、收购手段优化组织结构，同时调研上马了等速万向节、轿车减振器等技术含量高、附加值高的汽车底盘系统零部件产品。现等速万向节项目已初见成效，轿车减振器项目1997年已从基建、设计进入到正式产出阶段。此类高附加值产品的组织投产将依靠国家级技术中心万向集团技术中心力量，争取早日达到预期效益目标。

“三大战役”实施效果 (1)公司确定了“质量是新的增长点”的理念，使公司质量管理上水平、上档次。继1994、1995年公司ISO9000质保体系先后通过国家技术监督局、中国商检及美国UL机构认证注册后，公司建立的汽车行业最高标准QS9000质保体系1997年度顺利通过美国UL机构认证，公司下属4个控股公司也先后通过ISO9000质量体系认证注册。“钱潮”商标1997年度再次被认定为浙江省著名商标。“钱潮”牌万向节被国家技术监督局列入国家第二批重点保护名优产品。公司被机械工业部授予1997年中国机械工业质量信得过明星企业称号，万向节十字轴总成系列产品被评为1997年中国机械工业名牌产品。

(2)1997年，以国家级技术中心万向集团技术中心建设为中心带动了公司各项科技攻关、新产品开发工作进展。1997年度，技术中心在各控股企业成立了十字轴万向节、轿车减振器、等速万向节、传动轴、特种轴承、汽车轴承等10个专业研究所，在万向节产品生产线及传动轴生产线上采用的CAD/CAM项目，大大缩短了生产周期，减少了生产资金占用。公司开发并获得了美国通用汽车公司首批1 410万向节订单，这是国内第一个打入美国三大汽车公司的零部件制造企业。特轴、汽轴两公司分别研制开发的汽车轮毂单元，其高精度、高质量获得美国及欧洲客户的认可。下属传动轴公司开发的美国麦可乐系列产品，成为了该公司新的经济增长点。1997年，新技术、新材料、新工艺的推广应用，直接创效近400万元。

(3)公司投资建设的减振器新项目在“高起点投入，高速度建设，高水平产出，高效益回报”原则指导下，已正式投入小批量生产。对相关企业产业的投资、收购、兼并工作在多方联系基础上，将加大投资力度，进一步优化公司组织结构。

〔撰稿人：万向钱潮股份有限公司张正德〕

正泰集团

董事长：南存辉　总裁：南存飞
地址：浙江省温州市乐清市柳市镇　邮码：325604
电话：(0577)2777777　传真：(0577)2775888

概况 正泰集团是农业部公布的全国大型乡镇企业和全国文明乡镇企业，坐落在浙江省乐清市经济技术开发区，是以生产和销售低压电器原器件和成套设备、仪器仪表、通信设备、汽车电器、建筑电器、家用电器、电源设备、计算机为主的股份经济多层次、产品品种多元化、管理体制现代化、销售网络国际化、生产分工专业化的跨国、跨地区、跨所有制的现代企业集团。截止到1997年末，集团共有分公司和子公司38个(其中股份有限公司2个)，800多个零部件加工协作厂和遍布全国的145个销售分公司及248个特约销售处，产值16亿元，销售额15.52亿元，出口额1 850万美元。

发展历程 正泰集团的核心企业正泰集团公司前身为乐清县求精开关厂，由现任董事长南存辉与友人共同出资5万元，于1984年7月创办。当时只有20m²厂房，5名员工，13年间，企业从小到大，大体经历了四个阶段。

第一阶段：1984～1991年，初步完成原始积累。

80年代初，乐清柳市低压电器产业渐渐兴起，求精开关厂也应运而生。求精开关厂在成立后的7

年间，主要完成了三项基础性工作：一是积极提高生产能力。先后建立了年生产能力100万台（套）的生产流水线4条。1987年投资20万元，创办了温州地区第一家热继电器试验室。首先是向社会招募了50余名员工，由生产单一品种产品，逐步发展为同时生产热继电器、交流接触器、中间继电器三大系列产品。二是努力提高产品质量。自1987年起，从上海、宁波、无锡等地聘请了12名工程师和技术工人，不断改进产品工艺技术，并于1987年、1989年两次通过企业验收，领取了机械电子工业部颁发的三大系列产品生产许可证。由于讲求产品质量，在1990年国家整顿柳市低压电器市场中，求精开关厂得到了扶植和发展。三是实现资金的原始积累，为企业的进一步发展奠定基础。求精开关厂创办的第二年，完成产值6万元，实现销售收入5万元，资产总额增至11万元。到1991年，产值达到1 021万元，销售收入1 013万元，资产总额增至650万元，分别是1985年的170倍、202倍和130倍。

第二阶段：1992～1994年上半年，企业向集团化过渡。

1993年上半年，求精开关厂分为“一厂”与“二厂”，南存辉任一厂厂长（后改称为“正泰电器有限公司”），股东由原来的2人增至6人，相继成立了工程技术部、质量监控部、会计财务部、生产计划部、企管办、行政办、国内经营部、国际贸易部、综合事务部等10个部（办）机构，并按产品的不同类型，设立了5个分厂。与此同时，新建厂房2 400m²，增添了生产设备，加大了新产品开发力度。生产流水线由4条增至10条，试验设备由8台增至91台（套）。投资400万元，建立了全国一流的低压电器产品检测试验站。开发了小型断路器、框架式断路器等产品，引进和开发了80年代末90年代初的D系列交流接触器，并形成系列化。至1993年底，产品由原来的3大系列增至15个系列69个品种。在科学管理上，开始向国际惯例接轨。1994年12月，在全国同行业中首批通过了ISO9001质量体系认证。

1994年2月2日，以求精开关一厂为核心层（包括下属5个分厂），以正泰电器有限公司、上海正泰开关厂（后改为上海协泰电器厂）、乐清茗佳起重电器厂为紧密层（持股层）和部分零部件加工厂为松散层的温州正泰集团宣告成立。3月15日召开集团成立大会，成为全省首家低压电器民营企业集团。

第三阶段：1994年下半年至1996年，集团向现代化迈进。

首先，随着企业规模、档次的提高，集团决策层的经营观念发生了飞跃，提出了“振兴民族工业，创立中国名牌”的企业理念，坚持物质文明和精神文明两手抓。1995年7月，成立了正泰集团党总支，下辖6个党支部，同时成立了正泰集团工会、团委、妇代会。紧紧围绕企业生产，以增强员工凝聚力和爱国敬业精神为目标，开展职业道德、社会公德、家庭美德教育。加大了人力资本投入，先后举办各类培训班150期，受训人数达10 000余人次。50多名厂长、经理，通过一年多的强化培训，获得了首都经贸大学函授毕业证书。300多名管理人员通过微机培训，掌握了微机应用技能。相继从全国各名牌大学、学院、专科学校招聘了大中专毕业生321人。同时，还从全国各地聘请具有丰富实践经验的各类工程技术人员215名，使员工队伍的素质得到了较大的提高和改善。

其次，改革管理体制，优化组织结构，完善管理制度，将原来直线式的管理模式，改为矩阵式的管理模式。纵向分为投资（决策）层、利润（管理）层和成本（执行）层三个层次；横向按职能、行业、地区分为三条线，纵横交错，对企业的工作实施全面管理。在信息管理上，实行微机联网，高层领导通过微机，可以了解公司全貌；下属单位可以通过微机了解公司领导的决策意图和工作部署。

第三，有计划、有步骤地实施战略管理。1995年4月，集团公司高层决策会议提出了“内重管理，外求联合，开发创新，名牌制胜”的发展战略。不久，又提出了“抓住有利时机，不断扩大联合，发展规模经济”，并成立了事业发展部，专事负责对周边企业的考察了解，本着“优势互补、强强联合、互利互惠”的原则，采取联合、控股、兼并等形式，使集团的规模进一步扩大，经济实力得到了加强。

第四，继续加大技改投入，扩建厂房，增添设备，加大新产品开发步伐。至1997年末，正泰集团公司厂房面积已达100 000m²，新开发的产品已达100个系列4 000多个品种。其中DW17万能式断路器、CJ24系列交流接触器、RT16有填料封闭管式熔断器经国家科委鉴定，确定为1995年国家级新产品。DW17、CZ47、CJX2、CJ10四个系列产品，获国内贸易部“名牌产品推荐证书”。

第五，加大市场开发力度，建立全国营销网络。从1994年初起，集团在“组装企业”、“组装市场”的资本营运发展思路指导下，开始探索新的营销策略，改变过去靠供销员推销产品的方式，在全国范围内建立“正泰”营销网络。到1997年末，全国各地的销售分公司增至145个，特约经销处增至248个。网点的销售额已占集团总销售额的60%以上。此外，还在美国、新加坡、伊朗、阿联酋、香港等地设立了5个办事机构和20多个代理商。从1994～1997年，销售收入年增长分别为54.85%、173.19%、62.94%、42.62%，平均年递增率为83.39%。

1995年11月，经国家工商行政管理局核准，原温州正泰集团和温州正泰集团公司分别更名为“正泰集团”和“正泰集团公司”。

第四阶段：1997年至今，进行股份制改造，组建股份有限公司，按照现代企业制度的要求，走上现代企业集团轨道。

1997年上半年，正泰逐步探索按产品大类重新组合生产结构。1997年7月成立了集团内部首家股份有限公司——由9个生产断路器的公司组成的浙江正泰电器股份有限公司。接着又按照《公司法》，先后组建和筹建了浙江正泰机床电器股份有限公司、浙江正泰仪器仪表有限责任公司、正泰集团温州电器制造有限责任公司、温州正泰计算机系统工程有限责任公司、浙江正泰电源电器有限责任公司、浙江正泰开关有限责任公司。

改组后的股份公司和有限公司实行统一管理、统一开发、统一技改、统一分配、统一核算的"六统一"制度，集中了人才和资金优势，增强了科技开发力量，促进了生产和销售，降低了成本，提高了效益。1997年，集团工业总产值比上年增长33.3%，销售收入增长33.7%，产销率达97%，全员劳动率增长43%。

基本经验 正泰从5万元资产起步，13年间发展成为拥有5亿元资产和3.8亿元商标价值的大集团，它的基本经验是：(1) 产权明晰，机制灵活。它从诞生那天起，就以鲜明的人格化在市场海洋中求生存、求发展，使它充满了生机和活力。(2) 科技导航，质量创牌。它始终以科技进步为先导，视产品质量为生命，以高新名优产品去开拓市场、占领市场，博得用户的青睐和信赖。(3) 以人为本，文明塑魂。它始终坚持物质文明和精神文明一起抓，用强有力的思想政治工作和丰富多彩的企业文化活动，促进员工正确的人生观、价值观、道德观的形成，增强了企业的凝聚力。

正泰的发展，引起了党和国家领导人的高度关注。江泽民、李鹏、乔石、李瑞环、尉健行、李铁映、吴邦国、杨汝岱、孙孚凌及国家部委等单位领导都曾亲临正泰视察。企业先后被评为浙江省十家最佳民营企业、浙江省四星级企业、全国外商投资双优企业、全国文明乡镇企业、全国大型乡镇企业。董事长南存辉相继获得浙江省优秀企业家、浙江省功勋乡镇企业家、全国乡镇企业家、中国机械首届十大杰出企业家、中国机械1997年风云人物、1997年中国乡镇企业十大新闻人物等称号，并当选为浙江省工商联副会长、全国工商联常委、九届全国人大代表。

〔撰稿单位：正泰集团公司办公室〕

浙江亚太机电集团公司

总经理：黄来兴　常务副总经理：施瑞康
地址：浙江省萧山市　邮码：311203
电话：(0571) 2761888　传真：(0571) 2761347

概况 浙江亚太机电集团是一个以生产汽车制动器产品为"龙头"，集科、工、贸于一体，采取多元化合作，多角化经营，并获有自营进出口权的省批集团，是全国最大的汽车制动元器件专业生产集团之一，机械工业部汽车工业司行业规划重点企业。

集团的核心企业浙江亚太机电集团公司（简称亚太公司），前身为萧山汽车制动器厂，是中国汽车工业总公司定点生产企业，国家大型企业，浙江省"五个一批"骨干重点企业，萧山市特级企业，已有23年汽车液压制动元器件生产历史。公司总资产3.5亿元，占地面积14万m^2，现有员工1 600人，其中工程技术人员268人。目前已形成制动元器件650万套，产值3亿元以上的生产能力。1997年完成汽车配件231.2万套，比上年减少17.14%。1997年主要经济技术指标详见表1。

市场及销售 亚太公司生产的汽车制动元器件，一直畅销全国30个省、市、自治区。五十铃N系列、CA系列、EQ系列、XH系列等50多个车型200多种规格的盘式制动器、鼓式制动器、液压制动主缸、轮缸、真空助力器等广泛配套于一汽集团、一汽大众、沈阳金杯、长安奥拓、昌飞、哈飞、陕飞、北京吉普、东风汽车公司、北轻汽等轻微型汽车和轿车主机厂。配套市场产品覆盖率达30%以上。其中部分产品出口澳大利亚、美国、加拿大及东南亚地区。

1997年主要产品出口情况详见表2、表3。

表1　1997年主要经济技术指标

项　　目	单位	全年完成	比上年增长%
全部职工平均人数	人	1 637	−3.4
工业总产值：当年价	万元	14 105	15.7
不变价	万元	16 048	15.8
工业增加值	万元	3 921	46.7
产品销售收入	万元	18 114	−6.7
产品销售税金及附加	万元	159	2.1
利润总额	万元	652	−3.0
固定资产原价	万元	17 151	−11.4
固定资产净值平均余额	万元	15 591	−2.6
流动资产平均余额	万元	18 062	−3.0
出口创汇	万美元	27.6	97.1

表2　1997年主要产品出口情况

产品名称	出口产品		出口额（万美元）	比上年增长%
	单位	数量		
汽车配件	套	82 553	27.6	97.1

表3　1997年主要出口国家、地区情况

国家、地区	出口额(万美元)
澳大利亚、美国、加拿大及东南亚地区	27.6

新产品及新技术 近年来，公司调整产品结构，逐步放弃了一些档次低、技术含量低、附加值少的产品，而开发了大批诸如奥拓后制动器、SY6480后制动器、捷达后制动器、CA620后制动器、EQ10.5双膜片真空助力器等为昌河、松花江、重庆长安汽车配套的档次高、技术含量高、附加值高的"三高"产品，并逐步使产品结构向着"三高"产品方向调整、发展。在过去的几年里，共获省、市、国家级科技成果奖30多项次。开发出列入浙江省新产品计划并通过鉴定的新产品28种，平均每年有7种新产品投入。其中三个系列的二十多个产品荣获省优、部优证书。其中五十铃N系列制动元器件被中国汽车工业总公司列入第一批替代进口推荐产品目录。近年来，公司又掌握了我国引进车型必将加快国产化进程的情况，便参与到相关企业的国产化进程中去。其中试制生产5个引进车型的国产化制动元器件被一汽大众、沈阳金杯客车、哈飞公司、昌河公司等采购配套，其中捷达后制动器、SY6480后制动器还是独家配套。这些产品不仅成为企业新的经济增长点，而且这些附加值高、档次高、技术质量高的"三高"产品使企业产品结构发生了根本性的变化，使企业摆脱了与其他兄弟厂家在低档产品上的无序竞争，又充分发挥了亚太公司作为国内最大制动元器件生产企业在技术、设备、人才等方面的优势。今后，公司还将把柳州五菱、江铃全顺、神龙富康等微型车、高档客车和轿车开发生产制动部件作为目标，使产品不断向着"高、精、尖"方向调整，以便赢得市场的主动权。

质量及质量管理 总结十几年来的经验和教训，亚太公司按GB/T 1994 idt ISO9002《质量体系标准》，建立质量保证体系，编制质量手册，本着"不求最大，但求最优"这一目标来严把质量关口，使湘湖牌BJ130、BJ212、BJ136等三个系列二十多个品种的制动器、制动泵连年荣誉独占，从1986年开始连续四年被评为省优、部优产品。1989年企业被授予"省级先进企业"称号，1991年浙江省标准计量管理局为企业颁发了二级计量合格证。1992年企业将主缸等产品出口澳大利亚和东南亚国家和地区，创外汇50万美元，企业一跃成为出口创汇外向型经济实体，同年被评为省骨干重点乡镇企业。自1985年起，北京轻型汽车厂、一汽、二汽、沈阳金杯客车、一汽大众五十多个汽车制造厂委托亚太公司科研开发生产制造了六十多种车型，二百多种规格的制动元器件。1997年7月公司生产JETTA后制动器获得一汽大众的配套认可证书，并作为一汽大众的采购单位为其独家配套。一汽、二汽曾多次授予亚太公司产品质量优胜单位的匾牌。1997年5月公司获得了ISO9002质量体系认证书，这标志着亚太公司在产品质量控制与管理方面又跃上了一个新的台阶。

技术改造 "八五"期间，集团公司累计投入资金1亿多元，依照"高起点、大批量、专业化"的要求，注重技术改造，先后从意大利、美国、英国引进了先进的生产设备、工艺技术，重点对冲压、模具、金属加工、表面处理等工艺和检测中心进行了改造，选用了制动器、制动泵全性能微机控制试验台等国内高、精、尖设备，采用了制动蹄滚凸焊、摩擦片粘接、轻质铝合金泵体内压铸等新工艺、新技术。又从德国引进泵体内孔多工位高速珩磨机、钳体双轴数控机床，从意大利引进制动盘加工生产线。"九五"期间重点改造轿车制动元器件的生产手段，以提高产品档次，扩大生产能力。

发展目标 亚太公司"九五"规划将依靠产品质量进步，研制、开发、生产轿车盘式制动器，形成年产轿车制动器50万台(套)的能力，把集团发展成为一个总资产10亿元，利税1亿元，年产各类制动元器件产品1 300万只的"小型巨人"企业。

〔撰稿人：浙江亚太机电集团公司办公室施正堂〕

吴泰集团有限公司

董事长：吴　敏　总经理：吴积光　副总经理：吴积善
地址：浙江省瑞安市瑞温公路508号(仙桥)　邮码：325200
电话：(0577)5520551、5522688　传真：(0577)5522755

董事长简介 吴敏同志是一位有很高社会责任感的民营企业家，在中央统战部号召下，最早一批投入了"光彩事业"，并做出了实际的成绩。1994年来他及企业为地方公益事业捐资127.2万元。其中体育事业72.4万元，教育事业40万元，公共设施2万元。1994年浙江地区受17号台风影响，企业在损失近百万元的情况下，还为灾区捐资12.8万元。1995年作为浙江省企业家代表(全省两位)参加了首届全国光彩事业工作会议，受到李瑞环同志的接见。

吴敏同志为了企业的发展，刻苦钻研各项业务，收集各种信息，找到了适合企业发展的主导产品及经营项目，他广收人才，善于管理，赏罚分明，以身作则，从而使企业走向光明之路。

吴敏同志被推选为全国工商联执行委员、浙江省政协委员、省光彩事业促进会会长、上海市政协特聘代表、温州市和瑞安市工商联副会长、瑞安市民建副会长，同时由于他出色的企业管理和丰富的管理经验，被西安建筑科技大学特聘为工商管理学客座教授。

实行资本经营，走无限发展之路

概况 吴泰集团有限公司前身瑞安航海电器厂，创立于1983年5月，随着企业经营发展壮大，1994年组建瑞安吴泰企业总公司，1995年组建温州吴泰集团有限公司。1995年实现销售收入12 197.79万元，利税1 005.47万元，比1994年分别增长42.3%、13.9%。1996年实现销售收入17 825.4万元，利税1 960.3万元，比上年增长44.2%、100%。1997年实现销售收入20 148.6万元，利税2 075.6万元。详细情况见下表。

吴泰集团有限公司，办厂十多年来，在集团主要负责人具有战略眼光的领导下，平稳地经历了国家三次宏观调控，使企业保持着较高的发展速度。1997年末，集团公司资产总额达1.27亿元，所有者权益0.68亿元。浙江企业评价中心排序经营规模为行业第9名，经济效益为行业第6名。被省人民政府评为技术进步优秀企业并列入“五个一批”骨干重点企业。被温州市人民政府评为“二星级企业”和“最佳经济效益工业企业”。

企业经济指标完成情况

项目	单位	1995年	1996年	1997年
工业总产值（不变价）	万元	7 213	13 870	15 177
销售收入	万元	12 197.8	17 825.4	20 148.6
其中：“三产”经营收入	万元	133.3	2 635.2	2 911
销售税金	万元	529.4	920.9	941.1
其中：“三产”经营税金	万元	73.9	139.7	109.7
利润总额	万元	572.8	1 033.4	1 133.7
其中：“三产”经营利润	万元	33.98	170.04	232.09
税利合计	万元	1 102.2	1 960.3	2 075.6
资产总额	万元	6 826.4	11 077.5	12 714.2
负债总额	万元	2 823.4	5 459.6	5 907.6
所有者权益	万元	4 003.2	5 617.9	6 806.5
固定资产原价	万元	1 197.8	5 422.4	6 133.8
固定资产净值	万元	1 084.8	5 230.5	5 477.7
资金利税率	%	17.8	21.8	17.5
全部流动资金周转天数	天	122	98	92
全年平均人数	人	382	428	461
产品质量稳定提高率	%	100	100	100

注：集团各项指标仅统计到核心企业。

实行资本经营，加快企业发展 运作企业积累的资金，必然要考虑能够得到最佳的回报。1994年初，公司看准上海浦东开发势头，毅然来到上海成立“上海大地发展实业公司”和“上海大地房地产开发经营公司”，从事生产销售企业已有的产品，同时经营，开发繁荣工业区。1994年底响应中央统战部号召，最早一批投入“光彩事业”，来到内蒙古包头，创立包头光彩事业有限公司，从事房地产开发，开发了“包头市光彩红房子商城”等，提供资金与国家稀土技术开发区联合开发稀土应用技术研究，同时投资成立包头大众信用合作社和固阳县养牛场，为发展边远贫困区献出自己的一份力量。

同年在北京出资成立中银企业服务有限公司，从事贸易、广告、企业服务等工作。1995年在上海浦东进行房地产开发中发现新彩钢房屋是个很有前途、市场很大的产品，马上投入3 000多万元在上海浦东创办上海大地彩钢有限公司，同时投资与西安建筑科技大学组建上海大地发展实业公司钢结构建筑研究所，创办上海瑞泰安装工程公司，筹建上海钢结构建筑设计研究有限公司。1996年又投入近3 000万元在瑞安建立温州吴泰集团彩钢房屋营造公司、温州吴泰集团建筑工程公司。进而把集团公司的发展重点转入钢结构建筑业。1996年与外商合资以购买形式创办中法合资杭州特维达皮件有限公司，1997年又投资创办了湖北省大冶市矿山有色金属有限公司。加上原先生产的发电设备、电脑绣花机及其控制器等产品，这样使集团形成有缝纫设备、发电设备、船舶设备、钢结构建筑、钢结构建筑材料、钢结构建筑材料制造设备、纺织服装、皮件、电脑电子技术、稀土材料及其应用、矿产冶炼；房地产开发及金融、石油进出口贸易、广告、企业服务等立体化产业结构。

通过近几年努力形成的这种产业结构形式，既分散了企业的经营风险，又使企业形成机械、电子、计算机、建筑、冶金、经营管理、科研等方面实力，有可能充分利用市场各种机遇，迅速开发产品、投放市场、获取盈利。

抓住市场机遇，开发彩钢房屋产品 多年来公司一直在寻找市场投资机会。1994年吴敏董事长在上海浦东进行房地产开发时发现80年代初期建的彩钢房屋十年了还很好，他对此很感兴趣，后经调查发现它与混凝土建筑相比，有很多优点：一是自重轻、建筑跨度大、抗震等级高、外形美观，同时进行工厂化制造，加工精度高；二是建筑工期短，一般为45～90天，适用于现代化生产建筑周期短，投资回收快的要求；三是减少了环境污染，施工现场只是钢构件和彩钢板的安装，可保持场地清洁和文明施工，钢结构建筑不会产生污染，有利于环境保护；四是适用范围广，既适用于各种大型大跨度建筑，如厂房、仓库、体育馆、超级市场及建筑加层、隔断、冷库、收费亭等，也适用于民间庭院和别墅及旅游建筑等；五是造价通常低于混凝土结构，特别是跨度大的建筑，造价更低。所以我们认为彩钢房屋是一种很有前途的产品。在国外建筑业发展轻钢建材已有100多年的历史并获得很大的成功。如澳大利亚、法国、荷兰等国，工厂厂房的采用已达90%以上，美国的非住宅建筑中55%以上是钢结构建筑。所以我们认为彩钢房屋是一种市场很大的产品。于是就下大决心，以高起点、大投入，开发彩钢房屋产品。并把它列为“九五”期间集团公司的发展重点。1995年用60多万美元向澳大利亚引进具有国际90年代水平的压型彩钢板和复合夹芯彩钢板（屋面板和墙面板）两条生产线，1996年建成两条具有国内先进水平的钢结构建筑承重骨架H型钢（柱和梁）、C型钢（桁条）两条生产线。1997年、1998年又根据市场用户要求投入900多万元，对设备填平补齐，以提高建筑材料质量，增加品种，同时与西安科技大学联合组建钢结构研究所，与上海钢结构协会联合组建钢结构设计院，并在上海组建上海瑞泰安装工程公司，在瑞安组建温州吴泰集团建筑工程公司，于是形成了研究、设计、材料制造、安装一体化企业组织体系。今后将研究工业厂房和民用多层住宅、别墅的标准化体系，实现工业厂房和民用多层住宅、别墅的生产工厂化，同时开发钢结构建筑CAD辅助设计系统，以减少建筑设计、出图、材料排版套料计算时间，提高设计质量和计算的准确性。

经过两年多时间的努力，吴泰彩钢体系框架已基本形成，并形成了集团生产经营规模，这一规模将在同行中确立我们的特色。从竞争角度看，我们基本控制了竞争的三要素，即“质量、价格和交货期”，从产品生命力看，这一模式把科研、生产、市场，以组织机制紧密地结合起来，这样从内涵上保持产品的领先地位。

总之，我们办企业的总体思路是在产业上不拘一种产业，在产品经营上不拘单一制造或销售过程，而是在资金运用上追求最佳回报，在产品经营上追求最佳效益。在市场经济中大胆探索，勇于进取，走无限发展之路。

〔撰稿人：吴泰集团公司宋文秋〕

温州海米特集团

董事长兼总经理：章　义

地址：浙江省瑞安市梅头镇华盖街67号　邮码：325205

电话：(0577) 5222520　传真：(0577) 5221205

概况　温州海米特集团公司位于浙江省瑞安市和温州市东南接壤之处的华盖山畔，依山傍水，环境优雅，南通104国道，北临温州机场、龙湾万吨码头、火车站，交通便捷。公司创建于1985年3月，经过十几年来的艰苦创业，现已拥有2个中德合资公司，1个中美合资公司，5个子公司和1个技术研究所，是一个集生产、科研，贸易于一体的集团公司。公司被省人民政府授予省“五个一批”骨干重点企业、区外高新技术企业，被国家农业部授予大二型乡镇企业。公司系国家仪器仪表学会物位仪表副理事长单位，浙江省仪器仪表协会副理事长单位。经济效益、规模均居国内物位仪表行业首位。1997年1月通过ISO9001质量体系认证，并取得证书。

发展情况　1997年公司坚持稳中求进的方针，取得了显著的成绩。公司主要经济技术指标、主要产品产量及主要出口情况详见表1、表2、表3、表4。

新产品开发和技术改造　集团公司研究所坚持技术创新。1997年成功地开发了HZ250金属转子流量计，TD型高性能密封三维阀。HZ250金属转子流量计已进入了小批量试产，并投入495万元进行技术改造扩大生产。TD型高性能密封三维阀是采用一种空间密封原理设计的三维偏心结构，这种结构使整个阀板密封圈与阀座关闭时接触，实现无摩擦转动，保证了阀的长寿，可以实现介质的零泄漏。其工艺技术水平超过国内同类产品水平，已进入小批量生产，并投入技改资金995万元扩大生产规模。

表1　1997年主要经济技术指标

项　　目	单　位	全年完成	比上年增长%
企业数	个	8	
工业增加值	万元	3 903	4.6
产品销售收入	万元	12 379	0.9
产品销售税金及附加	万元	86	13.1
利润总额	万元	924	12.1
固定资产原价	万元	4 530	22.3
固定资产净值平均余额	万元	3 722	31.6
流动资产平均余额	万元	7 907	33.7
出口创汇	万美元	240.9	40.9

表2　1997年完成主要产品产量

产品名称	单　位	产　量	比上年增长%
物位仪表	台（套）	4 848	
酞菁兰颜料	t	300	50

表 3　1997 年主要产品出口情况

产品名称	出口产品		出口额（万美元）	比上年增长%
	单　位	数　量		
物位仪表	台（套）	121	30.0	100
酞菁兰颜料	t	250	210.9	50

表 4、1997 年主要出口国家、地区情况

序　号	国家、地区	出口额（万美元）
1	巴基斯坦	30.0
2	美　　国	210.9

〔撰稿人：温州海米特集团公司办公室主任涂剑川〕

开封机械厂

厂长兼党委书记：杨尚礼
地址：河南省开封市南关五一路 85 号　邮码：475003
电话：(0378) 3932901　传真：(0378) 3963273

概况　开封机械厂建于 1948 年，是河南省生产农机最早的大型骨干企业，现为国家生产小四轮拖拉机的定点厂。为适应农业发展，60 年代生产大型联合收割机；70 年代生产 29.4、36.75W 中型拖拉机；80 年代至今生产小四轮拖拉机和农用三轮运输车。主导产品中州 11.025、12.495、13.23、14.7W 系列轮式拖拉机，年生产能力 80 000 台；中州牌 7.35、8.82、11.025W 系列农用三轮运输车，年生产能力 30 000 辆。产品畅销河南及周边 5 省，与 170 多个农机公司有着固定的业务关系。部优产品中州牌小四轮拖拉机在历届小型拖拉机行评中均名列前茅。中州牌小型拖拉机以可靠的内在质量、优美的使用性能、精美的外观造型、独特的喷塑工艺被同行公认是全国一流的小型拖拉机，倍受广大用户的青睐。

全厂现有职工 2 400 人，其中专业技术人员 366 人，下设 7 个分厂、两个工段、25 个处室，占地面积 200 000m^2，拥有各种设备 1 416 台，其中主要设备 508 台，大、精、稀设备 43 台，固定资产原价 8 409 万元，是河南省最早的农机生产厂家之一。

在厂长杨尚礼同志的带领下，全厂立足"自立、自信、自强、自如"的工厂方针，靠管理、靠质量、靠精明果断的决策、靠灵活的经营战略，使企业生产经营步入良性循环的轨道，管理不断上台阶，经济效益连年递增。由于全厂重视产品质量，加强成本控制，积极开拓市场，重视人本管理取得了显著成绩，连续十三年持续高速发展，主要经济指标名列全国同行榜首，先后被命名为中国机械行业示范企业和全国机械工业文明单位。厂长杨尚礼被授予全国劳动模范、优秀企业家和国家级有突出贡献专家荣誉称号。产品先后被评为省优、部优、用户信得过产品、河南省质量免检产品、机械工业名牌产品。河南省机械厅和开封市委、市政府分别正式发文；号召全省机械行业、全市向"开机"学习。

企业资产已达 2 亿元，并陆续在银行存款 3 000 余万元，成为全国农机行业中唯一依靠自有流动资金组织生产而进入良性循环的企业。

发展情况　1997 年实现销售收入 4.2 亿元，人均 20 万元；实现利润 2 159 万元，人均 1 万元；实现工业增加值 7 601 万元，人均 3.3 万元；资金利税率达到 14.09%，资产负债率降到 44.76%，工业经济效益综合指数提高到 199%，各项经济技术指标在同行业均名列前茅。1994 年企业已还清了全部银行贷款，目前流动资金平均存款余额保持在 6 000 万元左右水平，企业已具备向更高层次发展的实力。2000 年科技进步战略目标：小型拖拉机产量达 10 万台，300、350 型拖拉机和 TY2540 系列拖拉机各形成 5 000 台生产能力，产值 10 亿元。

基本做法　全厂锻炼职工队伍，不断提高产品质量，不断提高生产能力，不断提高经济效益，逐步增强市场竞争实力，取得了可喜的效果。

(1) 抓质量重在"五个坚持"。

一是坚持质量第一。完善了以质量为中心的经济责任制，颁布实施了《开封机械厂产品质量、工作质量考核细则》，十分重视对实物质量的控制。每周不定期对经过专职检验人员检查合格的整机抽 40 台，每个加工分厂的零件抽 50 个项次进行复查。为使复核工作更科学、更合理、更有效，制订了厂内质量分等标准，零件全部符合图样及技术要求者为一类品，部门总奖金上升 20%；零件项次合格率在 90%以上为二类品，奖金保持原有水平；零件达部颁合格品标准者为三类品，部门奖金总额下降 20%；回用品、返修品部门奖金总额下降 40%，废品倒扣 40%，并将复检结果作为考核质检人员和分厂工作质量的重要依据之一，有效地调动了质检人员和操作工人重视质量的积极性，为生产高质量的产品奠定了坚定的基础。

二是坚持预防为主。全厂十分注重各个环节质量职能的落实，除坚持每月一次的质量分析会，还坚持每周的技术部门上岗制度，将质量问题解决在萌芽状态。坚持每月对全厂的工艺纪律考核，防止质量事故发生，坚持外购件正式供货前进行质量保证能力认证，防止低质量零件进厂，有效地保持了产品质量。同时，还严肃工艺纪律，坚持每周两次不定期抽查，发现违纪者，视情节轻重，每次给予50～200元的罚款，为提高产品可靠性起到了积极作用。

三是坚持不断改进。覆盖件改进，全部模具100多套自己设计，自己制造，四个月完成，经改进后的覆盖件被同行公认一流。6t多重的机架翻边模，设计制造同步进行，半个月完成，一次试模成功。改进后的小型拖拉机机架强度大大提高，有效地解决了同类产品机架开裂的通病。应用美国远红外线强辐射技术生产的大型油漆喷涂烘干线，水泳底漆涂覆烘干线，也全部由自己设计、自己制造。由于全厂不断改进产品结构，提高产品质量，常改常新始终保持了主机、配套件在外观造型、内在质量、使用性能等方面优于同类产品，从而赢得了用户、赢得了市场。

四是坚持用户第一。为确保用户利益，坚持以优质名牌零部件配套，不惜出高价买优质品，以确保主机质量。为最大限度满足不同地区、不同用户的需要，先后推出了8.82、11.05、12.495、13.23、14.7W拖拉机，产品结构上有运输型、自卸型、大轮型、电起动型。精选了多家名牌配套柴油机，并在主要销售基地全部设立三包服务中心，作到用户需要哪种机型，就生产哪种机型，有力地促进了产品销售。

在国家六部委颁布《农业机械产品修理、更换、退货责任规定》后，全厂又进一步规范了厂“三包”服务细则，郑重向用户承诺：“三包”期比六部委规定延长一倍，实行终身维修。这既是开封机械厂用户第一思想的体现，又是产品质量优异，企业实力强劲的标志。

五是坚持齐抓共管。全厂党政工团联合行动，在全厂职工中广泛开展以质量为中心的劳动竞赛和“千厂万组无废品活动”，把质量作为党、政、工、团评先创优的重要内容。对涌现出来的质量标兵，利用各种形式大力宣扬，重视产品质量在全厂已蔚然成风。

(2) 抓成本重在理顺管理关系。

结合自身特点，把重点放在明确各部门的管理职能、理顺管理关系上，有效地调动了方方面面的积极性和创造性。

首先，将成本否决转化为厂内以销售回款为主要依据的台阶式计奖经济责任制。对一般处室按销售回款，对生产分厂按当月完成工作量，确定计奖基数。企业职工收入多少和企业效益高低直接相连，既有效地控制了成本，又使职工能及时感受到市场的变化和压力。

其次，以上年各部门的单位工作量实际物耗水平、企业历史最好水平和同行业最好水平为依据，将各项消耗指标分解到每个分厂，逐月进行考核，奖惩兑现，不留空档。

其三，在物品购进上，供应和外协部门只有建议权，最后由厂长对外购、外协件价格、进货数量及非生产性开支，笔笔审批。企业已形成外购外协采购货比三家，择优择廉，厂长审批的固定程序，减少了不必要的开支。

其四，坚持以销定产，减少资金占压。每天生产计划处严格按销售部门提出的销车计划，组织当天的整机装配，做到了日均衡生产，大大减少了资金占压。

其五，坚持量力而行，滚动发展。立足于现有设备，充分挖掘自身潜力，凡自己能干的技改项目坚持自己干，如自己设计自己制造的两条新油漆生产线，就节约资金400余万元。

其六，坚持艰苦创业，办事从俭从实。连续十余年不开订货会，变请进来为走出去，既加强了与公司的关系，又了解了市场行情，同时也节约了开支。全厂年销售收入5亿多元，年招待费仅十几万元。

(3) 抓市场重在调查研究。

首先，厂长亲自抓销售，除了定期召集有关人员对经济形势、有关政策、市场变化趋势、同行业厂家情况进行研究外，还坚持到销售公司现场办公，了解市场动态和用户需求，并经常深入各地农机公司了解行情，掌握市场趋势，取得在销售决策上的主动权。由于注重对市场的调查研究，工厂被同行公认有两个特点：一是对变化反应快二是经营决策准。在1997年市场竞争异常激烈的情况下，各项主要经济指标，特别是反映企业总体经营的经济效益综合指数，保持了全国同行第一的位置。

其次，讲信誉，重承诺，充分发挥农机公司主渠道作用。开封机械厂的销售渠道全是国有的农机公司，个体经销户一台也不供应。这样对维护企业长远利益，建立一批自己巩固的销售基地，保持企业一定比例的市场占有率都起到了不可低估的作用。

面对瞬息万变，强手如林的市场竞争，开封机械厂摸索了一套：“有利则进，无利则退，避开混战，伺机攻克”的销售策略和“旺季销售保效益，淡季让利保市场”的价格策略。对销售回款采取“区别对待与适时诱导并重”的策略，使外欠货款大幅度减少，收到了较好的效果。

(4) 抓管理重在以人为本。

为适应市场竞争的需要，除注意搞好内部分配制度、干部聘用制度、用工制度的改革外，还一直坚持“两个文明”一起抓，努力探索新形势下政治思想工作的新路子，重点抓了以下三个方面的工作：一是坚持党的组织建设与职工队伍建设相结合，从政治上关怀职工；二是坚持激励机制与弘扬传统美德相结合，从思想上教育职工；三是坚持发展生产与改善职工生活和工作条件相结合，从生活上关心职工。

通过坚持以人为本，激发全体职工的高尚情操和无私奉献、爱岗敬业精神，使全厂获得了金钱买不到的巨大财富：一是企业始终保持了严细高效，奋发进取的精神状态，为企业提供了持续发展的原动力，一次一次度过难关；二是企业保持了强大的凝聚力，形成了一个全厂职工同心协力，为企业的发展团结奋进的良好氛围。

产品改进　近年来，对小型拖拉机结构进行了多项改进，取得了显著效益。主要的改进有：

(1) 强化机架。工厂在全国首家推出强化机架措施，结构科学先进，经技术检测和实用证明，机架强度大大增强，彻底解决了机架断裂问题。

（2）改进外型。采用当今最先进的外型设计技术，结合国内外拖拉机外型设计的优点，对小型拖拉机的外型进行了改进，使之变得美观、漂亮。

（3）加强Ⅰ轴、半轴、半轴壳、差速器总成。为满足运输专业户的要求，对Ⅰ、半轴的直径加大；半轴壳、差速器总成加强，使可靠性大大增强。

（4）设计8档小型拖拉机。泰山型小型拖拉机只有6个前进档，现对原传动箱进行了改进设计后，改为8个前进档，档位多，速度配置合理，变速方便。这项技术已获国家专利，而且工艺继承性好，可在原加工线上生产。

（5）采用大流量可分离式齿轮泵。原小型拖拉机使用柱塞泵，提升不平稳，提升力较小。工厂独家采用大流量（6L，一般为4L）可分离式齿轮泵。其优点是流量大、提升快、可靠性高、提升平稳。由于泵的传动可以分离，使用液压提升时，油泵运转工作；不用液压时，将油泵与动力分离，不空转，使用寿命大大延长。

（6）使用稳压器。采用最先进的飞轮式永磁稳压发电机作为电源，该电机配有外装式稳压器，不受行车速度的限制，保持稳定的输出电压，从根本上解决了一般小四轮“低速灯不亮，高速烧灯泡”的缺陷，且具有转向灯闪光功能，使转向指示更醒目。

（7）采用方管前梁。该厂小型拖拉机前梁采用方管，经检测表明强度比圆管提高两倍以上，具有保险作用，确保驾驶安全。

〔撰稿人：开封机械厂蔡刚建〕

长沙通大（集团）有限公司（母公司 长沙水泵厂）

董事长、总经理（兼厂长）：吴京生
地址：长沙市芙蓉南路68号　邮码：410007
电话：（0731）5215460（总机）、5216044（销售处）　传真：（0731）5212978

概况　长沙通大（集团）有限公司是按照现代企业制度要求，经省、市政府批准于1996年9月以长沙水泵厂为核心成立的实行国有资产授权经营的国有独资公司。其母公司长沙水泵厂创建于1951年7月，初名为公营长沙机械厂，属市城建局工程公司。1953年改属省工业厅，1955年定点生产工业泵。从创建至1956年，先后赎买8个私营小厂，并入公营群济机器厂和私营大众机械厂，1958年国家投资在南郊涂家冲扩建（即现在厂址）。

长沙水泵厂占地面积为355 100m^2，总建筑面积为184 800m^2，拥有各种生产设备911台，资产总值4.8亿元，其中固定资产原价为18 806万元，现有职工2 274人，其中工程技术人员356人。主要生产大型电站循环泵、大型电站立式多级凝结水泵、大型轴流泵、石油化工泵、多级泵、中开泵和单级悬臂式离心泵等七大类产品，共计45个系列、552个品种、1 877个规格。产品主要服务领域遍及能源、城市建设、矿山、冶金、石油、化工、建材、交通、轻纺、食品、船舶、海洋开发、农田排灌和国防建设。产品质量可靠，售前、售中、售后服务体系完备。产品远销海内外42个国家和地区，深受用户的好评。

长沙水泵厂是中国机械工业泵行业骨干重点企业之一，是国家二级企业。1993年跨入中国500家最大机械工业企业行列，位居206位，并且多次被市经委、市冶金机械局评为优秀企业和利税过千万元企业。工厂下设铸造分厂、特种泵厂、大泵机加工车间、中小泵机加工车间、装配车间、机具车间，其中大泵加工车间建筑面积3 024m^2，最大起吊重量75t，有机加工中心、数控立式车床、落地镗床、摇臂钻床、数控龙门镗铣床等大型设备，部分采用了数显装置，大大提高了机加工精度。还有大尺寸测量仪和大型井式电炉和氮化处理设备，有效地增加了泵零件的强度、耐磨和抗腐蚀性能，提高了泵产品零件的内在质量。厂内设有国内最大、自动化程度较高的水泵测试中心，80年代后期引进国外先进制造技术，具有较完备的现代化设计、工艺水平，并有一套完整的质量保证体系和为用户选型、咨询、检修、培训的服务体系。

发展情况　1997年厂部紧扣改革和发展这一主题，认真贯彻和实施“一、二、三、四、五、六”工程，生产、经营工作都取得了较好的成绩。1997年完成工业总产值1.42亿元，销售收入1.61亿元，实现利润800.36万元，利税总额2 336.74万元，累计订货1.868亿元，其中1997年订货8 071万元，1998年以及以后订货9 691万元，实现销售产值1.95亿元，收回货款1.495亿元。1995～1997年，工厂多次被评为长沙市工业生产先进企业和湖南省机械工业优秀企业、全国机械工业优秀企业、长沙市现场管理优秀企业和获市政府授予的“销售先进企业”称号。

为了搞活经营，从1997年起，厂部对销售处实行了总承包，提出了订货、销售产值、收回货款等承包指标。重新调整了销售网点，驻外办事处由过去的13个增加到24个，并从1995年起公开招聘营销人员，选拔素质全面的人员充实到营销队伍中来，对他们定指标，严考核，奖罚兑现，充分调动了营销人员的积极性。对重点工程、大型项目做到厂领导亲自组织并参与投标。上海宝钢48LBSB-17全不锈钢泵、10LB-30型湿井式立式中开泵，秦山核电站64LKXA-22型泵，福州排涝工程132ZXB-3轴流泵型泵，宝鸡电厂沅江48P-26型泵，北京水源九厂湘英40-20、湘英56-16都选用本厂的产品，水泵运行平稳，质量可靠，受到用户一致好评。同时也加强对援外工程的投标工作，例如马来西亚古晋电厂56LKSA-20型泵，巴基斯坦木扎伐克电厂80LKXA-25型泵，孟加拉吉大港湘英56-23型泵也是选用本厂的产品。同时对假冒产品加大了查处的力度。并且在本厂二级机构设立的几十个水泵厂门市点中，选择了5个经营状况良好的门市点作为本厂销售部，收到较好的效果。

在"以外带内"战略的推动下，工厂与德国KSB公司商谈了建立化工泵合资企业事宜，与美国威沙泵业公司建立了贸易关系。几年来，工厂与英格索兰、日立、荏原、古尔兹、切斯特屯等有影响的人公司，与日本、新加坡、台湾、香港等地的贸易商建立了良好的合作关系。1997年取得了签订直接出口合同121万美元的好成绩。

由于用户订货后，要求尽快交货，为了满足客户的需要，保证生产任务的完成，生产部门适应形势的需要，建立了快速反应机制，一改过去每月下达一次生产计划的老习惯，随订随安排，以临时增补计划替代了往常的月度生产计划，同时生产各部门以大局为重，加强协调性，对生产急件加班加点，出主意，想办法，保证了合同的实现率。

多年来，工厂重视质量管理，把为国家重点工程和人民生活提供安全可靠、性能稳定的优质产品作为本企业永恒的宗旨；把瞄准美国"英格索兰"和日本"荏原"，跻身世界泵业前列作为本企业追求的目标；精心设计、精心制造，为用户提供良好的售前、售中、售后服务作为本企业的承诺。并取得了一定成效、1997年更是以抓质量为突破口，紧紧围绕ISO9001质量认证工作，抓管理，练内功，完善质量管理体系，获得华信技术检验有限公司和美国工厂共同研究协会（FMRC）的质量体系认证合格证书。产品抽查合格率保持在96%，主要零件、主要项目抽查合格率保持在95%以上，产品的平均一次试水合格率达88.9%。

新产品 本着科技是第一生产力的宗旨，坚持走科技兴厂之路，加大科技投入，调整产品结构，积极开发新产品，促进产品水平上档次。其中技术含量较高的产品有特大型轴流泵132Z XB-3，大型冷凝泵B480-5、B640-5，立式斜流泵64LKXA—22，全不锈钢泵48LBSB-17。同时还把创名牌作为发展企业的一项重要战略来抓，以名牌战略来带动企业发展。1997年工厂生产的大型立式斜流泵和沅江型泵两个系列的产品，顺利通过了省机械工业局组织的一等品和优等品的评定，其中人型立式斜流泵被评为湖南省的名牌产品，达到了美国IR公司和德国KSB公司的水平。在国家级课题攻关的研究上，1996年研制的耐海水腐蚀循环泵用双相钢，通过了机械工业部组织的鉴定，确认其水平达到了同类材质当代国际先进水平，该钢种经过用户在不同海水介质下多年使用证明是耐海水腐蚀最理想的材料之一。

完成国家、部、省级科研项目有：1996年引进日立公司的大型冷凝泵的4种规格产品设计制造技术，列入省科委重点攻关计划，工厂通过对核泵技术引进及消化吸收，4种规格的大型冷凝泵达到了自行生产制造能力。长沙水泵厂还多次被市政府评为"科技型先进企业"

技术改造 为了适应市场需要，增强企业后劲，工厂顺利完成了发展大型火电站配套辅机"双加"一期工程技术改造项目，经部、省、市有关部门验收，核定完成部投资2 369.56万元，其中专项贷款1 850万元，企业自筹519.6万元，完成建筑面积3 233m²，新增工艺设备59台。经过一年多的努力，全厂新建人泵装配车间，人泵机械加工设备、铸铁车间设备、计算机及外围设备的投产使用，使工厂大泵的装配条件及水平、大泵加工的技术及精度、铸铁生产能力及规模、计算机的管理及开发应用均有较大提高，不仅增强了企业的后劲，提高了企业装备及新产品开发能力、产品技术水平，而且各项经济指标达到批准目标：即年产大型循环泵138台，其中新增38台，产品达到国外80年代末水平，年销售收入19 000万元，利税2 500万元。

1997年技改工作的重点是做好"双加"第一期的扫尾和第二期"双加"工程的开工工作。1997年资金到位1 000万元。

"三大战役"实施情况

(1) 组织"产品质量翻身战役"。

第一，质量是企业的生命。为确保本厂大型立式斜流泵、SAP型中开泵等产品的优势，厂部编制了"九五"质量上台阶计划和"产品质量翻身战役"实施方案，并由质量总师牵头，质量管理处负责组织与实施，首先组织全体员工学习质量法和ISO9001标准，并结合产品质量上的内外反馈信息，在各种会议上对全厂职工进行了质量意识的教育。

第二，按照GBT19001（ISO9001）标准，在全厂组织了质量体系的贯标认证，委派13名工作骨干参加全国质量体系函授培训，举办了3期中层以上干部贯标培训班和内部审核员培训班，编写并修订了质量手册和29个质量体系程序文件、49个支持文件、于11月份通过了认证。

第三，参与13个单位发布的《湖南省电站及输变配套产品质量保证声明》和机械工业部组织的35个企业向石化用户的质量保证承诺，并作出四项保证：即保证按期交货，保证质量全部合格，保证技术服务全部到位，保证价格合理适度。

第四，对用户反馈信息和咨询迅速作出处理，同时厂级领导主动走出去，征求对产品的意见，对于用户提出的问题，24小时内给予答复，基本满足了用户的要求，售后服务受到了好评。

第五，加强质量管理和质量检验，提高产品的实物质量。加大了质量奖惩力度，开展工艺纪律大检查，对严重违反工艺纪律，忽视质量造成质量事故的集体和个人，在全厂发出通报，对当事人及部门领导作出罚款或下浮工资等不同程度的处理。

(2) 组织“经济结构优化战役”。

长沙水泵厂是全省53个现代企业制度试点单位之一，按照现代企业的要求，与长沙电机厂、长沙化工机械厂实行“强强”联合。1996年9月25日经政府授权经营，组建了长沙通大（集团）有限公司，以形成集团优势，从而实现规模经济。现公司注册资本1.04亿元，1997年资产总值6.63亿元，销售收入2.97亿元，利税总额2 383.29万元，其中利润1 309.34万元，资产负债率54.76%，在职职工人数5 818人，集团公司通过一年多的运作，不断理顺产权关系，以大型水泵为“拳头”产品，实施“名牌带动，拓展市场”的经营战略，到2000年将发展成为国内通用机械大型企业。为发挥各自优势，减少重复建设，1997年3月还将本厂原来的焊接生产部分划归到化工机械厂，成立了结构件厂。

为适应市场经济的需要和建立现代企业制度的需要，1998年元月，厂内机构进行了部分调整，撤消供应处，成立物资采购处和物质管理处，原计算机中心和设备处微电子室合并，组建计算机应用中心，并设置审计处，对所有外购物资的质量、价格进行了合理控制。

(3) 组织“开发能力提高战役”。

该“战役”由总设计师为主，科技管理处负责。为了打好此战役，我厂努力改善科技人员工作条件，提高工作效率优先为技术部门配备空调，投入30多万元专项资金用于计算机CAD辅助设计。现在设计图样均用计算机绘制。1997年以来厂长多次召开科技人员座谈会，并召开了第二次科技大会，共有36个科技项目，206人次受到了厂部的表彰奖励，极大地调动了广大科技人员开发产品的积极性和创造性。同时提出了建立科技开发新机制，鼓励科技人员积极开发产品的新办法，树立名牌战略意识带动企业发展的新观念，以质量为中心的科技开发新思路。在工程系列率先实行低职高聘的试点，有9人由工程师被内聘为高级工程师，4人由助理工程师内聘为工程师。并且提拔一批科技人员为中层干部和助理，调动了工程技术人员的积极性。1997年完成产品设计27项，新产品热工艺设计完成16项，冷工艺工装设计完成26项，继续消化完善了125、200、300、600MW机组四种规格的大型冷凝泵引进技术，已先后为贵州凯里电厂125MW机组和湘潭电厂300MW机组提供了6台优质产品，其性能及各项指标均达到了日本日立公司产品水平，得到了日本专家的签名确认。还根据大型排灌的需要，研制出了流量为45m³/s的132ZXB—3特大型福州排涝用泵；根据核电需要研制出64LKXE—22型循环泵；设计出了44QL—15大型潜污泵，其中开发出的特大型轴流泵、循环泵、SAP中开泵大部分达90年代国内先进水平。1995年200CBLQ—13舰用潜水型消防排水泵荣获中国船舶工业总公司颁发的科学技术进步奖；1996年，200—300MW大型立式斜流泵被评为“八五”湖南机械工业十佳优秀新产品；1997年长泵牌12—88立式斜流泵被评为湖南省名牌产品，1997年立式斜流型海水循环泵研制获机械工业部科技进步三等奖。

管理及改革 1995年工厂依据省市试点工作会议有关精神，成立了建立现代企业制度的专门机构，上报了实施方案，率先进入全省第一批53个试点企业行列，1995～1997年在深化企业改革上不断取得新的突破。

(1) 分离子校，进行社会办学。为减轻企业包袱，提高教育质量，本厂是长沙市首批试点将自办子校交由市教育行政部门办学的企业。1996年5月12日，在本厂举行了隆重的子校移交协议签字和长沙芙蓉路学校的挂牌仪式，子校分离标志工厂在优化国有企业资本结构方面迈出了突破性的一步。

(2) 改革用工制度。依据上级有关文件的精神，厂部制订了《长沙水泵厂全面实行劳动合同制定实施方案》和《劳动合同书》、劳动合同附件等文件。并于1996年6月15日举行了劳动合同和集体合同的签字仪式。劳动合同制在全厂开始实施，标志全厂用工制度改革取得突破。1997年为精干主体，减员增效，厂部依据实际情况，制定了《关于对部分员工进行分流的实施办法》和《关于部分员工提前退出工作岗位休养暂行办法》，有231人办理了提前退养手续，减轻了企业负担，提高了在岗员工工作效率。

(3) 改革工资制度。在全厂范围内将岗位工资单列发放，增加活工资部分，调整了奖金的发放方式，使每月处室的奖金与完成工业总产值挂钩，车间实行工时或吨位奖金总承包等形式，逐步拉开分配档次，逐步改变了职工吃企业的大锅饭，部门挤占企业利益的现象，并允许一部分为企业做出突出贡献的职工先富起来，从而调动了职工的积极性。

(4) 改革医疗费用制度。为保证真正有病的职工能够及时医治，同时降低日益膨胀的医疗费用开支，从1998年1月1日起，门诊医疗费按职工工龄长短发放，并对长病人员进行一定补贴，预计全年将节省医疗费近百万元。

(5) 分离后勤、汽车队，盘活存量资产。采取“稳定中心，搞活周边”的经营方针，逐步将后勤部门、汽车队分离出工厂母体。后勤部门分离后开办第三产业，达到稳定分流、服务创收并举、经济发展的目的。他们共投资20多万元开办创收点40多个，创收60多万元，1997年为工厂节约工资开支60万元。汽车队承包以后在完成厂内运输任务的同时，也积极承接外面的运输业务，1997年汽车队在开支费用与上年持平的情况下，厂部代垫运杂费比上年减少了95.4万元。

(6) 落实经济责任制，向管理要效益。在抓好生产现场、质量、设备、资金管理的同时，一如继往地抓好财务成本管理。在坚持以收定支、合理调度资金的基础上，参照国内先进成本管理经验，依据各部门的消耗、费用制定控制指标，并与经济责任制挂钩，实行节约有奖，超支扣罚。1997年调整并制定了车间制造成本的考核办法，由于厂部严格考核，不讲情面，车间努力挖潜，1997年工厂成本管理成效显著，产品成本与上年比下降了11.46%，万元产值生产成本下降了209元，各车间成本与上年相比都有不同程度的下降。其中铸铁件平均吨成本下降624元，铸钢件平均吨成本下降825元。小泵加工小时成本下降0.88元，装配小时成本下降3.17元，模具小时成本下降3.95元。

1996年在全厂设立审计处，实行所有外购物资都由采购部门在采购前向审计处报物资名称、价格等，在保证质量的前提下，由审计处对产品价格进行审核，在此基础上实现了物资价格的合理控制。全年共完成财务审计17项，减少开支24.2万元，通过效益审计降低采购、维修成本20.1万元，核减基建技改费用21.63万元。

对生产车间继续实行不同形式的承包，对17个职能处室实行了部门目标管理承包，与泵业公司、特种泵厂、科工贸总公司等7个部门签订了经济承包合同。并于1998年1月又将铸铁、铸钢、模具车间合并为铸造分厂，促进整体经济效益的提高。1997年特种泵厂承包以后，实现销售收入397.4万元，比上年增长260%，逐步摆脱困境，步入良性循环发展的轨道。

〔撰稿人：长沙通大（集团）有限公司宫静芳、王缨　审稿人：长沙通大集团有限公司总经理吴京生〕

浦沅集团公司

董事长：陈励青　总经理：高　桐
地址：长沙市芙蓉南路2号　邮码：410007
电话：（0731）5587111　传真：（0731）5582657

基本情况　浦沅集团公司的前身是1968年从上海内迁湖南常德的三线企业，以黄浦江、沅水之名，定名为浦沅工程机械厂。1995年经省政府批准，改制为湖南省浦沅集团有限公司。目前浦沅集团公司是国家重点生产轮式起重机的大型骨干企业，是省首批建立现代企业制度试点单位和国有资产授权经营单位，是全国1 000个重点企业的预选单位和双扶企业。

公司实行董事会制，下设三个治理机构，一个议事机构；设立了三部一室一中心等管理部门（即质量部、财会部、员工部、公司办、技术中心）；拥有起重机、建机、特种车等三个产品生产性分公司，以及5个联营厂，33个子公司，分布在长沙、常德、上海3个城市：企业占地面积1 200 000m²；现有员工4 600多人，其中大中专学历以上有1 165人，固定资产合计7.9亿元。主要经济技术指标详见下表。

公司主要生产经营汽车起重机、桩工机械、混凝土输送机械及特种车辆等四大系列产品。主导产品武陵牌、浦沅牌汽车起重机，以其性能先进、质量可靠而深受用户欢迎，已被推荐申报名牌产品，尤其是8、12、16t3种规格的产品，连续四次获同类产品国家目前最高质量奖（银质奖章）。1997年汽车起重机完成345台，比上年增长35.3%。浦沅产品畅销全国并出口到30多个国家和地区。1997年汽车起重机出口量达30台，出口创汇190万美元，比上年增长165.77%。1997年仅出口马来西亚就创汇113万美元，巴西42万美元。1997年自营出口交货值占全国同行业出口总量的47%，国内市场占有率32%，在全国工程机械起重机行业中，综合经济效益指数和市场占有率排序列全国第一位。

1997年主要经济技术指标

项　目	单位	全年完成	比上年增长%
全部职工平均人数	人	4 630	1.5
工业总产值：当年价	万元	20 007	25.3
不变价	万元	16 013	20.7
工业增加值	万元	7 451	51.9
产品销售收入	万元	23 600	42.9
产品销售税金及附加	万元	208	271.4
利润总额	万元	226	36.9
固定资产原价	万元	31 109	12.4
固定资产净值平均余额	万元	14 294	7.2
流动资产平均余额	万元	30 101	6.2
出口创汇	万美元	217.2	103.5

企业现有各类机械加工、检测设备1 600多台，加工手段精良、试验手段先进、检测技术完善。公司的重大技术改造项目——湖南省工程机械基地的建设被列入国家“双加”项目，一期工程已竣工投入试生产。

公司发展近三十年来，在“以一流的产品开拓市场，以一流的服务赢得用户，以一流的作风建设队伍，以一流的管理发展浦沅”的方针指导下，发扬“严格、系统、自我完善”的企业精神，坚持“服从、守职、创造”的工作作风，锐意改革，开拓前进，公司获得了长足稳定的发展，跨上了一个又一个新台阶，上缴利润累计近2亿元，为企业创造了效益，为国家做出了贡献。企业先后荣获国家二级企业、国家一级计量单位、机电部质量管理奖、机械工业部工艺管理先进单位、全国质量效益型企业、全国现场管理先进单位、全国“五一”劳动奖状等国家、省市荣誉达200多项。

浦沅集团公司是开展资本运营较早的企业，资本运营一方面为企业带来了良好的经营效益，另一方面又实现了企业资本低成本的扩张，目前公司资产达7.9亿元，其中对外长期投资近5 600万元。其主要手段是联合、联营、投资、兼并和转让。

公司领导一贯非常重视改革改制工作，主要体现在四个方面：一是企业公司制改革，按公司法的要求，全面改革内部组织结构，如设董事会、监事会、总经理会，各司其职、各负其责：二是积极参加社会各种统筹；三是本着先剥后离的原则，内部剥离办社会部分，化解企业包袱，内部设立了公用事业总公司，管理企业办社会部分；四是分配、人事、用工三项制度改革。

市场开拓 公司一直认为市场开拓是生产经营活动的“龙头”，非常重视产品销售和用户服务工作，积极开拓国内、国际二个市场，目前设有长期驻外销售科点34个，特约维修网点近40个，市场占有率最高的地区达到40%以上。设有外经处专司产品外销。从1997年开始汽车起重机已实现批量自营出口。产品国内销售以直销为主，辅以中间商代理相结合，营销策略是：内抓管理，实施精品工程；外抓服务，以服务推动销售。

在市场营销过程中广泛灵活采用目标市场策略、产品策略、价格策略、促销策略及组合、推拉策略。

科研开发 集团公司现有科技人员450人（其中高工60多名），建立了包括产品研究所、工艺研究所、电子研究所在内的技术中心。

已开发的产品有8～80t汽车起重机、3～8t随车起重机、2.5～10t柴油打桩机、6～8m³混凝土搅拌运输车、混凝土拖式泵和泵车、6～30m高空作业车以及50m登高消防抢救车、3～8t道路清障车等产品。产品设计已普遍使用CAD技术。主导产品汽车起重机的设计采用了德国利渤海尔技术，设计水平在国内领先，其主要技术参数已达到国外80年代水平。

集团公司的主要工艺装备和工艺方法已达到国外80年代末水平，其中树脂砂造型、水下等离子切割、数控折弯、冲剪、焊接机械手、准柔性加工系统、五面体加工中心等重要工艺手段保证了产品制造质量。

产品技术水平 浦沅集团公司是我国生产汽车起重机的专业厂家之一。汽车起重机的生产起步早，技术进步快。自1972年开始生产QY8汽车起重机以来，已发展到能够生产QY8～QY120的三十多个品种（包括同品种的变形产品）的汽车起重机。

(1) QY8全液压汽车起重机

最大额定起重量8t，装有液压称重装置，整机实行机、电、液一体化操纵控制，起重性能指标达到国际先进水平。该产品1984年后两次获得国家经委授予的国家银质奖，1984年获得湖南省经委授予的优秀新产品奖，1985年获湖南省经委授予的湖南省优质产品奖，1990年省机械厅授予科技进步奖，1994年获湖南省经贸委授予的名牌产品证书，1995年获得机械工业部产品出口质量许可证书。

(2) QY12全液压汽车起重机

最大额定起重量12t，装有液压称重、空钩自由落钩装置，整机实行机、电、液一体化操纵控制，起重性能指标达到国际先进水平。该产品1982年底获湖南省经委授予优质产品证书，1984年获机械工业部授予的科技成果一等奖和优质产品证书，1990年获机电部授予的产品质量奖一等奖，并获得国家质量奖评审委员会授予的国家银质奖、国家质量监检中心授予的汽车起重机行评一等奖，1994年获得湖南省经贸委授予的名牌产品证书，1995年获得机械工业部产品出口质量许可证书；

(3) QY16全液压汽车起重机

最大额定起重量16t，装有高质量的微机屏幕显示力矩限制器、空钩自由落钩装置，整机实行机、电、液一体化操纵控制。产品设计先进，起重性能指标达到国际先进水平。该产品1987年获湖南省经委授予的优质产品证书，1990年获机电部授予的优质产品证书，1991年获得国家质量奖评定委员会颁发的银质奖证书、国家质量监测中心授予的汽车起重机行评第一名，1994年获得湖南省经贸委授予的名牌产品证书，1995年获得机械工业部机电出口产品质量许可证书。

(4) QY20全液压汽车起重机

最大额定起重量20t，装有高质量的微机屏幕显示力矩限制器，整机实行机、电、液一体化操纵控制。产品设计先进，起重性能指标超过国内先进水平。该产品1995年获得机械工业部机电产品出口质量许可证书。

(5) QY25全液压汽车起重机

最大额定起重量25t，采用结构先进的六边形吊臂，变量马达液压系统，装有高质量的微机屏幕显示力矩限制器，整机实行机、电、液一体化操纵控制。产品设计先进，起重性能指标达到国际先进水平。该产品1990年获省经委授于的优质产品及省优产品证书、湖南省科委授予的科学技术进步二等奖，省机械工业局授予的科技进步一等奖，1995年获得机械工业部机电产品质量许可证书：

(6) QY35全液压汽车起重机

最大额定起重量35t，采用结构先进的六边形吊臂、尾部高翘式转台、变量马达液压系统，装有高质量的微机屏幕显示力矩限制器，整机实行机、电、液一体化操纵控制。产品设计先进，起重性能指标达到国际先进水平。该产品1995年获国家科委授予的优秀产品证书，1995年获得机械工业部机电产品出口质量许可证书。

(7) QY50全液压汽车起重机

最大额定重量50t，采用变量马达液压系统，装有高质量的微机屏幕显示矩限制器，整机实行机、电、液一体化操纵控制。产品设计先进，起重性能指标达到国际先进水平。该产品1994年获省机械工业局质量一等奖，省机械工业局授予科技进步一等奖，1995年获得机械工业部机电产品出口质量许可证书。

上述产品，整机均实行机、电、液、一体化控制，具有可靠性高、稳定性好、起重效率高的特点，在1995年均获得湖南省劳动局颁发的安全许可证书，并于1996年被中国质量协会评定为用户满意产品。

上述开发的产品，在可靠性试验和产品鉴定中，在综合性技术性能方面都评议为领先于国内先进水平，特别QY8、QY12和QY16汽车起重机，经过多年来不断的改进，各系统均广泛采用了当今最新技术和制造工艺手段，各项性能指标都大大优于当初鉴定时的技术水平，且多次通过北京试验场与工程机械检测中心的复检评议，其综合性的考核指标在同行业中始终处于领先地位。

上述产品，特别是大中吨位的汽车起重机，在"七五"至"九五"期间，在设计上，从起重机部分到与其配套的专用底盘都广泛引进和移植了日本及联邦德国利渤海尔技术。如：工作臂的六边形结构、高性能汉显力矩限制器，液压系统优化及其反馈控制，可靠且高效能的伸缩机构，大口径高强薄壁油缸，多轴传动与多轴转向，油气悬挂与独立悬挂，树脂砂造型等。采用或等效采用了国际标准，高水平的应用计算机技术深入进行各系统的优化设计，不断的针对成熟的最新技术对产品进行必要的改进，使产品的技术水平普遍达到国外同类产品80年代末，90年代初的水平。

为了有效地提高产品的制造质量，"八五"、"九五"期间，下大力气投入了科研开发资金近3亿元进行了大规模技术改造，在组织现代化设备自制的同时，系统地引进了一批具有当今高精尖技术水平的关键加工设备，使重要工序的加工数控化率达到30%以上。如钢材预处理、水下等离子切割、五面体加工、焊接机械手、材料折弯及关键工件的车、镗、铣等。还建成了具有现代化水平的液压与传动试验室。

由于从设计、制造工艺手段到试验与检测方面达到了高水平，从而使上述产品的整机优等品率稳定在70%以上。也使得目前浦沅集团公司汽车起重机产品的各项质量指标在国内同行业中处于领先优势，代表了当今国内的先进技术水平。

企业发展　浦沅集团公司2000年销售收入将达到8亿元，实现利税0.8亿元（其中利润0.16亿元），出口创汇1 000万美元，产品产量1 200台（套），总产量25 000t，工业总产值（不变价）5.6亿元；2005年上述日标翻一番。

战略思想：市场需求导向，科技开发先行，优化资本结构，扩大产业集团。

发展战略：实施以市场需求为前提，以科技为先导，以质量为中心，以名牌占市场的发展战略。围绕机械工业"三大战役"的总体思路，进一步加快技术改造和技术开发的速度，完善五大系列产品，品种达到100个以上；努力提高产品质量，主要产品质量基本达到或接近日本企业的同期水平，主导产品的市场占有率30%以上，形成以工程机械为主，交通机械、高空作业等特种车辆机械多业并举的局面，将公司建成一个集技、工、贸为一体的大型工程机械生产基地。

〔撰稿单位：浦沅集团公司〕

广东世联实业（集团）公司

董事长兼总经理：林家春
地址：广东省湛江市人民大道中35号　邮码：524022
电话：(0759) 3380156、3386168　传真：(0759) 3380178

总经理简介　广东世联实业(集团)公司党委书记兼董事长、总经理林家春，高级工程师，华南理工大学毕业。1989年3月，出任廉江市机械厂厂长，五年时间主持开发新产品17个品种30多个系列，获省、市多项科技进步奖，其中一项获国家专利、列入国家"星火"计划和国家重点新产品试制计划，期间机械厂完成产值、实现利税分别以62.97%和81.62%的年均速度持续递增；1994年11月，被破格提拔为广东世联集团董事长、总经理。当时，公司资产1.48亿元，负债1.56亿元，其中累计亏损高达3 804万元。在各级领导和有关部门的大力支持下，他积极推进企业改革，致力拓展市场，不断优化产品结构，使企业成功走出涉临破产的发展低谷。三年时间公司累计减亏逾4 000万元；连续两年公司主导产品复印机实现单机型全国销量第一，市场销售占有率由7%提高到17.8%；连续三年公司各项主要经济指标跃升保持稳居全国同行业第二位。

他多次被评为市、县优秀共产党员、先进工作者，1993年获湛江市劳动模范、全国有突出贡献专家特殊津贴奖、全国优秀经营管理者称号和"五一"劳动奖章，1994年获省有突出贡献二等奖和有突出贡献专家称号，1995年被评为省、市优秀企业家，1997年获"广东省劳动模范"荣誉称号，荣任中国现代办公设备协会副会长。1998年被选为中共广东省第八次党代会代表。

公司概况 广东世联实业(集团)公司是国家规划中复印机定点生产厂家之一，1993年6月被广东省科委认定为高新技术企业，在全国高新技术企业百强排行榜中位居第28位，在国家统计局进行的“中国500家最大机械工业企业”排序中位居第216位，是省市重点扶持的高新技术企业和行业“龙头”企业，被列为湛江市国企改革首家试点单位，目前已列入广东省重点扶持的百家大型企业集团。

公司占地面积65 000m^2，资产达2亿元，公司员工600多人，其中各种专业技术人员占职工总数的62%以上，包括一批经验丰富的高级工程师等，下属生产型企业7个，销售及售后服务公司2个；在全国各地设立21个分公司，并与500多个经销单位和180多个维修网点建立了长期稳固的业务关系。公司以生产办公自动化设备为主，产品种类多达十多种。其中湛江佳能牌复印机年生产能力1.5万台；与日本佳能公司合资生产的湛江佳能牌显影粉，年生产能力210t；与日本理想公司合作生产的数码式一体化速印机，年生产能力1万台；世联牌冷热饮水机年产能力30万台；自行开发生产的高科技新产品有赛普牌多功能传印机、有线电视可寻址加解密系统。近期成功引进了台湾大霸喷墨普通纸传真机、碎纸机等合作生产项目，同时，公司生产、经营的产品还有石英灯具、装订机等。

广东世联集团始终坚持以市场为导向、依靠科技进步，不断提高产品科技附加值和产品质量，致力提高产品市场占有率，走产品多元化、高效益发展之路。1995年以来，广东世联集团在新的领导班子领导下，团结拼搏、开拓进取，企业发展取得历史最好水平，1996年公司完成工业总产值、实现销售收入、主导产品复印机生产和销售等四项主要经济指标均创历史最好水平，其中复印机生产和销售首次突破万台大关，实现单机型销量全国第一，国内市场销售占有率提高到17.8%，理想一体化速印机实现全球销量第二，工业总产值指标跃居全国同行业第一位。1997年公司又顺利通过ISO9002质量体系认证，获得中国北京ISO9000质量体系认证中心颁发的证书，同时获得了英国皇家认可委员会颁发的带有皇冠标志的UKAS证书。世联集团是国内同行业领先通过ISO9002质量认证的企业之一。自1992年以来，公司产值、产量、销售收入等多项主要经济指标在全国同行业中稳居第二位。1993年9月24日，国家主席江泽民亲临湛江视察广东世联实业(集团)公司，赞誉世联：山不在高，有仙则名；水不在深，有龙则灵。对世联的发展给予了高度肯定和评价。

发展情况

(1) 不断调整销售策略，致力拓展产品市场。

近几年来，随着“水货”的大量出现和其他同等复印速度价格品牌的涌现，国内复印机市场竞争异常激烈，产品销售价格大幅度下跌，稳步增长的办公设备市场变得平淡乏味，旺季不见旺，令人难以捉摸。在这严峻的现实面前，公司提出了“以复印机、速印机巩固市场，以办公设备耗材增加效益，以强化管理谋求发展，以新产品增加发展后劲”的工作思路。一方面大力充实销售管理和市场营销队伍力量，强化公司审计科财务监督管理作用。另一方面，积极组织产品全国各地巡回展示活动，举办多形式产品订货会，有重点、有计划推出公司产品宣传广告，有力地推动了产品销售。在销售业务实际操作中，在致力以大城市为辐射中心的县镇中小城市市场的同时，积极主动跟踪各地大型建设项目，努力争取中标机销售。1997年6月我们取得与中国农业银行的合作机会，一次销出复印机1 104台，创造了行业内中标机销售最高新纪录。经过三年多努力，公司营销网络迅速扩大，各地经销商由原来的180个发展到480个，公司产品销售呈现出大幅度增长的良好势头。

“推进模式改革，强化宣传推广，以质优产品赢取市场”是我们针对市场新形势提出的最新工作思路，公司在大力推动企业深化改革的同时，着力调整营销策略，在巩固原有分公司的营销网络基础上，又增加了长沙、哈尔滨、太原3个单列市场，使公司销售运作模式逐步由分公司批发转向市场单列直销。在重点扶持大中经销商的同时，继续大力抓好新产品宣传推广活动，逐步提高产品市场份额。

(2) 强化内部管理，逐步建立规范管理机制。

公司努力建立企业内部规范管理机制和有效监督机制，同时组织企业职工代表及有关人员对以前编定的各项规章制度进行修改、补充、完善，不断提高企业各项规章的适应性、科学性，严格规范企业各项规章制度，逐步建立起“依法治厂”的机制。

结合公司的实际情况，公司首先从加强下属公司管理入手，努力规范下属公司的经营和财务行为。三年来，集团公司先后出台了《分公司管理条例》、《分公司财务管理若干规定》、《分公司商品管理若干规定》等规章制度，新设立了审计科、由财务科负责下属公司的财务管理和培训，审计科利用审计手段加强对下属公司执行集团规章制度的监督和检查；销售公司则直接参与分公司管理，督促各地分公司抓好资金回笼，抓好费用控制，抓好市场开发等工作；同时销售公司增设管理科，对分公司政令执行情况、资金回笼情况、任务完成情况和差旅费管理情况进行严格考核，对年终各项指标完成较好的分公司实行重奖，对完成较差的则进行扣罚，做到奖惩分明，大大地调动了分公司的工作积极性，切实改变了过去分公司管理混乱的情况，呆帐烂帐大幅度减少，各项费用开支控制在合理开支范围内，而且费用支出大力减少。

(3) 坚持以市场为导向，致力开发科技新产品。

公司自1984年创建以来，主要生产经营日本佳能公司的复印机产品，产品单一，企业生产、经营在很大程度上受货源供应限制，缺乏市场主动权和竞争中的应变能力。为改变被动局面，提高市场竞争，扩大企业的经营发展规模，从而达到实现逐步卸掉企业的沉重包袱的目的，一方面公司在加强与日本佳能公司的技贸合作关系的同时，注意引进吸收国外其他公司的先进技术，拓宽技贸合作领域；另一方面依靠企业内部技术力量，开发适应市场的“短、平、快”科技产品，不断优化产品结构。

在扩大技贸合作方面，经过多次洽谈，在互惠互利的基础上，公司与日本理想科学株式会社达成了技贸合作关系。日本理想公司是一体化数码速印机跨国专业生产厂家，产品声誉卓著。经省主管部门批准立项，公司申报的GR2710一体机CKD组装生产线于1996年5月1日顺利投产，该生产线投产后，每年可为企业新增产值1亿元，今年公司又面向市场全力推出了理想一体化速印机GR2750、3750等新机型，努力使该产品成为公司的主导产品之一。1997年3月，又取得台湾大霸公司喷墨普通纸传真机国内首家经销权，该产品由于世能环保、防雷击、功能多而受用户欢迎。此外，公司积极寻求与日本东芝、三田公司开展复印机技贸合作关系，不断扩大办公设备经营品种，使公司产品市场竞争力不断加强。1997年，又成功地推出了工程复印机、台式碎纸机、掘井586油印机、装订机等一批新产品。

在开发“短、平、快”产品方面，公司与武汉计算机外围设备研究所联合成功开发多功能传印机。该产品集传真、复印、电话、打字、扫描录入和微机收发传真六大功能于一身，经省科委立项投产，市场潜力很大。近三年来，公司成功地开发了可寻址电视加解密系统、冷热饮水机、碎纸机、出口灯具等一批“短、平、快”新产品，使公司产品结构逐步形成多元化格局。

(4) 严格执行国际质量标准，切实提高企业质量素质。

世联(集团)公司始终把质量管理作为企业的重要大事来抓，严格按照ISO9000国际质量标准管理企业，按照质量体系要求把好各个环节的质量关，确保影响产品质量的技术、管理及人员等因素处于受控状态，并通过专题板报、开专题会议、搞专题活动等形式，努力宣传质量知识，促使公司全体员工关心质量，切实树立“以质量求生存、以质量求发展、以质量求效益”的意识和观念，有力地提高了公司整体质量意识和全员质量素质。经过全体员工的共同努力，公司于1997年11月顺利通过ISO9002质量体系认证。

通过质量认证工作的进行，公司逐步形成了分层管理、人尽其责的良好局面，公司的质量管理和质量保证体系在适用性、有效性、符合性等方面上了一个新台阶，企业内部形成了高效有序的管理机制，企业质量管理真正做到“事事有人管，人人有专责”，不仅提高了员工的质量意识和工作效率，而且增强了企业的凝聚力，把具有强大竞争力的一流品质的产品推向市场，不断拓宽新的市场空间，为抢占新一轮市场竞争的主动权打下了坚实的基础。

(5) 公司“九五”时期发展思路。

1998年，是国企改革全面推进的一年，国家领导已提出用3年时间让大多数企业走出困境。为此，制定了公司“九五”发展规划，其指导思想为：以党的十五大精神为指引，深化企业改革、转机建制，建立健全适应市场竞争的新体制；以市场为导向，加快产品开发，争创名牌，加大企业结构调整力度，建立以资产为纽带的母子体系管理机制，逐步建成“跨国、跨地区、跨行业”的企业集团。

在优化产品结构方面，公司将采取积极措施保证主导产品——静电复印机的市场占有率，在保证质量前提下继续扩大生产NP-1215和NP-6318复印机，积极引进技术含量更高的数字复印机，使企业稳居行业领先地位；加快显影粉生产的技术改造，年生产能力从210t扩大到400t，同时加快国产原材料开发，降低成本，增强市场竞争力；提高一体化速印机的产量，形成规模生产，积极争取引进油墨生产线，开辟新的增长点；同时加快电视加解密系统和冷热饮水机等系列新产品开发生产，迅速形成规模经济和产业，提高企业的经济效益。在提高企业技术素质方面，加大技术投入，积极地培养、引进技术带头人和跨世纪的技术人才，购置先进的仪器设备，增强开发能力和开发手段，努力开发新产品，特别注重有自己专有技术的产品开发和不断提高产品的技术含量，增强企业发展后劲。

〔撰稿人：广东世联实业（集团）公司陈　灵
审稿人：广东世联实业（集团）公司总经理林家春〕

广东新力集团公司

总经理兼党委书记：傅嘉驹　副总经理：郑协邦、邹云光、翁志发、卢炳忠　党委副书记：王维祝
总经理助理：何剑雄
地址：广东省顺德市大良凤山西路6号　邮码：528300
电话：(0765) 2222883　传真：(0765) 2228066

总经理傅嘉驹　集团成立初期傅嘉驹同志即确立了“发展高科技，实现产业化”的发展道路，带领新力集团通过实施“双加”工程、技改项目，建设了一批具有一定经济规模和市场占有率的拳头产品，并形成支柱产业，集团产、销、利、税连年增长。经过五个冬春的努力，新力集团已发展成为广东省高

新技术产业的佼佼者。傅嘉驹同志本人于1996年获广东省“八五”企业技术进步突出贡献个人称号。

企业概况 广东新力集团公司是1993年由顺德实业发展总公司与顺德塑料机械集团公司合并组建的。公司坚持以市场为导向，紧紧围绕国家产业政策，依靠科技进步和管理现代化，通过转制和产业结构调整，大力开发高新机电产品，实现产业化，形成了输变电设备、塑料机械、通信设备、专用运输车辆为支柱的高新技术产业格局。1994年经广东省科委批准为首批高新技术企业集团，1996年以来先后列入广东省70家重点大企业集团、国家机械工业部百家重点联系企业、国家科委火炬计划重点高新技术企业，同年经顺德市政府授权，成为资产运营公司。1997年底收购万家乐股份公司29.8%的股权，成为该上市公司的第一大股东。

发展情况 1997年，集团以提高市场占有率为中心，努力拓展企业发展空间，1997年成为集团有史以来增长最快的年份，呈现出喜人的发展新貌。全集团实现工业销售总额14.2亿元，比上年增长21%，利润1.55亿元，比1996年增长12.1%，全员劳动生产率40.3万元/人，详见表1、表2、表3。并获顺德市政府授予十大工业企业奖。

表1 1997年主要经济技术指标

项目	单位	1995年	1996年	1997年	比上年增长%
企业数	个	12	12	12	0
全部职工平均人数	人	2 560	2 743	3 001	9.4
工业总产值：当年价	万元	85 782	98 038	121 672	24.1
不变价	万元	84 047	97 197	123 238	26.8
工业增加值	万元	27 521	36 531	43 852	20.0
产品销售收入	万元	100 329	123 949	164 867	33.0
产品销售税金及附加	万元	6 848	7 384	8 837	19.7
利润总额	万元	12 089	13 854	15 534	12.1
固定资产原价	万元	42 869	51 657	56 471	9.3
固定资产净值平均余额	万元	35 053	40 520	42 032	3.8
流动资产平均余额	万元	78 436	104 467	136 350	30.5

表2 1997年完成主要产品产量

产品名称	单位	产量	比上年增长%
干式变压器	kV·A	2 466 138	10.4
注塑机	台	2 508	25.6

表3 1997年主要产品出口情况

产品名称	出口产品		出口额（万美元）
	单位	数量	
干式变压器	MV·A	50	121
注塑机	台	122	166

表4 1997年主要出口国家、地区情况

序号	国家、地区	出口额（万美元）
1	香港	215
2	东南亚	173
3	中东	121

——顺德特种变压器厂发挥品牌、质量、技术领先的优势，重点抓好大项目、有影响工程和热点建设地区，先后拿下了大亚湾、三峡、小浪底以及伊朗地铁等大项目，市场销售再上台阶。企业全年实现销售5.3亿元，比1996年增长12.7%。获市政府授予十大工业企业奖。

——震德塑料机械厂内抓开发改良新机型，加强质量管理，对外采取灵活的营销策略，扩大营销网络，在珠江三角洲和长江三角洲的“会战”中，巩固了企业的市场地位。全年实现销售2.7亿元，比1996年增长17.4%。

——金德纺织机械厂注重调查分析，努力拓展市场空间，扩大市场占有，全年实现销售2.4亿元，比1996年增长87%。

——开关厂大步走出广东市场，努力开拓省外市场，加强销售网络建设，产品已在10个城市打开局面，有力推动企业上台阶，全年实现销售1亿元，比1996年增长32%，并被省科委认定为高新技术企业。

科研成果及新产品 1997年，集团内全面落实开发机构和技术部门相分离，重点依托城网电气工程中心和聚合物加工机械工程中心，满足新形势下企业发展的需要。全集团列入省市新产品鉴定、开发计划的项目有25项，9项新产品通过部级鉴定，4项新产品通过厅级鉴定，4项产品列入国家级新产品，3项产品获省优秀新产品奖，新产品产值率达30%。这些技术含量高，市场看好的新产品大大地优化了企业的产品结构，使企业在同行中的技术地位进一步提高。例如：

——16MV·A干式变压器是亚洲第一大的干变产品，也是国际上同类产品中通过突发短路试验容量最大的，电气特性和制造工艺均达到干变领域的世界顶尖水平。该产品鉴定通过，标志着企业技术水平进入世界先进行列。

——干式电抗器是在干式变压器的设计制造基础上发展起来的新一代产品，对提高电力系统的运行稳定及防火性能方面较传统产品有重大突破，其中15Mvar干式空心并联电抗器是国内第一大产品，6Mvar干式铁心并联电抗器填补国内空白。

——整流牵引干式变压器是为伊朗地铁项目专门研制开发的，具有结构新、体积小、输出直流平稳、干扰纹波少等特点，代表当今国际先进水平，单项合同金额达5 500万元。

——CJ2000大型注塑机是国内率先开发成功的19.6MN锁模力级别大型注塑机产品，该机采用电脑控制，配备复合式液压直锁机构，具有效率高、精度高、节约能源等优点，深受大型家电、汽车行业用户的欢迎。

基础建设及技术改造 至1997年，新力集团累计承担"双加"工程项目4项、技改项目3项，5个下属企业被省科委认定为高新技术企业，一批具有一定经济规模和市场占有率的"拳头"产品继续为集团的壮大拓展更广阔的空间。

——干式变压器扩能项目，1995年列入国家一期"双加"工程，总投资2 980万元，引进德国产铁芯横剪生产线和法国产数控箔式绕线机，国内配套MRPⅡ管理系统及立体自动化仓库系统。经过技术改造，顺德特种变压器厂产品水平得到较大提高，年生产能力由1 000MV·A增至2 000MV·A，新增产值2亿元，新增出口创汇520万美元，新增利润7 000万元，项目于1996年顺利通过广东省机械厅主持的验收。

——干式变压器、干式电抗器、箱式变电站项目，1996年列入国家二期"双加"工程。总投资8 000万元，引进德国制真空压力环氧浇注生产设备、电抗器绕线机和瑞士制高压线圈箔绕机等关键设备。通过实施这一项目，有力推动了企业发展，顺德特种变压器厂多项经济指标列国内同业之首，1997年实现工业销售额5.3亿元，利润7 000万元，其中干式变压器产品占有全国市场的35%，干式电抗器和箱式变电站也逐步进入市场，成为集团新的经济增长点。预计1999年达到年产干式变压器3 000MV·A，干式电抗器1 200Mvar，箱式变电站200台的生产能力，出口创汇1 600万美元。

——光纤配线架项目，1996年列入国家二期"双加"工程，总投资2 800万元，引进先进数控设备及相应模具。广东天乐通信设备有限公司，通过技术改造，采用新工艺，开发出光纤配线架、数字配线架等新一代邮电网络设备，企业获得稳步发展1997年实现工业销售额1.3亿元，利润1 000万元。预计1999年达到年产光纤配线架54 000万线，卡接式配线架480万线的生产能力。

——重型专用半挂车项目，1996年列入国家二期"双加"工程。总投资4 500万元，引进柔性加工工艺，罐式半挂车生产技术及日本产高精度切割机和数控冲压设备等。顺德挂车厂通过技术改造，形成集装箱半挂车、散装水泥车、轿车运输车、槽罐半挂车、保温厢式车等八大系列50个品种半挂车的设计生产能力，年生产规模5 000辆，实现产值41 600万元，利润3 200万元。

此外，还开发建设了高低压开关、剑杆无梭织布机、电磁动态塑化挤出设备、液压马达等高新技术项目。这些项目技术含量高、附加值高、竞争力强，符合国家产业方向，避开了低档次竞争，在市场竞争中占有先机。

对外合作 多年来，广东新力集团通过"中外合资"的发展模式，先后与香港、台湾、日本、意大利和德国等国家和地区的财团合作，兴办了多家合资企业。

——1987年引进香港震雄集团的技术和资金，合资兴办了震德塑料机械厂，在完善原有机型的同时，积极自主创新，提高国产化率，以"精密、大型、智能化"为方向，形成了大、中、小型注塑机13个品种30个规格。另一方面，高投入地购买先进设备，如柔性加工中心和立体自动化仓库等，有效提高了产品质量和生产效率，使企业不断滚动发展，国内市场占有率达15%。

——1993年引进台湾金刚铁公司技术，合资创建了金德纺织机械厂，在引进技术的基础上，开展二次开发创新，其KT系列剑杆织布机具有结构先进、效率高、维护简便，织造范围广等优点，迅速成为国内织布机更新换代的主导产品，该厂还依靠自身力量成功研制出玻纤织布机，填补了国内空白。企业连年翻番发展，跃居全国剑杆织布机行业的首位。

——1995年引进意大利丽华·卡桑尼公司的专利技术和资金，合资生产液压马达产品，经过消化、吸收，现已推出MRC系列7个型号的液压马达。产品具有结构轻巧、起动平稳，效率高等优点，经用户试用后均表示乐意接受，计划进一步开发大排量液压马达和液压泵产品。

此外，集团还建起了克虏伯震雄塑料科技有限公司、巴顿菲尔塑料设备有限公司和汤浅新力蓄电池有限公司等中外合资企业，这些企业技术起点高，市场前景广阔，为集团下阶段的大跨度发展积蓄了后劲。

管理及改革 新力集团通过转换经营机制与优化产业结构相结合，形成了四大支柱产业，构筑了母子公司架构，一方面强化集团公司的投资中心、决策中心功能，实行人、财、物的集中统一管理；另一方面，强化企业生产中心、利润中心功能，对产、供、销实施全面开放。集团内部形成了经营的高度灵活性和管理的严密性相结合的良性体系，确保国有资产的安全和投资效益的最大化。

1997年以来，按照中央及省政府关于国有企业重组联合兼并和加快建设企业集团的战略部署，我们对低成本扩张战略作了多方探索。

1997年下半年，在顺德市公有资产管理委员会的积极协调下，我们协议收购万家乐股份有限公司法人股17 155万股，占总股本的29.8%，成为最大股东。通过剥离不良资产和注入优良资产，使万家乐股份公司产业发展集中在高新机电产品及燃气具上而成为一家绩优的上市公司，走出了"借壳"上市的重要一步。

通过对万家乐股份公司的购并控股，新力集团不仅获得一家上市公司的控股权，而且取得了一笔巨额无形资产；另一方面，新力向万家乐股份公司注入优质资产，由于业绩提高而有望获得配股权，新力集团今后的对外融资渠道将大大拓宽。

产业发展目标 围绕现有四大产业，建设城网电气设备基地、机电一体化基地、邮电通信产业、专用运输车辆产业。

——城网电气设备基地，规划以干式变压器、干式电抗器、干式互感器、SF_6环网柜、KYN 高压手车开关柜和 GCL 低压抽出式开关柜等产品为重点，以行业排头的顺德特种变压器厂为依托，准确把握我国电力工业发展方向，根据城网电气设备更新换代的要求，超前开发新产品，形成成套输变电设备的设计生产能力。

——机电一体化产业基地，规划以注塑机、塑料挤出机、中空吹塑机、剑杆织机、液压马达等产品为“龙头”，依托震德塑料机械厂先进工艺加工手段、技术和人才的优势，大胆实施纵向一体化发展战略，促进产业优化升级。

——邮电通信产业，规划扩大邮电通信网络设备、无线接入系统、密封免维护蓄电池的生产规模，把握邮电通信业持续高速增长的发展机遇，加强开发创新，再创高科技、规模化的产业优势。

——专用运输车辆产业，规划以集装厢车、轿车、车辆运输车、液体罐车、散装水泥车为主体，灵敏感应世界技术发展潮流，提高产品技术含量和附加值，跃上产业发展的新台阶。

“九五”末期，集团销售收入将达到 51 亿元，利润 7.3 亿元，其中高新技术产品销售额占总销售额的 85%以上。

以已有的省级城网电气工程研究开发中心为基础，积极筹建国家级城网电气研究开发中心。该中心的建成将促进我集团在难燃介质城网电气设备的研究开发与生产的进一步结合，为集团自主开发和消化、吸收国外先进技术，抢占行业技术制高点，引导技术发展方向，引导市场需求提供有力的技术支撑。

另外，积极参与聚合物加工机械工程中心的建设，建立广东省通信开发中心网络设备工程研究开发中心和专用车辆研究开发中心，将这几个开发中心建设成为集团四大支柱产业吸收、消化高新技术，研究、开发高新技术产品的重要阵地。

推进集团资产运营方面，在认真总结兼并万家乐股份公司的基础上，依托“万家乐”知名品牌和干式变压器、燃气具等产品技术水平在国内外领先的优势，以资源合理配置为原则，积极创造条件，适时进一步推进集团的低成本扩张战略。

〔撰稿人：广东新力集团公司投资部胡志坚 审稿人：广东新力集团公司投资部经理宗月樵〕

柳州工程机械（集团）有限公司

董事长：张 沛 总裁：王晓华
地址：广西壮族自治区柳州市柳太路 1 号 邮码：545007
电话：(0772) 3887888 图文传真：(0772) 3611147

概况 柳工集团公司是柳州市人民政府批准改制的国有独资公司，并于 1996 年 12 月 28 日正式挂牌，它是以机械制造业为主，集科、工、贸为一体的综合性经济实体，以资产为纽带，按国有资产授权经营方式组建，核心企业为广西柳工机械股份有限公司（原柳州工程机械厂）。目前，柳工集团公司拥有全资公司 6 个（柳工集团本部、市钢圈厂、市链条厂、标准件厂、柳琼公司、建材工业公司），控股公司 2 个（柳工股份公司、南方公司），参股公司 4 个（柳工康达公司、柳工齿轮公司、柳工铸铁厂、市起重机运输机械总公司），集体所有制企业 5 个（力达公司、大修配件厂、柳工福利厂、柳工劳动服务公司、柳工力达结构厂）。共有职员 8 669 人。公司总资产 16.2 亿元，净资产 10.2 亿元，固定资产 7.31 亿元。1997 年末资产负债率为 37.33%。公司主导产品为 ZL 系列轮式装载机，另外还生产液压挖掘机、推土机、压路机、起重机、车用钢圈、输送设备和标准件等产品。

发展情况 1997 年，柳工集团公司已进入良好的运营状况，公司销售装载机、挖掘机 2 809 台，比上年增长 9.75%；实现销售收入 71 452 万元，比上年增长 12.52%；实现利润总额 3 106 万元，比上年增长 8%；市场占有率 20.83%，也比上年略有增长。出口创汇 302 万美元。公司年度增值率达 3.88%。1997 年柳工集团主要经济技术指标详见表 1、表 2，主要产品产量及主要进出口情况见表 3、表 4。

公司在生产发展的同时，加大了对技术的投入，建立有国家级技术中心。股份公司先后引进具有 90 年代先进水平的大型加工中心、机器人自动焊接线和树脂砂无箱造型生产线等 40 多台（套）国际先进水平的设备，已形成年生产 0.75～5.4m^3 轮式装载机 4 000 台以上的生产能力，顺利地通过国家 ISO9001 质量体系认证，荣获自治区“三好企业”和机械工业部“特级安全企业”称号，销售量、销售收入在全国同行业中处于领先地位。

（下转Ⅶ—12）

机械工业

发展情况

第 I 部分

机 械 工 业

机械工业部行业发展司

1997年，机械工业总的形势是：生产、销售保持稳定增长，产销衔接逐月趋好；结构调整取得进展，主要经济项目不少比上年有所改善；产品出口取得突破性进展，为机械工业发展作出重要贡献；效益情况不理想，亏损企业进一步增加；产品质量稳定，骨干重点企业产品合格率领先；地区发展不平衡，各地差距拉大；企业经济类型多元化，股票市场稳步扩容；经济技术指标有进展，但与国际先进水平差距仍然很大。

机械工业的作用地位和行业的发展概况

(1) 主要经济指标在全国工业中的比重

主要经济指标，机械工业全行业占全国工业的四分之一左右；机械工业部系统占机械工业全行业的三分之一左右。增加值占国内生产总值(GDP)的5.12%；税金占全国财政收入的7.19%。

① 按全部乡及乡以上工业企业和生产单位分析：

企业单位，共12.76万个，占全国工业企业53.44万个的23.88%；

工业总产值按当年价计，共15 643.27亿元，占全国工业总产值70 747.68亿元的22.11%；

工业总产值按1990年不变价计共15 030.81亿元，占全国工业总产值58 511.42亿元的25.69%；

工业销售产值，共14 990.79亿元，占全国工业销售产值（当年价）67 971.40亿元的22.05%。

② 按全部独立核算工业企业分析（本文各项分析均按此进行）：企业11.53万个，占全国工业企业46.85万个的24.61%；

职工1 856.15万人，占全国工业企业7 872.75万人的23.58%；

年末资产21 746.86亿元，占全国工业103 400亿元的21.03%；

工业总产值（当年价）15 051.60亿元，占全国工业68 352.68亿元的22.02%；

工业总产值（不变价）14 497.95亿元，占全国工业56 718.14亿元的25.56%；

工业增加值3 831.03亿元，占全国工业19 835.18亿元的19.31%，占全国国内生产总值74 772.4亿元的5.12%；

产品销售收入13 651.21亿元，占全国工业63 451.48亿元的21.51%；

利润总额257.66亿元，占全国工业1 703.48亿元的15.13%；

税金621.2亿元，占全国工业4 036.99亿元的15.39%，占全国财政收入8 642亿元的7.19%；

利息支出523.13亿元，占全国工业利息支出2 400.38亿元的21.79%。

(2) 机械工业各行业主要分布情况

分行业看，在全行业中，无论从增加值、销售收入和利税看，交通运输设备业、电气机械及器材业和普通机械制造业居前三位；在机械工业部系统中，汽车、电工、农机行业居前三位，详见表1。

表1 1997年机械工业分行业主要经济指标

行业	企业数(个)	工业总产值(不变价)		工业增加值		产品销售收入		利税总额		利润总额	
		亿元	比重(%)	亿元	比重(%)	亿元	比重(%)	亿元	比重(%)	亿元	比重(%)
机械工业全行业总计	115 334	14 497.95	100.00	3 831.03	100.00	13 651.21	100.00	878.86	100.00	257.66	100.00
1. 金属制品业	28 283	1 914.09	13.21	516.71	13.49	1 802.82	13.21	87.37	9.96	20.25	7.86
2. 普通机械制造业	27 837	2 619.41	18.07	794.80	20.75	2 472.66	18.11	170.51	19.40	43.03	16.70
其中：金属加工机械制造业	3 247	259.60	1.79	83.87	2.19	234.63	1.72	11.57	1.32	1.61	0.62
3. 专用设备制造业	17 916	1 923.22	13.27	545.35	14.24	1 814.72	13.29	102.15	11.62	22.95	8.91
其中：农业机械制造业	3 737	575.56	3.97	142.10	3.71	553.93	4.06	24.54	2.79	9.26	3.59

(续)

行　业	企业数(个)	工业总产值(不变价)		工业增加值		产品销售收入		利税总额		利润总额	
		亿元	比重(%)	亿元	比重(%)	亿元	比重(%)	亿元	比重(%)	亿元	比重(%)
4. 交通运输设备制造业	18 332	3 956.24	27.30	1 005.92	26.26	3 943.38	28.89	291.27	33.14	88.83	34.48
其中:汽车制造业(含摩托车)	7 701	2 820.09	19.45	662.56	17.29	2 740.62	20.08	235.48	26.79	86.20	33.45
5. 电气机械及器材制造业	17 773	3 442.55	23.75	819.62	21.39	3 030.33	22.20	195.64	22.26	73.26	28.43
其中:日用电器制造业	2 179	1 272.97	8.78	266.11	6.95	1 025.70	7.51	61.15	6.96	23.60	9.16
6. 仪器仪表及文化办公机械制造业	5 193	642.45	4.43	148.61	3.88	587.30	4.30	31.92	3.63	9.33	3.62
合计:机械工业部系统	8 388	4 906.91	100.00	1 205.36	100.00	4 689.93	100.00	358.11	100.00	115.95	100.00
1. 农业机械行业	1 746	751.85	15.32	171.79	14.25	734.85	15.67	32.50	9.08	8.40	7.24
2. 工程机械行业	131	107.11	2.18	31.63	2.62	122.79	2.62	2.92	0.82	−2.39	−2.06
3. 仪器仪表行业	617	344.30	7.02	74.86	6.21	267.90	5.71	25.83	7.21	13.35	11.51
4. 石化通用机械行业	700	265.10	5.40	81.08	6.73	253.94	5.41	24.61	6.87	8.72	7.52
5. 重型矿山机械行业	349	188.73	3.85	51.75	4.29	208.21	4.44	18.31	5.11	4.57	3.94
6. 机床工具行业	691	161.43	3.29	57.15	4.74	157.32	3.35	4.76	1.33	−5.07	−4.37
7. 电工电器行业	1 872	903.36	18.41	238.48	19.78	882.22	18.81	63.50	17.73	17.70	15.27
8. 机械基础件行业	687	189.16	3.85	59.78	4.96	178.05	3.80	9.52	2.66	−1.94	−1.67
9. 食品及包装机械行业	94	18.54	0.38	6.10	0.51	15.43	0.33	0.61	0.17	−0.34	−0.26
10. 汽车行业	970	1 855.80	37.82	400.73	33.25	1 752.58	37.37	172.55	48.18	74.10	63.91

1997 年机械工业发展总的态势有所好转　从几项主要经济项目分析与上年比有升有降，总的看，下降的、上升的，各得其所，都是好的趋势。其中，下降的 2 项，上升的 3 项：

(1) 企业数减少。全行业企业由 1996 年的 12.48 万个减为 1997 年的 11.53 万个，机械工业部系统由 9 291 个减为 8 388 个，分别减少了 7.61% 和 9.7%。主要原因是国家体制改革，企业兼并调整取得进展。

(2) 职工人数减少。全行业职工由 1996 年的 1 941.48万人减为 1997 年的 1 856.15 万人，机械工业系统由 641.60 万人，减为 595.16 万人，分别净减少 85.33 万人和 46.44 万人。

职工下岗分流取得进展。1997 年机械工业部系统共有下岗职工 92.09 万人，下岗率 15.47%；比 1996 年的 10.22% 提高了 5.25 个百分点，据了解高于全国工业的水平，见表 2。

表 2　1997 年原机械工业部系统企业职工下岗增长情况

项　目	单位	1995 年	1996 年	1997 年	1997 年比上年增长
年末职工人数	万人	661.20	641.59	595.16	−7.24%
其中：下岗职工	万人	45.85	65.58	92.09	40.42%
下岗率	%	6.93	10.22	15.47	5.25 个百分点

(3) 工业总产值取得较高的增长幅度。按 1990 年不变价格计算，全行业独立核算企业工业总产值

达到历史最高水平 1.45 万亿元，比上年的 1.31 万亿元，增加了 1 447 亿元，增长了 11.09%；机械工业部系统由 4 447 亿元增至 4 907 亿元，增长 10.3%。

(4) 工业增加值增加。同比分别增长 7.85%和 0.6%。

(5) 利税增加。1997 年利税总额，全行业和机械工业部系统分别为 879 亿元和 358 亿元，其中利润总额分别为 258 亿元和 116 亿元。比上年分别增长 9.33%和 9.5%以及 5.74%和 13.7%。利润虽然增长不俗，但总的来看，还只是恢复性的增长，达到历史较高水平，差距尚大，详见表 3。

表 3　1997 年机械工业主要经济指标增长及比重

指　标	单位	1996 年			1997 年	
		工业	机械工业	机械工业部	工业	机械工业
企业单位数	万个	39.00	12.48	0.93	46.85	11.53
工业总产值(不变价)	亿元	46 836	13 051	4 447	56 718.14	14 497.95
(当年价)	亿元	58 774	13 987	4 613	68 352.68	15 051.60
工业增加值	亿元		3 552	1 198	19 835.18	3 831.03
产品销售收入	亿元	54 250	12 610	4 394	63 451.46	13 651.21
职工人数(平均)	万人	7 668	1 942	642	7 872.75	1 856.15
利税总额	亿元		804	327	5 740.47	878.86
其中:利润总额	亿元	1 424	244	102	1 703.48	257.66
固定资产(原价)	亿元		8 385	3 387	59 569.71	9 405.73

指　标	单位	1997 年	1997 年比 1996 年增长%		1997 年比重(%)	
		机械工业部	机械工业	机械工业部	机械工业在工业中	机械工业部在机械工业中
企业单位数	万个	0.84	−7.61	−9.7	24.61	7.29
工业总产值(不变价)	亿元	4 907	11.09	10.3	25.56	33.85
(当年价)	亿元	4 868	7.61	5.5	22.02	32.34
工业增加值	亿元	1 205	7.85	0.6	19.31	31.45
产品销售收入	亿元	4 690	8.26	6.7	21.51	34.36
职工人数(平均)	万人	595	−4.43	−7.3	23.58	32.06
利税总额	亿元	358	9.33	9.5	15.31	40.73
其中:利润总额	亿元	116	5.74	13.7	15.13	45.02
固定资产(原价)	亿元	3 842	12.17	13.4	15.79	40.85

注:统计范围为全国全部独立核算企业。

表 4　机械工业总产值、总产值指数及其比重

年　份	工业总产值(亿元)①		机械工业总产值指数		比重(%)	
	机械工业全行业	机械工业部	机械工业全行业	机械工业部	机械工业占全国工业产值	机械工业部占全国机械工业产值
1976	787.50		100.0		24.1	
1978	995.80		126.5		23.5	
1980	1 061.40	480.60	134.8	100.00	21.3	45.28
1985	1 936.90	740.90	246.0	179.33	23.4	38.04
1990	3 246.90	1 562.09	412.3	269.71	23.6	32.16
1991	4 910.60	1 850.33	491.4	319.47	21.0	32.68
1992	6 588.07	2 488.00	659.3	429.57	23.1	33.09
1993	8 898.76	3 113.59	890.7	537.59	25.1	36.21
1994	10 697.91	3 492.81	1 070.8	603.09	25.1	33.77
1995	12 133.06	4 011.97	1 214.5	703.99	25.1	33.07
1996	13 324.46	4 447.00	1 333.8	780.30	25.4	33.37
1997	15 030.81	4 906.91	1 504.6	861.00	25.7	32.65

① 1976～1981 年按 1970 年价计算，1982～1990 年按 1980 年价计算，1990 年以后按 1990 年价计算。统计范围为全部机械工业企业，包括独立核算和非独立核算企业。

在国家总量从紧中，机械工业生产仍然稳步增长

(1) 市场需求形势平稳

按初步的统计分析，国内市场对机械产品的需求量，1997年维持1996年的水平，约为15 000亿元，由于出口大幅度增长，进口大幅度下降，尽管仍是买方市场，但仍为机械生产提供了良好环境。

(2) 总产值大幅度增长

全部乡及乡以上企业和生产单位的工业总产值，1997年全国工业按不变价计的工业总产值为58 511.42亿元，如按独立核算工业企业计只有56 718.14亿元。机械工业全行业1997年完成工业总产值15 030.81亿元，系全部乡及乡以上企业产值，同期独立核算企业产值为14 497.95亿元，比上年增长12.81%。同期，机械工业部系统产值4 906.91亿元，同比增长10.34%。

机械工业在全国工业中的比重和机械工业部系统在机械工业中的比重分别为25.7%和32.65%，详见表4。

(3) 工业增加值增长较多，但增幅低于全国GDP的增长幅度

完成工业增加值3 831.03亿元，比上年增长7.85%，低于全国GDP增长8.8%的幅度；占全国GDP的比重为5.12%，呈缓慢下降趋势。主要原因是由于第二产业中的建筑业和第三产业发展较快，前者1985年在GDP中的比重为4.7%，1997年增至6.7%；后者同期由28.5%提高至32.1%。同期，机械工业部系统完成工业增加值1 205.36亿元，比上年增长0.58%，占全行业的31.46%。

增加值率，全行业为25.45%，机械工业部系统为24.76%，详见表5。

(4) 重点产品完成较好

表5　机械工业工业增加值增长情况

年　份	国内生产总值(亿元)	增加值(亿元)			在国内生产总值中比重(%)			增加值率(%)	
		工　业	机械工业	机械工业部	工　业	机械工业	机械工业部	机械工业	机械工业部
1985	8 964.4	3 448.7	716.5	299.6	38.5	8.00	3.34	38.8	37.2
1986	10 202.2	3 967.0	151.0	298.5	38.9	7.35	2.92	35.5	34.7
1987	11 962.5	4 585.8	857.8	325.7	38.3	7.17	2.72	38.0	
1988	14 928.3	5 777.2		401.5	38.7		2.69		31.1
1989	16 909.2	6 484.0		462.6	38.3		2.74		29.7
1990	18 547.9	6 858.0	1 181.1	426.0	37.0	6.37	2.30	30.9	28.5
1991	21 617.8	8 087.1	1 396.7	505.8	37.4	6.45	2.33	30.1	27.9
1992	26 638.1	10 284.5	1 630.4	676.0	38.6	6.12	2.54	25.3	26.2
1993	34 634.4	14 143.8	2 798.0	943.2	40.8	8.12	2.74	29.2	25.6
1994	46 759.4	19 359.6	3 080.5	1 092.4	41.4	6.86	2.43	26.1	25.5
1995	58 478.1	24 718.3	3 034.6	1 098.1	42.3	5.19	1.88	25.09	25.69
1996	67 884.6	29 082.6	3 551.9	1 198.4	42.8	5.24	1.77	27.22	25.98
1997	74 772.4①	31 752.3①	3 831.0	1 205.4	42.5	5.12	1.61	25.45	24.76②

① 快报数。

② 按增加值与当年价总产值之比。

表6　1997年机械工业主要产品产量

产　品　名　称	单位	1996年		1997年		比上年增长%	
		全　国	机械工业部	全　国	机械工业部	全　国	机械工业部
1. 内燃机(生产量)	MW	221 527.90	180 468.00	206 420	169 648.00	−6.82	−5.99
其中：柴油机	MW	152 233.80	121 419.00	140 350	114 877.00	−7.81	−5.39
2. 大中型拖拉机	万台	8.37	8.37	8.24	8.10	−1.55	−3.23
3. 小型拖拉机	万台	209.66	194.14	201.64	182.98	−3.83	−5.75
4. 联合收割机	台	45 726	24 337	76 098	26 720	66.42	9.79
5. 金属切削机床	万台	17.74	10.18	18.65	9.34	5.13	−8.25
其中：数控机床	台	8 142	4 756	9 051	4 946	11.16	3.99
其中：加工中心	台	352	344	435	405	23.58	17.73
6. 印刷机械	万t	10.03	5.11	10.61	5.16	5.78	0.98
7. 塑料机械	万t	29.33	5.00	29.43	5.28	0.34	5.60
8. 矿山设备	万t	49.62	14.17	53.22	11.78	7.62	−16.87
9. 装载机	台	17 671	13 246	19 487	13 148	10.28	−0.74
10. 叉车	万台	2.76	1.68	3.11	1.95	12.68	16.07

（续）

产品名称	单位	1996年		1997年		比上年增长%	
		全国	机械工业部	全国	机械工业部	全国	机械工业部
11. 滚动轴承	亿套	20.60	8.33	27.24	7.89	32.23	−5.28
12. 电站发电设备	MW	15 538.50	14 470.00	16 881.30	16 674.1	8.64	18.07
其中:水电设备	MW	3 338.20	3 061.00	3 268.60	3 082.00	−2.08	0.69
13. 汽车	万辆	147.52	130.82	158.25	131.32	7.27	0.38
其中:轿车	万辆	38.29	37.19	48.60	44.51	26.93	19.68
14. 摩托车	万辆	916.75	216.17	1 033.42	228.03	12.73	5.49
15. 自行车	万辆	3 361.18		2 999.29		−10.77	
16. 铁路机车	台	1 050.00		1 069.00		1.81	
其中:内燃机车	台	892.00		873.00		−2.13	
电力机车	台	157.00		196.00		24.84	
17. 铁路客车	辆	2 616.00		2 535.00		−3.47	
18. 铁路货车	辆	32 824.00		31 170.00		−5.04	
19. 电梯	台	21 399.00		23 703.00		10.77	
20. 照相机	万台	4 120.77	628.50	4 686.89	784.20	13.74	24.77
21. 家用洗衣机	万台	1 074.72		1 254.48		16.73	
22. 家用电冰箱	万台	979.65		1 044.43		6.61	

表7 1997年大型火电机组分企业生产完成情况 （套/MW）

机组	1996年	1997年				
		合计	哈尔滨公司	上海公司	东方公司	北京重电机
火电设备总计	12 200.3	13 612.7	1 570.0	4 675.0	3 082.5	1 228.0
其中：100MW以上大型机组	42/9 120.0	38/9 360.0	6/1 400.0	21/4 375.0	8/2 725.0	3/860.0
600MW机组		1/600.0			1/600.0	
330MW机组	2/660.0	2/660.0				2/660.0
300MW机组	17/5 100.0	20/6 025.0	3/900.0	10/3 000.0	7/2 125.0	
200MW机组	5/1 000.0	3/600.0	2/400.0			1/200.0
125MW机组	14/1 750.0	11/1 375.0		11/1 375.0		
100MW机组	3/300.0	1/100.0	1/100.0			
310MW机组（核电）	1/310.0					

表8 1997年大型水电机组分企业生产完成情况 （台/MW）

机组	1996年	1997年			
		合计	哈尔滨公司	东方公司	天津厂
水电设备总计	3 268.6	3 082.0	762.0	1 083.5	103.25
其中：大型机组	7/1202.5	8/1495.0	4/715.0	4/780.0	
青海李家峡400MW机组		1/400.0		1/400.0	
四川天生桥一级300MW机组		1/300.0	1/300.0		
湖南武强溪240MW机组	2/480.0				
水口200MW机组	1/200.0				
四川宝珠寺175MW机组	1/175.0	1/175.0		1/175.0	
丰满2号140MW机组		1/140.0	1/140.0		
黑龙江莲花137.5MW机组	1/137.5	2/275.0	2/275.0		
叙利亚迪斯林105MW机组	2/210.0	1/105.0		1/105.0	
江桠100MW机组		1/100.0		1/100.0	

1997年机械工业主要产品产量见表6。

① 农业机械及内燃机继续保持较好势头。大中型拖拉机完成8.24万台，虽数量略有下降，但总的讲仍保持较好势头；联合收割机三年迈出三大步，1995年产量1.7万台，增长1.38倍，1996年生产4.57万台，增长1.6倍；1997年7.61万台，又有较大幅度增长。

② 电工产品在国家重点发展基础产业的形势下普遍看好。发电设备，生产了16 881.3MW，比上年增长8.64%，形势很好。大型机组持续增长，

100MW 以上机组完成 46 套、108 55MW，比上年增长 5.2%。100MW 以上大型火电机组 38 套、9 360MW，其中 600MW 机组 1 套，330MW 机组 2 套、300MW 机组 20 套；大型水电机组完成 8 套、1 495MW，其中有李家峡 400MW 机组和天生桥一级 300MW 机组各 1 套，详见表 7、表 8。

表 9 1997 年主要汽车生产国产量

（单位：万辆）

名次	国家名	1996 年	1997 年	1997 年比上年增长%
1	美国	1 182.9	1 208.1	2.1
2	日本	1 034.6	1 103.3	6.6
3	德国	484.3	502.3	3.7
4	法国	359.0	383.0	6.7
5	韩国	281.3	284.7	1.2
6	加拿大	239.7	257.0	7.2
7	西班牙	241.3	254.6	5.5
8	巴西	181.3	206.8	14.1
9	英国	192.4	193.6	0.6
10	意大利	154.5	180.4	16.8
11	中国	147.5	158.3	7.4
	总计	5 208.5	5 517.6	5.9

③ 交通运输设备平稳发展，汽车生产是近年增长来最快的一年。工业锅炉生产了 12.07 万 t(蒸汽)，变压器 1 613 340MV·A，电力电缆 496 万 km，钢芯铝绞线 25.9 万 t，都是历史上最高水平。

汽车，1997 年完成 158.25 万辆，增长 7.2%，是 1993 年以来增长最多的一年。其中轿车 48.6 万辆，增长 26.92%；摩托车完成 1 033.4 万辆，增长 12.73%。

1997 年全世界共生产各类汽车 5 517.6 万辆，比 1996 年的 5 208.5 万辆增长 5.9%。在世界汽车产量中，中国排名第十一位(表 9)。

表 10 1997 年世界轿车生产前二十位排序

排序	国家名称	1997 年产量(辆)	比 1996 年增长%
1	日本	8 492 080	8
2	美国	5 927 281	−3
3	德国	4 667 974	3
4	法国	3 350 846	6
5	韩国	2 308 476	2
6	西班牙	2 010 266	4
7	英国	1 698 015	1
8	巴西	1 679 566	15
9	意大利	1 562 865	19
10	比利时	1 004 970	−12
11	俄罗斯	981 887	13
12	加拿大	959 820	−1
13	墨西哥	531 970	7
14	中国	486 000	25
15	印度	409 895	3
16	瑞典	375 800	2
17	阿根廷	366 466	36
18	波兰	353 140	−9
19	捷克	321 498	34
20	澳大利亚	320 000	6
世界轿车总产量		38 817 855	5

表 11 1997 年中国汽车总产量及分车型产销第一、二名情况 （单位：辆）

车型	名次	企业名称	企业产量	车型总产量	企业销量	车型总销量
各类汽车总计	一	上海大众汽车有限公司	230 400	1 587 500	230 200	1 562 500
	二	第一汽车集团公司	174 300		172 300	
重型载货汽车	一	东风汽车公司	11 749	30 939	11 920	30 551
	二	中国重型汽车集团	11 049		10 814	
中型载货汽车	一	东风汽车公司	90 364	185 595	94 901	187 926
	二	第一汽车集团公司	86 381		84 966	
轻型载货汽车	一	第一汽车集团公司	48 780	293 889	50 038	297 730
	二	北京汽车工业集团公司	43 005		43 196	
微型载货汽车	一	柳州五菱汽车有限公司	71 392	156 032	69 652	160 329
	二	长安汽车有限责任公司	46 020		47 005	
大型客车	一	丹东汽车制造厂	1 925	4 332	1 872	4 896
	二	中国重型汽车集团	581		788	
中型客车	一	东风汽车公司	5 346	15 913	5 542	16 130
	二	江苏亚星客车集团公司	5 038		4 974	
轻型客车	一	北京汽车工业集团总公司	43 293	183 197	43 519	183 343
	二	跃进汽车集团公司	33 911		34 642	
微型客车	一	昌河飞机工业公司	62 524	226 390	62 384	212 366
	二	天津汽车工业(集团)有限公司	48 734		41 916	
轿车	一	上海大众汽车有限公司	230 443	481 611	230 186	474 203
	二	天津汽车工业(集团)有限公司	95 155		96 672	

1997 年全球共生产轿车 3 881.7 万辆，比 1996 年增长 5%。中国排名第十四位，只占全球产量的 1.24%，详见表 10。

1997 年上海大众汽车有限公司和第一汽车集团公司产量分别为 23.04 万辆和 17.43 万辆，分居国内行业第一位和第二位，分车型产量第一、二名排列如表 11 所示。

铁路机车，总的比上年略有上升，特点是蒸汽机车完全停产，电力机车生产 196 台，比上年增长近 1/4。

④ 机床工具产品缓步回升，数控机床增长较快。金属切削机床生产 18.65 万台，增长 5.13%，但数控机床增长很快，生产 9 051 台，增长 11.16%，其中加工中心 435 台；机床数控化率按台计为 4.85%，在 60 个骨干重点机床厂中，产值数控化率达 14.9%，同比增长 2.1 个百分点。

⑤ 日用机械产品大幅上升，基本上都达到历史最高产量。家用洗衣机生产 1254.5 万台；家用电冰箱 1044.4 万台，突破千万台大关；家用空调器 974 万台，增长 23.9%；照相机达到 4687 万台，创造了新的高水平。我国是这些产品最大生产国家之一。

效益情况不理想 1997 年，机械工业的主要效益指标，无论是全行业还是机械工业部系统，普遍比上年有较大幅度下降。如企业亏损面，全行业由 1996 年的 23.17%提高到 25.61%；机械工业部系统由 38.30%提高到 43.70%。资金利税率，全行业由 5.18%下降到 4.91%；机械工业部系统由 5.34%下降到 5.12%。总资产贡献率行业由 7.05%下降到 6.45%，机械工业部系统由 7.19%下降到 6.49%，详见表 12 表、表 13。

表 12 1997 年机械工业经济效率考核指标情况

项　　目	总资产贡献率（%）	资本保值增值率（%）	资　产负债率（%）	流动资产周转率（次）	成本费用利润率（%）	全员劳动生产率（元/人）	产品销售率（%）
全国工业	7.87	116	64.61	1.47	3.17	25 194.7	96.13
全国机械工业							
1996 年	7.05	118	67.03	1.26	2.29	18 295	95.47
1997 年	6.45	113	66.61	1.19	1.91	20 639.7	95.86
在 1997 年中：							
1. 机械工业部系统	6.49	117	66.52	1.03	2.50	20 253	97.71
2. 按经济类型分							
国有经济	4.43		70.27	0.88	−0.85	14 146.8	97.50
集体经济	9.40		69.63	1.59	2.68	19 810.0	94.19
“三资”企业	6.73		59.20	1.45	2.95	52 772.8	96.05
乡办企业	12.07		64.79	1.96	4.41	30 389.2	93.53

表 13 1997 年机械工业主要经济效益指标

（单位：%）

指标名称	1996 年		1997 年	
	全行业	机械部	全行业	机械部
机械工业亏损面（企业）	23.17	38.30	25.61	43.70
资金利税率	5.18	5.34	4.91	5.12
产品销售收入利税率	6.38	7.44	6.44	7.64
产品销售收入利润率	1.93	2.31	1.89	2.47
总资产贡献率	7.05	7.19	6.45	6.49
工业成本费用利润率	2.29	2.34	1.91	2.50
流动比率	1.03	1.05	1.03	1.05

与历史比，效益下降惊人，已经到了令人难以相信的程度，现将近二十年来，机械工业部系统几项效益指标多年对比如表 14。

对机械工业企业经济效益下降，有企业自身的问题，也有客观环境问题、结构问题、机制问题、管理问题、市场问题等等，需要有一个全面的分析。

① 从企业社会贡献总额看，机械工业企业创造价值不断增长。企业社会贡献总额，即企业为国家或社会创造或支付的价值总额，国家有关部门制定的《工业经济考核指标》规定，企业社会贡献总额简化为利润总额、税金和利息支出三项。从税制改革前的 1993 年到 1997 年，机械工业企业贡献总额，1993 年为 432.82 亿元、1997 年为 572.76 亿元，1997 年为 1993 年的 132.30%，四年平均年增 7.3%。可见从国家和社会的角度出发，机械工业企业社会贡献总额逐年增加。

但是也应看到同期机械工业企业总资产贡献率$\left(\frac{贡献总额}{平均资产总额}\times 100\%\right)$分别为 12.90%、12.15%、10.80%、9.19%和 6.49%，逐年下降。

② 利润转移，是机械工业企业“效益”大幅度下降的主要原因之一。工业增加值是企业总产出减去中间投入后的余额，按分配法分析，包括利润、税金、折旧、工资及福利（利息因列入金融行业的增加值，不计入工业增加值，但作为分析问题时仍应考虑）等项。能比较全面的反映企业经济效益，但从市场经济的角度看，所谓企业效益主要是指企业利润。1997 年与税制改革前的 1993 年相比，工业增加值增加了 27.80%，年均增长 6.4%，虽低于国内生产总值（GDP）的增长速度（四年增加 48.45%，平均

年增10.4%)，但速度并不太低。然而由于初次分配的调整，利润总额在工业增加值中的比重由1993年的19.43%降到1997年的9.62%，利润绝对值由183.30亿元降到115.95亿元，下降了36.74%。

表14　近二十年机械工业部系统企业主要经济效益指标　(单位：%)

年份	工业经济效益综合指数	资金利税率	资金利润率	销售收入利税率	销售收入利润率	成本费用利润率	流动资金周转率(次)
1978		14.24	11.19	22.94	18.81		1.58
1979		15.06	11.84	22.89	18.78		1.68
1980		16.5	12.64	22.75	17.43		1.54
1981		10.76	7.73	18.34	13.17		1.33
1982		12.60	8.99	17.90	12.80		1.59
1983		16.70	12.93	19.70	15.00		1.88
1984		20.90	16.04	20.88	16.78		2.18
1985		20.17	18.68	22.33	16.39		2.35
1986		20.51	14.42	18.91	13.29		2.05
1987		19.00	12.73	16.14	10.82		2.20
1988		20.16	12.67	14.88	9.81		2.52
1989		17.17	10.71	13.96	8.71		2.17
1990		9.85	4.85	9.65	4.75		1.73
1991		11.04	5.39	9.06	4.41		2.07
1992	98.90	10.18	5.49	9.96	5.37	6.36	1.44
1993	102.25	9.82	5.46	8.86	4.93	5.40	1.51
1994	92.89	8.12	3.21	9.75	3.86	3.98	1.14
1995	80.15	6.66	2.37	8.20	2.92	2.98	1.15
1996	85.10	5.36	1.48	7.44	2.31	2.34	1.10
1997	91.93	5.12	1.66	7.64	2.47	2.50	1.03

注：由于多年来指标的口径有调整，仅供参考，但可以看出趋势。

表15　近二十年机械工业部系统企业利税和利税比　(单位：亿元)

年份	利税合计	利润	税金	利税比	年份	利税合计	利润	税金	利税比
1978	86.30	69.22	17.08	4.05：1	1989	192.41	120.04	72.37	1.66：1
1979	93.02	74.42	18.60	4.00：1	1990	128.75	63.36	65.39	0.97：1
1980	81.07	59.90	17.73	3.38：1	1991	160.73	78.97	81.76	0.97：1
1981	58.27	34.88	18.88	1.85：1	1992	250.28	134.91	113.45	1.19：1
1982	66.86	42.55	20.01	2.13：1	1993	329.50	183.30	146.19	1.25：1
1983	90.40	68.62	21.91	3.13：1	1994	346.90	137.21	209.69	0.65：1
1984	118.46	90.06	28.40	3.17：1	1995	340.14	121.13	219.01	0.55：1
1985	170.47	125.10	45.37	2.76：1	1996	326.74	101.52	225.22	0.45：1
1986	152.25	107.00	45.25	2.36：1	1997	358.01	115.95	242.16	0.48：1
1987	157.72	105.70	52.02	2.03：1	1997①	878.76	257.66	621.10	0.41：1
1988	188.53	124.27	64.29	1.93：1					

① 为1997年机械工业全行业数。

表16　机械工业部系统工业增加值1997年与1993年比较

项目	1993年		1994年		1995年		1996年		1997年	
	亿元	%	亿元	%	亿元	%	亿元	%	亿元	%
增加值总计	943.18	100.00	1 092.38	100.00	1 098.14	100.00	1 198.39	100.00	1 205.36	100.00
其中：利润	183.30	19.43	137.21	12.56	121.13	11.03	101.52	8.47	115.95	9.62
税金	146.19	15.50	209.69	19.20	219.01	19.94	225.20	18.79	242.16	20.09
利息	103.33	10.96	172.26	15.71	212.02	19.31	233.30	19.47	214.65	17.81
折旧	84.55	8.96	122.24	11.19	134.13	12.21	152.58	12.73	174.99	14.52
工资	271.41	28.78	336.34	30.79	387.88	35.32	408.23	34.07	405.69	33.66

四年来，机械工业增加值构成发生了很大变化。利息支出迅猛增加，利润向金融部门转移。由于历史债务过重、严重的企业相互拖欠(1997年机械工业部系统企业应收账款净额1 414.33亿元，应付账款净额1 064.50亿元)、产成品存货占用资金过多(1997年668.42亿元)等原因负债严重，1997年机

械工业部系统负债总额达 6 031.86 亿元，其中流动资产负债 4 643.95 亿元；资产负债率 66.70%，其中流动资产负债率 95.19%。在国家降低利率的基础上，1997 年支付的利息仍有 214.65 亿元，比 1993 年的 103.33 亿元增长 1.1 倍；利息与利润之比，1993 年为 1：1.77，1997 年为 1：0.54。

税金增加，企业收益向财政转移。过去的税收是以所得税为主，税制改革后，是以增值税为主，税率为 17%，以销售收入为税基，不论盈亏都要纳税，1997 年税金 242.16 亿元，为税制改革前 1993 年 146.19 亿元的 1.66 倍。而同期工业增加值只有 1.28 倍，平均年增 6.4%，详见表 15。

折旧提高，由 1993 年的 84.55 亿元提高到 1997 年的 174.99 亿元，平均年增 20%，占比由 8.96%提高到 14.50%。

职工工资提高，由 1993 年的 271.41 亿元提高到 1997 年的 405.69 亿元，平均年增 10.6%，占比由 28.78%提高到 33.66%。机械工业利润转移情况详见表 16。

企业亏损情况继续发展 近年来，我国机械工业亏损额和亏损面一直居高不下，且呈增加趋势。1997 年机械工业亏损面，全行业为 25.62%，其中机械工业部系统为 43.70%。现以机械工业部系统情况为例说明如下：

1997 年，虽经过努力，但亏损形势仍继续扩大。至年底，亏损企业达 3795 个，比 1996 年增加 237 个，增加了 6.66%；亏损面 43.70%，比 1996 年增加 5.4 个百分点；亏损企业亏损金额 130.51 亿元，比上年增加 27.19 亿元，增加 26.3%；相当同期全系统利税总额 358.01 亿元的 36.45%。近年亏损情况详见表 17。

在亏损企业中，大型企业 255 个，尽管亏损面只占大型企业的 29.38%，只占全部亏损企业的 6.72%，但亏损额高达 50.18 亿元，占全部企业亏损 130.51 亿元的 38.45%。

国有企业亏损的 2 135 个，亏损面 45.04%，高于全系统 1.34 个百分点。亏损额 76.19 亿元，占全部亏损额的 58.38%。

亏损额超过 5 000 万元以上的亏损大户 19 个。其中神龙汽车有限公司最多，亏损额达 9.26 亿元；上海—易初摩托车有限公司次之，亏 3.36 亿元；广州标致汽车公司第三，亏 3.22 亿元。这 19 个企业共亏 28.13 亿元，占全部亏损企业亏损额的 21.55%。

表 17 机械工业部系统企业近年亏损情况

年份	亏损企业			利税总额（亿元）	亏损额相当利税总额比重（%）
	个数	亏损面（%）	亏损额（亿元）		
1982	1 907	22	5.27	66.86	7.88
1983	625	7.1	1.51	90.40	1.67
1984	312	3.4	0.67	118.46	0.57
1985			0.66	170.47	0.39
1986			2.07	152.25	1.36
1987			2.63	157.72	1.67
1988	606	6	2.12	188.55	1.11
1989	939	9	4.25	192.41	2.18
1990	2 291	22.2	22.22	128.75	17.24
1991	2 069	22.3	20.20	160.73	12.57
1992	1 304	13.1	12.60	250.28	5.03
1993	1 836	19.1	21.80	329.50	6.62
1994	2 806	28.9	47.80	346.90	13.78
1995	3 125	32.4	76.40	340.14	22.46
1996	3 558	38.30	103.32	326.74	39.16
1997	3 795	43.70	130.51	358.01	36.45

从行业分析，所有行业亏损面都在 40%以上。亏损面最大的是工程机械行业达 50%；其次是机床行业达 48.80%；第三位是农业机械行业达 45.04%。亏损企业亏损额最多的前三个行业：汽车行业亏损 39.29 亿元，占机械工业部系统企业亏损总额的 30.10%；电工电器行业和农业机械行业分别为 21.21 亿元和 21.09 亿元，居第二、第三位。值得投资者注意的是，汽车行业是发展热点，但是亏损面和亏损额都居前列。亏损额超过 5 000 万元的 19 个企业中，汽车行业占 10 个，详见表 18。

表 18 1997 年机械工业部各行业企业亏损情况

项目	单位	1996 年	1997 年	1997 年比上年增长%
企业单位数	个	9 291	8 685	−6.52
其中：亏损企业	个	3 558	3 795	6.66
其中：大型	个	198	255	28.79
中型	个	737	857	16.28
小型	个	2 623	2 683	2.29
其中：国有企业	个	1 963	2 135	8.76
亏损面	%	38.30	43.70	5.40
其中：大型	%		29.38	
中型	%		40.99	
小型	%		46.86	
其中：国有企业	%		45.04	
其中：农业机械	%		43.32	
工程机械	%		50.00	
仪器仪表	%		41.44	

（续）

项　　目	单　位	1996 年	1997 年	1997 年比上年增长％
石油化工	％		41.00	
重型矿山	％		45.03	
机床工具	％		48.80	
电工电器	％		42.63	
通用基础件	％		44.46	
食品包装	％		43.16	
汽车	％	43.24		
其他机械	％		45.22	
亏损企业亏损额	万元	1 033 175	1 305 112	26.32
其中：大型	万元	335 905	501 816	49.39
中型	万元	378 791	449 898	18.77
小型	万元	318 479	353 398	10.96
其中：国有企业	万元	714 128	761 898	6.69
其中：农业机械	万元	151 173	210 925	39.53
工程机械	万元	31 539	74 683	136.80
仪器仪表	万元	52 581	50 714	−3.55
石油化工	万元	81 211	74 124	−8.73
重型矿山	万元	67 749	61 732	−8.88
机床工具	万元	91 413	93 725	2.53
电工电器	万元	195 557	212 125	8.47
通用基础件	万元	71 139	83 083	16.79
食品包装	万元	5 630	8 672	54.03
汽车	万元	238 793	392 891	64.53
其他机械	万元	46 390	42 439	−8.52

按地区分析，在全部 50 多个统计单位中，亏损企业亏损面在 50％以上的 14 个，占统计单位的 26.4％，而上年只有 8 个。其中西部地区 6 个，中部地区 4 个，东部地区 4 个，详见表 19。

表 19　亏损面在 50％以上的省、区、市

序号	地　区	亏损面(％)	序号	地　区	亏损面(％)
1	青海省	97.44	8	陕西省	54.70
2	新疆区	71.70	9	贵州省	52.63
3	宁夏区	69.57	10	安徽省	52.08
4	湖南省	65.23	11	黑龙江省	51.00
5	广西区	60.00	12	辽宁省	50.91
6	湖南省	60.00	13	吉林省	50.48
7	天津市	54.79	14	重庆市	50.00

对外经济贸易形势很好

(1) 机械产品出口取得突破性进展，为机械工业的发展和就业作出积极贡献

机械产品出口 300 多亿美元，占全国外贸出口比重近 1/5。

1997 年机械工业出口创汇 363.83 亿美元（其中机械工业部归口产品出口 148.58 亿美元），比 1996 年增长 32.20％。出口额占全国外贸出口总额的比重，由 1990 年的 12.26％提高到 1997 年的 19.91％，平均年增 1.1 个百分点；目前仅次于纺织品及服装行业，居全国第二位。机械产品出口的贡献度（在全国外贸新增出口额的比重）不断提高，1997 年为 20.66％，即全国外贸出口每新增 100 亿美元中，由机械工业提供的，1997 年为 20.66 亿美元。说明机械产品的出口有力地推动了中国出口贸易的增长和出口商品结构的改善，日益成为中国扩大对外出口的支柱产品，详见表 20。

(2) 进口大幅度下降，外贸逆差不断减少

据海关统计，1997 年机械产品（指机械工业全行业，含汽车和轻工类产品）进口 404.88 亿美元，比 1996 年净减少 49.46 亿美元；其中机械工业部归口产品进口 237.60 亿美元，比 1996 年净减少 27.05 亿美元，详见表 21。

机械产品进口在全国外贸进口总额中的比重，1993 年、1994 年分别高达 37.41％和 37.92％，1995 年开始下降，1997 年降至 28.26％，详见表 22。

(3) 外贸逆差大幅度减少

机械工业产品外贸逆差，在 1993 年前急剧上升，1993 年曾达 247.95 亿美元。从 1994 年开始回落，1997 年进一步降至 41.05 亿美元，比上年净减 114.4 亿美元。机械工业部归口产品的外贸逆差亦同期回落，详见表 23。

(4) 名义竞争力提高

由于出口增加，进口减少，我国机械产品进出口平衡能力显著增强，国内市场占有率明显好转。

①　进出口名义竞争力提高。1997 年我国机械产品名义竞争力（出口与进口之比）由 1996 年的

0.66 提高至 0.9，与西方工业国家大致为 1 左右的差距大为缩小，其中机械工业部系统也由 0.44 提高到 0.63。

② 国内市场占有率明显提高。1997 年机械产品国内市场占有率已近 70%（其中机械工业部系统为 55.9%），进口相当于国内生产量的 1/3 左右，详见表 24。

机械产品质量水平稳定

(1) 产品质量有所好转

① 国家监督抽查产品的合格率连续三年稳定在 75%～80%之间，比前些年有所提高，详见表 25。

② 1997 年，全国统检创造了近年最好水平，1993 年 74.4%，1994 年 71.2%，1995 年 73.2%，1996 年 67.02%，1997 年 85.7%。

③ 质量抽检合格率提高的原因。以全国统检为例，一是随着市场竞争的结果，各行业的组织结

表 20 1997 年机械工业产品出口增长情况 （单位：亿美元）

年 份	全国外贸出口总额	机电产品出口总额							
		合 计	机械工业全行业产品出口额						电子类产品出口额
			合计	资本货物机械产品			轻工类机械产品		
				小计	机械部归口	其他部归口			
1996	1 510.5	482.06	298.44	222.97	116.42	106.55	75.47		183.62
1997	1 826.7	593.17	363.82	272.41	148.58	123.83	91.42		229.34
1997 年比 1996 年（%）	122.80	135.28	132.20	133.08	138.82	126.78	129.67		140.40

表 21 1997 年机械工业产品进口增长情况 （单位：亿美元）

年 份	全国外贸进口总额	机电产品进口总额							
		合 计	机械工业全行业产品进口额						电子类产品进口额
			合计	资本货物机械产品			轻工类机械产品		
				小计	机械部归口	其他部归口			
1996	1 388.4	613.57	454.34	425.36	264.65	150.52	28.98		159.22
1997	1 432.6	593.32	404.88	379.71	237.60	142.31	25.16		188.44
1997 年比 1996 年（%）	103.18	96.70	89.11	89.27	89.78	94.55	86.82		118.35

表 22 1993～1997 年机械产品进口额在外贸进口额中的比重 （单位：%）

年份	机电产品进口在全国进口总额中比重	机械全行业产品进口在全国进口总额中比重	资本货物机械产品进口在全国进口中比重	机械工业部归口进口产品		
				占全国进口总额比重	占机电产品进口额比重	占机械全行业进口额比重
1993	47.55	37.41	35.33	22.15	46.58	61.38
1994	49.47	37.92	35.93	22.41	45.31	62.19
1995	44.80	32.63	30.41	19.85	44.31	60.89
1996	44.19	32.72	30.79	19.06	45.13	60.67
1997	41.42	28.26	26.50	16.59	40.05	58.68

表 23 1990～1996 年我国机械产品进出口逆差情况 （单位：亿美元）

项 目	1993 年	1994 年	1995 年	1996 年	1997 年
机械工业产品进口总额	398.07	438.70	430.65	454.34	404.88
其中：机械工业部归口产品进口额	230.36	259.33	262.21	264.65	237.60
机械工业产品出口总额	150.12	201.80	275.20	298.44	363.83
其中：机械工业部归口产品出口额	54.20	73.21	107.03	116.42	148.58
机械工业产品进出口逆差	247.95	236.9	155.45	155.90	41.05
其中：机械工业部归口产品逆差	176.16	186.12	155.18	148.23	89.02

表 24　1997 年机械产品国内市场占有率情况

项　　目	1994 年		1995 年		1996 年		1997 年	
	亿美元	折人民币亿元	亿美元	折人民币亿元	亿美元	折人民币亿元	亿美元	折人民币亿元
(1) 产品销售收入		9 468.3		11 442.2 (4 086.4)		12 609 (4 394)		13 651 (4 690)
(2) 出口额	201.8	1 715.3	275.2 (117.01)	2 339.2 (994.6)	299.0 (121.3)	2 541.5 (1 031.1)	363.8 (148.6)	3 020.0 (1 233.2)
(3) 进口额	438.7	5 045.1	430.7 (262.2)	4 953.1 (3 015.3)	456.4 (276.9)	5 248.6 (3 184.4)	404.9 (237.6)	4 656 (2 732)
(4) 国内市场需求总量 (1) ＋ (3) － (2)		12 186.0		14 053.1 (6 107.1)		15 316 (6 547)		15 287 (6 189)
(5) 国内市场占有率 (1) － (2) / (4)		60.63%		64.76% (50.62%)		65.73% (51.37%)		69.54% (55.85%)
(6) 进口相当国内生产 (3) / (1)		53.18%		43.29% (73.79%)		41.63% (72.47%)		34.11 (58.25%)

注：括弧内数字指机械工业部系统。

表 25　1989～1997 年国家监督抽查机械产品结果　（单位：%）

年　份	平均抽查合格率	其中：骨干重点企业
1989	74.86	
1990	74.78	
1991	88.22	92.22
1992	59.73	90.78
1993	65.50	85.27
1994	62.70	86.00
1995	78.10	
1996	77.60	93.88
1997	77.50	89.66

构发生了很大变化。如微型客、货车在全国有 160 余个生产企业，轻型客车有 280 多个生产企业，但目前都只有 20 多个企业能维持正常生产。又如内燃发电机组，1990 年有 225 个生产企业，到目前还有 100 个左右企业在生产。各行业保留下来的企业基本都是生产条件较好、产品质量相对较稳定的企业，因此这些企业在产品质量检查时抽样合格率也相对较高。二是国家加强了监督力度。如低压成套开关设备系量大面广的产品，全国大约 2 000 多个生产企业，此次检查了 996 个企业，合格 956 个，抽样合格率为 96.0%，近年来国家对该类产品加强了监督力度，连续对照明配电箱、动力配电箱和低压开关设备进行了全国统检，促使企业提高了质量意识，加强了产品质量控制。虽合格率较高，但与先进国家产品比较，性能、技术参数、工艺等方面仍有较大差距，34 个大型企业产品可达国外 80 年代中期水平，而其余大部分企业生产的产品只停留在国外 70 年代的水平上。

(2) 骨干重点企业产品合格率领先

以全国统检为例，1997 年统检了 1 977 个企业的 2 028 种产品，合格 1 739 种，抽样合格率为 85.70%。其中骨干重点企业的 108 种产品，合格 97 种，抽样合格率 89.8%，而一般企业和乡镇企业分别为 88.62%和 11.40%，虽比上年有较大提高，但仍表明国民经济骨干重点企业合格率保持较高水平，见表 26。

表 26　各类生产企业机械产品在统检中合格率对比情况

项　目	抽查产品数（种）				合格率（%）	
	抽查数		合格产品数		1996 年	1997 年
	1996 年	1997 年	1996 年	1997 年		
合　　计	937	2 028	628	1 739	67.02	85.70
其中：骨干重点企业	126	108	113	97	89.68	89.80
一般企业	625	1 574	425	1 395	68.00	88.62
乡镇企业	173	346	91	247	52.60	71.40

国家监督抽查情况类似，1997 年抽样合格率，骨干重点企业为 89.66%，一般企业 80.20%，乡镇企业 72.38%，同样是骨干重点企业领先。

(3) 重点产品质量情况反映较好

大型火电机组运行可靠性继续提高。以等效可用系数为例，100MW 机组从 1995 年的 90.79%提高到 1996 年的 91.40%和 1997 年的 90.87%；200MW 机组从 1995 年的 86.68%提高到 1996 年的 87.31%和 1997 年的 88.71%，300MW 机组从 1995 年的 81.86%提高到 1996 年的 82.10%和 1997 年的 86.86%。

各类机械产品从调试、使用情况看，基本上能满

表 27 1997 年三种经济类型机械企业主要指标对比

项　目	企业数		工业总产值（现价）		工业增加值		年末资产		利税总额	
	个	%	亿元	台	亿元	%	亿元	%	亿元	%
机械工业合计	115 334	100.00	15 051.6	100.00	3 381.0	100.00	21 746.9	100.00	878.9	100.00
其中：国有经济	16 739	14.51	4 619.8	30.69	1 195.6	35.36	9 983.5	45.91	182.2	20.73
集体经济	81 980	71.08	5 237.5	34.80	1 365.6	40.39	4 636.5	21.32	307.1	34.94
“三资”企业	8 907	7.72	3 342.0	2.27	773.3	22.86	4 300.8	19.78	214.1	24.36

表 28 机械工业主要经济技术指标

指标名称	1995 年	1997 年	附：西方国家情况
评价经济增长水平主要指标			
总资产贡献率（%）	8.04	6.45（6.49）	一般应达到 20%左右
资本保值增值率（%）		113（117）	
资产负债率（%）	67.72（70.66）	66.61（66.52）	近年来已下降到 50%以内
流动资产周转率%	1.28（1.15）	1.19（1.03）	一般为 1.5～2.5 次
成本费用利润率（%）	（2.98）	1.91（2.50）	（我国历史上曾达 10 以上）
增加值劳动生产率（元/人）	15678（16659）	20639（20253） （折美元 0.25 万）	美国 1994 年 9.37 万美元 日本 1993 年 10.47 万美元 德国 1994 年 7.66 万美元 英国 1992 年 4.53 万美元 法国 1994 年 5.95 万美元 韩国 1994 年 5.57 万美元 印度 1992 年 0.34 万美元
产品销售率（%）	（103.15）	95.86（97.71）	
资本收益率（%）	5.01	4.75	
流动比率（%）	1.06（1.06）	1.03（1.05）	公认为 1.5 以上较合适
工业增加值率（%）	25.09（25.69）	25.45（24.76）	美国 1994 年 49.31 德国 1994 年 48.44 日本 1993 年 38.01 英国 1992 年 43.57

注：（ ）内为机械工业部系统数，下同。

足用户要求。发电设备一次投运率有所提高，调试时间在缩短，宝钢三期 1 580mm 热轧机在制造周期缩短、国产化率提高的情况中，做到一次投运成功，运行可靠，得到宝钢的称赞。机床行业订货量开始出现回升。农机产品在持续高速发展的形势下，农民对产品质量基本满意。一汽的红旗轿车，在实施一条龙创名牌过程中，认真改进质量，提高了可靠性。

企业经济类型日趋多元化 据统计，1997 年机械工业中，国有经济企业 16 739 个，占全行业企业数的 14.51%；集体经济企业 81 980 个，占 71.08%；“三资”企业 8 907 个，占 7.72%。

国有经济企业，1997 年年末资产 9 983.52 亿元，占全行业的 45.91%；职工 845.11 万人，占 45.53%；工业总产值（1990 年不变价）4 339.58 亿元，占 29.93%；工业增加值 1 195.56 亿元，占 31.21%；利税总额 182.16 亿元，占 20.73%。即拥有的资产、人员约占全行业的 45%，产出约占 30%，但效益只占 20%。

集体经济企业，资产和职工分别占全行业的 21.32%和 37.14%居行业中各类型企业第二位，但产值、增加值和利税分别占 34.01%、35.65%和 34.94%，均居第一位。

“三资”企业除职工只占 7.89%外，其他各项占 20%左右。

从几项主要效益指标对比，集体经济企业各项指标较好；“三资”企业除劳动生产率、工业成本费用利润率较高外，其他并不占优劣；国有经济企业各项指标普遍居于末位。但总的看来，公有经济仍是主要的。各类型企业经济指标对比详见表 27。

经济及技术水平低，结构调整任务重 1998 年机械工业经济及技术水平，无论从本行业历史看，还是从当代国际水平看，明显偏低。如劳动生产率，1997 年只有 0.25 万美元，而美国、日本分别达 9.37 万美元和 10.47 万美元，印度也有 0.34 万美元；工业增加值率，1997 年只有 25%左右，西方国家一般都在 40%以上；技术进步对产值增长速度的贡献率只有 34%，西方国家一般都在 60%以上；新产品产值率不到 30%，西方国家在 50%以上；机床产值数控化率，我国只有 25%左右，日本早已达 70%；技术开发经费 1.78%，技术开发人员占职工比重 3.73%，都明显偏低，详见表 28。

〔撰稿人：机械工业部行业发展司黄开亮〕

汽车工业

机械工业部汽车工业司

1997年，在国家继续执行适度从紧的宏观经济政策和"稳中求进"方针的引导下，我国汽车工业经济运行总体保持平稳态势。企业适应市场能力有所增强，产销衔接水平有了提高，各类产品结构调整趋向合理，生产持续稳定增长，但经济效益总体水平仍然低下，经济运行质量有待进一步提高。

汽车工业经济运行情况　1997年全国《汽车产品目录》内生产企业汽车产量157.79万辆，同比增长7.37%；销量156.75万辆，同比增长7.82%，产销率99.34%；企业库存11.43万辆，同比增长15.72%，为0.87个月当量。其中轿车产量48.16万辆，同比增长24.22%；销量47.42万辆，同比增长22.88%，产销率98.46%；企业库存2.08万辆，同比增长83.56%；各类客车产量42.98万辆，同比增长8.51%，销量41.67万辆，同比增长8.26%，产销率96.95%；载货车产量66.65万辆，同比下降2.83%，销量67.65万辆，同比下降0.94%，产销率101.51%。

根据汽车工业综合单位经济指标月报，1997年汽车行业1 514个主要生产企业完成工业总产值(不变价)2 316.61亿元，同比增长14.00%；工业增加值586.82亿元，同比增长5.16%；产品销售收入2178.80亿元，同比增长9.50%；利税总额197.26亿元，同比增长0.07%，其中利润总额63.68亿元，同比下降9.20%。亏损企业639个，亏损面42.21%，同比上升3.88个百分点。资产负债率63.97%，下降0.08个百分点，工业经济效益综合指数96.09%，同比下降0.25个百分点。

根据生产统计及财务月快报，1997年一汽、东汽、中汽、重汽、北汽、天汽、上汽七个汽车企业集团汽车产量101.52万辆，同比增长3.37%，生产集中度64.34%；销量101.40万辆，同比增长4.26%，市场占有率64.69%，产销率99.88%，同比提高0.84个百分点；完成工业总产值1 204.33亿元，同比增长11.68%；工业增加值281.01亿元，同比下降0.38%；产品销售收入1 548.85亿元，同比增长9.27%；利税总额151.18亿元，同比增长0.46%；其中利润总额61.94亿元，同比下降16.22%；亏损面35.82%，同比上升3.59个百分点；企业负债总额同比增长14.26%，其中流动资产负债同比增长16.90%；资产负债率65.31%，同比下降3.04个百分点；流动资产负债率84.71%，同比下降2.74个百分点。

1997年兵器、航空、航天、总后系统军转民企业汽车总产量28.24万辆，同比增长33.06%，占总量比例17.89%，同比提高3.45个百分点；销量27.35万辆，同比增长29.91%，占总量比例17.45%，同比提高2.97个百分点。产销率96.83%，同比下降2.36个百分点。

1997年全国摩托车产量1 003.74万辆，同比增长8.20%；销量971.56万辆，同比增长10.33%；产销率96.79%，同比提高0.85个百分点。库存88.11万辆，同比增长42.87%，为1.05个月当量。

机械系统1997年汽车配件产值（当年价）450.14亿元，同比增长17.03%；销售产值422.46亿元，同比增长15.65%；产销率94.97%，同比下降1.12个百分点；库存54.11亿元，为1.54个月当量。

"三大战役"进展情况　根据机械工业部"三大战役"的统一布署，汽车行业紧紧围绕贯彻《汽车工业产业政策》，积极开展各项工作。

通过一个阶段的结构调整，汽车行业不合理的产品结构和组织结构已开始有所转变。据统计，重点汽车企业集团的生产集中度在逐年提高，全国《汽车产品目录》内前20个企业生产集中度已达90%以上。企业内部结构也在不断发生变化，逐步由"橄榄型"转向"哑铃型"。如：一汽集团现在通过专业协作，企业存量资产的流动重组，优化资源配置，收购控股了25个地方企业，盘活资产100亿元，还以资产为纽带组建了35个专业厂和243个协作厂，资产结构基本形成"哑铃型"。最近五年间，一汽的产量从8.35万辆，增加到23.16万辆，利税从2.98亿元增加到22.92亿元，产品品种从五六种增加到十多种。

东风汽车公司以建立公司型体制为目标，1997年加大了改革、改造和改组的力度，调整了母子公司产品发展布局，形成了分工合理，各有侧重、专业化和大协作的生产规划，新产品自制率已降低到30%，同时加快了零部件子公司体制改革的步伐，按照建立"小型巨人"企业的发展思路，先后将仪表、钢板弹簧等七个零部件厂改造成独立经营的子公司，直接推向市场，仪表公司在1997年实现股票上市。

上海汽车工业总公司在桑塔纳轿车产量逐年递增、国产化率进程加快的情况下，坚持对内生产重组、对外联合兼并，几年来公司先后调整40次，涉及企业61个厂次，通过资产优化重组，使零部件生产企业的生产规模、技术质量、管理水平同整车生产企业的规模水平相匹配，从而使轿车工业协调、均衡地向前发展。

按照"合理配置资源、加强统一领导和发挥整体优势的原则"，嘉陵、建设、望江和平山等八个摩托车整车及发动机零部件企业打破行业、地区和所有制界限，联合组建了中国嘉陵建设摩托车集团，协议的签字仪式已于1997年10月10日在重庆举行。新组建的集团总资产100亿元，年生产摩托车能力400万辆左右，发动机500万台左右，将成为我国最大的摩托车企业集团。

1997年汽车行业在加强全国《汽车产品目录》内企业的管理和法制化建设方面做了大量工作，促进产业结构趋向合理。

·1997年行业组织有关专家制定了《中国机械工业名牌产品评价细则》(汽车)，经对正式申报产品的初审，已有19种汽车整车产品列入第一批名牌产品认定计划。

·1997年制订了《轿车和客车产品质量上台阶工程实施办法》，到年底已有25个企业正式报名，并制定出本企业质量上台阶实施计划及年度计划。

·1997年初发布实施了《汽车整车出厂质量保证检测线管理实施细则》，并与公安部协调推出第一批新车免检注册企业及车型。

·发布了《汽车定型试验规程的补充规定—1997》，进一步明确了对试验规范、承担试验单位和试验地点的规定，使汽车定型试验具有更强的科学性和透明度。

·提出了《汽车整车质量检查评定方法》，并于1997年3月15日实施，该标准完全站在用户角度对汽车整车质量进行评价，在汽车行业中引起了巨大的震动。使汽车行业整车企业初步感受到质量竞争压力。

·《整车底盘质量检查评定办法》已完成初稿，《汽车发动机质量检查评定办法》正在征求意见。

·颁布了《摩托车商品修理更换退货责任实施细则》。

·针对劳动部关于安全生产的要求，以及保证汽车统检定型试验的安全、正常和高质量地进行，印发了《关于加强汽车试验场安全管理工作的通知》。

·发布了《汽车质量监督检验和新产品鉴定试验机构检测能力公告》(第三号)。

·根据国家技术监督局的安排，1997年对微型客车和微中型载货汽车，轻、中型客车，重型汽车发动机，汽车信号灯，经济型轿车等产品实施全国统检。各检测中心按照经批准的实施细则开展统检工作，现已全部完成，正在进行统检总结。

·1997年汽车行业部分零部件开展了质量认证工作。青岛固特异制动软管公司首先通过了我国汽车产品认证委员会的质量认证，这是汽车零部件行业第一家通过质量认证的企业。按照汽车产品认证计划，第一批公布了五家企业八种产品的认证。其他零部件产品的认证工作也将逐步展开。

·根据机械工业部《汽车工业"九五"质量发展规划》分阶段达到质量保证期国际平均水平的要求，经过两年的努力已有近50%的汽车企业的质量保证期又跨上了一个新的台阶。概括地说，现在国产汽车的质量保证期比"八五"期间提高了一倍。按汽车类别分析结果如下：

(1) 在"八五"期间，国产轿车质量保证期多为12个月或里程为2万km，部分企业里程不限。现在质量保证期多为24个月或里程为3～5万km。现在企业执行质量保证期比"八五"期间增长了一倍，里程增长了0.5～1.5倍。

(2) 在"八五"期间，微型汽车（包括微型轿车）质量保证期多为6个月或里程为1万km。现在其质量保证期多为12个月或里程为2万km。质量保证期的年限或里程均比"八五"期间增长了一倍。

(3) 在"八五"期间，载货汽车和客车质量保证期一般为12个月或里程为2.5万km。而现在此类汽车产品质量保证期多为18个月或里程为3～4万km，与"八五"相比质量保证期年限增长了50%，里程提高了20%～60%。其中一汽等企业的质量保证期里程达到5～10万km。与"八五"相比，其产品质量保证期里程提高了1～3倍。

·提高产品开发能力方面，1997年全行业列入国家基建和技改"九五"计划的开发能力建设项目金额已达2.1亿元（不包括合资企业自有资金用于开发中心的投资）。一汽、东风、重型和上海等大企业集团的技术中心列为国家级技术中心。

一批汽车有关科研项目列入国家"九五"科技计划。主要有：

(1) 轿车车身设计开发技术研究、电动轿车（概念车）研制、汽车电子控制技术研究、汽车用新材料和工业机器人应用等项目列入国家科委主管的国家"九五"科技计划。

(2) 轿车大批量生产技术研究项目列入国家计委主管的国家"九五"科技计划。

上述项目的国家支持资金总额已超过2亿元，远远超过"八五"期间国家对汽车工业科技项目的支持。

·为配合提高产品开发能力战役的各项工作，先后组织国内主要汽车企业集团研究机构的领导，汽车行业部分专家，以及国务院有关部委的同志，分别在北京和上海召开两次以"汽车行业形成了产品自主开发能力"为内容的座谈会，深入探讨了我国汽车工业发展中亟待解决的如何促使企业尽快形成产品开发能力的有关问题，并在主要问题上取得了共识，并提出有益的建议。

重要政策及法规的发布

1.1997年7月3日八届全国人大常委会通过了《中华人民共和国公路法》并由国家主席江泽民签署公布，将于1998年1月1日施行。公路法共分9章88条。该法规定，公路的发展应当遵循全面规划、合理布局、确保质量、保障畅通、保护环境、建设改造与养护并重的原则，公路建设应当纳入国民经济和社会发展规划。国家帮助和扶持少数民族地区、边远地区和贫困地区发展公路建设;公路受国家保护,任何单位和个人不得破坏、损坏或者非法占用公路、用地及公路附属设施;禁止任何单位和个人在公路上非法设卡,收费、罚款和拦截车辆。根据这部法律,1998年开始,公路养路费将以燃油附加费的方式交纳。用征收燃油附加费的办法取代现行的养路费制度,是一项重大举措,但如何实施还有待国家做出进一步规定。

2.1997年7月11日国务院发出通知,批转国家计委、国家经贸委、机械工业部、公安部、对外贸易经济合作部、海关总署和国家工商局七部委联合提出的《关于进一步加强汽车工业项目管理的意见》,对汽车工业项目的管理和审批程序提出具体意见,并要求年内机械工业部牵头对现有汽车、摩托车生产企业进行清理整顿。《汽车工业产业政策》公布以来,汽车工业分散、盲目重复发展的势头有所抑制。但未经国家批准新上汽车项目,擅自与外商合资项目,非法拼装汽车,倒卖合格证,转让产品目录,利用改装车名义上整车制造项目等现象十分严重,严重影响了我国汽车工业的健康发展。针对这些问题,该意见提出了具体要求。凡涉及汽车、摩托车整车和发动机的固定资产投资项目,不论建设性质,不分资金来源,也不分限额以上或限额以下,一律报国家计委、国家经贸委会同有关部门审批,其中重大项目报国务院审批;对汽车、摩托车整车和发动机项目及加工贸易项目进口部件、成套散件,一律凭国家计委或国家经贸委的项目批准文件办理海关备案手续;对于要求增资的中外合资汽车、摩托车整车和发动机项目,不论限额以上或限额以下,均根据立项时的建设性质,将可行性报告报送国家计委或国家经贸委会同有关部门审批,修改合资企业合同由对外贸易经济合作部审批;企业经营范围凡涉及汽车、摩托车整车和发动机的生产、装配和加工贸易等项目,应持国家计委或国家经贸委和机械工业部的项目批准文件向工商行政管理机关申请注册登记手续,未按上述规定办理手续的企业,有关部门不予办理注册登记,其生产的产品禁止在市场上流通。要求年内机械工业部将牵头对现有汽车、摩托车生产企业进行一次清理整顿,凡不具备基本生产条件的企业及生产车型与产品目录不符或有转让目录和出卖产品合格证行为的企业,一律取消其相应的产品目录。对改装车厂生产的产品实行双合格证(整车合格证、底盘合格证)制度。

3月9日国内贸易部发布《旧机动车交易管理办法》,规定旧机动车交易必须在旧机动车交易中心进行。原则上每个地级以上城市批准设立一个旧机动车交易中心,并实行分级审批制度。确定旧机动车价格必须依据国务院商品流通主管部门制定的《旧机动车评估定价标准》。对已经办理报废手续或虽未办理报废手续,但已经达到报废标准或在一年时间内即将报废的各类机动车;未经安全检测和质量检测,没有办理必备证件和手续、或证件、手续不齐全的各类旧机动车以及各种盗窃车、走私车、非法拼组装车、国产、进口和进口件组装的各类新机动车;右方向盘的旧机动车以及国家法律、法规禁止进行经营的其他各种机动车一律禁止交易。

经国务院批准,国务院关税税则委员会、国家计委、机械工业部、海关总署联合发出通知,公布《运用关税手段促进轻型客车国产化的暂行规定》。对经国家批准符合下列两个条件的轻型客车企业引进技术或自主开发生产的6座及以上、22座及以下且车身总长在4.2m及以上、7m及以下的客车所需进口的零件、部件,实行与国产化率挂钩的关税税率。(1)设计纲领在年产5万辆以上,全期国产化率目标在80%及以上,在申报时已投产的主导车型整车国产化率达到40%及以上的整车生产企业;(2)设计纲领在年产10万台以上,全期国产化率达到90%及以上,在申报时国产化率达到60%及以上,已经批准享受规定关税税率的为两个及以上整车厂配套的发动机、变速箱生产企业均可申请享受本规定的关税税率。

为适应产业结构的主动调整,按照国家重点鼓励发展产业、产品和技术的原则,1997年12月国家计委、国家经贸委和对外贸易经济合作部联合发布了修订后的《外商投资产业指导目录》。在机械工业项中涉及汽车产品的有:汽车关键零部件制造,包括制动器总成、驱动桥总成、变速器、柴油机燃油泵、活塞等。

汽车、摩托车模具和夹具制造;汽车、摩托车用铸锻毛坯制造;石油化工专用沙漠车等特种专用车的生产以及摩托车关键零部件制造,包括化油器、磁电机、起动电机、灯具和盘式制动器等。该目录1998年1月1日起实行。

1997年12月国家计委还发布了《当前国家重点鼓励发展的产业、产品和技术目录》,在汽车产业项中重点鼓励发展的产品和技术有:汽车车身和车身附件,汽车、摩托车新型发动机,汽车关键零部件,汽车重要部件的精密锻压、黑色金属铸造、有色金属铸造及毛坯,汽车模具,汽车电子产品,汽车轻型化新材料,汽车、摩托车整车及发动机和零部件开发系统,发动机管理系统,三元催化转化装置等汽车尾气排放系统,国家级检测中心用于汽车、摩托车型式认证检测系统。该目录1998年1月1日起实行。

汽车排放污染控制及措施 随着我国汽车保有量的迅速增加,在机动车保有量集中的大城市由于机动车的废气、噪声等污染日益严重,因此成为有效治理和控制成为国家的环境政策和汽车行业发展中的重要部分。我国对汽车污染的研究工作是随着汽车保有量的增长而逐步开展的。目前重点治理的是汽车排放。1983年政府颁布了第一批机动车排放标准,1987年颁布了《中华人民共和国大气污染防治法》。从而结束了中国无排放标准的历史。标志着汽车污染控制治理工作纳入法制轨道。1990年由国家环保局会同公安部、交通部等部门发布了《汽车排气污染监督管理办法》,1993年国家对已颁布的排放标准又进行了修订补充。目前,我国发布或修订的关于汽车排放污染物的国家标准有14个，分为强制性标准与推荐性标准，控制汽车排放的技术标准体系基本形成。1997年，为贯彻国家大气污染防治法规，在北京、上海、广州等城市率先推行汽油无铅化行动。以上各城市都制定了具体的实施条例和相应的处罚规定。

技术进步是实现汽车低排放直至零污染的最佳途径。我国从70年代起就对发动机燃烧室、化油器、点火系统进行改进。90年代以后，根据国家的排放标准，采取机内净化与机外净化相结合的措施，对新车装备曲轴箱强制通风装置、汽油发动机加装怠速限位装置、自主研制低污染化油器、引进新型化油器产品等措施，使CO、HC限值大幅度降低。目前新车排放基本达到欧洲80年代水平。1996年5月与德国博世公司合资成立的上海联合汽车电子有限公司，是目前国内最大的电子燃油喷射系统的专业生产厂。在已投放市场的整车中，奥迪200和捷达轿车，均采用了尾气排放催化转化装置、燃油蒸气排放控制系统。按照机械工业部《汽车产品排放污染控制“九五”规划》制定的排放标准实施步骤，在实现了国产车安装催化转化器和电子燃油喷射系统后，到2000年，我国的汽车排放控制有望达到欧洲90年代中期的水平。在控制排放的基础研究方面，已建立起包括轻型和重型车在内的检测、研究实验基地。在中外合作研究项目中，由国家环保局和国家科委共同组织，得到世界银行支持的中国机动车污染控制战略研究项目1995年启动。1996年机械工业部与美国福特汽车公司签定共同开展稀土催化剂的研究项目，成果主要用于开发汽车的三元催化转化器。1997年，为配合无铅汽油的推广和应用，国家技术监督局下发《1997年全国监督检查加油站有关条件考核细则》，为达到综合治理的目的，国家经贸委、国家计委、国内贸易部、机械工业部、公安部、国家环保局联合发布了1997年修订的更为严格的汽车报废标准和《关于加强报废汽车回收管理工作的通告》。决定1998年6月5日之前，将在47个大城市实行大气质量周报制度。

为使汽车工业健康发展，汽车行业管理部门多年来一直将控制汽车排放作为汽车产品管理的重要内容，提出了对汽车排放进行“全面控制、突出重点、科学治理、分步实施”的总体思路，重点是解决大城市的汽车排放污染，重点控制车型为城市大量使用的轿车和轻型车，当前重点改造的产品为492发动机，重点推广的技术为电子控制燃油喷射和点火系统，重点研究和产业化的零部件为催化器；遵循国际治理汽车排放的科学规律，从治理的技术路线、法规、管理制度和体系等全方位实现与国际惯例接轨；治理工作主要针对我国汽车技术水平、产品状况、经济实力的实际情况，以治理推动行业的技术进步，抓住主要矛盾逐步实现控制目标，争取控制工作和行业发展相协调。

在法规的实施过程中，提前预告控制目标，广泛听取国内外各方面的意见，充分依靠全行业的技术力量和试验测试手段，在充分试验验证的基础上确定试验方法，试验程序和最终限值。法规的实施给足行业提前期，使政府管理走上规范化、科学化轨道。

在技术上，采取先机内后机外的技术路线，优先采取机内净化措施，在机内措施基本完善后，再采用机外净化技术。机内技术包括：改善发动机的燃烧、电子控制化油器、电子控制汽油或柴油机喷射、优化排气过程、优化燃烧过程、电子控制点火、进气恒温、废气再循环等。机外技术包括：曲轴箱通风、燃油蒸发收集系统、三元催化转化器和微粒物捕集器等。此外，还使用无铅汽油和改性燃料来改善燃料质量，采用天然气、甲醇、乙醇、氢气作为汽车代用燃料，以及利用电能和太阳能等汽车新能源，通过这些手段开发低污染和无污染汽车。

控制目标从法规上，1998年达到欧洲80年代中后期水平，到2000年达到欧洲90年代初期控制水平，到2010年实现与国际控制水平同步。从产品上，已淘汰492型发动机用201型化油器。电喷机电子点火系统正在推广，到2000年后，随着催化转化器的逐步产业化和广泛使用以及无铅汽油的普遍使用、燃油质量的稳定等条件的逐步成熟，汽车产品污染物排放量将比治理前减少70%～80%。

汽车行业管理部门一直把控制汽车排放作为汽车产品管理的重要内容。按车型的控制目标是：

轻型车（≤3.5t）：1997年1月1日所有定型车、1997年7月1日所有新生产车达到现行国家标准（将比控制前降低50%左右）。1998年7月1日所有定型和新生产车达到机械工业部提出的加严限值要求（相当于ECE—R15—04法规限值，比1997年降低20%～30%）。1998年燃油蒸发达到现行国家标准，2002～2004年实施ECE—R83号法规，产品排放指标在ECE—R15—04基础上再降低80%左右）。

重型汽车用柴油机：计划在1998年7月1日新定型的柴油机，1990年1月1日新生产的柴油机达到我国第一阶段限值。2000年7月1日，达到ECE—R49—01法规限值（在目前基础上再降低60%），预计2004年左右达到ECE—49—02法规限值（与ECE—R49—01法规相比CO、HC、NO_x降低10%～20%，重点控制的颗粒物降低75%）。

重型汽车用汽油机：此机型是产业政策提出逐步淘汰的产品，目前市场正迅速缩小，许多城市中已限制此类车辆的使用。产品已达到现行国家标准。1998年落实产品达到加严的国家标准限值要求。（在目前基础上降低40%左右）。

摩托车：已达到国家标准要求。从1998年开始实施机械工业部提出的加严限值的要求（相当于ECE—R40—01法规限值，在国家标准基础上，二冲程车降低20%、四冲程车降低30%～40%）。

〔撰稿人：机械工业部汽车工业司姜　英〕

备产品生产标准的贯彻，对现有掌握的部标、国标进行全面普及。

管理及改革 为促进干燥设备产品的研制和开发，进一步提高产品的质量，干燥设备行业协会根据会员单位技术力量、产品发展情况，成立了以企业为主体的以重点开发新产品为主的山东淄博真空干燥产品研究中心、上海远东制药机械厂的冷冻干燥产品研究中心。常州市一步干燥设备厂为进一步适应现代市场经济的发展，已从常武干燥集团中分离出来，成立责任有限公司，广东真空设备厂也改组为广东真空设备有限公司，阿城干燥设备厂改组为阿城市工业机械有限公司，以利于充分发挥企业职工的积极性。铁岭精工集团股份有限公司对公司的员工进行了全面的在岗培训、考核，同时制定了一系列的考核奖惩办法，在全公司掀起了一场学技术、练技能的高潮，公司的工程技术人员已全面开始应用计算机辅助设计，改善了以往的设计手段。

〔撰稿单位：中国通用机械干燥设备行业协会〕
〔责任编辑：白　萍〕

减 变 速 机

〔机械工业部〕

生产发展情况 1997 年减变速机行业协会共有 61 个会员单位。其中科研单位 1 个、高等院校 2 个、企业 58 个（有 4 个股份制企业、3 个企业集团公司、4 个合资企业、2 个私营企业）。1997 年减变速机行业的显著特点是利润总额和实现利税大幅度上升，是近年来少见的，产生了良好的经济效益。

1997 年根据会员单位上报的企业报表统计，完成工业总产值 10.5 亿元（1990 年不变价），比上年减少 6%；产品销售收入 11.0 亿元，比上年减少 13%；利润总额 0.7 亿元，比上年增长 17%；实现利税 1.4 亿元，比上年增长 17%。从上述统计数据表明，减变速机行业 1997 年同上年相比，利润、利税各上升 17%，工业总产值、销售收入分别下降 6% 和 13%。

产品分类产量 减变速机行业生产的产品包括摆线减速机、无级变速器、齿轮减速机、蜗轮蜗杆减速机、其他减速机、电动滚筒及减变速机配套产品等。摆线减速机和无级变速器是减变速机行业协会归口的两大类主导产品。其中：(1) 摆线减速机分为：①X 系列：0#～12#，②B 系列：1#～9#，③微型摆线减速机；(2) 无级变速器分为：①齿链式，②行星差动式，③转臂式，④行星摩擦式、⑤行星锥盘式，⑥其他。

减变速机行业协会中生产摆线减速机的企业有 47 个，生产无级变速器的企业有 21 个。其中天津减速机总厂、泰兴减速机厂（集团）、泰隆减速机（集团）公司、山东淄博博机集团公司、平阳减速机总厂等企业都是多产品、多品种、多规格、多型号生产。1997 年根据 37 个企业上报的数据统计，减变速机主要产品产量见下表。

1997 年减变速机行业协会会员企业主要产品产量

产 品 名 称	产量(台)
摆线减速机	198 670
无级变速器	30 992
齿轮减速机	26 713
蜗轮蜗杆减速机	49 209
电动滚筒	7 241

市场及销售 国内减变速机市场销售的特点是供大于求，是买方市场。减变速机行业虽在货款回收方面采取了一些措施，但在资金方面仍严重短缺，在市场不景气的情况下，销售收入有所下降，但库存比上年有所减少，生产产量与上年大体持平。1997 年减变速机行业出口创汇比上年有所增加。

质量及质量管理 ISO9000 质量认证工作在行业内开展。继 1996 年天津减速机总厂取得挪威船级社（DNV）的 ISO9000 国际认证后，1997 年又有浙江瑞安通力变速机械有限公司、常州减速机厂、江苏泰兴减速机厂（集团）、江苏泰隆减速机（集团）公司等企业通过了权威机构的评审，取得了 ISO9000 认证。

1997 年根据国家技术监督局 1997 年技监监计统函字第 01 号文下达的计划安排，机械工业部机械科［1994］195 号文的要求和 1997 年机械无级变速器统检实施方案，机械工业部摆线减速机、无级变速器检测中心对全国生产无级变速器的厂家产品进行了统检工作。参加统检的企业共 33 个，合格产品的企业有 25 个，不合格的有 8 个企业产品。从统检的结果来看，产品质量不容乐观，部分企业的产品质量有待进一步提高。

技术改造 天津减速机总厂近几年在技术改造，引进先进技术方面下了很大的力量，投入了大量的资金。在引进瑞士针齿壳柔性制造系统的基础上，1997 年又再次成功的引进了第二台瑞士 CNC 强力成型磨床，用来加工摆线轮，以此淘汰了原有的国内厂家生产的老式摆线磨床。一台 CNC 强力成型磨床的加工能力可达到年产量 3 万件的水平，而且产品质量大大提高。不仅减少了工人的劳动强度、用工和工时，而且提高了经济效益。另外天津减速机总厂还购置了三坐标测量仪，生产出的摆线减速机的产品达世界先进水平，受到国内、外用户的好评。

〔撰稿人：中国通用机械减变速机行业协会李春丽　审稿人：中国通用机械减变速机行业协会蔡福

元〕

〔责任编辑：白　萍〕

轴　承

〔机械工业部〕

生产发展情况　1997年我国轴承工业基本保持平稳发展，主要经济指标与上年持平或略有下降。轴承钢等原材料和能源供应较为充足，已不再是制约轴承工业发展的“瓶颈”，而企业间货款拖欠、资金短缺、企业冗员过多和产品竞争能力差等仍是困扰国有企业生存发展的主要因素。

据《1997年轴承行业经济年报》统计，行业243个企业当年完成工业总产值（1990年不变价）127.40亿元，按可比口径计算，比上年增加1.1%；工业增加值41.83亿元，比上年减少1.9%；产品销售收入126.02亿元，比上年减少0.2%；全年生产轴承9.14亿套，比上年减少4.4%。另据有关资料统计，目前我国拥有各种经济类型的轴承及其零部件生产企业1 500多个，1997年全国轴承总产量约为18亿套。

1997年，轴承行业工业增加值超过5 000万元的企业有瓦房店轴承集团有限责任公司、洛阳轴承（集团）公司、西北轴承集团有限责任公司、襄阳汽车轴承股份有限公司、宁波慈兴集团公司、哈尔滨轴承集团公司、大连冶金轴承厂、新昌轴承总厂、绍兴明星集团公司、虹山轴承总公司和龙溪轴承股份公司。

1997年尽管行业总体经济效益有所下降，但也有不少企业取得较好经济效益，当年实现利润总额超过500万元的企业有瓦房店轴承集团有限责任公司、襄阳汽车轴承股份有限公司、绍兴明星集团公司、重庆长江轴承工业有限公司、龙溪轴承股份公司、西北轴承集团有限责任公司、山东省东阿县钢球厂、河南省钢球厂、人本集团有限公司、江苏力星钢球厂、宁波慈兴集团公司、张家港AAA轴承有限公司、吉林白山轴承有限公司、大连冶金轴承集团公司、阳春轴承股份有限公司、公主岭轴承厂和苏州轴承厂。

1997年轴承行业所面临的经济形势依然不容乐观，总的生产经营难度进一步加大，国有企业经营形势较为严峻，部分企业困难重重，举步维艰，少数企业濒临破产或已经破产。纵观行业全局，一是经济效益继续滑坡，亏损面继续扩大。根据《1997年轴承行业经济年报》统计，行业1997年实现利润4 486万元，比上年减少74.3%。至1997年底，行业亏损企业数为93个，亏损面为38.3%，亏损额高达3.71亿元。二是企业间货款拖欠总额有增无减。1997年行业累计应收及预付货款74.33亿元，比上年增加15.0%；应付及预收货款37.91亿元，比上年增加2.8%，两者相抵后，人欠货款36.42亿元，是当年销售收入的29.5%。三是流动资金贷款继续增加，企业负担进一步加重。1997年流动资产年平均余额已达183.64亿元，比上年增加15.6%，是同期销售收入的1.5倍。四是各种费用支出大幅度增加，生产成本居高不下。1997年行业产品生产总成本达到95.73亿元，占当年销售收入的76.0%，销售费用也比上年增加了7.5%。五是产成品库存增加。据216个轴承成品生产企业统计，1997年年末库存轴承2.87亿套，比年初库存量增加22.1%，库存当量达3.98个月。

市场及销售　1997年国内轴承市场需求平稳，由于主机企业资金依然偏紧，轴承市场有效需求略显不足，部分产品库存增加。汽车、摩托车、大中型拖拉机、小型拖拉机、农用运输车、中小型及微型电机、洗衣机、电风扇等主机是小型、中小型球轴承和圆锥滚子轴承的主要用户，1997年这些行业保持了一定的发展速度或与上年持平，对轴承的需求平稳增加。重型机械、矿山机械和金属切削机床依然呈低速发展态势，部分产品继续负增长，与此配套的各类轴承市场需求略有下降。轿车、摩托车专用轴承，各种进口设备维修所需轴承，部分高精度、高技术含量、高附加值和在特殊工况下使用的专用轴承国内虽然能生产，但供应能力缺口较大，尚需依靠进口。

1997年我国主机配套与机械维修轴承总的市场需求量超过13亿套，当年我国轴承的国内销售量接近10亿套。1997年我国进口轴承3.26亿套，用汇2.4亿美元，分别比上年增加63.1%和19.6%。平均单价每套0.74美元，比上年有所降低。

据《1997年轴承行业经济年报》统计，行业216个轴承成品生产企业共计销售轴承8.65亿套，轴承销售总金额111.93亿元。243个企业当年产品销售收入126.02亿元，其中超亿元的企业有23个。详见表1。

表1　1997年销售收入超亿元的企业

序号	企业名称	销售收入（万元）
1	瓦房店轴承集团有限责任公司	188 271
2	洛阳轴承（集团）公司	84 836
3	西北轴承集团有限责任公司	77 093
4	哈尔滨轴承集团公司	58 488
5	襄阳汽车轴承股份有限公司	38 520
6	绍兴明星集团公司	33 250
7	宁波摩士集团股份有限公司	25 262
8	新昌轴承总厂	17 576
9	张家港AAA轴承有限公司	17 108
10	宁波慈兴集团公司	16 962

（续）

序号	企业名称	销售收入（万元）
11	江苏力星钢球厂	15 845
12	海林轴承厂	15 750
13	合肥轴承厂	14 643
14	人本集团有限公司	14 103
15	上海联合滚动轴承有限公司	13 798
16	无锡托林顿轴承有限公司	12 887
17	洛阳轴承集团实业总公司	12 045
18	徐州回转支承公司	11 277
19	无锡新威机械集团有限公司	11 011
20	公主岭轴承厂	11 001
21	潍坊轴承厂	10 770
22	上海振华轴承总厂	10 377
23	虹山轴承总公司	10 220

注:《1997年轴承行业经济年报》不含宁波摩士集团股份有限公司。

1997年我国轴承出口，虽然在一定程度上受到东南亚地区金融危机的影响，但从总体上来讲仍保持了较高增长速度。全年出口轴承77 818万套，比上年增长12.0%；创汇43 030.6万美元，增长7.8%。我国出口轴承以普通级微型、小型和中小型球轴承为主，1997年我国球轴承出口量占轴承出口总量的95.7%,创汇占78.6%。其次为轴承散件、圆锥滚子轴承和带座轴承。1997年出口轴承平均单价为每套0.49美元。1997年我国轴承分类型出口情况见表2。

表2　1997年轴承分类型出口情况

轴承类型	单位	出口量		创汇额	
		数量	比例（%）	金额（万美元）	比例（%）
合计	万套	77 818	100.0	43 030.6	100.0
球轴承	万套	74 440	95.7	33 809.6	78.6
圆锥滚子轴承	万套	2 206	2.8	1 942.8	4.5
滚针轴承	万套	231	0.3	214.6	0.5
圆柱滚子轴承	万套	57	0.1	36.8	0.1
带座轴承	万套	780	1.0	1 881.2	4.4
其他滚动轴承	万套	102	0.1	154.6	0.4
钢球	t	7 410		1 140.4	2.7
轴承散件	t	12 036		3 847.4	9.0

我国轴承出口的主市场仍为亚洲、欧洲和北美洲，1997年销往这三大洲的轴承74 933万套，创汇40 392.1万美元，分别占当年出口总量和创汇总额的96.3%和93.9%。其中销往亚洲的轴承数量和创汇额分别比上年增长26.2%和10.1%；销往欧洲的轴承数量和创汇额分别比上年减少7.6%和17.1%；销往北美洲的轴承数量和创汇额分别比上年增长12.9%和24.4%。非洲、南美洲和澳洲目前所占份额较小，具有较大市场潜力。在产品销往的国家和地区中，出口创汇超过1 000万美元的国家和地区有8个，在这些国家和地区共计创汇3.24亿美元，占创汇总额的75.4%。其中美国11 359万美元，日本6 402万美元，香港3 810万美元，意大利3 697万美元，德国2 446万美元，新加坡2 219万美元，韩国1 259万美元和台湾1 242万美元。1997年我国轴承分地区出口情况详见表3。

1997年轴承行业又有4个企业被批准为出口基地企业，5个企业被批准为扩大机电产品出口生产企业，19个企业获自营进出口权，行业整体出口能力进一步增强。一批“三资”企业已成为轴承出口大户，这也是近年来轴承出口高速增长的重要因素。1997年轴承出口创汇排序前十二名经营企业，详见表4。

表3　1997年轴承分地区出口情况

序号	地区名称	出口量		创汇额	
		数量（万套）	比例（%）	金额（万美元）	比例（%）
1	亚洲	39 633	50.9	18 875.6	43.9
2	非洲	755	1.0	741.7	1.7
3	欧洲	17 895	23.0	9 554.8	22.2
4	南美洲	1 905	2.5	1 516.5	3.5
5	北美洲	17 405	22.4	11 961.7	27.8
6	澳洲	216	0.3	379.8	0.9

表4　1997年轴承出口创汇前十二名经营企业

序号	企业名称	出口量（万套）	创汇额（万美元）
1	光洋日电产(大连)公司	5 050	2 121
2	光洋无锡轴承公司	4 837	1 626
3	宁波市慈溪进出口公司	5 784	1 605
4	上海美蓓亚精密有限公司	3 297	1 511
5	宁波慈兴轴承有限公司	3 563	1 191
6	上海精密轴承有限公司	2 149	1 138
7	陕西CMEC	1 621	1 034
8	瓦房店轴承工业公司	282	897
9	宁波市国际经济技术公司	2 857	835
10	西安市化工进出口公司	1 668	826
11	洛阳轴承工业公司	863	796
12	烟台CMC	767	768

新技术及新产品　1997年机械工业部洛阳轴承研究所共完成科研成果鉴定20项，取得了一批以“八五”国家重点科技攻关项目“陀螺转子及框架灵敏轴承关键技术”为代表的具有较高水平的科研成果。首次将离子注入技术应用于航空发动机轴承的处理，填补了国内空白，达到国际先进水平。“精密辗扩机生产线”和“防锈组合物的推广应用”项目圆满完成并取得了较好经济效益。“轴系结构分析计算CAD”的开发，大大地缩短了主轴产品开发周期，提高了主轴产品的市场竞争力。正在研究的国家和省部级项目，也都取得了实质性进展。“陶瓷球轴承高精、高效加工技术的研究”项目进展顺利。“限制淬透性轴承钢应用技术”的研究已经完成，准备鉴定验收。

机械工业部第十设计研究院的“中小型球于轴承套圈车—冷辗成套精密加工技术开发”项目于1997年通过了机械工业部技术发展基金会组织的技术鉴定。LNK120和LNK70型冷辗扩机的自动化程度和主要性能指标均已达到或接近世界先进水平,可在国内推广应用。根据机械工业部机械基础装备司1997年质量工作会议要求,机械工业部第十设计研究院编制了《低噪声深沟球轴承(Zs、Vs组)套圈磨加工及轴承装配工艺装备技术方案》,1997年11月由机械工业部机械基础装备司向行业正式发布。该方案先进、具体,有较强的针对性和可操作性,对企业制定深沟球轴承产品质量上台阶技术改造方案和机床厂有针对性地开发低噪声深沟球轴承加工设备及自动线具有实际指导意义。

由洛阳工学院承担的“高精度大型薄壁轴承摩擦特性研究”项目,1997年11月通过了机械工业部组织的鉴定。上海轴承(集团)有限公司1997年科技投入1 170万元,占同期销售额的1.6%,比上年增加60%。当年完成科研项目28项,其中属市级科研计划的1项,属局级科研计划的4项,属新工艺新技术推广应用计划的6项。上海联合滚动轴承有限公司的轴向游隙仪、振华轴承总厂的滚边机和加脂机、上海中国轴承厂的机外预调装置和群英机械厂的冷辗设备等项目已经获得成功或取得重大进展。西北轴承股份有限公司1997年实现技术改进、技术攻关项目98项,困扰企业二十多年的特大型冲压保持架圆锥轴承沟摆和回转性能达不到要求的技术难题也得到解决。洛阳轴承(集团)公司加大对新技术、新材料、新工艺的推广应用力度,开展了高淬透性轴承钢GCr15SiMo开发应用研究、球墨铸铁保持架代替铜保持架工艺优化以及小型球轴承套圈硬质合金牙口刀的推广应用等工作,加紧进口设备国产化数控系统的组装调试和交流伺服电机控制系统的样机制造,提高了公司的整体技术水平。贵阳轴承厂依靠科技进步改造老产品成效显著,降低圆锥滚子轴承7205E振动值攻关项目获1997年度贵州省科技进步三等奖。

1997年轴承行业又有一批新产品问世。瓦房店轴承集团有限责任公司1997年有238种新产品通过了大连市新产品投产鉴定,103种新产品填补了国内空白,101种新产品达到国际先进水平。上海轴承(集团)有限公司1997年开发新产品127种,其中轴承产品86种。振华轴承总厂和上海联合滚动轴承有限公司为桑塔纳轿车变速箱配套的3种轴承荣获1997年国家级新产品称号和1997年上海市优秀新产品奖称号,该产品已大批量用于桑塔纳轿车配套。洛阳轴承(集团)公司1997年共计开发新产品112种,其中包括为黄河小浪底水利枢纽工程配套轴承,为攀钢轧机配套轴承等批量大、附加值高的新产品。西北轴承股份有限公司1997年开发新产品112种,其中为石油、冶金机械配套的出口轴承新产品51种。牡丹江轴承厂1997年先后研制出汽车离合器分离轴承、双列深沟球轴承、电机轴承等21种新产品。

质量及质量管理 1997年国家轴承质量监督检测中心与机械工业部5个分中心,根据机械工业部基础(96)015号文件要求对轴承行业骨干重点企业及部分地方企业的产品进行了督促检查。检查结果为:产品品种合格率为87.7%,比上年下降4.6个百分点;一等品率为57.9%,上升4.7个百分点;优等品率为36.5%,上升11.6个百分点;平均等级合格率为76.6%,下降1.1个百分点;球轴承精度储备率为95.9%,下降0.3个百分点;滚子轴承的精度储备率为84.1%,下降2.1个百分点。本次检查共涉及到172个不同生产规模的企业,覆盖面较大,既有行业骨干重点企业,也有部分地方企业,基本上反映了轴承行业的质量状况。检查结果显示,1997年绝大部分企业产品质量状况良好。从整体上看,行业轴承产品质量除优等品率比上年有较大幅度提高外,其他质量指标与上年基本持平。在被检企业中,被检查品种4个以上,平均等级合格率100%的企业有阳春轴承股份有限公司、广州轴承厂、上海中国轴承厂、上海联合滚动轴承有限公司、石家庄轴承制造股份有限公司、无锡新威机械集团有限公司、青岛微型轴承厂、北京人民轴承厂、北京轴承厂、东莞轴承厂、湘潭轴承厂、山东济宁轴承厂、大连黄海轴承厂、福建永安轴承有限公司、青岛钢球厂、上海钢球厂、中山轴承总厂和山东省东阿县钢球厂。本次检查中也有23个企业平均等级合格率低于60%。

1997年行业又有30个企业通过GB/T19000质量体系认证。这些企业是:天水海林轴承厂、安徽阜阳轴承股份有限公司、苏州新豪轴承有限公司、江苏力星钢球厂、张家港AAA轴承有限公司、东莞轴承厂、无锡凯洛轴承有限公司、韶关铸锻热轴承精锻厂、株洲轴承总厂、瓦房店轴承集团有限责任公司、西北轴承股份有限公司、上海天安轴承有限公司、无锡市滚动轴承厂、广东阳春轴承厂、北京人民轴承厂、吉林白山轴承厂、锡山市轴承厂、武进环宇轴承厂、武进南方滚针轴承厂、无锡华阳滚动轴承有限公司、浙江兴欧轴承有限公司、浙江太平洋轴承有限公司、神龙轴承有限公司、泰安轴承股份有限公司、青岛钢球厂、青岛微型轴承厂、青岛精密钢球厂、青岛轴承厂、山东恒台锦乐轴承有限公司、四川乐山轴承厂。据不完全统计,截至1997年底轴承行业通过GB/T19000质量体系认证的企业已达50个。

1997年在机械工业部认定的58种名牌产品中,轴承行业8种产品榜上有名,这些产品是:瓦房店轴承集团有限责任公司生产的ZWZ牌7815EK、7611E汽车轴承,上海天安轴承有限公司生产的SW牌608(Z_2/Z_3)系列电机轴承,人本集团有限公司生产的华日牌6200~6203-2RS(Z_2/Z_3)电机轴承,浙江万向钱潮股份有限公司生产的钱潮QC牌ϕ15~83系列万向节十字轴总成,襄阳汽车轴承股份有限公司生产的XYZ牌7611E、7815E汽车轮毂轴承,重庆长江轴承工业有限公司生产的CJB牌6304/CS14摩托车轴承,公主岭轴承厂生产的ZGZ

牌7800系列汽车轮毂轴承，福建龙溪轴承厂生产的浪升牌GE20ES-GE50ES系列向心关节轴承。在机械工业部评定的17个质量信得过明星企业中，轴承行业有6个，占35%。这些企业是福建龙溪轴承厂、襄阳汽车轴承股份有限公司、公主岭轴承厂、人本集团有限公司、浙江万向钱潮股份有限公司、重庆长江轴承工业有限公司。

技术改造 轴承行业1997年国家重点技术改造项目，大体上可分为三部分，第一部分是第一期"双加"工程机械基础件 技术改造项目，共计5个项目，规划总投资11 660万元，其中专项贷款9 450万元。除无锡轴承厂因合资未开项外，其他项目都已从1995年开始实施，至1997年累计到位投资8 860万元，占规划投资的76.0%，累计完成投资8 660万元，占到位投资的97.7%。江苏钢球厂、广东东莞市轴承厂一期"双加"项目已竣工验收。第二部分是第二期"双加"工程出口项目，共计10个项目，规划总投资26 627万元。至1997年累计到位投资10 244万元，占规划总投资的38.5%，累计完成投资9 673万元，占到位投资的94.4%。至1997年底重庆长江轴承工业有限公司、浙江绍兴明星轴承集团项目已经竣工验收。第三部分是第二期"双加"工程机械基础件项目，共计17个项目，覆盖16个骨干重点企业，规划总投资158 267万元。据初步统计，1997年安排总投资13 300万元，实际到位投资9 954万元，占规划总投资的6.3%。至1997年底累计完成投资4 720万元，占到位投资的47.4%。在这些项目中，温州轴承厂（人本集团有限公司）、海红轴承厂、长治轴承厂、广东韶关铸锻总厂、新乡机床厂和苏州轴承厂等项目进展较为顺利。其他项目尤其是几个超亿元的限额以上项目进展不够理想，仍处于初步设计或等待批复阶段，至1997年底投资仍未到位。"九五"后三年行业技术改造必须与企业的改革、改组相结合，任务相当艰巨。

据《1997年轴承行业经济年报》统计，行业全年共计完成固定资产投资55 982万元，其中生产性投资41 108万元，占73.4%。瓦房店轴承集团有限责任公司1997年计划投资11 800万元，实际完成投资7 500万元，主要用于冶金矿山轴承、汽车圆锥滚子轴承和铁路轴承的技术改造。上海轴承（集团）有限公司1997年完成固定资产投资3 212万元，主要用于上海微型轴承厂和上海中国轴承厂的搬迁和技术改造。西北轴承集团有限责任公司1997年完成固定资产投资4 738万元。

对外合作 1997年轴承行业中外合资企业和外商独资企业仍显示出较强活力和发展后劲。由贵州虹山轴承总公司和日本精工株式会社（NSK）及日绵株式会社合资兴建，并由机械工业部第十设计研究院负责设计和工程监理的昆山恩斯克虹山有限公司于1997年5月8日正式开业。该公司年产低噪声小型球轴承3 360万套，产品主要应用于电机、家用电器、通信设备等高科技领域。

1997年瓦房店轴承集团有限责任公司全年共计完成合资合作项目6个，到1997年底该公司利用外资项目累计达到13个，总投资9 671万美元。4月20日，该公司与SKF集团（中国）投资有限公司签订协议，决定合资组建大连斯凯孚瓦轴轴承有限公司。该项目总投资2 795万美元，注册资本1 687万美元，其中SKF出资额占51%，瓦房店轴承股份有限公司出资额占49%。公司将按现代国际标准组织生产，采用SKF公司设计和工艺等专有技术，生产和销售新结构球面滚子轴承。其生产能力为150万套。7月28日该公司与美国MAT公司合资组建了瓦房店鸿承机械有限公司，总投资1 380万元，注册资本1 050万元，设计能力为年生产销售刹车分泵120万个。瓦房店轴承集团有限责任公司1997年还引进日本东洋公司铁路货车轴承内外滚道磨床4台；引进日本帝仁公司汽车等速万向节滑移端内外沟道磨床1台；引进美国通用公司的冲压外圈汽车圆柱滚子轴承专用设备，自行安装调试成功；引进日本东洋先进机床公司技术，对内圆磨床进行数控化改造。

上海天安轴承有限公司与日本能率协会签订协议，决定引进日本企业管理和生产现场改造的先进经验和技术，进行全员培训和全方位的管理创新，达到降低生产成本，提高产品质量的目的。

为了加强国内外技术交流与合作，由机械工业部主办、中国轴承工业协会和中国机械基础件成套技术公司承办的第五届中国国际轴承及其专用装备展览会，1997年9月16日至19日在北京国际展览中心举行，国内外154个厂商参加了展出。瑞典SKF、美国TIMKEN、德国INA、日本NSK、NTN等16个国外著名轴承公司或代理商参加展出，展出面积2 400m^2，占这次展览总面积的40%。国内主要轴承企业如瓦房店轴承集团有限责任公司、洛阳轴承（集团）公司、西北轴承集团有限责任公司、襄阳汽车轴承股份有限公司、上海轴承（集团）有限公司、浙江人本集团有限公司等轴承生产企业都参加了展出。无锡开源机床集团公司、上海莱必泰机械有限公司、石家庄轴承设备股份有限公司、新乡机床厂等轴承专用机床制造商也参加了展出。本届展览会还组织了12场技术讲座，进行了技术交流和专题研讨。展览期间观众累计达5万人次。本届展览会现场成交额近1亿元，意向成交额5亿元。

管理及改革 1997年，瓦房店轴承集团有限责任公司精心建立现代企业制度，加大资金投入，进行技术创新和管理创新，大力调整资产结构、产业结构、产品结构、组织结构和负债结构，以实现规模大型化、产权多元化、资源配置最优化、经营多角化、制造技术现代化、产品高科技化和管理科学化。瓦轴公司制改造于1996年底完成后，又采取了兼并、收购等措施，现在已成为拥有29个子公司的大型企业集团公司。1997年6月河南省经贸委和洛阳市人民政府在洛阳联合召开洛阳轴承(集团)公司建立现代企业制度实施方案论证会，该方案的实施将会对洛阳轴承公司扭转亏损局面，加快企业发展产生积极促进作用。上海轴承（集团）有限公司1997年先后召开党代会、职代会和董事会，提出“齐心转制，团结扭亏，共抓发展，建巨人企业”的口号，在转制改革方面迈出新的步伐。西北轴承集团有限责任公司组织开展“废品零指标”管理活动，成效显著，1997年涌现出17个无废品班组和160个无废品个人，废品损失率下降到0.96%。根据联合国援华项目“大企业改革方案”1997年工作计划，由辽宁省对外贸易经济合作厅主办，瓦房店轴承集团有限责任公司承办的大企业改革方案现场经验推广会于7月18日在瓦房店轴承集团有限责任公司召开，瓦轴向与会代表介绍了推行准时化生产的实践经验。长治轴承厂实行“三抓”，即抓领导机制，抓政治优势，抓先进典型，加强精神文明建设，1997年荣获“全国机械工业文明单位”荣誉称号。

中国轴承工业协会规划设计委员会1997年9月12～14日在河北省秦皇岛市召开了第三届委员会议及工艺装备技术研讨会，对做好轴承行业规划、企业技术改造和工艺装备技术发展等问题进行了专题研讨，对行业产生了一定影响。中国轴承工业企业管理工作会议暨中国轴协企业管理委员会第四届年会1997年10月在大连市召开。瓦轴、哈轴、洛轴、上海公司、襄轴、西北轴、合肥轴承厂、贵阳轴承厂和万向集团钱潮公司等企业的代表出席了会议。与会代表分析了当前轴承行业所面临的严峻形势，对市场经济条件下的企业管理工作提出了具体要求。瓦房店轴承集团有限责任公司、上海轴承（集团）有限公司、合肥轴承总厂、重庆长江轴承工业公司等企业的代表在会上作了典型经验介绍。

1997年轴承行业有9个企业被授予“机械工业企业管理基础工作规范化达标企业”称号。他们是上海天安轴承有限公司、上海钢球厂、上海振华轴承总厂、公主岭轴承厂、瓦轴集团辽阳轴承制造有限责任公司、常州轴承厂、盐城轴承厂、万向集团公司和开封轴承厂。

〔撰稿人：第十设计研究院李趁意　审稿人：机械工业部孙振滨、王　起〕

〔责任编辑：白　萍〕

阀　门

〔机械工业部〕

生产发展情况　1997年中国通用机械阀门行业协会共有主要生产企业和科研单位会员162个。其中阀门生产制造企业138个（包括生产高中压阀门的企业78个，生产低压阀门产品的企业60个），与阀门产品配套的传动装置生产厂6个，协作铸钢厂2个；经营性公司6个，研究院、所和地区性协会共10个。在162个会员单位中，私营企业6个，股份制企业17个，中外合资企业8个，国有企业131个。

1997年协会对行业中上报资料的90个生产企业（其中高中压阀门生产企业49个，低压阀门生产企业41个）进行统计，共完成工业总产值301 538.8万元，比上年增长5.4%；完成工业增加值93 086.9万元，比上年增长11.9%；当年工业销售产值完成296 632.2万元，比上年增长4.8%；其中出口交货值69 097.5万元，比上年增长15%；利润总额6323.4万元，比上年增长24%。

1997年整个阀门行业在市场竞争激烈，生产任务普遍不足，资金较为困难的条件下，生产发展虽然较上年略有提高，各项经济指标都有不同程度的提高，但就整个行业来看，发展还很不平衡，而且差距正在逐渐拉大。总的来看，中外合资企业发展势头较好，私营企业、股份制企业正在呈上升趋势发展，国有大中型企业正在面临着严峻的考验。在阀门行业经济效益综合指数前十五名企业中，骨干重点企业只有两个，其中一个还是中外合资企业。阀门行业主要企业主要经济指标见表1，经济效益综合指数前十五名企业见表2。

市场及销售　1997年阀门行业上报资料的90个生产企业的工业产品销售率为98.4%，比上年降低了1.5个百分点，其中高中压阀门产品销售率为98.4%，低压阀门产品销售率为98.3%；销售产值296 632.2万元，其中高中压阀门销售产值184 945.1万元，低压阀门销售产值111 687.1万元。

1997年国内阀门产品市场趋于平缓，没有出现大的波动，总的形势还是供大于求，尽管各项经济指标有小幅度增长，市场前景仍然不容乐观。国际市场出口交货值比上年增长15%，仍然有较大的开发潜力。国内销售收入前十名企业和出口创汇超百万美元的企业见表3、表4。

新产品　1997年阀门行业共研制开发新产品9项，并且全部通过了省、部级鉴定。其中有苏州高中压阀门厂研制、出口巴基斯坦恰希玛核电站的PN1～16MPa、DN 6～150mm、t50～300℃核级止回阀；北京市阀门总厂研制的ZK29/1、DN 150、PN1.6MPa和GK11、DN80、PN1.6MPa节流式疏水阀；天津市阀门公司研制用于核电站的$SMCH_4$、$SMCN_4$INEPC、$SMCN_3$EPC阀门电动传动装置和用于仪表行业的SKZ执行机构；长春高中压阀门厂研制生产的PN2.5MPa、DN15～32高密封截止阀；石家庄市阀门二厂研制的YZZ300～L、YZD100～S液化石油气中央供气设备；杭州华惠阀门有限公司研制的设计压力为0.9MPa、工作压力0.4～0.8MPa空气炮清堵装置，$P_1<5.4$MPa、$t\leqslant85$℃的第三代减温减压装置。以上新产品达到了国内领先和90年代初国际水平。

管理及改革　1997年阀门行业协会在继续宣传贯彻ISO9000质量体系认证工作的同时，以股份制改制为契机，坚持改革与发展相结合，以改革促发展重在企业制度创新方面做了一系列工作，促进了全行业改制工作的发展。年底，在天津塘沽瓦特斯阀门有限公司等 28 个企业取得 ISO9000 系列质量体系认证基础上，又有锡山市阀门厂、北京市阀门总厂、山东益都阀门股份有限公司、黄山高中压阀门有限公司、南通高中压阀门厂、苏州高中压阀门厂、常州电站辅机总厂、武汉亚美蝶阀厂、浙江方正阀门厂、安徽省和县阀门总厂 10 个企业获得了 ISO9000 质量体系认证证书。

表 1　1997 年阀门行业主要企业经济技术指标　　（单位：万元）

企业名称	工业总产值（不变价）		工业增加值		工业销售产值		销售收入		利润总额	
	全年完成	为上年%	全年完成	为上年%	全年完成	为上年%	全年完成	为上年%	全年完成	为上年%
合计	128 251	105.5	39 936	113.7	128 552	102.8	138 828	106.8	2 265	99.8
开封高压阀门厂	7 029	94.8	2 850	90.3	6 038	78.2	6 344	92.1	87	69.0
上海阀门厂	9 300	116.2	2 471	93.2	8 806	103.0	8 802	102.9	21	上年为零
上海良工阀门厂	9 501	93.0	2 870	87.3	8 972	87.5	8 972	87.5	10	93.6
自贡高压阀门股份有限公司	7 683	103.8	2 220	116.0	8 454	109.8	7 123	99.6	18	11.9
辽宁省铁岭阀门厂	8 609	85.1	3 457	136.7	8 737	87.5	8 953	85.0	26	24.8
北京市阀门总厂	1 660	136.7	244	上年－11.6 万	2 100	189.1	2 107	157.4	16	128.1
天津市阀门公司	4 800	123.8	1 325	125.5	4 944	133.6	5 224	138.5	52	43.7
大连高压阀门厂	11 600	107.2	2 508	214.0	9 985	106.8	10 747	111.1	19	146.2
兰州高压阀门厂	3 629	103.1	2 065	409.2	3 670	101.0	3 598	100.1	6	196.8
苏州高中压阀门厂	4 501	102.3	1 537	139.1	3 700	75.0	4 867	103.6	63	103.9
武汉阀门厂	1 499	123.0	637	122.5	1 704	163.3	1 561	154.3	－254	103.1
青岛高中压阀门厂	2 313	109.9	625	107.2	2 705	106.5	2 410	104.6	－119	52.0
山东益都阀门股份有限公司	4 803	104.3	1 748	114.5	5 314	106.3	5 497	105.0	168	111.6
石家庄阀门一厂股份有限公司	2 331	102.4	1 050	100.9	2 744	109.9	2 744	109.9	0.1	上年－158 万
天津塘沽瓦特斯阀门有限公司	16 022	115.6	4 798	93.5	15 506	106.1	15 729	104.3	1 415	91.6
苏州阀门厂	23 757	109.7	7 179	109.7	25 158	107.4	34 000	120.7	610	120.8
福建省三明高中压阀门厂	9 215	104.8	2 352	97.3	10 016	110.6	10 151	110.6	126	124.1

表 2　1997 年阀门行业经济效益综合指数前十五名企业

序号	企业名称	经济效益综合指数（%）	总资产贡献率（%）	资本保值增值率（%）	资产负债率（%）	流动资产周转率（次）	成本费用利润率（%）	全员劳动生产率（元/人）	产品销售率（%）
1	广东明珠球阀集团股份有限公司	277.0	17.0	229.4	25.2	0.5	42.2	40 692	99.4
2	天津市北方阀门控制设备公司	176.3	27.3	108.5	59.7	0.9	12.8	50 202	86.4
3	上海耐莱斯詹姆斯伯雷阀门有限公司	169.6	14.5	125.0	54.7	1.3	9.4	85 314	100.5
4	天津塘沽瓦特斯阀门有限公司	140.7	9.6	101.5	22.2	1.3	10.0	55 340	98.4
5	五七一九工厂阀门分厂	136.9	13.7	91.4	72.9	1.0	4.4	87 103	84.2
6	长沙市阀门厂	135.8	18.5	110.2	56.2	1.6	7.0	31 933	95.2
7	中南焦作氨阀股份有限公司	135.4	7.1	506.0	11.4	0.6	5.6	5 663	93.3
8	湖北洪城通用机械股份有限公司	135.4	7.8	225.7	29.8	0.6	13.3	18 215	85.5
9	启东阀门有限公司	130.6	19.1	127.6	67.6	1.6	5.4	32 160	92.6
10	苏州阀门厂	120.9	9.8	265.8	37.7	1.4	1.8	33 752	102.2
11	阜宁县阀门厂	120.2	20.9	112.0	62.0	1.3	5.6	11 425	102.7
12	天津新星阀门厂	119.3	10.9	165.4	103.6	0.9	13.5	5 501	109.6
13	浙江高中压阀门厂	114.6	21.0	141.2	77.1	1.1	1.5	29 803	111.1
14	上海阀门五厂	106.7	10.6	134.5	68.5	1.7	1.4	39 570	99.1
15	安徽省和县阀门总厂	105.7	7.3	154.0	74.6	1.5	3.5	37 627	97.6

表 3 1997 年阀门行业销售收入前十名企业

序号	企业名称	销售收入（万元）
1	苏州阀门厂	34 000
2	天津塘沽瓦特斯阀门有限公司	15 729
3	上海耐莱斯詹姆斯伯雷阀门有限公司	11 033
4	广东明珠球阀集团股份有限公司	10 975
5	大连高压阀门厂	10 747
6	福建省三明高中压阀门厂	10 151
7	上海良工阀门厂	8 972
8	辽宁省铁岭阀门厂	8 953
9	上海阀门厂	8 802
10	安徽省和县阀门总厂	7 208

表 4 1997 年阀门行业出口创汇超百万美元企业

序号	企业名称	出口金额（万美元）
1	苏州阀门厂	2 907.0
2	天津塘沽瓦特斯阀门有限公司	1 161.0
3	上海耐莱斯詹姆斯伯雷阀门有限公司	847.4
4	上海良工阀门厂	502.9
5	安徽省和县阀门总厂	469.0
6	大连高压阀门厂	460.0
7	大丰市阀门厂	415.9
8	自贡高压阀门股份有限公司	331.4
9	山东益都阀门股份有限公司	314.0
10	上海良工开维喜阀门有限公司	300.8
11	开封高压阀门厂	199.0
12	上海阀门厂	124.3
13	青岛高中压阀门厂	118.0
14	宁波阀门厂	105.0
15	宁波万安股份有限公司	102.9
16	杭州华惠阀门有限公司	102.5

在促进企业转轨改制工作中，行业成员厂根据各自的现状和特点，采用多种形式，深化内部改革，强化科学管理，探索建立现代企业制度。目前全行业已有自贡高压阀门股份有限公司等 11 个企业实行了股份制经营，有的已经运行了 3 年多时间，从目前情况看，这些企业基本运行正常，而且经济效益、管理水平，产品质量都有明显提高。苏州阀门厂于 1997 年 7 月 10 日在深圳证交所 3 000 万股票以“中核苏阀”上市发行，从而结束了中国阀门工业无股票的历史。股票上市，利用社会资金发展阀门工业，使苏州阀门厂解决了困扰国企的资金问题，给企业注入了生机和活力，使苏州阀门厂在阀门行业大中型国有企业中各项经济指标都名列前茅。

〔撰稿人：中国通用机械阀门行业协会刘亚良　审稿人：中国通用机械阀门行业协会康家桥〕

〔电力工业部〕

生产发展情况　电力系统阀门生产企业共 3 个，他们是郑州电力机械厂、上海电力机械厂、扬州电力设备修造厂。这 3 个企业都是国有大中型企业，从业人员 1 933 人，工程技术人员 210 人；1997 年创工业总产值 1.2 亿元，工业增加值 4 097 万元，全员劳动生产率为 20 547 元/人。

当年完成的重大生产任务有：扬州电力设备修造厂为丰城电厂 3 号、4 号机组提供的 125 台（套）阀门电动装置。郑州电力机械厂为各电厂制造了中、低压阀门 321 台。上海电力机械厂为下关 1、2 号电厂提供 2 套阀门旁路装置；为金沙 1、2、3 号机组制造 3 套设备；为安顺 2 号、西柏坡 3 号和 4 号、铜陵电厂 300MW 机组配套 4 套旁路装置。

1997 年电力系统阀门生产企业，完成了阀门电动装置 14 202 台；减温水调节阀门 10 台，旁路阀门 3 套，水封阀门 321 套，闸板阀门 12 台。

新产品　郑州电力机械厂 1997 年 4 月完成了电厂中压机组配套产品——旋启式止回阀门的样机。

上海电力机械厂完成了燃机联合循环汽机主蒸汽阀门旁路装置和超临界电站阀门的小批量生产。

扬州电力设备修造厂完成了 DZW45、60A 阀门电动装置的样机。

基本建设及技术改造　1997 年电力工业部系统阀门企业共完成固定资产投资额 2 769 万元，全部用于产品的技术更新改造项目。郑州电力机械厂投入 249 万元对阀门等产品的加工手段，进行技术改造。上海电力机械厂投资 220 万元进行 CAD 等方面技术改造，1997 年 10 月全部完成，新增效益 180 万元。扬州电力设备修造厂投资 2 300 万元对阀门电动装置产品生产线和机加工设备进行技术改造，1997 年全部完成。

〔撰稿人：电力工业部张海青　审稿人：电力工业部王　昀〕

〔责任编辑：白　萍〕

液压件及液力件

〔机械工业部〕

生产发展情况　1997 年液压件及液力件行业仍受到主机市场疲软的影响，继续在低谷中运行。据机械工业部生产与信息统计司对 89 个企业统计，工业经济效益情况见表 1。全行业主要经济指标为负增长。

表 1 1997 年液压（含液力）行业主要经济指标

项　　目	完成额（万元）	比上年增长％
工业总产值：不变价	195 603	−5.2
当年价	187 240	−4.3
销售产值（当年价）	180 030	−6.0
销售收入	170 842	−6.5
工业增加值	60 565	−8.8
出口交货值	3 784	−9.6
利税总额	6 303	−18.0
其中：利润总额	−6 859	−46.5

按中国液压气动密封件工业协会统计资料汇编，液压（含液力）行业骨干（7个）重点（11个）企业，1997年完成的工业总产值(1990年不变价)合计达13.31亿元，占液压、液力全行业工业总产值的56.1%。在骨干重点企业中，作为我国生产液压件、液压系统装置和液力件的重要生产基地的上海液压气动总公司、天津液压机械集团、北京华德液压工业集团有限公司、辽宁省液压工业公司、榆次液压机械集团，1997年工业总产值合计为8.36亿元，比上年增长37.5%，占骨干重点企业的62.8%，占液压（含液力）全行业的35.3%。

产品分类产量 根据中国液压气动密封件工业协会统计汇编资料，1997年液压件、液力件产品总产量分别比上年增长4.1%和31.4%。按行业产品品种分类的产量与产值详见表2。

表2 1997年液压件、液力件按产品品种分类的产量、产值

产品名称	产量		工业产值（不变价）（万元）	产品名称	产量		工业产值（不变价）（万元）
	单位	完成量			单位	完成量	
液压件	万件	299.6	142 680	流量阀	万台	6.7	1 795
液压泵	万台	159.6	73 547	比例阀	万台	0.3	386
齿轮泵	万台	128.8	37 342	多路阀	万台	6.8	5 688
叶片泵	万台	24.5	20 733	插装阀	万台	0.2	236
柱塞泵	万台	5.7	14 781	叠加阀	万台	2.0	640
其他泵	万台	0.6	691	其他阀	万台	7.5	3 020
液压马达	台	65 364	11 553	其他液压件	万件	15.5	5 748
齿轮马达	台	5 834	488	液压机具	台	262	114
柱塞马达	台	17 118	3 887	液压系统及装置	台(套)	15 157	16 103
摆线马达	台	24 475	1 913	液压附件	万件	608.0	13 425
低速马达	台	17 489	5 265	液力件	台	40 864	25 898
液压缸	万件	29.1	22 179	液力变矩器	台	17 694	9 208
液压阀	万台	88.8	29 653	液力偶合器	台	23 170	16 689
压力阀	万台	44.2	4 842	液粘调速器	台	262	5 137
方向阀	万台	21.1	13 046				

注：叶片马达的完成量448台和工业产值含在叶片泵内。

市场及销售 液压件产品的销售情况比上年好，销售率比上年高3.4个百分点；液力件销售不畅，产品销售率比上年低8.8个百分点。产品的库存额与上年相比有所增加，液力件尤显突出。企业的流动负债及资金拖欠现象仍较严重，企业资金困难仍很突出，经济效益未见到明显好转的势头。液压件及液力件产品的出口交货值比上年略有减少，而进口元件的势头仍然很猛。

按中国液压气动密封件工业协会统计资料，1997年液压件、液力件产品销售去向如表3。

表3 1997年液压件、液力件销售去向

销售去向	按销售额计		按销售量计	
	销售额（万元）	占总销售额%	销售量（台、件）	占总销售量%
液压件合计	161 509	100.0	2 791 807	100.0
农业机械	24 504	15.2	1 039 449	37.2
建筑工程机械	25 826	16.0	273 496	9.8
塑料机械	9 613	6.0	157 652	5.7
机床	8 401	5.2	172 424	6.2
工程车辆	33 739	20.9	497 119	17.8
矿山机械	10 554	6.5	64 922	2.3
石油机械	3 443	2.1	36 787	1.3
化工机械	1 642	1.0	20 399	0.7
冶金机械	13 792	8.5	62 050	2.2

（续）

销售去向	按销售额计		按销售量计	
	销售额（万元）	占总销售额%	销售量（台、件）	占总销售量%
医药食品机械	90	0.1	1 663	0.1
航空航天设备	1 607	1.0	4 765	0.2
船舶	2 097	1.3	13 817	0.5
出口	1 090	0.7	10 889	0.4
其他	25 111	15.5	436 375	15.6
液力件合计	23 749	100.0	39 067	100.0
冶金机械	2 754	11.6	916	2.3
矿山机械	6 932	29.2	20 448	52.3
建筑工程机械	4 666	19.6	11 598	29.7
化工机械	435	1.8	463	1.2
石油输送机械	502	2.1	514	1.3
电力设备	1 395	5.9	371	1.0
公用事业	255	1.1	362	0.9
汽车	42	0.2	92	0.3
铁路车辆	21	0.1	93	0.2
工程车辆	813	3.4	1 826	4.7
出口	160	0.7	185	0.5
其他	5 775	24.3	2 195	5.6

注：在液压件按销售量计中，不包括液压系统装置、液压机具及液压附件。

1997年液压件销售收入最多的前十名企业是：榆次液压机械集团、天津液压机械集团、辽宁省液压工业公司、大连液压件厂、北京华德液压件集团有限公司、中国航空工业总公司贵阳航空液压件厂、淮阴机械总厂、长江液压件厂、广东广液实业股份有限公司、宁波液压马达(集团)有限公司。液力件销售收入前四名企业是:大连液力机械总厂、成都工程机械总厂液力变矩器分厂、福依特中兴液力传动有限公司、沈阳煤机配件厂。

1997年液压件出口额较多的企业是:大连液压件厂、金城集团有限公司、中国航空工业总公司贵阳航空液压件厂、浙江临海海宏集团、上海液压件铸造厂。

新技术及科研成果 1997年液压、液力行业获机械工业部科技进步奖5项:同济大学完成的液压比例同步提升技术应用研究获一等奖;机械科学研究院、北京理工大学、机械工业出版社完成的《液压工程手册》,天津液压机械集团有限公司完成的农机用液压件技术开发获二等奖,机械工业部第一设计研究院、榆次液压件厂完成的榆次液压件铸造中心"八五"技术改造,机械工业部第一设计研究院、天津液压机械集团有限公司完成的天津液压机械集团"八五"技术改造补充专项农用高压齿轮泵、多路阀项目获三等奖。除此之外,还有在其他部委、地方获奖的项目,如五〇一厂的23MPa飞机液压能源系统研究项目获1997年中国航空工业总公司科技进步一等奖,高压柱塞泵/马达生产线技术改造项目获二等奖,YZB24B、ZB34C、ZB34E高压液压泵项目获三等奖;该厂的电液比例控制液压泵和马达项目获1997年贵州省科技进步二等奖,振动压路机静压传动液压泵和马达项目获三等奖。大连液压件厂研制的高速线材步进式加热炉及轧机液压控制系统项目获辽宁省机械工业厅科技进步一等奖、大连市政府新产品成果一等奖,以及辽宁省政府优秀新产品金牌奖。

天津液压机械集团公司在完成了农机用液压技术开发项目之后,又下力量抓液压件精化毛坯制造技术开发、高效机加工技术开发、零件清洁度、去毛刺攻关和齿轮泵、多路阀出厂试验CAT技术开发等16个制造技术开发项目,完成了铸铝车间铸造铝合金集中熔炼和分炉保温系统改造,提高了铝合金熔炼质量,降低了铝合金杂质及铁的含量,提高了铝合金零件的强度,节约了能源;为提高液压缸缸筒及油口的焊接质量,设计制造了CO_2气体保护油口焊接专机和缸筒焊接专机;为与农机用液压件技术开发项目中的齿轮泵轴套拉削技术相配套,自行设计制造了轴套内孔精镗床,减少了轴套的加工工序及设备和工装的投入,取得了明显的效益;按照价值工程原理,对农机缸的缸筒壁厚进行了分析计算,进行了减薄农机缸缸筒壁厚的工艺试验,并取得了成功,减少了加工余量,节约了原材料。

新产品 1997年国家经贸委审定并下文通报表彰943项国家级新产品。其中液压行业有:北京市液压件厂的高性能液压阀,北京市华德液压泵厂的48V55SR1.1变量双泵,天津液压机械(集团)公司的CBT-E3**系列齿轮泵及变型恒流泵,海门液压件厂的$\phi6$、$\phi10$、$\phi16$通径叠加阀,淮阴机械总厂的CBN-G300系列高压齿轮泵,苏州液压附件总厂SY-GQY高温高压全液压软管总成,锡山市江南液压缸体厂的高精度冷拔管液压缸筒,韶关市液压件厂的连铸机用C25、C35高压缸筒,五〇一厂的斜盘式手动伺服变量泵和斜盘式变量柱塞马达等。

机械工业备选了313个企业建立企业技术中心。液压行业列入备选的企业有:榆次液压件厂、上海液压气动总公司、天津液压机械(集团)有限公司、北京市液压工业(集团)公司。

液压、液力行业在1997年开发了许多新产品投入市场。

长江液压件厂开发了CBC2型高压齿轮泵、DJS型电磁定位先导控制阀和DP20型负载反馈多路换向阀,这三个新产品的技术性能或居国内同类产品的领先地位,或达到国际90年代初同类产品水平,DP20型负载反馈多路换向阀还填补了国内的空白。

长治液压件厂完成了国家级火炬计划项目——汽车转向助力泵,并通过了国家科委组织的验收,产品由原来的一种发展为YBZ、YBZ_1和YBZ_2三大系列20余个规格,主要技术指标达到国际同类产品先进水平,不仅满足了一汽、东汽、玉柴等国内十多个汽车制造和配套厂的配套需要,而且还随主机出口到缅甸、秘鲁等国家和地区。该厂为玉柴WY1.3小型挖掘机配套的三联泵,填补了国内工程机械用20MPa多联、高压、小排量三联泵的空白,产品单件或随主机出口到意大利、德国、希腊等多个国家和地区,深受外商好评。

徐工集团液压件厂推出一种控制TQZ建筑塔机顶升的专用液压阀——DJF-H10L型集成阀,经鉴定已投入批量生产。该集成阀与原组合阀相比,减轻阀体重量50%,每台降低成本300元,且性能先进,功能增强,操作更合理方便,更符合塔机顶升工作要求,是塔机顶升液压控制中理想的换代产品。

天津液压机械集团公司在"稳定农机配套市场,不断扩大市场份额"的原则下,以为中国一拖集团公司产品配套为切入点,积极进行适应工程机械配套要求的齿轮泵、多路阀及液压缸产品的开发,产生了一定的经济效益。1997年开发的新产品有:(1)为国内装载机配套的高压大批量齿轮泵CBT-F5**和CBT-F6**两个系列;(2)开发完成了为泰国三友机器制造有限公司生产的轻、中、重型翻斗汽车配套的集高压、大批量、低转速齿轮泵和换向阀为一体的泵阀集成元件CB45F、CB75F、CB140F,该泵阀集成元件已按中泰双方签订的质量验收协议进行了产品性能和台架可靠性试验,均达到质量验收协议要求,并小批量出口泰国,实现了该公司液压件单件自行出口"零"的突破,并列入天津市新产品开发项目;(3)引进日本岛津公司的SGP1系列齿轮泵,1997年底已完成小批量生产技术准备工作,该产品除出口之外,还可以打开国内叉车、汽车改装市场;(4)完成了为一拖集团WY20挖掘机配套的高压动臂油缸、斗杆油缸和铲斗油缸三种4件产品;(5)在消化"八五"

引进的 NABCO 多路阀的基础上，移植开发了适应国内中吨位叉车配套要求的 ZFT15F 液压多路阀；(6)为满足并适应拖拉机及收割机的配套要求，为一拖开发了 YZQ-C $\frac{18}{54}$48 液压转向助力器，并经主机厂验收认可；(7)为天拖中功率拖拉机开发了优先阀和溢流阀、三模数双联阀；(8)为新疆联合收割机厂开发了齿轮泵、马达集成元件和 16 种农机缸等。

大连液力机械总厂开发了 YJ315、YOX1150、TVA_{ZLS} 866、YOX_{S}562、TVA_{ZL} 750、YOT_{HC} 560A、YOT_{FC} 682/3000、TY610、$YOCQ_{z}$465 等多种新产品，其中 TVA_{ZL}750 限矩型液力偶合器通过了市级鉴定，YOT_{HC}560A 和 YOT_{FC}682/3000 调速型液力偶合器通过了机械工业部的鉴定。鉴定认为这三种新产品结构合理，设计先进，运行可靠，居国内领先水平。该厂还有 YOT_{GC}650/3000 调速型液力偶合器和 $YOCQ_{Z}$465/3000/4600 液力偶合器传动装置两种新产品被国家经贸委列入 1997 年度国家级重点新产品试制项目。

沈阳水泵厂研制完成的 YOCQ422 液力偶合器通过了机械工业部组织的专家鉴定，该产品是典型的技术密集的机、电、仪、液一体化产品，是为我国 200MW 和 300MW 火力发电机组的电动给水泵实现无级调速而设计、试制的高速大功率调速型液力偶合器。该产品还可与其他需要变速调节的离心泵和鼓风机等配套。

济南液压泵厂完成了山东省科委的重点科研项目：CBA_{a} 系列中部密封式高压齿轮泵，通过了山东省科委组织的技术鉴定，其性能达到 90 年代国际先进水平；CBGJ2 高压齿轮泵已申请中国实用新型专利，专利号为 ZL93231294.2。

合肥长源液压件股份有限公司自行开发新产品和改型产品 21 项，其中两项通过省级鉴定，即 CDB-F15L 多路换向阀和 CB-E 系列齿轮泵，鉴定认为该两项产品主要性能指标均达到国际上 90 年代初水平，其中 CDB-F15L 多路换向阀可以为引进日本的 TCM 叉车配套。

临海海宏集团(临海液压件厂)开发了 4 种高新技术产品，其中与厦工集团联合开发的 SXH25A 卸荷阀及 ZLF25A 流量放大阀被列为机械工业技术发展计划，经机械工业部组织鉴定，认为该产品不仅填补了国内空白，而且具有当代国际水平；与天津工程机械研究所合作研制的 SM12 片式多路换向阀及 TH6 先导阀列入机械工业部新产品试制计划，经机械工业部组织鉴定，主要性能参数达到 90 年代国际同类产品先进水平；此外，该集团还完成了 7 种老产品的更新改型，全面提高了产品的性能和质量。

镇江液压件总厂的 BZZ_{1}-E80-1000 系列全液压转向器、BM_{2}-100-400 轴配流摆线液压马达，经专家评审，认定为 1997 年度国家级新产品。

上海立新液压件厂研制的 4 种新产品，即 DB50 系列先导溢流阀，DB50 系列先导减压阀，MFZ_{3}、MFJ_{3} 湿式阀用电磁铁系列，WE6-6X 电磁换向阀，通过了上海电气控股(集团)公司和上海液压气动总公司组织的产品鉴定。

贵阳航空液压件厂 1997 年验收鉴定了国家级 1993 年度火炬计划——电液比例控制液压泵、马达，主要产品是：A7V160EL、A7V117EL、A7V107EL、A7V80EL、A7V78EL、A4V90EL、A4V56EL(4 个型号)、A4V40EL、A6V55EL，本项目产品被评为 1997 年度国家重点新产品，于 1997 年 11 月获得了证书。

煤炭科学研究总院上海分院与上海液压泵厂合作完成了侧卸装岩机用多联变量泵的研制、带制动器行走液压马达的研制，并通过了产品鉴定；与上海高压油泵厂合作完成了四联、两联径向柱塞泵，与宁波东海液压件厂合作完成了侧卸装岩机多功能液压控制阀组(FPZ25 型平衡制阀)，与上海中煤液压气动技术中心合作完成 HAG 型环氧树脂自动压力凝胶液压成型机，均通过了机械工业部组织的产品鉴定；与上海高压油泵厂合作完成的 5CY14-1B 轴向柱塞泵新产品，通过了由上海机电控股(集团)公司组织的技术鉴定。

质量及质量管理　许多企业纷纷选择 ISO9000 标准质量保证体系认证模式标准，按照 GB/T19001(ISO9000)的标准要求，建立质量保证体系，液压、液力行业，1997 年又有上海立新液压件厂、北京华德液压工业集团有限责任公司的液压件分公司和液压阀分公司 3 个企业通过了认证。

液压、液力行业被机械工业部评为 1996 年度等品产品的有：上海高压油泵厂的 25SCY14-1B 高压轴向柱塞泵，镇江液压件总厂的 BZZ_{1}-E80-1000 系列摆线式液压转向器，天津液力机械厂的 D315 液力变矩器。

在贯彻"质量保证承诺"，树立"质量是企业的生命"的意识，液压、液力行业的广大企业做了不少工作，特别是骨干重点企业采取了切实可行的措施，做了大量工作，并取得了可喜的成果，向用户提供了符合要求的产品，改变了液压、液力行业在用户中的形象。如上海立新液压件厂经上海市质量监测站和国家液压元件质量监督检测中心抽查产品质量次次合格；北京华德液压集团液压阀分公司生产的 4WE6E-61/CG24N9Z4 和 4WE6H-61/CG24N9Z4 产品，经国家液压元件质量监督检测中心检测鉴定，各项性能达到一等品指标要求；秦川机床集团有限公司液压件厂生产的秦川牌汽车动力转向油泵系列获得陕西省名牌产品称号；长江液压件厂生产的高压液压油缸获第二届四川省名牌产品称号；长治液压件厂生产的 CBJ-840 型、CBJ-B63 型齿轮泵和 YBZ-E16F20 型叶片泵经山西省机械产品质量监督检测中心突检被评为一等品；镇江液压件总厂生产的全液压转向器经镇江市质量监督所抽样检验符合一等品要求；临海海宏集团生产的主导产品(液压阀、齿轮泵)经天津工程机械研究所液压检测中心及浙江省机械产品质量检测站的监督性抽查，结果均符合产品标准的质量规定，达到一等品水平；合肥长源液压件股份有限公司开展质量教育，实行质量目标管理，开展"下道工序是用户"和班组无废品活动，使得全公司1997年未发生重大质量事故，成品抽查合格率100%，国优齿轮泵产品通过机械工业部优等品复查，通过复评，继续保持"安徽省质量管理奖"称号，合液牌齿轮泵全部扩为安徽省名牌产品，安徽省经贸委1997年调研用户满意度，该公司获86.48分，为所调研企业的最高分；济南液压泵厂的产品在中国质协用户委员会和建设机械设备委员会开展的"1997年国产工程机械配套件用户评价调查"中，被广大用户评为"满意产品"和"满意服务"单位；重庆液压件厂生产的船用液压件经"船检质量认可证"复查获得通过，农用液压缸获得农业部农机零配件质量监督检查检验测试中心抽查中的优等品，重庆市国防工业民品质量监督检验站抽查泵、缸、阀3种产品全部达到质量要求；榆次液压件厂生产的三大类产品经山西省机械工业厅验收创名牌产品的质量监督抽查中全部合格，达到创名牌产品的标准，合格率达100%；天津液压机械(集团)公司实行质量奖惩制度，推行质量损失价值量的赔偿办法，责任落实到人，对公司产品质量的稳定和提高起到了重要作用，产品经机械工业部、天津市、天津市机电总公司六次抽查检验，仅1次为合格品，5次均为一等品。

基本建设及技术改造 液压件及液力件行业列入国家第一期"双加"工程的有7个项目，计划总投资24 674万元(含外汇794万美元)，其中专项贷款20 150万元，截止到1997年底，开项5个项目，累计完成投资8 192万元，合肥液压件厂和北京华德液压泵厂项目已通过竣工验收。列入国家第二期"双加"工程的有7个项目，计划总投资20 115万元(含外汇125万美元)，其中专项贷款14 050万元，截止到1997年底开项3个项目，累计完成投资1 712万元。

在国家计划外，还有一些企业利用自筹资金，或由地方列项申请银行贷款进行了技术改造，例如济南液压泵厂投入800万元，建立了新产品开发中心，新建厂房1 400m²，配置了加工中心5台，数控组合机床、专用机床、试验装置多台，形成了集研制、生产、试验为一体的开发中心，对加快新产品的研制，加快转入商品生产创造了条件；重庆液压件厂1997年完成基本建设投资120万元，技术改造投资23万元。

此外，邵阳液压有限责任公司"八五"技术改造项目1997年初通过竣工验收，实际完成投资2 359万元。通过技改引进美国威格士公司B系列轻型柱塞泵产品的规格由39个扩大到120个，形成了12 000台的生产能力，提高了产品的质量和可靠性，国产化率达到100%。

1997年液压件及液力件行业列入机械工业部统计信息范围的企业完成基本建设投资额9 435万元，完成更新改造措施投资额8 833万元。

对外合作 天津液压机械(集团)公司与日本岛津公司协商，在原合资公司的基础上，决定扩大合作范围，由岛津公司提供产品技术，合资公司扩股增资40万美元(双方各20万美元)，提供必要的技术装备，由天津液压机械(集团)公司试制、生产日本岛津公司的SGP1齿轮泵，通过合资公司出口日本，1997年底已完成样品试制，并通过了岛津公司的认可，1998年可望出口日本4 000台；天机公司还与泰国三友机器制造有限公司签订了合资协议，成立天津三友液压机械有限公司，合资经营各类专用工程车配套的KP齿轮泵，车用电控、手控液压动力源及其他液压元件，液压系统和液压装置等。生产纲领为年产18 000件。投资总额为100万美元，注册资本为100万美元，中泰投资比重各占50%，并于1997年5月得到批准。

应中国液压气动密封件工业协会邀请，日本油空压工业会小笠原文男技术委员长为团长的代表团一行八人于1997年11月9～21日分别在北京、成都、天津进行了技术交流。在交流会上，由川崎重工业(株)精机事业部机器技术部机器课初田稔先生介绍了工程机械用液压元件的发展趋势和制造过程中的零件清洗，还介绍了目前零件清洗机的机种、产品及应用实例。由NOK(株)静冈事业部商品企画主查部林一仪介绍了蓄能器的构造和用途，还着重介绍了各种流体机械的液压回路实例中如何选用蓄能器。交流内容得到了与会者的好评。

1997年9月15～19日在北京由机械工业部主办了1997年中国国际动力传动与控制技术展览会(PTC'97)。PTC展已成为中国动力、传动与控制，特别是液压、气动、密封等流体传动技术领域两年一次，唯一的大型、专业、高水平的国际展览会，受到国内外的广泛关注和支持，在国际同类大型展览中，其规模、水平及国际性已进入世界前三名。本次展览会展出总面积近10 000m²，参展厂商220多个，其中国内厂商110个，法国、德国、意大利、韩国、美国、英国、日本、俄罗斯、瑞士、新加坡、比利时、丹麦、捷克以及台湾省等国家和地区都派展团或展商前来参展，有的还组织大型参观团来华参观、访问，并洽谈贸易与合作。参观本次展览会的观众达4.2万人次，展览会期间还举办了15次技术交流会。

管理及改革 机械工业部机械基础装备司1997年11月18～19日在辽宁省瓦房店市召开了机械基础件行业"开发能力提高战役"瓦轴集团现场会，确切地讲是一次基础件行业"三大战役"的现场会，参加会议有37个单位，52位代表。

中国工程机械工业协会与中国液压气动密封件工业协会于1997年6月18～20日在北京联合召开了首届工程机械主机与配套件行业发展及交流研讨会，共有68个单位120名代表出席了会议，与会代表一致反映这次会议充分发挥了协会的桥梁作用，是共同提高国产产品市场占有率，打好"三大战役"两行业的联合行动。

为打好"三大战役"，使全行业学有榜样，赶有目标，机械工业部授予北人集团等112个企事业单位"全国机械工业文明单位"荣誉称号，液压行业中天津液压机械(集团)有限公司榜上有名。授予王涛等

8 名同志"全国机械工业职工楷模"荣誉称号,液压行业中有上海液压泵厂数控工段副段长李斌同志。

中国液压气动密封件工业协会于 1997 年 9 月 13～15 日在北京召开了第三届会员代表大会暨液压气动密封行业经济技术发展报告会,来自全国各地的 180 名会员代表单位出席了大会,会议得到了机械工业部和国家经贸委等有关政府部门的重视和支持。会上,选举产生了由 88 名会员单位组成的第三届理事会。在三届一次理事会上,聘请机械工业部朱森第总工程师为第三届理事会名誉理事长,并选举产生了由 25 名理事单位组成的第三届常务理事会,选举产生了正、副理事长,聘请了协会秘书长。会议期间还组织代表参观了 PTC97'展。

北京华德液压工业有限责任公司被北京市确定为在北京 138 个企业建立现代企业制度试点企业之一,经过一年多的改革改制,优化结构、资产重组,于 1997 年 7 月依照《公司法》,由北京市液压工业公司、北京液压件厂、北京华德液压泵厂、北京行星减速机厂、北京液压件六厂、北京液压件铸造厂合并改制组建北京华德液压工业有限责任公司,将母公司成员企业依法改制成分公司,取消分公司的法人地位,实行六统一,即资产管理统一,投资规划统贷统还统一,销售统一,经营核算统一,产品开发统一,干部管理统一。

上海液压气动总公司 1997 年年初提出减员分流两个 8%的目标,经过统一思想,转变观念,上下努力,本部带头,已取得明显成效。全公司减员达 460 人,进再就业中心已超过 1 000 人,全民企业职工在册人数将控制在 3 300 人左右。1998 年准备减员分流目标为 15%～20%,职工在册人数控制在 2 800人左右。

北京华德液压工业有限责任公司、榆次液压(集团)公司、邵阳液压有限责任公司等获自营进出口经营权。

长治液压件厂获山西省最佳企业、科技先导型企业称号。

上海立新液压件厂经上海市高新技术企业(产品)认定办公室审核,被认定为"上海市高新技术企业",被上海电气控股(集团)公司认定为"管理基础工作规范化"达标企业。

大连液压件厂陈锡仁厂长,1997 年又获辽宁省机械工业优秀企业经营者荣誉称号。

机械工业部认定 150 个企业为技术进步示范工程第三批试点企业,液压行业有:天津液压机械(集团)有限公司、辽宁省液压工业公司、山西长治液压件厂等。

天津液压机械(集团)公司"八五"补充专项技术改造被机械工业部评为"八五"技术先进单位,齐雪楼总经理被评为先进个人。

〔撰稿人:机械工业部第一设计研究院、中国液压气动密封件工业协会易新都　审稿人:机械工业部机械基础装备司陈寿德〕

〔责任编辑:白　萍〕

气 动 元 件

〔机械工业部〕

生产发展情况　气动行业(包括气缸、控制阀、电磁阀和气源处理三大件)共有归口企业 19 个。1997 年据机械工业部统计信息中心统计,企业的生产发展情况详见表 1。从主要经济指标看,1997 年比 1996 年又进一步下滑,出现全面负增长,尤其是出口交货值负增长达 35.6%。

表 1　1997 年气动行业主要经济指标

项　目	完成额(万元)	比上年增长 %
工业总产值:不变价	30 602	−10.0
当年价	27 717	−11.4
销售产值(当年价)	26 642	−8.7
销售收入	23 771	0.9
出口交货值	2 595	−35.6
利税总额	2 493	−18.0
其中:利润总额	748	20.5

据中国液压气动密封件工业协会 1997 年度气动元件行业年报统计,1997 年气动行业气动元件产品总产值(按 1990 年不变价,本行业产值计)前五名的企业排序是:济南华能气动元器件公司、广东肇庆方大气动有限公司、江都气动元件厂、烟台气动元件厂、上海气动成套厂。这 5 个企业 1997 年工业总产值合计为 18 517.2 万元,占气动全行业总产值的 64.5%。

按照原机械电子工业部 1990 年公布的骨干重点企业名单,济南华能气动元器件公司是气动行业中唯一的骨干企业;重点企业 3 个:无锡市气动元件厂、烟台气动元件厂、肇庆气动元件总厂。这 4 个骨干重点企业 1997 年工业总产值为 14 408.8 万元,利税总额 159.3 万元,分别占气动全行业的 50.2%、19.9%。

烟台气动元件厂 1997 年产品出口额比上年又有增加,达到 953 万元(折合外汇 115 万美元),比上年增长 62.1%。

产品分类产量　根据中国液压气动密封件工业协会统计,1997 年气动元件行业产品总产量为 124.3 万件,比上年降低 28.6%。按产品品种分类的产量、产值如表 2。

市场及销售　在全国机械产品仍不景气的情况下,气动元件产品的销售情况与上年相比有较大的好转,销售率提高了 16.4%,产品的库存额略有下降,流动负债比上年也有所下降,但企业间的资金拖欠现象仍很严重。

虽然 1997 年气动行业的主要经济指标下滑比

较严重，但是由于气动行业是一个新兴的产业，从总的趋势看，气动元件的市场和销售情况看好，并将要持续一段时间，正因为如此，外商和外资企业看好我国气动元件的市场，想方设法来挤占我国的市场，因此，我国的气动元件市场竞争将是愈来愈激烈。

根据中国液压气动密封件工业协会的统计，1997 年气动元件产品的销售去向如表 3。

表 2　1997 年气动元件按品种分类产量、产值

产品名称	产量		工业产值（不变价）（万元）
	单位	完成量	
气动产品总计	件	1 275 333	28 274
气动元件合计	件	1 243 268	25 346
控制元件	件	702 713	9 315
方向控制阀	件	499 706	6 820
压力控制阀	件	74 522	1 088
流量控制阀	件	76 690	1 066
其他气阀	件	51 795	341
气缸	件	221 024	11 406
气源处理装置及附件	件	270 403	3 283
二、三联件	件	131 197	1 781
空气过滤器	件	49 939	546
油雾器	件	31 830	2 067
空气干燥器	件	90	203
其他处理元件	件	57 347	545
其他气动元件	件	49 128	1 343
气动系统及装置合计	套	32 065	1 534
气动管接头及备件	件	2 259 186	1 395

表 3　1997 年气动元件销售去向

销售去向	按销售额计		按销售量计	
	销售额（万元）	占总销售额%	销售量（件）	占总销售量%
气动元件合计	22 111	100.0	1 356 201	100.0
电子设备	1 045	4.7	48 228	3.6
纺织机械	8 045	3.6	46 314	3.4
食品机械	1 342	6.1	77 635	5.7
轻工机械	1 900	8.6	149 576	11.0
冶金设备	2 078	9.4	157 337	11.6
机床	1 609	7.3	71 154	5.2
工程运输机械	829	3.8	32 299	2.4
塑料机械	1 288	5.8	80 776	6.0
包装机械	1 692	7.7	69 723	5.1
印刷机械	761	3.4	48 669	3.6
矿山机械	661	3.0	31 593	2.3
汽车、机车	1 200	5.4	39 458	2.9
石化设备	470	2.1	26 443	2.0
出口	647	2.9	80 906	6.0
其他	5 786	26.2	396 090	29.2

销售收入最多的前五名企业是：广东肇庆方大气动有限公司、济南华能气动元器件公司、江都气动元件厂、上海气动成套厂、烟台气动元件厂。

1997 年气动元件产品出口额较多的企业有：烟台气动元件厂（出口交货值 953 万元），济南华能气动元器件公司（出口交货值 310 万元），无锡市气动集团公司（出口交货值 259 万元）。

科研成果及新产品　气动行业中济南华能气动元器件公司完成的低功率不供油小型电控换向阀获 1997 年机械工业部科技进步三等奖。

机械工业备选了 313 个企业建立企业技术中心。气动行业备选的企业是济南华能气动元器件公司。

为了增强机电重点产品的市场竞争能力，机械工业部确定了 1058 种产品为重点开发产品。在气动行业中有：模块式气源处理装置、空气过滤器、减压阀、油雾器、齿杆式回转摆动气缸、阀岛（集装式电控换向阀）、压力机用安全双联阀、气动机械人、组合气缸、X 系列气源处理三大件、无油润滑低功率气动换向阀等产品。

为了消化创新“七五”、“八五”期间引进的技术，更好地形成产品自主开发能力，机械工业部确定了 430 个消化创新项目，其中气动行业有：上海气动成套公司的气动电磁换向阀、气源处理元件、主控阀，济南华能气动元器件公司的 SR 系列低功率不供油小型电控换向阀、高性能 BK、AK 系列电磁阀等项目。

无锡气动集团公司研制的 K33D2-12 旅客列车防滑排风阀是 TFX-1 电子式防滑器中的一个重要部件，并通过了铁道部科技成果鉴定，鉴定的结论是：TFX-1 电子式防滑器包括速度传感器（4 个）、压力继电器（1 个）、防滑排风阀（4 个）、计算机（主机 1 台），经过 750 台装车试验和一年多的运行考核，其性能指标已达国际同类产品的先进水平，就防滑阀而言，其灵敏度、离散度等动态特性指标均已达到德国 KNORR 公司 CV12 和瑞典 WABCO 同类产品水平。

济南华能元器件公司在消化引进 SR 系列低功率不供油小型电控换向阀的基础上开发出了 MF540T 阀岛新产品，该产品采用了多芯插件、接线盒等，布线占有空间小，接线、布线、抢修作业简单，根据需要从 2～10 联可任意组装，具有高性能、低能耗、体积小、可靠性高等优点，控制功率为 1.4～1.8W，主要性能达到 90 年代国际同类产品水平。

长春压缩机空气净化设备公司的 LKG 型冷却式干燥器，采用进口全封闭压缩机及美国冷凝机组、板翅高效节能换热器、管翅可拆卸蒸发器及制冷控制元件组成。额定处理量为 $0.3\sim100m^3/min$，和各种高效过滤器组合，可获得过滤精度为 $0.01\sim5\mu m$，最大含油量为 $0.5\times10^{-6}\sim0.1\times10^{-6}$，干燥清洁空气和干燥无油无臭空气。

肇庆气动元件总厂开发的 3～12 通径小型阀系列，年产已达几万件；重庆蜀宇气动元器件成套技术公司，上海新益气动元件有限公司，烟台气动元件厂等均开发新型气缸产品。

基本建设及技术改造　气动元件行业列入国家第一期“双加”工程的有两个项目：烟台气动元件厂和无锡新威集团有限责任公司项目，经调整后的计划总投资为 3 500 万元（含外汇 164 万美元），其中专项贷款 2 700 万元，1997 年这两个项目计划投资 820 万元，其中专项贷款 545 万元。实际上从 1995～1997 年三年时间内，只有烟台气动元件厂进行技术改造，完成投资 539 万元。列入国家第二期“双加”工程的有两个项目：济南气动元件厂和肇庆气动元件总厂项目，计划总投资 5 800 万元（含外汇 68 万美元)，其中专项贷款 4 060 万元，1995～1997 年实际只有肇庆气动元件总厂计划下达了投资 2 700 万元。其中专项贷款 2 000 万元，实际完成投资 1 500 万元。济南气动元件厂项目由于种种原因未列上计划，但是经过多方努力近期已获得银行评估通过，将获得贷款进行技术改造。

根据机械工业部统计信息中心统计，1997 年气动行业完成基本建设投资额 366 万元，完成更新措施项目投资额 1 849 万元。

对外合作 日本 SMC 公司在北京经济技术开发区开办的独资企业，截止至 1997 年底二期工程全部完成，总投资 5 500 万美元，主要生产四个系列的气缸，生产能力达 200 万件，1997 年的销售额已达 1.5 亿元。德国 Festo 公司已在上海浦东开发区买了土地，准备独资建厂。估计这两个外商独资企业生产的气动元件在我国的销售额将占我国进口气动元件总的销售额的 70%。

应中国液压气动密封件工业协会邀请，日本油空压工业会小笠原文男技术委员长为团长的代表团一行八人于 1997 年 11 月 9～21 日分别在北京、成都、天津进行了技术交流。在交流会上由（株）小金井海外事业部中根绍光技术主任介绍了加工气动元件时去毛刺的手段和措施；由太阳铁工（株）空气压机器事业部技术部浅川洋一先生介绍了气动元件在汽车制造厂车体生产线上的应用；由 CKD（株）熊泽弘先生介绍了气动技术的发展趋势和气动元件、控制系统的现状。交流内容得到了与会者的好评。

1997 年 9 月 15～19 日在北京举办了 1997 年中国国际动力传动与控制技术展览会（PTC’97)，是机械工业部主办的 1997 年中国国际机械基础件及其专用装备展览会的一部分，自 1991 年 10 月首次在北京举办 PTC 展以来，已成功地举办了 3 届，1997 年举办的是第四届。PTC 展已成为中国动力、传动与控制，特别是液压、气动、密封等流体传动技术领域两年一次，唯一的大型、专业、高水平的国际展览会，受到国内外的广泛关注和支持，在国际同类大型展览中，其规模、水平及国际性已进入世界前三名。本次展览会展出面积近 1 万 m^2，参展厂商 220 多个，其中国内厂商 110 个，法国、德国、意大利、韩国、美国、英国、日本、俄罗斯、瑞士、新加坡、比利时、丹麦、捷克以及台湾省等国家和地区都派展团或展商前来参展，世界著名的跨国气动元件制造厂，德国的 Festo、日本的 SMC 都来展出了具有世界先进水平的气动元件产品成套气动系统。

管理及改革 机械工业部机械基础装备司 1997 年 11 月 18～19 日在辽宁省瓦房店召开了“机械基础件行业“开发能力提高战役”瓦轴集团现场会”，更确切地说这是一次基础件行业打好“三大战役”的现场会，参加会议有 37 个单位、52 位代表。

在肇庆气动元件总厂的基础上，通过实行注资经营责任制改组成立了肇庆方大气动股份有限公司。转制后，通过抓好企业转机建制，体制的优势逐步转化为机制的优势，有力地促进了企业的发展。1997 年该公司的订货合同量、工业总产值、销售收入、税利等经济指标，均比上年有所增长。

中国液压气动密封件工业协会于 1997 年 9 月 13～15 日在北京召开了第三届会员代表大会暨液压气动密封行业经济技术发展报告会，来自全国各地的 180 名会员代表单位出席了大会，会议得到了机械工业部和国家经贸委等有关政府部门的重视和支持。会议上，选举产生了由 88 名会员单位组成的理事会。在三届一次理事会上，聘请机械工业部朱森第总工程师为第三届理事会名誉理事长，并选举产生了由 25 名理事单位组成的第三届常务理事会，选举产生了正、副理事长，聘请了协会秘书长。会议期间还组织参观了’97PTC 展。

气动专业分会在中国液压气动密封件工业协会召开的第三届会员代表大会期间完成了分会的换届工作，选举吴筠为名誉理事长，选举出 15 个单位为理事单位，选举了理事长和副理事长，聘请了秘书长和副秘书长。

气动专业分会于 1997 年 12 月在江苏省无锡市成立了新的气动标准委员会，对气动标准进行了整顿，对不适应现实情况的老标准宣布作废，重点讨论了 5 个标准。

〔撰稿人：机械工业部第一设计研究院、中国液压气动密封件工业协会易新都　审稿人：机械工业部机械基础装备司窦文兰〕

〔责任编辑：白　萍〕

密　封　件

〔机械工业部〕

生产发展情况 密封件包括橡塑密封件、机械密封件和柔性石墨密封件。按机械工业部生产与信息统计司 1997 年统计，归口企业为 24 个，实现工业总产值（按 1990 年不变价）70 836 万元，比上年增长 30.0%，从整个密封件行业来看，一些主要经济指标除利润总额外，其余均比上年有所提高，详见表 1。

根据中国液压气动密封件工业协会 1997 年统计资料，密封件行业的利润总额，橡塑密封件分行业为 5 564.0 万元，高于密封件全行业的利润总额；机械密封件分行业为－820.1 万元，比上年又下降了

212.3%；柔性石墨密封件分行业为75.5万元，摆脱了亏损的局面。橡塑密封件分行业中宁国中鼎橡塑密封股份有限公司仍和上年情况一样，在整个密封件行业中获利润最高，达5 564.0万元，多数企业的经济效益仍继续下滑。

表1　1997年密封件行业主要经济指标

项　目	完成额（万元）	比上年增长%
工业总产值：不变价	70 836	30.0
当年价	71 461	25.6
销售产值（当年价）	72 536	52.6
销售收入	54 222	34.9
工业增加值	25 873	11.1
出口交货值	18 779	18.0
利税总额	6 661	5.5
其中：利润总额	1 236	−59.3

据中国液压气动密封件工业协会年报统计资料，1997年密封件行业中，橡塑密封件产品总产值（1990年不变价）前五名的企业是：宁国中鼎股份有限公司、青岛基珀密封工业有限公司、山东莱州市橡胶制品厂、浙江海门橡胶一厂、自贡庆华密封件工业公司，这五个企业的工业总产值（本行业产值）为30 150.7万元，是橡塑密封件分行业总产值的78.4%；机械密封件产品总产值（1990年不变价）前三名的企业是：约翰克兰（天津）有限公司、四川日机密封件有限公司、武进机械密封件厂，这三个企业的工业总产值（本行业产值）为5 898.0万元，是机械密封件分行业总产值的50.7%；柔性石墨密封件产品的总产值（1990年不变价）前两名的企业是青岛黑鲤石墨工业公司、山东滨州石墨密封件厂，这两个企业的工业总产值（本行业产值）为3 858.9万元，是柔性石墨密封件分行业总产值的95.8%。

产品分类产量　1997年密封件行业按产品大类分的产品产量详见表2，按行业产品分类的产量与产值详见表3。

表2　1997年密封件产品产量

项　目	单位	完成量	比上年增长%
橡塑密封件	万件	52 166.2	14.1
机械密封件	万套	312.5	3.1
柔性石墨密封件	t	820.5	6.9

市场及销售　1997年产品销售比上年要好得多，产品销售率为105.1%，比上年上升了16.9%，其中，橡塑密封件产品销售率为95.9%，比上年上升了14个百分点；机械密封件产品销售率为100.1%，比上年下降了9.7%；柔性石墨密封件产品销售情况最好，产品销售率达226.9%，比上年提高了129个百分点。

从密封件行业财务状况来看，1997年的利税总额和利润总额比上年有所好转，企业的亏损面有所下降。

根据中国液压气动密封件工业协会1997年统计资料，橡塑密封件、机械密封件产品的销售去向，详见表4和表5。

表3　1997年密封件按产品分类的产量、产值

产品名称	产量		工业产值（不变价）（万元）
	单位	完成量	
橡塑密封件	万件	52 166.2	38 439.7
O形圈	万件	14 989.3	5 118.2
骨架油封	万件	7 382.6	8 561.3
机械密封件			
机械密封件	万套	312.5	9 599.7
机械密封配件	万件	53.2	2 011.6
柔性石墨密封件	t	820.5	4 027.4
柔性石墨密封件	t	91.2	576.7
石墨填料	t	15.7	117.5
缠绕垫片	t	19.1	178.1
编制填料	t	0.8	9.0
柔性石墨板材	t	729.3	3 450.7

表4　1997年橡塑密封件销售去向

销售去向	按销售额计		按销售量计	
	销售额（万元）	占总销售额%	销售量（万件）	占总销售量%
合计	38 130	100.0	52 369	100.0
农业机械	2 901	7.6	3 553	6.8
建筑工程机械	1 074	2.8	1 556	3.0
塑料机械	1 132	3.0	2 957	5.6
机床	1 097	2.9	1 418	2.7
工程车辆	1 423	3.7	2 207	4.2
矿山机械	2 346	6.2	5 081	9.7
石油机械	121	0.3	102	0.2
化工机械	2 045	5.4	4 602	8.8
冶金机械	102	0.3	88	0.2
医药食品包装	39	0.1	22	—
航空航天设备	1 157	3.0	1 412	2.7
船舶	166	0.4	89	0.2
汽车	15 246	40.0	20 004	38.2
其他	9 281	24.3	9 279	17.7

1997年密封件出口产值19 954万元，比上年增长25.4%，出口产值超过1 000万元的企业有2个，即宁国中鼎橡塑密封件有限公司和青岛黑鲤石墨工业公司。

新技术及科研成果　密封行业1997年有1个项目，即合肥通用机械研究所完成的高压静密封试验装置获机械工业部科技进步三等奖。

为了消化创新“七五”、“八五”期间引进的技术，更好地形成产品自主开发能力，机械工业部按照“国家重点建设领域所必须解决的关键技术，对行业发展带动作用大并能带来良好的经济效益的技术、国内有消化创新能力的技术”三个条件，确定了430个消化创新项目，其中密封行业有：青岛基珀密封工业有限公司的密封件设计制造技术，四川密封工程技术研究中心的机械密封，山东滨州柔性石墨密封件厂的柔性石墨板材生产线等项目。

表 5　1997 年机械密封件销售去向

销售去向	按销售额计		按销售量计	
	销售额(万元)	占总销售额%	销售量(万套/万件)	占总销售量%
合计	8786.9 / 2189.3	100.0 / 100.0	289.7 / 55.5	100.0 / 100.0
农业机械	160.2 / 122.9	1.8 / 5.6	10.3 / 17.2	3.6 / 31.0
建筑工程机械	136.1 / 37.0	1.5 / 1.7	0.2 / 0.4	0.1 / 0.7
塑料机械	6.2 / 11.0	0.1 / 0.5	0.3 / 0.1	0.1 / 0.2
机床	188.2 / 10.0	2.1 / 0.4	0.5 / 0.6	0.2 / 0.1
工程车辆	130.3 / 39.4	1.5 / 1.8	0.2 / 0.4	0.1 / 0.7
矿山机械	400.7 / 115.3	4.6 / 5.3	5.3 / 7.5	1.8 / 13.5
石油机械	899.9 / 172.8	10.2 / 7.9	2.0 / 2.3	0.7 / 4.2
化工机械	1998.5 / 803.7	22.7 / 36.8	38.2 / 15.5	13.2 / 27.9
冶金机械	631.0 / 141.8	7.2 / 6.5	1.6 / 1.4	0.5 / 2.5
医药食品包装	286.4 / 81.3	3.3 / 3.7	0.7 / 1.3	0.2 / 2.3
航空航天设备	88.6 / 2.0	1.0 / 0.1	0.4 / 0.1	0.1 / 0.2
船舶	14.3 / 10.5	0.2 / 0.4	0.4 / 1.0	0.1 / 1.8
汽车	2020.2 / 10.5	23.0 / 0.4	213.7 / 0.1	73.8 / 0.2
其他	1826.3 / 631.1	20.8 / 28.9	15.9 / 7.6	5.5 / 13.7

注：分子系成套的机械密封件，分母系机械密封件配件。

为积极推动企业技术进步，机械工业部选择了七个方面的 50 项技术作为“适用先进技术推广指南”的项目，其中密封件行业有：密封技术及密封件(用于液压缸、气缸、泵、阀等，平面法兰、盖板、螺塞管接头等，高速、多功能和高精度的数控机床的防漏密封，各种出口精密机床、仪表、电器等，锻压机床；各种高性能要求的液压油缸，机床用液压缸、气缸等接头)。

目前我国主要的橡塑密封件企业，广泛采用真空平板硫化和橡胶注射工艺，在修边工艺方面广泛采用真空式气动油封切边机以及冷冻自动修边机等，效率和质量都比手工有很大的提高。

广州机床研究所 1997 年共进行了 25 个所基金项目研究，已完成 9 项，其中自动压滤机橡胶垫国产化及攀钢用双骨架组合油封的研制两个项目，不仅提前完成了计划，还在项目进行中就取得了较好的经济效益，1997 年这两个项目创产值 70 多万元。

四川省机械研究设计院密封技术研究所研制的离心压缩机机械——浮环组合密封，通过了机械工业部组织的专家鉴定。该密封的研制综合了机械密封泄漏量少和浮环密封耐压高的特点，较好地解决了输送有毒、易燃、易爆、贵重气体的离心压缩机密封问题。

青岛基珀密封工业有限公司采用了油封全切自动修整技术，并研制成功了在国内具有领先水平的 PC 机控制自动油封修整切削机，使油封无论在质量保证上，还是在修整效率上均有很大提高；在新材料开发方面，应用了氢化丁腈橡胶的实用胶料配方，并用于船舶和石油工业。

快特密封件有限公司从奥地利引进 90 年代新技术，用数控车削中心车制密封圈替代传统工艺，计算机中储存有百余种国内外常用密封断面参数，根据用户需要可快速提供产品。密封材料有：聚氨酯、丁腈橡胶、氟橡胶、合成橡胶、硅橡胶、聚四氟乙烯、聚甲醛、尼龙等十余种材料，成品具有耐高温、耐高压、抗腐蚀、耐磨、高稳定性和高寿命等特点。产品均满足 DIN 和 ISO 质量标准。

慈溪密封材料厂开发了耐高压金属缠绕垫片，解决了石化总公司所属镇海石化公司从法国引进的加氢裂化装置密封件国产化问题。

新产品　为了增强企业的产品开发能力和技术创新能力，机械工业备选了 313 个企业建立企业技术中心，密封行业备选的企业有：广州橡胶密封件厂，青岛基珀密封工业有限公司。

为了增强机电重点产品的市场竞争能力，机械工业部确定了 1058 种重点开发产品。密封行业中有高压往复密封，汽车动力转向器油封(高压油封)，非接触式机械密封，高压、大轴径机械密封，高强度柔性石墨复合板材，核电站用柔性石墨密封材料，电站泵用金属缠绕垫片等产品。

青岛基珀密封工业有限公司为一汽 488 发动机开发的气门导杆油封 GB8×12.5×12.5 新产品由小批试制进入批量供货，其性能水平达到了国内同类产品的先进水平；还开发了用于全自动洗衣机的 WD75×95×10 水封，并首创了产品表面处理技术，产品达到国外同类产品的先进水平。

重庆杜克公司开发的唇形接触式回转密封，获国家专利，该产品的主要特点是，同时解决了密封体的受力平衡及良好的偏心跟随性，从而大大提高了密封性能。最大工作压力 5MPa，最大线速度 30m/s，允许温度－40～200℃，允许径向跳动 3%。

慈溪密封材料厂为长征二号火箭配套研制了尖端密封件，从原材料精选到产品出厂检验层层把关，获得航天工业总公司的好评。

质量及质量管理　由广州机床研究所归口复审的有关密封行业的 4 项标准已得出复审结论，并已上报，即JB/T53387—94《O形橡胶密封圈产品质量分等》，以代替原JB/JQ/T22102—89；JB/T53388—94《旋转轴唇形密封圈产品质量分等》，以代替原JB/JQ/T22103—89；JB/Z267—86《液压密封胶使用工艺规程》；JB4254—86《液压密封胶》。

青岛市橡胶制品质量监督检验站对青岛基珀密封工业有限公司主导产品旋转轴唇型密封圈、O型橡胶密封圈，每季度进行一次定期监督检验，检查结果全部合格。

慈溪密封材料厂经机械工业部机械密封件柔性石墨密封件产品质量监督检测中心不定期监督抽检，柔性石墨金属缠绕垫片、柔性石墨编织填料、柔性石墨带、柔性石墨复合增强（板）垫等产品的质量技术性能均优于标准指标。

基本建设及技术改造 密封件行业列入国家第一期“双加”工程的有4个项目，计划总投资6 900万元（含外汇343万美元），其中专项贷款5 500万元，截止至1997年资金累计到位2 979万元，实际完成1 949万元，滨州柔性石墨密封件厂于1997年7月已竣工验收。列入国家第二期“双加”工程的有3个项目，计划总投资3 900万元（含外汇70万美元），其中专项贷款2 760万元，截止至1997年底资金累计到位500万元，实际完成96万元，在这3个项目里，有2个项目未开项。

在国家计划外，有些企业通过不同渠道筹集资金进行基本建设和更新改造，完成的资金额如表6。

表6 1997年密封件行业国家计划外完成基本建设、更新改造投资额

项　目	基本建设		更新改造措施	
	企业数	投资额（万元）	企业数	投资额（万元）
合计	5	9 129	6	97
橡塑密封件分行业	4	9 111	3	33
机械密封件分行业	1	18	3	64

1997年密封行业列入机械工业部统计信息范围的企业，完成基本建设投资额8 023万元，完成更新改造措施投资额115万元。

对外合作 1997年9月15～19日在北京举办了1997年中国国际动力传动与控制技术展览会(PTC’97)，是机械工业部主办的1997年中国国际机械基础件及其专用装备展览会的一部分。世界著名的密封件厂商，如Parker，Freudenberg，Burgmann，Busak-Shamban，Merkel，三菱电线，Fietz，TamesWalker，Burgman等公司都来参加了展览。

管理及改革 青岛密封工业公司在调整产业结构、组织结构上，采取了新的举措。1996年12月通过企业职工参股、剥离，组建了股份合作制企业——青岛特种橡胶制品厂，由120名职工参股，企业通过调整，不仅盘活资产，而且减轻了企业负担，从而提高了经济效益。

〔撰稿人：机械工业部第一设计研究院、中国液压气动密封件工业协会易新都　审稿人：机械工业部机械基础装备司陈寿德〕

〔责任编辑：白　萍〕

粉末冶金制品

〔机械工业部〕

生产发展情况 1997年粉末冶金制品行业总体运行形势是，工业总产值、工业增加值和产量继续保持稳定增长，出口量也有较大幅度增加，但企业各种费用增加，总体效益大幅度下降。特别是规模较大的国有企业效益减幅较大，运行困难。而大部分乡镇企业和中小企业发展势头不减，显示出很强的活力和竞争力。

据中国机械通用零部件工业协会粉末冶金专业协会经济年报统计，41个主要企业1997年完成工业总产值（当年价）66 423.8万元，比上年增长7.4%；工业增加值23 023.9万元，比上年增长6.5%；产品销售收入62 717.9万元，比上年增长6.2%；出口交货值11 211.1万元，比上年增长36.7%；实现利润290.6万元，比上年下降91.8%；全年生产粉末冶金零件19.2亿件、2.6万t，比上年分别增长20%和13.9%。1997年完成工业增加值居行业前五名的企业见表1。

表1 1997年粉末冶金制品行业工业增加值前五名企业

序号	企业名称	工业增加值（万元）
1	宁波金鸡集团	3 953
2	上海粉末冶金厂	3 052
3	重庆华孚粉末冶金厂	1 890
4	宁波中平粉末冶金有限公司	1 421
5	江门市粉末冶金厂	1 406

产品分类产量 机械工业部归口的粉末冶金制品行业主要包括铁基结构件、铜基结构件、铁基和铜基含油轴承、粉末冶金摩擦片、过滤元件、磁性元件、硬质合金等机械零件及少部分铁粉、铜粉等产品。各类产品产量统计见表2。

新技术及新产品 被誉为“21世纪新材料”的纳米金属微粉的制备技术研究在我国取得较大进展。由吉林大学超硬材料国家重点实验室和长春市鑫鑫节能研究所合作完成的“纳米金属材料制备及应用研究项目通过了吉林省科委组织的鉴定。该项目研制成功的班产公斤级的JDX-3型纳米金属微粉制备设备，采用直流电弧等离子技术，可用于铁、

钴、镍等多种纳米金属和合金微粉的生产。制备纳米金属微粉的生产工艺也已获国家发明专利。应用研究上，他们还在国内首次把纳米金属微粉用于碳化钨硬质合金上，实现了碳化钨硬质合金的低温烧结。有关专家认为，这项成果不仅表明我国制备纳米金属微粉的技术达到了国际先进水平，而且为这一高新技术的产业化奠定了必要的技术基础，向规模化生产迈出了一大步。

表2 1997年各类粉末冶金制品产量

产品名称	产量	
	(万件)	(t)
铁基零件类		
铁基含油轴承	33 181	5 489
铁基结构件	13 921	8 394
铜基零件类		
铜基含油轴承	9 883	571
铜基结构件	1 792	279
摩擦片类	433	1 762
磁性材料	124 683	6 745
硬质合金		3
其他	12 961	2 292

1997年11月，由南京玉川工业炉有限公司制造的首台国产化粉末冶金高温自动推杆式烧结炉通过验收。经过高温试验、工艺试验、生产运行等考核，达到合同规定的技术要求，通过对摩托车初级从动齿轮约2万余件的批量烧结生产运行，烧出零件的尺寸精度及性能达到日本玉川机械株式会社生产的同类型烧结炉的水平。

广州粉末冶金厂为扩大市场，已成功地研制和生产出技术含量高的螺旋伞齿轮、碎纸机齿轮、食品机械齿轮、汽车自动门升降齿轮、轿车用千斤顶齿轮等新型齿轮系列产品。通过开发齿轮系列产品，广州粉末冶金厂进一步拓宽了生产和发展的空间。

江门市粉末冶金厂有限公司开发生产粉末冶金软磁材料，形成规模生产，产品大部分出口，取得较好经济效益。

质量及质量管理 1997年一季度，根据国家技术监督局的安排，由国家粉末冶金制品质量监督检验中心组织对粉末冶金含油轴承进行了产品质量监督抽查，共抽查了35个企业的35个产品，合格29个，抽查合格率为82.86%，与1988年二季度国家监督抽查的合格率64.3%相比，合格率有所上升。其中骨干重点企业4个，合格率为100%，乡镇企业8个，合格7个，合格率87.5%。本次抽查的合格率不低，但标准符合率很差，在抽查的35个产品中，仅有9个产品符合国家标准，标准符合率仅为28.7%，企业标准低于国家标准水平，说明我国目前粉末冶金含油轴承的产品水平不高。本次抽查中发现的共性质量问题是：(1) 径向压溃强度低；(2) 含油率低于标准值；(3) 硬度低；(4) 含油密度超差。分析原因，主要是由于生产中使用低质原材料，烧结工艺控制不严，浸油工艺不合理或不严格按工艺操作。如按国家标准来判定，将有不少企业的产品不合格。本次抽查中质量较好的企业是上海中纺机粉末冶金制品有限公司、海安县鹰球集团有限公司等，这些企业质量意识较强，坚持按国家标准组织生产，有较好的企业管理基础。抽查中个别企业产品质量不好，缺乏必要的技术和质量保证条件。

机械工业部粉末冶金制品标准化技术委员会1997年审查通过了《摩托车离合器用粉末冶金从动齿轮技术条件》和《金属基镶嵌型固体自润滑轴承》两项标准。

1997年，宁波东睦粉末冶金有限公司通过了ISO 9002质量体系认证，这标志着该公司的质量管理水平开始与国际接轨。

技术改造 1997年5月，中国机械通用零部件工业协会粉末冶金分会在北京召开了粉末冶金制品企业技术改造工作研讨会，总结“八五”技术改造工作经验，结合当前行业形势共同研究加快行业发展的措施和对策，以使粉末冶金制品行业在“九五”期间继续保持稳定快速发展。1997年，粉末冶金制品行业继续围绕发展汽车、摩托车、空调、农机用粉末冶金零件，提高技术水平进行技术改造。宁波东睦粉末冶金有限公司引进具有国际90年代中期技术水平的粉末冶金温压成型技术及装备，现已调试成功并投入批量生产。应用温压成型技术可以大大提高粉末冶金零件的密度和性能，为扩大粉末冶金应用新领域提供了可能性。莱芜市粉末冶金制品厂为提高高性能粉末冶金结构件的生产能力，满足用户需求，组建了第二条生产线，并于1997年3月正式投入生产，产品质量稳定。

对外合作 第二届中国国际机械通用零部件及专用装备展览会于1997年9月16～19日在北京举行，约有粉末冶金行业及专用装备中外生产厂商25个参加了展览会，展出近年来粉末冶金技术的新成果和新产品，展示了国内粉末冶金行业的实力和水平，了解了国际同行的发展水平和动向，为国内外进一步开展技术和经贸往来打下了基础。

由台湾粉末冶金协会筹备召开的1997年海峡两岸粉末冶金技术研讨会，于1997年8月13～15日在台湾清华大学国际会议厅举行。这是继1995年在武汉举行的首届海峡两岸粉末冶金技术研讨会后的又一次盛会。会议期间，台湾粉末冶金界举办了成果展览，进行了学术交流，组织参观了有关研究所和生产厂家。台湾方面100多人参加了会议和展览会。大陆赴台代表团由国内粉末冶金协会负责人带队一行15人出席了研讨会，并带去了国内的最新研究成果及学术论文。会上，两岸同行一致认为加强两岸专业交流和相互了解与合作是非常必要的，并通过决议：海峡两岸粉末冶金技术研讨会每两年举行一次，形成定期会议，促进两岸粉末冶金行业的共同合作与发展。

管理及改革 中国机械通用零部件工业协会粉末冶金分会于1997年1月9日至11日在厦门召开

理事会，总结了上年的工作，安排1997年行业工作计划，对行业所面临的形势、任务及长远发展问题进行了深入讨论，一致认为粉末冶金行业发展前景很好。1997年9月14～17日在北京召开第三届第二次会员大会及理事会，总结协会两年来的工作，重点交流了企业机制改革与企业发展的情况，并把加强企业机制改革工作经验交流作为协会1998年的一项重要工作。

〔撰稿人：机械工业部机械基础装备司杨俊绵　审稿人：机械工业部机械基础装备司宋志明〕

〔责任编辑：白　萍〕

〔机械工业部〕

生产发展情况　紧固件包括螺钉、螺栓、螺母、垫圈、销、键、挡圈等产品。据1997年对机械工业部归口的144个紧固件生产企业统计，全年实现工业总产值（1990年不变价）17亿元，工业销售产值（当年价）16.29亿元，出口交货值3.97亿元，销售收入15.59亿元，利润总额－1.35亿元。

1997年我国紧固件行业生产发展呈现生产总量下降、经济效益差、而产销率较高的态势。

新技术及新产品　1997年上海上标（集团）有限公司开展8项技术攻关与科研开发工作，其中，提高发黑质量工艺攻关已取得成效；高强度螺钉去磷工艺现已正常使用；C355镀锌紧固件表面涂层技术现已试验成功，并通过上海大众汽车公司认可。

上海上标（集团）有限公司还为上海大众汽车、上海通用汽车、上海西门子开关、厦门金龙汽车、奥托等公司开发了近百种高技术紧固件新产品，通过认可，现已投入批量生产，全年实现新产品销售额1500万元，其中为上海大众汽车公司配套新产品销售额达225万元。为扩大产品领域，上标公司技术中心研制开发了“绿色”产品——二轮电动摩托车和二轮电动助力车。

上海理工大学与上海市紧固件和焊接材料技术研究所合作开发的ZWC-5型自钻自攻螺钉钻尾成型机通过部级鉴定。该设备是加工新型紧固件——自钻自攻螺钉钻尾的关键设备，它的试制成功，填补了国内空白，其总体技术水平达到国际90年代初同类产品水平。

常熟市标准件厂重点开发了内六角螺栓、摩托车专用螺栓、偏心螺栓及其他非标新产品，有的已形成批量生产能力，既满足了国内外市场需求，又为企业发展培育了新的增长点。

超高强大直径网架螺栓研制成功，其主要技术参数为：强度达到10.9S和12.9S级标准，安全系数为3.5时设计拉力达到3 000kN。该研究成果已实际应用于广州铁路新客站大跨度候车厅钢网架结构屋盖。该项工程共采用M72～M100超高强螺栓562件，屋盖结构中最大杆件拉力达2 400kN，选用了可承受设计拉力2 770kN（安全系数3.6以上）的M100超高强螺栓。在国内钢结构工程中，如此大量应用超高强大直径螺栓尚属首次。

质量及质量管理　中国机械通用零部件工业协会紧固件分会9月在北京召开的会员大会上对紧固件行业的质量工作进行了专题研究与布置，要求企业在让用户满意、创名牌产品、提高产品竞争能力等方面下功夫。

上海上标（集团）有限公司以产品创品牌、贯彻国家质量管理与质量体系标准、降低损耗为工作主线，以重点工程主机配套产品、出口产品为重点，积极推进产品质量与质量管理上台阶、上水平。1997年质量成果主要体现在：(1) 51项主要产品质量等级水平，达到优等品的有13项，一等品有23项，合格品为15项；入库产品一等品率为97.44%；抽查规格一等品符合率为100%；综合废品率为2.1%，产品质量稳定。(2) 1997年，集团公司系统各厂共接受上级质量监督抽查54项次产品，抽查结果全部合格。(3) 出口产品质量有改进和提高，全年报批6 000余次，外商反映良好。(4) 产品创名牌又有新成果，公司所属上海高强度螺栓厂生产的狮子牌高强度螺栓连接副继1995年被授予上海市名牌产品后，1997年又被推荐为市名牌产品，连续三年获此殊荣。(5) 为重点工程和主机配套生产的产品质量稳定，如为上海金茂大厦、宝钢三期工程提供的10.9级高强度螺栓连接副、为上海地铁二号线提供的配套螺栓、为航天部门提供的镀锌弹簧垫圈、为上海大众桑塔纳轿车配套的紧固件等，受到用户好评。(6) 企业质量保证体系建设取得成效。1997年，集团公司所属上标进出口公司、SPS标五公司、上海螺钉厂等3个企业通过了ISO9002质量体系认证；上海螺钉厂在1997年9月通过上海大众公司质保部B+级质保能力评审后，正在积极准备A级企业的评审。

常熟市标准件厂于1997年10月通过了ISO9002质量体系认证。

技术改造　1997年，上海上标（集团）有限公司为实现围绕汽车及摩托车、家电和通讯产品、重点工程、电站设备和柴油机等主机和出口，重点发展高强度、高精度、高附加值及特殊性能的紧固件和相关零部件的发展战略，加大技术改造投入，加快技术改造步伐。1997年，引进了带镦锻力显示的多工位冷镦机，紧固件镦锻中由于材料、工艺、模具和设备等因素引起镦锻力发生变化时，超出范围设备自动报警，自动停机，保证了产品质量的稳定；引进了带随线检测的哈德杜本滚丝机，确保螺纹的加工精度；引进了两条热处理自动生产线（连续式网带炉），并消化引进设备自制了7条热处理自动生产线，保证了热处理后产品质量稳定；引进了全数字自动检测仪，对高强度、高精度、高性能产成品出厂前进行全数字自动检测，使用户提出的零缺陷有了检测保证手段。近两年，共引进国内外先进生产设备89台（套），投入资金5 000余万元，是过去十年投资的总和。常熟市标准件厂坚持技术改造与培育新的增长点相结合、与提高生产效率改善劳动生产条件相结合，加快技术改造进程。全年累计完成基建技改投资2 000万元，其中列入国家第二期"双加"工程的"开发高强度紧固件扩大出口创汇能力"项目正在加紧实施。山东省重点技改项目滕州标准件总厂不锈钢螺栓生产线已投产，使滕州标准件总厂成为目前国内最大的不锈钢紧固件生产基地。该项目是利用外国政府低息贷款，总投资2 800万元，共引进国内外先进的多工位冷镦设备及配套设备21台（套），主要开发生产国内外市场畅销的不锈钢螺栓、异型件和汽车配套件，年生产能力为2 500t，新增产值1.2亿元。

对外合作 1997年紧固件行业合资、独资、合作发展的规模继续扩大，特别是外商在中国投资建独资企业的势头迅猛。台湾厂商投资7 000万美元在浙江嘉善建立独资企业——晋亿实业有限公司，投资规模大，产品起点高，年产40万t紧固件及其他产品，主要出口和替代进口；宁波龙益金属工业有限公司是由新加坡SZUI紧固件公司投资建立的独资企业，投资总额为700万美元，专业生产不锈钢紧固件，年产量约3 000t，产品主要出口。

1997年1月，中国机械通用零部件工业协会紧固件分会与台湾三永电热机械股份有限公司、香港三荔企业有限公司在上海共同举办了紧固件及热处理技术交流会，有10省1市百余名业内代表参加了交流会，对提高紧固件行业的整体素质、开阔视野起到很好作用。

1997年9月16～19日，1997年中国国际机械通用零部件及其专用装备展览会在北京举办。本次展览会有71个国内外标准件及其专用装备生产厂商参展，展出了各种紧固件新产品、新材料、新工艺及紧固件专用装备。展览会期间，国内外厂商就紧固件技术、市场和发展趋势等课题进行了广泛交流。中国通用机械零部件工业协会紧固件分会还邀请了台湾、香港等地螺丝协会的负责人到京参观展览，磋商合作及共同发展事宜。

管理及改革 1997年紧固件行业在公有制实现形式、调整产业结构和培育行业"巨人"企业、带动行业发展方面进行积极探索。

上海上标（集团）有限责任公司结合所属小型企业多的特点，积极探索试行股份合作制、有限责任公司、租赁、承包等转制形式，年内已有两个下属小企业由国有企业改制为股份制企业。同时按照集团公司的"九五"发展战略，继续进行企业内部产业结构调整，1997年完成了4个工厂的调整兼（合）并及产品结构的优化。

上海上标（集团）有限责任公司被列为机械工业"巨人"企业备选企业，将受到重点培育和支持。

〔撰稿人：机械工业部机械基础装备司杨俊绵
审稿人：机械工业部机械基础装备司宋志明〕
〔责任编辑：白　萍〕

弹簧和链条

〔机械工业部〕

生产发展情况 1997年弹簧行业生产发展继续呈上升态势，机械工业部归口的弹簧行业生产企业32个，完成工业总产值（1990年不变价）3.43亿元，实现利润总额1272万元；链条行业有企业24个，完成工业总产值（1990年不变价）6.44亿元，利润总额－3 291万元，企业生产发展不平衡，总体上比上年有所下降，1997年链条行业完成出口交货值1.55亿元，产品出口处于徘徊状态。

新技术及新产品 由吉林工业大学和杭州钱江链传动有限公司共同完成的科技成果"高耐磨性链条"被授予1997年度机械工业部科技进步三等奖。该项目所进行的滚子链磨损机制、表面硬度及其循环硬化与循环软化特性、磨损表面形貌微观分析的研究，在该领域的研究中具有新意，其研究成果具有重要的学术价值和实用意义；研制的高耐磨性链条是一种具有异型套筒零件的新型链条，耐磨效果显著；本研究成果可使国产滚子链磨损寿命提高35%左右，初期磨损伸长减少30%～40%。该项成果在不增加生产成本的条件下，显著地改善了链条的工作性能，有重要的推广价值。

上海中国弹簧厂为桑塔纳2000型轿车研制了椭圆形截面材料的气门弹簧及变外径的气门弹簧，为发展我国轿车工业作出贡献。

中国机械通用零部件工业协会弹簧分会于1997年9月15～19日在北京召开了1997年全国弹簧行业信息技术交流会，来自弹簧专业生产厂、弹簧设备制造企业、弹簧材料生产企业的80多名代表出席了会议。会议结合中国国际机械通用零部件及专用设备展览会，了解国际弹簧产品技术的发展方向，交流开发新产品、新技术的经验，展现了企业的新成果，为行业发展打下了基础。

质量及质量管理 1997年一季度，国家技术监督局组织机械工业部弹簧产品质量监督检测中心对精密弹簧（包括计量、开关、仪器、仪表弹簧，家用电器弹簧，纺织摇架弹簧及减振弹簧）产品进行了监督抽查。本次抽查了25个企业的50个产品，18个企业的产品全部合格，企业抽样合格率为72%；50个产品中41个产品合格，产品抽样合格率为82%。本次抽查中存在的主要问题是：（1）负荷（或刚度）超差严重。本次抽查中的9个不合格产品该指标的缺陷数均超过了不合格的判定数。(2)几何精度问题。有一种不合格产品的自由长度20个样品全部不合格,另一种不合格产品的钩环开口尺寸20个样品全部超差。本次抽查中产品质量较好的企业有张家港市弹簧厂、南京跃进汽车公司离合器厂、张家港市弹簧二厂,这三个企业有较完善的管理机构,对产品质量控制严,技术力量强,注重技术改造和人员素质的提高。三个企业共抽取7种产品,未出现任何缺陷。

1997年9月在黄山由全国链条标准技术委员会主办召开了首次由中国任秘书长和召集人的ISO/TC100/WG12《精密滚子传动链疲劳试验方法》国际标准会议,来自美国、英国、德国、意大利和日本各大链条公司的9名专家参加了会议。

在全国链条标准技术委员会二届三次标委会上审查通过了3项标准(国标1项,行业标准2项),复查了12项到龄标准。

浙江湖州锐狮链传动集团公司经过一年多的努力工作,于1997年7月通过了ISO9002质量体系认证。

管理及改革 1997年,为加强企业技术开发能力,提高市场竞争能力,浙江湖州锐狮链传动集团公司与吉林工业大学结合成立了企业技术中心;东华链条厂与吉林工业大学联合成立了汽车链条研究所,提高了企业技术开发的综合能力和水平。

〔撰稿人:机械工业部机械基础装备司杨俊绵 审稿人:机械工业部机械基础装备司宋志明〕

〔责任编辑:白 萍〕

矿山设备

〔机械工业部〕

生产发展情况 1997年,据对机械工业部系统27个矿山机械制造企业的统计,完成机械产品6 007台、83 757t,实现工业总产值300 501万元。按照国家计委、国家经贸委1997年重新修订的我国工业经济效益评价指标,1997年,27个骨干企业各项指标情况如表1所示。

表1 27个企业效益指标

指标名称	总资产贡献率(%)	资产保值增值率(%)	资产负债率(%)	流动资产周转率(次/年)	成本费用利润率(%)	全员劳动生产率(万元/人)	产品销售率(%)
指标标准值	10.7	120	≤60	1.52	3.71	1.65	≥96
调查统计值	4.78	82.14	81.5	3.49	−1.2	0.714	96.45

注:1. 各项指标标准值是参照我国近期工业经济指标的实际水平及由国家定期发布的一般标准值,,表1所列标准值是依照1997年国家公布的数值为准;

2. 表1所示的全员劳动生产率系按工业增加值计算的。

从表1中可以看出,1997年在经济运行指标中除流动资金周转率和产品销售率较好外,其余各项指标远低于标准值,尤其是成本费用利润率一项为负值,这是继1996年以来矿山机械行业第二次全行业亏损。

自1990年以来,矿山机械行业效益下滑,尽管产品产量不断增加,但效益滑坡却始终没有刹住。这里有外部大环境的原因,也有企业自身的原因。从1990年开始,上游产品,如原材料、能源、运输等价格大幅上调,而矿山机械是技术含量不高,原材料消耗型的产品,且大型矿山机械加工周期长,订货周期也多在1～2年,所以,预先订货使企业蒙受上游产品调价的压力,造成企业元气大伤。矿山机械制造企业基本上全是国有企业,计划经济色彩浓厚,转变也比较滞后,进入市场经济以来,企业又有一个适应过程,所以,自1990年以来效益一直下滑,直至1996、1997年连续两年全行业亏损。

产品分类产量 1997年据对27个矿山机械制造企业的统计,产品分类产量情况见表2。

市场及销售 1997年矿山机械制造行业仍呈低速发展态势,市场疲软,买方市场已经形成,主要是解决质量和品种问题,而非数量问题。由于国内市场竞争激烈,一些有实力的企业纷纷闯入国际市场,在出口创汇方面取得可喜的进展。据对27个企业的统计,共完成创汇3.44亿元,具体情况见表3。

表2 产品分类产量

产品类别	产量(台/t)	占总量%(吨位)
总产量	6 007/83 757	100.00
采掘机械	502/8 486	10.13
提升机械	1 541/3 666	4.37
破碎磨矿机械	2 754/34 813	41.56
选矿机械	578/5 714	6.82
选煤机械	68/3 742	4.47
筛分机械	564/2 133	2.55
矿山机械备件	/25 203	30.10

科研成果及新产品 1997年矿山机械行业在科研、新产品开发方面还是花大力气、肯于投资的。在计算机辅助设计方面,矿山机械行业中的大型企业早已采用CAD技术,而中等企业,如上海建设·路桥机械设备有限公司、上海多灵沃森机械设备有

限公司、湖北延华矿山机械股份公司等也都建立起规模较大的CAD系统，有力地促进新产品开发。矿山机械行业科研成果及新产品见表4、表5。

质量及质量管理 1997年，经机械工业名牌产品认定委员会和质量信得过明星企业评定委员会审定，矿山机械行业中的上海建设·路桥机械设备有限公司山宝牌PE、PEX系列颚式破碎机和沈阳矿山机械集团有限公司的DX1200～2200带式输送机被评为“中国机械工业名牌”产品，同时上海建设·路桥机械设备有限公司被评为“明星”企业。

1997年，各企业以抓质量认证为中心，推动管理水平的提高。已获ISO9000系列认证的企业如表6所示。

基本建设及技术改造 据对27个矿山机械制造企业的统计，1997年基本建设总投资为6 091.37万元，当年投资2 178.37万元；技术改造总投资53 584.16万元，当年完成投资26 443.78万元。各企业具体项目及投资情况见表7。

表3 1997年产品出口创汇情况

企 业 名 称	单 位	创汇额	备 注
沈阳矿山机械(集团)有限责任公司	万元	3 465	
上海建设·路桥机械设备有限公司	万元	9 141	
上海重型机器厂	万元	6 884.9	出口37台/4 190.4t
衡阳冶金机械总厂	万美元	500	
上海冶金矿山机械厂	万元	250.3	其中自营出口152万元
上海多灵沃森机械公司	万元	603	

表4 1997年矿山机械行业科研成果

<table>
<tr><th>序号</th><th>科研项目名称</th><th colspan="2">简 要 介 绍</th><th>获奖及进展</th><th>负责单位</th></tr>
<tr><td>1</td><td>PC在矿井提升机上的应用研究</td><td colspan="2">用PC实现位置闭环，数字式深度指示器逻辑判断，故障记忆分析等</td><td>机械工业部科技进步三等奖</td><td>洛阳矿山机械研究所</td></tr>
<tr><td>2</td><td>2 000t/h给料式半固定破碎站研制</td><td colspan="2">生产能力2 000t/h，入料粒度0～2 000mm，排料粒度0～300mm，破碎毛煤，最大抗压强度85MPa，整机质量440t，受料仓容积120m³。仓下刮板输送机：刮板速度0.028～0.28m/s，机宽2 000mm；机下刮板输送机：刮板速度0.05～0.5m/s，机宽2 000mm；破碎机：破碎辊直径1 650mm，转速81r/min；液压冲击锤：冲击功900～1 000J，冲击频率500～700/min</td><td>机械工业部科技进步二级奖</td><td>洛阳矿山机械研究所</td></tr>
<tr><td rowspan="4">3</td><td rowspan="4">ZJ系列行星减速器研制</td><td>型号</td><td>性 能</td><td rowspan="4">机械工业部科技进步二等奖</td><td rowspan="4">洛阳矿山机械研究所</td></tr>
<tr><td>ZJ1250</td><td>功率630kW，最大输出扭矩420.5kN·m，额定输入转数740r/min，传动比33.64，质量11 645kg</td></tr>
<tr><td>ZJ1550</td><td>功率1 000kW，最大输出扭矩673.5kN·m，额定输入转数740r/min，传动比33.64，质量11 645kg</td></tr>
<tr><td>ZJ2240</td><td>功率2 000kW，最大输出扭矩1 450kN·m，额定输入转数590r/min，传动比35.69质量57 400kg</td></tr>
<tr><td>4</td><td>SLC-100型垃圾焚烧炉</td><td colspan="2">处理日常生活垃圾</td><td>机械工业部科技进步一等奖</td><td>上海多灵沃森机械设备有限公司</td></tr>
<tr><td>5</td><td>YB345型电液传动专用液力变矩器研究</td><td colspan="2">为单相单级向心涡流式三元件液力变矩器，最高效率86.3%，最大变矩比2.87，泵轮千转最大吸收力矩1 173N·m，高效范围区2.10B</td><td>1997年10月通过机械工业部组织鉴定</td><td>南昌矿山机械研究所</td></tr>
</table>

(续)

序号	科研项目名称	简要介绍	获奖及进展	负责单位
6	1 000L/h三缸柱塞泵研制	为混凝土喷射机配套专用泵，流量1 000L/h，压力6MPa，电机功率3kW，电压380V	1997年12月通过江西省科委组织鉴定	南昌矿山机械研究所

表5 1997年矿山机械行业新产品项目

序号	产品名称型号	主要性能参数	鉴定单位及时间	研制单位	备注
1	6m³井下铲运机	斗容6.8m³，额定装载量13.6t，最大掘起力240kN，最大牵引力258kN	中国有色金属公亚总公司 1997.11.02	衡阳有色冶金机械总厂、长沙矿山研究院、金川有色金属公司	目前国内最大规格井下铲运机
2	XM（A）Z1060/2000型自动压滤机	过滤面积1 060m²，滤板数量148件，滤室容积16.9m³，滤板尺寸2 000mm×2 000mm×68mm，过滤压力≤1.0MPa，总功率22.5kW，滤液含固量≤0.33g/L	山东省经委 1997.12.29	山东煤矿莱芜机械厂	国内领先水平
3	HP碗式中速磨煤机	适用于50～1 000MW火电厂配套的磨煤制粉系统，从24～90t/h，有6个系列21种规格	1997.01.22	上海重型机器厂	“八五”国家重大技术攻关项目
4	秤量给煤机	给料精度≤0.5%，给料量10～100t/h，速度稳定值≤5RPM	1997.12.27	上海重型机器厂	1997国家级新产品
5	EBJ160HN型掘进机	最大切割断面24m²，经济切割硬度f10，适应坡度≤16°，接地比压0.16MPa，质量50t，总功率314kW		淮南煤矿机械厂	获国家级重点新产品证书
6	HG1500环型给煤机	生产能力1 500t/h，犁煤机轨道直径15 000mm，给煤机轨道直径13 100mm、14 500mm	东北电管局 1997.11	沈阳电力机械厂	
7	QD_1-17080型起重电磁铁	额定直流电压220V，起重能力10t，额定功率11.5kW	1997	柳州高压电器厂	
8	RCYD永磁除铁器	适应于带宽650～2 000mm的皮带机，悬挂高度200～550mm，磁感应强度≥63mT	1997	柳州高压电器厂	
9	MGTY400/900-3.3D电牵引采煤机	我国首台3.3kV大功率电牵引采煤机，具有多电机横向布置抽屉式、机载交流变频调速、链轨式无链牵引等特点，最高日产达7 920t	1998.04	太原矿山机器集团有限公司	达到90年代初期国际同类产品技术水平

表6 通过ISO9000族标准认证的企业

序号	通过认证的标准号	认证机构	发证时间	企业名称
1	ISO9001	中国机械工业质量认证中心	1998.02	衡阳冶金机械总厂
2	ISO9001	华信公司	1997	沈阳矿山机械(集团)公司
3	ISO9001		1997.04	承德输送机集团公司
4	ISO9002	国家商检局		山东矿山机厂总厂
5	ISO9000	上海质量体系审核中心	1997.12.26	上海重型机器厂
6	ISO9001	英国皇家认证认可委员会(UKAS)	1997.09.17	山东煤矿莱芜机械厂
7	ISO9001	东北质量体系审核中心	1996.10	沈阳电力机械厂
8	ISO9001		1997.10	上海冶金矿山机械厂
9	ISO9001			太原重型机械(集团)有限公司

表 7　1997 年基建和技改情况　　(单位:万元)

企业名称	基本建设		技术改造	
	项目名称	总投资/当年投资	项目名称	总投资/当年投资
东风杭州汽车公司重机厂	精铸厂房 沙田里联建房 生活区改造	37.69 59.35 32.33	设备投资	94.68
济南重型集团公司	19#宿舍楼 其他	190/50 100/65	8m 立车 其他	550/200 240/190
太原重型机械(集团)有限公司	集资楼	3 184/164	"八五"项目 国产化基地 钢轮 一般技措	5 845/2 075 1 200/155 13 993/13 993 70/70
上海冶金矿山机械厂			环保设备引进 (卧式加工中心 6 台)	2 565/492
柳州高压电器厂			$QD_1$1780 电磁铁 RCYD 除铁器	4 4
山东煤矿莱芜机械厂	职工住宅	700/500		
衡阳冶金机械总厂	安居工程	1 040	牙轮钻机生产线 采选车间改造 设备更新	1 800/700 153/42 647/90
沈阳电力机械厂	职工住宅	640/150	滤水设备生产线	1 250/316
淮南煤矿机械厂			锚杆钻机	50
上海重型机器厂			国产化基地	2 750/1 275
焦作天安机电(集团)有限公司群英机械厂	办公楼 厂大门改造	96/68 12/12	加工设备、仪器共 48 台(套)	2 476
山东矿山机械总厂			新增设备	2 600/500
鞍山矿山机械股份有限公司			低铬稀土合金耐磨锻钢球项目	1 062/362
云南金马矿山机械厂			农用运输车二期技改项目 汽车后桥螺旋伞齿轮技改	2 237.48/352.6 2 000/1087.5
承德输送机集团有限公司			技术中心建设	1 800/400
沈阳矿山机械集团有限公司			装载机二期改造 一期"双加"工程 机电产品出口 汽车开关项目	1 800/194 2 000/378 480/280 2 900/530
上海建设·路桥机械设备公司			镗铣床和数控 振动筛试验台	42 30
焦作矿山机械股份有限公司			磨煤机	2 950/61

对外合作　矿山机械行业 1997 年技术引进情况参见本年鉴第Ⅴ部分机械工业技术引进项目简介。本行业的鞍山矿山机械股份有限公司从德国 KHD 洪堡维达克股份有限公司以技术转让方式引进的 USL 直线振动筛，在有效期 9 年的第一年，经过对 15 种规格产品的图样和 8 种规格产品技术资料的研究、消化吸收工作，新产品国产化率已达 95%，签约一年后，批量生产了 124 台直线振动筛机，取得很好的经济效益。

管理及改革　1997 年虽然矿山机械全行业亏损，但是，也有效益较好或效益很好的企业，这是由于他们采取各种积极措施，能很快适应市场经济的结果。例如，南昌通用机器厂采取"以动制动"的战略，对生产计划进行重大调整，满足用户的急需，取得了 1997 年完成工业总产值比 1996 年增长 18.8%的好成绩。承德输送机集团有限责任公司肯于在科技方面加大投入，从销售收入中提取 3%以上的费用作为该公司技术中心的科研经费，先后建立起新产品试验厅、中试车间、质量检测中心、实验室、两套 CAD 网络系统工作站，新产品开发不断结出硕果，1997 年新产品产值占当年总产值的 56%，高新技术产品销售额占销售总值的 50%，使该公司连续几年保持产量、产值、销售收入、利税各项指标均以 10%的速度高速增长。上海建设·路桥机械设备有限公司1997年经全面调整，为企业形成规模经济奠定了坚实基础，产品实现了"五化"，即大型化、成套化、机电一体化、国际化、多元化。资产存量通过调整，经济运行质量又有新的提高，企业第一次摆脱了靠新增贷款支撑生产的局面。该公司是矿山机械行业中效益最好的企业，1997年全员劳动生产率达到4.85万元/人。太原重型机械(集团)有限公司，1997年在建立新的经济增长点、资产重组、中外合资合作、股票上市、ISO9001质量认证等方面都取得了重大进展，为企业经济步入良性循环打下了良好基础。

1996年的亏损企业，在1997年实现扭亏为盈的企业有上海重型机器厂，该厂产品产量较1996年增加13.7%、销售额增加24%，实现盈利15.5万元。衡阳有色冶金机械总厂采取开拓国际市场、强化经营管理、狠抓内部挖潜、加大新产品开发力度等措施，使1997年比1996年减亏664万元。

存在问题 资金严重短缺和订货任务不足是矿山机械行业当前面临的两个最紧迫的问题。造成这一问题的深层次原因，一是矿山机械行业技术落后，二是企业之间无序竞争。由于技术落后，使得国外产品大量涌入国内市场，使技术含量高的产品由国外企业垄断，本已窄小的国内市场有近50%的份额拱手让给国外。企业之间相互压价，使本来利润率就很低的矿山机械产品无利可获，致使企业雪上加霜，难以为继。

〔撰稿人：洛阳矿山机械研究所康继尧〕

〔煤炭工业部〕

生产发展情况 1997年煤矿机械制造行业的骨干重点企业共有38个。其中大一型4个、大二型11个，中一型6个，中二型14个，小型3个。拥有固定资产净值241 498万元，职工72 579人，完成工业总产值(按1990年不变价)292 867万元，比上年增长4.8%；完成工业增加值76 650万元，比上年增长3.9%；生产的17类煤矿专用设备及配件共234 902t，比上年下降2.2%。一年来，各企业以经济效益为中心，强化扭亏增盈工作责任制，逐步改变煤机企业长期严重亏损局面，行业的亏损面及亏损幅度均有下降，减亏幅度为42.6%。

产品分类产量 1997年煤炭工业机械制造行业生产的主要煤矿机械产品产量见表8。

市场及销售 1997年煤机市场竞争仍十分激烈，各企业围绕扭亏增盈目标，稳定并拓展煤机市场，广泛灵活开展各种形式的合作与外协的市场战略。全年共实现销售收入299 381万元，比上年增长7.2%。1997年集团公司实施"以外补内，以外促内"方针，加大开拓国际煤机市场的工作力度，积极拓宽经营范围，开展国际融资、国际合作，争取承揽BOT/BOM项目。全年共开展29个对外经贸项目，其中执行已签订合同14项，新签合同和开拓争取项目包括国际招标项目15项，全年实现出口结汇2 290万美元。主要项目取得如下进展：(1)顺利地完成了出口土耳其两套综采放顶煤的达产验收工作；(2)出口印度的3套综采设备已发运到矿，并开始安装调试。

表8 1997年煤炭工业机械制造行业主要产品产量

产品名称	单位	产量	比上年增长%
采煤机	台/t	158/4 570	−3.2
刮板输送机	台/t	1 705/51 147	−6.2
转载机	台/t	106/3 675	31.0
掘进机	台/t	51/1 442	41.8
装煤机	台/t	29/139	−51.9
皮带输送机	台/m/t	388/157 363/20 281	−14.9
煤矿支护设备	t	82 550	8.7
其中：液压支架	台/t	3 635/54 463	24.1
矿井专用设备	t	4 016	−19.8
煤田勘探设备	t	810	14.1
煤矿专用配套设备	t	3 828	4.8
洗选设备	台/t	181/5 040	30.2
防爆空压机	台/t	742/286	−78.5
采掘设备	台/t	11 006/747	−45.3
矿井绞车	台/t	1 629/2 503	−29.6
工业泵	台/t	55/87	−69.3
井巷工程设备	t	275	−7.4
钻机	台/t	190/713	38.7
工矿电机车	辆/t	492/2 838	13.7
煤岩电钻	台	60 468	−1.8
煤矿机械配件	t	40 897	−10.1

注：表中双单位产品比上年增长%均以t计。

新技术及科研成果 1997年由鸡西煤矿机械厂与煤炭科学研究总院上海分院、铁法矿务局共同研制的MG2×400W采煤机、MG300系列采煤机获得煤炭工业部科技进步二等奖。在新材料新工艺方面，张家口煤矿机械厂对SGZ880/800刮板输送机中板坡口的改进、采用不同焊丝等工艺手段将含碳量超过0.45的报废槽帮再应用，以及综采链轮分体锻造焊接成功，使升级换代产品的工艺水平得到很大提高。昆明煤矿机械总厂H26-2×350S型托辊双头自动焊接机床、OTⅡ胶带机直径133mm托辊冲压件冲模设计获得了云南省煤炭厅科技进步奖。衢州煤矿机械厂凿岩机、空压机两个测试系统获衢州市科技进步三等奖，S-3.5/5型、W-2.5/5型空压机获衢州市科技进步四等奖。

新产品 1997年张家口煤矿机械厂制造的SGZ764/500(400)前后部放顶煤工作面刮板输送机和YOXD560型水介质偶合器被国家经贸委认定为1997年国家级新产品，该厂还完成了国内最大的SZZ1000/375型转载机的铺设。至此，企业的主导产品已由中重型转变为重型。鸡西煤矿机械厂的MG2×400W采煤机被评为国家级重点新产品，MG300W1采煤机获得省优新产品二等奖，该厂还完成了463为代表的电牵引采煤机电控系统的系列化改造及2×400为代表的大功率液压牵引采煤机改造、150PW为代表的极薄煤层采煤机技术开发与鉴定。463 采煤机已在铁法矿务局进行井下工业性试验，并取得了日产原煤 5 000t 的好成绩。北京煤矿机械厂为东胜精煤有限责任公司制造的 ZY6000/25/50 掩护式液压支架 184 架已完成。该支架高度 5m，初撑力 5 048kN，工作阻力 6 000kN，重量 23t、柱缸径 320mm。其产品高度、缸径、重量、技术复杂程度为中国之最，填补了中国在世界液压支架制造技术上的空白。该厂自行研制的 C58A 放顶煤支架在兖州矿业集团公司东滩矿使用，创造了年产 410 万 t 的国内最高水平。该厂还成功地设计制造了在支撑强度、支护高度、移架速度等方面都处于领先水平的特大型 Y48 和 C67 支架。西安煤矿机械厂开发了 MXG-350 型和 MXG-475 型横摆式液压采煤机，其中 MXG-350 已通过出厂评议，并完成了 3.3kV 的 MXB-930E 电牵引采煤机的研制工作。辽源煤矿机械厂 200BW 薄煤层采煤机，填补了我国薄煤层采煤机上运输机实现无链牵引的空白。该厂还开发了 MG200B 有链采煤机，在珲春矿务局使用情况良好。该厂完成了一次采全高 4.5m 的 375HW 采煤机样机试制及 375WC 齿条式无链牵引采煤机的试制，使 375 采煤机由销排式无链牵引扩展到齿条式无链牵引。

上述新产品的开发成功，标志着我国生产的综采工作面装备的技术水平已达到了 90 年代初的国际水平，为我国高产高效矿井的建设提供了有力保证。

质量及质量管理 1997 年企业认真宣传贯彻煤炭工业部印发的《煤炭工业质量振兴实施计划》，积极参加煤机行业的"1997 质量月活动"，开展质量保证承诺活动，进一步强化质量意识。在当年举办的煤机行业"质量体系内部审核员培训班"上，共有 35 个企业的 38 名学员参加了培训，获得了中国质量管理协会颁发的质量体系内审员证书。鸡西煤矿机械厂的采煤机螺旋滚筒在二季度质量抽检中荣获第一名，国家技术监督局对抽检结果分析时认为该厂产品质量在同行业中处于领先地位。北京煤矿机械厂坚持多年来实行以质量和信誉争市场的策略，坚持以"确保产品质量，确保按时交货，确保周到服务"的经营思路赢得了用户的信任，在激烈的市场竞争中逐年扩大市场占有率。当年该厂在综采支架市场上的占有率超过 45%的情况下，加大对产品质量的监控，产品质量稳定，用户反映较好。张家口煤机厂完成《质量体系程序文件》的编审，为加大现场管理的监督力度，制定了《关于流入装配不合格品的索赔办法》，有效提高加工件、铸焊件表面质量，质量损失比上年下降 19.24 万元。

1997 年莱芜煤矿机械厂、西北煤矿机械一厂通过了 ISO9000 系列认证。国家技术监督局抽查的煤矿机械产品中，平均抽样合格率为 62.6%。

〔撰稿人：中国煤矿工程机械装备集团公司张天力　审稿人：中国煤矿工程机械装备集团公司薛际贵〕

〔电力工业部〕

生产发展情况 1997 年电力系统生产矿山设备的企业共 4 个，全部是国有大中型企业，其中北京电力设备总厂为大一型企业，沈阳电力机械总厂和长春发电设备总厂为大二型企业，成都电力机械厂为中一型企业。完成工业总产值 5 亿元；职工人数 6 852 人，工程技术人员 834 人，占总平均人数的 12.4%；全年创造工业增加值 13 786 万元，全员劳动生产率达到 20 503 元/人。

当年完成的重大生产任务有：长春发电设备总厂为大庆宏伟动力站、四平热电厂提供了 12 台(套)风扇磨煤机。

成都电力机械厂为四川电厂配套 3 台磨煤机。

沈阳电力机械总厂为襄樊电厂、杨柳青、三河等 6 个电厂 2 400MW 机组制造了环式碎煤机、概率筛等碎煤、筛煤设备 12 台(套)。

北京电力设备总厂是国内知名的磨煤机制造厂家之一，市场份额一直有很高的占有率，1997 年该厂为 13 个电厂，2 540MW 机组制造了 48 台(套)磨煤机。

产品分类产量 1997 年电力系统完成磨煤机 39 台，比上年减产 14.3%；碎煤、筛煤设备 33 台；1 047t，比上年增长 33%；风扇磨煤机 1 台、37t。

市场及销售 1997 年国内电力市场仍是开工不足，资金到位率低，生产矿山设备的企业在困境中，适应市场的需要，很好的完成了配套任务。创造产品销售收入 4.3 亿元，产品销售税金及附加 189 万元，利润总额为－716 万元。

北京电力设备总厂生产的中速磨煤机，在电力重点工程中的市场占有率为 56.5%，规模效益达到年产值 2.7 亿元。企业建立健全营销信息渠道，加强营销、设计、服务一体化管理，实行项目负责制和区域负责制，使当年销售额达到 2.3 亿元。

沈阳电力机械总厂 1997 年将一批科技人员充实到营销队伍，不仅巩固了火电市场，而且开发了核电市场和环保市场，还进入到建材市场，共签订销售合同 8 940 万元。

新技术及科研成果 长春发电设备总厂开发研制的 GPJ556/85 型辊式破碎机，获东北电业管理局科技进步二等奖，获电力工业部科技进步三等奖。

北京电力设备总厂研制的 ZGM95 型磨煤机，是针对我国电力工业发展的实际需要而研制的高效、节能烟煤磨煤机，具有先进的制粉性能、耗电低、寿命长、低振动、低噪声等优点，已推广应用在东北、中南、华北、西北等地区，订货已达百台。1997 年被列入国家科技成果重点推广项目，当年被评为国家科技进步三等奖。

沈阳电力机械总厂完成秦山核电站新型多倾角快速等厚滚轴筛、琴弦筛、绳式输粉机、鼓型滤网、双级水冷排渣机、滚轴分级筛分机等产品，获得国家实用新型专利。

新产品 1997 年是北京电力设备总厂新产品

开发品种最多的一年。他们完成了600MW发电机组用ZGM123型磨煤机、STM360/570型双进双出筒磨的开发；改进了沙岭子发电厂所用的ZGM95型磨煤机和石景山发电厂用ZGM216/9型磨煤机；完成了MPS180、LSILYS型磨煤机、D-11-D型双进双出磨煤机的转化及一些品种的特种电器、特种变压器、特种电机的开发等。

STM360/570型双进双出筒式钢球磨煤机是根据“八五”国家重大装备研制计划的要求而研制开发的，具有研磨煤粉细度高的特点，尤其适应于磨损性强的煤，该机与1 000～600MW火力发电机组配套使用，可提高机组运行的可靠性和经济性。1997年9月通过电力工业部组织的设计评审。

质量及质量管理　长春发电设备总厂是电力系统第一批取得ISO9000质量体系认证的企业，1997年3月他们通过了质保体系复查审核，质量体系认证证书和标志，可继续使用。

成都电力机械厂1997年通过了中国质量管理协会ISO9000质量体系认证，同时获得了国家出口商品生产企业质量体系注册证书。

沈阳电力机械总厂ISO9000质量认证复审合格；主要产品质量稳定提高率达到100%；该厂生产的近沈牌KRC型环锤式碎煤机被中国质量管理协会评为全国用户满意产品。

北京电力设备总厂1997年各主要产品通过了质量体系认证。

基本建设及技术改造　1997年共完成固定资产投资额3 090万元，其中，技术更新改造投资达2 239万元，占总投资的72.5%，基本建设投资为851万元。

对外合作　北京电力设备总厂的磨煤机技术是引进德国巴高克(BABCOCK)公司的并与德国来西公司合作，完成了宝山钢铁厂2台LM-23.2D中速磨煤机的设计制造任务。

管理及改革　长春发电设备总厂1997年国家经贸委、外经贸部共同赋予该厂进出口经营权。

北京电力设备总厂坚持“科技兴企、管理创业、文化育人”战略，取得了利税总额603万元和被评为北京市工业系统“双十佳”企业的双丰收。

〔撰稿人：电力工业部张海青　审稿人：电力工业部王　昀〕

〔责任编辑：王　如〕

石油设备

〔机械工业部〕

生产发展情况　1997年机械工业部系统石油设备制造企业共47个，其中骨干重点企业7个，专业研究所3个，完成工业总产值19.3亿元，比上年增长－1.6%；销售收入17.7亿元，比上年增长－2.2%。7个骨干重点企业各项经济指标完成情况见表1。

1997年石油设备生产形势主要特点是生产不均衡，上半年生产任务不足，能力放空；下半年任务急剧回升，但资金投入普遍短缺，投入产出结构矛盾突出。如兰州石油化工机器总厂上半年订货量少，下半年仅石油钻机就订了18台，但资金投入不足，主要矛盾由市场需求疲软造成的能力放空效益下滑的外部矛盾，转为产品市场需求趋旺与厂内生产准备及生产组织困难之间的矛盾。由于新订产品交货期集中，部分产品生产周期长，影响了合同完成率。企业及时采取措施，效果比较显著，亏损额比上年减少25%以上。

1997年上海大隆机器厂生产形势比较好，在连续三年经营保持20%以上增长速度的基础上，进一步加强了企业组织结构的调整，加大了市场竞争力度，工业总产值达到了3.4亿元，销售额3.76亿元，出现了产品产量、工业总产值、销售收入和利润全面增长的好局面。创利润2 100万元，在行业骨干重点企业中属首户。

1997年是通化石油化工机械制造有限责任公司重组后的第二年，生产指标增长幅度大，尤其是利润总额比上年增长570%。

市场及销售　石油机械及设备的需求从90年代初市场开始疲软，到1995年落到低谷，1997年开始回升，预计1998年是石油机械及设备需求的高峰期。兰州石油化工机器总厂1995年成台份石油钻机一台都没有，1997年订货18台，完成交货9台。通化石油化工机械制造有限责任公司生产了修井机946台，而且用户要的急，不少产品从签定合同到出产品只有2个多月的工期。上海第二石油机械厂依靠“六五”期间引进的美国先进设计、制造技术，在国内第一家进入海上石油设备开发市场，已累计为海上油田提供了单油管、双油管采油树171套。1997年开始向平湖油田提供采油设备。

1997年，石油设备行业骨干重点企业出口创汇1 276.2万美元，详情见表2。

科研成果及新产品　1997年石油设备行业为了适应用户的需要，开发了不少新产品。完成情况见表3。

由兰州石油化工机器总厂总承包、天水电气传动研究所、兰州电机厂分包研制的ZJ60DS6 000m电驱动沙漠石油钻机荣获机械工业部科技进步特等奖、国家一等奖；由兰州石油机械研究所研制的钻杆开口动力大钳获国家发明四等奖；该所研制的沙漠钻采设备防沙、散热防冷凝专用装置和油气水分离处理装置分别获机械工业部科技进步二等和三等奖；6 000m电驱动沙漠石油钻机和由上海第二石油机械厂研制的沙漠用双油管采油树获国家经贸委技术创新优秀项目奖。

表1　1997年石油设备行业骨干重点企业经济指标完成情况

企业名称	产品产量(t)	比上年增长%	工业总产值(万元)	比上年增长%	销售收入(万元)	比上年增长%	利润总额(万元)	比上年增长%
兰州石油化工机器总厂	13 437.95	－10.0	23 172	－18.0	22 664	－15.0	－2 934	25.6
兰州通用机器厂	4.62	－31.0	8 023	－9.0	6 438	－21.0	－4 774	58.0
上海大隆机器厂	5 965.80	29.0	34 095	22.8	37 644	24.4	2 100	239.0
上海第一石油机械厂	1 033.60	－30.0	6 600	5.9	5 091	－8.0	1.8	－95.8
上海第二石油机械厂			2 160	2.0	1 810	－1.0	20.4	－2.1
通化石油化工机械制造有限公司	2 600	405.0	4 000	162.0	4 048	149.0	201	570.0
四川慧剑石化装备有限责任公司	1 531	316.0	2 500	318.0	2 100	88.0	5.37	上年为－3 735万

表2　1997年石油设备行业骨干重点企业出口情况

企业名称	产品名称	单位	出口数量	创汇(万美元)	出口国家
兰州石油化工机器总厂	钻采设备	t	2 285	254.5	美国、日本、印度
	钻机配件	t	277	53.5	印尼
上海大隆机器厂	铸锻件			66.7	日本
	配件			859.5	东南亚
上海第二石油机械厂	阀门技术转让	种	6	42.0	伊朗
合计				1 276.2	

表3　1997年石油设备行业新产品完成情况

序号	产品名称	主要性能参数	生产企业
1	ZJ32J-02石油钻机	钻深3 200m,最大钩载2 250kN,万向轴爬台,Π型井架	兰州石油化工机器总厂
2	双壳程换热器	设计压力9.3MPa,设计温度395℃,采用高压螺纹锁紧环密封	兰州石油化工机器总厂
3	高压螺纹锁紧环式双壳程换热器	材质:SA336F22,压力:壳侧18.31MPa、管侧16.7MPa,温度:壳侧380℃、管侧400℃	兰州石油化工机器总厂
4	BR10板式换热器	单片换热面积1m², 采用RS-2新材料	兰州石油化工机器总厂
5	BR06哈式合金换热器	单片换热面积0.6m²,组装面积100m²,材质为哈式合金(日本产),使用温度100℃	兰州石油化工机器总厂
6	LWZ215-00新型涡轮钻具	50L/s时,扭矩N≥5 000N·m,转速230～250rin/min,尺寸为φ215mm×11 000mm	兰州石油化工机器总厂
7	4M12G80/210 CO_2压缩机	排气量80m³/min,进气压力115kPa,进气温度35℃,输油压力21MPa,电机功率1 000kW	上海大隆机器厂
8	4M22A(D)－154/160 CO_2压缩机	排气量154m³/min,进气温度40℃,输气压力16MPa,电机功率1 800kW	上海大隆机器厂
9	6M22-230/160 CO_2压缩机	排气量230m³/min,进气温度40℃,输气压力16MPa,电机功率2 800kW	上海大隆机器厂
10	4M22H-160/160 CO_2压缩机	排气量160m³/min,进气温度40℃,输气压力16MPa,电机功率2 000kW	上海大隆机器厂
11	D-28/17火炬气往复式压缩机	一级入口温度35℃,一级入口压力0.1～0.11MPa,出口工艺气体压力1.7MPa	上海大隆机器厂
12	2FZ28-70防喷器	通径279.4mm(11″),压力70MPa	上海第一石油机械厂
13	SG1工程钻机	井眼直径1 000mm,井深50m	上海第一石油机械厂
14	SG2工程钻机	井眼直径1 500mm,井深50m	上海第一石油机械厂

（续）

序号	产品名称	主要性能参数	生产企业
15	PFFX 水下液控组合阀	通径 77.8mm($3^{1}/_{16}''$),10 000PSI	上海第二石油机械厂
16	清腊车	蒸汽压力 5.8MPa,蒸汽量 1 000kg/h	通化石油化工机械制造有限责任公司
17	固井下灰车	装灰量 2×6 500kg,卸灰速度 0.8～1.5t/min	通化石油化工机械制造有限责任公司
18	30t 修井机	额定负荷 300kN,最大负荷 380kN	通化石油化工机械制造有限责任公司
19	转换式节能抽油机	悬点最大负荷 30kN,光杆最大冲程 2.1m	四川慧剑石化装备有限责任公司
20	KQ65-35P 型平板闸阀	公称直径 65mm,最大工作压力 35MPa	四川慧剑石化装备有限责任公司
21	65/50 深井井口装置	公称通径 65mm,公称压力 50MPa,耐酸性腐蚀	四川慧剑石化装备有限责任公司

1997 年兰州石油机械研究所共完成科技项目 25 项,取得科技成果 26 项,全所承揽的合同总额比上年增长了 27%,并取得了较好的经济效益,全所固定资产增值 5.1%。

质量及质量管理 抽油机、抽油泵、抽油杆及其接箍产品生产许可证发换证工作从 1996 年开始,到 1997 年 3 月 15 日第一批获证企业 56 个,其中机械工业部系统 24 个。到 1997 年末又有 8 个企业获证,其中兰州石油化工机器总厂、四川慧剑石油装备有限公司、新疆第三机床厂和四川金鑫股份有限公司等单位获抽油机生产许可证;山东滨州九环企业集团总公司特种抽油泵厂获抽油泵生产许可证。

1997 年兰州石油化工机器总厂在落实质量工作计划中加强厂内质量管理,1998 年 2 月通过 ISO9001 年审;1997 年通过了 API7K、8A、11E 换证,并新取得 API4F 证。该厂 6 000m 石油钻机被确认为中国机械名牌产品。上海大隆机器厂 1997 年 11～12 月通过 GB/T19002—94 (ISO9002) 和 GB/T19001—94 (ISO9001) 审核并获证。该厂生产的机动往复泵和石油钻机传动链条,每 6 个月都要经上海机电技监所石化质监站的监督检查,均达到一等品和合格品,产品质量稳定,市场占有率不断提高。

通化石油化工机械制造有限责任公司和四川慧剑石化装备有限责任公司都在 1997 年通过了 ISO9001 质量体系审核,获得了质量体系认证证书。

管理及改革 1997 年企业体制改革加大了力度,原四川钻采设备厂划拨 1 031 万元的有效资产,职工持股会出资 280 万元,共同组建了"四川慧剑石化装备有限责任公司",新机制带来了新活力,依靠全体员工,以市场为依托,积极调整产品结构,1997 年实现工业总产值 2 500 万元,实现利税 178 万元,经济形势发生了很大变化,企业扭亏为盈。

〔撰稿人:机械工业部重大装备司于黛印〕

〔中国石油化工总公司〕

生产发展情况 1997 年,中国石油化工总公司系统中,具有一定制造能力的机械仪表企业共 29 个。其中,机械制造企业 25 个,仪表制造企业 4 个。在 25 个机械制造企业中,按产品结构分类,既生产石化非标设备又生产机械产品的企业 10 个,生产机械产品的企业 1 个,生产石化非标设备的企业 14 个。

1997 年,29 个制造企业的固定资产原价为 180 772万元,净值为 103 286 万元。机械产品生产能力为 106 021t,仪器仪表 11 632 台(套)。职工总人数 26 369 人,其中工程技术人员 3 678 人,生产人员 18 185 人。

1997 年,29 个制造企业工业总产值 169 772.5 万元,比上年增长 13.7%。其中 25 个机械制造企业工业总产值 161 836.1 万元,比上年增长 51.4%。年均全员劳动生产率 62 647.1 元/人,比上年增长 13%。由国家机械委员会确定的 12 个骨干重点企业产值 94 007.3 万元,占 29 个企业总产值的 55.4%。

1997 年生产机械设备 62 956.6t,比上年下降 1%,其中 11 个骨干重点机械制造企业完成的产量为 33 693.9t,占当年机械设备总量的 54.4%,比上年增长 10.9%。仪器仪表产量 10 725 台(套),比上年下降 21%,其中 1 个重点仪表制造企业完成6 092 台(套),占当年仪表总量的 56.8%。

1997 年中国石油化工总公司系统制造行业生产经营状况有所改善,工业总产值、销售收入、产品产量等都有不同程度的增长,但仍存在任务量不足的状况,经营效益状况不佳,行业合计亏损 12 691.8 万元。由于近两年通过加强管理,使行业经济效益滑坡有所遏制,比上年减亏 177.2 万元,其中,燕化、上海、齐鲁、岳化、茂名、安庆等主要石化机械仪表制造企业亏损量比上年都有所减少。

产品分类产量 中国石油化工总公司系统机械仪表制造行业产品主要分四大类:(1)石油化工专用设备(塔器、换热器、容器等),1997 年完成43 532.3 t,比上年增长 13.2%。(2) 石油化工机械产品(机、泵、阀等),完成 2 668t,比上年增长 51.8%。(3)

石油化工备品配件，完成4 041.5t，比上年减少7.9%。（4）石油化工仪器仪表，完成10 725台(套)，比上年减少21%。

1997年中国石油化工总公司系统制造行业主要专用品种的完成情况是：烟气轮机、工业泵、阀门、三旋管等专用品种完成情况较好，过滤机产量是上年的一倍多，仪器仪表产量与上年持平。具体情况见表4。

表4　1997年中国石油化工总公司系统主要产品产量、产值、销售收入

产品名称	产量		产值		销售收入	
	(t/台、件)	为上年%	(万元)	为上年%	(万元)	为上年%
烟气轮机	128.5/8	102/100	2 646.2	92.7	2 735	128.4
过滤机	39/38	8.7/140.7	3 300.5	207.3	3 038.5	190.9
套管结晶机	97.5/1	54.2/16.7	109.4	51.1	121.4	56.7
分离机	5/2	—	62.2	—	62.2	—
减速机	1.3/9	50/225	21.8	60.6	21.8	60.6
工业泵	25.6/147	17.6/98.7	714.8	103	713.2	117
阀门	850.2/447	93.8/87	5 192.7	116.6	5 219.6	154
铁路槽车	70辆	－26.4	2 318	43.1	2 318	47.9
包装桶	3 609.6/168 980	60.7/60.1	2 910.7	75.4	2 901.9	74.7
冷旋压封头	2 013	99.3	754.2	102	695.2	102.7
膨胀节	10.1/187	50/125	123.4	95.7	123.4	95.7
高频焊接超片管	42.6	78.9	75	87.1	67.3	74.8
三旋管	111.4/4	97.7	798	117	798	117
仪器仪表	15 053	95.0	4 535.8	124	4 512.8	101
仪表盘	1 088	67.9	221.7	71	221.7	71

市场及销售　1997年中国石化总公司系统制造企业产品的销售市场主要是总公司内部各石化生产企业，其次是国内市场，个别制造企业的部分产品销往国外市场。

29个制造企业1997年国内销售收入共计170 126.39万元，比上年增长23.4%。其中12个骨干重点制造企业销售收入91 589.7万元，占系统29个企业销售收入的53.8%。

在国外市场方面，上海石油化工机械制造公司、齐鲁石油化工公司机械厂、中石化第十建设公司机械厂等均已发展到为外商设计制造的阶段，1997年3个制造企业国外销售收入共计287.3万美元。

新技术及科研成果　1997年，中国石油化工总公司系统机械仪表制造企业共有5个项目获科技进步奖，其中1项获国家级三等奖，1项获石化总公司(部级）二等奖，3项获石化总公司（部级）三等奖，它们是：(1)由兰州炼油化工总厂机械厂和中石化北京设计院共同研制的长城1号涂层及其在烟气轮机上的应用，获国家科技进步三等奖。长城1号涂层的突出优点是在600～820℃下具有非常良好的抗冲蚀及耐腐蚀性能，容许在上述环境下长期工作，目前主要应用于6～10MW大功率烟气轮机，但也完全适用于6MW以下的小功率烟气轮机。除此之外，凡是受到高温冲蚀及腐蚀交互作用的场合都可使用。该涂层有美好的应用前景及推广价值，具有显著的经济效益。(2)由中石化北京设计院、兰州炼油化工总厂机械厂和高桥石油化工公司炼油厂共同研制的，GH132合金盘件烟气轮机使用寿命预测及评估项目获总公司科技进步二等奖。(3)由中石化洛阳石油化工工程公司和兰州炼油化工总厂机械厂共同研制的电液控制高温蝶阀项目获总公司科技进步三等奖。电液控制高温蝶阀是烟气能量回收机组的关键设备，用以调节烟气量控制再生器压力，保护烟气能量回收机组，其主要性能指标为：灵敏度0.19/1000，分辨率0.6/1000，准确度2.7/1000，重复性1.57/1000，达到了国外80年代末同类产品的技术水平，可以替代同类引进设备。(4)由中石化北京石油化工工程公司和燕山石油化工公司机械厂共同研制的乙二醇碳钢喷铝罐车研究获总公司科技进步三等奖，该成果已用于茂名石化公司30万t/年乙烯项目。(5)由中石化洛阳石油化工工程公司、中石化兰州设计院、燕山石油化工公司仪表厂、辽化仪表联合厂共同研制的石油化工企业可燃气体检测报警设计规范（SH3063—94）获总公司科技进步三等奖。该规范适用于石油化工企业的可燃气体检测报警设计，主要内容包括：可燃气体检测报警设计的一般规定、检测点的确定、可燃气体检测报警系统、可燃气体检测报警仪的安装。

新产品　1997年，经总公司、省、市立项并已通过鉴定的产品主要有：上海石化机械制造公司研制的加氢裂化换热器，解决了$2^{1}/_{4}$Cr-1Mo抗氢钢－30℃条件下低温冲击韧性和焊接工艺问题，产品达到90年代初国外同类产品水平，可替代进口；岳阳石油化工总厂机械厂研制的70m³液化气体铁道罐车已用于运输液化石油气、丙烯、丙烷及丁二烯等液化气体，具有一定的经济效益和社会效益；另外，长岭炼油化工总厂机械厂研制的油类装车装置，安庆石油化工总厂机械厂研制的$1^1/_2$Cr-$^1/_2$Mo钢制反应器和新型金属硬密封蝶阀，辽阳石油化纤公司仪表检修厂研制的DIV2000彩色无纸记录仪等产品均已投入使用且效果良好。

质量及质量管理 1997年6月召开了总公司机械仪表制造企业质量工作会议，制定并印发了《总公司机械仪表制造行业"九五"质量工作规划纲要》，重组了总公司质量管理协会机械仪表行业分会，组建了机械仪表信息情报网站及机械仪表质协分会秘书处。

1997年中国石油化工总公司系统机械仪表制造企业通过三类压力容器制造许可资格、取证及换证审查，情况是：天津石化机械制造安装工程公司通过了制造许可证换证审查，齐鲁石油化工总厂机械厂、上海石化机械制造公司、茂名石油化工公司机械厂、安庆石油化工总厂机械厂、茂名石化建设公司金属结构厂、中石化第十建设公司机械厂、岳阳石油化工总厂机械厂通过了三类压力容器设计资格换证审查。

1997年，在采用国际标准工作中，岳阳石油化工总厂机械厂、燕山石油化工公司机械厂、辽阳石油化纤公司机械厂、上海石化机械制造公司通过了ASME的换证审查。

在ISO9000质量体系认证工作方面，广州石油化工总厂建安公司、中石化第三建设公司机械制造厂通过认证审查，取得了ISO9001质量体系认证证书；兰州炼油化工总厂机械厂、大庆石油化工总厂机修厂、中石化二建公司设备制造厂、茂名石化建设公司金属结构厂、中石化第十建设公司机械厂也通过认证审查，取得了ISO9002质量体系认证证书。

〔撰稿人：中国石油化工总公司物资装备公司袁艺　审稿人：中国石油化工总公司物资装备公司王廷俊〕

〔中国石油天然气总公司〕

生产发展情况 1997年中国石油天然气总公司系统生产石油设备的企业共有27个，拥有职工53 661人，完成工业总产值342 609万元，全员劳动生产率13 759元/人，产品销售收入361 673万元。

产品分类产量 1997年完成各类石油化工设备共200 779t，比上年增长41%。四大类石油设备38 503台（套）、148 706.5t，其中地震勘探及钻井设备1 775台（套）、12 241.1t，采油设备35 079台（套）、111 945t，石油专用车载设备656辆、9 653.9t，炼油设备973台（套）、14 765.5t。完成其他石油机械产品2 475台、1 823.2t，工业泵175台、721.8t，高中压阀门2 555台、132t，石油配件及工具2 868 506件、45 087.8t，非石油机械产品164 672台、4 308.2t，电机1 915台、54 794.7kW；生产石油焊接钢管387 602.1t，其中，螺旋缝焊接钢管301 441.6t，直缝焊接钢管65 007.3t，生产冷拔无缝钢管1 478.5t，钻井钢丝绳15 515.1t。

科研成果及新产品 1997年中国石油天然气总公司系统完成的石油装备科研成果15项，主要有：由石油勘探开发科学研究院机械研究所、宝鸡石油机械厂和塔里木胜利钻井公司共同研制开发的DQ-60D顶部驱动装置，以取代转盘钻井的新型石油钻井装置。该装置主要由直流电机、行星齿轮箱、旋转头、上卸扣机构、下吊环、吊卡、小车、单导轨、井口扶正器、液压源及阀组、可控硅整流柜和可编程控制器系统等部件组成，是集机、电、液技术一体化的产品。该装置的设计参照了国外顶驱装置产品的主要参数，对关键零、部件进行了应力分析和强度计算，对主要部件和整机作了多项性能试验，确保了顶驱装置的质量。它对于打水平井、丛式井、斜井可提高钻井效率。该装置填补了国内空白，其总体技术水平已达90年代国外同类产品先进水平。

由河南石油勘探局南阳石油机械厂和塔里木石油勘探开发指挥部共同完成的TJC 150沙漠1 500kN石油修井机，是为满足塔里木和其他沙漠油田勘探开发需要而研制的重大技术装备。主要用于沙漠油田试油、修井的起下、旋转、循环作业，也可用于浅井作业。该机主要特点是：井架为国内目前负荷最大、净空最高的双节套装、双液缸立放、伸缩的快装拆车载井架；国内修井机车装绞车第一次采用开式内循环强制水冷的刹车鼓水冷系统；防尘、散热、密封、抗风、防冷凝、耐低温采用了国内外沙漠修井机设计制造的科技攻关成果；自走式大型底盘采用了国外尚无先例的重载车桥和大型沙漠轮胎，动力及传动系统能力大，作业效率高，钻台第一次采用折叠式结构，具有作业空间大、运输高度低，是目前国内承载能力最大、最高的修井平台。整机达到当今国际先进水平，某些方面达国际领先水平。

江汉石油管理局第四石油机械厂完成的JHX5140JGKX型抽油机检修工程车，配置ISP5随车起重机、换油系统、副车架、升降机构、液路系统等，可在野外对抽油机进行现场维修、保养、调整、加油、减速箱换油等作业，可满足油田抽油机的维修作业要求，既减轻作业工人的劳动强度，也利于提高生产效率。

质量及质量管理 中国石油天然气总公司系统在部分企业已获质量认证的情况下，1997年又有江汉石油管理局第三石油机械厂的抽油机、RDS压缩机、空压机、特种车辆改装等产品通过新时代质量体系认证中心的ISO9001质量体系认证；长庆石油勘探局第二石油机械厂的钻井液、净化设备、抽油机、钻采设备、配件等通过了中国船级社质量认证公司的质量认证。

〔撰稿人：中国石油天然气总公司冯建民　审稿人：中国石油天然气总公司刘津生〕

〔责任编辑：王　如〕

塑料设备

〔机械工业部〕

生产发展情况　根据中国塑料机械工业协会、机械工业塑料机械科技信息网和大连塑料机械研究所联合编印的《塑料机械行业1997年度情况调查统计汇编》，全国现有县以上塑料机械生产企业300个，其中国有企业占42%，集体企业占35%，“三资”企业占18%，私有企业占5%。另外还有塑料机械专业研究所5个，有关院校5所。企业按产品分类构成：生产塑料注射成型机的专业企业占26%，生产各种塑料挤出成型机及辅机的专业生产企业占18%，生产各种吹塑中空成型机及辅机的专业生产企业占5%，生产其他塑料机械的专业企业占12%，多品种经营的企业占39%（含同时生产其他机械产品的企业）。

根据《塑料机械行业1997年度情况调查统计汇编》，1997年塑料机械行业工业总产值为54.4亿元，比上年度增长6%；产品销售金额54.3亿元，比上年增长12%；利税总额5.9亿元，比上年增长13%；出口创汇3 480万美元，比上年下降14%。综合分析，受国内外经济形势的影响，我国塑料机械行业仍处于发展中的困难时期，特别是出口创汇受东南亚金融危机影响较大，出现了多年未出现的负增长现象，而且这种影响有持续下去的趋势。1997年总体形势与综合经济指标其发展速度和增长幅度都高于机械行业的平均值。由于经济规模、合资合作和品牌效应的作用，塑料注射成型机仍是塑料机械中发展速度较快、经济效益最好的品种，塑料注射成型机专业生产厂家的经济效益仍占据行业之首。

市场及销售　1997年国内塑料机械市场仍徘徊于低潮之中，多数塑料机械产品品种产销不旺，市场竞争激烈。但是BOPP、BOPET、大型造粒机组、共挤流延薄膜生产线等具有当代世界先进水平的大型关键塑料机械设备还依赖于大量进口。

1997年塑料机械行业工业总产值、利税总额，出口金额前十名企业详见表1、表2、表3。

新技术及新产品　SJDD系列电磁动态塑化挤出机产品于1997年7月7～8日在广东顺德，通过了由机械工业部委托广东省电子机械工业厅主持的新产品生产定型鉴定。该机是由华南理工大学瞿金平教授发明的新一代塑料挤出设备。该项目于1988年作为自选项目在华南理工大学立项，并于1990年研制出原理样机，同年年底被列入国家级火炬计划预备项目。1993年11月通过了由国家教委、广东省科委组织的技术鉴定。1995年被机械工业部列入新产品试制计划(B类)，同年列为广东省电子机械工业新产品试制计划。经过三年的试制工作，该项技术已成熟，样机已经定型。专家们一致认为该项发明具有国际领先水平，是塑料成型加工工业的一个重大突破，同意批量生产。现已由广东顺德科力塑料机械公司和华南理工大学聚龙塑料加工设备厂进行生产。

表1　塑料机械行业总产值前十名企业

序号	企业名称	总产值(亿元)
1	山东华冠集团总公司	4.69
2	宁波海天股份有限公司	3.66
3	上海轻工机械股份有限公司	3.35
4	广东震德塑料机械厂有限公司	2.54
5	上海人造板机器厂	2.40
6	大连橡胶塑料机械厂	2.15
7	无锡格兰机械有限公司	2.11
8	江苏维达机械集团公司	1.75
9	广东东华机械有限公司	1.55
10	江苏白熊机械集团公司	1.54

表2　塑料机械行业利税总额前十名企业

序号	企业名称	利税总额(万元)
1	宁波海天股份有限公司	7 452
2	广东震德塑料机械厂有限公司	6 282
3	山东华冠集团总公司	5 774
4	上海轻工机械股份有限公司	5 410
5	江苏维达机械集团公司	2 471
6	广东东华机械有限公司	2 269
7	无锡格兰机械有限公司	2 024
8	上海申威达机械有限公司	1 867
9	大连橡胶塑料机械厂	1 689
10	江苏白熊机械集团公司	1 370

表3　塑料机械行业出口金额前十名企业

序号	企业名称	出口金额(万美元)
1	大连橡胶塑料机械厂	630
2	广东东华机械有限公司	492
3	宁波海天股份有限公司	402
4	柳州塑料机械总厂	249
5	广东容声塑料机械有限公司	212
6	航空工业兰州飞控仪器总厂	186
7	烟台坤翊塑料机械有限公司	182
8	南京第二机床厂	175
9	广东震德塑料机械厂有限公司	171
10	江苏维达机械集团公司	145

大连橡胶塑料机械厂开发研制的SY-4r2360B、SYLM-F4r4600塑料压延拉伸拉幅机组于1997年4月在山东通过机械工业部主持的新产品鉴定。该机组主要用于生产幅宽4m的高强度聚氯乙烯双向拉伸薄膜，适用于农用大棚膜及民用薄膜的生产。机组的整机水平及主要技术参数达到了国际发达国家90年代初同类产品的先进水平。由大连橡胶塑料机械厂开发研制的SJ-90×30A、SJ-120×30、SJGM-F3500×3塑料共挤吹塑复合膜机组和SJSH-90×20、SJ-180×6、SJL-F180双螺杆交联PE挤出造粒

机组分别获机械工业部1997年度科技进步一等奖和二等奖。

汕头市金明塑胶设备厂研制的SZC-100微电脑注塑吹塑成型机产品，于1997年3月26日在汕头通过由广东省科委组织的技术成果鉴定。该注塑吹塑中空成型机是用于生产密封性好、避免手接触污染、符合卫生包装条件的高档容器制品的主要设备，可满足我国医药、化妆品、化工等工业包装容器的发展需要。其技术水平处于国内领先，达到国外90年代初先进水平。

宁波海天股份有限公司开发研制的HTF1500、2500两种注塑机新产品，于1997年6月18日在宁波通过了由宁波市经委主持的投产技术鉴定。两种注塑机的机械结构布局合理、紧凑，控制系统先进，主要技术性能达到了国际90年代同类机型水平。

管理及改革 大连橡胶塑料机械厂加入大连冰山集团，山东诸城轻工机械厂成为北汽福田车辆股份有限公司的成员，至此，全国塑料机械行业已有集团公司累计15个。

中国塑料机械行业协会第二次会员大会暨塑料机械标准化分委会第二届第六次工作会议于1997年11月26日至29日在广东东莞市召开。塑机协会第二次会员大会既是协会换届会，也是行业的工作会。会议听取了首届理事长原大连橡胶塑料机械厂厂长王义丰的工作报告；讨论并审议通过了新的协会章程、协会组织条例和财务收支管理办法等协会文件，以及协会1998年工作计划；并选举产生了新一届理事会，大连橡胶塑料机械厂等21个行业单位当选为常务理事单位。会议期间组织召开了协会第二届理事会第一次会议，经讨论选举大连橡胶塑料机械厂李志民厂长为新一届理事长，上海轻工业机械股份公司蔡国耀总经理、山东华冠集团总公司王士范总经理、宁波海天股份有限公司张静章总经理等为副理事长，聘任机械工业部重大装备司戴仲尧同志为协会秘书长。塑机标准分技术委员会第二届第六次工作会议对塑机分委会1997年度工作进行了总结，制订了1998年度标准修订工作计划，会议审查了《热固性塑料注射成型机》、《塑料挤出吹塑薄膜辅机》、《单螺杆塑料挤出机产品质量分等》3项标准送审稿。

〔撰稿人：大连橡胶塑料机械厂姜旭良〕

〔责任编辑：王　如〕

木材设备

〔林业部〕

生产发展情况 1997年木材设备行业43个主要工业企业共完成工业总产值280 222万元（1990年不变价），比上年减少2.5%，产品产量316 705台，比上年增长4.9%，实现全员劳动生产率19 455元/人。木材设备行业在连续几年工业总产值递增后，1997年出现略有减少的原因是：国内市场普遍不景气，使需求下降，销售回款难度增加，部分主要木材设备企业出现较大亏损。但也有部分企业在逆境中调整经营方针，加强管理，使企业取得了一定的增长。1997年，常林股份公司完成工业总产值25 671万元（1990年不变价），比上年增长15.6%，完成销售收入32 736万元，比上年增长0.5%，实现利润3 900万元，比上年增长8.1%。1997年木材加工机械行业各项经济指标前五名的企业情况见表1。

表1 1997年木材设备行业主要经济指标前五名企业

经济指标	序号	企业名称	金额
工业总产值（万元）	1	威海木工机械集团公司	63 820
	2	常州林业机械厂	25 671
	3	上海人造板机械厂	24 041
	4	牡丹江木工机械厂	17 526
	5	苏州林业机械厂	17 227
产品销售收入（万元）	1	威海木工机械集团公司	53 467
	2	常州林业机械厂	32 736
	3	上海人造板机器厂	26 571
	4	苏州林业机械厂	15 820
	5	牡丹江木工机械厂	14 698
实现利润（万元）	1	常州林业机械厂	3 900
	2	威海木工机械集团公司	3 167
	3	苏州林业机械厂	2 545
	4	四川东华机械厂	677
	5	信阳木工机械厂	480
全员劳动生产率（元/人）	1	常州林业机械厂	64 534
	2	苏州林业机械厂	45 289
	3	威海木工机械集团公司	32 889
	4	青岛木工机械厂	25 109
	5	四川东华机械厂	23 385

产品分类产量 1997年木材设备行业产品产量见表2。

市场及销售 1997年各木材加工机械行业企业仍面临宏观经济紧缩形势，市场需求下降，同行业竞争激烈。同时，我国木材加工设备主要出口市场的东南亚国家由于金融危机的影响，经济萎缩，购买力下降，导致我国木材设备出口下降。而欧美、日本等国也因东南亚国家经济不稳定，将市场重点转移至中国，促使国内木材设备行业竞争更加激烈。1997年木材加工机械行业实现销售收入275 655万元，比上年下降13.5%；主要销售产品为木材采运机械32 136台，比上年增长8.0%，木材加工机械281 279台，比上年增长4.1%，人造板机械3 250台，比上年减少1.0%。

1997年木材设备行业共出口创汇898.6万美元，出口木工机床9 779台，创汇415.6万美元；人造板设备96台，创汇351万美元；装载机35台，创汇126万美元；木材采集机械30台，创汇0.8万美元及配件创汇5.1万美元。产品主要销往东南亚、香港地区及南美国家。

表2 1997年木材设备行业主要产品产量

产品名称	单位	产量	比上年增长%
木材采运机械	台	32 136	8.0
装载机	台	1 449	−4.0
油锯	台	27 700	6.8
叉车	台	125	−10.0
集材拖拉机	台	799	
绞盘机	台	34	−15.0
索道产品	台	2 029	
人造板设备	台	3 250	−1.0
木材加工设备	台	281 279	4.1
木工刨床	台	12 206	11.7
木工圆锯机	台	566	48.5
木工铣床	台	1 172	37.8
木工钻床	台	1 582	9.3
带锯机	台	3 721	20.7
其他木工机械	台	261 528	3.1
板式家具设备	台	504	33.7
林业工具			
导板	万件	6.4	0
带锯条	km	1 938	11
圆锯片	万片	3.1	−20
锯链	万件	3.0	0

1997年，牡丹江木工机械厂根据市场需求变化趋势，共19次调整产品生产计划，强化销售，使产品产销率达到了93.5%。苏州林业机械厂针对当前行业市场的变化，加快产品变型换代，把握品种更替走向，1997年产品销售率达到100.3%，完成销售收入15 800万元，其中新产品销售收入占全部销售收入的57%。威海木工机械集团公司在1997年各项经济指标均列同行业前茅。该公司生产90多个品种、169个规格产品，提高了产品的市场适应率。

新技术及科研成果 1997年木材设备行业共进行林业机械新产品开发项目21项，获奖科研成果主要有：上海人造板机器厂年产30 000m³中密度纤维板生产线成套设备获林业部科学技术进步二等奖、上海市优秀产品一等奖，年产15 000m³中密度纤维板成套设备获上海市科技进步二等奖。苏州林业机械厂和北京林业机械研究所联合研制的BG23系列转子式刨花干燥机，苏州林业机械厂的SL9200快速贴面生产线获林业部科技进步三等奖。威海木工机械集团公司的MQ432台式木工多用机床获山东省科技进步奖。信阳林业机械厂年产15 000m³刨花板生产线、BY614X24/32单层热压机、BP3713/77移动式气流铺装机，分别获信阳地区科技进步一、二、三等奖，年产15 000m³刨花板生产线还获河南省科技进步二等奖。四川东华机械厂年产15 000m³中密度纤维板成套设备获四川省科技进步一等奖。镇江林业机械厂BPB1225型半自动拼板机获江苏省科技进步二等奖。

上海人造板机器厂研制开发的年产30 000m³中密度纤维板生产线成套设备经林业部专家组鉴定，产品达到GB11718—89一级品要求的各项指标。该套设备由90多台设备组成，采用了一系列先进技术，达到均匀进料。干燥机装有含水测定仪、自动灭火报警系统，热压机有同步机构、先进的位置控制系统。该套设备推向市场，扭转了我国中密度纤维板成套设备长期依赖进口的局面，并已开始向东南亚国家出口。

新产品 1997年木材设备行业共有15项新产品通过省、部级鉴定，主要有：上海人造板机器厂的年产30 000m³中密度纤维板成套设备，信阳木工机械厂研制的BH9114型拼板机，苏州林业机械厂研制的SBG2813型六砂架双面宽带砂光机、BSG2713QY对顶式四砂架宽带砂光机、485TA带泵柴油机、BY922真空贴面压机，青岛木工机械制造总公司生产的MJ6125精密截板锯，都江木工机械厂生产的MC328型轻便仿形木工车床、MX7216型双轴仿形铣床，哈尔滨林业机械研究所研制的JJX1-25自行式绞盘机，牡丹江木工机械厂重组木生产线、MXK5821数控镂铣机，镇江林业机械厂的BQ1813C、BQ1820B、BQ1827A无卡轴旋切机。

信阳木工机械厂的BH9114型拼板机可将指接木条及一定规格的小板、方材拼合成大板材，该机是加工集成材的主要设备之一，其主要技术参数为：最大拼板尺寸6 000mm×1 400mm×120mm，液压系统最大压力1.4MPa。青岛木工机械制造总公司的MJ6125精密截板锯，克服了传统的单锯片下料时锯口粗糙、崩边等缺陷，划线锯采用双片加垫片结构，厚度可调，锯口精度高，主要技术参数为：载板最大长度2 500mm，横向导尺托架可拉伸2 800mm，主锯片转速6 000、5 000、4 000r/min，划线锯转速8 000r/min，最大加工厚度45mm。都江木工机械厂的MX7216型双轴仿形铣床是利用靠模仿型加工原理，融机械传动和电气、气动为一体，仿形铣削和砂光同步作业，具有生产效率高、加工制件精度高和操作简捷等特点，其最大加工长度为1 000mm，最大加工直径为160mm，进给速度为60～170mm/min，砂带速度为940m/min，刀具直径35mm，总功率4.8kW。

质量及质量管理 1997年木材设备行业各企业实施了一系列措施提高产品质量。苏州林业机械厂突出了ISO9002质量体系认证这个重点，通过了预评审，并实施创名牌计划，使其主导产品砂光机、柴油机的市场份额逐年上升。1997年完成产品销售额（含税）18 510万元，比上年增长2.42%，实现利润2 545万元，比上年实际增长103.6%。牡丹江木工机械厂在质量管理方面，注重从产品设计到售后服务的全过程质量控制，该厂荣获“省重大科技成果效益奖”，同时，加强售后服务，优化经销网点，为产品质量提供保障。

基本建设及技术改造 1997年木材设备行业安排技术改造等各类项目计划10项，安排投产13 187万元，其中贷款9 230万元，企业自筹3 957万元。其中新开项目5项，结转项目2项。按投资来源分，技术改造项目2项，总投资7 996万元，其中贷款5 590万元，企业自筹2 406万元；基本建设项目1项，投资516万元；林业贴息项目5项，投资4 675万元，其中贷款3 750万元，企业自筹925万元。

安排的技术改造项目有：常州林业机械厂振动压路机技术改造和大型装载机生产技术改造项目（“双加”工程项目）。这两个项目除必要的土建外，主要资金用于购置先进的加工设备及检测设备，主要以加工适应性广、精度高的加工中心以及大型数控设备为主，同时，通过引进借鉴国外先进技术，提高现有产品的水平与附加值。这些项目建成后，使企业初步具备了规模生产能力，分别可年产压路机500台和各种吨位装载机3 010台（其中大吨位装载机70台）。

安排的林业贴息项目主要用于企业的小型技术改造项目，如天津林业工具厂的小型精密木工机床、苏州林业机械厂的浸渍干燥机、镇江林业机械厂的半自动拼板机等，项目实施内容亦以设备购置为主，这些项目建设周期为一年，属于短、平、快项目，对加快企业的发展起到了积极作用。

1997年，经林业部安排，共完成5个“八五”技术改造项目的验收工作，这5个项目是：常林股份有限公司的WA470装载机技术改造项目、提高外观质量技术改造项目、提高制造工艺水平技术改造项目、镇江林业机械厂长材刨片机技术改造项目、苏州林业机械厂的485柴油机技术改造项目。这些项目均已按设计要求完成全部改造任务，并达到设计纲领及目标，为企业今后发展打下了良好基础。其中常林股份公司的WA470装载机技术引进及改造项目在国家经贸委进行的技术改造优秀项目评选中，被评为国家优秀技术改造项目。

此外，东华机械厂投资516万元进行基本建设，牡丹江木工机械厂投资1 250万元进行技术更新改造，威海木工机械集团公司投资1 546万元进行技术更新改造。

管理及改革 1997年上海人造板机器厂与德国辛北尔康普公司合资组建成上海辛北尔康普机器设备制造有限公司，该公司在上海人造板机器厂多年形成的良好信誉的基础上，从德国辛北尔康普机器制造有限公司引进适应于生产产品的最先进技术，确保产品达到国际标准。

〔撰稿人：中国林业机械协会戴芳芳 审稿人：中国林业机械协会许士项〕

〔机械工业部〕

生产发展情况 据对全国木材加工机械（刀具）行业41个主要生产企业统计，1997年共完成工业总产值（当年价）224 768万元，其中，木工机械总产值110 010万元，木工工具总产值21 195万元。木工机械总产量574 191台，比上年略有增长。骨干重点企业完成工业总产值及木工机械生产情况见表3。

1997年我国木材加工机械制造业，继1996年出现严重滑坡后，继续在低谷中徘徊，大多数企业木机产品产销量比上年减少，经济效益普遍下滑，亏损面继续扩大，个别效益较好的企业，也因包袱过重和市场影响，出现利润逐年下减；一些因生产上不去而连年亏损的企业已面临着倒闭与破产。1997年木机行业被统计企业平均工业经济效益综合指数为126.21%，低于上年水平。其中，工业综合经济效益名列前十位的企业见表4。

表3 木材加工机械行业重点骨干企业完成工业总产值及木工机械生产情况

企业名称	工业总产值（万元）			工业增加值（万元）	产品销售收入（万元）	木工机械（工具）	
	当年价	1990年不变价	比上年增长%			产量（台）	产值（万元）
都江木工机床厂	589	525	-52.86	99	784	408	589
上海木工机械厂	441	409	-4.57	336	333	351	614
沈阳带锯机床厂	1 590	1 405	-9.92	774	838	635	1 590
邵武木工机床厂	636	504	-5.8	74	569	503	646
牡丹江木工机械厂	15 481	17 526	-17.88	3 903	14 698	3 971	10 071
信阳木工机械厂	6 522	5 639	-20.33	3 022	7 106	155	873
青岛木工机械制造总公司	3 254	3 259	-2.34	1 363	2 570	316	3 307
哈尔滨第二工具厂	5 019	4 267	-34.11	1 483	3 229		1 010
太行锯条厂	7 033	7 036	-24.83	1 217	5 703		7035
天津林业工具厂	4 402	3 301	-1.12	1 556	4 101		3 392
上海爱凯思机械刀片公司	3 151	2 115	67.25	821	3 141		1 969

表 4　1997 年木材加工机械行业工业综合经济效益位居前十名的企业

序号	企业名称	经济效益综合指数(%)	产品销售率(%)	资金利税率(%)	增加值率(%)	成本费用利润率(%)	全员劳动生产率(元/人)	流动资产周转率(次)
1	威海工友集团公司	438.91	98.18	55.85	26.24	12.05	78 805	6.06
2	威海齐全木机公司	306.64	97.00	44.74	2.06	7.62	8 493	7.90
3	四川青城机械厂	264.64	99.41	23.19	22.38	4.47	33 851	6.18
4	杭州临安南洋木机公司	230.09	99.74	28.51	26.07	28.13	34 615	1.52
5	上海北桥轻工机械厂	225.48	98.00	19.96	29.32	17.43	50 254	1.83
6	任丘永茂木机公司	202.38	109.63	26.15	39.56	20.20	25 372	1.72
7	威海星王集团公司	201.37	99.22	21.19	33.39	8.75	35 773	2.41
8	杭州之江工具有限公司	158.39	98.96	11.53	27.17	3.41	32 380	2.30
9	上海爱凯思机械刀片公司	151.47	97.08	8.27	26.05	5.82	41 460	1.35
10	东台带锯机械厂	132.12	100.00	9.88	26.21	4.45	19 116	2.30

产品分类产量　我国木材加工机械产品共有 12 大类。锯刨类和多用机床类产品量大面广，产量约占总产量的 98%以上。1997 年各类产品及供货品种数见表 5。

表 5　1997 年木材加工机械各类产品产量

产品名称	可供品种	产量(台)	构成比%	比上年增长%	产品名称	可供品种	产量(台)	构成比%	比上年增长%
木工圆锯机	46	1 899	0.33	−41.77	榫槽机	11	1 507	0.26	−58.87
木工带锯机	51	13 312	2.32	−3.63	砂光机	16	850	0.15	2.78
木工刨床	70	7 124	1.24	−27.17	封边机	1	10	0.01	100.00
木工铣床	55	2 586	0.45	−47.40	木工多用机床	47	542 435	94.47	4.76
木工钻床	7	154	0.03	2.67	木工辅机	36	2 640	0.46	−17.71
木工车床	12	346	0.06	−31.89	其他木工机械	41	883	0.15	9.69
开榫机	12	445	0.08	200.68	合计	405	574 191	100.00	2.74

1997 年的木工机械总产量虽比上年略有增长，但不平衡，主要体现在多用机床上，其他品种多数呈下减趋势。

市场及销售　1997 年木工机械市场需求平淡、竞争激烈。从国内市场看，一方面，在大环境影响下，由于建筑市场和房地产业的降温，木工机械市场需求持续疲软，供大于求的局面进一步加剧，导致价格竞争更加激烈，产品降价已成为企业的重要促销手段。另一方面，由于海外产品的大量涌入，对国内市场产生巨大冲击。其原因：一是台湾产品一部分通过香港、韩国经正常渠道进入大陆市场，一部分通过广东、福建等口岸以走私形式进入沿海各地市场，其销售价格灵活多变，导致大陆木工机械市场混乱无序，致使国内大多数企业为保住市场而忍痛降价。二是随着欧洲木工机械市场的萧条，德国、意大利等发达国家也加强了对亚洲，尤其是对中国大陆市场的开拓，1997 年设在大陆的欧洲设备代理商就增加了十多个，还有德国威力公司在烟台建立了子公司、欧登多公司在秦皇岛建立组装厂等，对国内企业造成很大威胁。据国家海关统计，1997 年我国进口各类木工机械达 2.21 亿美元，而国内产品销售额全部计算在内也不过 1.5 亿美元，市场占有率约在 40%左右。各大类木工机械产品的国内外销售情况见表 6。

从表 6 中可以看出，国内销售额位居第一的是木工多用机床，占总销售额的 70%，比上年增加 10 个百分点。锯、刨类机械虽属量大面广产品，但近年由于市场需求趋向小规格化，因此其销售额也随之趋减，1997 年木工圆锯机、木工带锯机和木工刨床的销售额构成分别为 2.2%、9%和 7.66%，分别比上年下降 0.32、2.66 和 3.11 个百分点。

我国木工机械出口业务近几年有很大拓展，产品销往的国家已从过去单一向东南亚，发展到向美国、德国、荷兰、俄罗斯、加拿大等发达国家。但出口额仍远远少于进口额，进出口比例约为 8 : 1 (1996 年为 19 : 1)。1997 年受国际市场和亚洲金融危机影响，木工机械出口有所减少，据行业内统计仅为 711 万美元，比上年减少 3.73%。其出口分类构成见表 4。木工机械出口产品中，出口额最大的是木工多用机床和带锯机，分别为 225.73 万美元和 218.06 万美元，比上年分别下降 34.32%和 6.56%。

表 6　1997 年木工机械国内外销售额分类构成

产 品 名 称	国内销售额（万元）	比上年增长 %	出口量（台）	出口额（万美元）	比上年增长 %
木工圆锯机	2 312	−19.41	17	4.4	−32.31
木工带锯机	9 461	−28.56	2 270	218.06	−6.56
木工刨床	8 049	−34.21	302	32.60	1.88
木工铣床	1 696	−64.78	285	14.27	−21.59
木工钻床	456	21.60			
木工车床	284	−3.40	13	1.39	−33.81
开榫机	1 177	83.05			
榫槽机	295	−81.50	1 803	25.84	−24.8
砂光机	3 076	−13.25			
封边机	62	63.16			
木工多用机床	73 576	7.70	8 874	225.73	−34.32
木工辅机	1 773	6.36	469	8.38	−92.29
其他木工机械	2 808	−29.99	30	180.58	1 556.70
合计	105 025	−7.59	14 063	711.25	−3.73

1997 年国内木工机械销售额和出口额位居前十名的企业见表 7。

1997 年木工工具销售额为 18 072 万元，比上年增加 2.31%。销售额位居前三位的是太行锯条厂 6 724 万元、杭州之江工具有限公司 3 915 万元、天津林业工具厂 3 309 万元。全年木工工具出口额 690 万美元，比上年增长 78.4%。位居前三位的是杭州木钻厂 783 万元、哈尔滨第二工具厂 690 万元、上海爱凯思机械刀片公司 574 万元。

新产品及科研成果　1997 年木材加工机械制造业研制开发新产品 48 项。牡丹江木工机械厂作为木机行业"龙头"企业，研制出一批高新技术产品；其中被列为省级重大科技攻关项目的数控镂铣机和被列为国家工业性试验项目的重组木制造设备，1997 年 12 月通过了省级鉴定。其产品性能均达到国际 90 年代先进水平，填补了国内空白。MXK5821 型数控镂铣机是一种技术含量较高的木工机械，相当于金切机床中的立式加工中心，该机数控部分采用了法国 NVM 公司的先进技术，四个电主轴可同时工作，完成木制品的平面和立体雕刻、铣削，是高速度、高精度、高技术附加值的机电一体化产品。重组木制造成套设备由小径剥皮、木束碾压、木束精搓、木束干燥和木束施胶六台专机组成。重组木是以小径级间伐材和枝桠为原料，经剥皮碾压胶合而成，它不改变木材纤维结构，可代替原生木材使用。该项目的研制成功，将使林区每年 1 亿 m^3 的枝桠废料得到重新利用，从而缓解了木材资源紧缺的状况。信阳木工机械厂 1997 年研制新产品 7 项，其中年产 1.5 万 m^3 刨花板生产线荣获河南省科技进步二等奖。青岛木工机械制造总公司研制成功 SFE100RP 型宽带砂光机，该机的前砂架为定厚接触辊，用于定厚砂削；后砂架为弹性砂光垫，用于精光砂削；其进料

表 7　1997 年木工机械产品国内销售额和出口额位居前十名的企业

序号	企 业 名 称	国内销售额（万元）	企 业 名 称	出口额（万元）
1	威海工友集团公司	37 989	威海木机集团公司	1 468
2	威海木机集团公司	27 166	信阳木工机械厂	1 412
3	牡丹江木工机械厂	8 218	牟平轻工机械有限公司	864
4	山东星王集团有限公司	7 786	杭州临安南洋木机公司	836
5	威海齐全木机集团公司	3 390	东台带锯机械厂	452
6	四川青城机械厂	3 337	南通茂溢机床有限公司	189
7	青岛木工机械制造总公司	2 672	罗源木工机床厂	140
8	牟平轻工机械有限公司	2 122	沈阳带锯机床厂	124
9	上海北桥轻工机械厂	1 696	浙江海宁木工机械厂	123
10	信阳木工机械厂	1 608	牡丹江木工机械厂	77

装置为无级调速，砂带摆动为光电控制。该厂还开发出MX3512型梳齿榫开榫机和MH1545型接合机，满足了不同层次用户的需求，扩大了产品的市场覆盖面。

质量及质量管理 1997年，木工机械行业组织开展木机行业"质量保证承诺活动"，对质量工作基础较好并提出参加这一活动的青岛木工机械制造总公司、四川青城机械厂、哈尔滨第二工具厂和上海木工机械厂，经过认真的核实与协商，于1998年元月1日正式向用户公开质量承诺，在行业中产生了较好的典型示范作用和积极影响。

木机产品质量状况近年有不同程度改善，总体上看，较好的占主流，欠缺的也有相当一部分。据国家木工机械检测中心1997年三季度对全国27个企业的27台木工刨类产品质量抽查结果，有19台达到合格品水平，占70.37%，不合格品占29.63%。抽查中暴露出的主要问题是精度不合格，尤其一些小企业因设备陈旧，粗制滥造，加上管理不善，导致产品质量下降。

随着对外开放的扩大和木工机械产品出口的增长，出口产品的质量问题已引起出口企业的高度重视，出口产品质量明显优于内销产品。1997年，机械工业部木工机床产品质量监督检测中心在国家商检局、机械工业部出口许可证办公室的领导和各地商检部门的配合下，对15个企业的25种产品进行了出口产品质量检测，检测结果全部符合出口质量许可证要求，合格率达100%，一等品率达32%。出口产品质量较好主要有如下原因：一是企业领导重视；二是重视教育和培训；三是质量把关严。

1997年各企业的质量管理工作有新的进展，不少企业已开始ISO/9000认证准备工作。牡丹江木工机械厂1997年的质量管理工作在上年的基础上又加大了管理力度，修改了《质量管理奖罚条例》和《外购、外协件验收办法》，工厂部分产品已采用国际标准，争取1999年之前通过ISO/9000认证。青岛木工机械制造总公司为提高企业的现代化管理水平和档次，使企业质量管理水平尽快与国际水平接轨，1997年开始实施ISO/9000质量保证体系，提出了"科技领先、质量振兴、为用户提供优质的装备"的质量方针；对中层以上干部和相关人员进行ISO9000标准知识、ISO9000要素和程序文件的编写等基本知识的培训；先后发布实施了24个程序文件、49个管理性指导书和质量手册。经过几个月的运行，已获得推荐颁证资格。杭州之江工具有限公司为适应国际市场发展需要，采取以点带面的办法，先在金刚石锯片方面实施ISO/9000标准，并于1998年1月通过了ISO9000的质量体系评审；在木工工具方面，在美国百得公司帮助下，逐步进行质量改进，拟用一年半时间实施通过ISO9000的评审。上海爱凯思机械刀片公司注重学习国外的先进质量管理，从贯彻ISO9000着手，搞好质量管理基础工作，编制完成"质量手册"和12个程序文件，拟1998年通过ISO9000的贯标验收。此外，自贡机动刀具厂、东台带锯机械厂也在积极采用ISO9000标准和办理ISO9000标准的认证工作。

基本建设及技术改造 1997年，木机行业企业的基建投资与技术改造资金主要通过自筹方式解决。当年自行筹集的基建资金为980万元，完成技措费投资165万元，比上年大为减少。基建、技改主要集中在集体、乡镇、合资企业上，在总共1055万元基建、技改投资中，集体、乡镇企业、合资企业的投资款占了80%以上。如乡镇企业的山东齐全木机集团，全年投资550万元，其中300万元用于生产性基建投资，50万元用于技改投资。集体企业青岛木工机械制造总公司自筹资金69万元用于砂光机生产技术改造。合资企业上海爱凯思机械刀片公司近两年在技术改造方面的投入超过1500万元，以添置各种进口数控加工设备，从而提高公司的工艺技术水平，促进了产品的新工艺、新技术、新材料的开发，提高了产品的技术能级。

对外合作 上海爱凯思机械刀片有限公司是木机行业比较成功的一个合资企业。该公司是原上海机械刀片厂同外商合资的上海振东达机械刀片有限公司和上海利达机械刀片有限公司同德国IKS.克林贝尔远东公司进一步合作的大合资公司。通过近两年的经营，公司在增资扩股、增强资本实力方面取得较为明显的变化，企业在资产质量、技术含量和品牌效应等方面都取得了较大的提高；1997年实收资本提高了128%，资产负债率比合资前下降13.8个百分点，资产总量比大合资前提高了142.2%，固定资产成新率也比大合资前提高10.7个百分点，固定资产原值增加112.7%；销售收入、实现利税、出口创汇均为近年最好水平。

管理及改革 1997年木工机械行业在财务管理、经营管理和成本管理等方面创出新经验。如青岛木工机械制造总公司通过学邯钢，深挖内部潜力，严格成本费管理，全年节约各项费用达60多万元，取得明显经济效益。

随着经济体制改革的发展与深入，木机行业的企业改革已经进入实质性的具体实施阶段。改革的形式主要是股份制和股份合作制。如近年改制的青岛木工机械制造总公司、东台带锯机械厂、杭州之江工具有限公司、自贡机动刀具厂，都是属于股份制和股份合作制企业，改制后的效果都比较好。如上述四个企业1997年的工业经济效益综合指数分别达到115.84%、132.12%、158.39%和83.23%，生产经营状况多年保持稳定。还有其他实行公司制的企业如威海工友集团公司、威海木机集团公司、杭州临安南洋木机公司、任丘永茂木机公司、威海星王集团公司、威海齐全木机集团公司等，其经济效益综合指数均超过100%，远远高于现有的国营骨干重点企业。

〔撰稿人：福州木工机床研究所黄玉成　审稿人：福州木工机床研究所何海翔〕

〔责任编辑：王　如〕

印刷设备

〔机械工业部〕

生产发展情况 据印刷机械行业协会统计，1997年机械工业系统有印刷机械厂66个，职工46 671人，完成工业总产值（当年价）27.47亿元，比上年增长17.1%；销售收入25.56亿元，比上年增长9.5%；实现利润2.39亿元，比上年增长60.1%；完成利税3.95亿元，比上年增长35.9%。

据海关统计资料，1997年印刷机械出口创汇2 308.53万美元。由于统计口径等原因，实际出口要大于这一数字。但东南亚金融危机对印机行业出口负面影响是比较明显的。例如，上海印刷包装机械总公司1997年出口1 900万美元，比上年下降了17.4%；营口复印机总厂1997年出口小胶印机124万美元，尚不及上年的一半。

新产品 1997年印刷机械行业针对商业印刷、书刊印刷、报纸扩版和包装装潢业的发展，开发了80个新产品。其中主要有：

(1) YP4B1B单张纸多色胶印机。该机是由北京北人集团公司研制的，采用箱式整体机架，配有CPC黑色遥控、故障显示报警等自动化系统，具有印刷速度高达15000张/h、套印精度高、自动化水平高等特点。

(2) YP4880B商业卷筒纸平版胶印机。该机是由北京北人集团公司研制的，用于印制服装杂志、彩色广告、画册和彩色电话簿的商用卷筒纸胶印机，机组配置是目前国内生产印刷机中最全的。配备了零速接纸、二次张力控制、煤气烘干装置、加硅装置和冷却系统等；采用了PLC网络通信系统，运行状态直观监视和控制、触摸屏技术，自动套准系统和墨色遥控等先进技术。

(3) 大都市Ⅱ卷筒纸胶印机。该机由上海高斯印刷设备有限公司开发设计，最大幅宽880mm，最高印速达60 000r/h，主要用于高速报纸印刷，该机既有水平排列4滚印刷模块，也有7滚卫星式印刷模块，供纸部分带有自动张力控制和接纸装置；折页机可根据用户需要，采用双层式三角板折页机。灵活的组合形式能满足用户的不同需要。

(4) PZ1740型四开平版胶印机。该机由景德镇印刷包装机械有限公司开发，适用于国际通行的B系列纸张，可满足不同用户的多样化，多层次的需求，套印准确性和精密度在国内同类产品中处于领先地位，具有优良的动力性能，高速运转平稳，噪声低，机电一体化程度高，操作可靠，维修方便。最高印刷速度12 000张/h，最大纸张尺寸520mm×740mm。

(5) MW1050自动模切机。该机由上海亚华公司研制，采用微机程控，由PLC和电子凸转控制器等组成微信息处理系统对整机的运行和故障检测系统进行监控，大大方便了机器的控制和故障诊断。还增加了凹印移动式定位装置（获专利）。功能齐全，可以进行冷压凸，热压凸、凹、冲废等，采用光、机、电一体化，可以连续工作，自动化程度高，不需停车就能输送纸和收纸，并设置有预堆纸装置，转移纸堆等工作，达到高效率生产，还采用光导纤维，光电传感装置，机器获得相当高的可靠性和稳定性。

(6) ZYH660C混合式折页机。该机由湖南第二人民机器厂开发，对开自动栅刀混合折页，当采用栅栏折页时，可进行4次平行折，折页方式为平行式、风琴式、卷筒式。采用栅刀混合折页时，可进行3次垂直折页，同时在折页时完成打孔、压痕、分切等工作。单联机型具备8开、16开、32开折页功能。4JZH机型可实现全正折页。4S、4SY、4SYY、4SZH机型具备顺双联折页功能，4F、4FZ、4FZZ、4FZH机型具备反双联折页功能，折辊最高线速度150m/min，可折最大纸张尺寸660mm×1040mm。

(7) YK4700B型胶印机。该机是营口冠华胶印机有限公司研制的，工作稳定可靠，采用全新的电控系统，除具备原有功能外，电气元件却减少40%，使用户操作更方便，并增加了纸厚电压自动显示功能。

(8) LQD8E骑马装订联动机(b+D)。该机是由上海紫光机械有限公司开发的新产品，最大装订幅面440mm×300mm，装订书刊成品最大厚度8mm，最大装订速度10 000册/h。上海紫光机械有限公司已于1997年11月通过ISO 9001的认证，为扩大出口，已有LQD8E等2种产品获得进入欧洲市场的绿卡——CE认证。在1997年里进入市场8种新产品占当年销售累计70%，利润90%。各项经济指标创历史最好水平，在全国同行业中名列前茅。

质量及质量管理 1997年印刷机械行业重点抓好创名牌产品和明星企业等项工作。印刷机械行业有6类产品被机械工业部认定为1997年中国机械工业名牌产品。他们是北人（集团）印刷机械有限公司北人牌（PZ4880-01B、J2205、J2108B，对开单张纸平版胶印机），景德镇印刷包装机械有限公司景德镇牌（J4104型四开单张纸平版胶印机），营口复印机有限公司金三角牌（1800AWD型八开单张纸平版胶印机），上海申威达机械有限飞达牌（QZK780～1550系列程控切纸机），上海亚华印刷机械有限公司狮印牌（TYM780～1300、TYM720～1020自动烫印模切机）。营口复印机有限公司还荣获1997年中国机械工业质量信得过明星企业光荣称号。

国家印刷机械质量监督检验中心在1997年里被机械工业部授予“机械工业部先进质量机构”的光荣称号。

对外合作 为了更好的面向世界，特别是向北美和拉丁美洲，展示中国印刷机械行业的产品，由机械工业部组团参加了“美国芝加哥1997年印刷和纸品加工展览会”。参展的企业有上海印刷包装机械总公司进出口分公司、上海紫光机械有限公司、唐山玉田印刷机械集团公司、景德镇印刷包装集团公司、山西太行印刷机械厂、山东威海印刷机械厂、营口复印机总厂、泰兴仪器厂、北大方正集团公司、湖南第二印刷机械厂、河南第二胶片厂 11 个单位。1997 年美国芝加哥印刷和纸品加工展览会，展出净面积为 8.1 万 m^2，参展商 1000 个。有 100 多个国家、10 万人参观了展览会。中国展台 $348m^2$，展出了胶印机、自动烫印机、骑马联动生产线、自动晒版机等实物，也展示了应用软件。展览会期间中国展团售出样机 8 台和 1 套软件，现场签约合同约 60 万美元，意向合同 150 万美元。中国展团在短短几天中接待了 900 多个客户，其中 90%来自美国、加拿大、墨西哥、巴西、阿根廷等，10%来自欧、亚。通过这次专业展览会，中国的印刷机械行业向世界展示了自己的产品。

〔撰稿人：中国印刷机械行业协会、机械工业部北京印刷机械研究所刘承恩〕

〔责任编辑：白　萍〕

制药设备

〔国家医药管理局〕

生产与销售　1997 年生产药机产品的企业 300 多个，中国制药装备行业协会对 142 个药机企业统计情况如下：

1997 年工业总产值 86 369.8 万元，比上年增长 3.0%；销售收入 108 298.8 万元，比上年增长 7.1%；利税 5 465.3 万元，比上年增长 5.7%；利润 1 056.2 万元，比上年增长 2.0%。

全行业 60%以上的企业，产值及销售收入比上年度有所增长。亏损企业约 15%，主要是大中型国有企业。年销售额超过 2 000 万元的企业 10 个。

1997 年制剂机械、药品包装机械，尤其是片剂、粉针剂机械及泡罩包装机销售情况较好，下半年仅制粒机、压片机、包衣机、混合机就销售 3 000 多台(套)，产值超亿元。

新产品　SRH500/90 回转水浴式灭菌柜、微机数控螺杆粉剂灌装机、ZPY100 系列旋转式压片机、GZPK100 系列高速旋转式压片机、CFM800 型全自动胶囊充填机、三维混合机等 10 种新产品通过鉴定。

GZPK100 系列全自动高速旋转式压片机是高新技术和高技术标准的产物。实现了规格系列化、结构系列化、控制系列化，完全符合当今压片机的发展趋势。该机的研制成功，使我国压片机的技术水平提高了一大步，该机具有国际先进水平。该机采用封闭型结构和不锈钢的外壳，使工作室与外部彻底隔离，保证工作室的清洁，不会造成与外界的交叉污染。机器外表整洁美观，表面光滑，无藏污纳垢之处。机械外壳可以全部打开，易于内部清理保养，符合 GMP 要求。工作室内采用不锈钢以及经特别防腐处理的材料，确保与药物接触部位的干净和无污染。尤其转台表面采用防磨损、防锈的复合材料，耐磨、耐腐、不污染药物，工作室结构合理，无死角。采用先进的自动控制系统，可准确地监控整个生产过程，如：转速、产量、片重精度及故障等一系列工作状态。采用自动计量装置，有助于准确地充填药物，保证药片的重量精度为 1%。机器装有吸尘装置，能将工作室内飞扬的尘粒吸收干净。

质量及质量管理　国家医药管理局发布的制药机械行业标准共 12 项，行业标准编号、名称如下：YY0260—1997《制药机械产品分类与代码》（代替 GB7635—87 中的 65 工业专用设备类的制药机械部分）、YY0253—1997《高效包衣机》、YY0254—1997《全自动胶囊充填机》、YY0255—1997《空心胶囊自动生产线》、YY0256—1997《湿法混合制粒机》、YY0257—1997《三工位注吹式塑料药瓶机》、YY0258—1997《除粉筛》、YY0259.1—1997《安瓿洗、灌、封联动机》、YY0259.2—1997《安瓿超声波洗瓶机》、YY0259.3—1997《安瓿隧道式灭菌干燥机》、YY0259.4—1997《安瓿灌装封口机》、YY0259.5—1997《安瓿印字机》。

1997 年三季度国家技术监督局对 11 个药机企业、20 种粉针剂设备进行抽查，其中 10 个企业、19 种产品合格，1 个企业、1 种产品不合格，合格率为 95%。

哈尔滨飞机制造公司、北京青云航空仪表厂、上海天祥・健台制药机械有限公司等药机企业通过了 ISO 9001 国际质量标准体系认证。上海天祥・健台制药机械有限公司通过上海市外资委牵头，连同市科委、市经委、市财政局、市外税局等 10 个市属主管部门联合评审，被确认为先进技术企业，这是我国第一家药机企业获得殊荣。

药机行业获 1997 年度国家医药管理局优秀标准化项目名单如下表。

1997 年药机行业优秀标准化项目

项目名称	获奖等级	主要完成单位
YY0234.1～3—1995 抗生素玻璃瓶粉剂生产线	一	哈尔滨飞机制造公司
YY0229—1995 多效蒸馏水机	二	上海远东制药机械总厂
YY0231—1995 药用玻璃拉管机	二	哈尔滨飞机制造公司
YY0232—1995 卧式安瓿机	二	哈尔滨飞机制造公司
YY0233.1～2—1995 立式安瓿生产线	二	哈尔滨飞机制造公司
YY0230—1995 热压式蒸馏水机	三	宝鸡制药机械厂

管理及改革　1997 年围绕着《制药机械管理办法》开展了一系列的行业管理工作。9 月 8 日发布了《制药机械产品生产许可证管理办法》，公布了第一

批制药机械实施许可证产品目录，10月10日发布了《制药机械产品生产许可证验收通则》，11月份对制药机械产品生产许可证审查员进行了培训，年底开始进行许可证的申报工作。

为了客观、准确地评审、评估制药机械产品的技术与质量水平，正确引导药机产品的科研、生产、营销及使用，根据《制药机械管理办法》的要求，于8月23日成立了国家制药机械评审专家委员会。

为加强药机行业的信息交流，增强宏观调控力度，国家医药管理局质量管理司与中国制药装备行业协会共同举办了药机行业统计人员培训班，通过考试，160名统计人员取得了统计人员资格证书。

〔撰稿人：国家医药管理局质量管理司石　青〕
〔责任编辑：白　萍〕

建筑材料设备

〔国家建筑材料工业局〕

生产发展情况　1997年建筑材料机械行业生产形势未见好转，在上年各项指标大幅下滑的情况下，继续滑落。据对94个主要生产企业统计，全年共完成产品产量185 864t，完成工业总产值234 763万元（1990年不变价）均比上年下降15%。主要产品中水泥设备、玻璃设备、墙体材料设备、水泥制品设备的生产均有不同程度下降。各生产企业普遍任务不足，产品价格下降，资金异常紧张，下岗职工增多。形势非常严峻。

尽管根据建材工业"九五"规划，国内多数中小水泥企业需要按照"上大改小"的方针进行更新改造，但由于改造资金不到位，国内对水泥的需求不振，以及东南亚金融危机导致水泥出口量下降等因素，影响了对水泥设备的需求。国家虽几次下文规定限定玻璃最低销售价，但仍未制止住玻璃销售价格下降。各企业均不同程度延长窑龄，导致了对玻璃生产设备需求下滑。

市场及销售　1997年各建材企业在困难环境下，虽非常重视产品销售工作，加强了销售力量，但受宏观经济形势影响，产品销售数量疲软，统计数据显示37个大中型建材机械生产企业1997年实现工业产品销售收入168 385万元，为上年的78%，利润总额为-14 505万元，全行业继续亏损，亏损额比上年增加一倍。

质量及质量管理　为使各企业生产进一步向世界方向靠拢，国家建材局年内举办了ISO9000质量认证培训班，建材机械生产企业积极参加，并有多个企业正在办理质量认证手续。

年内，建材机械标准委员会审议通过了22项建材机械行业生产标准。截止到1997年底，累计颁布建材机械行业标准已达113项。

技术改造　年内各建材机械企业技改工作近乎停顿。4000T D"八五"国家重大技术改造项目中，各建材机械厂承担的子项仍处于收尾阶段。年内又有沈阳水泥机械厂大型蓖冷机项目、承德自动化计量仪器厂块状料计量项目、常熟机械总厂的粉状物料计量设备项目，通过技改验收工作，具备了批量生产条件。朝阳重型机器厂的3 920kN液压压砖机技术引进和改造项目，年内落实资金4 800万元，项目全面进入实施。

管理及改革　中国建材机械工业协会于1997年10月召开了第三次全体会员大会，并对协会领导机构和理事单位的组成进行了调整。会议要求各协会成员单位深入贯彻第三次全国建材装备工作会议精神，继续按"面向用户、综合治理、重在机制"的指导方针，加强企业管理工作，建立健全质量保证体系，依靠科技进步，提高企业产品的设计、制造水平和产品技术水平。

〔撰稿人：中国建材技术装备公司张　奇〕
〔责任编辑：白　萍〕

轻工机械

〔中国轻工总会〕

生产发展情况　生产企业数及企业按产品分类情况见表1。

表1　1997年轻工机械行业企业数　（单位：个）

产品类别	国有企业	集体企业	乡镇企业	"三资"企业	合计
食品、饮料、烟草工业专用设备	150	419	192	49	
纺织、服装、皮革工业专用设备	277	1 010	548	141	
照明器具工业专用设备	13	93	34	13	
日用硅酸盐工业专用设备	8	25	14	4	
制浆造纸工业专用设备	51	169	97	7	
塑料工业专用设备	16	227	101	12	
日用化学工业专用设备	43	65	32	78	
总计	558	2 008	1 018	304	3 888

据对267个轻工机械企业统计，1997年完成工业总产值100亿元，销售额82.4亿元，工业增加值26.2亿元，税金4.95亿元，利润1.86亿元。

1997年轻工机械行业从总的情况看，生产保持一定增长。江苏省轻工机械1997年完成工业总产值19.3亿元，比上年增长5.6%，其中制革、制鞋机械增长27.5%，造纸机械增长17.8%，食品包装机械增长13.7%。

1997年，出口形势继续看好。江苏省轻工机械完成出口交货值2.8亿元，比上年增长33%。出口交货值达到1 000万元以上的企业有：江苏维达机械集团公司、江苏华英集团公司、江苏白熊机械集团公司、江苏大力集团公司。还有湖北轻工业机械厂出口交货值达1 115万元。上海轻工机械有限公司出口创汇1 002万美元，宁波海天塑料机械有限公司出口额510万美元，柳州开元企业集团公司出口额383万美元，广东轻工业机械集团公司出口创汇200万美元。

1997年经济效益略有回升。江苏省轻机行业情况较好，实现利税1.37亿元，比上年增长37.2%。利税超千万元的有江苏维达机械集团公司、无锡格兰机械有限公司、江苏华英集团公司、江苏白熊机械集团公司。

1997年行业工作的主要特点是：

(1) 结构调整初见成效。一批企业形成集约化经济的规模，加快资产扩张，强化技术开发能力和开拓市场的能力。

(2) 企业改革力度加大。非公有制经济成份得到较快发展，有一部分小型企业实行了股份合作制，全部或部分企业资产已拍买给厂长和职工。机制转换出现四种情况：一是建立现代企业制度，形成责权利结合的责任共同体；二是实行资产重组、兼并、托管、联合、收购等多种形式，盘活存量资产；三是资产拍买，多法人参股，发展混合型所有制经济；四是减员增效，发展“三产”，广开就业渠道。如广东轻工业机械集团有限公司收购广州异型钢材厂。

(3) 出口产品的结构得到改善，开展出口贸易的国家在扩大，产品成套成线出口不断增加。

(4) 学邯钢强化管理，增产节支活动取得显著成果。企业把节支任务分解落实到责任人。如辽阳造纸机械股份有限公司1997年节支775.6万元，成本比上年下降21.72%。

(5) 对老产品开展价值工程分析，降低成本；对新产品的开发按市场价确定目标成本进行设计，降低设计制造费用及销售成本，收到一定效果。如江苏大力集团股份有限公司健全目标成本管理体系，确立实施方案，降低成本100多万元。

(6) 按政策开展减员增效工作，减员比例在10%～36%之间，并根据不同情况对下岗人员进行妥善安置，实施好再就业工程。

但是也存在一些较严重的问题，如资金紧张，开工不足，停产、半停产的企业增多，经济增长质量不高。企业领导面临两大困难；生产和技术改造的资金哪里来，富余人员如何安置等。

产品分类产量 1997年，轻工机械行业产品分类产量详见表2。

表2 1997年轻工机械产品产量

产品名称	产量 (t)	工业总产值 (万元)	销售收入 (万元)
制糖机械	12 627	15 134	11 856
制盐机械	1 154	923	572
陶瓷机械	15 510	20 811	20 593
玻璃机械	6 754	11 617	10 345
包装机械	40 064	97 289	84 376
酿酒机械	9 859	193 182	108 231
饮料机械	3 897	38 285	8 375
罐头机械	375	1 098	1 721
乳品机械	1 100	5 357	4 768
塑料机械	78 178	220 579	201 665
皮革机械	25 742	74 059	64 591
家具机械	12 118	14 464	12 614
五金机械	9 967	19 642	16 241
服装机械	4 161	17 850	23 913
其他	31 325	127 764	108 231

市场及销售 国内市场国际化速度加快，市场竞争进一步加剧。1997年，随着经济的发展，先进设备的市场份额在增加，技术含量低、小型设备的市场份额在萎缩，进口设备的市场份额迅速增加，进口设备在价值上已占国内市场的一半，以啤酒饮料灌装设备最为明显。

由于轻工业产品的消费是分层次的，轻工机械的市场也是分层次的。例如国内啤酒、饮料灌装设备就存在三个层次的市场：合资啤酒厂选用进口设备；国内大型啤酒厂和中小型啤酒厂扩建时选用引进技术国产化的设备；国内中小型啤酒厂选用中小型轻工机械厂生产的设备或用引进技术国产化设备与其混合组线。

目前，国产皮革、制鞋、酿酒、食品、木工家具的加工设备技术含量比较低，许多市场已被乡镇企业占领了。

进一步开辟国际市场。如昆明轻工业机械厂开辟了缅甸、印尼等新市场，1997年签约合同金额达5 000万元。江苏大力集团股份有限公司开辟中东市场，1997年出口创汇364万美元。广东湛江华正生物装备集团公司制造的全套日榨1 000t甘蔗糖厂设备出口越南。

科研成果及新产品 在科研成果方面，1997年轻工机械行业共有19项科研成果获部级科技进步奖，详见表3。

已有部分企业应用CAD技术，技术人员已甩掉图板，加快了新产品开发的步伐。如广东轻工业机械集团公司及广东佛山陶瓷集团陶瓷机械总厂。

表3　获中国轻工业科学技术进步奖项目

序号	项目名称	完成单位	获奖等级
1	2 400mm 三叠网纸板机	辽阳造纸机械股份有限公司	一
2	200 只/min·B LR6 碱性电池生产线关键设备研究	成都信达实业股份有限公司	二
3	36 000 瓶/h 啤酒瓶装生产线	广东轻工业机械集团有限公司	二
4	采用模糊控制的新型双螺杆塑料挤出机	石家庄市星烁实业公司、北京模糊技术工程中心	二
5	SGF 电脑全自动控制高速凹版彩印机	汕头市汕樟轻工机械厂	二
6	QB/T2068—94《轻工用固定管板式蒸发器　管板设计计算规定》	中国轻工总会杭州机械设计研究所、华南理工大学	二
7	木工机械特种花纹传送带	江阴皮革总厂	三
8	1 500kN 抽真空自开模平板硫化机	湖州橡胶机械厂	三
9	新型无堵塞纸浆泵	江苏理工大学、安徽省天长市化工泵厂	三
10	BT-6T 行列式制瓶机变频	山东三金玻璃机械集团	三
11	GHL（X）-D 系列搪瓷泰氟隆固化加热炉	烟台市风机厂	三
12	880/120 带新型涂布干燥及背涂装置的无碳复写纸涂布机	轻工总会杭州机械设计研究所、浙江省宁海精工机械厂	三
13	YP1000 型液压自动压砖机	广东佛陶集团公司陶瓷机械总厂、咸阳陶瓷研究设计院、华南理工大学	三
14	TJ11G1 薄膜熬糖浇模成型	上海轻工装备公司食品工业机械厂	三
15	2 000t/d 大底辊两辊甘蔗提汁机	华南理工大学、广东省遂溪城月糖厂、轻工总会广州机械设计研究所	三
16	RP50 屋顶型纸盒包装机	上海轻工装备总公司轻工机械厂	三
17	SDXD11 水平式自动包装机	上海天达机电有限公司	三
18	BP30 瓶装啤酒纸箱包装机	上海轻工装备总公司轻工机械厂	三
19	《制浆造纸设备腐蚀与防护》	西北轻工业学院	三

1997 年，轻工机械企业研制新产品 145 项，其中已鉴定 76 项。

质量及质量管理　无锡格兰机械有限公司、宁波海天塑料机械有限公司、江苏大力集团股份有限公司通过 ISO9001 质量体系认证；民丰集团公司纸粕辊分厂、宁波甬江塑料机械有限公司通过 ISO9002 质量体系认证。

由于市场竞争的需要，企业领导和职工的质量意识明显提高。“用户第一、用户至上”的口号变为行动，提高了服务质量。

中国轻工总会 1997 年度先进集体：中国轻工总会自动化研究所。

中国轻工总会 1997 年度先进工作者：(1) 中国轻工总会杭州机械设计研究所张立、邱均国；(2) 中国轻工总会自动化研究所吴延荪；(3) 中国轻工业机械总公司郑培飞。

技术改造　广东轻工业机械集团有限公司“发展大型、光机电一体化啤酒灌装成套设备、扩大出口”技术改造项目通过“双加”工程论证。国家经贸委已同意列入国家“双加”工程导向性计划。

沙市轻工机械股份有限公司“双加”工程技改项目已全面启动。湖北京山轻工机械厂高档瓦楞纸箱生产线改造工程通过可行性论证。

对外合作　1997 年 5 月初，由中国轻工业机械总公司中国轻工机械协会组团，赴意大利参加在米兰举行的 PLAST’97（国际塑料和橡胶工业展览会）。这是我国第一次以展团形式参加国际重大塑机展览会。参展团共有 12 个企业，展出面积 112m²，展出自动注塑成型机、双螺杆挤出机、平板硫化机等 7 台设备，接待来访客商 7 000 多人，进行合作洽谈及答复设备询价 1 200 人次，当场卖出设备 1 台（27 000 美元），签订售出合同 7 台。有 32 个外商提出代理意向或购买意向。这些客户认为中国塑料机械水平很高、价格较低，是很有竞争力的产品。

秦皇岛烟草工业机械厂与德国欧登多公司合作生产精密推台锯，并与该公司签订加工木工锯零部件 314 台的合同。

管理及改革　1997 年 8 月初，中国轻工机械协会在宁波市召开二届二次理事（扩大）会。到会代表 200 余人。轻工总会杨志海副会长到会并讲话。国家经贸委企业司贾小梁处长就国有企业改革的思路及政策作了讲话。会议代表感到报告对企业最关心的问题指出了方向。这次会议内容丰富，既总结了行业的情况，提出了行业今后的发展方向，又介绍了新技术及先进的管理方法，开拓了企业的思路。

〔撰稿人：中国轻工机械协会鲍　华　审稿人：中国轻工机械协会高　武〕

〔责任编辑：白　萍〕

食品机械

〔中国船舶工业总公司〕

生产发展情况 中国船舶工业总公司5个烟草机械厂，均为“三线”企业，由于历史原因形成了“小而全”的格局，5个生产企业组成5个小社会，使企业背上沉重的社会负担，企业难以参与市场竞争，制约了企业的发展。5个企业现有职工6 909人，比上年增长0.4%；固定资产原价58 227万元，比上年增长53.2%，主要生产经营具有国际先进水平的烟草制丝成套设备、高速卷接机组以及塑料机械、自动化物流系统。全年完成工业总产值32 485万元，按可比价计算比上年减少1.1%，完成工业增加值12 462万元，比上年减少12.01%；生产各种烟草制丝设备857台，比上年减少28.8%。

市场及销售 由于市场竞争加剧，市场销售不畅，1997年烟草制丝机械市场占有率仅在70%左右。为了提高市场竞争能力，5个烟草企业在进行“三线”调整、搬迁改造，新点初具规模的同时，集中财力搞技术改造，形成了新的生产能力。1997年新产品PROTOS-700机进入批量生产，承接合同在3 000万元以上的4个（烟草制丝线1条、打叶复烤线3条、物流自动化系统4个）。1997年销售收入为30 362万元，比上年减少1.88%。产品销售利润为10 980万元，比上年减少4.6%。由于市场竞争加剧及企业的期间费用和制造成本上升较快，调整搬迁工程，银行贷款进入还款期，每年预计在3 000万元左右，加上银行利息，每年将付出5 000万元左右；企业办社会负担过重，每年支出约410万元左右；离退休人员共2 008人。每年开支1 300万元。所有这些造成利润总额下降幅度较大，利润总额仅365万元，比上年减少49.6%。

新技术及科研成果 1997年在研或完成的新技术和科研成果有：(1) 巷道堆垛机，已完成对样机进行系统消化吸收工作，进入试制阶段。(2) 高速卷接机组，消化吸收国产化工作取得阶段成果，获1997年中国船舶工业总公司科研成果二等奖。

新产品 1997年主要新产品有：预压打包机，可将复烤后松散的烟片预压到一定尺寸以便包装；SQ214A直刃倾斜滚刀式切丝机；为长沙卷烟厂研制的采用10M635/F工业以太网（星型结构，西门子公司监制软件）的制丝线；柜式定量称重系统；码垛机器人MD11。

固定资产投资 5个烟草机械厂“三线”调整搬迁项目即“五〇二”工程是船舶总公司重点建设项目。计划总投资52 152万元，建筑面积476 500m²，其中住宅333 934m²。“五〇二”工程1992年正式施工至1997年止，累计完成投资43 938万元，完成计划总投资的84%，累计竣工面积421 912m²，其中住宅304 437m²。目前，“五〇二”工程已基本形成生产能力。

技术改造 目前正在实施的国家重点工程是高技术轻工成套装备柔性生产线。批准投资9 782万元，其中专贷6 782万元，其余自筹。实施年限1995年底至1998年。1997年共购置设备153台（套），其中计算机107台，这些设备已全部投入生产。

对外合作 1997年引进德国的HAUNI公司KTCC切机专有生产技术生产的SQ2切丝机进入安装阶段。

〔撰稿人：中国船舶工业总公司徐 婧 审稿人：中国船舶工业总公司郭 泽〕

〔责任编辑：白 萍〕

纺织设备

〔中国纺织总会〕

生产发展情况 1997年纺织机械器材企业的改革不断深化，改革步子不断加快。由国家经贸委和中国纺织总会共同召开了纺织工业深化改革、结构调整工作会议，贯彻落实国务院领导要求对于纺织工业在三年内压缩淘汰1 000万陈旧落后棉纺纱锭，妥善安置分流好120万职工，2000年实现整体扭亏为盈，及以纺织行业作为国有企业改革解困的突破口工作的任务。总会对纺机企业生产棉纺细纱机采取了严格的控制措施和实行了全方位管理，取得了初步成效。

据纺织机械行业227个企业的统计，1997年完成工业总产值（1990年不变价）109.54亿元，其中纺织机械产值82.33亿元，产品产量24.88万t，产品销售收入890 541.1万元，利润总额20 357.2万元，利税总额54 737.9万元，亏损企业79个，亏损面为34.8%，亏损总额37 165万元，与上年相比产品销售率降低3.51个百分点，工业资金利税率降低0.08个百分点，工业成本费用利润率提高1个百分点。

全年共为纺织企业提供棉纺细纱机3 132台，气流纺纱机68台，梳棉机902台，喷气织机73台，剑杆织机12 248台，喷水织机2 809台，经编机125台，纬编机449台，平网印花机23台，圆网印花机49台，染色机354台，自动缫丝机2 136台，化纤纺丝机131台，倍捻机4 435台等高技术水平的设备，满足了纺织工业发展的需要。

市场及销售 1997年纺织机械行业开拓国内

外市场、交流促销活动较为活跃，并取得较好的效益。8月在广州组织了1997年中国织造机械展览会，汇集全国60多个制造厂商的织造设备、织造准备设备、织造辅助设备等，展出面积约3 000m²，参观人数达2万人次，展览期间签订织机销售合同1 800台左右，意向合同约3 000余台。展览会展示了“八五”以来我国的织造设备在制造技术、产品质量和可靠性等方面有显著的提高，设备的技术水平正逐步接近国际水平。

在开拓国际市场方面，组织了1997年7月的印度尼西亚万隆及同年9月的菲律宾两次国际纺机展，其中印尼纺机展的展览面积1万多m²，参加的纺机企业34个，参观人数3～4万人次，签订销售合同成交额300万元以上。菲律宾展览会的展出面积2 000m²，参观人数达3万人次。在国外展示了我国新型的纺机产品，促进了国际交流和国外市场的开拓。

1997年我国纺织机械出口创汇14 859.9万美元，比上年增加20.74%，其中出口化纤机械80台，累计金额306万美元比上年增加75.31%，出口纺纱机械2 424台、织机2 074台、针织机械33 860台。

新产品 1997年纺织机械器材行业完成新产品试制并已鉴定投产的有48项，其中化纤机械3项，纺织机械及器材（仪器、专件）18项，织造机械及器材（装置）12项，针织机械及器材10项，印染机械5项。其主要产品有：

(1) HR253型立式连续过滤机，由哈尔滨航空机电制造公司(国营一五五厂)与湖北化纤集团公司共同研制开发。该机采用端面过滤、立式结构及反洗机构原理，采用了现代数字控制理论，融计算机、多媒体、PLC机、变频技术、电仪、自动控制于一体，构成了监督控制系统，实现生产过程自动控制。该过滤机的圆筒壳体内置有8块60μm和80μm的金属烧结网，设计的过滤能力为3～8m³/h，有效过滤面积为2.85m²，滤机前最大压力为0.6MPa，最大压差0.3MPa，一次反洗行程排出废胶<30L。其操纵系统由可编程序控制器控制，反洗部分由伺服电机驱动。机前进胶螺杆泵由静态变频控制以调节流量，滤机出口采用电磁调节阀以稳定出口的压力，采用计算机和触摸屏进行工艺数据记录和监视，屏幕显示工艺数据。

(2) FB601型长纤转杯纺纱机，由经纬纺织机械股份有限公司设计制造。可纺制50～150mm的人造纤维、合成纤维、毛及其混纺品种，该机的纺纱器为单锭单电机驱动，分梳形式为二道，即粗梳和精梳，由PLC可编程控制器控制纺纱工艺，并装有工艺参数检测显示装置。机器的锭距250mm，锭数60锭/台，粗梳辊转速为3 000r/min，精梳辊转速9 000r/min，转杯转速12 000～22 000r/min，牵伸倍数11.7～102，卷取速度40～120m/min，转杯直径为120mm，分梳辊直径为100mm，捻度范围550捻/m，条筒规格φ400mm×900mm，卷装重量约4kg，转杯电机18.5kW，分梳辊电机60只×0.25kW，引纱卷绕电机2.6kW、给棉传动电机1.5kW。

(3) FN562型立锭粗纺细纱机，由北京纺织机械厂、中国纺织总会机电研究所和赤峰羊绒衫厂开发研制。该机采用立锭走架纺纱型式，由PLC控制，变频传动，张力弓和导纱弓采用电气控制。机器的锭数540锭（根据用户需求可配700锭），适纺支数3.5～30s，锭速3 000～9 000r/min，捻度50～700捻/m，捻向S、Z捻，喂入形式为单滚筒条卷，单面喂入，最大喂入卷装直径为200mm，纺纱成形尺寸为φ58mm×250mm，班产量50kg/台（26s羊绒纱），锭子传动用变频电机37kW，走架传动用变频电机15kW，落纱电机0.37kW×2台，全机总重约10t。

(4) ASGV231型分条整经机，由江苏射阳纺机股份有限公司设计制造。该机采用了可编程序控制器，交流变频调速，速度无级可调，倒轴张力能保证，织轴质量稳定，双盘立柱式张力器，全封闭红外自停装置，气液增压制动系统，实现了恒线速、大卷装、能和无梭织机配套。机器幅宽1 900mm，品种适应化纤、丝、毛、麻等，适应纱支40～400D，织轴盘片直径800mm，筒子容量640只，筒子锭距250mm×250mm，筒子架8层，整经线速度最高400m/min，倒轴线速度0～80m/min，筒子退绕张力差异为单纱张力±3g，整经主电机11kW，倒轴主电机11kW。

(5) GA301-240D型浆纱机，由郑州纺织机械厂设计制造。该机采用热风预烘加烘筒烘干的混合烘燥方式，使浆纱表面光洁，浆膜完整，毛羽少，成纱质量高，有利于提高织造效率，浆槽采用高压、双浸回压的型式，该机双浆槽共用一个预热浆槽，使两浆槽浆液在温度、浓度、粘度等方面一致，有利于上、下两片纱上浆率一致。速比调节用封闭式XP1型无级变速器，安全可靠。织轴卷绕采用速比10：1的PUX3型无级变速器、配置正、反转卷绕切换机构，满足大卷装要求。主传动采用变频调速，PLC可编程控制。全机电气控制部分在上下层浆槽，上下层热风预烘，上下层烘干及合并烘干实行温度自控；在干区、湿区、引纱三处设有伸长显示，车头和浆槽分别设有卷绕张力显示和压浆力线性变化显示、浆纱回潮显示并自动控制，全机配套件全部采用进口元件，该机属国内领先技术水平。机器的最大卷绕直径800mm；轴长1 378～2 580mm；经轴架4组16只；转速2～60m/min，慢行速度0.4m/min，全机装机功率37.5kW。

(6) KTZ368型挠性剑杆织机，由顺德市金德纺织机械厂有限公司设计制造。该机适用于棉、毛、麻、化纤、混纺等织物的织造。该机的踏盘采用弹簧悬架方式，最多为8个棕片。多臂装置采用上置式，20页控制，最多可挂16片棕框，由多臂控制4～6色选色。送经部分利用调节杆侦测经纱张力并自动改变送出量以维持盘头负荷，盘片使用直径有760及810mm两种。入纬部分是混纬或2～8色任意选纬，采用摩擦感应式停纬，布边型式为罗纹绞、电热熔边。卷布时最大直径为500mm，主要技术规格：车速为160～280r/min，入纬率375～608m/min，适织纱支为2 200～50tex，纬密变化范围为15.7～800根/10cm，筘幅150、175、190、200、210cm，功率2.2kW。

(7) QCE163型四轨道单面圆纬机，由青岛第四纺织机械厂设计制造。该机用于以针织用棉纱、腈棉、涤棉、粘棉等混纺纱或低弹涤纶丝等化纤原料编织平纹、集圈、衬垫和小提花等单面组织织物。该机采用单台面、全封闭防护罩，采用油浴式钢丝跑道，适应高速，镶钢片钢针筒，精度高，三角采用特殊合金钢制造。附有断纱、失张、漏针、坏针等故障自停装置。该产品是具有多种编织功能的针织圆纬机，其下针筒的各路高低板三角均可实现成圈、集圈、浮线编织，还能做到互换。传动采用了变频调速电机，起动平稳，该机属国内先进技术水平。E18-28型主要技术性能：针筒直径762mm，进线90路，针筒工作转速20～25r/min，电机功率3.5kW。

(8) JBZ245型花卡提花编织机，由福建红旗机器厂设计制造。该机是运用花卡选针技术实现自动选针，从而达到任意编织各种花形图案的提花、集圈、架空、浮雕局部提花、空花、(移圈)、板花和挂毛(无虚线提花)等织物的目的。该机是织制各种毛衫的设备，用于加工中高档的任意提花织物。机器的主要技术参数：针距4.5mm，针数200枚，花卡阔度24针，编织速度30次/min，自动选针，机头推拉力49N，针型为舌针，密度调节30级，进线路数2路，编织用线适用纯毛线、混纺绒线、棉纱、腈纶等，机器重量14kg。

(9) M1461系列拉幅定形机，由邵阳第二纺织机械厂设计制造。该机适用于克重为70～350g/m^{2}的棉、涤棉及其他混纺机织物的高温拉幅与热定形，机器结构特点是链条导轨系统采用无油润滑，避免污染织物，链条张力由气缸控制，保持恒定，有利于链条长期稳定工作；主动毛刷轮与主机同步，超喂量大，调节方便，可满足大超喂上针需要；冷水辊采用夹套式结构，冷却效果好；采用交流变频传动，调速范围大；采用红外探边，保证织物上针可靠；各节烘房温度自动控制，烘房温度、幅宽、超喂量数字显示；采用PLC可编程序控制器；循环风机电机直联变频调速；全机积木化设计，该机的主要技术规格：宽度：1 400、1 600、1 800、2 000、2 200、2 400mm，车速20～120m/min，超喂范围-5%～20%，热源为载热油、煤气、电加热、蒸汽，持布方式：针铗、布铗或针布两用铗，出布方式：摆式落布、卷装出布或摆式卷装两用出布，电气拖动方式，多单元交流变频同步拖动；装机容量(5节烘房、油加热)约99kW。该机技术水平属国内领先。

(10) ASMA503型系列无油润滑拉幅定形机，由无锡市印染机械厂设计制造。它采用积木式烘房，可调式热风风道，烘房升温快，热效率高，采用无油润滑钢板式导轨和先进的链条结构，具有导轨磨损小，可相应提高车速及织物无油渍污染等优点；采用交流变频传动，PLC控制及数字化显示操作，机器运行时同步性能好。该机应用于印染厂对织物的拉幅定型后整理工艺。机器的主要技术规格：门幅1 800～3 400mm，机械车速12～120m/min，烘房温度80～210℃，温控精度±3℃，布铗链条注油周期>5 000h/次，探边形式为红外线探边。

质量及质量管理 1997年中国纺织总会技术装备部和中国纺织机械器材工业协会已发布推荐产品162项(其中1996年已发布并继续有效的110项，1997年新发布推荐产品52项)。

为推行纺机标准化工作，纺织机械器材企业ISO 9000系列标准认证工作正积极进行，已有9个纺机企业通过国内外认证机构的认证。

1997年完成标准制(修)订项目37项，其中配合新型(96型)染整设备开发的有21项。1997年发布了分段整经机、提花经编机、LHV432系列纺丝联合机、HV472型系列卷绕机等13项纺织机械行业标准，清理、整顿遗留标准及废止标准18项。

1997年，纺织机械产品可靠性的认定、试点工作已开始起动。同年3月颁发了"纺织机械器材产品可靠性认定办法"，组织编制《无梭织机可靠性认定试验规范和实施细则》，有3个企业已完成认定试验。

完成《纺织机械标准化计算机管理软件》，初步建立了纺织机械标准信息数据库，包括370多项行业标准，24项国标的有关信息，编制了47个文件，基本实现了标准制(修)全过程中主要技术文件的计算和编制、修改和打印输出，为纺织机械标准化计算机管理打下基础。

技术引进 1997年国家"八五"重大引进技术消化吸收项目"自动络筒机和无梭织机引进技术与国产化"专项又取得新的进展。

纺机专项项目总投资14.77亿元，国拨外汇1.56亿美元，到1997年12月止，已经完成98%左右。需要从国外引进技术的共19项，已经全部按计划实施。购买国内外先进设备2 530余台(套)也都到位，陆续投入使用。80个技术开发课题同步实施。自动络筒机、喷气织机、片梭织机、清梳联合机等主机国产化率已达40%～60%。其他配套器材与装备国产化率均已达80%以上。消化吸收创新工作正抓紧进行。至1997年底，累计销售引进技术、合作生产的自动络筒机220台、喷气织机880台、片梭织机70台、清梳联合机4套、纺机专项共有21个子项，有14个子项通过验收。

管理及改革 中国纺织机械器材工业协会进一步加强自身建设，1997年2月召开了全体理事会，9月召开了二届四次常务理事会。讨论了各省市各部门推荐的第三次会员代表大会代表名单、第三届理事会理事、常务理事、正副理事长候选人推荐名单，讨论了协会章程和组织工作条例修改稿。

第二届理事会按照章程和组织工作条例规定的条件吸收新会员68名，到1997年底，协会共有会员572个，协会13个专业委员会全部成立，并已开展了工作。

〔撰稿人：中国纺织机械器材工业协会龚明德
审稿人：中国纺织机械器材工业协会柳仁德〕

〔责任编辑：白　萍〕

缝纫设备

〔中国轻工总会〕

生产发展概况　据国家统计局统计，1997年全国缝纫机年总产量为702.6万台，比上年增长2.8%；其中家用缝纫机总产量为468.4万台，比上年增长－5.4%；工业缝纫机为234.2万台，比上年增长24.1%。据中国轻工总会统计，1997年轻工系统缝纫机行业总产值（1990年不变价）为75.5亿元，总产值（当年价）为82.6亿元。另据中国缝纫机协会对全行业74个缝纫机生产骨干企业（未含“三资”企业）的统计，1997年共生产缝纫机486.6万台，比上年下降13%，其中家用缝纫机343.9万台，比上年下降16%，工业用缝纫机142.7万台，比上年下降4%，工业用缝纫机中几大主要机种：高速平缝机产量46.3万台，中速平缝机产量31.9万台，高速包缝机产量13.9万台，分别比上年增长22%、9%和26%。此外部分特种缝纫机如锁眼机、钉扣机、绷缝机、多头绣花机也分别比上年增长16%、2%、24%和11%。从中可以看出，在缝纫机的总产量有较大幅度下降的同时，品种结构发生了明显变化，普通家用缝纫机因市场需求减少，又受到东南亚金融风波的影响，使生产和出口呈下降趋势，而一些适销对路的工业缝纫机，产量有一定幅度的增长。

中国轻工总会系统内企业缝纫设备产品产量见表1。

家用多功能缝纫机主要生产企业有：上海胜家有限公司、珠海兄弟有限公司、华南胜家有限公司等，年产量约100万台。

表1　中国轻工总会系统内企业产品产量

产品名称	单位	产量	比上年增长%
缝纫机合计	万架	423.7	－13.3
家用缝纫机	万架	331.8	－18.6
其中：多功能缝纫机	万架	11.8	－16.9
工业用缝纫机	万架	91.9	13.9
其中：平缝机	万架	49.2	－3.5
包缝机	万架	34.3	56.5
绣花机	万架	0.3	540.0
缝纫机零件（商品量）	亿元	2.0	26.1

标准工业集团上海惠工缝纫机三厂1997年完成产值10 144万元，产量达到5.86万台，实现利税1 593万元，出口创汇708万美元，分别比年初制定的计划目标增长14.4%、19.6%、22.5%、41.6%，产销率达到100%，也通过了ISO 9000质量体系认证。

市场及销售　1997年共销售缝纫机510.4万台，比上年下降8.8%；销售收入41亿元比上年增长2.5%；年末库存比上年增长4.8%。

据海关统计：1997年我国出口缝纫机399万台，其中家用缝纫机出口309万台，出口金额10 203.5万美元；工业缝纫机出口90万台，出口金额12 151.8万美金，缝纫机零部件出口1.9万t，创汇4 713.8万美元；全部累计创汇比1996年增长11.9%。1997年缝纫机整机及零部件累计进口2.4亿美元，比上年下降了41%，其中工业缝纫机进口下降了53%，电脑刺绣机进口下降41%。这也说明了我国工业缝纫机出口依赖性增大，替代进口的能力增强。

从总体上看我国缝纫机工业正在逐步适应市场经济，产品结构调整已从数量主导型转向质量、品种、出口、效益主导型，并取得了一定的实效。

1997年，家用缝纫机和工业用缝纫机主要生产企业的产量、出口量及创汇情况见表2、表3。

新技术及科研成果　中国标准缝纫机公司的新型内藏式SD-100型电脑和GC6-1-D3A型自动剪

表2　JA、JB型家用缝纫机主要生产企业的产量、出口及创汇情况

企业名称	品牌	产量（万台）			出口量（万台）	创汇（万美元）
		1996年	1997年	比上年增长%		
上海飞人有限公司	飞人、蜜蜂	158.9	134.4	－15	38.2	1 093
上海协昌有限公司	蝴蝶	104.5	93.9	－10	52.4	1 615
华南缝纫机厂	华南	46.8	34.0	－27	33.3	600
皇后有限公司	飞人	19.1	22.4	17		
芜湖缝纫机厂		23.1	29.7	28	29.7	580
杭州缝纫机厂		11.7	16.0	36.3	13.2	197
合计		364.1	330.4		116.8	4 085

线高速平缝机于1997年6月通过了部级科技成果鉴定。专家们一致认为该机型所采用的电脑操作板、传感器等技术均属国内首创，产品达到了90年代初的国际先进水平。

表3 1997年工业缝纫机主要生产企业产量、出口及创汇情况

企业名称	产量（万台）	出口量（万台）	创汇（万美元）
上工股份有限公司	29.5	5.5	1 248.0
中国标准工业集团	34.2	4.6	963.0
华南缝制设备集团公司	10.6	1.4	324.0
天津天工缝纫机公司	7.4	2.0	1 236.0
飞跃缝纫机集团公司	30.8	24.7	2 717.0
常熟工业缝纫机厂	1.4	1.0	129.0
华北光学仪器厂	873台（电脑刺绣机）	25台	80.7
乐工缝制设备有限公司	5.3	4.5	160.8
合　计	119.3	43.6	6 858.4

上工股份有限公司开发的GK-21007型系列平台式覆盖链式线迹缝纫机具有全封闭自动供油、弯针前后行程调节、顺逆向差动送料、无级针距调节等功能，在1997年6月通过批试鉴定。

新产品　上工股份有限公司的GN6A高速包缝机系列、GC24008-10型高台机，上海惠工缝纫机三厂的上下复合送料平缝机，上海服装集团服装机械有限公司的RY人像熨烫设备均获上海市1996年度优秀新产品三等奖。标准缝纫机菀坪机械有限公司将新产品开发作为企业的重点，到1997年全公司已形成GB、GC、GK、GG四大系列21个品种，年产15万台生产能力，产值超过亿元，年实现利税1 600万元。湖南工业缝纫机厂与日本夏浦利那株式会社、三和工业缝纫机株式会社共同研制的KS系列大功率竖刃式自动磨刀裁剪机经过一年多的努力，已投入生产。

质量及质量管理　为贯彻落实国家“质量振兴纲要”，按中国轻工总会质量标准部的要求，中国缝纫机协会制定了“缝纫机质量振兴计划”。全国缝纫机质量检验监督测试中心完成了国家技术监督局下达的对缝纫机行业31个企业的中、高速平缝机、封包缝纫机的抽样检测任务。抽检结果平缝机系列产品的各项指标全部达到行业检测标准，合格率为100%；平缝机产品已完全可以替代进口产品。

为了贯彻国家GB/T1184—1996《形状和位置公差　通则　定义　符号图样表示法》等有关国家标准，全国缝纫机标准化中心组织了上海地区缝纫机制造企业的技术人员、标准检测人员进行了国标宣贯，并请上海标准计量所专业人员进行讲课。通过宣贯大大提高了有关人员的技术素质，将推动我国缝纫机行业在几何精度领域里的技术进步，并进一步与国际接轨。

上工股份有限公司GC30J系列是全套引进日本JUKI株式会社DDL-5550高速平缝机的设备和技术标准，上工股份有限公司现行、有效、等效地采用了国标标准，达到了90年代初国际同类产品的质量水平，在上海市技术监督局的主持下通过了采标认证和采标标志认证。上海协昌有限公司生产的JA、JH、JG型系列缝纫机分别等效采用日本JIS标准同样达到80年代末、90年代初的国际先进水平，其采用国际标准工作符合国际采标要求，也于11月通过上海市技术监督局的采标认证。

为了加速机电一体化产品的发展和提高产品质量，1997年8月全国缝纫机标准化技术委员会审定工业缝纫机电脑三自动高速平缝机等产品的标准。

对外合作　1997年8月在上海国际展览中心举办了第二届中国国际缝制设备展览会，展览会展出面积达到12 000m²。来自世界10多个国家和地区200多个企业参加了展出，展品体现了世界缝纫机科技发展的趋势。展览合同成交约30亿元。为了扩大展览会的影响，协会十分重视宣传，在全国10多个报刊、电台、电视台等新闻媒体进行了宣传报道。期间还举办了高层次的“中国缝制设备市场与技术论坛”讲座。

1997年6月，中国缝纫机协会与轻工贸促分会联合组织参展团参加了在德国科隆举办的1997年国际服装机械博览会（IMB’97）有25个企业携带了100台（套）缝制设备，申请了200m²的摊位。与会期间共接待了来自世界50多个国家和地区3 000多人次，其中60%都是新的客户，合同成交200万美元，意向860万美元，参展取得了一定的收获。展览期间还参观了具有130多年历史的德国PFAFF（百福）缝纫机制造工厂和著名的OPEL（欧宝）汽车制造工厂。

9月，协会与华阳公司联合组团参加了第三十八届美国BOBBIN（鲍宾）国际服装机械及技术展览会。16个企业携带了150台（套）缝制设备，展出面积达到4 550平方英尺。4天展出接待了3 200多人次，成交合同1 315万美元，意向达到2 500万美元，分别比上届展览会增长102%和56%。协会还利用赴美的机会开展了一系列的国际交往活动，宣传介绍中国缝纫机工业在改革开放以来所取得的巨大成就，同时也为企业寻找合作伙伴。

11月，应日本缝制机械工业会和大阪日中经济交流协会的邀请，中国缝纫机协会组织了上工股份有限公司、宁波大众缝制机械有限公司等10个企业，组成了中国缝纫机零部件考察团，考察了日本主要缝制设备及零部件生产企业，并在大阪日中经济交流协会的主持下，与日本缝制时报社和10多个缝纫机及零部件生产企业进行了座谈交流，同时分发了由中国缝纫机协会编印的《中国缝纫机零部件采购指南》，提供有关信息，进一步加强了两国缝制设备行业的勾通、交流与合作。

日本缝制机械工业会会长安井义博、专务常味孝幸、事业部部长佐佐木先生多次访问中国，双方就中日两国缝制设备行业进一步加强合作交换了意见；德国机械制造协会服装机械分会、新加坡缝制机械商公会、香港针车业商会以及日本、意大利一些大公司也委派高层领导来华参观访问，中国缝纫机行业与世界同行的国际交流合作得到进一步的加强。

“三资”企业有了进一步的发展，到1997年缝纫机行业共有“三资”企业52个，整机生产企业37个，其中工业缝纫机生产企业31个，年生产能力达到160万台。

管理及改革 中国缝纫机协会于1997年3月在广州召开了中国缝纫机协会五届二次常务理事扩大会议，会议研究了行业发展战略、企业改革和1997年度的工作。张崇和理事长作了题为“理清思路，励精图强，牢牢把握中国缝纫机工业发展的新机遇”的主题报告，代表们对行业发展充满信心。

为了加强行业管理，深化中介服务功能、适应市场经济的需要，协会于1997年4月、5月和11月分别成立了工业平缝机、包（绷）缝机、特种缝纫机专业委员会。专业委员会的工作重点是加强基础性工作，积极开展调查研究，加强信息统计，开展技术交流，制定行规行约，共同协调价格，打击假冒伪劣商品，使行业进入有序竞争。

为了进一步促进行业发展，协会于1997年10月组织了行业有关领导和专家在重庆市召开了“中国缝纫机工业21世纪发展战略研讨会”。会议回顾了我国缝纫机工业发展的历史，就行业的战略发展、技术进步、国际化趋势、集团化竞争、机电一体化产品开发、区域经济、市场状况及零部件发展前景等方面进行了研讨，提出了有价值的论文共16篇。会议通过集思广益，深入研究，提出了一系列指导性的意见，为我国缝纫机工业健康地迈入21世纪奠定了良好的基础。会后又编辑出版了《中国缝纫机工业21世纪发展战略研讨会论文集》。

中国缝纫机行业通过深化改革，在以资产为纽带，组建跨地区、跨行业、跨所有制、跨国家的大企业集团的进程中迈出了新的步伐。中国标准缝纫机公司作为国家现代企业制度改革百家试点单位之一，得到了国家体改委经济体制改革研究院、陕西省社会科学院和西北大学等单位的重视和支持，在现代企业制度改革方面取得了明显的成效。公司在加强管理、降低成本方面采取了一系列措施，仅堵住漏洞、降低废品损失上就增加效益738万元，新产品产值率达到42.3%。1997年6月，又通过了ISO 9000质量体系认证，在11月组建了中国标准工业集团。

作为缝纫机行业唯一股票上市企业的上海上工股份有限公司，不断拓展第二产品和第三产业，增加了技术开发咨询、饮用水机、饮用水、塑料制品、汽车零部件等新的产业和经营项目，在11月正式改名为“上工股份有限公司”，并继续以缝纫机作为生产主业，更体现了上工股份有限公司以一业为主、多业发展的产品调整方向，走出了多元化经营发展之路。

飞跃缝纫机集团公司几年来，一直重视开拓国际市场，注重人才的引进和培养，培育“飞跃”著名品牌，并通过兼并扩大了规模。1997年又将“质量、效益”作为企业一项重要举措，质量明显提高，出口创汇名列前茅，取得了较好的经济效益。

江苏、浙江、重庆等省市的一些缝纫机零部件厂先后完成了股份合作制改造，在满足国内需求的同时，不断拓展国际市场，企业经济运行呈现出好的势头。

1997年，中国缝纫机协会在国际互联网上建立了中国缝纫机信息网。目前已有8个骨干企业上网。上工股份有限公司、上海飞人有限公司、上海协昌有限公司作为上海百家优势企业，以CD-ROM光盘为传播媒介，用中、英、日三国文字和彩色图画向世界客商介绍上海三大企业的产品、经营、科研和管理等有关情况，并利用现代科学手段和信息高速公路进一步走向世界。

〔撰稿人：中国缝纫机协会王承康〕

〔责任编辑：白　萍〕

拖　拉　机

〔机械工业部〕

生产发展情况 据机械工业部经济信息中心统计，1997年末机械工业部系统拖拉机行业主要生产企业94个，其中大中型拖拉机制造业（包括兼产小型拖拉机）12个，小型拖拉机制造业82个；全部职工全年平均人数：大中型拖拉机制造业80 043人，小型拖拉机制造业120 462人；固定资产原价1 118 743万元，其中大中型拖拉机制造业536 530万元。

1997年拖拉机行业共完成基本建设投资额28 044万元，其中大中型拖拉机制造业3 213万元；更新改造项目完成投资额52 442万元，其中大中型拖拉机制造业22 255万元。

1997年拖拉机行业的产销及主要经济指标完成情况见表1。

1997年大中型拖拉机和小型拖拉机总产量均有不同程度的下降，大中型拖拉机总产量80 967台，比上年下降3.23%，小拖总产量182.98万台，比上年下降5.75%。小型拖拉机产量前十位企业总产量占小拖总产量的58.63%，大中型拖拉机产量前七位企业总产量占大中型拖拉机总产量的88.6%。

手扶拖拉机的生产能力接近150万台，1997年生产85.24万台，同比下降13.12%。8.82kW(12hp)以上(含12hp)手扶拖拉机1997年生产38.7万台（27个企业），比1996年53万台（31个企业）下降26.98%，其中江苏省的产量占54.9%。

8.82kW (12hp) 以下手扶拖拉机1997年生产46.5万台(21个企业),比上年增长3.15%,安徽六安手拖厂、山东手扶厂和南宁手扶厂等3个企业市场集中度较高,产量占该档总产量的73.46%。

表1 1997年拖拉机行业产销及主要经济指标

序号	指标	单位	全年完成	比上年增长%
1	产量	台	1 910 811	-5.64
	其中:大中型拖拉机	台	80 967	-3.23
	小型拖拉机	台	1 829 844	-5.75
2	销量	台	1 888 392	-3.49
	其中:大中型拖拉机	台	80 452	-2.78
	小型拖拉机	台	1 807 940	-3.53
3	工业总产值(不变价)	万元	1 531 705	1.21
	其中:大中拖行业	万元	513 747	-16.48
	小拖行业	万元	1 017 958	13.33
4	全年销售额	万元	1 841 678	-5.76
	其中:大中拖行业	万元	698 855	-19.21
	小拖行业	万元	1 142 823	4.93
5	利润总额	万元	8 076	-74.44
	其中:大中拖行业	万元	10 724	-40.57
	小拖行业	万元	-2 648	-119.53
6	工业全员劳动生产率			
	大中拖行业	元/人	17 967	-3.86
	小拖行业	元/人	14 302	-15.13
7	流动资产周转率			
	大中拖行业	次	1.36	-0.61
	小拖行业	次	1.67	-0.31
8	出口交货值	万元	64 345	-10.14
	其中:大中拖行业	万元	27 655	0.90
	小拖行业	万元	36 690	-16.99
	自营出口创汇额	万元	4 425	-15.39
9	工业经济效益综合指数			
	大中拖行业	%	92.63	-12.26个百分点
	小拖行业	%	71.05	-19.96个百分点

我国皮带传动小四轮拖拉机的产品结构已从原来单一的12hp发展到11.03、12.50、13.23、14.7kW (15、17、18、20hp) 拖拉机,该档产品有近150万台的生产能力,规模效益比较明显。1997年18.375kW (25hp) 以下小四轮拖拉机(包括直接传动小四轮拖拉机)共生产96.36万台,同比下降1.46%,产量在3万台以上的生产企业有9个,总计73.85万台,占72.98%,山东省的产量占该档产品总产量的41.75%,同比提高了近7个百分点。据统计1997年11.03kW (15hp) 以上产品占小四轮的比重约为83%,比1996年提高6个百分点,而12.50/13.23kW (17/18hp) 的产品占小四轮总量的比重也超过了40%,一些企业如石家庄拖拉机厂、一拖公司、山东德州拖拉机厂等企业12.50/13.23kW (17/18hp) 大功率四轮拖拉机所占的比重超过了50%,石家庄拖拉机厂等还推出了14.7kW (20hp) 的皮带传动四轮拖拉机。

市场及销售 根据机械工业拖拉机与农用运输车信息总网提供的数据,1997年各档产品的产量销量统计见表2。

表2 1997年各档产品的产量销量统计

产品名称	1997年产量	1997年销量
手扶拖拉机	852 452	857 839
8.82kW (12hp) 及以上	387 445	392 707
8.82kW (12hp) 及以下	465 007	465 132
轮式拖拉机	1 031 657	1 028 942
18.375kW (25hp) 以下	963 636	957 959
18.375～29.4kW (25～40hp)	35 233	37 850
36.75～47.78kW (50～65hp)	32 204	32 610
58.8kW (80hp) 及以上	584	523
履带拖拉机	18 034	17 837

18.375～29.4kW (25～40hp) 轮式拖拉机,由于农田作业的迫切需求,市场前景看好。1997年生产35 233台(13个企业)。传统三大企业即山东拖拉机厂、宁波中策拖拉机公司和湖北拖拉机厂产销下降,这三个企业1997年合计产量比上年下降达25.4%,与此同时又涌现了一批产销量超过千台的企业,如德州拖拉机厂、衡阳拖拉机厂、盐城拖拉机厂、石家庄拖拉机厂等,该系列产品的生产企业达15个,市场竞争激烈。功率有上升趋势,如湖北拖拉机厂推出了22.05kW (30hp) 的产品,东风农机集团公司、山东拖拉机厂、宁波中策汽拖公司开发了29.4kW (40hp) 的轮式拖拉机产品等。

1995年、1996年,由于背负式收割机市场的拉动,使得36.75～47.78kW (50～65hp) 的大中型拖拉机市场需求上升,随着收割机市场竞争的日益激烈,特别是自走式联合收割机和小型收割机两面夹击,背负式收割机市场受阻,影响了大中拖的销售。1997年该档拖拉机产量为32 204台,同比下降1.16%;58.8kW (80hp) 及以上功率的轮式拖拉机1997年生产584台,同比上升46.4%,产品供不应求,随着农田作业的要求,这两档产品有功率上升的趋势,国内知名企业如天津的58.8kW (80hp) 产品成为市场的抢手货,上海拖内公司的47.775kW (65hp) 拖拉机产量也超过了1 000台,安徽拖拉机厂也在研制开发44.10kW (60hp) 的产品,清江拖拉机集团公司拟开发58.8kW (80hp) 的轮拖产品等。

履带拖拉机由于综合利用率较低,有逐渐被轮式拖拉机取代的趋势,1997年产量18 034台,同比下降9.6%。

预计1998年各种类型拖拉机的发展仍不平衡。小型拖拉机由于1994年～1996年超前消费，传统市场饱和，更新市场小，总量将有一定下降，但5.88kW(8hp)以下小功率手扶拖拉机性能价格比有一定优势，仍有上升空间，小四轮拖拉机向12.495～14.7kW（17～20hp）方向发展趋势明显；18.375～29.4kW（25～40hp）中小功率拖拉机在东北、西北有市场，但因为有十余个企业生产，各企业产量低，售价高，产品的通用化、系列化、标准化程度不高，零部件供应及维修难度大，配套的农用机具较少，因而竞争激烈；36.75kW（50hp）轮式拖拉机由于市场拥有量较高，且受背负式联合收割机配套市场的影响，市场将略有下降，47.78kW（65hp）以上大功率轮式拖拉机由于在农田作业中发挥突出作用已被农民所接受，将成为其换代产品；履带拖拉机的市场相对稳定，但考虑到进口轮式拖拉机的冲击，销量受到一定影响。

1997年小型拖拉机出口51 841台，主要为手扶拖拉机产品，由于我国手拖出口95%以上集中在东南亚地区的孟加拉、缅甸、斯里兰卡、越南和印度5国，而1997年东南亚发生金融危机，影响了该地区的购买力。南宁手扶拖拉机厂、东风农机集团公司、昆明手扶拖拉机厂、盐城拖拉机厂等出口大户均有较大幅度的下降，平均下降30%～40%。大中型拖拉机行业出口形势较好（主要为18.375kW和36.75kW轮式机型)，1997年实现出口3 718台，市场分布于北美、东欧、东南亚等地区。出口不畅的原因，主要是技术水平低，使用寿命短，内在质量和外观质量差，出口批量上不去，售后服务跟不上等。

一些垦区和农场1997年已从国外进口约100多台58.8kW（80hp）轮式拖拉机，而且中国农垦系统已同南斯拉夫IMT公司签定1998年进口1 000台99.23kW（135hp）轮式拖拉机合同。

科研成果及新产品　1997年9月机械工业部在一拖集团召开了机械工业“开发能力提高战役”现场会，70多个工程农机重点企业代表出席了会议。代表们深入学习了“三大战役”的有关文件，听取了一拖等企业技术中心建设的汇报，并实地参观了一拖集团技术中心，对各自企业技术中心建设进展情况及未来的建设目标、CAD应用情况进行了交流，明确了把CAD应用工程作为打好此战役的切入点等未来的工作重点。

1997年由洛阳拖拉机研究所、一拖公司、上海拖内公司共同完成的“拖拉机CAD推广与应用”项目获机械工业部科技进步二等奖；由哈尔滨拖拉机厂完成的“牙嵌自锁式差速器研制与工艺攻关”、“352L型履带式营林拖拉机研制开发”两项获机械工业部科技进步三等奖。

一拖公司、长春拖拉机厂、石家庄拖拉机厂、湖北拖拉机厂、清江拖拉机厂、常州拖拉机厂、潍坊拖拉机厂等一批拖拉机行业骨干企业以多种形式开展企业技术中心建设。这些企业都是管理较好、技术实力较强、技术开发机构基础较好、主导产品市场前景好，对行业具有较大带动作用，经济效益好，并舍得在产品开发和技术创新工作中投入资金。1997年他们分别制订了本企业技术中心“九五”人才培养、技改投入、基础建设的发展目标，并申报了主要开发项目和预研项目及“九五”期间重点技术工作。

1997年拖拉机行业通过鉴定的主要新产品有：

东风农机集团公司东风-400轮拖通过鉴定，该机主要有用于旱作作业，耕、耙、播施肥、收获、中耕和运输作业的旱地型，还有用于水田地区的旋耕、犁耕、播种、运输、开沟等作业的水田型。有两轮驱动型和四轮驱动型，水田、旱地高度通用，在两轮驱动型基础上增加一个传动轴与分动箱总成，置换前轴总成为前驱动桥总成就变为四轮驱动型。

湖北拖拉机厂开发的神牛300/304拖拉机6月通过鉴定，该机可选装双作用离合器，增设爬行档，采用液压动力转向、新型驾驶室、功能齐全的组合仪表及先进的液压提升系统，分别选装SL2105T(TC390)和SL2100T型发动机，最小离地间隙分别为420、290mm。

一拖公司T90工业用履带推土机12月通过了河南省机械厅组织的鉴定。该产品借用了公司1002履带式拖拉机的成熟部件，选用公司生产的节能型6100发动机，采用了机械4+2档变速箱，半刚性行走系统，分置式液压系统，液压助力操纵，全密封驾驶室，填补了国内73.5kW（100hp）以下工业用履带推土机的空白。

四川安岳轻型车辆厂开发的YC150T运输型拖拉机8月通过省专家鉴定，获推广许可证。该机是在手扶、小四轮拖拉机基础上的变型产品，其各项指标和性能优于手扶拖拉机和小四轮拖拉机，特别是爬坡性能、载货能力及安全性均好于手扶拖拉机和小四轮拖拉机。

潍坊华源拖拉机有限公司新研制TY系列14.7～18.375kW（20～25hp）七种新型拖拉机通过了山东省机械工业厅组织的省级鉴定，该系列具有电起动、双缸柴油机、新式驾驶座、牙嵌式差速锁等结构特点，是在国际市场上有竞争力的出口创汇产品。

山东海山集团拖拉机厂研制成功HS150型多功能拖拉机已通过国家鉴定，并申报国家专利。该机型在保持原TS—12型拖拉机田间作业等功能的基础上，改进了灯光、减振等性能，增加了货箱，提高了运输作业的适应性、安全性。

山东拖拉机厂TS400型拖拉机通过省级鉴定。该机以TS25、TS30拖拉机为基础，消化吸收国内外拖拉机的先进技术，选用395柴油机和（4+1）×2档啮合套换档变速箱，具有结构先进、适应范围广、工艺继承性好等特点。

质量及质量管理　1997年，各拖拉机制造企业开展了“质量优胜杯、质量标兵、质量信得过班组和质量信得过个人”等质量优胜杯系列活动。11月，一拖等29个全国主要拖拉机生产企业向社会公开发布质量承诺，自觉接受用户监督。12月，机械工业部在北京公布了首批58项机械工业名牌产品和17个质量信得过明星企业，其中山东手扶拖拉机厂生产的沭河牌手拖等8项农机产品和山东手扶拖拉机厂等2个农机企业入选。这批入选产品和企业在行业内均有较高的市场占有率和知名度。机械工业部将对65类产品认定出150～200个名牌产品，只有获得部名牌产品称号才有资格参与国家产品质量奖的评选，荣获产品质量奖及国家质量管理奖才有可能被认定为国家名牌。

农业部授权农机试验鉴定总站，于1997年对拖拉机等进行了推广鉴定，获得农业机械推广许可证的有111个企业176种产品，其中拖拉机生产企业共25个41种产品入选。

10月，机械工业部科技与质量监督司召开机械工业部首批可靠性认定试点工作评审会。由部组织专家组对拖拉机等行业第一批可靠性认定机构及其所负责的认定项目进行了审查和验收。通过讨论《拖拉机、农用运输车产品可靠性认定工作管理试点方法》、《拖拉机及四轮农用运输车产品可靠性认定实施细则》，编制可靠性保证措施审核表，起草、讨论并实施《拖拉机四轮农用运输车行业可靠性保证体系审核评定办法》，制定、实施《拖拉机农用运输车产品可靠性用户使用调查提纲》，在行业中抓好一拖、上拖、常拖等一批可靠性工作的排头兵，指导企业具体落实各项要求，帮助企业分析和解决存在问题，制定质量攻关计划，使一拖东方红-70TX(802)履带拖拉机、东方红-150、170、180小四轮拖拉机、东风农机集团公司东风-12手拖、四方集团公司的工农-12手拖、上海拖内公司的上海500轮拖等产品获得“可靠性产品”称号，并获得部科技与质量监督司颁发的证书。

1997年全国拖拉机标准化委员会全面布置“155”计划并认真落实，具体实施机械工业标准化“121”工程，组织对1990年前151项国标行标进行认真复审，经多次征求全行业意见，提出送审稿，共制修订国标行标14项，当年报批9项，《农业轮式和履带拖拉机产品质量分等》2项行业标准、《草坪和园艺乘坐式拖拉机动力输出套管》等6项有关拖拉机的国家标准被批准发布。

对外合作　1997年11月，在北京召开了国际农业机械发展研讨会，来自世界13个国家和地区的16个著名农业机械制造企业、国内农机化管理部门、大型农机生产企业、科研院所、流通部门、农垦系统及用户等200多名代表参加了此次研讨会。在我国召开专门研究中国农机市场的国际性会议尚属首次，目的是共同研讨跨世纪的农机发展与中国市场。通过广泛、深入的探讨和交流，中国农机界对世界农机制造业的发展及最新成就有进一步的了解，国外农机制造业对中国农业机械化的最新发展态势和市场需求有更加准确的认识，合作领域更加广泛。

12月中国国际农业机械展览会在北京开幕，来自日本、德国、意大利、美国、俄罗斯、法国、香港特别行政区和台湾地区的130余个厂商参展，纽荷兰、洋马、井关、久保田、凯斯、迪尔等世界知名企业组团参展。这是1978年北京举办的12国农机展以来的首次农机展览会，涉及拖拉机、农用基本建设机械、拖内配件等诸多领域，著名企业分别展示了其新近研制的代表世界先进水平的农机产品并举办了多场技术交流会，将有助于我国同行拓展视野，加快中国农机化现代化进程。

上海拖内公司以提高出口拖拉机生产能力为主题的“双加”技改项目于11月通过验收，总投资7 645.28万元，新增厂房面积4 846m²，新增设备263台，拖拉机班产能力由60台提高到100台。

一拖公司的73.5～88.2kW(100～120hp)马力轮式和履带拖拉机技术改造“双加”项目于1997年通过国家经贸委论证，开始实施，总投资近4亿元，项目完成后对加快企业技改步伐，为实现支柱产品多元化，形成拖拉机、汽车、工程机械三大支柱产品的发展格局迈出了重要一步。

管理及改革　继80年代初期，农机工业经历了由计划经济转向市场经济模式的转轨，提出了“大转小”方针后，农机工业进入了又一轮繁荣期。进入“九五”期间，中国农机工业则走向产权改革、企业重组、向大公司大集团化发展的道路。

1997年6月，一拖H股在香港上市。不仅筹集到发展所需的16亿港元的资金，而且使公司经营管理与国际企业制度接轨，对企业通过收购兼并实现资本扩张的大公司大集团战略非常有利，全国有数十个企业请求联合兼并。经过对省内外数十个企业进行考察论证后，11月兼并信阳柴油机厂，其资产无偿划归一拖集团，一拖将支持和帮助信阳子公司扩大现存农用小功率柴油机生产规模，开发新品，进一步提高企业经济效益，促进和带动地方经济发展，信阳子公司利用一拖的商誉、技术、商标等开发新品，拓展市场。1998年又相继收购了清江拖拉机集团公司、宁波中策拖拉机汽车有限公司51%和40%的股权，与沈阳拖拉机汽车厂双方合资组建一拖沈阳拖拉机有限公司，其中一拖股份公司控股60%，以较低的投资成本和较短的时间填补了一拖公司产品缺档，并发挥企业集团优势，扩大了大中型轮式拖拉机的生产能力和市场占有率。该公司计划1998年继续瞄准行业联合与重组，兼并或收购10个以上的农机企业，逐步形成集团在产品结构、生产基地和销售网络方面的战略布局，确保一拖农机行业的龙头地位。

属于纺织系统的华源集团涉足农机行业成为1997年中国农机十大新闻之一。中国华源集团是原纺织工业部为参与上海浦东开发开放，联合对外经贸部和交通银行总行于1992年共同创办的大型综合性集团公司，该集团创建以来，紧紧抓住我国经济体制改革和经济增长方式转变的有利时机，实现了超常规、跳跃式的快速发展，目前已拥有全资或控股子公司40余个，资产总规模已达百亿元。继1996年控股无锡县柴油机厂后，1997年以来，山东莱阳动力机厂、潍坊拖拉机厂、聚宝农用车总厂、光明机器厂、山东拖拉机厂等11个国内农机行业知名企业相继加入华源集团，目前已组建了华源凯马机械股份有限公司，集内燃机、拖拉机、农用车精良资产优化组合而成，24 000万B股已经上市。

与此同时，1997年河北天同集团公司成立。由原石家庄拖拉机厂、石家庄汽车制造有限公司、石家庄柴油机厂、石家庄钢圈厂、石家庄市轻工机械厂5个单位组建而成。拥有总资产15亿元，职工1.2万人，总占地面积112万m^2，下设拖拉机、汽车、柴油机、停车设备有限公司4个全资子公司、轻工机械厂、钢圈厂2个子企业、天津希望三轮车有限公司1个控股公司。以中小功率拖拉机、农用车为主导产品，集工、科、贸、金融为一体。

这些集团的成立，对于解决农机行业散、乱局面，整体规划大农机产业构架，引入科学的管理和体制、通过资金投入，加速技术改造、技术开发和产品结构调整，扩大生产规模，积极拓展国际和国内市场都有着巨大的作用。

〔撰稿人：机械工业部洛阳拖拉机研究所许诺、曾　力　审稿人：机械工业部洛阳拖拉机研究所孙庆祎　机械工业部农业装备司马文焕〕

〔责任编辑：王　如〕

机械化农机具

〔机械工业部〕

一、收获及场上作业机械

生产发展情况　1997年机械工业系统收获及场上作业机械行业共有主要生产企业81个，其中收获机械制造业30个，场上作业机械制造业51个，职工35 962人，固定资产原价164 562万元、净值年平均余额105 726万元，金属切削机床5 631台，锻压设备1 306台，全年完成工业总产值245 677万元（按1990年不变价、新规定计算，按当年价、新规定计算则为289 175万元），比上年增长41.7%。全行业利润总额2 426万元，略低于上年。完成产品产量519 728台，比上年增长11%。

收获及场上作业机械行业在经过两年快速增长后，长势已趋于平缓。新疆联合机械（集团）有限责任公司生产联合收割机10 727台，完成工业总产值（按不变价与当年价计算，下同），分别增长130.1%、100.9%。四平联合收割机总厂生产联合收割机1 578台，与上年持平，完成工业总产值25 200万元，增长40%。北京联合收割机总厂完成1 907台，完成工业总产值12 476.9万元，分别增长58%、51%。桂林联合收割机总厂生产联合收割机9 380台，下降6.95%，完成工业总产值12 180万元，增长14%。上海向明机械厂生产联合收割机7 070台，完成工业总产值12 700万元，分别增长11.71%、13%。陕西富平联合收割机厂生产联合收割机3 050台，完成工业总产值5 000.8万元，分别增长101.9%、179.2%。其他如：佳木斯联合收割机厂、南通农业机械总厂、湖州联合收割机厂、汉中收获机械厂、新乡第一拖拉机厂、河南舞阳惠方集团公司、桐柏太白峰机械制造有限公司、河北收获机械厂等企业生产的大、中、小联合收割机、割晒机在产值、产量上，也有不同程度的增长。

产品分类产量　1997年收获及场上作业机械共完成产品产量519 728台，比上年增长11%。其中，联合收割机40 773台，增长67.54%；割晒机198 472台，增长3.58%；其他收获机械53 505台，增长197.96%；机动脱粒机213 655台，增长3.43%；扬场机2 842台，增长6.56%；谷物烘干机163台，增长443.33%；种子精选机487台，增长61.26%；其他场上作业机械9 813台，下降53.73%。

市场及销售　1997年收获及场上作业机械产品在经历了两年快速增长后，仍继续保持平稳的增长势头。据不完全统计，全行业销售各种型号联合收割机36 223台，比上年增长52.52%完成销售收入246 398万元，增长21.6%。联合收割机、割晒机、机动脱粒机等各类产品销路都好。例如：四平联合收割机总厂销售联合收割机1 554台，其中大型1 126台、小型428台，销售收入25 262万元，另有6台联合收割机、3台摊铺机出口创汇37万美元。新疆联合机械（集团）有限责任公司销售联合收割机10 727台，增长128.4%。北京联合收割机总厂销售联合收割机2 240台，增长85.1%。桂林联合收割机总厂销售联合收割机7 942台，减少20.4%。陕西富平联合收割机厂销售联合收割机3 050台，增长101.9%。上海向明机械厂销售联合收割机7 070台，增长11.71%。新乡第一拖拉机厂销售联合收割机1 380台，增长15%。佳木斯联合收割机老厂克服种种困难，恢复生产JL-1030型联合收割机，当年完成100台，全部投放市场取得较好的经济效益。

1997年收获及场上作业机械行业各类产品在产销平稳上升的同时，值得关注的是水稻、玉米收割机。在小麦收获机械趋于成熟，市场热火朝天之后，水稻、玉米收获环节的机械化热已悄然抬头。水稻、玉米收割机多年来一直是农机科研部门研制的重点课题，经过多年的努力已初获成功，并可应用于生产实践。主要机型有：四平联合收割机厂生产的东风S20、东风S15型水稻联合收割机；4YZ-3型玉米联合收割机；北京联合收割机厂生产的4YZ-4型自走式玉米联合收割机；浙江湖州联合收割机厂生产的HZ-130型，以独特的双层割刀受到用户好评；浙江台州柳林联合收割机厂生产的130型；无锡拖拉机厂引进消化国际先进技术研制开发生产的TH-

1450型；杭州拖拉机厂生产的HL-3500型；新疆联合机械（集团）有限责任公司生产的3行自走式；黑龙江省赵光机械厂生产的龙光牌4YZ-4型自走式；石家庄农机厂生产的布谷牌3行自走式；兖州市玉丰联合收割机总厂研制生产的两行背负式；郑州农县厂生产的单行侧悬式。不少机型已日趋成熟，先后投放市场，对收获机械化起到促进作用。

收获及场上作业机械产品畅销，主要原因：(1)党中央国务院把发展农业，特别是粮食生产放在国民经济首位。中央经济工作会议和农业工作会议中指出，今后一个时期农业机械化工作重点是大力开发推广新技术，建立规范的农机服务市场，搞好农机法规建设和完善农机服务队伍。各级政府制定了切实可行的支持农业生产的政策措施，在资金投入上，专款专用确保农业发展需要，采取多渠道，多层次的办法加大对农业的投入。(2)全国小麦机收比例突破50%。1997年全国小麦机收面积为2.51亿亩，比上年的2.16亿亩增加了11%，小麦机收水平达到54.9%，比上年增长6.4%。其中北京地区机收水平保持在95%以上，居全国之首。(3)机械收获中联合收获比例进一步扩大。1997年小麦联合收割机收获面积为9 982万亩，占机收面积的39.8%，比上年提高14%，其中黑龙江、北京、上海联合收获的比例均在90%以上。其次为浙江、内蒙古、云南、新疆、山西、湖北、陕西、甘肃等省、区。可以看出这些省市小麦收获机具已经以联合收割机为主，逐步取代科技含量较低的割晒机。(4)在1996年国家六部委（公安部、交通部、机械工业部、国家计委、中国石化总公司）联合下发的《关于做好联合收割机跨区收获小麦工作的通知》的基础上，1997年跨区机收的规模比上年进一步扩大，由上年的11个省份增加到19省份，基本覆盖了我国小麦主要产区。参加跨区作业的联合收割机从上年的2.3万台，增加到4.7万台，占全国保有量的36%。参加跨区机收会战的19个省份小麦机收水平为59.7%，高出全国平均5%，其中参加过跨区机收的北方11省份，今年再创佳绩，平均机收水平达到76.7%，比上年提高了21%。1997年跨区联合收割队伍中首次出现了大企业的身影。河南省联发实业总公司组织了100台大中型联合收割机和配套农机具参加跨区收割，同时还有近千名个体农户自备机械随队参战。这种有规模有组织的联合收割方式，给以往一家一户农民为主体的“南征北战”注入了新的内容，为企业参与农村社会化服务体系建设开创了一条新路。跨区机收带动了农民的“用机热”和“购机热”，解决了小农户与大农机的矛盾，合乎市场经济规律。(5)由于农村经济的发展和农民收入的增加，农村劳力向二、三产业转移。一方面，农民从繁重的劳动中解放出来，用机创收，靠机致富，提高劳动生产率；另一方面，联合收割机的高速、高效、优质、低耗引发了农民自发地进行农田基本建设和种植结构的调整。并带动了其他农机具的发展。

新产品　1997年，四平联合收割机总厂与中国农机研究院联合开发设计了4YZ-3型玉米联合收割机，完成了LTH900型摊铺机设计任务，完成了水稻S20型、S15型、东风2型部分结构改进工作，对老产品东风4型粮仓结构改进，配备驾驶室，对东风5型割台拖车的设计、SE514型部分结构进行改进。桂林联合收割机总厂在已批量生产的桂联3号的基础上，开发出桂联5号、桂联6号新一代中型悬挂式联合收割机，经检测其主要技术性能指标均达到国内先进水平。陕西富平联合收割机厂完成4YW-2型玉米联合收割机的设计、试验、鉴定工作，其主导产品泰丰牌联合收割机经不断改进，又可与上海、清江、江淮50型、河北、金马、潍坊20型轮式拖拉机配套使用。新乡市第一拖拉机厂开发了富浪-2号联合收割机，完成了ZF2815农用车生产线技改项目，农用车CAD计算机辅助设计科技项目通过了河南省科委论证，并列入河南省星火计划和河南省CAD农用车示范工程。上海向明机械厂在主导产品向明ⅡB-A型联合收割机的基础上正在试制向明ⅡB-E型、向明-30型、向明-60型等产品，玉米收割机第一轮样机进入田间试验。河南舞阳惠方集团公司研制的4YZ-2型玉米收割机、舞阳-2.5型联合收割机已通过省农机鉴定站鉴定，已投向市场。河南桐柏县太白峰机械制造有限公司开发研制4LQ-1、2型全喂入式小型联合收割机、4L-0.5型背负式小型联合收割机。江苏海马收割机总厂引进英国技术研制成功了可与现有大型联合收割机配套的梳捋式RX4.2免割脱收台。江苏镇江脱粒机厂立项研制140型梳脱式联合收割机。山东高密市农机厂研制出101型、121型手扶拖拉机，2BQX-9B型全悬挂谷物播种机，Q360×1120型四辊压延机及辅机等产品。甘肃庆阳地区通用机器厂试制出5TF-45型清选脱粒机。中国农机研究院与河北省满城县庆丰机械厂共同研制开发的4LG-140双动力小联合，解决了8.82～13.23kW（12～18hp）小四轮拖拉机的配套问题。河北保定市农机研究所研制成功的4YWJ-1型玉米收获机，西北农业大学与江苏沭阳农机厂共同研制成功的4L-0.75小型谷物联合收割机，浙江省台州市柳林联合收割机厂研制的130型全喂入联合收割机均已通过省级鉴定。

质量及质量管理　1997年，跨区机收小麦在全国范围内迅速推开，麦收时节因联合收割机质量问题引发的各种纠纷时有发生。据全国农机产品质量信息反馈网统计，收到质量问题投诉56次，中国消费者协会农机产品质量投诉监督站统计，收到40次，说明1997年是联合收割机质量问题比较集中的一年。其主要原因：(1)联合收割机生产企业一哄而起，据全国联合收割机行业情报网统计，全国已有215个企业生产联合收割机，一些不具备生产条件的企业也上马组装联合收割机。(2)外协配套件质量差。(3)液压系统故障多。(4)轴件、杆件断裂。(5)发动机、橡胶件等老问题没有得到彻底解决。另外有的用户赚钱心切，违反规定擅自改装拆卸机件，超速超负荷使用机械。如：拆动发动机高压油泵铅封，调高发动机转速，将发动机动力输出皮带盘改小，提高收割机行走速度，自行安装粮仓，改变了机器重心位置增加了负荷等。问题很严重也较为普遍。对于联合收割机在生产和使用中存在的问题，要采取有力措施，加以纠正和解决。

1997年3月31日15个联合收割机及配套企业公开向社会发布“质量承诺”，从而引发了收获机械的质量大战。7月24日机械工业部农业装备司和科技与质量监督司联合印发了《联合收割机产品质量上台阶工程实施办法》。对联合收割机产品质量水平目标和作业质量水平目标提出了具体要求。四平联合收割机总厂坚持“一切服从质量、一次制作成功、一流产品争先、一心为了用户”的四个第一的质量方针，并顺利通过获得ISO9001质量体系认证后的首次监督检查。新疆联合机械（集团）有限责任公司成立了质量管理委员会，制定了质量工作条例和职责，使质量为中心的经营管理体系贯穿于整个工作之中。坚持“质量第一、市场第一、信誉第一、用户至上”的质量方针。全面实施“精品工程”在提高企业信誉的同时，也提高了企业的竞争能力和经济效益。桂林联合收割机总厂按照ISO9000质量体系的规范要求，制定了狠抓产品质量的实施方案，从生产的每一个工序抓起，同时派出优秀技术员到协作配套厂作技术指导，严格把关，使产品质量在同行业评比中名列前茅。新乡第一拖拉机厂实行班组、车间、厂检三级质量管理体系，在这个基础上又提出上道工序为下道工序服务，下道工序就是上道工序的用户的质量口号。使职工质量意识提高，产品故障下降，用户满意率提高。4L-0.5型联合收割机被省技术监督局评为一等品。目前该厂正在贯彻实施ISO9000系列标准。贯彻ISO9001国际质量体系，生产的大丰王牌联合收割机，畅销全国23个省、市、自治区的340个农机公司，还出口西欧，连续三年产销率100%。河南桐柏县太白峰机械制造有限公司生产的太白峰牌4GL系列麦稻收割机的质量抽检合格率100%，连年被省技术监督局授予免检产品。镇江脱粒机械厂1997年全年销出5 300多台脱粒机没有一台发生质量问题。上海向明机械厂、高密市农业机械厂、河北收割机厂、陕西汉中收获机厂、江苏南通农业机械总厂、甘肃张掖收割机厂、陕西富平联合收割机厂、山东牟平收获机厂、甘肃庆阳地区通用机器厂等重点企业，对产品质量及企业管理工作都非常重视，1997年做了大量卓有成效的工作。

基本建设及技术改造　1997年据不完全统计，收获及场上作业机械行业完成技术改造投资4 308万元，基本建设投资7 940万元。其中新疆联合机械（集团）有限责任公司完成技改投资1 800万元，新增设备127台（套），完成基建投资645万元，建成技术中心办公楼6 000m²，备料车间接长1 000m²。四平联合收割机总厂投资847万元，其中用于设备购置安装450万元，土建公用设施194万元。桂林联合收割机总厂技改投入1 075万元，其中设备投资67万元，建筑安装工程1 008万元。河南桐柏太白峰机械制造有限公司开始了年产1 300台小型联合收割机技术改造项目，已完成投资200多万元。建成6 000m² 的生产敞棚，改变了产品露天存放、露天喷涂的作业环境。镇江脱粒机基建技改完成438万元。山东高密农机厂完成为生产新疆2号联合收割机脱粒室部件总投资97万元，完成基本建设投资85万元，建成700m² 生产车间，670m² 仓库。

管理及改革　佳木斯联合收割机厂在市场经济竞争中转换体制，以占40%的股份与美国约翰迪尔公司于1997年5月12日签定合资合同，共同生产适合国内外市场需要的联合收割机。

新疆联合机械（集团）有限责任公司以技术优势名牌产品为“龙头”，加速推进企业内部结构的调整和改造，逐步将“橄榄型”生产组织结构调整为“哑铃型”组织结构。一改传统的加大技改投入的作法，采取“抓两头、放中间”的战略，即抓好产品开发和市场开拓，放活生产组织形式，按照市场近距离划分原则引进国际通行的原始设备制造方式（OEM），迅速建立了一个支撑主机的零部件生产体系，形成了有规模的经济协作生产配套关系网络，赢得了市场的主动权。四平联合收割机厂1997年工业总产值和销售收入均创历史最高水平。陕西汉中收获机械厂大打名牌战略以不断完善的售后服务，努力开拓新市场，“名牌产品、优质优价”。上海向明机械厂紧紧把握市场脉博，适时调整产品结构和经营策略，连续三年实现了满产、满销、资金全部回笼的目标。河南舞阳惠方集团不断深化改革，加强企业管理，狠抓产品质量，连续十一年获河南省“优秀企业”等称号。甘肃庆阳地区通用机器厂制定了“分片负责、穿插支援、坚决巩固老市场，积极开拓新市场”的营销战略，创厂销售收入的最好记录。1997年按照机械工业部的要求，全国机械行业已全面开展了管理基础规范化活动，已确认319个企业达到机械工业企业管理基础工作规范化达标要求，特授予“机械工业企业管理基础工作规范化达标企业”称号。广西桂林联合收割机总厂、河南桐柏县太白峰机械制造有限公司榜上有名。

〔撰稿人：中国农业机械工业协会收获及场上作业机械分会刘伟华〕

二、农副产品加工机械

生产发展情况　1997年末机械工业部系统农副产品加工机械行业有主要企业156个，职工47 512人，固定资产原价15.05亿元，金属切削机床9 050台，锻压设备1 423台。1997年完成工业总产值15.49亿元（按1990年不变价、新规定计算），比上年下降2.3%；实现利润总额3 125万元，比上年增长3.5%。

1997年生产发展的主要特点是：(1) 总产量出现负增长，但利润总额比上年增加，各小行业发展亦不平衡。(2) 涌现出了一些现代化管理好、综合经济效益好、行业排头兵企业。山东精华机械集团股份有限公司 1997 年完成工业总产值 9 215 万元，实现利税 3 109 万元，分别比上年增长 31.4 和 46%，成为全国机械系统综合效益百字号企业之一。河南南阳光辉机械厂 1997 年完成工业总产值 1.1 亿元，实现利税 1 230 万元。山东日照机械（集团）股份有限公司 1997 年实现工业总产值 1.2 亿元，利税 1 070 万元。(3) 一些企业通过产品结构调整，资产组合，形成具有一定规模的跨行业的综合性生产企业。

产品分类产量 1997 年农副产品加工机械完成产品产量 578 351 台，比上年下降 2.38%。(1) 粮食加工机械继续增长，1997 年比上年增长 5.78%，其中面粉加工机械完成 105 702 台，比上年增长 22.62%，增幅最大。上年看好的碾米机却出现负增长，1997 年完成 188 639 台，比上年下降 4.21%。(2) 棉花加工机械完成 3 630 台，下降 5.57%。(3) 油料加工机械完成 22 193 台，下降 55.95%，减幅最大。(4) 茶叶加工机械完成 8 110 台，下降 0.2%，基本与上年持平。

市场及销售 1997 年农副产品加工机械行业完成销售额 14.99 亿元，比上年下降 2.46%。

(1) 粮食加工机械市场继续看好。①面粉加工机械销售形势较好。行业骨干厂，国内知名企业中的产品销路都很好。河南南阳光辉机械厂完成销售收入 8 000 万元，比上年增长 31.6%。河北赞皇机械厂完成销售收入 3 806 万元，比上年增长 1.3%。山东面粉机械厂完成销售收入 2 618 万元，比上年增长 22.35%。②碾米机械市场趋缓。山东精华机械集团股份有限公司 1997 年销售米机 40 110 台，完成销售收入 8 685.3 万元，与上年基本持平。山东日照机械（集团）股份有限公司销售米机 20 681 台，完成销售收入 8 334 万元，比上年增加 42%。山东鱼台机械厂销售米机 7 401 台，比上年增加 16%。

(2) 棉花加工机械市场仍处于波动之中。我国棉区已形成了以供销社所属 2 300 多个轧花厂为主的棉花加工体系，承担了 70%以上的棉花加工和 90%以上的棉绒生产任务。由于近几年来，棉花产量未超过 1991 年的 576.5 万 t，棉花加工能力没有大的增加。棉花加工机械市场主要是用于更新旧棉机和棉花产量持续增长的新疆和湖南、湖北新棉区，从而棉机生产基本上只是维持现有规模和水平。骨干重点企业销售形势较好。河北邯郸棉机总厂 1997 年完成销售收入 5 648 万元，比上年增长 10.46%，实现利税 432.28 万元，比上年增长 10.96%。

(3) 油料加工机械产销量仍在大幅度下降。重点企业由于开发新产品，确保产品质量，销路仍然不错。四川青江机器股份有限公司 1997 年销售收入 2 524 万元，实现利税 318 万元。河南沈丘机械厂 1997 年完成销售收入 621 万元，实现利税总额 64.10 万元。

(4) 茶叶加工机械市场有所好转。杭州茶叶机械总厂是国内专业生产红、绿茶、名优茶、保健茶机械的最大茶机企业。1997 年基本摆脱前几年的困境，取得较好的经济效益。1997 年工业总产值 1 500 万元，比上年增长 33.3%，销售收入 956 万元，利税 80 万元，比上年增长 62.5%。四川夹江燎原机械制造公司销售收入 518 万元，比上年增长 12.36%，实现利税 30.1 万元。但大部分茶机厂仍在艰苦奋斗，勉强维持。

1997 年农副产品加工机械国外市场继续看好。机械工业部系统企业出口交货值 1.52 亿元，比上年增长 9%。出口产品以碾米机、面粉加工机械的粮食加工机械为主，棉花、油料、茶叶等加工机械有一定数量的出口。山东精华机械集团股份有限公司 1997 年出口米机 13 560 台，创汇 456 万美元，占全厂销售额的 33.8%。山东日照机械（集团）股份有限公司 1997 年出口米机 4 210 台，出口创汇 117.8 万美元。由于东南亚金融危机，农副产品加工机械的出口受到较大的影响。山东鱼台机械厂完成出口创汇 387 万美元，为上年的 71%。广西绿珠股份有限公司 1997 年出口米机 6 800 台，出口交货值额 642.1 万元，比上年减少 43.1%。1997 年面粉加工机械出口较多的是：河南南阳光辉机械厂出口交货值 1 600 万元，比上年增加 39.1%，并在哈萨克斯坦首都设立了外贸公司。河北赞皇机械厂出口面粉加工机组 30 套，创汇 110 万元，比上年增加 10%。山东面粉机械厂出口面粉机 107 台（套），出口交货值 1 158.90 万元，创汇 139.62 万美元，占销售额的 44.23%，1997 年申办了出口证书，获得了直接出口经营权，为今后进一步开拓国际市场奠定了基础。棉花加工机械出口主要是邯郸棉花机械厂，1997 年创汇 335 万美元，比上年增长 34.23%。茶叶加工机械行业杭州茶叶机械厂向越南等国出口茶叶加工机械。河南沈丘机械厂的榨油机正销往一些非洲国家。

科研成果及新产品 山东精华集团股份有限公司每年以 3～5 个新品种的开发速度与山东机电研究所、江苏工学院、湖南农机研究所、青岛橡胶研究所等单位联合，开发出了具有国内 90 年代先进水平的大型砻碾组合米机、清洁米成套设备、筛选去石机、饲料粉碎机、木工多用机床以及砻谷胶辊、V 型三角带等新产品，这些产品适销对路，很快打开了市场，为公司新增利税 800 余万元。山东日照机械（集团）股份有限公司 1997 年先后开发出 SN300 双风式碾米机、LNT 系列组合米机、LNT-X 系列组合米机及 MCHJ 系列碾米成套设备，特别是 SN300 米机的开发，填补了国内空白，SN200 碾米机获山东省机械厅科技进步二等奖。新产品的生产为企业新增销售收入千余万元。山东鱼台机械厂 1997 年开发了 SB-150、SB-200 组合米机，4L-0.75 型小型联合收割机，深受广大用户欢迎。湖南省农机研究所 1997 年推出了 MCHJ15-Ⅰ型高档优质精米加工成套设备，提高了产品可靠性，降低成本 10%左右，该机外型美观实用，操作维修方便灵活。该研究所研制成功了加工高档优质精米的关键设备 MPQ 系列强力抛米机，使大米表面蜡质光泽、晶莹如玉。该研究所还研制成功了 JXT60 系列窝眼滚筒精选机（专利号 ZL95238040.4），大大简化了加工高整齐度大米的工艺流程，这些产品已投入市场，销往南方各省。河南南阳光辉机械厂1997年开发了30型卧式打麦机、63型高效平筛、40型去石机、双仓平筛、6型和8型单机等级粉小成套、19型成套制粉设备，并对35型磨粉机进行优化改进，采用CAD设计，使性能先进可靠，至今一直供不应求。河北赞皇机械厂开发成功了25T全方筛提粉机组、18T方筛提粉机组、30T面粉机组并通过省级鉴定。同时还设计试制了50型全方筛提粉机组。山东面粉机械厂开发了高平筛、配电柜、35磁头、大振动筛等。邯郸棉花机械厂1997年完善了新产品120大型棉花加工成套设备和酸处理系列成套设备的工艺与设计，使可靠性进一步提高。完成了9 588机电一体化棉花加工成套及工艺的设计与验证，其中4台主机中6MY88型17轧花机及1500皮棉清理机通过鉴定并大量投放市场。完成了机采棉清理设备工艺和设计，包括倾斜式清理机及清铃机，现进入样机试验阶段。该厂完成了自由流式混凝土泵试制，预计1998年可进行鉴定生产。在产品设计中，广泛地运用CAD，提高了产品设计效率和设计质量。杭州茶叶机械总厂1997年开发了6CSU-30型名优茶杀青机，RN25、35、45型揉捻机，各种多用机、理条机，6CH-1、2、3型微型名优茶烘干机以及用于谷物、条状物料、瓜子的专用烘干机，加大销售力度，摆脱前几年的困境，取得较好的经济效益。四川夹江燎原机械制造公司开发了露芽系列揉捻机，荣获第八届中国新技术新产品博览会金奖。同时，还开发了热风炉、160T陶瓷压砖机等新产品。河南沈丘机械厂1997年开发了100型专利榨油机，200型、250型滤油机，800型平低炒锅等产品，目前正在进行开发超导热专利系列产品，可望增加产品品种，解决企业产品单一问题。

质量及质量管理　农副产品加工机械行业企业认真贯彻《产品质量法》和ISO 9000《质量管理和质量保证》系列标准，建立和健全从产品开发设计到售后服务一整套产品质量和质量管理保证体系。河南南阳光辉机械厂经过一年多的努力1997年11月15日在全国同行业中率先取得中国船级社质量认证公司颁发的ISO 9001国际质量体系认证证书和商检证书。企业内部加强质量管理，1997年产品品种多达30余种，生产管理井井有条，设备完好率始终在98%以上。1997年2月成为“中国质量万里行光荣榜”上榜企业。山东精华机械集团股份有限公司在厂内推行ISO 9000系列标准，确立了“质量为本，顾客至上，科技先导，誓为一流”的质量方针，通过抓质量，使“精华”产品成为农民心中的名牌，主导产品荣获农业部推荐产品等10余项荣誉。山东日照机械（集团）股份有限公司积极贯彻ISO 9000系列标准，并按此建立的质量保证体系已进入试运行阶段，预计1998年6月份将进行终审。邯郸棉花机械厂1997年是厂里的“质量年”，在建立和完善质量保证体系，确保产品质量稳定提高上下功夫。制订了《1997年质量管理办法》，建立健全企业质量管理网络。开展质量抽查活动，加强对产品质量的控制，使产品外观和内在质量有很大提高。

已列入中国名牌产品认定计划的有：①河南南阳机械厂的6FY-30型磨粉机和6FTY-18～28型南阳牌等级面粉加工成套设备；②河北赞皇机械厂的皇牌6FTS-16型、6FTS-15D型面粉加工成套设备；③山东日照机械（集团）股份有限公司的日机牌N（50-200）喷风式碾米机；④山东精华机械集团股份有限公司精华牌N50～N210A型喷风式碾米机；⑤四川青江机器股份有限公司的蒙山牌6YL-95Y（含95、95S）型榨油机；⑥广西绿珠股份有限公司的绿珠牌6F（P）系列分离式碾米机，预计1998年予以公布。

基本建设及技术改造　1997年农副产品加工机械行业完成技术改造投资5 164万元，完成基本建设投资5 947万元。河南南阳光辉机械厂“九五”“双加”项目已落实1 500万元，使企业工艺装备得以更新，污水处理站正在安装调试、作业环境明显改善。1997年又争取到“九五”期间国家经贸委“中西部优势工程和老工业基地改造振兴工程”项目立项，倾斜技改项目资金8 000万元，正在积极开展可行性研究工作。山东日照机械（集团）股份有限公司1997年投资540万元，完成了粮机试验站及生产线基本建设。山东精华机械集团股份有限公司正在实施扩大碾米机生产能力技改项目，项目总投资2 300万元，工程投产后，将使公司成为国内最大的新型米机生产基地。

管理及改革　1997年，山东精华机械集团股份有限公司，由单一生产碾米机械发展成为生产N系列碾米机械、砻谷机械、粉碎机械、玛钢管件、橡胶塑料制品等5大类30多个品种的跨行业企业。山东日照机械(集团)股份有限公司除开发生产碾米机系列产品之外，还生产25大系列3 000多个规格的工业水泵，5个系列90个规格的中央空调和压力容器及各种控制电器。河北赞皇机械厂地处贫困地区，该厂除开发生产面粉机组外，还开发了集散式病房输液计算机监护系统，填补了国内空白。同美国合资开发微型啤酒设备并逐步打入市场。

〔撰稿人：中国农牧业机械总公司劳希燕〕

三、农业运输机械

生产发展情况　1997年农用运输车行业呈相对稳定发展势头。全年共生产农用运输车2 626 160辆，其中三轮农用运输车2 205 851辆、四轮农用运输车420 309辆，分别比上年增长9.4%、7.6%和20.1%；共完成整车工业总产值约235亿元（1990年不变价），约占整个农机工业总产值的30%。

1997年农用运输车行业生产发展主要具有以下特点：

(1)产量增速相对减缓。原因是：上年产量基数较大(1996年已达240万辆)，行业没有大的技术突破，新市场还没有很好开拓出来，部分省市自然灾害较严重，特别是农用运输车的传统市场，如河北、山东、河南等地干旱严重，粮食等农副产品收成及农民收入受到影响，农民实际购买力水平有所下降，以及受国家经济宏观调控政策影响。

(2) 生产集中度明显提高。1997年三轮农用运输车和四轮农用运输车产量前十名企业的生产集中度分别为82.1%和48.1%，比上年分别提高15.4和3个百分点。

(3) 产量实现了两个重大突破。四轮农用运输车单个企业年产量持续四年在3万辆徘徊的基础上，首次由北汽福田车辆股份有限公司突破5万辆；三轮农用运输车单个企业年产量结束了三年徘徊在23～26万辆的局面，首次有4个企业同时突破30万辆。说明部分骨干企业组织结构优化、资产重组效果显著，竞争能力明显提高，已开始向规模经济方向发展。

(4) 地区发展不平衡，山东省发展最为迅速。1997年山东省四轮农用运输车的产量为140 204辆，占全行业总产量的33.4%；三轮农用运输车的产量为1 217 019辆，占全行业总产量的55.2%；全年三轮、四轮农用运输车的总产量为1 357 223辆，占全行业总产量的51.7%。

(5) 配套动力情况：三轮农用运输车配套动力仍以195柴油机为主，约占全部产销量的75%；四轮农用运输车配套动力为485及其以下发动机，约占78%；部分企业为迎合用户需求，存在以满足超载为目的，装配大发动机标定小吨位的现象。

产品分类产量 1997年我国现有农村运输机械中，有1 000余万辆拖拉机、7 000万辆胶轮力车以及1 000余万辆农用运输车。全系统调整了部分企业及其产品目录，在《1996年农用运输车生产企业及其产品目录》的基础上：(1) 增补了328个新车型；(2) 取消了14个企业的目录；(3) 编制了《1997年农用运输车生产企业及其产品目录》。

列入《1997年农用运输车生产企业及其产品目录》的企业共计234个，车型共计1 735个，其中三轮农用运输车生产企业90个，车型319个，四轮农用运输车生产企业177个，车型1 416个，有33个企业同时生产三轮、四轮农用运输车。

1997年农用运输车行业产量前十名的企业分别见表1、表2。

表1 1997年四轮农用运输车产量前十名企业

序号	企业名称	产量（辆）
1	北汽福田车辆股份有限公司	50 695
2	山东黑豹集团公司	24 658
3	至喜集团	23 978
4	福建龙马集团	21 714
5	山东寿光市聚宝农用车辆总厂	16 993
6	飞彩集团皖南机动车辆厂	14 855
7	荆州农用运输车厂	14 713
8	广平县机械厂	12 768
9	湖南省果园汽车改装厂	11 465
10	山东奥峰农用车集团有限公司	10 480

表2 1997年三轮农用运输车产量前十名企业

序号	企业名称	产量（辆）
1	山东巨力（集团）股份有限公司	344 076
2	山东时风集团公司	343 100
3	南京农用车制造厂	308 604
4	山东聊城双力农用车集团公司	301 152
5	飞彩集团皖南机动车辆厂	161 727
6	山东光明机器厂	100 070
7	长葛奔马机械集团公司	80 274
8	兰州手扶拖拉机厂	63 764
9	许昌机器制造厂	62 887
10	山东省五莲县通用机械厂	46 183

市场及销售 现阶段市场特点：(1) 市场的扩大渐趋缓慢，农用运输车的产销量增长率趋于正常；(2) 由于生产厂家众多，生产能力过剩，市场竞争更加激烈；(3) 由于有足够的选择余地，用户在购买农用运输车时，对产品的性能、质量、外观、价格等要求更高；(4) 农用运输车的下一轮竞争将不再以产量扩展为主，而是转向质量、促销和服务竞争；(5) 市场交叉的相关行业，如汽车、拖拉机、摩托车等与农用运输车的市场竞争加剧。

产品结构发展趋势：(1) 三轮农用运输车：研制开发新型发动机，改进完善传动系形式，突出"农用"特点，提高整车可靠性；(2) 四轮农用运输车：注重"农用"，拓宽价位，突出特点，重视匹配，发展变型车，增强适应性。

市场预测：(1) 1997年我国农村人均收入为2 090元，按"九五"计划，年平均增长速度为4%，到2000年人均收入约为2 350元；(2) 我国农村货物运输量每年以10%～15%的速度增长，而且粮食等农副产品的商品化率正逐年提高；(3) 我国公路通车里程为118万km，其中90%以上为三级（含三级）以下公路。

根据机械工业部农用运输车发展战略研究课题依据上述情况和农村运输机械淘汰更新等因素建立的数学模型预测，"九五"期间我国农用运输车的产量和市场需求量将继续保持稳定增长势头，平均年增长率约在10%左右。

质量及质量管理 为提高整车质量，开展了农用运输车配套零部件及总成生产企业及其产品整顿验收工作。1997年首批进行整顿的5类产品包括：四轮农用运输车的前轴、后桥、液压制动主缸和轮缸、转向器以及钢板弹簧（含三轮农用运输车），共有240个企业的298种上述产品参加了此次整顿。

为提高整车可靠性，开展了农用运输车目录有效期内可靠性监督考核工作。1997年共对49个企业的产品分期分批进行了以首次故障里程为考核指标、试验载荷与路面条件同时强化的可靠性考核试验。

GB7258—1997《机动车运行安全技术条件》标准发布，并已组织全行业进行了认真宣贯。

管理及改革 1996年底成立了机械工业部农

用运输车行业管理办公室、机械工业农用运输车发展研究中心，统一归口全国农用运输车行业管理工作；1997年4月之后，中国农机工业协会农用运输车分会秘书处由原中国农机总公司转至机械工业农用运输车发展研究中心。

与此同时，国务院办公厅转发国家计委、机械工业部《关于加强农用运输车管理的意见》（国办发［1997］35号）。

机械工业部颁布《农用运输车目录有效期内监督管理办法》（机械农［1997］139号）和《农用运输车新产品鉴定管理办法》（机械农［1997］140号）。

1997年系统内部分企业在组织结构优化、资产重组方面已走出了第一步。继诸城车辆厂、北汽摩、常柴公司等共同组建跨地区、跨行业、跨所有制形式的北汽福田车辆股份有限公司之后，福建省原“龙马”、“龙江”、“龙溪”与福建汽车厂一起组建了福建福龙集团；四川省拟以政府控股，由“川路”、“川交”、“华川”和“王牌”4个企业共同组建股份制集团；华源集团公司已控股山东的聚宝、奥峰农用运输车厂以及光明机器厂；湖北至喜集团正在原农用运输车集团的基础上组建至喜农机集团。

行业内的主要企业已开始由资产经营向资本经营方向发展。继山东黑豹集团的股票在1996年率先上市之后，山东巨力集团、北汽福田车辆股份有限公司、安徽飞彩集团的股票将在1998年上市，湖北至喜集团、河北宇康集团（原广平机械厂）的股票也正在准备上市的运作之中。

存在问题及今后工作重点　存在的主要问题：(1)产品特点不突出，价位区分不明显，地区适应性差，发展方向有待明确；(2)生产的高集中度与大离散度并存，行业组织结构需要调整；(3)零部件通用性差；(4)过度价格竞争导致企业经济效益普遍滑坡。

1997年三轮农用运输车最低价格降低到每辆4 000元左右，倾销库存四轮农用运输车价格降低到每辆15 000元以下。由于过度价格竞争，导致企业在产量增加同时经济效益不能同步增长。据初步估计，仅1997年，因竞相降价造成全行业损失净利润20多亿元。

今后工作重点：(1)贯彻执行国办发［1997］35号文，鼓励行业内企业间相互联合，在优势互补的前提下进行兼并与资产重组；(2)加强行业发展战略研究，及时开发、研制、生产出满足不同地区、不同地理环境、不同路面条件、不同消费层次、不同使用功能要求的产品；(3)切实提高农用运输车产品的可靠性；(4)在整顿配套零部件质量的基础上提高农用运输车的通用化、系列化与标准化程度。

〔撰稿人：机械工业农用运输车发展研究中心唐光萍、吴思航　审稿人：机械工业农用运输车发展研究中心董长征〕

四、排灌机械

生产发展情况　1997年机械工业部统计归口的排灌机械行业企业153个，全部职工全年平均人数61 973人，固定资产原价22.46亿元，固定资产净值平均余额15.21亿元。全年完成工业总产值27.75亿元（1990年不变价），比1996年下降了5.1%，实现利税1.83亿元，比1996年增长0.55%。

据统计，行业内11个骨干重点企业产品产量略高于1996年的产量。工业总产值合计低于1996年，其中4个企业的工业总产值高于1996年，其余企业的工业总产值都低于1996年。5个企业利润总额高于1996年，4个企业利润总额低于1996年，两个企业亏损。总体经济效益好于1996年，平均水平略高于全行业的平均水平。

产品分类产量　1997年喷灌机械产量14 571台，比1996年下降74.61%。农用水井钻机产量518台，比1996年下降32.73%。农用水泵合计产量1 806 208台，比1996年下降15.57，其中深井泵产量31 017台，比1996年下降13.75%，井用潜水电泵和小型潜水电泵合计产量884 435台，比1996年下降25.39%。大型泵产量13台，比1996年下降45.83%。

市场及销售　1997年全年销售收入24.44亿元，比1996年下降5.8%。喷灌机和长轴深井泵销售形势不及1996年，井用潜水电泵销售量高于1996年，小型潜水电泵销售量低于1996年，大型泵销售量下降，中小型离心泵、混流泵、轴流泵销售量与1996年相当。一部分小型企业的销售情况较好，市场占有率较高。生产相同产品的企业间市场占有率差距较大。

国外市场销售额下降。全年出口交货值2 053万美元，其中自营出口创汇额331万美元，分别比1996年下降17.8%和18.5%。出口主要地区是南亚、非洲。对拉丁美洲和欧洲的出口量有所增加。

科研成果及新产品　1997年完成机械工业部科研计划两项。一项是由江苏理工大学、博山水泵厂和杭州水泵总厂共同负责研究的低比转数理论及内部流动测量与数值模拟，另一项是由安徽工学院负责研究的小型、微型叶片泵冲压成型模具CAD。

1997年一些科研单位和企业对节水灌溉的方法和系统装备的研究加大了力度，取得了较好的效果。1997年机械工业部下达的新产品试制计划3项，全部按计划完成。250QJY型筒袋式输油电泵和SWQ型砂污潜水电泵由山东电泵股份有限公司负责完成，800S76单级双吸离心泵由四川新达泵业股份公司研制成功。

一部分企业自行开发了一些新产品，包括大型轴流式潜水电泵，大型污水潜水电泵，中小型污水污物潜水电泵，节水灌溉系统设备等。已陆续投放市场使用。

质量及质量管理　根据机械工业部计划，1998

年将认定农用水泵名牌产品。1997年机械工业部农业装备司确定首先对潜水电泵产品进行名牌认定。中国农机工业协会排灌机械分会分别于1997年7月和12月配合机械工业部农业装备司召开了小型潜水电泵和井用潜水电泵行业工作会议，对产品质量状况进行了调查，分析了影响产品质量的因素，对创名牌产品和评定明星企业有关问题进行了深入讨论，为1998年开展这项工作做了准备。

1997年6月中国农机工业协会排灌机械分会与中国农业机械标准化技术委员会联合举办排灌机械系列标准研讨宣贯会，会议讨论了ISO 9000质量体系认证工作，并对与会代表提出的问题进行了解答。会议邀请了《小型潜水电泵》、《小型潜水电泵质量分等》、《潜水电泵可靠性考核评定办法》两项标准、一项规定的主要起草人进行宣讲和解答问题。会议介绍了《排灌泵和泵机组安全技术要求》国家强制性标准内容和起草情况。

1997年7月中国农机工业协会排灌机械分会作为名义赞助单位组织参加由新加坡环球联系有限公司在北京举办的第二届中国国际泵、阀、管道、压缩机、防腐及污化控制展。有4个会员单位设了展台，大部分会员单位派代表参观了展览，许多单位与国内外厂商建立了联系。

基本建设及技术改造 1997年全年更新改造措施项目完成投资8 589万元。全年完成基本建设投资额8 948万元。

〔撰稿人：中国农业机械工业协会排灌机械分会 王洪富〕

〔农业部〕

生产发展情况 1997年农垦系统从事机械生产的企业66个，比上年减少21个，其中，新疆生产建设兵团减少1个，黑龙江省农场总局减少5个，其他各省、市减少15个。在生产农业机械的66个企业中，大二型1个，中一型1个，中二型14个，小型50个。全国农垦系统共完成工业总产值8.8亿元(1990年不变价)，完成利润－1 724万元，上缴税金总额5 629万元，分别比上年增长－19.3%，－16.4%（减亏）和34.6%，完成工业增加值3.4亿元，上缴农场利润530万元。1997年农垦系统农业机械生产特点是：

(1)按农业机械主要产品结构分类，生产耕作机械企业11个，植保机械2个，收获机械8个，运输机械4个，农副产品加工机械7个，排灌机械4个，畜牧机械3个，拖拉机、内燃机及农具配件27个。生产的8大类农业机械产品中只有植保机械、收获机械两类产品产量分别增长38.2%、3.7%，其他6类机械产品产量全部是负增长。

(2) 拖拉机、内燃机及农机具配件生产在1996年回落的基础上继续回落，比上年减少30.3%。

(3) 新疆生产建设兵团、黑龙江省农垦总局主要生产企业继续亏损，亏损额分别达到2 213万元和630万元；全行业亏损企业34个，与上年持平，全行业亏损总额1 724万元。

1997年完成工业总产值、工业增加值列前十位的企业见表3、表4。

表3 1997年农垦系统工业总产值前十位企业

序号	企业名称	工业总产值（不变价，万元）
1	上海农工商集团向明总公司	11 318.0
2	杭州永磁集团有限公司	9 556.9
3	上海长江仪表厂	7 374.0
4	黑龙江省赵光机械厂	4 500.0
5	黑龙江省白桦清选机厂	4 407.0
6	江苏省减速机厂	3 286.6
7	新疆潜水泵厂	2 907.0
8	上海乳品机械厂	2 859.9
9	新疆石河子植保机械厂	2 633.5
10	黑龙江省依兰收获机械厂	2 443.0

表4 1997年农垦系统工业增加值前十位的企业

序号	企业名称	工业增加值（万元）
1	新疆潜水泵厂	6 684.0
2	上海农工商集团向明总公司	4 338.0
3	杭州永磁集团有限公司	3 112.1
4	新疆石河子辐条厂	2 813.0
5	黑龙江省白桦清选机厂	2 092.0
6	江苏省减速机厂	1 383.3
7	上海长江仪表厂	1 124.0
8	黑龙江省赵光机械厂	933.0
9	舟山市定海磁钢厂	913.3
10	黑龙江省迎春机械厂	841.0

产品分类产量 1997年农垦系统生产的农业机械分类产品及产量见表5。

市场及销售 1997年农垦系统农业机械产品销售收入12.5亿元，比上年增长4.2%，年末库存总金额3亿元，比上年减少0.1亿元。

1997年农垦系统农业机械产品对外出口总额1 894万元，比上年减少57.6%；其中主要出口企业及产品为江苏减速机厂生产的减速箱及杭州永磁集团有限公司生产的永磁铁等。

新技术及科研成果 1997年农垦系统新技术及科研成果有：(1)黑龙江省赵光机械厂研制生产的2BFM-6A/2A型铺膜播种机。主要用于玉米、甜菜等作物铺膜播种。其中2BFM-6A型机与东方红-75/802拖拉机配套使用，2FBM-2A型与小四轮(8.8-13.2)拖拉机配套使用。能一次完成起垄、压实、整形、施肥、铺膜、打孔播种、覆土等项作业，可铺膜、播种联合作业，也可单独铺膜或播种，还可进行中耕、开沟、追肥作业。(2)黑龙江省农垦总局农业航空实验站飞机低量叶面施肥在大豆上的应用，这项航空作业新技术经过8年的试验研究、示范、推广，应用面积已达29.04hm^2与飞机常量叶面施肥相比作业效率提高50%，与不施肥相比增产11.1%～19.0%，累计新增总产量8.7万t，新增经济效益1.4亿余元，比飞机常量叶面施肥新增经济效益0.9亿元，科技投资收益率为1：14.2。该站应用的设备是波兰的M-18A飞机和空中农夫飞机，英国、美国生产的Au-5000型风动旋转式雾化器，波兰生产的B2型喷嘴和美国生产的CP型喷嘴，水敏感低。这项农业作业新技术已成为大豆生产常规技术措施之一，它具有延长生育期叶片功能，减缓植株衰老，增强作物抵御外界不良条件的能力，促早熟和增产等作用，一般提早成熟3～5天，避免早霜危害，可结合防病、虫同时进行，降低成本，并由一遍作业向多遍作业发展。(3) 由黑龙江省农垦科学院科技开发中心研制的5HSH-10型水稻干燥机，是农业部“八五”课题“水稻干燥技术及新型干燥机研究”的重要组成部分，于1995年在黑龙江省兴凯湖农场加工厂粮食中心安装投产，当年干燥水稻近万吨，整机干燥水稻的生产率、降水幅度及爆腰增率等性能指标均超过了设计要求。研制单位于1996年1月对该机进行了生产测试，其结果是平均降水幅度4%左右，生产率15t/h，爆腰增率4%，上述指标均超过原设计要求。为进一步降低爆腰率，入机水稻应先清选干净，尽量清除未成熟粒、二次枝梗、一次枝梗、稻芒及稻壳等杂物，在设计方面，为减轻干燥室两侧边界影响，可将排粮的叶轮由原来的2个增加到4个。如果不考虑排粮机构的影响，应尽量加宽干燥室的纵向宽度，可加宽至1 200～1 500mm。(4) 黑龙江省农垦农机技术服务中心和省水田机械化研究所共同研制的2ZTF-6型水稻深施肥机突破了水田化肥深施肥的技术难关，该机主要性能特点是：在水稻生产中使用传统的手水施肥造成的缺陷，得到机械化的改进，可按农艺要求精确地把化肥施入距秧苗一定距离和深度的泥土中（距离和深度可调），使化肥在泥水中慢慢分解，延长肥效，达到省肥、省工、增产、减少污染的目的；该机与2ZT-9356型机动水稻插秧机配套使用，安装施肥机后增加了深施肥功能，但不影响插秧机的性能；排肥总成拆卸方便，有利于清肥和更换工作部件。该机主要技术参数：外形尺寸（长×宽×高）650mm×1 700mm×600mm，质量21kg，工效0.20～0.27hm²/h，适应栽培规格30.0cm×10.0cm、30.3cm×13.3cm、30.0cm×16.7cm、30.0cm×20.0cm，开沟宽度2cm，肥箱容量6×4kg，适应肥料为直径2～4mm的颗粒肥。该机经黑龙江省新华农场试验证明节肥增产效果明显，被列为黑龙江省国有农场重点推广的农机科研成果。

表5　1997年农垦系统农业机械产品产量情况

产品类别	产量（台）	比上年增长%
耕作机械	7 562	−26.8
机引铺膜机	1 222	
机引犁	935	
机引耙	403	
机引播种机	1 368	
其他	3 634	
植保机械（机动喷雾器）	1 560	38.2
收获机械	21 118	3.7
联合收获机	9 588	
茎杆还田机	673	
复式种子精选机	4 639	
脱谷机	1 156	
金属粮仓	115	
其他	4 947	
运输机械（拖车）	659	−80.7
农副产品加工机械	662	−83.9
茶叶加工设备	177	
奶槽车	2	
其他	483	
排灌机械	4 712	−54.9
潜水电泵	3 782	
其他	930	
畜牧机械	11 742	−24.3
液氮生物容器	6 038	
饲料粉碎机	5 704	
小型拖拉机	673	−57
拖拉机、内燃机及农机具配件	5 520（万件）	−30.3

新产品　1997年农垦系统农业机械制造行业共开发新产品143种，比上年减少1种。其中，新疆生产建设兵团开发64种、黑龙江省农垦总局开发29种、上海市农场局开发6种、江苏省农垦局开发8种。主要是围绕大型农业机械的更新改造、换型、改型、提高技术性能、适应农业农艺要求进行的，新产品主要分两类：一是适应农场种植业机械化要求的产品；二是为大型农机具配套的机械。主要有：(1) 新疆生产建设兵团农二师二十九团修造厂为适应棉花收获后棉秆还田增加土地肥力而研制生产的4MQH-3.6型棉秆切碎还田机。(2)农七师一二三团农机修造厂研制的内盒式单圆片穴播器，产品构造简单、作业可靠性强，能与宽膜、窄膜任何一种播种机配套使用，主要技术参数：穴距1 160～1 200mm，每穴籽3～5粒，沟深50～70mm，播深25～30mm，沟宽75～80mm，播种量67.5～75.0kg/hm²，成穴率100%；为适应地膜种植棉花，将棉苗出土后由地膜下解救出来，该厂还研制出3FM-1型人力半自动放苗器，该放苗器构造轻便、易于携带、放苗率高、不伤苗，已通过鉴定，主要技术参数：外形尺寸（长、宽、高）160mm×313mm×415mm，放苗株距85～95mm，行进速度40～45m/min，高于人工放苗0.06hm²/天。(3) 农七师五五团农机厂与兵团农垦科学院农机研究所共同研制开发的ILZ-5.4型联合整地机，深受广大用户欢迎。(4) 黑龙江省八五四机械厂研制开发的与自走式谷物联合收割机配套的XFP系列秸秆粉碎还田机系列，包括XFP1200Ⅰ、Ⅱ型，XFP1300Ⅰ、Ⅱ型，秸秆还田机装置，可直接与联合收割机尾部连接，利用联合收割机的动力驱

动其工作部件，将作物秸杆切碎抛散还田。(5) 江苏省海马收割机总厂和英国 SRE 公司合作开发生产的 RX、SR 谷物脱收台，该产品采用直接脱收原理，与传统的收割台相比较，具有收获效率高，总损失率、含杂率和破碎率低、使用经济、性能好等特点，可在我国早期生产的 JM1065 (JM1075)、E512 (E514) 等联合收割机上配套使用，具有 90 年代技术水平。经与 JM1065 联合收割机配套收割 166hm²，生产率 2.3hm²，总损失率 1.25%，含杂率和破碎率均低于 0.5%。

基本建设及技术改造 1997 年农垦系统农业机械行业完成固定资产投资 3 744 万元，比上年减少 61.2%，其中基本建设投资 1 747 万元，技术改造投资 1 997 万元。1997 年完成百万元以上固定资产投资情况见表 6。

表 6 1997 年农垦系统完成百万元以上固定资产投资情况

(单位：万元)

单位名称	基本建设投资	技术更新改造投资
全国农垦系统	1 747	1 997
新疆生产建设兵团	829	112
黑龙江省农垦总局	394	385
浙江省农业厅农场局		1 500
广州市农场管理局	100	
河北省农垦总公司	222	
江西省农垦总局	200	

管理及改革 1997 年农垦系统农业机械生产行业通过开展学“邯钢”、“创名牌”的活动，取得较好成绩。在第三届中国农业博览会上获得 3 项名牌产品：新疆农垦机械工业公司地膜机厂生产的塔里木牌 2BMG-A 型地膜覆盖播种机，黑龙江省迎春机械厂生产的迎机牌 BC 型波纹板装配式金属粮仓，石家庄市种子机械厂生产的绿矩牌 ZPC-2 型谷物种子加工配套机组。新疆生产建设兵团农五师机械厂调整产品结构、培养新的增长点，建起棉花轧花锯片厂，锯片十项工艺指标达到国家技术标准，成为西北五省区首家生产棉机锯片的新疆北方锯片厂；并与上海深井泵机械厂联营成“产经销”服务中心，为农业提供喷灌配套水泵配件，取得较好效益，由于该厂充分适应市场需求，围绕大农业作文章，形成以榨油、轧花、锯片、水泵、井壁管为主五大工程项目，为机械厂走出困境打下了基础。新疆生产建设兵团新疆潜水泵厂，抓企业管理，抓新产品开发，历年来效益不断提高，先后“靠质量创名牌，靠名牌增效益”迎得社会的赞誉，在全国水泵行业 100 个企业中名列第 10 位，获中国机械行业优秀企业、“八五”全国节能优秀企业、国家科技成果重点推广项目单位、新疆机械工业优秀企业等多项荣誉，五家渠牌潜水泵荣贯全疆，名牌效益显著。

〔撰稿人：农业部农垦局马孟发、李 玲 审稿人：农业部农垦局李国志〕

〔责任编辑：王 如〕

热带作物机械

〔农业部〕

生产发展情况 1997 年农垦系统生产热带作物机械的企业共有 19 个，其中中型企业 3 个，小型企业 16 个；完成工业总产值 0.9 亿元(1990 年不变价)，比上年减少 25%；利税总额－2 027.6 万元；完成产品产量 1 020 台，比上年减少 9%，其中种植管理机械 45 台，剑麻加工机械 182 台，分别比上年增长 50%、－63%，天然橡胶初加工机械 412 台，其他热带作物机械 277 台，分别比上年增长－32.8%、44.2%。全行业出现历史上第二年亏损，19 个企业中 16 个亏损，比上年的 11 个增加了 5 个，亏损额 1 951.2 万元。

产品分类产量 1997 年，热带作物机械行业共生产 4 类产品，总产量 1 020 台，其中种植机械 45 台、天然橡胶初加工机械 412 台、剑麻加工机械 182 台、其他热带作物机械 277 台。各类机械产品产量详见下表。

热带作物机械产品产量表

产品名称	产量（台）	比上年增长%
合计	1 020	
种植管理机械	45	50
挖穴机	30	
其他	15	
橡胶初加工机械	412	－32.8
造粒机	44	
绉片机	121	
洗涤机	43	
压薄机	14	
打包机	35	
压片机	15	
干燥车	30	
干燥炉	12	
渡车	30	
胶乳离心过滤机	5	
其他	20	
剑麻加工机械	182	－63
刮麻机	15	
理麻机	11	
纺纱机	55	
制绳机	71	
制胶机	30	
其他热带作物机械	277	44.2
制糖设备	88	
茶叶干燥炉	34	
其他	155	

市场及销售 1997 年，热带作物机械行业销售收入总金额 1.1 亿元，比上年下降 15.4%；完成利润－1 923 万元，上缴税金总额－105 万元，比上年有较大幅度下降，成为欠税户，年末库存金额 4 133 万元，比上年减少 527 万元。

新技术及科研成果 1997 年，热带作物机械行业的主要科研成果有：(1)华南热带农产品加工设计研究所的科研论文《腰果加工工艺及设备的研究》获农业部科学技术进步三等奖。(2)广东省国有火炬农场研制的5P-1型排麻机，解决剑麻叶片排麻中的问题，使成捆的麻片在输送带上排布均匀、头部整齐，麻片头部相差20mm以内，便于打包入库；直纤维抽出率由原来的4.5%提高为4.6%，节约用电，由原生产线配套用电36kW减少为21.5kW；同时减轻工人劳动强度。(3)广西农垦明阳机械厂对薯类淀粉应用气流干燥研究取得了可喜的成绩，对于气流干燥中出现的三个难点问题：①粉尘飞扬，②余热大，不能立即包装，③有1～3%的尾淀粉损失，进行了多年的研究实践提出了一套较好的措施和方法。

新产品 1997年热带作物机械行业共开发新产品6种，其中主要有海南省农垦营根机械厂研究开发的天然橡胶标准胶加工机械设备——撕粒机。主要功能是将脱水后的胶片切碎成相等的大小颗粒胶以利于干燥，其功效为锤磨机的2倍，该机已在加钗农场胶厂安装，经操作检验考评表现良好，每小时生产干胶达2.8t，且造粒均匀。还有华南热带农业机械研究所研制的胡椒脱皮机和胡椒洗涤机。

质量及质量管理 1997年7月热带作物机械分标委员会召开专家会议审定修改该行业已发布的天然橡胶、剑麻加工机械标准中存在的问题，以适应改革开放的需要。热带作物机械检测中心于1997年8～9月对行业主要产品进行了检测，样机4批8台，总合格率50%。

基本建设及技术改造 1997年热带作物机械行业共完成固定资产投资1 435万元，其中基本建设投资1 379万元，技术更新改造投资56万元，比上年均有大幅度下降，各省、区主要完成当年固定资产投资如下：广东省完成582万元，海南省完成827万元，云南省完成26万元。

管理及改革 1997年9月，热带作物机械技术协会在云南德宏机械厂召开热带作物机械协会第三届常委扩大会，研究全行业进一步加大改革力度，考察德宏机械厂如何适应市场、培育市场、服务市场，使一个小型机械厂办起冶炼厂、水泥厂。

湛江农垦第二机械厂在1996年深入改革内部管理产销"一条龙"成立分厂的基础上，为了更好的适应市场、服务市场、扩大市场，在主管部门支持下，于1997年8月正式加入湛江农垦剑麻加工股份责任有限公司。

华南热带农业机械研究所与华南热带作物产品加工设计研究所于1997年12月正式合并，上级主管部门任命张劲同志为党委书记，陈鹰同志为所长，目前对外仍可挂两个牌子，对内为华南热带作物产品加工设计研究所。

云南省热带作物机械厂将企业部分人员抽调出来，组建昆明华建塑料制品有限公司，引进国外先进设备、高新生产技术及优秀的管理方式，率先在西南部地区生产高级塑钢印花整体门窗及异型材，公司总投资额达3 100万元，年生产塑钢整体门15万樘，装饰板50万m^2。塑钢型材是继木、钢铝合金之后第四代新型建材，该公司的产品取得了省级新产品证书、云南省消防产品准销证、云南省建设新产品推广许可证书。

〔撰稿人：农业部农垦局马孟发、李 玲 审稿人：农业部农垦局李国志〕

〔责任编辑：王 如〕

营林机械

〔林业部〕

生产发展情况 1997年营林机械行业9个企业，完成工业总产值91 913万元（当年价），比上年增长1.1%；实现利润6 293万元，比上年增长6.7%。

9个企业中，各项经济指标完成最好的企业是江苏林海动力机械集团公司，该厂完成工业总产值74 946万元，比上年增长9.25%，实现销售收入68 780万元（含税时销售收入80 400万元），与上年持平；实现利税10 558万元，比上年增长65.68%，其中利润5 764万元，同比增长25.76%；全员劳动生产率为57.6万元/人，比上年增长2.7%。

产品分类产量 林业部1997年营林机械行业主要产品产量见下表。

1997年营林机械主要产品产量

产品名称	产量（台）	比上年增长%
喷雾器	1 637	15.6
汽油机	259 910	－0.1
风力灭火机	10 103	
割灌机	5 300	35.0
手抬机动泵	4 216	12.2

市场及销售 1997年，营林机械行业完成销售收入81 675万元，比上年增长9.6%；出口营林机械14 831台，出口创汇365万美元，其中，小动力机械13 981台，创汇351万美元；割灌机850台，创汇14万美元，产品主要销往泰国、越南等东南亚国家。

西北林业机械厂1997年的销售工作取得了较好的成绩。完成销售回款5 340万元，比上年增长18.7%；实现工业总产值（含税）5 210万元，比上年增长15.4%，提前完成了生产经营目标。

科研成果及新产品 1997年营林机械行业获奖项目有两项，即江苏林海动力机械集团公司承担的LH90摩托车的研制，哈尔滨林业机械研究所研制的林业苗圃新型喷灌(微灌)系统同获林业部科学技术进步三等奖。

1997年营林机械行业执行新产品开发项目共6项，有15项新产品研制成功，部分已通过省、部级鉴定。主要有：(1) 西北林业机械厂研制的 3WZ-18 型机动喷雾机，该机采用 1E40FB 汽油机为动力，泵体采用双缸柱塞泵，可广泛应用于果园、林业、架棚、卫生防疫、防治病虫害等。(2) 江苏林海动力机械集团公司研制 LH150T 摩托车，填补了国内大型踏板车的空白，同时，还试制出 LH150-2、LH150-3、LH125-2、LH125-3、LH100-2、LH100-3、LH100-4、LH100-4A 等 8 种骑式摩托车和 LH125T-4、LH100T-4、LH90T-4、LH50QT-4 等 4 种踏板式车，这 12 种产品已通过省、部级鉴定，全部达到国内同类产品先进水平。(3)哈尔滨林业机械研究所研制的 5kW 小型离心风机自动测试系统已提交验收。

质量及质量管理 1997 年西北林业机械厂经林业部生产许可证检查小组对 BG33 油锯和 BH33 油锯全面审查，质量均获通过。

江苏林海动力机械集团公司的 1E50FM 汽油机等 7 种产品获全国工业产品许可证，林海牌和林海雅马哈牌摩托车汽油机获 1997 年度江苏省名牌产品称号。

基本建设及技术改造 1997 年西北林业机械厂在 650 万元技改资金到位后，完成联合车间三条汽油机生产线、曲轴箱生产线，铣镗机已安装调试完毕，为 1998 年小喷雾器大批量生产奠定了基础。

江苏林海动力机械集团公司完成“八五”技术改造项目投资 6 472 万元，其中便携式林业机械与摩托车发动机技术改造和强制风冷发动机技术改造两个项目均已完成。“双加”项目完成投资 6 160 万元，采用光固化等新工艺的喷涂漆生产线投入试行，年产 10 万套座式车塑饰件的能力即将形成。

管理及改革 1997 年经林业部推荐和中国证监会批准“林海股份”于 6 月 17 日正式上网发行，“江苏林海股份有限公司”亦正式成立。该股份公司是由中国福马林业机械集团有限公司在对其全资所属企业——泰州林业机械厂改制的基础上，以泰州林业机械厂的主要经营性资产作为投入，通过募集设立方式设立的股份有限公司，主要从事摩托车发动机、摩托车、小型汽油机、林业机械及其他普通机械的生产和销售。

〔撰稿人：中国林业机械协会戴芳芳　审稿人：中国林业机械协会许士项〕

〔责任编辑：王　如〕

畜牧机械

〔机械工业部〕

生产发展情况 1997 年末，机械工业部系统从事畜牧及饲料加工机械生产的主要企业有 63 个，职工 21 805 人，固定资产合计 6.4 亿元，固定资产净值年末平均余额 5.5 亿元，金属切削机床 4 005 台，锻压设备 815 台。全年完成工业总产值（1990 年不变价）7 亿元，比上年下降 11%，利润总额 -1 995 万元。全年完成产品产量 27.43 万台（套），比上年下降 9%。

从总体上看，由于饲料业、饲养业“七五”、“八五”连续发展，已打下基础，并初具规模，基础设施已饱合，近年来出现行业不景气实属正常。

产品分类产量 1997 年畜牧及饲料加工机械完成产品产量 27.43 万台（套），其中①牧草（料）收获机械 29 911 台，比上年下降 8.75%。②饲料加工机械 206 897 台（套），比上年下降 4.66%，其中大中型成套设备 34 台（套），比上年下降 82.74%，机动饲料粉碎机 186 583 台，比上年上升 9.63%。③畜禽饲料鸡成套设备 21 390 台（套），比上年下降 21.8%，其中大中型养鸡成套设备 143 套，比上年上升 74.39%，液氮罐 654 个，比上年下降 27.89%。④畜产品采集加工（主要奶制品采集加工）11 166 台（套），比上年下降 32.57%。⑤其他畜牧机械 4 943 台，比上年下降 11.91%。

市场及销售 在国内市场经济条件下，畜牧及饲料加工机械行业发展不平衡。草原建设机械产量一直很少，主要是受投资缓慢限制，网围栏 1997 年生产 104.3 万 m，比上年下降 5.61%。内蒙宝昌牧机厂生产的割、搂草机销售量比上年下降 1/3，打捆机销售与上年持平。近三年来，内蒙海拉尔牧机总厂增长速度逐步缓慢，1996 年售出商品和销售额比 1995 年分别增长了 42.9%和 34.8%，而 1997 年比 1996 年分别增长了 20%和 13.5%，分别下降 22.9 个百分点和 21.3 个百分点。草原机械生产企业主要集中在牧区，我国草原辽阔，资源丰富，但草原机械在我国始终是一个弱项。近来草原机械不但在牧区使用，农区使用亦有扩大的趋势。

畜禽饲养机械 1997 年产销大滑坡，部分企业开工不足，处于停产、半停产状态。中小孵化设备厂难以为继，鸡笼厂连续几年滞销，导致一些厂家纷纷转产或被兼并。从目前趋势看，国内饲养机械仍没有良好的大环境。主要是大规模兴建养鸡场的高潮已经过去，新上马的项目多是乡镇企业或是规模较小的养鸡场，销势不会有大的改观，市场的主流仍以配件为主。

畜产品采集加工国内市场呈下滑趋势，奶制品的采集加工多集中在城市，而大城市使用的设备多为引进国外先进技术的设备，国内的乳品机械厂多为小型企业，经济技术实力和开发能力不强，相当部分属集体和私营企业。近几年来，国内肉牛饲养量虽有所增加，但比较分散，使用设备很少，启动市场尚无明显的迹象。

由于市场发展不平衡，同种档次的机型在不同的地区销势差异很大，喜忧并存。新疆联合机械（集团）有限公司剪毛设备厂生产的新山牌剪毛机刀片质量较好，适应世界各国不同地区、不同季节、不同品种羊群的剪毛作业。该厂还开发出专用于剪牛、马、鹿等牲畜的剪毛机刀片，至今已形成9种系列20多个品种，产品不但销往全国各地，而且70%的产品畅销新西兰、澳大利亚及欧洲和南北美洲，销售额已逾5 500万元，近三年出口创汇额超过100万美元。

饲料加工机械大中型成套设备比上年下降幅度较大，小型机组和机动饲料粉碎机尚有较大量需求。江西红星机械厂拓宽营销渠道，销售粉碎机2 891台，与上年相比增长了15.99%，该厂生产的饲料加工机械成套设备在中国西南世界银行项目国内竞争性招标中一举中标。江苏正昌集团饲料机械年产量3 500多台（套），其中新产品508型制粒机、50C型粉碎机、新型双辊和四辊颗粒破碎机、大型四转分级筛、膨胀器等达国际先进水平，产品销往全国29个省、市、自治区，并远销东南亚等十几个国家和地区。正昌牌系列颗粒机国内市场占有率达75%以上，由正昌集团设计、承建的淮阴正大年产36万t特大型饲料成套交钥匙工程，标志着我国特大型饲料机械开始真正进入市场。

广东华达机器厂1997年销售饲料机械产品610台（套），销售额5 560万元，产品销售率达97%，创利税1 150万元。产品出口香港、马来西亚、越南、玻利维亚等国家和地区，出口创汇150万美元。

科研成果及新产品　大同农牧机械厂现具备生产0.5～10t/h的各类单机和500～50 000吨级的精饲料加工成套设备，0.5～2.5t/h酒糟饲料加工设备以及粮食干燥设备共16个系列87个品种的能力和格局。这些设备从物料的输送、粉碎、清理、配料、混料、制粒、冷却、筛分到成品包装全部实现电脑程序自动控制运行。

海拉尔农牧机总厂1997年完成了9ZYL-0.5型圆草捆卷捆机，9ZYC-0.5型圆草捆缠绕机和4GD-110型大豆收割机及有关刀片的试制、试验和鉴定工作。

内蒙宁城机械制造总厂研制了9F45A型风送粉碎机，适应了较湿秸杆的粉碎与加工，避免了纤维对叶轮的缠绕和堵塞，能够把粉碎及输送一并进行。该项目通过了技术鉴定，并申报了国家专利。1997年被国家专利局列为第五届专利奖参评项目，12月该项目由国家科委、国家技术监督局等五个部门颁发国家重点新产品证书，并给予推广。

江苏正昌集团利用高新技术改造传统工艺、设备，加快产品更新换代，研制成功了生产高档饲料并提高生产效率、降低能耗的多种新机型。该厂几年来已先后开发新产品140多台，其中8台获国家级新产品称号，40多台填补了国内空白。大型饲料粉碎机和制粒机达到我国饲料工业发展纲要中2000年要求。

质量及质量管理　1997年国家牧业机械质量监督检验测试中心对粉碎机产品进行了抽查，抽查40个生产企业的40种产品（包括大中小型各种规格），按企业执行标准判定，合格企业29个，合格产品29种，产品抽样合格率为78.4%。对铡草机抽查18个企业的18个产品，产品抽查合格率为66.7%。从抽查结果和了解的情况分析，股份制企业和国有企业产品质量较好，中型企业的产品质量比小型企业生产的产品要好得多。

江西红星机械厂生产的9FQ40-20型、9FQ50A型粉碎机经省农机产品质量监督检测中心抽样检查达到一等品水平，1997年7月国家牧业机械质检中心在随机抽样检查中9FQ40-20型粉碎机所有指标均达到部颁标准，全部合格。据国家技术监督局公布的抽查结果，辽宁凤城东风机械厂生产的飞马牌铡草机被评为全国质量第一名。江苏正昌集团饲料机械和饲料成套工程项目分别一次性通过ISO/9001标准认证注册。

管理及改革　为了加强行业管理工作，1997年7月召开了畜牧及饲料加工机械分会第三届会员单位代表大会暨三届一次理事会，会议换届选举产生了新一届理事单位、副理事长及理事长单位，并联任了分会秘书长。根据协会章程发展江苏正昌集团、广东省农机研究所等7个新会员单位。分会继续协助政府部门及中国农机工业协会工作，在政府和企业之间起桥梁和纽带作用。

为了帮助企业开拓市场、扩大产品宣传，分会分别在河北、河南组织了畜牧及饲料加工机械产品展销订货会，会上部分样机进行了现场表演，有关问题组织技术咨询，会议还组织交流了新产品、新工艺、新技术及管理方面的经验。

〔撰稿人：中国农业机械工业协会畜牧及饲料加工机械分会王河江　审稿人：机械工业部农业装备司马文焕〕

〔责任编辑：王　如〕

风力机械

〔机械工业部〕

生产发展情况　1997年全国风力发电机组及风力提水机组生产及配套企业共有38个，年生产能力约3万台。1997年全国共生产10kW以下独立运行小型风力发电机组约6 000台，比上年减少2 000台。1997年风力机械重点企业内蒙古商都牧机厂生产风力发电机组3 838台，完成工业总产值1 122.7万元，比上年增长12.27%，实现销售收入900.3万元，实现税金58.3万元。1997年，10kW以上风力发电机组共生产了4台，其中：浙江省机电研究院生产了2台200kW风力发电机组，安装在广东省南澳风力发电场并网运行。南京高速齿轮厂、上海玻璃钢研究所等单位自行设计制造的2台300kW风力发电机组也安装在广东南澳风场运行发电，这是目前国内生产并投入商业运行最大的机组。

目前，各国政府对开发利用风力发电给出一些优惠政策，因而促进了风力机械的发展。据有关资料介绍，1996年全世界风力发电装机容量为5 334MW，而1997年增加到7 000MW，其增长率为31%，1996年的增长率为25%。超过任何一种电力的增长速度。这也反映风力发电在世界上已真正启动起来了，其增长速度逐年在增加。风力发电发展较快的国家有德国、印度、西班牙、丹麦、英国、美国等国家。

近年来由于我国各级领导重视和支持，电力部门的努力，并网风力发电场不断建成，截至1997年底，全国有18个风力发电场装机433台，装机容量为167MW，1997年新增装机容量为108.8MW，是1996年度装机容量的4.87倍。所装机组单机容量最小的为55kW，最大的为600kW。

产品分类产量　1997年全国风力发电机组及风力提水机组生产企业可生产的主要品种有：100、150、200、300、500W，1、2、5、10、55、200、250、300kW风力发电机组，2、3、4、5、5.5、6、8m直径的风力提水机组等，其中10kW以下风力发电机组主要生产企业有内蒙古商都牧机厂、内蒙古天力风力机械厂（原内蒙古动力机厂）、山西太原八八四厂等，10kW以上风力发电机组主要生产企业有：青岛大华机械厂、浙江机电院实习工厂、中国一拖集团有限公司、南京高速齿轮厂，风力提水机械主要生产企业有：江苏兴化拖拉机厂、内蒙古商都牧机厂。

市场及销售　由于我国并网风力发电设备的设计与制造技术尚不成熟，与世界先进水平相比差距甚大，远远满足不了我国风电场建设的要求。特别是我国资金短缺，尚不能在风电场建设方面大量投资，目前主要是利用国外政府贷款来购买，因此目前这一市场基本上由国外企业占据着，即总容量的99%是进口机组，其中丹麦占67%、德国占21%、美国占11%，而真正由我国自行设计制造的机组只占1%，还主要是科研样机，因此加速我国大型风力发电机组的国产化进程是当务之急。

科研成果及新产品　机械工业部申报的国家“九五”重点科技攻关项目“大型风力发电系统关键技术的研究”可行研究报告，国家计委于1997年1月正式批复，同意将该项目列入国家“九五”重点科技攻关计划。该项目的主要研究内容及攻关目标：

(1) 研制并网型300、600kW风力发电机组商品样机各一台，使其国产化率分别达到60%和40%，2000年前在风电场并网发电，并通过2 000h连续运行考核；

(2) 研究提出我国风电场资源评估软件及风场选址模型，提出大型风机并网系统技术，制定管理办法，规范风电场施工；

(3) 研究提出与国际标准接轨并适合我国国情的风力发电机组产品设计规范、产品质量标准、检测标准和方法及必要的检测手段；

(4) 研制中扬程风力机-离心泵提水机组、风力机-空气泵提水机组、离网型风力发电提水机组商品样机各一台；

(5) 该项目科研攻关总经费由国家在重点科技攻关经费中解决一部分，其余由有关单位自筹。要求2000年前完成全部研究内容，并通过风电场运行考核，鉴定验收。

项目立项后，机械工业部根据项目管理的要求，对设备研究部分采用招标方式确定承担单位，并给有关单位下发了“300、600kW风力发电机组的研制”课题下设的8个专题的项目指南。

1997年3月13～15日在北京召开了各专题可行性研究报告及标书审查会议，按照招、投标程序和规则，确定中国一拖集团有限公司、西安航空发动机公司、中科院电工研究所、上海玻璃钢研究所、杭州齿轮箱厂、四川江津齿轮箱厂等为承担单位，并对各承担单位的专题及分专题的可行性研究报告进行了评审。会后机械工业部又与各承担单位签订了专题合同，各单位已按合同要求开始工作。

基本建设及技术改造　1997年，国家计委为了进一步发展我国的风力发电事业，制定了“光明工程”计划和“乘风”计划。

(1)“光明工程”计划

据统计，我国1996年有无电县11个，无电乡649个，无电村24 818个，无电农户约1 404万户，有近7 200万人口没有用上电。这些地区都远离电网，近期不可能通过架线输电。在这些无电的边远地区和海岛，还有很多边防哨所、微波通讯站、气象站、输油管线站、公路及铁路道班等，也一直存在着供电成本高、可靠性差等问题。然而，大部分无电地区有着丰富的风能和太阳能资源。

为认真贯彻中央在1996年召开的扶贫工作会议提出的“把资源开发，治穷致富作为扶贫工作的关键”的指示精神，以及1996年9月在津巴布韦召开的世界太阳能高峰会议上关于推行“光明工程”的倡导，结合我国电力工业发展现状，国家计委制定了“光明工程”计划，该计划的目标是：到2010年利用风力发电为有风无电地区的约2 300万人口供上电，使他们人均拥有电量100W的水平；“光明工程”的首期计划是用5年的时间完成300个无电乡、100个无电哨所和100个微波通讯站的风电系统建设，预计总装机容量50～60MW，使100万人口能用上电。

(2)“乘风”计划

八届人大四次会议批准的《国民经济和社会发展“九五”计划和2010年远景目标纲要》中明确提出，大力发展新能源是我国能源产业政策之一。国家“九五”新能源发展计划提出，“九五”末期全国风力发电的总装机容量将突破400MW。这对于我国大型风力发电机组的国产化提出了十分迫切的要求。为了发展我国的民族工业，促进风力发电的规模化和产业化，国家计委“九五”期间制定了“乘风”计划，拟采取技贸结合的方式，引进、消化、吸收国外先进技术，实现300、600kW大型风力发电机组的国产化进程，以加速我国风电场的建设步伐。

对外合作　国家新能源发展“九五”计划要求到

2000年全国风电场装机容量要达到400MW。但目前我国的机械工业制造水平还不能为建设风电场提供合格的机组，如果400MW所用机组全靠进口既浪费国家大量外汇，又增加了风电场的投资成本，而我国的风力发电机组的制造水平也提高不了。因此，为了发展我国民族工业，降低风力发电机组的制造成本，加速大型风力发电机组的国产化和产业化进程，国家拟采取在国内建立合资企业的方式，引进国外的成熟技术，进行消化吸收，逐步实现国产化，以提高我国设计制造大型风力发电机组的能力，并使国产化机组达到国际商品机组的质量标准。

因此，国家计委在"乘风计划"的实施过程中，招标选定了中国一拖集团有限公司和西安航空发动机公司作为与国外企业合资生产300、600kW级风力发电机组的中方企业后，又通过询标方式，广泛吸纳国外先进的生产企业，对其生产技术、生产能力、产品的质量等多方面进行了综合评定，选定了两个外方企业与中方合资。即西安航空发动机公司与德国诺贷克斯巴克-杜尔公司（NORDEXBALCKE-DURR）建立合资企业，生产250、600kW风力发电机组，已签定合同，正在办理合资企业的有关手续。中国一拖集团有限公司计划与西班牙麦德（MADE）公司建立合资企业，生产300、600kW风力发电机组，签定了合资意向，正在准备签定正式合同。

管理及改革 为了加速风力发电机的开发及国产化工作，加强行业的宏观管理和协调，机械工业部决定成立了"机械工业部风力发电机国产化工作领导小组"，并将原"机械工业部风力发电机国产化工作小组"更名为"机械工业部风力发电机国产化工作办公室"。部风力机领导小组由机械工业部常务副部长邵奇惠任组长，副组长由农业装备司司长高元恩担任。部风力机办挂靠在部农业装备司，在部风力机领导小组领导下面向全行业开展工作。主要职责是：受国家计委委托，负责"九五"国家重点科技攻关项目"大型风力发电系统关键技术的研究"的组织实施工作；负责组织部归口企业参与国家计委"乘风计划"的实施工作；负责研究提出风力机械发展规划及政策建议，并协助有关司局组织实施；负责组织有关企业向国家计委、国家经贸委申报新能源技术改造专项贷款和外国政府贷款，进行必要的技术改造；负责组织制定风力机械的有关技术与质量标准，协助企业办理质量认证工作；负责加强与用户之间的联系，协助企业搞好风力机械，特别是大型风力发电机组的应用推广工作；负责组织对外技术交流及出口工作；负责组织小型风力发电机组的生产，提高产品质量，满足国家计委"光明工程"的需要；承担风力机领导小组日常工作。

机械工业部风力发电机国产化工作办公室成立以来，主要完成了如下几项工作：

(1) 协助国家计委组织实施了国家"九五"重点科技攻关项目"大型风力发电系统关键技术的研究"项目；

(2) 为国家计委完成了对全国小型风力发电机组生产现状的调查，供制订"光明工程"计划时参考；

(3) 协助国家计委对"乘风计划"的实施过程中对国内外合作企业的招标工作，确定了中外双方的合作对象；

(4) 为全球环境基金（GEF）/世界银行的中国可再生能源商业化发展促进项目提供了有关风力机械的基本情况，供国家经贸委等有关部委实施此项目时做参考。

〔撰稿人：中国农业机械工业协会风力机械分会祁和生　审稿人：机械工业部农业装备司马文焕〕

〔责任编辑：王　如〕

水利机械

〔水利部〕

生产发展情况 水利部机械局行业管理单位67个，大二型企业2个，直属厂（所）7个，职工12 147人，其中工程技术人员1 197人，1997年度完成工业总产值（当年价）17 529万元，工业增加值34 982万元，利润总额－837万元，全员劳动生产率7.73万元/人。1997年纳入水利水电行业归口管理的企业5个，对50个企业发放了298张金属结构生产许可证。

市场及销售 1997年度水利机械行业工业总产值（不变价）93 850万元，工业销售产值（当年价）100 912万元；1997年度水利机械行业以其优势产品（金属结构启闭机、混凝土搅拌楼、闸门等）占领了市场较大份额。

新技术及科研成果 1997年度新产品销售收入3 562万元，实现利税823万元，校查、申报两个水利科技重点项目气力清淤挖泥船、900/400型斗轮式挖泥船研制，完成了国家自然科学基金研究项目《黄灌区除害兴利示范点项目建议书》的编写申报，在组织引进安装小水电站无人值守自动化项目及35～110kV变电站综合自动化项目样品的研制中取得阶段性进展。

质量及质量管理 建立质量监督总站长委分站，开展监造工程师的培训与资格评审，推动监造工作的正规化进程，确立水工金属结构防腐工作发展方向，认真贯彻ISO 9000认证体系，加强对水利水电产品质量管理的监督，严把工程质量关。

基本建设及技术改造 完成技改投资5 531万元，新增效益产值7 744万元，新增利润1 487万元，创汇150万元。

管理及改革 确立了走规模化和可持续发展为总体的道路，推进水利机械行业以资产为纽带向集团化发展，组建以江河机电装备工程有限公司（水利部机械局控股公司）为"龙头"的集团公司，在广泛进行市场调研的基础上，确立了以混凝土搅拌楼、金属结构启闭机、防汛抢险设备、泵站、节水灌溉设备等为公司的主导产品，全方位为水利水电事业服务；同时狠抓直属厂（所）的机制转换和内部管理，提高产品质量，增强了企业的市场竞争能力，1997年水利部机械局直属三厂业绩突出，水利部重庆水文仪器厂1997年利润总额23.3万元，大幅扭亏，以过硬的产品质量树立了良好的市场形象。

〔撰稿人：水利部机械局张燕红　审稿人：水利部机械局冯丽珍〕

〔电力工业部〕

生产发展情况　电力系统生产水利机械产品的企业有3个，全部是大型国有企业。职工人数4 255人，工程技术人员394人，固定资产净值2亿元，创造工业产值2.9亿元，工业增加值8 548万元，全员劳动生产率18 179元/人。

当年完成的重大生产任务有：夹江水工机械厂为国内宝珠寺电厂、高坝洲电厂和巴基斯坦的巴帕南、巴洛塔电厂提供了各类闸门、弧门、启闭机等产品2 246t。

吉林水工机械厂为丰满、莲花等电站制造了2 043t闸门、启闭机等设备。

富春江水电设备总厂为大峡、百龙滩等水电站生产闸门、金属结构产品877t。

产品分类产量　1997年电力系统完成金属结构2 920t，闸门973t，弧门、预埋件826t，启闭机1 931t。

市场及销售　1997年电力系统生产水利机械的企业完成产品销售收入2.9亿元，产品销售税金及附加108万元。吉林水工机械厂主导产品是水电站闸门、启闭机和水电厂起重机。根据1997年火电专用起重机的需求量大幅度减少的市场情况，企业及时调整了产品结构，增加了水电站金属结构、闸门、启闭机和电厂永久设备的订货量，全年共签订了合同7 783万元。

夹江水工机械厂针对国内水电市场日渐饱和的情况，采取加大开拓国际市场的力度的措施，在1997年新增的工程合同中，国际合同达到1.54亿元，占合同总额的85%。特别是巴基斯坦巴洛塔水电站的闸门产品，合同金额达到了1.27亿元。

质量及质量管理　富春江水电设备总厂以巩固ISO 9001质量体系标准认证为"龙头"，加强企业管理，使产品的一次出厂合格率为100%。

吉林水工机械厂在贯彻工厂质量方针目标的基础上，重点抓了工作质量，促进了产品质量的提高，全年未发生重大质量事故和用户投诉，产品全部达到优良水平。1997年企业通过了中质协ISO 9001质量标准认证的复检。

夹江水工机械厂按ISO 9001标准建立质量体系并通过认证；工厂先后制定实施了《产品质量统计考核奖惩办法》和《质量体系运行管理奖罚暂行办法》、《产品外观质量要求》管理制度和企业标准。加强对国外工程和外购、外协产品质量的监督、控制。电力工业部水工金属结构质量检测中心对该厂超大型平面滑动闸门、超大型平面链轮闸门、超大型弧型闸门、超大型人字闸门、超大型压力钢管、超大型平面定轮闸门、大型拦污栅、超大型固定卷扬式启闭机、超大型液压启闭机、超大型移动式启闭机10项产品，做出质量合格的结论。

基本建设及技术改造　1997年电力工业部系统全年完成水利机械方面固定资产投资额902万元，其中，技术更新改造投资376万元。

管理及改革　1997年各企业普遍抓了内部经营机制改革。吉林水工机械厂以减员增效为中心，职能部门由18个压缩到12个，人员减了301人；通过充实生产一线、实体安置、厂内退养、放假、停薪留职、调离、解除合同等措施，已有178人上岗，剩余123人通过再就业工程解决。

1997年各企业产品获国家发放生产许可证的有：大型移动式启闭机，编号为SXK55—4028—93；大型固定卷扬式启闭机，编号为SXK55—4027—93；超大型平面滑动闸门，编号为XK30—150—3101；大型弧型闸门，编号为XK30—150—3501；链轮闸门（超大型）；人字闸门（超大型）；超大型移动式启闭机；大型液压启闭机；超大型液压式启闭机。

〔撰稿人：电力工业部张海青　审稿人：电力工业部王　昀〕

〔责任编辑：白　萍〕

医疗器械

〔国家药品监督管理局〕

生产发展情况　1997年我国医疗器械工业按传统可比口径计算，不变价工业总产值为96.5亿元，比上年增长14.65%。据统计，1997年完成医疗仪器设备产值298 083.8万元，完成手术器械产值37 294.5万元。

继广东威达医疗器械集团公司改组上市成功后，1997年医疗器械行业又有一个企业，即北京万东公司改组上市成功，募集资金用于传统产品的改造与新型产品的开发。1997年深圳奥沃公司生产的旋转伽玛刀通过美国FDA审查，标志着我国医疗器械产业的开发能力进入了一个新水平，也标志着深圳等新兴的工业城市医疗器械产业已渐露头角。特别是它们与老工业城市相比，观念更新，对市场的认知程度更深，产品的开发与营销在市场上均具有领先潮流的趋势。

市场及销售　国内市场是我国医疗器械产业的

主要市场，中国是医疗器械消费大国。由于人口老龄化、社会日益富强及应激疾病的增加，人们越来越重视保健和康复装置，家用产品将大幅度增长；同时，医院和各级诊所也都普遍购置物理治疗仪器；疾病的交叉感染，特别是艾滋病的威胁，使医疗部门对消毒、灭菌、皮肤抗菌、废物处理等消耗性产品需量大增。这类产品相对来说技术难度不如其他医疗器械，但市场需求量却很大。

为了达到人人享有初级卫生保健，近年来卫生系统通过整顿卫生院（所），要求农村医疗部门逐步配备化验仪器、小型B超、齿科器械、小型X线机、小型高压消毒器、离心机、显微镜等常规性仪器设备，故这类器材商业销售将呈上升趋势。

1998年，我国医疗保障制度改革将进入攻坚阶段，医疗机构要实施减人增效，过剩的医疗机构将实施关停并转，我国医院将逐步走出盲目追求高、精、尖医疗器械产品的误区，在更新设备中，将以常规的，质量稳定可靠的产品为主。当然，随着我国与国际接轨步伐的加快，医学界学术交往的增多，将促进国内装备的适当更新换代，扩大医疗器械的市场容量。业内人士分析指出，预计到2000年，我国医疗器械工业的销售额全行业将达到350亿元；市场容量将达到450亿元。未来几年，国际跨国公司将对中国医疗器械市场的争夺更加激烈。我国的医疗器械生产企业一定要把握我国医疗保障制度改革与农村市场亟待开发的良好机遇，奋起抗争。这些大环境的变化，有利于我国医疗器械产业健康发展。

质量及质量管理 国家医药管理局成功地举办了ISO/TC210国际标准化组织的1997年年会。这次会议邀请外国专家50多人与国内专业人员就医疗器械质量体系国际标准、医用电气安全要求国际标准的贯彻进行了专题研讨会，为我国工程技术人员提供了一次难得的机会，直接听取外国专家讲解专项国际标准中的技术难点和技术关键。

1997年1月1日，国家医药管理局《医疗器械产品注册管理办法》，即第16号局长令正式实施。为保证《注册管理办法》的正确执行，特别是为适应二、三类产品准产注册亟待规范的需要，制定了《医疗器械产品准产注册企业实施质量体系考核的要求》、《重要医疗器械生产企业质量体系考核程序》、《医疗器械临床验证的补充规定》、《医疗器械生产许可证企业审查员工作纪律》等12个管理性文件。

国家医药管理局加强了技术性标准的制定工作，发布了《生物医学评价》系列等国家标准8项、行业标准39项。对257项国家和行业标准进行了复审，确认为继续有效的41项，列入修订计划的149项，废止67项；重新确认强制性标准214项。为深入抓好重要国家标准GB9706《医用电气设备安全通用要求》的强制执行，编写了6个指导性文件和全行业的统一宣贯教材及医疗器械产品专用安全要求的范本。

国家医药管理局举办了由各省、市医药主管部门具体负责注册工作的同志参加的16号局长令实施培训班，培训注册工作人员50名。举办了两期医疗器械生产许可证审查员培训班，培训审查员109人。协调、组织认证中心、行业协会及各省市举办了医疗器械企业质量体系内审员培训班12期，培训内审员500余人，考核后获证率达90%以上。

截止到11月底，国家医药管理局共受理第三类医疗器械产品的试产注册300余项。换发和核发产品准产注册证246项；办理境外医疗器械产品注册1 300项，台、港、澳地区产品注册22项；新发、换发医疗器械工业产品生产许可证58项；办理出口自由销售证书93项。

下半年以来，国家医药管理局先后几次向地方发文，部署市场监督查处工作，截止到12月初，共有7个省市开展了监督查处工作，在生产、经营、医疗卫生单位查处了一定数量的无证、无号产品。

国家医药管理局全年共组织了国家医疗器械产品监督抽查7项，抽查了84个企业的医用超声设备、氦氖激光血管内照射仪等87个产品。抽样合格率为64.9%。对不合格企业我们分别召开了质量分析会，找出原因，落实整改措施。

〔撰稿人：国家医药管理局卜绮成、杨广明、汪彦斌　审稿人：国家医药管理局潘广成〕

〔责任编辑：白　萍〕

建筑工程机械

〔建设部〕

生产发展情况 根据对1997年建设部归口管理的建设机械产品（主要包括建筑机械与设备、城市车辆、建筑金属制品等）的1 176个生产企业的技术经济等指标的统计，1997年建设机械行业的当年价工业总产值为2 871 583万元，出口交货值为112 415万元，工业销售产值为2 743 158万元，产品销售收入为2 997 204万元，工业增加值为731 877万元，固定资产原价年末数为1 736 020万元，其中生产经营用固定资产为1 238 589万元，固定资产净值年末数为1 241 218万元，其中生产经营用固定资产为861 287万元，实现利税317 015万元，全部职工年末数为326 557人（全部职工全年平均人数322 670人），其中工程技术人员33 850人，能源消耗总量为1 511 912t标准煤，工业生产用钢材消耗总量809 961t。行业亏损面略有减少。根据1997年对建设机械企业的取样调查，亏损企业占20%，比1996年减少7.3个百分点。

按经济类型分类，所统计的1 176个建设机械生产企业的详细情况见表1。

以生产企业生产的主要产品为分类依据，各类产品的经济指标具体情况见表2。

表 1　建设部系统各类型企业主要经济指标　　（单位：万元）

经济类型	企业数（个）	产值（不变价）	产值（当年价）	产品销售收入	工业增加值	实现利税	产品营业利润
合计	1 176	2 737 960	2 871 583	2 997 204	731 877	317 015	142 724
国有经济	391	893 564	1 009 959	946 373	250 603	35 736	−3 743
集体经济	523	567 000	581 155	500 706	115 449	39 150	23 645
私营经济	48	27 592	28 029	24 326	4 063	2 858	1 983
个体经济	6	4 294	4 395	3 679	1 312	284	76
联营经济	44	77 026	79 440	69 974	11 256	7 786	4 771
股份制经济	38	118 249	137 779	128 040	36 111	11 376	6 248
外商投资经济	40	733 513	713 372	1 009 542	243 860	195 713	107 216
港澳台投资经济	65	126 840	125 820	110 050	20 308	6 471	−3 610
其他经济	21	189 883	191 633	204 513	48 915	17 640	6 141

表 2　各类产品的经济指标情况　　（单位：万元）

产品名称	企业数（个）	产值（不变价）	产值（当年价）	工业销售产值	工业增加值	实现利税	产品营业利润
挖掘机械	9	67 761	77 163	77 235	23 330	1 570	−5 983
铲土运输机械	4	19 075	24 443	23 729	6 116	463	−618
建筑起重机械	138	176 647	195 133	183 119	43 980	4 135	3 085
桩工机械	5	11 314	12 318	12 970	4 286	923	48
压实机械	12	72 244	85 823	83 469	27 214	6 342	1 329
路面机械	5	27 382	25 920	27 988	9 079	600	−242
混凝土机械	48	125 683	157 408	153 156	43 058	7 704	2 805
混凝上制品机械	6	12 524	13 374	12 895	3 882	498	91
钢筋和预应力机械	12	11 124	12 554	11 402	3 196	−227	−49
高空作业机械	5	6 009	8 358	7 452	1 684	863	1 142
建筑装修机械	4	10 212	10 296	9 308	3 871	437	70
市政机械	4	1 881	2 768	2 873	993	48	1
环境卫生机械	13	45 382	31 945	32 156	9 869	800	62
园林机械	2	1 454	1 716	1 367	535	87	179
电梯	96	938 091	909 856	907 464	278 378	208 405	109 859
大型游艺设备	1	135	156	133	100	0	−10
供水供气供热设备	25	32 200	38 100	29 726	4 816	2 178	911
中央空调设备	7	30 717	35 579	30 248	4 678	5 309	3 560
其他建筑机械与设备	15	71 870	73 480	67 535	16 373	4 864	−1 677
城市客车	32	346 455	388 993	376 308	78 980	24 930	3 488
城市专用车	3	58 252	60 701	57 025	13 566	2 121	−2 179
其他城市车辆	1	33 333	35 105	35 966	11 300	7 975	5 790
建筑门窗及幕墙	647	457 281	478 974	428 055	95 264	33 451	19 165
采暖散热器	23	43 349	44 625	38 677	9 001	3 546	2 762
建筑模板、钢管脚手架扣件	18	14 689	16 686	15 845	3 954	833	1 459
钢结构	18	53 934	58 099	46 785	18 736	704	−180
其他建筑金属制品	9	37 942	37 155	36 797	6 854	−388	−615
装载机	3	9 493	9 999	8 588	2 508	−429	−703
推土机	1	4 950	7 718	8 428	2 567	−128	−879
叉车	1	3 355	4 156	4 874	822	−414	1 158
其他	9	13 222	12 985	11 583	2 885	−183	−1 007

产品分类产量　按照产品名称分类，在被统计的 1 176 个企业中，生产建筑机械与设备的企业 402 个，其中包括生产挖掘机械的企业 11 个，铲土运输机械企业 15 个（铲运机企业 2 个、平地机企业 2 个、翻斗车企业 11 个），建筑起重机械企业 163 个（塔式起重机企业 101 个、建筑卷扬机企业 48 个、施工升降机企业 40 个），桩工机械企业 8 个，压实机械企业 21 个，路面机械企业 12 个，混凝土机械企业 83 个

(混凝土搅拌机企业58个、混凝土搅拌站企业12个、混凝土搅拌运输车企业6个、混凝土泵企业17个、混凝土振动器企业10个),混凝土制品机械企业7个,钢筋和预应力机械企业18个,高空作业机械企业8个,建筑装修机械企业17个,市政机械企业2个,环境卫生机械企业18个,园林机械企业4个,电梯企业101个(乘客电梯企业68个、载货电梯企业36个、客货两用电梯企业13个、病床电梯企业12个、住宅电梯企业3个、杂物电梯企业19个、观光电梯企业3个、自动扶梯企业31个、自动人行道企业1个、其他电梯企业10个),供水供气供热设备企业17人,大型游艺设备生产企业1个,中央空调设备生产企业11个。生产城市客车的企业40个,其中包括城市客车生产企业33个,城市专用车生产企业7个。生产建筑金属制品企业707个,其中包括生产建筑门窗企业632个,采暖散热器及相关设备企业23个,建筑模板和脚手架扣件及支撑跳板企业32个(建筑钢管脚手架扣件企业18个),钢结构企业24个。其他建设机械生产企业27个。建设机械行业各主要产品的实际产量和销售量见表3。

表3 各类产品产量及销量

产品名称	数量单位	实际产量	销售数量	产品名称	数量单位	实际产量	销售数量
挖掘机械	台/t	747/5 580	620/5 164	载货电梯	台/t	1 585/6 013	1 586/5 285
塔式起重机	台/t	8 292/47 032	8 257/45 185	客货两用电梯	台/t	2 449/43 658	2 581/47 565
建筑卷扬机	台/t	26 504/34 161	23 043/3 123	病床电梯	台/t	129/66	114/66
施工升降机	台/t	2 929/3 298	2 726/3 319	杂物电梯	台/t	616/303	604/290
铲运机	台/t	17/252	46/162	自动扶梯	台/t	2 726/4 590	2 684/4 331
平地机	台/t	350/4 856	339/4 756	其他电梯	台/t	1 119/3 291	1 092/3 278
翻斗车	台/t	5 598/5 419	5 837/5 692	供水设备	台	1 016	882
桩工机械	台/t	286/1 261	341/1 263	供气设备	万套	25	23
压实机械	台/t	20 928/16 441	18 544/15 582	中央空调设备	台/t	105 550/132 501	94 579/108 293
沥青混凝土搅拌设备	台/t	167/50	159/50	公共汽车	辆	4 021	4 117
				团体客车	辆	2 908	2 829
沥青混凝土摊铺机	台/t	14/308	14/308	旅游客车	辆	2 720	2 619
				其他城市客车	辆	7 287	7 297
稳定土搅拌机	台/t	90/2 455	115/1 278	散装水泥车	辆	271	271
稳定土厂拌设备	台/t	47/733	45/733	其他城市专用车	辆	3 224	3 407
路面洗刨机	台/t	110/14	185/22	钢门窗	万 m²	468	475
混凝土搅拌机	台/t	24 513/35 056	24 515/33 755	铝门窗	万 m²	617	576
混凝土搅拌站	台/t	236/3 864	231/3 472	塑料门窗	万 m²	89	87
混凝土搅拌输送车	台/t	185/363	188/305	幕墙	万 m²	152	142
混凝土泵	台/t	326/1 119	350/977	钢制采暖散热器	万标准片	75	70
混凝土振动器	台/t	50 432/1 388	49 083/1 461	铸铁采暖散热器	万标准片	484	437
混凝土制品机械	台/t	2 992/2 212	3 026/2 131	铝制采暖散热器	万标准片	7	6
钢筋强化机械	台	625	773	钢模板	t	13 786	12 789
钢筋加工机械	台	3 143/1 412	3 132/1 317	复合模板	t	2 453	2 353
钢筋焊接机械	台	2 743/387	2 594/379	钢管脚手架扣件	万套	2 891	2 862
高空作业车	辆	309	315				
高空作业平台	台/t	268/342	218/296	高层钢结构	t	27 820	24 342
装修机械	台/t	246 940/405	230 425/267	空间钢结构	t	27 276	26 747
市政机械	台	1 343	1 344	轻钢结构	t	924	924
垃圾车	辆	766	765	特种钢结构	t	2 801	2 775
吸粪车	辆	440	424	装载机	台/t	2 680/28 997	2 588/28 377
洒水车	辆	869	856	推土机	台/t	252/1 080	285/1 224
园林机械	台/t	301/3	337/4	汽车吊	辆	136	125
乘客电梯	台/t	17 516/83 681	17 791/38 606	叉车	辆	764	908

市场及销售 1997年建设机械市场需求平淡，绝大多数建设机械产品的供求关系已转为买方市场。建设机械生产企业为求生存、求发展，在有限的市场需求中展开了激烈的竞争，并度过了自1992年以来最为艰难的一年。总的看，行业的产品产量除极少数行业如建筑起重机械行业等仍持续小幅度增长外，多数行业的产品产量和产品销售收入有所下降。各类产品销售情况详见表3。

1997年建设机械行业在开拓国际市场，1997年全行业出口创汇14 758万美元。各类建设机械产品的出口创汇情况见表4。

表4 各类产品出口创汇额

产品名称	产品出口量		出口创汇额（万美元）
	单位	出口量	
合计			14 768
挖掘机械	台/t	22/220	90
建筑起重机械	台/t	356/2 879	1 751
塔式起重机	台/t	97/2 779	1 562
建筑卷扬机	台	177	23
施工升降机	台/t	82/100	166
铲土运输机械	台/t	149/341	87
平地机	台/t	13/184	67
翻斗车	台/t	136/157	20
桩工机械	台/t	66/804	298
压实机械	台/t	65/593	142
静作用压力机	台/t	12/134	46
振动压路机	台/t	4/24	17
其他压实机械	台/t	49/459	79
混凝土机械			153
混凝土搅拌机	台/t	302/95	47
混凝土搅拌输送车	辆	1	7
混凝土泵	台/t	6/54	34
混凝土振动器	台/t	4 676/256	64
钢筋和预应力机械			129
钢筋加工机械	台/t	357/20	33
预应力千斤顶	台	97	34
预应力液压泵	台	63	11
穿束机	万套	2	51
装修机械	台	27 784	85
手持机具	台	27 784	85
环境卫生机械			7
扫路机	台/t	2/7	7
电梯	台/t	1 143/1 419	10 355
乘客电梯	台/t	790/946	2 374
客货电梯	台/t	22/473	640
自动扶梯	台/t	245/4 076	5 978
自动人行道	台	11	908
其他电梯	台	75	454
城市车辆			542
团体客车	辆	142	499
散装水泥车	辆	21	43
建筑金属制品			625
建筑门窗及幕墙			15
铝门窗	万 m^2	2	15
建筑模板及钢管脚手架扣件			220
钢模板	t	1 213	76
钢管脚手架扣件	万套	6	144
钢结构			381
高层钢结构	t	6 767	369
空间钢结构	t	95	12
其他建筑金属制品			9
其他建设机械			496
装载机	台/t	84/1 278	378
推土机			25
叉车	台/t	14/59	78
其他建设机械及附件			15

新技术及新产品 1997年，扬州机械厂开发的QM4全自动砌块生产线为发展我国砌块生产、促进住宅产业化起到了积极的作用，长沙建设机械研究院中联公司开发的HBT80拖式混凝土泵和QTZ80H（TC5613）塔机及ZLG5040GXC型扫路车、上海建筑机械厂开发的SW270-2液压挖掘机、常州长江客车集团公司开发的CFC6100T1DK高速客车及底盘等都获得了国家新产品奖和国家重点新产品奖，陕西建设机械有限责任公司与有关院校和科研院所开发的LSG120碎石设备等产品获得了陕西省产学研联合开发二等奖，长江工程机械集团有限公司开发的WY403液压挖掘机、山东建设机械股份有限公司开发的HLS120混凝土搅拌楼、天津奥的斯电梯有限公司开发的住宅电梯和液压观光梯等得到了行业内外的一致好评。

据对1 176个建设机械企业的统计，1997年共有新产品研制开发项目245项，其中主要新产品开发项目见表5。

表 5　1997 年主要新产品开发项目

完成单位	项目名称
北京市	
北京北辰机电发展中心	P43-10 型立体车库（自行设计试制）
北京东梅电梯有限公司	VVVF 控制的电梯（建设部鉴定）
北京市朝阳隆昌建筑机械厂	SC200×200A、SCD200×200A 快速升降机
北京市第一建筑公司建筑机械厂	SCD120×120、SCD200×200A 快速升降机
北京园林机械厂	树枝切片粉碎机液压吸入系统改进（北京市园林局科技进步二等奖）
北京市清洁机械厂	BQJ5130GXC 型吸扫车
北京市政工程管理处机械厂	BGJ5060GQX 清洗车
北京希望电梯厂	立体停车库
天津市	
天津奥的斯电梯有限公司	住宅电梯、液压观光梯
天津市卷扬机厂	2YC10 叉车、JM25 慢速卷扬机、JM32 慢速卷扬机
天津市立达国际电梯扶梯开发公司	可调车载自动扶梯
河北省	
中国人民解放军第六四四三工厂	TY180、TY200 推土机
秦皇岛新谊工程有限公司	拉臂式自卸垃圾车（省优秀新产品奖）、压缩垃圾车（建设部推荐产品）
内蒙古自治区	
呼和浩特市装饰材料公司装饰公司	型材的使用机具改造
辽宁省	
大连第二供水设备厂	WGS-Ⅰ型微机、WGS-Ⅱ型微机变频调速给水设备
大连气动给水设备厂	微机控制变频调速给水设备
丹东川宇公用设备安装有限公司	DYGS-4 型微机控制全自动给水设备
锦州喜武消防供水设备有限公司	758-KSS-V 智能调节控制器
辽宁嗄沃集团有限公司	数字模拟互补式自控供水设备
盘锦三星电子事业有限公司	可编程自动变频调速给水设备
沈阳建设机械总公司	HBT80 柴油机混凝土泵、THB80 混凝土臂架泵
沈阳建筑机械厂	M100/75 塔式起重机
沈阳市航天供水设备厂	供水设备质量检测故障诊断器
沈阳市开泰自动加压设备厂	停电供水设备、PC 控制多种调速自动给水设备
沈阳特种电梯厂	安全隔爆符合型防爆电梯
大连声光塑料工业总厂	UPVC 塑钢生产线及其产品、UPVC 三层共挤发泡管生产线及其产品
大连市公共电车公司电车工厂	DL6120SG 城市双层客车
吉林省	
长春市公共交通客车厂	CCJ6980 中型客车
吉林省建筑机械厂	JK2.d 卷扬机
吉林市工程机械厂	HPL800 配料机、HES75 型搅拌站
上海市	
上海昌华电梯有限公司	TKJ1000/1.0m/s-JX/（PC）交流双速集选
上海建筑机械制造厂	SW270-2 液压挖掘机、SW200-3 液压挖掘机（SW270-2 获 1997 年国家新产品奖）
上海经济区长江电梯有限公司	TKJ1000/1.6-JXW（VF）乘客电梯
江苏省	
常州长江客车集团公司	CFC6110T1DK 高速客车及底盘、CFC6100SGD 双层城市客车、CFC6110GD 低地板城市客车、CJ6110T1D1K 豪华高速客车（国家级重点新产品）
常州电梯厂	1.75m/s 变频调压住宅电梯
常州市江南建筑机械厂	QTZ40 塔式起重机
丹阳市第二建筑机械厂	自制动卷扬机

（续）

完成单位	项目名称
江苏华通机械集团公司	9m 履带式摊铺机、ACM250 搅拌设备、ASM250 搅拌设备、ASR250XD 搅拌设备、1200MAXL-PAV 水泥摊铺机
江苏建筑机械厂	HQZ10 混凝土清洗回收站
江苏金猴机械集团公司	ZL10 装载机、YPD350 破碎打桩机
江苏牡丹汽车集团公司	MD6820、MD6980 型客车、MD6980W 型卧铺客车
江苏武进可锻铸造厂	胀管机
南京公交总公司工业分公司	NJC6601/NJC6601D、轻型客车 NJC6701 中型客车
启东市建筑机械厂	QTZ800 塔机
如皋市工程机械厂	高速卷扬机
苏州江南电梯有限公司（含内资）	XPL 系列自动人行道、XFL 系列自动人行道
苏州迅达电梯有限公司	PLC-AC2/W8K 货梯系列、2.5m/s VVVF 乘客电梯、4.0m/s 无齿高效乘客电梯
徐州工程机械制造厂	LGY30 搅拌站、LTU125 摊铺机、LTU60 摊铺机、YZC2 压路机、YZC4 压路机、YL20 轮胎压路机、YZC12 压路机、YZC12A 压路机、YDZC14 压路机、YL30 轮胎压路机、FGL30 自动扶梯
扬州机械厂	HQC3 全自动砌块生产线、QM4 全自动砌块生产线、HBT120 输送泵、HZS50 搅拌站
张家港富佳电梯有限公司、张家港市电梯厂	TZJ 系列住宅电梯、DGL 系列自动人行道
浙江省	
杭州长江客车有限公司	HZG6100GCH 公共汽车、HZG6100TCH 团体客车
杭州电梯厂	苗条型变频自动扶梯、TKJ1000/2-JXZ（VVVF）乘客电梯
杭州西子奥的斯电梯有限公司	XVF 系列电梯、VVVF-3m/s 电梯
浙江兴隆机械厂	DWP-JG 电脑程控高速卷扬机
安徽省	
安徽省建筑机械厂	QTZ20 塔式起重机
安徽中联环保设备有限公司	TKJ1000/1.6（VVVF）电梯、SWY 自动扶梯
合肥矿山机器厂	HBT-70 型拖式泵、ZGY-6 型固定脱硫罐
福建省	
福建省建筑机械厂	SC200×200 升降机、PL1200 配料机
福州电梯厂	通用变频器与 PC 在电梯上的应用
厦门金龙旅行车有限公司	XML5022 专用车
江西省	
长林机械厂	FGL 公交扶梯、交流变频调速电梯
江西采矿机械厂	QU40J 履带式起重机、JUS105 履带式三点打桩机
江西第二机床厂	ZLM15B 装载机
山东省	
济南华泰集团总公司	QT200 塔身结构改造、吊臂平衡臂改造、塔身外形改造、配电设施改造
济南建筑机械厂	QTZ315 自升式塔式起重机、SC100/100 施工升降机、SCD200/200 施工升降机（已经通过省级鉴定）
济南市园林机械厂	JYJ5110GYPC 绿化喷洒多用车
济南铁路分局装卸建机开发总公司	HBT60 型混凝土泵
山东电梯公司	TKJ1000/1.0-JXW 乘客电梯、TKJ1000/1.0-VVVF 观光梯、THJ5000/0.25-ASPC 电梯
山东建设机械股份有限公司	WCQ300 路基料拌和站、JS3000 混凝土搅拌主机、HLS120 混凝土搅拌站
山东蒙特尔空调设备有限公司	MTE 风机盘管机组、MTE 铝制管翼新型散热器

（续）

完成单位	项目名称	完成单位	项目名称
山东省淄博建筑工程机械厂	SCD200/200 施工升降机	广州广客汽车企业集团有限公司	GZK6101AD3 型客车
潍坊市通用机械厂	城市生活垃圾焚烧处理设备	鹤山市建筑机械厂有限公司	SSD40/40 型施工升降机
章丘市工程机械厂	QTG200 塔式起重机	**广西壮族自治区**	
河南省		广西建工集团建筑机械制造公司	QTZ900 塔式起重机、SCD200/200 施工升降机、HBT60A 混凝土输送泵、QTZ3508 塔式起重机
安阳振动器厂	ZW10 振动器专用电机	南宁市通用机械厂	JDY350 混凝土搅拌机、JDY500 混凝土搅拌机
河南海神电梯公司	自动人行道	**四川省**	
河南中原电梯厂	连杆式中分双折式货梯开门系统、连杆式侧开门货梯门机及轿厢系统、电梯智能网络微机信号控制系统、电梯无级调速直流门机控制系统、可编程控制器控制电梯第二代信号系统、VVVF电梯控制柜应用设计、住宅电梯设计、观光电梯设计、电梯VVVF 系统设计、医用电梯改进设计	长江工程机械集团有限公司	WY403 液压挖掘机
开封矿山设备厂	JK2 型卷扬机	成都精工机械厂	拖式搅拌站
洛阳建筑机械厂	YZC12 型振动压路机	成都欧亚电动工具有限公司	ZX35-2 振动器、ZIJ-CD3-20 电钻、MIQ-CD-65 锯
信阳市车辆厂	XYZ6900 城市客车	成都市强力塔式起重机厂	QTZ4008 塔式起重机
许昌中原机械制造公司	升降货梯	射洪电梯有限公司	TKJ1000/1.6-JXVF 电梯
郑州工程机械制造厂	ZL30B 轮式装载机	四川锦城建机厂	QTZ5513 塔式起重机、QTZ4510 塔式起重机、QTZ5012 塔式起重机
郑州勘察机械厂	KU1500 型回转斗钻机、ZKL800BA 步履式长螺旋钻机、SNB-1200 型泥浆泵	四川隆昌建筑机械厂	SSMZ160/SSJ100 施工机械
中建二局洛阳建筑机械厂	JGC5272GJB 型搅拌输送车、HZS60 型搅拌机	四川省科学城环通电梯厂	TKJ1000/1.6-VVVF 乘客电梯
鄢陵县金塔建筑机械总厂	钢丝绳自动回转机	自贡市工程机械厂	HBT60 混凝土输送泵
漯河车辆总厂	QTZ25 自升塔式起重机、QTZ63 自升塔式起重机、WBLY2350 全液压稳定土拌和机	**云南省**	
漯河建筑工程机械厂	新型隔墙板挤压机	昆明长城电梯厂	TKJ1000/1.6-JXVVVF 乘客电梯
广东省		昆机重工（集团）股份有限公司	SCD200/200 施工升降机
佛山市起重机械厂	JGW2C 数控高速卷扬机	云南建筑机械厂	HZS25A 混凝土搅拌站
佛山市环卫处环卫机械厂	FHT5140GXS 扫路车		
广东云山汽车厂	BY6661S 后置前开门无人售票车		

（续）

完成单位	项目名称	完成单位	项目名称
陕西省		**其他**	
陕西电梯工业公司	VVVF系列电梯设计	国营四七一厂	QTZ80、QTZ50、QTZ30C塔式起重机
陕西建设机械有限公司	LSG120碎石设备、CFG400桩施工设备、GLG80改性沥青设备、HZS50搅拌站、WCB200稳定土厂拌设备、6m沥青混凝土摊铺机、T423摊铺机	张掖市金属结构门窗总厂	QTZ25塔式起重机
		中联公司	HBT50-60混凝土泵、HBT80拖式混凝土泵、QTZ80H(TC5613)塔机、ZLG5040GXC型扫路车

质量及质量管理 建设部针对建设机械行业的实际情况，下发了《关于印发“关于建设机械行业贯彻〈质量振兴纲要〉(1996～2010年）的意见”和“关于推进建设机械行业技术进步的意见”的通知》，对行业如何开展质量管理，加快技术进步，促进行业健康发展提出了比较全面、系统的指导意见；为尽快落实这些意见，建设部正在制定一些具体的政策措施。

1997年3月，建设部会同劳动部印发了《关于公布液化石油气钢瓶使用钢材抽查结果及处理意见的通知》，对在1996年9月～1997年现场抽查液化石油气钢瓶使用材料中不合格的企业提出了处理意见，要求各地建设行政主管部门与劳动行政主管部门按照各自的职责加强对液化石油气钢瓶产品的行业管理、质量监督和安全监查、制造许可管理，并决定在1997年继续联合组织钢瓶用材料情况抽查。从1997年底的抽查情况看，液化石油气钢瓶行业使用非气瓶钢的情况迅速得到了控制，对消除假冒伪劣钢瓶对人民生命财产安全造成的严重隐患，规范液化石油气钢瓶市场，维护消费者的合法权益起到了良好的作用。

建设部1997年又有许多建设机械企业通过了ISO9001国际质量体系认证和ISO9002认证，也有许多企业在建立现代企业制度方面迈出了新的步伐。从1997年对1 176个建设机械企业的统计结果看，尽管建设机械行业的产品产量与工业产值都低于上年，但经济效益却比上年略好，说明建设机械企业的总体水平在不断提高。

对外合作 1997年，建设机械行业共完成技术引进项目46项，其中主要引进项目见表6。

表6 1997年建设机械行业主要引进项目

企业名称	技术引进项目	企业名称	技术引进项目
北京北方车辆制造厂	N116高档客车	徐州工程机械制造厂	LQC160拌和站
北京市政工程管理处机械厂	意大利、美国高压水泵	浙江蜜雪儿电器有限公司	温度电脑显示
		安徽省建筑机械厂	PL800型混凝土配料机
天津奥的斯电梯有限公司	轻型自动扶梯、TOEC2000VF电梯	福州电梯厂	TKJ1000/1.5-VVVF微机控制乘客电梯
天津市卷扬机厂	2JK8双筒快速卷扬机		
海拉尔市暖气片厂	导流散热器(682)偏翼辐射对流散热器	山东电梯公司	FGL302、FGL352自动扶梯
		山东三联新型建材有限公司	奥地利塑窗生产线德国塑料门窗组装生产线
沈阳市开泰自动加压设备厂	电渗析技术，PE管式过滤技术		
		山东早春集团股份有限公司	696系列风机盘管空调器
吉林石油集团有限责任公司建设材料厂	搅拌站控制系统		
江阴市北兆电梯厂	TKJ500-1500/1.0-JXW/VVVF交流变频调速电梯	泰安市泰山建筑机械厂	QTZ63塔式起重机、SCD200/200施工升降机
苏州迅达电梯有限公司	MB-FA DS/W8K货梯系列（瑞士）、ALH液压货梯系列（瑞士）、APH液压客梯系列、APP观光客梯系列、QKS9—1门机系列、C9N/T9N厅门系列	河南兴华机械制造厂	1.0～2.5m³系列翻斗车
		许昌中原机械制造公司	自动择优调度三层立体车库构架

（续）

企业名称	技术引进项目	企业名称	技术引进项目
郑州工程机械制造厂	瑞士数控折弯机、瑞士数控折板机、瑞典焊接机械手、意大利三坐标测量仪	昆明集团公司	FGL30/35公共交通型自动扶梯
广州五羊建设机械公司	FC848BT3混凝土泵、FC848BT4混凝土泵	深圳龙岗阳光金属构件公司	DC-1000型埋弧焊机

管理及改革 继1995年在成都召开的全国建设机械行业管理工作会议和1996年7月2～5日在北京召开的全国建设机械工作会议之后，建设部于1997年7月8～10日在广州南海市召开了第三次全国建设机械工作会议，李振东副部长做了主报告，对建设机械行业在"九五"期间乃至今后一段时间的工作做了全面部署。经过三年的努力，建设机械行业在基本建立起以建设部和各地建委分级负责、行业协会协助配合的行业管理体制之后，建设机械行业管理工作基本适应了行业发展与改革的要求，行业行规行约逐步完善。

建设机械行业的许可证管理工作得到进一步加强。1997年3月，建设部根据国家技术监督局全国工业产品生产许可证办公室的部署和要求，颁发了《关于1997年产品生产许可证管理工作的通知》〔（97）建计许字第30号〕，对建筑卷扬机产品换（取）证工作和液化石油气钢瓶瓶阀和家用液化石油气调压器产品生产许可证的复查工作做了安排，启动了建筑门窗和施工升降机产品的生产许可证工作。提出了《关于加强塔式起重机产品生产许可证管理的意见》〔（97）建计许字第32号）〕，督促产品抽查不合格企业较多的省市普遍进行一次自查和自我整顿，以切实加强塔式起重机的质量管理。1997年6月，下发了《关于印发〈施工升降机产品生产许可证换（取）证实施细则〉的通知》，全面开展施工升降机产品的换取证工作，要求在1997年10月31日止全面完成施工升降机产品生产许可证的申报工作。1997年8月，公布了第二批获得液化石油气瓶阀、家用液化石油气调压器产品生产许可证换（取）证企业名单。1997年10月，建设部下发《关于印发〈建筑门窗、幕墙生产许可证换（取）证实施细则〉的通知》〔建计（1997）254号〕，对建筑门窗、幕墙产品生产许可证工作做了部署；同年12月，鉴于实施过程中出现的一些具体问题，建设部工业产品生产许可证办公室下发了《关于建筑门窗、幕墙生产许可证换（取）证的补充通知》〔（97）建计许字第201号〕，对如何进一步做好建筑门窗、幕墙生产许可证工作的一些具体事项做了明确规定。截止到1997年底，建设部归口管理产品的许可证工作在紧张有序的进行之中，对实行生产许可证制度的建设机械产品的产品质量的提高起到了积极的促进作用。

1997年，建设部狠抓了电梯"一条龙"管理工作。1997年初，建设部以建计〔1997〕1号《关于认真贯彻执行〈关于加强电梯管理暂行规定〉的通知》，提出了加强电梯管理工作的要求和解决实施工程中问题的办法，对如何加强外国电梯厂商在中国从事电梯销售、安装、维修保养活动的管理做了详细、具体、明确的补充规定，要求电梯生产企业和各地建设行政主管部门紧紧围绕"建立电梯维修服务网络"这个中心，使电梯"一条龙"管理向纵深发展，得到了广大电梯生产企业的拥护和各地建设行政主管部门的积极支持。

〔撰稿人：建设部计划财务司宋昌松　审稿人：建设部计划财务司王天锡〕

〔机械工业部〕

一、挖掘机械

生产发展情况 根据对22个国营和集体企业、7个合资企业和1个独资企业的统计，1997年共计生产挖掘机械3 818台，比1996年统计的31个企业3 170台增长20.4%。其中国营和集体企业生产1 019台，占总产量的26.7%，比1996年下降42%；合资企业生产1 991台，占总产量的52.1%，比1996年增长173%；独资企业生产808台，占总产量的21.2%，比1996年增长18%。

1997年8个国营和集体企业的工业总产值（当年价）63 361.10万元，销售收入61 863.04万元，利润总额－3 612.91万元。详见表7。

市场及销售 1997年30个企业销售挖掘机械3 406台，比1996年31个企业销售的2 922台增长16.6%。其中国营和集体企业963台，占总销量的28.3%，比1996年下降42%；合资企业1 785台，占52.4%，比1996年增长174%；独资企业658台，占19.3%，比1996年增长33.7%。

1997年8个"三资"企业的产销量见表8。

据统计，29个国企和合资企业在1997年完成：挖掘机械入库量3 010台，销售量2 748台，其中国企出口量218台，出口值约为480万美元。

1997年，据对30个生产挖掘机械企业统计：

履带式单斗液压挖掘机生产3 341台，占总产量的87.5%；销售量2 945台，占86.5%，其中出口675台，占总销量的19.8%。其中5t以下小型液压挖掘机生产552台，销售516台，出口350台。

轮胎式单斗液压挖掘机生产336台，占总产量的9.86%；销售306台，占总销量的8.98%。

挖掘装载机和挖掘推土机生产97台，占总产量

表7　1997年8个企业主要经济指标

序号	企业名称	工业总产值		产量(台)	销售量(台)	销售收入(万元)	综合指数(%)
		当年价(万元)	不变价(万元)				
1	抚顺挖掘机厂	12 908	12 609	46	41	11 462	0.07
2	上海建筑机械厂	6 698	6 684	134	141	8 326	14.15
3	长江挖掘机厂	7 643	6 482	114	106	6 853	33.1
4	北京建筑机械厂	3 274	2 810	74	80	2 631	3.70
5	东风杭州重型机械厂	7 232	4 206	9	11	7 767	20.55
6	解放军六四一一工厂	5 769	5 278	25	22	5 725	71.34
7	江西长林机械厂	13 345	12 510	32	19	14 134	52.61
8	泰安工程机械总厂	6 492		48	44	4 502	63.31

的2.85%；销售113台，占总销量的3.32%。

机械式挖掘机生产23台，销售26台。

1996年及1997年挖掘机械的进口情况见表9。

表8　合资企业及独资企业产销量

序号	企业名称	入库量(台)	销售量(台)	
			销售量	其中：出口量
1	合肥日立挖掘机有限公司	569	539	
2	小松山推工程机械有限公司	409	326	5
3	卡特皮勒（徐州）有限公司	155	155	
4	常州现代工程机械有限公司	206	214	
5	成都神钢建设机械有限公司	231	174	
6	柳工凯斯工程机械有限公司	25	23	
7	贵州詹阳机械工业有限公司	396	354	
8	大宇重工业（烟台）有限公司	808	658	434

表9　1996年和1997年挖掘机械进口量

商品名称	1996年		1997年	
	数量(台)	金额(万美元)	数量(台)	金额(万美元)
上部360度旋转的机械铲、挖掘机及装载机（正铲）	3 899	12 513.8	6 623	10 562.05
其他机械铲及挖掘装载机	1 021	4 470.1	1 058	3 823.63
合计	4 920	16 983.9	7 681	14 385.68

〔撰稿人：天津工程机械研究所　卢寿彭〕

二、铲土运输机械

生产发展情况　铲土运输机械包括装载机、推土机、铲运机、平地机，这些机械的发展继上年高速发展以来，1997年仍然是高速发展，工业总产值（当年价）达630 218万元，比上年589 498万元增长40 719万元，工业增加值162 118.1万元，比上年147 086万元增长15 032万元，利润为16 609.95万元，比上年19 110万元下降为2 500.05万元，装载机、平地机是盈利的行业，推土机、铲运机是亏损的行业，全行业盈利大于亏损，产销量上升，利润率则逐年滑坡，故总利润下降。

1997年四大主机产量、销量、出口量统计见表10，1997年铲土运输机械行业（40个企业统计）主要产销量见表11，企业综合经济指数排序见表12。

市场及销售　从市场销售看，铲土运输机械行业在工程机械八大产品中是创利大户，装载机行业盈利为“首富”，平地机行业是盈利小户，推土机行业是连续亏损三年近亿元大户，铲运机行业是首次亏损小户。在市场竞争中许多企业认真改进服务，加强售前、售中、售后服务。多数企业承诺72小时到达用户那里。有的企业承诺48小时到达用户那里，有的企业由三包期六个月延长到两年，使用户更放心。铲土运输机械1997年销售收入（40个企业）统计详见表13，产品出口情况见表14。

新产品　1997年山东工程机械厂推出“F”系列装载机投放市场，柳州工程机械集团公司ZL50D装载机产品通过鉴定，山东推土机总厂与吉林工业大学联合开发静液压轮式装载机ZLY15，常林股份有限公司的ZLM18型装载机、WA470-1侧卸装载机通过鉴定，又向市场投放SZ40双伸缩臂木材装载机，厦门工程机械股份公司的ZL30（泉州）装载机通过鉴定，徐州装载机厂ZL40E、ZL15装载机通过鉴定，龙岩工程机械厂的ZL30D装载机产品通过鉴定。

表 10　1997 年铲土运输机械行业产值、产量、销量、出口量统计　　(单位：台)

产品名称	年份	工业总产值(万元)	增长%	产量	增长%	销量	增长%	出口量	增长%
装载机	1996	409 118		17 462		16 887		198	
	1997	464 926	13.6	17 700	1.4	17 580	4.1	142	−28.3
推土机	1996	165 109		2 913		2 976		290	
	1997	165 291	0.1	3 256	11.8	3 349	12.5	250	−13.8
铲运机	1996	6 404		2 037		1 868		5	
	1997	4 660	−27.2	1 569	−23.0	1 486	−20.4		
平地机	1996	10 827		242		217		24	
	1997	12 403	14.6	340	40.5	327	50.7	13	−45.8

表 11　1997 年铲土运输机械行业主要产品产销情况　　(单位：台)

产品名称		产量	销量	出口量
履带推土机	T120	675	707	2
	T140	1 270	1 331	83
	T150	174	202	6
	T160	204	189	57
	T180	72	68	14
	T200	24	42	4
	T220	734	698	77
	T320	43	46	5
轮式推土机	TL180A	40	50	
	TL210A	20	16	
推土机合计		3 256	3 349	248
自行式铲运机	CL7	9	14	
拖式铲运机	CTY20	150	54	
	CTY30	728	753	
	CTY3.5	388	348	
	CTY4.0	264	289	
	CTY4.5	30	28	
铲运机合计		1 569	1 486	
平地机	PY160B	215	212	8
	PY180A	110	94	3
	PY160C	15	21	
平地机合计		340	327	11
轮式装载机	ZL03～08	108	129	
	ZL10	550	557	
	ZL15	1 400	1 353	
	ZL20	346	330	1
	ZL25	22	14	
	ZL30	5 263	5 396	21
	ZL40	3 841	3 642	25
	ZL45	10	15	1
	ZL50	6 054	5 934	84
	ZL60	19	23	3
	ZL70	3	3	
履带装载机	Z140	0	2	
	ZY65	5	6	
装载机合计		17 621	17 404	135

表 12　1997 年铲土运输机械行业企业综合经济指数排序

序号	企业名称	指数(%)
1	福建龙岩工程机械厂	348.4
2	临沂工程机械股份有限公司	216.7
3	常林股份有限公司	192.6
4	山东工程机械厂	186.0
5	厦门工程机械股份有限公司	180.9
6	沈阳山河工程机械厂	169.8
7	山东泰安装载机厂	156.1
8	蚌埠市工程机械厂	150.4
9	宜春工程机械股份有限公司	149.0
10	徐州装载机厂	132.6
11	杭州武林机器厂	131.4
12	柳工机械股份有限公司	128.1
13	成都工程机械企业集团公司	118.8
14	郑州工程机械厂	113.4
15	宣化工程机械集团有限公司	109.7
16	天津市天工工程机械有限公司	88.4

（续）

序号	企业名称	指数（%）	序号	企业名称	指数（%）
17	山东德州交通工程机械厂	87.0	29	彭浦机器厂	36.5
18	黄河工程机械厂	85.7	30	营口工程机械厂	31.8
19	天津市政工程机械厂	80.3	31	天津建筑机械厂	24.5
20	山东推土机总厂	78.7	32	常州工程机械厂	13.0
21	长春运输机械厂	78.4	33	蚌埠安利机器厂	12.9
22	北京市政工程机械厂	67.0	34	江阴装卸机械厂	0.9
23	四平华银集团股份公司	64.6	35	沈阳桥梁工厂	−1.3
24	泗阳铲运机械有限公司	50.0	36	鞍山一工股份有限公司	−1.8
25	烟台工程机械厂	46.0	37	上海城建机械厂	−10.0
26	湖南建筑机械厂	42.1	38	赣南机械制造有限公司	−14.7
27	朝阳工程机械有限公司	41.5	39	青海工程机械厂	−46.0
28	湖南工程机械厂	40.3	40	山东水利工程机械厂	−60.0

表 13　1997 年铲土运输机械行业企业销售收入排序

序号	企业名称	销售收入（万元）	序号	企业名称	销售收入（万元）
1	柳工机械股份有限公司	78 990	21	沈阳山河工程机械厂	6 125
2	成都工程机械企业集团公司	60 202	22	朝阳工程机械有限公司	6 036
3	厦门工程机械股份有限公司	55 980	23	青海工程机械厂	5 875
4	山东推土机总厂	45 202	24	山东德州交通工程机械厂	4 444
5	宣化工程机械集团有限公司	36 054	25	沈阳桥梁工厂	3 400
6	徐州装载机厂	35 229	26	山东泰安装载机厂	2 925
7	山东工程机械厂	34 174	27	常州工程机械厂	2 775
8	常林股份有限公司	32 943	28	天津市政工程机械厂	2 738
9	临沂工程机械股份有限公司	22 903	29	湖南建筑机械厂	2 668
10	福建龙岩工程机械厂	22 290	30	烟台工程机械厂	2 607
11	黄河工程机械厂	20 553	31	山东水利工程机械厂	2 489
12	鞍山一工股份有限公司	20 500	32	湖南衡阳工程机械厂	2 322
13	天津市天工工程机械有限公司	16 905	33	蚌埠安利机器厂	2 147
14	彭浦机器厂	16 655	34	上海城建机械厂	2 063
15	郑州工程机械厂	16 077	35	泗阳铲运机械有限公司	2 004
16	宜春工程机械股份有限公司	15 745	36	蚌埠市工程机械厂	1 906
17	杭州武林机器厂	15 058	37	营口工程机械厂	1 562
18	长春运输机械厂	9 844	38	北京市政工程机械厂	867
19	天津建筑机械厂	9 015	39	赣南机械制造有限公司	433
20	四平华银集团股份有限公司	7 905	40	江阴装卸机械厂	288

表 14　1997 年铲土运输机械行业企业产品出口情况

企业名称	产品型号	出口量（台）	创汇额（万美元）	销往国家和地区
彭浦机器厂	T120A-1	2	6.5	东南亚
	PD6	8	28.58	东南亚
	D6D	26	206.37	东南亚
	D6E	1	4.52	东南亚
	TY165	1	19.05	东南亚
	T320	3	36.15	东南亚

（续）

企业名称	产品型号	出口量（台）	创汇额（万美元）	销往国家和地区
宣化工程机械集团有限公司	T140-1	5	19.53	马里
	TS140	2	9.15	巴布亚新几内亚
	T150F	6	36.24	孟加拉
	SD6D	8	67.61	加纳
	SD6E	5	44.4	香港
鞍山一工机械股份公司	CT-TY105	28	170.8	马来西亚
山东推土机总厂	TY160	38	240.52	尼泊尔、菲律宾、厄瓜多尔
	TY160E	9	60	马来西亚、阿联酋、肯尼亚
	TY220	28	247.84	南非、秘鲁、巴尔干
	TSY220	6	52.61	尼日利亚、赤道几内亚
	TY220E	12	116.4	澳大利亚、土库曼斯坦
	TY320	2	26.65	柬埔寨
天津建筑机械厂	TY160	7	29	东南亚
	T180	13	69	东南亚
	TY200	1	6	东南亚
黄河工程机械厂	TY160	2	9.87	印度尼西亚
	T180A	1	7.21	俄罗斯
	TY220	30	246.06	苏丹、加纳
	TYS220	1	8.49	苏丹、加纳
	ZL50C	4	15.42	东南亚
青海工程机械厂	QT-200T	3	69	印度尼西亚
宜春工程机械股份有限公司	ZL20	1	2.1	阿根廷、秘鲁
	ZL30C	4	9.7	阿根廷、秘鲁
徐州装载机厂	ZL30E	10	28	东南亚
	ZL40A	12	50	东南亚
	ZL50D	53	258	东南亚
	KLD85Z	1	11	东南亚
成都工程机械集团有限公司	ZL30B	4	9.15	美国
	ZL50B	5	22.99	东南亚、美国
郑州工程机械厂	ZL30D	1	2.2	美国
	ZL40D	3	12	东南亚
	ZL50C	1	3.8	秘鲁
山东工程机械厂	ZL30D	2	4.87	尼泊尔
柳工机械股份有限公司	ZL40	3	9.64	缅甸、巴基斯坦
	ZL40B	7	23.10	缅甸、卡塔尔
	ZL50A	3	11.68	越南、几内亚
	ZL50C	14	54.62	越南、老挝、肯尼亚
	ZL50C 抱叉	2	10.56	巴布亚新几内亚
	ZL50F	2	12.53	科特迪瓦
	ZL60E	2	10.84	泰国、印度尼西亚
天津市天工工程机械有限公司	ZL45A	1	3.13	东南亚
	PY160B	8	37.60	东南亚
	PY180A	3	18.77	东南亚

〔撰稿人：铲土运输机械行业分会茆洪连〕

三、工程起重机械

生产发展情况 1997年工程起重机械行业生产企业的工业生产总值、产品产量、经济效益大幅度下降，导致全行业亏损，企业普遍处在低谷里徘徊。根据1997年统计17个工程起重机械企业有6个亏损，占总量的35%，亏损额4 276万元。全行业经济效益综合指数为44.79%，销售率108.4%。资金利税率1.08%，工业增加值率22%，成本利润率－3.4%，全员劳动生产率8 772元/人，属行业中较低水平。资金回转0.59次，工业总产值11.67亿元（当年价），总资产36.5亿元，流动资金40.7亿元，固定资产净值1.06亿元，年末负债26.6亿元，流动负债21亿元，负债率7.3%，销售收入12.6亿元，利润－0.43亿元，出口交货值0.54亿元，职工人数29 358人，职工工资总额1.6亿元。完成投资额0.49亿元，其中基本建设0.0744亿元，技术改造0.4166亿元。1997年主要工程起重机械企业经济指标完成情况见表15。

表15 1997年主要工程起重机械企业经济指标完成情况 （单位：万元）

企业名称	工业总产值		工业增加值	固定资产净值	销售收入	利润	年末总资产	年末总负债	出口交货	职工人数(人)	工资总额
	当年价	不变价									
北京起重机器厂	15 900	13 500	5 500	120 000	2 000	51	43 190	30 300	1 099	2 806	2 052.0
徐州重型机械厂	18 700	16 350	1 430	4 479	19 800	206	36 900	23 500	765	1 826	1 612.7
浦沅集团有限公司	20 000	6 000	7 145	14 000	23 600	51	79 200	55 449	1 167	4 696	2 859.8
长江起重机厂	9 350	8 000	1 730	12 766	94 670	0.2	52 300	48 000	1 635	3 543	2 087.0
锦州重型机械股份有限公司	5 600	4 760	800	8 000	6 700	－48	22 960	13 700	41	2 308	908.5
抚顺起重机厂	4 300	4 290	1 570	3 200	4 000	50	9 960	10 400		1 271	647.0
泰安起重机械厂	5 960	5 200	787	11 200	5 800	－1 265	17 000	14 000		1 706	858.0
韶关工程机械厂	290	1 900	630	1 120	1 870	－35.9		3 200		564	362.5
蚌埠安利机器厂	2 950	2 670	618	10 500	2 146	－196	8 850	14 000		1 382	536.9
哈尔滨工程机械厂	2 687	2 760	2 890	6 300	2 200	－2 495					180.0
湖北建设机械股份公司	10 780	8 190	2 770	7 300	11 400	1 201	31 550	21 879	0.38	2 931	1 120.0
河北长城工程机械厂	800	800	370	1 150	450	－24	4 600	3 900		438	110.0
陆平机器厂	6 476	6 600	2 300	5 600	6 190	5.6	96 900	12 000		2 039	967.0

产品分类产量 1997年主要工程起重机械各类产品产量见表16。

表16 1997年工程起重机械行业产品产销情况
（单位：台）

产品名称	生产量	销售量	出口量
汽车起重机	2 178	2 274	59
其中：5t	21	22	
8t	1 031	1 019	8
12t	249	282	4
16t	523	514	13
20t	51	60	2
25t	226	290	28
30～40t	31	37	2
50t	46	49	2
80t		1	
轮胎起重机	49	70	1
履带起重机	64	56	
随车起重机	95	97	
高空作业车	106	116	
其他起重机及特种车	134	180	

市场及销售 1997年工程起重机械市场状况仍受国家经济宏观调控的制约和施工工艺变化的影响。工程起重机械行业产销情况见表16，主要汽车起重机生产企业产销量见表17。

科研成果 北京起重机器厂、浦沅集团有限公司在1996年就通过机械工业部对CAD应用“1215”工程的验收，实现了设计甩掉图板提高设计工作水平加快了产品开发过程。并在行业中得到进一步推广与应用。

新产品 在1997年工程起重机械行业中仅就北京起重机器厂、长江起重机厂、徐州重型机械厂、浦沅集团公司、泰安起重机械厂、锦州重型机械股份有限公司、韶关工程机械厂等企业统计，共完成技术开发费6 800万元，开发了新产品30项。不断提高主导产品水平，改变了产品单一的状况。北京起重机器厂为满足高速公路需要，开发8～31t公路救援车系列产品。浦沅集团公司开发道路清障车和植桩机。泰安起重机械厂开发了消防车系列产品。锦州重型机械股份有限公司开发了登高平台。长江起重机厂开发了80t汽车起重机。这些企业新产品都通过验收并正式投入生产，投放市场销售，此外对125、

表 17　主要汽车起重机生产企业产销情况　　（单位：台）

企业名称	5t		8t		12t		16t		20t		25t		30～40t		50t	
	产量	销量	产量	销量	产量	销量	产量	销量	产量	销量	产量	销量	产量	销量	产量	销量
北京起重机器厂	1		399	365			129	124			16	23			7	14
长江起重机厂			176	153	23	22	30	20	20	23	10	10	8	6	10	7
徐州重型机械厂	1		84	93	66	72	191	190	13	12	77	87	6	9	11	12
浦沅集团有限公司			61	69	66	65	95	100			79	88	17	21	18	16
泰安起重机械厂	10		106	109	27	29	24	27	2	5	13	13				
锦州重型机械股份有限公司			93	102	27	27	21	23	1	1	11	14				
韶关工程机械厂		2	11	15			8	6			3	3				
蚌埠安利机器厂			17	15	6	10	9	9			5	7				
哈尔滨工程机械厂					10	24		2			8	11				
长春专用汽车厂					2	2		3								
泰安工程机械总厂			72	73	11	18	16	10					1			
陆平机器厂			3	4												
河北长城工程机械厂					5	5										

160、200t 大吨位汽车起重机完成技术装备，进入方案设计阶段。

质量及质量管理　目前全行业都在积极贯彻 ISO 9000 标准，健全质量保证体系。如浦沅集团公司对 16、25t 汽车起重机率先推行精品工程，严格按各级标准，工艺文件组织生产，实现销售后 3 个月内无停机故障的目标，全面提高实物质量、工作质量的意识，具有较强的科学性和可操作性，取得良好效果。长江起重机厂提出“三保二低一杜绝”的质量目标，自实施名牌战略以来已收到较明显效果，并得到用户的好评。

基本建设及技术改造　1997 年工程机械行业在 17 个企业中有 12 个企业进行技术改造完成投资 4 910 万元，其中基本建设投资 744 万元，技术改造投资 4 160 万元。这些措施的实施对提高产品质量，改善产品性能，增加生产能力都起到积极的作用。

管理及改革　1997 年工程起重机械行业中，有长江起重机厂、浦沅集团、徐州重型机械厂、锦州重型机械股份有限公司等企业在现代企业制度改革，资产重组，企业联合等项工作方面进行运筹。从 1996 年以来这项工作就有较大发展。1996 年 7 月成立长江工程机械集团，长江起重机厂是集团母体成员厂。浦沅集团 1996 年正式成立后就成立董事会、监事会、总经理会等公司治理机构。目前，徐州重型机械厂与徐州专用车辆公司、徐州钢结构公司组成徐州起重机械公司。

锦州重型机械股份有限公司参加了辽宁工程机械集团。

〔撰稿人：中国工程机械工业协会副秘书长张春育〕

四、机动工业车辆

生产发展情况　1997 年机动工业车辆行业主要有 50 多个生产厂，其中生产内燃叉车的有安徽叉车集团公司、大连叉车总厂、北京市叉车总厂、杭州叉车总厂、厦门叉车总厂等 20 多个企业；生产电动工业车辆的有衡阳电瓶车总厂、抚顺叉车总厂、无锡市电瓶车厂、北京清河机械厂等约 10 个企业；生产轻小型搬运车的有湖北京山机械厂、京山液压机械厂、宁波如意机械有限公司、常州兰鸿起重机械有限公司、上海倍力机械制造有限公司等近 20 个企业。

1997 年机动工业车辆行业的工业总产值为 268 065 万元（当年价），213 666 万元（不变价）。详见表 18。

市场及销售　1997 年机动工业车辆总的销售量为 266 916 台。

（1）内燃叉车　1997 年销售量为 16 862 台，比 1996 年的 14 758 台增长了 14.25%。

其中，安徽叉车集团公司销售 4 463 台，比上年的 4 028 台增长 10.7%；大连叉车总厂为 760 台，比上年的 806 台减少 5.7%；北京市叉车总厂为 1 335 台，比上年的 1 112 台增加 20%；杭州叉车总厂为 2 162 台，比上年的 2 249 台减少 3.86%；几个合资企业 1997 年的销量比 1996 年有所增加，约 3 000 台。

（2）蓄电池叉车　1997 年的销售量为 1 535 台，比上年的 1 690 台略有下降。

其中，安徽叉车集团公司为 341 台，比上年的 252 台增加 35.3%；杭州叉车总厂为 169 台，比上年

表 18 机动工业车辆行业经济指标

产品类别	年份	工业总产值（当年价）（万元）	工业总产值（不变价）（万元）	工业增加值（万元）	资本金合计（万元）	流动资金合计（万元）	产品销售收入（万元）
内燃叉车	1996	200 719	159 885	50 655	60 993	219 727	201 015
	1997	175 448	138 534	49 443	60 872	185 169	179 107
电动工业车辆	1996	10 836	9 977	6 752	5 861	11 576	10 490
	1997	17 896	16 436	3 800	3 176	14 332	16 753
轻小型搬运车	1996	40 959	33 751	3 990	2 181	20 922	41 873
	1997	74 721	58 695	9 963	7 401	31 707	71 489

的198台减少14.6%；宝鸡双力叉车（集团）有限责任公司为113台，比上年的128台减少11.7%。

(3) 固定平台搬运车 1997年的销售量为1 010台，比上年的1 060台略有下降。其中，无锡市电瓶车厂为202台，比上年的224台减少9.8%；北京清河机械厂为156台，比上年的145台增加7.5%；衡阳市电瓶车厂为66台，比上年的165台减少60%。

(4) 手动液压托盘搬运车 1997年的销售量为243 950台，比上年的184 000台增加32.6%。其中，宁波如意机械（集团）股份有限公司为69 050台，浙江省金华起重设备厂为50 000余台，宁波宏升机械实业公司为30 000余台，湖北省京山机械厂为24 510台，上海倍力机械制造有限公司为14 591台，湖北省京山液压机械有限责任公司为12 237台，常州兰鸿起重机械有限公司为12 000台。

(5) 牵引车 1997年的销售量为152台，比上年的206台有所下降。其中，湖南叉车总厂44台，徐工集团靖江叉车有限公司为34台，北京铁路装卸机械厂33台，广州港口机械实业总公司28台，大连叉车总厂7台，衡阳电瓶车总厂6台。

在叉车销售中，超过千台的省、市有广东省2 169台，占总销量的11.78%；上海市1 696台，占总销量的9.2%；江苏省1 512台，占总销量的8.2%；浙江省1 220台，占总销量的6.64%。

在内燃叉车销售中，3t内燃叉车主要销售地区是广东省1 018台，占3t内燃叉车总销量的13.3%；上海市675台，占8.8%；江苏省667台，占8.7%。2t内燃叉车主要销售地区是广东省442台，占2t内燃叉车销售总量的12.2%；山东省299台，占2t内燃叉车销售总量的8.6%；上海市274台，占2t的7.9%。0.5～1t内燃叉车主要销售地区是上海市194台，占该吨位总销量的16.8%；北京市146台，占12.7%；江苏省76台，占6.62%。

在各种叉车销售中，销往物资及商业经营单位的叉车为6 555台，占总销量的35.6%；销往机械工业系统的叉车为3 842台，占总销量的20.8%；销往煤炭、冶金及文教等单位的叉车为3 624台，占总销量的19.7%；销往轻纺工业系统的叉车为1 587台，占总销量的8.6%；销往交通运输（含邮电）系统的叉车为1 290台，占总销量的7%；销往建筑及建材工业系统的叉车为908台，占总销量的4.93%；销往化学工业系统的叉车为724台，占总销量的3.9%。

1997年机动工业车辆进口为11 546台，金额8 667.8万美元，其中，电动叉车1 851台，金额2 352.17万美元；内燃叉车1 260台，金额2 585.1万美元；集装箱叉车102台，金额865.7万美元；其他机动及手动搬运车辆和牵引车等8 833台，金额2 864.9万美元。主要进口国家和地区为日本、德国、美国、瑞典、英国、台湾省和韩国等。

1997年叉车出口702台，其中蓄电池叉车为49台，内燃叉车653台。在内燃叉车出口的653台中，3t内燃叉车为315台，2t内燃叉车163台，2.5t内燃叉车124台。

1997年手动液压托盘搬运车出口约163 500台，其中，宁波如意机械（集团）股份有限公司60 000台，浙江省金华起重设备厂50 000台，宁波宏升机械实业公司30 000台，常州兰鸿起重机械有限公司12 000台，上海倍力机械制造有限公司8 000台。机动工业车辆行业企业销售收入排序见表19，经济规模排序见表20。

表 19 机动工业车辆行业按销售收入排序

序号	企业名称	销售收入（万元）
1	安徽叉车集团公司	64 402
2	大连叉车总厂	15 143
3	杭州叉车总厂	13 963
4	北京叉车总厂	10 815

表 20 机动工业车辆行业企业按经济规模排序

序号	企业名称	产值（万元）
1	安徽叉车集团公司	63 408
2	杭州叉车总厂	14 164
3	大连叉车总厂	13 395
4	北京叉车总厂	12 197
5	宁波如意机械有限公司	10 050

科研成果及新产品 安徽叉车集团公司80年

代中期引进了日本TCM公司1984年研制的"X"系列叉车，1987年TCM公司推出第二代"S"系列（低噪声）替代产品，1990年，又研制出第三代"a"系列（豪华型）换代产品，1993年安徽叉车集团公司完成"a"系列叉车的全部技术与生产准备，1994年研制出第三代产品"aH"型替代产品，这种小型、豪华、舒适、节能、低噪声的叉车一出现就受到欢迎。随后又研制出14t和16t柴油液力传动叉车。1994年还完成CPCJ60静压传动叉车设计，1995年完成样机组装和调试，又研制成功3t蓄电池叉车及液化石油气叉车。1995年该集团公司又成立了技术中心，是全国100家"国家认定的企业技术中心"之一。

杭州叉车总厂80年代初开发了CPD1.5平衡重式蓄电池叉车和CQD 1t前移式蓄电池叉车。为了解决电控装置的可靠性问题，采用了美国GE公司的EV100斩波控制器，使蓄电池叉车技术和产品质量上了一个新台阶，产品改型为CPC 1.5B，后发展到CPD 1.5D。同时该厂又开发了CPCD 2D、CPCD 2.5D、CPCD 3D形成1～3t蓄电池叉车系列。自1994年以来该厂还对3L系列叉车的动力、传动、液压、电气、转向以及外形等不断进行改进，采用低速直喷式发动机，横置油缸转向桥，带前倾锁紧的小型组合多路阀、软轴手制动等。CPC3L及CPCD 3L已发展为CPC3E和CPCD 3E型叉车。

质量及质量管理　安徽叉车集团公司1996年7月与全省75个机械企业联手召开了新闻发布会，对本企业的产品质量向社会作出承诺。这是企业的一种自律行为，旨在建立自我加压、自我约束的机制，敢于实行质量承诺是产品质量有把握的表现。1997年上半年，商会委托国家工程机械试验场对安徽叉车集团公司4台1～3t内燃叉车及1～2.5t蓄电池叉车进行了安全检验，最后一致认定被检叉车符合欧盟89/392/EEC安全指令，并颁发了"CE"合格证书。1997年6月6日安徽叉车集团公司在全国商检系统质量体系认证发证500个企业新闻发布会上领取了ISO 9001质量体系认证证书。

杭州叉车总厂1997年强化分部套油漆质量管理，在保证生产有序进行的同时，严把关键工序的质量，1997年增设了20套分部套油漆工装，保证分部件在油漆、转道、堆放过程中的漆膜质量。1997年6月杭州叉车总厂部署了"质量翻身战役"第二阶段实施计划，在总厂内部推行上道工序对下道工序的质量承诺；试行柴油机厂、油缸厂等供方对总厂的质量承诺；开展质量成本核算，完善企业各项管理工作。1997年杭州叉车总厂以工艺为突破口抓好产品质量，先在CPC3L叉车上使用"总装整车流程记录卡"，流程记录卡在流水线上使用，自检合格后，认真签字，专检合格后流入下一道工位，工人定岗定位有条不紊地操作，使产品的装配质量得到全面提高。

1997年厦门叉车总厂举行了"劳动合同签订仪式"，通过签订劳动合同进一步增加职工的主人翁责任感，进一步调动全厂职工积极性，争取该厂有更大的发展。1997年初厦门叉车总厂还参与了福建省39个机械企业机电产品向社会公开发布的"质量保证声明"活动，作出了六项承诺。为此在全厂广泛宣传贯彻"质量保证声明"；认真贯彻GB/T 19000（ISO 9000）标准；强化配套件质量控制；强化出厂产品终检制度；做好产品售后服务。

1997年一季度，国家工程机械质检中心受国家技术监督局委托对全国平衡重式叉车进行监督抽查，历时61天，共走访企业51个，实际抽查到29个企业的29种产品，占全国叉车生产企业的59%，具有较大的代表性和覆盖面。从抽查的29个产品看，符合国家强制性标准和行业标准的有19个产品，抽样符合率为66.5%，有24个产品按国家强制性标准和企业标准判定为合格，抽样合格率为82.8%。

技术改造　大连叉车总厂"八五"期间完成了1 971万元的技术改造任务，购置了日本卧式加工中心、光电跟踪切割机，新建结构下料、油漆车间、装配线等共计添置设备92台(套)，新增生产用地等面积10 419m²，1994年为提高大型及集装箱叉车的生产能力又申请技改投资1 500万元，截止到1997年底大连叉车总厂共生产10～42t大型叉车及集装箱叉车442台。

对外合作　机动工业车辆行业继成立林德—厦门叉车公司、湖南德士达叉车制造有限公司、北京汉拿工程机械有限公司、安徽TCM叉车有限公司等合资企业以来，1997年又成立上海海斯特叉车制造公司和韩国大宇重工业烟台有限公司。

美国海斯特公司是世界工业车辆制造业最大的厂家之一，与上海浦发公司合资成立上海海斯特叉车制造公司，总投资2 500万美元，美方控股85%，一期工程为1 350万美元，预计1999年正式生产工业车辆产品，主要是中小吨位的内燃、电动叉车。1997年开始正式以上海海斯特叉车制造公司名义向中国销售其产品。

韩国大宇重工业烟台有限公司原生产挖掘机，1997年又独资生产工业车辆产品，设计能力为年产3 000台，近期年生产为1 000台，主要产品为1～3t内燃叉车和电瓶叉车、1～1.8t前移式叉车等。

目前，世界上生产工业车辆产品最大的两个企业德国的林德公司、美国的海斯特公司都在中国成立控股的叉车制造公司，德士达、TCM、汉拿、大宇等亦合资和独资建立叉车制造厂，他们的技术先进、生产规模大、已占领了中国的很大市场，严重影响我国的工业车辆产品的生产，所以从主机厂来看，独资、合资已到饱和状态，应从宏观上予以控制。

目前从工业车辆的部件上来看还是比较落后的，货叉和属具美国已在中国成立独资的生产企业，但发动机、液压件、传动件等尚没有很大的改进，我们应积极引导在零部件上的合资生产，有了好的零部件生产商，就会有好的主机，也会使我国的工业车辆产品上一个新的台阶。

管理及改革　1997年机动工业车辆行业在新

产品开发、转换经营机制、提高产品质量和走集团化道路等方面做了大量工作，不断地进行改革。如安徽叉车集团公司自1991年以来至1997年已连续六年居全国同行业首位，被誉为“全国叉车行业排头兵”，走上了资产运营，低成本扩张的兴旺之路，成功地发行了“安徽合力”股票，1996年跨地区兼并了3个企业，不断壮大的安徽叉车集团公司的跨世纪战略目标是创合力名牌，力争成为世界十强之一。

〔撰稿人：中国工程机械工业协会机动工业车辆分会苏思一、徐家仪　审稿人：中国工程机械工业协会机动工业车辆分会徐善继〕

〔责任编辑：王　如〕

地质设备

〔地质矿产部〕

生产发展情况　1997年中地装备集团（以下简称中装集团）系统所属地质机械仪器制造企业39个，其中骨干企业为张家口探矿机械总厂、衡阳探矿机械厂、连云港黄海机械厂等8个直属企业。1997年末中装集团拥有资产146 075万元，其中固定资产67 117万元，职工20 779人。完成工业总产值41 071万元，工业增加值12 620万元，工业销售产值42 304万元，集团直属企业实现减亏1 944万元。

产品分类产量　1997年，全系统（含地方企业及非地质矿产部企业）共生产钻探设备3 646台，其中地质矿产部系统1 187台；坑探设备2 718台（套）；地质仪器仪表1 797台（套）；实验室选矿设备1 770台，属地质矿产部系统1 370台；地质工具394 609件，属地质矿产部系统389 217件；生产其他产品，如人造金刚石单晶122万克，金刚石制品660万元，石油机械63 396件，黄金设备450台（套），锅炉调速箱502台（套），交通电器产品718 214件，硬质合金29 157kg，硬质合金模具11 198件。

1997年，地质矿产部（含中装集团直属企业）产品分类产量详见产品分类产量表。

1997年产品分类产量表

产品名称	单位	产量	比上年增长%
钻探设备	台	1 187	
岩芯钻机	台	468	84.9
工程钻机	台	561	16.6
水文水井钻机	台	2	
物探钻机	台	152	35.7
砂矿钻机	台	4	
钻探辅助设备	台	7 248	
泥浆泵	台	989	44.0
坑探设备	台	2 718	
凿岩机	台	2 718	−9.4
其他地质机械设备	台	12	
地质机械配件	万元	7 771	
实验室选矿设备	台	1 370	
破碎设备	台	590	−40.7
研磨设备	台	336	−24.0
筛分设备	台	35	
分级设备	台	10	
选制设备	台	342	
脱水设备	台	20	
辅助设备	台	15	
岩矿鉴定设备	台	10	
其他选矿设备	台	12	
地质工具	件	389 217	
地质管材	件	48 286	
钻头及扩孔器	件	334 354	
钻（机）具	件	425	
井上工具	件	3 912	
水龙头	件	291	
其他地质工具	件	1 949	

市场及销售　1997年地质专用机械设备市场有所回升，产品需求量增大。1997年中装集团实现工业产品销售收入42 115万元。国外，澳大利亚、印度等市场在原有稳定的基础上取得了较大的发展，虽然受金融危机的影响，东南亚市场有下滑趋势，但幅度不大，1997年中装集团进出口仍有一定的增长，总额在800万美元左右。

科研成果及新产品　1997年中装集团技术中心陆续完成开发一批重点项目，如自行开发ZY3000大口径反循环钻机；与美国苏里文公司合作开发风动钻机并全部返销美国的项目已完成技术图样工作；与广州705队合作，承担广东塘头博头金矿移动提金厂成套设备交钥匙工程等。这批项目投产1～2年，可大幅度增加产值。

1997年中装集团技术开发投资总额3 795万元，当年完成新产品开发项目52个，其中，直属企业新产品项目已经鉴定并投产或合资生产的新产品有：供浅孔工程施工，性能优良的HT-150型钻机，高效优质的MGY-100型全液压锚杆工程钻机，BW120/32型高压泵，BWT120/30型高压注浆泵，具有国际先进水平的AFS-230型全自动双道原子荧光光度计，GGX-9型原子吸收分光光度计，与意大利土力公司联合设计的大型工程施工机械GZQ-18型全液压旋挖钻机，合资生产的具有国际水平的合金顶锤产品，已投产的GT-15B型非开挖导向铺管钻机。

对外合作　1997年是中装集团总公司开展自营进出口贸易的第三年，共完成进出口总额800万美元。

该集团直属企业无锡钻探工具厂与国际知名企业宝长年集团（BOARTLONGYEAR）的合资，取得了良好的进展，中外方投资已全部到位，共引进外资500多万美元。

中装集团总公司总经理率队赴意大利对TREVI集团及下属SOILEMEC公司进行了访问，并出席了中意合资企业连云港土力机械有限公司在土力公司总部召开的合资企业股东会议。双方就引进先进的水文水井钻机、石油钻探和TREVI地下停车厂设施及施工工艺，联合开发适应市场需求的高、中、低档产品，加强横向联系，吸引专业人才等事宜达成一致意见。

管理及改革 1997年中装集团制定了《中装集团发展战略》，提出了"优二、兴三、进一"(即优化第二产业、兴办第三产业、进军第一产业)调整产业结构和产品结构的总体部署，实施名牌战略，优化资源配置，组建"实业化、现代化、国际化"的大集团，力争用2～3年时间完成营造"中装大船"的历史任务。

中装集团结构调整初见成效。以集团直属企业为例，重庆探矿机械厂产品已形成以锚杆钻机、非开挖钻机为主导产品：重庆地质仪器厂已形成地质专用仪器产品、社会产品、"三产"三足鼎立之势；无锡钻探工具厂以钻具和合资公司产品及金刚石制品为主；北京钻探工具厂"退二进三"；衡阳探矿机械厂以泵系列、小钻机为主；黄海机械厂以合资产品、新型钻机及工程施工为主；张家口探矿机械总厂以大特产品、管杆产品、铸锻件、农机为主；北京地质仪器厂拟形成房地产和高科技产业为主等。中装集团使过去那种"大而全"、"小而全"、产品低水平重复的现象有所改善，为建立以产品为"龙头"的四大基地、九大公司打下了基础。

中装集团制定了巩固和发展集团传统名牌产品以及创新名牌产品的计划，提出了以名牌产品为"龙头"进行组织结构调整的思路，确立了重探牌XY-2系列工程钻机、黄海牌XY-4钻机、张探牌GCF和GPF系列工程钻机、张探牌金刚石压机、衡探牌BW泥浆泵、宝长年牌硬质合金及制品、豪贝牌钻头和锯片、金三角牌钻具等具有国际先进水平、曾获国家优质奖，在市场上有一定占有率的八大传统名牌产品以及星球牌电喇叭、海光牌分析仪器、迪克牌净水器、华宝牌宝矿堆浸成套设备等新开发的具有高新技术，并能够形成系列的八大新名牌产品。此外，中装集团制订了统一的集团标识，确立名牌商标计划，冠以中装字号的CGE商标已在国家工商行政管理局正式注册。

一年来，中装集团涌现出了改制较好的企业。如无锡钻探工具厂将原金刚石分厂承包给个体户，实行国有民营，运行得比较成功；模具分厂实行全员风险抵押承包，将职工利益与企业利益联系在一起；重庆地质仪器厂将松堡中心租赁给个人经营，实行新的运行机制，大大增加了职工的积极性，也增加了职工的危机感和责任感；衡阳探矿机械厂的附属厂和凤凰公司正在进行股份合作制的改制工作。

〔撰稿人：中国地质装备总公司冯　琳〕

〔电力工业部〕

生产发展情况 杭州钻探机械制造厂是电力工业部直属企业，专门从事工程地质钻机、各类钻探用泵、水电施工机械及金属结构件和辅机设备制造，是电力系统从事地质专用设备的唯一厂家。

1997年该厂完成工业总产值1 803万元、销售收入为1 767万元、利税总额123万元，钻机类产品产值比上年增长89.66%，泵类产值比上年增长65.1%，搅拌机类产值比上年增长37.71%，配件产值比上年增长34.55%。

产品分类产量 该厂主要产品分两大类4个系列，钻机类SGZ系列工程地质钻机、泵类SGB系列灌浆泵、NSB-100-30型泥浆泵、PZNB喷水柱塞泵等。钻机类产品完成296台，比上年增长16.5%；泵类完成200台，比上年增长58.7%。

市场及销售 1997年钻机、泵类产品的生产、销售形势明显好于上年。全年实现销售收入1 766.9万元，比上年增长2.7%。向水电工程提供施工机械有明显增加，按销售收入计算，比上年增长30%。三峡、小浪底、江亚、李家峡等20余项国家重点工程均采用该厂钻机，泵类产品300台(套)。金额占全年销售收入的60%，向煤炭、冶金、交通等行业提供钻机、泵类产品180台(套)，占全年销售收入的30%。出口和反包销售钻机、泵类备品备件占年销售收入的6%。火电厂辅机产品——柱塞泵也已打入市场。

质量及质量管理 该厂1997年200、300MW电站辅机——柱塞泵拿到了资格证书，并在两个招标项目中一举中标，不仅得到了效益而且迈入了300MW级电厂辅机制造厂的行列。

管理及改革 重大物资采购招标制度。1997年对柱塞泵订单中的配套电机、大型轴承采购，该厂尝试按招标方式向5个具有万人以上规模的企业发了招标书，这些企业积极参与竞争投标。预期采购价为160万元，而实际中标合同价为110万元，压价部分比以往传统采购价下降50余万元。

进一步完善销售承包机制。在上年销售承包基础上补充了产品出厂价上浮部分的提成办法，鼓励销售人员在上一年厂销售产品定价基础上提价10%，并给予一定比例的奖励，全年共增效92.5万元，销售部也获奖6.1万元。

分厂制已初见成效。1997年铸造分厂挂牌后，精密铸造月产量由上年4.8t上升到16t，分厂通过减员方式（下岗、待岗、分流、退休）将原来的30人减为20人，大大提高了劳动生产率，为加强成本管理，特别是利用峰谷电价差大幅度降低成本，结束了以往年亏损40万元的局面。这一举措为企业改革迈出了可喜的一步。

〔撰稿人：电力工业部崔明吉　审稿人：电力工业部张海青〕

〔责任编辑：王　如〕

商业机械

〔国内贸易部〕

生产发展情况 1997年末，国内贸易部系统商业机械制造业有县及县以上生产企业355个，全部职工年平均人数58 237人，固定资产原价合计236 257万元，与上年基本持平，固定资产净值平均余额164 282万元；工业总产值（不变价）235 342万元，比上年略有减少，工业增加值77 363万元，亏损企业139个，占企业总数的39%。

产品分类产量 1997年，国内贸易部系统商用机械行业主要产品产量合计为139 580台/107 221t，比上年有一定减少，其中，糖果加工机械444台/180t，冷藏加工设备8 415座，冷库1 335座/661 846m^3，食品速冻生产线64条，屠宰及肉类加工机械1 275台/26 887t，食品烤炉340台/100t，和面机5 813台/90t，面条机63台，洗衣机70台，其他商用机械9 787台/200t；粮油及饲料加工机械行业主要产品产量合计为105 192台/79 619t，与上年同期相比，台数增长12 642台，其中，碾米机械17 064台/13 998t，磨粉机械6 334台/11 598t，榨油机械14 361台/13 079t，饲料机械8 055台/9 595t，通用机械28 345台/15 977t，胶辊35万只，售粮油机械14 361台/644t。与上年状况相反，碾米机械、磨粉机械产品产量比上年减少，榨油机械及饲料加工机械产品产量比上年有所增长。

市场及销售 1997年，国内贸易部系统商用机械加工行业完成销售产值244 815万元（当年价），销售收入229 858万元，比上年有所减少，产品销售实现利税11 464万元，利润148万元，亏损额达15 151万元，出口交货值为12 769万元，比上年有所增长。出口产品主要有和面机、饺子机、比重去石机、砻谷机、磨辊、拉丝机、干燥机及小部分饲料、面粉和榨油成套设备等，主要销往菲律宾、马来西亚、巴基斯坦、埃及、非洲等国家和地区。粮油及饲料设备出口问题近年来一直没有太大的突破，出口品种单一，还应积极拓展在国际市场上的销路。

科研成果 1997年，国内贸易系统商用机械行业荣获国家科学技术进步三等奖1项，获奖成果为国内贸易部武汉科研设计院完成的万吨级淀粉加工设备消化吸收关键设备的研究；获国内贸易部粮油及饲料加工机械科技进步奖有11项，其中，一等奖1项：XJG26＊1-100型码头吸粮机，主要完成单位是湖南省长沙市粮油机械厂；二等奖3项：(1)离心复合铸造油料轧辊，主要完成单位是哈尔滨粮油机械厂；(2) SYP110・2型移动式多功能清理筛，主要完成单位是国内贸易部郑州科研设计院、郑州粮机股份有限公司输送设备厂；(3) 分割肉设备的研究，主要完成单位是上海市食品研究所、上海龙华食品公司；三等奖8项：(1) FMFQ2550型气压磨粉机，完成单位是陕西省汉中粮油机械厂；(2) MGCZ100＊12新型重力谷糙分离机，完成单位是湖北襄樊粮食机械股份有限公司；(3) TQFX120型自循环风重力分级去石机，主要完成单位是国内贸易部科学研究院、河北沧州市粮油机械厂；(4) LF系列新型等级面粉机组，主要完成单位是河南开封第二粮食机械厂、郑州粮食学院；(5) YDTDC系列蒸脱机，完成单位是陕西省咸阳粮油机械厂；(6) SB/T10257—95《刮板输送机》、SB/T10258—96《水平螺旋输送机》标准的制订，主要完成单位是国内贸易部郑州科学研究设计院；(7) SB/T10255—95《高方平筛》行业标准的制定，主要完成单位是国内贸易部无锡科学研究设计院、山西长治粮食机械厂、石家庄粮食机械厂；(8)系列工业洗涤脱水机及计算机辅助设计的研究开发，主要完成单位是北京市服务机械研究所、清华大学；四等奖1项：WSD-100往复式速冻机，主要完成单位是内贸部无锡科学研究设计院、江苏无锡锡南机械厂。

基本建设及技术改造 1997年，商用机械行业安排国家技改专项贷款新开工项目4个，总投资3 250万元。其中，江苏省锡山粮机厂将购置立式加工中心、数控立铣、数控折弯机等机械加工设备，提高新产品开发水平，形成年产2 900台（套）碾米设备的生产能力。

管理及改革 1997年初，激光切割机招标议标会议在上海召开，有发展意向的十几个粮机厂与国内主要供应商就激光切割机的性能结构及实际操作等问题进行了统一商讨。目前，具备如激光切割机等先进加工手段的粮食饲料机械厂还为数不多，要考虑逐步提高企业现代化的设计开发能力，以确保产品质量的稳步提高。到会双方对这样的招标议标会反应很好。

1997年，粮机饲料企业积极开拓国外市场。应菲律宾国家粮食总署和越南粮食总公司邀请，粮机厂赴两国考察和洽谈，部分企业与两国签订了设备购进合同，并将就在越南办展事宜做进一步商谈。“七一”香港回归之际，香港《大公报》回归专辑刊登了国内粮机及粮油加工10个企业的产品介绍，罗植龄副部长欣然为此题字，抓住机会成功地进行了企业宣传。国产粮食饲料输送设备的生产厂家年内与美国伊伯森公司成功地进行了生产合作等。

为适应国际经济贸易与发展的需要，粮油及饲料设备大部分厂家组织参加了厂长经理ISO 9000宣贯班，对粮机企业ISO 9000体系的认证工作起到了积极的推动作用。这些企业配合部科技司，在国家技术监督局协调下，与轻工总会全国家用电器标准化技术委员会协商，成立了“全国家用电器标准化技术委员会商用电气饮食加工服务设备分技术委员会”。分会主要负责国际电工委员会（IEC）TC61/SC61E、TC59工作范围内商用电气饮食加工服务设备在国内的标准化工作和技术归口工作。分会工作行政管理委托国内贸易部领导，技术工作由全国家电标委会领导和协调。

本年度还讨论通过了《家用和类似用途电器的安全　商用电动饮食加工机械的特殊要求》、《家用和类似用途电器的安全　商用单双面电热铛的特殊要求》等五个安全性国家标准送审稿。

〔撰稿人：国内贸易部工业司赵　静〕

〔责任编辑：王　如〕

环境保护设备

〔机械工业部〕

生产发展情况　1997 年，机械工业部系统环境保护机械设备制造行业据 38 个企业统计，共完成各类环境保护机械设备产品产量 142 808t，比上年增长 20.7%。全行业完成工业总产值（不变价）161 039 万元，比上年增长了 31.6%；工业增加值 36 337 万元，比上年增长 15.7%；利润总额 5 201 万元，比上年增长 51.3%。全行业及主要企业主要经济指标见表 1。

1997 年，机械工业部系统主要环境保护机械设备制造企业生产的主要产品有：浙江菲达机电集团公司生产的电除尘器 72 台、28 108t，全部按引进技术生产，气力输灰设备 7 套；唐山清源环保机械公司生产各种环保机械设备 223 台（件）、4 271t；无锡通用机械厂生产各种水处理机械设备 152 台（套），其中各种格栅除污机 42 台、刮吸泥机 51 台、超效浮选装置 4 台；武汉阀门水处理机械股份有限公司生产各种水处理机械设备 329 台（件）、237t；湖北环保（集团）股份有限公司生产各种除尘设备 5 100t，其中电除尘器 1 560t、袋式除尘器 3 315t、其他除尘设备 225t。

1997 年，完成的重大生产任务有：浙江菲达机电集团公司为山东石横电厂 2# 机组，湘潭电厂 1#、2# 机组，贵州安顺电厂 1#、2# 机组，河南安阳电厂 2# 机组等 300MW 机组配套的电除尘器和为宁波北仑电厂二期 1#、2# 机组，扬州电厂 1# 机组等 600MW 机组配套生产的电除尘器以及出口产品等；湖北环保（集团）股份有限公司生产了为宝钢三期工程高炉输煤系统原料场配套的 LLP170×6 智能型除尘输灰组合装置、为昆钢 6# 高炉出铁场配套的 LLP170×36 大型智能化除尘输灰组合装置，其中 LLP170×36 大型智能化除尘输灰组合装置有效过滤面积 6 120m^2，处理烟气量 990 000m^3/h，过滤风速 2.6m/min，输灰能力 27m^3/h；唐山清源环保机械公司为唐山东郊污水处理厂、大庆石化、青岛李村污水处理厂和镇江金沙纸浆厂等生产了刮泥机、刮吸泥机、电动回转堰门、曝气转刷和回转格栅等污水处理设备。中国通用石化机械工程总公司近几年来完成了除尘与污水处理工程十数项，如采用了干法布袋除尘和洒水喷枪湿法洒水除尘的青岛前湾煤码头环境保护系统工程，它根据不同装卸设备的作用部位以及煤粉尘产生的特点，相应地采用了不同的方法，有效地控制了煤粉尘的扩散，保护了环境。

表 1　1997 年环境保护机械设备制造行业主要经济指标　（单位：万元）

项目名称	工业总产值		工业增加值	产品销售收入	利润总额
	（不变价）	（当年价）			
全行业	161 039	158 041	36 337	121 081	5 201
其中：浙江菲达机电集团公司	25 336	22 010	6 151	16 700	856
唐山清源环保机械公司	4 356	4 375	1 945	5 182	270
无锡通用机械厂	3 273	2 978	945	3 071	26
湖北环保（集团）股份有限公司		5 320	2 150	4 080	420
武汉阀门水处理机械股份有限公司	1 499	1 821	941	1 561	5

产品分类产量　1997 年据 38 个企业统计，各类环境保护机械设备产品产量见表 2。

表 2　1997 年环境保护机械设备产量

产品名称	产量（t）		比上年增长 %
	1997 年	1996 年	
环境保护机械设备产量合计	142 808	118 154	20.7
其中：机械除尘设备	8 378	10 605	−21.0
电除尘设备	106 330	58 073	83.1
水处理设备	18 445	43 264	−57.4
气体净化设备	1 284	3 144	−59.2
噪声控制设备	508	582	−13.2

市场及销售　由于环境保护工程建设项目对建设单位本身一般没有直接经济效益或效益不大，因此在国家执行适度从紧的货币政策时，它的发展速度受到明显的抑制，因而环境保护机械设备市场也受到相应的影响，市场竞争更趋激烈，不少企业经济效益下降，但我国环境保护是国家发展的重点，总的说来环境保护机械设备还是有较大发展的。

机械工业部系统环境保护机械设备销售量为 140 424t，比上年增长 29.0%，按产量计算的产品销售率为 98.3%；销售产值为 151 675 万元，比上年增长36.6%，按产值计算的产品销售率为96.0%；全年销售额为138 378万元，比上年增长30.7%，为当年工业总产值的87.6%；全年产品销售收入为121 081万元，比上年增长25.3%。年末库存量19 040t，比上年增长20.4%。按产量计算的库存率为13.5%。各类产品的销售、库存情况见表3。

表3 1997年环境保护机械设备销售、库存情况

产品名称	产品销售量（t）			产品产销率（%）	年末库存量（t）			产品库存率（%）
	1997年	1996年	比上年增长%		1997年	1996年	比上年增长%	
环境保护机械设备	140 424	108 823	29.0	98.3	19 040	15 814	20.4	13.3
其中：机械除尘设备	8 334	9 843	−15.3	99.5	1 798	2 062	−13.7	21.5
电除尘设备	103 705	53 310	94.5	97.5	10 567	7 333	44.1	9.9
水处理设备	19 185	39 474	−51.4	98.6	5 186	5468	−5.2	28.1
气体净化设备	1 325	3 312	−60.0	103.2	577	417	38.4	44.9
噪声控制设备	288	566	−49.1	56.7	295	237	24.5	50.1

据不完全统计，1997年机械系统环境保护机械设备出口交货值14 483万元。其中，浙江菲达机电集团公司出口电除尘器8台、2 262t，创汇242万美元，输灰设备主要配套部件仓泵等创汇74万美元；无锡通用机械厂出口水处理设备14台，创汇15万美元；湖北环保集团股份有限公司出口电除尘设备、袋式除尘器等16台，出口额110万元。

新技术及科研成果 机械科学研究院完成了“废弃物资源综合利用科技产业工程研究与数据库建立”课题研究工作。该课题是国家科委下达的国家重点科研项日“资源综合利用和循环利用”课题中的一个专题。课题组通过大量的调查研究和分析认证工作，基本摸清了我国废弃物资源的现状及其近年来综合利用所取得的进展和成绩；从共伴生矿、工业“三废”及废旧物资再生等方面分别剖析了我国废弃物资源综合利用的潜力；对比国外发展水平，找出了我国存在的问题和差距。本课题重点对煤炭、电力、矿业、冶金、机械、有色、化工、轻工、石化、农业等十大污染严重且对国民经济有重大影响的部门，进行了废弃物资源综合利用科技产业工程研究，从国家产业政策、技术实用性、技术先进性、经济效益、环境效益和实施条件等方面，对各项技术进行了综合评价；该课题还提出了8项废弃物资源综合利用科技产业工程重点领域，并对每一个重点领域的主攻方向、产业化目标、关键技术、研究内容，项目实施后所带来的经济与环境效益进行了论证与预测；在此基础上，又筛选出8项研究开发类项目和28项推广应用类项目；最后，提出了促进实施上述科技产业工程项目的对策与建议。此外，在研究该课题的同时，还建立了“废弃物资源综合利用科技产业”数据库，其内容主要有国内废弃物资源综合利用基本情况，从事该项工作的专家情况，从事该项工作的科研、生产单位情况，科研成果及技术发展情况，该领域的专利、文献与专用设备情况，国外该领域的专利、文献与科研成果等情况。该院环境保护技术与装备研究所还完成了大型设备减振降噪阻尼材料及应用研究课题。该课题对沥青型阻尼材料进行了研究，并开发出一种新型沥青型阻尼材料，该材料阻尼性能较好，使用温度和频率范围较大，抗龟裂性能较好，具有成本低、易推广等特点，并在实际应用中取得较好的效果。唐山清源环保机械公司完成了国家重点科研攻关项目氧化沟处理城市污水系统的研究。浙江菲达机电集团公司的烟气脱硫技术开发工作已经起步并取得了初步成果，该公司完成的并由国家科委批准实施的正压浓相气力输灰系统国家火炬计划项目于1997年11月20日通过国家验收。

1997年，环境保护机械设备行业申报机械工业部科技进步奖的有26项，获奖的有13项，其中江苏一环集团公司和清华大学环境工程系完成的氧化沟水平轴转刷曝气机项目，中国环境保护公司和德州热电厂、德州市环保局、杭州钢铁厂完成的燃煤锅炉烟气脱硫技术的开发与应用项目，机械工业部合肥通用机械研究所完成的中国工业商业制冷与空调工业CFC物质逐步淘汰的战略研究等5项获二等奖；中国通用石化机械工程总公司和北京大兴通用机械厂完成的青岛前湾煤码头环境保护系统工程项目，湖南大学完成的装饰薄壁不锈钢抛光系统粒尘综合治理项目，机械工业部第七设计研究院和沈阳松下蓄电池有限公司完成的沈阳松下蓄电池有限公司废水治理工程项目，机械工业部西安重型机械研究所和乌兰浩特钢铁厂完成的盘式烧结系统电除尘器项目，机械工业部第八设计研究院完成的喷漆废水治理技术项目，上海市凌桥环保设备厂和宝山钢铁(集团)公司完成的FEF型旁插回转切换扁袋除尘器等8个项目获三等奖。浙江菲达机电集团公司正压浓相气力输灰项目获浙江省科技进步二等奖。

为适应治理二氧化硫废气的需要，浙江菲达机电集团公司设立了脱硫技术研究所。目前该公司的烟气脱硫工程已经启动，并与浙江大学热能研究所签订了共同开发脱硫技术的合同，初步拟定了两种脱硫工艺方案，试验系统设计已经完成，自制试验设备和外购件也已基本完成，预计1998年可进行试验。

新产品 1997年完成的新产品主要有唐山清源环保机械公司BXM11.6步进式扫描泵吸泥机和HXX-24虹吸式吸泥机。武汉阀门水处理机械股份有限公司完成了18.5M虹吸式刮泥机，该产品具有结构简单、排泥量大、能耗低、操作容易等特点，适用于给排水平流沉淀池、二次沉淀池、斜管沉淀池等的排泥工作。湖北环保（集团）股份有限公司完成了LLP型智能化除尘输灰组合装置、SDC型湿式电除尘器等新产品，其中LLP型智能化除尘输灰组合装置是与重庆钢铁设计研究院共同开发的，主要用于冶金行业高炉和各种炼钢炉的除尘净化系统，可将除尘、输灰及贮灰集于一体，并实现集中自动控制，完成净化系统的全过程。主要参数为：烟气处理能力40 000～1 100 000m^3/h，过滤风速2.6m/min，设备阻力＜1 470Pa，输灰能力27m^3/h，入口烟气含尘浓度＜50g/m^3，烟气温度＜120℃，除尘效率＞99%，该装置在使用中已取得了很好的经济效益、环境效益和社会效益。机械科学研究院完成了S-K饮用水净化装置的研制工作，并通过了机械工业部的鉴定；该设备采用反渗透技术，多组过滤及对原水进行预处理的工艺，可将苦咸水净化成合格的饮用水，对各种来源的地下、地表苦咸水均可处理，是一种净化能力强、脱盐率高、适用性广的饮用水净化装置。浙江省诸暨市除尘机械厂与浙江大学、机械工业部第二设计研究院合作，共同开发研制了ZXP型高效旋风—高密泡沫干、湿两级除尘净化器。该产品在多种容量的冲天炉上应用，取得了良好的效果；经当地环保监测部门检测，烟气排放浓度均在200mg/m^3以下，总除尘效率达到97%以上；该设备还适用于其他熔炼炉、熔化炉、烧结炉、加热炉和非金属焙烧炉窑等的除尘净化。

质量及质量管理　浙江菲达机电集团公司通过法国BVQI的ISO9001认证后，1997年2月，法国BVQI派员来公司对ISO9001认证进行第四次跟踪审核，审核结果合格。

该公司的气力输灰产品也于1997年1月通过了浙江省质量认证中心ISO9001体系认证，还通过了浙江省劳动部门监督检查，获得了BR1级压力容器生产许可证。

该公司电除尘器研究所配合浙江电力试验研究所等单位，对浙江宁波北仑电厂2#机组、嘉兴电厂2#机组、河北唐山新区热电厂配套的电除尘器，进行了一次全面的性能测试，其结果各项技术指标全部达到设计要求，尤其是嘉兴电厂的电除尘器受到了正在参加电力工业部在该厂召开的一期工程验收会代表的好评。

1997年5月～10月，机械工业部环境保护机械产品质量监督检测中心根据国家技术监督局和机械工业部科技与质量监督司的要求，对袋式除尘器进行全国统检。经登记在册的袋式除尘器生产厂家共161个，分布在全国19个省市自治区（不包括港澳台），本次计划统检的企业共145个，分布在全国16个省市自治区（不包括港澳台），占全部企业的90.1%。在受检企业（除转产、倒闭和没有产品的企业外）中合格企业占87.7%，不合格企业占12.3%；按企业类别分，“三资”企业最好，100%合格，乡镇企业94.7%、一般企业83.3%合格。单项不合格率超过20%的共3项，分别是结构件选用材料不符合技术要求、焊接残留物未清除干净、钢梯栏杆和部件不符合安全标准要求，不合格率依次为33.3%、26.3%、21.1%；单项不合格率超过10%的也是3项，分别是油漆表面质量及漆膜强度、滤袋长度及其缝制质量、机加工件尺寸误差不符合技术要求，不合格率依次为12.3%、10.5%、10.5%。据对65个典型袋式除尘器生产厂家统计分析，企业固定资产在1 000万元以上的袋式除尘器生产厂家占企业数的15.4%，固定资产在500万元至1 000万元的厂家占企业数的21.5%，固定资产在500万元以下的厂家占企业数的63.1%，其固定资产分别占固定资产总额的56.3%、22.2%、22.2%，可见多数企业的技术装备水平是相当低的。这次统检质量较好的企业有9个，他们是上海市凌桥环保设备厂、上海袋式除尘配件有限公司、江苏省吴江除尘设备厂、姜堰市康洁环保设备厂、无锡创新环保工程有限公司、浙江省海宁市除尘设备实业总公司、杭州环境净化设备厂、北京市海淀区远大环保设备厂和天津市第二机床附件厂等。

1997年，机械工业部系统完成制、修订环境保护设备标准共17个，当年批准的有13个，其中国家标准3个。这些标准的代号和名称如下：

GB/T16845.1—1997《除尘器术语　第1部分：共性术语》、GB/T16845.2—1997《除尘器术语　第2部分：惯性式、过滤式、湿式除尘器术语》、GB/T16845.3—1997《除尘器术语　第3部分：电除尘器术语》、JB/T85906—1997《电除尘器　阳极板》（代替JB5906—91）、JB/T5910—1997《电除尘器》（代替JB/T5910—91、代替ZBJ88001.1—88）、JB/T5913—1997《电除尘器　阴极线》（代替JB5913—91）、JB/T6410—1997《移动式双区电除尘器机组》、JB/T8532—1997《脉冲喷吹类袋式除尘器》（代替ZBJ88011—89）、JB/T8533—1997《回转反吹类袋式除尘器》（代替ZBJ88003—88）、JB/T8534—1997《内滤分室反吹类袋式除尘器》（代替ZBJ88012—89）、JB/T8535—1997《管式电除尘器》、JB/T8536—1997《电除尘器　机械安装技术条件》（代替ZBJ88008—89）、JB/T8537—1997《粉尘比电阻实验室测试方法》（代替ZBJ88007—89）、辐流式二沉池周边传动吸泥机、高压风机袋式除尘机组、氧化沟水平轴转刷曝气机技术条件、蜂窝式除焦油器。

基本建设及技术改造　1997年环境保护机械设备制造行业共完成基建技改投资7 311万元，其中基建3 182万元，技改4 129万元。完成的主要项目有：无锡通用机械厂完成技改投资1 068万元；浙江菲达机电集团公司完成735万元，其中气力输灰“双加”工程技改项目已经完成并于1997年12月通过了省级验收，该项目计划投资2 800万元，实际完成2 320万元；唐山清源环保机械（集团）公司完成400万元。

对外合作　浙江菲达机电集团公司气力输灰系统技术引进项目依托工程黑龙江七台河电厂2×

350MW 机组气力输灰系统工程设计工作已经完成，正在制造中；该公司还与ABB公司签订了一个年加工量为5 000t、有效期为二年的全球框架合作协议，目前已成交的项目有：日本九州300MW机组配套的电除尘器，日本ABB尾原输灰项目，泰国ABB阴极框架项目和ABB钢结构件等项目，并且已有部分产品出口；该公司已经由对外贸易经济合作部批准具有自营进出口权，可经营该公司及其成员单位自产产品及相关技术的出口业务，经营该公司及其成员单位生产、科研所需的原辅材料、机械设备、仪器仪表、零配件及相关技术的进口业务，经营该公司的进料加工和“三来一补”业务等。

管理及改革 1997年，沈阳环保机械有限责任公司成立，该公司是在原沈阳环保机械制造厂（沈阳空气压缩机制造厂）的基础上，吸纳部分企业法人股、社会技术股、职工个人股，通过改章建制，按照公司法组建成的有限责任公司，下设沈阳东大环保工程公司、沈阳环保机械安装公司、净化装置与容器制造分公司等经济实体，以及技术质量、营销策划、生产计划、公司管理、产品开发等职能部门组成。湖北环保(集团)股份有限公司吸收了潜江市发大铝业有限公司。发大铝业有限公司资产达5.5亿元，年生产各种铝产品3万t，年销售收入5亿元。通过合并，达到“强强”联合、优势互补、增强竞争力的目的。

1997年5月21～25日，机械工业部在洛阳召开的全国机械工业精神文明建设会议上，授予浙江菲达机电集团公司“全国机械工业文明单位”称号。

1997年9月13～14日，由浙江省机械工业厅组织的省四星级企业达标调查组到现场调查复核评审合格，浙江菲达机电集团公司获得了浙江省人民政府颁发的“省企业管理四星级”企业称号。该公司的计算机辅助设计已取得突破性进展，产品已实现了100%计算机出图。

1997年4月24～25日，中国环保机械行业协会水污染防治装备专业委员会年会在无锡召开。会议总结了专业委员会的工作，交流了行业信息、市场信息、技术信息和企业深化改革、加强管理、促进营销、提高经济效益的经验。同年11月2日至4日，中国环保机械行业协会大气污染防治装备专业委员会工作会议在江苏省张家港市召开。会上发表了大气污染防治装备专业委员会工作报告，交流了企业深化改革、资产重组、引进技术、利用外资、新产品开发、配套协作等方面的经验。

〔撰稿人：机械工业部规划研究院郑良清〕

〔电力工业部〕

生产发展情况 电力系统生产环保设备的企业共10个，其中，上海水工机械厂和山西电力建设修造厂分别更名为上海电力环保设备总厂和山西电力环保设备总厂。职工人数1万人，工程技术人员1 452人，占总人数的14.3%，创造工业产值11.2亿元，工业增加值4.7亿元，全员劳动生产率达到46 864元/人。

环保产业是电力工业大力发展的产业，1997年，各制造企业投入了大量资源，发展、壮大这个行业，取得很好成绩。当年完成的重大生产任务有：

兰州电力修造厂和山西电力环保设备总厂为阳城、河津、杨柳青、日照等22个火力发电厂制造静电除尘器51台（套），配套容量达5 700MW，市场占有率达到55.1%。镇江华东电力设备制造厂为邢台电厂、石横、谏壁电厂等制造了7套吸尘装置，为大坝电厂、湛江电厂生产了2辆吸尘车，还为襄樊电厂、伊朗阿拉克电厂提供了5套化水成套加药装置，为下关、北京一热电厂生产了46台消声器，这个企业由过去单一生产电缆桥架的企业转变为环保设备制造企业。

上海电力机械厂为吴泾电厂八期工程和扬树浦电厂提供了4套废水处理设备。长春发电设备总厂为长春热电二厂、鹤岗电厂制造了6台除尘器。云南电力修造厂为阳宗海电厂二期生产了7台清污机。上海电力环保设备总厂为各电厂提供了过滤式除尘设备8台（套）。南京电力自动化设备总厂为全国十几家电厂提供了27套水处理设备。汉口电力设备厂为电厂生产了14台套消声器。

产品分类产量 见表4

表4 电力工业部系统环保产品产量

产品名称	单位	产量
除尘器	t	29 444
静电除尘器	台	6
污水处理设备	台/t	13/92
清污机	台	13
水处理设备	套	884
除灰设备	台	172
消声器	台	265
吸尘设备	台	22
清洗装置	套	95

市场及销售 1997年共创造产品销售收入10.4亿元，产品销售税金及附加726万元，实现利润4 766万元。出口除灰设备1套，创汇18万美元；化水加药装置2套，创汇300万美元。

新产品 兰州电力修造厂研制的除尘器，1997年电力工业部以（97）电产鉴字49号通过部级新产品鉴定。

质量及质量管理 1997年环保制造企业的质量工作以ISO9000认证作为大事来抓，各企业实行了定期考核，定期检查制度。

南京电力自动化设备总厂2月26日获得了二级计量复查证书后，又获得了ISO9001证书。

长春发电设备总厂1997年3月通过了ISO9000复查合格，企业的质量体系认证证书和标志可以继续使用。

基本建设及技术改造 全年完成固定资产投资额4 312万元，全部用于技术改造。

长春发电设备总厂投资200万元，研制成功了一条静电除尘器极板生产专用线，并试车成功，使企业在环保设备生产条件、手段方面加大了力度。

汉口电力设备厂为使这个专业生产环保产品的企业有更大发展，主动进行大型技术改造，投资1 950万元，从著名的汉口汉正街搬迁出来，使小商品市场的黄金地段产生效益，支持新厂开拓环保新产品。

镇江华东电力设备制造厂1997年投入452万元进行技术改造，使企业在环保产品项目上由原来一个消声器，增加到研制化水加药装置、吸尘装置、吸尘车等多项环保产品。

管理及改革 南京电力自动化设备总厂加大改革力度，按现代企业制度的要求，进行股份制改造，由于企业连年经济效益显著，被电力工业部推荐为第一个电力制造业的上市公司。

云南电力修造厂1997年获电力工业部颁发的清污机生产许可证。

长春发电设备总厂被国家经贸委、国家外经贸部共同赋予企业进出口经营权。

〔撰稿人：电力工业部张海青　审稿人：电力工业部王　昀〕

〔责任编辑：王　如〕

消防设备

〔公安部〕

生产发展情况 1997年公安部7个直属国有企业，共完成工业总产值（不变价）32 657万元，比上年下降6%；工业增加值10 712万元（当年价），比上年增加42.98%；实现税金2 623万元，比上年增加13%；实现销售收入36 957万元，比上年增加1.4%。

产品分类产量 1997年，全系统生产消防车1 112辆，比上年减少11.9%；消防泵741台，比上年增加2.6%；灭火器95 666只，比上年减少34.7%；自动灭火设备3 609套，比上年减少13.2%；泡沫灭火设备11 343套，比上年增加8%。

科研成果 1997年，全系统通过部级鉴定的科研成果有公安部上海消防科学研究所、福州市消防支队和沈阳胶管总厂共同完成的高层与远距离火场供水及灭火应用技术的研究，上海消防科学技术研究所和中国科学技术大学共同完成的火灾烟气流动水力模化的研究，四川消防科学研究所完成的材料产烟毒性分级方法研究、软质聚氨酯泡沫塑料阻燃技术的研究、钢筋砼建筑火灾烧损程度鉴定技术的应用研究、超薄膨胀钢结构防火涂料的研究，沈阳消防科学研究所完成的火警实时数字录音录时及其检索系统，沈阳消防科学研究所和哈尔滨市消防支队共同完成的城市消防通讯指挥系统工程应用的研究，四川省公安厅消防局完成的国家消防法规库微机管理系统，上海消防科学研究所和上海交通大学共同完成的消防车静态稳定性试验的研究。

新产品 1997年通过部级鉴定的新产品有震旦消防设备总厂研制的ZDX5190GXFSG85型水罐消防车、ZDX5190GXFPM85型泡沫消防车，航天工业总公司第十一研究所和宝鸡消防器材总厂联合研制的CB40.10/6.30-TB车用高低压消防泵，徐州工程机械集团有限公司、徐州工程机械研究所和江苏省公安厅消防局联合研制的XZJ5330JXFCDZ53型登高平台消防车、上海消防科学研究所和上海浦东特种消防装备厂联合研制的中低压消防泵系列，上海消防器材总厂研制的SHX5140GXFPM55GD型泡沫消防车、SHX5140GXFSG55GD型水罐消防车、SHX5040XXFZM10型照明消防车，上海消防科学研究所、青岛特种消防服装厂和上海市消防局联合研制的97型消防战斗服，长春消防器材总厂研制的CX5130GXFSG50G型水罐消防车、CX5130GXFPM50型泡沫消防车、CX5130GXFSG50ZD型水罐消防车、CX5130GXFPM50ZD型泡沫消防车，震旦消防设备厂研制的ZDX5140GXSG55型水罐消防车、ZDX5140GXPM55型泡沫消防车。

质量及质量管理 根据国家质量技术监督局的计划安排组织了三次消防产品监督抽查，一次全国统检，产品质量情况如下：1997年第一季度国家消防装备质量监督检验测试中心对灭火器压力指示器产品进行了监督抽查。全国原有生产灭火器压力指示器的企业27个，现有6个企业已转产，6个企业暂停生产。本次抽查检验的是能保证正常生产的15个企业的45种产品，企业均在江苏和浙江两省。本次抽样检验综合判定合格的仅有5个企业生产的21种产品，其余10个企业的24种产品均被判为不合格，抽样合格率为46.7%。

第二季度国家消防装备质量监督检验测试中心对消防车产品进行了监督抽查。全国消防车生产企业共有16个，本次抽查了11个企业的11种产品，另有5个企业因没有生产或无消防车成品，未抽到样品。本次抽样综合判定，合格率100%。

第三季度国家防火建筑材料质量监督检验测试中心对防火刨花板产品质量进行了监督抽查。全国防火刨花板产品生产企业约有11个，本次抽查了4个企业生产的4种产品，经抽样检验综合判定，合格率为50%。

1997年部分消防产品质量全国统检结果：根据国家质量技术监督局1997年全国统检计划的安排，公安部1997年组织了对钢结构防火涂料、消防应急照明灯具两类产品进行了全国统检。检验任务分别由国家防火建筑材料质量监督检验中心和国家消防电子产品质量监督检验中心承担。本次统检共检查了17个省、直辖市121个企业生产的121种产品，检验合格的有72种，平均抽样合格率为59.5%。其中钢结构防火涂料检查了11个企业的11种产品，合格的有10种，抽样合格率为90.0%；消防应急灯具检查了110个企业的110种产品，合格的只有62种，抽样合格率为56.4%。

中国消防产品质量认证委员会秘书处根据《产品质量认证管理条例》及《消防产品认证管理办法》的规定，安排实施了1997年消防电子产品质量认证年度复查。复查工作分为企业质量体系监督审核和产品质量监督检验两部分。具体情况如下：

本次企业质量监督审核的范围是：截至1997年10月底，获得中国消防产品质量认证委员会产品质量认证证书半年以上的所有消防电子产品生产企业，共83个。其中有6个企业因厂址搬迁或企业重组等原因，申请停产延期复查。审核组对其余77个企业的质量体系进行了审核，其中69个企业质量体系存在着少量不合格项，经综合评定，其质量体系予以确认，占被审核企业的89.6%；另外8个企业质量体系存在较多不合格项，其质量体系推迟确认。

消防电子产品质量认证产品监督检验结果：本次对已确认体系的67个生产企业的190种产品进行了抽样检验，综合判定合格的189种，合格率为99.5%。其中火灾报警控制器合格率为100%，点型感温火灾探测器合格率为100%，点型复合感烟、感温火灾探测器合格率为100%，点型感烟火灾探测器合格率为98.7%。

消防产品的生产许可证清理整顿工作继续进行，截至目前已发放277个生产企业647张生产许可证。

国外消防电子产品的质量认证工作持续开展，1997年共有35个企业提出申请，目前已完成认证3个，发放认证证书27张。

技术改造 1997年安排技术改造项目为黑龙江省牡丹江市消防设备有限公司的消防指挥服、消防战斗服、防化服、隔热服等技术开发、改造项目，项目总投资400万元。

管理及改革 1997年，公安部以公通字〔1997〕67号文下发了《公安部关于改进和加强消防产品监督管理工作的通知》。通知要求各地严格执行消防产品进入市场的管理规则，凡已获得中国消防产品质量认证委员会颁发的产品质量认证证书，已取得公安部颁发的全国工业产品生产许可证证书，已刊入机械工业部、公安部当年颁布的全国汽车、民用改装车和摩托车生产企业及产品目录，已经国家消防产品质量检验中心型式检验合格的各类国内外消防产品，均应保证其在国内市场的正常流通，禁止各地消防部门再对其发放“许可证”、“准销证”、“认可证”等。凡符合上述国内市场流通条件的消防产品企业只要申报，各省级公安消防部门均应予以备案，不得以任何理由限制合法的外地产品进入本地市场；不得以备案为名对产品进行重复检测、重复发证；不得以各种名目收取备案工本费以外的任何费用。省级以下各级公安消防部门不得重复备案。各级公安消防部门要认真贯彻执行《建筑工程消防监督审核管理规定》(公安部第30号令)，把好建筑工程消防设计审核和竣工验收关；逐步完善各类消防产品在使用领域的监督管理制度。不得直接或间接地以各种名义经营消防工程和消防产品；不得向消防产品生产企业、经营企业收取咨询费、管理费和其他名目的费用；对徇私舞弊、以权谋私的单位或个人，要严肃处理，并追究有关领导的责任。

〔撰稿人：公安部消防产品行业管理办公室王宝伟〕

〔责任编辑：王　如〕

铁路机车车辆

〔铁道部〕

生产发展情况 1997年，中国铁路机车车辆工业总公司（简称中车公司）完成工业总产值120.55亿元（1990年不变价），工业增加值50.42亿元，比上年分别增长6.8%和12.8%；实现全员劳动生产率50 677元/人，比上年提高8.1%。

截至1997年底，中车公司拥有固定资产原价169.29亿元，各类设备89 593台，职工总数25.8万人。中车公司所属的35个工厂中，有国家大型一档企业32个，大型二档企业2个，中型企业1个，分别担负着机车、机车车辆和机车车辆机械及配件的生产经营。在中车公司所属的4个研究所中，有内燃机车、车辆、机车车辆工艺和电力机车研究所各1个。

1997年，中车公司路内外机车车辆产品销售合同全部兑现。全年新造内燃机车856台、电力机车196台、客车2 457辆、货车27 864辆，比上年分别增长−4%、24.8%、−6.1%和−7.3%。修理产品中，内燃机车和货车修理分别比上年增长4.4%和2.6%；电力机车、蒸汽机车和客车修理也比较好地满足了运用部门的需要。在总公司统一组织和协调下，承担提速车生产任务的11个厂所，提前交出提速机车108台、提速客车320辆，保证了铁路1997年4月1日实施新运行图和客运全面提速的用车需要。为迎接香港回归祖国，圆满地完成了京港、沪港直通快车的高档客车生产任务。

目前，中车公司39个厂所都设置了专职主管多种经营工作的厂所级领导。多种经营发展基金从1996年的3 750万元发展到1997年的6 800万元；累计贷款5 850万元，支持发展项目23个。36个厂所提供了近千种产品参加铁道部“两经”产品展览，显示了“两经”发展的实力。目前，全公司拥有多种经营企业455个，注册资金8.1亿元，经营资产19.5亿元。全年多种经营总收入达26.5亿元，比上年增加8.5亿元。

产品分类产量 1997年，中车公司制造和修理机车车辆主要产品分类如下。

电力机车 制造电力机车196台，比上年增长24.8%。其中韶山3B型50台，韶山4B型50台，韶山7型45台，韶山8型51台；修理电力机车71台，其中韶山1型51台，韶山3型20台。

内燃机车 制造内燃机车856台，比上年减少4%。其中东风4B型164台，东风4C型180台，东风4D型151台，东风4E型10台，东风5型101台，东风5B型6台，东风7B型2台，东风7C型57台，东风7D型50台，东风8型5台，东风8B型8台，东风11型43台，东风12型3台，GK1型20台，GK1F型12台，其他GK型6台，其他内燃机车38台。修理内燃机车867台，比上年有所增加。

客车 制造客车2 457辆，比上年减少6.1%；修理客车2 983辆，比上年减少10.6%。1997年制造各种客车产品构成见表1。

货车 制造货车27 864辆，比上年减少7.3%；修理货车50 072辆，比上年增长3.8%。1997年制造各种货车产品构成见表2。

表1 1997年客车产品产量

产品名称	产量（辆）	产品名称	产量（辆）	产品名称	产量（辆）
合计	2 457	行李25B型 XL25B	68	提速软卧25K	54
新造客车中：耐候钢	2 457	行李25G型 XL25G	43	提速硬卧25K	185
新造客车中：空调客	2 008	邮政25B型 UZ25B	98	提速硬座25K	42
软卧25型 RW25B	20	餐车25B型 CA25B	20	提速行李25K	24
软卧25型 RW25G	91	餐车25G型 CA25G	85	提速邮政25K	2
其他软卧车	3	其他餐车	5	提速餐车25K	18
软座25G型 RZ25	25	空调发电车 KD	62	提速双客软座	4
其他软座车	7	其他发电车	39	提速双客硬座	33
硬卧25B型 YW25B	96	公务25型 GW25	1	提速双客餐车	2
硬卧25G型 YW25G	522	其他公务车	1	提速公务车	3
硬座25B型 YZ25B	98	新造双层软座	11	提速发电车25K	25
硬座25G型 YZ25G	555	新造双层硬座	39	试验车 SY	1
其他硬座车	86	提速软卧19K	8	其他客车	81

表2 1997年货车产品产量

产品名称	产量（辆）	产品名称	产量（辆）	产品名称	产量（辆）
合计	27 864	其他平车	346	水泥罐车 U61	300
外销新造货车	4 166	大平车 D2	10	其他罐车	274
新造耐候钢货车各型	19 316	大平车 D10	15	冰保车 B6A	320
新造滚动轴承货车各型	27 863	其他大平车	1	机保车 B23	120
敞车 C16	256	罐车 G11	140	其他保温车	1
敞车 C62A	256	罐车 G11J	3	石碴车 K13	255
敞车 C62A（N）	500	罐车 G17	725	煤漏斗车 K18	47
敞车 C63A	1 550	罐车 G50	10	漏斗车 K30	15
敞车 C64	12 403	罐车 G60	762	自翻车 KF—60	1
棚车 P31	100	罐车 G70	1 554	家禽车 PJ2	50
棚车 P64	3 380	罐车 GLB	61	军工货车	2
其他棚车	23	罐车 GH	114	长钢轨运输车 T11A	87
平车 N17	12	罐车 GS	71	其他守车	10
平车 N17A	1 560	罐车 GF	40	新造货车底架各型	380
集装箱平车 X6B	2 060	水泥罐车 U60	50		

轨道吊车 新造轨道吊车15台，其中15t内燃吊车4台，800t液压吊车3台，100t液压吊车8台；修理轨道吊车31台。

市场及销售 1997年，中车公司实现销售收入198.32亿元，比上年增长6.1%；实现产品销售收入186.64亿元，比上年增长7.4%；实现利润1 561万元，比上年增长95.1%。

1997年，中车公司全年路外销售内燃机车136台，出口内燃机车35台；路外销售电力机车6台，出口电力机车6台；路外销售客车329辆，出口客车175辆；路外销售货车4 166辆，出口货车393辆。

在不断拓展国内市场的同时，中车公司充分利用机车车辆自营进出口权和整体优势，取得了进出口贸易的新发展。全年签定出口合同19项，成交金额1.2亿美元，其中自营项目4个，金额491.8万美元。全年收汇额6 852万美元。经过多年的努力，首次实现自营出口印尼和马来西亚货车。进口贸易也有成效，全年新签自营进口合同14项，自营进口成交额总计816.5万美元，创造了自1993年获得自营进出口权后自营进口年成交额的最高纪录。除此之外，在泰国成立合资公司已完成注册登记手续。

科研成果 1997年，中车公司获国家科技进步奖3项。其中，一等奖1项，即戚墅堰机车车辆厂、南京浦镇车辆厂、四方机车车辆厂、长春客车厂、永济电机厂、大连内燃机车研究所、株洲电力机车研究所、四方车辆研究所等单位研制的准高速旅客列车。三等奖两项：戚墅堰机车车辆工艺研究所、株洲电力机车研究所等单位的DG-32型自动整平捣固机；株洲电力机车研究所等单位的LKJ-93型列车运行监控记录装置。获铁道部科技进步奖15项，其中，特等奖1项：株洲电力机车厂和株洲电力机车研究所的SS8型客运电力机车。一等奖3项：株洲电力机车研究所的4 000kW交—直—交电力机车1 000kW变流装置，大同机车厂、株洲电力机车研究所、成都机车车辆厂的SS7型电力机车，戚墅堰机车车辆工艺研究所等单位的WD-320型动力稳定车。二等奖4项：株洲电力机车研究所的电力机车微机控制检测系统，戚墅堰机车车辆工艺研究所和株洲车辆厂的板材、型材预处理线“嫁接”工程，武昌车辆厂、石家庄车辆厂、四方车辆研究所的B23型机械冷藏车组，西安车辆厂等单位的T85型特种罐车。三等奖4项：齐齐哈尔车辆厂、戚墅堰机车车辆工艺研究所、四方车辆研究所的16、17号联锁式转动和固定车钩，戚墅堰机车车辆工艺研究所C级钢(ZG25MnCrNiMo)13号车钩研制及推广，四方机车车辆厂的天安型公务用内燃机车，四方车辆研究所客车空调单元机组系列。四等奖3项：眉山车辆厂的C31型米轨敞车，西安车辆厂、四方车辆研究所的G70型轻油罐车，戚墅堰机车车辆工艺研究所的光谱分析铸钢标样。

新产品 1997年，中车公司机车车辆工业的产品开发，围绕“提速、重载”和“上质量、上水平、上档次”进行了卓有成效的工作，取得很好的成绩。年初在环行线上展示的机车车辆得到国务院领导、有关部委领导和各方面专家的好评。年内开发试制新增机车品种7个，客车品种10个，货车品种10个。获得部科技成果特等奖的韶山8型电力机车，中车公司与浦镇厂研制的25Z型空调双层客车和长春客车厂、四方机车车辆厂生产的快速客车在环行线试验最高速度达到212.6km/h。300km/h高速试验列车技术设计，通过了部级审查。200km/h的旅客列车组通过了设计任务书审查。

质量及质量管理 1997年，为了保证提速车正常运行和新运行图的顺利实施，各有关厂所和中车公司先后派出300余人参加的36个售后服务组，分赴提速车较为集中的站段，帮助用户整备机车车辆，培训司乘人员，现场解决质量问题，提速机车、客车质量基本稳定，得到运用部门肯定。中车公司还召开了第四次质量工作会议，研究部署“九五”的质量管理工作。为深化“进载体、上质量、保安全、建厂达标”活动，下达建厂达标工作计划和建厂达标质量管理标准，开展“围歼机破”和“质量季”活动，进一步推动各厂所加强质量管理，促进了机车车辆产品质量的稳定提高。年内，又有四方机车车辆厂、大同机车厂、眉山车辆厂、株洲车辆厂、资阳内燃机车厂、西安车辆厂6厂通过了ISO9001质量体系认证；长春客车厂、大连机车车辆厂、株洲电力机车厂、西安车辆厂、资阳内燃机车厂、四方机车车辆厂6个企业还通过了ISO10012《测量设备的计量确认体系》的认证。截至1997年底，全公司有62%的新造工厂通过了ISO9001认证。全公司机客货车新造和修理的一等品率稳定保持在较高水平上。由中车公司企业造成的机破件数为108件，比上年下降20%。全公司全年未发生行车重大、大质量责任事故，连续保持铁路运输安全生产2 128天。

技术改造 根据“三改”方案，中车公司按照“择优扶强、重点投入”、“厂项结合、突出项目”的原则，加快技术改造步伐，陆续对重点技术改造项目进行了可行性研究和论证。1997年，批复了33个重点技改项目的可行性研究报告，其中，30个项目已批复了初步设计方案并开始实施，累计批复项目概算金额近10亿元，全年完成投资3.8亿元。批复使用低息贷款的技改项目41个，批复概算29 226万元，其中，38个项目的23 698万元投资已经到位。此外，制定下达《重点投入技改项目采购办法》，规范和加强了设备采购管理。

对外合作 大同机车厂铸钢轮项目解决了贷款问题；四方机车车辆厂高档客车合资项目，当年11月与加方签署谅解备忘录，12月完成可行性研究报告。天津机车车辆机械厂调速器项目合资企业正开始运作。此外，永济电机厂电器项目和四方车辆研究所减振器项目，中外双方已完成可行性研究的大部分工作。西安车辆厂特种罐车项目已上报项目建议书。

管理及改革 1997年，中车公司结构调整工作稳步推进。2月26日铁道部正式批复了《机车车辆工业“九五”改革、改组、改造方案》。齐齐哈尔车辆厂改组为车辆制造有限责任(集团)公司的试点已完成各项准备工作，中车公司已按照部的授权，对方案进行批复，正在办理注册。贵阳车辆厂进行股份制改造并向社会公众发行股票的方案已经部长办公会议讨论批准，正在委托证券公司做好上市的准备工作。长客集团的组建方案按照有关要求正在完善。以大连机车车辆厂为核心，北京二七机车厂为骨干的北方铁路机车集团的组建方案正在论证。以戚墅堰机车车辆厂、资阳内燃机车厂为骨干，成都机车车辆厂参加的南方铁路机车集团组建方案已经批复，正在办理注册登记。为改变机车车辆工业产品结构不合理和闲置低效资产多的状况，在调研的基础上制定下发了《产品结构调整方案》和《优化资产的实施意见》。柳州机车车辆厂划归柳州铁路局，迈出了修理回归运营的第一步。优化资产的清查工作已经完成，正在研究处理。

为推进资产经营责任制的落实，中车公司制定下达《关于进一步加强企业经营管理的若干意见》，下达《机车车辆工业进一步学习邯钢经验的若干意见》。涌现出石家庄车辆厂、戚墅堰机车车辆厂、沈阳机车车辆厂、齐齐哈尔车辆厂、兰州机车厂等一批学邯钢的先进单位。中车公司党政工联合做出推广石家庄车辆厂“学邯钢、抓管理、重实效”经验的决定，铁道部还把他们的经验在全路推广。目前，各厂所通过学习邯钢经验，把资产经营责任制指标层层分解到车间班组和个人，强化成本费用管理，全面加强经济核算和经济活动分析，积极扩大市场营销，千方百计增收节支，取得好的效果。全年，14 个工厂的百元销售收入成本费用比上年有所降低。全公司在销售收入增长的情况下，财务费用比上年降低 6 210 万元，降幅为 13.5%。各项基础管理得到进一步加强。永济电机厂、唐山机车车辆厂、南京浦镇车辆厂、大同机车厂、石家庄车辆厂、资阳内燃机车辆厂 6 个工厂现场管理达到总公司二级标准，二七机车车辆厂达到三级标准。

中车公司把转换经营机制作为企业内部配套改革的重点，积极探索计划、价格、核算管理体制的改革。建立目标成本责任制，加大成本否决的力度，实行资金统一管理，有 25 个厂所建立厂内资金结算中心。大多数厂所积极推行车间或分厂的成本中心核算体制。各厂所认真贯彻中车公司劳动用工制度改革配套文件，进一步深化劳动用工制度改革，结合本单位实际，制定减员增效的措施，采取退养、内部退休、息工、岗位待业等多种形式，剥离富余人员，推动了用工机制的转换。职工总数比上年末减少 2 180 人；全公司清退临时用工 1 973 人，当年内部退休退养 7 461 人，转岗培训 1 822 人，多种经营安置 3 464 人。各厂所都采取积极措施安置富余人员，35 个厂都建立了厂内劳务市场和待业培训基地。精干主体、分离辅助、剥离后勤工作也取得实效。完成了主业剥离 1 万人的目标。

〔撰稿人：中国铁路机车车辆工业总公司郑昌泓　审稿人：中国铁路机车车辆工业总公司副总经理秦　刚〕

〔电力工业部〕

生产发展情况　电力工业部从事铁路机车车辆制造的企业是宝鸡电力设备厂，该厂的主导产品 K18DG Ⅱ 煤炭漏斗车用户遍布全国 20 多个省市，用于 40 多个电厂、煤矿、洗选煤厂、钢铁企业、输变电工程公司，年生产能力达 300 余辆。

1997 年完成工业总产值（当年价）5 613 万元，工业增加值 1 990 万元。生产、经营呈上升势头。全年完成主要产品 K18DG Ⅱ 煤炭漏斗车制造 232 辆，高空带电作业斗臂工程车 4 辆，立式水隔离除灰泵 5 台。该厂全年实现销售收入 5 474 万元，利税总额 268 万元，全员劳动生产率 23 494 元/人。

市场及销售　1997 年由于市场经济、铁路工厂加入等因素的影响，使煤车市场竞争更加激烈。面对强大的竞争对手、加强内部管理、提高产品质量，降低成本，使产品价格在强大的竞争市场中有了立足之地，K18DG Ⅱ 煤炭漏斗车占领所处的电力市场，达到了企业最大的生产能力并取得了较大的经济效益。

〔撰稿人：电力工业部崔明吉　审稿人：电力工业部张海青〕

〔责任编辑：王　如〕

〔机械工业部〕

生产和销售情况　1997 年全国汽车生产目录内企业有 115 个，共生产汽车 1 577 898 辆，销售 1 567 474 辆，比 1996 年分别增长 7.37%和 7.82%，继续保持稳定增长的局势，微型客车增幅最大，比 1996 年增长 29.47%；大型客车和微型载货车增长也较快，同比分别增长 14.91%和 14.48%。1997 年我国汽车(分车型)、发动机产销情况见表 1，主要生产汽车企业(按车型分类)产、销情况见表 2，主要生产发动机企业产、销情况见表 3。

表 1　1997 年汽车（分车型）、发动机产销情况

产品分类名称	单位	生产量		销售量	
		数　量	增长率（%）	数　量	增长率（%）
汽车总计	辆	1 577 898	7.37	1 567 474	7.82
载货汽车	辆	666 455	−2.82	676 536	−0.95
重型载货车	辆	30 939	−0.15	30 551	−0.51
中型载货车	辆	185 595	−12.07	187 926	−10.24
轻型载货车	辆	293 889	−4.42	297 730	−2.58
微型载货车	辆	156 032	14.48	160 329	16.76
客车	辆	429 832	8.51	416 735	8.26
大型客车	辆	4 332	14.91	4 896	34.28
中型客车	辆	15 913	−16.79	16 130	−15.80
轻型客车	辆	183 197	−7.64	183 343	−5.45
微型客车	辆	226 390	29.47	212 366	26.23

(续)

产品分类名称	单位	生产量		销售量	
		数　量	增长率（%）	数　量	增长率（%）
轿车	辆	481 611	24.22	474 203	22.88
CKD	辆	54 602	－32.50	—	—
柴油汽车	辆	377 542	－2.14	—	—
柴油载货车	辆	314 902	－1.75	317 776	－0.15
汽油汽车	辆	1 200 356	10.75	—	—
汽油载货车	辆	351 553	－3.76	358 760	－1.64
汽车底盘	辆	166 384	3.09	—	—
货车底盘	辆	118 794	7.53	—	—
汽车内燃机总计	台	1 429 081	－1.11	—	—
	MW	88 734	－4.91	—	—
柴油机	台	588 236	29.06	—	—
	MW	37 574	－4.10	—	—
汽车内燃机商品量	台	861 744	－1.42	871 267	0.92
	MW	49 435	－2.28	48 218	－3.32
汽油机	台	561 643	5.31	574 161	11.27
	MW	23 532	－0.22	24 306	5.98

表 2　1997 年主要汽车（按车型分类）生产企业产、销情况　　（单位：辆）

企业名称	生产量			销售量		
	1997 年	1996 年	增长%	1997 年	1996 年	增长%
汽车企业总计（115 个企业）	1 577 898	1 469 628	7.37	1 567 474	1 453 854	7.82
重型载货汽车	30 939	30 985	－0.15	30 551	30 707	－0.51
东风汽车公司	11 749	11 160	5.28	11 920	11 465	3.97
中国重型汽车集团	11 049	12 680	－12.86	10 814	11 998	－9.87
第一汽车集团公司	5 980	5 149	16.14	5 821	5 077	14.65
内蒙古第一机械制造厂	461	312	47.76	462	441	4.76
重庆西南车辆制造厂	410	387	5.94	350	412	－15.05
上海汇众汽车制造公司	361	461	－21.69	350	405	－13.58
山西汽车工业集团有限公司	350	299	17.06	234	366	－36.07
合肥淝河汽车制造厂	202	233	－13.30	206	266	－22.56
北京重型汽车制造厂	176	157	12.10	186	130	43.08
中型载货汽车	185 595	211 062	－12.07	187 926	209 375	－10.24
东风汽车公司	90 364	106 050	－14.79	94 901	104 632	－9.30
第一汽车集团公司	86 381	95 194	－9.26	84 966	94 504	－10.09
湖北专用汽车制造厂	3 730	3 141	18.75	3 223	3 431	－6.06
第一拖拉机工程机械公司	2 803	1 726	62.40	2 305	1 326	73.83
南京春兰汽车制造有限公司	1 571	3 676	－57.26	1 615	4 002	－59.65
轻型载货汽车	293 889	307 469	－4.42	297 730	305 605	－2.58
第一汽车集团公司	48 780	69 654	－29.97	50 038	67 546	－25.92
北京汽车工业集团公司	43 005	40 739	5.56	43 196	42 486	1.67
跃进汽车集团公司	38 736	46 195	－16.15	39 916	46 329	－13.84
东风汽车公司	34 216	15 860	115.74	33 535	14 621	129.36
庆铃汽车（集团）公司	33 438	34 233	－2.32	35 835	34 238	4.66
江铃汽车股份有限公司	16 606	15 570	6.65	16 114	16 271	－0.96
一汽金杯汽车有限公司	12 944	10 052	28.77	13 156	9 509	38.35
四川省公路机械厂	9 114	8 433	8.08	8 767	8 663	1.20

（续）

企业名称	生产量			销售量		
	1997年	1996年	增长%	1997年	1996年	增长%
郑州日产汽车有限公司	7 286	12 526	−41.83	8 420	11 810	−28.70
天津汽车工业（集团）有限公司	6 800	10 207	−33.38	6 175	10 338	−40.27
烟台汽车制造厂	6 395	5 601	14.18	6 570	5 315	23.61
一汽红塔云南汽车制造公司	6 252	6 131	1.97	5 387	6 472	−16.76
广州羊城汽车股份公司	3 919	1 956	100.36	3 639	1 834	98.42
河北田野汽车集团公司	3 520	3 323	5.93	3 539	3 251	8.86
合肥江淮汽车有限公司	3 235	3 164	2.24	3 182	3 299	−3.55
中汽客车有限责任公司	2 861	3 010	−4.95	2 731	3 004	−9.09
福州汽车厂	2 458	804	209.08	2 360	843	179.95
淄博汽车制造厂	2 036	2 522	−19.27	2 227	2 359	−5.60
福建汽车厂	1 803	1 307	37.95	1 815	1 494	21.49
江苏仪征汽车制造厂	1 519	1 976	−23.13	1 565	1 611	−2.86
贵州华航汽车制造公司	1 408	1 836	−23.31	1 555	1 685	−7.72
东风武汉轻型汽车公司	1 206	1 133	6.44	1 233	1 072	15.02
云南金马农用车制造厂	1 201	1 356	−11.43	1 190	1 350	−11.85
昆明茶花汽车厂	1 082	1 469	−26.34	1 002	1 599	−37.34
微型载货汽车	156 032	136 296	14.48	160 329	137 311	16.76
柳州五菱汽车有限公司	71 392	57 085	25.06	69 652	55 764	24.90
长安汽车有限责任公司	46 020	39 899	15.34	47 005	39 331	19.51
陕西飞机制造公司	7 955	5 183	53.48	7 198	5 696	26.37
昌河飞机工业公司	7 594	0		7 640	0	
安徽省淮海机械厂	7 538	12 522	−39.80	7 607	14 685	−48.20
天津汽车工业（集团）有限公司	6 881	8 964	−23.24	13 283	9 190	44.54
哈尔滨哈飞汽车制造公司	4 747	7 756	−38.80	4 037	7 128	−43.36
南京春兰汽车制造公司	3 700	4 171	−11.29	3 733	4 499	−17.03
大型客车	4 332	3 770	14.91	4 896	3 646	34.28
丹东汽车制造厂	1 925	1 896	1.53	1 872	1 866	0.22
中国重型汽车集团	581	551	5.44	788	500	57.60
合肥淝河汽车制造厂	575	407	41.28	574	415	38.31
常州客车制造厂	466	168	177.38	463	171	170.76
桂林客车工业集团公司	373	483	−22.77	824	443	86.00
东风汽车公司	241	41	487.80	222	41	441.46
北京北方车辆制造厂	161	158	1.90	142	159	−10.69
中型客车	15 913	19 125	−16.79	16 130	19 157	−15.80
东风汽车公司	5 346	8 307	−35.64	5 542	8 392	−33.96
江苏亚星客车集团公司	5 038	4 367	15.37	4 974	4 405	12.92
常州客车制造厂	1 623	1 781	−8.87	1 551	1 837	−15.57
上海客车制造公司	1 163	761	52.83	1 151	758	51.85
第一汽车集团公司	1 030	1 620	−36.42	1 077	1 463	−26.38
广州汽车制造厂	716	759	−5.67	743	759	−2.11
长沙客车厂	712	236	201.69	743	224	231.70
重庆专用汽车制造总厂	124	0		126	0	
丹东汽车制造厂	112	120	−6.67	165	63	161.90
轻型客车	183 197	198 355	−7.64	183 343	193 903	−5.45

（续）

企业名称	生产量			销售量		
	1997年	1996年	增长%	1997年	1996年	增长%
北京汽车工业集团总公司	43 293	62 627	−30.87	43 519	62 175	−30.01
跃进汽车集团公司	33 911	28 411	19.36	34 642	28 179	22.94
一汽金杯汽车股份有限公司	21 269	10 296	106.58	20 217	10 308	96.13
合肥江淮汽车有限公司	15 695	14 167	10.79	15 714	13 937	12.75
第一汽车集团公司	10 084	14 765	−31.70	10 396	13 216	−21.34
江苏仪征汽车制造厂	7 827	15 701	−50.15	7 692	14 368	−46.46
河北胜利客车厂	6 039	6 311	−4.21	6 417	6 323	1.49
中国金燕汽车船舶工业公司	4 823	4 097	17.72	4 728	4 259	11.01
四川旅行车制造厂	4 378	5 283	−17.13	4 460	5 112	−12.75
江西富奇汽车厂	3 404	3 996	−14.81	3 373	3 941	−14.41
东南（福建）汽车工业公司	2 621	643	307.62	2 730	225	1 113.3
湛江三星汽车制造公司	2 462	2 348	4.86	2 036	1 818	11.99
中汽客车有限责任公司	2 441	1 381	76.76	2 292	1 030	122.52
松辽汽车股份有限公司	2 413	3 442	−29.90	2 396	3 422	−29.98
海南汽车制造厂	2 413	2 424	−0.45	2 269	2 563	−11.47
四川汽车工业集团公司	2 282	1 738	31.30	2 266	1 710	32.51
湖南汽车车桥厂	1 970	1 571	25.40	1 961	1 566	25.22
北京燕京汽车厂	1 290	1 320	−2.27	1 294	1 258	2.86
重庆专用汽车制造总厂	1 154	1 306	−11.64	1 228	1 328	−7.53
江苏亚星客车集团公司	1 051	1 848	−43.13	1 085	1 803	−39.82
天津汽车工业（集团）有限公司	1 011	2 369	−57.32	871	2 552	−65.87
三江雷诺汽车有限公司	1 003	182	451.10	930	302	207.95
微型客车	226 390	174 862	29.47	212 366	168 232	26.23
昌河飞机工业公司	62 524	42 194	48.18	62 384	40 590	53.69
天津汽车工业（集团）有限公司	48 734	43 184	12.85	41 916	43 936	−4.60
哈尔滨哈飞汽车制造公司	45 271	36 838	22.89	39 489	33 626	17.44
长安汽车有限责任公司	44 069	30 724	43.44	43 961	29 715	47.94
柳州五菱汽车有限公司	21 514	17 641	21.95	20 121	16 746	20.15
陕西飞机制造公司	2 113	1 249	69.18	1 996	989	101.82
安徽省淮海机械厂	1 562	2 208	−29.26	1 918	2 015	−4.81
轿车	481 611	387 704	24.22	474 203	385 918	22.88
上海大众汽车有限公司	230 443	200 130	15.15	230 186	200 031	15.08
天津汽车工业（集团）有限公司	95 155	88 068	8.05	96 672	86 800	11.37
一汽大众汽车有限公司	46 405	26 864	72.74	44 487	26 390	68.58
神龙汽车有限公司	30 035	9 158	227.96	28 028	7 126	293.32
长安汽车有限责任公司	28 861	13 374	115.80	27 759	14 357	93.35
第一汽车集团公司	21 824	17 988	21.33	19 808	17 514	13.10
北京汽车工业集团公司	19 377	26 051	−25.62	19 390	25 729	−24.64
西安秦川（集团）发展总公司	4 010	1 032	288.57	2 756	1 378	100.00
贵州航空总公司汽车总厂	1 660	799	107.76	1 010	1 288	−21.58
广州标致汽车有限公司	1 557	2 522	−38.26	1 699	2 750	−38.22
吉林江北机械厂	1 234	609	102.63	1 220	1 533	−20.42
江南汽车实业有限公司	1 050	1 029	2.04	1 188	908	30.84

表3　1997年主要企业汽车发动机产、销情况

企业名称	生产量				销售量			
	数量		增长%		数量		增长%	
	台	MW	台	MW	台	MW	台	MW
汽车发动机商品量总计	861 744	49 435	−1.42	−2.28	871 267	48 218	0.92	−3.82
车用柴油机商品量合计	300 101	25 903	−11.95	−4.08	297 106	23 912	−14.46	−12.09
东风汽车公司	69 962	5 430	2.35	−3.38	65 825	5 190	9.76	5.06
云南内燃机厂	51 800	3 123	7.42	8.63	52 094	3 139	−28.88	−28.25
扬州柴油机厂	50 047	2 963	−34.33	−32.17	50 491	4 152	−29.71	−28.25
玉柴机器股份有限公司	43 688	4 762	−14.07	−11.29	11 113	4 437	−19.00	−18.62
成都内燃机总厂	25 728	1 200	−17.00	−17.36	25 522	1 229	−17.64	−15.30
南充内燃机厂	12 870	1 030	59.12	47.35	12 433	1 015	76.03	62.92
第一汽车集团公司	11 926	3 130	−26.15	75.74	12 476	1 376	−3.80	5.95
杭州汽车发动机厂	8 593	1 499	8.44	10.14	8 745	1 515	10.14	10.42
莱阳动力机械总厂	6 719	430	42.44	23.56	6 587	420	47.99	29.23
湖南动力集团有限公司	6 112	629	−19.25	−17.56	7 136	735	17.72	17.41
潍坊柴油机厂	5 004	995	−8.50	−5.78	5 022	995	14.46	12.18
一拖工程机械公司	2 948	300	−5.69	−3.23	3 016	311	3.71	3.67
柳州市动力机械总厂	1 696	134	31.07	0.00	3 320	304	202.92	166.67
邵阳神风动力制造公司	699	19	−23.44	−32.14	946	26	−15.46	−23.53
北内集团总公司	595	50	−23.72	25.00	910	60	104.49	100.00
东风四川汽车发动机公司	575	38	−61.33	−55.81	343	19	−81.55	−82.24
重庆康明斯发动机公司	495	112	−17.50	−15.79	463	101	−19.24	−20.47
跃进汽车集团公司	353	26	11.01	8.33	358	26	14.38	8.33
芜湖汽车发动机厂	260	30	−27.58	−25.00	269	31	−23.36	−20.51
车用汽油机商品量合计	561 643	23 532	5.31	−0.22	574 161	24 306	11.27	5.98
天津汽车工业（集团）有限公司	158 581	5 708	−1.20	−3.58	158 640	5 713	−0.71	−3.05
哈尔滨东安发动机公司	122 292	3 150	−2.63	−2.66	124 184	3 199	3.50	3.49
北内集团总公司	75 087	4 680	−30.96	−32.59	77 241	4 800	−30.80	−31.87
长安汽车有限责任公司	54 214	1 418	111.96	166.54	56 017	1 466	177.27	173.51
柳州五菱汽车有限公司	43 308	1 140	162.08	178.05	42 739	1 130	177.65	189.74
一汽金杯汽车股份公司	31 358	2 024	12.75	13.45	31 752	2 041	14.71	15.12
第一汽车集团公司	23 946	1 591	−4.53	−6.58	26 186	1 815	13.95	21.57
江西汽车发动机总厂	19 599	1 224	−12.39	−12.51	23 930	1 495	38.31	37.92
绵阳新华内燃机总厂	12 600	882	215.00	215.00	12 076	845	151.16	151.49
东风汽车公司	10 610	1 060	101.52	100.00	10 734	1 070	103.57	105.77
湖南长发发动机公司	6 038	404	−29.01	−30.10	6 622	439	−7.58	−9.30
上海大众汽车有限公司	1 464	97	69.25	70.18	1 480	47	24.16	27.63
跃进汽车集团公司	967	68	−21.07	−20.93	964	68	−22.82	−21.84
邵阳神风动力制造公司	699	19	—	—	45	4	−2.17	33.33
沈阳双马汽车制造厂	555	36	163.03	157.14	837	54	506.52	440.00
贵州汽车制造厂	304	30	−68.43	−63.86	641	64	−34.53	−34.02

1997年全国汽车产销起伏不大，各月产销量多在10～13万辆和14～16万辆。4月份产销量最高，分别达到15.9万辆和15.5万辆。1月、5月、6月、9月、10月、11月、12月产量均在12～14万辆，销售除12月达到15.6万辆外则在11～14万辆之间，产销较低的为7月和8月，产销均在11万辆左右，2月份产销最低，分别为9.7万辆和8.9万辆。

1997年全国汽车产销量超过10万辆的企业有上海大众、一汽、天汽、东风、长安和北汽，6个企业的产量为930 263辆，占全国汽车产量的58.96%，销量为932 686辆，占全国国产车销量的59.50%。

根据对全行业2 400多个企业统计，1997年汽车工业完成工业总产值（不变价）2 650亿元，比上年增长14%，工业增加值突破600亿元，比上年增长6%，利税总额220亿元，其中利润总额75亿元，与上年持平。其中7个企业集团的产销情况见表4。

表 4 1997 年 7 个汽车企业（集团）生产销售情况 （单位：辆）

企业名称	生产		销售	
	数量	增长%	数量	增长%
7 个汽车企业（集团）合计	1 015 772	3.37	1 014 640	4.26
第一汽车集团	261 758	1.03	256 202	0.98
上海汽车工业（集团）公司	231 970	15.18	231 691	15.12
东风汽车集团	172 370	13.94	174 496	18.66
天津汽车工业（集团）有限公司	158 581	3.79	158 917	3.99
北京汽车工业集团总公司	105 675	−18.35	106 105	−18.62
中国汽车工业总公司	73 788	−2.26	75 627	0.26
中国重型汽车集团	11 630	−12.10	11 602	−7.17

国产化完成情况：1997 年在海关总署、国家计委、国务院关税、税则委等有关部门的支持和配合下，有关国产化率完成了对长安奥拓微型轿车 80%，一汽捷达轿车 80%，北京切诺基吉普车 CX6 型 60%，CX9 型 40%，上海桑塔纳 2000 型轿车 80%，神龙富康轿车 60%，三江雷诺塔菲克轻型客车 40%，南京依维柯轻型客车 80%国产化率的核定。

1997 年世界汽车产量为 5 619.4 万辆，比上年增长 4.58%，其中轿车产量为 4 019.8 万辆，比上年增长 4.78%。中国汽车产量在世界排名仍保持在第 11 位。世界汽车产量排名前十位的国家见表 5。

表 5 1997 年世界汽车产量前十位国家

（单位：万辆）

序号	国家	产量	轿车产量
1	美国	1209.4	592.7
2	日本	1097.6	849.2
3	德国	502.3	467.8
4	法国	383	335.1
5	韩国	281.8	230.8
6	西班牙	256.1	201
7	加拿大	210.4	96
8	巴西	206.7	168
9	英国	193.0	169
10	意大利	181.7	156.3

从地区看，欧洲第一，为 2 001.8 万辆，其次为美洲 1 807.4 万辆，第三是亚太地区 1 773.5 万辆，非洲为 36.7 万辆，全球呈低速增长。

汽车产品进出口：根据海关总署统计，1997 年我国汽车产品（含配件、摩托车、发动机）出口金额为 98 784 万美元，比上年增长 20.98%。其中整车出口 14 868 辆，总金额 19 093 万美元，分别比上年增长—6.25%和 28.73%；轿车出口 1 073 辆，比上年增长 69%；大型客车（大于 30 座）出口 544 辆，比上年增长 29%；轻型越野车出口 1 536 辆，比上年增长 26.7%。其他还有汽车底盘、自卸车、专用车等。1997 年共出口载货汽车 8 268 辆，金额 7 175 万美元，分别占出口汽车总额及总金额的 55.6%和 37.58%；轻型越野车出口量、创汇额，分别占整车出口数量和金额的 10.33%和 9.9%，主要出口到老挝、泰国、柬埔寨、香港和非洲的一些国家和地区。1997 年我国汽车产品进口总金额为 20.9 亿美元，比上年下降 16.4%。其中整车进口 49 039 辆（含散件），金额 73 445 万美元，分别比上年下降 35.08%和 10.74%。进口来源主要有日本、法国、韩国、罗马尼亚、美国、俄罗斯、德国等，详见表 6。

表 6 1997 年全国进口车辆情况

国家及地区	机动小客车		客车		货车		自卸车		特种车		合计	
	数量（辆）	金额（万美元）	数量（辆）	金额（万美元）	数量（辆）	金额（万美元）	数量（辆）	金额（万美元）	数量（辆）	金额（万美元）	数量（辆）	金额（万美元）
日本	13 444	18 296	2 262	6 336	4 719	7 174	57	303	1 054	4 796	21 536	36 905
美国	535	701	12	41	291	2 431	7	241	405	4 285	1 250	7 699
德国	525	1 236	19	193	110	829	0	0	114	2 192	768	4 450
法国	16 783	8 549	0	0	32	45	0	0	12	133	16 827	8 727
韩国	1 974	1 500	933	1 355	107	133	20	119	300	1 197	3 334	4 304
罗马尼亚	0	0	0	0	1 307	349	0	0	0	0	1 307	349
俄罗斯	651	173	0	0	93	116	30	222	11	164	785	675
瑞典	577	1 022	0	0	12	19	0	0	15	348	604	1 389
意大利	24	52	0	0	1	1	5	72	21	312	51	437
捷克	0	0	0	0	111	387	34	75	0	0	145	462
台湾地区	14	19	4	5	8	14	0	0	63	246	89	284
英国	16	51	78	101	2	17	0	0	21	456	117	625
斯洛伐克	500	370	0	0	0	0	0	0	0	0	500	370
其他	21	22	17	158	63	117	7	62	77	1 928	185	2 287
合计	35 064	31 991	3 325	8 189	6 856	11 632	160	1 094	2 093	16 057	47 498	68 963

注：除以上车辆外。雪地高尔夫车进口 281 辆，总计进口汽车 47 779 辆，金额 69 073.71 万美元。

1997年汽车等进、出口情况详见表7、表8。

表7 1997年汽车商品进口情况

产品名称	数量		金额	
	(辆)	比上年增长%	(万元)	比上年增长%
汽车商品总计	—	—	181 004	−12.08
一、汽车合计	48 467	−35.69	71 174	−14.56
1. 载货汽车	6 963	12.69	11 999	55.78
2. 自卸车	160	−65.96	1 094	−80.76
3. 客车	5 546	−16.65	11 678	87.20
4. 轿车	33 305	−42.95	29 986	−20.99
小轿车	32 019	−44.74	27 439	−26.01
轻型越野车	1 286	192.27	2 547	193.57
5. 专用汽车	2 374	−32.65	16 167	−35.23
二、发动机合计	201 734	5.90	14 570	14.84
排量250mL及以下	165 050	1.98	8 330	43.96
三、汽车零件、附件及车身	—	—	93 249	−13.47
四、摩托车	1 495	−48.64	237	56.72
五、挂车及其零件	—	—	1 592	−12.39

表8 1997年汽车商品出口情况

产品名称	数量		金额	
	(辆)	比上年增长%	(万元)	比上年增长%
汽车商品总计			82 491	21.12
一、汽车合计	14 829	−1.11	18 982	28.83
1. 载货汽车	8 297	−6.81	7 181	−12.74
2. 自卸车	254	−54.48	785	−12.57
3. 客车	1 567	64.43	5 191	158.47
4. 轿车	2 611	41.98	3 524	45.75
小轿车	1 073	70.86	1 662	59.63
轻型越野车	1 538	27.00	1 861	35.25
5. 专用汽车	708	99.44	2 229	110.61
二、发动机合计	17 940	−12.01	372	17.84
排量250mL及以下	15 169	21.09	248	24.12
三、汽车零件、附件及车身			44 721	17.01
四、摩托车	92 940	23.24	6 226	44.82
五、挂车及其零件			11 512	22.98

产品分类产量 1997年轿车产量占全部汽车产量的比重达到30.52%，为481 611辆，比1996年的26.20%增加了4.32个百分点；客车生产量429 832辆，占全部汽车产量的27.24%，与1996年的比重大致相同；载货车产量666 455辆，比重则为42.24%，比1996年的比重47%有所减少。

新产品 1997年汽车工业申报新产品达2 000多种，其中很多产品具有全新的功能或较原技术有明显改进。轿车作为汽车工业发展的重点，1997年一汽集团、上海大众、神龙公司、北汽公司和天汽公司在原车型基础上开发轿车变型产品，主要在长度、高度、豪华档次及零部件、总成等方面进行改进，同时使轿车国产化率进一步提高。小红旗轿车作为一汽重点产品，通过消化吸收奥迪整车和克莱斯勒发动机技术，保留了原奥迪100的外型（现已做出改进），采用美国488发动机，并形成系列产品，国产化率在80%以上，并拥有产品权。开发的CA7245L、CA7246L、CA7260L、CA7265L加长型红旗轿车，排量分别为2.4L和2.6L，选用V6发动机，自动防抱死和五档机械变速器，克服了小红旗轿车加长后动力性不足的弱点。同时向下伸延推出了1.8L和2.0L两个车型。开发的奥迪200型（2.4L和2.6L）在原奥迪100的基础上采用V型6缸电控多点燃油喷射汽油发动机，并配有ABS系统，提高了行车的安全性，一汽集团1997年新开发的系列载货车有：3t、4t平头柴油车，5t、9t平头长轴距柴油车，5t运煤车，16t柴油车和30t牵引汽车底盘。其中9t平头柴油车的最高时速为114km，尾气排放已达到欧洲标准，主要性能达到90年代国际先进水平。这些车型采用了日本驾驶室、六档同步变速器技术，并结合一汽的高可靠性前轴、后桥技术，其驾驶室为平头全金属封闭式结构，全景安全玻璃，可整体翻转44°；采用了循环球整体式动力转向器，前后独立双回路气制动系统、感载阀和四回路保护阀、悬挂系统加固设计等先进技术；其中9、16、30t车装备的是德国道依茨柴油机。神龙公司的新产品富康1.6LAL电喷轿车继承了1.36L轿车水滴型的外型。风阻系数为0.315，在发动机起动时，电脑EFU计算出起动供油量，并增装了电动玻璃升降器、中央控制门锁等。东风公司在轿车开发上，一方面从整车技术引进（2×1雪铁龙）发展到联合开发整车（EK/东风和本田）；另一方面试行自主开发轿车（AF微型轿车)。1997年6月1.5t轻型车下线，现已形成批量生产能力。通过挖潜改造、填平补齐，配装"C"系列柴油机等措施增加新品种。同时还推出大功率、加强型EQ1094F60D中型柴油车，采用8、9t加强桥，大大加强了负荷能力。上海大众公司1997年推出的新车型有桑塔纳2000型轿车，采用1.8L2VQSEA827NF发动机，离合器液压操纵，同时采用新绿色空调系统HFC134a，北京汽车工业集团公司推出了两个系列的新车型，一种是BJ2020T系列陆迪越野车，采用492发动机(62kW)、498发动机(74kW)，内饰接近轿车化，车身强度高。另一种是长轴距高顶新式系列切诺基，该车为4、6轮驱动和4、6缸发动机、五档手动变速和四档自动变速等几种组合系列。重型集团1997年在现有斯太尔底盘基础上选用美国洛克韦尔10t级桥、新款式驾驶室和WD612发动机，设计匹配比原斯太尔91系列4×2车整备质量更小，性能更好的斯太尔991H210型及10t991H240新车型，并在T815底盘基础上，选用斯太尔发动机及斯太尔驾驶室配成新的混装车。

质量及质量管理　1997年机械工业部组织有关汽车质检中心(所)对112个企业生产的微型、普通型、中型轿车，微型、轻型、中型、大型客车，微型、中型载货车，重型汽车发动机和汽车光信号等155种产品进行了全国统一监督检验。统检工作是遵循"强化法规，提高标准，推动竞争"的质量工作指导原则，采取突击抽样检查，完全站在用户的立场上进行评价。统检结果是：91个企业的98种产品合格，统检产品的平均抽样合格率为63.23%。其中，骨干重点企业61个，产品75种，合格64种，抽样合格率为85.33%，比平均抽样合格率高出22.1个百分点；一般企业42个，产品64种，合格30种，抽样合格率为46.88%；乡镇企业9个，产品16种，合格4种，抽样合格率为26%。统检产品合格率高的生产企业绝大部分为大型骨干企业，在同类产品中的生产规模和产量具有领先地位或比较大。如参检的8个轿车生产企业均为国家重点或骨干企业，微型客车、货车和轻型客车参检企业的年总产量已分别占同类产品年总产量的90%以上，大、中型客车参检企业的年总产量达到该产品年总产量的70%左右，详见表9。

表9　1997年汽车产品统检结果

(单位：个)

检验项目	抽样企业数量	抽样产品品种	合格品种数量	抽样合格率(%)
轿车	8	8	8	100.00
微型客、货汽车	8	8	8	100.00
重型汽车发动机	8	8	8	100.00
轻型客车	18	18	17	94.44
大、中型客车	16	16	15	93.75
中型载货汽车	14	14	10	71.43
汽车光信号装置	40	83	32	38.55
合计	112	155	98	63.23

标准及法规：1997年发布汽车强制性标准两项，即《客车结构安全要求》和《汽车安全带动态性能要求和试验方法》。汽车推荐性标准3项，即《卧铺客车技术条件》、《客车安全顶窗》、《集装箱代码、识别和标记》行业性标准14项，即：《汽车整车产品质量检验评定方法》，《汽车轻合金车轮的性能要求和试验方法》，《自卸汽车通用技术条件》，《自卸汽车性能试验方法》，《汽车内饰材料性能试验方法》，《汽车驻车制动器性能台架试验方法》，《汽车零部件储存和保管》，《货车、客车制动器性能要求》，《车轮轮辐在轮毂上安装尺寸的检验方法》，《汽车无内胎车轮密封性试验方法》，《汽车车轮不平衡量要求和测试方法》，《车轮安装面平面度要求及测试方法》，《汽车风窗玻璃电动刮水器技术条件和试验方法》，《汽车风窗玻璃电动洗涤器技术条件》。为了在世界范围内建立统一的道路车辆识别系统，便于简化车辆识别信息检索，提高车辆故障信息反馈的准确性和效率，1997年国际统一管理机构已授权机械工业部办理我国生产的车辆识别代号，机械工业部已于1997年发布了《车辆识别代号(VIN)管理规则》1999年1月1日后，凡在我国境内新生产的各种类型的汽车、挂车、摩托车和轻便摩托车必须使用车辆识别代号，机械工业部负责受理"世界制造厂识别代号(WMT)"的申请和对申请的批准。中国汽车技术研究中心标准化研究所经授权负责车辆识别代号的备案。

1997年10月1日，汽车产品中有73个税目降低了关税，调整面为41%，算术平均税率由44.4%下降为38.3%。轿车的关税由1996年的100%～120%，下降为80%～100%。详见表10。

表10　1985～1997年机动小客车关税变化情况

年份	整车税率(%)	年份	整车税率(%)
1985	最低：120 最高：150	1994	排量≤3L　汽油，≤2.5L柴油　110 排量>3L　汽油，>2.5L柴油　220
1985.6	在原关税基础再征收80%的调节税	1996～1997.9	排量≤3L　汽油，≤2.5L柴油　100 排量>3L　汽油，>2.5L柴油　120
1986	排量≤3L　汽油，≤2.5L柴油　180 排量>3L　汽油，>2.5L柴油　220	1997.10.1	排量≤3L　汽油，≤2.5L柴油　80 排量>3L　汽油，>2.5L柴油　100

基本建设及技术改造

固定资产投资情况：1997年经国家批准的汽车工业固定资产投资项目共92项，年度计划投资146.6亿元，贷款12.4亿元。其中基本建设10项，年度投资117.5亿元，贷款0.3亿元，技术改造82项，年度投资29.1亿元，贷款12.1亿元。

在92个项目中，国家安排贷款项目87项，投资61.9亿元，贷款12.4亿元。国家批准可行性研究报告，但不列入国家投资计划的自筹和利用外资项目5项，投资84.7亿元。

截至1997年11月共完成投资约122.9亿元，其中基本建设完成112.8亿元，技改完成10.1亿元。

基本建设项目：1997年经国家批准的基本建设项目有：(1)国家安排贷款项目5项，即：神龙轿车、一汽轿车支撑工程、东风公司轿车支撑工程、中联电子工程、跃进集团公司环保搬迁。年度投资32.8亿元，贷款0.3亿元。(2)自筹和利用外资项目5项：一汽大宇零部件项目、一汽大众奥迪C3V6项目、东风日产柴底盘项目、上海通用轿车项目、天津丰田汽车发动机项目。

技术改造项目：进入1996年后，技术改造项目全部为“双加”工程项目，汽车工业进入“双加”二期工程共173项(不含军工)，总投资约107.5亿元，贷款68.6亿元。“双加”项目中一汽集团、东风公司、重汽集团、中汽、上汽、天汽的项目投资约占了50%，突出了投资向大集团倾斜的原则。

1997年安排技术改造项目82项（其中限上项目20项，当年投资17.8亿元，贷款4.9亿元）。(1)续建项目：1997年技术改造续建项目39项，当年安排投资10.1亿元，贷款4.1亿元，其中限上项目4项，当年投资4.4亿元，贷款0.2亿元。(2)新开工项目：新开工项目43项，当年投资19亿元，贷款8亿元，其中限上项目16项，当年安排投资13.4亿元，贷款4.7亿元。

〔撰稿人：机械工业部汽车工业司姜　英〕

〔交通部〕

生产发展情况　1997年，交通系统的公路车辆生产企业以提高经济效益为中心，积极引进外资，努力开拓国内外两个市场，生产、效益方面取得了较好的成绩。

1997年交通部下达下属36个客车生产企业公路客车生产实际完成24 675辆，比上年增长了1.66%；全年销售客车24 701辆，比上年增加1.25%；产销率为100.11%。库存量较上年减少了1.72%。

1997年客车产销形势的主要特点是：

(1)公路客车的产销情况总体好于上年，产销量和经济效益进一步集中。在36个企业中有15个企业完成了生产计划，占41.67%。它们是：江苏亚星客车集团有限公司、聊城客车厂、郑州宇通客车股份有限公司、四川乐山客车厂、桂林客车工业集团公司、北京交通客车厂、云南客车厂、四川省客车厂、烟台客车改装厂、河北客车厂、汉中客车厂、南京金陵双层客车制造总厂、浙江神马汽车实业有限公司、东风杭州汽车公司客车厂、江西客车厂。其中，年产量超过1000辆的客车厂见表11。

表11　1997年交通部公路车辆产量超千辆企业

序号	企业名称	产量（辆）
1	江苏亚星客车集团有限公司	6 093
2	郑州宇通客车股份有限公司	3 472
3	桂林客车工业集团公司	3 053
4	山东聊城客车厂	2 125
5	长沙客车厂	1 671

以上5个企业的产量占了交通部公路客车总量的50%。盈利企业14个，其中，桂林客车工业集团公司利润总额为12 749.40万元、郑州宇通客车股份有限公司5 019万元、江苏亚星客车集团有限公司2 098万元、山东聊城客车厂468万元、北京交通客车制造厂459万元、长沙客车厂305万元。上述企业的产量和效益在全国大客车行业中也是名列前茅的。

(2)从全年公路客车产销情况看，根据统计资料，1997年1～12月份公路客车的产销量是呈逐月上升趋势，12月份达到全年最高点。

(3)引进技术显现效果。以桂林客车工业集团公司为例，该公司引进南韩大宇技术生产的“桂宇”大客车，经过几年的生产实践，产品质量、档次、价位适应高等级公路客运需要，1997年产量和销量分别较上年增长了68.12%和60.72%。

1997年交通部汽车挂车生产情况不甚理想。28个企业实际完成4 135辆，比上年减少了23.4%；销售挂车4 182辆，比上年减少了25.65%，产销率为101.14%。由此可见，1997年的挂车产销情况比上年有较明显的下降，28个企业中仅有4个企业的产、销形势较好，它们是：山东泰安交通车辆厂、江苏淮阴汽车改装厂、江苏江扬船舶集团特种车辆厂、泰安交通汽车制造厂。从1997年1～12月份完成情况看，产销量呈波浪趋势，有增有减，但总的是下降的趋势。有10个企业赢利，效益较好的企业有：山东泰安交通车辆厂、江苏淮阴市汽车改装厂、泰安交通汽车制造厂、河北省汽车修配厂、江扬船舶集团公司特种车辆厂、浙江省金华专用汽车总厂等。造成汽车挂车企业生产、效益下降的主要原因是产品技术含量低，品种单一，在市场竞争中缺乏竞争力。

技术改造　1997年交通工业技术改造工作的主要任务是实施国家经贸委“九五”“双加”工程技术改造计划。

“九五”期间，交通部11个企业的12个重点交通工业技术改造项目列入了国家经贸委“九五”第二期“双加”工程技术改造计划。它们是：扬州客车制造总厂、郑州宇通客车股份有限公司、长沙客车厂、聊城客车厂、北京交通客车制造厂的客车专用底盘生产改造；江扬集团公司船舶厂、江苏镇江船舶厂的集装箱船、工程专用船生产改造；广州羊城汽车厂的扩大汽车出口能力改造；江苏淮阴汽车改装厂的集装箱半挂车生产改造；贵州汽车配件厂、山西长治汽车半轴厂的汽车配件生产改造等项目。总投资 6.3 亿元，其中，国家专项贷款 4.6 亿元。

1997 年国家下达技改总投资 23 242 万元，其中，专项贷款 16 400 万元。其中，扬州客车制造总厂、聊城客车厂、长沙客车厂、江扬集团公司船舶厂、江苏淮阴汽车改装厂、广州羊城汽车厂、贵州汽车配件厂、山西长治汽车半轴厂等项目资金已基本到位，项目进展顺利。

管理及改革 1997 年 3 月 1 日江苏亚星客车集团公司与奔驰股份公司共同建立的亚星—奔驰有限公司正式开业。

1997 年 5 月 8 日郑州宇通股份有限公司 A 股在沪上市成功。“郑州客车”股票是我国大客车生产厂家第一个上市股票。该公司从 1993 年股份制改革后，产销量迅速增加。3 500 万 A 股开盘价为 30 元。这次融资的 3.4 亿元资金将全部用于“九五”技改工程。该工程计划 1998 年 6 月份建成投产。届时该公司客车生产能力将达到 4 000 台。

〔撰稿人：交通部综合计划司顾　霞〕

〔责任编辑：王　如〕

〔机械工业部〕

生产发展情况 1997 年我国摩托车年产量突破 1 000 万辆大关。据行业快报统计表明：全行业共生产了 1 003.70 万辆摩托车，比上年增长 8.20%。增长速度比上年减少 10.37 个百分点。其中生产 20 万辆以上的企业 13 个，比上年减少 1 个，13 个企业共生产摩托车 681.72 万辆，占全行业的 67.92%，比 1996 年减少了 8.87 个百分点。生产 10 万辆以上的企业 23 个，比上年增加了 4 个，23 个企业共生产 812.27 万辆摩托车，占全行业的 81.82%，比 1996 年减 少了 1.82 个百分点，摩托车生产集中度又有所下降。详见表 1、表 2。

表 1　1994～1997 年摩托车年产 10 万辆以上的行业情况

（产量单位：万辆）

年　份	1994 年	1995 年	1996 年	1997 年
当年企业数（个）	119	118	136	136
当年产量	522.70	783.61	929.51	1 003.7
20 万辆以上产量的企业数（个）	7	12	14	13
企业占全行业%	5.88	10.17	10.29	9.55
比上年增长百分点		4.29	0.12	−0.74
20 万辆以上企业产量总计	350.91	636.54	713.8	681.72
产量占全行业%	67.13	81.23	76.79	67.92
比上年增长百分点		14.4	−4.44	−8.87
10 万辆以上产量的企业数（个）	12	15	19	23
企业占全行业%	10.08	12.71	13.97	16.91
比上年增长百分点		2.63	1.26	2.94
10 万辆以上企业产量总计	419.55	686.56	777.47	812.27
产量占全行业%	80.26	87.61	83.64	81.82
比上年增长百分点		7.35	−3.97	−1.82

1997 年摩托车生产增长速度比 1995 年、1996 年分别减少 41.71 和 10.37 个百分点（见表 3、表 4）。

表 2　1994～1997 年摩托车年产 10 万辆以上企业产量　（单位：万辆）

企业名称	1994 年	1995 年	1996 年	1997 年
轻骑集团	70.19	104.10	145.19	160.94
嘉陵集团	85.46	114.55	113.31	100.49
金城集团	40.09	65.57	71.24	68.08
建设集团	80.09	103.41	62.85	60.04
长春集团	18.31	27.50	29.50	41.56
上海易初	30.51	40.00	49.93	35.16
南方集团	21.51	27.54	27.06	29.25
五羊本田	11.00	20.00	21.50	28.56
北方易初	23.06	35.13	35.20	23.06
广东佛山		13.50	13.57	17.65
天津本田	10.74	18.60	14.00	13.00
浙江吉利			22.18	
无锡捷达	18.05	51.28	50.09	42.56
华日集团		20.00	30.16	41.81
浙江摩托	10.54	27.10	27.41	30.01
浙江金轮		18.28	28.16	20.16
天津港田			10.70	18.66
江苏富达			14.23	17.74
广东益豪				15.99
天津小康			11.19	12.55
江苏春兰				12.00
津富士达				11.73
广东珠江				10.11
安徽摩托				10.05

市场及销售 1997 年全行业共销售摩托车 971.557 5 万辆，产销率为 96.86%。库存为 88.111 5 万辆，占全年产量的 11.39%。销售与库存分别比 1996 年增长 10.33%、42.87%。

从表2可看出，1997年比上年50mL以下，70、250mL摩托车及250、750mL三轮车的产量都有不同程度的下降，其他型号的摩托车则有不同程度的增长；从销量上看1997年比上年50mL以下，80、250mL摩托车及250、750mL三轮车有不同程度的下降，其他型号的摩托车则有不同程度的增长。

中国已经成为世界第一摩托车生产和消费大国，年产销量已超过1 000万辆，保有量超过3 000万辆。

据国家海关统计资料表明，1997年摩托车出口整车92 940辆，创汇6 226万美元；比1996年分别增长23.24%、44.82%（见表4）。

表3 1997年摩托车产销情况

（单位：辆）

排量(mL)	产量			销量			产销率(%)
	1997年	1996年	比上年增长%	1997年	1996年	比上年增长%	
≤50	1 712 542	1 975 405	−13.31	1 719 144	1 865 562	−7.85	100.39
60	145 294	98 628	47.32	115 081	85 760	34.19	79.21
70	503 878	541 289	−6.91	520 722	501 586	3.82	103.34
80	411 392	393 102	4.65	361 757	386 910	−6.50	87.93
90	1 481 054	1 466 130	1.02	1 425 313	1 357 856	4.97	96.24
100	2 709 949	2 230 685	21.49	2 596 489	2 147 652	20.90	95.81
125	2 342 759	1 836 610	27.56	2 293 570	1 762 132	30.16	97.90
150	131 114	103 820	26.29	110 253	92 893	18.69	84.09
250	209 648	249 886	−16.10	208 962	252 972	−17.40	99.67
50（三）	28 870	20 213	42.83	28 409	18 996	49.55	98.40
>50（三）	296 099	274 444	7.89	282 732	249 328	13.40	95.49
250（三）	31 718	48 437	−34.52	20 434	44588	−54.17	64.42
750（三）	33 086	38 436	−13.92	32 709	39 630	−17.46	98.86
合计	10 037 403	9 277 085	8.20	9 715 575	8 805 865	10.33	96.79

注：排量栏中的“（三）”表示三轮摩托车。

表4 1994～1997年摩托车产、销、进口、出口情况

年份			1994年	1995年	1996年	1997年
生产量（辆）			5 227 021	7 836 139	9 295 185	10 037 403
销售量（辆）			5 073 436	7 749 248	8 917 511	9 715 575
库存量（辆）			192 472	287 713	628 812	881 115
产销率（%）			97.06	98.89	95.94	96.79
增长率（%）	生产量		44.69	49.91	18.57	8.20
	销售量		47.97	52.77	14.95	10.33
	库存量		167.79	49.55	128.51	42.87
进口	数量	合计（辆）	333 780	46 248	2 911	1 495
		比上年增长%	38.82	−86.14	−93.71	−48.64
	金额	合计（万美元）	40 218.59	2 382	151	237
		比上年增长%	10.01	−94.08	−93.66	56.72
出口	数量	合计（辆）	73 648	88 613	75 414	92 940
		比上年增长%	−9.27	20.32	−14.90	23.24
	金额	合计（万美元）	4 172.49	4 681	4 299	6 226
		比上年增长%	65.63	12.19	−8.16	44.82

新产品 据《1997年全国汽车、民用改装车和摩托车生产企业及产品目录(第一、二、三期及1997年目录)》统计，1997年度摩托车行业允许上市销售的新产品994种，是1996年允许上市销售275种新产品的3.61倍，占当年《目录》产品总数2 162种的45.97%。

管理及改革 自从1994年国家公布了《汽车工业产业政策》以后，1997年7月国务院又批转了《国家计委等部门〈关于进一步加强汽车工业项目管理的意见〉的通知》。又一次明确：国家对投资汽车、摩托车及发动机项目的立场、意见，并要求严格执行。

机械工业部出台了《摩托车商品修理更换退货

责任实施细则》。

国家技术监督局公布了由公安部、交通部、机械工业部等单位起草的国家标准《机动车运行安全技术条件》。

机械工业部汽车工业司也连续两次发文，即《关于申报摩托车整车和发动机新产品开发试制计划的通知》和《关于加强摩托车新产品开发和检验工作管理的通知》对开发摩托车新产品做出了严格的规定与要求。

1997年，摩托车行业开始实施兼并、联合、合作，以推动摩托车工业的优存劣汰。如：嘉陵与浙江吉利、山东诸城恒兴的联合；轻骑与湖北扬子江、贵州摩托车工业公司、合肥摩托车厂的联合；海南新大洲与上海恒大微型车的联合等。它们通过兼并、收购、参股、控股、合资、合作的方式，促进了国有资产跨地区的流动和重组，拓展了资源优化配置空间，加快了存量结构调整的进展。

〔撰稿人：机械工业部汽车工业司摩托车处马铁华〕

〔责任编辑：王　如〕

〔中国自行车协会〕

生产发展情况　据国家统计局统计，1997年自行车产量为2 999万辆，比上年下降10.8%

1997年产量超过50万辆的整车企业有15个，见表1。

表1　1997年主要自行车企业产销情况

序号	企业名称	产量（万辆）	销量（万辆）
1	凤凰股份有限公司	415.87	455.33
2	顺德顺流自行车厂	302.46	302.46
3	上海永久股份有限公司	230.36	232.59
4	齐鲁英克莱集团公司	111.79	110.27
5	安阳飞鹰集团公司	103.01	102.23
6	天津自行车厂	101.22	124.40
7	捷安特（中国）有限公司	90.23	90.88
8	深圳保安自行车公司	74.25	
9	浙江海尔曼斯集团公司	73.08	76.30
10	常州金狮自行车工贸集团公司	70.16	76.77
11	浙江菲利普集团公司	69.41	70.10
12	江苏好孩子集团公司	63.82	64.33
13	鞍山自行车总公司	55.12	56.30
14	美利达自行车（中国）有限公司	54.00	52.70
15	浙江力霸皇工贸集团有限公司	50.05	49.49

注：以上销量大于产量的为销售了上年库存量。

在形成买方市场的条件下，自行车行业的生产发展主要呈现以下变化趋势：(1)行业的生产布点，从分散的普遍布点，逐渐向部分省市相对集中的方向发展。目前主要集中在上海、江苏、浙江、天津、广东等地。(2)行业中低附加值产品的生产由高劳动力成本地区向低劳动力成本地区转移。(3)行业的生产组织从“大而全”、小而全”向生产专业化与协作配套方向转变。(4)企业经营方式，由单一经营向多角经营、综合发展的方向转变。(5)产品由少品种向多功能、轻量化、产品品种多样化的趋势发展。

产品分类产量　据中国自行车协会对国内58个主要整车生产企业统计，1997年总产量2 321.42万辆，其分品种产量情况详见表2，归口企业、系统内企业产量详见表3。

表2　按类型划分自行车产品产量

类　型	产量（万辆）	占总产量%
合计	2 321.42	
710mm载重车	166.45	7.17
710mm轻便车	218.42	9.41
660mm轻便车	667.12	28.74
610mm轻便车	530.62	22.86
405～560mm自行车	402.26	17.33
多速车	266.05	11.46
助力及其他类自行车	70.50	3.03

市场及销售　据国内贸易部统计，1997年商业系统销售自行车1 170.1万辆（不含供销合作系统销售及企业自销部分），比上年下降24.16%。但国内实际消费需要减幅不大，企业自销、各地区自行车专业市场批发销售有所增加。

据自行车协会统计，1997年自行车企业销售收入超过2亿元的企业13个，详见表4。

表3　自行车归口企业、系统内企业产量

类型	产品名称	单位	产量	比上年增长%
中国轻工总会归口企业产量	自行车合计	万辆	2 999.2	−10.8
	运动型自行车	万辆	113.4	−37.5
中国轻工总会系统内产量	自行车合计	万辆	1 571.9	−27.6
	普通型自行车	万辆	216.7	−37.6
	载重型自行车	万辆	178.7	−8.0
	轻便型自行车	万辆	953.1	−31.3
	运动型自行车	万辆	81.8	−16.7
	自行车零件（商品量）	亿元	18.2	−28.7

中国自行车协会于1997年6月出资并组织人员到北京、天津、河北、上海、江苏、浙江、广东等12个省市，分别对农村、城市不同职业和年龄的消费者进行问卷调查，发放收回3 031份问卷。关于市场需求情况，在被调查的总人数中，近期有购车意向

的 1 380 人，占调查人数的 45.5%。河北、安徽、河南、湖北、湖南等省份对自行车需求量较大。月收入在 300～1 000 元，年龄 21 岁至 50 岁的是自行车主要消费者。被调查者中对购车注重质量要求的占 71.99%，其次是对款式、价格、品种的注重。购车用途分为用于代步的有 2 552 人，占被调查人数的 84.2%，用于休闲健身的 194 人，占 6.4%，用于短途运输的 285 人，占 9.4%。此外还对购车价格、品种、色彩需求，代步骑行距离情况，社会保有量情况进行了调查分析。据对不同收入水平及年龄段消费者购车意向的数据分析，自行车市场今后仍有稳定的消费群体。

表 4　1997 年自行车行业销售收入超过 2 亿元的企业

序号	企业名称	销售额（万元）
1	凤凰股份有限公司	157 050
2	顺德市顺流自行车厂	98 614
3	永久股份有限公司	72 680
4	江苏好孩子集团公司	69 925
5	安阳飞鹰集团公司	47 741
6	中华自行车股份有限公司	46 759
7	捷安特自行车（中国）有限公司	45 713
8	齐鲁英克莱集团总公司	42 505
9	广州五羊自行车企业集团公司	37 602
10	天津自行车厂	30 028
11	常州金狮自行车工贸集团公司	30 554
12	浙江海尔曼斯集团公司	26 757
13	浙江菲利普集团公司	23 916

1997 年自行车出口增长，创历史最高水平。据海关统计，1997 年出口整车 1 439 万辆，比上年增长 18.3%，创汇 51 262 万美元，比上年增长 10.6%，其中竞赛型自行车及类似车出口 15.24 万辆，山地及越野自行车 252.58 万辆，405mm 及以下未列名自行车 298.95 万辆，其他未列名自行车 524.33 万辆，405、460、510mm 越野自行车 269.53 万辆，其他越野自行车 78.51 万辆。整车出口到美国、日本等 127 个国家和地区。出口到亚洲 426.50 万辆，非洲 86.11 万辆，欧洲 38.14 万辆，北美洲 580.36 万辆，南美洲 229.44 万辆，大洋洲 78.61 万辆。自行车零部件出口创汇 43 905.2 万美元，比上年增长 27.3%。自行车整车及零部件合计创汇 95 168.6 万美元，比上年增长 17.7%，由于受东南亚金融危机波及，四季度出口受到一定影响。

质量及质量管理　1997 年由中国轻工总会发布的自行车行业标准有 QB/T2295—97《助力自行车用汽油机助力器》，QB2302—97《电动自行车安全通用技术条件》。据统计，截止到 1997 年底批准发布的自行车国家标准、行业标准中强制性的标准有：GB3565—93《自行车安全要求》、QB1714—93《自行车命名和型号编制方法》、QB1724—93《自行车保险叉》、QB1802—93《自行车轮辋》、QB1839—93《汽油机助力自行车》、QB1880—93《自行车车架》、QB1881—93《自行车前叉》、QB1892—93《自行车衣架》、QB2176—95《非公路自行车安全要求》、QB2191—95《自行车反射器》、QB2302—97《电动自行车安全通用技术条件》。

已进行前期准备工作，列入 1998 年制定的自行车国家标准和行业标准有：《电动自行车安全通用技术条件》、《轻型三轮自行车安全通用技术条件》、《独轮车》、《自行车避振前叉》。

中国自行车协会于 1997 年 3 月召开了自行车零部件专业委员会工作会议，为贯彻国务院质量振兴纲要，商讨确定了宣传优质零部件，实行质量承诺，以零促整（即以优质零部件促进整车质量）的办法。7 月份以后，在对部分专业零部件进行行检行评的基础上，推荐了飞轮、链罩、拨链器、钢珠、链条五个专业零部件的优质产品及 18 个生产企业，联合向用户提供满意服务保证质量的承诺条款。

全国自行车标准化中心收集评编了美国ＣＰＳＣ标准及操作细则，ＩＳＯ自行车国际标准全集，提供行业使用。

根据国家技术监督局 1997 年产品质量统检计划安排，国家自行车检测中心对自行车整车进行了全国统检。共检查自行车单辆包装出厂两大类共 15 个省市 287 个企业的 287 批产品（实检 287 批），检验结果，220 个企业的 220 批产品合格，抽样合格率和企业合格率为 76.66%。年检比 1995 年合格率提高 0.76%。这次统检是依据自行车产品国家强制性标准、国家推荐性标准、轻工行业及轻工产品质量分等规定进行的。

管理及改革　在目前大量小型组装企业盲目发展、低价竞销，部分企业产品质量下降的情况下，为维护消费者利益，保证自行车骑行安全性，促进产品质量的提高，1997 年先后组织进行生产许可证的换证及相应的检查验收工作。

国家技术监督局 1997 年 4 月发布《关于批准自行车与产品和生产许可证换证实施细则及检验单位的通知》（全许办〔1997〕15 号），中国轻工总会生产许可证办公室发布了新修订的《自行车生产许可证实施细则》。1997 年 11 月由轻工总会生产许可证办公室会同中国自行车协会，组织了 11 个专家组，分批赴全国各地申领生产许可证企业，对企业的质量保证体系及产品质量进行检查验收。并在 1998 年度完成生产许可证的检查验收及换证工作。

1997 年 12 月 15～16 日，自行车协会理事长王凤和同志在京主持召开协会四届二次常务理事会，协会秘书处根据各位常务理事（各主要企业法人代表）提出的 66 条议案，归纳整理后交会议讨论研究，提出加强行业自律、规范竞争秩序、推动行业改组改造、拓展市场等方面的具体意见。会议通过实践进一步探索了协会秘书处作为行业组织的执行机构，如何按照理事会决议发挥好协调服务的职能。

协会对行业中国有大中型企业生产经营实际状况、面临的困难、减员增效的措施方案，以及各地小型组装厂盲目发展的情况进行了调研，并向政府有关部门进行汇报。

1997 年 9 月协会组团赴美参观考察洛杉矶国际自行车展，拜访了美国制造商、供应商协会（原自行车批发商协会）考察了美国市场，并将美国市场有关信息资料提供给会员企业。

〔撰稿人：中国自行车协会郭海燕　审稿人：中国自行车协会王凤和　中国轻工总会吴基华〕

〔责任编辑：王　如〕

〔中国船舶工业总公司〕

生产发展情况　1997 年船舶工业总公司直属企业 76 个，造船完工 229 万 t，比上年增长 22.9%。完成工业总产值 237.1 亿元，(当年价，下同)，按可比价比上年增长 14.4%。其中：造船产值完成 180.1 亿元，按可比价比上年增长 23.5%；修船产值完成 19.3 亿元，按可比价比上年下降 5.7%。

1997 年船舶工业总公司销售收入、工业总产值、造船产量等几项经济指标，均创历史最高水平。造船产量连续四年保持世界第三。

产品分类产量　1997 年船舶总公司共完工船舶 142 艘、229 万综合吨，比上年分别增长－16%、22.9%，按船的类别分，完工货轮 74 艘、220.6 万载重吨，客轮 13 艘、4 900 满载排水量吨，拖轮 5 艘、7 200 满载排水量吨，驳船 13 艘、2.7 万载重吨，其他船 37 艘，3.49 万综合吨。

柴油机完工 786 台，888.6MW，分别比上年增长 30.6%、13.6%，船用螺旋桨完工 1 158 套，比上年下降 47.9%，精密导航仪表完工 402 台，比上年增长 17.2%。

市场及销售　全年销售收入完成 215.8 万元，比上年增长 18.8%。全年实际出口创汇 15 亿美元，比上年增长 26.1%。其中：完工出口船舶 196 万 t，比上年增长 21.7%，出口船占造船总产量的 86%；外轮修理不断扩大，全年创汇 1.5 亿美元；机电产品出口实现新的突破，抛落式救生艇批量进入美国市场，大型钢结构工程、船舶下水滑道生产线等进入缅甸、孟加拉和马来西亚市场。

在市场竞争加剧，船价低迷的情况下，全年承接船舶订单 207 万综合吨，其中，国内船舶订单 44 万综合吨，出口船舶订单 163 万综合吨。特别是承接高技术、高附加值船舶成效显著，共承接液化石油气船、化学品船、集装箱船、成品油轮、多用途船舶 85 万 t，比上年增长 16.3%。

新技术与科研成果　列入国家重大攻关项目的 15 万 t 油轮、5.2 万 t 多用途货船、3.4 万 t 大湖型散货船、4.6 万 t 化学品船、1.65 万 m^3 液化石油气船、7 万 t 自卸船已经出口。列入国家技术开发项目的高速集装箱船、高速水翼船已开工建造。在引进技术基础上创新研制的世界第一台 5S50MC-C 船用柴油机已投入生产。

基本建设及技术改造　(1) 基本建设。1997 年船舶总公司基本建设计划投资 198 485 万元，全年完成 158 354 万元，占全年计划投资的 80%。其中，非经营性基金投资计划 44 425 万元，全年完成 44 425 万元，占年计划投资的 100%；财政拨款计划投资 57 560 万元，全年完成 35 580 万元；开发行贷款投资计划 33 000 万元，全年完成 31 107 万元；商业银行贷款投资计划 500 万元，全年完成 500 万元；自有资金计划 63 000 万元，完成 46 742 万元。

1997 年资金到位 180 018 万元，其中，非经营性基金 44 425 万元，财政拨款 57 560 万元，开发行贷款 30 000 万元，商行贷款 500 万元，自有资金 48 033 万元。

全年计划施工面积 105 万 m^2，实际施工面积 91 万 m^2，占计划施工面积的 87%。其中，住宅计划施工面积 68 万 m^2，实际施工面积 59 万 m^2，占计划施工面积的 87%。

全年计划竣工面积 66 万 m^2，实际竣工面积 52 万 m^2，占计划竣工面积的 78%。其中，住宅计划竣工面积 42 万 m^2，实际竣工 36 万 m^2，占计划竣工面积的 86%。

全年计划新增固定资产 131 435 万元，实际新增固定资产 105 108 万元，占新增固定资产计划的 80%。

(2) 更新改造。1997 年更新改造全年共完成投资 87 800 万元，为下达计划的 80%，完成投资比上年下降 30.6%。

全年贷款到位 20 310 万元，为全年贷款指标的 73%。其中，工商行贷款到位 12 180 万元，到位率 79%；建设银行贷款到位 7 330 万元，到位率 63%；中国银行到位 800 万元，到位率 100%。

在完成投资中，按工程用途分：工业建筑业投资完成 85 525 万元，为完成投资总数的 97.4%；住宅投资 2 275 万元。按构成分：建筑安装工程完成 32 174 万元，设备工器具购置 46 379 万元。建筑工程完成施工面积 162 341m^2，比上年减少 50 895m^2。其中，住宅 42 018m^2，比上年减少 15 982m^2；房屋建筑竣工面积 94 414m^2，其中住宅 25 084m^2。

管理及改革　1997 年以江南造船（集团）公司所属钢结构工程事业部为基础改组成立了江南重工股份有限公司，并成功上市。按照现代企业制度和《公司法》的要求，原重庆齿轮箱厂改制成国有独资公司。已着手进行大连船舶重工集团、江南集团、南方船舶工业集团的组建工作。

〔撰稿人：中国船舶工业总公司郭莲英　审稿人：中国船舶工业总公司郭　泽〕

〔责任编辑：王　如〕

飞　机

〔中国航空工业总公司〕

生产发展情况　1997 年民用航空工业已完成了运七-200A 飞机适航取证验证试飞；干线飞机 MD90-30 型第一架飞机的总装按节点正在抓紧进行。

运七-200A 型飞机　1997 年 1 月，运七-200A 飞机 03 架转场合肥，继续进行适航取证验证试飞工作，已完成自动驾驶仪调整参数、故障演示及型号合格审定试飞，同时完成了最小可用燃油、负加速度、重力燃油 3 项补充试飞、近地警告系统补充试飞及夜航、侧风着陆演示飞行等，5 月份返回陕西阎良，之后进行了结冰试飞的设备改装。9 月份，再次转场合肥，完成了模拟冰型试飞。11 月份，飞机转场新疆乌鲁木齐开始自然结冰试飞。12 月 25 日，运七-200A 型飞机型号合格审查委员会（TCB）在北京召开会议，原则通过运七-200A 型飞机的型号合格审查，并明确，待完成维修大纲、主要最低设备清单和飞行手册 3 份文件的审查批准手续和襟翼分档机构的改装验证试飞后可提请民航总局颁发运七-200A 型飞机型号合格证。

运八-200F 型飞机　1996 年遗留了机组座椅和拦阻网试验两项工作。1997 年 3 月，完成了运八-200F 型飞机货物拦阻网静力试验，适航审查组结构强度工程代表完成了对该飞机的损伤容限和疲劳分析评定，并通过了合格审查。4 月份，完成了运八-200F 型飞机机组座椅静力试验。至此，运八-200F 型飞机完成了所有的型号合格审查并得到审查组的批准和认可。5 月 9 日，在北京召开运八-200F 型飞机最终 TCB 会议，建议民航总局颁发型号合格证。10 月 6 日，运八-200F 型飞机正式取得中国民航总局适航司签发的型号合格证。

干线飞机（MD90-30）　继 1996 年首架飞机翼盒、机翼后缘交付以后，1997 年初，成飞交付首架机头、沈飞交付了机翼电缆，6～8 月份，西飞相继交付了中后机身上部的 45 个框和 15 块壁板。沈飞交付了机头电缆。在装配工作方面，上飞已完成了机翼的装配，半机翼对接和中后机身上部装配工作在进行中。据统计，各生产厂完成工装和零件制造项目为：上航工装制造完成 1.6 万项，零件完成 7 800 项；沈飞工装制造完成 2 900 项，零件完成 120 项；成飞的 6 113 项工装已全部完成，近 5 000 项零件已基本完成。

根据干线飞机项目研制的需求，总公司先后下达三批技术攻关项目共 94 项课题，为解决干线飞机的技术关键，掌握现代民用飞机生产制造技术，提高管理水平，保证研制质量打下了坚实的基础。

100 座级中型客机　中型客机项目于 1995 年 8 月由国家计委立项，经过近两年的谈判，取得了一定进展。1997 年年初，欧洲空中客车公司宣布参与 100 座客机合作项目，并成立了空中客车亚洲公司，其中空客占 62%股份，意大利的阿莱尼亚公司占 38%股份，代替原来由法国、英国、意大利三家组成亚洲国际航空公司谈判。经过近几个月的谈判，双方在发展战略、产品、市场、组织机构，主要分工等方面基本达成共识，形成了空中快车 AE31X 飞机项目合作框架协议。

“空中快车”AE31X 飞机合作项目协议于 1997 年 5 月 15 日在北京人民大会堂签署，国家主席江泽民、法国总统希拉克、意大利运输部长 BURLANDO 及英国、法国、新加坡、西班牙驻华大使出席了签字仪式。目前，国内技术攻关工作已经展开。

全年完成飞机生产交付情况　运七系列飞机完成 8 架，运八系列飞机完成 4 架，运十二系列飞机完成 11 架，运五 B 飞机完成 23 架。

〔撰稿人：中国航空工业总公司民机局邢文渝　审稿人：中国航空工业总公司民机局高占民、秦德馨〕

〔责任编辑：王　如〕

〔机械工业部〕

一、大型电机

生产发展情况　1997 年大型电机行业各企业基本上完成了当年的生产经营计划。1997 年大型电机行业生产大型电机 3 483.68MW/3 845 台（包括中心高 710mm 及以上的大型交流电机和电枢直径在 423mm 及以上的大中型直流电机），完成产值 58 611.96 万元。1997 年大型电机行业 11 个企业全年完成工业总产值 388 260 万元，完成销售收入 427 412.16 万元，实现利润总额 18 221.5 万元，全员劳动生产率 55 710.38 元/人。

1997 年生产大型电机的企业 11 个。其中大一型企业 9 个、大二型企业 1 个、中二型企业 1 个。职工 63 833 人。

国有大型骨干企业的哈尔滨电机有限责任公司 1997 年完成工业总产值 55 007 万元，综合产量 2592MW，其中交直流电机 260MW，完成商品产值 56 000 万元，实际利润总额 604 万元。上海电机厂全年完成工业总产值 67 675 万元，交直流电动机完成 1 574MW，实现产品销售收入 72 127 万元，利润总额 2 276 万元。东方电机股份有限公司全年完成工业总产值 61 192 万元，综合产量 4 086.55MW，其中交直流电机 163.55MW，主营业收入 71 960 万元，实现利润总额 6 397 万元，上缴利税 3 564 万元。北京重型电机厂全年完成工业总产值 33 274.2 万元，生产电动机 150MW，产品销售收入 463 778 万元，实现利税 5 161.2 万元，实现利润 462 万元。行业主要厂家实现大型电机产量产值见表 1。

表 1　1997 年大型电机行业厂家产量产值

企业名称	产量				产值（万元）	
	1996 年		1997 年		1996 年	1997 年
	（台）	（MW）	（台）	（MW）		
淄博牵引电机集团股份有限公司	1 288	1 015.71	1 260	978	12 541.00	7 470.00
上海电机厂	2 003	1 506.7	1 115	961.7	24 789.60	23 150.30
沈阳电机股份有限公司	414	518.8	371	473.93	12 273.00	7 265.00
哈尔滨电机有限责任公司	215	290.836	210	257.977	10 223.00	2 682.00
兰州电机集团有限责任公司	69	81.18	116	193.37	1 131.84	3 202.36
湘潭电机集团有限公司	246	193.24	145	174.37	6 250.53	5 555.30
北京重型电机厂	289	93.315	151	151.035	4 348.90	3 353.00
江西电机有限责任公司	362	205.06	221	122.75	4 342.00	2 258.00
东方电机股份有限公司	85	110.125	46	92.529	2 838.00	1 785.00
南京汽轮电机（集团）有限责任公司	216	87.91	186	67.18	2 063.00	1 706.00
山东齐鲁电机制造有限公司	32	13.96	24	10.834	366.00	185.00
合　　计	5 255	4 118.836	3 845	3 483.68	81 166.87	58 611.96

注：中心高在 710mm 以上的大型交流电机和电枢直径在 423mm 以上的大中型直流电机。

产品分类产量　1997 年大型电机行业共生产大型同步电机 1 078 台 1 360.765MW，大型异步电动机 863 台 1 446.879MW，大型直流电机 58 台 47.208MW，中型直流电机 1 846 台 628.828MW。

市场及销售　1997 年共完成国内销售收入 74 815.71 万元，其中大型同步电机 40 539.04 万元，大型异步电机 20 356.12 万元，大型直流电机 7 887.55 万元，中型直流电机 6 033 万元。实现国外销售收入 973.04 万美元，其中大型同步电机 55.8 万美元，大型异步电机 795.44 万美元，大型直流电机 15.8 万美元，中型直流电机 106 万美元。出口数量 126 台 84.73MW，其中大型同步电机 9 台 11.6MW，大型异步电机 79 台 56.48MW，大型直流电机 1 台 0.35MW，中型直流电机 37 台 16.3MW。行业厂家国内外销售收入见表 2。

表 2　1997 年大型电机行业厂家国内外销售收入

企业名称	国内销售收入（万元）		国外销售收入（万美元）	
	1996 年	1997 年	1996 年	1997 年
上海电机厂	24 214.90	36 652.60	310.00	350.80
湘潭电机集团有限公司	1 878.78	5 713.45		387.94
沈阳电机股份有限公司	6 900.00	7 582.00	111.00	
淄博牵引电机集团股份有限公司	18 811.50	7 470.00		
哈尔滨电机有限责任公司	9 091.00	5 200.00		215.30
东方电机股份有限公司	3 607.00	3 903.00	103.00	11.00
北京重型电机厂	5 699.00	3 641.00		8.00
兰州电机集团有限责任公司	2 669.67	2 838.66		
南京汽轮电机（集团）有限责任公司	2 121.00	1 661.00		
山东齐鲁电机制造有限公司	177.00	154.00		
江西电机有限责任公司	5 988.00			
合　　计	81 157.85	74 815.71	524.00	973.04

新技术及科研成果　1997 年大型电机行业厂家，在大型电机生产中采用的新工艺、新技术，新材料主要有：(1)哈尔滨电机有限责任公司的带散热匝磁极扁绕新工艺，填补了国内空白。(2) 东方电机股份有限公司生产的 4 000kW 级 BPT4000-12/2940 型交—交变频调速同步电机，采用了全阻尼绕组、人字型斜极，转子磁极采用 VPI 整浸新工艺，提高了绝缘和散热能力，增强了转子的整体性。(3) 沈阳电

机股份有限公司在开发生产的增安型防爆无刷励磁同步电动机上采用了旋转整流器和交流励磁机，取消了集电环和电刷，该产品达到国际同类产品水平，提高了该公司电机生产的整体水平，并推动了我国电机实现无刷化的进一步发展。

试验设备手段：哈尔滨电机有限责任公司经过几年的技术攻关，初步建成了我国第一台交流励磁电机试验台。该试验台是为开发交流励磁变速运行发电机组及双馈拖动电机而建立的动模试验台。经过初步试验，达到了设计要求。南京汽轮电机（集团）有限责任公司完成了1kV级高压电机试验设备的土建工程，试验设备已进入全面安装。

主要研究工作：上海电机厂的磁性槽楔质量完善及提高、大型交流10kV级定子无溶剂整浸绝缘结构、低起动电流异步电动机研制；北京重型电机厂的真空动平衡试验转子，万向轴高速动平衡试验、J247中频焊接用感应性能试验、J247铜端环焊接试验、具有失步保护的同步电动机励磁装置的研究；江西电机有限责任公司的带有附加绕组的高压电机防晕研究，55°百叶窗制造工艺研究，高压电机中胶VIP结构、工艺应用研究；淄博牵引电机集团股份有限公司的数控真空压力浸漆成套及系统的研制，牵引电机绝缘二苯醚系列新材料及VIP新工艺的研究与应用。

新产品 1997年，哈尔滨电机有限责任公司生产了5600-12/2150型，5 600kW、6kV电动机，试制完成了YLH4500-6-4型，4 500kW、6kV交流电动机等28项新产品。东方电机股份有限公司试制的新产品主要有ZZ2500-880型2 900kW双枢直流电动机，YKK5400-4型，5 400kW新系列异步电动机，YKK710-6-W型2 100大型异步电动机和YTM650-6型，1 000kW异步电动机。北京重型电机厂新产品有T147型1 500kW及T158型400kW增安防爆无刷同步电动机，T195型800kW、6kV及T196型4 000kW、6kV同步电动机，T199型3 080kW、6kV增安型同步电动机等5项。沈阳电机股份有限公司1997年生产了1 000、3 200、4 800kW增安防爆型无刷励磁同步电动机，300MW核主泵配套用的YLST560-4型6kV、1 120kW大型立式电机。南京汽轮电机（集团）有限责任公司生产了TK3000-18/260型6、10kV，TK2800-18/2600型6kV，TK2000-20/2600型6kV，TK1000-16/2150型10kV，TK1700-14/1730型6kV等大型同步电动机。江西电机有限责任公司完成的新产品主要有YRKK450型 280kW，YKK450型 560kW，TFW1250型3 150kW大型电机。其中TFW1250型3 150kW电机主要技术指标的试验值均优于保证值，其效率值达到西门子公司IFCe水平，与发达国家同类产品相当，而其他几项产品主要性能指标均达到国际80年代同类产品先进水平。

哈尔滨电机有限责任公司生产的YKS40011型6 315kW三相异步电动机在国家技术监督局产品质量监督抽查中，检验结果综合评定为合格。东方电机股份有限公司的1 000kW高起动性能双定子高压大容量笼型异步电机获“八五”国家技术创新优秀项目奖。江西电机有限责任公司的10kV电机在省评比中荣获省名牌产品。

质量及质量管理 1997年大型电机行业各厂家在质量及质量工作方面的基本做法是：(1)坚持不懈地开展各种群众性的质量管理活动，为稳定和提高产品质量打下了坚实的基础。(2)加快了贯标和整章建制工作步伐，搞好ISO9000质量体系认证及复查工作。1997年南京汽轮电机（集团）有限责任公司通过了由中国机械工业质量体系认证中心主持的GB/T19001（ISO9001）标准质量体系认证和注册，取得了认证合格证书，取得了中国商检质量认证中心签发的注册合格证书和中国机械工业军工质量认证工作部签发的认可合格证书。江西电机有限责任公司通过了中国商检质量认证中心的审核，取得了ISO9001质量体系认证证书。淄博牵引电机集团股份有限公司取得了ISO9001质量体系认证证书。1997年哈尔滨电机有限责任公司通过了华信技术检验有限公司对该公司质量体系认证三年到期后的复评及由海军装备技术部组织的军工质量体系第二方认定。东方电机股份有限公司通过华信技术检验有限公司对该公司GB/T19001（ISO9001）《质量体系设计、开发、安装和服务的质量保证模式》质量体系认证三年到期换证复核审查。上海电机厂不仅通过了中外双方质量体系换证复审，而且完成了ZZJ800系列出口产品许可证的换证考核。北京重型电机厂通过了北京市新世纪质量认证中心的GB/T19001（ISO9001）审核认证。沈阳电机股份有限公司通过了ISO9000系列贯标认证后的复查审核。(3)质量管理工作普遍实行企业主要领导负责制和一票否决权。认真落实质量管理责任制，加大质量管理工作的奖惩力度。建立了科学严格的质量保证体系。加强工艺管理，开展工艺普查，加强重点工序控制。利用统计分析产品质量问题，制订针对性强的措施，从而保证了产品质量的稳步提高。(4)进一步强化质量教育，增强全员质量意识，坚持一手抓质量管理教育，一手抓岗位培训，使全体员工牢固地树立“质量是企业生命”的观念。(5)继续开展名牌战略，抓好产品实物质量。淄博牵引电机集团股份有限公司在公司内部质量监督和质量抽查工作中，产品质量比上年有明显提高：质量损失率，1996年为0.66%，1997年为0.3%，下降了0.36个百分点；产品等级品率，1996年为91.25%，1997年为92.5%，提高了1.25个百分点；主导产品一次性合格率，1996年为54.88%，1997年为63.82%，提高了8.92个百分点。哈尔滨电机有限责任公司1997年生产大型交直流电机43台，成品一等品率为100%，一等品产值率为98.6%。

基本建设及技术改造 1997年行业固定资产投资26 327万元，其中基本建设投资16 828万元，技术更新改造投资9 499万元。上海电机厂1997年设备更新7项，其中包括主罐直径4.8m的VIP整浸二期扩建工程收尾工作。该罐是我国目前最大的无溶剂浸漆设备,浸渍质量达到当前国际先进水平。大电机车间配备了一组联合板和一台 50t 行车，进一步提高了压装质量,解决了生产急需。沈阳电机股份有限公司投入 602 万元对 6.3m 立车、5m 双柱立车等设备进行了技术改造。南京汽轮电机(集团)有限责任公司在大型电机设计中采用 CAD 技术，增添了 4 900kN 油压机,1 568kN 冲床,增添了高压电机试验设备,电机定子蒸汽烘房。淄博牵引电机集团股份有限公司新增了 3 000 端轴划孔攻丝摇臂钻床、云母下刻机、高压电机单柱镗床、扎钢丝机等主要设备。东方电机股份有限公司铸钢分厂改造项目厂房主体工程已完成,吊车已安装完毕,电炉正在安装，预计 1988 年三季度交付使用。

对外合作 大型电机行业自 80 年代初从发达国家引进先进技术水平的产品和技术到现在，在进行消化吸收和转化以及合作生产等方面取得了许多宝贵经验,并根据国情、企业科研与生产实际,开发出技术水平高、质量好、具有国际先进水平、国产化率高的新产品，同时还开发试制出各种具有特殊技术要求和规格的产品,满足了国内外用户的需求。由于这些产品技术性能优良、高效低耗等一系列特点，深受用户欢迎,逐渐被国内用户所接受,销量不断上升。这些先进技术的引进和新产品的开发,全面推动了企业的技术进步,提高了产品的技术水平和质量，提高了我国大电机产品在国际市场上的竞争能力。1997 年哈尔滨电机有限责任公司与日本三菱公司合作生产鞍钢 1 780 轧机用电动机。江西电机有限责任公司从 BBC 公司引进异步电机电磁计算软件。

管理及改革 1997 年上海电机厂的 Y 系列(IP23)三相异步电动机(H315～H355mm)产品，ZZJ 系列轧机用辅传动直流电动机(H808～H818mm)产品获得国家进出口商品检验局颁发的出口机电产品质量许可证书。1997 年大型电机行业各企业按照市场经济发展的要求，加快了企业内部改革步伐,按照现代企业机制运作要求,进行了内部重组,明确了部门职能,对企业机构进行了必要的调整。根据企业的实际做了机构增减。逐步完善了用工及分配制度改革。定编、定员、下岗分流、科学设岗、促进人员合理流动。在分配制度改革上,全面推行标准工时定额，推行计件工资或实行项目分配等多种形式的分配方式。初步建立起单位工资总量与经济指标、员工个人收入与贡献大小双挂钩的激励约束机制，调动了广大职工的积极性。

沈阳电机厂改制为沈阳电机股份有限公司，总股为 10 760 万股，其中国家股 8 000 万股，占股份总数的 74.3%;职工内部持股会持股 1 740 万股,占股份总数的 16.2%；社会法人股 1 020 万股，占股份总数的 9.5%。南京汽轮电机厂改制为南京汽轮电机(集团)有限责任公司,江西电机厂改制为职工参股的江西电机有限责任公司，并与江西变压器厂联合组成了江南动能集团公司。山东济南发电设备厂改制为山东齐鲁电机制造有限公司。上海电机厂控股和相对控股的中外合资企业中美合资上海汽轮发电机有限公司、中德合资上海希科水电设备有限公司以及沪港合资的上海申富电机有限公司和上海东浩电机有限公司等,经过全厂职工的共同努力,汽轮发电机有限公司达到了顺利启动,成功过度,使得生产经营工作“不乱、不断”，为国有企业内部实现部分合资提供了宝贵经验。与此同时,这个厂正在探索集团公司模式的管理体制，理顺这个厂与中外合资企业、控股联营企业在经营、生产、计划、统计、人事和分配等一系列关系，向二层集团公司的管理模式迈进。

〔撰稿人:哈尔滨大电机研究所崔恩林　　审稿人:哈尔滨大电机研究所沈梁伟、李朝东〕

二、分马力电机

生产发展情况 1997 年，分马力电机行业企业生产和销售仍取得一定增长，行业的经济运行质量和经济效益比 1996 年略有提高。

据对行业 54 个企业(其中国有企业 23 个、集体企业 13 个、联营企业 2 个、股份制企业 12 个、合资企业 4 个，拥有职工 40 069 人)统计，1997 年工业总产值(不变价)35.56 亿元,销售收入 32.84 亿元,出口金额 7 420 万美元，比上年分别增长 10.88%、7.39%和 7.34%。

1997 年，实现工业总产值、销售收入、利润(或减亏)同步增长的有汕头市微电机厂、乐山市城北电器厂、中山电机电器总厂、江门市微电机公司、丹阳市第四微型电机厂、海城市三鱼泵业有限公司(原海城市水泵厂)、北京敬业电工集团、国营青峰机械厂、安徽朝阳微电机厂、浙江卧龙集团公司、上海电机(集团)公司日用电机厂、上海新星电机厂、广州微型电机厂、上海上微金辉电机有限公司、扬州市飞达电机仪表有限公司、靖江市天马电机电器厂、山西榆次市微电机厂、山东文登电机厂、东风电机厂微电机分厂、常州祥明电机有限公司等 20 个企业，占统计数的 37.7%。

1997 年，行业的亏损面和亏损额比上年有所下降，在 54 个企业中，有 15 个亏损企业，比上年下降 1.8 个百分点，亏损总金额 7 502.6 万元，比上年减少亏损 370.4 万元。然而，国有企业的亏损面及亏损额却比上年有较大幅度的增加，在 15 个亏损企业中，国有企业有 10 个，占 66.7%，亏损额 6 324.17 万元，占行业总亏损额的 84.3%，比上年分别增加 4.2 及 24.8 个百分点。可见，国有企业的严重亏损是制约行业经济运行质量和经济效益提高的主要原因。

根据国家统计局国统字〔1997〕303 号文下达的《关于改进工业经济效益评价考核指标体系的内容及实施方案》，表 3 列出了行业 1997 年各项经济指标与 1996 年的对比情况，通过对 54 个企业的考核显示，行业的总资产贡献率、资本保值增值率、资产负债率及流动资产周转率与行业标准尚有一定差距，反映出行业的经营业绩、管理水平、发展能力和从事经营活动的能力亟待加强；成本费用利润率虽未达到行业标准，但比上年提高 3.61 个百分点，扭转了行业整体亏损的态势，反映行业在降低成本上所作的努力；全员劳动生产率在 1996 年增幅较大的基础上又有所提高；产品销售率比上年下降 3.8 个百分点，但在市场紧缩的情况下，仍达到了行业标准值 96%的水平；行业经济效益综合指数虽比上年高出 3 个百分点，但仍远远低于行业标准，反映出行业整体经济运行质量不高，经济效益低下的状况。

1997 年分马力电机行业企业经济效益综合指数、单项指标及主要经济指标排序见表 4、表 5（表内星号为行业标准值）和表 6。据对 54 个企业统计，1997 年分马力电机行业产品分类产量见表 7。

表 3　1997 年与 1996 年行业经济效益指标

序号	指标名称	单位	行业标准值	1997 年行业平均值	1996 年行业平均值	同比增长值
1	总资产贡献率	%	10.7	9.88		
2	资本保值增值率	%	120	104.23		
3	资产负债率	%	≤60	74.64		
4	流动资产周转率	次	1.52	1.23	1.74	−0.51
5	成本费用利润率	%	3.71	2.22	−1.39	3.61
6	全员劳动生产率	元/人	16 500	18 358	16 033	2 325
7	产品销售率	%	96	96.54	100.34	−3.8
8	经济效益综合指数	%	100	85.46	82.39	3.07

表 4　1997 年分马力电机行业经济效益综合指数前十名企业

序号	企业名称	总资产贡献率（%）	资本保值增值率（%）	资产负债率（%）	流动资产周转率（%）	成本费用利润率（%）	全员劳动生产率（元/人）	产品销售率（%）	综合指数（%）
1	浙江卧龙集团公司	42.7	113	61.5	4.5	9.08	103 053	97.8	260.8
2	国营青峰机械厂	28.2	112	56.2	2.05	25.6	14 725	96	218
3	丹阳市第四微电机厂	44.6	104	77.9	2.61	7.64	41 154	87.3	195.2
4	上海日用电机厂	21.6	142	68.6	1.91	10.1	70 755	98	181.8
5	无锡市第二微电机厂	19.1	98	46.6	0.79	19.7	30 190	99.9	174.7
6	靖江市天马电机电器厂	28.5	142	70	2.55	8.77	30 476	98.5	171.3
7	安徽朝阳微电机厂	19.3	145.2	70.2	1.19	13.5	26 396	98.34	156.2
8	扬州飞达电机仪表公司	19.6	108.6	70.6	3.61	2.04	30 123	97.9	135.3
9	中山电机电器有限公司	21.8	156	74.9	3.77	0.8	16 254	111.4	134.2
10	江阴市电机电器厂	18.5	125	35.9	2.14	6.18	18 182	91.3	131.0

表 5　1997 年分马力电机行业经济效益单项指标前五名企业

序号	企业名称	指标值	序号	企业名称	指标值	序号	企业名称	指标值
	总资产贡献率（%）	10.7		流动资产周转率（次）	1.52		全员劳动生产率（元/人）	16 500
1	丹阳市第四微电机厂	44.6	1	浙江卧龙集团公司	4.50			
2	浙江卧龙集团公司	42.7	2	中山电机电器公司	3.77	1	浙江卧龙集团公司	103 053
3	靖江天马电机电器厂	28.5	3	扬州飞达电机仪表公司	3.61	2	上海金星三相电机有限公司	74 308
4	国营青峰机械厂	28.2						
5	中山电机电器公司	21.8	4	常州祥明电机公司	2.64	3	上海日用电机厂	70 755
	资本保值增值率（%）	120.0	5	丹阳市第四微电机厂	2.61	4	上微金辉电机公司	53 140
1	宁波电器总厂	222.0		成本费用利用率（%）	3.71	5	鹤山市电机厂	45 262
2	中山电机电器有限公司	156.0	1	国营青峰机械厂	25.6		产品销售率（%）	96.0
			2	无锡市第二微电机厂	19.7	1	南京微分电机厂	116.2
3	安徽朝阳微电机厂	145.2	3	安徽朝阳微电机厂	13.5	2	文登市电机厂	111.6
4	海城市三由泵业有限公司	144.0	4	上海上微金辉电机公司	10.8	3	中山电机电器公司	111.4
						4	白贡市微电机厂	110.6
5	上海日用电机厂、靖江市天马电机电器厂	142.0	5	上海日用电机厂	10.1	5	阳泉市电机制造公司	106.9

表 6　1997 年分马力电机行业主要经济指标前五名企业

序号	企业名称	总产值（不变价）（万元）	序号	企业名称	销售收入（万元）	序号	企业名称	利润（万元）
1	浙江卧龙集团公司	52 157	1	浙江卧龙集团公司	51 017	1	浙江卧龙集团公司	4 181
2	常州宝马集团公司	49 214	2	常州宝马集团公司	38 147	2	国营青峰机械厂	3 010
3	闽东电机集团股份有限公司	28 288	3	闽东电机集团股份有限公司	32 034	3	安徽朝阳微电机厂	1 503
						4	上海日用电机厂	1 004
4	安徽朝阳微电机厂	17 918	4	国营青峰机械厂	14 982	5	海城市三鱼泵业有限公司	640
5	上海日用电机厂	15 940	5	扬州市飞达电机仪表公司	14 075			

表 7　1997 年分马力电机行业产品分类产量

产品名称	产　量（万台）	比上年增长％
单、三相交流异步电动机	798.79	−20.8
空调器、冰箱用电机	392.8	−6.0
洗衣机（含脱水）电机	171.80	21.8
吸油器、换气扇、风扇电机	8.23	52.4
泵用电机	64.84	19.3
离合器电机	25.89	−21.8
同步电动机	2.60	−7.1
直流电动机	392.1	411.0
交直流两用电动机	54.73	46.0
串励电动机	130.56	12.0
其他电机（步进电机、面包机电机、电动工具等）	231.96	−57.3
合计	2 274.30	−6.7

市场及销售　1997 年，分马力电机行业通过调整产品结构及市场结构，加强销售管理及资金的回笼，克服了由于国家宏观调控及市场有效需求不足的影响，行业产品销售率平均为 96.54％，产销基本保持平衡。

分马力电机多为主机配套产品，由于压缩基本建设投资后，市场对分马力电机产品的需求相应减少。据对 54 个企业统计总产量 2 274.30 万台，比上年下降 6.7％，其中标准系列单、三相异步电动机产量降幅较大，比上年减少 200 余万台，下降 20.8％。

浙江卧龙集团公司针对市场经济深入发展及市场拓展愈来愈艰难的新情况，组织中层干部开展市场调研及蹲点帮片活动，组织营销工作的对口交流，总结和分析营销工作的成功经验及失误教训，加大营销管理体系的改革力度，努力开拓国内、国际两个市场，生产和经营以及经济效益始终位于行业前列，保持了企业持续稳定发展的势头。

上海日用电机厂站在“市场导向，导向市场”的高度，在吸收、消化国外先进技术的基础上，不断抓新产品开发，拓展市场占有率，其为国家八大轿车生产基地配套的各类散热器风扇的市场占有率高达 70％。该厂以求生存、求发展的战略眼光，主动把扩大出口同转变经济增长方式、摆脱国内市场波动影响、求得国际大市场密切联系起来，在国际维修市场站稳了脚跟。

海城市三鱼泵业有限公司是以微型泵为主导产品的生产企业，他们瞄准农村市场，努力做好为农民服务，多年来，以“面向民众，选准市场；步步为营，占领市场；诚信为本，巩固市场”的策略，使之成为国内生产机泵一体产品的最大企业，其产销量及经济效益位居通用泵行业的首位。

安徽朝阳微电机厂在 1997 年加快市场结构调整，以灵活多变的营销策略，贯彻“让利不让市场，让利不让资金”的方针，对发货及资金回笼采取了全方位控制，随时把握资本的运转状态，加快货款回笼，提高了资金的运行质量，同时在价格、质量、服务这三大市场竞争要素上狠下功夫，扩大市场覆盖面，目前该厂产品的市场覆盖达全国 28 个省市、直接用户 1 600 多个。

分马力电机产品出口呈现出逐年增长的势头，1997 年，22 个企业的产品出口金额 7 420 万美元，比上年增长 7.34％。

各种产品的出口数量和金额详见表 8。表 9 列出了 1997 年分马力电机行业企业出口额排序。

表 8　1997 年分马力电机行业出口产品产量和出口金额

主要类别产品	出口量（万台）	出口金额（万美元）
交流异步电动机	111.95	2 609.8
空调器风扇电机	53.90	889.0
洗衣机电机	0.98	9.0
泵用电机	6.07	121.1
直流电动机	16.97	279.2
交直流两用电动机	18.45	27.4
串励电动机	137.91	343.0
其他	521.52	3 040.6

表 9　1997 年 22 个生产企业出口额

序号	企业名称	出口额（万美元）	比上年增长%	主要产品
1	扬州飞达电机仪表公司	1 633	29.6	异步电动机、电动工具电机
2	常州宝马集团公司	1 232	−29.5	交流电机、步进电机、直流电机
3	闽东电机集团股份有限公司	829	9.0	分马力电机、泵用电机
4	中山电机电器有限公司	666	11.4	面包机电机、罩极电机
5	浙江卧龙集团公司	499	−11.8	电动机
6	芜湖电机厂	477	−9.8	离合器电机
7	鹤山市电机厂	340	120.5	空调用电机
8	宁波电器总厂	333.4	/	空调用电机
9	广东肇庆电机有限公司	282	−4.7	串励电机
10	安徽朝阳微电机厂	250	142.7	分马力电机
11	上海金星三相电机有限公司	215.6	1.7	空调用电机
12	青峰机械厂	181	/	音像电机
13	石家庄中威电机厂	111	/	分马力电机
14	荣城微电机厂	96	−88.5	异步电机
15	贵阳电机厂	70	−73.0	食品搅拌电机、洗衣机电机
16	上海日用电机厂	50.71	5.1	汽车用散热器风扇电机
17	北京敬业电工集团	46.39	28.0	微分电机
18	奉化微电机厂	45.1	−67.1	分马力电机
19	江门微电机公司	27.4	70.5	交直流两用电动机
20	玉林市电机厂	20.0	/	电机端盖、机座
21	肇庆市春蕾电机厂	12.45	99.4	泵用电机
22	东风电机厂微电机分厂	1.67	/	小功率电机

新技术及新产品　上海日用电机厂不断依靠科技创新、开发高科技含量、高附加值产品，实现产品升级换代，取得了上海大众 2U-QS 发动机散热器风扇总成的独家配套任务，经初步测算，仅此项新品开发，在 1998 年即可新增产值 3 300 万元，至 2000 年可新增产值 1 亿元，成为该厂以后连续几年新的经济增长点。该厂 1997 年共开发并形成批量生产的新产品共 14 项（其中出口 10 项），新增新产品产值率 26%，比上年增长 9.8 个百分点。

浙江卧龙集团公司近几年能连续保持稳定发展的势头，在行业中脱颖而出，其重要原因之一就是积极推进科技进步和加快了新产品开发步伐。在 1997 年，该公司列入省级新产品 7 个，国家级重点产品 1 个。其中钕铁硼高性能摩托车电机获得了国家重点新产品称号；电动自行车电机通过了省级鉴定，已投入大批量生产；同时试制成功了电动三轮车和电动摩托车电机、GG-125、GY6 两种摩托车磁电机及 FFW2 无刷发电机。该公司的 QD 摩托车起动电机获得了省科技成果二等奖，低噪声塑封电机获得了星火二等奖。

安徽朝阳微电机厂研制开发了光机电一体化的全自动窗帘器，该产品集机械、电子、电机、微控制器、自动控制等综合技术，具有智能化和多种保护功能，已获准申请四项专利。1997 年，在标准系列电机需求减少的情况下，许多企业及时调整产品结构，积极开发专用电机产品，如开平微电机厂的自动卷闸门电机、自动加油泵；闽东电机（集团）公司的擦皮鞋电机、食物残渣处理机；荣成微电机厂的磨筛一体式磨粉机；许昌微电机厂的液压推动器电机、血流泵电机；湖南油泵电机总厂的齿轮输油泵等，都是根据市场需求，为满足用户特殊要求而开发的产品。

质量及质量管理　1997 年，中国电工产品认证委员会分马力电机检测站继续把安全认证作为重点工作，共对 65 个分马力电机企业进行认证前的工厂审查；完成 55 个企业 71 个单元的型式认可试验、64 个企业 97 个单元的一致性试验、14 个企业 23 个单元的延证检验及 186 个企业的监督复查工作。

海城市三鱼泵业有限公司提出了公司各项管理工作必须有利于提高产品质量，有利于提高经济效益，有利于减轻工人劳动负担的三项原则。为明确质量责任，树立质量第一意识，该公司在稳步提高现有产品质量的基础上，采取了“质量档案”的规范管理，使每台出厂的产品，都具有从半成品生产、装配到成品经销、维修服务的档案记录，真正做到了“人人想质量，处处讲质量，时时抓质量”，以第一流的工作保证第一流的产品。由于长年执着追求产品的高质量，其三鱼牌产品获得了用户的信赖，1997 年获农业部优质产品奖。

上海日用电机厂严密控制外协外购件质量，做到定点采购，实施送检，附自检报告和赔偿制度，1997年因外协外购产品的质量问题索赔金额近2.4万元，避免了企业的多余损失。同时对供应商进行评审，对屡次发生质量事故的轴承、弹簧夹、电刷弹簧，磁瓦等外协外购件进行跟踪，督促供应商攻关，满足了生产和开发新产品的需求。

广东肇庆电机有限公司实现了质量观念的四个转变，即从质量是业务的观念转变为质量是道德的观念，从小质量观念转变为大质量观念，从速度观念转变为效益观念，从上下工序配套观念转为用户观念。该公司重视抓好关键工序的质量和外购外协件的质量，强调全过程的质量控制，认真执行质量一票否决制度，使1997年的产品质量水平又有的提高，机加工一次合格率及装配一次合格率均稳定在98%以上。

南京微分电机厂重视质量意识教育，抓好现场质量管理，加强产品质量跟踪，推行质量赔偿制度，并对7个主机厂作出了“质量承诺”。

1997年，宁波电器总厂、常州祥明电机有限公司、扬州市飞达电机仪表公司、贵阳电机厂、靖江市天马电机电器厂、北京敬业电工集团等出口电机企业通过了GB/T9000（ISO9000）质量体系认证。

基本建设及技术改造 行业54个企业在1997年固定资产投资总额1.33亿元，其中基本建设投资2 916万元，技术改造投资1.04亿元。

上海日用电机厂为全国轿车配套散热器总成“双加”工程技改项目于1997年12月顺利通过了上海市经委的验收。该厂在致力于高起点、高品位、专业化、上规模的基础上，结合企业的实际生产能力和设备利用情况，注重投资合理性和投资回报率，根据市场及产品变化，两次调整投资总额，将原8 258万元的总投资额压缩至4 250万元（其中1997年完成投资2 166万元）。该项目达纲后可新增45万台（套）轿车散热器风扇总成的生产能力，新增销售收入11 022万元。做到了纲领不少、投资减少、时间不超的实施要求，受到了有关方面专家的高度赞扬。

贵阳电机厂在1997年完成“九五”“双加”工程项目投资1 400万元（总投资2 900万元），项目竣工后可新增车用电机30万台。浙江卧龙集团公司全年技改投资3 020万元，其中500万元用于塑封电机产品，使其年产量由30万台提高到50万台的生产能力，可新增产值2 000万元，利税300万元；此外为电动自行车电机投资1 000万元，增添设备及场地改造，可新增产值5 000万元，利税600万元。国营青峰机械厂正在建设空调器风扇电机生产线，1997年已投1 210万元（总投资2 940万元）。江苏泰航电器有限公司正在建设年产100万台无氟冰箱压缩机的技改项目，计划总投资2 975万元。靖江市天马电机电器厂投入280万台，增加了两条半自动嵌线生产流水线，可新增产值2 000万元，增加利润100万元。上海金星三相电机有限公司投入320万元，为窗机、柜机、顶机及水泵电机增添设备，增加电机产量10万台、产值1 500万元、利润80万元。闽东电机（集团）公司为提高产品的加工能力、工艺水平、外观质量及检测水平投资687万元，满足了生产需要，发挥了良好的经济效益。

管理及改革 加快推进企业的经济制度改革，积极探索公有制实现形式，通过改革、改组、改造和加强管理，逐步建立现代企业制度。这是当前企业经济体制改革的重大任务，行业众多企业正朝着这个目标迈进。北京敬业电工集团积极探索企业各种改革途径，努力探索实现集团法人投资主体多元化，构建北京敬业电工集团有限责任公司，寻求资产重组，体制创新，实现国有企业低成本扩张的发展渠道。同时不断加大企业内部改革的力度，力求实现企业资源的优化配置，劳动用工机制、分配机制的不断创新，增强企业的市场竞争和国有资本的控制力，提高资本运行质量和效率。浙江卧龙集团公司深化内部股份制改革取得了突破性进展，成功地进行了第四次内部股份制改革，通过扩股增资，进一步明晰了产权，优化了股权结构，为组建上市股份有限公司进行了一系列的准备工作。山东荣成微电机厂、江阴市电机电器厂、扬州市飞达电机仪表有限公司等改制为股份合作制企业。吸纳资金，为企业扩大再生产及资金周转提供了有利条件。

企业通过改制，充分调动了领导班子和职工群众的积极性，为企业的发展注入了新的活力和动力。海城市三鱼泵业有限公司实行股份合作制的四年多来，企业发生了巨大变化，企业的发展超过了改制前的20年，固定资产增加4倍多，生产规模、生产效率和经济效益成倍增长，由一个名不见经传的乡镇小厂，一跃成为水泵行业之首。由原上海微型电机厂通过转制改革、资产重组后成为上海金陵股份公司全资子公司的上海上微金辉电机有限公司，通过转换机制，减员增效，盘活了企业，在生产、资金、管理等各方面都步入了良性循环，资产逐年增长，1997年工业全员劳动生产率达53 140元/人，人均利润2万元。石家庄中威电机厂（原石家庄市电机厂）消除破产带来的负面影响，通过内部机制改革，合理调整生产布局，精简机构，减员增效，使企业顺利启动，实现了再生后的平稳过渡，取得了启动当年扭亏为盈的成绩，1997年实现利税104万元，比破产前的1995年、1996年分别减亏1 100万元和1 500万元，迈出了可喜的第一步。

切实加强企业管理，向管理要效益，已越来越被广大企业所重视。1997年是上海日用电机厂的“管理年”，在以提高企业经济效益为目的，强化企业科学管理上有新的突破，在思想观念、管理方法和管理手段上，真正把企业管理视为企业效益的新增长点。该厂在1997年分别获得了上海大众及一汽大众供货质量A级企业，通过ISO9001认证的证后复查、一汽集团的质量能力评审、通惠开利及万众国际空调公司的供应商评估以及上海市高新技术企业的认定复查，并获得了上海市最佳工业企业形象单位、上海市用户满意企业，其产品获1997年上海市名牌产品等荣誉称号。

在资金管理上，许多企业注重提高资金的利用和经济运行质量，通过理库、压库，利用和处理积压物资，盘活资金。广东肇庆电机有限公司强化以销定产的计划管理，尽量减少不必要的库存增量，使在制品及在途数分别减少26%和23%，同时尽力还贷减息，1997年减少债务350万元，月平均付息减少3万元，企业的资产负债率由年初的53%降至47%。上海日用电机厂重视财务的预测与控制，经济运行质量明显提高，全年还贷1 130万元，消化1 930万元，利润仍达1 004.56万元，资产负债率由年初的77.7%下降为70.3%，资产保值增值率高达43.3%，成为高成长性企业。石家庄中威电机厂通过学邯钢，抓管理，挖潜增效，节支降耗，1997年共实现效益53.5万元，管理费用比1995年下降13.4%，取得了显著成效。奉化微型电机厂节约挖潜，充分利用积压物资，盘活资金150多万元，缓解了生产资金的困难。

〔撰稿人：广州电器科学研究所董永良　审稿人：广州电器科学研究所赖　静〕

三、微电机

生产发展情况　1997年微电机行业依然呈现较好的发展形势，其主要标志是：(1)生产向集约化、规模化进一步发展，产量稳定提高。1997年行业生产企业销售收入超亿元的企业有14个，其中国有企业6个，集体企业2个，联营企业1个、“三资”企业5个。微电机行业产值前六名企业分别是万宝至马达大连有限公司8亿元，珠海三美电机有限公司7亿元，天津三星电机有限公司4.5亿元，日本电产大连公司4亿元，山东金龙企业集团3.5亿元，常州宝马集团3亿元。产值超亿元的还有博山电机厂、北京敬业集团和浙江卧龙集团公司等。年产量过千万台的企业有：万宝至马达大连公司2亿台，万宝至马达香港公司设在广东东莞的5个工厂超过5亿台(大部分是性能低、价格廉的微型直流电机)。珠海三美电机厂2 500万台，东莞富弘电机厂1 500万台，常州宝马集团和金龙企业集团1 000万台。这些企业产量占国内微电机总量一半以上，说明我国微电机生产已逐步形成规模经济。(2)家电、车辆、办公和视听设备用微电机市场稳定，从而促成微电机生产的良好态势。家电用微电机数量最多，达亿台以上；办公和视听设备用量近亿台，例如我国VCD年生产1 000万台上下，每台用电机3台，年需微电机3 000万台，据不完全统计，国内微电机年产量10亿台以上，但大部分产品出口或通过香港转口。如万宝至马达香港公司设在广东的5个工厂年产各种廉价直流微型电机5亿台，全部出口。东莞富弘电机、中山大洋电机等公司，产品90%以上出口或转口。(3)国有企业在深化改革中逐步出现分化。一部分企业由于改制早，开始出现好的势头。例如原上海微型电机厂由金陵公司收购改制后，分为三个独立经营的小企业，人数减少一半，负担减轻，轻装上阵，体制创新，1997年产值超亿元，走上良性循环的道路。博山电机厂股份有限公司、上海仪表电机厂等企业，也基本理顺关系，生产经营形势不错。但也有部分企业步履为艰。(4)微电机配套能力明显增强。主要特点是配套企业专业化水平提高、生产成本降低、质量稳定。目前在转轴、轴承、换向器、电刷、冲片等配套方面，都有很强的能力，大大促进了微电机的规模化生产。(5)电动自行车形成热潮，促进了自行车电机的生产发展。电动自行车在经历了十几年的徘徊后，由于控制城市污染提到日程以及影响其发展的几大关键技术已获突破而终于在1997年形成发展热点。一年多的时间，开发厂家从20多个一下子发展到百余个，而且已进入实质性的开发阶段，从而使得配套电机得以开发研究。桂林电器科学研究所引进美国印制电机生产技术和生产线，1997年生产1万台，市场反映不错。浙江卧龙集团开发了3种功率等级的无刷电机(120、130、500W)，并通过了省级鉴定。上海科联电动车船公司研制出输出功率350W的钕铁硼永磁电机。国内开发电动助力车电机的单位还有天津航空机电公司、南京大地公司、内蒙古一机厂、西安微电机厂等。

新技术、科研成果及新产品　1997年，西安微电机研究所承担的国家“八五”科技攻关项目——无刷伺服数字控制系统通过国家科学委员会组织的鉴定。总体技术指标达到国内先进水平。

华能特种电机发展公司开发了110SN-C03、160SN-C01、245SN21等多种新产品。

无锡洛社微特电机厂在永磁同步电机稳定生产的基础上，1997年又先后开发了制酒机电机、分币机电机等多种直流电机。

卧龙集团公司电机研究所根据空调器采用变频技术，向智能化方向发展的趋势，积极开发变频空调用的无刷直流电机，经过4个月的科技攻关，研制了两种不同控制模式和结构的无刷电机，即ZWXK-20-4直流无刷塑封电机和ZWTK1-8直流无刷钢壳电机，为推动我国变频空调零部件国产化起到积极作用。

内蒙古一机厂蒙龙公司开发的DY-100型铁氧体摩托车起动电机1997年通过洛阳北方易初公司的技术鉴定，各项技术指标均达到国内产品标准。DY-100型电机是继稀土永磁摩托车起动电机后开发的又一新产品，具有成本低、体积小、重量轻和性能优等特点。该电机的性能如表10所示。

包头市永磁电机研究所是生产永磁直流微特电机的开发型科研机构，几年来获国家专利13项，1997年完成了电动大客车用75kW稀土永磁直流电机的研制工作，用户验收满意，使用良好；还完成了3.7kW稀土永磁小惯量宽调速电机样机的研制，满足了国防科研项目的需要。该所1997年中试新产品共计1 200多台(套)，创收106万元，人均创收3万元。北京敬业集团1997年经局级、厂级鉴定和国外验收的新产品、新工艺装备15项，完成样机试制2项，新产品销售收入达2 200万元。

表 10　内蒙古一机厂生产的摩托车起动电机的性能

状态	电压（V）	电流（A）	转速（r/min）	转矩（N・m）	主机名称
空载	11.67	<15	>1 500	—	太阳 90、100 摩托车
负载	10.32	<45	>1 350	1.37	
堵转	5.67	<150	—	>5.0	
空载	11.5	<20	>10 000	—	嘉陵 125 摩托车
负载	9.5	<70	>6 500	0.4	
堵转	7.0	<145	—	>0.9	
空载	11.5	<31	>10 800	—	长春铃木 GS125/150 摩托车
负载	10.0	<70	>7 900	0.294	
堵转	3.2	<300		>1.27	

质量及质量管理　1997 年第三季度国家微电机质检中心受国家技术监督局委托，对无刷直流电动机进行了监督抽查。这次共抽查了 15 个企业，占全国生产无刷直流电机厂家的近三分之一。共抽查了 15 种产品，合格 12 种，抽样合格率为 80%。合格的企业分别是：天津安全电机有限公司、成都电机厂、包头市永磁电机研究所、湖南仪器仪表总厂微型电机厂、深圳发发实业股份有限公司、桂林凯杰印刷电机公司、博山电机厂、上海仪表电机厂、宁波凯利斯电器有限公司、上海上微金丽电机有限公司和华能特种电机有限公司。按企业类型划分，本次抽查了 5 个国有企业的 5 种产品，合格率为 100%；4 个合资企业的 4 种产品，合格 3 种，合格率为 75%；1 个私营企业的 1 种产品，合格率为零；4 个股份制企业的 4 种产品，合格率 100%；1 个集体企业的 1 种产品，合格率为零。

本次抽查的特点是：(1) 国有、股份制、“三资”、集体、私营企业的产品抽样合格率呈递减排列。(2) 集体、私营企业的产品合格率依然偏低。(3) 抽样合格率比 1996 年提高了 13.3 个百分点。抽样合格率提高的原因首先是国有企业的市场和质量意识进一步提高。二是合资企业、股份制企业重视产品的规模化和系列化生产，采用先进的工艺手段，非常重视外观质量和表面处理。如桂林凯杰印刷电机公司引进美国生产线，具有年产 40 万台的生产能力。深圳发发实业股份有限公司年产电机 350 万台的生产线，由于产品单一，多数是在同一品种情况下发展系列产品，流水线作业，关键工序检验，利用统计中的检验方法获得信息，改进完善产品质量，使产品达到较高的合格率。宁波凯利斯公司通过攻关和改进工艺，产品噪声比同类产品降低了 10dB。三是通过建立和实施质量保证体系不断提高产品的质量。如博山电机厂、上海上微金丽电机有限公司正式向机械工业部质量认证体系中心申请了体系认证。1997 年北京敬业集团和常州东龙电机有限公司通过 ISO9000 质量体系认证。四是历次抽查中最易出现的安装尺寸超差现象本次大为减少，由 1996 年的 44%下降到 1997 年的 13.3%。说明国家监督抽查对促进企业提高产品质量确实起到了促进的作用。

通过产品抽查暴露出的主要质量问题及其原因：(1) 由于国有企业经济效益下降，人才流失，造成管理工作不连续、管理难度加大，使产品质量难以控制，突出的问题是数据离散性偏大。(2) 产品技术标准不规范，个别企业技术标准既不注明参照标准，也不注明检测条件和试验方法，忽视了产品技术条件对控制产品质量的重要作用。(3) 库存产品缺乏必要的监控和检查。(4) 个别企业技术力量薄弱，检验手段不全。如一个企业抽查 5 台样机有 2 台绝缘介电强度击穿，一个企业 20 种样机有 12 台噪声超标。

闽东电机三厂是闽东电机集团的小功率电机专业生产厂。该厂把质量和创名牌工作一直作为主要工作来抓。(1) 建立健全质量体系，严格按 ISO9002 体系进行。1997 年组织了两次全面内部质量体系考核。(2) 加强培训，强化职工市场竞争意识和名牌意识。(3) 1997 年开展了声势浩大的“创文明工艺、树三厂形象”活动，推行文明工艺操作。(4) 加强质量监督和考核工作。(5) 把好产品质量关，打好产品名牌战，让“闽东电机”这块品牌进入千家万户，提出“按程序管理、使质量受控、创一流产品、令顾客满意”的质量方针。例如同其长期合作的美国一家公司，以前每批产品出厂前都要由美方亲自检验，现在他们全年实行免检。

锡山市洛社微特电机厂在质量管理中以“质量、信誉、服务”为宗旨，领导认识正确，通过与名牌公司配套创建自己的名牌产品，如今又开始将天马牌推向国际市场。该厂 1997 年先后通过了美国 UL、德国 TUV、欧共体 CE 等产品安全认证，取得了走向国际市场的通行证。

1997 年由西安微电机研究所负责制定的《直流伺服—测速机组通用规范》和《稳速直流电动机通用规范》两项国军标在西安召开起草会，11 个单位的 19 名代表参加了起草会。

技术改造　汽车工业的发展促进了汽车零部件工业的生产。1997 年，中美合资上海 ITT 汽车有限公司一期工程投资 2 998 万美元，由上海实业交通电器有限公司和美国全球最大的汽车零部件生产企业 ITT 公司合资组建。一期工程的设计纲领为年产 340 万台车用微电机，这是目前国内最大的汽车微电机生产基地。1997 年成都华川电装品总厂建成的车用电机生产、检测生产线投入使用。湖北神电汽车电机股份有限公司是目前国内规模最大的轻型轿车电机生产基地，“八五”期间进入国家第一批“双加”工程，投资1亿多元技术改造并引进国外电机技术，目前除供给桑塔那轿车外，还为其他国产轿车配套。“八五”期间，神电公司将投入2.4亿元，到2000年形成年产130万套汽车电机的生产能力，力争产值达到10亿元，利税2亿元，出口创汇500万美元。

长春第一光学仪器厂总投资1 000万元，1997年建成我国编码器工程中试基地并通过鉴定验收。这一项目是国家经贸委技术创新计划项目。中试基地设备技术先进，为我国编码器产品科技成果实现商品化、产业化提供了重要条件。

西安微电机研究所于1994年启动的测速发电机生产线，在国防科工委、电子工业部、机械工业部的大力支持下，1997年通过中国军用电子元器件监督检查机构的现场审查认证。

包头市永磁电机研究所1997年完成投资100万元，迁入包头稀土高新技术开发区，完成厂房、基建和搬迁工作。

管理及改革 (1)1997年4月中国电器工业协会微电机分会在福建福安召开了三届一次理事会，共16个单位28名代表出席。会议就微电机的发展及对策、1997～1998年度工作计划作了报告、座谈和研讨。福建万达电机有限公司等单位就开展“三大战役”、努力开拓两个市场，提高经济效益等介绍了经验。

(2)1997年6月11～13日，西安微电机研究所和机械工业微电机科技情报网在江苏张家港市召开了全国微电机信息报告会暨情报网25周年网庆，80个单位120余名代表参加了会议。

(3) 1997年10月22～25日，中国电器工业协会微电机分会在杭州召开了1997全国微电机暨制造设备、配套件秋季展销恳谈会共有107个单位180余人参会。会议除新品展销外，还针对当前微电机热点问题进行专题报告。

(4)应西安微电机研究所莫会成所长的邀请，俄罗斯全俄小电机设计与工艺科学研究所所长及其科学技术助手于1997年9月5～27日对西安微电机研究所进行了访问。访问期间，两国学者就微电机标准、工艺和试验等问题进行了详细讨论和交流，还就个别技术专题作了技术报告。

〔撰稿人：西安微电机研究所滕正文〕

四、防爆电机

生产发展情况 1997年全国生产制造防爆电动机的企业约有60余个，分别隶属于机械、煤炭和乡镇企业系统。防爆电机行业的这些企业绝大多数不仅生产防爆电机产品，而且还生产经营其他品种的产品。据对机械系统和乡镇企业系统的防爆电机行业36个企业的统计，企业按产品防爆类型分类构成情况为：约有89.2%的企业生产隔爆型电动机(主要是YB及其派生系列)，只生产增安型电动机(YA及其派生系列)的企业占11.1%，兼生产隔爆型和增安型电动机的企业为14%。

1997年全行业在市场竞争激烈、资金严重短缺的情况下，生产经营比较困难，经济运行质量不高，经济效益低。据对36个企业统计，全行业防爆电机产量约232.87万kW，比上年增长17.7%；实现工业总产值约4.38亿元（不变价），比上年减少1.1%。在这36个企业中有10个企业亏损，占统计数的27.8%，比上年高出2.2个百分点，总亏损额达2 437万元，但比上年减亏1 174万元。10个亏损企业中有9个是国有企业，占亏损企业数的90%；亏损额1 735万元，占总亏损额的71.2%。从总体来看，防爆电机行业中国有企业亏损比较严重。

产品分类产量 目前防爆电机行业主要产品可分为四大类，即YB系列隔爆型三相异步电动机，YA系列增安型三相异步电动机，专用电机（如YBK系列煤矿用隔爆型电动机、YBGB系列管道泵用隔爆型电动机、YBQO系列高起动隔爆型电动机、YBT系列局部扇风机、YBF系列风机用隔爆型电动机、YAF系列风机用增安型电动机、YBZD系列隔爆型振动源电动机、YBLT系列里米托克阀门电动装置用隔爆型电动机、YBI系列装岩机用隔爆型电动机、YBJ系列绞车用隔爆型电动机、YBY系列运输机用隔爆型电动机、YBB系列耙斗装岩机用隔爆型电动机、YBC系列采煤机用隔爆型电动机、DSB系列矿用电机、TAKW系列增安型无刷励磁同步电动机等)，以及其他防爆类型的电机（如无火花型“n”、正压型“p”、粉尘防爆电机等)。据对36个企业的统计，1997年防爆电机行业产品分类及产量见表11。

表11 各类防爆电机产量情况

产品名称	产量（MW）	比上年增长%
YB系列电动机	1 802	30.9
YA系列电动机	183	78.9
专用电机及其他防爆类型电动机	344	−31.6

市场及销售 1997年防爆电机产品受主机厂不景气状况的影响，市场疲软，产品销售仍较困难，资金紧张，防爆电机价格一降再降，市场竞争异常激烈。在此情况下，防爆电机行业各个企业外抓市场，内抓管理，努力降低产品成本，提高产品质量，树立“用户第一”的观念，提高企业信誉。同时改善策略，扩大销售队伍，增加销售网点，销售工作注意做好售前、售中、售后服务。有些企业在产品销售方面公开向社会提出产品质量承诺。据对36个企业的统计，全行业防爆电机销售量为21 205MW，比上年增长6.6个百分点。1997年防爆电机产量出口量较少，仅有南阳防爆电机厂和佳木斯电机厂共计出口防爆电机7 717kW，出口额为3.14万美元。防爆电机行业企业防爆电机产品产量、销售量前十名排序情况见表12。

表 12　1997 年防爆电机行业产、销量前十名企业

序号	企业名称	产　量 (kW)	销售量 (kW)	产值（不变价）(万元)
1	南阳防爆电机厂	497 008	511 034	9 922
2	佳木斯电机厂	335 590	333 329	8 317
3	江苏省安达防爆机电集团有限公司	210 000	215 000	5 500
4	南通电机制造有限公司	126 722	124 500	2 098
5	山西防爆电机厂	114 400	123 600	1 932
6	上海电机（集团）公司五一电机厂	106 852	103 091	1 899
7	岳阳特种电机厂	99 650	99 650	1 760
8	沈阳防爆电机总厂	89 260	91 400	1 418
9	河北防爆电机厂	88 814	87 321	1 779
10	江阴市伊马机电有限公司	55 689	49 087	1 549

新技术及科研成果　1997 年，南阳防爆电机厂生产的 YAKS900-1-18 增安型电动机被列为国家级火炬计划，TAKW3600-20/2600 无刷励磁同步电机的研制被列为河南省攻关计划，围绕着 TAKW3600-20/2600 电机研制，进行了试验线路及大型试验站改造，确保满压起动试验。针对出口电机生产，采用了树脂砂以及其他一些先进工艺，通过采用这些工艺措施，提高了产品外观质量，降低了噪声，提高了电机效率。佳木斯电机厂研制出大型专用键槽铣床，解决了键槽对称度超差的质量问题，还攻克了大型电机两端止口同轴度超差的问题，实现了两端止口一次加工的工艺方法，降低了电机的振动值。

新产品　YB2 系列隔爆型三相异步电动机是由南阳防爆电气研究所按照机械工业部对开发防爆电机新系列产品的指示精神，组织防爆电机行业骨干重点企业设计、工艺、标准等方面有关专家，对 YB 系列隔爆型电动机更新换代有关事宜进行专项研讨，并组成联合设计工作组联合设计的 YB 系列隔爆三相异步电动机的更新换代产品，到 1997 年 9 月，YB2 系列隔爆型三相异步电动机矿用（dⅠ）、工厂用（dⅡ）电动机均已分别通过了由煤炭工业部和机械工业部组织的设计定型鉴定，可以投入小批量生产。该系列电机设计合理，工艺可行，性能先进，产品整体水平达到了 90 年代初国际同类产品先进水平。产品型号有 YB2　63～355，效率平均值为 86.46%，功率因素平均值为 0.829 6，在实际运行效率与 YB 系列电动机相当的情况下，有效材料成本节约 14.4%。YB2 系列电机轴贯通部分的重要隔爆参数 m.K 值均由设计计算得到保证，提高了防爆安全性能。

YB2 系列电机全面贯彻了 IEC 标准和国内有关标准，特别是功率等级和安装尺寸符合 IEC 标准，其对应关系与 YB 系列电机、Y2 系列电动机相同，与先进工业国家德国 DIN42673 标准基本一致，这样既有利于企业生产，也有利于出口和引进设备的备品、备件以及用户选型。

防爆电机行业中已生产 YB2 系列隔爆型三相异步电动机的企业有：南阳防爆电机厂、佳木斯电机厂、沈阳防爆电机总厂、山西防爆电机厂、河北防爆电机厂、上海五一电机厂、山东防爆电机厂、南通电机制造有限公司、重庆特种电机厂、郴州防爆电机厂、江阴市伊马机电有限公司、皖南电机股份有限公司、江西防爆电机厂、浙江浦东电机有限公司等。

质量及质量管理　国家防爆电气产品质量监督检验测试中心于 1997 年 11 月和 12 月分别顺利通过国家实验室、计量认证、质检中心三合一评审和国家商检实验室评审。围绕国家实验室和商检实验室验收，国家防爆电气产品质检中心 1997 年度严格按照 CNACL201—91《实验室认可准则》的要求，新编制了《质量手册》，并制订了“实验室验收达标准备计划”、“仪器设备更新、改造计划”以及人员培训计划，保障了两个实验室验收的顺利通过。通过验收后的质检中心在组织机构、检测水平、检测质量、仪器设备、人员素质以及环境条件等方面都提高到一个新的水平。

1997 年，南阳防爆电机厂、佳木斯电机厂、浙江卧龙集团公司通过了质量体系认证机构对取得的 ISO9001 质量体系认证的复审；佳木斯电机厂的 YB80～280 隔爆型电动机通过了机械工业部优等品评定，局部扇风机、YB315～355 隔爆型电机通过了部一等品评定；上海五一电机厂取得了 ISO9001 国际标准质量体系和出口产品生产企业质量体系认证；皖南电机股份有限公司通过了国家进出口商品检验局 ISO9001 国际标准质量体系认证。天津大明电机股份公司获得挪威船级社颁发的 DNV ISO9001 质量体系认证证书，产品一等品率达 98%，电机安全性能合格率达 100%

国家目前颁布的防爆电机产品标准，大部分已等效采用国际电工委员会标准；防爆电机行业主导产品 YB 系列隔爆型电动机以及引进的高压防爆电动机均采用了国际标准。

基本建设及技术改造　统计的防爆电机行业的 36 个企业中有 11 个企业进行了固定资产投资，投资总额 7 277 万元，其中基本建设投资为 1 832 万元，技术改造投资 5 445 万元。

南阳防爆电机厂1997年完成固定资产投资1 932万元，其中技术改造投资1 132万元用于国家重点技改项目，其中两项正在实施：一是为三大化工配套防爆电机项目（总投资将达2 800万元）；二是节能千伏级高滑差扩建项目，预计技改项目完成后，将创造良好的社会经济效益。安徽皖南电机股份有限公司固定资产投资468万元，项目土建工程于1997年6月通过验收，已交付使用，为该厂扩大产品品种提供了保证。上海五一电机厂投资161.8万元，针对厂内生产现状，调整了一条喷漆作业路线，以较少的资金投入完成该项目的技术改造，减少了电机往返运输，提高了场地利用率和产品质量。江阴市伊马机电有限公司投入资金200万元，新建造厂房600m² 并购置几十台（套）设备，扩大了生产能力。

为考核防爆电机产品的可靠性，提高我国防爆电机产品的内在质量及在国际市场上的竞争力，南阳防爆电气研究所为国家防爆电气产品质检中心自行设计，投资180余万元资金筹建了防爆电机可靠性试验室，已完成设备安装，将于1998年投入使用。

对外合作 1997年，联邦德国物理研究院(PTB)、挪威电工产品认证研究院（NEMKO）的专家及美国通用电气公司、澳大利亚蓬勃公司等企业的代表先后来南阳防爆电气研究所和防爆电气产品质检中心参观和进行技术交流，其中与NEMKO的合作业务正在稳步发展，与PTB检验认证合作取得了重大进展。通过几年来双方的相互合作与交流，德国联邦物理研究院(PTB)于1997年10月发表了认可中国防爆电气产品质检中心试验室对各类防爆电气设备所出具的试验数据的具备忘录，PTB认为该质检中心有能力按照国际IEC标准和欧洲CENELEC标准对爆炸性环境用防爆电气设备进行试验，且还认为该质检中心具备完整有效的质保体系，同意中国制造厂在申办PTB证书时可以通过质检中心进行申请，有关试验可在质检中心试验室进行。这为我国的防爆电机产品以及其他防爆电气产品打入国际市场时申请PTB认可提供了捷径。

管理及改革 1997年10月，国家技术监督局标准化司批准成立防爆电机标准化分技术委员会以及组成方案，该分委员会由机械工业部、煤炭工业部、国家防爆电气产品质检中心、全国防爆电气设备标准化技术委员会、科研院所、院校及各有关制造厂等共30名委员组成，秘书处设在南阳防爆电气研究所。该分委员会的成立将对防爆电机产品的标准化及其管理工作具有积极促进作用。

1997年，防爆电机行业企业加大改革力度，积极推进企业体制和机制变革。据不完全统计，近几年防爆电机行业进行改制的企业有：浙江卧龙集团公司、南通电机制造有限公司、皖南电机股份有限公司、江阴市伊马机电股份有限公司、浙江浦东电机有限公司、厦门电机实业总公司、天津大明电机公司、河北衡水电机股份有限公司、江苏安达防爆机电集团有限公司、广东东莞电机厂等。其他还有几个企业正在积极筹备，进行资产评估、界定，将在1998年完成股份合作制的改制工作。

〔撰稿人：南阳防爆电气研究所刘安邦、王云生　审稿人：南阳防爆电气研究所李合德〕

〔责任编辑：张友鹤〕

变　压　器

〔机械工业部〕

生产发展情况 据对全国110个变压器生产企业统计，1997年变压器总产量为124 459 MV·A，其中电力变压器119 552MV·A，实现工业总产值75.2亿元，产品销售收入70.4亿元。

据对全国20个重点互感器企业统计，实现工业总产值8.4亿元，生产互感器698 295台，其中220kV级以上互感器3 430台。

据对12个调压器生产企业统计，完成工业总产值4.5亿元，生产调压器213 765台。

产品分类产量 1997年变压器、互感器和调压器的产品分类产量详见表1、表2和表3。

市场及销售 1997年变压器行业共完成产品销售收入80.2亿元，其中变压器生产企业完成70.4亿元，实现利税7.5亿元，主要企业销售经营情况见表4、表5、表6、表7、表8、表9、表10、表11和表12，全行业出口产值5.2亿元，主要企业出口情况见表13、表14和表15。

新技术及科研成果 1997年度继续开展非晶合金铁心变压器优化设计、城网改造用变压器和三峡工程用变压器项目攻关。随着新S9系列配电变压器的推广应用，为淘汰SL7、S7系列配电变压器奠定了基础。目前全行业已有120个企业拥有新S9系列配电变压器生产产权，其中在1997年通过短路试验的产品和企业有：(1) S9-200/10（宁波天安特种变压器厂、深圳特种变压器厂），(2) S9-500/10（云南通海变压器厂），(3) S9-630/10（锦州变压器电炉厂、葫芦岛变压器厂、包头飞天变压器股份有限公司、太仓变压器厂、大连第二变压器厂、宣化变压器厂、镇江电力变压器厂、宁波甬嘉变压器有限公司、四川特种变压器厂、番禺市科琳电源设备有限公司、合肥神龙变压器厂、江都高压电压设备制造厂、合肥第二变压器厂、江苏国营海安变压器厂），(4) S9-800/10（江西明达电力设备股份有限公司、山东沂蒙变压器股份有限公司、上海南桥变压器厂、贵阳特种变压器厂、皖西神虹变压器有限责任公司、湖北变压器有限责任公司、南海市变压器厂、山西省临猗县变压器厂、江苏省仪征变压器厂、新疆特变电工股份有限公司变压器厂），(5) S9-1000/10（合肥金环变压

表 1　1997 年变压器产量

序号	产品名称		产量 (台)	产量 (MV·A)
	变压器总计		145 062	124 459.2
一	电力变压器		141 217	119 552.4
1	8 000kV·A 及以上	500kV	13	3 530.0
2		330kV	9	2 290.0
3		220kV	222	34 524.5
4		110kV	887	29 555.5
5		60kV	121	2 206.5
6		35kV 及以下	582	8 844.2
7		10kV 及以下	2 179	1 248.2
		小计	4 013	82 198.9
8	6 300kV·A 及以下	110kV	19	90.1
9		60kV	82	289.6
10		35kV 及以下	5 210	6 002.8
11		10kV 及以下	122 306	24 089.7
		小计	127 617	30 472.2
12	干式	树脂绝缘式	9 383	6 830.1
13		空气自冷式	204	51.2
		小计	9 587	6 681.3
二	特种变压器		3 656	4 798.6
1	电炉变压器		239	950.8
2	整流变压器		319	3 251.5
3	矿用变压器		308	156.2
4	试验变压器		202	33.7
5	船用变压器		1 637	13.1
6	隔爆变压器		53	29.8
7	其他变压器		898	363.5
三	移动变电站		53	50.2
四	箱式变电站		136	58.0

器厂、洛阳市特种变压器厂、北京新华都电抗器厂、韶关变压器厂、常州江南变压器厂），(6) S9-1250/10（吴江变压器厂），(7) S9-1600/10（常州变压器厂中小变压器分厂）。1997 年通过短路试验的 110kV 级电力变压器和企业有：(1)SF3-QY-20000/110 铁道电力变压器（云南变压器厂），(2) SFSZ8-31500/110 电力变压器（南通变压器厂），(3) SFZ9-31500/110 电力变压器（新疆特种变压器厂）。沈阳变压器有限责任公司还进行了 220kV 级 75 000kV·A 的短路试验研究，研究成果已应用在许多 220kV 级电力变压器产品设计中，取得了较好社会及经济效果。

新产品　1997 年通过机械工业部和电力工业部两部鉴定的新产品及生产企业有：(1) OSFPSZZ-360000/500 电力变压器（沈阳变压器有限责任公司），(2) SVAS123-FS_6 气体绝缘组合式互感器、LVB-220W2 电流互感器（上海 MWB 互感器公司），(3)SC-16000/35、SC-8000/35、SCB8-1600/20 树脂绝缘干式变压器和 ZQXC-2500/20、BKDCKL-15000/35、

表 2　1997 年互感器产量

序号	产品名称	产量（台）
	互感器总计	698 295
一	电压互感器	104 746
1	500kV	4
2	220kV	534
3	110kV	2 647
4	60kV	495
5	油浸 20～35kV	12 794
6	浇注 20～35kV	3 050
7	10kV	62 805
8	6kV 及以下	22 417
二	电流互感器	553 493
1	500kV	159
2	330kV	19
3	220kV	2 714
4	110kV	7 960
5	60kV	793
6	油浸 20～35kV	10 781
7	浇注 20～35kV	11 931
8	10kV	200 824
9	6kV 及以下	318 312
三	电容式互感器	30 044
四	组合式互感器	10 012

表 3　1997 年调压器产量

序号	产品名称	产量 (台)	产量 (kV·A)
	调压器类总计	213 765	803 562.4
一	调压器	109 407	513 491.9
1	环形接触调压器	107 414	357 199.4
2	感应调压器	1 122	112 169.0
3	可控硅调压器	402	28 241.0
4	其他调压器	469	15 132.5
二	稳压器	104 358	290 070.5
1	环形接触自动调压器	103 492	172 393.5
2	柱式接触自动调压器	176	18 400.0
3	感应自动调压器	690	99 277.0

CKSCKL-720/35～6、XKSCKL-3000-8 干式空心电抗器等（广东顺德特种变压器厂），(4) SFPSZ7-120000/220 电力变压器（哈尔滨变压器厂），(5) SCB8 系列树脂绝缘干式变压器（四川华电特种变压器有限公司、吴江变压器厂、武汉变压器制造厂、河北京瑞变压器制造有限公司、山东临清华运变压器有限公司、西安天虹电器有限公司、广东泰峰集团有限公司、番禺骏发电力设备有限公司），(6) SC-30～1600/10 树脂绝缘干式变压器、S(S)Z7-31500/35 电力变压器（上海电器股份有限公司变压器厂），LB6-110 型电流互感器、JDC6-110 电压互感器（宁

表4　1997年变压器行业销售收入排序　（单位：万元）

序号	企业名称	销售收入	序号	企业名称	销售收入	序号	企业名称	销售收入
1	沈变有限责任公司	86 813.00	34	长春变股份有限公司	4 948.00	67	银川变压器厂	2 229.90
2	保定天威集团有限公司	47 882.00	35	天津市变压器总厂	4 725.00	68	武汉长江变压器厂	2 186.50
3	顺德特种变压器厂	45 679.00	36	太源变压器厂	4 509.90	69	临猗变压器厂	2 146.57
4	西安变压器厂	36 405.00	37	广州电力设备厂	4 410.00	70	仪征变压器厂	2 064.00
5	上海变压器厂	34 526.50	38	广州高压电器厂	4 190.90	71	苏州安泰变压器厂	2 062.00
6	常州变压器厂	22 048.00	39	朝阳电力设备厂	4 147.00	72	邢台变压器厂	2 055.00
7	佛山市变压器厂	18 392.40	40	上海化工机械二厂	4 127.52	73	唐山市变压器厂	2 018.00
8	福州变压器厂	15 644.80	41	贵阳变压器厂	4 020.80	74	温江变压器厂	2 017.00
9	青岛变压器厂	15 619.00	42	营口市变压器厂	3 957.00	75	惠州市电器厂	2 015.00
10	华鹏特种变压器厂	13 390.00	43	安庆变压器总厂	3 937.00	76	老河口环空电气公司	1 900.00
11	钱江变压器厂	11 667.00	44	大连变压器厂	3 892.00	77	通辽变压器股份公司	1 887.00
12	云南变压器厂	11 144.00	45	光辉变压器厂	3 853.00	78	河南新郑电力变压器厂	1 852.00
13	衡阳变压器厂	11 130.00	46	江西变电设备总厂	3 693.80	79	内江变压器厂	1 804.62
14	江西变压器厂	10 911.30	47	铜川整流变压器厂	3 677.00	80	个旧变压器厂	1 729.00
15	新疆特种变压器厂	10 168.00	48	淮阴清江变压器厂	3 660.00	81	四川科达变有限公司	1 700.00
16	三门变压器厂	9 934.39	49	新疆变压器厂	3 474.80	82	华成电器企业公司	1 642.30
17	济南志友股份公司	9 300.00	50	自贡变压器一厂	3 465.30	83	鞍山变压器厂	1 606.00
18	番禺电机总厂	9 201.00	51	锦州凯特股份公司	3 450.00	84	沧州变压器电炉厂	1 540.00
19	南通市变压器厂	9 199.60	52	芜湖变压器厂	3 361.23	85	烟台市变压器厂	1 477.00
20	南京电力变压器厂	8 758.00	53	柳州特种变压器厂	3 345.00	86	河南省电机厂	1 453.80
21	天津尧瞬变压器厂	8 600.00	54	内蒙古变压器厂	3 342.00	87	新乡变压器厂	1 328.00
22	山东达驰集团公司	8 598.00	55	湖北变压器厂	3 309.00	88	丹东变压器厂	1 300.00
23	哈尔滨变压器厂	8 495.00	56	武汉变压器制造厂	3 278.09	89	招远市变压器厂	1 276.60
24	山东电力设备厂	8 478.00	57	沂蒙变压器厂	3 031.72	90	山东宇星变公司	1 177.00
25	无锡电力变压器厂	7 190.00	58	合肥金环变压器厂	2 907.00	91	阳山县变压器厂	1 109.90
26	泰安变压器厂	6 500.00	59	韶关变压器厂	2 873.10	92	昆明特种变压器厂	1 050.00
27	通海变压器厂	6 321.00	60	涪陵变压器厂	2 837.82	93	平顶山变压器厂	1 005.00
28	宁波变压器厂	5 869.00	61	五华变压器厂	2 833.09	94	化州变压器厂	995.00
29	南桥变压器厂	5 866.00	62	宜宾变压器厂	2 624.00	95	勃利变压器厂	968.00
30	泰州海田变压器公司	5 439.00	63	连云港变压器总厂	2 600.00	96	大理变压器厂	948.00
31	成都第二变压器厂	5 261.00	64	西安恒利变有限公司	2 508.00	97	漯河变压器厂	925.00
32	南阳变压器厂	5 157.00	65	甘肃电力变压器厂	2 501.00	98	南充变压器厂	895.92
33	广东增城特种电力公司	5 005.00	66	兰州变压器厂	2 301.83	99	牡丹江变压器厂	800.00

表5　1997年互感器行业产品销售收入排序　（单位：万元）

序号	企业名称	销售收入	序号	企业名称	销售收入	序号	企业名称	销售收入
1	上海互感器厂	14 222.90	11	衡阳互感器厂	2 702.50	21	柳州市电器厂	546.00
2	如皋高压电器厂	13 169.00	12	安徽互感器厂	2 678.00	22	济源市高压互感器厂	504.00
3	中山市和泰机电厂	9 182.00	13	宁波市互感器厂	2 297.18	23	湖南电工器材总厂	313.00
4	牡丹江互感器一厂	6 520.00	14	重庆高压电器厂	1 688.00	24	保定电器控制设备厂	252.20
5	大连第一互感器厂	5 179.00	15	长春市电气器材厂	1 421.00	25	沈阳市第二互感器厂	182.10
6	江苏靖江互感器厂	4 612.00	16	柳州市高压电器厂	1 296.00	26	苏州第二互感器厂	145.00
7	大连互感器厂	3 637.00	17	西变互感器分厂	875.90	27	丹东技术监督局实验厂	120.00
8	湖南电力电瓷电器厂	3 432.00	18	长城开关互感器分厂	861.00			
9	牡丹江互感器厂	3 393.00	19	苏州互感器厂	837.60	28	华成电器企业公司	90.60
10	沈阳互感器厂	3 158.80	20	天津互感器厂	807.00			

表 6　1997 年调压器行业销售收入前十名企业　（单位：万元）

序号	企业名称	销售收入	序号	企业名称	销售收入	序号	企业名称	销售收入
1	番禺市电机总厂	9 201.00	5	上海电压调整器厂	2 420.60	9	天津调压器厂	429.80
2	佛山市电器厂	8 873.00	6	海盐电机厂	1 724.50	10	杭州西湖调压电器厂	204.68
3	宁波金象电器有限公司	4 536.00	7	博山调压器厂	1 098.00			
4	苏州机床电器厂	2 573.00	8	北京调压器厂	876.00			

表 7　1997 年变压器行业利税总额排序　（单位：万元）

序号	企业名称	利税总额	序号	企业名称	利税总额	序号	企业名称	利税总额
1	沈变有限责任公司	12 037.00	35	老河口环空电气公司	380.00	69	山东宇星变公司	110.00
2	顺德特种变压器厂	10 745.00	36	广州电力设备厂	354.00	70	河南新郑电力变压器厂	108.00
3	保定天威集团有限公司	7 546.00	37	合肥金环变压器厂	340.00	71	海安变压器厂	104.06
4	西安变压器厂	3 524.00	38	太原变压器厂	339.11	72	安顺变压器厂	93.00
5	新疆特种变压器厂	2 654.00	39	贵阳变压器厂	324.40	73	五华变压器厂	88.02
6	青岛变压器厂	2 281.60	40	上海化工机械二厂	322.80	74	招远市变压器厂	85.00
7	福州变压器厂	2 268.50	41	长春变压器股份公司	316.00	75	鞍山变压器厂	83.00
8	钱江变压器厂	2 190.00	42	淮阴清江变压器厂	310.00	76	昆明特种变压器厂	82.00
9	常州变压器厂	2 100.00	43	铜川整流变压器厂	308.00	77	新乡变压器厂	77.90
10	云南变压器厂	1 933.00	44	涪陵变压器厂	302.66	78	临猗变压器厂	77.48
11	华鹏特种变压器厂	1 854.00	45	泰州海口变压器公司	301.20	79	宜宾变压器厂	76.00
12	上海变压器厂	1 780.80	46	锦州凯特股份公司	292.00	80	双城市变压器厂	70.00
13	佛山市变压器厂	1 589.10	47	光辉变压器厂	280.00	81	漯河变压器厂	70.00
14	天津尧瞬变压器厂	1 400.00	48	天津市变压器总厂	279.30	82	甘肃电力变压器厂	65.00
15	济南志友股份公司	1 212.00	49	个旧变压器厂	248.00	83	勃利变压器厂	64.00
16	三门变压器厂	1 110.75	50	湖北变压器厂	230.00	84	丹东变压器厂	60.00
17	山东达驰集团公司	1 068.00	51	自贡变压器一厂	218.00	85	南充变压器厂	56.87
18	南桥变压器厂	976.00	52	内蒙古变压器厂	215.60	86	大连第二变压器厂	55.00
19	衡阳变压器厂	959.00	53	苏州安泰变压器厂	205.00	87	仪征变压器厂	50.00
20	无锡电力变压器厂	870.00	54	西安恒利变有限公司	203.43	88	大连变压器厂	37.00
21	江西变压器厂	857.00	55	通辽变股份公司	195.00	89	化州变压器厂	36.00
22	南通市变压器厂	805.00	56	朝阳电力设备厂	183.00	90	邢台变压器厂	31.00
23	番禺电机总厂	759.00	57	山东电力设备厂	176.00	91	高平变压器厂	31.00
24	通海变压器厂	616.00	58	唐山市变压器厂	164.00	92	北京四方变压器厂	26.00
25	南京电力变压器厂	602.00	59	广州高压电器厂	153.50	93	河南省电机厂	24.90
26	泰安变压器厂	600.00	60	柳州特种变压器厂	147.00	94	营口市变压器厂	9.10
27	哈尔滨变压器厂	551.00	61	内江变压器厂	146.89	95	郑州第二变压器厂	3.00
28	新疆变压器厂	533.00	62	兰州变压器厂	139.18	96	沧州变压器电炉厂	−1.50
29	成都第二变压器厂	507.00	63	武汉长江变压器厂	133.80	97	湛江通用电气有限公司	−3.59
30	江西变电设备总厂	505.50	64	温江变压器厂	128.00	98	华成电器企业公司	−8.80
31	宁波变压器厂	487.00	65	惠州市电器厂	127.00	99	桂林水电设备厂	−9.00
32	南阳变压器厂	475.30	66	平顶山变压器厂	126.00	100	牡丹江变压器厂	−9.00
33	广东增城特种电力公司	415.00	67	烟台市变压器厂	125.00	101	合肥华德电力变压器厂	−10.00
34	沂蒙变压器厂	385.30	68	大理变压器厂	119.00	102	阳山县变压器厂	−29.88

表 8　1997 年互感器行业利税总额前三十名企业　（单位：万元）

序号	企业名称	利税总额	序号	企业名称	利税总额	序号	企业名称	利税总额
1	大连第一互感器厂	1 691.00	10	安徽互感器厂	280.00	19	济源市高压互感器厂	35.00
2	中山市和泰机电厂	1 193.60	11	衡阳互感器厂	260.40	20	丹东技术监督局实验厂	24.00
3	江苏靖江互感器厂	1 098.00	12	长春市电气器材厂	256.00	21	柳州市高压电器厂	23.20
4	如皋高压电器厂	989.20	13	宁波市互感器厂	233.73	22	苏州第二互感器厂	16.00
5	上海互感器厂	924.70	14	重庆高压电器厂	143.00	23	天津互感器厂	−13.00
6	大连互感器厂	620.00	15	西变互感器分厂	101.24	24	保定电器控制设备厂	−19.50
7	牡丹江互感器一厂	459.00	16	长城开关互感器分厂	98.00	25	华成电器企业公司	−116.80
8	牡丹江互感器厂	424.00	17	苏州互感器厂	79.60	26	湖南电工器材总厂	−286.00
9	沈阳互感器厂	318.20	18	柳州电器厂	64.38	27	湖南电力电瓷电器厂	−327.00

表9　1997年调压器行业利税总额前十名企业　　(单位：万元)

序号	企业名称	利税总额	序号	企业名称	利税总额	序号	企业名称	利税总额
1	番禺市电机总厂	759.00	5	苏州机床电器厂	163.00	9	杭州西湖调压电器厂	3.17
2	佛山市电器厂	724.70	6	北京调压器厂	115.20	10	海盐电机厂	−13.00
3	宁波金象电器有限公司	585.00	7	博山调压器厂	107.00			
4	上海电压调整器厂	268.70	8	河南豫通新乡调压器厂	10.40			

表10　1997年变压器产量前百名企业　　(单位：MV·A)

序号	企业名称	产量	序号	企业名称	销售收入	序号	企业名称	销售收入
1	沈变有限责任公司	22 183.8	35	贵阳变压器厂	700.6	69	仪征变压器厂	284.2
2	保定天威集团有限公司	14 011.0	36	铜川整流变压器厂	694.3	70	老河口环空电气公司	260.0
3	西安变压器厂	9 289.0	37	广州高压电器厂	682.5	71	温江变压器厂	252.5
4	上海变压器厂	5 790.2	38	武汉变压器制造厂	676.8	72	惠州市电器厂	247.0
5	常州变压器厂	4 640.5	39	柳州特种变压器厂	631.2	73	苏州安泰变压器厂	243.8
6	青岛变压器厂	3 197.4	40	泰州海田变压器公司	602.6	74	邢台变压器厂	236.0
7	江西变压器厂	2 969.2	41	涪陵变压器厂	601.6	75	烟台市变压器厂	230.0
8	衡阳变压器厂	2 802.8	42	南桥变压器厂	586.5	76	唐山市变压器厂	225.9
9	山东电力设备厂	2 475.1	43	韶关变压器厂	571.1	77	新乡变压器厂	215.0
10	顺德特种变压器厂	2 470.0	44	湖北变压器厂	557.9	78	鞍山变压器厂	214.6
11	南通市变压器厂	2 159.7	45	江西变电设备总厂	553.0	79	沂蒙变压器厂	212.0
12	云南变压器厂	2 115.3	46	锦州凯特股份公司	550.0	80	河南新郑电力变压器厂	202.0
13	济南志友股份公司	2 068.5	47	天津市变压器总厂	539.9	81	河南省电机厂	200.4
14	南京电力变压器厂	1 980.0	48	合肥金环变压器厂	526.7	82	营口市变压器厂	199.9
15	哈尔滨变压器厂	1 949.8	49	内蒙古变压器厂	523.1	83	个旧变压器厂	180.0
16	福州变压器厂	1 743.2	50	宜宾变压器厂	522.0	84	平顶山变压器厂	165.0
17	华鹏特种变压器厂	1 640.0	51	五华变压器厂	506.2	85	通辽变股份公司	164.0
18	佛山市变压器厂	1 488.8	52	南阳变压器厂	500.0	86	四川科达变有限公司	150.1
19	广州电力设备厂	1 483.0	53	番禺电机总厂	440.0	87	沧州变压器电炉厂	144.7
20	钱江变压器厂	1 355.5	54	甘肃电力变压器厂	412.0	88	阳山县变压器厂	121.9
21	朝阳电力设备厂	1 311.6	55	新疆变压器厂	392.5	89	丹东变压器厂	120.9
22	天津尧瞬变压器厂	1 200.0	56	武汉长江变压器厂	390.2	90	昆明特种变压器厂	120.3
23	三门变压器厂	1 174.1	57	辽阳变压器厂	388.1	91	齐齐哈尔变压器厂	120.0
24	泰安变压器厂	1 030.0	58	淮阴清江变压器厂	387.3	92	北京四方变压器厂	120.0
25	太原变压器厂	976.2	59	自贡变压器一厂	385.6	93	常德变压器厂	119.1
26	无锡电力变压器厂	975.8	60	安庆变压器总厂	364.6	94	华成电器企业公司	118.0
27	长春变压器股份公司	973.0	61	内江变压器厂	323.1	95	上海化工机械二厂	115.5
28	宁波变压器厂	959.5	62	兰州变压器厂	316.8	96	合肥华德电力变压器厂	113.0
29	成都第二变压器厂	892.6	63	西安恒利变有限公司	311.5	97	大理变压器厂	110.0
30	通海变压器厂	859.3	64	芜湖变压器厂	305.4	98	招远市变压器厂	105.0
31	新疆特种变压器厂	848.2	65	连云港变压器总厂	303.2	99	桂林水电设备厂	104.8
32	山东达驰集团公司	822.0	66	临猗变压器厂	299.9	100	成都变压器厂	101.5
33	光辉变压器厂	718.8	67	银川变压器厂	296.0			
34	大连变压器厂	709.0	68	广东增城特种电力公司	292.4			

表11　1997年互感器产量前三十名企业　　(单位：台)

序号	企业名称	产量	序号	企业名称	产量	序号	企业名称	产量
1	中山市和泰机电厂	155 796	11	济源市高压互感器厂	13 694	21	牡丹江互感器厂	4 257
2	江苏靖江互感器厂	86 421	12	长城开关互感器分厂	12 768	22	天津互感器厂	4 038
3	安徽互感器厂	84 000	13	沈阳互感器厂	10 218	23	长春市电气器材厂	3 860
4	大连互感器厂	60 061	14	衡阳互感器厂	9 988	24	牡丹江互感器一厂	3 125
5	宁波市互感器厂	52 831	15	如臬高压电器厂	6 072	25	西高互感器分厂	2 463
6	大连第互感器厂	43 747	16	沈阳市第二互感器厂	5 688	26	柳州市高压电器厂	2 301
7	上海互感器厂	37 606	17	柳州市电器厂	4 990	27	沈变互感器分厂	1 124
8	苏州互感器厂	31 689	18	重庆高压电器厂	4 866	28	湖南电力电瓷电器厂	833
9	苏州第二互感器厂	30 100	19	江西变电设备总厂	4 760	29	南京雷电有限公司	519
10	保定电器控制设备厂	14 883	20	福州第一开关厂	4 329	30	湖南电工器材总厂	424

表12　1997年调压器产量前十名企业　　(单位：kV·A)

序号	企业名称	产量	序号	企业名称	产量	序号	企业名称	产量
1	宁波金象电器有限公司	269 500	5	佛山市电器厂	54 907	9	重庆高压电器厂	11 694
2	上海电压调整器厂	212 400	6	苏州机床电器厂	40 827	10	天津调压器厂	9 365
3	博山调压器厂	73 330	7	北京调压器厂	38 169			
4	番禺市电机总厂	61 515	8	杭州西湖调压电器厂	21 988			

表13　1997年变压器行业部分企业出口产值　　(单位：万元)

序号	企业名称	出口产值	序号	企业名称	出口产值	序号	企业名称	出口产值
1	西安变压器厂	8 556.00	9	新疆特种变压器厂	1 500.00	17	保定天威集团有限公司	52.00
2	沈阳变压器有限责任公司	5 956.00	10	辽阳变压器厂	1 494.00	18	三门变压器厂	39.36
3	番禺电机总厂	4 718.00	11	顺德特种变压器厂	1 000.00	19	内江变压器厂	38.20
4	上海变压器厂	4 082.90	12	南京电力变压器厂	813.00	20	福州变压器厂	35.00
5	天津市变压器总厂	3 031.00	13	湖北变压器厂	505.00	21	铜川整流变压器厂	24.53
6	营口市变压器厂	2 711.00	14	华鹏特种变压器厂	400.00	22	丹东变压器厂	5.00
7	通海变压器厂	1 726.00	15	南通市变压器厂	167.00			
8	云南变压器厂	1 502.00	16	泰州海田变压器公司	105.00			

表14　1997年互感器行业部分企业出口产值

(单位：万元)

序号	企业名称	出口产值
1	上海互感器厂	1 367.00
2	大连互感器厂	305.00
3	沈阳互感器厂	169.00
4	柳州市高压电器厂	27.00

表15　1997年调压器行业部分企业出口产值

(单位：万元)

序号	企业名称	产值
1	番禺市电机总厂	568.00
2	宁波金象电器有限公司	301.00
3	苏州机床电器厂	73.00
4	上海电压调整器厂	20.25

波三爱互感器有限公司)，(7) SC8-20～2000/10树脂绝缘干式变压器(广东佛山变压器厂)，(8) CKDGKL-200/35-6W、CKKT-252/33-12干式空心串联电抗器(无锡电力电容器厂)，(9) SC-315～1600/10树脂绝缘干式变压器(上海远东变压器厂)，(10) SC9-1250/10、SC9-10000/35树脂绝缘干式变压器(江苏华鹏特种变压器厂)。

1997年通过变压器行业鉴定的组件产品有：(1) PBD型叠形波纹式膨胀器(空军沈阳军械修理厂)，(2) PB系列金属膨胀器(沈阳富纤电器厂)，(3)BP1型盘式电机变压器油泵(三门尔格变压器油泵厂)，(4)热粘合纸绝缘漆包换位导线(上海宝山杨行铜材厂)，(5) FDQⅢ-350/63　10/93J (NJD)型复合式有载分接开关(宁波久久电气制造有限公司)，(6) CER5212干式变压器用环氧树脂组合材料(上海双龙一复旦高分子有限公司)，(7) QJ2-50、80气体继电器(沈阳防爆继电器厂)，(8) QJ4-50、80气体继电器(沈阳市特种继电器厂、沈阳变压器厂继电器联合分厂和沈阳市旭升电器厂)，(9) PB480金属波纹膨胀器(广东省中山市创大电力设备厂)。

质量及质量管理　1997年国家技术监督局和机械工业部批准、发布的变压器行业标准有：(1) GB1207—1997《电压互感器》，该标准等效采用IEC186：1987及其第1号修改单(1991)和第2号修改单(1995年)；(2) GB1208—1997《电流互感器》，该标准等效采用IEC185：1987及其第1号修改单(1990年)和第2号修改单(1995年)；(3) GB16847—1997《保护用电流互感器暂态特性技术要求》，该标准等同采用IEC44.6：1992；　(4) GB17201—1997《组合互感器》，该标准等效采用IEC44.3：1980，属首次制定的强制性国家标准；(5) GB/T2900.15—1997《电工术语　变压器、互感器、调压器和电抗器》；(6) JB/T8636—1997《电力变流变压器》；(7) JB/T8637—1997《无励磁分接开关》；(8) JB/T8638—1997《调压器试验导则　第四部分　柱式接触(自动)调压器试验导则》；(9) JB/T8638—1997《油浸式电力变压器带有油中溶解气体分析的温升试验导则》。

根据机械工业部的要求，沈阳变压器研究所对变压器行业标准进行复查工作，涉及复审的国家标准、行业标准和行业内部标准计56项，分别对其确认、修改、修订和废止，其中修改标准26次，修订标准19项，确认标准8项。

管理及改革　1997年变压器行业新上市公司股票有：特变电工(600089)、天宇电气(0723)。加上以前上市的电器股份(600627)、东北电(0585)和南华西(0660)，共计五种上市公司股票。

〔撰稿人：沈阳变压器研究所陈淑云、曲万里　审稿人：沈阳变压器研究所朴文铉〕

〔责任编辑：张友鹤〕

电力电子器件与装置

〔机械工业部〕

生产发展情况 1997年机械工业部定点从事电力电子器件与电力电子装置生产的专业生产厂和专业研究所共19个。19个单位中只生产电力电子器件的单位1个，只生产电力电子装置的有4个，其余14个单位既生产电力电子器件又生产电力电子装置。19个企事业单位年末共有职工10 676人，拥有固定资产原价43 100万元，固定资产净值余额25 739万元，流动资产平均余额72 231万元。

1997年19个单位共完成工业总产值38 706.11万元，比上年下降5%，销售产值34 959万元，比上年减少2%，工业总产值减少的单位共10个，占52.6%，销售产值减少的单位共9个，占47.4%，产品销售率达国家标准的单位8个，占42.3%，即行业中有半数以上企业销售不畅。19个企事业单位经济效益指数达到电工电器行业标准值的情况如表1所示。

表1 电力电子器件与装置行业工业经济效益指数达标情况

指 标	电工电器行业标准值	达到行业标准值情况	
		单位数（个）	所占比重（%）
总资产贡献率	10.7%	6	31.6
工业产品销售率	96%	8	42.3
资本保值增值率	120%	3	15.4
资产负债率	≤60%	8	42.3
流动资产周转率	1.52次	4	23.1
成本费用利润率	3.71%	5	26.3
全员劳动生产率	16 500元/人	7	36.8

19个企事业单位中经济效益综合指数的排序依次为青岛整流器总厂、襄樊仪表元件厂、西安电力电子技术研究所、广东电气控制设备厂，但有6个企业经济效益综合指数为负值，占31.6%。

产品分类产量 电力电子产品分为器件和装置两大类，1997年15个生产电力电子器件的单位共生产18个系列160个品种的电力电子器件53.4万只，比上年减产2.2%；18个生产电力电子装置的单位共生产30个系列电力电子装置3 474万台、883MW，比上年减产22.2%。

市场及销售 1997年19个企事业单位工业销售产值当年价34 959万元，比上年下降2%；产品销售收入32 645万元，比上年下降3%。多数企业销售不畅，市场竞争相当激烈，主要表现在以下三方面。

一是市场被国外产品大量挤占，IGBT、功率MOSFET等新型电力半导体器件及其装置、变频器等新型电力电子装置市场几乎全被国外产品占据。某些老产品直流传动装置、大功率整流电源等由于产品质量差、可靠性不高等原因，市场也愈来愈被国外产品占领。一些重大工程项目用电力电子产品也绝大多数购买国外产品。

二是一些大中型企业的市场被挤占、分解，竞争不过小型集体或个体企业，加之合资企业的大量出现，使不少企业丢掉了主导市场。

三是竞争无序，大打价格战，靠不正当手段竞争，导致整个行业企业利润大幅下滑，严重侵害整个行业和每个单位的利益。

1997年电力电子器件与装置行业国内销售收入前八名企业详见表2。

新产品 1997年西安电力电子技术研究所的3000kWKDH-Ⅱ电力回收装置获得国家级重点新产品成果奖，达到国内先进水平。其经济效益显著，销售收入1 280万元，利润192万元，与同类产品相比造价低、电力回收效率高、噪声小、运行条件好。该所荣获国家科委、经贸委、西安市的重点新产品成果奖的还有UQ系列机动车用桥式整流组件、GTR模拟GTO组件及其应用模块测试设备等。通过新产品鉴定的有PERI2000G3型变频调速装置。

湖北襄樊市仪表元件厂完成新产品4项：MTG100A非绝缘性系列模块、汽车暖风机调速电阻、中频快速熔炼炉、SS-12和SS-13铜壳散热器，完成新产品产值381万元，新产品实现收498万元，占全部收入的10%。

表2 销售收入前八名企业

名次	企 业 名 称	销售收入（万元）
1	青岛整流器总厂	7 374
2	襄樊市仪表元件厂	4 309
3	上海整流器总厂	3 853
4	西安电力整流器厂	3 408
5	广东电气控制设备厂	3 200
6	西安电力电子技术研究所	3 151
7	北京整流器厂	2 532
8	椿树整流器厂	1 203

西安电力整流器厂完成4项新产品鉴定：大容量智能控制晶闸管整流设备、蓄电池极板化电源、智能型电动机励磁装置、35发电机励磁装置。

上海整流器总厂完成两项新产品鉴定：全数字直流传动系列产品和ZP1800-44GF高压防尘型轨道交通用整流元件。

广东电气控制设备厂试制的PZM系列全密封免维护蓄电池直流电源通过鉴定，被评为省优秀产品。

质量及质量管理 1997年有5个企业通过ISO9000质量体系认证：西安熔断器制造公司，1997年12月26日一次通过了中国商检质量认证中的

ISO9002 认证；株洲电力机车研究所半导体厂，经上海质量体系审核中心审核，认为该厂已建立和实施了符合 GB/T19001～19004 标准要求的质量保证体系，成为电力电子行业第一个电力半导体器件生产厂通过该项认证；西安整流器厂二分厂，经过中国进口商品质量认证西北评审中心的严格检查评审，顺利通过 ISO9001 质量体系认证。通过认证的企业还有上海电机厂、永济电机厂和首钢控制设备厂。这些企业通过开展质量体系认证工作，质量体系运行更加完善、适宜和有效，员工的质量意识得到明显的增强，产品质量的全过程得到有效控制，各厂的质量上了一个新台阶。

根据国家技术监督局的统一部署，国家电力电子产品质量监督检验中心（设在西安电力电子技术研究所内）于 1997 年第三季度对全国 13 个企业生产的电力半导体器件用管壳（含无氧铜管壳）产品质量进行了监督抽查，这次抽查的 13 个企业分布在江苏、辽宁、山东、湖南 4 个省，约占全国生产企业的 50%，其中包括知名度和市场占有率较高的骨干企业，而且，抽查产品的型号规格覆盖了现行行业标准所列范围的绝大部分，亦即覆盖了目前电力电子行业采用、各行各业大量使用的电力半导体器件所配套的管壳产品型号规格范围。这次抽查基本上反映出国内电力半导体器件用管壳的质量真正水平。经对 13 个企业的 21 个产品共 882 套样品进行检验，合格企业数 7 个，合格产品数 12 个，产品抽样合格率为 57.1%，产品综合评定符合率为 38.1%，产品产量合格率为 18.5%，产品产值合格率为 76.3%。

1997 年中国电器工业协会电力电子分会继续在行业内开展质量保证承诺活动和行业推荐产品活动。1996 年首批有 22 个企业向社会公开承诺 66 个产品为质量可信产品；1997 年共推荐 4 个企业的 9 个产品为质量可信产品，并批准 5 个单位公开质量承诺。这些企业通过这项活动，加强自律管理，提高产品质量，做好售后服务，增强了市场竞争力，取得了用户信誉，开拓了市场。

中国电器工业协会电力电子分会根据会员单位要求，于 1997 年 8 月至 10 月组织了电力半导体模块外壳行业联合设计，现已设计出 6 套 MD、MT、MF 通用的外壳图纸，向行业推广生产。这次联合设计的目的是提高我国电力半导体模块水平，增强市场竞争力和逐步统一国内模块外壳，在设计中充分注意到技术先进合理性及经济可行性，此外吸取了各单位现行模块外壳的特点及对不足之处进行了改进，特别对门极结构采用了新的设计，因此联合设计的模块外壳较现行模块提高了一个档次。

西安电力电子技术研究所根据机械工业部文件精神于 1996 年下半年制定了电力半导体器件产品型号管理办法，以适应市场经济产品许可证和认证的需要。1997 年已进行产品型号注册登记的有：九江整流器厂、永济电机厂、宜昌半导体厂、北京冶金自动化所、南京陶瓷厂、大连三二八〇电子股份有限公司。

1997 年发布的国家标准和行业标准共六项：其中 3 项国标是 GB/T17008—97《绝缘栅双极型晶体管的词汇及文字符号》、GB/T17007—97《绝缘栅双极型晶体管测试方法》、GB/T16894—97《大于 100A 环境和管壳额定的整流二极管》。3 项行业标准是 JB/T/4193—97《快速晶闸管》（代替 JB4193—86）、JB/T8661—97《电力半导体模块结构件》、JB/T8669—97《中频感应加热用半导体变流器》（代替 ZBK46001—87）。1997 年已上报待批的有关电力电子专业行业标准有 7 项：《电力半导体器件用热管散热器》、《电力半导体器件用氮化铝基片》、《确定晶闸管参数值的准则》、《≤100A 普通晶闸管》、《>100A 普通晶闸管》、《≤100A 普通整流管》、《>100A 普通整流管》。

管理及改革　青岛整流器总厂注意企业管理观念的更新和管理方法的改进，根据市场经济发展对企业管理提出的新要求，使企业建立起能对市场变化做出快速、准确反应、有效参与市场竞争的经营机制，逐步形成新的管理规范，使企业走上重大决策科学化、资产管理效能化、生产经营市场化、内部管理制度化的管理轨道，达到进一步丰富管理内涵、提高管理层次，适应现代化大生产和推行现代企业制度的目的。在推进企业管理的同进，他们还针对企业内部人力、物力状况，大力发掘资源潜力，以财务管理为中心，以节支降耗为重点，推进现场、物耗和基础管理，积极开展修旧利废、改制代用和全员节约活动，盘活存量资产，压缩资金占用，控制制造成本，节约管理费用，提高经济效益。各个具有加工制造条件的车间形成为独立核算、自主经营、自我约束、自我发展的经济实体。该厂 1997 年各经济实体共计完成销售产值 1 740 万元，比上年增长 10%；工业总产值完成 7 158 万元，比上年增长 31%；实现利润 89 万元，比上年增长 98%。各项经济指标在全行业名列前茅。

西安电力电子技术研究所通过兴办合资企业解决了高新技术产品规模化生产的问题，走出了产品类研究所如何实现产业化的新路子。该所下设三个合资企业，西安爱帕克电力电子有限公司是西安电力电子技术研究所与美国国际整流器公司合资组建的国内专门从事 IGBT 模块生产的高新技术企业。设计生产能力为年产各种 IGBT 模块 20 万只，产品结构轻巧、频率高、功率大，可靠性能高、广泛应用于交流电机高频调速、逆变焊机、高频感应加热、UPS 和其他通信电源上，是最具生命力的新型器件，推动了我国高新技术的发展，解决了引进技术的再“孵化”和规模化生产的问题。西安西普电力电子有限责任公司是该所同台湾普传股份有限公司合资兴办的，普传公司在国际变频器市场上有着巨大的潜力，研究所则具有传统的技术优势，在电力电子器件和变流变频调速装置的研究上多次获奖，二者的结合，在国际市场上产生了广阔的竞争优势。他们开发了微电脑变频调速器，全数字式微电脑高频感应加热器以及电动机软起动器走向了国际市场，带来良好的经济效益。西安千岛实业有限公司是以电力电子器件销售为主的工贸型企业，积极反馈市场信息，指导研究所的开发方向，已成为研究所高新技术产品走向市场的窗口。兴办企业不但使研究所的高新技术产品实现规模化生产找到了一条理想的途径，也获得了不小的经济效益，为研究所的再发展取得了可靠的资金保证，形成了良性循环。

辽宁阜新晶体管厂经过资产评估、产权界定、募集社会法人股，组建职工持股会等工作，依照规定的法律程序组建了阜新晶体管有限责任公司，于1997年6月份正式挂牌运营。一年来，公司按产权清晰，权责明确，政企分开，科学管理的原则，组建具有制衡机制的“新三会”（股东会、董事会、监事会），和“老三会”（党委会、职代会、工会）之间真正起到相互制衡、相互协调、相互配合的融恰关系。他们对公司的资产按照资产优化、资产最佳配置的原则进行资产重组，把原整流器、中频、逆变焊机三个车间分别改组成三个产销一体化的具有相当自主经营权的分厂，对五个器件车间按照资产最佳配置的原则进行初步重组，根据市场需求，引入竞争机制，调整产品结构，提高竞争意识和盈利水平，逐步使公司资产达到最佳运营效果。在电力电子行业经济不景气的状态下，经过努力，公司始终保持一定的发展势头，并取得较好的经济效益，全年完成工业总产值6 700万元，比上年增长11.3%；实现销售收入34.39万元，比上年增长11.7%。

国家级变流技术工程研究中心1997年在铁道部株洲电力机车研究所建立。该工程中心主要进行变流技术产业发展中关键技术和共性技术的工程化研究和系统集成，使变流技术成果技术上可行，经济上合理，工程上可实现，作为国内市场可进行规模生产的成套的工程化研究成果，改善变流技术产品国内市场为外国主控的状况，在科技成果和工业生产之间搭起一座桥梁。该中心将作为跨行业的科研、工程和生产的权威机构，加快我国变流技术成果的工程转化，推动各相关行业的技术改造和技术进步。该中心将有五个实验室及其配套的工程中心大楼和试制工厂。

〔撰稿人：西安电力电子技术研究所蓝筱屏　审稿人：西安电力电子技术研究所白继彬〕

〔责任编辑：张友鹤〕

电气控制成套设备

〔机械工业部〕

生产发展情况　1997年对57个行业厂家进行了抽样调查，共有职工47 053人，其中工程技术人员8 948人，约占职工人数的19%。1997年完成工业总产值292 134万元，利润总额162 281.63万元，销售收入322 401万元。

上海电器成套厂1997年生产水平呈增长趋势，工业总产值（不变价）完成34 678万元，为该厂历史最高水平，比上年增长44.56%。全年完成国家重点建设项目共17项，产值达7 943.89万元，占全年工业总产值的22.91%。

云南开关厂是以高、低压成套开关设备、电气元件、机械产品为主导产品的生产企业。1997年，电工产品与1996年相比各项经济指标均有相应的增长，实现工业总产值7 773万元，比1996年增长31.83%。全年完成新产品开发项目25项，产值达2 754.7万元。

广东省顺德开关厂是国家高低压成套开关设备生产定点厂，广东省高新技术企业。1997年生产继续保持稳步发展，完成工业总产值10 157万元，实现销售收入10 063万元，创利税1 005万元，同比分别增长26%、32%和5%。

新技术及科研成果　简易型矢量控制交流变频调速控制器是由天津电气传动设计研究所承担的机械工业部技术发展基金项目。该项目是研究一种无速度传感器的矢量控制交—直—交电流型变频调速系统。此系统是利用可直接检测到的异步电动机定子电压和电流的实际值，通过建立的电动机电压模型，计算出转子磁链的实际值，再经过矢量分析和变换，得到定子电流中转矩电流分量和励磁电流分量，对这两个电流分量分别加以控制，并通过对转子转速的模拟计算，构成以磁场定向，转矩电流调节方式，具有电流内环，频率环和转矩环作为外环的矢量控制系统，实现了不采用速度传感器对交流异步电动机的矢量控制。该项目还完成了控制器的设计计算方法，系统的计算机仿真及编制250～400kV·A变频器系列型谱的工作。研制的250kV·A变频装置经过工业运行和计算机仿真验证，证明提出的系统数学模型、设计方法和方案的正确性和实用性，构成的系统动态性能良好，起动转矩大，克服了V/F控制方式在低频运行时转矩不足的缺点，具有转差频率补偿，调速范围宽，5～50Hz为恒转矩，50～60Hz为恒功率，无需外加设备便能实现电动机四象限运行，能耗制动回馈电网，适合电动机要求频繁起制动调整运行的场合，装置有完善的保护功能，通用性好，功率器件全部国产化，装置结构标准化程度高，并具有维修方便的特点。

该项目于1997年6月25日通过了机械工业部技术发展基金会组织的专家鉴定。经鉴定，该项研究工作达到了原定的要求，技术报告内容丰富，论述正确，特别是矢量控制方面的分析透彻，技术先进，有较高的学术水平，研制的无速度传感器矢量控制变频调速系统通过长期工业运行在国内还是首次，实用性强，其控制器的水平和性能达到同类产品的国内领先水平。编制的系列型谱对该产品的推广有指导意义，并已为煤矿斜井绞车电气传动系统采用，以解决绞车调速运行和发电制动难题，填补国内外在这方面的空白，具有广泛的推广价值。

GZD1/2-F2/F1系列防腐蚀密封型低压成套开关设备，是由天津电气传动设计研究所负责，镇江电器设备厂参加完成的机械工业部技术发展基金项目。该产品是一种适用于多粉尘、潮湿、有化学气体腐蚀等恶劣环境下的低压成套开关设备。其主要技术性能为：主母线额定电流1000、630、250A，额定短时耐受电流50、30、15kA，外壳防护等级IP54，耐腐蚀防护等级：户内防中等腐蚀级（F1）、户内防强腐蚀级（F2），该产品有全塑外壳式（GZD1-F2）和型材组装金属外壳式（GZD2-F2）。在研制的过程中，立足国情，解决了组装结构密封，抗膨胀技术，母线防护绝缘，大型高强度塑料成形加工、防腐材料处理和密封柜体发热计算，元件选用等技术难题。该产品柜体已申请专利并已被授权（专利号9721565717）。该项目于1997年6月24日在天津通过了部级专家鉴定。专家们指出，该产品是我国急待解决的产品，有着极大的发展前途，应尽快在水泥、纺织、化工等行业中推广使用。

武钢大型厂860轧机主传动全数字5 400kW同步机交—交变频调速系统。武钢大型厂860轧机主传动原采用一台4 600kW（70～120r/min）直流电动机拖动。该电机由一台5 000kW直流发电机和一台5 400kW同步电动机组成机组供电，技术落后、设备陈旧、维护工作量很大，制约了该厂生产的发展。1995年，武钢公司与天津电气传动设计研究所合作，决定将其主传动改造成一套全数字控制交—交变频同步机调速系统，电机5 400kW（80～160r/min），要求与系统配套的电网静止无功补偿及谐波吸收装置SVC在改造时同步投入运行。天津电气传动设计研究所承担了改造工程总体设计和全部电气设备的配套供货及调试任务。

大功率交—交变频调速及矢量控制技术，自70～80年代在国际上推广应用以来已日趋成熟，这种调速系统不仅具有与直流调速系统同样优越的调速性能，而且更经济，易维护，但其控制系统较直流调速系统复杂得多，在具体实现上特别是全数字控制具有相当大的技术难度。为使这套系统达到当前国际先进技术水平，在兼顾整套系统经济性前提下，最大限度地保证系统的可靠性和按期投产，数字控制装置采用SIMADYND装置，其他大部分设备均采用国内先进技术产品，由国内配套制造。

1997年12月7日这套迄今国内成套的最大功率的全数字控制交—交变频调速系统投入生产运行，SVC装置同期投入运行。这项工程总投资仅为全套引进方案的1/3左右，节省投资约合人民币600万元，经济效益显著。生产运行证明，这套系统工作稳定可靠、装置设计合理、维护方便、技术水平达到当前国际水平。交—交变频器容量为目前国产的最大一套，解决了并联均流等一系列技术难点，在国内处于领先水平。电网静止无功补偿及谐波吸收装置与交—交变频系统同期投入运行，并收到明显补偿效果，在国内改造项目中处于领先水平。

厦门电气控制设备厂开发的MLS高级型抽屉式开关柜，主要用于电力系统作为负荷中心和控制中心，是国内外抽屉式成套开关设备的主导产品，其技术性能符合IEC439、GB7251及ZBK36001国际国内通用标准，达到国内领先水平。具体指标为：主电路额定绝缘电压660VAC，主电路额定工作电压380VAC、660VAC，辅助电路额定工作电压220VAC、110VDC，额定频率50Hz，水平母线额定工作电流1 000、2 000、2 500、3 150、4 000A，垂直母线额定工作电流1 000、2 000A，额定短时耐受电流（Is）：水平母线50kA，中性母线30、48kA，防护等级：IP30。

云南开关厂全年共完成新产品开发项目25项，其中开关柜12项，开关成套元件6项。

上海电器成套厂生产的MNS系列低压成套开关设备为引进产品，在国内外市场具有一定的市场占有率。MNS产品的骨架及内部金属结构件均采用冷轧钢板镀锌钝化工艺。近几年来，市场出现了用镀锌钢板取代冷轧钢板的需求。上海电器成套厂进行镀锌的工艺分析，加工试验，加强工艺管理，在产品上逐步采用。1997年已有500多台MNS柜使用了镀锌钢板，加工和应用效果很好，产品外观整洁美观，降低了加工成本并缩短加工周期。

新产品 天津电气传动设计研究所1997年研制的新产品：GML1型低压动力配电柜，GDL1型交流低压配电柜，P（G）JD1型低压无功功率动态补偿装置及JKLD1-10型无功功率动态补偿控制器，CCX6型密集型母线槽，CKX6型空气型母线槽，ZQ1型中压电动机起动装置，XXCR732型组合电器箱，PGL3型低压配电装置，JR1型系列数字式软起动装置，户外免维护式无功功率快速补偿装置，高防护等级封闭柜体等。这些产品已在行业中推广转让。

根据机械工业部电控配电行业“八五”新产品发展规划，由机械工业部天津电气传动设计研究所组织，天津控制设备厂、沈阳电器控制设备厂、天津第二开关厂参加，共同开发了6kV中压异步电动起动装置。该装置适用于户内交流50Hz，额定电压6kV的笼型及绕线型电动机的起动和保护，采用了新型限流式断路器加真空接触器线路。起动方式为笼型电动机直接起动，控制容量200～800kW；笼型电动机定子串电抗器减压起动，控制容量220～1 800kW；绕线电动机转子串频敏变阻器起动，控制容量220～1 800kW。结构设计上即可满足单机配套的要求，又能适应集中控制的要求。三种起动方式都设有断相、过载、低电压等保护措施，这些保护措施是通过电机综合保护器实现的，装置的短路保护由限流式熔断器完成。ZQ1型系列产品通过了国家电控配电质量监督检测中心的全部型式试验，并已通过了天津电气传动设计研究所技术委员会的技术鉴定。

天水长城控制电器厂GCS型低压抽出开关柜

于1997年4月底通过省级鉴定。该产品由进线柜、配电柜和电动机控制柜三种基本柜组成，还可以配制母线转接柜。进线柜主断路器最大额定电流为4000A，主断路器和母排的短路强度最大均可达80～170kA，电动机控制柜最多可配制22个功能单元。该产品设计合理，性能优良，集约化程度高，达到国外同类产品水平。

质量及质量管理 ISO9000系列标准对当代企业的发展产生着惊人的影响。电控配电设备分会二届二次理事、常务理事联席会议就全行业普遍关注的ISO9000系列认证工作开展了交流活动。分会企管部宣读了本行业ISO9000认证情况的调研报告，报告指出，1997年3月以前，行业通过ISO9000系列标准认证的单位有11个，其中通过国外认证的单位有4个，通过年限为1994年通过认证1个，1995年通过认证2个，1996年通过认证4个，1997年3月前通过认证4个。从调查情况看，通过认证，促进了企业进步，提高了经济效益，提高了质量意识，健全和完善质量保证体系，带动了企业产品质量明显提高，市场竞争力加强。

1997年通过认证的厂家是：上海柘中电器厂，1997年1月29日至31日，通过了瑞士公证行(SGS)，中国赛宝质量审核中心(CEPREI) ISO9000质量体系审核，并同时获得所申请的中、英、美三国证书及中国商检证书。

厦门电器控制设备厂，1997年1月6日至7日，同时接受中国商检厦门质量认证中心(CCIB)和挪威船级社（DNV）对企业贯彻ISO9001国际质量体系标准的认证审该，并顺利通过认证，同时获得中国商检和挪威船级社（英国）的认证证书。

靖江开关总厂，1997年3月15日，获北京九千标准质量体系认证中心颁发的GB/T19001—1994 (ISO9001—1994) 质量体系认证证书。

北京第二开关厂，1997年3月21日，通过北京新世纪质量体系认证中心审核，获得GB/T19001—1994 (ISO9001—1994) 认证证书。

广东省顺德开关厂，1997年5月15日，通过国家质量体系认证机构华信技术检验公司ISO9001质量保证体系现场评审，认证该厂质量保证体系符合GB/T19001—1994 (ISO9001—1994) 标准规定，颁发了注册号为97021质量体系认证证书。

成都电工厂，1997年6月23日至24日，通过中国方圆标志认证委员会巴蜀认证中心评审，获得ISO9001—1994认证证书，注册编号为1497A022。

天津市长城输变电成套设备公司，1997年7月22日，通过北京九千标准质量体系认证中心审核，获得GB/T19002—1994 (ISO9002—1994) 认证证书。

云南开关厂，1997年9月，通过了中国船级社认证公司ISO9001—1994质量体系认证。

技术改造及对外合作 上海电器成套厂完成高低压开关柜MNS和KYN系列“短、平、快”技改专项，总投资为1 009.9万元，购置设备14台，其中生产设备10台（进口设备5台，国产设备5台），检测设备44台，组建计算机CAD设计系统一套，改造原进口设备1台，添置工夹器具195套，此项技改获得的主要经济效益为：新增销售总额7 800万元，新增销售收入6 667万元，新增税利674万元。

厦门电器控制设备厂，根据生产发展需要，斥巨资从意大利引进一台多功能数控折弯机，提高了钣金工加工水平和加工能力。

云南开关厂将110kV级SF_6断路器产品列入当年云南省“九五”重点技术改造工程，技改后将具有年产120台的能力，可充分满足云南省及西南地区市场的要求。此外，云南开关厂还设资150万元，引进计算机管理技术，建成了计算机管理网络，对工厂的财务、供应、销售、生产采用计算机管理，提高了管理水平；对工程设计采用计算机辅助设计系统，提高了设计效率和设计质量。

广东省顺德开关厂投入技改资金965万元，新建3 600m^2厂房和静电粉末喷涂生产线，新增数控冲床以及检测设备，并投入生产，使该厂具有年产组合式高压开关柜2 500台、低压成套开关设备8 000台、年产销售额2亿元的生产能力，该厂与意大利VEI公司合作，正式签定SF_6开关设备技术协议书，并开始实施，同年还与VEI公司签订合资兴办环氧树脂绝缘件合资企业的合作意向书，对优化产品结构，提高市场竞争力、增加新的经济增长点，扩大规模经营将起到重要作用。

管理及改革 中国电器工业协会电控配电设备分会二届二次理事、常务理事联席会议于1997年5月26日至28日在安徽省黄山市召开。会议传达了中国电器工业协会成立大会精神，中国电器工业协会1997年工作安排；审议通过了电控配电设备分会1996年工作总结及1997年工作安排；审议通过了1996年度财务决算，1997年度财务预算；会议还就行业内普遍关注的ISO9000系列认证工作开展了交流活动，促进了行业内质量认证工作的开展；会议还交流了在市场经济条件下采取的种种治厂策略；会议确定了继续积极参与机械工业部组织的打好“三大战役”工作和加强分会自身建设为分会1997年工作重点。

电气设备辅件行业厂长会议和中国电器工业协会电控配电设备分会辅件委员会成立大会于1997年4月14日至15日在天津召开。会议介绍了国内外辅件产品的发展及电控配电行业对辅件产品的要求。会议建议：(1) 组织行业调查，规范市场，提供国内铺件产品发展及市场要求信息；(2) 制定协调销售对策及市场指导价格；(3) 组织电气辅件专题学术交流会；(4) 组织联合销售团体，逐步形成专业集团。

电控配电设备分会标准化委员会二届二次全体委员会，于1997年6月26日至29日在厦门市召开，出席会议的有11个委员单位，13位代表，会议肯定了标准化委员会配合主管部门开展的标准化工作，提出了进一步搞好标准化工作的建议；传达了电工标准化会议精神及要求电控配电行业需上报复审的 42 项标准；通过了标准化委员会 1997 年的工作计划；交流了 ISO9000 质量体系管理标准认证的经验和体会。

机械工业部技术发展基金会和机电产品展销中心共同组建机械工业机电产品销售商情网。该网由五个子系统组成：企业产品销售网、企业二手设备信息网、企业发展网、科研院所科技成果商品化网、国外企业产品网。商情网将依托机电产品展销中心，利用其在北京西客站附近的 400m² 展销大厅，为机电产品提供一个常年展示和交易的窗口。

〔撰稿人：机械工业部天津电气传动设计研究所柳英武　审稿人：机械工业部天津电气传动设计研究所年培新、熊其求〕

电力电容器

〔机械工业部〕

生产发展情况　1997 年我国电力电容器生产厂家约有 70 个、大部分系个体或集体所有制企业，其中较具规模的企业（职工人数经常保持在百人以上者）不过 20 个。这 20 来个企业 1997 年仍能较好维持生产。行业协会统计的 15 个企业中，4 个是集体所有制或股份合作制企业，11 个是国有企业（包括地方国营企业）。

在这 15 个企业中，西安和桂林的两个厂技术力量更强一些，且生产装备和测试手段齐全，基本上能生产本行业产品系列型谱中 19 个系列的全部产品，其他企业只能生产 5～10 种系列产品。

行业生产发展特点是产品产量、产值以及工业增加值均比上年有所提高，而企业的利润却持续下降。

1997 年，西安电力电容器厂等企业完成的重大生产任务有：总承包额 1 400 万元的张家港滤波成套装置交钥匙工程；天津钢厂滤波成套装置中进口电容器损坏后的补充、替换；广州——天生桥直流输电线路电容器工程。

1997 年，电力电容器行业 15 个企业（包括骨干企业和重点企业）经济指标和主要产品，产值完成情况见下表。

产品分类产量　产品构成分为并联电容器、耦合电容器、电容式电压互感器（CVT）、交流滤波电容器和电容器之外附有的部分配套设备，各类产品产值详见下表。

1997 年行业电容器产值、销售及主要产品产值完成情况　（单位：万元）

企业名称	工业总产值	工业增加值	销售收入	出口产值	产品产值				
					并联	耦合	CVT	交流滤波	成套
西安电力电容器厂	12 111	3 563	10 936	477	3 615.4	364.3	4 071.1	472.6	887.9
桂林电力电容器总厂	12 312	3 402.6	10 198.4	20.26	2 521.2	519.8	2 804.1	283.3	1 842.7
无锡市脉冲电容器厂	14 805.2	2 025.4	14 217.4	336.0	6 751.4	227.7	1 705.4	124.6	432
锦州电力电容器总厂	13 312.4	3 963.4	10 910.7		4 968.6	45.7	650.2	234.8	2 902.4
南昌电容器厂	2 541	572	2 054						
北京市华通成套电力电容器厂	871.4	70.8	909.7		686.9				185
苏州吴中电容器厂	2 919.8	342	2 500.7		1 272	6.9		37.2	610.9
上海电机厂电力电容器分厂	1 370.0	0	1 770		990.1				305.0
丹东电力电容器厂	1 310	−298	1 184.5		172	16.0		48.0	131
重庆电力电容器厂	241.8	−66.4	305.9		143.6				99.0
新安江电力电容器厂	1 556.0	331.5	1 132.4		50.6				70.0
牡丹江电力电容器厂	1 100	300	911		768.0				296.0
中原电力电容器厂	1 003.8	310.4	749.0		377.3				178.1
合阳电力电容器制造有限责任公司	2 699.2	510.2	3 559.4		2 041				94.6
上虞电力电容器厂	2 219.5	458.5	1 365.8		701				428.6
合计	62 583.9	16 285	62 705.7	836.1	25 859.3	1 183	9 231	1 201	8 463

注：其他未计入企业之主要产品自愈式低压并联电容器，估计总产量约 3 000Mvar，价值 6 000 余万元。

市场及销售 1997年,市场总需求略有增加,电力电容器商品产值和销售额分别增加了5 000~6 000万元;年末库存仅增加了1 000万元。

由表可见,1997年销售收入比上年增加6 300万元,其中CVT产品增加2 400万元,约占40%;而自愈式并联电容器产品和均压电容器产品分别减少650万元和900万元,是当年该类产品销售额4 628.9万元和445.5万元的14%和202%。自愈式并联电容器产品市场需求的减少,直接导致大批小企业停产、转产、或倒闭;而均压电容器产品的需求变化,除了说明用户前几年采购的备品尚有盈余,也许还意味着产品、品种的需求方面有所变化。

随着前几年东南亚及中亚地区发展中国家电力建设工程项目日渐完工,电力电容器产品的出口从高峰值约1 500万元,减少到1997年的800多万元。

新技术及科研成果 1997年,本行业列入国家、部、省级科研的项目有:高电压金属化电容器、低损耗高可靠性并联电容器、特大容量高压并联电容器、高电压集合式充气电容器、GIS用CVT、充气式电流互感器等。

西安电力电容器厂经过数年努力,完成了带有在线检测功能的电流互感器和带有电压抽取装置的电流互感器两项攻关项目。

LVQB(Y)型带有在线检测功能的SF_6电流互感器,解决了用户长期盼望的、技术性能在线检测问题,为我国电力电容器行业在产品中采用在线检测技术开辟了一条新路,该产品可大幅度缩短运行中技术性能检测周期,及时和早期发现产品内部的隐患,防止和杜绝由于长期运行、产品内部隐患可能引发的系统故障。

LBC-110(W)型组合式互感器,是带有电压抽取装置的电流互感器家族中的第一个成员,可用于高压输电线路、发电站、变电站等种场合,对系统电压及电流进行监测,并能在电力系统发生故障时,为继电保护设备提供必需的电能。带有电压抽取装置的电流互感器将电流互感器和电容式电压互感器有机地结合成一个整体,使之不但仍具有各自原有的功能,而且通过接入适当的保护设备,可以防止由于设备内部绝缘年久受损可能引发的重大故障。LBC-110(W)型组合式互感器虽是带有电压抽取装置的电流互感器家族中的第一个成员,但其具有一机多能、占地面积小、安装方便、经济实用等诸多优点。

这两种产品已于1996年通过电力和机械两部组织的鉴定,其中一种已于1997年初正式获得专利证书(专利号95245512.9)。

新产品 1997年,电力电容器行业试制并鉴定的新产品共约30种,其中约20种通过了省、部级组织的鉴定。

质量及质量管理 1997年,行业各厂质量指标平均指数为82%,产品质量等级系数为67%,质量损失率1.4%,价值近900万元,其中内部损失占40%。

电力电容器产品电气性能交检一次合格率:并联电容器>98%、电热电容器>97.1%、耦合电容器99%、CVT产品>99.2%、均压电容器>99.3%、脉冲电容器>96%、交流滤波电容器>98%,均比上年有所提高。

1997年,电力电容器行业注重GB/T19000(ISO9000)质量体系的学习,大力推动了企业质量体系的有效运转,更好地落实了质量保证职能,提高了企业职工的质量意识和质量保证的自觉性。西安、无锡、桂林、苏州等十多个企业,陆续采用了ISO9000国际标准体系,其中大部分企业已经通过了采标验证。

1997年10月,机械、电力两部在北京联合召开了"电力设备主、辅机制造重点企业质量承诺"新闻发布会,包括西安电力电容器厂在内的全国47个代表着我国电力设备制造水平的电力设备主、辅机制造重点企业,本着"对用户负责、让用户满意"的宗旨,在设备质量、交货期、技术服务、价格、违约赔偿等五个方面,作出明确而严格的承诺,并随时接受机械、电力两部和社会各界的监督和检查。

两部负责人对质量承诺给予了高度评价。机械工业部副部长孙昌基指出,47个企业的质量承诺,标志着机械工业在向市场经济体制转变过程中,又迈出了可喜的一步。各企业应以此为契机,从建立健全质量保证体系入手,重塑并改善企业形象和产品形象。

基本建设及技术改造 1997年,西安电力电容器厂斥资100余万元兴建的大容量并联电容器产品简易涂装车间和机械加工车间,包括引进的立式加工中心已完成了基建任务。1998年将完成设备安装工作并投入生产。建成后预计提高加工能力3倍。

1997年,本行业列入国家重点技术改造项目的锦州电力电容器厂500kV级CVT技术改造项目和西安电力电容器厂500kV级CVT技术改造项目,已基本完成。

管理及改革 1997年,在体制改革中电力电容器行业计有新安江、新会、润华等厂已改为私有企业,另有数家正在酝酿中。

1997年丹东厂加盟东北输变电公司,与锦州厂为同一集团成员;西安厂则早已隶属西电集团。

根据机械工业部机械科[1996]415号文件精神,全国电力电容器标准化技术委员会组织了行业有关单位,共同制订了《电力电容器产品型号注册管理办法》,并于1997年4月1日起开始实施。截至1997年底,已有9个企业的35个产品,通过了型号注册审查,并发给型号证书,其中并联电容器29种、CVT产品2种、耦合电容器2种、电容分压器2种。

〔撰稿人:西安电力电容器研究所张立盛 审稿人:西安电力电容器研究所张文斌〕

〔责任编辑:张友鹤〕

高压电器

〔机械工业部〕

一、高压开关

生产发展情况　1997年高压开关行业的主要经济指标比1996年都有不同程度的增长，根据对166个生产厂基本情况的统计（由于填报问题，个别报来资料的厂未能参加统计汇总），行业的工业总产值、高压开关产值、工业增加值、产品销售收入、利税总额、工业全员劳动生产率及人均创利税等均有大幅度的增长（表1）。

从表1给出的行业汇总数据可以看出：

(1) 行业各厂经济指标，除流动资产周转率略有下降外，其余各项经济指标都有较大幅度增长。如行业的工业总产值增长17.94%，其中高压开关部分增长17.77%，基本属同步增长。而行业工业增加值增长达31.17%。这说明高压开关行业1997年总的形势好于1996年。

(2) 1997年行业全员劳动生产率比1996年增长29.03%，远大于行业工业总产值的增长幅度。这表明行业技术进步的加快与企业转换机制后的减员增效和高附加值产品开发投放市场等因素，促进了生产效率的提高。其中价格水平与上年基本持平，且多数老产品价格还在回落。

(3) 行业的流动资金周转率由1996年的1.28次降至1997年的1.22次。这除管理上的因素外，也与“三角债”、资金回收困难等因素不无关系。

(4) 1997年行业固定资产投资达89 473.74万元（仅统计了166个企业），已接近1996年247个企业的水平，特别是其中技改投资56 541.99万元，所

表1　1997年高压开关行业主要技术经济指标

序号	项目			单位	1996年	1997年	比上年增长%
1	全部职工年末人数	总计		人	104 145	105 878	1.66
		从事高压开关人数		人	60 591	60 842	0.41
		工程技术人员人数	总计	人	13 615	14 756	8.38
			从事高压开关人数	人	5 742	6 259	9.63
2	工业总产值	当年价		万元	942 769.04	1 111 931.69	17.94
		1990年不变价		万元	865 564.88	1 011 190.17	16.82
		其中高压开关产值（当年价）		万元	639 184.81	752 749.57	17.77
3	工业增加值			万元	284 375.47	373 026.86	31.17
4	产品销售收入			万元	912 357.37	1 081 139.78	18.5
5	产品销售税金及附加			万元	9 630.84	10 553.15	9.58
6	应交增值税			万元	49 179.28	59 656.25	21.3
7	新产品开发费用	总额		万元	17 596.38	26 996.3	53.42
		其中高压开关部分		万元	13 330.41	20 040.55	50.34
8	利润	总额		万元	54 017.47	71 558.61	32.47
		其中高压开关部分		万元	35 174.94	51 311.6	45.88
9	年末固定资产	原价		万元	549 277.42	676 663.79	23.19
		净值		万元	398 351.67	488 590.52	22.65
10	流动资产平均余额			万元	713 366.8	888 100.57	24.49
11	工业全员劳动生产率			元/人	27 305.72	35 231.76	29.03
12	流动资产周转率			次	1.28	1.22	
13	销售利税率			%	12.37	13.17	5.98
14	资金利税率			%	10.15	10.3	1.48
15	人均创利税			元/人	10 833.7	13 389.75	23.59
16	税金总额			万元	58 810.12	70 209.4	19.38
17	利税总额			万元	112 827.59	141 768.01	25.65

占比例达到63.12%。这是提高工厂素质，形成规模生产的物质基础，是1997年行业全员劳动生产率大幅度提高的一个重要原因，也说明企业对发展前景充满信心，对提高制造技术水平、产品质量和生产效率的决心很大。

(5) 1997年有34个大、中、小型企业工业总产值超亿元，18个企业工业增加值达5 000万元以上。这些企业分布于全国13个省(市)。其中既有东部沿海地区的企业，也有川、贵、陕、甘等内陆省份的企业；既有西安高压开关厂、沈阳高压开关有限责任公司等大型国有企业，也有天水长城开关厂、镇江电器设备厂、福州第一开关厂、宁波耐吉集团、四川高压开关厂等中小型国有和集体企业。

高压开关设备的生产品种分布情况如下。

(1) 以往高压开关设备的高压、超高压产品主要由五大开关厂生产，现在情况已有变化，不少中小型企业进入110kV级SF_6断路器及110、220kV少油断路器的生产领域。目前具备110～500kV级产品生产能力的企业已达13个。

①生产110～500kV级SF_6断路器的企业有：西安高压开关厂、沈阳高压开关有限责任公司、平顶山天鹰集团有限责任公司(110～500kV)，上海华通开关厂、北京开关厂(110～220kV)，泰安高压开关厂、湖北开关厂、重庆高压开关厂、如皋高压电器厂、湖南开关厂、福州第一开关厂、苏州通用电气阿尔斯通开关有限公司 (110kV)。

②生产110、220kV少油断路器的企业有：西安高压开关厂、沈阳高压开关有限责任公司、平顶山天鹰集团有限责任公司、上海华通开关厂、北京开关厂、重庆高压开关厂 (110、220kV)，湖北开关厂、柳州开关厂、如皋高压电器厂 (110kV)。

(2) 在110kV以下的电压等级中，特别是量大面广的10kV真空断路器、开关柜等产品，中小企业已处于主导地位，并正在趋于规格化生产。

①1997年10kV真空开关产量在1 000台以上的企业有15个 (据初步统计)：陕西宝光电工总厂4 621台，北京开关厂2 945台，宁波耐吉集团有限公司2 765台，天水长城开关厂2 570台，浙江华仪开关厂2 241台，福州第一开关厂1 980台，宁波华通电器成套厂1 922台，厦门ABB开关有限公司1 808台，浙江开关厂1 552台，上海天灵开关厂1 369台，锦州开关厂1 202台，广东珠江开关厂1 194台，上海华银开关厂1 149台，沈阳华利能源设备制造公司1 100台，江苏通华集团有限公司1 038台。

②1997年高压开关柜产量超过1 000面的企业有：镇江电器设备厂8 797面，天水长城开关厂4 346面，上海天灵开关厂2 265面，江苏通华集团有限公司2 163面，四川高压开关厂1 660面，上海华通开关厂1 537面，厦门ABB开关有限公司1 438面，广东珠江开关厂1 240面，宁波华通电器成套厂1 220面，成都通力集团股份有限公司1 100面，福州第一开关厂1 081面，上海广电电气(集团)有限公司1 074面，浙江开关厂1 064面，沈阳华利能源设备制造公司1 000面。

③1997年环网柜主要生产厂有：宁波天安(集团)股份有限公司3 948面，宁波华通电器成套厂2 336面，苏州通用电气阿尔斯通开关有限公司702面，温州昌泰电气有限公司661面，广东顺德开关厂520面。

综上可看出，由于竞争的需要，企业在采用先进的技术装备，形成大批量生产能力的同时，也降低了成本，提高了劳动生产率和产品质量。尤为突出的是10kV高压开关柜、环网柜的生产，以及10kV真空开关、熔断器、隔离开关、接地开关等的生产，正在逐步趋向规模化。这正是那些近年来以中压产品为主的中小型优势企业的发展特点。

主要开关厂的经济指标情况。表2按销售收入列出1997年前二十名主要开关厂的经济指标完成情况。

西安高压开关厂、沈阳高压开关有限责任公司、平顶山天鹰集团有限公司，生产高压、超高压SF_6开关设备品种规格齐全，尤其是西安高压开关厂和沈阳高压开关有限责任公司具备生产500kV级GIS的能力，是我国高压开关行业的中坚力量，1997年生产经济形势较好。

北京开关厂和上海华通开关厂在高压、超高压方面实力不如前述三大开关厂，但在中压方面占有一定优势。北京开关厂引进西门子公司的3AF系列真空断路器，经过几年消化、吸收，已在国内中压真空断路器方面处于领先地位；上海华通开关厂引进BBC(ABB)公司HB系列中压SF_6断路器和BA1系列高压开关柜，在国内中压SF_6断路器市场占有相当份额。

五大开关厂在工业总产值中占第2、3、5、6、12位，在工业增加值中占1、2、7、9、17位，而在工业全员劳动生产率中只占12、15、16、19、20位。如果算人均利润，五大开关厂将全部排在最后。可供对比分析的是，从表2可以看出，在相同工业总产值或相同工业增加值情况下，五大开关厂税金高出相当产值的集体和民营企业很多。如西安高压开关厂与镇江电器设备厂相比，工业总产值前者为后者的85%，工业增加值相当，但前者比后者多交税1 129万元；又如上海华通开关厂与宁波华通电器成套厂相比，工业总产值和工业增加值前者仅为后者的80.4%和93%，但前者比后者多交税977万元，上海华通开关厂1997年亏损586万元，如与宁波华通电器成套厂交纳同样税金，则变成盈利391万元。这种现象对大型国企的发展带来了一定影响。

产品分类产量 1997年高压开关行业高压开关产品产量(根据182个企业的统计)如表3。

(1) 从表3可以看出，各种电压等级的SF_6断路器产量均有较大幅度的提高。这与表1的分析是一致的。因此SF_6断路器上报资料厂家基本上与1996年相同(仅10kVLW$_3$生产厂少几个)。

表 2 1997 年按销售收入排序前二十名企业的主要经济指标

序号	企业名称	产品销售收入（万元）	工业总产值（当年价）（万元）	工业增加值（万元）	利税总额（万元）	出口创汇（万美元）	全部职工年末人数（人）
1	上海广电电气（集团）有限公司	78 361	52 026	14 390	8 622		947
2	镇江电器设备厂	65 259	70 238	19 210	16 782		1 890
3	西安高压开关厂	58 230	59 609	19 412	7 347	554.43	6 500
4	沈阳高压开关有限责任公司	54 667	55 848	19 433	54 667	164.85	7 225
5	北京开关厂	37 888.9	37 253.6	11 176.1	2 914.7	403.0	2 884
6	平顶山天鹰集团有限责任公司	35 193	37 874	8 299	3 464	121.32	4 914
7	厦门 ABB 开关有限公司	34 616	33 347	16 740	4 780	2 047	357
8	江苏通华集团有限公司	33 008	36 000	14 400	6 540	42.5	1 060
9	宁波华通电器成套厂	24 326	28 049	4 311	3 075		505
10	上海华通开关厂	24 132	22 549	4 006	1 063	119.3	3 452
11	天水长城开关厂	22 175.2	24 070	6 862.3	3 257.7	11.12	2 094
12	宁波天安（集团）股份有限公司	19 531	23 708	5 413.2	6 278	19.75	776
13	宁波耐吉集团有限公司	18 108.5	17 684	9 294	1 449.9		347
14	上海开灵开关厂	15 069.6	15 128	5 858.5	2 263.2		366
15	福州第一开关厂	14 529.6	16 893	6 519.7	2 216.2		985
16	如皋高压电器厂	13 169	12 994	2 595.6	1 040.3	10.75	988
17	四川高压开关厂	12 980	16 156	6 220	1 186	68	582
18	泰安高压开关厂	11 545.3	13 099	3 967.4	1 565.8		1 111
19	四川电器股份公司	9 543	9 180	3 373	2 714	7.68	1 741
20	番禺市开关厂	7 506	11 388	4 303	875		532

表 3 1997 年高压开关产品分类产量

类别 ＼ 产量 ＼ 电压（kV）	500	330	220	110	63	35	20	10	27.5/55
1. SF_6 断路器（台）	16 (11)	21 (22)	664 (592)	1 302 (1 034)	150 (134)	1 766 (1 280)	(6)	4 473* (3 608)	
2. 少油断路器（台）			129 (168)	1 019 (1 248)	160 (204)	1 421 (1 862)	10 (0)	11 787 (18 017)	
3. 多油断路器（台）						1 500 (1 880)		4 342 (4 829)	
4. 真空断路器（台）						2 274 (1 935)	6 (0)	49 928 (48 984)	308 (196)
5. 封闭式组合电器 GIS（间隔）	5 (6)	12.5 (23)	22 (8)	396 (294)					
6. 敞开式组合电器（组）	7 (2)	8 (10)	16 (21)	19 (0)					
7. 金属封闭开关设备（台）						4 817 (5 124)	18	62 621 (63 596)	
8. 环网柜（台）								12 486 (13 897)	
9. 熔断器接触器柜（F—C）（台）								294 (397)	
10. 隔离开关（组）	186 (57)	97 (15)	2 865 (2 312)	5 056 (5 977)	276 (452)	7 547 (8 587)	202 (307)	66 165 (78 587)	
11. 接地开关（组）	33 (8)	4 (0)	356 (186)	71 (37)		112 (397)		18 782 (20 126)	
12. 负荷开关（台）								16 885 (13 688)	
13. 熔断器（只）						11 064 (11 748)	1 500 (0)	267 705 (265 363)	

（续）

产量 类别 \ 电压（kV）	500	330	220	110	63	35	20	10	27.5/55
14. 分段器（台）								13 (8)	
15. 重合器（台）								49 (18)	
16. 高压接触器（台）								894 (2 622)	
17. 箱式变电站（台）						15		1 145 (1 954)	
18. 高压真空灭弧室（包括断路器、负荷开关、接触器用）（只）						4 322 (6 532)	156 (0)	234 058 (228 502)	235 (732)

注：1.（ ）内的数据是1996年247个企业高压开关产品产量的统计数量。

2. 1998年5月5日收到湛江市通用电器集团公司的年鉴资料，其中1997年生产10kV SF_6 断路器1987台数据未计入汇总表中。

(2) 少油断路器产量全面减少属大势所趋，逐年减少是正常的。

(3) 在GIS中，500、330kV产量略减，220、110kV产量增加较多。

(4) 真空断路器在统计厂家少，且如山东淄博开关厂、广东新会电器厂等一些主要生产厂家未报资料的情况下，各电压等级产量仍有所增加，仅10kV产量增幅略小（增长1.93%，944台），说明真空开关的实际产量比1996年也有较大幅度提高。在中压领域，35kV真空断路器占32.7%，10kV占70.7%。

(5) 高压开关柜产量略有减少，主要原因是上报资料厂家比1996年少（1996年247个厂，1997年184个厂）。

(6) 其他各类开关产品：220、330、500kV隔离开关和接地开关产量增幅较大（因这只有几大开关厂能生产，两年上报厂家相同，完全可比）；其余各类开关产品产量与1996年相比略有增减（表3），因统计厂家只占1996年厂家的74%，故可以认为实际产量也是有较大增长的。

表4为1996、1997年各种断路器在所在电压等级中占的比例，全部为按各厂实报数据计算结果。各种断路器所占比例显示，1997年 SF_6 断路器和真空断路器所占比例上升。330kV及以上仍全部为 SF_6 断路器。220kV及以下各种断路器所占比例1997年比1996年升降情况如下：220kV SF_6 断路器增长5.84%，少油断路器下降5.84%；110kV SF_6 断路器增长10.79%，少油断路器下降10.79%；63kV SF_6 断路器增长7.87%，少油断路器下降7.87%；35kV SF_6 断路器增长6.97%，少油断路器下降6.39%，多油断路器下降5.45%，真空断路器增长4.87%；10kV SF_6 断路器增长1.56%，少油断路器下降7.18%，多油断路器下降0.24%，真空断路器增长5.86%。

市场及销售 从1997年生产的各种断路器所占比例情况看，63kV及以上电压等级 SF_6 断路器持续增长，少油断路器持续下降。尽管短时期内63～220kV少油断路器还不能完全被 SF_6 断路器所代替，但是少油断路器逐年减少的趋向不会改变。

中压领域仍是 SF_6 和真空逐年增加，而少油、多油逐年减少。35kV级 SF_6 断路器的增长比真空断路器稍快（多2.1个百分点），但10kV级真空断路器增长更快一些。

与电力工业发展密切相关的110～500kV开关设备，1997年除330kV级（仅西北电网）SF_6 断路器、GIS、敞开式组合电器略有减少外，110、220和500kV级包括断路器、敞开式组合电器、隔离开关、接地开关等都是增加的。这至少说明1996年电力建设速度放慢的现象已有所改变。1998年随着三峡工程推进全国联网建设，加大电网改造，城市电网建设和改造规模不断扩大，扩建110、220kV城网改造工程以及农村电网建设的输、配电工程量大等，均给高压开关行业带来良好发展机遇，因此高压开关产品市场前景将会更好。

表4 1996、1997年各类断路器所占比例

（单位：%）

电压（kV）	500		330		220		110		63		35		10	
年份	1996	1997	1996	1997	1996	1997	1996	1997	1996	1997	1996	1997	1996	1997
SF_6 断路器	100	100	100	100	77.89	83.73	45.31	56.1	40.52	48.39	18.40	25.37	4.78	6.34
少油断路器					22.11	16.27	54.69	43.9	59.48	51.61	26.8	20.41	23.89	16.71
多油断路器											27	21.55	6.40	6.16
真空断路器											27.8	32.67	64.93	70.79

1997 年全行业高压开关设备出口 4 257.862 万美元，与 1996 年出口 3 815.45 万美元相比略有增长，说明我们在开拓国际市场方面进展不大。

新产品 1997 年西安高压电器研究所为 70 个科研与生产单位的 10 类 77 种产品颁发了 195 个产品型号与使用证书，其中颁发证书 32 个、使用证书 163 个(颁发证书的为新开发产品，使用证书为转厂试制产品)。

在高压开关行业，具有真正意义的研制开发新产品能力的，只有五大开关厂等少数企业，多数厂的新产品开发只是测绘或转厂试制，与机械工业部“三大战役”提出的产品开发能力提高的要求差距还比较大。

1997 年全行业新产品开发费用达 26 996.3 万元，其中用于高压开关开发的为 20 040.55 万元，均比 1996 年增长 50%以上。说明各企业对不断开发新产品有了更深刻的认识。但是在 166 个厂中还有 28 个厂新产品开发投资为零，其中有 21 个厂利润排序在 110 名以后。可见新产品投资太少，甚至不投资，必将影响企业发展的后劲。

质量及质量管理 1997 年国家技术监督局未组织对高压开关产品的质量抽查。但随着机械工业部“三大战役”的深入开展，行业内各厂已对质量和质量管理十分重视。1997 年高压开关行业有 29 个企业通过了 ISO9001 认证，其中北京开关厂通过了瑞士国际认证公司(SGS)ISO9001 质量体系认证。

1997 年高压开关分会还组织绝缘、触头、铸件专业组对部分高压开关配套件生产厂进行了生产厂必备条件评审，已通过评审的有 8 个企业。

〔撰稿人：中国电器工业协会高压开关分会刘丹　审稿人：西安高压电器研究所朱文熙〕

二、电瓷避雷器

生产发展情况 1997 年生产电瓷避雷器的企业约有 200 个，其中骨干企业 11 个、大中型企业 31 个。随着改革的不断深入，部分企业所有制也随之改变，特别是非国有企业发展较快。

根据对 31 个企业的统计，主要生产指标完成情况以及经济指标处于行业领先地位的 15 个主要企业和 11 个骨干重点企业生产经济指标完成情况及其占所统计 31 个企业的比例见表 5。

市场及销售 据 1997 年对 31 个电瓷厂家统计，国内销售收入为 131 090.42 万元，国外销售收入为 2 550 万美元。出口产品主要包括瓷、玻璃绝缘子、电容套管、熔断器、高压避雷器等产品。产品主要销往印度、印尼、菲律宾、约旦、韩国、泰国、美国、意大利、西班牙等国家。

表 5 1997 年 11 个骨干重点企业及 15 个主要企业经济指标占所统计 31 个企业的比例

指标名称	单位	统计的 31 个企业实际完成	11 个骨干重点企业		15 个主要企业	
			实际数	占 31 个企业比例（%）	实际数	占 31 个企业比例（%）
1. 工业总产值（不变价）	万元	138 565.09	100 879.45	72.8	109 536.45	79.05
2. 年末固定资产原价	万元	229 051	188 784	82.4	204 145.3	89.1
3. 年末固定资产净值	万元	149 433	124 084	83	133 274.4	89.18
4. 利润总额	万元	−6 975.75	−6 754.86		−8 211.68	
5. 实现利税	万元	4 016.44	1 375.17	34	568.67	14.14
6. 高压电瓷产量	t	89 141	60 726.76	68.28	69 701.76	78.37
其中：线路用	t	57 178	38 369.33	65.1	43 395.33	73.6
电站电器用	t	29 626	22 957.43	75.5	26 666.43	87.8
其中：110kV 瓷套	只	25 888	25 334	97.86	25 888	100
220kV 瓷套	只	10 113	9 804	96.94	10 113	100
330kV 瓷套	只	1 106	1 106	100	1 106	100
500kV 瓷套	只	41	41	100	41	100
110kV 电容套管	根	4 796	4 796	100	4 796	100
220kV 电容套管	根	784	784	100	784	100
330kV 电容套管	根	14	14	100	14	100
500kV 电容套管	根	30	30	100	30	100
110kV 棒形	只	81 819	81 205	99.25	81 819	100
220kV 棒形	只	44 911	44 739	99.6	44 739	99.6
330kV 棒形	只	1 003	1 003	100	1 003	100

(续)

指标名称	单位	统计的31个企业实际完成	11个骨干重点企业		15个主要企业	
			实际数	占31个企业比例（%）	实际数	占31个企业比例（%）
500kV 棒形	只	1 818	1 818	100	1 818	100
7. 高压避雷器产量	只	351 665	81 313	23.26	157 336	44.74
其中：110kV 避雷器	只	5 968	2 833	47.9	5 968	100
200kV 避雷器	只	1 780	1 116	62.27	1 780	100
360kV 避雷器	只	83	83	100	83	100
500kV 避雷器	只	264	264	100	264	100
8. 产品销售收入	万元	131 090.42	96 231.07	73.41	104 750.07	79.9

表6　1997年行业国内销售收入与出口产值前十名企业

名次	企业名称	国内销售收入（万元）	名次	企业名称	出口产值（万元）
1	南京雷电（集团）有限责任公司	23 681	1	大连电瓷厂	7 446
2	抚顺电瓷厂	18 065	2	福建恒通电瓷有限公司	4 491
3	大连电瓷厂	13 863	3	苏州电瓷厂	3 849
4	西安高压电瓷厂	13 542	4	南京雷电（集团）有限责任公司	3 465
5	苏州电瓷厂	8 938	5	抚顺电瓷厂	2 337
6	南阳避雷器厂	6 599	6	醴陵电瓷厂	1 294
7	福建恒通电瓷有限公司	6 395	7	萍乡电瓷厂	1 163
8	醴陵电瓷厂	6 071	8	重庆电瓷厂	988
9	上海电瓷厂	4 904	9	西宁高压电瓷厂	685
10	唐山市高压电瓷厂	4 519	10	牡丹江电瓷厂	536

1997年按国内销售收入与出口产值前十名企业的排序详见表6。

产品分类产量　1997年高压电瓷避雷器产品约有1 200多种，分别包括高压电瓷、高压避雷器。各种产品产量详见表7。

表7　电瓷避雷器行业各类产品产量

产品名称	单位	产量
1. 高压电瓷	t	89 141.44
其中：线路电瓷	t	59 178
电站电瓷	t	29 626
其中：110kV 瓷套	只	25 888
220kV 瓷套	只	10 113
110kV 棒形	只	81 819
220kV 棒形	只	44 911
2. 低压电瓷	t	1 963.38
3. 高压避雷器	只	351 655
其中：110kV 及以上	只	8 311

新技术及科研成果　1997年行业共完成科研课题64项，主要有：500kV复合外套避雷器（西安电瓷研究所）、220kV及以下电压等级金属氧化物避雷器整体残压测试装置（西安电瓷研究所）、500kV系列户外棒形支柱绝缘子（抚顺电瓷厂）、ϕ40×23阀片大电流达65kA、ϕ100厚阀片成型工艺（上海电瓷厂）。

新产品　1997年完成新产品211项，主要有：

（1）线路绝缘子：XWP-210双层耐污盘形悬式绝缘子（苏州电瓷厂）、XP-160高压线路盘形悬式瓷绝缘子（苏州电瓷厂）、XWP2-160高压线路耐污盘形悬式瓷绝缘子（苏州电瓷厂）、LXZY-160～300型系列直流盘形悬式玻璃绝缘子（南京雷电集团公司）、电力线用110～500kV复合棒形绝缘子（西安电瓷研究所）、XP-300盘形悬式瓷绝缘子（大连电瓷厂）、50kV/160kN复合绝缘子（大连电瓷厂）。

（2）棒形支柱绝缘子：500kV系列棒形支柱绝缘子（抚顺电瓷厂）、500kV湿法棒形支柱绝缘子（西安高压电瓷厂）、220kV棒形绝缘子系列（红星电瓷厂）、ZSW1-330/6D户外耐污棒形支柱瓷绝缘子（唐山高压电瓷厂）。

（3）金属氧化物避雷器：交流系统用串联间隙金属氧化物避雷器（苏州电瓷厂）、500kV交流系统用悬挂式复合外套无间隙金属氧化物避雷器（西安电瓷研究所）、110kV级SF_6罐式无间隙金属氧化物避雷器（西安电瓷研究所）、110kV 耐污型避雷器瓷套系列（红星电瓷厂）、6～35kV 复合外套避雷器（金冠公司）。

1997 年行业新产品获奖情况：

（1）获国家级新产品称号的有：Y20W5-444/1063 型金属氧化物避雷器（西安高压电瓷厂）、XP-300 盘形悬式瓷绝缘子（大连电瓷厂）、XWP-210 双层耐污盘形悬式绝缘子（苏州电瓷厂）、交流系统用有串联间隙金属氧化物避雷器（苏州电瓷厂）。

（2）获部级新产品称号的有：110kV/630-1600A 油纸穿墙套管（抚顺电瓷厂）、500kV 系列棒形支柱绝缘子（抚顺电瓷厂）、500kV 复合外套避雷器（西安电瓷研究所）、XP-160 高压线路盘形悬式瓷绝缘子（苏州电瓷厂）、XWP2-160 高压线路耐污盘形悬式瓷绝缘子（苏州电瓷厂）、电力线路用 110～500kV 复合绝缘子（西安电瓷研究所）。

（3）获省级新产品：XZP1-210 直流盘形悬式瓷绝缘子（大连电瓷厂）、35kV 复合外套金属氧化物避雷器（西安高压电瓷厂）。

基本建设及技术改造 1997 年行业有 14 个单位进行了不同程度的基本建设和技术改造。总投资额约 10 388 万元，主要为企业的基本建设，如厂房改造、窑炉建造、避雷器生产能力的扩大、SF_6 高强度瓷套工程、电容套管、复合绝缘子厂房改建扩建工程、等静压生产线、等温高速烧嘴车底窑、球磨机、练泥机等。进行技术改造的主要企业有：抚顺电瓷厂、重庆电瓷厂、西北电子城避雷器厂、河南红星电瓷厂、个旧市高压电瓷厂以及西安电瓷研究所等单位。

对外合作 日本 NGK 公司与唐山高压电瓷厂签订了“改善计划书”，该厂改善质量管理，日中人员密切合作，加强管理及技术攻关，质量有所提高。

山东淄博电瓷厂 1996 年 12 月 3 日在澳大利亚悉尼签订了合资经营合同，成立淄博摩根绝缘子有限公司于 1997 年元月 27 日办理了工商注册登记。合资公司从 3 月 10 日开始运行。此次中外合资双方共投入 1.05 亿元，其中中方以厂房、设备、土地入股，占投资总额的 40%，外方以现汇、技术入股占投资总额的 60%。目前，合资双方的投入已全部到位，生产经营工作已进入正常运行阶段。合资公司将充分利用国内销售网络并使其产品的 50% 销往国际市场。

管理及改革 （1）红星电瓷厂经过大规模的技术改造，固定资产达到 1.14 亿元，占地 37.7 万 m^2，已被列为国家大型二档企业。（2）南阳金冠公司进入全国电子元器件工业百强企业前十名，被省工会确定为全省 11 家“AAA”荣誉企业之一，连续六年获得河南省电子行业明星企业。（3）石家庄市华新电瓷厂获农业部全面质量管理达标企业称号，获河北省人民政府骨干企业称号。

〔撰稿人：西安电瓷研究所张纪宁、陈嘉明 审稿人：西安电瓷研究所吕怀发〕

三、保护继电器及其装置

生产发展情况 1997 年继电器及其装置行业共统计了 52 个企业（其主要产品年生产量约占全行业总量的 80% 以上），其中国有企业 18 个，集体企业 22 个，各类股份制企业 6 个，中外合资企业 3 个，民营企业 3 个。1997 年行业的生产特点基本呈现为：资金运行紧张、拖欠货款严重、订货略显不足。全行业全年实现工业总产值不变价 169 630 万元，当年价 195 200 万元；利润总额 18 524 万元；全年工业增加值 59 189 万元，比上年的 46 295 万元增长了 27%，成为增幅较大的一年。但从各企业的经济指标横向对比，差异较大，企业之间的生产发展不平衡，效益好的企业生产发展速度较快，而行业内却有 9 个企业的利润出现负增长。行业骨干企业许继集团有限公司组建于 1996 年 12 月份（其下属的上市公司许继电气股份有限公司于 1997 年 4 月向社会公开发行股票），是一个以电力系统继电保护和自动化控制设备的开发、生产为主的大型高科技企业，近几年产值、利润一直名列行业榜首。1997 年全年工业总产值（当年价）、工业增加值、利润总额分别为 71 003万元、22 527 万元和 8 021 万元，占全行业的 36%、38% 和 43%。其综合经济效益指数达到 1.81，远远超过行业标准值（1.00）和行业平均值（1.10）。许继集团的主要产品产量为：继电器 34 万只、继电保护及自动化设备 2 212 面（套）、常规控制保护屏（柜）7 469 面（套）、高低压开关 1 317 面（台）。

行业的另一个骨干企业阿城继电器集团有限公司在市场竞争激烈、包袱沉重和资金困难的情况下，积极开拓市场，寻找新的经济增长点，在技术合作方面狠下功夫，分别与哈尔滨船舶学院、哈尔滨工业大学等单位进行技术合作，使高新技术产品的产量和销量有所增加，该厂 1997 年工业总产值当年价 31 678 万元，销售产值 28 895 万元，稳中有升。全年生产继电器 37 万只，继电保护及自动化设备 1 847 面（套），控制保护屏 2 932 面（套），高低压开关 642 面（套）。上海继电器有限公司也是行业骨干企业之一，1997 年总的生产规模增长 17%，而高科技新产品的增幅则达 53%。近年掘起的后起之秀成都通力电器集团股份公司 1997 年完成工业总产值当年价 10 405 万元，完成销售收入 22 158 万元，实现利润 1 769 万元，其高低压开关柜的产量高达 3 227 面（台），位居行业第一。淄博科汇电气有限公司以其“小而精”成为本行业经济效益最好的企业，其综合经济效益指数达到 2.83，超过行业平均水平 173 个百分点。

产品分类产量 本行业主导产品为继电器、继电保护及自动化设备。近年来，随着电力、机械工业的发展、市场需求的变化和行业间的不断渗透，部分企业同时开发了一些边缘产品，如：高低压开关柜、断路器、干式变压器等，产品结构有所改变。1997 年统计的产品分类产量为：有或无电气继电器 383 万只，保护继电器（量度继电器）131万只，继电保护及自动化设备7 599面（套），控制及继电保护屏（柜）16 959面（套），高低压开关11 198面（台），其他65 930台（套）、80万件。

市场及销售 1997年全行业销售总额204 109万元，国内销售工业产值（当年价）179 634万元，行业全年出口交货值4 201万元。其中主要出口厂家有：成都通力集团股份有限公司（1 100万元）、汕头经济特区自动化电器设备总厂（1 000万元）、许继集团有限公司（856万元）、上海继电器有限公司（640万元）、沈阳铁路信号工厂（390万元）、阿城继电器集团有限公司（62万元）。主要出口地区为东南亚。中国贵航天义电工厂具有军工企业技术先进的优势，在新的经济形势下，他们积极开发民用产品，扩大市场占有率，研制出航空用继电器、接触器供应航空主机厂，汽车继电器配套供应上海大众、东风汽车公司、一汽大众、神龙公司和摩托车行业等厂家，配套份额占50%左右，使其销售收入跃居行业前八名。

全行业国内销售收入前十名排序为：(1) 许继集团有限公司（65 039万元），(2) 阿城继电器集团有限公司（27 860万元），(3) 南京电力自动化设备总厂（26 849万元），(4) 成都通力集团股份有限公司（22 138万元），(5) 上海继电器有限公司（9 933万元），(6) 沈阳铁路信号工厂（7 597万元），(7) 汕头经济特区自动化电器设备总厂（6 000万元），(8) 中国贵航天义电工厂（5 452万元），(9) 广州电器工业公司（4 777万元），(10) 保定继电器厂（3 932万元）。

新技术及科研成果 1997年全行业共完成工艺攻关项目40余项，主要包括：(1) 丙烯酸聚氨酯磁漆的应用（阿城继电器集团有限公司）。该项目应用到新产品开发和在产品的质量提高上，效益十分显著，当年实现经济效益1 000万元左右。(2) 聚碳酯酸透明壳体工艺攻关（许继集团有限公司）。该项目针对壳体的变色、开裂，进行了多次试验研究，使聚碳酯酸透明壳体的质量得到保证。(3) 印制板热风整平工艺研究及应用（许继集团有限公司）。该项目成功地研制出从绘图、制板到成型等工艺结合在一起的印制板一条龙生产线，使许继公司印制板的制造质量上了一个新台阶。(4) 大型柜架（热工柜）冷磷化处理工艺（上海继电器有限公司）。(5) UP-100新材料成型性能研究及应用（许继集团有限公司）。

1997年继电器及其装置行业承担的国家"九五"攻关项目：(1) 城网无人值班变电站微机综合自动化监控系统的研制（承担单位：许继集团有限公司、许昌继电器研究所、山东工业大学），已完成软件编制和样机制造，目前正在进行工程联调，按计划将在1998年底全部完成。(2) 三峡工程同杆并架超高压输电线路保护装置的研制（承担单位：许继集团有限公司、许昌继电器研究所），该项目1997年10月立项，当年完成保护总体配制方案和硬件设计方案的确定工作。(3) 三峡工程发电机项目研究（许继集团有限公司、许昌继电器研究所、清华大学），该项目1997年10月立项，当年完成总体方案设计及论证，预计1998年完成软硬件方案设计及模拟样机实验。

新产品 1997年继电器及其装置行业共有140多种新产品通过鉴定。其中获得省部级以上鉴定的近50种。高科技企业许继集团有限公司主持开发研制的许继牌ZKH-11型电铁馈线高阻接地保护装置和WKH-1型微机电铁馈线成套保护装置等高新技术产品通过国家级鉴定，ESB-550型电力线载波机通过部级鉴定，XWJK-1000A型变电站微机监控系统通过河南省机械厅和电力局联合组织的省级鉴定：另有WGQ-2型微机故障启动装置、WL-1型微机过流保护装置、WBH-110型微机变压器成套保护装置、WDT-1型微机可编程备用电源自投装置等26种新产品通过企业组织的鉴定。WKH-1型微机电铁馈线保护装置是牵引变电所微机自动化系统的重要组成设备之一，是基于计算机继电保护原理，用单片机实现的新型电气化铁道馈线保护装置。该装置的各个部分均采用独立插件形式，采用多CPU结构，具有很强的在线自诊断功能，对有可能由自身引起的误动作，能进行有效的闭锁。该装置以四边形特性的距离保护及电流速断保护作为主保护，用三次谐波拟制特性的高阻保护作为后台保护。除此之外，该装置还具有故障测距、数据通信及简化故障录波等功能。WBH-110型微机变压器成套保护装置主要用于220kV及以下各电压等级的变压器，构成成套保护。该装置采用主从式分层多CPU并行工作的系统结构，上层为单元管理机，对整套保护实现信息的统一管理与传递，下层为保护功能模块，实现保护算法功能。该装置投退灵活，适用于三圈或二圈变压器。

南京电力自动化设备总厂研制的WBZ-02～04型微机变压器保护装置、WGC-11型微机高频收发信机等7种新产品通过电力工业部电力机械局组织的部级鉴定，另有10种产品通过企业组织的鉴定。

上海继电器有限公司完成12种新产品的鉴定，其中IE级继电器、WGT-01型微机故障探测仪等产品通过上海市有关部门组织的鉴定。

鞍山继电器厂的CZZ-1型变电站综合自动化成套装置通过主管部门组织的新产品鉴定。

此外，苏州继电器厂的JC-7型冲击继电器等3种新产品通过企业鉴定，淄博科汇电气有限公司的微机控制直流电源通过省级鉴定、C80市话电缆故障测试装置通过企业鉴定。中国贵航天义电工厂的JQ501F、JQ911、JQ304、JQ306等4种继电器通过企业组织的鉴定。

质量及质量管理 截止至1997年底本行业已有11个企业通过GB/T19000（ISO9000）质量管理和质量保证体系的认证，包括：许继集团有限公司、成都通力电器集团公司、汕头经济特区电器仪表成套厂、汕头经济特区自动化设备厂、中国贵航天义电工厂、温州南洋电器有限公司、南京电力自动化设备总厂、洪都无线电厂、阿城继电器集团公司、阿城继电器二厂、阿城继电器三厂。其中排在后面的6个企业是1997年通过认证的。

中国继电器质量监督检验中心1997年共接受165种新产品的委托检验（定型检验）。根据国家技术监督局下达的监督抽查任务，该中心在1997年三季度对电压继电器质量进行了监督抽查，共抽取20个企业的21种产品（所抽企业占全国生产企业的80%左右，所抽企业产品数量占全部生产企业产品数量的90%以上）。其中19种产品合格，2种产品不合格，合格率为91%；参加抽检的20个企业中，18个合格，2个不合格，企业合格度为90%，这是历年国家监督抽查结果最好的一次。抽查中发现，静态型产品质量较差，其主要原因是新增加的一些小型企业错误地认为静态产品比较容易生产，即所谓“投资少，见效快”。而事实上静态产品属于高科技产品，不仅需要一批高科技人才，还要求配备先进的测试设备，对采购的元器件进行老化筛选、生产中的防静电措施以及严格的出厂检验等等。除此之外，投产前的型式试验更是质量控制的关键，以上种种，是许多小型企业无法具备的。

基本建设及技术改造 1997年共完成基本建设投资5 432万元，完成技术改造投资21 692万元，全年用于技术开发的投资突破9 000万元。上海继电器有限公司消化引进德国SEG公司继电保护技术、开发微机保护及电站综合自动化系列产品的生产能力技改项目，总投资2 828万元；阿城继电器有限公司实施了继电器基础元件技术引进及改造项目，总投资3 000万元。中国贵航天义电工厂对“七五”技改生产线和“八五”汽车继电器生产线进行了完善和改进，保证了工厂年产440万台汽车继电器的生产能力。许继集团控股的许继电气股份有限公司用于基建与技术改造的实际投资额达1.9亿元，其中包括：(1) 重大技术装备技术改造项目；(2) 印制电路板贴装柔性技术和生产线技术改造项目；(3) 500kV级高压直流输电技术改造项目；(4) 500kV超高压输变电保护技术改造项目；(5) 电力系统自动化设备生产控制技术改造项目。以上项目将在1998年底前全部完工。

对外合作 1997年引进国外先进技术及设备主要有：许继集团有限公司引进德国500kV输变电保护设备贴装柔性生产线，沈阳铁路信号工厂引进美国三坐标测量机，中国贵航天义电工厂引进德国汽车继电器全自动装配线，成都通力集团股份有限公司引进日本数控冲压机、折弯机、剪切机和引进英国喷涂设备。

管理及改革 1997年继电器及其装置行业加强本行业协会组织的管理，进行了分会理事会的换届工作。根据中国电器工业协会的布置和要求，组织开展产品质量工作，结合本分会的实际，拟订《推荐产品实施细则》，并推动“产品质量承诺活动”，共有6个企业的32个产品申报了“推荐产品”，有8个企业申请参加“产品质理承诺活动”。为了共同研讨、交流企业的质量管理工作，解决重大的共性质量问题，本分会还成立了质量工作委员会。一年来，分会的价格工作委员会做了大量实质性工作，组织主要企业负责产品价格的主管人员研讨交流，提出了一套适应新形势的科学计价方法。特别对技术含量较高的产品计价原则和物资采购价格管理方面的问题进行了研讨、协调、统一。在加强统计基础工作方面，建立了行业统计信息库，采用了计算机管理技术。

继电器及其装置行业分会协助中国电器工业协会于1997年6月份在河南省许昌市召开了电器行业企业文化建设现场经验交流会，86名电器行业企业党、政、工主要领导及有关人员参加会议。会上，许继集团有限公司等单位进行了大会发言。

企业结构调整与改革方面，许继公司在许继电气股份有限公司基础上组建了许继集团，下属二十几个子公司。阿城继电器厂也实施了集团化改组，组建了股份有限公司。目前，继电器及装置行业有7个股份制企业，它们是：许继集团许继电气股份有限公司、阿城继电器集团阿城继电器股份有限公司、长征电器集团长征电器八厂、成都通力电器集团公司、淄博科汇电气有限公司、正泰集团乐清市佳利继电器厂、宁化前进电器有限公司。目前淄博科汇电气有限公司正以发起人形式筹建山东省科汇电气股份有限公司。1997年上市的股份制企业有许继集团许继电气股份有限公司、长征电器集团长征电器八厂。一年来，“许继电气”股票以绩优股和高科技股的双重优势显示了较强的成长性。成都通力电器集团公司加大“产、学、研”结合力度，与四川联合大学合作成立综合自动化工程中心，使科学技术转化为生产力更为便捷，加快了企业生产技术管理的现代化进程。

〔撰稿人：许昌继电器研究所、继电器及其装置分会朱瑞萍　审稿人：许昌继电器研究所、继电器及其装置分会姚　武、钟锡龄〕

〔责任编辑：张友鹤〕

防爆电器

〔机械工业部〕

生产发展情况 截止至1997年底，全国有各种经济类型，跨行业的生产企业200多个，年产值约10亿元。其中主要企业45个，职工总数19 100人，工程技术人员2 010人，全年完成产值57 672万元，比上年增长8%；工业增加值14 764万元，比上年增长8.4%；实现利润1 580万元，比上年增长10%。1997年防爆电器行业骨干企业八项经济效益指标排序如表1所示。

表 1　1997 年防爆电器行业主要企业经济效益指标

企业名称	经济效益综合指数（%）	总资产贡献率（%）	资本保值增值率（%）	资产负债率（%）	流动资金周转率（次）	工业成本费用利润率（%）	全员劳动生产率（元/人）	工业产品销售率（%）
国营启东防爆器仪表厂	207	57.6	128.9	48.2	3.75	4.6		98.8
浙江华荣防爆电器有限公司	170	30.8	83.9	39.1	2.56	14.6		94.6
合肥开关厂	162	31.0	146.0	72.2	0.76	7.8		91.4
乐清电光防爆开关厂	153	29.7	336.7	48.9	2.48	7.78	16 087	88.8
正泰集团三洲电器有限公司	134	17.2	104.0	77.8	1.65	10.2	13 296	100.0
长治防爆电器厂	84	6.3	113.0	68.5	0.91	4.3	9 773	88.0
宿州煤矿电器厂	79	4.8	85.1	56.6	1.31	3.65	28 889	97.1
辽源煤矿电器设备厂	60	1.4	82.7	90.0	1.03		9 044	74.5
四平开关厂	31	6.0	74.8	84.7	1.02	0.16	8 198	
徐州煤矿机械厂	22	2.8	38.8	61.2	0.56	1.06	12 264	76.3
长征电器十一厂	17	2.1	40.8	95.9	0.31	−15.8	22 399	49.2
博山防爆电器厂	12	2.7	16.1	52.8	0.61	−5.2	8 786	104.0
湘潭电机厂变压器厂	9	0.4		71.5	0.61	−7.4		
汾西机器厂十二分厂	6	5.9	36.3	100.0	0.81	−4.9		100.0

产品分类产量　防爆电器产品划分为：防爆馈电开关、防爆起动器、防爆继电器、防爆主令电器、防爆制动电器、防爆插接电器、防爆接线盒、防爆保护装置、防爆高压开关、防爆电控设备、防爆箱及防爆其他类共十二大类。1997 年主要防爆电器产品产量见表 2。

表 2　1997 年主要防爆电器产品产量

产品名称	单位	产量	比上年增长 %
矿用隔爆型高压配电装置	台	2 830	4.0
矿用隔爆型电磁起动器	台	72 300	4.0
矿用隔爆型馈电开关	台	11 800	2.6
矿用隔爆型检漏继电器	台	4 520	2.0
矿用隔爆型变压器装置	台	4 310	2.7
矿用防爆主令电器	台	152 000	2.7
矿用防爆成套电控	套	1 640	8.3
矿用隔爆型插销及插销开关	台	37 950	3.0
矿用隔爆型接线盒	台	183 100	0.5
厂用防爆配电箱	台	4 600	15.0
厂用防爆电磁起动器	台	3 800	15.2
厂用防爆操作柱	台	26 200	6.5
厂用防爆控制按钮	台	62 300	6.1
厂用防爆接线盒	台	238 000	9.7

市场及销售　1997 年全国共生产原煤 14 亿 t，石油化工行业也有较大幅度增长，因此，为煤炭、石油、化工行业服务的防爆电器制造业 1997 年销售形势仍然较好，全行业主要企业销售额为 57 088 万元，比 1996 年增长 8%。主要产品销售数量及销售额见表 3。

表 3　1997 年主要防爆电器产品的销售情况

产品名称	销售量（台）	销售额（万元）
矿用隔爆型高压配电装置	2 880	9 792
矿用隔爆型电磁起动器	73 150	16 093
矿用隔爆型馈电开关	12 300	6 150
矿用隔爆型检漏继电器	4 600	861
矿用隔爆型变压器装置	4 410	1 309
矿用防爆主令电器	162 000	1 717
矿用隔爆型插销及插销开关	38 200	917
矿用隔爆型接线盒	192 300	2 692
厂用防爆配电箱	4 680	4 212
厂用防爆电磁起动器	3 850	1 271
厂用防爆操作柱	26 700	2 136
厂用防爆控制按钮	63 200	505
厂用防爆接线盒	242 000	1 209

1997 年防爆电器行业向俄罗斯、越南、伊朗等国出口各类防爆电器 3 000 余台（套），出口创汇 180 万美元。

1997 年销售收入前十名的企业为：徐州煤矿机械厂 4 883 万元，合肥开关厂 4 406 万元，国营启东防爆电器仪表厂 3 895 万元，乐清电光防爆开关厂 3 880 万元，宿州煤矿电器厂 3 288 万元，浙江华荣防爆电器有限公司 3 198 万元，正泰集团三洲电器有限公司 2 100 万元，长治防爆电器厂 1 837 万元，辽源煤矿电器设备厂 1 304 万元，四平开关厂 1 222 万元。

新技术及科研成果 山西长防—马荷彩电器有限公司引进西门子公司制造技术开发研制成功了8SKC9215系列矿用防爆多回路低、中、高压组合开关,该产品可在低压1 140V以下任意组合2~10个回路及双速多回路,在中、高压3.3kV以上可以任意组合1~4个回路及双速双回路。具有占地面积小、安全可靠等特点,技术性能达到了国外同类产品90年代先进水平。产品主要技术指标:

额定工作电压1.14、3.3、6、10kV,额定工作电流100~400A,机械寿命300万次,电寿命100万次,通断能力4 000A,保护功能包括过流、短路、漏电闭锁、漏电保护、断相、绝缘监测、过电压、电动机热敏等保护,工作状态由数码管显示指示各路工作状态及故障。

新产品 1997年行业开发了BAJ51型防爆加油机计税器、BAK54-50/W脱水阀门防爆控制器、BAT51-1/□厂用防爆可燃性气体探测器、BBD51型厂用本质安全型电动机保护器、BXB1-500/3.3矿用隔爆型保护箱和BKD18、BKD19、BKD20系列矿用隔爆型真空馈电开关等18项新产品。这些产品都是参照国际标准和执行国家标准而设计,主要技术指标先进,可靠性高,满足了用户的使用需要。

质量及质量管理 国家技术监督局对全国56个企业生产的防爆电器和防爆灯具进行了质量抽查,产品抽样平均合格率为71.4%,其中,13个企业生产的防爆操作柱合格率为92.3%,14个企业生产的防爆电磁起动器合格率为78.6%,29个企业生产的防爆照明灯具合格率为58.6%。

根据国家机械工业科学技术发展计划(标准制、修订部分)完成了对《矿用隔爆型高压配电装置》、《矿用隔爆型馈电开关》、《防爆控制按钮》、《户内、户外防爆防腐低压电器》4项行业标准的修订工作,并通过了煤炭、石油化工、机械等行业专家的审查,已上报审批。

根据机械工业部关于标准复审的要求,对1990年以前的防爆电器标准进行了复审,在征求有关行业厂意见的基础上,提出了标准复审结论报告,《防爆电器产品质量分等》等6项标准列入1998年标准化修订计划。

基本建设及技术改造 1997年全行业用于技术改造的投资为2 560万元,比1996年下降2%,其中基本建设投资980万元,技术更新改造投资1 560万元。

管理及改革 中国电器工业协会防爆电器分会于1997年4月在安徽省合肥市召开了二届二次理事会,总结分会1996年工作,研究落实了1997年工作计划,审议并接纳了沈阳德力西防爆电器厂、乐清市飞跃防爆电器厂、乐清市乾宏机电有限公司、德力西集团华夏防爆电器实业公司、乐清环宇防爆电器厂、正泰集团三洲电器有限公司、乐清精工仪表厂、乐清市华通真空开关厂8个单位为新会员,同时对连续不缴纳会费,不参加活动的6个企业予以除名。

根据防爆电器推荐产品评定实施细则,组织行业专家对合肥开关厂、沈阳市中兴防爆电器总厂等7个企业申报的38个项目进行了评审,其中长防—马荷彩电器有限公司的BKD1矿用隔爆型真空馈电开关、合肥开关厂的BQD7系列矿用隔爆型真空电磁起动器、BXK11矿用隔爆兼本安型胶带运输机集中控制箱、BKD6-630矿用隔爆型真空馈电开关、BZA2-1、2、3矿用隔爆型控制按钮、沈阳市中兴防爆电器总厂的LBZ-10防爆操作柱、LBQC-45防爆电磁起动器、XDB、XD(M)C防爆动力(照明)配电箱、ceG、cc□防爆灯、国营启东防爆电器仪表厂的NGd$1^1/_2$×1 400防爆挠性连接管、JHd防爆分线盒、瓦房店防爆电器厂的BHG1矿用隔爆型高压电缆接线盒、博山防爆电器厂的BQD13系列矿用隔爆型真空电磁起动器、沈阳防爆电器制造总厂的BQD4系列矿用隔爆型电磁起动器共15种产品作为第一批推荐项目上报总会批准并发放了推荐产品证书。

〔撰稿人:沈阳电气传动研究所李绍春 审稿人:沈阳电气传动研究所万邵珀〕

〔责任编辑:张友鹤〕

电线电缆

〔机械工业部〕

生产发展情况 1997年,电线电缆的生产与上年相比有年下降,据机械工业部生产与信息统计司对254个电线电缆生产企业的统计,1997年完成不变价工业总产值2 123 068万元,比上年增长-5.5%,完成工业增加值382 050万元,比上年增长-6.8%。

1997年机械工业线缆企业完成主要产品产量:钢芯铝绞线119 076t,比上年增长14%;电力电缆170 005km,比上年下降6%。

1997年电线电缆行业骨干重点企业完成的主要经济指标见下表。

市场及销售 1997年机械工业线缆企业产品销售完成情况:钢芯铝绞线累计销售115 495t,比上年增长18%,产销率97%,期末库存14 796t;各类电力电缆累计销售166 327km,比上年下降1.48%,产销率98%,期末库存40 138km。

1997年各主要电线电缆生产企业具体完成工业销售情况如表所示。比外,山东电缆电器股份有限公司销售收入为72 503万元,无锡电缆厂销售收入为43 672万元。

1997 年电线电缆行业骨干重点企业经济指标

企 业 名 称	工业总产值（万元）	固定资产原价（万元）	利润总额（万元）	人均创利税（元/人）	销售收入（万元）
沈阳电缆厂	70 106	139 669	220	2 644	67 853
上海电线电缆集团有限公司	285 231	117 744	6 629	—	288 571
其中：上海电缆厂	96 040	61 191	1 318	3 985	95 264
郑州电缆集团公司	53 082	51 050	1 636	8 042	55 962
红旗电缆工程公司	50 137	35 329	257	6 745	49 787
湖南电线电缆集团公司	—	76 724	143	3 816	132 709
成都电缆股份公司	—	39 095	122	610	19 091
昆明电缆厂	32 955	12 999	1 740	12 310	37 201
天津市电缆总厂	15 457	20 837	41	209	13 825
哈尔滨电缆厂	36 379	27 427	－6 242	—	33 607
西安电缆厂	32 902	32 378	－1 399	—	24 032

据有关方面统计，1997 年电线电缆产品出口创汇 8.7 亿美元，同比增长了 24%；电线电缆产品进口额 9.1 亿美元，同比增长 16.7%。另据机械工业部生产与统计信息司对系统内企业的统计，1997 年 9 个生产企业出口钢芯铝绞线 10 414t，出口创汇 2 637万美元；15 个生产企业出口电力电缆39 691 km，出口创汇 4 765 万美元；3 个企业出口控制电缆 290km，出口创汇 525 万美元。

积极开拓国内外市场，培育新的经济增长点，是近年来电线电缆行业的一个特点。1997 年沈阳电缆厂在中国出口伊朗的重要工程项目——伊朗德黑兰地铁工程竞标中获得地上、地下全部所需交联电缆的供货合同，合同总额 2 亿元。山东电缆电器股份公司在上海浦东国际机场一期工程招标中竞标获胜，获得总额达 4 000 多万元的交联电缆供货合同。昆明电缆厂相继向塞浦路斯、马耳他出口不滴流油浸纸绝缘铅套电力电缆，向印度尼西亚出口防腐型钢芯铝绞线。侯马电缆厂在“兰州—西宁—拉萨”光缆干线通信工程国际招标中竞标获胜，获得 598km 的光缆供货合同。湘潭电缆厂架空导线分厂积极参与市场竞争，强化管理，相继在多条 500kV 输电线路的招标中获胜。武汉电缆集团有限公司发挥优势，抢占三峡电力工程市场，在三峡电力工程 500kV 输变电线路四川长县——万县招标中获得 2 040 万元的供货合同。

新技术与科研成果　机械工业部上海电缆研究所的稀土优化综合处理在电工铝导体中的应用获得 1997 年美国爱因斯坦国际新技术、新成果博览会金奖和第四届上海市科技博览会金奖。在第四届上海科技博览会上该所完成的光纤带及其光纤技术研究、350℃耐高温耐辐射电磁线及引接线、南浦大桥用钢索与锚具的研究及工厂化生产也获得金奖。同时该所的辐照与非辐照交联 F40 绝缘航空导线研制项目获机械工业部科技进步一等奖，智能化建筑用宽带数字通信电缆研究项目获机械工业部科技进步二等奖。

上海电缆厂的 110kV 大长度海底高压充油电力电缆（含软接头）制造技术在 1997 年第 88 届巴黎国际发明展览会上荣获金奖。

湘潭电缆厂特缆分厂开发研制的柔软型抗电磁脉冲超屏蔽电缆、衡阳电缆厂开发研制的光纤着色装置分别获得国家专利局授予的专利。

新产品　1997 年沈阳电缆厂研制开发的 0.6/1kV 乙丙橡皮绝缘热塑性护套无卤低烟核级电力电缆、0.6/1kV 交联聚烯烃绝缘热塑性护套无卤低烟核级控制电缆、6/10kV 乙丙橡皮绝缘热塑性护套无卤低烟核级电力电缆、300/500V 乙丙橡皮绝缘热塑性护套无卤低烟核级热电偶电缆、300/500V 乙丙橡皮绝缘热塑性护套无卤低烟核级仪表电缆通过国家计委、机械工业部、核工业研究院以及清华大学核能技术设计研究院组织的专家鉴定。同时该厂还研制了 0.6kV/1kV 玻璃丝云母带交联聚乙烯组合绝缘耐火控制电缆、0.3～0.4mm 阳极化铝导线、自粘性双玻璃丝铜扁线等新产品。西门子电力电缆（天津）有限公司（SPC）研制的 YJQ03-Z110/1×300，110kV 交联聚乙烯绝缘铅套聚乙烯护套纵向阻水电力电缆通过机械工业部和国家电力公司的新产品技术鉴定。湖北红旗电工集团红旗电缆厂研制的 220kV 油纸绝缘自容式铅套高压充油电缆通过机械工业部、国家电力公司和湖北省科委联合组织的鉴定。上海电缆厂研制开发的 150kV 充油电缆及附件、机场跑道探照灯用辐照交联电缆、低烟无卤阻燃船用电力电缆、低烟无卤阻燃控制电缆通过上海市的鉴定，同时该厂还开发了阻燃纸绝缘电力电缆、纵向阻水交联聚乙烯绝缘电力电缆。湘缆集团研制开发的风机橡套电缆通过省级鉴定。湘潭电缆厂特缆厂研制的 GW 系列起高温电缆通过鉴定，该产品可承受 1 400℃以下的瞬时高温。昆明电缆厂采用溶盐法化学交联料生产的 0.6/1kV 交联聚乙烯绝缘电力电缆通过省级鉴定。邢台电缆厂研制的 500kV 超高压导线和硅烷温水交联电缆通过省级鉴定。成都三电股份有限公司研制生产的 12/20～26/35kV 交联聚乙烯绝缘聚氯乙烯护套阻燃电力电缆、0.6/1kV交联聚乙烯绝缘聚烯烃护套低烟无卤阻燃控制电缆以及0.6/1kV及以下交联聚乙烯绝缘聚氯乙烯护套阻燃控制电缆通过市级鉴定。山东电缆电器股份有限公司研制开发的额定电压10kV自承重集束架空绝缘电缆、硬铜绞线、额定电压0.6/1kV硅烷交联电缆、0.6/1kV塑料绝缘五芯电力电缆等项产品通过省级鉴定。合肥电缆厂研制开发的纸绝缘漆包换位导线和高强度缩醛漆包铜扁线通过省级鉴定。江苏永鼎集团研制生产的中心管式216芯及以下通信用室外光纤带光缆通过中国邮电工业总公司组织的鉴定。上海华新电线电缆有限公司生产的GYXTS-D216芯及以下系列光纤带通信光缆通过鉴定。上海南洋电材公司开发的125℃交联聚烯烃铁路机车车辆电缆通过鉴定。无锡远东集团生产的10～35kV交联聚乙烯绝缘电力电缆通过鉴定。湖北黄石电缆集团研制成功扁形汽车线，该产品是专门配套用于富康轿车。由焦作铁路电缆工厂和北方交通大学光波技术研究所共同研制开发的SLTY-75-32型漏泄同轴电缆和GZSLY-75-32型漏泄波导综合光缆通过铁道部科技司组织的鉴定。辽宁阜新市通讯电缆厂研制生产的电缆分配系统用物理发泡聚乙烯绝缘同轴电缆通过鉴定。

湖南电线电缆集团公司、山东电缆电器集团总公司、江苏宝胜集团公司、东方电工机械股份有限公司继沈阳电缆厂、郑州电缆（集团）股份有限公司之后成为机械工业部第三批技术进步工程试点企业。

质量及质量管理 上海电缆厂、山东泰山国际电缆电器集团有限公司、广东电缆厂、郑州电缆（集团）股份有限公司生产的10～35kV交联聚乙烯绝缘电力电缆被评为1997年中国机械工业名牌产品。同时广东电缆厂、山东泰山国际电缆电器集团有限公司、上海电缆厂被机械工业部评为1997年中国机械工业质量信得过明星企业。

贯彻GB/T19000（ISO9000）系列标准，正逐步成为企业规范其质量管理行为的自我要求，质量体系认证工作在电线电缆行业得到了普遍重视。通过质量体系认证的企业群体已不仅限于一些大型企业，正逐步扩大到中小企业。据初步统计，1997年电线电缆行业约有50个企业通过质量体系认证，比上年增加60%以上。

其中通过GB/T19001（ISO9001）质量体系认证的有：浙江电工器材厂（浙江质量体系审核中心认证，1997年1月），上海电工机械厂（中国方圆标志认证委员会认证，1997年2月），青岛汉缆集团（华信技术检验有限公司认证，1997年3月），大庆市迅达线缆厂（华信技术检验有限公司认证，1997年5月），广州电缆厂（华信技术检验有限公司和北京华欣德机械质量技术检验中心认证，1997年6月），湘潭电缆厂电力电缆厂（华信技术检验有限公司认证，1997年6月），无锡远东集团（华信技术检验有限公司和华欣德机械质量技术检验中心认证，1997年8月），合肥电缆厂（华信技术检验有限公司认证，1997年11月）。已获GB/T19002（ISO9002）质量体系认证的中宝电缆厂和佛山电缆厂申请变更为GB/T19001（ISO9001）质量体系认证，并分别于1997年3月和10月通过认证。

先后通过GB/T19002（ISO9002）体系认证的有：成都三电股份有限公司（中国进出口商品质量认证中心西南评审中心认证，1997年1月），江苏神鸡集团常州东方电缆厂（华信技术检验有限公司认证，1997年1月），黑龙江通信电缆厂（邮电质量认证审核中心认证，1997年1月），苏州特雷卡电缆有限公司（华信技术检验有限公司认证，1997年2月），德阳电缆厂（中国方圆认证委员会巴蜀认证中心认证，1997年2月），重庆电线总厂（中国方圆认证委员会巴蜀认证中心，1997年2月），常州八一电缆有限公司（中国机械工业质量认证中心认证，1997年2月），天津市软线总厂（挪威DNW工业服务公司认证，1997年3月），华北油田万通电缆有限公司（华信技术检验有限公司认证，1997年3月），四川川东电缆厂（四川三峡质量认证中心认证，1997年3月），天津立飞线缆有限公司（长城天津质量认证中心认证，1997年3月），湘潭电缆厂特缆厂（新时代质量体系认证中心认证，1997年5月），邢台电缆厂（挪威DNW工业服务公司认证，1997年5月），天水铁路电缆厂（中国船级社天津分社质量保证体系咨询公司认证，1997年5月），焦作铁路电缆厂（北京九千标准体系认证中心认证，1997年6月），抚顺电缆制造有限公司（中国商检东北质量评审中心认证，1997年6月），烟台企荣科辐电缆公司（原烟台电缆厂，长城“天津”质量认证中心认证，1997年6月），湘潭电缆厂电力电缆厂和架空导线厂（华信技术检验有限公司认证，1997年6月），成都电缆股份有限公司（中国方圆认证委员会巴蜀认证中心认证，1997年7月），上海南洋电缆厂（中国船级社质量认证公司认证，1997年8月），上海高桥电缆厂（北京新世纪质量体系认证中心认证，1997年8月），河北新华线缆集团公司（华信技术检验有限公司和北京化欣德机械质量技术检验中心认证，1997年8月），桂林国际电线电缆集团公司（质量体系西南评审中心认证，1997年9月）；天水铁路电缆工厂（中国船级社质量认证公司认证，1997年9月），海南通信电缆厂（中国商检质量认证中心海南分中心认证，1997年10月），无锡通菱电缆有限公司（邮电通信质量体系认证中心认证，1997年10月），南宁电线电缆厂（中国商检质量认证中心西南评审中心认证，1997年10月），上海诺基亚—麦拉菲尔电缆机械有限公司（德国TUV产品服务公司质量保证体系认证机构认证，1997年10月），西安电缆厂（中国进出口商品质量认证中心西北评审中心认证，1997年11月），衡阳电缆厂（质量认证中心认证，1997年11月），绍兴四通电缆电线总厂（中国商检质量认证中心浙江评审中心认证，1997年11月），铜陵有色金属（集团）公司电线电缆厂（华信技术检验有限公司认证，1997年11月），广东万家乐电缆有限公司（华信技术检验有限公司认证，1997年11月），柳州电缆厂（华信技术检验有限公司认证，1997年12月），海南电缆厂（中国进出口产品质量体系评审中心和德国TUV产品服务公司质量保证体系认证机构联合认证，1997年12月），衡阳电线电缆厂（中国商检质量认证中心湘赣评审中心认证，1997年12月），河北裕桥线缆有限公司（华信技术检验有限公司认证，1997年12月），浙江交联电缆有限公司（华信技术检验有限公司和华欣德机械质量技术检验中心认证，1997年12月），常熟电缆厂（中国机械工业质量体系认证中心认证，1997年12月），东方电工机械股份有限公司（中国商检质量认证中心四川分中心认证，1997年12月）。

上海电缆厂核电质保（按法国法马通公司质保标准AQ/GF-005标准和中国核安全法HAF0400系列标准）通过法国法马通（FRAMATOME）公司的认可。上海南洋电材有限公司的CEF/DA和CEF/SA型系列船用电力电缆通过英国劳氏船级社（GL）的质量认证。

1997年有131个企业通过中国国家电线电缆质量监督检验测中心的电工产品安全认证，有414个企业通过认证复查，同时该中心为84个认证到期（四年）的企业进行了换证。

技术改造及对外合作 1997年中电线电缆行业又有一批重要技术引进和技术改造项目建成和投产：

沈阳古河电缆有限公司总投资4 400万美元，分别从法国、奥地利、芬兰、德国以及美国等国家引进生产及检测设备，历时两年建成的年产280km超高压交联电缆立塔式（VCV）生产线竣工投产，该生产线的电缆最大制造长度为880m，电压等级为110～500kV，截面积可达2 500mm²。

上海电缆研究所完成了对其高压试验大厅的第一期技术改造，购置了Haefely公司的CTT350和WC120脱离子水终端，并顺利完成了对沈阳古河电缆有限公司第一根220kV、1 000mm²交联聚乙烯绝缘电力电缆的电气型式试验，成为目前国内唯一能进行220kV高压交联电缆全套电气型式试验的第三方试验基地。

常州飞捷东方电气有限公司投资3亿元建设的高压交联电缆生产线开工投产，该项目从德国TROESTER公司引进悬链式交联电缆生产线，具有上下牵引双旋转及线芯预热装置；同时还从德国、瑞士、奥地利、加拿大等国引进拉丝机、绞线机、成缆机、护套挤出机、钢丝铠装机及局放检测设备。

中美合作白银通泰电缆（集团）有限责任公司投资3 000多万元建设的10～35kV国产悬链式交联电缆生产机组（包括叉绞机、成缆机以及从德国引进在线检测设备等在内共25台套设备）竣工投产。安徽欣意电缆有限公司投资引进NOKIA-MAILLFER公司交联电缆生产线以及西门子公司检测设备。曲阜电缆集团股份有限公司投资1 200万元的技改项目——连硫生产线竣工投产。天水铁路电缆工厂投资2 700万元引进生产线和关键设备，兴建一条年产6 000km光缆的生产线，预计1998年可投产。焦作电缆厂引进的全塑市话电缆生产线投产。江西电线电缆总厂从英国HOLTON公司引进的挤压式无缝铝管CATV线缆生产线竣工验收。芜湖通讯电缆厂投资550万元，引进两条GSX-2型市话通信电缆高速绝缘芯线串联生产线投产，目前该厂的年生产能力可达60万对km。浙江永翔集团投资1 350万元建设的光缆生产线项目完工，该生产线年设计生产能力4 000km，光缆最大芯数104芯。杭州第二电缆厂投资500多万元引进的1+2+3/1.6m大笼绞成缆生产线投产。

1997年5月8日，由沈阳电缆厂、日本古河电气工业株式会社、日本伊藤忠商事株式会社共同投资兴建的沈阳古河电缆有限公司正式开业。

江西电线电缆总厂与美国ROYLE公司就合资光纤光缆项目签订正式合同。

成都电缆股份有限公司与日本住友电气工业株式会社合资组建成都中住光纤有限公司，合资公司一期工程双方投资800万美元，设计纲领年产光纤300 000km。

美国安德鲁公司（Andrew Co.）在苏州工业园内投资建厂生产同轴电缆。

由华新藤仓新加坡股份有限公司与江苏省邮电管理局、南京新港股份有限公司共同投资兴建南京华新藤仓光通信有限公司，该项目总投资2 950万美元，第一期工程将形成年产光纤30万芯公里、光缆10万芯公里能力。

合肥电工机械厂与台湾华新丽华股份有限公司共同投资建立合肥华新电工机械有限公司，该公司主要设计、生产各类电线电缆专用设备。

由中国电工器材行业协会组织的第六次电线电缆赴日考察团一行16人，于1997年8月31日至9月13日在日本进行了为期14天的考察。

管理及改革 1997年沈阳电缆厂、上海电缆厂、山东电缆厂、杭州中策电缆股份有限公司、邢台电缆厂、江苏宝胜集团有限公司、衡阳电缆厂、浙江交联电缆有限公司、天津市电线厂、河南金龙电缆集团有限公司、新疆特变电工股份有限公司分别获得机械工业部“机械工业企业管理基础工作规范化达标企业”称号。

为了加强机械工业行业协会建设，增强协会的综合服务功能，电工行业协会的组织机构进行了调整，将电工器材、发电设备、电机工业、输变电设备、工业锅炉和电器工业6个行业协会合并为中国电器工业协会，并已经民政部批准成立。电线电缆分会成为中国电器工业协会的直属分支机构。1997年11月在广州召开了中国电器工业协会电线电缆分会第七次会员大会（暨1997年电线电缆行业厂长会议），在此次会议上通过了本届分会的工作报告，进行了换届选举，产生了第四届理事会，有关领导和专家就目前行业的形势和将来的发展作专题报告；召开了分会理事会四届一次会议，并通过分会的工作章程。

各专业委员会也开展了研讨活动。

各地纷纷组建电缆制造的集团企业，湖南组建湖南电线电缆集团公司，该集团拥有湖南电线电缆集团有限公司，核心层企业（全资子公司）：湘潭电缆厂、衡阳电缆厂、衡阳电线电缆厂、涟源电线电缆总厂。集团公司经湖南省政府授权经营管理全资子公司，总部设在湘潭电缆厂。湖北红旗电缆厂和湖北开关厂共同联合组建湖北红旗电工集团有限公司，公司拥有资产近8亿元，年产值10亿元以上；同时，经授权成为国有资产投资主体。重庆市将重庆电线总厂和重庆电缆厂联合组建重庆电线电缆有限责任公司。山西以生产电力电缆的榆次电缆厂和生产电子线缆的山西电子材料厂为主联合组建山西榆次线缆集团公司，该集团公司拥有资产总额1.6亿元。河南省以焦作电缆厂为主组建河南金龙电缆集团有限公司。

现代企业制度改革继续取得进展。云南省建立现代企业制度试点单位——昆明电缆厂进行公司制改制，成立昆明电缆有限责任公司。长沙电缆附件厂改制为长沙电缆附件有限公司。

经国家证监委批准，山东电缆电器股份有限公司的股票"山东电缆"于1997年5月9日在深圳证券交易所挂牌上市。江苏永鼎股份有限公司在上海证券交易所挂牌上市，公司总股本13 500万股，其中向社会公开发行股票为3 500万股。

经国家体改委、国家国资局批准，武汉电缆集团股份有限公司国家股权持有者武汉国有资产经营公司向海南华银国际信托投资公司有偿转让2 229万股，占总股本的29%。1997年9月光大中南国际经济技术合作有限公司已收购了海南华银国际信托投资公司所拥有的武汉电缆股份，成为武汉电缆的第一大股东。

〔撰稿人：机械工业部上海电缆研究所吴士敏
审稿人：机械工业部上海电缆研究所余云龙〕

〔责任编辑：张友鹤〕

绝缘材料

〔机械工业部〕

生产发展情况 1997年绝缘材料行业职工总数34 042人，其中工程技术人员2 846人，占职工总数8.36%。按本年度统计，共有生产企业总数73个，其所有制构成见表1，这些企业不少是综合型的，一个企业生产多类产品。1997年全行业工业增加值为54 875.76万元，工业总产值（不变价）269 480万元，工业销售产值（当年价）257 439万元，销售收入253 181万元，全年已交利税金额10 152万元，全员劳动生产率17 311元/人。

绝缘材料行业部分骨干重点企业的主要经济指标见表2。

产品分类产量 绝缘材料行业产品分类及1997年各类产品产量等经济指标见表3。

市场及销售 1997年绝缘材料行业市场销售畅旺，全年73个企业共销售产品总量109 993t，销售收入为271 448万元，各类绝缘材料产品的销售量和销售收入见表3。

按本行业企业销售收入进行排序，前十名企业见表4。

1997年绝缘材料行业出口产品18 832t，出口交货值为70 272万元，创汇9 036万美元。

按出口创汇额排序，前十名企业见表5。

表1 绝缘材料行业企业按所有制分类情况

项　目	全民所有制	集体所有制	中外合资	股份制	私营经济
生产企业数（个）	32	22	4	12	3
结构比（%）	43.84	30.14	5.48	16.44	4.10

表2 绝缘材料行业部分骨干重点企业主要经济指标 （单位：万元）

企业名称	工业总产值（不变价）	销售产值（当年价）	工业增加值	全年实现利润总额	全年已交利税总额	产品产量（t）
东方绝缘材料厂	20 009	15 878	3 941	200	1 037	8 412
常州绝缘材料总厂	10 904	8 296	1 604	158	693	6 238
诸城四达绝缘材料股份有限公司	11 034	7 788	1 782	918	800	3 977
泰州绝缘材料厂	16 622	12 005	5 670	2 149	1 733	3 882
嘉兴绝缘材料厂	3 469	3 836	792	4.3	0	1 453

表 3　1997 年主要产品经济指标

产品名称	企业数（个）	生产量（t）	销售量（t）	销售收入（万元）
油漆树脂	32	16 603	16 024	21 913
浸渍纤维制品	19	1 339	879	3 558
层压制品	32	33 527	28 655	114 950
电工塑料		37 384	37 213	55 763
云母制品	23	4 127	3 812	16 138
薄膜及复合制品	20	13 991	13 276	32 459
其他	20	5 779	10 134	26 668
合计	146	112 750	109 993	271 448

表 4　1997 年销售收入前十名企业

序号	企业名称	销售收入（万元）	比上年增长%
1	东莞生益覆铜板股份有限公司	56 493	19.9
2	上海化工厂有限公司	28 919	−12.6
3	招远金宝电子有限公司	26 345	36.1
4	东方绝缘材料股份有限公司	16 314	11.5
5	常州绝缘材料总厂	8 296	−24.9
6	诸城四达绝缘材料股份有限公司	7 964	13.9
7	西安绝缘材料厂	6 722	2.8
8	上海塑料厂	5 275	21.6
9	乐清树脂厂	4 972	
10	国营南通电子材料厂	4 830	

表 5　1997 年创汇金额前十名企业

序号	企业名称	创汇金额（万美元）	比上年增长%
1	东莞生益覆铜板股份有限公司	6 213	23.4
2	招远金宝电子有限公司	1 002	44.6
3	珠海海港积层板有限公司	561	67.0
4	沪澄绝缘材料厂	328	—
5	西安绝缘材料厂	155	−1.5
6	上海电机玻璃纤维厂	120	
7	上海塑料厂	89	−46.5
8	东方绝缘材料股份有限公司	86	
9	豫西绝缘材料有限公司	73	
10	嘉兴绝缘材料厂	67	

新技术及科研成果　机械工业部桂林电器科学研究所研制的高强度 F 级多胶粉云母带，柔软易包，室温贮存期长，固化后电气性能好，力学性能，特别是云母带室温冲击强度，155℃下的弯曲强度较桐马体系有显著提高，是我国 300、600MW 大型汽轮发电机组中较理想的主绝缘材料，该项成果获 1997 年机械工业部科技进步三等奖。

西安绝缘材料厂研制的 570-2 桐马环氧玻璃粉云母带具有较好的电气、力学性能，室温柔软贮存期长，各项性能达到 JB6488 部标和 IEC371—36 相应标准。该产品已成功相继用于 600MW 汽轮发电机组和李家峡 400MW 水轮发电机组 1 号机组。

上海云母绝缘材料厂研制的云 454-1 二苯醚聚酰亚胺薄膜玻璃粉云母带是采用的新型复合结构，常态时具有良好的柔软性，优异的电气、力学性能和耐辐射性，适用于耐热等级为 H 级的有耐辐射要求的电机线圈绕包绝缘，已确定为军工产品、核电站用 H 级电机定子绕组的主绝缘材料。该厂研制的另一新产品 5442-1 真空压浸渍用环氧玻璃粉云母带也是一个很有前途的产品，该产品在常态时具有良好的柔软性，用与之相容的浸渍树脂经 VPI 绝缘工艺处理后，固化成型的云母绝缘，增加了云母含量，提高了绝缘性能、质量和运行可靠性，简化了线圈制造工艺，缩短了生产周期，降低了制造成本。

常州绝缘材料总厂研制成功了无盐水针孔聚氨酯漆包线漆和快速聚酯漆包线漆。1995 年该厂根据电子产品发展的需要，曾引进德国贝克公司的聚氨酯漆包线漆工艺配方，但种种原因该漆达不到无盐水针孔这一特定技术指标要求。该厂工程技术人员经过反复试验、探索，改进工艺配方，终于研制成功新型的无针孔聚氨酯漆包线漆，该漆具有焊接性好、色泽浅、拉伸 3%、5%、10%时盐水针孔均为“0”，同时也解决了进口漆价格昂贵的问题。该漆已批量生产，投入市场。该厂开发的另一种新产品 1730-3-31 快速聚酯漆包线漆，粘度低、涂线时不需另加溶剂，适用于国产漆包机或引进设备，快速涂制各种金属圆铜线。该漆涂制的漆包线性能达到国家标准（GB6109—90）和国际标准（IEC317—34—1990）。

机械工业部桂林电器科学研究所研制成功了 F40 航空电线标志用油墨和应用技术。该油墨解决了我国氟塑料绝缘航空电线电缆由于没有标志油墨，产品长期不能打印标志的问题，为飞机制造公司使用 F40 航空导线打印标志时提供了一种关键材料。该课题与总课题辐照交联与非交联 F40 绝缘航空导线研制一起获得 1997 年机械工业部科技进步一等奖。

新产品　随着电机电器工业的迅速发展，对无溶剂浸渍树脂的要求越来越高：低温快固化、耐热性好、贮存期长、价格便宜。东方绝缘材料股份有限公司研制的 D026F 级单组分快固化无溶剂浸渍树脂满足了这一要求。该产品各项性能达到国家标准，生产工艺稳定，应用效果良好，价格便宜，贮存期长，目前已批量生产。该公司研制的另一种新产品——D080 高速聚酯漆包线漆，被列为 1997 年度国家级新产品，该漆采用具有耐热性好的“三嗪环”与含有“—NCO”活性基团聚合，进行改性、交联，并加入具有潜伏性添加剂，使该漆耐热性得到较大的提高，是较理想的F级产品，该漆涂线速度快，工艺幅度宽，固体含量高，热冲性能好。

嘉兴绝缘材料厂研制的J-1146-D环氧滴浸树脂是一种较好的新产品，其性能与日立公司KE578滴浸漆相当，耐热性为F级，具有优异的热态力学性能和电气性能，防湿热、防霉变、固化性和无挥发性都好，固化物坚硬、丰满，特别适用于高温、高转速、高振动电机转子线圈的浸渍绝缘处理。该厂研制另一种J-202-1环氧无溶剂滴浸树脂是一种B、F级通用的树脂，该树脂是用液体酸酐固化剂替代了植物油酸酐，因而油度适中，固化速度快，固化物具有优异的力学、电气性能，耐湿热性和防雾变性，固化物好，广泛用于B、F级电机转子及电动工具转子线圈的绝缘处理。

上海云母绝缘材料厂研制的云153二苯醚柔软云母板，是以剥片云母为基材，二苯醚为胶粘剂，粘合加工而成。常态时柔软性、电气性能好，适用于H级电机槽绝缘及衬垫绝缘，广泛用于牵引电机转子支撑架绝缘，线圈层间绝缘及垫片，工艺性能好，柔软而不粘连，外观边缘整齐，无杂质，不分层。用此产品试制的100多台牵引电机，效果良好，是理想的H级电机绝缘材料。该厂研制的另一种新产品云560-3有机硅换向器粉金云母板，是采用金云母粉纸为基材，有机硅树脂为粘合剂，经加工而成硬质板状绝缘材料，适用于C级电机换向器片间绝缘，经用户试用效果良好，并能大大降低电机制造成本，有明显的经济效益。

雅安云母公司为了提高耐火电缆用云母带的耐火性，在P5450-2 B级云母带的基础上，研制出P5450W及P5450-D两种新产品，尤其是P5450-D云母带，它是由一层玻璃布作补强材料与一层云母纸复合而成的单面云母带，其特点是：在同等云母产品厚度下，提高了云母含量，这一技术指标使耐火电缆用云母带的电性能、绝缘性能、耐高温性能、安全性能都得到提高，各项技术指标达到国家标准，已批量生产，推向市场，受到用户欢迎，创造了良好的经济效益。

招远金宝电子有限公司研制的镀锌铜箔、18μm铜箔、防氧化电解铜箔等新产品列入了国家级新产品试制（鉴定）计划，该产品具有剥离强度高，无针孔、无铜粉转移，质量稳定等优点，各项指标均达到GB5230—85国家标准和IEC国际标准，该产品研制成功，迅速占领了国内市场，深受广大用户欢迎。

质量及质量管理 1997年绝缘材料行业继续加强企业管理与保证体系的建设和完善。常州绝缘材料总厂认真贯彻实施ISO9000质量保证体系，增强了产品的市场竞争能力。该企业通过了机械工业质量体系认证中心的认证。东方绝缘材料股份有限公司和招远金宝电子有限公司近年来不断强化企业内部管理，加大科技投入，加强技术改造，企业规模、效益迅猛增长。这两个公司有一支强有力的领导班子，优秀的职工队伍，质量意识强，产品形态的各阶段处于控制状态，质量体系运行良好。东方绝缘材料股份有限公司东方牌电工绝缘材料产品通过了中国商检质量认证中心ISO9001质量认证，招远金宝电子有限公司主要产品覆铜箔板通过了中国电子质量体系认证中心ISO9002质量认证。

诸城四达绝缘材料股份有限公司狠抓质量管理，建立以贯彻ISO9002标准为中心，以提高企业经济效益为目的的考核监督机制，对企业职工实行统一考核，组织审查、评比，使企业质量管理运行体系进一步完善，中国质检质保中心对四达公司贯彻ISO9002质量体系进行了复查认证。

全国绝缘材料标准化技术委员会1997年年会9月份在湖南省召开，这次会议通过了5项国家标准：(1) 云母纸（等效IEC371—3—2：1991)；(2) 环氧玻璃布层压板（非等效IEC893—3—2:1993，其中浸水后绝缘电阻略低于IEC标准)；(3) 热固化浸渍漆技术条件（等效IEC464—3—2：1992)；(4) 电热设备用云母板（等效IEC371—3—3：1983)；(5) 绝缘液体——局部放电起始电压测定——试验程序（等效IEC1294：1993)。会议还通过3项行业标准：(1) 聚氯乙烯玻璃漆管（等效IEC684—3—406/422：1991)；(2) 硅橡胶玻璃漆管（等效IEC684—3—400/402：1991)；(3) 电气绝缘不饱和聚酯浸渍树脂技术条件（等效IEC455—3—5：1989)。会议对80个国家标准和行业标准及49个行业内部使用的分等标准逐一进行复审，80个国家标准和行业标准中确认37个，废止19个，修订8个，修改16个；49个分等标准中废止16个，保留33个。

IEC印制电路技术委员会（TC52）年会于1997年5月在我国广州召开，出席会议的有8个国家32名代表。这次会议主要内容有：审查修改17个标准草案，其中6个基材标准草案中有2个阻燃材料标准，2个挠性板材标准。我国代表团提出了一个新草案，即东莞生益敷铜板股份有限公司提出的UV阻燃型覆铜箔板透光率检测试验方法获得通过、立项，在1997年11月份德国法兰克福召开的TC52工作组会议上确定了该检测方法的标准编号：IEC1186—2C11。

基本建设及技术改造 1997年绝缘材料行业用于技术改造、基建项目总投资计划数为9 985万元（其中技术改造为8 585万元，基建1 400万元)，实际完成数为13 365.20万元（其中技术改造12 257万元，基建项目1 108.20万元)，1997年部分企业技术改造投资情况见表6。

1997年绝缘材料行业技术改造取得较大进展，东方绝缘材料股份有限公司1997年完成了聚酯厚膜技改工程。聚酯厚膜工程总投资9 300万元，其中外汇3.8亿日元，全套引进日本帝人公司聚酯薄膜生产线，整个系统全封闭、全自动、无三废、无污染。该项目目前已试车成功，能生产0.05～0.25mm的4个品种5个规格，幅宽为2m的聚酯薄膜。其中磁卡膜和低热收缩膜的试生产也获得成功。该技改工程完成投产后，年产聚酯厚膜可达4 000t，预计新增产值1.32亿元，新增利税近2 000万元。

常州绝缘材料总厂根据市场对厚型聚酯薄膜产品的急需，针对本厂设备拉厚膜困难的问题，技术人员大胆革新，改装预热传动装置，通过变换工艺参数，精心操作，反复试验，终于取得成功，已能够生产0.125～0.25mm之间5种规格厚型聚酯薄膜，满足了市场需要，创造了较好经济效益。1997年部分企业技术改造完成情况见表7。

表6　1997年部分企业基建、技改投资情况　　（单位：万元）

企业名称	基本建设		技术改造	
	计划数	完成数	计划数	完成数
东方绝缘材料股份有限公司		170	4 200	6 359
常州绝缘材料总厂			557	557
西安绝缘材料厂			186	186
诸城四达绝缘材料股份有限公司			500	500
国营第五七二七厂	120		1 402	700
豫西绝缘材料有限公司			1 330	50
包头绝缘材料总厂	700	490		
营口四七五绝缘材料厂	25		300	265

表7　1997年部分企业完成技术改造项目及效果

企业名称	项目名称	效果
常州绝缘材料总厂	双面粗化聚丙烯薄膜	该项目列入国家重点城市项目，作为国家"九五"计划高压输变电项目的配套项目，国家贷款2 980万元，正在进行中
	维棉生产线改造	改进进口二手生产线，目前能生产有胶棉、无胶棉和水溶性无纺布等民用产品，有较好的经济效益
诸城四达绝缘材料股份有限公司	绝缘制品上品种、上能力、上质量技改工程	投资500万元，新建车间1 750m²，新增设备4台（套），新增产量1 000t，产值2 500万元，销售收入2 000万元，利润200万元，层压制品生产能力达4 000t
东方绝缘材料股份有限公司	聚酯漆扩能技改	总投资100万元，新增2m³反应釜系统，使聚酯漆包线漆生产能力新增1 250t，工业总产值、销售收入新增1 500万元，利税新增300万元，并已投产
豫西绝缘材料有限公司	涂胶铜箔生产线技改	新增生产能力150t，已竣工投产，目前已生产涂胶铜箔50t，节约成本20万元
亚宝绝缘材料有限公司	耐火云母带技改	该产品已投产，年产不掉粉耐火云母带100t，新增产值1 300万元，利税250万元
国营南通电子材料厂	聚酯电容薄膜生产线	国家经贸委已立项，落实资金18 180万元，引进设备，年生产4～25μm聚酯薄膜3 700t，有较大经济效益

对外合作　1997年绝缘材料行业技术引进项目主要有两项，一是东方绝缘材料股份有限公司引进日本帝人公司的聚酯薄膜生产线，二是泰州绝缘材料总厂投资182万美元，引进日本2台大型注塑机，已安装调试，一个自动化程度很高的注塑车间即将投产。

泰州绝缘材料总厂与瑞士魏克控股有限公司合资，成立泰州华威绝缘材料有限公司，总投资2 500万美元，其中注册资本1 000万美元，泰州绝缘材料总厂出资400万美元，占注册资本的40%，以土地、实物、现汇等形式出资；瑞士魏克控股有限公司出资600万美元，以现汇出资。合资企业建成后，绝缘纸板年生产能力近10 000t，其中3.2m×6.3m大型绝缘纸板生产能力达6 000t，将成为亚洲最大的纸绝缘材料生产基地，预计在中国变压器纸板市场占有率将达60%，逐步满足110kV变压器绝缘成型件的市场需求，同时有部分产品出口，这将大大提高我国纸绝缘材料的质量等级和技术水平。

国营第五七二七厂与美国SHEIDAHI公司和香港华兴（中国）发展有限公司合资成立九江福莱克斯有限公司，以生产阻燃型环氧玻璃布覆铜箔板为主，1997年引进生产线，完成设备安装，调试工作，1998年试生产，中方投资200万美元，美方100万美元，港方200万美元。

1997年73个统计企业中，中外合资企业有：东莞生益敷铜板股份有限公司、珠海海港积层板有限公司、招远金宝电子有限公司、大通铜箔层压板有限公司等4个企业，它们1997年主要经济指标完成情况见表8。

管理及改革　1997年绝缘材料行业各企业加

表 8　1997 年合资企业主要经济指标完成情况　(单位：万元)

企业名称	职工人数(人)	工业总产值(不变价)	工业增加值	销售产值(当年价)	销售收入	全年实现利润总额	全年已交利润总额
东莞生益敷铜板股份有限公司	933	44 288	12 718	56 578	56 493	7 702	761
招远金宝电子有限公司	1 432	30 660	4 736	26 391	26 345	1 238	2 011
珠海海港积层板有限公司	135	3 275	765	4 655	4 655	31	0
大通铜箔层压板有限公司	237	662	29	688	688	−480	14

大了改革力度，加快了转机建制步伐，促进了企业发展。泰州绝缘材料总厂学邯钢经验，取得了“两个文明”建设同步发展的好成绩。该厂与 1996 年相比：工业总产值增长 19.5%、销售收入增长 23%，利税总额增长 107.16%，利润总额增长 148.80%。东方绝缘材料股份有限公司在继续推进“压本增量”经济责任制，认真贯彻“发展、上量、增长、提高”方针的同时，全体员工奋力拼搏，取得了新进展，与 1996 年相比，工业总产值增长 32%，产量增长 32%，上交利税增长 26%，利润总额增长 43%。

1997 年杭州云母纸厂、杭州新华造纸厂等 32 个以生产特种纸为主的企业，本着扩大规模与提高效益同步，盘活存量与投入增量相结合，企业改革与机制创新并重的原则，走集团化、高科技、外向型发展之路，组建了杭州新华集团。这个集团实行外引内联，大集团小核算，坚持产品“名优特新”，高技术高效益，把资本经营与产品有机结合，用现代科技造纸，大力发展电工绝缘云母纸、长纤维特种纸等 30 多个品种，实行科技兴厂、制度创新、规模扩张、市场拓展、人才集聚五大战略，积极开展国内外市场，参与国际竞争，努力把新华集团办成中国特种纸的“硅谷”。

股份合作制给企业注入了新的活力，一些企业由于实行了股份合作制，经济形势出现了转机。1997 年绝缘材料行业 73 个统计企业中，实行股份合作制企业 12 个，占统计企业总数 16.44%，其中原股份合作制企业有：诸城四达绝缘材料股份有限公司、东方绝缘材料股份有限公司、泰州劲松绝缘材料股份有限公司、上海化工厂有限公司、南召新宇电器有限公司、兰州金环电子电工材料厂、东莞生益敷铜板股份有限公司。1997 年新改制的股份合作制企业有：豫西绝缘材料股份有限公司、亚宝绝缘材料有限公司、常熟航天绝缘材料有限责任公司、宜兴化工绝缘材料有限公司、嘉兴荣泰绝缘材料有限公司。1997 年主要股份合作制企业除在骨干重点企业、合资企业中做过介绍外，其他企业的经济指标完成情况见表 9。

表 9　1997 年股份合作制企业主要经济指标完成情况　(单位：万元)

企业名称	职工人数(人)	工业总产值(不变价)	工业增加值	销售产值(当年价)	销售收入	全年实现利润总额	全年已交利润总额
上海化工厂有限公司	1 761	30 533.3	5 316	30 075.8	30 075.8	36.9	1 129.5
豫西绝缘材料有限公司	471	2 284.5	667.7	2 147	1 637.8	1.7	62.6
亚宝绝缘材料有限公司	85	2 288	643.8	1 894	1 420.37	6.8	45.02
常熟航天绝缘材料有限责任公司	55	965	313.2	881	878.81	44.44	62.41
宜兴化工绝缘材料有限公司	22	400	81.8	421	421	−63	0
嘉兴荣泰绝缘材料有限公司	37	1 064	302.5	1 277	1 153.38	0	58.33
南召新宇绝缘材料有限公司	275	364.5	−68.3	330	330	−139	37
兰州金环绝缘材料有限公司	225	572.7	63.8	455.5	116.7	−44	0

诸城四达绝缘材料股份有限公司通过四年多的改革与加强管理，实现了“向国家多交，企业多留，职工多得”的目标。该企业在搞好调查摸底，召开股东代表会议的基础上，快速反应、果断决策，实行第二步改革，增加员工投资风险，以债务变股权，采取原始股本增值，现金扩股和贷款扩股等多种投资形式，把原有股本 580 万元，扩展到 1 600 万元。这项决策大大加强了员工的风险意识和管理压力，有效的促进了企业的经济发展。

〔撰稿人：机械工业部桂林电器科学研究所余必明　审稿人：机械工业部桂林电器科学研究所吴炳川〕

〔责任编辑：张友鹤〕

电工合金

〔机械工业部〕

生产发展情况　根据电工合金行业 32 个主要企业上报数据统计，1997 年电工合金行业完成工业总产值（当年价）为 70 564 万元，利润总额为 2 670 万元。

电触头行业 1997年，电触头市场没有发生根本性变化。一部分企业（主要是管理较好的企业）仍能取得一定的经济效益，生产有所增长，大部分企业经营困难，生产处于不景气状况，个别企业特别是一些老牌国企则因种种原因而日趋恶化，产量大幅萎缩。

电触头产品品种的变化不大，各种高低压电器中所用品种仍是 AgCdO、AgNi、$AgSnO_2$、AgW、AgWC、CuW、CuCr 等。在开发生产高性能触头材料（如 $AgSnO_2$ 材料）方面有所进展，在制备新型触头元件方面由于其技术水平高、设备投入大而进展缓慢。

为适应激烈的市场竞争，许多触头厂对产品结构进行了大力调整，如银基焊料现已在许多厂的产品中成为相当重要的一部分，一些厂甚至已转为主要生产银基焊料。伴随着电器行业引进国外自动线增多，电器新产品相继进入市场，$AgNi_{10}$ 线材、$AgSnO_2$ 线材的需求呈上升趋势，AgW、AgWC、$AgSnO_2$、AgCdO 等粉末冶金法生产的触头的产量也不断增加，特别是既能满足电器更新换代的性能要求，又可达到无镉毒害的符合环保标准的新型 $AgSnO_2$ 触头材料获得较快发展。真空触头随真空电器应用的拓展而产量上升。

磁钢行业 1997年用于铝镍钴磁钢的原材料（钴、镍等）价格有所下降，因此上半年磁钢生产情况及效益稍好于上年同期水平，但外欠款仍是一突出问题。货款回笼困难、资金不足，大多数企业的生产状况仍未根本好转。少数骨干企业，如杭州永磁集团有限公司、四川仪表十九厂、吉林高特实业有限公司、东海磁钢厂等，积极挖掘各种潜力，已逐步走出了过去产品品种单一（产品仅用于电度表）的困境，维持了正常生产，整个行业平均产量与上年持平。

行业的骨干重点企业完成的主要经济指标及产品产量见表1。

产品分类产量 电工合金分类产量见表2。

市场及销售 1997年行业内按国内销售收入和产品出口创汇排序见表3和表4。

表1 行业骨干重点企业主要经济指标及产品产量

行业名称	序号	企业名称	产量 (t)	工业总产值 (万元)	产品销售收入 (万元)	利润总额 (万元)	全员劳动生产率 (元/人)
触头行业	1	宁波神乐电子器材总公司	24.7	3 200	3 100	121	130 600
	2	苏州合金材料厂	44.8	3 347	3 501	10	80 260
	3	安平电工合金厂	523	4 343	3 472	72	44 700
	4	天水长城电工合金材料厂	89	2 682	1 853	0.3	7 462
磁钢行业	5	杭州永磁集团有限公司	909	11 853	11 190	1 001	29 982
	6	四川仪表十九厂	188	2 392	2 302	2.6	22 362
	7	东海磁钢厂	129	2 767	2 695	392	37 278
	8	吉林高特实业有限公司	120	2 500	2 501	301	2 486
	9	舟山市千岛磁钢厂	103	928	704	45	84 364

注：安平电工合金厂产品产量包括换向器用银铜合金。

表2 电工合金产品分类产量

产品名称	产量（t）	产品名称	产量（t）
一、触头材料		二、磁钢产品	
1. 银基触头	250	1. 铸造 AlNiCo	1 775
2. 铜基触头	150	2. 粉末烧结 AlNiCo	15
3. 其他（包括银基焊料、换向器用银铜合金等）	1 000	3. 稀土永磁	120
		4. 其他	5

表3 国内销售收入前八名企业

序号	企业名称	销售收入（万元）	序号	企业名称	销售收入（万元）
1	杭州永磁集团有限公司	11 190	5	东海磁钢厂	2 695
2	苏州合金材料厂	3 501	6	吉林高特实业有限公司	2 501
3	安平电工合金厂	3 472	7	四川仪表十九厂	2 302
4	宁波神乐电子器材总公司	3 100	8	天水长城电工合金材料厂	1 853

表 4 产品出口额前六名企业

序号	企业名称	出口产品	出口国家及地区	创汇额（万美元）
1	杭州永磁集团有限公司	铸造 AlNiCo 永磁、稀土永磁	韩国、香港、新加坡、美国、日本	150.00
2	四川仪表十九厂	铸造 AlNiCo 永磁	日本、美国、欧洲、新加坡	129.00
3	吉林高特实业有限公司	稀土永磁	日本、韩国、美国	56.00
4	苏州三立电工合金有限公司	电工合金产品	日本	34.44
5	宁波神乐电子器材总公司	铆钉型电触头	香港	17.40
6	国营七九八厂磁钢分厂	铸造 AlNiCo 磁钢组件	意大利、韩国、美国、新加坡	6.16

触头行业 电触头行业受经济大环境影响，整体仍处于徘徊不前的状态。大量外欠货款加剧了企业的资金困难，制约着企业产品结构的调整。作为量大面广的低压触头材料 AgCdO、AgNi 等仍占据了主要市场份额，但粉末冶金工艺生产的触头的产量（如 AgCdO、$AgSnO_2$）增加较快。中高压触头仍以 AgW、AgWC、CuW、CuCr 等为主，特别是在真空电器市场需求稳步增长的情况下，真空触头的产量保持了 20%以上的增长。

国内目前在低压电器市场中起主导作用的是 70 年代末、80 年代初设计、生产的产品，其所需电触头一般厂家均可制造。但对 90 年代后的电器产品（如 3TB 与 B 系列交流接触器、C45 小型断路器、ME 开关），其所需触头均有较高的性能要求（如增大可靠性、符合环保要求、电磁兼容性优良），特别是一些高精度触头元件，国内企业由于在加工工艺、加工设备等方面处于劣势，使相当一部分触头元件只能依靠国外进口来解决。随着国内合资、独资电器企业产品零配件的逐步国产化，如何占领这一块市场已成为众多触头企业首先要解决的问题之一。

1997 年电触头材料总产量约 400t。其中，银基触头材料约 250t，铜基触头（不含真空电器触头）约 150t。换向器用材料、银基焊料等约 1 000t。低压触头中目前产量最大的产品仍为 AgCdO，其次为 AgNi、$AgSnO_2$ 等。

磁钢行业 1997 年 AlNiCo 永磁产品产量与上年基本持平，但产品结构有所改变。过去是以低性能的二、三类磁钢为主，随着电度表的更新换代，二类磁钢已逐步被五类磁钢所取代。因此，1997 年磁钢产品是以三、五类磁钢为主，其中五类磁钢产量约 400t，比上年增长约 25%。目前国内铸造 AlNiCo 永磁市场需求趋于平衡，产量基本稳定在 2 000t 左右。主要以电度表用磁钢为主（70%），板表、电平表、万用表等用磁钢占 10%，汽车、摩托车里程表磁钢约占 15%，其余为继电器、传感器、扬声器及磁力器件等用磁钢。

国外发达国家对 AlNiCo 磁钢需求向第三世界转移的态势日趋上升，但因其对产品质量要求高、产品批量大、交货需及时等要求限制，目前国内只有几个企业能够小批量出口。

1997 年磁钢产品（主要是 AlNiCo 永磁）产量约 1 920t，其中二、三类铸造 AlNiCo 磁钢约 1 350t，五类铸造 AlNiCo 磁钢约 400t，八类铸造 AlNiCo 磁钢 25t，稀土永磁约 120t，其他产品如粉末烧结 AlNiCo 磁钢等约 20t。

新技术及科研成果 宁波神乐电子器材总公司研制的 $CuCr_{50}$ 电触头材料于 1997 年 10 月通过鉴定并获宁波市级奖，其产品性能达国内先进水平。

天水长城电工合金材料厂研制的银氧化镉 12/钎复层片触头 1997 年通过鉴定，该触头能简化电器厂的生产工艺，获天水市科技进步三等奖；CuW70/$QCr_{0.5}$ 触头，适用于 SF_6 断路器及全封闭组合电器，1997 年通过鉴定，产品性能达一等品要求。

苏州三立电工合金有限公司的 AgW（50）、AgWC（50）电触头可应用于智能式断路器 AE-SS 中，作为主触头，其性能优良，该产品获苏州市三等奖。

新产品 1997 年电工合金行业经鉴定的新产品，主要有：(1) 宁波神乐电子器材总公司的高性能 AgCdO 丝材，用以制备的铆钉触头，可使电器使用寿命提高约 30%；该公司的另一项新产品热轧法 Ag/Cu 嵌条带，比老产品的生产合格率提高 10%左右，生产能力提高近一倍。

(2) 天水长城电工合金材料厂的 KYN800-10 柜用高压隔离插头，可适用于高压开关柜，于 1997 年 12 月通过行业鉴定。

(3) 苏州三立电工合金有限公司生产的高密度合金及通信用振动锤，采用液相烧结技术工艺，其产品应用于无线寻呼机、移动电话，该产品并已出口。

(4) 瑞安电工合金材料厂生产的银铜合金线材产品，主要应用于各类换向器中，其导电性能和机械加工性能几乎与纯铜相当，但软化温度、耐磨性能大大高于纯铜，可提高换向器的各项技术性能。

质量及质量管理 为了全面掌握银基电触头产品质量状况，促进生产企业严格贯彻执行强制性标准 GB13397—92《合金内氧化法银金属氧化物电触头技术条件》，进一步提高产品质量，满足 CJ20 交流接触器等电器产品的换代需求，国家技术监督局继 1993 年之后，委托机械工业部电工合金产品质量监督检测中心于 1997 年第一季度对银基电触头产品进行了第二次监督抽查。

此次抽查主要有北京、上海、广东、广西、福建、浙江、江苏、山东、河北、辽宁、黑龙江、甘肃等12个省市的17个企业的17个产品，抽查企业约占全国生产这种产品企业的70%左右，产量占80%以上。抽查产品包括三种规格：合金内氧化法银氧化镉电触头、合金内氧化法银氧化锡氧化铟电触头及合金内氧化法银氧化锌电触头。所抽查企业是全国各主要银基电触头产品生产企业，市场占有率较高，质量状况可以代表我国银基电触头产品的质量水平。

所抽查的17个产品中，合格产品有13个。其中合金内氧化法银氧化镉电触头产品合格率为80%；合金内氧化法银氧化锡电触头产品合格率为60%；合金内氧化法银氧化锌电触头产品合格率为100%。

从抽查结果可见，电触头产品的某些品种存在较为严重的质量问题。近几年来，由于电触头生产用的各种原材料价格大幅上涨，企业资金周转困难，负债率增大，电触头生产受到较大影响，一些企业放松了对产品质量的管理，工艺设备条件较为落后的一些小企业更为严重。但行业内一些骨干企业，如苏州合金材料厂等，并未放松对产品质量的管理，相反更注重提高产品质量。本次抽查发现，该厂产品质量不但综合判定合格，而且全部检测项目均符合强制性标准的要求，产品性能稳定性、均一性相对较好。在这次抽查中，国有企业合格率为88.9%，集体企业合格率仅为60%。

基本建设及技术改造 1997年全行业基建计划投资1 425万元（触头行业为64万元，磁钢行业为1 361万元），实际完成1 936万元（触头行业为68万元，磁钢行业为1 868万元）；用于技术改造项目计划投资5 623万元（触头行业为1 650万元，磁钢行业为3 973万元），实际完成2 362万元（触头行业为1 800万元，磁钢行业为562万元）。

1997年完成的技术改造项目有：西安洁天电气有限公司的铜铬触头技术改造项目于1997年11月完成，其设计能力为年产触头16万对，实际生产铜铬触头15万对，年产值达1 700万元，利税425万元；桂林辰山新技术发展总公司真空开关触头分公司的真空烧结炉技术改造项目，于1997年10月完成，设计能力为6万片。

管理及改革 根据本行业1997年生产发展情况，中国电器工业协会电工合金分会分别组织召开了触头行业和磁钢行业厂长工作座谈会。在这次触头行业厂长会上，厂长们交流了各厂的生产情况，分析了触头行业所面对的困难，如资金、电器产品市场不景气、货款拖欠严重等问题，探讨了企业改制、加快产品结构调整等方面的措施。由于生产电触头材料的企业多数规模不大，许多企业已在股份制改造方面积极采取行动，很快将会有一些厂家实行新的管理机制。另外，针对触头市场不景气的情况，许多企业根据自身特点，调整产品结构，拓宽、发展与主导产品相关的其他产品，如一些厂的焊料生产已取代触头而成为其主要产品，还有一些厂则在加强企业管理与产品质量保证方面下大功夫，开展ISO9000质量认证活动，现已有3个触头生产企业通过认证，为使自己的产品提高竞争实力打下了坚实的基础。

磁钢行业厂长们在会上交流了各自的生产管理经验。在当前经济不景气的情况下，有的企业不仅能在困境中生存，而且能有所发展，其主要原因是这些企业能根据自身特点，及时调整发展方向，向管理要效益。杭州永磁集团有限公司是目前国内AlNiCo永磁产量最大的企业，其产量约占全国产量的50%。该公司前几年外欠款问题比较严重，1997年改变了经营策略，对外针对不同的用户采用灵活多变的经营方针，对内则抓好产品质量，盘活库存，较好的解决了部分外欠款问题。东海磁钢厂是生产单一电度表用磁钢产品的企业，面临市场竞争激烈的形势，该厂不盲目追求产品产量，而是从提高产品质量入手，产品质量提高，用户满意，企业的生产也得到保证。四川仪表十九厂和国营七九八厂磁钢分厂积极开拓国际市场，产品出口形势较好。金川特种铸造厂磁钢分厂积极开发电机用磁钢及军工大件磁钢，虽然数量不多，但产品性能高，能满足特殊应用场合要求，因此获得了较好的经济效益。

〔撰稿人：桂林电器科学研究所电工合金分所詹亚萍、张万胜　审稿人：桂林电器科学研究所电工合金分所朱凌云〕

〔责任编辑：张友鹤〕

家用电器

〔中国家用电器协会〕

生产发展情况 1997年是我国家用电器工业走向成熟的一年。家电企业在国家宏观经济调整过程中，在激烈的市场竞争环境下，加快企业结构调整步伐，加大产品结构调整力度，面向国际、国内两个市场，家用电器工业生产稳中攀升，取得了较好的经济效益；行业的整体实力进一步加强，大型企业集团优势更加突出。

一批企业产量达到国际的经济规模水平，有17个家用电器企业单项产品生产量超过百万台，其中，容声电冰箱、海尔电冰箱和洗衣机、荣事达洗衣机、小天鹅洗衣机、格兰仕微波炉等产品产量超过150万台。

市场及销售 据对72个家用电器企业统计，全年销售总额为745.8亿，其中有20个销售额超过10亿元，他们的销售额合计为589亿元，与上年相比增长33.9%（表1）；利税总额合计为59.4亿元，利税超亿元企业排序详见表2。

家电企业技术开发的投入大大增加，春兰集团为提高产品开发能力和水平，投入了14亿元筹建了新产品开发研究院。广东科龙(容声)集团有限公司、海尔集团公司、江苏小天鹅集团等企业在境外建立了研究所或设计室。

表1 1997年家电企业销售额超过10亿元企业

序号	企业名称	销售收入(亿元)	比上年增长%
1	海尔集团公司	108.76	77.7
2	春兰集团	65.81	
3	广东科龙（容声）集团有限公司	55.66	44.6
4	珠海市格力电器股份有限公司	44.20	36.4
5	广东美的集团股份有限公司	31.40	29.6
6	杭州金松集团有限公司	30.58	120.6
7	江苏小天鹅集团	29.50	100.2
8	上海上菱家用电器(集团)有限公司	27.79	－22.6
9	合肥美菱集团公司	27.53	46.0
10	国信华凌集团有限公司	24.59	130.1
11	河南新飞电器有限公司	22.13	－11.4
12	广东华宝空调器厂	18.22	6.0
13	合肥荣事达集团公司	17.84	13.3
14	上海夏普电器有限公司	17.14	13.5
15	青岛澳柯玛集团总公司	14.08	12.4
16	顺德格兰仕电器厂有限公司	11.14	
17	中山威力集团公司	11.10	
18	广东卓越空调器厂	11.07	
19	长岭（集团）股份有限公司	10.49	－14.9
20	万宝电器集团	10.25	－55.1
	合计	589.28	

表2 1997年家电企业利税超亿元企业

序号	企业名称	利税总额(亿元)
1	春兰集团	13.83
2	广东科龙（容声）集团有限公司	8.02
3	海尔集团公司	6.82
4	江苏小天鹅集团	5.35
5	珠海市格力电器股份有限公司	3.47
6	广东美的集团股份有限公司	2.80
7	河南新飞电器有限公司	2.69
8	合肥美菱集团公司	2.59
9	杭州金松集团有限公司	2.58
10	合肥荣事达集团公司	1.88
11	青岛澳柯码集团总公司	1.83
12	上海上菱家用电器(集团)有限公司	1.56
13	顺德格兰仕电器厂有限公司	1.49
14	山东小鸭集团有限责任公司	1.38
15	国信华凌集团有限公司	1.26
16	上海日立电器有限公司	1.07
	合计	58.62

1997年我国家用电器产品出口额32.1亿美元，比上年增长16.7%。据统计，我国家电行业有18个企业出口额超过1 000万美元，排序见表3。

表3 1997年家电企业出口额超过1 000万美元企业

序号	企业名称	出口金额(万美元)
1	广东美的集团股份有限公司	7 000
2	海尔集团公司	5 636
3	万宝电器集团	5 200
4	上海夏普电器有限公司	5 115
5	珠海市格力电器股份有限公司	3 348
6	顺德格兰仕电器厂有限公司	2 308
7	广东科龙(容声)集团有限公司	2 272
8	宁波富达电器股份有限公司	2 259
9	合肥美菱集团公司	2 050
10	江苏小天鹅集团	1 845
11	杭州金松集团有限公司	1 794
12	江门市家用电器工业公司	1 713
13	中山威力集团公司	1 620
14	春兰集团	1 519
15	国信华凌集团有限公司	1 229
16	上海上菱家用电器(集团)有限公司	1 151
17	上海水仙电器实业股份有限公司	1 150
18	苏州香雪海电器公司	1 109
19	合肥荣事达集团公司	1 100
	合计	49 419

产品已经出口到173个国家和地区，出口额在30个国家和地区超过1 000万美元，比上年增加了两个，出口市场以发达国家和地区为主，家电出口额在1亿美元以上的有：美国9亿美元，香港6亿美元，日本3亿美元，德国2亿美元，法国、英国各1亿美元，以上占到总出口额的71%。说明我国家电产品具有较高的质量水平，有能力汇入国际大市场。

在中国市场国际化、国际竞争国内化的环境下，中国家电知名品牌已经置身于国际大市场，参与国际竞争。近几年家电企业的出口呈现出几个新的特点：一是企业积极取得产品的国际认证，为出口国际市场取得通行证；二是通过参加国际专业展览、委托国外经销商代理，进入国际市场主渠道；三是从定牌出口赚取加工费，发展到境外注册商标，用自己的品牌出口，建立品牌信誉，争创国际品牌形象；四是境外办厂成为1997年中国家电企业参与国际竞争的热点，如：海尔集团公司分别在印尼、菲律宾、马来西亚、南斯拉夫建立合资企业生产电冰箱、冷柜、洗衣机、空调器，河南新飞电器有限公司在印尼合资建立电冰箱厂等。

1997年2月，中国家用电器协会首次组织6个家电企业，参加了1997年德国科隆国际家用电器及厨具展览会，展出面积210m²，共接待1 600多个客户，意向合同额约1亿美元，成交近5 000万美元。这是中国家电行业一流企业集体在国际展亮相，取得积极成果。展览同期，有10个企业负责人考察了该展。

管理及改革 1997年家电行业的结构进一步调整，企业加快了资产重组、联合兼并、多元化经营的步伐，使企业生产能力迅速规模化，产品结构趋于合理，大集团的经营优势和品牌优势得到充分发挥，促进了家电行业规模经济的实现和产业结构的优化。大企业集团的经营实力明显增强。呈现出四个特点：

(1) 通过联合，组建大家电企业集团。为发挥地区和集团整体优势，在杭州市政府的关心支持下，对杭州四个家电生产企业实施联合，转制改造，正式挂牌成立杭州金松集团有限公司，将原来的四个品牌统一为"金松"品牌，新组建的公司，1997年销售额已达到30亿元，在全行业排列第六名。

(2) 继续实行跨地区、跨产品的联合兼并，实现低成本扩张。1997年海尔集团公司继续实施跨地区、跨产品的联合兼并，实现低成本扩张，兼并联合了6个企业，产品涉及到冰箱，洗衣机，小家电产品。江苏小天鹅集团与武汉荷花洗衣机厂在定牌生产的基础上，1997年也正式实现控股经营。这些企业通过品牌、技术和管理优势，带动劣势企业走出困境。

(3) "黑"、"白"家电企业相互渗透，加速实现多元化经营。1997年彩电生产企业开始涉足"白"色家电领域，四川长虹电器股份有限公司、青岛海信电器公司生产的空调器已开始投放市场；而以"白"色家电为主的海尔集团公司，则向"黑"色家电扩展，利用合资和兼并形式控股两个电视机生产厂；春兰集团则扩展到汽车、摩托车领域。这些大集团企业通过向新的领域扩展，实行多元化经营，逐步实现向综合型大家电集团企业跨越。

(4) 外商投资规模还在增加。1997年又有一批合资企业投产，如：广东科龙（容声）集团有限公司和三洋合资生产冷柜，春兰集团和江苏小天鹅集团分别与LG和松下公司合资生产电冰箱，合肥荣事达集团公司与美国美泰克公司合资生产的电冰箱也即将投产，意大利扎努西公司与上海冰箱压缩机公司签定合资生产无CFC制冷剂134a冰箱压缩机合同，空调压缩机行业基本是以合资型企业占主导，这些合资企业生产能力的形成，加剧了市场的竞争。

行业文明竞争日趋完善。当前我国正处在经济体制转换过程中，适应市场经济规则的法规正在健全。在激烈的市场竞争中，企业间在宣传、促销等方面出现了一些纠纷，妨碍了行业健康的发展。因此规范竞争行为，共创公平竞争环境，已成为每个企业的迫切要求，同时也是建立社会主义市场经济体制的客观需要。为此，在1997年召开的全国家用电器工作会议上，由参加会议的企业共同提出"中国家用电器行业文明竞争公约"。公约要求每个企业都要把文明竞争的观念作为企业文化的重要组成部分，提高文明竞争意识。该公约是企业自律性公约，是企业文明竞争，自我约束的基准。

在创建行业精神文明建设中，合肥荣事达集团带了一个好头，率先提出了荣事达企业竞争自律宣言，这是家电行业推出的第一个企业自律宣言，也是在市场激烈竞争中，企业自觉规范竞争行为，尊重同行，公开平等的典范。

一、电冰箱

生产发展情况 1997年我国电冰箱企业近30个，生产线约60条，生产能力1 800万台；冷柜生产企业约20个，生产线近40条，生产能力约700万台。

企业结构发生了一定的变化，一方面合资企业增加，电冰箱合资企业（外方控股）已形成生产能力300万台。另一方面一些内资企业相互兼并或重组，企业数量减少。

产品分类产量 电冰箱产量986.09万台，比上年增长3.4%；冷柜产量353.84万台，比上年增长12.9%。

生产更加集中，电冰箱前六位企业产量，占到全国总产量的75%；冷柜前六位企业产量，占到全国总量的81.8%。

市场及销售 国内市场需求平稳。由于生产能力增长大于需求增长，1997年市场销售中的竞争更加激烈。电冰箱企业主要以技术进步、新产品、新花色来赢得市场；冷柜则通过价格竞争去争取市场。1997年电冰箱和冷柜销售收入前十二位排序详见表4、表5。

表4 1997年度电冰箱企业销售额前十二位企业

序号	企业名称	销售额（亿元）	产量（万台）	比上年增长%
1	海尔集团公司	46.3	206.7	81.7
2	广东科龙（容声）集团有限公司	41.0	248.9	107.1
3	河南新飞电器有限公司	22.1	107.8	9.2
4	合肥美菱集团公司	17.2	92.6	49.4
5	长岭（集团）股份有限公司	10.6	49.0	9.5
6	上海上菱家用电器（集团）有限公司	8.95	39.8	−40
7	中国雪柜实业有限公司	7.58	44.4	45.9
8	浙江华日集团公司	7.32	32.6	1.4
9	无锡松下冷机有限公司	4.54	18.8	
10	万宝电器集团	4.48	46.2	15.4
11	杭州西泠集团公司	3.21	25.4	−21.9
12	景德镇华意电器总公司	3.17	22.2	10.5

表5 1997年度冷柜企业销售额前十二位企业

序号	企 业 名 称	销售额（亿元）	产量（万台）	比上年增长%
1	青岛澳柯玛集团总公司	13.1	69.9	-7.5
2	海尔集团公司	10.8	46.1	33.7
3	浙江星星电器工业公司	7.74	54.0	17.4
4	江苏阪神有限责任公司	5.27	45.8	52.1
5	河南冰熊保鲜设备有限公司	4.25	34.4	224.1
6	宏祥电器集团	4.05	22.6	0
7	南昌齐洛瓦电器集团总公司	3.89	23.4	24.2
8	国营常熟制冷设备厂	3.62	39.3	-8
9	杭州金松集团有限公司	2.67	11.4	-38.5
10	长沙中意集团股份有限公司	1.93	15.4	21.6
11	荆州市雪尔冷机有限公司	1.56	13.1	—
12	杭州西泠集团公司	1.14	8.37	-26.6

电冰箱出口130万台，出口额1.07亿美元，比上年分别增长26.5%和36.9%；出口量10万台以上企业5个，出口量106.87万台，占总出口量的82.2%，各企业产量、产值详见表6。

表6 出口量超10万台企业

序号	企 业 名 称	出口量（万台）	出口金额（万美元）
1	海尔集团公司	29.85	2 665
2	万宝电器集团	25.85	3 105
3	科龙（容声）集团有限公司	20.36	1 844
4	合肥美菱集团公司	19.64	1 703
5	中国雪柜实业有限公司	11.17	1 227

新产品 节能冰箱、节能压缩机成为冰箱及压缩机新产品设计的方向。有近400万台实现了CFC替代，约占全国冰箱产量40%，其中有25%完全替代。美菱集团提出靠创新制造市场热点的思路，采取以保鲜为主的设计思想，推出“保鲜一族”系列新型冰箱。河南新飞电器有限公司开发了集除霜、除臭、保鲜、保湿、电子控温、自动报警等多功能于一体的绿色冰箱。广东科龙（容声）集团有限公司重视工业设计在产品上的应用，冰箱门双向开启、板面采用“热转印”技术，为家用电器外观设计创出一条新路。电冰箱压缩机企业利用蒙特利尔多边基金，加快了无CFC替代压缩机的改造，为冰箱行业早日实现CFC替代奠定了基础。

基本建设及技术改造 1997年，用于电冰箱、冷柜生产线仅替代CFC改造的费用就达3.5亿元，改造生产能力近800万台。杭州西泠集团公司投资3.5亿元，重建了一条具有先进水平的绿色冰箱生产线。华意和华日公司也分别投资了1.65亿元和1.7亿元进行冰箱生产线的改造。青岛澳柯玛集团总公司在1997年也投资了1.92亿元进行冷柜无CFC的改造。

此外，河南新飞电器有限公司投资1.6亿元，新建了一条年产30万台冷风式冰箱生产线和年产50万台小冰箱生产线。

二、洗 衣 机

生产发展情况 洗衣机产量1 257.12万台，比上年增长18.0%；全自动洗衣机产量稳定提高，占33%；滚筒洗衣机所占比重继续上升。洗衣机产量前六位企业，占到全国总产量的74.58%。

市场及销售 1997年洗衣机国内市场较为活跃，购销两旺。厂家不断推出适合不同消费群体的新品种吸引消费，同时价格下降，特别是滚筒全自动洗衣机下降幅度较大，扩大了滚筒洗衣机的市场份额，但同时也降低了利润水平。1997年销售额前十二位企业排序详见表7。

表7 1997年度洗衣机企业销售额前十二位企业

序号	企 业 名 称	销售额（亿元）	产量（万台）	比上年增长%
1	江苏小天鹅集团	19.9	171.0	35.7
2	杭州金松集团有限公司	19.1	144.5	32.1
3	合肥荣事达集团公司	17.8	175.0	16.0
4	海尔集团公司	17.0	161.3	55.4
5	山东小鸭集团有限责任公司	8.71	46.4	39.3
6	中山威力集团公司	6.49	124	22.8
7	江门金羚集团有限公司	5.48	58.5	18.2
8	上海水仙电器实业股份有限公司	5.41	80.7	-22.7
9	天津新宝天洋家电有限公司	2.75	45.8	-23.7
10	营口洗衣机总厂	1.40	25.8	67.5
11	合肥美菱集团公司	1.36	5.41	171.0
12	重庆洗衣机总厂	1.03	25.6	8.9

洗衣机出口70.5万台，出口额6 720万美元，比上年分别增长26.3%和14.7%；出口量9万台以上企业排序详见表8。

新产品 1997年洗衣机产品不断推陈出新。海尔的小小神童洗衣机，倡导分开洗、即时洗的新概念，以其小巧、灵活、方便，激活了部分消费者的潜在需求，倍受市场的青睐。中山威力集团公司开发的不锈钢内桶节能型和联体双自动型洗衣机，给人耳目一新的感觉。金松集团开发了全自动双瀑布洗衣机。金羚牌模湖控制全自动洗衣机，其传感功能得到了进一步的完善。

三、空调器

生产发展情况 空调器产量848.59万台，比上年增长25.3%。空调器前六位企业产量，占到全国总产量的68.47%。

市场及销售 空调器市场销售与夏季区域气温关系密切。1997年夏季北方地区持续高温，空调器脱销或来不及安装。一些北方企业卖掉了多年积压的库存产品。相比之下，南方市场平稳。1997年度空调器销售额前十二位企业排序详见表9。

空调器出口81.1万台，出口额2.15亿美元，比上年分别增长71.1%和36.0%。由于欧洲夏季气温反常，出现少有的高温，而珠海市格力电器股份有限公司等国内企业已经作好了出口的准备工作，1997年抓住了天气带来的市场机遇，出口大幅度增加，并成为欧洲空调器市场的主要货源之一。出口量5万台以上企业详见表10。

表8 洗衣机出口量9万台以上企业

序号	企业名称	出口量（万台）	出口金额（万美元）
1	海尔集团公司	15.46	811
2	中山威力集团公司	10.93	781
3	上海水仙电器股份有限公司	10.72	1 150
4	合肥荣事达集团公司	9.53	1 100
5	杭州金松集团有限公司	9.26	957

表9 1997年度空调器销售额前十二位企业

序号	企业名称	销售额（亿元）	产量（万台）	比上年增长%
1	春兰集团	53.3	116.7	7.8
2	珠海市格力电器股份有限公司	44.2	118.3	30.8
3	海尔集团公司	34.2	110	128
4	广东美的集团股份有限公司	18.3	90.6	93.5
5	广东华宝空调器厂	18.2	78.5	13.8
6	上海夏普电器有限公司	14.8	46.7	47.9
7	广东科龙（容声）集团有限公司	14.6	67.0	34
8	广州华凌空调设备有限公司	14.0	27.8	21.9
9	广东卓越空调器厂	11.1	23.3	43.8
10	宁波AUX电器有限公司	9.52	33.9	20.9
11	上海日立家用电器有限公司	8.36	18.3	−39
12	杭州金松集团有限公司	7.49	23.3	−6.8

表10 空调器出口量5万台以上企业

序号	企业名称	出口量（万台）	出口金额（万美元）
1	上海夏普电器有限公司	18.120	
2	珠海市格力电器股份有限公司	11.239	3 348
3	广东美的集团股份有限公司	8.330	2 511
4	海尔集团公司	6.250	1 859

新产品 变频空调器在1997年已批量投放市场，给人们的生活创造更加舒适的环境。我国自行开发的，适用于中国国情的2匹柜机，已走进普通百姓的家庭。珠海市格力电器股份有限公司在1997年共完成了16大系列、约70余款空调器机型的开发，并已全面上市。

四、电风扇

生产发展情况 电风扇生产下降幅度较大，产量7 273.3万台，下降了16.8%。

电风扇出口6 768.6万台，与上年基本持平，出口额5.77亿美元，比上年下降11.2%。

五、其他家用电器

生产发展情况 1997年生产吸尘器468.14万台、电饭锅1 509.5万台，吸尘器、电饭锅在1996年负增长情况下，1997年分别实现增长10.7%、5.4%。抽油烟机产量比上年略有下降，产量255.97万台。微波炉出口207.3万台，出口额1.49亿美元，比上年分别增长38.6%和31.8%；电熨斗出口366.8万台，出口额1.44亿美元，比上年分别增长7.5%和15.2%；出口额超亿美元的产品还有：电烤面包器2.77亿美元，吸尘器1.99亿美元，食品加工机1.59亿美元，电茶（咖啡）壶1.45亿美元，电吹风1.2亿美元。

格兰仕微波炉出口59万台以上，1997年在法国市场占有率突破20%，比上年增长18倍。

〔撰稿人：中国家用电器协会王　雷〕

〔机械工业部〕

生产发展情况　据对日用电器行业60个日用电器生产企业统计，1997年，完成工业总产值5 346 442万元（不变价）、4 762 246万元（当年价）工业增加值1 109 239万元。年末固定资产原价1 217 129万元、净值866 489万元，流动资产合计3 518 331万元、平均余额2 263 765万元，流动负债合计2 896 796万元，全员劳动生产率达111 864元/人。企业规模及职工人数见表11，主要经济指标见表12。主要产品产销量见表13。

表11　1997年日用电器行业企业规模及职工人数

类　别	统计的企业数（个）							职工人数（人）	
	合计	特大型	大一型	大二型	中一型	中二型	小型	年平均人数	工程技术人员数
全行业	60	1	16	13	9	14	7	94 149	11 939
电冰箱	11	1	3	3	3		1	36 707	6 256
空调器	15		7	2	2	3	1	24 906	3 024
洗衣机	8		4	1		2	1	14 013	1 382
电风扇	15		1	3	2	8	1	8 717	615
电热器具	11		1	4	2	1	3	9 806	662

表12　1997年日用电器行业主要经济指标

产品名称	工业总产值		产品销售收入		实现利润		利税总额（亿元）
	不变价（亿元）	比上年增长%	（亿元）	比上年增长%	（亿元）	比上年增长%	
全行业	534.64	24.0	399.19	25.0	31.34	18.0	44.71
电冰箱	183.09	29.0	151.32	20.0	10.42	30.0	17.22
空调器	214.95	22.0	194.00	28.0	15.91		22.18
洗衣机	36.69	10.0	34.76				
电风扇	17.18		17.11		1.26		
电器器具	25.29	40.0	19.25		1.51		2.75

表13　1997年日用电器行业主要产品产、销量

产品名称	单位	生产量	销售量	产品名称	单位	生产量	销售量
电冰箱	万台	582.99	586.73	微波炉	万台	191.26	172.52
电冰柜	万台	91.29	81.92	电饭锅	万台	425.80	441.25
空调器	万台	665.41	666.98	电暖器	万只	75.96	81.65
洗衣机	万台	316.62	328.85	其他电热器具	万台（件）	108.03	
电风扇	万台	1 270.37					

电冰箱　1997年生产销售情况较好的企业有：广东科龙（容声）集团公司生产电冰箱248.88万元，比上年增长37%；工业总产值为56.19亿元，比上年增长36%；销售电冰箱247.42万台，产品销售收入为55.66亿元，实现利润6.53亿元，出口创汇1 844万美元。海尔集团公司生产电冰箱206.73万台，电冰柜46.1万台，工业总产值为108.78亿元，销售电冰箱210万台，电冰柜46.1万台，产品销售收入108.79亿元，实现利润4.26亿元，出口创汇2 867万美元。长岭集团股份有限公司生产电冰箱49.43万台，常熟制冷设备厂生产电冰柜36.64万台，中国雪柜实业有限公司生产电冰箱34.44万台。由于市场的竞争，产销量主要集中在几家名牌产品上，并且不断以较大比率增长。

空调器　1997年产销情况较好的企业有：珠海格力电器股份有限公司生产空调器118.31万台，比上年增长30.7%，工业总产值为49.57亿元，比上年增长30%，空调器销售量为105.19万台，产品销售收入44.20亿元，实现利润2.44亿元，同时向美国、香港、菲律宾等国家和地区出口空调器11.24万台，创汇3 348万美元。春兰集团公司生产空调器107.83万台，工业总产值为65.95亿元，空调器销售量为107.45万台，产品销售收入为65.94亿元，实现利润12.36亿元，向欧洲、东南亚等地区出口空调器3.68万台，创汇1 463万美元。海尔集团公司生产空调器106.74万台，销售109.10万台。广东美的集团股份有限公司生产空调器90.65万台，销售91.91万台。广东华宝空调器厂生产空调器78.45万台，销售80.66万台。广东科龙（容声）集团公司生产空调器66.99万台，销售67.16万台。1997年空调器市场竞争仍然非常激烈，产销量主要集中在几家国内大公司的名牌产品上，由于产品质量和价格因素的综合竞争，国产名牌占领了主导市场，一些合资厂生产的外国名牌产品在竞争中未占有优势。

家用洗衣机 产销情况较好的企业有：海尔集团公司生产洗衣机161.25万台，销售161.97万台；中山威力集团公司生产洗衣机124.23万台，销售135.36万台；熊猫电子集团南京家用电器厂生产洗衣机15.03万台，销售15.44万台；上海广电凯歌洗衣机厂生产洗衣机10.16万台，销售10.09万台。

电风扇 产销情况较好的企业有：广东美的集团股份有限公司生产电风扇727.08万台，销售717.98万台，其中向东南亚、西欧等地区出口电风扇267.39万台，创汇2 476万美元；广东风度企业集团生产电风扇142.34万台，销售137.20万台，其中向中东、南美等地区出口120.40万台，创汇934万美元；广东新会电机厂生产电风扇93.97万台，出口91.33万台，创汇1 699万美元；产量较大的还有广东鹰牌集团公司77.47万台，国营长江机器制造厂66.25万台等。

电热器具 生产销售情况较好的企业有：广东格兰仕企业(集团)公司生产微波炉171.03万台，比上年增长269%；生产电饭锅25.9万只，工业总产值为13.56亿元，比上年增长164%；销售微波炉157.46万台，电饭锅33.14万只，产品销售收入11.91亿元，比上年增长133%，实现利润1.26亿元，比上年增长218%，产销量连续三年冠国内同行之首。顺德爱德电饭锅制造厂有限公司生产电饭锅248万只，销售260万只。

市场及销售 1997年实现产品销售收入3 391 895万元，产品销售税金及附加18 057万元，利润总额313 408万元。全年家电市场销售情况良好，电冰箱的需求稳中有增，空调器的销售仍保持较大的增幅，市场竞争仍十分激烈。在产品质量、价格等的综合竞争中，国产名牌空调器占有较大的优势，有好几家大公司的产销量超过百万台或接近百万台，而一些合资企业生产的国外品牌空调器，由于价格竞争等因素，在市场销售方面未占优势，有些品牌在缩小市场销售的份额。电风扇的销售不如上一年，一则因为空调器的大量进入家庭使用减小了对电风扇使用的依赖，加上1997年南方天气热的时间短，使电风扇的销售受到明显的影响，销售量下降，国外市场的情况也相类似，出口量减小。在小家电方面微波炉产品的销售仍比较好，销量有较大的增长，它是继空调器产品后的又一个市场竞争非常激烈的产品。

家电出口外销有较大的增长，出口创汇额比上年增长约20%，特别是空调器的出口量增长较大，创汇额增长70%，出口的主要国家和地区为欧洲、东南亚、北美、非洲、日本、美国等。其次是电冰箱的出口创汇额增长60%，出口主要国家和地区为东南亚、北美、欧洲、越南、斯里兰卡、日本、印度、孟加拉、印度尼西亚等。电风扇出口有所下降，出口的主要国家和地区为东南亚、西欧、中东、南美、美国、加拿大、澳洲等。洗衣机出口比上年有所增长，出口主要国家和地区为香港、智利、美洲、埃及、马来西亚等。电热器具出口增幅50%，其中电饭锅、微波炉出口量都较大，出口主要地区为东南亚、欧洲、北美等。1997年日用电器行业60个家电生产企业国内外销售情况见表14，按国内销售、出口额排序前五名的企业分别见表15和表16。

表14 日用电器行业国内外销售情况

产品名称	国内销售量(台)	国内销售收入(万元)	出口量(台)	出口额(万美元)
电冰箱	5 199 990	1 464 928	667 341	6 041
空调器	6 125 390	1 832 104	528 675	14 737
洗衣机	2 997 642	303 274	290 917	1 800
电风扇	7 637 102	128 006	5 246 212	5 390
电热器具	6 385 425	145 042	1 625 182	5 943
合 计	28 345 549	3 873 354	8 358 327	33 911

表15 日用电器行业国内销售收入前五名企业

行业名称	序号	企业名称	国内销售收入(万元)	国内销售量(万台)
电冰箱	1	海尔集团公司	46.3	206.7
	2	广东科龙（容声）集团公司	41.0	248.9
	3	长岭（集团）股份有限公司	10.6	49.0
	4	中国雪柜实业有限公司	6.1	44.4
	5	景德镇华意电器总公司	3.9	22.2
空调器	1	春兰集团公司	53.3	116.7
	2	珠海格力电器股份有限公司	44.2	118.3
	3	海尔集团公司	35.0	110.0
	4	广东美的集团股份有限公司	18.3	90.6
	5	广东华宝空调器厂	16.9	78.5
洗衣机	1	海尔集团公司	17.0	161.3
	2	中山威力集团公司	6.5	124.0
	3	熊猫集团南京家用电器厂	0.9	14.0
	4	上海广电凯歌洗衣机厂	0.6	10.1
	5	陕西洗衣机厂	0.3	5.3

(续)

行业名称	序号	企业名称	国内销售收入（万元）	国内销售量（万台）
电风扇	1	广东美的集团股份有限公司	9.5	727.1
	2	广东新会电机厂	1.9	142.2
	3	广东鹰牌集团公司	1.2	77.4
	4	广东风度企业集团	0.9	142.3
	5	国营长江机器制造厂	0.8	66.3
电热器具	1	广东格兰仕企业（集团）公司	11.9	156.6
	2	顺德爱德电饭锅厂有限公司	3.3	257.0
	3	广东华宝电器厂	1.9	15.0
	4	佛山惠宝微波制品有限公司	0.8	7.0
	5	北京桑普电器有限公司	0.6	18.0

表 16　日用电器行业出口额前五名企业

行业名称	序号	企业名称	出口额（万美元）
电冰箱	1	海尔集团公司	2 867
	2	广东科龙（容声）集团公司	1 845
	3	中国雪柜实业有限公司	986
	4	景德镇华意电器部公司	510
	5	国营新联机械厂	157
空调器	1	珠海格力电器股份有限公司	3 348
	2	广东美的集团股份有限公司	2 515
	3	海尔集团公司	1 859
	4	春兰集团公司	1 463
	5	广州胜风电子机械工业公司	440
洗衣机	1	海尔集团公司	910
	2	中山威力集团公司	781
	3	上海广电凯歌洗衣机厂	59
	4	广州凤凰电器工业公司	34
	5	熊猫集团南京家用电器厂	15
电风扇	1	广东美的集团股份有限公司	2 476
	2	广东新会电机厂	1 699
	3	广东风度企业集团	933
	4	台山电热器具厂	176
	5	广东鹰牌电器集团公司	105
电热器具	1	广东格兰仕企业（集团）	2 209
	2	广东美的集团股份有限公司	1 916
	3	海尔集团公司	1 412
	4	顺德爱德电饭锅厂有限公司	470
	5	广东台山电热器厂	176

产品分类产量　1997 年日用电器行业家电产品分类及产量见表 17。

表 17　日用电器行业产品分类及产量

产品名称	产量（台）	比上年增长 %
电冰箱	5 829 908	15
其中：单门电冰箱	1 916 776	
双门电冰箱	3 913 132	
电冰柜	912 897	50
空调器	6 654 065	24
其中：整体式房间空调器	1 669 058	
分体式房间空调器	4 985 007	
电风扇	12 703 751	−5
其中：吊扇	4 352 862	
排风扇	16 066	
其他风扇	8 334 823	
洗衣机	3 166 239	10
其中：普通洗衣机	244 607	
半自动洗衣机	1 771 106	
全自动洗衣机	1 150 526	
电热器具		
其中：电饭锅	4 258 043	−2
微波炉	1 912 630	150
电暖器	759 625	10
其他	1 080 309	50

新技术及科研成果　1997 年，广东科龙（容声）集团公司在直冷冰箱冷媒流动结构系统方面进行了优化设计，达到了良好的降噪效果，使冰箱的噪声普遍能满足国家 A 级技术指标要求；在空调器降噪方面，采用优化设计方法解决了分体机、柜机运行时的流动声；在注塑方面采用了新工艺，解决了传统工艺难于解决的改善制品，尤其是大面积板状制品应力造成的变形难题，该工艺在冰箱上使用，改善了外观质量，提高了成品合格率，达到了日本注塑工艺的先进水平；在模具设计加工激光扫描技术开发应用方面亦取得了很好的进展，降低了模具曲面失真度、缩短了模具设计和加工时间，提高了模具制造质量。春兰集团公司采用贯流风扇应用于窗式空调机

上，降低了窗机的噪声；将PTCR用于空调器的辅助加热，使空调器的超低温制热能力提高了60%；采用自挥发油来清洗换热器和换热器用氦检漏工艺，提高了生产效率，降低了生产成本，并提高了产品的可靠性。中山威力集团公司在洗衣机产品上采用了波轮式与滚筒式合二为一的新结构，通过电脑控制能任意选择其洗衣方式；另外还采用了不锈钢内桶和不锈钢波轮结构，具有防霉防臭、耐用、对衣物磨损小的优点。广东美的集团股份有限公司在1匹单冷系列窗式空调电机的优化设计上，从电机结构、电磁、工艺设计方面入手，改用体积小的电机，提高材料利用率与效率，降低了噪声与振动；在新工艺应用方面，对3 087kN大型国产压力机进行了改造，使冲床的冲次提高了50%，解决了大型卷料无边自动送料问题，替代了高价进口设备，减少设备投资300万元，降低成本360万元；在新材料应用方面用冷轧板替代空调钣金外壳部件用的电镀锌钢板，虽然在其喷涂前需增加除锈工艺，但由于其材料成本的差价较大，每年可节支638万元。温州市立峰电器有限公司在新材料应用方面，针对镀（浸）锌钢板电热水器内胆容易锈蚀的弱点，研制使用了电热水器搪瓷内胆，较好地解决了内胆锈蚀的通病。

在新产品研制方面，广东科龙（容声）集团公司推出了容声牌BCD-238、BCD-208A、BCD-196系列抽屉式直冷电冰箱，具有豪华新颖、特大冷冻室等特点，受到用户的欢迎；在空调产品方面，研制了KFR-25GW/D等系列空调器，外观新颖豪华、噪声低、能耗比低、COP值高。海尔集团公司也推出了BCD-328W三门独立果菜室节能电冰箱和BC-278雪柜族立式透明门冷藏柜等新产品；研制了采用变频和模湖控制技术的KFR-20GWX2BP变频一拖二空调器；在洗衣机产品方面研制了XQB60-AI神童王螺旋飓风全自动洗衣机，该产品特有的波轮产生螺旋飓风水流，使洗涤效果更佳。广东美的集团股份有限公司研制了Y型分体落地式空调器，具有制冷、制热、除湿功能，省电和低噪声等特点；同时还推出了CFXB30-5D多功能自动电饭锅，具有煮饭、蒸炖、煮粥煲汤、自动关机等功能。广东卓越空调器厂研制了分体嵌入式空调器，室内机嵌入天花板内部，能提高房间的空间利用率，款式新颖。中山威力集团公司推出了XQB55-5501全自动洗衣机、XQBG70-7001、XQB75-7501微电脑双自动洗衣机，具有五种自动控制程序和多种流水设计，比一般洗衣机节水约35%，省时约13%。佛山市惠宝微波制品有限公司研制了W（G）-8811型按键语音人机对话及液晶中文显示电脑微波炉，并采用不锈钢内胆及带斜边透视窗口，功能先进、设计新颖，微波泄漏量低。

质量及质量管理 根据国家技术监督局的委托，国家日用电器质量监督检验中心于1997年3月15日国际消费者权益日之前对微波炉产品进行了国家专项监督抽查。在本次的专项抽查中，抽查了23个企业生产、经销的24种品种，其中18种是从国内的18个生产企业抽取的，包括5个使用国外商标的中外合资企业，这些企业分布在广东、上海、江苏、浙江、北京、天津等省市，约占全国微波炉生产企业的60%。另外6种产品是从5个商店经销的进口微波炉中抽取的。本次抽查的产品抽样合格率为66.7%，其中国内生产的产品18种，合格14种，抽样合格率为77.8%；进口产品6种，合格2种，抽样合格率为33.3%。从这次的抽样结果来看，产品质量较好的有广东格兰仕企业（集团）公司生产的WP800S型机械控制式微波炉、广东佛山富士宝微波制品有限公司（现改名为佛山惠宝微波制品有限公司）生产了W-8511型电脑控制式微波炉、上海夏普电器有限公司生产的WP700A型机械控制式微波炉、广东顺德市惠而普蚬华微波制品有限公司生产的J300型机械控制式微波炉。这些产品质量较好的一个重要原因是企业对微波炉国家标准的有关要求较熟悉，能够按标准要求组织生产，并且国内大部分企业已取得了产品的安全认证或已申请认证并通过了型式认可试验阶段。而一些外国生产企业或经销进口产品的销售商不注意对我国有关标准的了解和学习，所以生产或销售的产品不能完全符合我国标准的要求。

根据国家技术监督局的委托，国家日用电器质量监督检验中心于1997年二季度对电冰箱压缩机进行了国家监督抽查。本次抽查实际抽查了21个企业的21组样品，主要抽查了浙江、湖北、广东、北京、上海、陕西、四川、天津、江苏、江西等省市的企业，占全国生产企业的80%。本次抽查的电冰箱压缩机主要分为两类，一类是往复式，占多数，另一类是旋转式。在抽查的21个企业的21个型号的压缩机中，合格的有18个企业的18组样品，产品的抽样合格率和产品综合评定符合率为85.7%，产品产量合格率为98.3%，产品产值合格率为98.4%。从抽查结果来看，不合格项目主要集中在噪声、振动、制冷量与性能系数和壳体温度等推标评定项目上。本次抽查质量较好的有杭丽制冷设备有限公司生产的QD52型冰箱压缩机、上海冰箱压缩机股份有限公司生产的QDX35型冰箱压缩机，所检项目全部合格；景德镇华意电器总公司压缩机厂适应时代潮流，在国内率先批量生产使用无氟利昂制冷剂的环保型冰箱压缩机，值得鼓励。

基本建设及技术改造 1997年日用电器行业60个主要生产企业用于固定资产投资共24.29亿元，其中基本建设投资11.46亿元，技术改造投资7.10亿元，大小技术改造项目共22项。其中广东科龙（容声）集团公司进行了发泡线UNDP专项技术改造，对冰箱公司的两条箱发泡线和门体发泡线进行了无氟利昂改造，现已投入使用，可生产适用于R12、R600a、R134a、CFC-11制冷剂及环戊烷发泡剂的冰箱，无氟利昂生产效果较好。国营常熟制冷设备厂进行了CFCs新型压缩机及其冰柜的技改，改造后的生产线既可生产无氟利昂压缩机，又可生产有氟利昂（碳氢工质）压缩机。广东美的集团股份有限公司进行了电机生产扩能技改，技改后使生产结构得到了进一步的优化，成品电机的检测能力加强，产品结构将进一步完善，产品质量得到进一步的提高，KP电机生产能力增长了5%，SP电机生产能力增长了两倍。陕西洗衣机厂进行了自动洗衣机生产线改造，南京三乐电器总公司投入405万元进行了微波炉生产线改造，使各自的生产能力得到较大提高。

对外合作 春兰集团公司引进了氦检漏技术，并于年底投入使用；广东科龙（容声）集团公司引进了BCD-190WB无霜冰箱技术，使用R600a作制冷剂，生产能力约20万台，同时还引进了美国AK48高速冲床，使生产蒸发器和冷凝器的能力达50万套。温州市立峰电器有限公司引进了电热水器自动生产流水线，生产能力约5万台。

管理及改革 以原宝花空调器总厂（国营宝成通用电子公司所属）为基础，由国营宝成电子公司、庆安集团有限公司和中国航空技术进出口公司北京公司组建了陕西凯迪空调器有限公司，并于1997年8月注册登记，10月正式挂牌营业。该公司主要生产经营各种空调器及制冷设备，以生产房间空调器和特种空调器两大类产品为主。

〔撰稿人：机械工业部广州电器科学研究所陈汉桂 审稿人：机械工业部广州电器科学研究所赖静〕

〔责任编辑 张友鹤〕

〔机械工业部〕

生产发展情况 1997年中国电焊机行业生产的总产值大体与1996年持平，部分指标略有下降。

我国电焊机行业原有各类电焊机专业和兼业制造厂、焊接辅机具、元器件、配套件厂家约1 500个，本年度停产、半停产、转产和资产重组的厂家占总量的40%以上。本行业有机械工业部部属焊接设备专业归口研究所1个——机械工业部成都电焊机研究所，纳入机械工业部定点的电焊机生产企业38个。

38个定点企业中根据国家统计局有关划分，有大二型企业6个，中一型企业4个，中二型企业4个，小型企业24个。1997年38个定点企业中，有5个企业全年基本停产，10个企业全年半停产，38个定点企业亏损面达70%。1997年33个定点企业电焊机年总产量62 150台，比上年减少5.59%；工业总产值当年价为61 260.4万元，比上年下降0.49%；产品销售收入70 222.4万元，比上年增长5.22%；产品销售税金4 196.7万元，增长12.7%；利润总额－1 816.4万元；企业年末职工总数为16 088人，比上年减少8.0%；全员劳动生产率12 170.5元/人，比上年增加29%。

市场经济下，电焊机行业非定点企业发展迅速。从调查的国内比较具有代表性的48个非定点企业情况看，有中一型企业2个（但电焊机非其主营业务）、中二型企业6个，其他40个全为小型企业。这48个非定点企业1997年总产量90 685台，工业总产值当年价为43 413.4万元，产品销售收入42 148.6万元，利润总额1 743.2万元，企业年末职工人数6 467人（由于调查没有连续性，具体数据无法比较），全员劳动生产率17 779元/人。这些企业大部分是集体、乡镇、民营企业，生产规模相对较小，企业负担轻，经营机制灵活，整体效益好于定点企业。

在38个定点企业中，有骨干企业2个，重点企业6个。1997年8个骨干重点企业年末职工总数为8 662人，比上年少了6.26%，占列入统计的33个定点企业职工总数的54.37%；工业总产值当年价为21 149.6万元，占定点企业的34.52%，比上年降低10%；产品销售收入29 640.8万元，占定点企业的42.21%，比上年增长1.5%；利润总额为－3 532.5万元，亏损额比上年增加35.29%，是列入统计的33个定点企业亏损额的两倍；电焊机年产量15 159台，占定点企业产量的24.39%，比上年下降15.27%；全员劳动生产率6 032.7元/人。各项经济指标见表1。

表1 1997年电焊机行业33个定点企业、48个非定点企业和8个骨干重点企业经济指标完成情况

企业数（个）	工业总产值			工业增加值（万元）	产品销售收入（万元）	产品销售税金（万元）	利润总额（万元）	年末固定资产		流动资产		流动负债		所有者权益（万元）
	当年价（万元）	不变价（万元）	比上年增长%					原价（万元）	净值（万元）	合计（万元）	平均余额（万元）	合计（万元）	平均余额（万元）	
33	61 260	57 749	－0.49	19 728	70 222	4 196.7	－1 816	66 182	42 818	80 545	78 639	79 238	69 510	46 032
48	43 413	39 689	—	11 124	42 149	2 615.6	1 743	22 210	16 573	36 211	33 204	24 089	20 610	22 917
8	21 150	19 638	－10.01	5 217	29 641	1 447.8	－3 533	31 645	19 604	39 719	38 343	43 917	38 316	19 041

这8个骨干重点企业皆为中二型以上的全民所有制国有企业，在激烈的市场竞争中，由于自身机制、管理、人员负担、技术储备落后等原因，明显体力不支，而从行业中的“老大哥”变成了“老大难”，个别企业成为电焊机行业亏损大户。目前这8个企业正在积极探索，进行资产重组、争取外援和联合，同时开展生产自救，裁减冗员，尝试系列体制改革。

产品分类产量

(1) 通用焊机

从产品构成看，定点企业交流弧焊机占总产量的59.53%；直流焊机占总产量的14.30%，其中旋转式直流焊机占总产量的3.44%，整流式直流弧焊机占10.86%；自动半自动焊机占总产量的18.48%，其中CO_2焊机占总产量的12.93%；电弧焊机占了总产量的92.3%。此外，电阻焊机占总产量的6.31%，其中点凸焊机占总产量的4.14%；专用、成套和其它焊机占总产量的1.24%；特种焊机占总产量的0.14%。

从产品产量看，1997年定点企业总产量为62 150台，比上年下降5.59%。交流弧焊机、直流弧焊机、电阻焊机等产量都有不同程度的减少，只有自动半自动焊机产量有所上升，增加了18.31%。降幅较大的产品为等离子焊机（−60.47%）、缝焊机（−66.98%）和电动机驱动直流弧焊机（−51.86%）。增幅较大的产品为逆变式弧焊机(61.27%)、埋弧焊机(32.28%)、其他旋转直流焊机（30.43%）。随着高效节能焊机的推广应用和电焊机制造水平的提高，技术含量较高的高效节能产品正逐步扩大市场占有率，产销量逐年增长。列入统计的33个定点企业的产品产量见表2。

(2) 专用、成套焊接设备

随着我国国民经济的发展，各工业部门对焊接技术和设备效率提出了更高要求，对大型、成套、专用自动化焊接设备的需求量日益增大。但长期以来，由于我国焊接技术与国外的差距，使我国大型成套专用焊接设备主要依靠进口。据统计，我国每年进口焊接设备超过1亿美元，其中专用成套焊接设备占50%以上。近年来，我国焊接技术和制造水平有了长足进步，成套专用设备也得到迅猛发展，无论生产厂家、产品技术水平、产量、产值都有较大幅度增长。

1997年我国电焊机行业生产专机、特种焊机、成套焊接设备规模较大的专业化生产厂(公司)已达30余个。此外，相当数量的电焊机生产厂（所）成立了专用焊接设备公司或分厂，打破了以前我国生产专用焊接设备势单力薄的局面。这些公司、厂家的出现，标志着我国电焊机行业已从生产单台电源、手工和半自动通用焊机，发展到能生产技术等级更高，开发设计能力更强、生产难度更大的专用成套设备。纵观1993年至1997年我国进口焊接设备总值，大体呈下降趋势，1997年为1.58亿美元，比1996年减少18.5%，这与近年电焊机行业成套、专机的蓬勃发展不无关系。

表2　1997年电焊机行业33个定点企业产品产量

产品名称			产量（台）	占总产量的%	比上年增长%
电弧焊机	交流弧焊机	便携式	6 094	9.81	−24.53
		动圈式	11 877	19.11	−13.63
		动铁芯式	16 485	26.52	1.73
		串联电抗器式	2 544	4.09	22.13
		晶闸管式	0		
		小计	37 000	59.53	−7.84
	直流弧焊机	硅整流式	3 014	4.85	16.96
		晶体管式	74	0.12	*
		晶闸管式	3 202	5.15	−24.98
		逆变式	458	0.74	61.27
		电动机驱动	1 149	1.85	−51.86
		其它旋转直焊机	990	1.59	30.43
		小计	8 887	14.30	−11.72
	自动半自动焊机	CO_2焊机	8 035	12.93	25.18
		MIG/MAG焊机	171	0.28	−9.04
		TIG焊机	2 110	3.40	4.83
		埋弧焊机	1 172	1.89	32.28
		小计	11 488	18.48	18.31
	合计		57 375	92.31	−4.25
电阻焊机	点凸焊机		2 570	4.14	0.04
	缝焊机		107	0.17	−66.98
	对焊机		1 243	2.00	−21.73
	合计		3 920	6.31	−12.52
特种焊机	电子束焊机		0		*
	等离子焊机		68	0.11	−60.47
	激光焊机		0		*
	摩擦焊机		19	0.03	−5.00
	合计		87	0.14	−54.69
专用、成套设备及其他			768	1.24	
总计			62 150	100.00	−5.59

注：*表示1996年产量为0。

1997年33个定点企业和成都电焊机研究所成套、专用焊接设备产量和产值比上年增幅显著。

市场及销售　本年度电焊机市场总体疲软，但由于许多企业采取了一系列改革措施，销售额较之上年稍有放大，但市场并未复苏，总体仍处于低迷状态，并呈以下几个特点：

(1) 厂家流动资金短缺，三角债严重，货款回笼慢，影响再生产，不少厂家开工不足。由于狠抓销售，以销促产，出现了销量大于产量（销售库存），销售收入大于总产值的现象，反映出电焊机市场后劲严重不足的缺陷。

(2) 电焊机市场继续疲软，市场竞争日益激烈，行业内经济效益两极分化严重，合资、独资和少数个体乡镇企业抢占了越来越多的市场，国有企业处于高档焊机受合资企业冲击，普通焊机受乡镇企业包围的困境中。以唐山松下产业机器有限公司为主体的唐山开元企业集团1997年工业总产值达到1.78亿元，比上年产值增长32%，为8个骨干重点企业全年产值的84%；1997年销售收入为1.72亿元，比上年增长39%，为8个骨干企业销售总收入的58%（为33个定点企业的24%）；其利润达2 200多万元，而8个骨干企业全年度共计亏损3 500多万元。唐山松下公司于1995年上半年成立，短短的几年中，就占领了中国近50%的CO_2焊机市场，发展速度之快，令行业同仁侧目。“松下现象”已引起全行业关注，其迅速发展的启迪将引发对企业体制、管理模式、经营理念、人才机制等方面的思索。

(3) 进口焊机抢占了中国一半以上的市场。据统计，1997年进口焊机总值为1.58亿美元，其中自动、半自动焊机和专用焊机占70%以上。

(4) 为抢占市场，压价倾销、以次充好等不正当竞争现象日益突出，扰乱了市场秩序，对负担较重、成本较高的国有企业产品、认证产品或质优价高的产品造成极大的压力。

(5) 随着电焊机市场销售格局的变化，销售方式也逐渐由直接销售转化为间接销售——经销和代理制。这种方式由于减少了工厂销售成本，扩大了销售网络而被越来越多的厂家采用，但货款回笼慢的弊端也使不少厂家抱审慎的态度。

本年度由于合资、独资企业的迅速发展，33个定点企业电焊机销售收入为70 222.4万元，比上年增长了5.22%，其中骨干重点企业由于把销售列为“重中之重”，销量也有所上升，达到29 640.8万元，比上年增加1.5%。

从焊机销售结构看，交流弧焊机销量最大，占销售总额的50%以上，但与往年相比，总体是下降趋势，而直流焊机、自动半自动焊机呈上升趋势。特别是CO_2气体保护焊机、逆变焊机、氩弧焊机市场占有份额越来越大。专用和成套焊接设备1997年异军突起，产量和销量都大幅增长，成为了部分企业含金量较高的“拳头”产品。

1997年我国焊接设备出口总值约3.5亿元，比上年增加28%，其中电焊机定点企业出口金额3 187.84万元，比上年降低2.83%，比1995年增加25.6%。定点企业电焊机分类出口情况见表3。定点企业国内销售收入前十名、出口额前六名企业排序见表4。

表3　1997年电焊机行业定点企业出口额

产品类别	出口产品		出口金额（万元）	金额占出口总额比例（%）
	单位	数量		
交流弧焊机	台	8 956	1 390.50	43.62
直流弧焊机	台	608	410.15	12.87
旋转式	台	319	162.35	
整流式	台	289	247.8	
自动半自动焊机	台	620	717.01	22.49
电阻焊机	台	3	14.2	0.45
辅机具等	套	22 030	381.43	11.97
专用、成套设备	台	8	274.55	8.61
合计	台	32 225	3 187.84	100.00

出口的国家和地区有：美国、日本、韩国、台湾、印尼、科威特、菲律宾、新加坡、马来西亚、泰国、

表4　1997年电焊机行业企业国内外销售收入排序

序号	企业名称	销售收入占总销售额%	序号	企业名称	出口额占出口总额%
1	唐山开元企业集团	24.0	1	唐山开元企业集团	45.0
2	上海电焊机厂	21.0	2	南通电焊机厂	32.0
3	天津电焊机总厂	7.0	3	上海电焊机厂	9.2
4	华东电焊机厂	5.2	4	长春电焊机厂	5.8
5	南通电焊机厂	4.7	5	天津电焊机总厂	4.1
6	长春焊机制造厂	3.2	6	无锡电焊机厂	3.4
7	无锡电焊机厂	3.1			
8	北京东升电焊机厂	2.9			
9	株洲电焊机厂	2.7			
10	河北省电焊机厂	2.5			

香港、巴基斯坦、孟加拉、约旦、也门、沙特阿拉伯、阿联酋等。

从出口焊机构成看，交流弧焊机、自动半自动焊机、直流弧焊机仍是出口焊机的主流，分别占总出口额的43.62%、22.49%和12.87%。我国出口焊机从1996年开始发生了较大变化，交焊机和旋转式直流焊机的出口额在减少，自动半自动焊机、整流式弧焊机出口额以较大幅度增长，特别1997年的专用、成套焊接设备、焊接辅机具的增幅也较大。可见我国电焊机产品生产和技术水平在稳步提高。

新技术、新产品与科研成果 1997年，电焊机行业33个定点企业和机械工业部成都电焊机研究所上报新技术、新产品、科研成果57项，其中国家级新产品1项，部级新产品1项，新工艺、新材料7项。获得中国专利的项目有3项：成都电焊机厂的CO_2保护焊枪（专利号97237655.0）、电焊枪（专利号97305470.0）和济南电焊机厂的竖向钢筋焊接智能控制装置（实用新型，专利号96228319.3）。

已完成新产品试制和鉴定的项目中，有电弧焊机26项，其中ZX7系列逆变焊机3项，ZX5和ZXE系列晶闸管弧焊整流器4项，CO_2气体保护焊机6项，TIG焊机7项，埋弧焊机3项，BX系列交流焊机3项。有代表性的产品有：达到国际同类产品水平的国家星火计划项目ZX5（LHF）系列可控硅弧焊整流器（成都电焊机厂）；WSM-400一体式脉冲氩弧焊机和NB-500IGBT逆变式MIG/MAG弧焊机（成都电焊机研究所），其在大功率逆变式熔化极焊接电源方面属国际先进水平，交焊机优化设计程序设计出的BX1系列动铁式交流弧焊机，此项目为7个电焊机厂共同设计，性能好，经济效益显著，已达国际同类产品先进水平。

电阻焊机方面，有9项通过鉴定或已小批试制，如上海电焊机厂通过市级鉴定的DZ-63SH次级整流点焊机（微机控制），产品主要性能已达国际同类水平；成都电焊机厂的UZ-3×160CZ三相次级整流闪光对焊机；济南电焊机厂的气动压紧式链条对焊机。

专用和成套焊接设备试制成功并交用户验收的有16项。如成都电焊机研究所研制的ZX轿车侧围装焊生产线、轻型车驾驶室总成装焊生产线、载重汽车车门装焊生产线、DZ-40A火花塞放电片专用焊机、WZM3-300散热管自动焊机、ESI-1型电子束焊机；成都电焊机厂研制的NZC3-2×630Z汽车制动蹄气体保护自动焊机和NZC-3×400B-1型汽车传动轴气体保护自动焊机；天津市电焊机总厂的汽车传动轴自动焊机；株洲电焊机厂的ZHTZXDC-40自行履带式CO_2保护焊机等均受到用户好评。

此外，为提高我国电焊机质量检测水平，更新检测设备，成都电焊机研究所还研制成功了两项试验装置并试运行良好。

质量及质量管理 本年度电焊机行业厂家继续加强质量管理，强化质量意识，一次开箱合格率和出厂率均有较大幅度提高，电焊机质量普遍提高。

1. 质量管理情况

(1) 贯彻ISO9000系列标准，编制、修订质量手册，建立相关程序文件，进一步完善质量体系。

(2) 实行质量一票否决制，严格产品质量检验工作，狠抓关键工艺和工序，把好原材料外协件入厂关，搞好售后服务。

(3) 积极开展职工质量培训和评比活动，产品质量与个人经济效益挂钩，控制产品返修率。

(4) 做好电焊机产品安全认证、延证工作。

2. 国家、部质量监督抽查产品质量情况

(1) 抽查结果：1997年第二季度对BX系列交流弧焊机进行了国家监督抽查，共抽查了28个企业的56台产品，合格企业数为16个，合格产品数为32台，抽样合格率57.1%（1996年二季度抽查合格率为47.6%）。其中机械工业部定点企业7个，抽样合格率85.7%，获证企业产品合格率84.6%（1996年获证企业产品抽样合格率为80.0%），国有企业合格率为60.0%，集体企业为55.6%，民营企业为0。本次抽查的企业都处在交焊机生产企业相对集中的地区，有19个企业的交焊机产量历年都较大，市场占有率较高，因此抽查结果基本能反映全行业交流弧焊机的质量水平。

(2) 抽查结果分析：本次抽查产品合格率为57.1%，比1996年抽查合格率高9.5%，比1995年高5.7%，比1993年高33.1%，反映出行业交焊机产品质量在逐渐提高。从抽查企业性质看，国有企业合格率为60%，高于57.1%的平均水平，而集体、乡镇企业为55.6%，低于平均水平，私营企业合格率为0。后两者生产交焊机的企业数和产量都相当大，提高和监督它们的质量是当务之急，否则对整个行业有极大的负面影响。

按抽查产品地区划分，抽样合格率高于平均水平的有：北京、上海、天津、河北、江苏、湖南；低于平均水平的有：浙江、湖北。

3. 产品安全认证工作

(1) 1997年国家电焊机监督检验测试中心完成质检样机165台，工厂审复查113次，其中认证审查11个企业，认证复查94个企业，延证审查6个企业，出口审查1个企业，进口审查1个企业。至1997年底，获得中国电工产品认证委员会颁发的产品安全认证合格证书的企业有130个，产品规格379个，其中，交流弧焊机116个企业326个规格，弧焊整流器24个企业31个规格，逆变焊机4个企业6个规格，CO_2焊机2个企业2个规格，氩弧焊机3个企业5个规格，等离子切割机1个企业1个规格，点焊机1个企业2个规格，CO_2焊枪1个企业4个规格，防触电装置2个企业2个规格。

(2) 国家电焊机检测中心加强CB实验室的建设，淋雨装置、热保护装置试验台、提升跌落装置、电缆固定试验装置、可动铁心（线圈）试验装置按计划进行，其中两项已于年底完成鉴定并试运行，大幅度提高了检测水平。

(3) 按照电工产品认证委员会电工设备分委会决定,进行安全认证的换证工作，对检测站执行新国标实验室设备建设进行了预检查和对检测站按新标准检测能力的跟踪验证的审查，均获得了通过。

(4) 继续完善质检工作的质量管理，对第三版《质量手册》进行了两次修改，初步完成了第四版《质量手册》的编制。

(5) 开展了对进口焊机产品实施安全质量许可制度的检验，完成 3 个日本公司、1 个美国公司、1 个韩国公司的申请资料审查，完成 1 个日本公司 2 个系列产品的检验工作。

4. 电焊机标准化技术工作

(1) 完成并报批了两项标准：MIG/MAG《弧焊机》(修订 ZBJ64004—88)、《手工 TIG 焊机技术条件》(修订 ZBJ64009—88)。

(2) 1996 年批准通过，1997 年开始实施两项标准：JB8588—1997《电焊机用冷却风机的安全要求》、JB/T8597—1997《钢筋电渣压力焊机技术条件》。

(3) 起草了《焊接设备可靠性保证体系评审细则》。

(4) 到 1997 年底，全国电焊机标准化技术委员会共收集国际标准 38 项，已等同或等效采用的国际标准 22 项，采标率为 58%。

基本建设及技术改造 1997 年电焊机行业定点企业固定资产投资 4 394.8 万元，比上年增长 5.04%，其中基本建设投资 649 万元，技术更新改造投资 3 700.8 万元。主要完成的项目有：(1) 天津电焊机总厂："八五"技改项目已全面完成，于 1997 年 11 月通过验收并交付使用；同时从美国和日本引进了板材加工设备数控转塔冲床、数控折弯机，对提高箱壳的加工质量和劳动生产率起到了关键作用。(2) 唐山开元企业集团：共完成技改投资 1 644 万元，用于建成年产 2 万台交焊机的生产线、完善 CO_2 焊机和 TIG 焊机生产线、扩建改造自动焊接设备生产厂房等。

对外合作 长春焊机制造厂从德国摩卡公司引进摩擦焊机产品技术，现已试制出 C-40 摩擦焊机，为汽车、自行车行业配套，可替代进口产品，现国产化率已达 80%，计划 1998 年出产品，1999 年批量生产。

管理及改革 1997 年电焊机行业加强行业管理及行业工作开展情况如下：

(1) 近年来，我国民族电焊机工业受到进口产品和外资、合资企业的严重冲击，使我国电焊机行业遇到了前所未有的危机。根据机械工业部有关指示以及 1996 年召开的振兴民族电焊机产业研讨会精神，由成都电焊机研究所、中国电器工业协会电焊机分会联合组织的振兴民族电焊机产业联合会于 1997 年 3 月正式在成都成立。全国有代表性的 15 个单位的 27 名厂长、经理和代表参加了会议。经对目前形势和危机的分析，与会者认真讨论、制定了该联合会章程和下设各部工作条例，选举产生了联合会第一届管理委员会委员。会上决定对 IGBT 逆变弧焊机、交流弧焊机、熔化极气体保护焊机送丝机构三个项目进行联合攻关，通过了 IGBT 逆变焊机、交焊机优化设计两个攻关项目的实施计划。本次大会对我国电焊机行业具有重大意义，对振兴我国民族电焊机工业有积极的指导和促进作用。

(2) 根据国家有关部委要求，开展了电焊机行业创名牌产品活动的各项准备工作，编制了创名牌产品目录和 1997～1999 年创名牌产品年度计划。

(3) 由中国电器工业协会电焊机分会牵头组织，在 1996 年评出 64 个电焊机推荐产品和 39 个企业公开质量承诺的基础上，1997 年进行了第二批推荐产品评审工作，并于 1997 年 10 月确定批准了 9 个企业的 10 种产品共 29 个规格为行业推荐产品，向行业内外广泛宣传。通过推荐工作和创名牌活动，对培育质量信得过明星企业，打击假冒伪劣产品，起到了良好的推动作用。

(4) 近十余年来，电焊机行业有 12 个系列的产品成为节能机电产品推广项目，被广大用户行业选用和接受，并为各有关电焊机厂带来了可喜的经济效益。因此，本年度开展了机械工业第十八批节能机电产品推广项目和第十七批淘汰落后机电产品项目活动，经专家评审，乌鲁木齐电工设备总厂的 ZX5 晶闸管弧焊整流器被评为第十八批节能机电产品推广项目。

(5) 电焊机行业规模宏大的产品展示、信息和学术交流盛会——第十一届中国焊接博览会于 1997 年 5 月在天津成功召开。来自国内外 230 余个从事焊切设备及相关机具研究、开发、生产、销售的厂商参加了展出，共设展台 270 余个，展出场地近 7 000m²。本届博览会良好的组织和展出效果赢得了大会参观者和展出者的好评。

1997 年底，牡丹江无线电六厂正式与日本大阪变压器株式会社 (OTC) 签署了合资合同，将共同生产经营具有 90 年代世界先进水平的 CO_2 气体保护焊机、氩弧焊机及各类逆变焊机，同时加盟该合资企业的还有日本汤线及岩井株式会社两大贸易公司。由此，我国电焊机行业第二个外商控股的大规模合资企业产生了。

为适应市场经济，电焊机行业积极转化机制，进行体制改革。目前，又有太原电焊机厂、呼和浩特电焊机厂实行了股份合作制，以在岗职工为主，全员入股，自主经营，自负盈亏，并建立、健全决策和监督机构，调动职工积极性，努力发展生产。股票皆为职工内部股，不能上市。

到 1997 年底，38 个定点企业中有 14 个企业已经组建和正在组建为股份制企业。

1997 年 11 月原电焊机行业第二大电焊机厂成都电焊机厂被成都电焊机研究所正式兼并。这不仅是成都电焊机研究所和成都电焊机厂双方存量资产的合理流动与重组，也是实现优势互补，提高经济运行质量和效益的有效手段。所厂兼并成功，也使之形成的成都焊接设备集团成为了中国电焊机行业最大的集科研、生产、销售于一体的大型科技型企业之一，成为了可以与外国企业和独资、合资企业相抗衡的民族电焊机企业集团。

〔撰稿人：机械工业部成都电焊机研究所马红、王小宝　审稿人：机械工业部成都电焊机研究所周孟龙、李建国〕

〔责任编辑：张友鹤〕

工业电炉

〔机械工业部〕

生产发展情况　1997年电炉市场的销售在总需求未增加的情况下，呈现出生产更加分散的局面，由于国内电炉最大的企业西安重型电炉厂的解体重组、高频行业最老的企业辽宁电子设备厂的破产，加上电炉生产企业总的销售产值呈下降趋势。通过对33个电炉生产企业统计，1997年平均销售率为98%，前三名依次为：天津市高频设备厂、株洲电炉厂特殊钢铸造厂、青岛工业电炉厂，分别为169.2%、152.3%、147.5%。尽管中国电器工业协会电炉及工业炉分会、全国电热设备标准委员会、中国电炉设备质量检测中心做了大量规范市场的工作，但收效甚微。究其原因，主要是在电炉行业中还未形成技术密集型"龙头"骨干企业，电炉产品的知识产权保护体系尚未形成，不能适应市场经济发展的需求，虽然企业都在进行改制，但新的结构还未形成。

据对33个主要生产企业统计数据对比，1997年平均全员劳动生产率为14 689元/人，前三名依次为：苏州工业园区热处理设备厂、佛山市电炉厂、南京电炉变压器厂，分别为66 667元/人、32 500元/人、25 886元/人，第一名比上年上升109%，第二名与第三名分别比上年下降31.1%、36.1%；工业成本费用利润率前三名依次为：大连三二〇八工业股份有限公司、苏州工业园区热处理设备厂、佛山市电炉厂，分别为14.2%、13.9%、5.7%，与上年相比下降1.6%、0.8%、5.7%，整体比上年下降2.7%左右；工业增加值率前三名依次为：重庆电炉股份有限公司、株洲电炉厂、株洲电炉厂特殊钢铸造厂，分别为235.8%、180.3%、126.6%；综合贡献率前三名依次为：苏州工业园区热处理设备厂、沈阳市北方电炉厂、保定市恒力高频设备厂，分别为17.9%、10.8%、10.7%。

新技术及科研成果　西安电炉研究所承接的对有色金属成品进行处理而研制的重大技术装备锆管真空退火炉项目，是生产国家急需的高质量锆管生产线中的关键设备，也是目前世界上只有为数极少的几个国家才能生产的新产品，在我国尚属首台。该项目已完成总体设计，1998年可完成生产调试。

重庆电炉股份有限公司成功地研制了满足生产军用特种容器热处理工艺技术要求的全自动生产线。该生产线采用了SPC计算机控制系统，具有二次开发功能的组态式工控软件和最新的WINDOWS中文窗口，提高了控制水平。该公司研制的多工位旋转喷旋淬火机、清洗机，提高了热处理工件质量；研制的可夹持炽热复杂工件并具有机器人功能的机械手，提高了运送工件的准确性。该生产线使国内电炉行业计算机控制和电液传动自动化技术上升到新的水平，每年可为国家节约大量外汇，节电300MW·h。

新产品　江西电炉厂研制的带钢热处理生产线，可使木工带锯在保护气氛中实现无氧化处理，且变形小，从而提高了木工带锯的综合质量指标。该生产线技术性能已达到国外同类产品先进水平，1997年度获国家级新产品称号。

沈阳工业电炉厂研制的模具加热炉经鉴定检测，各项经济技术指标与性能参数均达到或接近美国MIL—F—80133B军用标准。在设计上吸取了国内外先进技术，具有结构合理、炉盖密封性能好、温度控制精度高、炉温均匀、炉体轻等特点，达到80年代末同类产品先进水平。该厂研制生产的铝材时效炉，采用了可编程序控制器，具有炉温均匀性好、升温速度快、控制精度高、节约能源等特点。经检测，产品性能参数达到国家C级产品标准的要求，具有较广泛的市场前景。

南京摄山电炉总厂为适应市场的需求，研制了高温网带炉机组，该机组由上料段、加热炉、冷却段、传动机构、氨分解、净化装置及电气系统组成。该机组适用于工量具、医疗器具在氨分解气氛保护下的淬火、奥氏体不锈钢件的固溶处理和粉末冶金零件的烧结及硬质合金钢件的钎焊，在国内处于领先地位。

山东高新技术企业烟台亚东标准件有限公司生产的半自动连续式多功能网带式电阻炉，在吸收国外先进技术的同时，采取了自行研制的气动控制专利技术，在炉罐、冷却系统、加热元件等方面做了较大的改进。该炉具有网带运行平稳、炉温均匀性好、控温精度高、冷却性能优良、生产效率高、能耗低等特点，达到国内同类产品先进水平。

哈尔滨松江电炉厂研制的铸链炉生产线，由阶梯式上料机、振动布料机、铸链板式淬火炉、网带式淬火油槽、网带式清洗机、网带式回火炉等部分组成。该生产线成套性强，结构合理，是基础件、轴承行业必不可少的设备，它的研制成功，可为国家节约大量外汇。

辽宁电子设备厂研制的晶体管式高频感应加热电源，是用于黑色或有色金属的淬火、透热、熔炼、焊接、钎焊的重要热加工设备，该装置主电路为交—直—交变频方式，与真空管式高频电源装置相比，整机电效率提高25%以上，体积减少2/3，重量减轻60%。主要技术指标达到90年代国际先进水平，填补了国内空白，是传统真空管式高频感应加热电源装置更新换代的重要产品。

质量及质量管理 于1997年5月开始在全行业实施产品质量承诺和推荐产品活动。这项活动的目的是为了贯彻全国机械工作会议精神，配合“三大战役”，为会员单位牵线搭桥，促进会员单位在产品质量、企业知名度、市场竞争等方面的综合能力的提高。活动的宗旨是为用户服务，让用户放心。承诺内容包括产品实物质量、服务质量和经济责任三方面。具体规定了加强质量管理，严格执行标准和全面履行合同，向用户提供质量可靠的合格品的质量保证体系；遵守《质量法》在合同约定范围内，凡属产品质量问题，严格执行修理、更换、退货的责任规定和合同规定的赔偿责任；在合同约定范围内做出答复并提出处理意见，先排除故障，后分清责任，做到问题不解决，服务工作不停止；根据用户需要，进行技术培训，进行质量跟踪与访问；建立对企业质量承诺活动的监督机制和接受用户投诉等方面的内容。参加第一批质量承诺的30个企业和首批推荐的73种产品，经专家评审，上报中国电器工业协会批准，向全社会公告，已于1997年10月全面实施。

1997年9月，全国电热设备标准化技术委员会第三届委员会正式成立，会议通过了全国工业电热设备标准化技术委员会章程等6个工作文件；讨论审查了《电热设备安全　第二部分对电弧炉设备的特殊要求》国家标准送审稿；对标准的实施过渡提出了建议，要求起草单位根据审查意见对送审稿进行修改，修改后的标准送审稿在经专人复核和主任委员审查签字后可作为国家标准上报；对[1997]机科标182号文规定范围内的56个电热设备的国家、机械部标准进行了复审，并按文件中提出的复审原则结合市场实际需求对秘书处提出的复审结论建议进行了充分的讨论，最后形成标准复审结论。

电热标准委员会针对目前企业标准化工作存在的无标生产、标准化意识淡薄等问题，采取了加强企业法人标准化意识，使标准化工作的重要性深入到企业领导层；技术监督部门加强标准化工作的组织和宣传，狠抓监督质量关，搞好对企业标准化工作的服务，帮助企业开展标准化工作；行业各主管部门积极组织人员，宣传标准化工作，及时传递标准信息，使新颁布的标准及标准修改信息和国内外行业标准新动态能够迅速传递给企业，为企业的进一步发展奠定了良好的基础。

长春电炉厂于1997年1月31日通过华信技术检验有限公司对该厂GB/T19001—1994(ISO9001)质量认证，成为电炉行业第一家取得国际质量认证的企业。随后，首都航天机械公司工业电炉厂也通过了国际质量认证。

上海电炉厂在1997年把产品质量工作作为该厂的首要任务，建立了一系列产品质量生命线的企业内部规章制度，包括：内部质量审核程序，检验与试验程序，搬运、储存、包装、支付程序，产品设计控制程序，售后服务控制程序，采购程序，不合格控制程序，关键工序质量控制程序等文件。完成了35个企业标准的制定工作，使大多数非标炉的生产有章可依，从产品设计到整个生产过程都严格执行国标和企标。厂内建立起严格的质量责任制、经济责任制和行政责任制，并把质量工作延伸到营销和售后服务中去。职工必须经过严格的技术和质量意识培训，实行持证上岗。由于采取了上述措施，在用户中树立了良好的企业形象，产品订货量一直保持上升趋势。

对外合作 天津市高频设备厂引进日本90年代中期先进技术水平生产的全固体化中频超音频感应加热设备，使我国的中、高频电源跟上了国际上的发展，获得了国家科技攻关重大成果奖。经测试，该电源启动、调节、保护系统等各项技术性能指标均达到日本进口的同类设备标准，达到90年代先进水平，并为逐步全面替代此领域长期使用的高耗能传统电子管式装置奠定了基础。

管理及改革 电炉及工业炉分会针对市场的无序竞争，组织了电炉产品出厂价格的制定和实施，通过会员大会、生产经营工作会、高频委员会等一系列会议，积极进行组织和宣传，提出在当前市场有限、竞争激烈、资金短缺的困难形势下，全行业更应团结起来，齐心协力保护行业整体的利益，避免和制止靠压价、相互倾轧等手段争取用户的不正当竞争，自觉遵守职业道德。应加强企业自身的基础建设，严把质量关，提倡靠高技术含量、高质量、合理价格、优质服务占领市场。这些活动的开展，加强了行业内部职业道德的建设，保护了行业内部企业之间的利益，也促进了企业的发展。

随着经济体制改革的深入进行，原先一些行业骨干厂由于经营不善，管理手段落后先后被优势企业兼并。这些企业被兼并后，均进行了资产重组，改制为股份制企业，精简了大量闲置人员，很快又投入到电炉市场的竞争中去。因此，电炉行业原先的产业布局也发生了较大的变化，基本上呈现出国有企业、股份制企业、乡镇企业三足鼎立的局面。电炉行业原骨干企业中，已有5个完成了企业股份制改造，其余企业大多数也正在酝酿和进行中。

上海市工业炉公司1997年经上海市高新技术企业(产品)认定办公室批准为上海市高新技术企业第一批复审合格单位。

〔撰稿人：机械工业部西安电炉研究所郝燕萍　审稿人：机械工业部西安电炉研究所徐建利〕

〔责任编辑：张友鹤〕

通用仪器仪表

〔机械工业部〕

一、工业自动化仪表

生产发展情况 1997 年机械工业部系统工业自动化仪表行业生产经营状况较好，生产总量与销售收入上升，但经济效益低下这仍是工业自动化仪表行业的一个突出问题。全行业主要经济指标实际完成情况见表 1。

表 1 1997 年工业自动化仪表行业主要经济指标

指标名称	单位	全年完成	比上年增长%
工业总产值(不变价)	万元	429 827	1.9
工业总产值(当年价)	万元	442 189	
工业销售产值(当年价)	万元	432 338	
工业增加值	万元	129 174	
全年销售额	万元	364 802	
全年产品销售收入	万元	423 048	
出口交货值	万元	33 394	
其中:自营出口创汇额	万美元	2 872.7	
应交所得税	万元	5 350.7	
应交增值税	万元	25 469.8	
利润总额	万元	10 523	

工业总产值超亿元的企业有:上海自动化仪表股份有限公司(176 705 万元)、中国四联仪器仪表集团有限公司(93 240 万元)、天津仪表集团有限公司(30 762 万元)、安徽天康集团天长市仪表厂(22 000 万元)、西安仪表厂(集团)(18 113 万元)、武汉仪器仪表自动化工业(集团)公司(14 814 万元)、无锡工装自控工程有限公司(11 785 万元)、吴忠仪表集团有限公司(11 505 万元)。这 8 个企业的工业总产值共计 378 924 万元,占全行业工业总产值的 85.7%。其中安徽天康集团天长市仪表厂工业总产值比上年增长 43%,增长速度居行业前列。

利润超千万元的企业有:上海自动化仪表股份有限公司(9 065 万元)、上海福克斯波罗有限公司(1 884 万元)、承德热河克罗尼仪表有限公司(1 376 万元)、安徽天康集团天长市仪表厂(1 180 万元)、北京远东仪表有限公司(1 102 万元)、中国四联仪器仪表集团有限公司(1 082 万元)、无锡工装自控工程有限公司(1 051 万元)、吴忠仪表集团有限公司(1 006 万元)。

1997 年工业自动化仪表行业完成了多项大中型工程项目的系统与仪表配套任务。如中国四联仪器仪表集团有限公司的大型 DCS 系统项目比往年增加,中小型 DCS 系统也取得了较好的成绩;上海自动化仪表股份有限公司系统成套分公司完成了为 300～600MW 机组电站的曲靖电厂、汕头电厂、安阳电厂、威海电厂、十里泉电厂、宝鸡电厂、西柏坡电厂的超宽型仪表盘(BTG)的配套任务;广东湛海仪表有限公司完成了为北京燕山石化公司、茂名石化公司、玉门石油管理局、福建石油总公司、天津天钢集团有限公司的双转子流量计和椭圆齿轮流量计的配套任务;营口市仪器三厂完成了为上海宝山钢铁集团公司等单位配套电子皮带秤的任务;吴忠仪表集团有限公司完成了为广东湛江电厂、大同二电厂、塔里木石化厂、上海石化公司、大连化工公司、武汉钢铁公司的多种调节阀配套任务。

竞争激烈、资金缺乏、亏损面广仍是困扰全行业的三大难点。近年来,由于一些企业以往高利润产品的市场优势逐渐消失,新产品开发缓慢,而销售成本、销售费用、销售税金及其他费用的增加,使得像天津仪表集团有限公司产品销售收入虽比上年增长 27.6%,但利润无明显增长。这种增产不增利、甚至降利的现象在不少企业中存在。

因此,加强管理、提高效益,始终是企业紧迫的任务。北京远东仪表有限公司 1997 年采取多项管理措施,如有计划地控制各环节的资金占用;严格把好采购、加工、成品入库三关;把生产信息的"阶梯式"逐级传递结构改为网络结构,使配料发料、车间加工、元件供应、成品生产等同步进行,逐步形成了适应市场、灵敏高效的反应机制,提高了对市场的应变能力。使得 1997 年合同交货期平均缩短 7～10 天,生产资金和储备资金占用比上年下降 1 135 万元,"三项"资金周转速度比上年快 67 天,全公司各部门增收节支创效益达 190 万元。

1997 年工业自动化仪表行业还积极、稳妥地做好减员、分流工作。如天津仪表集团有限公司共分流 4 804 人,对绝大多数下岗人员,已作了妥善安排;上海自动化仪表股份有限公司也实行减员增效,如该公司的自动化仪表四厂精减了 20%人员;开封仪表厂实施减员增效方案,使全员劳动生产率比上年增长 20.6%。

承德热河克罗尼仪表有限公司 1997 年工业全员劳动生产率达 163 015 元/人,是一般企业的 4 倍以上,仍居行业之首。

产品分类产量 1997 年工业自动化仪表行业主要产品的生产量为 1 772.43 万台(件),销售量为 1 682.06 万台(件)。

其中产值超千万元的主要产品产量、产值如表 2 所示。

市场及销售 1997 年产品销售收入超亿元的企业有 8 个:上海自动化仪表股份有限公司(180 091 万元)、中国四联仪器仪表集团有限公司(87 779 万元)、天津仪表集团有限公司(31 145 万元)、上海福克斯波罗有限公司(16 100 万元)、安徽天康集团天长市仪表厂(13 324 万元)、西安仪表厂(集团)(13 297 万元)、吴忠仪表集团有限公司(11 500万元)、武汉仪器仪表自动化工业(集团)公司(10 628 万元)。

据工业自动化仪表行业协会统计,1997 年工业产品销售率达到与超过 100%的企业有:天津市自动化仪表厂、湖北仪表厂、上海自仪公司自动化仪表五厂、北京自动化控制设备厂、天津市自动化仪表七厂、上海自仪公司大华仪表厂、承德热河克罗尼仪表有限公司、北京远东仪表有限公司、营口市仪器三厂、泊头市仪表总厂、上海福克斯波罗有限公司等。

表 2 所列的产品大多为 1997 年的热销、畅销产品。其他热销产品及销售额如:上海自仪公司自动化仪表一厂的 AN 型热工信号装置及报警系统(447 万元),上海自仪公司自动化仪表三厂的 WZPK 热电阻(685 万元),天津市自动化仪表八厂的热电偶热电阻(374 万元)及 DCS(389 万元),武汉仪器仪表自动化工业(集团)公司的水电调速器(488 万元),合肥仪表厂的蒸汽流量计(163 万元)、涡街流量计(119 万元)、流量显示仪表(125 万元),广东湛海仪表有限公司的椭圆齿轮流量计(607 万元),泊头市仪表厂的节流装置(165 万元)、不锈钢球阀(773 万元)等。在全行业的热销、畅销产品中,许多是引进产品,如上海自仪公司自动化仪表七厂,1997 年引进产品的销售收入占总销售额的 52.4%。

表 2 1997 年产值超千万元的主要产品产量

生产企业	产品型号名称	产量(台、套)	产值(万元)
上海自仪公司自动化仪表一厂	1151 变送器	6 868	3 661
上海自仪公司自动化仪表三厂	XW 显示仪表	12 594	1 290
上海自仪公司自动化仪表七厂	气动调节阀	2 189	1 532
上海自仪公司系统成套分公司	仪表盘	730	1 749
中国四联仪器仪表集团有限公司	ER 工业记录仪		2 291
	Ⅲ型、S 系列仪表		2 066
	电动执行机构		1 070
	集中控制装置、仪表盘操纵台		1 984
西安仪表厂(集团)	Ⅰ系列仪表	10 369	2 452
	YS-80 控制仪表	1 850	1 099
	1151 变送器	11 599	6 523
	DCS	22	2 656
北京远东仪表有限公司	EK 系列仪表	8 199	1 656
	1751 变送器	7 441	4 113
天津仪表集团有限公司	民用及工业用冷热水表	535 000	3 344
	煤气表	163 000	2 200
	PLC	511	2 100
	物位检测仪表	6 031	2 200
	执行器	20 631	5 289
大连仪表电气有限公司	电动执行器	2 222	1 430
天长市仪表厂	补偿导线、小截面电缆	10 296(km)	9 266
开封仪表厂	电磁流量计	1 029	1 988
合肥仪表总厂	LC 系列椭圆齿轮流量计	7 731	1 997
广东湛海仪表有限公司	双转子流量计	103	1 355
福州水表厂	ϕ15～200mm 水表	735 500	3 932
丹东热工仪表厂	煤气表	704 000	6 862
吴忠仪表集团有限公司	HCB 笼式双座调阀	2 426	1 483
	HEP 电气阀门定位器	4 818	1 558
无锡工装自控工程有限公司	710E 高性能蝶阀	200	1 200

1997 年滞销产品及销售额如:天津市自动化仪表八厂的快速热电偶(7 万元)、XMB 数字Ⅲ型表(3 万元);广东湛海仪表有限公司的涡轮流量变送器(7 万元),武汉仪器仪表自动化工业(集团)公司的数显仪表(9 万元),以及大连仪表电气有限公司的Ⅱ型、Ⅲ型电动单元盘、架装仪表及变送器等。

1997 年出口交货值在 400 万元以上的企业有:上海自动化仪表股份有限公司(78 129 万元)、中国四联仪器仪表集团公司(6 669 万元)、宁波水表厂(4 018 万元)、西安仪表厂(集团)(2 304 万元)、福州水表厂(1 931 万元)、天津仪表集团有限公司(1 630 万元)、上海福克斯波罗有限公司(869 万元)、承德市自动化计量仪器厂(476 万元)、承德热河克罗尼仪表有限公司（455万元）、泊头市仪表总厂（419万元）。

出口交货值与本企业销售产值比例较高的企业有：福州水表厂占57.28%，宁波水表厂占44.96%，上海自动化仪表股份有限公司占41.3%。

1997年主要出口产品有：上海自动化仪表股份有限公司出口自动化仪表870万台（件），该公司所属系统成套分公司为巴基斯坦恰希玛核电站配套了1E级核电站BTG盘，该公司自动化仪表四厂出口压力表17万只；福州水表厂出口水表50万只；丹东热工仪表厂出口煤气表1万只；西安仪表厂（集团）向巴基斯坦电站成套出口的产品有DCS、1151变送器、I系列仪表以及中国四联仪器仪表集团有限公司的记录仪、北京远东仪表有限公司的EK系列控制仪表、常州热工仪表总厂的双金属温度计、开封仪表厂的AM转子流量计、广东湛海仪表有限公司的椭圆齿轮流量计、营口市仪器三厂的称重传感器和测速器、天津市自动化仪表七厂的SD系列电动执行机构、吴忠仪表集团有限公司的CV3000调节阀等。其他还有中国四联仪器仪表集团有限公司的宝石轴承、磁钢，丹东热工仪表厂的煤气表散件2 200套，常州热工仪表总厂的流量计零部件29 896件，泊头市仪表总厂的300t铸件等。

1997年国内外市场销售情况表明：一些高新技术含量较高的产品、系统成套产品销售形势看好；市场对技术传统型、劳动密集型的产品虽然需求大，但各类企业竞争异常激烈；客户要求的供货周期明显缩短、提出现货供应的合同增加。一些企业因产品结构老化、产品质量下降、对市场需求（包括品种、规格、数量）预测不准、投入生产的流动资金不足、交货期和售后服务跟不上等原因，致使销售额下降。在国际市场上，由于受东南亚金融危机的影响，一些企业产品的出口增幅减缓。

新技术及科研成果 在新技术方面，上海自仪公司自动化仪表一厂将光纤传输技术和智能化数字通信技术应用在变送器上已取得初步成果；天津仪表集团有限公司开发了LED发光二极管指示表头，降低了每台200元的生产成本；吴忠仪表集团有限公司产品设计采用CAD技术，1997年底已全部应用微机，取消了手工描图，提高了设计质量及设计速度，也提高了产品的可靠性。

在新工艺方面，中国四联仪器仪表集团有限公司的特种波纹管工艺及生产线改造和看板管理的研究与实践，获1997年机械工业部工艺优秀项目；浪涌精密电阻的印刷烧结、调阻工艺，解决了浪涌电阻的制作难点；电子浆料在电触头焊接层中的应用，使功效提高1倍，年节约5万元；JRW2.5空心磨杆工艺使有关产品质量提高，年节约53万元。西安仪表厂（集团）完成引进产品YS-100控制仪表表箱的工艺攻关，达到了90年代的制造水平，原进口表箱每只近600元，自产后约100元，大幅度降低了成本。合肥仪表总厂对中小口径流量计的壳体、盖板等零件表面成功地采用磷化工艺，使零部件表面能达到除锈、防滑的目的，并使后续的油漆表面光滑美观。哈尔滨龙江仪表厂对涡轮流量计进行工艺改进，提高了叶轮的合格率和技术水平。天津仪表集团有限公司对YTBF-100（150）化工压力表的多圈弹簧管轧制工艺进行攻关取得成功，现这类产品已成为该公司的主导产品，年产值达100多万元。

在新材料方面，上海自仪公司系统成套分公司对1E级核电仪表盘选用了镀锌钢板，增强了防腐性，并在喷涂工艺上做了改进，使防腐能力进一步提高。福州水表厂对LXHG-15容积式水表深入进行耐磨试验，取得了工程塑料配方较精确的技术数据，进一步进行防磁研究，已使产品防磁性能满足国际市场的需求。

1997年工业自动化仪表行业为重大技术装备研制的攻关项目如：上海自仪公司系统成套分公司承担大型核电逻辑系统1E级继电装置的攻关项目，已完成机架、模块设计的研制工作，正处于热老化试验和抗地震试验阶段。上海自仪公司自动化仪表七厂承担的核电站用1E级电动调节阀项目，是大型压水堆核电站成套设备研制中的专项项目，现已准备制造试验用样机；该厂承担的气动耐冲刷调节阀，是大型煤化工成套设备中的专题项目，现正在制造样机。西安仪表厂（集团）1997年立项开发的TKTH-3000电站过程控制系统正在研制中。吴忠仪表集团有限公司完成大型乙烯工程攻关项目的锅炉快速泄放阀的试制，并已发往用户，待试用后进行鉴定。中国四联仪器仪表集团有限公司承担的秦山二期核电站用蒸发水位调节系统及M系列辅助仪表国产化项目正在进行中。

承担国家、部、省市级科研项目如：由机械工业部基础装备司组织、有关企业及上海工业自动化仪表研究所与重庆工业自动化仪表研究所等单位共同承担的国家级“九五”科技攻关项目“现场总线自动化仪表与系统”已全面展开。1997年上海工业自动化仪表研究所完成了宽范围文丘里管流量计部级课题的用户验收；完成了可变截面孔板流量计国家科技攻关任务的部级鉴定；完成了防爆电动小流量调节阀部级课题的用户验收；完成了现场信号集成技术研究的市级课题鉴定。武汉计算机外部设备研究所承担的CAD成套技术应用的部级科研项目汽车电器CAD网络系统已通过部级鉴定。中国四联仪器仪表集团有限公司1997年完成国家科委火炬项目2项，完成市级科研项目8项。西安仪表厂（集团）承担的加工中心、CNC完善化设计，已通过省级鉴定。上海自动化仪表股份有限公司正在研制的项目，如该公司自动化仪表一厂承担的市火炬计划项目为变送器、自动化仪表三厂承担的国家重点科研项目为核电站检测仪表及一体化温度智能仪表、自动化仪表四厂承担的市级项目为引进消化吸收开发YKX-150位式控制压力表、自动化仪表七厂承担的部级“九五”攻关项目为特种工业控制阀等。天津仪表集团有限公司通过部级鉴定项目为LUGB二线制智能涡街流量计和LUGB高温型涡街流量传感器、通过市级鉴定项目为IC-2.5智能卡式燃气表。武汉仪器仪表自动化工业(集团)公司通过市级鉴定项目为中小型水电厂计算机监控系统。常州热工仪表厂已完成部级项目为双金属温度计。开封仪表厂已完成耐腐型、阻尼型及高温型金属管浮子流量计及防爆型电磁流量计的研制,待省级鉴定。合肥仪表总厂承担的LC-LA50椭圆齿轮流量计省级项目已研制完成。福州水表厂已完成LXSG-15A/D单流旋翼式干式防磁水表市级项目的研制。

新产品 中国四联仪器仪表集团有限公司1997年完成国家经贸委试产项目6项,完成了新产品XMT300数字调节器、NR1800系列无纸记录仪的试制。西安仪表厂(集团)完成新产品试制7项。上海自动化仪表股份有限公司通过公司级鉴定的新产品,如自动化仪表一厂的KBW温度变送器、KZP频率转换器、KSJ报警设定器,自动化仪表四厂的CYW-150B不锈钢差压表、YSG-150MGH隔膜式高温熔体压力变送器,自动化仪表七厂的ZDR-35002电动偏芯旋转阀、97-41000及98-21000气动调节阀,系统成套分公司的DCD-PRC数据通信柜等。北京远东仪表有限公司EKZ9000系列隔离栅、EKR2000彩色无纸记录仪、FDCS-Ⅱ小型控制系统等通过了样机鉴定。北京自动化仪表二厂完成了可燃气体检测报警仪、火灾报警控制器。北京自动化仪表四厂完成了UEY系列音叉式物位仪表。武汉仪器仪表自动化工业(集团)公司完成新产品开发10项,如武汉温度计厂开发的XMT-212智能数字显示仪、VFZ-2102智能大量程料位计,武汉热工仪表厂开发的直行程300E电动执行机构均完成样机试制。杭州自动化仪表总厂的XMTB-3207A干式变压器温度控制仪通过了部级新产品鉴定。宁夏银河仪表厂的数显式涡街流量计、XMT-101及XMT-102智能式数显控制仪通过了厂级鉴定。合肥仪表总厂的LCS-E80双体椭圆齿轮流量计、高粘度椭圆齿轮流量计通过了厂级鉴定。泊头市仪表总厂的法兰式系列球阀通过了省级鉴定。福州水表厂完成了LXHG-15E水平容积式水表国家级新产品的试产计划。广东湛海仪表有限公司的LCG椭圆齿轮流量计通过了部级新产品验收鉴定。吴忠仪表集团有限公司完成了JDZ电动执行机构国家级新产品鉴定计划、VBM新型蝶阀和ZSRJ精小型O型球阀国家级新产品试产计划。

上述有代表性的新产品如:中国四联仪器仪表集团有限公司的XMT300数字调节器,全量程输入精度为±0.2%FS,可组成小型系统,填补国内空白;NR1800系列无纸记录仪,为大屏幕、汉字化、磁盘记录,精度为±0.3%FS,达到国际90年代水平。天津仪表集团有限公司的YTBF-100(150)化工用压力表通过部级鉴定,其公称直径100、150mm,精确度等级为1.5级、2.5级,测量范围为$-0.1\sim0\sim60$MPa,全部选用耐腐蚀材料;LUGB型高温涡街流量传感器是一种新型的节能仪表,精确度为1级、1.5级,该仪表具有国内先进水平;LUGB型二线制智能涡街流量计是集传感器和智能仪表于一体的新型涡街流量计,精确度为±0.5%,累积流量为0～99 999m^3或t,瞬时流量为0～9 999m^3/h或t/h,接近国际水平。杭州自动化仪表总厂通过部级新产品鉴定的干式变压器温度检测控制仪,精确度为0.5级,测量范围为0～200℃,三相温度巡检、报警、控制,总体性能达到国内先进水平。广东湛海仪表有限公司通过部级新产品鉴定的LCG椭圆齿轮流量计,公称通径15～250mm,流量测量范围0.1～400m^3/h,精确度为0.2级、0.5级,防爆等级dⅡBT4、iaⅡCT4。

质量及质量管理 上海自动化仪表股份有限公司的1151电容式变送器,WR系列热电偶,WZ系列热电阻,XZ(T)M-1000、2000型数字显示调节仪,Y-BF不锈钢系列压力表,上仪牌高温高压调节阀等产品再次被评为上海市名牌产品。该公司的自动化仪表一厂、自动化仪表四厂通过了ISO9001质量体系认证的复审。该公司自动化仪表三厂有26类产品,100%完成质量考核指标,质量稳定提高率达到85%,局、公司质检产品抽查3次、市商检局抽查2次,全部合格。中国四联仪器仪表集团有限公司所属各子公司及其下属企业完善质量保证体系,经国家、市有关部门对该公司所属企业的产品质量监督抽查几次,均合格。其中重庆川仪股份有限公司自控系统事业部通过了GB/T19001(ISO9001)质量体系认证,主导产品采用国外先进标准为2.7%,采用国际通用标准为41%。西安仪表厂(集团)经省计量器具产品质量监督检查站对YS-6活塞式压力计及YBT-254台式精密压力表的抽查,均符合优等品标准要求。该厂主要产品交验一次合格率为98.8%(全年指标为95%),机加工废品率为0.06%(全年指标为1%),并通过了ISO9000的第二次复评认证。天津仪表集团有限公司1997年共完成9项质量攻关项目,增加经济效益41.69万元,降低不良品损失30万元,产品质量稳定提高率达到96.15%,产品质量等级系数为59%,质量指数达到82.24%。该公司对全部质检人员进行了系统培训,检验人员持证上岗率达100%,该公司产品被机械工业部评为一等品的有KBMⅡ-15～40干式数字型水表,LXS-15C～40C旋翼湿式水表,LZB-5～100玻璃转子流量计,QK、KG、KP工业仪表盘,A-ES-T型隔膜阀,LMN-Z4(J2.5)家用煤气表,LGBG节流孔板等7种。武汉仪器仪表自动化工业(集团)公司及下属企业制定了质量振兴计划,确立了今后5～15年质量奋斗目标及实施措施,结合贯彻ISO9000系列标准和创名牌产品等活动,使企业质量管理有所强化,且产品质量稳定,自动化仪表等16个主导产品经市技术监督局定期质量监督抽查,合格率为100%。开封仪表厂通过了GB/T19001(ISO9001)的质量体系认证,LWG型涡轮流量计,B、C、D型电磁流量计,LZ型转子流量计,LL型腰轮流量计等5种产品晋升为部一等品。福州水表厂通过了ISO9002的质量体系认证,中福牌水表获部、省名牌产品称号。无锡自控工程有限公司通过了ISO9002认证。

基本建设及技术改造 上海自动化仪表股份有限公司所属自动化仪表一厂的电容式差压、压力变送器技改项目，是上海市科委火炬计划项目，由地方投资700万元，目前正按计划进行；自动化仪表四厂的“双加”工程项目为扩大压力表出口生产能力，投资520万元，1997年底已通过上海市经委对项目的竣工验收；自动化仪表七厂的“双加”工程项目为调节阀扩大生产规模改造，投资190.79万元（企业自筹66.49万元），已于年底完成并通过上海市经委的验收；系统成套分公司的“双加”项目为试制数据通信柜、电子柜、继电器柜、端子柜等国产化机柜，可替代国外同类产品，地方投资53.5万元。

中国四联仪器仪表集团有限公司1997年实施技术改造项目5项，完成投资额1 459万元；基本建设项目1项，完成投资额1 025万元。主要项目如“双加”一期工程项目的300、600MW电站自控系统国产化、数据采集系统等。

西安仪表厂（集团）的基本建设项目为电站仪表大楼，投资额5 450万元，目前大楼主体竣工，已完成投资1 200万元。

北京远东仪表有限公司的“双加”工程项目，地方贷款700万元，已完成公司的制冷站改造、粉沫喷涂的烘道改造、锅炉安全保护系统工作场地改造等。另用40万元投资CAD/CAM推广应用项目，以提高数控加工中心的编程效率。北京自动化仪表三厂科研技术开发大楼，投资1 300万元（自筹）1997年已竣工并投入使用。

福州水表厂“九五”第一期技改项目为发展容积式水表和扩大出口水表生产能力，共投资900万元。

合肥仪表总厂“双加”工程项目双转子流量计技改，总投资2 598万元（其中国家专项贷款2 000万元，地方及企业自筹598万元），现已完成投资1 157万元。

吴忠仪表集团有限公司的“双加”二期技改项目为电站特种调节阀及智能定位器的批量生产能力改造，机械工业部投资2 000万元，目前正在实施中。

对外合作 西安仪表厂（集团）1997年成立豪仪汽车配件制造有限公司，总投资714万美元，注册资本415万美元，外方占55%。

广东湛海仪表有限公司引进美国BROOKS公司的双转子流量计制造技术和关键设备项目，现产品的国产化率已达90%。

吴忠仪表集团有限公司1997年完成电站用特种调节阀的消化吸收及国产化，已通过日本山武·霍尼韦尔公司验收。

管理及改革 1997年机械工业部首批确认自动化仪表行业8个企业达到机械工业企业管理基础工作规范化达标要求，并授予“机械工业企业管理基础工作规范化达标企业”称号。这些企业有：北京远东仪表公司、上海自动化仪表股份有限公司自动化仪表一厂、上海自动化仪表股份有限公司自动化仪表三厂、上海自动化仪表股份有限公司大华仪表厂、上海自动化仪表股份有限公司调节器厂、营口市仪器三厂、鞍山自控仪表（集团）股份有限公司、宁波水表厂。

上海自动化仪表股份有限公司1997年又一次进行改革、调整，年底进入资产重组阶段。如为优化企业组织结构，按照现代企业制度试点方案和总体发展规划，对原自动化仪表三厂和自动化仪表六厂等企业进行了资产重组。

中国四联仪器仪表集团有限公司所属重庆仪表厂进行了股份制改造，重庆仪表厂是重庆市首批试行资产经营责任制企业。改制后，新组建的重庆耐德工业股份有限公司的奋斗目标是：两年后，实现销售额3亿元，建成国内一流的“小巨人”企业。

西安仪表厂（集团）于1993年开始组建的股份公司，1997年通过省政府规范化验收，正准备争取上市工作。集团公司于1995年被列入省首批22个现代企业制度试点单位之一，近两年主要抓了经省政府批准的企业改制方案的落实，如建立公司制法人治理结构，理顺组织结构，加速与后勤的剥离，组建实业公司等。

北京仪器仪表工业控股（集团）有限责任公司1997年正式运行。该公司是一个集自动化仪表及装置、科学仪器、电力电子元件及装置等多门类科研开发、制造及系统工程的工业集团。

天津仪表集团有限公司是在原天津市自动化仪表工业公司的基础上，按照现代企业制度规范化要求改组、改制成立的国有独资企业，资产总额2.5亿元，是国家大二型企业。以该公司为核心，与8个紧密层企业、6个半紧密层企业，以及若干有经济协作关系的松散层企业一起，于1997年1月组建了天津仪表集团。

武汉仪器仪表自动化工业（集团）公司加强管理、调整组织结构、改变了过去单一的所有制形式，缩小集团公司的管理跨度，扩大了有关企业的自主经营权。现在该公司所属企业已恢复了法人资格，还权还责给企业，使企业有一个宽松的外部环境以利生存与发展；对4个小型企业实行国有民营；选择供销总公司等有关单位改组、改建了3个有限责任公司；对部分小企业实行内部托管。随着二级单位恢复法人工作的完成，公司总部机关管理职能进行了两次调整，共压缩处室15个、分流减员76人，既减少了费用支出，又为逐步形成一支精干、高效的公司总部机关队伍而努力。

原大连仪表集团有限公司经大连市府批准，由辽宁瓦房店轴承集团有限责任公司（特大型企业）兼并，实现“强强”联合，兼并后新成立的大连仪表电气有限公司主要包括大连仪表厂、大连第三仪表厂、大连仪表元件厂等。主要经营范围为仪器仪表、电气设备的开发、制造，控制系统的设计、配套及技术咨询、服务，以及钢材、办公设备的经销。

〔撰稿人：上海工业自动化仪表研究所张永江
审稿人：上海工业自动化仪表研究所张继培〕

二、电工仪器仪表

生产发展情况 根据《电工仪器仪表专业协会企业会员 1997 年生产经营指标完成情况统计汇总资料》，共有电工仪器仪表企业 78 个（包括 18 个骨干重点企业），企业按产品分类构成见表 3。

1997 年电工仪器仪表行业 78 个企业完成产值 26.99 亿元，比上年增长 4.2%。

工业总产值超亿元的企业有：宁波三星集团股份有限公司 9.19 亿元，华立集团有限公司 6.54 亿元，哈尔滨电表仪器厂 1.60 亿元，杭州西子集团 1.52 亿元，青岛电度表厂 1.17 亿元，无锡威达电工仪器仪表有限公司 1.14 亿元，桂林威达仪器仪表办公设备集团公司 1.11 亿元，驻马店地区电表厂 1.08 亿元，上海第五电表厂 1.07 亿元。

量大面广的电度表产品产值比上年略有增加，同比增长 1.4%，安装式电表产值比上年增长 25.8%，磁测量仪器增长 15.0%，电源装置增长 9.6%，扩大量限装置增长 186.5%，校验装置增长 48.8%，非电测仪表产品增长 27.8%。电量变送器、精密电表、可携式电表、数字仪表、记录电表及电磁示波器等产品的产值均较上年下降，一些产品的下降幅度较大，详见表 4。

表 3 企业按产品分类构成

序号	产 品 类 别	企业数(个)
1	电度表	46
2	安装式电表	20
3	精密仪表	5
4	可携式仪表(万用表、钳形表、兆欧表)	14(8、7、7)
5	数字仪表	13
6	交直流电工仪器(直流、交流)	4(2、3)
7	磁测量仪器	2
8	电源装置	6
9	校验装置	4
10	电量变送器	7
12	记录电表及电磁示波器	2
13	其他(非电测仪表)	9

表 4 78 个企业生产经营完成情况 （单位：台、万元）

序号	产品类型	1997 年完成				为上年%			出口情况	
		产量	产值	销售收入	销售量	产量	产值	销售收入	数量	出口产值
1	电表度	37 545 814	227 954	222 115	37 449 846	104.5	101.4	103.9	4 867 385	18 383
	单相电度表	34 328 783	160 261	15 705	34 204 731	103.5	101.5	104.1	4 800 076	17 111
	其中：新型表系列	15 087 853	100 662	94 082	14 701 847	118.4	104.6	123.2	2 164 762	13 532
	三相电度表	3 144 500	58 110	5 5307	3 167 540	118.4	108.8	108.8	67 269	1 268
	复费率电度表	72 531	9 584	9 754	77 575	73.6	70.9	81.3	40	3
2	安装式电表	5 670 745	15 031	3 221	5 671 680	108.3	125.8	94.2	2 277 815	814
3	电量变送器	21 854	3 714	3 791	21 949	93.8	82.5	91.4		
4	精密电表	20 749	873	1 004	17 703	63.0	64.2	62.8		
5	可携式电表	853 028	6 128	5 671	787 393	71.2	72.8	67.9	83 558	242
	万用表	722 429	4 302	3 680	654 158	71.5	72.5	65.3	83 558	242
	钳形表	55 129	591	562	63 826	57.5	56.5	63.8		
	兆欧表	75 470	1 235	1 430	69 409	82.0	85.3	85.5		
6	数字仪表	90 224	951	899	92 906	64.0	55.9	65.1	84 612	436
7	交直流电工仪器	8 926	855	1 224	9 732	114.3	103.5	100.6		
	直流仪器	6 739	335	552	7 317	129.9	110.6	95.7		
	交流仪器	2 187	520	673	2 415	83.4	99.4	105.2		
8	磁测量仪器	1 000	123	145	1 048	110.6	115.0	154.3		
9	电源装置	30 118	2 081	1 793	30 129	119.8	109.6	109.4		
10	扩大量限装置	53 995	637	370	64 625	127.1	286.5	272.1		
11	检验装置	644	3 829	3 568	647	113.2	148.8	115.1		
12	记录电表及电磁示波器	1 069	333	504	1 211	67.7	88.1	88.4		
13	其他(非电测仪表等)	2 964 290	9 623	7 847	2 503 671	657.1	127.8	121.5	282 637	553
	合计	47 040 320	269 972	254 801	46 448 359	110.1	104.2	102.9	7 595 007	20 428

78 个企业实现利润总额－2 429.3 万元，比上年减亏 2 281 万元。利润税金总额－1 019.3 万元，比上年增加 1 878 万元。利润超过 1 000 万元的企业有：宁波三星集团股份有限公司 3 817.5 万元，华立

集团有限公司 3 586.2 万元，辽宁华兴精密机械厂 1 013万元。利润超过 100 万元的企业有：上海第二电表厂 398.1 万元，海盐普博电机有限公司 331.4 万元，无锡威达电工仪表有限公司 296.1 万元，上海电度表厂 250.1 万元，青岛电度表厂 221 万元，海盐电力仪表有限公司 203.9 万元，驻马店地区电表厂 196 万元，南京电力仪表厂 153 万元，上海工业电度表厂 148.2 万元，天津三达电气有限公司 129 万元。

18 个骨干重点企业完成的主要经济指标见表5。

产品分类产量 电工仪器仪表 13 类产品中 1997 年 78 个企业产品产量完成 47 040 320 台，比上年增长 10.1%，各小类产品产量详见表 4。电度表产品中新型单相表系列及三相表增幅较大，均达到 18.4%，交直流电工仪器、磁测量仪器、电源装置、扩大量限装置、校验装置及非电测仪表类产品产量均有较大增长。

表 5 18 个骨干重点企业的主要经济指标

序号	指标名称	单位	1997 年完成	占 78 个企业的比重(%)
1	产量	台	11 041 464	23.5
2	工业总产值	万元	106 639	39.5
3	产品销售收入	万元	95 083	37.3
4	产品销售税金及附加	万元	357	24.8
5	实现利润总额	万元	-4 764	196.1
6	利润税金总额	万元	-4 406	432.3
7	产品出口产值	万元	12 916	63.2

市场及销售 1997 年 78 个企业完成电工仪器仪表产品销售收入 254 801.6 万元，为 1996 年的 102.9%，略有增长。量大面广的电度表产品的销售收入仅比上年增长 3.9%，产量占第二位和第三位的安装式电表与可携式电表的销售收入均下降。特别是可携式电表为上年的 67.9%，下降幅度增大。销售收入按产品类别分类构成见表 4。销售收入前十名企业排序见表 6。

表 6 产品销售收入前十名企业

序号	企业名称	销售收入(万元)
1	宁波三星集团股份有限公司	85 212
2	华立集团有限公司	65 006
3	杭州西子集团	12 579
4	青岛电度表厂	12 249
5	辽宁华兴精密机械厂	10 330
6	无锡威达电工仪表有限公司	10 304
7	哈尔滨电表仪器厂	9 490
8	上海第五电表厂	9 201
9	长沙电表厂	8 326
10	驻马店地区电表厂	7 906

1997 年完成出口产品数量 7 595 007 台，出口产值 20 427.9 万元，为上年的 119%。按产品分类构成见表 4。大宗出口的产品主要是电度表、安装式电表、数字仪表、可携式电表及非电测仪表类产品。出口额前十名企业见表 7。

哈尔滨电表仪器厂不但向国际市场出口成品电度表，而且在输出产品技术、调整校验设备和输出 SKD 散件方面积极探索。在菲律宾合作建立的组装厂已正常运行 10 年，产品为 DD101 和 EX-32 型电度表，目前年产量 10 万只。该厂与巴基斯坦方面合作组建组装厂，设备已全部调试完成，1998 年将进行 20 万只 SKD 大散件组装。该厂与俄罗斯合作，在哈巴罗夫斯克建立组装厂，自 1995 年起，每年完成 DD86 系列 SKD 大散件组装 5 万只表。

表 7 出口额前十名企业

序号	企业名称	出口额(万元)
1	华立集团有限公司	17 419
2	宁波三星集团股份有限公司	16 128
3	上海第五电表厂	5 029
4	哈尔滨电表仪器厂	2 500
5	杭州西子集团	1 949
6	无锡威达电工仪表有限公司	1 886
7	柳州仪表总厂	1 867
8	苏州仪表总厂	1 535
9	温州市电工仪表厂	857
10	上海向东仪表厂	793

新技术及科研成果 国家“九五”科技攻关项目自动测试与设备技术研究（97-772）在 1997 年内全面启动，哈尔滨电工仪表研究所作为项目的牵头单位制定了总体技术方案，并提出了能够广泛覆盖机电产品自动测试的典型模式。此模式中，以 VXI 总线 6 槽机箱及其 GPIB 总线外置式 0 槽控制器、数据采集器和信号调理器作为基本硬件框架。以通用计算机实现虚拟仪器的软件支持，并提供面向测试的嵌入式语言编程工具。其基本策略是对不同的机电产品测试采用相同的机箱、0 槽、数采和不同的信号调理模块。特殊需要的模块则可充分发挥 VXI 总线多供应商的特点，购买相应模块，迅速组建系统。在 1997 年内已研制出 6 槽机箱、外置式 0 槽控制器和嵌入式语言编程工具。该阶段性成果分别达到国内先进水平和国内领先水平。

新产品 哈尔滨电工仪表研究所开发了 ZHZ25B 电量变送器校验仪，该仪器是用于电量变送器校验和在网上直接校验的多功能测量仪表。其直流测量准确度提高到±0.02%，基本误差 P、Q、V、I 为 0.05%，其余为 0.1%，钳式测量误差为 0.1%。该所还开发了 FS100 型系列电量变送器准确度等级为 0.2%的品种，该类产品均以厚模电路与表面贴装技术混合专用集成电路为核心，安排外围电路，充分保证产品的各项技术要求和指标，使其具有响应时间快、纹波含量小、波形畸变影响小、工作环境温度范围宽、测量准确度内控指标高等特点。哈尔滨电表仪器厂开发了 DD106 型新结构单相电能计量仪表并小批量试生产。上海仪器仪表研究所开发了 NJ22 婴幼儿医学测听仪等医用仪器。上海电度表厂引进消化霍尔器件和磁传感器技术，应用于 FD 系列长寿命电度表上，开发出长寿命脉冲电度表。

质量及质量管理 根据国家技术监督局的要求，对 20 个电度表生产厂 20 种产品进行了产品质量国家监督抽查，检验结果 13 种产品合格，7 种产品不合格。当年对 4 个企业 10 种产品进行了优等品评定工作，经审查和检验有 9 种产品达到了优等品要求。1997 年继续对 7 个企业 9 种电度表进行可靠性认定工作的现场考核，目前 9 种产品的寿命试验正在运行当中。

1997 年全国电工仪器仪表标准化技术委员会相继开展和启动了 8 项国家和行业标准制(修)订工作，其中 7 项完成了送审稿，一项完成了初稿。

国家电工仪器仪表质量监督检验中心根据有关规定，经过对产品性能测试及企业管理必备条件的审查，为 14 个企业 18 个申证单元颁发了静止式电表生产许可证，为 2 个企业 9 个申证单元颁发了电度表产品生产许可证，为苏州横河电表有限公司 2 个单元产品颁发了工业用电表生产许可证；有 8 个企业 19 个单元产品经考核符合一等品要求，颁发了出口质量许可证。

杭州西子集团公司严格按照 ISO9002 标准建立起公司的质量体系，于 1997 年上半年通过了中国商检所浙江评审中心的审核，获得了 ISO9002 质量体系认证证书。该标准的推行，促进了企业完善生产条件，健全了企业质量保证体系，使产品质量处于受控状态，提高了声誉、扩大了市场，为扩大出口创造了条件，该集团为电度表产品质量承诺单位，为了保证兑现承诺，集团内部建立了践诺体系，各有关部门作出了相应的质量承诺，同时加强质量监督抽查力度，组织检查组从每日入库的产品中进行质量抽查，有力地促进了各装配厂产品质量的提高。上海电度表厂贯彻 ISO9001 标准，通过了华兴技术检验有限公司的认证，取得了认证证书。其 FD 系列单相长寿命电度表还通过了荷兰认证机构的 KEMA 试验。

基本建设及技术改造 哈尔滨电表仪器厂一期“双加”工程项目引进遥控电量计费管理系统，投资总额 2 998 万元，其中贷款 2 000 万元，企业自筹 998 万元；二期“双加”工程项目引进全电子式电能表制造技术，投资总额 5 000 万元，其中贷款 3 500 万元，企业自筹 1 500 万元。杭州西子(集团)公司在 1997 年底自行设计制造了 DD862a 单相电度表大型生产流水线，采用特殊的工艺强化措施，使产品质量在原来基础上进一步提高，校验一次合格率提高 10%；还对原单相表校验设备进行了更新、改造，建立了电度表底壳喷涂流水生产线。

管理及改革 在 1997 年，由电工仪器仪表分会组织电度表行业 40 个企业联合进行电度表产品质量承诺，对产品质量、售后服务等进行了 5 项承诺，并于 1997 年 10 月在北京召开了新闻发布会，向社会公布。同年还进行了机械工业名牌电度表产品的评价工作，通过用户调查、企业走访专家评价组在年底会议上经过讨论一致同意推荐哈尔滨电表仪器厂等 6 个企业的 DD101、DS246 和 86 系列电度表为首批名牌产品，并上报。

〔撰稿人：哈尔滨电工仪表研究所姚明刚　审稿人：哈尔滨电工仪表研究所沈奎保〕

三、试验机及无损探伤机

生产发展情况 1997 年试验机行业有全民所有制企业 19 个，还有兼营生产不同种类试验机产品的企业达 66 个。

试验机行业主要生产金属试验机、非金属试验机、力与变形检测仪器、动平衡机、振动台、无损检测仪器、摩擦磨损、润滑与工艺试验机、包装件试验机、大型结构试验机、汽车专用试验设备，而且包容各种环境模拟装置、各种功能附件等，截至 1997 年年底品种已达 1 000 种以上。

根据对试验机行业的 18 个重点企业的统计，1997 全年完成工业总产值 4.37 亿元，销售收入 4.92 亿元，产量为 11 063 台，创汇 761.86 万美元，新品种 145 个。其中汕头超声仪器研究所有 19 个产品投入批量生产，创产值 1.36 亿元，利税 2 087 万元，出口创汇 385 万美元，全员劳动生产率人均产值超过 55 万元。

济南试验机制造总公司全年完成工业总产值 7 481万元，比 1996 年增长 17.2%，其中主导产品产值 5 998 万元；完成主要产品 933 台，比 1996 年增加 168 台；完成工业增加值 3 563 万元；实现利税 643.8 万元；实现利润 45.1 万元；全员劳动生产率 19 004 元/人；完成出口交货值 1 253 万元；完成新产品开发 19 项，新产品产值达 865.1 万元，比 1996 年增长 3.9%。

上海申克试验机有限公司，1997 年完成工业总产值 4 037 万元，比 1996 增长 2.42%；生产各类试验机达 782 台；全年对外销售 H 系列平衡机 129 台，创汇 120 万美元。

市场及销售 1997 年据 18 个重点企业的统计，全年完成销售收入 4.92 亿元。其中济南试验机制造总公司在销售网点的布局、重点试验室规划、网点关系的理顺方面做了不少工作，新增网点 8 个，新增总代理 12 个，根据不同行业、不同用户对产品的价格、产品性能的不同要求，他们细分目标市场，帮助用户选择最合适的产品，提高了成交率。该公司 1997 年实现销售收入 9 983 万元，比 1996 年增长 8.2%。上海申克试验机有限公司在注意较好地处理好质量、品种、效益关系的同时，1997 年实现销售收入 4 877 万元，比 1996 年增长 9.6%，人均销售达 11 万元。上海探伤机厂 1997 年完成销售收入达 1 280.5万元，比上年增长了 17.86%。山东莱州试验机总厂，1997 年在“稳定销售政策、灵活销售措施、平衡产销关系、强化服务意识、销售引导需求”的原则指导下，组织了 10 个城市的新产品演示会、8

个展销会，并在1996年对美国、韩国、马来西亚开展自营出口业务的基础上，1997年又开辟了越南、印尼市场并打入世界互联网，列入目录，在世界各地做广告等措施，1997年实现销售产值2 415万元，工业产销率达99.3%，实现销售收入2 175万元，出口交货值789.7万元，自营出口创汇19.98万元。

新技术及科研成果 1997年，长春试验机研究所完成了智能放大器定型设计并进行了批量生产，完成了微机控制液压万能试验机（主机部分）的开发，完成了静态试验机Windows界面试验软件的开发，组织完成了飞轮总成在线检测设备研究开发项目的部级鉴定会，完成了国家火炬项目——电子万能试验机国家科委的鉴定验收。

上海材料试验机厂1997年开发了达到90年代初水平的HRMS-45型数显表面洛氏硬度计及属国际领先水平并荣获1997年上海市第四届科技博览会金奖的HBE-3000型电子布氏硬度计。同时还对高新技术产品投入达46.51万元，完善HVS-1000CCD自动测量显微硬度计的设计、总装、调试工作。该产品代表了90年代末国内外同类产品的先进水平，并受到了美国英斯特朗公司6位副总裁的好评。

上海申克试验机有限公司对CAB642微机电测箱的各项功能，特别是自动控制系统再次进行了技术开发，根据用户要求自行设计制造了WBRK型自动曲轴平衡机，该机通过了验收并投入生产，受到了用户好评，填补了国内空白，同时该公司还开发CAB570微机电测箱及M466定位系统，填补了软支承平衡机微机通用电测系统的空白，为老机改造和小型软支承平衡机的开发创造了有利条件。在设计开发140HBAD单面立式自动平衡机过程中，成功运用PLC可编程序控制系统，设计开发了平衡机的自动定位系统和自动去重系统，充分利用CA641电测系统内功能的潜力，经测试和实际使用，该机工作可靠，性能良好，满足了用户的需要，并使产品的技术含量上了新的台阶。

汕头超声仪器研究所与美国ATL公司签定合同，引进APOGEE800PLUS彩色普勒超声显像诊断仪制造技术，1997年完成了技术图样移交，人员技术培训、设备安装、主机和探头生产线建设，并成功诞生了我国第一批高档全彩色B超，使我国继美国、日本、意大利、德国之后成为世界上第五个规模化生产彩色B超的国家。

山东莱州试验机总厂1997年已完成科研成果有HVT-1型图像处理显微维氏硬度计、HBV-30A型布维硬度计、HBZ-车轮在线自动布氏硬度计。

新产品 1997年试验机行业据18个重点企业统计共研制开发新品种145个，全部定型并大多数已批量生产。

长春试验机研究所研制的微机控制高速电子万能试验机，主要用于高指标的力学性能测试，同时配有3 000℃超高温环境箱和变形测量系统，可实现复合材料的超高温力学性能的测试研究，最大负荷为200kN，测量精度为示值的±1%（自量程20%起），衰减倍数共6档，配应变式引伸计，测量精度0.5% F·S，衰减倍数共4档，扭转速度6°～6 000°/min，扭转角测量范围为0°～360°，分辨率为10s。该所研制的CJW微机控制弹簧磁粉探伤机，采用感应电流法和芯棒法相结合方式，连续法复合磁化、全方位探伤，具有手动、自动两种工作方式，在自动工作条件下，该设备从上料到工件定位、夹紧、松开、磁化、喷液、退磁、下料等全过程由微机控制完成，该机有欠流报警功能，以防工件漏检。该机具有检测节拍快、自动化程度高、磁化和退磁效果好的特点。该机主要技术指标为周向磁化：交流0～4 000A连续可调，纵向磁化：交流0～400AT连续可调，退磁后剩磁强度不大于0.000 2T（2G），检测节拍：30s/件。该所研制的减振器衰减力试验机是用于摩托车减振器新生产线上，检测减振器的衰减力。该机采用曲柄连杆加载，最大试验力为5kN，采用拉压负荷传感器检测减振器的衰减力，力测量精度为示值的±1%（从量程的1/5开始），测量放大器有1、2、5倍三个衰减量程，要求设备至少能测量出减振器在5个速度下的衰减力，以满足用户不同测量检测的要求；电器控制系统采用可编程控器。

济南试验机制造总公司1997年完成新产品开发19项，新产品产值达865.1万元，比1996年增长3.9%。新产品开发的主要特点：一是继续保持了较高的技术水平，YAM-300型微机控制水泥压力试验机经鉴定达到国际90年代先进水平，MRG-005型攻丝扭矩试验机获得国家科技进步三等奖；二是新产品开发中注意了系列化成套性，1997年成功开发了摩托车轻合金车轮检测设备，开发了7种电子万能试验机产品，完善了该产品系列，引进德国都力技术的WDW-100A型电子万能试验机已形成小批量生产能力；三是经济增长点产品促进企业收入的增加，先后完成300C、600C、1 000C型液压万能试验机的设计，300C、600C已完成主机样机试制，开发了新型WQY-2A型烟度计。WDS型屏幕显示万能试验机已通过省计科所样机鉴定，开发了功能较强的数据处理系统，研制了实验室联网通信装置。

汕头超声仪器研究所1997年研制成功CJS-180便携式线阵超声诊断仪、CTS-280凸阵线阵超声显像诊断仪、CTS-285便携式凸阵超声显像诊断仪，并顺利的通过机械工业部、国家医药管理局和广东省经委联合组织的新产品注册评审和科技成果鉴定。鉴定结果认为：CTS-180是当前国内普及型便携式B超性能先进仪器，某些性能及功能达到或超过国外同类产品水平，使用7.5MHz探头属国内首创，其功能价格比远远超过国外同类产品。CTS-285填补了国内便携式凸阵线阵兼容超声显像诊断仪的空白，技术性能达到90年代初期国外同类产品水平。

长春试验机厂1997年通过调整产品结构，大幅度提高产品技术含量、开发出档次高、多功能新型试验机二十余种新产品，产值达1 100万元，占总产值的40%。

质量及质量管理 汕头超声仪器研究所于

1995 年在全国同行业率先通过 ISO9001 国际认证后，为使其 B 超产品在世界范围内广泛销售，进入世界市场，在 1997 年开展了欧共体安全标准 CE 标志认证和美国食品医药管理局 FDA 认证，经过努力，在完成对 CTS-200 便携式线阵超声显像诊断仪、CTS-285 便携式线阵凸阵超声显像诊断仪、CTS-310 线阵凸阵超声显像诊断仪三项产品的电磁兼容（EMC）和电器安全测试后，经国际认证公司法国 BVQJ 和美国食品医药管理局 FDA 认证。

上海市机电产品质检中心 1997 年对上海申克试验机有限公司进行了二次封样监督检查，结论为 WE-1000A 和 H_2BK 产品合格率 100%，均为一等品。该公司 1997 年共修改质量体系程序文件 9 个，并组织了二次内部质量审查和管理评审，对不合格项进行了修改和跟踪验证，通过了德国莱茵 TUV 质量体系 ISO9001 的年度复审。1997 年三包维修费用比 1996 年底降低 3.6 万元，机加工废品率 0.1%，产品质量和服务总体稳定。

济南试验机制造总公司 1997 年开展“创三名”活动中把“名牌产品”作为工作重点之一；同时强化了组装、部装的检查工作，使产品质量进一步提高。

长春试验机研究所 1997 年组建了质量管理处，加强了质量保证体系建设，通过建章建制、人员培训及 ISO9000 质量体系学习，人员综合素质有所提高，使该所科研产品质量进一步提高。

1997 年试验机质检中心走向服务企业，走向市场，创收 27 万元。为改革的需要，质检中心还制定了《试验机产品监督管理办法》进行监检试点，目前已有 4 个企业与中心签订了监检合同，改变了过去质检中心与企业之间的对立关系，为走向市场，创收自力，有了良好的开端。

1997 年试验机行业标准化工作共完成标准工作五项：国家标准《平衡机及其仪器仪表用符号》，行业标准《磁粉探伤机》、《塑料简支梁冲击试验机》、《塑料悬臂梁冲击试验机》、《电液式水泥压力试验机）。同时根据机械工业部部署标准化工作还以 1990 年以前发布的现行试验机国家标准、行业标准和行业内部标准开展了复审前的准备工作和部分标准的复审工作。

试验仪器分会召开了三届二次会议，并开展了学术报告活动；1997 年试验机学会工作被评为中国仪器仪表学会二等奖，并被中国仪器行业协会评为优秀奖。

管理及改革 1997 年试验机行业部分主导企业已向现代化企业转变，主要体现在体制、机制、经营管理等方面的改革取得了重要成效。济南试验机制造总公司改制工作经历了五个阶段，历时五个月，取得了成功，募集职工内部股份 698 万元，占总股本的 21.8%，组建了董事会、监事会、职工持股会，任命了正副经理、三总师，进行了工商登记注册，成功地召开了创立大会。1997 年他们把握时机，果断兼并了原济南第二试验机厂，通过兼并实行了资产的优化组合。1997 年试验机行业中的 12 个骨干企业由于受到国外厂家对国内市场的冲击相继陷入困境，但该公司能够持续增长，其重要原因是经营组织结构的优势越来越强，并试用买断的方式销售同行业厂家的产品，这为提高在国内市场的影响有很大作用，同时还在经营的延伸和跨跃上做文章，开发出一些新的增长点，并对市场、产品和用户的结构调整采取了相应措施，总之这种多元化优势为企业持续发展注入了活力。该公司在经济责任制方面，1997 年取得了进一步完善，签定经济责任制的单位有 30 个，其中独立核算单位 10 个，模拟市场核算单位 5 个，其他形式的 15 个。该公司劳动用工制度也走向了规模化和制度化，制定了《劳动合同制度实施细则》和《高技能人才管理办法》，为加强基础管理，完善劳动管理制度增添了新内容、新办法，1997 年对原济南第二试验机厂 395 名职工重新签定了劳动合同，在资金紧张的情况下，坚持推行劳动保险制度，使企业保障体系和社会保障体系接轨。

山东莱州试验机厂 1997 年认真落实经济责任制：突出销售意识，将个人收入与销售收入挂钩；突出管理意识，强化了七项专业考核；突出任务意识，任务资金占全部资金的一半，并出台了《任务考核管理办法》；突出风险意识，车间、科室人员都从工资中每月扣除 30 元，直接参与资金考评与分配；突出节约意识，各室费用核定限额，节约或超支按 50% 的比例奖罚。

〔撰稿人：长春试验机研究所李鸿仁　审稿人：长春试验机研究所栾恩超〕

〔责任编辑：王亚水〕

专用仪器仪表

〔机械工业部〕

生产发展情况 气象仪器的生产与上年相比，因市场以产品的需求不同，产品产量有增有减。气象仪器增加产量的主要原因有：(1) 扩大服务领域，拓展新市场。如长春气象仪器研究所完成的中国科学院生态环境技术项目，是第一次大批量生产用于生态环境监测的自动观测系统。上海气象仪器厂生产的 GJ1-2 型温湿度计打入国际市场，销往新加坡、泰国等地。(2) 改进设计，提高产品技术水平。如上海无线电二十三厂生产的 GPZ5-4 型抗干扰测风二次雷达发射回答器解决了高空气象探测系统抗干扰的技术问题，扩大了用户。长春气象仪器研究所完成了对 MFY-3 型风向风速仪、野战气象仪、自动测风站、EC9-Ⅰ型高动态性能测风传感器等产品的改进设计工作，其中 EC9-Ⅰ型高动态性能测风传感器已正式列入了中国气象局台站装备系列。(3)采用国际先进技术，把我国的气象仪器提高到一个新水平。长春气象仪器研究所在中国环境技术项目上用于生态观测、气象辐射观测系统的数据采集器、湿度传感器分别从澳大利亚、芬兰购进，从而提高了整机的性能和可靠性。

上海无线电二十三厂以GZZ2型数字探空仪，GPZ5-3B、GPZ5-3Z、GPZ5-4型测风二次雷达发射回答器和抗干扰测风二次雷达发射回答器为主导产品的产值达到1 668万元，实现利润300万元，税金100万元，比上年增长4.5%。其中GPZ5-3B型测风二次雷达发射回答器产值为917.2万元，利润50.6万元，产值占总产值的50%以上。GPZ5-4型抗干扰测风二次雷达发射回答器及相关专用调解器研制成功后，迅速形成生产能力，已在上海宝山、福州、大连等地台站投放近2 000台供用户使用。

山东省科学院海洋仪器仪表研究所生产的全自动海洋水文气象遥测浮标系统，海洋环境监测浮标，海洋、潮汐和水位测量仪器，海水温度、盐度、深度和溶氧测量仪器等十几种产品创产值800多万元。

长春气象仪器厂总产值为1 407.6万元，比1996年增长43.2%，生产产品35种5 181台（支、辆），创销售收入576万元。

上海气象仪器厂生产的测量温、湿、风、气压、雨量、日照、蒸发等七大要素30多种气象仪器共8 387台（套），创销售收入700多万元，实现利润12万元。该厂产品在1997年科技博览会上，GJ1-2型温湿度计、HQX004型船舶气象仪获博览会金奖，STI虹吸式雨量计、YJD型微压计、EYE-ZB电传风速警报仪等3种产品获得博览会银奖。

长春气象仪器研究所全年科研生产收入为898.6万元，实现利润35.4万元。各类产品16种，总产量3 740套（支）。其中，气象辐射站主机系统31套，森林草原梯度站主机系统34套，野战气象仪40套，MFY-3型风向风速仪30套，EC9-1型高动态性能测风传感器400套，VF-Ⅱ型微风传感器350套，HTF-2型通风干湿表（两种）420套，HBW-1型温度传感器1 200支。

市场及销售　长春气象仪器研究所为提高知名度，巩固和扩大本所产品市场，参加了机械工业技术发展基金委员会十年成果回顾展、1997年北京国际海洋资源开发利用和海洋技术设备展览会。为了进一步与用户沟通情况、增进了解，组织召开了第三次民航系统用户座谈会，广泛征求用户意见，得到了用户好评。积极参加国家教委的第二次招标、大亚湾核电站环境监测招标、云南高速公路气象监测系统招标以及争取辽宁省环保部门的环境监测项目等，有的已签定了订货合同。

长春气象仪器厂不仅巩固了原有市场，还拓展了其他领域的市场。吉林大学的摩托车自动检测线等产品，就是以新产品开拓的新市场。

上海无线电二十三厂为扩大市场需求，对701二次雷达—GZZ2型电码探空仪系统进行改造，新的数字式电子探空仪以其采样速度高（毫秒级）、传递速度快（0.15s发送包括T.P.U.信息等10组数据）、抗干扰能力强、变换电路便于扩展、测量精度高、使用方便、性能价格比具有长期优势等突出特点，使其成为我国高空气象探测业务网使用的GZZ2型电码探空仪的换代产品，市场前景十分可观，并已向南京大桥机器厂、电子工业部十四所等用户提供了符合系统功能要求的400套合格产品。

新技术、科研成果及新产品　长春气象仪器研究所承担的国家计委“九五”科技攻关项目——站网用自动气象观测系统、中小型机场自动气象观测系统和硅电容智能气压传感器等已全部完成了调研和前期准备工作；承担的机械工业部基金项目——散射式能见度仪已完成了现场对比试验和上报文件的编写工作。EC9-Ⅰ型高动态测风传感器获机械工业部科技进步三等奖。

山东省科学院海洋仪器仪表研究所研制的FZF2-1型海洋资料浮标获国家科技进步二等奖。该所用于舰船上测量风速、风向、气温、相对湿度和气压等诸多气象要素的XZC2-2G型船舶气象仪荣获1997年山东省科学院科技进步一等奖，主要技术参数为：瞬时风速1～70m/s±（0.5+0.05V）m/s，瞬时风向0°～360°±5°，相对湿度30%～100%RH±5%RH，气温－40～55℃±0.5℃，气压810～1 050hPa±1.5hpa，其整机性能达到国内领先水平，在可靠性等方面达到国际先进水平。

上海无线电二十三厂研制的高反射率涂层新型棒状热敏电阻，其测量精度和长期稳定性等综合性能指标已赶上世界先进水平：量程范围为－90～50℃，在－80～40℃的测量范围内，测量准确度误差≤0.3℃（RMS）。XGH-0.2A型高分子湿敏电阻已通过国家靶场技术鉴定，其总体性能在国内处于领先地位，在国际上已接近或达到美国VIZ公司同类产品水平。其技术性能为：量程范围0～100%RH，在15%～95%RH测量范围内误差：环境温度－25℃以上时为≤5%RH（RMS），环境温度－25℃以下时为≤7%RH（RMS）。GPZ5-3B.GPZ5-3Z型测风二次雷达发射回答器，摆脱了传统的发射回答器工作制式。能适应温度－70～40℃、气压5～1 050hPa、相对湿度10%～95%，也能适应电池电压波动等因素影响。该产品被评为1997年度上海市优秀新产品二等奖，并以每月8 000台的产量供给各省、市、自治区的台站使用。

长春气象仪器厂为提高产品的技术水平和技术含量，对气象保障车、基本天气站等产品进行了大幅度的改进设计，提高了产品的技术性能，实现了完成改进设计、定型、试产、考验和系列化等年初预定目标。改进设计后的新产品当年创产值350万元。

质量及质量管理　长春气象仪器研究所成立了独立的产品质量检验处，制定了《长春气象仪器研究所质量检验工作暂行办法》，使产品质量检验工作有专门的机构、专职的人员、明确的规定，促进了该所质量检验工作走上程序化、制度化、科学化的轨道。

国家气象仪器产品质量监督检验中心完成了历年来最多的工作量。1997年围绕着为中国科学院生态环境考察委员会生态监测网提供气象观测装备这一国际性招标项目开展工作，做了大量的产品检定工作，为我国的气象仪器进入生态监测领域并成为全球性生态监测网络的一部分提供了科学的检验数据。气象仪器行业标准化工作取得新进展：长春气象仪器研究所完成了国家标准GB8747—87《气象用玻璃液体温度表》的复审报批稿。

〔撰稿人：长春气象仪器研究所马凤春〕

〔电力工业部〕

生产发展情况 电力系统从事专用仪器仪表的企业共8个，职工人数4 240人，工程技术人员896人，占总人数的21.1%。创工业总产值4.9亿元，工业增加值2.2亿元，全员劳动生产率达到51 055元/人。

全年完成的重大生产任务有：南京电力自动化设备总厂为李家峡电厂、太原第一热电厂配套制造的微机发变组保护装置10面，为天津北效变、大连吴屯变南水线、内蒙古达奇电厂二期、丰满电厂送出工程、凤翔变等电厂、变电站和线路提供了微机线路保护装置64面。

秦川电站仪表厂为安徽铜陵电厂生产了热工自动化仪表2套，为太原一电厂、宝鸡二电厂生产热力控制配电设备146面。

扬州电讯仪器厂为青岛电厂、重庆电厂、水电五局等工程提供了电力载波通信设备的保护装置48部和28台（套）。

武汉电力仪表厂为黄石供电局、渭南供电局等重点工程制造了8台录波屏，为武汉供电局、丰成电厂、遵义供电局等生产了整流器、试验电源屏等仪器仪表15台（套）。

产品分类产量 主要产品产量完成见下表：

1997年电力工业部专用仪器仪表产量

产品名称	单 位	产 量
继电保护	面	3 498
综合自动化	面（套）	855
各类盘、柜、屏	面	950
调度自动化	套	162
热工自动化仪表	面（套）	192
电能表	只	124 861
电子测量仪表	套	147
温度仪表	台	1 826
差压流量表	台	612
电厂仪器仪表	台	300
电源设备	台	234

市场及销售 全年完成销售收入4.4亿元，产品销售税金及附加3 040万元，实现利润6 813万元。出口电气化铁路自动化专用控制装置共7套，创汇468万美元。

南京电力自动化设备总厂在年年效益增加的情况下强化销售管理，对用户实行承诺制。销售部门在产品分厂、各管理处室的密切配合和支持下，开展对外为用户服务，对内为分厂服务的“双向服务”，改变经营作风，延长接待时间，坚持文明用语、微笑服务。全年为用户举办各类专业培训班31期，培训人数达1 100人次。他们还在充分发挥分布全国各大网局销售服务网点特长和优势的基础上，着手建立各地销售代理机构。

扬州电讯仪器厂制定了销售公司新一轮销售承包办法，将业绩直接与效益工资挂钩，每位销售人员上交风险抵押金3 000元，责任到人，并加强售后服务，销售人员认真填写“售后服务现场记录卡”，对用户坚持做好技术培训，帮助用户解决技术难题；通过销售人员的努力，该厂实现订货4 501万元，资金回笼4 000万元。

武汉电力仪表厂产品行销全国30个省、市、自治区，1997年实现销售收入5 683万元，实现利税901万元。

新技术及科研成果 上海新光显示仪厂生产的DMP型调度屏获上海市科技进步二等奖，并应用于国家电力调度中心及各网省调度所。

南京电力自动化设备总厂与华中理工大学等联合研制的WMZ-41型微机母线保护装置，和WBX-128型220kV·A变电站微机自动化系统获电力工业部优秀科研成果项目一等奖；由南京电力自动化设备总厂研制的WBX-121型、WXB-121型、N4F-20型专用仪器仪表获电力工业部优秀科研成果二等奖。

新产品 1997年有25项新产品通过部级鉴定。

扬州电讯仪器厂共有4项产品通过部级新产品鉴定。它们是：ZMD直流电源屏、ES-B-500Y型、ZJ-60型电力线载波机和YSF-10型远方保护收发信机。

北京电力自动化设备厂的MZJ-1型入煤样自动采制机1997年9月通过部级鉴定。

南京电力自动化设备总厂有12个项目，武汉电力仪表厂有6个项目，通过部级新产品鉴定。

质量及质量管理 南京电力仪表厂、武汉电力仪表厂、扬州电讯仪器厂均按ISO9000标准编写了《质量保证手册》和《质量程序文件》，发布并运行。

南京电力自动化设备总厂于1997年12月取得质量认证证书。

基本建设及技术改造 全年完成固定资产投资额1 244万元，其中技术更新改造投资完成1 174万元，占总投资的94.4%。南京电力自动化设备总厂成立了由副厂长挂帅组成的技术改造领导小组进行统一领导；1997年投放896万元对专用仪器仪表的加工、检测、调试手段进行技改，以达到大型继电保护等仪表产品现代化要求。

上海电力学院电器仪表厂是仅有60多名职工的小企业，1997年投入38万元，对设备进行技术改造。

管理及改革 各企业1997年普遍抓了转机建制工作。扬州电讯仪器厂将18个管理部、室减为9个，对全厂中层干部进行考评，并实行招聘，有39

名同志应聘为中层干部。

为使资产优化重组，建立真正的现代企业制度，南京电力自动化设备总厂1997年加大股份制改造步伐，以利于企业更快、更好地发展，并于12月份争取到电力工业部A股上市指标额度。

〔撰稿人：电力工业部张海青　审稿人：电力工业部王　昀〕

〔国家地震局〕

生产发展情况　1997年国家地震局系统从事仪器生产的企业有7个，职工人数700多人，拥有固定资产2 000多万元，主要产品有：测震仪器、形变测量仪器、地下水动态及地球水化学观测仪器、地磁地电观测仪器、重力观测仪器、地应力观测仪器、地震仪信号传输设备等。

新产品　1997年通过国家地震局鉴定的产品主要有：(1) 国家地震局工程力学研究所研制的SLJ-100型三分向力平衡加速度计。该仪器是“八五”国家重点科技攻关项目“地震和前兆数字化观测试验系统研制”中的一个课题。主要技术指标：频带0.01～20Hz，测量范围±2g，线性度1%，横向振动抑制1%g/g，灵敏度±2.5v/g，标定线圈内阻小于50Ω，动态范围100dB，自振频率20Hz，阻尼常数0.65～0.7，寄生共振频率>150Hz，使用温度范围-20～50℃。该仪器具有高精度、大动态范围，低频可从零赫兹开始，高灵敏度，整体性能稳定可靠、动态响应好，体积小、重量轻的优点，是“九五”期间高科技的换代产品，广泛应用于铁路运输安全、水坝、地震、核电站、桥梁的监测。该仪器达到同类产品的国际先进水平，已小批量打入先进发达国家的市场。(2) 国家地震局工程力学研究所研制的5m×5m三向地震模拟振动台。主要技术性能指标：振动方向为三向，台面尺寸5m×5m，最大试件重量30t，激振器动推力为X向2×245kN、Y向2×245kN、Z向2×245kN，垂直向激振器静推力4×125kN，最大加速度为X、Y向1g，Z向0.7g，X、Y、Z向最大速度各为15cm/s，最大位移为X、Y向±8cm，Z向±5cm，频率范围0.5～40Hz。三向台广泛用于结构物和各种设备的动力特性试验及抗震性能试验。三向台研制成功填补了国内自行研制三向大型振动台的空白，达到国际先进水平。(3) 国家地震局地壳应力研究所研制的断层形变系列化观测仪器，包括MD4211型水平变形测量仪、MD4412型垂直变形测量仪、MD4482型垂直变形测量仪。MD系列仪器连续自记，精度高，适应性强，可根据条件优劣选择组合使用不同类型的仪器，机械式的仪器在不具备供电条件和技术管理条件薄弱的边远地区有很强的实用性。该系列仪器在我国断层形变地震前兆监测和工程领域有广阔应用前景。该系列仪器中的MD4211型水平变形测量仪、MD4412型垂直变形测量仪，达到国际同类仪器的先进水平，断层形变垂直分量专用仪器在国内和国外都是第一次问世。

〔撰稿人：中国地震局计划财务司武守春　审稿人：中国地震局计划财务司赵和平〕

〔中国石油天然气总公司〕

生产发展情况　1997年中国石油天然气总公司系统生产石油专用仪器仪表的企业有5个，职工总数8 143人，主要生产石油地震勘探仪器、测井仪器、钻采仪器和油品分析仪器四大类产品。

1997年完成工业总产值57 765万元，产品销售收入52 333万元，各类石油专用仪器仪表1 161 081台（套）比上年增长59.3%。四大类产品共计5 632台（套）。其中地震勘探仪器3台（套），测井仪器459台（套），其他勘探开发仪器103台（套），钻采仪表2 110台（套），油品分析仪表2 957台（套）。生产检波器1 155 448只，比上年增长64.9%，另外生产仪器零部件及配件590 521件。

新产品　1997年研制开发石油专用仪器仪表新产品主要有：西安石油勘探仪器总厂的高频检波器（SQJ8、SN7C）系列、$\phi70$系列测井仪、KFG940A抗震自然伽玛测井仪以及物探局石油仪器总厂研制开发的遥控爆炸机编码器、译码器、WF-1006型遥测地震仪等共9项。

西安石油勘探仪器总厂研制开发的$\phi70$系列小井眼测井仪系列包括：(1) XC70双感应—聚焦测井仪，其测井曲线用于岩性结构分析，为计算储量和测井解释提供主要资料。(2) FBZ70补偿中子测井仪，利用中子源发射中子，探测器设计成主要对热中子响应，反映源和探测器之间物质氢含量的变化，用于确定地层孔隙度参数。(3) SB70补偿声波测井仪则是通过测量地层中声波在固定间隔地层中的传播时差来计算地层孔隙度，为判断油气层和估算储量提供依据。(4) FG70自然伽玛测井仪是基于指标相当美国Dresser Atlas公司3700系列中同类产品1309XA自然伽玛测井仪设计研制的。在既要适合小井眼状况，又不影响探测灵敏度的情况下，研制开发了探测核心器件Nal (TI) 一体化大晶体探头，并采用混合集成电路替代传统的分立元器件，提高了仪器工作的可靠性与稳定性。(5) MT70脉冲编码器在组合测井中起着传输数据的作用。由声波逻辑译码、系统时钟、多路转换开关、A/D转换、脉冲道、模拟道、选通控制和驱动级各部分组成。测井仪输出信号通过脉冲编码调制器采样、编码、数字化后送到地面系统。

$\phi70$小井眼测井仪系列与SKC3700测井系统、SL3000测井系统及XSKC92测井系统完全兼容，扩充了上述测井系统的应用范围。该组合井下测井仪系列灵敏度高、测井曲线重复性与一致性好、分层能力强、精度高、性能稳定可靠、测井成功率高。解决了油田定向井、水平井小井眼的测井难题，满足了我国大部分油田的测井需求。

随着地震勘探技术的发展，为适应野外高分辨率及大面积三维地震勘探工作的要求，石油物探局仪器总厂研制开发的WF-1006型遥测地震仪，具备1 536道地震道，并可扩展为6 144道，0.5、1、2ms

采样率，既可用于炸药震源，又可用于可控震源的多功能遥测地震仪。该系统由中央处理中心、主控单元、交叉站、大线管理站部件、采集站和数传电缆等组成。具备以下特点：(1) 采用双绞线数传电缆技术及野外采集站传输方式，构成分布式数据采集系统。(2) 主机采用面向高速数据总线的积木式结构。(3) 采用并行 DSP 门阵列处理技术，内装 2 亿次浮点运算器件，提供实时滤波叠加相关功能。(4) 具备二维、三维地震勘探能力的大线管理部件。(5) 具备全精度频率域实时相关功能，系统结构紧凑，整套系统工作稳定，可靠性高。(6) 可构成现场自检诊断系统。该仪器具有高信噪比、低畸变、高瞬时动态范围真正 24 位线性数字化遥测采集功能：采用 Δ-Σ24 位 A/D 转换，达 90 年代国际先进技术水平。该仪器的瞬时动态范围从以前的 80dB 提高到 120dB，并使仪器的畸变从以前的 0.05％降低到 0.000 05％。

质量及质量管理 1997 年石油物探局仪器总厂系列地震勘探检波器的设计、生产和制造，通过了中国商检质量认证中心 ISO9001 质量认证；该厂的系列地震勘探电缆通过中国商检质量认证中心的 ISO9002 质量认证；江汉石油管理局仪表厂的各类勘探、钻井开发、数控测井、高低压测井仪器仪表、量值传递仪和专用工具等产品的设计、生产等通过了航空质量中心的 ISO9001 质量认证。

〔撰稿人：中国石油天然气总公司冯建民　审稿人：中国石油天然气总公司刘津生〕

〔煤炭工业部〕

生产发展情况 煤炭工业机械制造行业中，生产煤矿安全装备的企业有 13 个，其中大二型企业 3 个，中一型企业 2 个，中二型企业 7 个，小型企业 1 个。据 1997 年统计，年末职工人数为13 687人，其中工程技术人员 1 040 人，占职工总数的 7.6％，拥有固定资产净值 66 632 万元，生产煤矿安全仪器、仪表 174 186 台（套），比上年减少了 41.3％，矿灯 195.9 万盏，比上年减少 14.2％，完成工业总产值（不变价）57 522 万元，比上年减少了 3％，完成了工业增加值 14 544 万元，比上年增长 19.7％。

市场及销售 由于行业中重复建设所造成的结构性矛盾不断暴露出来，造成煤矿安全装备不少同品种、同档次产品生产能力严重过剩，企业之间竞相压价，产品销售困难，因此生产煤矿安全装备的几个骨干厂在产品销售上采取相应措施，提高产品市场竞争力。一是加大产品的宣传；二是开拓新市场，面向地方煤矿形成新的销售网络；三是提高质量，以质量优势占领市场；四是抓住原材料采购和产品销售市场，最大限度地降低原材料价格，确保购销平衡；五是扩大出口市场。通过一系列措施的实施，1997 年实现销售收入 61 821 万元，比上年增长 10.6％，出口交货值 31.4 万美元，比上年增长 230.5％。

新产品 天津煤矿专用设备厂研制出国家重点项目 3.3kW 矿用磁力启动器样机 10 套，地面试验完成后，将进行井下工业性试验。济源矿灯厂经多次试验，用高锑合金取代低锑合金，解决了 KS9 型矿灯使用中出现的问题，并且以成本低、高性能比的优势提高了 KS9 型矿灯的市场竞争力。抚顺煤矿安全仪器厂自行设计制造的 HYZ4 正压式氧气呼吸器通过了国家级检测中心的检测。

〔撰稿人：中国煤矿工程机械装备集团公司孙晓华　审稿人：中国煤矿工程机械装备集团公司薛际贵〕

〔中国科学院〕

科研成果及新产品 1997 年度中国科学院又有一批优秀科技成果获奖。部分研究所在技术科学领域获得科技进步奖的成果情况如下。

以沈阳自动化所等 8 个单位（沈阳化工股份有限公司、浙江大学、中科院自动化所、清华大学、天津大学、机械工业部上海工业自动化仪表研究所、机械工业部重庆工业自动化仪表研究所）共同完成的获奖项目是：大型过程工业自动化系统总体技术开发研究。该成果为国家“八五”重要科技攻关项目，集 8 个单位，168 人，历时 5 年完成，项目系统地研究了实现工业自动化系统的成套关键技术，并在沈阳化工厂实现了一个初步的综合自动化系统。该系统把全厂 53 种产品的生产计划制定和管理调度，各种企业管理功能，以及车间（分厂）级生产优化控制和大量基础回路控制等多层次的功能有机地结合起来，并及时沟通信息，为企业各级领导了解企业运行现状、制定决策提供有力支持。项目的关键是总体技术，它可按阶段分为总体设计技术、总体支撑技术和总体集成技术。其具体内容包括：①建立企业体系结构参考模型，用 IDEF、PADX 等工具建立了功能、信息、资金流等多视图模型，并加以集成；②建立全厂的五层决策支持系统；③系统集成，实现全局信息共享，上下贯通，建成 50 多个结点的网络和数据库，开发了基于知识的智能服务器组，整个项目已完成并运行 3 年，年均效益 1 245 万元。由机械工业部主持鉴定的意见指出：“该成果达到当代国际先进水平，在采用对象模型的体系结构，以集成基础结构作为集成平台实现系统的总体集成方面处于国际领先地位”。该项目部分成果曾在连城铝厂、青铜峡铝厂、沈阳鼓风机厂、齐鲁石化公司等多个项目中得到应用并取得明显效益。

成都计算所的获奖项目是面向典型应用的 CIMS 技术研究开发，该项目是面向连续制造的 CIMS 应用技术及其成果，应用于卷烟企业。总体上处于国内领先并达到了国际先进水平。该项目从需求出发，软硬结合，实现了 CAPM 与 DDAS 的信息集成；按照 MRPⅡ/JIT 技术思想，在先进平台上自主开发了资源管理系统 RMS，实现了企业经营管理、车间管理和质量管理的信息共享和功能集成；开发了系列化生产数据实时采集系统 PDS 并实现了与 RMS 的局部集成；同时开发成功的技术支持系统 TSS，在 Windows 下开发了可视化仿真工具 VDT，集建模、运行、评价于一体，并实现了与 RMS

的集成应用，颇具特色。该项目在涪陵、成都卷烟厂等实现了应用，提高了经济效益，单项技术在几十个单位推广应用，并为六个卷烟企业做了系统规化，具有良好的应用前景。

中国科大获奖项目是（1）乙烯全流程仿真培训系统。该项目首次在国内成功地在微机系统上实现了对大型乙烯装置全流程的仿真培训，共为石化系统培训操作工和技术员几百人次，为燕化45万t/年乙烯装置一次开车成功做出了贡献。该项目的创新点是成功地采用“机理实验结合经验”的综合方法，建立大型乙烯全流程的“大范围非线性”动态数学模型，简化了化工过程数学模型，可以现场修正调试，解决了大型复杂化工过程实时性和逼真度之间的矛盾。系统动态特性与现场一致，有58种乙烯装置常见故障，可以培训操作员对事故处理的能力，系统对提高装置运行人员的整体素质，减少误操作，避免非计划停车，为装置长期安全运行创造了条件。（2）DKS2.0现代试井软件。

长春光机所的获奖项目有2项：(1)高精度渐开线样板。高精度渐开线样板，是渐开线齿形检查的基准。该项目研制成功的样板，高于目前国内使用的二级精度，也高于国标规定的一级精度，达到了国际上的最高精度等级。该项目研究的样板，已由中国计量院采用，作为国家级的渐开线传递基准。此项成果对于提高我国齿轮的检测水平，促进齿轮加工行业的发展，有重要的意义。(2)高精度光学非球面数控加工技术及非球面数控加工中心。非球面光学元件在近代光学系统中占有愈来愈重要的地位，在空间光学、红外技术、紫外及X光波段技术中几乎都离不开它。为了适应高技术领域的需求过去靠手工修磨，主要凭经验的加工方法已不能适应。国际上美国、法国及俄国均先后建立了用计算机辅助加工非球面的技术及装备，长光所鉴于形势的需要于1992～1997年进行了这项技术的研究，成功地建立了我国第一台非球面数控加工装备。该项目的成功标志着我国已成为掌握大口径高精度非球面光学元件数控加工技术的少数国家之一，跨入了国际先进行列。

沈阳金属所的获奖项目是双向式复合芯头拉拔新技术在大口径薄壁双镜面铜管生产中的应用。针对空调压缩机气液分离器用$\phi 40mm$和ϕ50mm薄壁双镜面铜管的需求，研制成功双向式复合芯头拉拔新技术，建立了批量生产线，生产的大口径薄壁铜管优于进口产品，每年可获产值1 440万元，利税400万元，纯利润250万元的经济效益。

力学所的获奖项目是燃烧气脉冲除灰技术研究。我国燃煤发电占总发电量的75%，燃煤发电中一重要问题是尽力回收烟气热量，因而保持烟气/空气换热器的清洁对过程的效率和安全运行非常重要。现工业上一般使用蒸汽冲灰（也有用空气吹灰、钢球冲刷等），缺点是蒸汽消耗大，易结露，易与CaO反应结疤及加重HF腐蚀等问题。该项目利用了脉冲燃烧的原理，设计安装并成功地开发了这一次吹灰系统，使大型工业电厂的烟气/空气换热器达到了烟温下降10℃，效率提高0.6%，比蒸汽吹灰成本下降50%的效果，目前已在全国26台机组应用。

电工所获奖项目ZEP系列诱发电位仪，是与中国人民解放军总医院耳鼻烟喉研究所共同完成的。该仪器用作一些听觉、视觉等疾病的诊断，其性能与国外同类产品相近，经多家医院试用，效果良好，经国家医药管理局鉴定后，获试生产许可证。试生产的产品通过国家医疗器械检测中心测试后，又获国家医药管理局生产许可证，并正式生产，几年来，共销售200多台仪器，产值1 130万元，实现利税200多万元，减少了该类仪器的进口，节约了外汇。

自动化所与公安部科技信息研究所共同完成的获奖项目是：PG型多参量心理测试仪（测谎仪）。该测试仪为公安、检查、法院部门提供科学而有效的技术手段。该测量仪设计新颖，其皮肤电、脉博（血压）及呼吸能感器采用更先进、更合理的方案，保证了信息获取的可靠性；测试仪的软硬件设计和制作技术特点为测试过程灵活，调节范围宽、使用方便。测试仪的技术已达国际先进水平。已供给有关单位使用，取得了良好的效果。

西安光机所的获奖项目是低增益区红外Ti^{3+}：Al_2O_3飞秒激光器。新型红外飞秒光源是基础研究中的极为重要相干光源。该课题组研制的红外Ti^{3+}：Al_2O_3飞秒激光器难度大、技术要求高。在研制过程中，解决了一系列关键技术，在此基础上，成功地研制出国内第一台低增益红外Ti^{3+}：Al_2O_3飞秒激光器。该激光器已达到90年代国际先进水平。

上海技术物理所与上海仙通信息技术研究所共同完成的获奖项目是推帚式超光谱成像仪。该仪器采用了面阵CCD焦平面探测器推帚成像技术，具有高光谱分辨率、小型化、成象部件无机械运动等特点。通过利用商用照相机镜头、CCD面阵等元部件，经实用化的系统优化设计，研制出高性能价格比的系统。为开展超光谱遥感应用研究提供了先进的探测手段，其主要技术指标达到国际同类产品的先进水平，并已成功地应用于我国若干地区的遥感应用项目中，具有广泛的应用前景。

〔撰稿人：中国科学院高技术研究与发展局刘昱　审稿人：中国科学院高技术研究与发展局马雄鸣〕

〔责任编辑：王亚水〕

教学仪器设备

〔国家教育委员会〕

生产发展情况　1997年，全国共有490个工厂承担教学仪器设备生产任务。全部职工年平均人数为 41 612 人，其中工程技术人员 4 992 人。固定资产原价为 130 703 万元。全行业共完成工业总产值（不变价）262 293 万元，其中教学仪器设备总产值 197 768 万元。利润总额完成 15 828 万元，税金总额完成 15 642 万元。

教学仪器设备全行业 1997 年实现的主要经济指标：工业产品销售率为 94.61%，工业资金利税率为 11.96%，工业增加值率为 34.53%，工业全员劳动生产率为 21 366 元/人，工业成本费用利润率为 7.34%，流动资产周转率为 1.30 次，工业经济效益综合指标为 118%。

完成教学仪器设备产值（不变价）1 500 万元以上的省市有：北京市、河北省、山西省、辽宁省、上海市、江苏省、浙江省、安徽省、福建省、江西省、山东省、宁波市、河南省、湖北省、湖南省、广东省、四川省、重庆市、陕西省。

市场及销售　1997 年产品销售收入为 232 479 万元，出口交货值为 2 256 万美元，其中教学仪器 1 070万美元。按出口产品大类分有生物标本、模型、计算机、教学专用仪器设备等。产品主要出口到哥伦比亚、泰国、越南、马来西亚等十多个国家和地区。

新技术及科研成果　1997 年国家教委教学仪器研究计划共编入 10 项科研项目，其中属高教物理仪器的 1 项，电子技术方面的 2 项，电教、计算机方面的 3 项，其他方面的 5 项。全年有 10 项列入国家教委计划的研究成果通过鉴定。

新产品　1997 年主要的新产品有：(1) 标准化外科模型人，张家港市乐余模型厂设计制造。该产品可供医学院校、中等卫校及各级各类医疗机构培训医科学生使用，符合中、西医教学大纲规定的主要技能操作内容及护理实习方面的主要要求，尤可进行如阑尾切除手术等操作。该产品为男、女各一种。(2) 门电路演示器，河南省周口师专教学设备厂设计制造。用于初中物理教学演示门电路及一些常用电子元件的特性、用途及其使用方法，能够完成初中物理教材中所涉及到的 19 项演示实验。产品为插接组合式，操作简便，性能稳定，实验效果明显、直观。主要技术参数为：输入电压 DC4.5V，电流不小于 100mA。(3) DJ-1 型全自动多媒体电化教学功能室，中国深圳教育企业总公司设计制造。该产品采用微处理器控制键盘完成电教设备控制功能，具有控制 VGA-VIDEO 信号同步切换，电脑、一体化液晶投影仪、录像机、组合音响、视频投影仪、环境灯光、主灯高度、窗帘、空调等功能，投影屏幕对角尺寸不小于 2 000cm，光通量 400lm。(4) HW-96018 型希望牌微格教学系统，湖南省常德华文科教有限公司设计制造。该产品用于教学情况的自动监控。采用计算机多媒体技术，通过操作键盘、解码器、切换器控制整个系统，图像清晰，声音逼真，并可有选择地编辑录像带。根据编制的控制软件密码，采用适合的脑芯片，通过解码器译码控制三台镜头动作的信号、电压，达到系统的协调动作。(5) MTAV-900 音乐教学视听系统，福建省泉州市无线电五厂设计制造。该产品采用多媒体电脑控制 VCD、录像系统、摄像系统及屏幕电图象显示系统。在 125Hz～15kHz 频率范围内，频响误差不超过 ±3dB，信噪比 ≥45dB。(6) 改进型电磁振荡演示仪，广西师范大学设计制造。改进型电磁振荡演示仪是在不增加成本的基础上对原有的电磁振荡演示仪的改进、提高和功能扩充。它由可拆铁芯的电感线圈、演示电路板和若干个可插接的元件组成。由于采用了优质蹄形铁芯、两线圈串联，显著地增大了自感系数（L）与线圈直流电阻（R1）的比值，使电磁振荡、自感现象等疑难实验的演示效果明显提高。主要技术参数：RC 电路阻尼振荡次数 >5 次，直流工作电压 ≤6V；电感现象为自感延迟时间 >0.5s；LR 电路暂态过程时间常数 >3s。(7) 双排落地电子琴，常州明日科技发展公司设计制造。该琴配置了 30 种键盘打击乐器，有助于学习掌握各种打击乐。通过教学储存卡，可以进行实时录音、放音、编辑。主要技术参数：音色 16 种，音节 16 种，存储器 5 个，功率输出 30W，扬声器 300mm（8Ω）、80mm（8Ω）电源～220V、50Hz，质量 50kg。(8) 转动惯量多功能电脑测定仪，江苏省连云港市职业技术教育中心设计制造。该测定仪是将刚体转动惯量实验仪和由单片机构成的测量装置有机地结合在一起，通过微机进行实验数据的采集、计算和显示。其特点是采集的数据量大，便于进行多方面的误差分析；测量精度较高，重复性好。主要技术参数：显示器为 6 位 LED 数码管，主振频率 6MHz，光电门挡光时间 ≤0.167 77s，光电门不挡光时间 ≤16.777s，转动惯量测量误差 <5%。(9) 生物塑化技术的研究与应用，由南京苏艺生物保存实验工厂、江苏省教育服务中心、国家教委教学仪器研究所设计制造。生物塑化保存技术是近年来迅速发展的一项全新的生物保存技术，采用这种技术制作的标本完全改变了以往用福尔马林固定湿式保存的传统方法。用这种技术制作的标本无毒、无味、无腐蚀性，长期保存无霉变，随着其工艺的不断成熟和发展，将会大大降低制作生物标本的成本。

质量及质量管理　1997 年共安排了 47 个品种、424 个教学仪器设备产品的质量监督检测，产品合格率为 90.8%。

技术改造　1997 年技术改造更新措施投资计划为 1 999 万元，实际完成了 1 495 万元。

管理及改革　(1) 颁发了《关于加强教学仪器设备行业管理工作的意见》、《国家教委教学仪器设备生产定点厂管理办法》、《教学仪器设备行业“九五”发展规划》、《国家教委教学仪器设备生产定点厂考核办法》、《全国教学仪器设备展示订货会管理办法》。(2) 召开了全国国家教委教学仪器设备生产定点厂厂长工作会，会议总结了全国教学仪器设备实行定点生产制度以来的工作，明确了定点厂今后的发展目标，会上还宣贯了《质量振兴纲要》并举办了 GB/T 19000 标准的讲座。(3) 举办了语言学习系统质量管理培训研讨班，会议宣贯了《质量振兴纲要》，聘请了部分专家讲课并开展了专题讨论，为正确执行标准，进一步提高产品质量，并为1998年生产企业申请领取全国工业产品生产许可证工作做好准备；同时，为解决该系统产品配套件质量问题，推荐了三个生产厂生产的配套件耳机话筒组产品。(4)完成了颁发语言学习系统全国工业产品生产许可证的准备工作，起草了实施细则、抽样办法、产品检测办法、工厂考核验收办法送电子工业部征求意见，收费办法和标准报国家计委和财政部待批。(5)举办了第34、35届全国教学仪器设备展示订货会(原春、秋二次订货会)，两次会议总成交额6.2亿元。(6)由中国教学仪器设备行业协会资助10万元经费，召开了力学、电学、磁学、生物等教学仪器产品标准审定会，对21个教学仪器产品标准进行了讨论和审定。(7)中国教学仪器设备行业协会被世界教具联合会接纳为正式会员。

〔撰稿人：国家教委条件装备司俞伟跃　审稿人：国家教委条件装备司李兴植〕

〔责任编辑：王亚水〕

仪器仪表元器件

〔机械工业部〕

生产发展情况　1997年机械工业系统仪器仪表元器件行业工业生产从整体上看，与1996年基本相同，增长幅度不大。机械系统仪器仪表元器件行业共有重点企业33个。固定资产原值约36 500万元，固定资产净值约17 000万元。职工总人数10 941人。1997年完成工业总产值62 201万元，比上年增长3.1%。上交利税2 712万元，比上年增加2%，利润呈负增长。产量为80 987万件，比上年略有增加。一些企业由于进行转制、重组及产品结构调整，生产发展趋势渐好。近三年主要产品年产量见表1。

1997年四川仪表六厂立足于“深化改革增活力，优化产品增后勤，强化销售增市场，细化管理增效益”的经营方针，促进了企业发展，年创利润50余万元，全员劳动生产率达2万元以上。

苏州仪表元件厂加速产品结构调整，努力吸收国外先进技术，引进国外先进设备，积极开发国内、外两个市场，建立对外窗口，取得明显效益。1997年各类产品的总产值达17 213万元，其中元器件部分占39%，完成利润总额1 453万元，其中元件部分达358万元。

杭州仪表元件厂1997年生产形势比1996年明显见好，工业总产值比1996年增加47.3%，销售收入增加65.3%，资金回笼达1 031万元，比1996年增加49.6%。

表1　近三年主要产品产量

(单位：万件)

序号	产品名称	1995年	1996年	1997年
1	机械元件	27 438	37 633	38 762
2	弹性元件	10 139	12 950	13 468
3	电磁元件	368	394	406
4	电真空器件	1 356	1 423	1 451
5	半导体器件	10 283	16 106	16 428
6	专用电路	1 264	1 378	1 405
7	传感器	24	26	27
8	阻容元件	44	47	48
9	仪表接插件	3 008	4 278	4 449
10	光学元件	227	247	254
11	其它元件	2 872	4 124	4 289
合　计		57 023	78 606	80 987

三门峡仪电有限公司在市场竞争中求发展，虽然1997年仪表开关产量比上年减少21.5%，由于公司采取有利措施，总产值比上年增加1.1%，增加值为596万元，比上年增加15.7%。生产仍处于稳定增长趋势。

沈阳仪器仪表工艺研究所继续深化科技体制改革，强化经营管理机制，促进科研成果的产业化和商品化，1997年已有16个类别的产品推向市场，产值3 819万元，销售额3 157万元。

青岛第一仪器股份合作公司，通过转制，企业结构和产品结构发生变化，生产规模扩大，生产品种增多。年工业总产值达到8 284万元，固定资产1 100万元，生产能力达6 500件，由原来单一计数器产品，发展到空调电子控制器、计数器、汽车测试仪器、家电电器控制器、智能煤气表等五大类产品。实现了人员、设备、技术、产品、市场、生产条件的合理配置。

市场及销售　仪器仪表元器件行业，市场及销售情况与1996年基本相同。一些企业由于与整机生产企业合并或进入企业集团，重点企业市场及销售情况趋于稳定。多数的企业产品国内市场占有率变化不大，尽管一些企业努力开发国际市场，但出口创汇额度不高。

1997年年销售额为47 120万元，比上年增加2.2%，出口创汇1 700万美元左右，比1996年稍有增长。1997年部分企业生产及销售情况见表2。

四川仪表八厂重视新技术、新工艺、新材料的开发和应用，为适应市场需求开发新产品，努力打入国际市场。该厂出口产品占总产品比例的85%，创汇额达160万美元。

四川仪表六厂通过几年来的工作，成功地拓展了上海贝尔、深圳华为、北京西门子十几个通讯客户，并成为深圳华为、青岛AT&T公司的唯一供应商。在技术方向上进入了接口电路、保护电路、PDH电路、SDH电路、传输电路等领域，拓宽了专用电路的市场范围。销售收入比1996年增加9.4%，利润总额为250万元。

苏州仪表元件厂为了扩大市场份额，与日本Socick株式会社和松下株式会社建立了苏州凯旋机电元件有限公司和苏州松下通信工业有限公司。由于外向型企业的建立，该厂1997年完成创汇额1 123万美元，其中元件部分创汇232万美元。

表2　1997年仪器仪表元器件重点企业生产情况

企业名称	产量(万件)		产值(万元)		销售额(万元)		利润(万元)	创汇(万美元)
	1996年	1997年	1996年	1997年	1996年	1997年	1997年	1997年
四川仪表六厂	397	404.6	8 927	7 212	4 895	5 353	250	
四川仪表七厂	1.06	1.28	1 844	1 935	1 807	1 944		
四川仪表八厂	3 936	3 600	1 732	1 600	1 482	1 400	50	160
上海晶体元件厂		2 500		2 430		1 500	71	63
上海电器电子器件厂	194	202	3 040	3 165	3 369	3 508	−100	
上海仪表电机厂		23		2 286		1 622		
苏州仪表元件厂	3 012	3 180	6 015	6 717	6 161	6 733	358	232
襄樊仪表元件厂	28	30	6 081	6 524	4 535	4 309	42	
丹东射线仪器有限公司	1 270	824	1 245	1 008	994	933	−575	14
杭州仪表元件厂		*	970	1 426	508	839		
三门峡仪电有限公司	370	306	1 001	1 012	914	1 001	8.4	
青岛第一仪器股份合作公司	*	20	*	3 092	*	3 222	274	

注：*部分和空白部分，是由于产品类别不同或转制、合并等原因，统计困难无法填报。

丹东射线公司1997年受国外市场冲击较大，工业增加值成负增长，达－94万元，利润总额为－575万元，比1996年稍有好转。目前企业正在采取措施改变亏损局面。

苏州晶体元件厂面对国内市场混乱状态，以优等的产品质量和良好的服务措施赢得了用户，1997年市场占有率达40%以上。特别是1997年东南亚经济危机对该厂影响较大，尽管如此，由于措施得当，创汇值仍达到500万元。

杭州仪表元件厂扩大市场，增加经济效益，与财务开发公司建立了杭州电子市场，并作为浙江省电子产品的对外窗口。由于经营得力，已成为浙江电子产品的集散地和首家电子批发市场。目前经营产品12大类，1997年成交额5亿元以上。

三门峡仪电有限公司，根据市场变化，适时调整经销策略，1997年销售收入比上年增加8.7%，利税141.8万元，比上年增加26.3%，利润比上年增加62.2%，全员劳动生产率为10 972元，比上年增加14.4%。产品销售到二十个省、市、自治区及德国、美国、日本、新加坡及台湾等地。

新技术、新产品及科研成果　四川仪表八厂对晶体定向特种宝石元件的研究，取得可喜成果，成果通过重庆市科委专家评审，进行了批试生产，经重庆市技术监督局多次抽查，全部合格。该厂大通孔宝石轴承产品被国家经贸委认定为1997年国家级重点新产品。

四川仪表六厂自主开发的接入网接口电路已经完成。该电路可直接代替加拿大敏迪公司的HM88612、88612C、88634电路。代替HM88634的产品性能已超过敏迪公司的同类产品。该厂承担国家计委下达的厚膜混合集成电路扩产工业性试验项目，进展顺利，将在1999年底实现年生产厚膜电路800万只的能力。

上海仪表电机厂完成6项汽车仪表用步进电机的新产品设计定型工作，为拓宽仪表电机市场，创造了条件。

襄樊仪表元件厂研究开发了4项工艺技术，已经初见成效。其中喷墨打标技术，解决了产品的防伪问题；电子辐照工艺，解决了产品温度稳定性差和断电时间不稳定的难题，提高了成品率；通过GMX橡胶固化工艺的研究，缩短了固化时间，提高了生产效率。为拓宽市场，该厂又开发了中频快速熔炼炉、MTG100A非绝缘系列模块、汽车暖风机调速电阻总成等，这些产品已投入市场。

丹东射线仪器有限公司为使企业扭亏增盈，利用厂内技术优势，寻找新的经济增长点，扩大X射线管的应用范围，在经济极度紧张的情况下开发新产品。如：开发的XYD-22510、XYD-4510金属陶瓷管X射线探伤机和LSY6505牙科单齿X射线机等均达到了国内先进水平，目前准备投入市场。

苏州晶体元件厂为扩大市场份额，在提高老产品质量的基础上，采用新工艺，开发新产品。如：通过蓝宝石红外窗口平面机工技术的研究，使表面质量指标超过美国军用标准MIL—0—13830A/11。1997年已形成年3万件生产能力。该厂又开发了陶瓷柱塞产品，该产品有耐磨、耐压、质硬等优点，是金属柱塞的更新换代产品，使用寿命是金属柱塞的数倍。

杭州仪表元件厂生产形势明显好于往年，这和及时根据市场需要开发新产品分不开。如他们开发的HYF-3L26P、28A、4T、31A等规格的遥控器及7JM1.6、7JM4煤气表计数器，摩托车挡位显示器，冰箱显示模块，MP-1复印机消电灯，DJ625电磁式计数器，市场潜力很大，效益明显。MP-1和DJ625两个开发项目，被杭州市评为优秀新产品，并获技术三等奖。

三门峡仪电有限公司以市场为导向，积极开发新产品。1997年完成了KA1、KCD11、KCD12、KCD18、BHC1等仪表开关的开发任务，为今后企业发展打下坚实的基础。

沈阳仪器仪表工艺研究所承担国家科技攻关96—748传感器技术研究项目，共包括21个分专题。其中工程化项目3项，新产品开发项目12项，共性关键技术6项，另外承担97—755分专题2项，97—772分专题1项，共计24项。1997年全面开始实施，经年终检查，全部完成阶段性任务。承担的ZSH砂轮划片剂机、ZF6封闭组合电器用温度补偿器等4项课题通过鉴定，并开始试生产。

质量及质量管理　1997年，仪表元器件产品质量监督检验测试中心，以市场经济为目标，加强自身建设，进行人员培训，转变观念，一改过去等着检测的作法，到企业中去，进行现场检测，方便企业，为企业服务。同时加强检测技术的研究工作，把测试装备和测试方法交给企业，强化了质量监督和质量管理工作。1997年“中心”完成10种产品、1 100品种、51个检测项目的委托测试任务。并7次下现场，对16种产品进行了检验，同时进行优等品和一等品评定各一次。1997年9月“中心”通过了机械工业部组织的1997年技术检查。该“中心”同时完成5类传感器及仪器仪表元件产品的可靠性评定工作。

四川仪表六厂1997年通过ISO9001复审，1996年通过了美国贝尔实验室组织的QSA品管系统认证，1997年通过复审，同年被评为AT&T优秀供应商第三名。由于该厂狠抓质量，AT&T上机失效率低于2×10^{-5}，混合电路上机失效率低于0.1%，在深圳华为厚膜供应商中质量始终排名第一。

上海电器电子器件厂（上海电器股份有限公司第二机床电器厂）已建立了ISO9001标准的质量手册和对应的20个要素的程序文件，目前正处于试运行阶段和内部质量审核，1998年将进行第三方认可。该厂7种按钮开关和3种行程开关及2种时间继电器已符合IEC947—5—1标准。

上海仪表电机厂1997年经微电机检测中心抽测，28SYK01直流伺服电动机全部为合格品，经电子行业质量体系认证委员会认证，获ISO9001证书。

苏州晶体元件厂以ISO9002—1994《质量体系—生产、安装和服务的质量保证模式》标准，建立了工厂质量保证体系的文件化管理。1997年11月由挪威船级社（DNV）审核通过。1997年球形刚玉轴承经国家仪器仪表产品质量监督检验测试中心抽样测试，符合优等品要求，列入机械工业优等产品名录。为了与国际接轨，仪器仪表用槽型宝石轴承采用德国DIN8274、DIN8261标准，仪器仪表用端面宝石轴承采用德国DIN8263标准，仪器仪表用通孔宝石轴承采用德国DIN8262标准，宝石元件采用（参照）美国军用标准MIL—0—13830A。

三门峡仪电有限公司参照ISO9002标准，建立了严格的质量管理体系和质量保证体系。其中KN32钮子开关和KCD2船型开关获得了国家安全认证。

青岛第一仪器股份合作公司是青岛市现代企业制度试点企业，1997年通过了ISO9001质量体系认证，建立了国际承认的质量体系。

技术改造　1997年由于经济紧缩，国家及企业对技术改造投入量不大。传感器国家工程研究中心建设，是机械工业部重点建设内容之一。1997年完成使用世界银行贷款285万元美元，主要用于购置国外设备；使用机械工业部拨款250万元，主要用于“中心”的条件改造和部分国内设备购置，1997年条件改造工作基本完成。目前传感器国家工程研究中心框架结构已经形成，该所调拨的设备和人员已经到位，力敏元件中试生产线、热敏器件中试生产线、传感器中试生产线、磁敏中试生产线已经开始运行。新进国外、国内设备陆续到位，部分进行安装调试。

四川仪表六厂是国内引进厚膜电路全套设备（硬件）及全套品管、工艺控制技术（软件）的厂家。该厂同时引进PCM脉冲编码传输电路23个，此项目是由意大利政府委托利伊达太尔公司援建的“交钥匙”工程，其具有完备的设计、生产、工艺保证、测试、可靠性分析手段。从1990年已累计投入700万美元，资金来源小部分由国家拨款，大部分是贷款和自筹。

1997年苏州仪表元件厂仪表配套元件项目已列入国家技改项目，计划投资1 200万元，主要对模具生产技术、接插件、电子元件的生产条件进行改造。经技术改造后，将使上述产品的生产条件、生产规模、质量水平得到明显改善。

管理及改革　1997年是仪器仪表元器件行业改革的准备阶段，1998年将有重大举措。1997年行业重组及企业内部的机制改革表现明显。如：上海电器电子元器件厂并入上海电器股份有限公司，成立第二机床电器厂；大连仪表元件厂与大连仪表厂合并，成立元件分厂；青岛计数器厂转制为青岛第一仪器股份有限公司；三门峡仪表元件厂转制为三门峡仪电有限公司；四川仪表七厂转制为重庆川仪股份有限公司自控现场仪表分公司；苏州仪表元件厂与外商成立了凯旋机电元件有限公司和苏州松下通信有限公司；沈阳仪器仪表工艺研究所成立了汇博实业公司等。

由于重组和兼并，企业的产品结构发生变化，元件厂和整机厂的界限已不明显，产品结构发生变化。

如上海电器电子元件厂以生产机床电器元件为主。苏州仪表元件厂在生产机电元件的基础上，增加新的增长点，如：汽车开关、柔性电缆、语言学习系统、轨道衡、汽车衡等。

杭州仪表元件厂由单一经营发光二极管向多种经营品种发展，如：摩托车档位显示器、冰箱显示模块、复印机消电灯、电磁计数器等。由于经营范围的扩大，使效益增加。

丹东射线仪器股份有限公司为了改变亏损的面貌，进行内部机制改革。1997 年公司实施了“减员增效、划小核算单位、委托经营”等方案，使企业比 1996 年有所改善。他们由原来的 2 033 人，分流 950 人，实行一人多岗，满负荷工作，发挥了职工的积极性。同时公司对下属探伤机厂、核仪厂、元件厂、分析仪器厂优化为独立核算、自负盈亏的经济实体，实施报帐制管理机制。为了减轻公司负担，将下属机械厂委托给效益好的丹东胶囊机械厂经营，同时做到产权不变，每年能收回一定效益。公司为了盘活企业存量资产，与丹东银河仪器厂合资组建丹东银河实业有限公司。

青岛第一仪器股份合作公司，于 1997 年实施企业转制。由原青岛计数器厂与青岛第一仪器厂合并而成。包括两厂合资的亨斯特勒公司、海裕丰工贸有限公司、青岛西比家电控制器公司等五部分。目前，由过去单一生产计数器产品变为生产汽车测试仪器、家电控制器、计数器等五大类产品的综合性实体，内部机制包括国有、集体、合资多种模式的合作企业。通过从新建制，计划 1998 年工业总产值 8 284 万元，销售收入 7 511 万元，利润实现 550 万元，到 2000 年实现总资产过亿元，实现 3 年三大步的跨越增长。1997 年公司已被确定为青岛市现代企业制度试点企业，高新技术企业，同时被誉为重合同、守信用企业，青岛市闻名单位，标兵企业。

沈阳仪器仪表工艺研究所，1997 年进一步深化科技体制改革，巩固和发展变科研开发型为科研经营型的经营模式。增加科研投入，建立国内一流的研究开发条件，面向市场、面向企业开展共性基础技术研究；建立中试基地，不断地向市场推出高技术含量的产品和技术；强化工程化研究，加速科研成果的迅速转化；加强市场机制建设，提高经销人员的队伍和行销素质，制定切实可行的经营策略；建立适合市场经济的人才机制和激励政策，实行全员合同制和聘任制；实施人员分流、机构重组，减小二线队伍，经济效益逐年提高，1997 年利润比 1996 年提高 17%，职工年收入达 1.4 万元，高技术产品收入比上年增加 30%，全所科研生产处于良性循环阶段。

〔撰稿人：沈阳仪器仪表工艺研究所　马宝柱〕
〔责任编辑：王亚水〕

仪器仪表材料

〔机械工业部〕

生产发展情况　1997 年我国仪器仪表材料行业的工业生产从整体上看依然保持着发展的势态，工业总产值和销售收入均略有增长，但发展不平衡。据行业协会对 46 个企业的统计，1997 年职工总人数 16 454 人，固定资产 6.49 亿元，工业总产值 17.12 亿元，实现利税 1.52 亿元；产品产量 3 983t，比上年增长 6.1%；出口创汇 1 053 万美元，年增长率为 26.4%。出口产品有光学玻璃、石英玻璃、永磁材料、电真空材料、电阻材料、触点材料、裸铜线、白铜线、电焊线、补偿导线以及各类控制电缆与特殊电缆等。出口国家和地区包括美国、日本、欧洲、南韩、澳大利亚、东南亚、西亚、北非等。

仪器仪表材料行业主要企业完成的工业总产值与销售收入统计详见下表。1997 年仪器仪表材料行

1997 年仪器仪表材料行业部分企业完成工业总产值与销售收入　(单位：万元)

序号	企业名称	工业总产值			销售收入		
		1996 年	1997 年	增长%	1996 年	1997 年	增长%
1	天津德塔控制系统有限公司	14 153	17 579	24.2	12 212	16 516	35.2
2	天津市电线总厂	17 000	17 503	3.0	17 845	16 322	−8.5
3	上海合金有限公司	14 971	15 470	3.3	15 387	14 201	−7.7
4	天长市仪表厂	14 019	20 042	43.0	12 888	13 324	3.4
5	常州特种电缆厂	8 100	13 458	66.1	7 500	13 046	73.9
6	杭州永磁集团	12 980	11 853	−8.7	11 024	11 191	1.5
7	沈阳合金股份有限公司	3 627	5 099	40.6	4 880	5 428	11.2
8	常州市东方合金厂	7 153	5 252	−26.6	6 250	4 502	−28.0
9	四川仪表一厂	4 591	5 773	25.7	3 208	3 915	22.0
10	安徽新星仪表线缆厂	2 228	3 600	61.6	2 165	3 492	61.3
11	东海磁钢厂	2 161	2 767	28.0	2 764	2 695	−2.5
12	四川仪表十九厂	1 733	2 392	38.0	2 123	2 302	8.4

（续）

序号	企业名称	工业总产值			销售收入		
		1996 年	1997 年	增长%	1996 年	1997 年	增长%
13	安徽猎塔电力设备总厂	1 700	2 000	17.6	1 685	1 988	18.0
14	常州日新电缆有限公司	1 920	1 625	−15.4	1 981	1 586	−19.9
15	上海磁钢厂	1 299	1 513	16.5	1 383	1 518	9.8
16	江苏华宇电缆厂	1 500	1 193	−20.5	1 350	1 080	−20.0
17	四川仪表十七厂	1 187	1 252	5.5	1 182	1 059	−10.4
18	武进市电子合金材料厂	1 196	1 106	−7.5	1 123	1 032	−8.1
19	武进市远东仪表材料厂	1 307	1 019	−22.0	1 125	992	−11.8
20	沈阳星光北方工业陶瓷有限公司	986	944	−4.3	607	941	55.0
21	常州载威莱电子材料有限公司	1 128	845	−25.1	1 118	804	−28.1
22	舟山市千岛磁钢厂	1 290	928	−28.1	1 169	704	−39.8
23	天津市自动化仪表八厂	941	713	−24.2	787	630	−19.9
24	湖州自动化仪表厂	731	489	−33.1	745	522	−29.9
25	川江仪器厂磁材分厂	668	693	3.7	464	405	−12.7
26	湖州晶鑫合金厂	310	197	−36.4	278	206	−25.9
27	成都光明器材厂	24 910	13 595	−45.4	12 788	13 999	9.5
28	上海新沪玻璃厂	5 191	8 400	61.8	5 188	5 400	4.1
	合计	148 980	157 300	5.6	131 219	139 800	6.5

注：分行业（金属材料行业与玻璃材料行业）按 1997 年全年销售收入高低排序。

业 28 个主要企业的工业总产值为 15.73 亿元，销售收入为 13.98 亿元，分别比上年增长 35.6%和 6.5%。

传统的仪器仪表用合金材料，如测温、弹性、电阻、电热、膨胀、双金属材料等，已基本上能满足仪器仪表行业的需要，但是，一些企业不同程序地存在着设备陈旧、技术老化、管理不善、资金不足、质量不稳的现象，难以适应仪器仪表小型化、数字化、智能化、机电一体化和传感器技术飞速发展的新形势。但也有一些企业生产得到稳步发展。天津德塔控制系统有限公司，组建初期是一个处境极度艰难的小企业，经过十余年的艰苦创业，到 1997 年已发展成年工业总产值达 1.76 亿元、年销售收入达 1.65 亿元，当年创利税 2 134 万元的企业，初步形成了规模经济，进入良性循环的轨道，已将产品打入国际市场。1997 年，他们将七芯插座、插针、四功能支架等 56 万件出口美国等，创外汇 81 万美元。该公司生产的热电偶用补偿导线、补偿电缆获机械工业部颁发的优质品、优等品证书；特种电缆系列被天津市人民政府授予名牌产品称号。该公司连续多年被天津市人民政府评为“重合同、守信誉”单位、文明单位、AAA 企业；被天津外经贸委确认为外商投资先进技术企业；被天津市新技术产业园确认为高新技术企业。天长市仪表厂，建于 1974 年，当时办厂资金仅 800 元。二十多年来，由于全厂艰苦创业，企业不断滚动发展。到 1997 年，该厂已拥有固定资产近 5 000 万元，其经济效益等多项指标，居天长市“十强企业”榜首，并获安徽省“最佳经济效益企业”称号，其综合实力已迈进全国温度仪表行业十强之列，成为机械工业部、化学工业部专业生产温度仪表、电线电缆的定点厂。1997 年，该厂在上一年组建安徽天康集团、并被国家经贸委确认为国家大型二档企业。1997 年工业总产值突破 2 亿元大关，全员劳动生产率达 19.1 万元/人·年。该厂生产的 WZP 系列铂电阻荣获安徽省优质产品和机械工业部优质产品称号；电线电缆系列产品先后获得中国电工委员会颁发的安全认证证书、机械工业部颁发的生产许可证及国家进出口商品检验局颁发的出口机电产品质量许可证书。其产品已远销东南亚等 6 个国家和地区。上海合金有限公司，既是机械工业部生产仪器仪表用功能材料的重点厂家，亦是仪器仪表材料行业的骨干企业。1997 年，该公司工业总产值达 1.55 亿元，全年共生产仪器仪表用功能材料 1 061t，其中，康铜电阻合金丝 6J40，聚酯漆包锰铜电阻合金丝 Q26J12，镍铬合金 NiCr20，杜美丝 C30NF，热电偶用补偿导线合金丝 KX、KC、TX、EX、SC，铂铑 10-铂热电偶丝（S 型），铂铑 30-铂铑 6 热电偶丝（B 型），电阻温度计用铂丝（Pt3）共 8 种产品获机械工业部优质产品称号。他们 1997 年出口各类仪器仪表用合金材料共 106t，创外汇 94 万美元。天津市电线总厂 1997 年有职工 1 005 名，工业总产值达 1.75 亿元，其全员劳动生产率超过 17.4 万/人。该厂生产的金山牌电线电缆，不但被天津市质管会评为天津市用户满意五大产品之一，获天津市人民政府授予的天津市名牌产品称号，而且还于 1997 年 2 月被天津市技术监督局推荐为优秀选用产品，并远销东南亚、西亚、北非、澳大利亚和芬兰等 16 个国家和地区。该厂还投资 2 000 万元建成了具有世界 90 年代先进水平的电梯电缆生产线，其中，18、24、30、44 芯电梯电缆生产线已形成规模生产能力，并已全部取代了圆型电梯电缆进口产品。沈阳合金股份有限公司生产发展迅速，产品质量较高。1997 年该公司工业总产值为 5 099 万元，年增长率达 40.6%，销售收入也增加了 11.2%；他们生产的新型火花塞电极材料、显像管电子枪用发泡镍线、纯镍线、高强度耐蚀镍铜合金棒、白铜线、热电偶用一般补偿导线等均被沈阳市技术监督局评为优质产品；雄鹰牌镍及镍合金材料被沈阳市人民政府授予名牌产品称号。该公司生产的白铜线等产品已远销香港等地区，受到用户好评。四川仪表一厂是我国最早从事仪器仪表用金属功能材料生产的骨干企业之一，1997 年生产与销售、科研与新品都有长足的进展，全年完成的工业总产值、销售收入、产品产量与利税总额分别比上年增加了 25.7%、22.0%、34.4%与 65.6%，并取得了多项科研与新产品开发成果。目前，该厂已形成了颇具特色的廉金属产品、贵金属产品和金属复合带材三足鼎立的新格局，为企业来年的进一步发展夯实了基础，提供了后劲。四川仪表十七厂隶属于川仪自控现场仪表分公司，每年年工业总产值和销售收入均逾 1 000 万元。1997 年该厂生产热电偶、热电阻、一体化温度仪表、双金属温度计和电加热器共 25 000 支、生产铠装偶材料 6 400m。其中，铠装镍铬—镍硅热电偶材料被机械工业部仪表材料产品质量监督检测中心评为优等品。此外，1997 年，许多中、小型集体所有制生产企业亦获得了迅猛的发展，已成为仪器仪表材料行业的一支举足轻重的生力军。其共同特点是：经营机制特别灵活，专项产品发展很快。例如，常州特种电缆厂是江苏省常州市的乡镇企业，1997 年该厂完成工业总产值 1.35 亿元，销售收入 1.30 亿元，其年增长率高达 66.1%和 73.9%，并实现利税 2 825 万元，成绩引人注目。这一年，该厂生产低烟低卤阻燃交联聚烯烃绝缘控制电缆、计算机电缆、补偿电缆和汇漏电缆约 1 600km，并取得了出口创汇 239 万美元的优异成绩。该厂连续多年被江苏省人民政府和常州市人民政府授予“明星企业”称号，并被评为常州市“文明单位”、常州市“重合同，守信用”企业。1997 年该厂生产的常燕牌特种电线电缆又荣获 1997 年江苏名牌产品称号。常州市东方合金厂主要生产合金丝材、双金属和银触头等产品。1997 年全年完成工业总产值 5 252 万元，全员劳动生产率高达 31.4 万元/人——这在全行业是不多见的。当年，该厂被常州市评为“重合同，守信用”企业。安徽新星仪表线缆厂 1997 年生产发展相当快，取得了历年最好的成绩：工业总产值和销售收入的年增长率均高达 61%以上。当年，该厂被安徽省人民政府评为“明星企业”，并授予“重合同，守信用”企业称号；安徽猎塔电力设备总厂 1997 年生产稳步发展，工业总产值和销售收入均达到 2 000 万元左右，年增长率双超过 17%。该厂 1997 年被安徽省人民政府及有关部门授予“明星企业”、“重合同、守信用”企业等称号。常州日新电缆有限公司系生产电线电缆的专业厂，他们生产的银鼎牌 DXW 型自限温伴热带被江苏省科学技术委员会授予“江苏省优秀科技产品”称号。江苏省华宇电缆厂 1997 年被常州市评为“安全生产管理先进”企业。该厂与武进市电子合金材料厂、武进市远东仪表材料厂等单位均具有一定的实力，1997 年的工业总产值均在 1 000 万元以上。

在磁性材料生产方面，形势较为严峻。由于受到钴、镍等原材料涨价因素的影响，各磁性材料生产企业之产品成本大幅度上升，生产效益普遍下降，企业长期面临资金不足、市场疲软的挑战。在这种背景下，在本行业磁性材料生产中有一定影响的青岛磁钢厂不得不于 1997 年 5 月起停产。与此同时，全行业高性能铁氧体、钕铁硼及特异性永磁材料的生产，仍然处于小批量生产状态，至今尚未形成规模生产能力。在产品质量、品种、技术水平方面，川仪十九厂、上海磁钢厂仍居国内领先地位；但在产值、产量、经济效益方面，杭州永磁集团等企业却占有明显的优势。总之，各磁性材料生产企业的发展也是很不平衡的。川仪十九厂 1997 年共生产包括Ⅱ类、Ⅲ类、Ⅴ类、Ⅷ类磁钢和铁氧体材料在内的各种永磁材料共 170t，产值 1 576 万元。他们还在引进部分永磁生产设备的基础上，进一步开发了高性能铝镍钴永磁，并出口日本、新加坡和香港等国家和地区，取得了创汇 122 万美元的好成绩。这个厂生产的川字牌系列产品——牌号为 LNG37 和 LNG38 的铸造铝镍钴永磁合金与牌号为 LN10 的永磁合金均获得四川省机械工业厅授予的优质产品称号；同时，出口仪器仪表配套用磁钢和直供出口磁钢均先后荣获川仪股份有限责任公司与中国四联集团公司颁发的一等奖。上海磁钢厂 1997 年的生产有一定的发展，工业总产值与销售收入均增长 10%以上，该厂当年生产各类磁钢 76t，并将产品打入国际市场，出口日本、欧洲、东南亚等地。他们生产的铝镍磁钢 LN10 和铝镍钴磁钢 LNG37、LNG60 均被机械工业部仪表材料产品质量监督检测中心评为优等品。杭州永磁集团于 1997 年初正式组建运行，目前已发展成为我国铝镍钴永磁最大的生产基地和浙江省的重点企业。1997 年工业总产值 1.2 亿元，销售收入 1.1 亿元，实现利税 1 364 万元。全年生产铸造、烧结铝镍钴磁体 1 000t以上，烧结、粘接钕铁硼磁体 100t 以上，主导产品的国内市场占有率高达 50%左右、已广泛应用于仪器仪表、电机电声、自控装置、国防军工、航天航空等领域，并远销美国、日本、韩国、欧洲、东南亚与台湾、香港等国家与地区，创汇 67 万美元。舟山市是我国铝镍钴永磁材料的又一重要生产基地。位于该市的东海磁钢厂 1997 年生产铝镍钴系磁钢 129t，年产值 2 767 万元。此外，舟山千岛磁钢厂每年工业总产值均在 1 000 万元左右。

光学玻璃生产企业总的状况是：1997 年生产经营稳步前进，发展前景相当乐观。从行业内两家光学玻璃生产企业上报的有关资料可看出，成都光明器材厂的与上海新沪玻璃厂依然保持着良好的势头。尽管成都光明器材厂的工业总产值按年初计划安排有所收缩，但其销售收入仍然相对上年增长了约 10%。上海新沪玻璃厂 1997 年生产发展较快，全年生产各类玻璃制品 941t，工业总产值年增长率高达

61.8%，其销售收入亦有所增加。而且，这两个厂还将光学玻璃、石英玻璃等出口韩国、日本、美国和香港等地，取得了出口创汇的好成绩。其中，成都光明器材厂1997年创汇达277万美元，上海新沪玻璃厂创汇119.4万美元。目前，成都光明器材厂已成为我国最大的光学玻璃生产基地，1997年工业总产值和销售收入分别达1.36亿元和1.4亿元，利税总额达2 341万元。该厂1997年还获得成都市人民政府授予的“成都市50强企业”和“成都市四好班子”等称号。

科研成果及新产品 1997年全行业承担或完成科学研究与新产品开发项目共92项(含跨年度项目28项)。其中，行业归口单位重庆仪表材料研究所开展科学研究项目45项，按计划完成17项，结转到1998年28项。完成项目的鉴定验收工作全都于1997年12月底前结束。该所在1997年鉴定的项目中，主要有：(1)耐1 300℃高温金属管材推广应用，系国家火炬计划项目，该项目在熔炼、锻打、热穿管等关键工艺技术的研究方面均有较大的突破，使锭→棒成材率由35%提高到70%，棒→管成材率由50%提高到70%，投料→管材成材率由原来的不到20%提高到55%以上。获得了可喜的经济效益，已创产值519万元，使用单位新增产值8 000万元以上，节约外汇74万美元。并且，现场应用表明，利用该合金管材开发出的新型高温铠装热电偶其技术水平居国内领先，达到国外90年代先进水平。该合金管材目前已广泛应用于冶金、机械、化肥、石化、发电等工业部门中的各种超过1 250℃的恶劣工况，寿命长达3～12个月以上，深受用户欢迎。(2)汽车组合仪表用磁性元件项目，在合金的熔炼、拉丝和热处理工艺方面取得了较大的突破，使生产效率和成品率有大幅度提高。其中，大磁环的合格率由30%提高到60%，磁片的合格率由45%提高到60%，FeNi合金锭的成分合格率由50%提高到70%。1997年共生产大磁环、补偿环10万套，小磁环、磁片13万套，产值101万元，经济效益十分显著。用户应用证明，元件性能稳定，其技术水平居国内领先，达到国外同类产品先进水平。(3)舰船大电流保护开关用高强度高导电材料项目，研制成一种新型的高强度高导电合金，用户应用表明，该材料技术性能已满足大电流开关的技术要求，并使其动作敏捷，温升降低、可靠性与寿命提高，已被正式选用。其技术水平居国内领先。(4)大电流保护开关用低电阻率精密漆包合金丝项目，成功地研制出符合舰船大电流保护开关要求的低阻漆包丝，已被军工单位正式选用。其技术水平居国内领先。(5)核反应堆液位测量传感器项目，解决了热电偶与加热元件的铠装技术，保证了液位传感的尺寸和绝缘性能。现场考核表明，该传感器可判断气液界面位置，经核安全局评审，已被选用于200MW供热堆压力容器的液位测量，其技术水平居国内领先。(6)铠装除冰加热材料项目，成功地研制出一种小规格新型铠装加热材料。经用户现场考核，证明该材料已达到某国防工程防冰用大气总温传感器的要求，已被正式选用，可投入批量生产，其技术水平居国内领先。

重庆仪表材料研究所还先后获得上级颁发的各种奖励13项。其中，汽车仪表用特殊磁性材料及元件与耐1 300℃高温金属保护管材料两个项目，获机械工业部科技进步二等奖，双35工程用CuSn6带材项目与电能表用永磁阻尼件（JB/T7493—94）标准，获机械工业部科技进步三等奖。

1997年元月，机械工业部以机械科［1997］20号文批准以机械工业部重庆仪表材料研究所为依托组建机械工业部仪表功能材料工程研究中心。同时，机械工业部与重庆市人民政府经多次商议，于1997年9月就共建目标、领导体制、参与地方建设等一系列问题达成协议。同年底，机械工业部又以机械科［1997］891号行文，专门就部、市共建“国家仪表功能材料工程技术研究中心”一事，致函国家科委，请求对中心的立项予以支持。

上海合金有限公司坚持科技兴厂，切实加大科研与新产品开发力度，使新品产值率高达50%。1997年他们在科技兴厂方面取得了一系列可喜的成果：(1)银氧化镉电触点材料的研制项目，于1997年11月通过上海市仪电控股（集团）公司组织的鉴定，结论是达到国内90年代先进水平。(2)汽车火花塞电极专用合金材料项目已如期完成并通过鉴定。(3)完成了4J29合金材料的工艺攻关，并最终形成了批量生产。(4)松下微波炉磁控管电极生产线项目，当年立项，当年竣工投产，赢得了市场，使公司所属电镀厂在1997年销售额突破500万元，真正走上了自我积累、自我改造、自我发展的道路。(6)把汽车尾气净化装置项目作为企业一号工程，抓紧实施，并以此作为“一厂一品”项目与上级签订了承包协议，落实了责任人、承包方式和进度计划。

四川仪表一厂1997年提出了“以老产品求生存，以开拓新产品求发展，充分利用复合带材引进技术优势”的工作思路。这一年该厂围绕复合带材开展并完成了2项科研与新品开发项目，即：(1)贵/廉金属面复合轧制技术的研究项目，通过重庆市科委组织的科学技术成果鉴定，并荣获重庆市人民政府颁发的重庆市科技进步二等奖；(2)贵/廉金属复合带材国家级火炬计划项目已按计划如期完成，可望于1998年进行鉴定。

沈阳合金股份有限公司1997年取得了以下成绩：(1)完成了高强度耐蚀合金棒K-500的工艺改进项目；(2)参加了沈阳市科学技术委员会组织的1997～1998年度科技联合攻关；(3)彩色显像管用发泡镍线的开发项目，已完成了第一期和第二期工程的全部实验研究工作，第三期工程正在继续实施之中。其中，第一期工程已获沈阳市人民政府颁发的新产品开发二等奖。

四川仪表十七厂1997年完成了2项科研任务，一项是核电1E级直浸式电加热器，该加热器系用于核能研究机构的科研、设计和试验，是核堆稳压器的关键部件之一。其使用寿命大于10 000小时，满功率开断次数为 5 000 次。该项目已通过由中国核动力研究院组织的科学技术鉴定，后获得川仪股份有限责任公司颁发的科技进步二等奖。另一项是电站用热电偶热电阻，其用途主要是用于电站蒸气管道及锅炉的温度测量。其结构有五种不同的型式。已广泛应用于各发电厂，并配套出口巴基斯坦、伊朗等国。该产品已被西南、中南、西北等数家电力设计院认可，并获川仪股份有限责任公司颁发的科技进步三等奖。此外，1997 年该厂还完成了 2 项新产品开发项目，一项是光柱显示一体化电接点双金属温度计，另一项是高温、高压、隔爆式热电偶。后者已显示出有较高的实用价值和广阔的市场前景。

天津德塔控制系统有限公司 1997 年完成的新产品开发项目有：(1) 五种新型控制电缆；(2) 10kV 复合绝缘铝芯力缆；(3) 450/750V 与 450V 以下的铝芯塑料电缆；(4) 钛过滤材料；(5) 超塑产品。上述新品项目的完成，为 1998 年企业的持续发展奠定了基础。

以天长市仪表厂为核心的安徽天康集团，1997 年完成了光纤电缆综合接头盒的新品开发项目，并通过了邮电部、铁道部组织的技术鉴定。该成果已应用于我国京九铁路等国家重点建设工程中，获得好评。与此同时，防爆 CT5 也顺利地通过了国家防爆站的隔爆性能试验，并取得了防爆证书。此外，天长仪表厂还连续研制开发了抽芯式、远传式以及万向电接点式温度计，使双金属产品逐步形成系列化。

常州市特种电缆厂 1997 年取得了隔氧层不燃电缆、低烟低卤、无卤特种电缆和泄漏电缆的研制 3 项科研成果。与此同时，该厂还通过引进技术和工艺创新，成功地开发了低烟低卤阻燃交联聚烯烃绝缘电缆、隔氧不燃电缆、泄漏电缆和低烟无卤阻燃电缆四种新型电缆产品，适应和满足了市场的需求，取得了可观的经济效益和较好的社会效益。

四川仪表十九厂 1997 年完成了出口仪表用配套磁钢的研究与试制项目。该成果达到如下技术水平：Br 为 1 276～1 288mT，Hc51.55～53.45kA/m，(B、H) max为 41.12～43.37kJ/m^3。1997 年 9 月这一项目通过重庆市经委组织的科学技术鉴定，获得好评。

上海磁钢厂 1997 年承担并完成了新型车用磁钢和计算机用磁钢的研制项目，成果于 1997 年 6 月通过上海仪电控股（集团）公司组织的技术鉴定。结论为“达到国内先进水平”。

杭州永磁集团 1997 年承接并完成了杭州市火炬计划项目烧结钐钴 (SmCo) 永磁体生产线的设计、安装与运行。该项目总投资 620 万元，年生产能力为 30t。

沈阳星光北方工业陶瓷有限公司承担的高铝质热电偶保护管开发项目，于 1997 年完成并通过鉴定，年底前又被沈阳市质量管理协会授予 1997 沈阳市用户满意产品称号。

天津市自动化仪表八厂 1997 年取得了关于 TC 系列热电偶与 RT 系列热电阻的两项新产品开发成果，并获得上级有关部门奖励。同时上述两个系列新产品还获得了 9 项国家专利。

上海新沪玻璃厂 1997 年紧紧围绕重点产品的技术改造和老产品的质量提高，实施并完成了一系列的科研与新品开发项目：(1) 石英玻璃光源管连熔生产线的规模扩大；(2) 光学玻璃瓷铂连熔生产线的建设；(3) 掺杂石英玻璃管材的研制（军工科研项目）；(4) 石英玻璃坩埚电弧法生产线的设计与安装；(5) 光学玻璃饰品细棒料生产新工艺的研究；(6) La 系玻璃生产规模的扩大（由 15L 扩大到 20L）及 La 系玻璃二次成型的研究等。其中，项目 (1) 中的 4 台石英玻璃光源管连熔炉已正式投入生产运行，产品质量稳步提高，优等品率大大超过考核指标，形成了优质、高产、低成本的石英连熔管的规模经济；光学玻璃饰品细棒料生产新工艺的试制成功，既填补了该项生产工艺的空白，又实现了光学玻璃细棒料生产规格的系列化。

作为我国最大的光学玻璃生产基地的成都光明器材厂 1997 年自筹资金确立并完成了多项新产品开发项目，其中 K 类与 F 类玻璃生产线的技术改造和产品质量升级 2 个项目，效果显著，引人注目。

质量及质量管理 1997 年仪表材料行业归口所和全行业各厂家坚持“面向用户、综合治理、重在机制”的方针，重点抓了以下八方面的工作：第一、通过广泛开发各种群众性的质量活动，大力加强对全员的质量意识和质量观念教育。其目的是要使全体职工逐步形成并牢固树立“质量第一”、“质量是企业的生命”的质量意识；同时大大强化他们的 QSTC 综合质量观念，即：本着为用户服务、对用户负责、让用户满意的宗旨，为他们提供优异的实物质量 (Q)，给予良好的服务 (S)，保证按需及时交货 (T)，并有合理的性能价格比 (C)。第二，采取强有力的措施，落实所长、厂长、经理质量责任制，这是强化质管工作的首要举措。第三、强化“科技是第一生产力”的意识，坚持科技兴业，注重增强开发能力，着力提高企业的设计、制造水平和产品的技术含量。第四，加强 ISO9000 国际标准的贯彻实施，深入开展全面质量管理，建立健全质量保证体系，把强化企业的质量管理落到实处。第五，认真提高服务质量，向用户提供尽善尽美的服务。建立售前、售后服务的各项规章制度，跟踪用户，跟踪市场。第六，紧紧围绕“争创名牌产品”的工作，进一步完善生产和销售的各个环节，大幅度地提高产品的综合质量。第七，大力推行质量保证承诺的自律性活动。第八，鼓励“揭短”，敢于“曝光”，主动争取社会和政府对本企业产品质量的监督。

1997 年 6 月，全行业厂长会议在天津举行，行业协会标准质量部负责人代表协会作了以“三大战役”为中心，提高产品质量，强化标准实施，为振兴仪表材料行业作贡献的专题报告；同时，他还代表机械工业部仪表材料产品质量监督检测中心作了 1996 年产品质量工作总结，并通报了 1996 年热电偶补偿导线质量调查结果。会上，通过了 1997 年产品质量调查计划。

根据天津厂长会议的精神，1997年机械工业部仪表材料产品质量监督检测中心派出调查组，对本行业7个铠装热电偶材料生产厂的生产必备条件、执行标准情况和产品质量存在的问题等，进行了考察和调查，并在完全自愿的原则下对这7个生产厂生产的K型铠装热电偶随机抽样13组，进行了全性能试验。试验结果表明，13组样品全部合格，其中7组达优等品技术指标。

遵照机械工业部科技与质量监督司下达的《关于1997年机械工业优等品评定计划的通知》的精神，质检中心组成了优等品评审工作组，并于1997年8月对上海磁钢厂申请优等品评定的铸造铝镍钴合金LNG60、铸造铝镍合金LNG10和铸造铝镍钴合金LNG37进行了随机抽样检测，并检查工厂生产条件。因该厂准备不足，检查未获通过，限令整改，10月份再次检查获得通过。随后，质检中心对所抽样品进行全性能试验与等级评定，结果表明，上述三种产品均达到优等品技术指标。

受上海市仪表局的委托，质检中心对上海合金有限公司生产的C30WF杜美丝、Ni80Cr20、6J12、6J40、K型偶丝、KC、SC、KX、TX、EX热电偶用补偿导线合金丝S、B型贵金属偶丝与W1.385电阻温度计用铂丝共13种产品进行了随机抽样和全性能试验，其结果有12种产品达到一等品技术指标。

1997年机械工业部编制的“1997～1998年度机械工业创名牌产品品种目录”中，本行业的热电偶材料、电线电缆及电工合金等产品列入1998年度机械工业创名牌产品计划。

在继1995年1月天津德塔控制系统有限公司在国内率先取得荷兰DNV组织颁发的ISO9001质量体系认证证书、1996年天长市仪表厂取得中国商检质量认证中心颁发的ISO9000注册证书、江苏华宇电缆厂生产的PVC电缆料系列产品通过ISO9000质量体系认证，并获得北京兴国环球质量认证中心签发的认证证书之后，1997年仪表材料行业又有4个企业相继通过了ISO9000质量体系认证。即：天津市电线总厂获得了荷兰DNV组织颁发的ISO9002质量体系认证证书，同年12月他们还获得了机械工业部颁发的关于型号为YTVT（P）和YTVV（P）的聚氯乙烯绝缘和扩套电梯电缆的生产许可证；常州特种电缆厂于1997年8月获得国际质量认证组织颁发的ISO9000质量体系认证证书；常州日新电缆有限公司生产的电线电缆产品也在1997年11月通过了GB/T 19001（ISO9001）国际标准验收，且获中国方圆标志认证委员会质量认证中心颁发的认证证书；安徽新星电缆股份有限公司在当年也顺利通过了关于国际标准的贯标审查工作，并获质量体系认证机构颁发的ISO9002认证证书。

四川仪表十九厂质量管理人员和科技人员长期以来坚持深入现场，及时解决各生产环节中出现的质量问题；同时经常与车间职工一道，联合攻关，突破难点。因此，产品成品率大大提高，Ⅱ、Ⅴ、Ⅷ类磁钢的合格率由1996年的82.30%提高到1997年的88.04%。

重庆仪表材料研究所系行业归口单位，1997年，全所上下一致、紧密配合，狠抓“1234”项目，使质管工作出现了可喜的新局面。所谓“1234”项目是指：落实一个责任制——所长质量责任制。强化两个机构——仪表材料质检中心与质量工艺处。抓紧三部分人的教育——重点抓好对领导干部、科技人员和工人骨干的质量意识和QSTC综合质量观念的教育。做好四件事情——（1）进一步完善《重庆仪表材料研究所关于打好“产品质量翻身战役”的实施方案》，并加大其实施力度；（2）办好定期出版的《质量简报》，在全体职工中广泛开展关于质量工作的方针、政策、法律与法规的宣传教育活动；（3）制订质量经济责任制，重新修订《质量管理条例》和《质量奖惩条例》；（4）注重提高质管人员的思想业务素质，如组织专职质管人员参加国家技术监督协会和国家质量管理协会举办的有关学习班、研讨班等。

管理及改革 中国仪器仪表行业协会仪表材料行业分会第一届三次会员代表大会（即行业厂长年会）于1997年6月11～14日在天津召开。会议的中心议题是：仪表材料行业如何落实机械工业部关于打好“三大战役”的战略部署，打好自家的“阵地战”。会上，会长萧庆赞同志作了《仪表材料行业分会1997年度工作总结》报告，并结合行业特点提出了本行业打好“三大战役”的部署意见。会议认真讨论了本行业各厂家如何争创名牌产品，争当明星企业的问题，决定将S型贵金属热电偶丝材、铠装热电偶、补偿导线和铸造铝镍钴永磁合金等4种量大面广、质量稳定、有一定实力的产品申报部级名牌产品，并责成秘书处调查研究、组织实施。

鉴于国内铠装热电偶材料的生产能力（约1 300km）已大大超过实际需求，市场竞争激烈，企业相互压价，销售价格混乱，影响企业效益，为此，分会组织有关厂家，于1997年3月在杭州召开了“铠装热电偶材料产品价格协调会”，签订了价格协调协议，遏制了不良倾向。为了提高产品质量，在同一会议上，还成立了关于《铠装热电偶材料及其试验方法》与《贵金属热电偶材料》两项行业标准的起草工作组，组长单位为重庆仪表材料研究所，成员单位由沈阳合金股份有限公司等7个单位组成。

1997年，分会标准质量部配合部仪表材料产品质量监督检测中心对仪表材料行业的80项行业标准和行业内部标准进行了复审。其中，确认24项，修订15项，修改41项。

机械工业部仪表功能材料标准化技术委员会成立大会暨第一届第一次全体委员会议于1997年9月21～24日在重庆举行。标委会挂靠在重庆仪表材料研究所，由该所副所长赵光明同志任主任委员。会议审查通过了标委会的有关文件；并审查通过了8项热电偶丝国家标准送审稿。标委会认为，这8项标准是我国全面贯彻ITS-90国际温标的几项最重要的标准，因在其起草或修订的过程中采用了IEC最新标准，做到了与国际标准同步、接轨，故具有先进性、科学性和经济合理性，达到了90年代国际同类标准水平。这8项标准（送审稿）是：(1) 铂铑10-铂热电偶丝；(2) 铂铑13-铂热电偶丝；(3) 铂铑30-铂铑6热电偶丝；(4) 镍铬-镍硅热电偶丝；(5) 镍铬-铜镍热电偶丝；(6) 铁-铜镍热电偶丝；(7) 铜-铜镍热电偶丝；(8) 镍铬硅-镍硅热电偶丝。

中国仪器仪表学会仪表材料学会第三届理事会暨《功能材料》期刊第四届编委会会议，于1997年6月15～17日在天津举行。来自机械工业部、中科院、国家教委、冶金工业部、电子工业部、航天和航空工业总公司等的38个单位的领导、专家、教授、学者共50余名出席了会议。会议选举王润为理事长；萧庆赞、赵大伟、马莒生、杨大智、陈伯滋、何喜森、傅旭为副理事长。理事会任命赵光明为秘书长；张德武、张正义为副秘书长。与会成员认真审议了二届理事会的工作总结和《功能材料》编辑部的工作汇报；并详细讨论、研究了学会与编委会今后的工作。

应仪表材料学会副理事长，大连理工大学杨大智教授的邀请，美国佛罗里达州立大学吴光熙教授在沪出席了“中国材料研讨会”后，于1997年10月31日专程赴重庆仪表材料研究所作了题为《场诱导形状记忆合金》的学术报告。吴教授详细介绍了他正从事的关于“电场、磁场对形状记忆合金性能的影响”这一方面研究之最新成果。杨大智教授作了题为《智能材料的研究与发展》的学术报告，论述了智能材料的三大基本要素及其研究前沿的发展动向。

1997年仪器仪表材料行业各单位均进一步加大了改革的力度。例如，重庆仪表材料研究所为适应市场经济，促进科研、生产上台阶、上规模、上水平，完善了技术经济责任制，制订了《1997年技术经济责任条例》，对一线部门实行了技术、经济责任制，所长与一线部门签订了技术经济责任合同书，并根据责任指标的完成与实现利润的情况计算奖金；同时，与中层以上干部签订并颁发了聘书，把责任落到实处。对二线部门，一部分在精简人员编制的基础上实行经费预算控制；另一部分则在定编定员的基础上实行差额补贴。此外，为加强各部门的经济核算，该所继续实行内部银行制度；1997年，为进一步准确核算科研成果，还对每个科研课题增设了内部银行帐号进行单独核算。这一切，对于紧缩开支，加强成本控制，合理使用资金及科研项目管理改革的进一步深化等起了重要作用。

天津德塔控制系统有限公司1997年具体抓了以下五项工作：一是加速推进以股份制为核心的公司管理体制的改造；二是以集团化经营为基本战略，在不断完善自我的基础上，走产业化与资本运营相结合的道路，使企业沿着规模经济的方向发展；三是进一步依靠高科技，开发新产品，从而有效地增强了企业的发展后劲；四是加大企业管理力度，着力提高管理水平，始终强调科学管理与管理创新；五是坚持以质量求生存，以质量求效益、以质量求发展、以质量求胜利的根本方针，全力确保产品质量。

上海合金厂是仪表材料行业生产仪器仪表用合金材料的骨干企业。近几年来生产稳步发展。1996年该厂因故步入低谷，随后及时更换了领导班子，并进行了全面恢复性整顿，接着于1996年底～1997年初改制组建了上海合金有限公司。以后秩序井然，局势稳定，进一步深化了现代企业制度的改革，在企业因故受挫、市场竞争激烈的严峻形势下，仍然使生产保持了持续发展的势态。

沈阳合金股份有限公司是仪表材料行业唯一上市的股份有限公司，隶属沈阳市冶金局，属国家大二型企业。近几年来，该公司一直运转正常，且保持较好的经济效益。为进一步对企业所有制形式进行有益的探索，1997年6月，由沈阳市人民政府出面将其拍卖给私营企业主，售价6 000万元。原股份有限公司董事长、总经理等领导班子成员向主管局辞职。公司拍卖后，其名称不变，部份领导被私营企业主聘用。该公司在所有制形式变更后的1997年，仍然取得了工业总产值和销售收入年增长率分别为40.6%和11.2%的好成绩。

天津电工合金厂是仪表材料行业较大的国有企业，曾有600余人，工业总产值近1 000万元。在市场经济的运行中，该厂步履较为艰难。近年，他们加大了改革力度，其具体作法是将企业一分为四，采取多种方式，寻求生存空间，捕捉发展机遇：一是稳住引进生产线，仍然从事接点材料的生产和开发；二是将合金生产线迁至郊区静海县，与当地联合组建天津市电工合金厂二分厂，继续生产电工合金；三是利用原来生产合金的厂房与其他单位共同兴办钢铁市场；四是组建各种商贸、服务公司，发展第三产业。

萧山磁钢厂于1996年底按《公司法》的规定改组为有限责任公司，并更名为杭州永磁集团有限公司；1997年初，又以其为母企业，组建了杭州永磁集团。集团具有“核心、紧密层、半紧密层和协作层”的结构。具体地说，集团由母企业（杭州永磁集团有限公司）、子企业（5个控股企业）、参股企业（2个参股企业）和协作企业（4个有契约协作关系的企业）四个层次，12个企业组成。集团有限公司依法设立股东会、董事会、监事会和总经理。建立资产所有权与企业法人财产权相互分离的管理模式，以适应现代企业的管理体制。集团有限公司与各成员企业都是独立的企业法人，实行独立核算，自负盈亏，集团有限公司以其净资产，子企业以其出资额承担有限责任。集团有限公司注册资本为5 000万元。其经营范围包括：制造、加工、经营永磁元器件、电机电器、仪器仪表、电子产品、交通机械、金属材料等。其奋斗目标是：到2000年确保产值超过5亿元，利税超过5 000万元。

舟山市千岛磁钢厂是在原舟山磁钢厂的基础上改制组建的。后者系舟山市定海区乡镇企业局主管的一家乡镇企业。改制方式是：注销原股份制企业，将不动产租赁，动产拍卖给现企业法人，由法人聘请各级管理层领导，并将厂名改为舟山市千岛磁钢厂。改制后，该厂有固定资产约500万元，职工120人，生产的产品仍为铝镍钴系列永磁合金。1997年生产与销售状况不甚理想。目前企业存在的主要问题是资金短缺，货款难以及时回笼。

上海新沪玻璃厂在深化企业改革方面，主要抓了以下两项工作:其一,为充分调动大多数职工的积极性,使企业经济效益与职工个人收入直接挂钩,他们以新的用工分配制度取代传统的基本工资累加的分配形式，显著增加了与效益挂钩的奖励工资的分配额度。其二，加大企业内部改革力度，有效压缩富余人员;同时,充分把握当前企业深化改革的制度与政策保障的有利条件,通过有情操作,积极分流、妥善安置下岗人员。结果该厂1997年末在册职工人数比上年度净减100人左右。从而为企业进一步提高劳动生产率创造了有利条件。

〔撰稿人:机械工业部重庆仪表材料研究所杨亲民〕

〔责任编辑：王亚水〕

量具刃具

〔机械工业部〕

生产发展情况 据对工具行业96个企业的综合统计，1997年全行业共完成工业总产值267 715万元，按可比价格计算，比上年265 600万元增加0.8%;全行业按工业增加值计算的平均劳动生产率为10 626元/人，比上年的10 615元/人略有提高。1997年工具行业仍有部分企业特别是部分国营大中型企业在市场竞争中举步维艰,没有走出低谷,经济效益持续低迷。1997年全行业共亏损10 443万元。

工具行业23个部属骨干重点企业1997年共完成工业总产值124 472万元，完成工业销售产值116 550万元,完成工业增加值51 412万元，按可比口径计算,分别比上年减少11.6%、13.0%和11%;23个骨干重点企业共亏损5 306万元，占全行业亏损额的50.8%。1997年23个企业共生产切削刀具类产品15 604万件，生产量具量仪类产品224.6万件，分别比上年减少5.4%和8.9%。1997年23个企业共有职工48 046人，比上年减少1 019人；职工工资总额29 006万元，人均年收入6 037元，比上年增加3.6%；平均全员劳动生产率（按工业增加值）为10 701元/人，比1996年下降6.8%。

市场及销售 1997年国内工具市场竞争依然激烈。面对日益发展的市场经济和迅速形成的买方市场，行业多数国有大中型企业努力开拓和扩大国际市场。但由于竞争的无序和不规范,出口产品相互压价情况比上年严重。虽然行业出口产品产量增加约30%，但效益下滑，一定程度上影响了行业和企业的整体利益。

据对工具行业96个企业的统计，1997年行业共销售工具产品44 562万件。其中刃具43 326万件，量具1 232万件，量仪37 508台（套）；行业共完成销售收入241 536万元，比上年同期增加0.8%，平均产品销售率为95.6%，比上年增加1.4%。

1997年工具行业共出口各类工具产品19 110万件，按可比口径比上年增加29.3%，其中刃具出口18 334万件、量具776万件、量仪100台（套）。工具行业出口产品交货值64 801万元，比上年增加10.8%，其中出口刃具39 897万元、量具24 696万元、量仪207万元。行业出口创汇7 807万美元，

表1 1997年量具、刃具主要产品生产、销售、出口情况

序号	产品类别及品种	产量（万件）	产值（万元）	销售量（万件）	销售值（万元）	出口量（万件）	出口值（万元）
一	刃具	43 159.1	129 127.7	43 326.5	150 652.8	18 334.5	39 896.8
1	高速钢刃具	35 467.2	112 127.8	37 365.2	130 787.5	17 910.8	35 752.2
	其中：钻头类	28 217.9	52 388.9	29 546.2	61 731.3	17 826.4	29 313.6
	铣刀类	838.2	13 960.7	983.0	17 237.4	172.0	2 215.5
	丝锥类	3 445.7	14 613.8	3 888.9	17 467.8	798.6	2 621.9
	齿轮刀具	26.7	10 291.7	29.2	12 125.8	2.9	538.8
2	硬质合金刀具	611.4	12 456.9	631.1	14 275.4	391.1	4 046.1
二	量具	1 079.9	45 836.1	1 231.7	42 858.2	775.9	24 696.4
1	卡尺类	286.4	25 052.8	293.5	22 083.8	175.3	14 790.2
	其中：数显卡尺	32.8	8 188.5	29.8	4 848.0	26.4	4 476.2
2	千分尺类	86.0	6 988.4	86.0	6 750.8	52.6	3 806.1
	其中：数显千分尺	0.8	327.3	1.3	301.9	1.3	331.0
3	指示表类	89.1	6 572.1	83.7	6 814.2	44.4	2 653.1
4	块规及量规	592.8	4 790.9	736.7	5 084.8	485.4	2 369.9
三	量仪	3.8	3 637.5	3.7	3 728.5	0.01	207.0

其中刃具 4 807 万美元、量具 2 975 万美元、量仪 25 万美元。

1997 年工具产品主要类别及品种的生产、销售、出口情况详见表 1，产品销售收入前十名和出口产品交货值前十名企业详见表 2、表 3。

表 2　1997 年工具行业产品销售收入前十名企业

序号	企业名称	销售收入（万元）
1	上海工具厂有限公司（本部）	19 823
2	成都成量集团公司	13 876
3	哈尔滨量具刃具厂	11 087
4	哈尔滨第一工具厂	8 553
5	汉江工具厂	7 936
6	上海量具刃具厂	7 864
7	陕西航空硬质合金工具公司	6 183
8	青海工具厂	5 439
9	江苏丹工实业公司	5 204
10	关中工具厂	5 098

表 3　1997 年工具行业产品出口交货值前十名企业

序号	企业名称	出口额（万元）
1	上海工具厂有限公司（本部）	6 810
2	江苏丹工实业公司	4 945
3	陕西航空硬质合金工具公司	4 403
4	成都成量集团公司	3 484
5	无锡工具量具厂	3 220
6	贵航集团西南工具总厂	3 008
7	上海量具刃具厂	2 658
8	嘉兴精工工量具（集团）公司	2 274
9	广陆量具厂	2 042
10	汉江工具厂	1 918

新技术及科研成果　1997 年工具行业共获部、省级科技进步奖 12 项。当年机械工业部成都工具研究所完成了一批重点科研项目：部基本项目汽车齿轮在线检测仪——CZN450，所基金项目新型梳刀材料及 PVD、PCVD 涂层刀片试验、量仪 CAD 等，都取得阶段性进展，为行业重点用户和重点产品提供了进一步的技术保障；完成国家标准项目 13 项。此外，计算机管理网络建立项目将提高成都工具研究所科研生产管理水平。齿轮动态特性检验机和普及型三座标测量机项目获鉴定通过。1997 年成都工具研究所科研成果共获 6 项部省级奖：模块式镗铣类工具系统、刀片断屑槽模具 CAD/CAM 和渐开线齿轮标准获机械工业部科技进步二等奖；拉刀标准、电子塞规标准和农用柴油机专用刀具分获机械工业部和河南省科技进步三等奖。上海刃具厂铝合金型高性能丝锥研究项目通过上海市级鉴定，研制出的高性能（铝合金型）丝锥填补了国内空白，主要用于汽车行业进行高硬度、难加工材料的螺纹切削，具有广泛的市场需求；湖南钻石硬质合金工具公司承担的国家“863”计划子项 HDCT-CIMS 工程于 1997 年 8 月通过国家科委鉴定验收，该工程主要包括异构数据库的信息集成、MRP 产品分解的快速算法、基于特征的刀具 CAD 参数设计系统和刀具设计工艺的自动生成系统。该技术主要用于中小型机械加工企业，目前主要覆盖该公司硬质合金刀具生产线，年创利税 261 万元。天津天门精机公司完成的“八五”国家重点科技攻关项目自动光电瞄准系统的研制已通过鉴定，该项目采用 CCD 光电转换器件用于多功能数控刀具预调仪，可精确地对刀具位置进行自动瞄准并采集数据；哈尔滨量具刃具厂研制成功的圆锥塞规比较仪综合误差≤0.2μm，测量重复性≤0.1μm，解决了行业莫氏量规、7∶24 工具圆锥量规的外圆锥度的技术难题；中原量仪股份有限公司研制的压力式气动量规及配套 A/E 气电型电子量仪达到国内先进水平，广泛应用于精密尺寸检测领域；贵阳工具厂研究的剃前齿轮滚刀 CAD 软件亦获得成功。

新产品

(1) 切削刀具

钻削刀具　青海工具厂开发的轻合金锥柄、直柄麻花钻、轻合金锥柄扩孔钻适合加工轻合金，具有切削锋利、排屑流畅的特点。河南第一工具厂开发的农用柴油机专用刀具通过省级鉴定并列入 1997 年国家重点新产品计划。

铣削刀具　上海工具厂有限公司开发的整体硬质合金印刷板刀具（PCB 刀具）1997 年底通过上海市经委新产品成果鉴定，该产品用于数控钻铣床加工电子工业中印刷电路板上的小孔、键槽以及切割印制板等，经测定和切试，产品技术水平达到国际 90 年代同类产品水平。该公司开发的硬质合金可转位螺旋齿 7∶24 锥柄立铣刀主要用于汽车、机电、冶金、航空等行业采用数控机床切削零件的侧面、凹槽、直角平面，产品水平国内领先。哈尔滨第一工具厂采用 CAD/CAM 技术开发的可转位车钩铣刀提高了切削效率 5 倍，满足了铁路部门的需要。汉江工具厂开发的新结构弧齿锥齿轮铣刀和硬质合金键槽铣刀性能指标达国内领先水平。关中工具厂开发的可转位细齿面铣刀、可转位直角面铣刀切速均达 120～150m/min，每齿进给量 0.15～0.2mm，技术水平处于国内先进水平。山东工具总厂开发的钻夹头夹爪用螺纹铣刀 1997 年底通过山东省级鉴定；镇江三和工具集团公司开发的直柄立铣刀不仅可以进行常规铣削，而且还可钻孔和插入式铣削。哈尔滨量具刃具厂应用可转位面铣刀 CAD/CAM 系统开发的可转位面铣刀主切削刃径向跳动 0.05mm，端刃的端面跳动 0.02mm，支承端面的跳动 0.02mm。该厂开发的玉米铣刀主切削刃的径向圆跳动 0.06mm，端刃的端面跳动 0.05mm，支承槽面的平面度 0.02mm，均达到国内先进水平。

齿轮刀具　哈尔滨第一工具厂开发的不等径减薄齿插齿刀的正常齿、减薄齿交错排列，且外径不等，采用特殊工艺加工，能满足汽车工业的急需。重庆工具厂开发的法向槽修形剃齿刀模数 1.25～4.5mm，提高剃削效率 2～5 倍，广泛应用于轿车工业中修形齿轮的剃削加工。该厂开发的高效率高精度特种滚刀为多槽、多头、加长（均为标准滚刀的2倍左右），能满足高精度滚切的要求。贵阳工具厂还开发了适合加工大模数齿轮的斜齿齿轮梳齿刀。

螺纹刀具 上海刃具厂开发的HSS-CO高性能丝锥用含钴高速钢制造，切削速度可达10m/s，适于生产规模较大的流水线如汽车生产线作业，也适用于高硬度难加工材料的螺纹切削，其切削刃角度及槽型特别适于加工铝合金，各项性能指标均达到国外同类产品水平。天津异型刃具厂开发的磨牙螺旋槽挤压丝锥为部级新产品，其螺纹棱背呈螺旋状分布，提高了精度和寿命，适用于有色金属、不锈钢等材料的深盲孔加工。哈尔滨第一工具厂和青海工具厂也分别开发了多头T型螺纹螺旋槽丝锥和弯柄螺母丝锥。

拉削刀具 哈尔滨第一工具厂开发的粗精复合小径定心渐开线拉刀采用圆孔齿、三角齿、渐开线齿形分段拉削的复合方式，精度和使用寿命均达到国内先进水平。

此外，广州工具厂为一汽—大众汽车刀具国产化项目开发的HSK—液压夹头，采用1：10短圆锥空心柄，锥面端面同时接触，夹持刀具柄部精度h6，对HSK中心圆跳动0.005mm。

（2）**量具量仪**

量具 上海量具刃具厂开发的UL25B大屏幕电子数显百分圆表，示值总误差0.03mm，测量范围0～25mm，示值变动性0.01mm，性能领先国内产品。嘉兴精工工量具（集团）有限公司开发的电机线圈绕组专用卡尺，利用压簧装置保持测力恒定，满足了发电机行业的急需。

量仪 成都工具研究所和汉中精密仪器厂联合研制的石油管螺纹单项参数测量仪可测内外齿高、齿距、锥度等，重复性误差0.005mm，10点累积误差0.01mm。哈尔滨量具刃具厂开发的7001卧式凸轮轴测量仪主要用于测量凸轮轴的各桃形的形面误差、相位误差，定位键槽与各桃形之间的相差误差以及各轴径的跳动等，测量凸轮升程的示值变动性0.004mm。无锡工达股份有限公司开发的MCG-1/ZNG-1（带光柱）内磨主动量仪，具有线性范围宽、线性误差小的特点。北京量具刃具厂和北京工业大学联合研制的多功能形位误差测量仪，径向回转精度0.5μm，可进行数据处理；该厂开发的百分表半自动检查仪不确定度1.2μm，性能均达到国内先进水平。

质量及质量管理 1997年工具行业以实现ISO9000系列标准认证工作为主线，广泛进行质量宣传和培训。成都成量集团公司、重庆工具厂、山东工具总厂、长春量具刃具厂、靖江量具有限公司、上海自动化仪表九厂、江苏飞达工具集团公司等企业通过ISO9000国际质量认证，增强了质量意识和市场竞争能力。首批获的质量体系认证的企业如西南工具总厂、河南第一工具厂等均顺利通过认证中心的年度复审，巩固和扩大了质量管理成果。此外，哈尔滨量具刃具厂、哈尔滨第一工具厂、中原量仪股份有限公司、北京工具厂、广陆量具厂等企业纷纷进行ISO9000标准普及教育，培训企业领导和职工，编制《质量保证手册》等文件，进行工厂质量评审试运作及内审工作，争取尽快实现质量标准认证。

1997年国家刀具质量监督检验测试中心完成了国家技术监督局下达的麻花钻国家监督抽查和建工站统检任务和出口许可证申证检验，审核了18个企业的质量管理必备条件，完成了中心钻、套式立铣刀等8项国家标准的制订和修订，并按部要求完成了刀具标准的复审工作。机械工业部量具量仪产品质量检测中心完成了国家技术监督局下达的指示表（百分表、千分表）产品国家监督抽查，共抽查检测了11个企业的13种产品，完成量具产品出的质量许可证检验18项，批准发放出口许可证14项，归口完成了6项国家和行业标准的制订和修订工作，并组织对行业归口的170项量具量仪标准进行了复审。

基本建设及技术改造 1997年工具行业有一批“九五”技改项目启动，有的已初具成果。有12个企业新建技术改造项目15项，计划投资额4 520万元，其中切削刀具类项目5项，量具量仪类项目4项，热处理及其他配套项目6项。

汉江工具厂“九五”拉削刀具技术改造项目1997年完成投资1 176万元，分别从德国和瑞士引进数控花键磨床和拉刀磨床；哈尔滨量具刃具厂“双加”工程项目——数控刀具和精密量具技术改造1997年完成投资820万元，购置激光刻线机、数控刀具CAD系统等；上海量具刃具厂发展多功能数显量具项目1997年完成投资997万元，新增13万件新颖多功能数显量具；山东工具总厂“双加”工程项目——扩大量具出口专项当年度完成投资948万元，购置设备30台，其中引进设备两台，改建了热处理车间，改善了能源供给条件；太原工具厂汽车刀具生产线技术改造项目计划投资2 900万元，1997年已完成拉刀厂房和硬质合金车间空调间的改造，完成9台设备的购置调试工作；哈尔滨第二工具厂木工刀具技改专项计划投资2 500万元，项目完成后年产硬质合金刨刀片8万片，硬质合金成形铣刀7 200件，新增销售收入3 400万元；重庆工具厂高精度高效率特种滚刀技改项目投资50万美元，引进意大利数控滚刀铲磨机床，预计年产500把汽车工业急用的高精度多头多槽加长滚刀；广陆量具厂扩大电子数显量具出口专项技改项目，计划投资1 150万元，1997年7 500m^{2}厂房已动工并已购置部分设备；长风量刃具厂卡尺生产线技改项目计划投资600万元，1997年完成5万美元，引进激光刻线设备，项目完成后年新增卡尺18万支；靖江量具有限公司增产整体卡尺出口专项技改投资300万元，1997年完成188万元，预计项目完成后新增产值700万元，利税100万元；青海工具厂提高备料工艺水平技改项目1997年实际完成投资216万元，新增设备21台（套）。此外，1997年还有上海工具厂有限公司、常熟量具刃具厂、镇江三和工具有限公司、本溪雄狮有限责任公司（本溪工具厂）、长春量具刃具厂等分别完成了年度技改任务。

1997年工具行业有太原工具厂、渭河精密工模具总厂、长风量刃具厂、北京量具刃具厂、山东工具总厂、重庆工具厂、汉江工具厂等7个企业分别从德国、瑞士、美国、意大利、乌克兰、俄罗斯引进各类量刃具精加工设备17台，折合人民币3 660万元。

管理及改革 1997年继工具行业的骨干重点企业组建成都成量集团公司、哈尔滨工量具（集团）有限责任公司之后，原上海机械工具量具总公司按现代企业制度改制而成的国有独资有限责任公司——上海工具厂有限公司，其成员单位还有上海砂轮厂、上海量具刃具、上海刃具厂、上海机床附件一厂、上海机床附件二厂、上海机床附件六厂和上海组合夹具厂。改制后的上海工具厂有限公司所属8个企业都是国有大中型企业，享有设备存量、土地资源、产品开发、专业生产、规模经营、无形资产等各方面的综合优势，到本世纪末，公司将达到销售额25亿元，利税总额1.2亿元、出口创汇5 000万美元，成为我国工具行业品种第一、产值第一、销售第一、出口第一的现代化大型企业。1997年工具行业中青海量具刃具厂、本溪工具厂、江西量具厂、江苏天工实业公司等均完成了股份制改造，成立了股份有限公司；广陆量具厂改制为股份合作制企业，资产为全体员工所购买，员工成为企业的真正主人；无锡量具刃具厂与模具厂联营，筹建无锡汽车零部件生产基地，探索企业发展新路；汉江工具厂经过多年努力，加入了陕西机床工具集团，增强了企业抗风险能力；贵阳工具厂与贵州省5个大中型企业联合，成立了贵州通力汽车零部件（集团）有限公司。1997年，工具行业有少数企业因为经营不善、连年亏损，资不抵债，走向破产、停业。天津硬质合金工具厂由于连续七年亏损，债务高达18 900万元，资产负债率高达103.6%，于1997年9月宣布破产，进行整体拍卖；哈尔滨第三工具厂由于资不抵债，被振龙集团公司兼并，转产经营石材。

1997年工具行业共有“三资”企业33个，集团公司9个，由工厂改组为公司制的25个（本年度改制的5个），其中股份有限公司7个。

哈尔滨第一工具厂获机械工业部“工艺管理先进企业”称号。

〔撰稿人：机械工业部成都工具研究所胡红兵
审稿人：机械工业部成都工具研究所谢华锟〕
〔责任编辑：王亚水〕

衡　　器

〔中国轻工总会〕

生产发展情况 1997年，我国衡器生产受到销售下降的制约，未能摆脱生产能力过剩、开工不足的困扰。总体上看，产值有所回落，其中工业秤和机械式衡器下降幅度较大。但由于数年来在产品结构调整方面的努力，已见成效，所以在产值下降时仍保持了工业增加值继续上升。

在可比范围内，对120个主要衡器制造企业（均为中国衡器协会会员）的统计，1997年完成工业总产值17.0亿元（按不变价计算），比上年降低2.2%。实现工业增加值6.4亿，比上年增长4.9%。

全年生产各类衡器394.1万台，电子衡器生产比例明显加大，是1997年衡器生产的一个突出特点。商业用衡器产量377.1万台，比上年增加0.5%，其中电子衡器的产值比重为40.0%，产量比重为7.0%，商用电子衡器产量比上年增加4.5个百分点，工业用衡器生产了1.6万台，比上年减少15.8%，其中电子衡器的产值比重为67.0%，产量比重为41.0%，工业电子衡器产量比上年增加3个百分点。

电子衡器产品的增加，不仅改善了行业产品结构，而且带动了我国称重专用控制仪表和称重传感器科研与生产的高速发展。1997年国产称重显示控制器约2万台（套），比上年增加50%。国内生产称重传感器57万只，产值约占行业总产值的1/10，比上年增加30%。详见表1、表2。

表1　1997年中国衡器协会企业主要衡器产品产销存量及电子衡器所占比重

产品类别	产　量（台、套）	产品销售率（%）	销售额所占比重（%）	年末存量比例（%）	电子衡器销售比例	
					销售额（%）	销售量（%）
案秤	1 247 000	97.40	17.89	14.99	68.06	11.34
台秤	2 586 000	96.98	21.28	16.34	13.90	4.54
地上衡	10 000	99.00	24.57	32.04	85.28	41.53
地中衡	2 084	85.60	4.98	56.08	10.00	8.37
料斗秤	963	98.95	3.06	18.90	93.97	76.30
工业吊秤	1 314	75.69	2.87	25.73	100.00	100.00
皮带秤	1 517	98.81	4.80	12.66	100.00	100.00
轨道衡	108	92.59	6.22	64.80	84.05	71.00
称重传感器	574 000	91.80	13.40	10.10	100.00	100.00
称重显示器	20 000	76.50	3.31	26.60	100.00	100.00

表 2　1997 年衡器行业各类产品产量

产品名称	单　　位	产　　量	比上年增长%	产品名称	单　　位	产　　量	比上年增长%
中国轻工总会归口产品产量				中国轻工总会系统内产量			
地上衡	台	13 156	−55.3	地上衡	台	7 201	−4.6
地中衡	台	3 802	−32.4	地中衡	台	2 369	−42.7
轨道衡	台	170	27.8	轨道衡	台	82	15.5
台　秤	万台	788.9	11.7	台　秤	万台	130.0	14.4
案　秤	万台	361.1	23.6	案　秤	万台	28.5	−28.8

市场及销售　由于 1997 年衡器市场购买力下降，特别是工业用户资金紧缺，致使衡器销售受阻。1997 年衡器行业销售收入约 16 亿元，比上年下降 4.2%。商业秤销售量为 363.2 万台，年末库存 60.8 万台，库存量同比增加 20.8%；工业秤销售 1.8 万台，销售额下降 9.0%。

销售排名前 20 名的企业，占全行业销售总额的 7 成以上。见表 3。

表 3　销售收入前二十名企业排序表

企　业　名　称	销售收入（万元）	行业排序	利润总额（万元）	行业排序	利税总额（万元）	行业排序
梅特勒—托利多常州衡器有限公司	15 102	1	2 354	1	3 186	1
济南金钟电子衡器股份有限公司	13 959	2	805	3	1 467	3
上海寺冈电子有限公司	10 683	3	640	4	1 046	4
上海大和衡器有限公司	8 902	4	610	5	1 029	5
中山市石岐衡器厂	8 734	5	1 085	2	1 539	2
天津市衡器公司	7 325	6	350	9	683	8
华普电器实业集团有限公司	7 280	7	496	7	740	7
山东泰山衡器股份有限公司	5 521	8	532	6	779	6
中原电测仪器厂	3 107	9	45	19	363	14
天长市轻工机械厂	2 703	10	14	28	163	21
青岛公平衡器总公司	2 512	11	50	18	138	23
承德市自动化计量仪器厂	2 463	12	−58	80	192	19
常熟衡器工业公司	2 435	13	1	41	263	17
上海衡器总厂	2 320	14	−370	95	347	15
徐州衡器厂	2 315	15	1	46	157	22
太行仪表厂电子衡器分厂	2 242	16	461	8	613	9
郑州电子秤厂	2 235	17	280	10	538	10
上海自动化仪表公司华东电子仪器厂	1 993	18	60	15	250	18
长治市衡器厂	1 702	19	12	33	165	20
深圳杰曼科技有限公司	1 491	20	137	13	304	16

1997 年衡器行业完成利税近 1.3 亿元，盈亏相抵后实现利润总额 2 604 万元，比上年下降 38.1%。其中全部盈利企业的利润合计 8 787.8 万元；亏损企业的亏损额合计 6 183.5 万元，亏损额上升 37.9%，亏损企业面为 43%，比上年增加 11 个百分点。

行业经济效益大幅下滑，主要是生产分散，重复建设，竞争无序，供求差距过大所致。与亏损企业相反，行业利润明显向规模化经营、质量效益型企业倾斜。如行业中利润额前十名的企业利润合计 6 847 万元，占全部盈利企业利润的 78%。再如销售额前 25 名企业的工业增加值合计达 5.9 亿元，占行业合计 80%；销售额合计达 11.7 亿元，占行业销售总额 78%；利税总额合计 1.4 亿元，共上交税金 7 328 万元，占交税总额 73%；利润合计 7 613 万元，占全部盈利的 87%。见表 4。

尽管受到第四季度开始的东南亚金融危机的影响，但衡器出口企业全力以赴，终以 7 453.7 万美元的好成绩保持了持续增长，1997 年出口值比上年增长 17.5%。衡器整机出口数量为 1 982 万台，整机出口值达 6 650.9 万美元，分别增长 5.3%和 18.3%，整机增长率高于衡器零部件增长率，电子衡器的出口比例上升。广东中山石岐衡器厂生产的香山牌商用衡器和 CAMRY 牌家用衡器在国际市场享有较高声誉，销往美国、加拿大、日本等四十多个国家和地区，出口创汇连年居行业之首。1997 年经对外经济贸易合作部批准，取得进出口业务经营权，是衡器行业中首家享有进出口业务经营权的内资企业。见表 5。

衡器进口值为 2 599.9 万美元，与 1996 年相比

表 4　1997 年衡器行业中不同经济类型企业经营情况

企业类型	盈利企业盈利额比例(%)	亏损企业亏损额比例(%)	盈亏相抵实现利润(万元)	零利润单位数(个)	利税总额比例(%)
国有企业	16	73	－3 072	3	7
集体企业	15	24	－165	6	17
股份制企业	15	3	1 178	1	18
合资企业	45	1	3 877	0	46
其他企业	9	0	787	0	11

表 5　出口值在百万元以上的企业

企　业　名　称	出口值(万元)
广东中山石岐衡器厂	8 366.8
上海寺冈电子有限公司	6 407.0
梅特勒—托利多常州衡器公司	1 779.8
上海大和衡器有限公司	639.8
济南金钟电子衡器股份有限公司	628.0
广东兴宁衡器厂	561.9
承德自动化仪器仪表厂	441.9
广州衡器厂	431.6
山东泰山衡器股份有限公司	299.3
余姚太平洋自控工程公司	229.4
营口仪器三厂	164.6
无锡衡器厂	141.5

有所收缩。其中天平进口占全部衡器进口值的13.5%。

新产品　1997 年衡器行业新产品的特点是向技术深度进军,新成果的技术难度加大。济南金钟电子衡器股份有限公司在称重仪表和传感器密封特性方面获得双突破：该公司研制的 CZL-YB 全密封柱式称重传感器，已顺利通过了国家级检测中心——机械工业部船用电器设备试验站所做的产品工业防护等级试验，防尘与防水性能完全达到 GB4208 规定的 IP67 等级的各项要求；XK3102 称重显示器也于 1997 年 11 月通过山东省省级火炬计划验收。宜兴申大科技实业有限公司用了两年多时间，研制出了可在 250℃高温下使用的称重传感器，标志着掌握了适于恶劣环境条件下称重传感器生产技术和工艺。

哈尔滨杰曼公司看准定量包装秤的市场前景，集中科技力量和资金,开发多量程定量包装秤,抢占饲料行业称重市场,取得良好成效。广东省顺德华普电子集团公司,开发了技术含量高的分选秤,检验范围从 5kg 至 100kg，准确度已达到 0.02 级，很受用户欢迎。由上海重型机总厂等单位研制的称量给煤机解决了火力发电厂给煤计量控制问题，完成了电厂给煤成套设备国产化,可以为国家节约大量外汇,该项目荣获国家优秀科研成果二等奖。上海大和衡器有限公司开发的 ACS-P 系列条形码标签打印计价秤,采用高密度热敏头,可以快速、清晰地打印多种规格的标签,很适宜中国商店使用,且具有网络功能，最多可连接 16 台秤，使 PLU 统计数据共享，便于连锁店的集中统一管理。

质量及质量管理　在衡器行业中，经过近五年的努力,已经有梅特勒—托利多常州衡器有限公司、山东泰山衡器股份有限公司、济南金钟电子衡器股份有限公司、上海实业衡器公司、上海大和衡器有限公司、宜兴申大科技实业公司、郑州电子秤厂、航空总公司中原电测仪器厂、太行仪表厂 9 个企业顺利通过了 ISO9000 系列质量体系认证。

1997 年 6 月，中国衡器协会召开了全国衡器专家委员会换届会议,确定了专家委员会的 6 项任务：①研究行业技术发展方向，提供关于科技政策方面的建议;②提供衡器重大科研、引进项目可行性分析和科技成果评审意见;③推广国内外先进技术;④提供保证产品质量和改进产品质量的意见；⑤为企业提供质量、技术咨询服务；⑥组织学术交流活动。

1997 年全国衡器专家会以称重传感器的质量、技术现状与发展为主题进行了研讨，引起有关方面的重视。1997 年 7 月，新华社又以“采取措施促进称重传感器工业健康发展”为题，在《国内动态清样》第 2071 期上，全文刊登了中国衡器专家会议意见，在意见的最后部分指出:“为促进中国称重传感器工业的健康发展，专家们在总结以往经验的基础上提出,把提高称重传感器的技术水平、可靠性和产业化程度列为发展目标,并提出了四点具体建议:①国家有关部门要切实加强行业管理，各地不要再铺新摊子,上新的称重传感器生产项目。②以国家“抓大放小”,“三改一加强”的产业政策的为指导，在现有称重传感器生产企业基础上,扶优弃劣;限制低技术水平产品的膨胀，改变低水平无序竞争损害国内同行业的不利局面。③研究企业重组的方式方法,鼓励和支持以优势企业为主体的企业联合与并购，鼓励和支持优势企业参与基础研究和应用技术研究。以优势企业的技术进步带动行业的技术进步。扭转长期以来科研与生产脱节，科研与市场脱节的失常现象。④积极地、有计划地开展与国际市场接轨的各项工作,树立中国知名品牌。近期内使行业整体水平迅速接近国际水平。远期来讲,中国衡器行业的出路在于跻身国际竞争大舞台。”上述意见，不仅对称重传感器的发展具有指导意义，而且适用于整个衡器工业的发展，对提高现有衡器企业素质和衡器产品质量，以中国名牌衡器开拓国际市场等都有很强的针对性。

对外合作　1997 年 6 月 24 日至 7 月 9 日，应美国国际称重计量协会主席鲍勃先生的邀请，中国衡器协会组织访美代表团对美国进行了考察访问。访问期间，代表团参观了1997年度美国国际称重与计量展览会。这是世界上三大国际衡器展览之一，也是历史最久、规模最大的专业性国际展。在参观中，代表们与部分美国公司进行了技术交流，详细了解了衡器现代技术的发展。之后，代表们考察了以生产称重传感器为主的TEDEA公司、以生产称重仪表为主的EATON公司和以称重系统开发为主的COMPUWEIGH公司，目睹了美国工厂内先进的生产工艺，严密的生产流程和测试方法，感受了外国企业严格的科学生产管理，使大家开阔了眼界，更新了观念。

在加强经济技术合作的基础上，美国GSE公司于1997年3月专程来华举办产品发布会，带来该公司新开发的系列称重显示控制仪表，进行现场演示与操作解答。德国HBM公司于1997年11月在中国苏州开设了独资企业，目前阶段以生产电阻应变计为主。

管理及改革　1997年上半年，济南金钟公司为了达到低成本快速扩张，提高市场占有率，实现公司集团化的目标，对山东省平邑县衡器厂进行了收购兼并。有力地把金钟公司的技术、品牌优势和平邑厂的土地、劳动力和当地政策等有利条件组合起来。各个企业的改革也在加大力度，先后有青岛市公平衡器公司、荆州市衡器厂、金华市衡器厂、宝鸡仪表厂等按照《公司法》分别组建成青岛市公平衡器总公司、荆州市星星衡器有限公司、金华市金龙衡器有限公司、宝鸡仪表衡器（集团）有限责任公司。企业制度在改革中发生了变化，生产经营出现了活力。比较突出的像余姚太平洋自控工程公司，在改革中走出"三步棋"，运用现代企业制度的思路和方法，筹划大发展的方向，变单项改革为配套的、全面的改革，提高了企业自我发展的能力，企业取得实质性变化，实现利润跃居行业前茅。

经中国衡器协会推荐，广东省中山石岐衡器厂、山东省泰山衡器股份有限公司、山东省鲁南衡达集团公司被中国轻工总会列入重点支持的200个轻工集体大中型企业名单。中国轻工总会决定与这200个企业建立联系制度，加强对其改革和发展上的指导，并给予相关的优惠政策。

由中国衡器协会主办的两年一届的中国国际衡器展览会，于1997年9月22日～25日在北京举行。展览会共设展位130多个，是衡器行业规模空前的一次成就展。日本、美国、韩国、德国和台湾省的衡器行业协会派出了代表团前来参展参观。在展览会同期，还组织了技术讲座，由德国HBM、美国STS等公司和国内著名衡器生产企业及软件开发公司等单位讲解并演示了各自的拿手产品。在本次展览会上，传统的机械衡器制造厂已很少见，而各类电子衡器及其配套产品的参展厂家极为活跃，完全反映出当前衡器市场的主流。参展的称重传感器展商42个，不仅数量上达历史最高，而且品种出新，除传统的电阻应变式称重传感器外，还展出了用于电子天平的振弦式传感器和用于电子计价秤的石英晶体谐振式传感器。控制显示仪表展商32个，电子汽车衡展商35个，有29个生产厂展出了专用衡器。展品的技术档次、工业设计、工艺改进都超过国内历届衡器展。

〔撰稿人：中国衡器协会曹立平　审稿人：中国衡器协会严　龙〕

〔责任编辑：王亚水〕

电影机械

〔机械工业部〕

生产发展情况　1997年电影机械行业继续调整产品结构，扩大经营范围，内抓管理，外抓市场，加大改造、改组、改制力度，连续多年来出现的滑坡现象有所改善，整个经济形势朝着好的方向发展，有些企业已摆脱困境，效益较好。

根据统计：1997年全国电影机械行业共有生产企业13个，固定资产17 935万元，工业总产值（不变价）19 696万元，工业销售收入15 097.3万元，实现利润－2 377.2万元，上缴利税2 012万元。又据全行业10个主要企业1997年统计资料，主要产品产量达258万台（套、只）其中电影、电教设备的产品产量占主要产品产量和产值的29%和34%。

1997年部分重点企业的生产情况：南京电影机械厂工业生产比上年有一定的发展，主要经济指标都有一定的提高。1997年该厂工业总产值为5 338万元，比上年增长9.6%。生产投影器59 092台，比上年增长16%；生产16mm放映机2 335台，比上年增长10%；全年实现利税345万元，比上年增长9%。上海八一精密机械有限公司（原上海八一电影机械厂）工业总产值达6 416万元，比上年增长2.95%。生产35mm移动放映机700台，比上年减少500台，其产值占总产值的17%；生产彩扩设备259台，生产彩色放大机612台，两项产值占总产值的50%以上。山东电影机械厂生产形势较好，工业总产值达8 639万元，比上年增长43.8%；生产办公设备系列产品8 130台，产值占总产值的45.2%；生产发电机系列产品1 779台，产值占总产值的12.4%。河北五洲集团有限公司（原保定电影机械厂）生产系列台式电动工具1 112 927台，产值达18 790万元，比上年增长9%。哈尔滨电影机械厂工业总产值5 670万元，比上年下降27%。生产台式、立式点钞机1 259台，产值占总产值的13.3%；生产35mm固定式放映机732台，产值占总产值的16.8%。甘肃光学仪器工业公司虽然仍然亏损，但经过转产、开发新产品以及调整结构等多方努力，已经遏制了经济效益继续下滑的势头，某些产品的产量比上年略有增长，生产16mm放映机762台，生产投影器13 402台，生产各种镜头1 343 100只，工业总产值达6 436万元，比上年增长39.8%。天津中环影像设备公司总产值380万元，比上年下降5%，其主要生产的电影放映机产值占总产值的66%。上海申贝速印机厂总产值931万元，比上年增长1%，生产各种速印机11 850台，其产值占总产值的90%以上。天津绘图机厂工业总产值88万元，比上年下降92%，生产导轨式绘图机357台。郑州照相机厂工业总产值981万元，比上年下降54%，生产投影器18 963台。详见表1。

表1 1997年主要企业基本情况

企业名称	职工人数	工业总产值（万元）		工业销售收入（万元）	出口创汇（万美元）	实现利润（万元）	上缴税金（万元）	劳动生产率（元/人）
		当年价	不变价					
南京电影机械厂	1 896	4 379	5 338	4 610	59.1	7	338	9 400
上海八一精密机械有限公司	1 364	6 800	6 416	4 500	13.1	63	186	62 000
山东电影机械厂	702	7 254	8 639	8 178	0	373	447	12 000
哈尔滨电影机械厂	1 878	5 212	5 670	5 008	73.9	−999	99	30 000
甘肃光学仪器工业公司	3 252	6 428	6 436	5 265	164.1	−1 550	215	6 000
河北五洲集团有限公司	1 400	12 500	18 790	12 608	1 470	52	479	18 000
天津绘图机厂	325	88	88	105	0	−29	8	8 000
上海申贝速印机厂	166	1 281	931	1 197	11.7	−65	44	28 000
郑州照相机厂	901	954	981	920	374	0	1	8 000
天津中环影像设备公司	942	385	380	244	14.1	−20	4	6 200
合计	12 826	45 281	53 719	42 635	2 180	−2 169	1 821	18 760

表2 1997年主要产品产、销量及出口情况

产品名称	生产		销售		出口	
	产量（台、套、只）	产值（万元）	销售（台、套、只）	金额（万元）	数量（台、套、只）	创汇（万美元）
35mm固定式电影放映机	856	1 332	716	1 072	117	36.2
35mm移动式电影放映机	702	1 158	874	1 442	116	22.5
16mm放映机	3 097	1 086	3 111	1 180	2	0.2
各种镜头	1 353 201	1 570	1 352 478	1 559	1 343 100	163.4
发电机组	1 779	1 073	2 037	1 163		
投影器	91 458	4 446	83 333	4 243	14 907	127.6
幻灯机	949	32	1 003	34		
点钞机等银行办公机具	1 258	756	1 710	1 034	531	51.7
速印机	11 850	842	11 138	1 608	738	11.7
导轨式绘图机	357	81	426	105		
系列台式电动工具	1 112 927	18 790	746 769	12 608	728 059	1 470
合计	2 578 434	31 166	2 203 595	26 048	2 087 570	1 883.4

市场及销售 据对全行业10个主要企业的统计，1997年电影机械行业主要产品销售量为220万台（套、只），产销率达85%，工业销售收入26 047万元。销售和出口情况详见表2。其中电影、电教设备的产品销量为11万台（套、只），销售收入10 692万元，约占工业销售总额的41%。

1997年部分重点企业的主要产品销售情况：南京电影机械厂销售电影放映机2 520套，投影器59 405台，幻灯机1 003台，各种镜头9 378只。上海八一精密机械有限公司销售电影放映机874套，彩扩设备259台，彩色放大机421台，冲卷设备283台。山东电影机械厂销售汽油发电机系列产品2 037台，销售办公机械系列产品7 470台。河北五洲集团有限公司销售系列台式电动工具746 769台。哈尔滨电影机械厂销售35mm固定式放映机636套，立式点钞机1 710，彩扩设备16台。甘肃光学仪器工业公司销售16mm放映机519套，投影器6 221台，电影镜头150只。天津中环影像设备公司销售电影放映机80套。上海申贝速印机厂销售速印机11 335台。天津绘图机厂销售导轨式绘图机426台。郑州照相机厂销售投影器17 662台。

在出口创汇方面，由于受到东南亚金融风暴的影响，有些产品出口有所减少。据主要企业的调查统计，出口创汇额1 883万美元，比上年下降了4%。其中电影机械行业产品出口量1 235台（套、只），出口创汇158万美元。

1997年部分重点企业出口创汇情况：南京电影机械厂出口投影器6 828台，出口幻灯机1 046台，整个电教设备共创汇59.14万美元。上海八一精密机械有限公司出口35mm电影放映机115台，创汇

13.56万美元。河北五洲集团有限公司出口系列台式电动工具728 059台，创汇1 470万美元，出口额占产值的97%。哈尔滨电影机械厂出口电影放映机80套，出口镜头240只、点钞机（立式与卧式）531台，创汇114.9万美元。甘肃光学仪器工业公司出口放映机2台、投影器606台、各种镜头1 343 100只，共创汇164.09万美元。郑州照相机械厂出口投影器6 427台，创汇68万美元。上海申贝速印机厂出口各种速印机738台，创汇11.7万美元。天津中环影像设备公司出口放映机37台，创汇14.1万美元。

科研成果及新产品 秦皇岛视听机械研究所和电影资料馆合作完成了电影胶片扫描仪的研制。该课题采用最新的计算机图像存贮和修复技术，对受损后的珍贵原始影片进行画面修复，并通过磁转胶等先进工艺重新拷贝成新的影像资料。该所研制的JHQ-70/10P和JHQ-70/8P天幕鱼眼镜头(5+1)工程，解决了重点工程平津战役纪念馆演示厅中的特殊光学系统配套需要。该所完成了浮法玻璃在线检测仪2套，仪器利用影像投影、微机处理等先进技术，提高了玻璃疵点的分检率，降低了检测人员劳动强度，保证了玻璃产品的质量。

北京电影机械研究所研制开发了6项新产品。其中YL65/70型接触式连续印片机是广播电影电视部重点科研项目，具有印制65mm中间片和70mm正片的功能。整机性能优良，采用多项先进技术，达到国外同类产品的近期水平。LZC16-1型16mm单声道磁性转录机可按三种配置方式工作，可适用单部拷贝或中、小批量拷贝的转录。该机已通过广播电影电视部电影局的验收，并交付西藏自治区电影公司使用。该所研制的干涉膜反光镜能有效去除直射光中的热辐射，具有较高的降温效果，适用于各类胶片放映设备和各类灯箱。

南京电影机械厂1997年开发新产品15项，包括TTB5000系列投影器4项、APOLLO 1500投影器2项、TTB-250HC/400HC投影器、反射式投影器、视频展示台、自动幻灯机、单电源双机切换放映机、TSB-4型实物投影器、改进型放映机氙灯电源和铟灯电源以及晶体投影器等。其中TTB-5000系列投影器和TSB-4型实物投影器通过南京市经委组织的鉴定，单电源双机切换放映机等7项产品通过厂级评审。

上海八一精密机械有限公司推出的新产品有816型直连体彩色照片冲扩机、FP30负片冲洗机、F8100卧式彩色放大机及B1200真空热裱机。

天津中环影像设备公司根据外商要求，设计改造了FGⅢ-A型电影放映机，并试制2台出口泰国；完成了FG-3kN～5kN兼容电影放映机及广告灯箱3台样机的试制。

质量及质量管理 1997年机械工业部电影机械与电化教育设备产品质量监督中心通过了机械工业部和质量论证办公室机械评审组的验收。该检测中心对上岗人员进行专业培训，并更新了部分仪器设备，更有利全行业产品质量的检测和监督。

南京电影机械厂在厂内开展了ISO 9000质量体系论证的前期准备工作，进行了TTB-Ⅰ、Ⅱ型投影器、F16-4AⅡV放映机的产品图样、工艺文件、工装模具等整顿和标准化审查。1997年9月通过了江苏省机械厅组织的TTB系列投影器一等品及必备条件的复查，再次荣获该系列投影器一等品称号。

上海八一精密机械有限公司为提高产品质量，降低原材料消耗，在1997年将下属技术、质检部门合并成质量保证部，要求所有产品在出厂前由质量保证部把关后放行。该公司对原有产品进行逐一分析，先后做了40多项改进，并增加整机运转40小时的保质措施，把早期故障消除在厂内，大大提高了产品的可靠性。

甘肃光学仪器工业公司主要抓了财务工作的监督控制管理，建立了产品质量保证体系，在人员管理方面建立了严格的考核体系，对企业的发展打下了坚实的基础。

1997年电影机械行业完成了《JB/T正面放映设备银幕照度测量方法》、《CB/T反射放映银幕》、《JB/T16和35mm电影放映机产品质量分等》3项标准修订工作；完成了《JB/T幻灯机和幻灯片—50×50mm幻灯片—水平自重供片式圆片盘尺寸》、《JB/T幻灯机和幻灯片—5×5-36和5×5-50直排式幻灯片盘尺寸》、《JB/T电影生胶片片盒的端面标识记号》、《JB/T35mm幻灯片双画幅和单画幅的规范》、《JB/T电影洗片机—图形符号》的5项标准制定工作，并报机械工业部待批。

技术改造 南京电影机械厂1997年对总装生产线进行了改造，购进了螺纹透镜模板加工设备，开始了螺纹透镜模板的自制，结束了长期依赖国外进口的被动局面。通过技术改造，工厂增加固定资产约50万元，改善了劳动条件，提高了劳动生产率。工厂还筹集资金120万元，购买了国外公司投影器的全套资料和模具，并开始了高档投影器的生产，改变了工厂投影器产品结构单一的缺点。

北京电影机械研究所为北京电影洗印录像技术厂贝尔浩C型印片机改为工控机系统控制，取得了研制工作阶段性进展。为珠江电影制片厂印片缩片装置改为加色法工艺印片，提高印片质量。

管理及改革 1997年5月25～28日中国文化办公设备制造行业协会在广东汕头召开了第二届三次理事会议。会议认真总结了上年专业协会的工作情况，充分交流了有关信息，研究、探讨并提出在市场经济条件下，行业技术开发能力的途径和方法，与会代表一致表示，今后进一步促进行业的经济发展和技术进步。

上海八一精密机械有限公司根据市场的变化，结合企业的实际情况，在生产上做了调整，主要是降本增效、规模生产、抢占市场为指导思想，按照两头在内，中间在外的做法，即产品开发和成品装配在内，主要关键零部件内部加工，其他零件尽量落实行业专业配套，以保证质量、降低成本和扩大生产。

〔撰稿人：秦皇岛视听机械研究所尹建原 审稿

人：秦皇岛视听机械研究所孙巧娟〕

〔责任编辑：王亚水〕

照 相 机 械

〔机械工业部〕

生产发展情况 1997年我国照相机械行业共有生产企业105个，其中照相机生产企业25个，彩色冲扩设备生产企业25个，照相器材等生产企业55个。按所有制构成分，国营大企业6个，上市公司2个，合资、独资及集体企业占了97个。对其中的19个主要企业的统计结果，1997年总产值24.35亿元，其中单镜头反光照相机产值1.43亿元，镜头快门照相机产值21亿元，镜头产值5 244万元，闪光灯产值5 750.1万元，其他照相器材产值7 715万元。统计中产值排序前六名的企业见表1。

生产发展的特点为：在原有产品的基础上，突出高科技在照相机上的应用，数码相机已经上市；我国的钢片快门已能稳定成批生产；自动调焦，变焦镜头、自动曝光技术已基本成熟，在镜头快门照相机上得到了大量应用。

表1 1997年照相机械行业产值前六名企业

序号	企业名称	职工总数	完成产值（万元）
1	普立华照相机股份有限公司	2 850	110 000
2	上海海鸥照相机有限公司	5 226	50 501
3	上海美能达光学仪器有限公司	718	40 055
4	江西凤凰光学仪器（集团）有限公司	4 800	26 132
5	咸阳奥达电子有限公司	359	9 149
6	北京北照·宝源光学工业有限公司	608	7 283

产品分类产量 对行业19个企业统计结果分类产量见表2。

表2 19个企业产品产量

（单位：架、个）

单镜头反光照相机	镜头快门照相机	镜头	闪光灯	其他器材
403 210	12 690 350	104 065	550 400	1 003 010

市场及销售 1997年的照相机市场需求上升，特别是镜头快门自动相机销售明显好转。国内外销售情况见表3。

表3 1997年国内、国外销售按产品分类构成情况 （单位：万元）

项目	单镜头反光相机	镜头快门照相机	镜头	闪光灯	其他器材	合计
国内销售	17 283	49 337	4 279	38 762	3 268.3	112 929.3
国外销售	4 310	18 556	1 816	361.5	4 479.3	29 522.8

表4 国内销售收入前六名的企业

序号	企业名称	销售收入（万元）
1	上海海鸥照相机有限公司	42 192
2	江西凤凰光学仪器（集团）有限公司	15 653
3	上海美能达光学仪器有限公司	6 004
4	普立华照相机股份有限公司	4 875
5	广东番禺照相器材厂	2 600
6	北京银燕电子闪光灯有限公司	1 811

表5 国外销售收入前六名企业

序号	企业名称	销售收入（万元）
1	普立华照相机股份有限公司	105 125
2	上海海鸥照相机有限公司	24 642
3	上海美能达光学仪器有限公司	20 387
4	江西凤凰光学仪器（集团）有限公司	9 009
5	北京北照·宝源光学工业有限公司	7 171
6	台州瞧不起礼品公司	1 300

在销往国外的产品中，主要为镜头快门照相机、单反相机和闪光灯，其他器材中包括定牌生产的零件。主要销往美国、西欧、日本、俄罗斯、韩国、伊朗、澳大利亚及东南亚各国。1997年国内、国外销售收入前六名企业情况见表4、表5。

新技术及科研成果 1997年江西凤凰光学仪器(集团)有限公司对进口凸轮铣刀铣头应用研究解决了变焦镜头关键零件变焦凸轮曲线的加工问题；以光学平面硬膜工艺代替传统镀膜工艺，提高了膜层质量。银燕电子闪光灯（常州）有限公司阻尼制动调光角度新工艺达国内领先水平，其铝铸外表一次成形，经济效益达到50万元。

上海海鸥照相机有限公司的数码相机被上海市政府列为十六项新产品重点项目中的第六项；江西凤凰光学仪器(集团)有限公司被列入国家经贸委第二期“双加”工程导向性项目计划；银燕电子闪光灯（常州）有限公司的影室灯重心自由调配多侧面转换、阻尼制动技术国内领先。

新产品 1997年新产品试制、鉴定情况：海鸥DF-300A单反相机及f35～135变焦镜头通过上海市经委鉴定；凤凰828单反相机完成省级样机技术鉴定；托特克TTC-350型影室闪光灯、TTC-300型影室闪光灯通过部级鉴定。

温州光宝摄影器材有限公司光宝ZY-3000专业影楼闪光灯获国家科委、国家税务总局、国家对外贸易经济合作部、国家技术监督局、国家环境保护局联合颁发的"国家重点新产品"证书。详见表6。

质量及质量管理 1997年国家照相机械产品质量监督检验中心完成80项委托测试，计受检企业70个，受检产品90批次，并完成《照相机质量检验、评判规则》、《照相机用电子闪光装置产品检验、评判规则》、《影室照明用大型电子闪光灯检验、评判规则》及《照相变焦镜头》标准的制订。1997年11月召开了全国照相机标准会议及照相机行业研讨会，对现有的照相机标准进行了总结、研讨和补充，对目前相机的抽样、测试方法进行了规范和统一，对APS相机及数码相机的国家标准制订、测试方法进行了探讨。

1997年江西凤凰光学仪器（集团）有限公司的DC828单反相机通过了国家照相机械产品质量监督检验中心的抽查；上海海鸥照相机有限公司的海鸥牌照相机被国家统计局、中国国情调查研究中心确认为"走向世界的100家中国名牌"及在"走向世界的中国名牌"调查活动中质量、服务第一品牌，上海美能达光学仪器有限公司的AF-Big、Finder Copios75、RIVA Zoom 70D经抽查各种指标均合格。余姚金鹰摄影器材有限公司的影室闪光灯经国家照相机械产品质量监督检验中心全性能测试各项指标均达国家标准。

基本建设及技术改造 江西凤凰光学仪器（集团）有限公司投资完成733.9万元；重庆明佳光电仪器厂完成照相机"双加"工程总投资的40%，已初见成效；银燕电子闪光灯（常州）有限公司投资72万元进入新产品研制开发，其中自筹50万元，配备计算机CAD系统。

表6 1997年完成新产品情况

牌号	型号	名称	生产单位	主要规格	水平
海鸥	DF-300A	单反相机	上海海鸥照相机有限公司	35mm胶片，光圈优先自动曝光，石英电子控制幕帘快门，自动4s～1/1000s，手动1s～1/1000s，B门	国内领先
海鸥	f35～135	变焦镜头	上海海鸥照相机有限公司	焦距f35～135，构成：12组15片，相对孔径f35时F3.5～22、f135时F4.5～28.73	
凤凰	DC828	单反相机	江西凤凰光学仪器（集团）有限公司	PK卡口，平视五棱镜取景器，电子钢片快门，1s～1/1000s及B门，X接点，同步速度1/60s，3个LED显示曝光正确、过曝、欠曝，具景深预测，裂像/微棱镜/菲涅耳对焦屏，有自拍器	国内领先
奥达	5	镜头快门照相机	咸阳奥达电子有限公司	24mm智能型胶卷，普通、广角、超广角转换，大型取景窗，多功能闪光灯。可编式电子快门，液晶显示，智能型数据记录	
银燕/常银	CY-400	节能影室电子闪光灯	银燕电子闪光灯（常州）有限公司	无级调光，自动高光清除，活动式支架，400WS，GN70m	国内领先
托特克	TTC-300	影室闪光灯	上海托特克光电有限公司	无级调光，低压触发稳压，声响提示，闪光指数60	接近国外同类产品

江西凤凰光学仪器（集团）有限公司完成了CAD的推广和应用，加快了设计和模具制造周期，完成了大光学改造，促进了光学塑化和非球化。

对外合作 银燕电子闪光灯（常州）有限公司引进消化国外先进产品，自行设计BY-262L、CY-200、S-110M等，国产化比重超过95%；上海美能达光学仪器有限公司的RIVA ZOOM 70D相机国产化率达40%。

管理及改革 1997年7月，在杭州照相机械研究所的主持下，召开了"照相机械行业提高开发能力"工作会议，全行业企业的厂长经理参加了大会。会上提出了"产、学、研"的开发思路。

1997年11月在杭州召开了1997年中国国际照相机械产品博览会，与会厂商共计135个。在博览会上召开了厂长经理座谈会及照相机械信息网成员大会，大家共商了振兴中国照相机械行业大计。

〔撰稿人：杭州照相机械研究所谢永忠　审稿人：杭州照相机械研究所周　刚〕

〔责任编辑：王亚水〕

复印机械

〔机械工业部〕

生产发展情况 1997年机械工业复印机械与

器材行业工业总产值（1990年不变价）16.03亿元、（当年价）12.72亿元，其中办公机械产品产值（1990年不变价）14.34亿元、（当年价）11.08亿元；工业销售产值（当年价）11.97亿元。骨干重点企业的经济指标完成情况见表1。主要产品产量：台式静电复印机46 920台，比上年增长5.1%；感光鼓108 712只，比上年减少13.9%；显影剂337t，比上年减少11.4%；墨粉317t，载体44t，氟辊9 233支；办公用台式胶印机3 129台。骨干重点企业主要产品产量见表2。总的看，1997年我国的复印机械与器材行业中国有复印机械生产企业生产增长缓慢，而合资和独资方式的复印机械生产企业发展迅速。

表1　1997年骨干重点企业经济指标完成情况　　（单位：万元）

企业名称	工业总产值		工业销售产值	
	合计	办公机械	合计	办公机械
上海施乐复印机有限公司	43 126	42 917	40 532	40 313
广东世联实业（集团）公司	21 443	20 202	20 477	19 484
广州复印机厂	11 048	11 048	11 468	11 468
营口复印机有限公司	9 072	9 072	9 052	9 052
桂林威达集团公司	9 668	7 455	6 206	4 304
天津复印设备公司	4 838	4 786	5 643	5 592
武汉仪器仪表自动化集团公司	14 813	5 837	14 005	5 499
汉光机械厂	7 208	4 290	7 591	4 015
上海申贝复印机厂	3 264	2 429	3 247	2 418
上海延中复印机厂	1 442	1 432	1 470	

注：均为当年价。

表2　1997年骨干重点企业主要产品产量

企业名称	静电复印机（台）	感光鼓（只）	其他
上海施乐复印机有限公司	22 508	42 280	墨粉204t、载体44t
广东世联实业（集团）公司	9 751		显影剂181.97t
桂林威达集团公司	4 452		氟辊9 233支
广州复印机厂	3 592	45 123	
武汉仪器仪表自动化集团公司	2 948	13 251	显影剂2.32t、墨粉84.51t
汉光机械厂	2 003	5 178	显影剂13.74t、墨粉28.79t
天津复印设备公司	479	2 880	显影剂139.03t
营口复印机有限公司			办公用台式胶印机1 938台
上海延中复印机厂			晒图机412台
上海申贝复印机厂			碎纸机10 120台、线原474 000件

市场及销售　1997年复印机械与器材行业中独资企业的复印机产品年生产能力已愈100万台，产品品种系列化，从低速普及型到中速、高速机，数字式机、彩色机等数十个品种适应了不同层次用户的需求。其良好的产品质量，丰富的产品品种、强劲的市场竞争能力，雄厚的营销实力已成为国内复印机市场的竞争主体，在国内市场的销售份额逐年上升。

1997年10月国家再次大幅度调低进口关税，取消进口许可证，其中对25%以上的复印机等产品下调了3至10个百分点，一方面抑止走私和制止非正常渠道进口，另一方面国外多种型号的原装复印机产品亦源源进入国内市场。

1997年国内主要复印机生产企业的销售量为4.7万台，市场占有率约占30%左右，详见表3。提供市场的产品只有20多个型号。

我国的复印机械产品近年来的出口额相对进口额而言，其比例逐年增大。整机和成套的复印机产品进口额呈减少态势，出口额增幅较大；复印设备的零件、附件，包括有机光导体感光鼓的进口则大于出口。海关总署计算中心统计的进出口数据见表4。

表3　1997年复印机产品产、销、存情况

（单位：台）

项目	1996年	1997年	增长%
生产量	43 558	46 920	7.72
销售量	41 412	45 506	9.89
库存量	7 774	11 701	50.51

表 4　复印机械产品进出口情况　(单位：万美元)

产品名称	1995 年		1996 年		1997 年 1～7 月	
	进口额	出口额	进口额	出口额	进口额	出口额
静电感光复印设备（间接法）	1 698	39 339	1 226	50 722	1 042	38 531
有机光导体鼓	715	360	786	1 035	1 142	833
复印设备的其他零件、附件	23 193	12 020	30 259	20 960	17 565①	12 775①
合　计	25 606	51 719	32 271	72 717	19 749	52 139

① 为 1997 年 1～6 月数字。

科研成果及新产品　1997 年机械工业部天津复印技术研究所有两项科研成果（静电显影剂中试和新型氧化锌胶印版纸）通过了天津市科学技术委员会的评审验收，列入国家“863”计划的有机光导体（OPC）产业化关键技术研究也取得了较大的进展。

1997 年上海施乐复印机有限公司的 Xerox 5615、V330，天津复印设备公司的 NP3020，天津佳能有限公司的 NP3200，广州复印机厂的 FT4015，广东世联实业（集团）公司的 NP6318 等新产品的投入生产并投放市场，增加了产品品种。

质量及质量管理　1997 年国家复印机质量监督检测中心通过国家实验室认可委员会验收评审，并由 CCEE（中国电工产品认证委员会）授权，成为 CCEE 天津复印机械检测站。1997 年国家复印机质量监督检测中心正式开展安全认证检验，并首次为夏普办公设备（常熟）有限公司进行了 4 个机型的安全认证检验。

1997 年复印机械行业发布国家标准一项：GB/T16981—1997《信息技术　办公设备复印机规格表中应包含的基本内容》；行业标准四项：JB/T8614—1997《办公机械静电制版机》，JB/T8615—1997《静电复印绝缘磁性干式单组份正电性显影剂技术条件》，JB/T8267—1997《办公机械小胶印机》，JB/T8616—1997《复印机械（包括办公事务设备）的安全保护》。

1997 年 11 月广东世联实业（集团）公司通过了 ISO9002 国际质量认证。

技术改造　1997 年广州复印机厂完成了 8 层 13 000m² 建筑面积的新厂房主体工程验收，并如期搬出原址。

对外合作　到 1997 年底世界主要的复印机产品生产厂商相继都在国内建立了各自的合资或独资公司，生产技术水平高、产品性能好、生产规模大。详见表 5。其中成立于 1996 年 3 月的深圳施乐高科技有限公司 1997 年开始生产静电复印机；1997 年 7 月上海理光传真机公司投资 5 600 万元，成立其分公司——上海理光办公设备有限公司，主要生产传真机关键件 PCB 电路板及承担上海理光传真机进出口；1997 年 9 月天津复印设备公司与日本佳能公司合资成立天津佳能有限公司，该合资项目投资总额为 2 950 万美元，注册资金 1 200 万美元，中方投资 45%以土地使用权、工厂厂房、附带设备及机械设备折价投入，日方投资 55%以现金和机械设备以及技术投入，合资后年产台式静电复印机 3 万台，并逐步生产佳能公司的其他办公设备及零部件和消耗材料。

广东世联实业（集团）公司 1997 年与台湾大霸公司签定了技贸合作协议，生产 DBFAX-800 普通纸传真影印机。

在 1997 年全国机械工业精神文明建设工作会议上，天津复印设备公司和营口复印机有限公司被授予全国机械工业文明单位荣誉称号。

1997 年 6 月中国家用电器商业协会现代办公设备协会在天津召开成立大会和举行 1997 年国际现代办公设备博览会。

管理及改革　1997 年上海申贝办公机械总公司改制为上海申贝办公机械有限公司。改制后的上海申贝办公机械有限公司由上海轻工控股（集团）公司行使国有资产投资主体职能，以原上海申贝办公机械总公司本部及所属国有企（事）业单位的全部资产出资改制，享有企业法人财产权，依法享有民事权利，承担民事责任并按照建立现代企业制度的要求，以《公司法》为依据，建立法人治理机制，实行责权分明，管理科学、激励和约束相结合的内部管理体制。

〔撰稿人：机械工业部天津复印技术研究所张昕〕

〔责任编辑：王亚水〕

〔中国钟表协会〕

生产发展情况　1997 年全国钟表行业生产呈下降趋势，市场竞争激烈，市场日趋成熟且相对稳定。据国家统计局统计，1997 年，全国共生产手表 2.55 亿只，比上年下降 13.8%。其中机械表产量为 2 627 万只，比上年下降 3.7%；石英电子表产量为 2.7 亿只，比上年下降 40.3%。全国钟产量为 8 183 万只，比上年下降 8.7%。其中石英电子钟产量为 5 633 万只，比上年增长 17.3%。全国定时器产量为

表 5　我国复印机械与器材行业主要生产企业一览表

生产方式	合资合作方	企业名称	主要产品
合作生产	日本佳能公司(Canon)	天津复印设备公司	台式静电复印机、硫化镉感光鼓、单组份显影剂等
		广东世联实业（集团）公司	台式静电复印机等
	日本理光公司 Ricoh	广州复印机厂	台式静电复印机等
		桂林威达仪器仪表办公设备集团公司	台式静电复印机等
	日本东芝公司(Toshiba)	桂林威达仪器仪表办公设备集团公司	氟辊
		武汉仪器仪表自动化集团公司	台式静电复印机、硒鼓、双组份显影剂等
	日本柯尼卡公司(Konica)	汉光机械厂	台式静电复印机、硒鼓、双组份显影剂等
合资生产	美国施乐公司(Xerox)	上海施乐复印机有限公司	台式静电复印机、硒鼓、双组份显影剂等
		苏州施乐工程复印机系统有限公司	工程图纸复印机等
		武汉施乐文件通信系统有限公司	传真机
	日本佳能公司(Canon)	天津佳能有限公司	台式静电复印机等
		湛江佳能复印材料有限公司	单组份显影剂等
	日本理光公司(Ricoh)	上海理光传真机公司	传真机等
	日本美能达公司(Minolta)	武汉美能达威科办公机器有限公司	台式静电复印机等
	荷兰奥西公司(O′ce)	上海奥西延中复印机有限公司	晒图机等
	日本东航公司	营口复印机有限公司	台式办公用胶印机等
独资生产	Ricoh	理光（深圳）工业发展有限公司	高中档普及型静电复印机
	Xerox	深圳施乐高科技有限公司	激光、喷墨打印机，模拟及数字式复印机
		施乐中国有限公司	文件处理的各项产品
	Canon	佳能（大连）办公设备有限公司	一次性显影器
	Toshiba	东芝复印机（深圳）有限公司	静电复印机等
	Sharp	夏普办公设备（常熟）有限公司	静电复印机、打印机、文字处理机等
	Copier	柯比亚（深圳）有限公司	静电复印机
委托生产(OEM)方式		日本美能达(Minolta)公司(广东东莞)	普及型静电复印机
		日本柯尼卡(Konica)公司(广东深圳)	普及型静电复印机
		日本三田公司(香港)	

5 392.1 万只，比上年下降 32.8%。1997 年钟表行业主要企业生产情况见表 1、表 2、表 3。

市场及销售　根据国内贸易部统计，1997 年国内商业系统主要大中型商场购进手表 652.0 万只，比上年减少 13.9%；销售手表 1 852.8 万只，比上年增长 2.8%。近几年来，钟表企业为适应市场的变化，纷纷建立了自己的销售网络，专卖店、联营店等已成为中高档钟表销售的主渠道。

1997 年钟表出口量及出口额均有所增加。根据国家海关总署统计，1997 年钟表成品及零部件出口总额为 19.95 亿美元，比上年增长 4.39%，但仍未达到历史最高水平。手表成品及零件出口额为 14.46 亿美元，比上年增长 1.94%；其中电子表成表出口金额为 9.09 亿美元，比上年增长 2.85%；机械表成表出口金额为 0.93 亿美元，比上年增长 3.8%；表零件出口金额为 2.69 亿美元，比上年增长 11.8%。钟成品及零件出口金额为 5.5 亿美元，比上年增长 11.4%；其中电子钟出口金额为 2.8 亿美元，比上年增长 33.3%，机械钟出口金额为 1.2 亿美元，比上年下降 6.7%；钟零件出口金额为 1.1 亿美元，比上年下降 7.6%。计时器、定时器出口金额为 4 852 万美元。比上年下降 7.6%。详见表 4。我国钟表产品的主要出口国家和地区是香港、美国、日本、欧盟、东南亚等地区。

根据中国钟表协会信息中心统计，钟表企业按出口额排序，列前几名的手表企业为：杭州威士集团公司、南京手表厂、天津手表厂、北京手表厂。钟、定时器企业排名为：青岛钟表总公司、威海钟表总公司、杭州西尔灵钟厂、烟台木钟厂、鞍山钟表总厂。

表 1　1997 年主要手表企业完成产值、利税情况

序号	企业名称	完成产值（万元）	实现利税（万元）
1	珠海格力中瑞表业有限公司	11 851	3 511
2	上海手表五厂	6 406	245
3	杭州威士集团公司	4 499	932
4	上海秒表厂	3 466	350
5	烟台北极星手表厂	3 076	243

表 2　1997 年主要钟、定时器企业完成产值、利税情况

序号	企业名称	完成产值（万元）	实现利税（万元）
1	威海钟表总公司	10 846	100
2	青岛钟表厂	6 536	522
3	广州富达钟表公司	5 974	346
4	烟台木钟厂	5 353	522
5	杭州西尔灵钟厂	4 352	104
6	宁波定时器总厂	3 812	866
7	沧州市钟表总厂	3 058	276

新技术及科研成果　1997 年 9 月 20～25 日，中国轻工总会在西安主持召开了钟表行业及相关行业科研项目鉴定会。全国钟表行业、薄膜镀覆行业和 CAD/CAM 行业的专家、教授共 13 人对中国轻工总会钟表研究所承接“表壳模具机械 CAD/CAM 系统开发研究”、“石英手表动态特性及其测试设备的研究”、“超硬复合金饰真空镀膜技术”、“TiN-An 梯度薄膜应用研究”、“陶瓷装饰镀层真空镀覆技术试验研究” 5 个部级科研项目进行了鉴定。

经鉴定，这 5 个项目均达到国内领先水平。尤其是“石英手动动态特性及其测试设备研究”有其独到之处，填补了国内空白，为提高我国石英手表的可靠性增添了一个必不可少的试验设备和一套行之有效的试验方法。三种镀膜技术，不但已为钟表研究所创造了近百万元的经济效益，而且为钟表行业开辟了一条提高钟表附加值的新途径。表壳 CAD/CAM 项目的开发研究，也为我国钟表行业增加钟表外观的花色品种缩短了设计周期，降低了设计费用。

质量及质量管理　全国钟表标准化技术委员会代表团于 5 月 26 日到 30 日，出席了在日本东京召开的 ISO/TC114 第 13 届国际会议。参加国际会议期间，在总尺寸、贵金属覆盖层、防磁等六个国际标

表 3　1997 年钟表行业各类产品产量

产品名称	单位	产量	比上年增长%
中国轻工总会归口产品产量			
表	万只	29 504.6	−38.5
(1)机械表	万只	2 877.8	−14.6
其中：手表	万只	2 627.0	3.7
(2)石英电子表	万只	26 626.8	−40.3
其中：手表	万只	22 915.2	−15.4
钟	万只	8 182.6	−8.7
其中：机械闹钟	万只	910.7	−39.6
机械摆钟	万只	83.2	−31.4
石英电子钟	万只	5 633.1	17.3
钟零件（商品量）	亿元	1.9	−33.2
定时器	万个	5 392.1	−32.8
中国轻工总会系统内产量			
表	万只	2 519.9	−38.8
(1)机械表	万只	1 719.2	−25.4
其中：手表	万只	1 426.0	−29.7
(2)石英电子表	万只	800.7	−55.8
其中：手表	万只	727.0	−55.6
表零件（商品量）	亿元	0.9	16.9
钟	万只	1 245.0	−33.3
其中：机械闹钟	万只	727.5	−40.5
机械摆钟	万只	72.3	−32.5
石英电子钟	万只	424.0	−4.7
钟零件（商品量）	万元	307.0	−64.6
定时器	万个	1 347.6	−7.1
其中：洗衣机用	万个	916.5	−12.4
电风扇用	万个	193.0	−35.9

表 4　1997 年钟表出口创汇情况

主要产品	单位	数量	出口创汇金额（万美元）
钟及零件			54 931.3
机械钟	万只	7 677.0	11 678.5
机械钟芯	万只	2 424.0	1 459.9
电子钟	万只	24 638.3	28 388.1
电子钟芯	万只	5 365.1	2 145.6
钟零件	万 t	1.1	11 259.2
表及零件			144 589.7
机械表	万只	4 404.6	9 323.9
机械表芯	万只	7 153.6	6 790.7
电子表	万只	81 230.4	90 944.5
电子表芯	万只	25 531.2	10 669.0
表零件	万 t	45.4	26 861.6

准分委会上发表了我们的意见和提案，受到各国代表的重视。在ISO/TC114全会上，各国通过了我国在上次会议提出的关于“钟表功能与非功能的宝石”的修改提案，使我国在国际标准的制、修订工作中起到了积极作用。

国家技术监督局1997年发布的钟表行业国家标准有1项：GB/T4051—1992《红色人造刚玉》。

1997年经中国轻工总会批准发布的钟表行业标准有17项，如QB/T2310—97《钟表发条》，QB/T2311—97《定时器发条》，QB/T2312—97《手表复合轮方孔尺寸系列》，QB/T2313—97《手表柄轴配合尺寸系列》，QB/T2258—96《机械式响铃定时器》，QB/T2273—96《钟游丝》等。

我国已有10个钟表企业（包括香港特区迁址内地的钟表企业）通过了ISO9000国际认证。通过认证的企业有：时运达（深圳）电子有限公司、深圳飞亚达（集团）股份有限公司、珠海格力罗亚尼表业有限公司、山东烟台木钟厂通过ISO9001认证，东莞得利钟表有限公司、深圳东方通用电器企业有限公司、杭州定时器总厂、生泰表业有限公司、标准表针及配件厂有限公司通过ISO9002认证。

对外合作 1997年3月4日至11日，应香港表厂商会和香港钟表业总会的邀请，中国钟表协会赴香港参加了香港第六届钟表配件及设备展暨研讨会，并参加了香港钟表业总会成立50周年纪念活动，期间还参观了香港钟表科技中心，参加了瑞士巴塞尔钟表展设计版权研讨会。此行了解了香港政府投资建立的香港钟表科技中心开展的科研情况，还了解了钟表版权的有关规定、取得了较大的收获。

4月，中国钟表协会代表团一行26人参加瑞士巴塞尔钟表珠宝展览会。展览期间还参观了瑞士ISA、RONDA、IWC、Willemin手表生产厂及机床生产厂，对瑞士钟表生产情况有了进一步的了解。

9月，协会组团参观了第16届香港钟表展览会。期间与香港两会和台湾钟表同业公会负责人就海峡两岸和香港特区钟表界加强交流与合作进行了意见交流。代表团还参观了香港钟表科技中心、香港运年手表有限公司，香港天马渡有限公司，并参加了香港两会主办的亚太地区钟表联谊活动。

1997年北京国际钟表展览会暨订货会于10月9日至10月12日，在北京中国国际展览中心举行。来自中国、瑞士、日本、德国、香港特区等近百个厂商参加展出，展出面积为5 100m²，这届展览会的布展档次、规格及展品档次均较上一年有很大提高，展览会吸引了3万多名国内外厂商和参观者前来参观，东欧客商增多，商贸洽谈及销售活跃。展览期间，还举办了两个技术交流研讨会。香港表厂商会组团50多人专程来北京参加了开幕式及有关活动。

改革开放以来，香港、台湾的钟表企业有许多迁到内地经济特区，内地钟表工业与香港、台湾的钟表工业已发展成为相互依存、共同发展的紧密关系，加强三方4个钟表行业组织的联系，对促进中国钟表行业的发展是非常有益的。1997年10月9日，在北京，中国钟表协会，香港表厂商会、香港钟表业总会和台湾钟表工业同业公会一致同意成立“中国钟表行业联合会”，并议定这一联合会是一个不设常设机构，只是4个行业组织共同商议和决定开展交流、合作、协商有关问题的组织，联合会议每年召开两次。首届执行主席经大家推举由中国钟表协会理事长吉勤之担任，任期一年。

管理及改革 1997年10月6日至8日，中国钟表协会在北京召开了四届二次理事会，50余名中国钟表协会的理事参加了会议。会议总结了1997年协会工作，交流了企业改革经验，通过了1998年度工作计划。

中国计时仪器史学会一届四次理事（扩大）会议于1998年3月6日在北京举行，有关单位的15位代表出席了会议。会议决定1998年将在苏州吴江市举办二届会员大会暨第四次学术研讨会，同时将举办清初著名天文学家王锡阐诞辰370周年纪念会。

〔撰稿人：中国钟表协会杨金况〕

〔责任编辑：王亚水〕

电碳制品

〔机械工业部〕

生产发展情况 1997年，电碳行业加大改革力度，努力调整产品结构，加强管理，强化企业经营工作。电碳制品市场需求与上年相比略有下降，产品供大于求，形成买方市场。另外非国有企业在电碳行业中占有相当大的比重，在市场机制尚不健全的状况下，促使电碳制品市场处于不正当、不公平的竞争状态。整个电碳行业主要生产厂家除上海摩根电碳有限公司外，哈尔滨电碳厂、东新电碳股份有限公司等电碳生产经营形势都有不同程度下滑，各项指标都有所下降。

1997年，市场需求量较大的电碳制品有：电机用电刷、机械用碳、人造金刚石碳片、高纯石墨等。

电碳行业协会的会员单位有30个，其中企业26个，大专院校4个。按企业规模统计，大二型企业2个，中一型企业4个，中二型企业10个，小型企业10个，其中合资企业1个，股份制企业1个，机械工业部骨干重点企业2个，即哈尔滨电碳厂、东新电碳股份有限公司。

据统计，电碳行业9个主要生产企业（其中大二型2个、中二型1个，小型6个），共有职工6 300人，其中工程技术人员544人，拥有固定资产原价30 093万元，净产值18 338万元。

主要经济指标完成情况如下：工业总产值（当年价）18 640万元，工业总产值（不变价）21 204万元，比上年增长171%;工业增加值6 211万元,产品销售收入17 203万元,产品销售税金及附加180万元,利税总额23 650万元,其中利润总额314万元;全员劳动生产率23 650元/人。

产品分类产量 电碳行业目前生产的产品分为10大类、59个系列、300多个品种。十大类是:电机用电刷、机械用碳、高纯石墨、特种石墨、碳石墨触点、送话器用碳砂、碳棒、调压器用碳电阻片柱、青铜石墨含油轴承、其他石墨制品。特种石墨产品又分为:玻璃碳、泡沫碳、电火花加工用石墨、铸造石墨、碳石墨刮片、各向同类石墨、膨胀石墨、激光石墨、高强高密石墨、金刚石碳片、烧结模用石墨、石墨防爆膜等系列产品。

据统计,1997年9个生产厂主要产品产量如表1所示。

市场及销售 1997年,电碳产品市场仍然是供大于求,市场竞争激烈,各企业加强对销售工作的管理,以市场为导向,调整营销策略,灵活销售手段,狠抓产品质量,降低产品成本,用做好售后服务工作等方法来促销。

表1 1997年电碳行业各类产品产量

产品名称	单位	产量(t)	比上年增长%
电机用电刷	t	571.25	76.96
机械用碳	t	243.01	41.86
高纯石墨	t	688.95	20.42
碳触点	t	39.18	−69.3
气刨碳棒	万支/t	40/35	10
人造金刚石碳片	t	203.61	194.35
石墨换热器	t	8.96	16
电加工石墨	t	38.54	3
其他电碳制品	t	281.20	−21
碳素制品	t	501.96	277.60

表2 1997年电碳行业主要产品的出口额

产品名称	出口量		出口金额(万美元)
	单位	数量	
气刨碳棒	万支	2	0.99
电刷			24.33
机械用碳			37.90
其他电碳制品			3.01
合计			66.23

1997年电碳行业产品出口较上年有所下降,出口创汇66.23万美元,各类产品的出口情况详见表2。有出口产品的企业有:上海摩根碳制品有限公司、东新电碳股份有限公司、哈尔滨电碳厂。产品主要销往东南亚地区、美国、英国、日本。

1997年电碳行业产品销售收入超1 000万元的有:东新电碳股份有限公司6 549万元,上海摩根碳制品有限公司3 965万元,哈尔滨电碳厂2 674万元,南通电碳厂1 150万元,湖南省株洲市电碳厂1 038万元。

科研成果及新产品 哈尔滨电碳厂充分发挥工厂产品和技术装备的优势,积极发展铁路用电刷、机械密封和军工等优势名牌产品,提高"拳头"产品的市场占有率,使技术含量高、附加值高的电刷、军工和机械用碳产品占有产值的比重由上年的65%提高到80%以上。哈尔滨电碳厂1997年承担国家重点科研计划二项:

(1)"××工程"是"九五"期间国家重点项目。在该项目中石墨轴承是其主循环泵的心脏部件,直接关系主动力系统的安全与可靠,哈尔滨电碳厂承担了主循环泵屏蔽电机用石墨轴承的研制任务。

性能:轴承寿命从5 000h提高到10 000h,单位面积承受压力由0.14MPa提高到0.49MPa。

(2)"××工程"是我国"八五"期间的重点项目之一,10A发动机主轴圆周石墨密封是发动机的重要组成部分。石墨密封材料的性能优劣对发动机工作状态起到了至关重要的作用。

性能:抗氧化性在空气中650℃、500h达到失重不大于5%,石墨密封材料孔隙直径≤5μm。

哈尔滨电碳研究所承担国家机械军工重点配套科研项目——大推力液氧/煤油液体发动机特种石墨密封材料技术研究课题,该项目是为国家"九五"期间发射宇宙空间站配套的高科技重点项目之一。

哈尔滨电碳厂工艺攻关项目主要有汽车电机用电刷带导线压制烧结、提高G304石墨焙烧、石墨化成品率等5项。通过采用新工艺,提高了产品的性能,保证了产品质量,当年为工厂新增效益近100万元。

该厂研制的MSB598型机械密封被哈尔滨市政府评为哈尔滨市科技进步三等奖。

由东新电碳股份有限公司、哈尔滨电碳研究所、哈尔滨电碳厂共同承担的"九五"机械军工科研项目航空用耐高温氧化石墨材料制造技术研究已通过专家论证正式立项,并成为了联合攻关小组按计划任务书要求正在实施中。

东新电碳股份有限公司对带导线单个成型电刷生产线及工艺技术的引进、消化吸收及电力机车受电弓用C26P浸渍金属滑板研制等项工作进展顺利。

镇江市润州电碳总厂为了满足化工防腐蚀用碳砖砌筑的需要,配制了性能良好的胶泥,节省了材料,减少了工序,从而提高了效益。该厂还研制成功汽车及水封石墨环毛坯料单个成型技术,毛坯接近成品零件,属于少屑加工技术,已进行批量生产,经使用反映良好。

南通电碳厂研制的S280、R510两种新产品,质量及各项性能指标都能满足用户需求,实现当年研制当年投产,当年收益。

质量及质量管理 1997年10月,受江苏省机械工业厅的委托，电碳制品质量检测中心对江苏东台力达电碳制品有限公司生产的双菱牌B506碳弧气刨碳棒进行优等品的工厂条件审查及优等品等级评定的抽样和检验。其结果表明工厂条件审查合格和抽样检验结果符合优等品标准，该产品通过优等品评定。

国家电碳制品质量检测中心在标准制修订方面也做了很多工作。机械行标《碳弧气刨碳棒物理化学性能试验方法》完成报批稿并上报；国军标《火箭喷管用石墨规范》完成送审稿，于1997年12月5日经专家审查，完成报批稿；对国军标《航空航天电机用电刷型号命名》已完成定义复审确认工作。另外对电碳行业现有的38个标准进行了清理整顿，其中19个标准进行了复查工作。

东新电碳股份有限公司1997年认真宣传贯彻GB/T19000(ISO9000)系列标准，编制了工厂质量手册和程序文件，为认证作好准备。东新电碳股份有限公司组织全厂职工认真学习国务院《质量振兴纲要》，有200名质量管理骨干参加省级《质量振兴纲要》知识竞赛。通过质量月活动，全厂员工树立了“质量第一”的观念，质量指标明显提高。产品的等级品率为80.31%，质量损失率为0.28%，质量稳定提高率为100%，工艺贯彻率为96.86%，重点工序工艺贯彻率为97.80%，保证了产品质量的稳定。同时加强对外服务，全年厂外质量信息处理率达100%，基本满足了用户要求。

哈尔滨电碳厂随着经济体制改革的不断深化，质量管理工作越来越得到工厂各级领导和职工的重视，为加强综合质量管理，在“五合一”综合管理达标活动逐步深入的基础上，下半年工厂又开展了“提高综合质量意识活动”，使全员的质量意识有所提高。

株洲电碳厂质量管理工作取得了一定成绩，严格执行产品质量的有关标准，从严把好原材料入库，各生产工序到产品成品出厂关。对检查中出现的问题，及时进行处理，不合格产品决不出厂。在检查过程中，做好原始记录，调整相关工艺，使产品质量得到应有的控制。对产品质量信息及时反馈，保证了产品质量的稳定性。

润州电碳总厂一直坚持“质量第一，视质量如生命”的方针，企业健全了质量管理体系，顺利通过三级计量复查，主要产品顺利通过镇江市质量监督所抽查。该厂为农业部全面质量达标单位。

管理及改革 中国电工器材行业协会电碳分会第四届一次理事会及会员代表大会于1997年5月12日在上海召开，在这次会上选举产生了以哈尔滨电碳厂、东新电碳股份有限公司、上海摩根碳制品有限公司、株洲电碳厂、润州电碳总厂、南通电碳厂、南浔电影炭棒厂、湖南大学化工学院和哈尔滨电碳研究所九个单位为电碳分会第四届理事单位。哈尔滨电碳厂厂长刘凡成同志为电碳分会第四届理事长，东新电碳股份有限公司李志武总经理、上海摩根碳制品有限公司沈行彪总经理、株洲电碳厂陈治国厂长、润州电碳总厂戴国安厂长和哈尔滨电碳研究所常务副所长张克信为电碳分会第四届理事会副理事长。

会议通过了中国电器工业协会电碳分会1997年工作要点。该“要点”指出中国电器工业协会电碳分会要认真贯彻国务院精神，落实机械工业“九五”企业发展计划，按照面向市场，求实创新的方针，在行业基础管理上体现一个“精”字，在具体工作中突出一个“实”字的要求。

本届会议对消化不断升高的电刷产品成本，努力提高企业经济效益，以保持行业利益统一了思想并达成共识，作出了适当调整铁路电刷价格的决定。哈尔滨电碳厂、东新电碳股份有限公司、上海摩根碳制品有限公司和株洲电碳厂联名签署了1997年《调价说明》。对今后如何加强行业协会工作进行了充分、认真的探讨。

哈尔滨电碳厂按照建立现代化企业制度的要求，从下半年就开始筹备进行公司制改组的一系列工作。成立了以厂长为组长的改革工作领导小组，在对工厂现状进行认真分析的基础上，召开了不同层次的座谈会，广泛征求干部职工的意见，同时又借鉴了多家国有企业改革的成功经验，出台了工厂1998年改革方案，对企业现行的经营体制进行了战略性的改组。组建了母子公司体制的有限责任公司、技术中心和实业公司，设置了公司的管理机构。新体制已初步建立，1998年1月开始全面试运作。

润州电碳总厂在保证现有工作正常运营的基础上做了三项改革工作：(1)将副业队养鱼、养猪种菜基地分块让个人承包，期限5年。(2)厂内电刷生产及弹簧生产承包给个人。(3)将1992年兼并的原镇江市第二纺织机械厂改为机械密封件厂，与总厂分离变成独立法人单位。

南通电碳厂自实行股份制以来，企业内部的管理也进一步加强，工厂进一步完善经济责任制，加强成本管理，生产过程原材料消耗考核到人，与个人经济收入紧密挂钩，提高了成品率，降低了消耗，每万元不变价产值、生产成本比原来下降了5%，企业经济效益明显提高。

株洲电碳厂加快企业改革步伐，成立了改革改制领导小组，制定出改革改制方案。

〔撰稿人：哈尔滨电碳研究所闫　泽　审稿人：哈尔滨电碳研究所张克信、机械工业部重大装备司韩英俊〕

〔责任编辑：张友鹤〕

磨料磨具

〔机械工业部〕

生产发展情况 1997年磨料磨具行业企业总

体生产经营状况已稍有起色，但各企业仍是有喜有忧。据对 95 个企业的统计表明，1997 年工业总产值（当年价）比上年增长 2.45%，1990 年不变价工业总产值比上年增长 1.96%，工业销售产值（当年价）比上年增长 0.21%，工业增加值（当年价）比上年增长 5.89%，职工平均人数比上年减少 1.28%。其中机械工业部所属骨干重点企业经济指标见表 1，骨干重点企业产品产量见表 2。

表 1　1997 年磨料磨具行业骨干重点企业主要经济指标

企业名称	工业总产值（当年价）		工业增加值		产品销售收入		利润总额
	全年完成（万元）	比上年增长 %	全年完成（万元）	比上年增长 %	全年完成（万元）	比上年增长 %	全年完成（万元）
白鸽集团股份有限公司	37 555	−2.23	13 526	−3.30	43 917	−11.28	1 819
四砂股份有限公司	14 496	−17.62	6 289	−8.64	21 224	20.00	3 309
西安金戈磨料磨具公司	1 301	−14.93	392	4.2	915	−26.45	−72
中国七砂集团	24 537	−0.78	9 671	13.31	36 215	−0.43	2 656
其中：第三砂轮厂	1 309	−29.62	246	−49.38	1 056	−42.30	−597
第六砂轮厂	1 102	−8.68	399	27.48	755	−10.86	−300
第七砂轮厂	17 783	54.29	7 019	52.79	26 301	94.85	3 556
上海砂轮厂	18 640	−5.02	3 120	46.91	20 169	−9.16	187
苏州远东砂轮有限公司	3 368	−26.13	1 457	−9.11	3 252	−25.31	162
牡丹江磨料磨具公司	5 521	−0.77	734	−51.46	5 758	8.29	2

企业名称	利润总额	固定资产净值		实现利税总额		工业经济效益综合指数	
	比上年增长 %	全年完成（万元）	比上年增长 %	全年完成（万元）	比上年增长 %	全年完成（%）	比上年增长百分点
白鸽集团股份有限公司	−48.46	18 496	25.08	4 523	−29.73	85.15	−20.97
四砂股份有限公司	21.25	7 213	−3.93	3 920	−5.29	153.07	−5.26
西安金戈磨料磨具公司	93.40	4 230	−23.52	15	101.49	6.16	176.16
中国七砂集团	22.74	31 790	−7.22	5 230	49.39	97.33	7.04
其中：第三砂轮厂	−277.84	4 423	−59.44	−457	亏损严重	−105.4	−162.86
第六砂轮厂	−16.28	3 204	25.89	−234	−20	−79.16	−22.93
第七砂轮厂	162.82	20 405	155.48	5 887	169.43	127.15	18.83
上海砂轮厂	12.69	4 375	5.88	919	51.65	91.42	26.98
苏州远东砂轮有限公司	59.76	2 073	−8.92	471	58.59	103.00	12.08
牡丹江磨料磨具公司	2	3 475	103.81	337	−7.92	83.61	17.57

表 2　1997 年磨料磨具行业骨干重点企业产品产量

产品名称	单位	白鸽集团股份有限公司	四砂股份有限公司	西安金戈磨料磨具公司	中国七砂集团				上海砂轮厂	苏州远东砂轮有限公司	牡丹江磨料磨具公司
					合计	第三砂轮厂	第六砂轮厂	第七砂轮厂			
普通磨料	t	29 885	12 613	0	84 587	2 371	0	60 496	0	0	5 874
其中：棕刚玉	t	13 235	6 475	0	77 497	2 371	0	53 405	0	0	0
白刚玉	t	1 046	4 908	0	1 121	0	0	1 121	0	0	0
黑碳化硅	t	2 177	0	0	5 787	0	0	5 787	0	0	120
绿碳化硅	t	4 951	0	0	0	0	0	0	0	0	4 497
其他	t	8 476	1 230	0	182	0	0	183	0	0	1 257
普通磨具	t	9 548	3 243	0	1 178	734	0	378	2 471	2 020	577
其中：陶瓷砂轮	t	7 680	2 552	0	352	214	0	81	1 615	2 001	451
树脂砂轮	t	1 092	691	0	529	469	0	0	856	19	46
橡胶砂轮	t	538	0	0	0	0	0	0	0	0	80
油石	t	238	0	0	297	31	0	297	0	0	0
普通磨料商品块	t	2 668	0	0	8 000	1 937	0	6 500	0	0	0
涂附磨具	万 m^2	428	0	0	6	6	0	0	975	0	0

（续）

产品名称	单位	白鸽集团股份有限公司	四砂股份有限公司	西安金戈磨料磨具公司	中国七砂集团 合计	中国七砂集团 第三砂轮厂	中国七砂集团 第六砂轮厂	中国七砂集团 第七砂轮厂	上海砂轮厂	苏州远东砂轮有限公司	牡丹江磨料磨具公司
人造金刚石	kg	38	0	2	360	0	360	0	381	0	0
金刚石制品	kg	117	19	18	168	0	168	0	332	217	0
立方氮化硼	kg	0.6	0	0	4	0	4	0	0	0	0
氮化硼制品	kg	11	0	0	6	0	6	0	0	0	0
硅碳棒	万标准支	0	211	331	0	0	0	0	0	0	0

产品分类产量 磨料磨具产品依据其性质及用途分9大类47个品种。9大类产品是普通磨料、普通磨具、普通磨料商品块、人造金刚石、人造金刚石制品、立方氮化硼、氮化硼制品、涂附磨具、硅碳棒。1997年磨料磨具主要产品产量如表3。

表3 1997年磨料磨具主要产品产量

产品名称	单位	产量	比上年增长%
普通磨料	t	292 976	1.09
其中：棕刚玉	t	214 892	7.08
白刚玉	t	14 194	−27.32
黑碳化硅	t	26 390	−5.97
绿碳化硅	t	19 869	−2.25
普通磨具	t	83 421	1.72
其中：陶瓷砂轮	t	56 268	0.98
树脂砂轮	t	23 007	6.16
橡胶砂轮	t	1 211	−0.45
油石	t	2 935	−13.61
普通磨料商品块	t	29 143	−48.90
涂附磨具	万 m^2	2 741	−9.86
人造金刚石	kg	6 703	62.88
金刚石制品	kg	23 999	13.97
立方氮化硼	kg	821	272.65
氮化硼制品	kg	23	49.97
硅碳棒	万标准支	542	7.48

市场及销售 1997年磨料磨具产销保持低速增长，九个骨干重点企业的销售收入123 347万元，比上年增长5.90%，实现利润8 065万元，比上年增长26.75%。1997年磨料磨具销售收入前十名企业见表4，海关进、出口情况见表5。从统计到的95个企业的主要经济指标来看，主要有以下几个特点：

(1) 亏损面增加，平均亏损额减少。1997年亏损企业27个，比1996年的13个上升了107.69%，亏损总额为2 763万元，平均每个企业的亏损额比上年减少48.74%。企业亏损面占到28.42%。

(2) 销售收入增长，利润下降。1997年产品销售收入280 784万元，比上年增长2.48%；利润总额9 527万元，比上年减少6.84%。

(3) 成本费用攀高。1997年成本占收入的76.07%，比1996年成本占收入76.37%略有回落，但仍居高不下。

表4 1997年磨料磨具销售收入前十名企业

序号	企业名称	销售收入（万元） 1997年	销售收入（万元） 1996年
1	河南黄河实业（集团）公司	52 575	
2	白鸽集团股份有限公司	43 917	49 501
3	七砂集团公司	36 215	36 371
4	四砂股份有限公司	21 224	17 686
5	上海砂轮厂	20 169	22 203
6	二砂深圳联合公司	9 685	9 199
7	郑州磨料厂	8 263	9 218
8	通城砂布厂	8 104	11 521
9	梅河口市砂轮特耐公司	7 813	7 461
10	牡丹江磨料磨具工业公司	5 758	5 317

表5 1997年磨料磨具海关进、出口情况

产品名称	出口 数量(t)	出口 金额(万美元)	进口 数量(t)	进口 金额(万美元)
普通磨料	616 694	21 192	8 486	789
天然刚玉	23 767	438	4 743	391
人造刚玉	311 198	9 657	2 512	253
碳化硅	281 729	11 097	1 231	145
普通磨具	17 209	2 273	1 891	1 163
陶瓷砂轮	8 544	1 590	1 368	781
天然磨料砂轮	1 806	227	392	341
油石	6 859	456	131	41
涂附磨具	11 667	1 647	6 159	2 832
砂布	5 021	864	1 784	754
砂纸	6 421	748	2 099	917
金刚石	13	1 172	0.6	364
金刚石制品	5 640	1 195	738	1 006

新技术及科研成果 1997年磨料磨具行业的科研成果有：(1) 苏州远东砂轮有限公司的“铸铁纤维结合剂金刚石砂轮及修整技术”，该技术主要应用

于陶瓷材料、超导材料、玻璃等脆性材料的高速磨削、强力磨削和成型磨削，它具有结合强度好、磨削效率高、使用寿命长等特点，该技术的应用不仅能推动我国陶瓷、半导体材料等的应用和发展，而且具有良好的社会效益。(2) 郑州市磨料磨具厂的“用高铝钒土直接电熔制取≥98.50%Al_2O_3电熔刚玉的研究”，该项目Al_2O_3≥98.50%、TiO_2≤0.80%、Fe_2O_3≤0.10%、粉化率≤1.00%、C≤0.15%、真密度≥3.90g/cm^3。

新产品 1997年白鸽集团股份有限公司完成的新产品主要有：(1) 树脂结合剂精密磨钢球砂轮，该产品规格为P720×60～80×300，工作压力70kN，砂轮工作转速20～120r/min。本项目将促进我国钢球生产改研削为磨削工艺，使钢球质量提高，生产效率提高约3倍，进而使我国的轴承生产提高到新水平，具有很大的社会经济效益。(2) 金属结合剂立方氮化硼超薄切割片采用粉末成型工艺，薄片基体具有传递切削动力的作用，采用强度高、硬度高、韧性适中的锡青铜作结合剂，在Cu-Sn合金中加Ni、Fe、Zn、Ag等元素，研究不同配方结合剂性能，优选适宜的结合剂来提高产品耐用度。(3) 混纺布基高档涂附磨具产品，该产品填补了国内高档涂附磨具的空白，满足了用户对不同品种的高档涂附磨具的需求，在国际上处于中上游地位。(4) 新型结合剂强力干磨金刚石砂轮，产品规格为$12A_2/45°$ 100×32×20×5×3和$12V_2$100×13×20×5×3。该产品通过采用新型粘结剂和镀金属铱技术，加入固体润滑剂，使干磨砂轮达到既锋利又耐用且不龟裂水平，极大地提高了市场竞争能力。苏州砂轮有限公司完成了磨磁性材料用双端面磨盘，它采用较先进的成型工艺，设计无模成型工艺，以及专用工艺配方，在磁性材料加工使用中，磨削锋利，使用寿命长，劳动生产率高，达到国内同行先进水平。同时降低了劳动成本、缩短了生产周期，取得较好的经济效益。上海砂轮厂完成的新产品有：(1) GFRA（柔软布）砂带，该产品是以国际先进水平为目标，自行开发研制的强力砂带延伸产品，采用独特的织物和涂层处理，具有良好的耐水性、柔软性和较高的检验强度。(2) 乳胶纸耐水砂纸，该产品粘结剂无毒无味，耐水性好，柔软不发脆，磨削锋利，特别适用于高难度凹凸面工件的磨削、抛光、精磨。该产品已试销50万元，创汇1万美元，利润5万元，市场预测前景乐观。盐城市砂轮厂完成了磨曲轴高速砂轮，该砂轮主要性能指标为：回转速度≥50m/s，静平衡系数≤0.32，平行度≤0.3mm，同轴度≤0.5mm，硬度均匀性≤0.3h（h为相差值），磨削率为普通砂轮的2倍。

质量及质量管理 1997年国家磨料磨具质量监督检验中心全年共考核验收119个厂家，并对17个不合格企业的工厂条件进行复查。全年共完成了134个厂家的生产许可证发放。对27个出口企业的出口质量许可证进行考核验收。

1997年全国磨料磨具标准化技术委员会共完成标准制、修订项目5项，其中《砂轮磨削　基本术语》、《固结磨具用磨料　粒度组成的检测和标记　第1部分：粗磨料F_4～F_{220}》、《固结磨具用磨料　粒度组成的检测和标记　第2部分：微粉F_{230}～F_{1200}》属国家标准，《超硬磨料　金刚石微粉和CBN微粉》、《硅碳棒》属行业标准。

磨料磨具行业九大骨干重点企业1997年度全部加入ISO9000质量体系认证，另有很多中小企业也在积极准备。

基本建设及技术改造 国家科委1993年11月批准组建“国家超硬材料及制品工程技术研究中心”，“中心”以郑州磨料磨具磨削研究所为依托单位，计划总投资1 200万元，其中国家科委拨款300万元，机械工业部“九五”配套拨款350万元，实际投入1 530万元，新增面积2 810m^2，总投入面积9 721m^2。经过几年的建设，先后通过1996年10月机械工业部组织专家进行的中期评估，1997年10月国家科技评估中心现场评估，1998年3月国家科委组织的专家评审委员会评议验收。“工程中心”使磨料磨具行业的技术成果能尽快转化为生产力，实现科研—工程化研究开发—成果转让—技术培训—技术服务的统一管理和科、工、贸统一管理，推动行业科技进步和自身良性循环。

〔撰稿人：郑州磨料磨具磨削研究所杨　波　审稿人：郑州磨料磨具磨削研究所李志宏〕

〔中国核工业总公司〕

生产发展情况 1997年，中国核工业总公司有关主管部门进一步加强对超硬材料管理，狠抓扭亏增盈工作，产品产量有较大增长，质量上有提高。到1997年底，拥有人造金刚石压机208台（其中6 000t和7 200t压机各10台），比上年增加25台。金刚石产品品种齐全，有各类人造金刚石单晶、聚晶、微粉及其制品，如各类砂轮（ϕ50～ϕ400）、各类圆锯片（ϕ105～ϕ2000系列）、磨头、地质钻头、工程薄壁钻头、扩孔器、拉丝膜、锯片刀头、电镀切片、电镀磨盘、触媒，还有立方氮化硼单晶及制品等。1997年生产人造金刚石单晶6 898kg，比上年增长64%，由于金刚石市场竞争激烈、产品售价太低，以及1994、1995两年进入技术改造借银行贷款6 000多万元的负债经营，虽然产量有较大增长，但经济效益仍不理想，1997年实现工业总产值13 096万元，比上年增长29.1%，亏损225.3万元，比上年减亏340.7万元。

产品分类产量 1997年生产人造金刚石单晶及制品13大类产品，其中金刚石单晶产量约占全国的十分之一强。由于全国金刚石市场连续几年不景气，相当多的乡镇企业小厂和个体金刚石厂经不起市场激烈竞争冲击而被迫停产或关闭，有的出卖机器（生产不到1～2年的金刚石压机售价8.5～10万元/台），实力较强的金刚石厂趁机收购压机以进一步扩大其生产，核工业总公司系统新增加的25台压机中多数是收购的二手压机。1997年全国约有

4 500～5 000台压机，其中约有一半的压机停产，其金刚石单晶的实际总产量约 45 000～50 000kg。1997 年核工业总公司系统生产触媒、聚晶、锯片，分别比上年增长 565.2%、70.6%、34.3%，而拉丝模、扩孔器、工程薄壁钻头比上年减少。产品分类产量见表 6。

市场及销售 由于国家宏观调控基本建设规模，与基本建设密切相关的金刚石及其制品受到很大的制约，金刚石制品生产成本高，产品售价低，且产品售后回收货款困难，同时外销数量少（仅人造金刚石单晶 540kg），出口金额 73.7 万美元（比上年增加 38.2 万美元），虽然各厂都加强了销售工作，充实了销售力量，但总销售收入只有 6 630 万元（比上年增长 34.6%），致使企业困难重重，年终亏损 225 万元。

表 6 1997 年核工业总公司系统磨料磨具分类产品

产品名称	单位	产量	比上年增长 %
人造金刚石单晶	kg	6 898	64.0
人造金刚石微粉	kg	24	20.0
人造金刚石聚晶	千粒	488	70.6
人造金刚石拉丝模	千粒	84	−31.7
人造金刚石钻头	个	15 321	19.2
人造金刚石扩孔器	个	338	−77.3
人造金刚石砂轮	片	429	3.7
人造金刚石磨头	副	1 842	−60.0
人造金刚石锯片	片	66 790	34.3
人造金刚石锯片刀头	块	8 714	23.5
人造金刚石薄壁钻头	个	2 677	−69.2
人造金刚石压机	台	4	33.3
触媒	t	47	565.2

新技术及科研成果 国家重点科技开发项目“超硬材料刀具、磨具的开发”进展顺利，湖南飞碟超硬材料机械总厂承担的立方氮化硼(CBN)刀具课题，已较好地解决了 CBN 复合片生产中的两个难题，即 PCBN 层与硬质合金粘结强度和 PCBN 层的耐磨性。生产出 CBN 复合片，1997 年 9 月将 ϕ13.2mm×3.18mm 规格的 CBN 复合片样品送乌克兰国家科学院超硬材料研究所检测，结果表明各种指标合格，该研究所高压合成专家认为达到世界水平。将 CBN 复合片制成焊接式和机夹式车刀、镗刀，进行切削试验，取得了较好的效果，针对不同的被加工材料和不同的切削条件研制系列产品，形成 CBN 刀具系列，已有部分国内外用户提出订货。立方氮化硼陶瓷结合剂砂轮课题已完成 CBN 镀钛镀铬合金膜、砂轮配方、冷压成型工艺和烧成工艺、砂轮修整、开刃等方面的研究，设计制造了两个系列的冷压模具，已能生产 ϕ600mm 以下金属基体陶瓷结合剂砂轮，其镶块结构设计、粘结技术已经能够满足磨削要求和用户需要。天津人造金刚石厂研制的加工陶瓷用金刚石滚轮已经厂鉴定投入试生产。另外，二七〇研究所合金材料厂研制开发成功 0.3mm 超薄型触媒片，该种触媒片比传统的厚 0.5mm 触媒片，能提高金刚石单晶的产量、降低生产成本和提高经济效益，全年共销售该产品 10t，有较好的经济效益，1998 年将较大幅度增加该产品产量供应市场。

基本建设及技术改造 1997 年共完成基本建设和技术改造投资 634 万元，其中基建投资 350 万元，技术改造投资 284 万元，主要用于增购人造金刚石压机以更新一些将报废的 3 600t 旧压机。

管理及改革 核工业总公司地质总局把超硬材料企业的扭亏增盈工作当作重点来抓，中南地质局于 1997 年 3 月在核工业桂兴实业公司飞达金刚石厂召开了该局所属的 8 个超硬材料厂厂长会议，总结了 1996 年超硬材料生产管理方面的经验和问题，飞达金刚石厂在会上介绍了紧密结合生产实际进行技术革新、强化管理、降低锤耗、提高产品产量和质量的经验。会议决定在该局所属超硬材料厂推广飞达金刚石厂的经验。会后飞达金刚石厂组成专门小组赴各厂转让技术传授经验。这一作法很见效，仅半年多的时间顶锤消耗普遍降下来了，1997 年该局金刚石单晶产量 3 931.2kg，消耗顶锤 17 293.1kg，万克拉金刚石消耗顶锤 8.8kg，而 1996 年生产人造金刚石单晶 2 380kg，消耗顶锤 19 147.8kg，万克拉金刚石耗顶锤 16.1kg，加之金刚石产量增加和质量的提高以及全面加强管理所创造的效益，该局 1996 年亏损 410 万元，1997 年盈利 50 万元。同时，飞达金刚石厂工作又进了一步，10 台压机，生产金刚石单晶 518kg，全年平均单产 1.82g，13kg 以上高强度金刚石达 20%，万克拉顶锤消耗由 1996 年的 5.3kg 降到 1997 年的 3.5kg，仍处于全国同行业的先进地位。江西金鼎钻石总公司 52 台压机，生产金刚石单晶 2 348kg，消耗顶锤 5 964kg，万克拉金刚石锤耗全年平均为 5.11kg。核工业总公司地质总局所属超硬材料厂万克拉顶锤消耗由 1996 年的 15kg 降到 1997 年的 7.75kg（平均数）。

为了了解国际上超硬材料的生产状况及先进工艺技术水平，1997 年核工业总公司地质总局组织 7 人专家组赴乌克兰和俄罗斯考察，先后考察了乌克兰国家科学院超硬材料研究所、俄罗斯天然金刚石研究所、列宁格勒伊里奇超硬材料厂。乌克兰和俄罗斯对我国的中高强度金刚石感兴趣，并说中国的硬质合金质量好。世界上唯有中国使用六面顶压机生产金刚石和立方氮化硼，过去由于我们的压机吨位小，产量低、高强度大颗粒的金刚石少，只要我们生产大吨位的压机（缸径 ϕ400mm 以上），提高与之相适应的顶锤质量和改进与研究新的合成工艺，金刚石的产量和质量定能搞上去。

〔撰稿人：中国核工业总公司张伯初　审稿人：中国核工业总公司杨宝龙〕

〔责任编辑：王福俭〕

模　　具

〔机械工业部〕

生产发展情况　据初步统计，1997年我国模具生产厂点已超过17 000个，其中广东约有6 000多个。1997年模具工业总产值约为200亿元，比上年增长20%左右。其中全民企业增幅不到10%，"三资"企业和个体企业增幅超过20%。1997年模具企业的经济效益仍不理想，国有企业大都处于亏损和微利状态。为了扶植国有模具企业的生产发展，1990年10月，经国务院批准，财政部和国家税务总局联合下达了《关于模具产品增值税先征后返通知》，对80个国有模具企业实行增值税先征后返（70%）的政策。随着家电、汽车和摩托车工业的发展，塑料模具和压铸模具在模具总量中的比重正在逐步提高。汽车覆盖件模具、大型及精密塑料模、复杂大型压铸模、子午线轮胎模1997年有了进一步发展。外商和港商、台商独资的模架生产发展很快，其中塑料模架产量已达30万套左右，约为国内其他企业塑料模架总产量的6倍。

产品分类产量　按国家标准，模具分为十大类。其中冲压模具产量约占总量的一半，塑料模具约占总量的30%以上，其他各类模具的占总量的20%。1997年，全部模具产量约为800万标准套。

市场及销售　1997年，国内模具市场供需两旺，总量仍旧供不应求。据海关统计，不包括随主机设备和生产线作为附件进口的模具，1997年我国共进口模具6.3亿美元，比上年减少31.4%。进口减少的原因主要有3个：(1)我国取消了一些机电产品进口减免税政策；(2)我国模具生产技术水平的提高；(3)"三资"模具企业大量增加。进口模具中，冲模、压铸模约占39%，塑料模、橡胶模约占37%，玻璃模约占13%，其他各类模约占11%。进口模具主要来自日本（占35.4%）、我国台湾省（占27.1%）、韩国（占9%）和我国的香港特别行政区（占7.9%），欧美也占一定的比例（12.4%）。国内进口最多的是广东和上海、江苏，分别占进口总额的29%、18%和12.8%。1997年出口模具共计9 428.4万美元。出口最多的是广东和江苏，分别占出口总额的53.5%和21.5%。主要去向是东南亚市场，1997年国际模具市场比较平稳，总量比上年略有增加。近五年来，国际模具市场总量一直在600～650亿美元之间。

新技术及科研成果　模具新技术的开发应用，1997年主要集中在如下6个方面。(1)模具计算机辅助设计、计算机辅助分析和计算机辅助制造技术得到了较快发展，包括进口和国内自行开发的软件，已逐渐在一些主要模具企业应用，并产生了良好的效益。有些企业已可通过国际互联网络接受模具订货。(2)气体辅助注射技术已开始在个别企业中应用并制造出了家电塑壳气辅注塑模具，效果很好。(3)由于数控高速铣削设备的不断引进，模具高速铣削加工已开始在我国扩大应用。(4)快速成型技术已从开发走向了应用，国产设备开始进入市场。华中理工大学、隆源公司、清华大学、西安交通大学等单位分别研制成功了各具特色的快速成型设备和材料，而且已逐步将此项技术开始应用于生产实际，产生了良好效果。(5)模糊控制技术开始进入模具电加工，使用模糊逻辑控制的电加工设备已进入市场。(6)能替代进口可加工塑料，性能达到国际同类产品的新材料已开始在制模中应用，产生了良好的效益。

模具行业1997年通过部省级鉴定的成果主要有两项。如表1。

大中型注塑件/模具设计、制造集成系统是国家重点企业技术开发项目，该系统成功地把CAD/CAM技术应用于大中型注塑件/模具设计、制造中，使塑件设计与模具设计、制造联结成有机的整体，提高了设计制造水平，可缩短产品上市周期，增强企业的市场竞争能力，经济效益显著。用该系统设计制造的模具，达到了90年代进口模具水平。该系统是我国在微机上基于同一框架体系实现二维工程图设计、三维几何造型和数控加工编程的第一个集成系统，具有完全的自主版权。

表1　1997年通过部省级鉴定的成果

序号	项目名称	完成单位	成果水平
1	大中型注塑件/模具设计、制造集成系统	北京航空航天大学、合肥荣事达集团公司	国内领先
2	轿车覆盖件冲模铸件的生产技术	东风汽车公司通用铸锻厂	国内领先，机械工业部科技进步二等奖

东风汽车公司通用铸锻厂自行开发的神龙公司轿车覆盖件冲模铸件的生产技术获机械工业部1997年科技进步二等奖。该项目共开发了冲模用三种铸铁（H215、H235、QT600-3A）和一种铸钢（50CrMo）新牌号，铸件实物质量达到法国同类产品的技术标准，得到了神龙公司法方专家的认可。用该技术首批生产的400t冲模铸件，每吨铸件价格只有进口价的61.4%，总差价216万元。如按一个型号轿车覆盖件冲模用1500t铸件计算，国产铸件与进口铸件相比，可节约810万元。再加上由于该铸件几何形状准确、尺寸精度和表面光洁度高、金相组织和硬度较理想，同时作出了中心线、加工余量线和棱线倒角，给加工、热处理各有关工序带来很多方便。

新产品　1997年被评为国家级新产品的模具共3套，如表2所示。

表 2 1997 年模具新产品项目

序号	模具名称	完成单位	水平
1	DOL12-135 多工位硬质合金级进冲模	芜湖万通模具厂	国内先进
2	新型快速拉延成型金属模具	安徽强力新型模具总厂	国内先进
3	微电机机壳引伸多工位级进模	北京市精密模具公司	国内领先

表 3 模具协会技术委员会推荐的高水平模具

序号	模具名称	生产单位
1	全新小红旗改型轿车试制快速成形模具	一汽集团公司模具中心
2	捷达 A2 改型轿车覆盖件模具	一汽集团公司模具中心
3	汽车大型塑料模具（夏利汽车仪表板、保险杠）	天津通信广播公司模具厂
4	气辅注塑模具（63.5、73.7cm 彩电前壳）	南京熊猫电子集团模具制造部
5	塑封电机铁芯自动叠片硬质合金级进模	南京长江机器制造厂工具处
6	冰箱零件大型多工位级进模系列（中盖板、下横条、前顶板各一副）	天水长城精密模具厂
7	36 列冷凝器、60 列蒸发器翅片级进模	天水长城精密模具厂
8	非标准圆锥式导向子午线轮胎活络模具	沈阳模具厂
9	J2988 型 73.7cm 彩色电视机外壳注塑模	浙江黄岩模具二厂
10	电缆桶体注塑模	浙江模具厂
11	81.3cm 彩色电视机前壳注塑模	浙江模具厂
12	丰田海狮面包车模具（保险杠、仪表台、车门内饰板）	浙江模具厂
13	五十铃机油滤清器压铸模具	台州市福宇汽车零部件公司
14	航天头盔面窗模具	上海胜德塑料厂
15	航空杯塑料模具	上海塑料制品模具厂
16	奥迪汽车反光镜（整套）模具	上海塑料制品模具厂
17	洗衣机内桶注塑模	浙江模具厂
18	冰箱冷冻室抽屉注塑模	浙江模具厂
19	新型微灌器材系列滴头塑料模具	山东莱芜市模具厂

经中国模协技术委员会组织国内模具专家评议，1997 年评议出并向国家有关部门推荐了 19 套高水平模具，为申报 1998 年国家级新产品提出了推荐意见。这 19 套模具如表 3。

一汽集团公司于 1997 年研制成功小红旗轿车快速成形模具系 10 个零件共 12 套简易拉延模，均采用树脂作型面，与常规模具相比，节省制造工时 1/3～1/2，缩短生产周期 1/2，降低制造成本 1/3～1/2。该公司制造的捷达 A2 改型轿车覆盖件模具共 34 套，通过了德国奥迪特标准验收，已投入使用，使我国轿车覆盖件模具的设计制造达到了一个新水平。由安徽强力新型模具总厂完成的新型快速拉延成型金属模具与常规钢模相比，寿命相当，制造周期缩短一半以上，成本只为 2/5，且易于维修，前景很好。

在模具加工设备方面，金马机械电子公司在 1995 年度国家级重点新产品 DK7763 电火花数控线切割机床的基础上，1997 年新开发出了 DK77120 电火花数控线切割机床，它是国内外首家推出的特大型快速走丝数控线切割机床，人机功能更加优越，加工应用范围更加广泛。北京阿奇工业电子有限公司开发的 SF203 精密数控电火花成形机是装有内置型 C 轴和 AEC 装置的全功能机床，可以利用形状简单的电极加工复杂型腔，极大地简化了电极制造。该机床也可利用 C 轴进行各种螺旋加工或进行侧面联动旋转加工，加工各种齿形、图案、文字等。该机床采用高精度夹头，电极自动交换位置精度达到 2μm，可实现四轴直线联动，高效脉动电源采用先进的模糊控制技术，加工效率高。该机床最小电极损耗＜0.3‰，最佳表面粗糙度 R_a＜0.2μm。

质量及质量管理 继上海斯米克金刚石工模具有限公司于 1994 年通过 ISO9002 认证及 1996 年上海紫燕模具成型公司等 4 个模具生产企业通过 ISO9001 认证后，1997 年又有沈阳模具厂、七一六研究所、天水长城精密模具厂通过了 ISO9001 认证，无锡模具厂、上海航空发动机厂模具分厂通过了 ISO9002 认证。1997 年，中国模具工业协会编印了《国产优质模具汇编》，向全国模具用户推荐了涉及 60 多个生产企业共 230 多套的优质模具。同时，中国模协模具材料委员会编印了《模具用钢推荐表》，向全行业推荐了国内外优秀模具钢 44 种，使模具生产企业能较为科学地来选用模具钢。

基本建设及技术改造 1997 年，模具行业共完成固定资产投资 6 亿多元（不包括外资）。国家“双加”项目之一的东华模具推杆厂技术改造项目已完成过半，投入产出比 1∶1 以上，效果良好。“九五”国家重点项目之一的浙江塑料模具制造中心项目建议书已经国家计委批复。一汽模具中心、春兰集团模具中心、轻骑集团公司模具中心、柳州微型汽车厂模具中心等项目总投资都超过 1 亿元，项目都在不断建设中。与国有资金投入不足相比，外资和个体在模具行业的投入却大为增加。外资投入最为集中的是广东省。据初步了解，近几年来，外资和港资、台资企业在广东已投资建成模具企业上千个，有的投资超过亿元，总投资达几十亿元。江苏也有超过1亿元投资的外资模具企业，如无锡微研有限公司等。这些外资企业的建成，对发展我国模具工业有很大的推动作用。从总体情况看，模具工业投入仍旧不足，模具总量供不应求的现象短期内仍难有很大改观。

对外合作 1997年4月，中国模协杨铿理事长带队去韩国考察模具工业，并与韩国模协理事长共同签订了中韩模具工业互相交流合作备忘录。6月，中国模协组织有28人参加的模具工业考察团赴新加坡、马来西亚。12月，中国模协组织有15人参加的模具工业考察团赴美国、加拿大。6月，中国模协派出代表赴马来西亚吉隆坡参加了亚洲模具协会联合会三届一次理事会。9月，中国模协接待了由台湾省模协理事长带队的33人模具代表团到北京、上海、浙江等地考察。10月，中国模协和上海国际展览公司共同组织赴西欧和日本、香港进行国际模展的招展工作。1997年，中国模协还组织了多次国外模具技术交流会。通过上述活动，加强了我国模具界与有关国家和地区模具界的交流与合作，推动了我国模具工业的发展。

管理及改革 沈阳模具制造中心是模具行业重点企业，由于长期经营不善、不胜重负及设备不配套等原因，经沈阳市批准破产。1997年，企业重组，减轻了负担，以沈阳模具中心的新牌子重新运行。广州林仕豪电脑化模具制品有限公司是广州黄埔区与加拿大林仕豪公司合资的大中型塑料模具制造企业，模具设计制造水平较高，但由于长期来投入产出比太低，连年亏损，只好宣告破产。现已由广州无线电集团收购，与该集团内模具制造力量一起重组，新建立广电模具塑胶电子实业公司，开始运行。股份制改造，个人承包或租赁经营等形式也已出现。中国模协经营管理委员会将组织交流和进行总结。

〔撰稿人：中国模具工业协会周永泰　审稿人：中国模具工业协会王　都〕

〔责任编辑：王福俭〕

工业机器人

〔机械工业部〕

生产发展情况 至1998，全国从事机器人及其相关技术产品研制、生产的单位有200余个，研制、生产的各类工业机器人约有500台，其中已用于生产的约占4/5。目前全国有机器人用户500余个，拥有的工业机器人总数约为2 000台，从40余个国外厂商进口的各类机器人约占3/4。经过“七五”攻关和“八五”的应用工程开发，我国第一代工业机器人的设计、制造和应用技术已趋于成熟，近几年机器人的开发基本上是按用户需求结合应用工程进行的。机械工业部北京自动化所在售出100多台机器人的基础上，近年又根据用户需求开发了桥型移动龙门仿形自动喷涂机、面向汽车工业的多轴（10轴）软仿形自动喷涂系统、交流伺服内喷涂机器人、自动涂胶机器人、弧焊机器人及工作站、自动化物流系统等，承接了多条机器人化自动生产线；北京机电研究所近年根据用户需求又开发了5种辊锻、热锻机器人新机型，并已在生产中应用；济南二机床集团有限公司开发了用于冲压生产线的上下料机械手和物流传输系统；一汽集团公司与哈尔滨工业大学、中科院沈阳自动化所合作的“863”项目HG-100A点焊机器人已完成2台考机任务，并在本公司应用，一汽还与沈阳自动化所共同开发冲压机器人系统（含12台2轴上下料机械手）并自用。各主要研制单位和生产厂家自1997～1998年上半年研制、生产的工业机器人及其应用情况、职工人数、行业概况、产品分类及产量等见表1～表4。

市场及销售 1997～1998年间，全国应用的工业机器人约增长300台。据75个用户统计，在此期间，共增加工业机器人216台，其中98台为国产机器人。机械工业部所属单位中市场销售较好的有北京自动化所、北京机电研究所、济南二机床集团公司等。近年来由于国外机器人公司不断改进产品的机械结构和控制系统，减少成本，提高可靠性，加之生产批量大，故价格大大降低；而国产机器人由于材料价格和人工费的成本增加，生产数量又少，价格反而有所上涨。鉴于不少用户倾向于应用国外机器人，一些研制单位转而帮用户引进国外机器人单机并为他们搞应用成套，致使近年国产机器人的市场份额有所下降。目前我国工业机器人的市场主要仍在汽车、摩托车、电器、工程机械、石油化工等行业，非制造业用的水下机器人、矿山采挖和喷浆机器人、爬壁机器人、管道机器人、采果机器人等也有少量市场需求。总体来看，我国工业机器人市场还存在着“僧多粥少”的现象。由于国内工业机器人市场容量近年还在200～300台，而各单位的生产纲领加上国外产品的竞争超过市场容量的5倍以上，有的老机器人研制单位开始转向搞别的产品，有些单位用国外产品搞应用工程，例如中科院沈阳自动化所已搞了几十条应用生产线和工作站，还有的单位研制一些特殊用途机器人以开拓新的应用领域。出口情况见表5。

质量及质量管理 1996年修订的《工业机器人安全规范》、《工业机器人术语》两项国标，制订的《工业机器人坐标系运动命名原则》一项国标和《工业机器人型号编制方法》一项行标已获批准。各研制、生产单位都在参照执行ISO9001质量管理体系和已颁布的14项国标及行标，注重机器人产品的可靠性和质量。机械工业部有关部门拟组织宣贯上述标准。目前尚未建立该类产品检查的机构和制度。

管理及改革 各研制、生产单位基本实行企业化管理，一些高校也在开办机器人技术公司，合资或代理的企业逐步增多。“三资”企业、技术合作项目及技术引进情况见表 6。

表 1　1977～1998 年上半年工业机器人研制、生产、应用一览表

研制生产单位	项目名称	系统构成、主要技术参数及特点	成果应用及获奖情况	备　注
机械工业部				
机械工业部北京自动化研究所	桥型移动龙门仿形喷涂机开发应用	结构型式：龙门移动桥式，4 个驱动轴，驱动方式：变频调速，控制方式：PLC，编程方式：编程盒（示教盒）编程输入	拟用于张家港牡丹汽车集团公司，喷涂中巴外表面，共 2 台	正安装调试
	面向汽车工业的多轴（10 轴）软仿形自动喷涂系统及应用工程开发	10 个驱动轴，完成车身 5 个面的软仿形自动喷涂，微机二级实时多任务控制，多机协调通讯，交流伺服驱动	面向轿车应用 1 台	正调试
	弧焊机械人整机开发及工作站	自主开发的新型弧焊机器人，6 轴，负载 6kg，位置重复性 ±0.1mm，驱动方式：数字交流伺服，控制系统：具有 8 轴同时控制能力，32 位 DSP 实现轴的智能控制，有焊缝跟踪功能接口，具有焊缝跟踪数据的实时处理与修正功能，控制软件汉化，具有易操作的人机界面，PTP/CD 控制	1 台组成工作站，拟用于平顶山高压开关厂焊接筒体	正调试
	交流伺服内喷涂机器人及其应用工程成套技术开发	空间关节式，6 轴，具有空心手腕，交流伺服驱动，壁挂式和倒挂式两种喷涂机器人配合以开关门机器人多机协调控制，静态示教，动态再现，完成对车体的自动识别、快速移位、定位及自动喷涂作业	适于箱形本体内涂，5 台拟用于二汽车身厂喷涂卡车车身内表面	正调试
	车厢自动喷涂生产线研制开发工程	生产线由 4 台侧喷机和 1 台顶喷机构成，两类机型皆为直角坐标型自动喷涂机	用于东风轻型车厢厂喷涂车厢外表面	
	武汉神威汽车塑料件热熔胶涂胶工作站	涂胶曲线满足产品指标及图纸要求，涂胶胶带表面光滑、平整，可涂任意截面尺寸，热熔胶流量为 500～2 500mL/h	1 台机器人组成工作站，用于武汉神威汽车塑料件有限责任公司	
机械工业部北京机电研究所	ZGS1000 辊锻机器人	4 轴，最大纵向行程 7 000mm，最大横向行程 800mm，手臂自转角 90°，手臂回转角 360°，最大负载 150kg	1 台，用于湖北谷城车桥股份有限公司	参考价 ￥70 万元，已完成调试
	JS1 热锻机器人	4 轴，最大纵向行程 2 600mm，手臂自转角 90°，手臂回转角 90°，手臂仰角 7°，最大负载 150kg	1 台，用户同上	参考价 ￥60 万元，正调试

（续）

研制生产单位	项目名称	系统构成、主要技术参数及特点	成果应用及获奖情况	备　注
机械工业部北京机电研究所	JS3 热锻机器人	4 轴，最大纵向行程 2 600mm，手臂自转角 90°，手臂回转角 90°，手臂仰角 7°，最大负载 150kg	1 台，用户同上	参考价￥60 万元，正调试
	XJS 热锻机器人	4 轴，最大纵向行程 2 200mm，最大横向行程 80mm，最大垂直行程 300mm，手臂自转角 90°，最大负载 150kg	1 台，用户同上	参考价￥65 万元，正调试
	GKA 多手臂热锻机器人	3 轴，6 个手臂，纵向行程 235mm，垂直行程 68mm，最大负载 10kg	1 台，用于上海汽车锻件总厂，正调试	参考价￥100 万元
济南二机床集团有限公司	T59-35 双摆动臂式低结构可编程上、下料机械手	垂直行程 0～750mm，垂直行程速度 75m/min，水平行程 0～2 740mm，水平行程速度 290m/min，冲压件重量 35kg，垂直定位位置重复性±0.8mm	用于冲压生产线上、下料	
	TA59-35 直线运动式可编程上、下料机械手	垂直行程 0～750mm，垂直行程速度 75m/min，水平行程 0～2 740mm，水平行程速度 90mm/min，冲压件重量 35kg，位置重复性±0.8mm	用于冲压生产线上、下料	
	T55-3660 穿梭传送装置	传送行程≤3 660mm，传送速度 200m/min，传送重量 50kg，左右侧移行程 200mm，前后倾斜角度±15°，位置重复精度±0.8mm	用于生产线物料传送	
	T53-3050-X1800 拆垛装置	拆垛最大速率 600 件/h，垛料尺寸：前后 500～1 800mm，左右 1000～3 050mm，厚度 0.6～1.6mm，垛料高度 250～500mm，垛料最大重量 15t	用于生产线垛料拆垛	
一汽集团公司	HG-100A 点焊机器人	6 轴，关节型，负载 100kg，位置重复性±0.8mm，具有国产版权控制软件，AC 伺服驱动，绝对码盘反馈，菜单式编程软件及将操纵、编程、示教和诊断四大功能合为一体	1997 年完成 2 台考机任务，用于焊 CA141 卡车和红旗轿车	“863”项目，与哈尔滨工业大学、沈阳自动化所合作
中国科学院				
中科院沈阳自动化研究所	K10 弧焊机器人系统	K10 机器人本体/SIA 控制器，2 轴 L 形变位机＋地面移动滑台（或回转变位机）NASTOAINVERTER ACE-500Y 焊接电源	鞍山红旗拖拉机制造厂用 4 套，锦州重型机器厂、上海汇众车桥厂、哈尔滨轻型汽车厂各用 1 套	

（续）

研制生产单位	项目名称	系统构成、主要技术参数及特点	成果应用及获奖情况	备注
中科院沈阳自动化研究所	弧焊机器人系统	机器人本体/SIA控制器＋回转工作台，弧焊系统，焊接夹具	黎明发动机公司用1套，焊接摩托车	
	K6弧焊机器人系统	K6机器人本体/SIA控制器＋工作台（滑动、回转或固定），焊接夹具，焊接系统	金杯汽车座椅厂用6套，上海汇众汽车底盘厂、天津理工学院各用1套	
	SK6弧焊机器人系统	SK6机器人本体/MRC控制器＋工作台（回转），夹具，焊接系统	上海汇众汽车底盘厂及重型机器厂、上海交通装卸机械厂、大连华克吉来特汽车消声器有限公司各用2套	
	5轴直角坐标机器人弧焊系统	5轴直角坐标机器人/SIA控制器＋回转工作台，夹具、弧焊、TIG焊接系统，火焰加热装置	沈阳鼓风机厂用1套	
	EV弧焊机器人系统	EV机器人本体/OSACOMα控制器＋工作台（滑动或回转），弧焊（或TIG焊）系统，夹具	三水嘉陵摩托车有限公司用4套，长春铃木摩托车有限公司、江都油田机械厂各用1套	
	V01S弧焊机器人系统	V01S机器人本体/SUPER-8700控制器＋回转工作台，弧焊（或TIG焊）系统，夹具	北新施工技术研究所用2套，上海汇众汽车底盘厂、天津大学各用1套	
	DR-4000弧焊机器人系统	DR-4000机器人本体/控制器＋工作台（回转、滑动）或变位机，弧焊系统，夹具	上海汇众汽车底盘厂用4套，海南新大陆摩托车厂用4套＋2台小圆焊接专机，南京金城机械有限公司用5套于弧焊，1套于等离子切割，并用油箱口焊接专机1台，江汉航空救生装备工业公司用2套，上海汇众车桥厂与济南轻骑摩托车股份有限公司各用1套	
	K100点焊机器人系统	K100机器人本体/SIA控制器或ERC控制器，滑动滑台，焊接夹具，点焊系统	松辽汽车股份有限公司用2套，上海龙马神汽车座椅有限公司用1套	
	4轴点焊机器人系统	4轴汽车地板点焊机器人本体/SIA控制器＋点焊系统	松辽汽车股份有限公司用4套，金杯客车制造有限公司用3套	
	UX100点焊机器人系统	UX机器人本体/控制器＋回转工作台，点焊系统，夹具	三水嘉陵摩托车公司用4套	
	冲压机器人系统	2轴上下料机械手12套，磁力分层设备，翻转、传输装置等	用于一汽大众汽车有限公司	
	K5G喷涂机器人系统	K5G机器人本体/ERC控制器＋地面移动滑台，PVC喷涂系统	松辽汽车股份有限公司用1套	

(续)

研制生产单位	项目名称	系统构成、主要技术参数及特点	成果应用及获奖情况	备　注
中科院沈阳自动化研究所	高压水切割机器人系统	5轴直角坐标机器人/SIA控制器，高压水切割系统	成都飞机制造公司用1套	
	SK120-75浇铸机器人系统	SK120-75机器人/ERC控制器，熔炉，浇铸机	无锡威孚股份有限公司用1套，浇铸泵体	正进行
	3轴浇铸机器人	机器人本体/控制器	山东活塞厂用1台于汽车配件浇铸	正进行
	机器人控制器		一汽大众汽车公司用2套于点焊机器人，沈阳第一机床厂用1套于弧焊机器人	
	AGV系统	AGV（自动导向小车）运输系统	金杯客车制造有限公司用9套，韩国三星公司用1套，柳州微型汽车厂用9套，上海卷烟厂用3套（正进行）	
	CR-01　6000m无缆自治水下机器人	在6000m水下能自动记录、自动避障，具有故障自诊断和应急上浮功能，能提供指令遥控	1997年5～6月在太平洋圆满完成各项海底调研任务，进行600m深水录像、拍照、海底地势与剖面测量、水文测量、多金属结核丰度测定及海底沉积物目标搜索、观察	
中国兵器工业总公司				
西南自动化研究所	TF-1型关节式弧焊机器人	6轴，最大负载5kg，位置重复性±0.2mm，全数字DC、AC驱动，轨迹控制方式：PTP/CP，焊枪恒速控制，存储容量：2000个示教点，具有直线和圆弧插补、焊枪横摆、I/O和作业预约、焊接工艺参数设置、自动跟踪焊缝、程序编辑和MDI示教功能	共生产应用4台。抚州减震器厂用1套工作站于摩托车贮液筒焊接，江铃底盘股份有限公司用3台焊接弹簧板座、桥壳、减震器支架，应用效果良好	参考价：机器人29万元/台，工作站60～70万元/套
	TF-Ⅱ型汽车后桥壳Y、I焊缝焊接机器人	直角坐标型，最大合成速度≥2m/s，位置重复性±0.4mm，步进电机驱动，CP控制，焊枪恒速控制，存储容量：50个示教点，具有两台或单台直角坐标型机械手同时运动功能，具有直线和圆弧插补、故障自诊断和自动补焊功能	江铃底盘股份有限公司用2台于汽车后桥壳Y缝和I缝焊接。共生产3台，应用效果良好	参考价33万元/台
	02-10贮液筒弧焊机器人工作站			国家“863”项目，拟于1998年10月完成
中国船舶工业总公司				
船舶工业总公司第七研究院第七〇九研究所	无海图智能水下机器人	在有海流及非结构性海洋环境下，具备自主理解形势和事件、自主决策、自主规划及引导控自主到达作业地点等自治功能		正研制

（续）

研制生产单位	项目名称	系统构成、主要技术参数及特点	成果应用及获奖情况	备　注
船舶工业总公司第七研究院第七〇九研究所	600m 水深遥控水下机器人的工程化		于 1995 年通过中国船检局鉴证，现正在南海和东海海域进行海上石油开采的辅助作业	
	遥控水下机器人		于 1993 年完成，1996 年获船舶工业总公司（部级）科技进步一等奖	
	有海图智能水下机器人		于 1995 年完成，1996 年获船舶工业总公司（部级）科技进步一等奖	
电子工业部				
杭州电子工业学院	机器人搬运装配生产线	含搬运装配机器人 3 台，2 台平面关节型，1 台直角坐标型。该生产线曾通过装配录象机磁鼓、带轮、支架及无绳电话机元件试验成功	1994 年通过电子工业部鉴定，获省电子科技进步奖。目前在本校用作教学示范	
中国航空、航天工业总公司				
哈尔滨工业大学	HR-800 型全自动包装机器人码垛生产线	由码垛机器人和输送机械构成，具有自动称量、自动装袋、自动检测、自动码垛、玻璃自动堆垛等功能	在国内已装备十几条生产线，已形成年产 10～20 台的生产能力	
北京航空航天大学	高层建筑擦窗机器人	气动式，由机器人本体和地面支援小车构成，机器人沿玻璃壁面爬行并完成擦洗动作，十字框架结构，体轻，灵巧，可靠，作业效率达 $130m^2/d$ (8h)，实时遥控，自动避障，污水自动回收，无溅漏	1 台用于北京西客站玻璃顶棚（约 3 000m^2）擦洗	与铁道部科研所共同研制
	机器人臂与灵巧手集成系统	由大臂、小臂和灵巧手等构成，大小臂有 6 关节，灵巧手有 3 根手指，9 个关节。该集成系统具有视觉、力觉和接近觉，其指挥中心为电脑系统组成的神经网络		
煤炭工业部				
山东矿业学院	PJR 系列喷浆机器人	由机械手、混凝土泵（或喷浆机）、速凝剂泵和底盘四部分组面。机器人为 6 轴，具有全自动和遥控主从两种控制功能，电动—液压驱动，具有爬坡能力，可根据用户需要分别采用轨道式、胶轮式或履带式	样机于 1996 年底鉴定，1997 年被列为“国家科技成果重点推广项目”，1998 年被列为“国家科委目标产品发展项目”。已投产 1 台	为“863”计划项目，参考价￥150 万元/台
中国矿业大学	机器人化自动钻机	实现了 1000m 远距离遥控、工业电视监视、自动上下钻杆、自动连接钻杆、自动拆卸钻杆、自动钻进及就地人工控制等技术标准，具有故障诊断、报警、环境参数检测等功能	1997 年通过鉴定	“863”项目，与哈尔滨工业大学合作

（续）

研制生产单位	项目名称	系统构成、主要技术参数及特点	成果应用及获奖情况	备　注
林业部				
东北林业大学	林木球果采集机器人	由机械手、行走机构、液压驱动系统和单片机控制系统等组成。最大采集高度 14m，最小采集高度 3m，最大采集半径 6.8m，采集爪最大采集力 2 500N，最大采集速度 0.65m/s，机器人最大行走速度 10.3km/h	试验结果：机器人每台班能采集落叶松球果 500kg	
中国石油天然气总公司				
北京石油化工学院	套袋机械手	系统由 2 台机械手构成，一台机械手抓起纸袋，送给另一台机械手，该机械手撑开袋口，套于 2 个舌板上，推进物料。二机协调动作，运行速度 200～400 袋/h	可用于固体物料（块、颗粒、片状）自动包装生产线上。已生产 2 套系统，一套自用，另一套用于北京燕山石化公司橡胶厂	
国家教委				
南开大学	微驱动机器人系统	系统基座部分为一倒置显微镜，配备 3 轴机器人操作手和 2 轴电动载物台以及 CCD 摄像机和激光测距系统，集成于一体。机械手为直角坐标型，各轴运动范围 17mm，分辨率 50nm，重复性 100nm	已用于生物工程中基因切割和注射作业	
上海市				
上海富安公司	汽车零件弧焊工作站		完成 3 套应用工程	
	汽车部件装配自动生产线		完成一条生产线应用工程	
	SGM 车身焊接生产线		正安装调试，计划 1998 年底验收投产	与 Comau 公司合作

表 2　1997 年工业机器人行业职工人数、工资总额

部　门	企业数（个）	全部职工年末人数（人）				工资总额（万元）
		总　计	工　人	工程技术人员	管理人员	
机械工业部	13	522	181	253	88	455
中国兵器工业总公司	3	84	14	65	5	83
电子工业部	1	7		7		7
中国航天工业总公司	4	181	34	112	35	229
冶金工业部	1	28	6	18	4	100.8
煤炭工业部	2	10		9	1	11
中国船舶工业总公司	1	23		20	3	25
上海市	1	19	6	10	3	40

表 3　1997 年工业机器人行业状况

部　门	销售收入（万元）	年末固定资产（万元）		定额流动资金（万元）		销售利税率（%）	全员劳动生产率（万元/人）	技术更新改造费（万元）
		原　价	净　值	年末占用数	平均余额			
机械工业部	4 175	8 924	7 412	327	31.6	9.5～30	5～20	200
中国科学院	3 000							
航空、航天工业总公司	2 000							
中国兵器工业总公司	315	600	520	120	50	20	15	20
中国船舶工业总公司	115	125	30	15			5	
上海市	400	3 000	1 600			10	10	

表 4　1997～1998 年上半年工业机器人行业各类产品产量

部　门	产品名称	单　位	产　量
机械工业部	喷涂机器人及系统	台（套）	14
	弧焊机器人及工作站	台（套）	1
	点焊机器人	台（套）	2
	辊锻机器人	台（套）	1
	热锻机器人	台（套）	5
	上下料机器人	台（套）	2
	自动传送装置	台（套）	1
	自动拆垛装置	台（套）	1
中国科学院	弧焊机器人系统配套工程	台（套）	56（近 5 年）
	点焊机器人系统配套工程	台（套）	14（近 5 年）
	喷涂机器人	台（套）	1
	水切割机器人	台（套）	1
	上下料机器人	台（套）	12（1 条线）
	浇铸机器人	台（套）	2
	AGV 小车	台（套）	19（近 5 年）
	自动焊接专机	台（套）	3
	无缆自治水下机器人	台（套）	1
中国兵器工业总公司	弧焊机器人及工作站	台（套）	8
中国船舶工业总公司	水下机器人	台（套）	3（近 5 年）
中国航空、航天工业总公司	机器人码垛生产线	条	10
	高层建筑擦窗机器人	台（套）	1
	机器人臂灵巧手集成系统	台（套）	1
煤炭工业部	喷浆机器人	台（套）	1
	机器人化钻机	台（套）	1
电子工业部	搬运装配机器人生产线	条	1（3 台）
冶金工业部	弧焊机器人	台（套）	10
林业部	采果机器人	台（套）	1
中国石油天然气总公司	套袋机器人	台（套）	2
国家教委	微驱动机器人系统	台（套）	1
上海市	机器人弧焊工作站应用工程	台（套）	3
	机器人装配生产线应用工程	条	1
	机器人点焊焊装生产线应用工程	条	1

表 5　1977 年工业机器人行业出口额

部　门	主要类型产品	出口产品	
		单　位	数　量
中国科学院 中国航空工业总公司	AGV（自动导向车） 3 指灵巧手	台（套） 台（套）	1 1

表 6　企业集团、“三资”企业、技术合作及引进一览表

名　称	组成成员	技术引进与生产发展情况	计划指标
首钢莫托曼机器人有限公司	由首钢总公司（资金 45%）、日本安川电机株式会社（资金 43%）、日本岩谷产业株式会社（资金 12%）三家合资，1996 年 8 月成立，建于北京经济开发区内，1997 年 10 月 8 日举行开业典礼	日本安川公司 1996 年新推出的 MotomanSK 系列产品技术，生产 SG-Motoman 系列机器人，并承包应用工程，进行技术服务。目前已完成上海汇众汽车制造公司重型汽车厂的汽车副车架弧焊系统、上海齿轮总厂变速器的机器人搬运装配系统、天津微型汽车厂的密封、涂胶作业机器人系统等工程，在国内已售出各类机器人 10 余台	总投资 700 万美元，计划达年产 800 台机器人或系统。北京、沈阳、广州等地设有维修服务中心
北京安川北科自动化工程有限公司	为日本安川电机（株）与北京科技大学校办产业集团所属北科机械电子材料高技术公司共同合资经营	引进安川公司的先进机器人技术，与北京科技大学多年的开发经验和技术相结合，致力于工厂自动化系统集成技术开发、设计、制造及相关产品的经营。在机器人工程方面已完成了汽车、摩托车、工程机械等多条生产线和工作站项目，应用机器人约百台	进行各类工业机器人及其应用工作站、生产线的设计、制造、安装调试，物流系统的设计与集成，数控系统、伺服系统、过程控制及冶金自动化等
德国莱斯机器人中国技术服务中心	由德国 Reis 机器人公司分别与北京航空工艺研究所及中科院沈阳自动化所合作成立	引进 Reis 公司的 RV、RL、RH 系列机器人进行应用工程服务，包括焊接、切割、喷涂、机加工、码垛、拆垛等	
唐山松下产业机器有限公司	由日本松下电器产业（株）和松下产业机器（株）出资 60%，唐山开元电器有限公司出资 40%，投资总额 13 亿日元，注册资本 8 亿日元	引进松下公司技术，生产电焊机、切割机、机器人及相关产品。引进的机器人为 Pana RoboVR 系列、AW 系列、RW 系列。已成立机器人展示中心，拥有数台（套）最新型松下机器人及周边设备，可对试件进行焊接方案验证和进行技术培训，已取得 ISO9001 质量体系认证	自 1994 年 8 月 10 日成立，合资期限 20 年。各类产品 2 万台/年，其中 25%出口
中科院沈阳自动化所与 OTC 合作项目	由中科院沈阳自动化所与日本 OTC DAIHEN Corporation 公司双方合作	引进 OTC 的机器人 DR 系列和 V 系列，主要从事弧焊应用工程项目，已在汽车、摩托车等行业建立了十几个工作站（或生产线）	
济南诚信昌机电设备有限责任公司	为美国 ITW 焊接集团中国代理	该集团生产各类焊接设备，其中 MR 系列万能焊接机器人已在中国装备了几条焊接生产线	
上海富安公司与 Comau 合作项目	上海富安工厂自动化有限公司与意大利 Comau 公司合作	进行 SGM 的车身焊接生产线的生产，已进入设备安装调试阶段	计划于 1998 年底完工，验收投产

〔撰稿人：机械工业部北京自动化研究所陈佩云　审稿人：机械工业部尤一平〕

〔中国科学院〕

科研成果 中国科学院沈阳自动化所是国家机器人技术工程研究中心、中国科学院机器人学开放实验室的依托单位,从事机器人的研究、开发、生产。1997年完成“八五”国家重点科技攻关项目“工业机器人控制技术及产品开发”和“工业机器人点焊、弧焊应用工程”通过由机械工业部组织的鉴定,开发了自主版权的机器人控制软件及硬件系统,通过了多项应用工程考核,完成了产品化设计定型,已有三种型号二十多台控制器在工业机器人工作单元和生产线上应用,运行情况良好,解决了很多关键技术问题。专家认为:机器人控制技术及产品,其总体性能达到国际90年代中期同类产品水平,其中起始点自动查找及焊缝自动跟踪专用功能模块技术达到国际先进水平。

弧焊机器人工程点是在鞍山红旗拖拉机厂,用两台机器人建立了一个工程机械框形件弧焊工作站,用四台机器人建立了两个箱形件弧焊工作站,满足了现场生产的实际需要。点焊机器人应用工程点是在松辽汽车厂,自主开发了四台四轴点焊机器人,以此建立了面包车地板点焊工作站。

“九五”国家重点科技攻关项目“一汽捷达轿车冲压线连线自动化系统的研究开发”通过了由机械工业部组织的鉴定。本项目针对一汽大众汽车有限公司70#冲压线,在现有人工流水生产线的基础上,开展轿车大型覆盖件冲压自动化技术研究并开发相关设备。这是国内首次自主开发研制的我国第一条轿车大型覆盖件冲压连线自动化系统经过生产考核,性能稳定可靠,运行情况良好,整线技术指标:连续生产节拍长4～5件/min,每种零件生产前的调整时间30min,专家认为整个系统的技术水平达到90年代国际先进水平。

〔撰稿人:中国科学院高技术研究与发展局刘昱 审稿人:中国科学院高技术研究与发展局马雄鸣〕

〔责任编辑:王福俭〕

(上接Ⅰ—36页)

(3)进口贸易方式构成有较大变化,以进料加工为主,外商投资设备与一般贸易占相当比重。全年进料加工贸易进口机电产品173.4亿美元,增长24.1%,占机电产品进口总值的29.2%;外商投资企业作为投资进口的机电产品159.6亿美元,下降28.5%,占机电产品进口总值的26.9%,较1996年的比重减少了近10个百分点,这主要是受国家取消大部分外商投资企业进口设备优惠政策的影响。一般贸易进口机电产品142亿美元,下降9.4%,占机电产品进口总值的23.9%。

表6 1997年进口主要机械产品量值表

商品名称	计量单位	数量	金额(万美元)
汽车和汽车底盘	万辆	4.84	71 174
汽车零件			93 249
飞机	架	73	257 605
钟表机芯及零件			84 765
模型及铸造用型箱	万t	1.9	61 866
橡胶或塑料加工机械			130 156
金属轧机及零件			34 800
金属加工机床	万台	10.4	158 459
纺织机械			183 728
印刷、装订机械			51 878
造纸及纸品用机械			50 061
食品加工机械			40 935
建筑及采矿用机械			67 271
机械提运卸设备及零件			138 653
冷冻机及制冷设备			38 437
液泵及液体提升机	万台	137	28 570
活塞式内燃机的零件	万t	4.6	31 325
蒸气及过热水锅炉	万台	0.71	20 252

(4)外商投资企业是进口的主体。外商投资企业进口387.2亿美元,下降4.5%,占进口总值的64%。国有企业进口197.6亿美元,增长2.9%。

(5)机电产品近半数进自日本和欧盟,自美国进口有所增长

全年从日本进口机电产品169.3亿美元,下降5.6%,占进口总值的25%;从欧盟进口138.9亿美元,减少6%,占23.4%,其中自德国进口48亿美元,下降20.4%;自美国进口82.6亿美元,增长1.7%,占13.9%。

机电产品出口继续以较高速度增长,再次取代传统服装纺织品的地位成为最大类出口商品,表明我国出口商品结构进一步优化,体现了我国工业现代化进程中的必然方向。但机电产品进口增长乏力,外商投资企业、加工贸易进口下降,与亚洲金融危机对投资和加工贸易出口前景不明有关,也与取消大部分减免税优惠政策有关。但国有企业进口减少,与国家金融环境适度从紧,国有企业资产负债率高,企业自我积累自我发展机制弱有关。为了加强国有企业的技术改造,进一步提高综合要素生产率,实现产品的升级换代,提高出口产品竞争力,加速完成“两个根本性的转变”,在大力推进机电产品出口的同时,也应积极增加机电产品的进口,尤其要引进那些富含高新技术的先进生产设备。同时,机电产品存在着盲目进口、重复进口的现象,一方面浪费了国家宝贵的外汇,更严重的是国内能够制造的机电产品进口较多,影响了国内相应行业的发展。随着国家新的减免税政策的实施,以及国家固定资产、基础设施投资力度的加大,1998年机电产品进口将有较快增长。

〔撰稿人:海关总署综合统计司黄国华〕

〔第Ⅰ部分 责任编辑:张友鹤〕

附表 1

企业规模(1997 年)

行　业	部　门	企业总数(个)	特大型	大一型	大二型	中一型	中二型	小　型
工业锅炉	机械工业部	150		6	10	22	26	86
内燃机	机械工业部	133	2	15	24	16	38	38
汽轮机	机械工业部	22		7	4		2	9
发电设备	电力工业部	1			1			
金属切削机床	机械工业部	223	2	15	38	14	58	96
锻压设备	机械工业部	100		2	9	12	23	54
铸造机械	机械工业部	20			2		7	11
起重运输设备	机械工业部	166		3	10	10	36	107
	交通部	19		1	2	7	8	1
	电力工业部	11			6	2	3	
泵	机械工业部	229		1	13	5	44	166
工业泵		93		1	8	3	21	60
农业泵		136			5	2	23	106
	电力工业部	6		1	2	2	1	
风机	机械工业部	59		1	7	4	11	36
	电力工业部	3			2	1		
气体压缩机	机械工业部	65			9	3	11	42
气体分离设备	机械工业部	18		3	4		4	7
真空获得及应用设备	机械工业部	16			1	2	6	7
制冷空调设备	机械工业部	57	1	5	8	5	10	28
电动工具	机械工业部	35			4		6	25
减速机械	机械工业部	36			2		4	30
轴承	机械工业部	238	1	5	22	34	80	96
阀门	机械工业部	144			6	5	35	98
高中压阀门		60			3	3	23	31
低压阀门		84			3	2	12	67
	电力工业部	3			2	1		
液压件及液力件	机械工业部	91		3	5	3	26	54
气动元件	机械工业部	19			1		3	15
密封件	机械工业部	24			2		2	20
粉末冶金制品	机械工业部	29			1	2	8	18
紧固件	机械工业部	146			5	7	20	114
弹簧和链条	机械工业部	58			4	2	8	44
弹簧		33			1	1	2	29
链条		25			3	1	6	15
齿轮	机械工业部	81		1	14	8	36	22
汽车齿轮		22			6	2	9	5
农机齿轮		47		1	7	5	23	11
其他齿轮		12			1	1	4	6
矿山设备	机械工业部	131		6	12	9	22	82
	煤炭工业部	38		4	11	6	14	3

（续）

行　业	部　门	企业总数（个）	特大型	大一型	大二型	中一型	中二型	小　型
矿山设备	电力工业部	4		1	2	1		
冶金设备	机械工业部	25	2	5		2	8	8
电工专用设备	机械工业部	12		1	1	1	3	6
石油设备	机械工业部	47		3	3	4	14	23
	中国石油天然气总公司	27		13	12	2		
化工设备	机械工业部	33		1	2	1	10	19
橡胶设备	机械工业部	8				2		6
塑料设备	机械工业部	16			1	2	2	11
木材设备	林业部	43		1	7	10	20	5
印刷设备	机械工业部	51		2	9	3	16	21
建筑材料设备	机械工业部	20				2		18
食品设备	机械工业部	44			1	3	14	26
	中国船舶工业总公司	5		2	3			
粮油设备	机械工业部	70				1	9	60
饲料设备	机械工业部	27					1	26
包装设备	机械工业部	17				1	6	10
纺织设备	机械工业部	15			1	1	2	11
缝纫设备	中国轻工总会	76						
拖拉机	机械工业部	94	1	8	22	11	28	24
大中型拖拉机		12	1	5	2	1	1	2
小型拖拉机		82		3	20	10	27	22
机械化农机具	机械工业部	412		3	17	14	60	318
机引耕作农具		62		1	2	2	12	45
机动植保机械		7			1	1	1	4
收获及场上作业机械		82		1	3	2	10	66
收获机械		30		1	3	1	7	18
场上作业机械		52				1	3	48
农副产品加工机械		86			1	2	6	77
农业运输机械		158		1	10	7	27	113
喷灌机械		17					4	13
	农业部农垦局	66			1	1	14	50
热带作物机械	农业部农垦局	19					3	16
营林机械	林业部	9			1	1	4	3
	机械工业部	2				1		1
畜牧机械	机械工业部	36				1	8	27
渔业机械	机械工业部	7					3	4
水利机械	机械工业部	11					3	8
	电力工业部	3			3			
医疗器械	机械工业部	4			1			3

（续）

行　业	部　门	企业总数（个）	特大型	大一型	大二型	中一型	中二型	小　型
建筑工程机械	机械工业部	112		9	21	7	22	53
叉车		24		1	5	1	8	9
工程起重机械		19		2	4	3	1	9
风动工具		10					5	5
凿岩机械		6			2		1	3
挖掘机		9		1	5			3
压路机		3		1		1		1
其他建筑机械		57		4	7	2	13	31
地质设备	地质矿产部	32			3		5	24
	电力工业部	1						1
商业机械	机械工业部	10				1	3	6
环境保护机械	机械工业部	38			1	2	8	27
	电力工业部	10		3	1	4	1	1
铁路机车车辆	铁道部	35		32	2	1		
	电力工业部	1				1		
汽车	机械工业部	908	4	14	111	50	194	535
载重汽车		49	2	8	18	3	10	8
客车		19			5	2	5	7
小轿车		6	2	3	1			
微型汽车		4		2	1		1	
特种车辆及改装汽车		100			13	8	38	41
汽车零部件及配件		730		1	73	37	140	479
摩托车	机械工业部	20		1	8	1	3	7
自行车	中国轻工总会（系统内企业）	303						
船舶	中国船舶工业总公司	76	3	19	31	7	13	3
电机	机械工业部	362		17	21	29	77	218
电动机		239		10	12	21	62	134
微电机		61		1	3	4	6	47
防爆电机	煤炭工业部	3			1	1		1
变压器	机械工业部	169		2	13	10	44	100
整流器	机械工业部	17			1	1	2	13
电容器	机械工业部	16			2		4	10
高压电器	机械工业部	224	1	6	8	9	31	169
电线电缆	机械工业部	254		12	24	16	58	144
绝缘制品业	机械工业部	45		1	3	4	8	29
蓄电池	机械工业部	47		1	5	4	8	29
	中国船舶工业总公司	3			2			1
家用电器	机械工业部	70		2	7	7	14	40

（续）

行　业	部　门	企业总数（个）	特大型	大一型	大二型	中一型	中二型	小　型
洗衣机	机械工业部	4				1	1	2
电冰箱		10		2	1	3	2	2
电风扇		17			3		4	10
空调器		6			2		2	2
其他家用电器		33			1	3	5	24
电焊机	机械工业部	42			1	1	7	33
工业用电炉	机械工业部	23				1	7	15
通用仪器仪表	机械工业部	457		8	28	9	58	354
工业自动化仪表		225		4	9	4	25	183
电工仪器、仪表		88		3	7	3	13	62
光学仪器		66			6	2	5	53
分析仪器		30			2		3	25
试验机		23			3		10	10
实验室仪器及装置		25		1	1		2	21
专用仪器仪表	机械工业部	23			1	3	2	17
环境保护仪器仪表		1						1
汽车仪器仪表		5			1	2		2
导航制导仪器		3						3
农、林、牧、渔仪器仪表		3						3
地质勘探、钻采、地震、土工仪器		5					2	3
气象、海洋、水文、天文测量仪器		6				1		5
	电力工业部	8			1	1	3	3
	地质矿产部	2					2	
	煤炭工业部	13			3	2	7	1
	中国石油天然气总公司	5		2	1	2		
仪器仪表元器件	机械工业部	30			2	2	5	21
传递标准用计量仪器	机械工业部	2						2
量具量仪	机械工业部	32		1	3	1	6	21
衡器	机械工业部	3					2	1
	中国轻工总会（归口企业）	505			5	11	19	470
	中国轻工总会（系统内企业）	127						
电影机械	机械工业部	13			2		1	10
照相机及器材	机械工业部	25		2	1	1	3	18
复印机	机械工业部	15			5	1	1	8
钟表	中国轻工总会（系统内企业）	172						
碳素制品	机械工业部	11			2		1	8
	机械工业部	73		4	2	4	9	54
磨料磨具	中国核工业总公司	10			2	1		7
模具	机械工业部	38		1		2	7	28

附表 2

职工人数、工资总额(1997 年)

行业	部门	全部职工年末人数(人) 总计	其中 工人与学徒	其中 工程技术人员	其中 管理人员	全部职工全年平均人数(人)	工资总额(万元)
工业锅炉	机械工业部	102 613	73 954	12 608	16 051	130 307	94 882
内燃机	机械工业部	180 812	138 153	18 382	24 277	220 526	144 194
汽轮机	机械工业部	36 290	26 255	5 090	4 945	48 709	62 538
发电设备	电力工业部	1 272	681	137	158	1 640	1 928
金属切削机床	机械工业部	212 703	157 133	22 971	32 599	279 248	158 258
锻压设备	机械工业部	53 719	40 367	5 021	8 331	69 477	40 854
铸造机械	机械工业部	11 218	8 255	1 036	1 927	13 969	6 715
起重运输设备	机械工业部	96 593	70 403	9 304	16 886	120 631	78 935
	交通部	13 040	8 870	1 360	1 634	13 117	12 462
	电力工业部	13 187	8 247	1 217	1 507	13 093	13 855
泵	机械工业部	101 794	77 093	9 860	14 841	118 311	64 522
工业泵		50 437	37 075	5 526	7 836	62 433	36 545
农业泵		51 357	40 018	4 334	7 005	55 878	27 977
	电力工业部	7 515	4 731	723	880	7 628	9 698
风机	机械工业部	41 318	30 313	4 091	6 914	53 935	37 596
	电力工业部	3 351	1 869	368	421	3 566	3 754
气体压缩机	机械工业部	34 613	24 941	3 691	5 981	43 556	31 701
气体分离设备	机械工业部	22 058	16 197	2 512	3 349	27 463	17 164
真空获得及应用设备	机械工业部	6 422	4 543	784	1 095	8 255	5 774
制冷空调设备	机械工业部	42 412	30 218	4 624	7 570	52 777	52 606
电动工具	机械工业部	15 395	11 845	1 163	2 387	18 368	12 795
减速机械	机械工业部	13 257	10 145	1 143	1 969	15 488	8 797
轴承	机械工业部	244 550	195 654	15 796	33 100	287 393	170 450
阀门	机械工业部	59 944	45 416	4 959	9 569	76 625	40 032
高中压阀门		31 165	23 381	2 702	5 082	39 009	23 513
低压阀门		28 779	22 035	2 257	4 487	37 616	16 519
	电力工业部	1 933	1 224	210	297	1 994	2 498
液压件及液力件	机械工业部	41 669	30 003	4 761	6 905	54 258	32 110
气动元件	机械工业部	5 456	4 163	548	745	6 255	3 688
密封件	机械工业部	9 510	6 691	1 043	1 776	11 156	7 133
粉末冶金制品	机械工业部	9 364	7 293	933	1 138	10 795	6 641
紧固件	机械工业部	42 793	34 270	2 341	6 182	55 914	26 110
弹簧和链条	机械工业部	16 351	12 777	1 162	2 412	20 355	14 102
弹簧		5 355	4 043	467	845	6 143	5 210
链条		10 996	8 734	695	1 567	14 212	8 892
齿轮	机械工业部	69 360	53 551	6 745	9 064	85 248	53 976
汽车齿轮		26 030	20 286	2 490	3 254	33 236	22 546
农机齿轮		38 653	29 683	3 839	5 131	46 766	28 343
其他齿轮		4 677	3 582	416	679	5 246	3 087

（续）

行　　业	部　门	全部职工年末人数(人)				全部职工全年平均人数(人)	工资总额(万元)
		总　计	其　中				
			工　人与学徒	工程技术人　员	管理人员		
矿山设备	机械工业部	129 486	97 923	11 138	20 425	167 293	88 586
	煤炭工业部	72 579	45 389	6 585	8 068	71 891	43 974
	电力工业部	6 852	4 254	834	883	6 724	7 739
冶金设备	机械工业部	55 395	41 280	6 633	7 482	77 602	61 559
电工专用设备	机械工业部	7 510	5 317	755	1 438	12 230	6 638
石油设备	机械工业部	39 830	30 661	3 592	5 577	49 756	28 558
	中国石油天然气总公司	53 661	32 332	4 596	6 433	53 232	53 674
化工设备	机械工业部	13 875	10 209	1 376	2 290	18 456	9 149
橡胶设备	机械工业部	5 127	3 878	522	727	5 730	3 532
塑料设备	机械工业部	4 201	2 981	554	666	5 149	5 870
木材设备	林业部	42 312	22 843	3 083	4 327	43 315	29 633
印刷设备	机械工业部	31 737	23 868	3 197	4 672	38 296	27 938
建筑材料设备	机械工业部	4 335	3 118	525	692	5 016	2 592
食品设备	机械工业部	17 987	13 718	1 596	2 673	21 619	11 880
	中国船舶工业总公司	6 909	3 467	926	818	6 935	5 565
粮油设备	机械工业部	20 065	15 982	1 556	2 527	21 345	8 175
饲料设备	机械工业部	6 503	5 307	374	822	6 899	2 491
包装设备	机械工业部	5 160	3 951	499	710	6 470	3 073
纺织设备	机械工业部	8 667	7 520	560	587	8 916	5 993
缝纫设备	中国轻工总会	55 706		2 640		57 259	36 224
拖拉机	机械工业部	166 173	129 626	13 892	22 655	200 505	144 910
大中型拖拉机		65 546	50 888	5 831	8 827	80 043	72 045
小型拖拉机		100 627	78 738	8 061	13 828	120 462	72 865
机械化农机具	机械工业部	180 187	141 774	14 102	24 311	201 175	105 371
机引耕作农具		27 077	21 561	2 003	3 513	31 451	13 252
机动植保机械		3 398	2 602	280	516	3 837	3 026
收获及场上作业机械		31 670	24 972	2 600	4 098	36 175	21 172
收获机械		18 960	14 934	1 600	2 426	22 537	15 631
场上作业机械		12 710	10 038	1 000	1 672	13 638	5 541
农副产品加工机械		24 201	19 058	1 821	3 322	26 167	10 619
农业运输机械		88 363	69 244	7 050	12 069	97 450	54 371
喷灌机械		5 478	4 337	348	793	6 095	2 931
	农业部农垦局	26 073	20 384	2 117	3 343	27 307	21 447
热带作物机械	农业部农垦局	5 320	3 564	378	791	5 485	2 537
营林机械	林业部	7 938	6 108	660	921	7 885	5 209
	机械工业部	545	425	35	85	707	154
畜牧机械	机械工业部	12 706	9 679	992	2 035	14 817	6 819
渔业机械	机械工业部	2 667	2 033	238	396	3 083	2 092
水利机械	机械工业部	3 345	2 557	274	514	3 635	1 261
	电力工业部	4 255	2 294	394	404	4 702	4 427

（续）

行业	部门	全部职工年末人数（人）				全部职工全年平均人数（人）	工资总额（万元）
		总计	其中				
			工人与学徒	工程技术人员	管理人员		
医疗器械	机械工业部	1 615	1 267	301	47	1 706	1 156
建筑工程机械	机械工业部	123 998	91 009	12 892	20 097	160 531	108 400
叉车		23 065	16 860	2 288	3 917	29 038	20 749
工程起重机械		39 134	27 905	4 153	7 076	52 263	34 140
风动工具		10 485	7 734	954	1 797	13 732	7 193
凿岩机械		5 606	4 131	470	1 005	7 755	4 203
挖掘机		16 082	12 221	1 465	2 396	23 233	13 942
压路机		3 476	2 577	395	504	4 910	5 240
其他建筑机械		42 241	31 446	4 591	6 204	51 087	34 329
地质设备	地质矿产部	17 822	9 665	1 000	2 234	17 851	5 724
	电力工业部	463	238	30	87	454	378
商业机械	机械工业部	2 970	2 446	191	333	3 469	2 328
环境保护机械	机械工业部	12 672	9 110	1 696	1 866	15 641	7 930
	电力工业部	10 143	6 148	1 452	1 358	10 015	12 487
铁路机车车辆	铁道部	258 000				258 000	
	电力工业部	845	588	76	130	847	926
汽车	机械工业部	826 123	624 680	82 905	118 538	990 870	888 566
载重汽车		293 342	217 640	32 856	42 846	366 724	378 811
客车		29 575	22 754	2 725	4 096	35 052	26 324
小轿车		28 972	20 889	4 272	3 811	30 164	65 951
微型汽车		15 892	11 740	2 209	1 943	17 305	21 441
特种车辆及改装汽车		91 259	68 670	8 333	14 256	112 371	69 226
汽车零部件及配件		367 083	282 987	32 510	51 586	429 254	326 813
摩托车	机械工业部	25 762	19 389	2 305	4 068	28 363	36 322
自行车	中国轻工总会（系统内企业）	140 535		6 317		139 710	74 592
船舶	中国船舶工业总公司	222 292	124 654	24 446	25 999	225 215	228 466
电机	机械工业部	241 743	183 516	24 140	34 087	297 501	199 847
电动机		157 532	121 346	13 546	22 640	191 847	118 717
微电机		21 768	17 098	1 714	2 956	25 262	15 387
防爆电机	煤炭工业部	4 154	2 768	375	428	4 082	2 288
变压器	机械工业部	79 309	58 860	8 616	11 833	93 943	64 165
整流器	机械工业部	4 748	3 130	810	808	5 809	3 297
电容器	机械工业部	6 091	4 538	712	841	6 890	5 004
高压电器	机械工业部	126 456	86 303	17 892	22 261	163 460	124 008
电线电缆	机械工业部	133 327	101 305	11 170	20 852	164 491	109 320
绝缘制品	机械工业部	19 265	15 053	1 393	2 819	24 932	10 303
蓄电池	机械工业部	19 394	15 457	1 615	2 322	23 004	16 553
	中国船舶工业总公司	5 301	3 596	446	526	5 247	5 176

（续）

行　业	部　门	全部职工年末人数（人）				全部职工全年平均人　数（人）	工资总额（万元）
		总　计	其　中				
			工　人与学徒	工程技术人　员	管理人员		
家用电器	机械工业部	33 369	24 451	4 071	4 847	39 901	28 276
洗衣机		863	597	104	162	1 147	607
电冰箱		17 378	12 702	2 572	2 104	21 277	14 189
电风扇		6 107	4 835	463	809	7 316	4 363
空调器		1 402	719	257	426	1 638	1 865
其他家用电器		7 619	5 598	675	1 346	8 523	7 252
电焊机	机械工业部	13 510	9 612	1 583	2 315	16 851	8 772
工业用电炉	机械工业部	6 798	4 748	861	1 189	10 792	4 436
通用仪器仪表	机械工业部	167 387	116 838	22 821	27 728	211 778	132 307
工业自动化仪表		73 752	49 676	11 415	12 661	92 307	59 230
电工仪器、仪表		39 086	28 462	4 436	6 188	49 140	27 971
光学仪器		22 546	17 001	2 077	3 468	28 446	19 142
分析仪器		8 064	4 854	1 744	1 466	10 174	8 846
试验机		10 544	7 310	1 205	2 029	15 501	8 385
实验室仪器及装置		13 395	9 535	1 944	1 916	16 210	8 733
专用仪器仪表	机械工业部	5 608	3 773	757	1 078	8 410	6 246
环境保护仪器仪表		252	145	29	78	378	354
汽车仪器仪表		1 957	1 310	313	334	2 575	2 733
导航制导仪器		491	386	39	66	925	422
农、林、牧、渔仪器仪表		1010	680	136	194	1 376	827
地质勘探、钻采、地震土工仪器		986	663	117	206	1 363	1 066
气象、海洋、水文、天文测量仪器		912	589	123	200	1 793	844
	电力工业部	4 240	2 346	896	663	4 342	5 512
	地质矿产部	1 522	769	223	223	1 558	1 120
	煤炭工业部	13 687	9 044	1 040	1 618	13 898	6 301
	中国石油天然气总公司	8 143	3 127	1 456	1 131	8 409	9 824
仪器仪表元器件	机械工业部	10 495	7 565	1 399	1 531	12 730	8 881
传递标准用计量仪器	机械工业部	236	175	28	33	807	153
量具量仪	机械工业部	15 565	11 835	1 528	2 202	20 914	10 476
衡器	机械工业部	1 261	898	149	214	1 540	596
	中国轻工总会（归口企业）	34 289					18 794
	中国轻工总会（系统内企业）	23 902		1 663		23 954	10 101
电影机械	机械工业部	5 878	4 625	529	724	7 954	3 404
照相机及器材	机械工业部	17 586	14 628	980	1 978	18 674	14 270
复印机	机械工业部	3 779	2 213	582	984	4 921	6 200
钟表	中国轻工总会（系统内企业）	89 916		4 045		93 316	45 205
碳素制品	机械工业部	5 637	4 370	608	659	7 860	3 373
磨料磨具	机械工业部	38 801	29 980	3 064	5 757	48 027	27 611
	中国核工业总公司	1 720	1 284	160	183	1 661	1 059.2
模具	机械工业部	7 005	5 124	844	1 037	8 503	7 513

附表 3

机械工业行业状况

行业	部门	企业数（个）	工业总产值 当年价格（万元）	工业总产值 1990年不变价格（万元）	工业总产值 比上年增长 %	工业增加值（万元）	产品销售收入（万元）	产品销售税金及附加（万元）
工业锅炉	机械工业部	150	820 643	703 599	−10.4	214 067	778 553	4 120
内燃机	机械工业部	133	1 875 467	1 623 791	2.3	374 821	1 855 061	4765
汽轮机	机械工业部	22	428 389	362 399	−13.3	145 710	432 052	1482
发电设备	电力工业部	1	11 355	8 656	20.2	4 075	1 111	46
金属切削机床	机械工业部	223	710 114	669 132	4.3	255 894	668 839	4 001
锻压设备	机械工业部	100	246 779	255 496	−2.0	81 611	231 473	1 291
铸造机械	机械工业部	20	54 580	56 334	−12.7	20 898	45 844	263
起重运输设备	机械工业部	166	891 854	993 548	65.8	283 980	1 140 069	3 490
	交通部	19	115 991	96 400	42.9	22 802	123 228	1 011
	电力工业部	11	85 205	56 769		20 450	81 872	490
泵	机械工业部	229	507 724	478 443	6.9	168 469	447 498	2 967
工业泵		93	238 249	229 988	8.5	83 132	224 821	1 537
农业泵		136	269 475	248 455	5.3	85 337	222 677	1 430
	电力工业部	6	65 365	47 444		18 919	59 331	224
风机	机械工业部	59	297 369	290 394	−35.9	92 792	301 887	1 925
	电力工业部	3	25 225	19 834		7 110	20 659	86
气体压缩机	机械工业部	65	213 730	218 512	5.2	68 010	212 782	1 031
气体分离设备	机械工业部	18	97 592	99 957	0.1	31 786	95 179	616
真空获得及应用设备	机械工业部	16	33 527	35 283	9.0	9 652	25 954	181
制冷空调设备	机械工业部	57	688 658	690 871	−13.5	203 259	661 667	2 507
电动工具	机械工业部	35	167 350	206 305	−9.1	34 107	170 636	237
减变速机	机械工业部	36	53 374	45 534	16.2	18 168	48 993	388
轴承	机械工业部	238	1 237 764	1 140 380	−0.1	381 238	1 122 981	6 588
阀门	机械工业部	144	270 605	258 705	−6.3	85 290	246 440	1 786
高中压阀门		60	153 235	148 944	−8.3	47 893	143 890	1 029
低压阀门		84	117 370	109 761	−3.8	37 397	102 550	757
	电力工业部	3	12 244	11 381		4 097	11 404	62
液压件及液力件	机械工业部	91	188 486	196 945	4.6	60 932	171 681	1 094
气动元件	机械工业部	19	27 717	30 602	10.0	9 180	23 771	144
密封件	机械工业部	24	71 461	70 836	−30.0	25 873	54 222	76
粉末冶金制品	机械工业部	29	57 953	66 176	−6.6	17 010	46 808	226
紧固件	机械工业部	146	170 366	170 166	10.7	38 896	156 479	820
弹簧和链条	机械工业部	58	105 622	99 901	49.2	27 392	104 430	524
弹簧		33	40 278	34 568	69.9	12 103	4 2427	329
链条		25	65 344	65 333	20.4	15 290	62 003	195
齿轮	机械工业部	81	400 047	397 441	3.6	120 136	375 232	2 081
汽车齿轮		22	161 031	155 360	3.6	42 976	163 453	810
农机齿轮		47	220 647	220 011	2.9	71 598	195 081	1 187
其他齿轮		12	18 369	22 070	10.5	5 562	16 698	84

统计表(1997年)

利润总额(万元)	年末固定资产 原价(万元)	年末固定资产 净值(万元)	流动资产 合计(万元)	流动资产 平均余额(万元)	流动负债 合计(万元)	流动负债 平均余额(万元)	所有者权益(万元)	全员劳动生产率(元/人)
4 795	656 246	385 730	1 089 561	1 103 285	1 092 074	1 088 734	422 347	16 428
47 259	1 328 587	887 637	1 985 460	1 854 559	1 740 618	1 673 457	1 345 207	16 997
13 158	468 858	309 212	667 082	632 966	643 810	610 489	507 592	29 914
55	9 819	5 787	15 445	14 386	14 349	13 378	10 687	24 084
－32 915	1 562 466	92 5916	1 384 031	1 351 818	1 405 203	1 358 006	851 948	9 164
－2 706	363 554	229 138	338 766	330 470	341 486	332 656	218 322	11 746
－1 073	55 657	39 890	58 678	59 467	64 384	60 788	34 660	14 960
75 366	595 739	355 739	1 031 457	1 018 966	948 657	905 648	497 654	23 541
2 701	85 141	60 922	126 334	1 236 262	96 672	94 585	100 347	17 384
－3 798	89 976	56 679	118 062	111 318	106 446	100 929	69 953	15 619
4 612	472 511	309 604	524 960	505 577	506 220	489 039	314 327	14 239
－111	268 566	169 867	287 971	274 711	268 743	258 723	185 308	13 315
4 723	203 945	139 737	236 989	230 866	237 477	230 316	129 019	15 272
423	61 435	34 979	109 517	94 734	95 205	89 400	46 435	77 781
11 107	416 812	228 134	394 584	387 768	381 348	363 468	243 683	17 204
－431	31 484	18 067	23 203	21 847	14 823	13 902	28 560	19 938
8 111	197 272	127 453	273 141	266 058	255 726	250 147	175 557	15 614
－3 582	153 633	93 032	152 118	138 195	161 102	155 454	95 209	11 574
53	44 145	26 625	45 393	45 583	45 066	45 478	23 257	11 692
49 903	473 310	324 071	634 005	640 871	545 872	538 737	527 689	38 513
1 652	87 499	63 437	126 168	125 264	129 044	124 756	66 114	18 569
－132	71 740	47 287	62 033	64 883	61 655	59 810	48 864	11 730
－1 460	1 286 606	792 987	1 802 858	1 683 031	1 665 496	1 543 296	890 925	13 265
2 201	303 500	176 789	347 693	329 573	340 264	318 589	222 700	11 131
3 229	156 001	90 549	204 368	191 547	188 049	175 420	117 035	12 277
－1 028	147 499	86 241	143 325	138 026	152 216	143 169	105 664	9 942
－66	15 367	10 388	18 692	18 150	14 157	14 189	14 680	20 547
－6 964	259 343	170 662	269 727	276 932	254 755	246 387	146 374	11 230
748	31 026	19 719	34 239	32 961	25 085	25 718	26 435	14 677
1 236	79 968	65 151	56 550	54 439	73 185	58 864	62 727	23 192
－337	62 538	44 535	57 307	49 139	51 913	49 349	39 052	15 757
－13 654	200 292	126 552	191 836	186 856	230 223	227 942	97 162	6 956
－2 018	99 434	69 712	108 872	114 651	123 439	115 499	79 669	13 457
1 272	37 435	22 810	33 549	37 177	37 827	33 576	40 539	19 702
－3 290	61 999	46 902	75 322	77 474	85 613	81 922	39 130	10 758
－5 462	540 003	343 487	445 730	438 325	442 882	429 170	259 595	14 093
－3 014	248 344	162 288	184 160	184 089	188 721	185 116	103 822	12 930
－1 130	259 407	160 788	232 982	225 298	233 227	223 473	135 321	15 310
－1 317	32 253	20 411	28 589	28 938	20 934	20 581	20 453	10 603

行业	部门	企业数（个）	工业总产值			工业增加值（万元）	产品销售收入（万元）	产品销售税金及附加（万元）
			当年价格（万元）	1990年不变价格（万元）	比上年增长%			
矿山设备	机械工业部	131	589 193	572 920	−1.9	133 570	580 267	2 837
	煤炭工业部	38	302 144	292 867	4.6	76 650	299 381	1 438
	电力工业部	4	49 829	38 540	16.7	13 786	42 753	189
冶金设备	机械工业部	25	339 033	278 693	6.0	83 957	312 168	1 843
电工专用设备	机械工业部	12	28 114	25 311	27.5	2 274	30 224	172
石油设备	机械工业部	47	193 347	187 118	0.7	52 846	177 067	934
	中国石油天然气总公司	27	342 609	299 713	31.6	73 246	361 673	1 299
化工与化纤设备	机械工业部	33	57 428	57 994	29.2	11 965	53 716	265
橡胶设备	机械工业部	8	23 156	20 559	46.2	6 223	20 228	15
塑料设备	机械工业部	16	109 298	115 074	−26.7	35 859	100 165	11
木材设备	林业部	43	276 397	280 222	−18.0	82 318	275 655	3 022
印刷设备	机械工业部	51	195 194	187 510	−9.6	68 552	181 439	1 026
建筑材料设备	机械工业部	20	22 060	22 253	1.0	5 764	25 057	100
食品设备	机械工业部	44	87 266	87 576	−6.3	25 661	72 683	415
	中国船舶工业总公司	5	32 486	34 841	−1.1	12 462	30 362	157
粮油设备	机械工业部	70	62 863	59 103	8.0	18 808	48 296	219
饲料设备	机械工业部	27	17 544	17 453	19.6	5 278	13 223	66
包装设备	机械工业部	17	18 085	19 540	−0.4	6 049	16 258	70
纺织设备	机械工业部	15	58 824	54 342	−32.3	13 670	54 816	227
缝纫设备	中国轻工总会（系统内独立核算企业）	51		184 900			168 456	529
拖拉机	机械工业部	94	1 858 390	1 531 705	−1.2	316 099	1 786 521	2104
大中型拖拉机		12	694 508	513 747	16.5	143 816	709 564	1 394
小型拖拉机		82	1 163 882	1 017 958	−13.3	172 284	1 076 958	709
机械化农机具	机械工业部	412	2 349 602	2 305 309	−7.5	438 955	1 975 890	12 999
机引耕作农具		62	250 581	310 649	−11.1	58 427	218 605	7 242
机动植保机械		7	35 630	33 407	18.9	9 799	30 776	56
收获及场上作业机械		82	289 563	246 047	−41.9	72 650	246 823	931
收获机械		30	231 720	191 758	−46.4	55 559	200 117	774
场上作业机械		52	57 843	54 289	−28.1	17 091	46 706	157
农副产品加工机械		86	104 318	95 843	−1.5	31 685	82 646	295
农业运输机械		158	1 640 854	1 590 317	−17.5	258 106	1 375 288	4 416
喷灌机械		17	28 656	29 046	2.8	8 288	21 752	60
	农业部农垦局	66	105 249	88 450	−19.2	34 490	124 745	5 629
热带作物机械	农业部农垦局	19	11 321	9 025	−23.3	3 757	11 602	−105
营林机械	林业部	9	91 913	105 692	1.1	26 779	81 675	2 107
	机械工业部	2	826	683	79.9	302	738	4
畜牧机械	机械工业部	36	54 366	52 973	−1.0	16 313	42 483	208
渔业机械	机械工业部	7	28 460	32 959	5.8	5 876	25 842	57
水利机械	机械工业部	11	8 136	7 675	2.9	1 989	6 973	54
	电力工业部	3	29 370	21 830	8.1	8 548	28 924	108
医疗器械	机械工业部	4	13 841	16 343	−3.4	5 575	13 272	56

(续)

利润总额（万元）	年末固定资产		流动资产		流动负债		所有者权益（万元）	全员劳动生产率（元/人）
	原价（万元）	净值（万元）	合计（万元）	平均余额（万元）	合计（万元）	平均余额（万元）		
−23 659	960 162	628 195	957 746	904 683	1 030 598	982175	561 247	7 984
−7 574	430 358	241 498	416 667	405 600	410 840	399 722	192 858	40 738
−716	61 213	33 696	84 485	76 968	75 460	68 003	48 930	20 503
−5 852	620 937	320 442	608 674	591 606	678 531	641 783	272 120	10 819
−2 686	51 956	33 732	55 887	50 723	62 136	50 018	43 244	1 860
−8 679	242 446	145 538	275 674	273 747	299 293	300 736	119 690	10 621
−12 147	460 103	281 908	419 055	411 535	334 002	340 371	244 032	13 759
−4 703	88 263	56 402	81 552	79 153	103 305	101 511	29 714	6 483
−558	25 059	20 497	28 654	26 582	28 424	26 504	15 814	10 861
15 673	60 351	42 579	72 230	67 146	63 836	54 535	60 852	69 643
12 099	212 443	152 103	241 021	235 425	207 685	203 043	160 713	19 455
13 483	250 286	159 513	258 211	240 861	176 304	163 479	296 636	17 901
−1 019	27 345	15 470	29 468	29 384	26 512	28 052	16 796	11 490
−1 871	91 688	67 820	97 105	92 529	100 839	92 913	60 584	11 870
365	52 227	37 850	50 248	49 716	46 174	43 840	44 844	22 393
661	66 394	43 798	51 592	48 486	61 994	58 096	31 085	8 811
−653	21 888	14 801	19 600	18 017	25 243	24 014	12 536	7 650
−523	2 3182	17 453	22 181	23 106	22 791	20 204	14 954	9 349
2 430	44 459	27 937	56 094	45 209	50 473	38 460	35 021	15 332
−4 298	222 377		253 232	237 800	274 974	252 211	157 877	
8 075	1 118 742	68 0949	1 319 453	1 169 798	1 299 463	1 194 652	839 581	15 765
10 724	536 530	302 834	605 287	523 168	467 803	437 735	511 148	17 967
−2 648	582 213	378 115	714 166	646 630	831 660	756 916	328 433	14 302
51 541	957 679	676 947	1 249 345	1 179 497	1 357 532	1 268 248	641 153	21 820
651	135 625	92 906	150 747	135 696	173 893	153 923	62 177	18 577
2 248	23 031	13 454	29 137	26 627	16 934	18 230	24 576	25 539
2 401	165 018	106 062	215 351	187 435	249 639	225 382	79 556	20 083
1 946	123 895	77 551	177 796	150 151	203 689	180 548	62 341	24 652
455	41 124	28 511	37 555	37 284	45 950	44 834	17 215	12 532
2 464	84 088	54 770	74 307	70 586	84 180	79 347	43 181	12 109
43 945	529 248	397 416	755 499	735 513	804 346	764 143	422 471	26 486
−168	20 668	12 340	24 303	23 641	28 540	27 223	9 192	13 597
−1 724	83 195	55 157	118 508	117 099	142 768	242 303	35 177	12 630
−1 923	18 135	11 233	16 320	15 221	18 506	16 516	8 950	6 850
6 293	34 056	27 980	42 583	47 924	29 997	26 010	64 190	33 961
−115	2 686	2 271	157 1	1 650	2 233	2 263	755	4 273
−1 342	58 323	40 630	61 617	53 874	75 528	69 521	23 256	11 010
1 007	12 656	8 908	15 030	17 050	15 100	14 433	8 124	19 061
−968	13 167	9 644	11 478	11 193	13 939	13 036	6 381	5 473
−333	31 564	20 327	50 395	46 780	36 545	33 761	21 795	18 179
3 116	17 899	10 738	30 352	30 658	15 336	15 398	29 673	32 679

行　业	部　门	企业数（个）	工业总产值 当年价格（万元）	工业总产值 1990年不变价格（万元）	工业总产值 比上年增长%	工业增加值（万元）	产品销售收入（万元）	产品销售税金及附加（万元）
建筑工程机械	机械工业部	112	1 081 620	931 865	−19.3	269 533	1069 959	4 796
叉车		24	232 102	188 503	−35.5	46 515	228 897	689
工程起重机械		19	323 408	284 386	−16.2	90 178	348 313	1 774
风动工具		10	47 035	41 781	−71.4	17 533	41 183	189
凿岩机械		6	33 822	30 412	0.1	12 828	30 481	106
挖掘机		9	98 488	101 748	−110.8	22 817	76 497	229
压路机		3	27 713	26 092	−307.3	8 180	25 866	112
其他建筑机械		57	399 909	331 136	−15.0	101 843	390 386	1 991
地质设备	地质矿产部	32	34 404	31 367	9.0	9 345	35 763	248
	电力工业部	1	1 803	1 439	6.0	560	1 767	13
商业机械	机械工业部	10	21 623	20 543		6 867	19 323	118
环境保护机械	机械工业部	38	158 041	161 039	−31.7	36 337	121 081	1 081
	电力工业部	10	111 919	101 660		46 934	103 908	726
铁路机车车辆	铁道部	35		120 500	6.8	504 200	1 983 200	
	电力工业部	1	5 613	3 265		1 990	5 475	37
汽车	机械工业部	908	15 996 495	16 584 192	−14.9	3 626 832	15 873 827	168 960
载重汽车		49	6 069 787	6 024 348	1.3	1 267 002	6 390 785	73 144
客车		19	294 674	246 432	−19.0	51 250	277 030	3 496
小轿车		6	4 529 773	5 180 556	−37.1	862 795	4 396 954	62 491
微型汽车		4	526 300	579 245	−15.2	82 866	480 749	7 805
特种车辆及改装汽车		100	1 075 521	947 666	−16.2	219 663	1 064 175	8 422
汽车零部件及配件		730	3 500440	3 605 945	−19.3	1 143 256	3 264 135	13 602
摩托车	机械工业部	20	1 451 282	1 685 463	−67.4	272 397	1 327 185	87 064
自行车	中国轻工总会（系统内企业）	150		512 487			572 769	1 564
船舶	中国船舶工业总公司	76	2 371 440	1 918 503	14.3	514 343	2 158 459	2 954
电机	机械工业部	362	1 583 650	1 497 021	−38.6	492 607	1 505 324	8 176
电动机		239	909 403	854 403	4.4	275 690	865 172	4 533
微电机		61	195 258	203 020	−8.7	57 294	173 782	1 397
防爆电机	煤炭工业部	3	16 155	12 655	13.3	4 625	15 417	64
变压器	机械工业部	169	727 318	696 465	−6.4	205 882	690 850	4 006
整流器	机械工业部	17	15 781	15 197	−5.3	3 128	14 820	61
电容器	机械工业部	16	49 881	53 728	−4.5	13 682	43 280	263
	中国船舶工业总公司	3	60 208	58 962	7.7	19 831	56 933	33
高压电器	机械工业部	224	1 313 286	1 387 611	−27.2	376 606	1 316 524	7 050
电线电缆	机械工业部	254	2 088 649	2 123 068	−5.5	382 050	1 934 980	6 679
绝缘制品	机械工业部	45	93 533	108 431	−2.4	22 991	87 427	435
蓄电池	机械工业部	47	194 054	210 394	−34.0	51 390	169 109	377
家用电器	机械工业部	70	885 686	902 512	26.7	222 117	805 226	3 289
洗衣机		4	2 893	2 934	−9.9	446	3 026	24
电冰箱		10	735 670	743 935	−17.7	191 214	668031	314
电风扇		17	38 669	42 333	77.6	5 194	29 742	121

（续）

利　润 总　额 （万元）	年末固定资产		流动资产		流动负债		所有者 权　益 （万元）	全员劳动 生产率 （元/人）
	原　价 （万元）	净　值 （万元）	合　计 （万元）	平　均 余　额 （万元）	合　计 （万元）	平　均 余　额 （万元）		
－12 953	1 555 065	705 181	1 234 162	1 216 251	1 219 003	1 188 096	826 647	16 790
－13 681	231 941	165 523	244 041	246 366	246 036	242 699	190 955	16 019
－3 787	307 667	185 416	399 177	421 081	431 840	425 703	159 801	17 255
－1 822	53 927	33 973	68 455	60 787	55 501	49 259	41 270	12 768
－1 555	33 551	22 208	41 869	40 611	32 965	33 136	29 626	16 541
－6 996	663 244	115 661	145 865	129 432	172 040	158 891	95 969	9 821
－1 006	46 410	27 425	45 852	49 190	24 560	24 070	47 162	16 659
12 517	305 803	211 155	399 227	370 183	344 528	336 733	332 759	19 935
－4 963	80 209	53 709	60 170	60 376	63 055	61 935	34 676	5 235
8	2 691	1 967	1 875	1 974	1 345	1 231	2 182	12 043
－83	14 326	8 969	18 057	18 040	17 425	17 852	7 686	19 796
5 201	57 339	39 045	104 519	90 875	99 174	86 048	48 347	23 232
4 766	90 971	56 567	125 711	90 128	95 830	98 159	83 696	46 864
1 561	1 692 900							50 677
20	4 861	3 380	6 071	6 775	4 737	5 353	5 120	23 495
689 011	10 766 691	7 290 176	13 200 682	12 271 511	11 943 631	11 340 419	9 201 400	36 602
116 930	4 325 880	2 872 801	6 508 905	6 153 804	5 969 170	5 659 713	3 851 443	34 549
－16 938	372 004	272 658	282 121	303 178	291 633	285 296	252 781	14 621
358 289	2 211 812	1 505 301	2 312 013	2 062 600	1 902 060	1 881 977	1 559 171	286 035
13 461	152 518	100 258	349 942	277 143	309 843	238 860	161 269	47 885
－6 154	697 542	498 089	751 173	731 568	913 174	872 561	493 802	19 548
223 424	3 006 935	2 041 069	2 996 528	2 743 218	2 557 752	2 402 012	2 882 935	26 634
33 445	367 579	246 693	1 038 928	989 873	921 907	844 312	541 381	96 039
－37 738	527 023		769 768	762 133	828 872	785 868	341 917	
－30 876	1 893 412	1 284 491	3 080 010	2 943 064	3 103 638	2 955 122	979 602	22 838
8 998	1 476 938	934 875	2 191 226	2 138 258	2 066 394	1 977 355	1 087 133	16 558
－2 936	854 616	543 457	1 117 570	1 096 727	1 121 469	1 067 827	594 538	14 370
2 550	123 062	82 802	136 600	133 804	139 005	130 130	63 006	22 680
211	20 489	13 075	22 137	20 984	21 284	20 277	9 447	31 002
24 932	618 633	389 759	800 098	770 942	772 073	738 416	469 164	21 916
－1 807	22 646	13 623	33 702	32 198	32 207	30 096	10 399	5 385
－110	34 212	19 300	50 470	49 051	41 961	39 913	26 617	19 858
5 055	34 958	25 525	39 615	40 560	30 580	32 025	57 024	38 313
50 488	859 782	560 329	1 317 471	1 255 948	1 240 964	1 175 763	748 757	23 040
34 687	1 309 319	870 726	1 629 718	1 582 288	1 651 493	1 570 516	900 362	23 226
－3 244	109 195	65 171	105 503	108 653	132 686	127 969	51 061	9 222
－3 315	166 025	105 352	127 346	131 618	146 293	138 735	114 254	22 340
59 986	476 604	330 936	764 004	685 982	719 996	664 230	544 486	55 667
－743	5 614	2 856	6 423	7 099	8 154	10 068	1 089	3 887
66 616	350 956	239 852	594 468	515 934	504 120	447 242	490 318	89 869
－5 184	37 053	25 574	39 834	43 350	57 004	55 280	10 189	7 099

行业	部门	企业数（个）	工业总产值			工业增加值（万元）	产品销售收入（万元）	产品销售税金及附加（万元）
			当年价格（万元）	1990年不变价格（万元）	比上年增长%			
空调器	机械工业部	6	27 509	25 409	−30.9	7 619	28 221	2 606
其他家用电器		33	80 945	87 901	77.3	17 645	76 207	224
	中国轻工总会	406		4 872 585			4 284 137	13 229
电焊机	机械工业部	42	65 017	60 356	−11.8	22 523	63 125	266
工业用电炉	机械工业部	23	20 388	21 426	19.8	7 419	17 474	118
通用仪器仪表	机械工业部	457	1 740 225	2 240 964	−10.6	505 018	1 684 825	14 484
工业自动化仪表		225	442 189	429 827	−1.9	129 174	423 048	2 452
电工仪器、仪表		88	388 297	400 395	−3.9	93 801	361 444	1 186
光学仪器		66	108 768	119 196	−18.4	46 522	103 052	618
分析仪器		30	44 622	45 288	−96.0	13 317	49 648	290
试验机		23	42 514	44 199	−46.2	19 157	39 524	208
实验室仪器及装置		25	713 835	1 202 059	−12.9	203 048	708 110	9 729
专用仪器仪表	机械工业部	23	36 212	41 145	73.2	10 351	35 799	127
环境保护仪器仪表		1	3 159	3 001	−36.9	945	1 899	9
汽车仪器仪表		5	19 907	25 207	−81.3	3 884	20 993	19
导航、制导仪器		3	1 942	1 923	−9.7	1 135	1 476	5
农、林、牧、渔仪器仪表		3	4 583	4 602	−5.8	1 772	4 318	34
地质勘探、钻采、地震、土工仪器		5	3 899	3 914	97.0	1 913	4 199	36
气象、海洋、水文、天文测量仪器		6	2 722	2 498	−8.0	703	2 915	22
	电力工业部	8	48 839	46 832		22 168	44 198	3 040
	地质矿产部	2	2 918	2 661	−16.5	1 652	2 725	23
	煤炭工业部	13	71 460	57 522	−3.1	14 544	61 821	400
	中国石油天然气总公司	5	57 765	62 384	61.1	13 964	52 333	453
仪器仪表元器件	机械工业部	30	78 616	85 889	−42.4	21 685	76 254	379
传递标准用计量仪器	机械工业部	2	1 746	2 447	−25.1	823	1 218	11
量具量仪	机械工业部	32	43 955	44 101	8.7	19 756	35 835	149
衡器	机械工业部	3	3 547	4 317	−6.4	825	3 460	38
	中国轻工总会	120	164 217	170 145	−2.2	63 947	159 030	9 992
电影机械	机械工业部	13	17 935	19 696	20.2	6 450	15 097	102
照相机及器材	机械工业部	25	688 254	779 231	−620.1	159 094	650 885	6 608
复印机	机械工业部	15	98 617	127 066	5.7	22 399	103 835	99
钟表	中国轻工总会（系统内企业）	102		138 251			124 603	479
碳素制品	机械工业部	11	17 910	19 175	12.7	9 460	15 100	114
磨料、磨具	机械工业部	73	198 760	182 311	−1.4	56 325	206 785	843
	中国核工业总公司	6	5 877	13 096	27.4	1 766	5 272	32
模具	机械工业部	38	45 518	44 200	−9.3	15 794	40 921	210

（续）

利润总额（万元）	年末固定资产		流动资产		流动负债		所有者权益（万元）	全员劳动生产率（元/人）
	原价（万元）	净值（万元）	合计（万元）	平均余额（万元）	合计（万元）	平均余额（万元）		
146	25 056	18 221	42 123	41 173	53 739	57 923	7 084	46 512
−849	57 925	44 433	81 156	78 427	96 979	93 718	35 805	20 703
41 022	1 812 182		3 694 722	3 553 421	3 760 661	3 506 286	2 064 460	
−344	61 768	39 402	77 670	76 261	73 270	70 027	43 113	13 366
−2 167	37 177	24 519	41 843	45 584	47 615	47 096	12 566	6 874
108 277	963 372	617 821	1 647 336	1 584 156	1 512 946	1 433 346	858 558	23 847
10 523	383 799	233 028	573 863	563 019	510 787	487 958	361 078	13 994
1 952	214 784	141 121	309 947	298 812	313 825	295 066	127 587	19 088
1 319	117 753	68 866	131 053	127 898	121 617	115 131	77 952	16 354
1 348	45 694	25 198	70 241	64 734	64 205	61 378	33 927	13 090
−2 597	67 263	40 746	68 649	61 970	63 439	59 552	32 123	12 358
95 732	134 080	108 861	493 584	467 722	439 073	414 261	225 890	125 261
−3 698	38 175	22 827	41 270	39 868	29 967	28 725	51 086	12 308
398	2 359	978	1 975	2 074	2 143	2 154	2 219	24 997
−3 568	17 913	10 182	24 517	23 114	12 116	10 916	37 372	15 082
6	1 822	1 180	1 747	1 718	1 381	1 325	1 434	12 272
19	2 849	1 979	3 724	3 978	4 277	4 485	1 654	12 877
−104	5 925	3 374	5 385	5 196	5 181	5 220	5 035	14 034
−450	7 307	5 135	3 922	3 787	4 869	4 627	3 372	3 920
6 813	23 006	21 032	49 268	45 575	55 400	52 478	33 546	51 055
−4	11 166	7 822	5 739	5 542	6 635	6 349	7 946	10 603
−4 031	83 145	66 632	59 152	53 784	68 553	61 442	34 264	41 389
−361	80 329	52 135	113 823	94 597	95 429	79 911	39 802	16 606
1 200	73 455	47 737	75 029	71 531	71 053	67 671	41 109	17 034
9	1 374	718	1 686	1 539	2 157	2 063	11	10 192
−1 376	93 971	52 518	106 198	101 854	100 432	96 432	37 417	9 446
−197	7 559	5 149	11 225	10 561	7 537	6 858	4 204	5 359
2 622	140 725	86 193	182 378	146 131	143 812	139 050	90 194	11 572
−2 377	36 063	21 295	31 748	31 639	37 250	36 796	7 181	8 109
19 315	133 395	84 800	212 905	200 931	151 756	149 443	149 594	85 195
4 624	45 943	26 774	88 117	92 841	71 156	77 869	49 215	45 518
−24 871	332 883		327 469	313 670	432 458	405 180	76 520	
−255	32 332	19 687	35 357	34 604	32 913	31 256	30 937	12 035
7 009	270 501	162 017	324 618	298 299	294 672	277 566	225 195	11 728
−225	10 108	7 565	8 493	8 378	5 687	5 158	4 644	40 756
−994	64 791	42 066	52 010	50 906	56 938	55 497	36 028	18 574

附表 4

固定资产投资额(1997 年)

行业	部门	固定资产投资(万元)		
		总计	其中	
			基本建设投资	技术更新改造投资
工业锅炉	机械工业部	31 652	12 242	19 410
内燃机	机械工业部	106 100	19 400	86 700
汽轮机	机械工业部	17 780	3 035	14 745
发电设备	电力工业部	594	218	376
金属切削机床	机械工业部	48 107	16 919	31 188
锻压设备	机械工业部	16 210	6 922	9 288
铸造机械	机械工业部	4 462	4 450	12
起重运输设备	机械工业部	56 329	29 010	27 319
	交通部	14 009	8 498	5 511
	电力工业部	1 582	569	1 013
泵	机械工业部	26 538	10 597	15 941
工业泵		11 615	4 263	7 352
农业泵		14 923	6 334	8 589
	电力工业部	2 752	808	1 944
风机	机械工业部	18 433	7 094	11 339
	电力工业部	3 324	293	3 031
气体压缩机	机械工业部	10 869	5 660	5 209
气体分离设备	机械工业部	4 929	966	3 963
真空获得及应用设备	机械工业部	1 987	1 947	40
冷冻设备	机械工业部	91 258	32 007	59 251
电动工具	机械工业部	9 485	7 861	1 624
减变速机	机械工业部	2 515	2 279	236
轴承	机械工业部	60 623	25 131	35 492
阀门	机械工业部	9 402	6 541	2 861
高中压阀门		4 106	2 321	1 785
低压阀门		5 296	4 220	1 076
	电力工业部	2 769		2 769
液压件及液力件	机械工业部	18 268	9 435	8 833
气动元件	机械工业部	2 215	366	1 849
密封件	机械工业部	8 138	8 023	115
粉末冶金制品	机械工业部	3 520	1 927	1 593
紧固件	机械工业部	6 783	4 322	2 461
弹簧和链条	机械工业部	14 397	1 263	13 134
弹簧		8 985	382	8 603
链条		5 412	881	4 531
齿轮	机械工业部	27 210	8 375	18 835
汽车齿轮		10 849	2 559	8 290

(续)

行　业	部　门	固定资产投资（万元）		
		总　计	其　中	
			基本建设投资	技术更新改造投资
农机齿轮	机械工业部	16 193	5 657	10 536
其他齿轮		168	159	9
矿山设备	机械工业部	37 336	17 311	20 025
	电力工业部	3 090	851	2 239
冶金设备	机械工业部	15 186	5 490	9 696
电工专用设备	机械工业部	441	15	426
石油设备	机械工业部	6 927	3 882	3 045
	中国石油天然气总公司	38 331	21 031	9 830
化工设备	机械工业部	5 746	5 273	473
橡胶设备	机械工业部	1 658	124	1 534
塑料设备	机械工业部	7 105	2 822	4 283
木材设备	林业部	20 265	7 257	13 008
印刷设备	机械工业部	17 182	10 983	6 199
建筑材料设备	机械工业部	2 777	1 606	1 171
食品设备	机械工业部	2 338	1 420	918
	中国船舶工业总公司	8 211	8 115	96
粮油设备	机械工业部	5 022	2 196	2 826
饲料设备	机械工业部	146	94	52
包装设备	机械工业部	766	464	302
纺织设备	机械工业部	4 325	741	3 584
缝纫设备	中国轻工总会(系统内企业)	17 511		17 511
拖拉机	机械工业部	80 486	28 044	52 442
大中型拖拉机		25 468	3 213	22 255
小型拖拉机		55 018	24 831	30 187
机械化农机具	机械工业部	100 989	65 897	35 092
机引耕作农具		5 836	4 164	1 672
机动植保机械		4 133	1 492	2 641
收获及场上作业机械		12 258	7 950	4 308
收获机械		9 185	5 912	3 273
场上作业机械		3 073	2 038	1 035
农副产品加工机械		6 089	3 751	2 338
农业运输机械		70 059	45 926	24 133
喷灌机械		2 614	2 614	
	农业部农垦局	3 744	1 747	1 997
热带作物机械	农业部农垦局	1 435	1 379	56
营林机械	林业部	2 015	244	1 771
	机械工业部	34	34	
畜牧机械	机械工业部	3 178	2 340	838
渔业机械	机械工业部	1 406	778	628

(续)

行业	部门	固定资产投资（万元）		
		总计	其中	
			基本建设投资	技术更新改造投资
水利机械	机械工业部	681	387	294
	电力工业部	902	526	376
建筑工程机械	机械工业部	79 198	39 311	39 887
叉车		23 044	18 235	4 809
工程起重机械		20 075	903	19 172
风动工具		2 079	616	1 463
凿岩机械		1 826	425	1 401
挖掘机		10 416	7 889	2 527
压路机		1 213		1 213
其他建筑机械		24 450	12 284	12 166
商业机械	机械工业部	574	203	371
环境保护机械	机械工业部	7 311	3 182	4 129
	电力工业部	4 312		4 312
汽车	机械工业部	1 272 532	709 631	562 901
载重汽车		396 800	180 941	215 859
客车		19 595	7 552	12 043
小轿车		345 436	277 773	67 663
微型汽车		54 865	19 400	35 465
特种车辆及改装汽车		62 746	48 036	14 710
汽车零部件及配件		393 090	175 929	217 161
摩托车	机械工业部	161 095	101 576	59 519
自行车	中国轻工总会(系统内企业)	19 050	6 979	12 071
船舶	中国船舶工业总公司	175 828	97 473	78 355
电机	机械工业部	77 919	49 783	28 136
电动机		38 988	24 436	14 552
微电机		5 592	3 881	1 711
变压器	机械工业部	61 132	27 059	34 073
整流器	机械工业部	119	119	
电容器	机械工业部	3 135	853	2 282
高压电器	机械工业部	71 163	37 873	33 290
电线电缆	机械工业部	110 911	58 856	52 055
绝缘制品	机械工业部	13 724	1 625	12 099
蓄电池	机械工业部	20 564	18 898	1 666
	中国船舶工业总公司	447	447	
家用电器	中国轻工总会	377 994	20 577	357 417
其中:洗衣机		78 674	9 470	69 204
电冰箱		149 871	6 779	143 092
电风扇		1 162	686	476

(续)

行业	部门	固定资产投资（万元）		
		总计	其中	
			基本建设投资	技术更新改造投资
空调器		60 296	2 073	58 223
排油烟机		1 660		1 660
	机械工业部	142 080	119 438	22 642
其中：洗衣机		76		76
电冰箱		137 251	114 999	22 252
电风扇		2 008	1 948	60
空调器		1 084	1 010	74
其他家用电器		1 661	1 481	180
电焊机	机械工业部	4 237	220	4 017
工业电炉	机械工业部	6	6	
通用仪器仪表	机械工业部	83 957	61 401	22 556
工业自动化仪表		17 981	9 339	8 642
电工仪器、仪表		11 895	7 424	4 471
光学仪器		5 758	3 209	2 549
分析仪器		1 626	971	655
试验机		2 097	2 064	33
实验室仪器及装置		44 600	38 394	6 206
专用仪器仪表	机械工业部	8 735	3 747	4 988
环境保护仪器仪表		5	5	
汽车仪器仪表		8 319	3 727	4 592
导航制导仪器		51	15	36
农、林、牧、渔仪器仪表		360		360
	中国石油天然气总公司	5 947	4 599	475
仪器仪表元器件	机械工业部	2 105	1 505	600
量具量仪	机械工业部	2 384	1 059	1 325
衡器	机械工业部	176	176	
	中国轻工总会(归口企业)	941		
	中国轻工总会(系统内企业)	5 456	484	4 972
电影机械	机械工业部	800	250	550
照相机及器材	机械工业部	6 890	5 858	1 032
复印机	机械工业部	4 665	4 031	634
钟表	中国轻工总会(系统内企业)	9 380	1 348	8 032
碳素制品	机械工业部	248	189	59
磨料磨具	机械工业部	13 428	4 507	8 921
	中国核工业总公司	634	350	284
模具	机械工业部	1 421	418	1 003

附表 5

机械工业部系统出口额(1997 年)

行业产品名称	出口产品		出口金额(万美元)	行业产品名称	出口产品		出口金额(万美元)
	单位	数量			单位	数量	
工业锅炉				**塑料设备**			
工业锅炉	t(蒸汽)	2 921	3 114.5	塑料加工机械	t	1 795	664.4
内燃机				**印刷设备**			
内燃机商品量	MW	4 432	14 259.6	印刷机械	t	2388	1 603.4
发电设备				**食品设备**			
内燃发电机组	MW	19.5	165.2	食品机械	台	744	538.1
发电设备	MW	2 613	4 828.9	**包装设备**			
金属切削机床				包装机械	台	5	16.0
金属切削机床	台	26 434	14 080.8	**拖拉机**			
数控机床	台	308	959.1	大中型拖拉机	台	3 718	2 578.0
其中:高精度机床	台	385	791.9	小型拖拉机	台	51 841	3 739.3
锻压设备				**建筑工程机械**			
锻压设备	台	5 910	2 877.8	装载机	台	170	633.4
起重运输设备				推土机	台	168	1 678.1
起重设备	t	114 150	11 857.1	**汽车**			
运输设备	t	11 305	1 946.1	汽车	辆	5 000	5 980.6
工矿车辆				其中:轿车	辆	77	205.0
工矿配件	t	34 232	5 953.3	改装车	辆	1 619	1 586.5
泵				汽车配件			10 950.5
工业泵	台	17 263	1 916.8	**摩托车**			
农业泵	台	39 633	465.3	摩托车	辆	14 774	687.3
风机				**电机**			
风机	台	103	166.2	交流电动机	MW	6 735	9 587.2
气体压缩机				**变压器**			
气体压缩机	台	451	367.7	变压器	MV·A	3 141	4 755.7
气体分离及液化设备				**高压电器**			
气体分离及液化设备	套	6	574.7	高压断路器	台	1 738	2 317.9
制冷空调设备				高压电瓷	t	18 519	2 199.1
制冷设备	套	44 344	3 985.3	高压隔离开关	组	521	357.9
轴承				**电线电缆**			
轴承	万套	21 248	17 814.5	钢芯铝绞线	t	10 414	2 636.9
阀门				电力电缆	km	39 691	4 765.0
高中压阀门	t	12 224	4 332.4	控制电缆	km	290	525.2
其中:电站用	t	78	31.0	**通用仪器仪表**			
液压件及液力件				工业自动化仪表	万台	514	2 747.6
液压件	万件	8	530.9	电工仪器仪表	万台	492	2 372.9
紧固件				分析仪器	台	1 561	90.8
标准紧固件	万件	1 236 524	5 769.4	光学仪器	台	827 768	4 367.5
矿山设备				试验机	台	2 781	336.9
矿山设备	t	3 520	2 426.1	**量具刃具**			
冶金设备				量具	万件	966	1 804.8
冶炼设备	t	1 734	368.2	刃具	万件	6 907	2 043.9
金属轧制设备	t	2 961	1 186.0	**照相机械**			
石油设备				照相机	架	4 096 154	12 454.4
石油钻采设备	t	3 039	514.5	**复印机**			
炼油化工设备	t	4 348	683.1	复印机	台	947	190.0
橡胶设备				**磨料磨具**			
橡胶加工机械	t	5 423	1 235.1	磨料	t	193 522	8 414.4

附表 6
机械工业部系统主要产品产量(1997年)

产品名称	单位	产量	比上年增长%
工业锅炉	t(蒸汽)	39 607	-7.68
内燃机生产总量合计	MW	169 648	-4.97
汽油机	MW	52 356	5.37
柴油机	MW	114 877	-5.39
电站汽轮机	MW	12 701	4.44
工业汽轮机	MW	569	0.89
发电设备	MW	17 085	18.06
金属切削机床合计	台	94 256	-7.43
车床	台	46 095	-1.16
铣床	台	13 132	36.10
钻床	台	11 253	-28.32
镗床	台	2 046	84.16
磨床	台	9 349	-15.41
刨床	台	1 027	37.67
拉床	台	17	-81.11
齿轮加工机床	台	1 014	-49.80
螺纹加工机床	台	2 020	20.96
电加工机床	台	865	18.49
组合机床	台	1 547	-3.37
加工中心	台	405	17.73
锻压设备合计	台	36 662	-3.16
机械压力机	台	24 762	1.71
液压机	台	3 057	-27.76
锻锤	台	551	-39.91
锻机	台	185	3.93
剪断机	台	4 914	1.57
铸造机械	台	2 959	-20.46
起重设备	t	291 948	-0.33
运输设备	t	126 115.5	9.22
给料机械	t	4 901.4	-3.01
装卸机械	t	24 550	116.53
电梯及扶梯	t	148 899.1	375.53
工矿车辆	辆	4 373	-32.26
泵合计	台	3 091 904	-7.99
工业泵	台	369 608	-12.98
农业泵	台	1 806 208	-15.57
风机	台	160 970	4.17
气体压缩机	台	20 039	-7.96
气体分离及液化设备	套	199.0	-64.72
真空设备	台	43 267	2.46
制冷设备	套	266 480.0	-18.29
电动工具	万台	692.4	1.52
减速机	t	44 479.6	-28.39
轴承	万套	78 906.4	-5.28
高中压阀门	t	49 867.8	-5.99
低压阀门	t	72 776.3	-24.23
液压件	万件	334.6	-11.43
液力件	台	24 352	-4.10
气动元件	万件	97.3	-9.57
橡胶密封件	万件	37 732.3	67.71
粉末冶金制品	t	20 334.8	-0.84
标准紧固件	万件	1 668 433.7	-6.90
弹簧	万件	26 340.9	-8.99
工业链条	t	29 498.6	-25.84
矿山设备合计	t	117 847.7	-16.83
采掘设备	t	9 472.1	-36.48
提升设备	t	20 047.6	-29.96
破碎设备	t	27 556.7	-28.33
研磨设备	t	34 840.6	14.47
冶炼设备合计	t	38 408.7	1.73
炼焦设备	t	3 683.5	-44.99
炼铁设备	t	1 190.0	-65.58
炼钢设备	t	8 011.2	38.87
有色金属冶炼设备	t	40.0	-79.70
冶金车辆	辆	128	-87.39
金属轧制设备	t	70 227.2	-2.40
轧机配件	t	24 219.0	-8.45
电工专用设备	t	8 969.3	-11.97
石油钻采设备合计	t	56 721.4	-8.22
压裂固井设备	t	738.0	51.23
修井设备	t	3 159.0	-3.92
石油机械配件	t	13 596.3	-4.33
炼油化工设备	t	87 305.8	11.51
橡胶加工机械	t	29 026.7	10.13
塑料加工机械	t	52 826.0	5.66
木工机械	台	31 342	-27.98
印刷机械	t	51 566.0	0.82
制版设备	t	203.0	-51.08
印刷机	t	32 519.5	3.04
装订机械	t	55 75.6	0.39
建材设备	t	11 819.8	-52.37
水泥设备	t	39 839.9	25.25
食品机械合计	台	124 508	20.98
屠宰肉类加工机械	台	20 373	2.43
乳品加工机械	台	174	7.01
饼干糕点加工机械	台	514	-33.33
酿造机械	台	102	-43.96
饮料机械	台	4 363	-18.13

（续）

产品名称	单位	产　量	比上年增长%	产品名称	单位	产　量	比上年增长%
包装机械	台	27 071	1.63	电力整流器	MW	717	−8.55
缝纫机	台	824 496	333.32	电力电容器	Mvar	26 210	1.43
大中型拖拉机	台	80 967	−7.08	高压断路器	台	36 210	−9.43
小型拖拉机	台	1 837 020	−5.38	高压负荷开关	台	7 181	−53.08
机引耕作农具	台	128 343	−0.25	高压隔离开关	组	75 677.6	−10.78
种植机械	台	55 881	−24.47	高压熔断器	万只	56.9	7.36
农田基本建设机具	台	5 691	−93.26	避雷器	万只	51.8	−17.52
施肥机	台	1 580	150.79	保护及自动化继电器	台	1 391 545	3.91
机动植保机械	台	247 637	−21.68	防爆电器元件	万件	5.3	−49.52
收获机械	台	292 768	25.17	电力电缆	km	190 374.2	−1.92
场上作业机械	台	226 960	−1.66	绝缘材料	t	43 419.8	12.42
农副产品加工机械	台	578 516	−2.35	蓄电池	MVA·h	7 352	−2.18
农用拖车	辆	125 195	−37.35	电工合金	t	1 917.9	1.15
船用挂机挂桨	台	32 838	−4.95	洗衣机	万台	1.6	−87.20
三轮农用运输车	辆	2 004 530	33.22	家用电冰箱	万台	327.2	18.21
四轮农用运输车	辆	308 837	9.25	电风扇	万台	271.5	−62.04
牧草(料)收获机械	台	29 911	−8.75	吸尘器	万台	0.1	−66.67
畜禽饲养机械	台	21 390	−21.80	电焊机	台	60 087	−10.52
畜产品采集加工机械	台	11 166	−32.57	电弧炉	台	10	42.86
其他畜牧机械	台	4 943	−11.91	真空电炉	台	8	−38.46
渔业机械	台	37 950	−29.54	工业电阻炉	台	515	−37.35
装载机	台	13 148	−0.74	工业自动化仪表	万台	1 660.1	−6.57
推土机	台	2 994	9.47	电工仪器仪表	万台	3 147.1	0.19
塔吊	台	317	15.69	分析仪器	台	36 004	−7.35
叉车	台	19 473	15.80	光学仪器	台	1 095 906	6.05
风动工具	台	85 264	1.80	试验机	台	15 762	15.00
环保设备	t	142 807.7	20.87	无损探伤机	台	890	139.89
机械除尘设备	t	8 378.1	−21.00	实验室仪器装置	台	147 484	−16.36
水处理设备	t	18 444.5	−57.37	专用仪器仪表合计	台	1 041 947	−9.47
噪声控制设备	t	507.8	−13.21	农、牧、渔仪器仪表	台	718 464	18.61
汽车合计	辆	1 333 170	1.92	气象仪器	台	40 632	3.78
载货汽车	辆	601 798	−11.16	石油仪器仪表	台	15 809	16.32
客车	辆	281 518	26.11	教学仪器	台	259 338	−46.30
轿车	辆	445 134	19.69	仪表元件	万件	49 378.4	−37.20
改装汽车	辆	103 568	11.88	仪器仪表材料	t	3 352.3	−4.80
汽车配件	万元	4 304 106.2	12.88	量具	万件	725.6	−25.30
摩托车	辆	3 152 828	45.85	刃具	万件	26 614	−9.73
自行车	辆	439 950	4 258.10	电影及视听机械	台	111 143	−10.22
大中型电机	MW	7691	−3.80	照相机	万架	784.2	24.77
小型电机	MW	28 569	−1.79	复印机	台	47 043	7.53
分马力电机	万台	958.8	10.91	磨具	t	66 521	4.98
微电机	万台	837.7	1.07	磨料	t	175 102	−28.91
互感器	台	313 830	−32.67	模具标准件	标准套	137 253	101.87

注：附表1、2、3、4、5、6中机械工业部数据由该部经济信息统计中心提供。表4中机械工业部数据为计划数。表5、表6中的产品顺序是按照本年鉴行业的顺序编排的。

〔附表1～6责任编辑：申建丽〕

机械工业

发明及

优秀科研成果

第Ⅳ部分

获国家技术发明奖项目（1997年）

国家技术发明奖评审委员会

经国家科委批准，1997年国家技术发明奖获奖项目为100项，其中一等奖1项、二等奖13项、三等奖46项、四等奖40项。现将与机械工业有关的26项刊登如下，其中二等奖3项、三等奖12项、四等奖11项。

序号	获奖成果名称	主要完成单位和完成者	获奖等级	推荐部门
1	汽油机射流燃烧技术	天津大学，刘友钧、尚秀镜、李志雄	三	国家教委
2	渐开线环形齿球形齿轮机构	国防科学技术大学，潘存云、杨昂岳、尚建忠、罗昆、刘宪锋	四	国防科工委
3	凿岩钎杆用中空钢热穿-热轧法生产工艺及生产线	湖北咸宁矿山机械厂，叶凌云、冯志勇、佘德如、吴志经	三	湖北省
4	粗颗粒浮选机	北京矿冶研究总院，刘惠林、刘振春、沈政昌、邹介斧	三	中国有色金属工业总公司
5	高碳合金钢轧辊局部冷焊技术	山东工业大学，任登义、邹增大、张元彬、董建	三	山东省
6	加长喷嘴牙轮钻头	石油大学（华东），沈忠厚、徐依吉、宫吉青、王瑞和、李根生、陈洪兵	三	中国石油天然气总公司
7	钻杆开口动力大钳	兰州石油机械研究所、江苏新象股份有限公司、江苏如东石油机械厂，唐上智、郭忠顺、王继兰、卢锦荣、吉春荣、杨运宁	四	机械工业部
8	催化裂化干气与苯烃化制乙苯成套技术	抚顺石油化工公司石油二厂、中国科学院大连化学物理研究所、中国石化洛阳石油化工工程公司、抚顺石油化工公司石油三厂，张淑蓉、王清遐、李　峰、董世达、高新春、李健保	二	中国石油化工总公司
9	内循环挡板（UL）型反应器在5万t丙烯腈装置上的应用试验	联合化学反应工程研究所浙江大学分所、上海石油化工股份有限公司，戴擎镰、陈丰秋、陈秉辉、贾庆桃、吕德伟、杨春丽	三	中国石油化工总公司
10	聚合物电磁动态塑化挤出方法及设备	华南理工大学，瞿金平、周南桥、王勋章、王增昌、吴宏武、何和智	二	广东省
11	BSLD-95型羊绒联合分流机工艺技术	北京雪莲羊绒有限公司，苗晓光、田菊仙、李元征、李　彬、祁　彦、任双动	三	北京市
12	XH-超短波皮肤整形手术仪及临床应用	第四军医大学第二附属医院，赵新华、赵锐、蒋　彦、马云萍、张　勇、刘竹南	三	总后勤部
13	非闪烁弱红光偏头痛防治镜	中国人民解放军成都军区总医院，朱国标、张克俊、甘韶雨	四	总后勤部
14	TDL-Ⅱ型推拿手法力学信息检测仪	山东中医药大学，王国才、程德明、杨仙标	四	山东省
15	QTS225剪式双臂高塔联合工作机	武汉建工（集团）有限公司、武汉交通科技大学，龙文忠、徐长生、陶德馨、朱　湘、张晓川、刘　刚	三	湖北省

（续）

序号	获奖成果名称	主要完成单位和完成者	获奖等级	推荐部门
16	ZQJ-32/56移动支架造桥机	铁道建筑研究设计院、铁道部第十三工程局、铁道部第一勘测设计院，宋德文、王成、李范山、董郁生、李文广、黄冠智	四	铁道部
17	多支承船舶自动变坡纵向滑道	中国船舶工业总公司第九设计研究院，张铁千	四	中国船舶工业总公司
18	正交凸极谐波励磁无刷交流发电机	江西三波电机总厂，陈邦本、梅　昆、林政安、潘瑞征	三	江西省
19	平面型载体催化可燃气体检测元件	上海交通大学，董华霞、叶芃生	四	国家教委
20	新型系列气敏元件及材料研究	云南大学，吴兴惠、李艳峰、周桢来、王毓德、田子华、黄惠珍	三	云南省
21	便携智能式立式罐大容量标准测量仪	中国计量科学研究院，廉育英、刘　帆、宣丽文	三	国家技术监督局
22	颗粒和晶须协同增韧陶瓷刀具材料及其工艺	山东工业大学，艾　兴、黄传真、邓建新、李兆前、王景海、赵　军	四	山东省
23	并联逆变中频感应加热电源直接自激起动技术	浙江大学，张仲超、顾逸新	四	浙江省
24	三叉杆滑移式等角速万向联轴器	青岛化工学院，常德功	四	化学工业部
25	XGY系列增强聚丙烯充气隔膜双向压榨压滤机	济南匹克曼环保生物工程技术研究所，王建国、于宝贞、李大伟、尹卓荣、张继生	四	山东省
26	高熔点纳米金属催化剂的制备方法	青岛化工学院，崔作林、张志琨、郝春成、董立峰、杜芳林、陈克正	二	山东省

〔国家科学技术奖励工作办公室供稿〕

获国家科技进步奖项目（1997年）

国家级科学技术进步奖评审委员会

经国家科委核准、批准，1997年国家科学技术进步奖获奖项目475项，其中特等奖3项、一等奖19项、二等奖150项、三等奖303项。现将与机械工业有关的95项刊登如下，其中特等奖1项、一等奖4项、二等奖28项、三等奖62项。各行业获国家级科技进步奖项数见下表。

行　业	获奖项数	行　业	获奖项数	行　业	获奖项数
锅炉	1	化学纤维设备	1	汽车	3
发电设备	6	橡胶设备	1	船舶	1
金属切削机床	2	建筑材料设备	3	飞机	1
锻压设备	5	食品设备	1	电机	1
起重运输设备	1	粮油设备	1	输变电设备	3
泵	2	纺织设备	1	通用仪器仪表	7
制冷空调设备	1	机械化农机具	2	专用仪器仪表	4
矿山设备	4	医疗器械	1	仪器仪表元器件	1
冶金设备	8	建筑工程机械	1	复印机械	1
石油设备	4	环境保护设备	3	其他	13
化工设备	9	铁路机车车辆	2	合计	95

行业	获奖项目名称	主要完成单位和完成者	获奖等级	推荐部门
锅炉	1 025t/h亚临界控制循环锅炉	上海锅炉厂，忻泉涌、忻瑶琴、徐琴仙、谢幼铭、李民强	三	上海市
发电设备	秦山300MW核电厂设计与建造	上海核工程研究设计院、华东电力设计院、北京核工程研究设计院、上海市政工程设计院、秦山核电公司、核工业总公司22公司、核工业总公司23公司、上海锅炉厂、上海汽轮机厂、宜宾燃料元件厂、浙江省火电建设公司，欧阳予、赵　宏、林伟贤、缪鸿兴、许忠卿、王鼎铨、潘系人、张　廉、陈曝之、王中勤、王心敏	特	中国核工业总公司
	大型轴流式水轮发电机组的研制	哈尔滨电机有限责任公司、哈尔滨大电机研究所，吴新润、刘公直、刘光宁、李惠莲、梁玉巨、王立柱、张国民、王振祥、傅岚贵	二	机械工业部
	广州抽水蓄能电站建设关键技术的研究与实践	广东抽水蓄能电站联营公司、水电第十四工程局广东分局、广东省水利电力勘测设计研究院、广蓄电站工程监理，罗绍基、张基尧、冯　文、马洪琪、叶冀升、蓝标麟、朱允中、尚明华、谭文奎	二	广东省

（续）

行业	获奖项目名称	主要完成单位和完成者	获奖等级	推荐部门
发电设备	秦山核电厂300MW压水堆堆内构件设计与制造	上海第一机床厂、上海核工程设计研究院、上海锅炉厂，贺友光、陈英民、姚伟达、董继光、李瑞生	三	上海市
	300MW核反应堆压力容器关键焊接技术研究及应用	中国第一重型机械集团公司，宋忠臣、刘恩清、刘振忠、梁东图、徐实鹏	三	黑龙江省
	电站锅炉空气预热器间隙测控系统	西安理工大学，刘 丁、王华民、万伯任、程国庆、邓家祥	三	陕西省
金属切削机床	XH7910/1型立卧式加工中心	青海第一机床厂，尹家骏、师堂存、孙绯佳、张兴华、杨全生	三	青海省
	TX31-Q型排屑及冷却液净化系统	机械工业部第五设计研究院、海门市过滤设备厂，王守业、张集明、罗禄琼、姚明理、张士良	三	机械工业部
锻压设备	8MN快速锻造液压机组	兰州石油化工机器总厂、华中理工大学，李茂春、黄树槐、高俊峰、魏运华、刘崇民、李从心、杨 晋、盛虹伟、马朝宣	二	甘肃省
	斯太尔转向节锻造自动化生产工艺及装备	机械工业部北京机电研究所、中国重型汽车公司济南锻造厂，于沪生、皇甫骅、梁志忠、何 平、付 翔、余 宁、孙 欧、贺 平、刘加臣	二	机械工业部
	车轴锻件生产线	太原重型机械集团公司，余寿熙、连毓平、郭岱山、左中英、汝慰曾、唐葆仁、郑建国、李绍良、高斌儒	二	山西省
	YBW150型压印机的研制	上海造币厂、南京造币厂，陈国良、邬国强、王信诚、张立安、范玉民	三	中国人民银行
	多工位冷挤压机	济南第二机床厂，韩兴明、于成之、任小省、贺 庆、姬文宗	三	山东省
起重运输设备	DXJ1600型1 600t/h斗轮式矿石卸船机	上海港口机械制造厂、交通部水运科学研究所、青岛港务局，张振雄、郑见粹、林大伟、李振书、彭传圣、潘允平、胡思唐、黄 涛、蒋源莉	二	交通部
泵	无堵塞泵	江苏理工大学、扬州市亚太特种水泵厂，关醒凡、朱荣生、李 红、常庆昌、李幼康	三	国家教委
	氢氰酸及高压屏蔽电泵的研制	机械工业部合肥通用机械研究所，大连屏蔽电泵厂，周世成、童志成、夏式倩、胡敬宁、孙秀蓉	三	机械工业部
制冷空调设备	AE1370Y型制冷压缩机	景德镇华意电器总公司华意压缩机厂，吴祥才、符念平、朱 辉、周友新、伍国财	三	江西省
矿山设备	WYL161、WYL320、WY320单斗液压挖掘机	贵阳矿山机器厂，樊万锁、黄 骏、吕韶文、兰 冰、倪政伟	三	贵州省
	JKY2.5/1.2BS型防爆液压提升机	湖南省煤炭科学研究所、湘潭煤矿机械厂，吴辉海、莫 魁、蔡槐庭、李志芳、王锡侯	三	湖南省
	SF型系列自吸式浮选机的研制与推广应用	北京矿冶研究总院、内蒙黄金机械修造厂、包头钢铁稀土公司选矿厂、江西永平铜矿、浙江建德铜矿，刘桂芝、张鸿甲、刘 林、曹蒙云、刘 珍	三	中国有色金属工业总公司

（续）

行业	获奖项目名称	主要完成单位和完成者	获奖等级	推荐部门
矿山设备	CK-66 高效矿井辅运成套设备	煤炭科学研究总院常州科研试制中心、煤炭工业部山西省潞安矿务局王庄煤矿，陈焕英、汤　镛、王成学、马春泉、高文成	三	煤炭工业部
冶金设备	马钢 300m^2 烧结成套设备	西安重型机械研究所、马鞍山钢铁设计研究院、马鞍山钢铁股份有限公司、第一重型机器厂、天津重型机器厂、中国重型机械总公司、沈阳有色冶金设备总厂，王为民、许景利、程振先、穆良骏、段升岗、孔祥云、张生宁、胡新立、邢常德	二	机械工业部
	650mm 六辊可逆冷轧机组	中国第一重型机械集团公司，赵立新、许崇勇、陈玉明、郑　丽、王滨生、陈德福、张志文、吴建良、李飞跃	二	黑龙江省
	H 型钢万能轧机	沈阳重型机器厂，魏文达、张德林、陈敬德、张丽华、许苏娜、徐忠杰、黄庆斌	二	机械工业部
	轧机油膜轴承研制与推广应用	沈阳有色冶金机械总厂，高长清、刘玉堂、窦松德、杨树新、廉兴本、寇晓春、席建国、杨树林、裴焕铭	二	中国有色金属工业总公司
	1 350mm 亲水涂层铝箔生产线关键技术攻关	机械工业部西安重型机械研究所、常熟市铝箔厂，谢咏山、蒋　虬、党幼云、惠世民、王小泉、吴满堂、刘忠宝、李文科、任惠芳	二	机械工业部
	加热炉低应力预制拱形炉顶的研究和应用	冶金工业部建筑研究总院、首钢总公司，刘岫云、薛乃彦、李雅安、梅鸣华、王绪东	三	冶金工业部
	宝钢高炉鼓风机静止变频起动装置	天津电气传动设计研究所，叶澄中、仲明振、张春喜、吕明伟、董世华	三	机械工业部
	单电极直流加热炉装备与工艺技术研究	冶金工业部钢铁研究总院、宣化四方台铁合金厂、冶金工业部包头钢铁设计研究院，杨志忠、宗丕功、蒋伯群、么群、李新华	三	冶金工业部
石油设备	6 000m 电驱动沙漠钻机	兰州石油化工机器总厂、天水电气传动研究所、兰州电机厂、塔里木石油勘探开发指挥部、宝鸡石油机械厂，张仁俊、张建华、李远程、徐玄惠、胡志祥、陈茂松、肖自琦、张秉皆、周　平、朱奇先、马中允、余生福、刘育生、李昭华、侯广平	一	机械工业部
	石油水平井钻井成套技术	胜利石油管理局、新疆石油管理局、大庆石油管理局、大港石油管理局、辽河石油勘探局、华北石油管理局、西南石油学院、大庆石油学院、石油大学、北京石油勘探开发科学研究院，孙建成、杨万胜、张世忠、张树明、周全兴、刘钺、廖润康、刘希圣、苏义脑、施太和、李宏伟、王宝新、刘汝山、陈　平、陈祖锡	一	中国石油天然气总公司

（续）

行业	获奖项目名称	主要完成单位和完成者	获奖等级	推荐部门
石油设备	提高石油钻柱安全可靠性和使用寿命的综合研究	中国石油天然气总公司石油管材研究所、四川石油管理局、华北石油管理局，李鹤林、冯耀荣、韩　勇、李平全、宋治、安丙尧、张　毅、帅亚民、刁永泉	二	中国石油天然气总公司
	埕岛中心一号桩基液压自升式固定采油平台	胜利石油管理局钻井工艺研究院、上海交通大学，孙东昌、王运安、田海庆、张世联、孙永泰	三	中国石油天然气总公司
化工设备	镇海年产 800 000t 加氢裂化成套技术	中国石化洛阳石油化工工程公司、镇海炼油化工股份有限公司、中国石油化工总公司抚顺石油化工研究院、抚顺石油化工公司石油三厂，叶杏园、任炽刚、陈毓瑞、汤尔林、孙伟君、赵　琰、陈芸芳、孙剑利、韩崇仁、祝世珍、宋文模、林永畅、刘纪端、黎国磊、赵树根	一	中国石油化工总公司
	年产 20 000t 复极式离子膜法烧碱国产化装置	河北沧州化工实业（集团）公司、北京化工机械厂、渤海化工（集团）股份有限公司、天津大沽化工厂、辽宁省铁岭橡胶工业研究设计院、中国化工装备总公司、化学工业部自动化研究院、上海市塑料研究所，周振德、甘锁才、黄文正、邢家梧、靳洪强、蒋志彬、卢元构、韩庆荣、吕思林	二	化学工业部
	年产 200 000t 硫酸大型国产化装置	化学工业部第三设计院、铜陵化学工业集团公司磷铵厂、上海冶金矿山机械厂、杭州锅炉厂，陈德华、江兴海、古成龙、吴大农、孙远鹏、李元和、张南虎、蒋　进、陈甫松	二	化学工业部
	年产 140 000t 低压聚乙烯装置工程设计、施工技术及重大装备国产化	北京燕山石油化工公司、上海医药工程设计院、扬子石化公司设计院、中建一局，曹湘洪、司徒泽湘、张国桥、庞运城、任俊和	三	中国石油化工总公司
	CF-62 钢制 1 500m³ 大型乙烯球罐	兰州石油化工机器总厂、大庆石油化工总厂、合肥通用机械研究所、大庆石油化工设计院、武汉钢铁（集团）公司，李中诚、王　昱、陈　晓、宿德民、窦万波	三	机械工业部
	均温型甲醇合成塔内件	浙江省衢州市前程实业总公司压力容器厂、浙江工业大学，楼寿林、卢慕书、徐安开、舒季钊、于承阳	三	化学工业部
	氯碱生产过程优化控制系统	渤海化工（集团）股份有限公司天津大沽化工厂，肖卫国、王志明、张珍妹、于现军、冯圣文	三	化学工业部
	制苯装置扩量技术改造及 BY-2 裂解汽油加氢催化剂的工业应用	中国石化北京燕山石油化工公司、中国石化北京石油化工工程公司、北京大学、南京化学工业（集团）公司催化剂厂，曹湘洪、李日初、常　江、桂琳琳、王鑫泉	三	中国石油化工总公司
	整体多层夹紧式高压容器	华南理工大学、湖南省长沙化工机械厂，陈国理、吴京生、钟汉通、李玉江、陈柏暖	三	国家教委

(续)

行业	获奖项目名称	主要完成单位和完成者	获奖等级	推荐部门
化学纤维设备	纺丝装置增加生产能力10%技术改造	仪征化纤股份有限公司涤纶二厂，秦鹏、陆明英、戚玉军、孙华平、赵金荣	三	中国纺织总会
橡胶设备	LM-X850，600轮胎胎面复合挤出联动生产线	天津市橡塑机械联合有限公司，张芝泉、汤　静、张建浩、张志谦、林文泉、徐伦高、董哲锦、王云飞、薛友强	二	化学工业部
建筑材料设备	NSC-B型分解炉技术在云浮水泥厂预分解窑开发应用	武汉工业大学北京研究生部、中国建材协会新型干法水泥生产技术研究会、广东省云浮水泥厂，陈全德、曹　辰、黄立耕、侯其福、兰明彰	三	国家建筑材料工业局
	玻璃水平钢化辊道窑用石英陶瓷辊	国家建材局山东工业陶瓷研究设计院、淄川区昆仑镇建材机械厂，袁向东、杜名贞、吴翠珍、王德方、周培忠	三	国家建筑材料工业局
	32m² 马蹄焰蓄热室燃煤玻璃熔炉改造	张家口市玻璃厂，孔德润、关　诚、张树杰、武立桃、黄拦柱	三	河北省
食品设备	φ620、870×1 200大底辊高功能新型两辊甘蔗提汁机推广生产应用	华南理工大学、广东省国营遂溪洋青一糖厂、中国轻工总会广州机械设计研究所，顾裕铿、许斯欣、王志强、唐兆明、徐　烽	三	国家教委
粮油设备	“万吨级淀粉加工设备消化吸收”关键设备的研究	国内贸易部武汉科学研究设计院，徐昌洪、徐兆勇、徐海平、金洪保、马治平	三	国内贸易部
纺织设备	开清梳联合机的研制	郑州纺织机械厂，青岛纺织机械厂，中国纺织科学研究院、中国纺织总会纺织机电研究所，除励纶、蔺建旺、梅建华、薛定海、隋建滋、张炎昌、谈树起、胡炳良、刘　地	二	中国纺织总会
机械化农机具	全方位深松机研制	中国农业大学机械工程学院、辽宁省昌图县农业机械管理局、北京市清河农场、北京市昌平县百善乡、中国农业科学院农田灌溉研究所、中国农业科学院土壤肥料研究所、辽宁省昌图县农机一厂，谷谒白、刘向阳、徐广增、李　珊、廖植樨、褚玉林、刘立新、单玉山、黄茂勋	二	农业部
	4LD-2自走式轴流谷物联合收割机	新疆联合机械（集团）有限责任公司，王长宁、李晓华、骆亚明、吴峻峰、苏建民	三	新疆维吾尔自治区
医疗器械	BJ-6B医用电子加速器	北京医疗器械研究所、航天工业总公司风华机器厂，赵洪斌、周　平、蒋相龙、刘周明、薛朝环、火大公、顾本广、高雨业、丁燕青	二	北京市
建筑工程机械	DG-32型自动整平捣固机	中国铁道建筑总公司昆明机械厂、铁道部科学研究院、戚墅堰机车车辆工艺研究所、株洲电力机车研究所、沈阳铁路局，陈益荣、江宁珠、胡家驰、张露云、王作汉	三	铁道部
环境保护设备	染料工业废水综合治理技术与工艺	清华大学、大津市环境保护科学研究所、南京大学，蒋展鹏、杨志华、祝万鹏、王炳坤、王连生、佘　刚、李中和、孙孝然、谢　锐	二	国家教委

（续）

行业	获奖项目名称	主要完成单位和完成者	获奖等级	推荐部门
环境保护设备	大风量低浓度有机废气治理技术及工程化	防化研究院第一所，陈魁学、乔惠贤、尹维东、栾志强、张明荣、吴　燕、丁玉珍、史宝栋、刘锦华	二	总参谋部
	JYFO型蜂窝式除尘器（机组）	江苏省江阴市空调除尘设备厂，陆廷玮、陶永生、刘掌芳、胡继业、尚广江	三	中国纺织总会
铁路机车车辆	准高速旅客列车	戚墅堰机车车辆厂、南京浦镇车辆厂、四方机车车辆厂、长春客车厂、永济电机厂、大连内燃机车研究所、广州铁路（集团）公司、株洲电力机车研究所、四方车辆研究所、铁道部科学研究院，王万鍾、葛来薰、王维胜、宁德容、柯凤法、何克强、徐国梁、胡育川、任　健、陈逢云、郭　华、李国强、黄诒祥、陈蔚昌、金莲珠	一	铁道部
	4t磁悬浮车试验线	西南交通大学，连级三、张昆仑、蒋启龙、胡基士、郭小舟	三	铁道部
汽车	KL6110/6120系列大客车底盘联合设计与制造	合肥淝河汽车制造厂、丹东汽车制造厂，黄振华，竺樟林、王鹏程、孟令章、熊良平	三	机械工业部
	云南蓝箭汽车制造厂涂装生产线设计	机械工业部第四设计研究院、云南蓝箭汽车制造厂，柳崇禧、曾隆尧、易绪瀚、赵建业、李振栋	三	机械工业部
	ABDEM微机汽车车身CAD/CAE/CAM系统	山东工程学院，赵炳彦、王玉林、王敏、王　健、邹广德	三	山东省
船舶	中国江南巴拿马型散货船船型开发	江南造船（集团）有限责任公司，周震华、赵善能、郭丰敏、裘瑞章、李增深、胡可一、邓秀英、朱洁根、叶国泉	二	中国船舶工业总公司
飞机	南航轻型飞机系列	南京航空航天大学，柏振珠、钱智声、刘　钢、郭小良、刘延杰	三	中国航空工业总公司
电机	交流进给伺服电机和主轴电机	兰州电机厂，张广垣、王国兆、周明林、董明海、王　福	三	甘肃省
输变电设备	超高压合成绝缘子	清华大学、清华紫光（集团）总公司高电压设备部，张仁豫、薛家麒、梁曦东、李　京、关志成、王黎明、卢颀明、石伟、邢广军	二	国家教委
	西安高压开关厂“七五”、“八五”高压交直流输变电设备制造项目	机械工业部第七设计研究院、西安高压开关厂，方淞生、石亲民、巫德先、夏先梅、贾振华	三	机械工业部
	取消500kV断路器合闸电阻的研究	电力工业部电力科学研究院、电力工业部武汉高压研究所、广东省电力勘测设计院、湖北省超高压工程局、浙江省电力试验研究所，曾昭华、谷定燮、林集明、周沛洪、黄庆宜	三	电力工业部
通用仪器仪表	大型发电机稳定安全监视与无刷励磁检测系统	清华大学、安徽省电力试验研究所、淮南平圩发电厂，沈善德、周贯清、孔庆林、朱守真、杨常府	三	国家教委

（续）

行业	获奖项目名称	主要完成单位和完成者	获奖等级	推荐部门
通用仪器仪表	大型旋转机械状态监测、分析及故障诊断技术研究	哈尔滨电工仪表研究所、清华大学、哈尔滨工业大学、华中理工大学、上海交通大学，张礼勇、夏松波、付尚新、史铁林、徐　敏	三	机械工业部
	软X射线瞬时摄谱仪	中国科学院西安光学精密机械研究所，张焕文、杨勤劳、郭宝平、牛憨笨、王云程	三	中国科学院
	高分辨率小型激光轴角编码器的研究	中国科学院长春光学精密机械研究所，艾　华、丁林辉、赵兴国、陈宝钦、李永贵	三	中国科学院
	电子万能试验机	机械工业部长春试验机研究所、长春试验机集团公司，王宝军、李　舒、李得增、张金伟、王海春	三	机械工业部
	金属加工液攻丝扭矩模拟评定试验装置的研究	济南试验机厂、上海石油商品应用研究所、中国石油化工总公司石油化工科学研究院、机械工业部机械院机械标准化研究所、中国科学院自动化标准化研究所，王良驹、张静渊、郭德有、姜常志、陈召宝	三	山东省
	大型污秽试验室建设和500kV线路防污闪研究	电力部武汉高压研究所，刘湘生、白健群、吴　峡、许　中、于明智	三	电力工业部
专用仪器仪表	汽车碰撞试验与测试分析处理系统的研究	清华大学，黄世霖、张金换、李一兵、王振明、丁振松、朱西产、王晓阳、于树平、黄存军	二	机械工业部
	LKJ-93型列车运行监控记录装置	株洲电力机车研究所、成都铁路局科研所、北方交通大学、兰州铁路局、郑州电务器材厂，杨期翔、唐献康、周志飞、王庆生、张明武	三	铁道部
	秦山核电厂控制、保护和仪表系统设计与研究	上海核工程研究设计院，陆曙东、董天标、沈增跃、范琪华、吴剑鸣	三	中国核工业总公司
	LBC-5120型二次电池检测分选系统	北京有色金属研究总院，韩　伟、唐海波、高　清、张建航、曾传翠	三	中国有色金属工业总公司
仪器仪表元器件	高性能InSb霍尔元件及中试生产技术	机械工业部沈阳仪器仪表工艺研究所，于成民、孙仁涛、刘佩瑶、冯桂华、王晓雯	三	机械工业部
复印机械	复印机用显影剂磁粉-墨粉的研制和国产化	中国科学院化工冶金研究所，宋宝珍、甘耀昆、欧阳藩、刘京玲、贺守华、司新文、白辰东、李　敏	二	中国科学院
其他	高强度大型铝合金铸件研制	机械工业部沈阳铸造研究所，沈桂荣、张照文、孙学敏、解起东、李巨文、黄景福、李玉胜、许峙立、冯志军	二	机械工业部
	旋转机械转子轴承系统摩擦学动力学设计理论及应用研究	西安交通大学，谢友柏、朱　均、虞烈、丘大谋、张优云、徐　华、景敏卿、袁小阳、王世琥	二	国家教委
	《工程控制论》（修订版）	科学出版社，钱学森、宋　健、李淑兰	二	新闻出版署
	《材料力学》	浙江大学，刘鸿文、林建兴、曹曼玲、吴　向	二	国家教委

（续）

行业	获奖项目名称	主要完成单位和完成者	获奖等级	推荐部门
	减压-加压铸造新工艺研究	山东省冶金科学研究院、烟台鲁宝有色合金厂，王风德、公茂秀、刘洪模、孙曙辉、赵景山	三	山东省
	真空镀铜钢带及其电子束连续真空式钢带镀铜工艺	江门金霸实业公司，吴利生、钟江生、陆晓峰、魏日昶、顾　勇	三	广东省
	ZGM95 型磨煤机和电动机的研制	华北电力集团公司北京电力设备总厂，李享苏、童群伦、徐祖烨、徐宝生、李庆信	三	电力工业部
	全封闭组合电器绝缘配合的研究及应用	清华大学、水利部长江水利委员会、广西电力工业勘察设计研究院、电力工业部成都勘测设计研究院，张纬钹、舒廉甫、吴维韩、覃利明、甘春光	三	电力工业部
	X 荧光技术的研究与推广应用	成都理工学院、重庆地质仪器厂、中国地质大学（北京），章　晔、谢庭周、周四春、曹利国、黄慎文	三	地质矿产部
	弱光型内联式非晶硅太阳能电池及生产技术	深圳创益科技发展有限公司，李　毅、周起才、李　强、陈　刚、杜伟萍	三	国内贸易部
	《机械工程手册》	机械工业部、机械工业出版社，沈鸿	三	新闻出版署
	《电工学》	哈尔滨工业大学、高等教育出版社	三	国家教委
	科技期刊质量标准及其评价方法研究	国家科委科技信息司，宋培元、朱晓东、李　敏、邬书林、蔡建光	三	国家科委

〔国家科学技术奖励工作办公室供稿〕

优秀科研成果项目（1997年）

国务院所属部门评选

1997年国务院各部门评选了优秀科研成果，本刊刊登有关部委选送的机械工业项目共245项，其中特等奖3项、一等奖39项、二等奖203项，按行业分类的科研成果项目数如下表。

行　业	获奖项数	行　业	获奖项数	行　业	获奖项数
锅炉	3	电工专用设备	1	变压器	3
工业汽轮机和工业燃气轮机	2	石油设备	9	电力整流器	5
发电设备	1	化工设备	1	电气控制成套设备	1
金属切削机床	2	塑料设备	2	高压电器	5
锻压设备	5	印刷设备	1	电线电缆	3
铸造机械	2	食品设备	2	绝缘制品	1
起重运输设备	3	粮油设备	1	蓄电池	1
泵	1	纺织设备	2	电焊机	2
风机	1	缝纫设备	3	通用仪器仪表	11
气体压缩机	2	拖拉机	1	专用仪器仪表	15
真空获得及应用设备	2	机械化农机具	2	仪器仪表元器件	1
制冷空调设备	4	畜牧机械	2	仪器仪表材料	2
干燥设备	1	医疗器械	3	传递标准用计量仪	1
减变速机	1	建筑工程机械	3	量具刃具	3
轴承	3	环境保护设备	3	磨料磨具	1
阀门	3	铁路机车车辆	8	模具	2
液压及液力件	1	汽车	14	工业机器人	3
齿轮	1	摩托车	1	其他	34
矿山设备	3	船舶	46		
冶金设备	5	电机	1		

行　业	授奖部门	获奖等级	项　目　名　称	研　制　单　位
锅炉	机械工业部	二	燃煤锅炉烟气脱硫的开发与应用	中国环境保护公司、德州热电厂、德州市环保局、杭州钢铁厂
		二	锅炉用钢系列化和性能补充试验	机械工业部上海发电设备成套设计研究所、哈尔滨锅炉有限责任公司、上海锅炉厂、东方锅炉厂、武汉锅炉厂
	电力工业部	一	300MW 机组不锈钢螺旋槽管低压加热器	上海电力建设修造厂
工业汽轮机和工业燃气轮机	机械工业部	一	1m 长叶片设计及试验研究	哈尔滨汽轮机有限责任公司
		二	汽轮机用钢系列化和性能补充试验	机械工业部上海发电设备成套设计研究所、上海汽轮机有限公司、哈尔滨汽轮机有限责任公司、东方汽轮机厂
发电设备	机械工业部	二	无中心孔电站转子锻件的研制	中国第一重型机械集团公司、中国第二重型机械集团公司
金属切削机床	机械工业部	二	数控机床技术创新战略研究	机械工业部行业发展司、机械工业部机械科学研究院、机械工业部规划研究院、天津大学、机械工业部机械基础装备司、机械工业部科技与质量监督司、北京第一机床厂、机械工业部经济管理研究院
		二	MKZD8415 型全自动数控轧辊磨床	险峰机床厂
锻压设备	机械工业部	一	液压比例同步提升技术应用研究	同济大学
		一	预应力缠绕式板式换热器系列成形液压机技术开发	清华大学、沈阳液压机厂、沈阳锻压设备厂、天津市华东机电设备技术工程公司
		二	复杂锻模现代设计、制造成套技术研究与应用	机械工业部北京机电研究所、山东潍坊工模具总厂
		二	J89-1000 型 10 000kN 立式肘杆冷挤压机	济南二机床集团有限公司
		二	5～15MN SMC 成形液压机系列	太原重型机械（集团）有限公司
铸造机械	机械工业部	二	树脂自硬砂成套技术推广应用	机械工业部科技司、机械工业部沈阳铸造研究所、中国铸造材料总公司、机械工业部济南铸锻研究所、兰州石油化工机器总厂、杭州机床厂、机械工业部机械科学研究院
		二	铁型覆砂铸造技术	浙江省机电设计研究院、上海汽车铸造总厂
起重运输设备	机械工业部	一	广州港新沙煤矿石码头工程装卸与控制系统成套设备	中国重型机械总公司、机械工业部北京起重运输机械研究所、大连大重集团公司、大连起重机器厂、唐山冶金矿山机械厂、沈阳矿山机械(集团)有限责任公司、机械工业部天津电气传动设计研究所、中国通用石化机械工程总公司
		二	JB/T7688.1～.13—95《冶金起重机技术条件》	太原重型机械集团公司
	电力工业部	二	DQ1000/2000-35 斗轮堆取料机	上海电力环保设备总厂
泵	机械工业部	二	ZM931-1300/1400 高比转速轴流泵水力模型的研究	江苏理工大学
风机	机械工业部	二	动叶可调轴流式引风机 SAF 型	上海鼓风机厂
气体压缩机	机械工业部	一	4M50-33.7/11-19-BX 型新氢压缩机	沈阳气体压缩机厂

(续)

行业	授奖部门	获奖等级	项目名称	研制单位
气体压缩机		二	AV80型轴流压缩机	陕西鼓风机(集团)有限公司
真空获得及应用设备	机械工业部	一	ZR-1416-8大型铝板翅式换热器真空钎接设备	兰州真空设备厂、四川空分设备(集团)有限责任公司、开封空分设备厂、兰州铁道学院
		二	透明导电玻璃镀膜生产线	机械工业部沈阳真空技术研究所
制冷空调设备	机械工业部	一	空调器管带式换热器生产线、装配线、检测线	辽宁省机械研究院
		二	中国工业商业制冷与空调工业CFC物质逐步淘汰的战略研究	机械工业部合肥通用机械研究所
		二	LSFBLG11C30半封闭螺杆式冷水机组	大连冷冻机股份有限公司
	中国船舶工业总公司	二	无氟压缩机清洗、脱水干燥设备	七二二所
干燥设备	机械工业部	二	变压器煤油汽相干燥设备	机械工业部沈阳真空技术研究所
减变速机	机械工业部	二	ZJ系列行星齿轮减速器	机械工业部洛阳矿山机械研究所、中信重型机械公司
轴承	机械工业部	一	提高航空发动机主轴轴承寿命与可靠性的研究	机械工业部洛阳轴承研究所、虹山轴承总厂、洛阳轴承(集团)公司、哈尔滨轴承集团公司、洛阳工学院、黎阳公司第二研究所、第606研究所、黎阳公司、冶金部钢铁研究总院、重庆一坪高级润滑油公司、空军第一研究所
		二	机床主轴轴承制造及应用技术	机械工业部洛阳轴承研究所
		二	发射转塔用方位轴承和俯仰轴承的研制	洛阳轴承(集团)公司
阀门	机械工业部	二	JB/T7749—95《低温阀门技术条件》	机械工业部合肥通用机械研究所、沈阳高中压阀门厂、开封高压阀门厂、上海良工阀门厂
		二	JB/T7252—94《阀式孔板节流装置》	四川天然气机械装置研究所、四川油气技术装置工程公司、重庆阀门厂、中国人民解放军第5719厂
		二	DN2000液压平行式单闸板闸阀	辽宁省铁岭阀门厂
液压件及液力件	机械工业部	二	农机用液压件技术开发	天津液压机械集团(有限)公司
齿轮	机械工业部	二	《弧齿锥齿轮和准双曲面齿轮》	机械工业出版社
矿山设备	机械工业部	二	2 000t/h给料式半固定破碎站	煤炭工业部沈阳设计研究院、机械工业部洛阳矿山机械研究所、中信重型机械公司霍林河矿务局、北票矿务局机电总厂
	电力工业部	二	抗磨感应硬化管技术开发研究	常州电力修造厂等
	煤炭工业部	二	MG2×400-W采煤机、MG400系列采煤机的改进提高	煤科总院上海分院、鸡西煤矿机械制造厂、铁法矿务局
冶金设备	机械工业部	一	大重弧型薄板坯连铸机工业试验	大连大重集团公司、机械工业部西安重型机械研究所、冶金部钢铁研究总院
		二	阶梯轴锻坯精密楔横轧成形技术	吉林工业大学
		二	1 250mm硅钢片纵剪分卷机组关键技术攻关	机械工业部西安重型机械研究所、武汉钢铁(集团)公司硅钢片厂、武汉钢铁(集团)公司机械制造公司

行业	授奖部门	获奖等级	项目名称	研制单位
冶金设备	机械工业部	二	300t 转炉筑炉机	上海市机电设计研究院、宝山钢铁(集团)公司炼钢厂
	中国船舶工业总公司	二	可调辊数校平机	九院、上海宝钢冶金建设公司机械设备安装工程公司
电工专用设备	机械工业部	二	ϕ2500×3000(20t)立式绕线机	机械工业部第七设计研究院
石油设备	机械工业部	二	SJ 重油乳化节能技术研究	机械工业部机械工业环境保护技术研究所
		二	TC101/102 型气动履带式露天钻车	天水风动工具厂
		二	沙漠钻采设备防沙、散热、防冷凝等专用装置的研制	机械工业部兰州石油机械研究所
	中国船舶工业总公司	特	五二〇电缆传输数控测井系统成套设备	七院、中国石油天然气总公司中原石油勘探局、七二二所、七〇五所、七一五所、七一八所
		一	DDQC-1C 地层学高分辨率地层倾角测井仪	七二二所
		二	GPC-1C 自然 γ 能谱测井仪	七一八所
		二	YMC-1C 岩性密度测井仪	七一八所
		二	五二〇电缆传输数控测井系统(总体)	七院
	中国石化总公司	二	烟气轮机用 GH132 合金盘件使用寿命预测及评估	中国石化北京设计院、北京科技大学、中国石化兰州炼油化工总厂机械厂、中国石化高桥石油化工公司炼油厂
化工设备	机械工业部	二	80 万吨/年加氢裂化装置	沈阳鼓风机厂
塑料设备	机械工业部	一	SJ-90 × 30A、SJ-10 × 30、SJGM-F3500×3 塑料共挤吹塑复合膜机组	大连橡胶塑料机械厂
		二	双螺杆交联 PE 挤出造粒机组	大连橡胶塑料机械厂
印刷设备	机械工业部	二	TYM1020 自动烫印模切机与 MY1020-P 自动(排废)模切机	唐山玉印(集团)公司
食品设备	中国船舶工业总公司	二	高速卷接机组消化吸收国产化	昆明船舶设备集团公司
		二	饮料吸管制造机组	七二四所
粮油设备	中国核工业总公司	二	MNS-24A 色选机	核工业理化工程研究院
纺织设备	纺织工业总会	一	经纬计算机集成制造系统工程	经纬纺织机械股份有限公司、清华大学国家 CIMS 工程技术研究中心
		二	《纺纱锭子的理论与实践》(科技著作)	中国纺织大学、上海纺织机械专件总厂
工业缝纫机	中国核工业总公司	二	DTJ-108 型电脑提花刺绣机	苏州光学仪器厂
		二	DJJ-108 型电脑平绣卷带机	苏州光学仪器厂
		二	DHJ-2600 型电脑高速绗缝机	苏州光学仪器厂
拖拉机	机械工业部	二	拖拉机 CAD 推广应用	机械工业部洛阳拖拉机研究所、中国第一拖拉机工程机械公司、上海拖拉机内燃机公司
机械化农机具	机械工业部	二	JB/Y7723—95 背负式喷雾喷粉机	中国农业机械化科学研究院、农业部南京农业机械化研究所
		二	JB/T7235—94 四轮农用运输车试验方法;JB/T7736—95 四轮农用运输车可靠性考核	机械工业部洛阳拖拉机研究所

（续）

行　　业	授奖部门	获奖等级	项　目　名　称	研　制　单　位
畜牧机械	机械工业部	二	9YB-56 型粗饲料压饼设备	中国农业机械化科学研究院
		二	平模制粒设备	中国农业机械化科学研究院、北京燕京牧机公司一厂
医疗器械	国家医药管理局	一	OUR 旋转式伽马刀	深圳市沃发医学新技术发展有限公司
	国家医药管理局	二	ASG-340 图象存取和通讯系统	深圳安科高技术有限公司
	中国船舶工业总公司	二	HM-HDR 型遥控近距离后装放射治疗机	七二三所
建筑工程机械	机械工业部	二	ZL60E（CAT966E）轮式装载机	广西柳工机械股份有限公司
		二	42t 基本型及集装箱型内燃平衡重式叉车	大连叉车总厂、大连春柳机械厂、大连营城子钣金厂
		二	CPCD250RoRo 内燃平衡重式柴油液力滚装船叉车	宝鸡叉车制造公司五厂
环境保护设备	机械工业部	一	SLC-100 生活垃圾焚烧处理炉	上海多灵建材装备有限公司、海南海特工贸联合公司、徐州市上山垃圾厂
		二	氧化沟水平轴转刷曝气机	清华大学环境工程系、江苏一环集团公司
	电力工业部	二	螺旋肋片管省煤器	都江电力设备厂
铁路机车车辆	铁道部	特	SS8 型客运电力机车	株洲电力机车厂、株洲电力机车研究所
		一	4 000kW 交—直—交电力机车 1 000kW 变流装置	株洲电力机车研究所
		一	SS7 型电力机车	大同机车厂、株洲电力机车研究所、成都机车车辆厂
		一	WD-320 型动力稳定车	戚墅堰机车车辆工艺研究所等
		二	电力机车微机控制检测系统	株洲电力机车研究所
		二	板材、型材预处理线嫁接工程	戚墅堰机车车辆工艺研究所、株洲车辆厂
		二	B23 型机械冷藏车组	武昌车辆厂、石家庄车辆厂、四方车辆研究所
		二	T85 型特种罐车	西安车辆厂等
汽车	机械工业部	一	天津夏利轿车十五万辆扩建项目	机械工业部第五设计研究院、天津汽车工业（集团）有限公司
		一	上海大众二期技术改造工程暨上海桑塔纳 2000 轿车项目	上海大众汽车有限公司、上海机电设计研究院、华东建筑设计研究院、中国船舶工业总公司第九设计院、华东电力设计院
		一	汽车前轴精密辊锻——整体模锻成形工艺	机械工业部北京机电研究所
		一	轿车发动机飞轮总成在线检测设备研究开发	机械工业部长春试验机研究所、长春光学精密机械学院
		二	沈阳汽车制造厂轻型载货汽车技术改造	一汽金杯汽车股份有限公司、机械工业部第九设计研究院
		二	“小红旗”轿车用等速万向节驱动轴总成的研制	瓦房店轴承集团公司
		二	球节总成国产化	东风汽车公司
		二	BJH209 型低污染化油器	北京汽车摩托车联合制造公司
		二	EQ4BTAA 增压空对空中冷柴油机的开发及应用研究	东风汽车公司
		二	丹东汽车制造厂客车总体技术改造项目	丹东汽车制造厂、机械工业部第九设计研究院

行业	授奖部门	获奖等级	项目名称	研制单位
汽车	机械工业部	二	汽车电子控制汽油喷射技术研究	清华大学汽车研究所、长春汽车研究所、东风汽车工程研究院、北京吉普汽车有限公司、江南计算机技术研究所、无锡威孚股份有限公司、无锡油泵油嘴研究所、航天工业总公司第一研究院
		二	叠片式蒸发器材料及焊接技术研究	中国第一汽车集团公司
		二	延安 2190 型越野汽车	陕西汽车制造总厂
		二	EQ1061 系列轻型载货汽车设计开发	东风汽车公司
摩托车	机械工业部	一	摩托车发动机左右曲轴箱体柔性生产线	北京市机电研究院、北内集团设备工具公司、机械工业部大连组合机床研究所、涿州清洗机厂
船舶	中国船舶工业总公司	特	“PS30”型水翼客船	七〇一所、七〇二所、求新造船厂、上海新南船舶有限公司、中国船舶工业贸易公司
		一	舰船物理场机动测量系统	七六〇所、哈尔滨工程大学、船舶系统工程部
		一	透镜多波束阵列技术	七二三所
		一	H/TJJ-501 型数字式内部综合通信系统	七二二所
		一	52 000t 大舱口多用途货船设计与建造	大连造船新厂
		一	86 型潜望镜	七一七所
		二	挠性仪表捷联航姿基准技术	东南大学
		二	HP-5 型平台罗经	华渝电气仪表总厂、哈尔滨工程大学
		二	舰船全寿命期可靠性分析研究	上海交通大学
		二	28 000t 多用途干货/集装箱船设计与制造	大连造船厂
		二	脉冲压缩、频率捷变与动目标显示应用技术	七二三所
		二	高性能频率合成技术研究	七二三所
		二	宽角覆盖、特宽频带高增益天线技术	七二三所、西安电子科技大学天线研究所
		二	RW28CB 型雷达告警接收机	七二三所
		二	7RTA52U 船用低速柴油机	上海船厂
		二	中频近程高精度无线电定位系统技术	七〇七所
		二	危险化学品的储运、装卸、监控、安全系统的研究	七〇八所、上海船舶研究设计院、大连船舶设计院
		二	计算机辅助海洋平台集成系统第一期工程	七〇八所、杭州西湖电子信息工程公司
		二	全液压铲斗式挖泥船监控系统研制	七〇八所、七二六所、浙江大学、上海航海仪器总厂
		二	舰船用玻璃钢应用研究	七〇八所、七二五所、十一所、七〇二所、上海交通大学
		二	34 000t 大湖型散货船开发、设计与建造	江南造船(集团)有限责任公司
		二	船厂涂装集成管理	江南造船(集团)有限责任公司
		二	“929-115”型水翼船立柱制造	广州广船国际股份有限公司
		二	DH-HB 型电磁控制陀螺罗经	上海航海仪器总厂、东南大学
		二	Y15 坞壁车	九院、澄西船舶修造厂
		二	柴油机强度和振型激光光测技术研究	七一一所

（续）

行　业	授奖部门	获奖等级	项 目 名 称	研 制 单 位
船舶	中国船舶工业总公司	二	TY165 型向心式涡轮液力变矩器	七一一所
		二	燃气轮机测试技术研究	七〇三所
		二	大功率三分支传动装置技术研究	七〇三所
		二	大功率 S.S.S. 离合器技术研究	七〇三所
		二	主汽轮机通流部分气动性能试验研究	七〇三所
		二	浮筏技术研究	船舶系统工程部、七一一所、七〇二所、上海交通大学、七〇八所
		二	大侧斜桨设计技术研究及应用	七〇二所
		二	螺旋桨附面层及尾流场数值预报	七〇二所
		二	船舶结构直接设计法	七〇二所
		二	全面取消船体 1：1 地板实尺放样工艺研究	大连造船新厂
		二	稀土超磁致伸缩换能材料及低频大功率水声换能器研究	七一五所、北京科技大学、七二六所
		二	综合声纳体系研究	七一五所
		二	水声换能器电声参数综合校准系统	七一五所
		二	607A 铸钢的研制及应用研究	七二五所、武昌造船厂、七一九所
		二	10 万吨级浮船坞滩涂建造技术	沪东造船厂
		二	HD-MAN/B & W 5L50MC (MarkV)型柴油机	沪东造船厂
		二	945 钢低温焊接与冷热加工工艺性能试验研究	大连造船厂、七二五所、海军驻大连造船厂军代表室
		二	世界船舶工业船舶市场跟踪调查研究系列报告	综合技术经济研究院
		二	轻型电动起锚系缆绞盘	七〇四所、镇江船舶辅机厂、江陵船舶甲板机械厂、清江机器厂
		二	转换造船生产管理模式研究	十一所、广州广船国际股份有限公司、天津造船公司、沪东造船厂、江南造船(集团)有限责任公司
电机	机械工业部	二	小型电机专用系列产品开发及关键技术研究	机械工业部上海电器科学研究所、苏州电机厂、山西电机厂、呼兰阀门电机厂、湖北电机厂
变压器	机械工业部	二	电力变压器变压法真空干燥新技术的开发应用	机械工业部北京机械工业自动化研究所
	电力工业部	一	WBZ-1201 系列微机变压器保护装置	南京电力自动化设备总厂
		一	WBZ-03 型微机变压器保护装置	南京电力自动化设备总厂、浙江大学
电力整流器	机械工业部	一	同相逆并联 45kA/500V 晶闸管整流电源	机械工业部天津电气传动设计研究所、山东铝业公司
		二	特大功率晶闸管的研制	机械工业部西安电力电子技术研究所
		二	GB/T15291-94 半导体器件第6部分　晶闸管	机械工业部西安电力电子技术研究所
		二	地铁电动客车 304kWGTO 直流斩波调压系统	湘潭牵引电气设备研究所、北京市地下铁道总公司、燕山大学、浙江大学、湘潭电机厂

（续）

行　业	授奖部门	获奖等级	项　目　名　称	研　制　单　位
电力整流器	机械工业部	二	地铁电动客车 304kW 直流斩波调压系统大功率 GTO 组件	机械工业部西安电力电子技术研究所、湘潭牵引电气设备研究所、北京椿树整流器厂、北京市地下铁道总公司
电气控制成套设备	机械工业部	二	3 000kV・A 交-交变频调速装置研究	机械工业部天津电气传动设计研究所
高压电器	机械工业部	二	ZF6-500 型六氟化硫封闭式组合电器	沈阳高压开关有限责任公司
		二	ZN8-10 系列真空断路器	西安高压电器研究所、771 厂、陕西开关厂、珠江开关厂、淄博开关厂、海宁开关厂、779 厂
		二	ZF8-500(500-GNS-M/O/GIS-550)SF6 封闭式组合电器	西安高压开关厂
		二	XP-300 悬式瓷绝缘子	大连电瓷厂
	电力工业部	二	C_2F 型有载分接开关	上海电力修造总厂
电线电缆	机械工业部	一	辐照交联与非辐照交联 F_{40} 绝缘航空导线研制	机械工业部上海电缆研究所、中国科学院上海有机化学研究所、机械工业部桂林电器科学研究所、上海电缆厂、沈阳电缆厂、中国航空工业总公司第六〇三研究所
		二	硅烷交联聚乙烯电缆料研究与中试	哈尔滨理工大学
		二	智能化建筑用宽带数字通信电缆研究	机械工业部上海电缆研究所
绝缘制品	电力工业部	一	耐磨陶瓷衬板	湖南电力电瓷电器厂特种陶瓷厂
蓄电池	中国船舶工业总公司	二	DZF-1 型岛津式铅粉机	保定金风帆蓄电池有限公司
电焊机	机械工业部	一	节能节材压力焊新技术及其工程应用的研究	机械工业部哈尔滨焊接研究所
		二	集装箱用系列自动焊设备与工艺	机械工业部哈尔滨焊接研究所、青岛黄海集装箱有限公司、河北冀乐阿塞依国际集装箱有限公司
通用仪器仪表	机械工业部	一	红外大功率激光反射镜研制	机械工业部北京机床研究所
		二	标准表法流量标定及数据处理装置	机械工业部上海工业自动化仪表研究所、中国计量科学研究院
		二	前梁锻造自动线监控管理系统	东风汽车公司
		二	数控工段(车间)集成管理系统	机械工业部北京机床研究所
通用仪器仪表	机械工业部	二	宽量限现场、实验室两用交流工频电流标准表	哈尔滨理工大学
		二	CX-6800 防爆工业气相色谱仪	南京分析仪器厂
		二	HRSJ-103A 型红外碳硫分析仪	上海雷磁仪器厂
		二	YS_2 生物显微镜	江南光电(集团)股份有限公司
	电力工业部	二	凝汽器检漏取样装置	常州电力机械厂
	中国核工业总公司	二	CEC(HB)系列核安全级电容式差压/压力变送器	国营二六四厂、上海核工程研究设计院
		二	X 光探伤装置	核工业第五研究设计院
专用仪器仪表	机械工业部	二	出租汽车计价器系统产品	上海仪表(集团)公司第二电表厂
		二	FGM-1 发动机高原模拟试验装置及车载发动机试验台	东风汽车公司、中国飞机试验研究院

(续)

行业	授奖部门	获奖等级	项目名称	研制单位
专用仪器仪表	机械工业部	二	柴油机颗粒排放取样仪器研制	东风汽车公司
		二	轿车用刹车油管镦头表面裂纹涡流检测系统研制	机械工业部上海材料研究所
		二	三维动态模拟试验系统与试验技术	中国汽车技术研究中心、长春汽车研究所、航空工业总公司609所
	电力工业部	一	WBX-128型220kV·A变电站微机自动化系统	南京电力自动化设备总厂
		一	WMZ-41型微机母线保护装置	南京电力自动化设备总厂、华中理工大学、湖北电力局中心调度所
		二	WBX-121型变电站微机自动化系统	南京电力自动化设备厂
		二	WXB-121系列微机线路保护装置	南京电力自动化设备厂
		二	N4F-20型远动终端装置	南京电力自动化设备厂
	中国核工业总公司	二	氡及氡子体检定装置的完善	核工业第六研究所
		二	水质综合监测装置研制	中国核动力研究设计院
		二	JSX-1型驾驶适应性检测系统	苏州光学仪器厂
		二	TQX-Ⅱ铁塔气象参数自动测量系统	中国辐射防护研究院
		二	高性能、高吞吐率微机多道分析器系列的研制	中国原子能科学研究院
仪器仪表元器件	机械工业部	二	传感器可靠性技术研究	机械工业部沈阳仪器仪表工艺研究所、哈尔滨理工大学、大连理工大学、宽甸晶体管厂、大连仪表元件厂、国营中原电测仪器厂、吉林大学
仪器仪表材料	机械工业部	二	汽车仪表用特殊磁性材料及元件的研制	机械工业部重庆仪表材料研究所
		二	耐1 300℃高温金属保护管材料研制	机械工业部重庆仪表材料研究所
传递标准用计量仪器	中国核工业总公司	二	Pm-147、Sr-90和Y-90参考辐射装置	中国原子能科学研究院
量具刃具	机械工业部	二	刀片槽型及模具CAD/CAM技术的研究	机械工业部成都工具研究所、成都量具刃具总厂
		二	GB/T13924—92渐开线圆柱齿轮精度检验规范	机械工业部成都工具研究所、中国计量科学研究院、机械工业部郑州机械研究所、西安理工大学、北京计量测试研究所、北京齿轮厂、沈阳工业大学、中国纺织大学
		二	新型模块式镗铣类工具系统的研究	机械工业部成都工具研究所、广州工具厂、上海机床附件一厂、成都量具刃具总厂、威海精密机床附件厂
磨料磨具	机械工业部	二	数控曲轴磨床配套砂轮	白鸽(集团)股份有限公司
模具	机械工业部	二	干式不饱和聚酯模塑料系列产品开发研究	机械工业部桂林电器科学研究所
		二	神龙公司轿车覆盖件冲模铸件的生产	东风汽车公司
工业机器人	机械工业部	二	EP-501S电动喷涂机器人开发与应用	机械工业部北京机械工业自动化研究所、唐山市卫生陶瓷厂

（续）

行　业	授奖部门	获奖等级	项目名称	研制单位
工业机器人	中国核工业总公司	一	乏燃料立式送料剪切机系统研制	核工业第二研究设计院、国营五二三厂
		二	ZC103型主从机械手	核工业第二研究设计院、国营五二三厂
其他	机械工业部	一	低碳马氏体不锈钢铸件强化工艺	机械工业部沈阳铸造研究所、清华大学、哈尔滨大电机研究所
		一	本安防爆设计点燃曲线及防爆系统设计研究	机械工业部上海工业自动化仪表研究所
		一	GB4343—1995家用和类似用途电动、电热器具，电动工具及类似电器无线电干扰特性测量方法和允许值	机械工业部上海电动工具研究所、机械工业部广州电器科学研究所
		二	DN100～DN1000型球墨铸铁管外表面喷锌机	机械工业部武汉材料保护研究所
		二	碳纤维—铜—碳素复合材料开发应用研究	合肥工业大学、安徽法博复合材料制品有限公司
		二	多片油浸式制动系统消化与研制	厦门工程机械股份有限公司、吉林工业大学、芜湖汽车制动阀厂、机械摩擦材料有限公司、厦门粉末冶金厂；福州大学、韶关粉末冶金厂
		二	CIMS应用工程与覆盖件模具CAD/CAPP/CAM集成系统	东风汽车公司、华中理工大学
		二	GB/T3478.1～.9—1995圆柱直齿渐开线花键	机械工业部机械科学研究院、哈尔滨东安发动机制造公司、长春汽车研究所、北京齿轮总厂、机械工业部成都工具研究所、一汽集团转向机厂、机械工业部洛阳拖拉机研究所
		二	GB/T15054.1～.5—94小螺纹	机械工业部机械科学研究院、轻工部钟表研究所、上海机电局情报所、浙江临安手表元件厂、上海标准件二厂
		二	GB/T14486—93工程塑料模塑塑料件尺寸公差	机械工业部上海材料研究所、四川联合大学、中国兵工物资总公司物资管理学校、中英合资浙江竞远机械设备有限公司
		二	高效节能型可控气氛热处理工艺及设备	机械工业部北京机电研究所
		二	超塑变形中显微结构动态平衡规律	机械工业部北京机电研究所
		二	大亚湾核电站RRI泵振动原因诊断及减振的研究	机械工业部郑州机械研究所
		二	基础标准与零部件数据库	机械工业部机械标准化研究所、中国农业大学
		二	无锡叶片厂精锻扭曲大叶片国产化建设项目	机械工业部第二设计研究院、无锡叶片厂
		二	柳工机械股份有限公司“八五”技术改造工程设计	机械工业部设计研究院、柳工机械股份有限公司
		二	杭州制氧机集团有限公司“八五”技术改造项目	机械工业部第二设计研究院、杭州制氧机集团有限公司
		二	高效压实工艺FMV的研究与应用	机械工业部北京机电研究所、第一重型机器厂、机械工业部郑州机械研究所
		二	电力装置中电磁场与其它物理场应用基础研究	沈阳工业大学
		二	机械工业“九五”科技规划研究	机械工业部机械科学研究院、机械工业部科技信息研究院、机械工业部技术发展基金会

（续）

行　业	授奖部门	获奖等级	项　目　名　称	研　制　单　位
其他	机械工业部	二	“九五”机械工业先进制造技术发展研究	机械工业部机械科学研究院、清华大学
		二	我国农机化对实现农业生产目标的贡献及装备研究	中国农业机械化科学研究院、农业机械杂志社
		二	新形势下利用外资途径与政策的研究	机械工业部科技信息研究院、清华大学经济管理学院、机械工业部规划研究院
		二	《液压工程手册》	机械工业部机械科学研究院、北京理工大学、机械工业出版社
		二	《机械设计手册》	机械工业出版社、东北大学、天津大学、机械工业部机械标准化研究所、华中理工大学
		二	《金属切削原理》（第一、第二版）	华中理工大学、华南理工大学、机械工业出版社
		二	《电力拖动自动控制系统》（第2版）	上海大学、上海交通大学、东南大学、机械工业出版社
		二	推进机械工业经济增长方式的根本转变，提高机械工业整体素质和效益	机械工业规划审议委员会、机械工业部机械科学研究院、机械工业部行业发展司、机械工业部科技与质量监督司、机械工业部机械科技信息研究院、机械工业部规划研究院
	中国船舶工业总公司	二	广东核电站气体贮存与分配系统工程	七一九所
		二	上海大剧院钢屋架建造与整体提升	江南造船（集团）有限责任公司
		二	并行处理技术	七〇九所
		二	GF-2型隐形覆膜剂	十二所
		二	企业自我约束机制课题研究	船舶总公司监察局
	中国核工业总公司	二	PSⅡ-1M全方位离子注入增强沉积工业样机	核工业西南物理研究院

节能产品推广项目(1997年)

1982年以来,机械工业已陆续推广了17批938项节能机电产品,16批609项淘汰落后机电产品,对我国能源节约和技术进步起到了积极的推动作用。现公布机械工业第18批节能机电产品推广项目130项及第17批淘汰落后机电产品项目1项。批准单位:机械工业部、国家经济贸易委员会、国家计划委员会、国家科学技术委员会、国家技术监督局、电子工业部、电力工业部、财政部。批准时间:1998年3月12日。

机械工业第18批节能产品推广项目

序号	产品名称	可替代的老产品型号规格	生产单位
	锅炉		
1	WNS2-1.25-Y全自动湿背燃油蒸汽锅炉	WNS2-1.25-Y干背全自动燃油蒸汽锅炉	广州市国营黄陂锅炉厂
2	WNS3-1.25-Y全自动湿背燃油蒸汽锅炉	WNS3-1.25-Y干背全自动燃油蒸汽锅炉	广州市国营黄陂锅炉厂
3	WNS4-1.25-Y全自动湿背燃油蒸汽锅炉	WNS4-1.25-Y干背全自动燃油蒸汽锅炉	广州市国营黄陂锅炉厂
4	WNS4-1.25-Y全自动湿背燃油锅炉	WNS4-1.25-Y干背全自动燃油蒸汽锅炉	太湖锅炉厂(南泉)
5	WNS2-1.25-Y全自动湿背燃油锅炉		常州锅炉厂(常州奇明锅炉有限公司)
6	WNS4-1.25-Y型全自动湿背式燃油锅炉		福州锅炉厂
7	SZL14-1/95/70-AⅡ组装式水管热水锅炉	SZL型散装热水锅炉	兰州锅炉厂
8	SZL4.2-1/95/70-AⅡ组装式水管热水锅炉	SZL型散装热水锅炉	兰州锅炉厂
9	SZL4.2-1/95/70-AⅡ2快装式水管热水锅炉	SZL型散装热水锅炉	兰州锅炉厂
10	DZL2-1.0-AⅡ拱形管板蒸汽锅炉	卧式快装平管板蒸汽锅炉	盐城市锅炉厂
11	DZL4-1.25-AⅡ拱形管板蒸汽锅炉	卧式快装平管板蒸汽锅炉	盐城市锅炉厂
12	SZL8-1.25-AⅡ快装式水管锅炉		天山锅炉厂
13	SZL5.6-1/130/70 AⅡ快装式水管热水锅炉		天山锅炉厂
14	DZL7-1/130/90-AⅢ角管式热水锅炉		上海四方锅炉厂
15	DZL14-1/130/90-AⅢ角管式热水锅炉		上海四方锅炉厂
16	DZL10-1.25/350-AⅢ角管式锅炉		上海四方锅炉厂
17	DZL20-1.25-AⅢ角管式锅炉		上海四方锅炉厂
18	SF-20/5.3-M角管式中压锅炉		上海四方锅炉厂
19	SG20-NDXT-26油田注汽锅炉		上海四方锅炉厂
20	SG50-NDXT-26油田注汽锅炉		上海四方锅炉厂

(续)

序号	产品名称	可替代的老产品型号规格	生产单位
21	SZL4.2-1.0/115/70-AⅡ组装热水锅炉		上海四方锅炉厂
22	SZL7-1/115/70-AⅡ组装热水锅炉		上海四方锅炉厂
23	SZL10-1.25-AⅡ型水管组装链条炉排蒸汽锅炉	SZL、SHL型水管散装锅炉	江苏江星锅炉集团公司
24	DZL2-1.25-AⅡ型水管快装链条炉排蒸汽锅炉	老DZL型水火管锅炉	江苏江星锅炉集团公司
25	DZL14-1.0/115/70-AⅡ型热水锅炉		沈阳锅炉总厂
26	DZL10.5-1.0/115/70-AⅡ型热水锅炉		沈阳锅炉总厂
27	SZL6-1.25-AⅡ型双锅筒纵置式水管链条炉排锅炉		成都锅炉总厂
28	XBL22谐波调速器(配2、4t/h链条炉排锅炉)	J50蜗轮减速器(配用电机1.1kW)	金堆城钼业公司渭南金力谐波减速机厂
29	XBL25谐波调速器(配6t/h链条炉排锅炉)	J50蜗轮减速器(配用电机1.1kW)	金堆城钼业公司渭南金力谐波减速机厂
30	XBL38谐波调速器(配8、10t/h链条炉排锅炉)	J100蜗轮减速器(配用电机2.2kW)	金堆城钼业公司渭南金力谐波减速机厂
	内燃机		
31	R180型柴油机	燃油耗超过269.3g/kW·h的同类机型	湖北多菱动力机器股份有限公司
32	160F型柴油机	165F柴油机	常柴集团金坛柴油机总厂
33	480型柴油机		上柴扬动股份有限公司
34	SY485Q型柴油机		上柴扬动股份有限公司
35	ZH1110(1110)型柴油机		江苏江动集团有限公司 河南省新乡内燃机厂 无锡华源行星动力有限公司
36	ZH1115型柴油机		江苏江动集团有限公司
37	S1100型柴油机	S195型柴油机	无锡华源行星动力有限公司
38	X195A型柴油机	X195型柴油机	河南省新乡内燃机厂
39	ZH1105W型柴油机	S195单缸柴油机、X195单缸柴油机	郑州金牛集团股份有限公司 河南省新乡内燃机厂
40	4100QB柴油机	495QA、490QA型柴油机	云南内燃机厂
41	柴油机型号 / 标定功率 kW LR6105Q 103 LR6105G 80.9 LR6105T 75 LR4105G 58.8 LR4105T 48		一拖(洛阳)柴油机有限公司
42	五菱-S1100柴油机		武进柴油机厂
43	五菱-S1110柴油机		武进柴油机厂
44	NN4102Q直喷式柴油机		东风四川汽车发动机有限公司南充内燃机厂
	金属切削机床		
45	GZ4025A型系列卧式带锯床	G7125、G607等弓锯床和圆盘锯床	浙江省乐清市雁荡山机床实业公司
46	GZ4030卧式带锯床	G607锯床	湖南机床厂
47	GZ4032-1卧式带锯床	G607锯床	湖南机床厂

（续）

序号	产 品 名 称	可替代的老产品型号规格	生 产 单 位
48	卧式液压棒料剪断机 QZ46-150 QZ46-300 QZ46-600	可部分替代弓锯床、带锯床	荣成第二锻压机床厂
	泵		
49	渣浆泵系列 1.5/1B-AH(R) 2/1.5B-AH(R) 14/12ST-AH 300S-L 550TU-L		石家庄水泵厂
50	砂砾泵系列 6/4D-G 8/6E-G 12/10G-G 14/12G-G 12/10G-GH 16/14TU-GH		石家庄水泵厂
51	液下泵系列 40PV-SPR 65QV-SPR 200SV-SP		石家庄水泵厂
52	Z型渣浆泵系列 50ZDL 80ZDL 100ZGB 150ZGB		石家庄水泵厂
53	溶液泵系列 6/4E-SH 8/6F-SH		石家庄水泵厂
54	200ZQ-20型潜渣泵		石家庄水泵厂
55	WQ型潜污泵系列 50WQ WQ85-25-15 WQ200-15-22		石家庄水泵厂
56	MD300-65型矿山排水泵 MD300-65×3-10	200D-65型泵	河北省泊头市水泵厂
57	SZ(J)型水环真空泵及压缩机 SZ-1J SZ-2J SZ-3J SZ-4J		河南省豫通企业(集团)公司新乡水泵厂
58	MD型耐磨多级泵系列		河南省豫通企业(集团)公司新乡水泵厂
59	QGB型曲杆泵(单螺杆泵)系列		航空工业总公司西安远东机械制造公司曲杆泵制造厂
60	HD400-160×2型石油化工流程泵		兰州水泵总厂
61	AY型系列油泵		兰州水泵总厂
62	XA系列单级离心泵		广东省佛山水泵厂
63	2BE1系列水环真空泵		广东省佛山水泵厂
64	SK系列水环真空泵		广东省佛山水泵厂

（续）

序号	产品名称	可替代的老产品型号规格	生产单位
65	DF系列多级离心注水泵		浙江瑞安市泵业有限公司
66	DY系列多级离心输油泵		浙江瑞安市泵业有限公司
67	TWZB型系列通道式无堵塞纸浆泵	ZBJ型和BJA型纸浆泵等	杭州钱江水泵厂
68	S型系列玻璃钢离心泵		浙江嘉善三方玻璃钢集团有限责任公司
69	SL型系列玻璃钢管道泵		浙江嘉善三方玻璃钢集团有限责任公司
70	SY型系列玻璃钢液下泵		浙江嘉善三方玻璃钢集团有限责任公司
71	DL、DGL系列立式多级离心泵		上海第一水泵厂
72	TSWA系列多级离心泵		上海第一水泵厂
73	PJ系列高扬程多级离心泵		上海第一水泵厂
74	RY系列离心式热油泵		河北省武安市宏泰机械泵业有限公司
75	QZ系列潜水轴流泵		江苏亚太泵业集团公司
76	QH系列潜水混流泵		江苏亚太泵业集团公司
77	QG系列潜水供水泵		江苏亚太泵业集团公司
78	WL系列立式排污泵		江苏亚太泵业集团公司
79	IMH系列磁力驱动离心泵		烟台水泵厂
80	175QJ20～50系列井用潜水泵		河北临泉水泵有限公司
81	200QJ50～80系列井用潜水泵		河北临泉水泵有限公司
82	250QJ80～140系列井用潜水泵		河北临泉水泵有限公司
83	WQ系列潜水排污泵		南京制泵集团股份有限公司
84	LUV系列高压无轴封强制循环泵		沈阳水泵厂
85	CYB系列不锈钢冲压离心泵	CYB系列不锈钢冲压离心泵可代替传统的铸造泵	阳江市不锈钢冲压泵工业有限公司
	风机		
86	ML系列动叶可调轴流送引风机		武汉鼓风机厂
87	AL系列离心送引风机	G/Y4-73-11系列锅炉离心通引风机	武汉鼓风机厂
88	G6-41-12系列(95型)锅炉鼓风机 Y6-41-12系列(95型)锅炉引风机		北京万路风机有限公司 北京暖通风机厂
89	GG35锅炉鼓风机 GY35锅炉引风机 GG50锅炉鼓风机 GY50锅炉引风机 GG75锅炉鼓风机 GY75锅炉引风机		内蒙古天福风机有限公司（原包头市风机厂）
90	AS、MS系列低噪声离心通风机(C式传动)	C6-46离心通风机	北京鼓风机厂
91	GM45L型离心鼓风机		沈阳鼓风机厂
92	10-24系列玻璃瓶模冷却风机	9-26、9-27系列风机	烟台市风机厂
93	CHL系列玻璃熔窑冷却风机	4-72、4-26系列风机	烟台市风机厂
94	R系列罗茨鼓风机		长沙鼓风机厂
95	RR系列罗茨鼓风机	L系列罗茨鼓风机	山东省章丘鼓风机厂
96	SSR系列罗茨鼓风机		山东省章丘鼓风机厂
97	MJL系列密集成套型罗茨鼓风机		天津鼓风机总厂
98	DC80b单齿鼓风机		天津鼓风机总厂
99	AV系列轴流压缩机		陕西鼓风机(集团)有限公司
100	TP型高炉煤气余压透平机系列		陕西鼓风机(集团)有限公司
101	3LWD系列三叶型罗茨鼓风机	3L21LD～3L42LD罗茨鼓风机	南通市恒荣机泵厂
	阀门		

(续)

序号	产品名称	可替代的老产品型号规格	生产单位
102	ZJ $\frac{H}{K}$PS、ZJ $\frac{H}{K}$MS 型低压降比节能调节阀 规格:DN 20、25、40、50、65、80、100、150、200	ZM $\frac{A}{B}$ N、ZM $\frac{A}{B}$ P、ZM $\frac{A}{B}$ M、ZKZP、ZKZN、ZKZM 型调节阀 规格:DN 20、25(32)、40、50、65、80、100、125、150、200	浙江大学
103	HDF 系列自由半浮球式蒸汽疏水阀 CS15H-10 CS45H-10 CS15H-16Q CS45H-16Q	热动力式、圆盘式、钟形浮子式疏水阀	杭州大学阀门厂
104	HJ45X 节能防锤阀	各种规格型号的底阀	浙江省天台县节能设备制造厂
	电机		
105	变频调速三相异步电动机(YTSP 型)		上海电机(集团)有限公司南洋电机厂
106	YDB 型多功能电动机保护器 1~100kW	JR0、JR9、JR14、JR15、JR16 系列热继电器	北京京海东辰电子设备有限公司
107	GDBT6-BX 系列电机全保护装置 0.5~1 000kW	JR0、JR9、JR14、JR15、JR16 系列热继电器	许昌电子研究所
108	DBJ 系列电动机保护器 0.37~250kW	JR0、JR9、JR14、JR15、JR16 系列热继电器	南京金大为实业有限公司 南京宏力高新技术设备厂
109	GDH 系列电动机保护器 0.5~300kW	JR0、JR9、JR14、JR15、JR16-A、B、C、D 系列热继电器	济南中兴电器公司
110	JL 系列电动机保护装置 JL30、JL30B、JL30C、JL80、JL160	JR0、JR9、JR14、JR15、JR16-A、B、C、D 系列热继电器	厦门佳兴电器有限公司
111	DBB-Ⅰ型 10~100A GDH-$\frac{10}{20}$型 0.5~600A 三相异步电动机保护器	JR0、JR9、JR14、JR15、JR16-A、B、C、D 系列热继电器	北京市樱花电机保护器厂
112	DZJ-A 型电机智能监控器 规格:50、100、200、400A	JR0、JR9、JR14、JR15、JR16-A、B、C、D 等及大电流等级保护所用的电流、电压表、电流互感器	浙江省苍南县三维仪表有限公司
	真空设备		
113	ZR-8、ZR-7GD 系列铝换热器真空钎接炉 ZR-450-8 ZR-1416-8 ZR-1500-8 ZR-220-7GD ZR-250-7GD	RDM 系列铝件钎焊盐浴炉及保护气氛钎焊盐浴炉	兰州真空设备厂
114	ZR-13 系列高真空钎接炉 ZR-100-13W ZR-100-13W2 ZR-135-13L ZR-125-13W ZR-930-13	RDM 系列、RYD 系列不锈钢件盐浴炉及保护气氛钎焊炉,氢炉超高真空排气台	兰州真空设备厂
	液力件		
115	YOT 调速型液力偶合器 YOT56/15 YOT63/15		河北省邯郸市通用机械厂
116	YOXD-450QS 型液力偶合器		河南省平顶山市煤矿专用设备厂

（续）

序号	产 品 名 称	可替代的老产品型号规格	生产单位
117	YOT51 型液力偶合器		上海电力修造总厂
118	YOCQz465/3000/4600 液力偶合器传动装置		大连液力机械总厂
119	YOTGC650/3000 调速型液力偶合器		大连液力机械总厂
	变压器		
120	SC8 系列环氧树脂浇注变压器	SCL、SC 系列环氧树脂浇注厚绝缘产品	广东增城特种电力设备有限公司
121	SCB8 型环氧树脂浇注干式变压器	SC 系列产品	天水长城通用电器厂
	高低压电器		
122	CJX4-d 系列交流接触器	CJX4-D 系列交流接触器	天水 213 机床电器厂
123	JWCJ12、20D 系列(断相保护)消声节能接触器	CJ10 系列交流接触器	精益电器集团有限公司 乐清市飞跃开关厂
124	JRD22 系列热继电器(电子式) JRD22—20、63、160、250 400、630	JR0、JR9、JR14、JR15、JR16—A、B、C、D 系列热继电器	西安开民电子电器新技术应用研究所 西安机床电器厂
125	JDX(LTB)无功动补节电箱	PG3、GGJ、GCJ	北京震宇成套电气设备集团
126	LTSC(PGZ)电容器跟踪投切屏		北京震宇成套电气设备集团
	电焊机		
127	ZX5 系列晶闸管弧焊整流器	AX 系列及改型产品，ZXG 系列产品	乌鲁木齐电工设备厂
	其他		
128	HC 系列液体粘性调速离合器 HC-3A、HC-4A HC-5A、HC-6A		中国航空工业总公司保定螺旋桨制造厂
129	NT 型液粘调速离合器 NT-8B、NT-14B、NT-16B	齿轮变速装置	南京调速电机股份有限公司
130	TYF 直热式陶瓷远红外辐射器	碳化硅远红外辐射器；氧化镁管远红外辐射器；电阻带式远红外辐射器；石英管远红外辐射器等	北京太阳风电热技术开发中心

机械工业第 17 批淘汰落后机电产品项目

机械工业第 17 批淘汰产品项目 1 项，批准单位：机械工业部、国家计委、国家科委、批准日期：1998 年 3 月 12 日。淘汰产品开始生效日期：1998 年 12 月 31 日。

这样，自 1982 年以来我国共批准公布了 17 批计 610 项机械工业淘汰产品项目。

序号	淘汰产品名称及型号规格	开始淘汰日期	推荐更新产品的型号及性能参数				推荐更新产品制造厂
			S9-30/10～S9-1600/10 主要参数				
			容量 kV·A	空载损耗 W	负载损耗 W	阻抗电压 %	
1	SL7-30/10 ～ SL7-1600/10 S7-30/10～S7-1600/10 配电变压器	1998 年 12 月 31 日	30	130	600	4	天津变压器总厂、上海电器股份有限公司变压器厂、北京变压器厂、内蒙古变压器厂、宁波变压器厂等
			50	170	870	4	
			63	200	1 040	4	
			80	250	1 250	4	
			100	290	1 500	4	
			125	340	1 800	4	
			160	400	2 200	4	
			200	480	2 600	4	
			250	560	3 050	4	
			315	670	3 650	4	
			400	800	4 300	4	
			500	960	5 150	4	
			630	1 200	6 200	4.5	
			800	1 400	7 500	4.5	
			1 000	1 700	10 300	4.5	
			1 250	1 950	12 000	4.5	
			1 600	2 400	14 500	4.5	

〔第Ⅳ部分责任编辑：申建丽〕

（上接Ⅱ—130 页）

表 17　1997 年台湾精密机械制造业主要产品产销情况

产　品	单　位	1997 年		1996 年	
		生产量	销售量	生产量	销售量
水表	只	1 009 388	1 004 255	1 252 891	1 293 274
照相机	台	4 178 299	4 258 095	5 189 882	5 255 145
电子石英表	只	1 801 217	2 105 718	2 056 145	2 634 694
电子石英钟	只	9 151 425	9 096 717	10 907 479	10 813 996
电子琴	台	3 484	3 484	4 010	4 121

资料来源：同表 3。

〔撰稿人：中国社会科学院台湾研究所王建民〕

〔责任编辑：王亚水〕

（上接Ⅷ—12 页）
可年加工照相机、电视摄像机及扫描仪等光学镜片（镜头）1 000 万片（只）以上。

甘光公司将不断开发高技术、高水准的产品，以奉献社会。

天水电气传动研究所

地址：甘肃省天水市长开路 53 号　邮码：741018　电话：（0938）8383490－3494　传真：（0938）8384023　所长：高光和　总工程师：孟　辉

简介：该所隶属机械工业部，是甘肃省科学技术委员会在省内第一个成立的甘肃省电气传动工程技术研究中心。它已经走过了近 30 年的历程，长期致力于石油钻机、矿井提升机、电力系统自动化、轧机等电控系统的开发、设计、制造、调试及技术咨询服务，为我国石油、冶金、煤炭、电力等行业提供了大量一流的电气传动自动化装置。

全所现有职工 537 人，高级工程师 70 人，工程师 120 人，国家级专家 13 人，占地面积 36 700m²，产品执行 GB3797 及相应的 IEC 标准。该所根据 GB/T19001（ISO9001）标准建立起健全的质量管理和质量保证体系，并于 1997 年通过中国船级社质量认证公司的认证。所内设有传动工程部、自动化工程部、标准产品部、生产车间、电气传动试验检测中心。该所生产的 ZJ45D 丛式井电驱动钻机控制系统荣获国家重大技术装备一等奖，6 000m 沙漠电驱动钻机电控装置获国家科委科技进步一等奖，该产品已替代进口，并已出口非洲，具有先进水平。提升机电控装置，单机容量达 3 000kW。自行研制的大功率整流柜已投入运行，与西门子 ASEA 水平相当。与西门子公司合作，设计出国内成套以 SIMADYN-D 为核心的 2 200kW 直流全数字提升机电控装置，填补了该项目国内空白。自行设计、生产的化学水处理、输煤程控装置广泛应用于大中型火力发电厂辅机程控，三十年的丰富经验和先进技术的完美结合使产品不断的更新换代，在国内同行业中始终保持技术领先的优势，成为国内新建、改建项目优先采用的装置。

大河机床厂

地址：银川市东城区掌政路　邮码：750004　电话：（0951）4011045、4013844　厂长：李国良　总工程师：白生文

简介：该厂是我国机床工具行业 32 个骨干企业之一，国家大型二档企业，有 30 余年设计制造金属切削机床的历史和经验，产品有立卧式加工中心、珩磨机床、立式钻床、数控铣床、数控组合机床及自动线等 390 多个品种，年产机床 1 500 余台。该厂是我国加工中心、珩磨机床、立式钻床生产和出口基地，产品遍布全国，远销世界 70 多个国家和地区。该厂是我国第一个向工业发达国家批量出口加工中心的厂家，是首批拥有进出口自营权企业，TH5632 立式加工中心首批获部优产品称号，Z5140A 立式钻床是全国同类产品中的惟一的国优产品。我国惟一的珩磨机床研究所就设在该厂。

工厂占地面积 39 万 m²，在银川和中卫下设两个厂区，建有装配加工中心恒温车间 4 000m²，拥有各种精密加工检测设备 624 台。企业应用计算机建立企业管理信息系统，应用 CAD 进行产品设计和生产制造。

大河机床厂生产制造加工中心已有 20 余年历史，产品形成多品种系列化。大河牌加工中心已打入美国、意大利、匈牙利等国际市场，并与美国公司建立长期合作关系。1995 年在中国质量协会、用户委员会、数控机床委员会开展用户评比中，大河牌加工中心质量得分名列第一；1996 年被评为全国内部推荐、优先选购产品；1997 年又中标国家数控机床产业化工程，成为国家开发、研制、生产加工中心骨干企业。

工厂将认真实施 ISO90001 质量体系，始终不渝地坚持质量就是生命的企业宗旨，不遗余力追求为客户提供满意产品和服务。

西北煤矿机械总厂

地址：宁夏回族自治区石嘴山市　邮码：753001　电话：（0952）2173555　传真：（0952）2173557　厂长：王发清

简介：该厂是国内生产煤矿专用设备刮板输送机、转载机、破碎机、皮带运输机、隔爆电动机、煤炭洗选设备的骨干重点企业。始建于 1970 年，现有职工 7 095 名，其中中级以上职称的工程技术人员 673 名；拥有总资产 7.7 亿元，其中固定资产 4.8 亿元；主要生产设备 1 806 台，其中大型精密设备 193 台；具有年产值 5 亿元，产量 3 万 t，电机容量 250MW 的生产能力。

该厂生产的 SGZ-730/320 型刮板输送机曾于 1986 年荣获国家科技进步一等奖和国家优质金牌奖，SGD-630/180 型刮板输送机曾于 1984 年获国家科技进步二等奖，SGW-40T 型可弯曲刮板输送机、DS_2B-40 型隔爆电动机、DSP-1063/1000 型可伸缩带式输送机曾先后获得国家优质银牌奖，SGD-730/180 型刮板机曾获煤炭工业部科技进步特等奖。

该厂是国家大型一档企业，国家二级企业，宁夏自治区优秀企业。总厂下设西北煤矿机械一厂、二厂、电机厂和一所部属技工学校。其中以生产刮板输送机、转载机、破碎机为主的煤机一厂已于 1988 年元月正式通过了 ISO9001 国际质量认证。

该厂现生产 16 大类 15 个系列 254 个品种规格的煤矿专用设备，产品行销全国 22 个省区 236 个煤矿。其中刮板输送机、转载机、破碎机和隔爆电动机已进入国际市场，曾先后销往土耳其、波兰和印度。

〔责任编辑：王亚水〕

机械工业

产品和

技术进出口

第V部分

机械工业产品外贸概况(1997年)

中国机电产品进出口商会系统

一、1997年我国机电产品进出口情况分析

1997年我国机电产品进出口形势同全国外贸一样，表现出良好的发展态势，出口稳定增长，连续三年保持全国第一大类出口商品的地位，成为1985年以来第十个增长幅度超过20%的年份。进口比上年虽略有下降，但从下半年已呈回升。全年机电产品进出口总体情况及主要特点如下：

1. 我国机电产品出口净增额达111亿美元，1997年是历史上第二次年净增额超过100亿美元的年份

1997年我国机电产品出口593.17亿美元，在上年增长的基础上继续保持23%的增长幅度，高于全国出口平均增长（20%）的水平，出口净增额达111亿美元。全年逐月出口增长基本走势：除2、8月份外，各月增长幅度均在20%～36%之间，没有较大波动；上半年机电产品出口增长幅度低于全国出口平均增长水平，其主要原因是受上年同期基数的影响，即：全国外贸出口是在上年同期出口下滑呈负增长的情况下，上半年开始出现恢复性增长。而机电产品出口则是在上年同期增长的情况下，继续呈现稳定的增长势头，8月份后机电产品出口逐月均高于全国出口增长水平。

2. 首次出现我国机电产品出口与进口基本持平

我国机电产品进出口一直处于进口大于出口的局面，但多年来出口持续快速增长；进口增长则相对放慢，以致在连续两年小幅度增长3%左右的情况下，1997年出现负增长，致使全年进出口呈基本持平之势，这是我国外贸史上首次出现的。

3. 美国已取代香港成为我国出口机电产品市场的首位，市场多元化取得新的进展

由于近几年对美国机电产品出口连续保持20%以上的增长，1997年增长为27.6%，出口额达130.5亿美元，首次超过香港（127.3亿美元）多年来保持的第一大出口市场的地位。

1997年我国出口市场多元化再见成效，出口超过1亿美元的国家41个，比1996年增加了两个。除对传统市场出口继续保持较大增长外，对南美、非洲及大洋洲的出口增长最快，增速分别达41.2%、30%、27.6%。对中东及俄罗斯机电产品出口，在连续几年徘徊后，1997年增长幅度均达19%。

4. 东南亚金融风波对我机电产品出口的影响已有所显露，尤其是对国有企业影响显著

受东南亚金融危机的影响，我国对东南亚部分国家机电产品出口有所下降，致使1997年对亚洲地区的机电产品出口增长是最低年份。特别是12月份，对泰国、马来西亚、印尼机电产品出口比上年同期已下降30.9%、9.76%、9.07%，对新加坡、菲律宾出口与上半年增长速度相比下降幅度也较大。其中，国有企业受东南亚金融危机影响比“三资”企业尤为显著，12月份国有企业对泰国、马来西亚、印尼、菲律宾出口已出现全面下降，分别降低41.9%、39.4%、23%、17.3%，对韩国出口降低4.1%，大大低于上半年的增幅。见表1。

表1　1997年我国机电产品对东南亚主要国家出口增长率　（单位%）

国家	上半年	10月	11月	12月	12月国企
泰国	47.6	36.8	−11.0	−30.9	−41.9
马来西亚	57.0	−2.5	−25.2	−9.8	−39.4
印尼	54.5	35.4	32.7	−9.1	−23.0
菲律宾	49.4	74.1	118.6	45.6	−17.3
韩国	48.3	19.9	37.8	4.3	−4.1
新加坡	−4.0	−11.6	34.9	13.7	10.1

东南亚是我国机电产品出口的传统市场，占我国机电产品出口市场份额的8%左右，是继美国、香港、欧盟、日本后的第五大市场。东南亚金融危机对我国来说虽有一定影响，但危机波及到日本、韩国及有关国家地区，其滞后效应将对我国的影响程度更大。

5. 出口商品结构继续有所调整，出口额超亿美元商品增多

出口商品结构继续有所调整，机械、电子、轻工三大类商品出口额分别为220、229.8、143.6亿美元，机械类、电子类产品实现24.8%的同步增长。

在1997年全国机电产品出口净增额中，机械类净增43.76亿美元，电子类净增45.68亿美元，轻工机电类商品净增21.95亿美元。

在机械类商品中，出口增长较大的商品是：船舶、静止式变流器、电动机及发电机、电动工具、蓄电池等。出口减少的主要商品有：铣床、拖拉机、单缸柴油机。

在电子类商品中，出口增长较大的商品是：计算机及零部件、静止式变流器、印刷电路、扬声器、半导体器件、电子计算器、电容器等。出口减少的主要

商品有:彩色及黑白电视机、彩色显象管、计算机磁盘。

在轻工机电类商品中,出口增长较大的商品是:电热器具、空调器及零件等。出口减少的商品主要是电风扇。

此外,还有部分商品出口增长幅度也较大,如:飞机零部件、拾音头、声音及视频设备零件、汽车零件等。

出口额超过1亿美元的商品有91个,比上年增加10个。其出口额已达493.2亿美元,占机电产品出口总额的83.1%。计算机及零部件的出口额位居第一位,达75.08亿美元,其中零部件出口占95%。这些商品在近两年发展均以50%的速度快速增长,目前已出口到109个国家及地区。录音机和收录音机、钟表及零部件出口额居第二、三位,已分别达到27.1亿美元、20.4亿美元。

6. 国有企业出口呈现生机,外商投资企业出口实力依然强劲,企业平均出口规模有所提高

(1) 国有企业出口在经历了1995年高速增长,1996年上半年又大幅度下降,下半年则逐步恢复与调整的过程后,1997年实现机电产品出口237.13亿美元,净增34.13亿美元的局面。这种增长是建立在1996年出口比1995年下降10%的基础上取得的,是带有恢复性的。

(2)外商投资企业出口实力依然强劲,出口额已占全国机电产品出口的57.9%。与国有企业相比,外商投资企业是在1996年出口增长30.5%的情况下,1997年再次实现27.7%的增长。

(3) 1997年出口机电产品的经营单位达2.22万个,其中国有企业7 123个,外商投资企业14 182个。国有出口企业数量在前两年连续下降的基础上,1997年企业数量增长5.8%。

随着出口经营单位的增加,企业平均出口规模也在不断提高,由1996年的229.6万美元,提高到266.78万美元。其中,国有企业平均出口规模已由上年的301.6万美元,提高到332.9万美元;外商投资企业由199.5万美元,提高到242.2万美元。

7. 一般贸易与加工贸易出口同步增长,边境小额贸易出口增速显著

机电产品一般贸易出口在1996年出口下降的情况下,1997年增长达21.1%。加工贸易出口持续稳定增长(23.4%),在机电产品出口中所占比重已达75.44%。表明机电产品出口对加工贸易的依存程度日益显著提高。

边境小额贸易在各种贸易方式中增速最快,达66%。虽然其出口额占机电产品出口的比重不足1%,但其发展速度说明边境贸易已“小额不小”。

8. 全国大部分地区机电产品出口普遍增长

在全国36个省市地区中,除河南、陕西外,其余各省市地区机电产品出口均有不同程度的增长。增长速度超过30%的有9个省市:宁波、厦门、江苏、上海、浙江、福建、山东、广东、内蒙,继续在较高的起点上实现国有企业与“三资”企业同步大幅度增长。其中7个沿海省市地区出口增长幅度更为显著。

出口额超过10亿美元的省市有9个:广东、上海、江苏、北京、天津、浙江、福建、辽宁、山东。

全国30个省市地区的国有企业出口有不同程度的增长,但天津、吉林、河南、湖南、海南、陕西等省市的国有企业出口下降。

部分内陆地区(黑龙江、江西、河南、云南、新疆)等地“三资”企业机电产品出口呈下降趋势。

9. 1997年我国机电产品进口比上年降低3%,是1991年以来首次出现的负增长

受国家有关政策调控的影响,一般贸易和外商投资企业以进口设备贸易方式的进口呈下降趋势。造成上半年机电产品进口逐月为负增长,第四季度受我国进口关税税率大幅度降低及有关政策执行时间的影响,进口开始有明显回升,但全年进口比上年仍减少20亿美元。

从进口国家地区来看,1997年我国从法国进口机电产品增长最大,增长额达9亿美元;此外,在对美国出口增长的同时,从其进口也有较大增长,增长额为4.25亿美元。

进口减少的主要国家地区分别为:德国减少12.26亿美元,日本减少10.1亿美元,香港减少5.93亿美元,俄罗斯减少5.86亿美元,台湾减少4.35亿美元。此外,从瑞士、荷兰、英国、比利时、巴西等国进口也分别减少1亿美元以上。

二、统计资料(表2~表7)

表2 1997年全国进出口商品总值及机电产品进出口值(单位:亿美元)

项目	进出口总值	出口	进口	比上年增长%	
				出口	进口
全国商品	3 250.6	1 827.0	1 423.6	20.9	2.5
机电产品	1 186.5	593.2	593.3	23.0	−3.2
比重(%)	36.5	32.5	41.7		

表3 1997年机电产品出口企业性质及金额

企业性质	企业数(个)	企业个数占%	企业数比上年增长%	出口额(万美元)	出口金额占%	金额比上年增长%
出口总值	22 243		5.93	5 931 718		23
国有企业	7 123	32.02	5.84	2 371 290	39.96	16.81
“三资”企业	14 182	63.76	5.15	3 434 389	57.88	27.65

（续）

企业性质	企业数(个)	企业个数占%	企业数比上年增长%	出口额(万美元)	出口金额占%	金额比上年增长%
其中：						
中外合作企业	1 849	8.31	-5.28	296 313	4.99	6.83
中外合资企业	6 845	30.77	-0.83	1 469 615	24.77	23.42
外商独资企业	5 488	24.67	18.43	1 668 462	28.12	36.50
集体企业	750	3.37	25.00	124 574	2.10	29.17
个体企业	45	0.20	66.67	642	0.01	147.88
其他	143	0.64	-5.92	3 096	0.05	9.36

表4　1997年机电产品出口贸易方式

贸易方式	出口额(万美元)	所占比重(%)	比上年增长%	贸易方式	出口额(万美元)	所占比重(%)	比上年增长%
出口总值	5 931 718		23.00	边境小额贸易(边民互市贸易除外)	4 748	0.08	65.98
一般贸易	1 329 476	22.40	21.05	对外承包工程出口货物	25 022	0.42	-1.72
国家间、国际组织无偿援助和赠送的物资	3 184	0.05	19.96	租赁贸易	125		-98.07
补偿贸易	727	0.01	-45.74	出料加工贸易	353		-28.54
加工贸易	4 476 344	75.46	23.40	易货贸易	1 525	0.03	-66.26
来料加工装配贸易	1 081 985	18.24	16.58	保税仓库进出境货物	39 909	0.67	-19.89
进料加工贸易	3 394 359	57.22	25.75	保税区仓储转口货物	52 141	0.88	
寄售代销贸易	4		59.78	其他	432		-22.79

表5　1997年主要机电产品出口情况

序号	商品名称	1997年出口			比上年增长%	
		单位	数量	金额(万美元)	数量	金额
	出口总值			5 931 718		23.00
	机械类产品			2 200 190		24.83
1	船舶	艘	19 335	161 857	12.37	41.62
2	电动机及发电机	万台	184 806	122 460	25.44	27.70
3	通断及保护电路装置	t	5 023 252	107 515	5.56	22.29
4	集装箱	个	330 114	102 939	-5.52	-1.93
5	复印设备及零附件			95 646		34.64
	其中：复印设备	万台	142	66 368	50.55	32.51
6	照相机	万台	6 569	92 560	5.66	33.06
7	电线电缆	t	303 394	86 955	32.10	23.96
8	变压器	万个	300 221	68 024	8.99	15.14
9	汽车、汽车底盘及零件			63 878		20.75
	其中：汽车	辆	13 440	19 133	6.79	31.52
10	电动工具及零件			53 890		30.84
	其中：电动工具	万台	3 125	52 251	23.28	29.63
11	钢铁铸造制品			46 375		22.42

序号	商品名称	1997年出口			比上年增长%	
		单位	数量	金额(万美元)	数量	金额
12	钢铁结构体			38 437		16.59
13	轴承	万套	77 037	36 164	15.92	5.75
14	钢铁管子附件	t	317 842	32 527	5.95	11.94
15	蓄电池	万个	30 583	32 185	19.10	36.10
16	医疗仪器及器械			30 292		17.69
17	钢铁或铜制标准紧固件	t	276 049	29 524	13.59	8.29
18	金属加工机床	万台	250	28 177	26.65	10.65
	其中:车床	台	41 388	7 588	−6.97	0.48
	铣床	台	4 451	1 419	−10.37	−30.92
	台钻			4 102		0.94
19	建筑及采矿机械			19 937		19.88
	其中:推土机	台	404	1 999		−9.22
20	纺织机械	万台	1 287	14 966	25.43	20.15
21	阀门	万个	17 603	14 910	59.20	19.70
22	千斤顶	万台	1 062	14 001	20.80	12.03
23	摩托车及零件			13 912		43.63
	其中:摩托车	万辆	9	6 184	12.50	42.36
24	单缸柴油机	台	399 247	7 670	1.36	−0.23
25	拖拉机	万辆	5	5 748	−16.67	−3.30
	其中:手扶拖拉机	万辆	4	2 824	−20.00	−24.61
26	发电机组	台	10 940	3 695	42.08	79.98
27	叉车	万台	4	2 137	33.33	21.97
	电子类产品			2 297 948		24.81
	轻工类产品			1 435 853		18.04
28	钟表及零部件			204 356		4.06
	其中:钟	万只	44 581	47 774	30.34	15.42
	手表	万只	83 199	98 986	14.00	2.51
29	电热器具			129 989		28.03
	其中:微波炉	万个	210	14 965	40.12	31.65
	电饭锅	万个	1 560	9 346	18.02	26.23
	电熨斗	万个	3 135	14 449	7.48	14.59
30	自行车及零部件			95 694		18.11
	其中:自行车	万辆	1 439	51 257	18.28	10.60
31	手用或机用工具	t	376 756	88 302	17.25	17.35
	其中:扳手	t	26 742	6 274	2.45	6.03
	钳类	t	48 694	9 462	−0.15	1.13
	锤类	t	43 130	5 529	22.51	20.51
32	电风扇	万台	13 113	71 631	7.05	−11.42
33	电动器具			56 331		22.55
	其中:吸尘器	万台	1 880	19 858	−2.23	30.61
34	缝纫机及零部件			27 115		12.06
	其中:缝纫机	万台	405	22 402	−1.96	8.53

（续）

序号	商品名称	1997年出口			比上年增长%	
		单位	数量	金额(万美元)	数量	金额
35	空调器及零件			27 027		28.32
	其中:空调器	万台	86	21 907	75.51	33.78
36	家用电冰箱及冷冻箱	万台	126	9 855	22.14	26.07
	其中:电冰箱	万台	124	9 470	21.24	25.35
37	洗衣机	万台	70	6 665	25.58	13.80

表6 1997年机电产品进出口市场分布 （金额单位:万美元）

国家、地区	1996年出口额	1997年出口额	比上年增长%	1996年进口额	1997年进口额	比上年增长%
总计	4 820 000	5 931 700	23.00	6 139 000	5 933 200	−3.50
亚洲	2 668 957	3 147 329	17.92	3 553 270	3 520 613	−0.92
1.东盟	399 699	473 388	18.44	252 164	341 685	35.50
其中:新加坡	187 557	197 454	5.28	152 080	191 611	25.99
马来西亚	64 465	84 408	30.94	53 475	76 529	43.11
印度尼西亚	52 073	69 942	34.32	3 795	7 649	101.54
泰国	40 652	53 600	31.85	36 113	56 957	57.72
菲律宾	26 649	46 186	73.31	6 457	8 204	27.05
越南	26 279	19 694	−25.06	242	734	203.83
阿富汗	1 412	1 573	11.43	1	1	
文莱	612	530	−13.40			
2.中东	106 075	126 235	19.01	9 165	5 177	−43.51
其中:阿拉伯联合酋长国	37 421	51 635	37.99	237	118	−50.31
伊朗	26 971	27 767	2.95	17	80	−370.58
沙特阿拉伯	14 137	16 596	17.40	1 587	194	−87.78
以色列	6 439	9 887	53.55	7 297	4 778	−34.52
叙利亚	10 002	8 284	−17.18			
黎巴嫩	3 116	3 832	23.00	5	2	−62.92
约旦	2 509	2 718	8.31		1	
也门共和国	2 361	2 615	10.77	9	4	−56.00
科威特	2 435	2 079	−14.62	1		
阿曼	398	324	−18.59			
卡塔尔	232	297	28.02	11		
伊拉克	6	135	2 150.00			
巴勒斯坦	49	64	30.61			
3.香港	1 080 687	1 272 672	17.77	385 146	325 804	−15.41
4.日本	710 926	822 205	15.65	1 794 850	1 693 803	−5.63
5.韩国	142 636	177 662	24.56	357 470	399 014	11.62
6.台湾省	100 193	139 624	39.35	665 976	622 489	−6.53
7.巴基斯坦	33 117	34 019	2.72			
8.缅甸	25 445	25 288	−0.62			
9.印度	12 147	20 928	72.28			

（续）

国家、地区	1996年出口额	1997年出口额	比上年增长%	1996年进口额	1997年进口额	比上年增长%
10.土耳其	15 405	19 743	28.16			
11.孟加拉国	22 851	15 647	−31.53			
12.中华人民共和国				84 921	128 952	51.85
北美洲	1 090 161	1 371 872	25.84	868 004	877 858	1.14
1.美国	1 030 789	1 304 546	26.56	813 795	825 577	1.45
2.加拿大	59 369	67 324	13.40	54 210	52 278	−3.56
欧洲	798 000	1 062 284	33.12	1 672 874	1 506 299	−9.96
1.欧盟	730 341	959 931	31.44	1 478 278	1 390 395	−5.94
其中：德国	232 499	276 844	19.07	603 736	481 077	−20.32
荷兰	144 916	213 399	47.26	52 418	65 891	25.70
英国	132 009	167 860	27.16	113 512	125 387	10.46
法国	68 658	94 981	38.34	173 756	263 503	51.65
意大利	46 604	57 546	23.48	244 932	171 475	−29.99
西班牙	34 419	39 835	15.74	32 481	35 559	9.48
比利时	25 789	35 973	39.49	49 677	36 848	−25.82
瑞典	9 603	18 935	97.19	122 474	113 422	−7.39
丹麦	6 878	11 395	65.67	20 425	19 755	−3.28
芬兰	5 669	10 472	84.71	36 755	51 284	39.53
奥地利	7 736	9 972	28.90	24 172	21 650	−10.43
希腊	7 409	9 545	28.82	765	228	−70.20
爱尔兰	4 259	7 497	76.04	1 998	3 454	72.87
葡萄牙	3 556	4 861	36.70	677	499	−26.29
卢森堡	337	815	141.84	499	362	−27.44
2.挪威	16 978	37 706	122.09	9 756	12 141	24.45
3.俄罗斯	14 753	17 677	19.82	93 741	35 145	−62.51
4.瑞士	12 330	15 011	21.74	67 039	51 360	−23.39
5.乌克兰				2 502	5 087	103.32
南美洲	114 110	161 117	41.19	19 917	10 002	−49.78
1.巴西	30 193	43 058	42.61	16 579	5 842	−64.76
2.巴拿马	12 004	21 477	78.91			
3.墨西哥	9 152	20 714	126.33	2 778	3 532	27.14
4.阿根廷	14 281	20 592	44.20	142	338	138.47
5.智利	14 994	17 099	14.04			
6.秘鲁	7 997	5 427	−32.14	28	107	282.14
非洲	97 278	124 089	27.56	947	1 867	97.15
1.南非	20 347	25 636	26.00	818	445	−45.60
2.尼日利亚	10 720	22 808	112.76			
3.埃及	15 418	15 058	−2.33	7	881	12 485.71
4.苏丹	2 345	7 180	206.18			
5.利比里亚	11 094	6 442	−41.93			
6.阿尔及利亚	1 644	5 144	212.90			

（续）

国家、地区	1996年出口额	1997年出口额	比上年增长%	1996年进口额	1997年进口额	比上年增长%
7.坦桑尼亚	3 077	5 115	66.21			
8.摩洛哥				29	401	1 282.76
大洋洲	51 522	67 301	30.62	23 961	20 224	−15.60
1.澳大利亚	44 841	59 628	32.98	21 859	19 111	−12.57
2.新西兰	4 630	5 786	24.96	2 102	1 113	−47.05

表7　1997年各地区机电产品出口量值

省市地区	出口额（万美元）			比上年增长%		
	总计	国有企业	“三资”企业	总计	国有企业	“三资”企业
北京	264 847	198 746	63 518	5.92	1.66	19.78
天津	263 278	26 054	236 622	18.58	−11.55	22.97
河北	35 569	21 365	13 118	15.85	12.82	18.48
山西	8 249	7 060	857	7.65	1.94	52.03
内蒙古	4 924	4 227	697	36.61	30.54	90.30
辽宁（含大连）	255 638	91 024	163 725	16.93	32.85	9.74
大连	197 221	73 131	123 585	20.39	61.90	4.64
吉林	12 905	9 637	3 189	5.02	−4.00	42.16
黑龙江	25 818	12 144	13 472	11.59	30.37	−1.20
上海	528 103	174 630	351 443	36.01	14.94	49.60
江苏	472 366	141 850	305 818	43.89	23.64	53.66
浙江（含宁波）	254 094	153 669	75 648	34.03	34.14	33.61
宁波	81 140	49 094	26 767	53.62	33.82	104.64
安徽	22 489	16 399	5 672	27.37	18.44	57.13
福建（含厦门）	238 206	71 006	165 705	33.64	29.90	35.32
厦门	142 053	42 069	98 508	48.44	58.61	44.69
江西	6 912	6 153	750	21.55	26.15	−7.29
山东（含青岛）	192 192	69 727	114 451	32.27	21.16	42.41
青岛	98 913	37 492	57 144	20.74	15.22	26.60
河南	16 203	10 136	5 558	−6.24	−6.99	−9.39
湖北	29 243	22 181	6 905	26.86	31.58	13.99
湖南	19 788	14 777	4 982	2.09	−5.52	33.15
广东（含深圳）	3 143 232	1 206 473	1 879 671	20.52	18.27	22.27
深圳	1 423 183	514 595	906 476	15.00	8.52	18.83
广西	17 935	10 846	6 406	7.38	5.29	13.68
海南	10 446	7 126	1 371	0.04	−17.70	8.26
四川（含重庆）	38 878	32 575	6 014	10.80	4.49	55.99
重庆	12 070	10 210	1 813	2.97	3.12	1.93
贵州	5 300	4 688	612	6.61	5.76	13.67
云南	20 946	19 792	945	16.81	21.20	−28.94
西藏	271	115	156	162.34	11.95	
陕西	35 218	29 507	5 691	−3.72	−11.58	78.64

（续）

省市地区	出口额(万美元)			比上年增长%		
	总计	国有企业	“三资”企业	总计	国有企业	“三资”企业
甘肃	3 431	3 275	156	18.42	16.21	96.92
青海	964	964		12.76	12.76	
宁夏	2 986	1 768	1 219	30.82	38.11	21.52
新疆	3 559	3 375	17	9.83	6.38	−41.03

〔撰稿单位：中国机电产品进出口商会〕

对外贸易经济合作部系统

1997年，对外贸易经济合作部直属企业——中国机械进出口（集团）有限公司（CMC）进出口贸易总额28.1亿美元，比上年增长12%，保持了全国进出口额最大的500家企业前十名的地位，经济效益进一步提高。

一、进口情况

1.1997年，CMC在激烈的市场竞争中保持了持续增长，实际进口到货20.14亿美元(不包括国内中标部分)。

进口到货国家（地区）前十位依次为：德国52 395万美元，美国30 051万美元，日本21 851万美元，香港13 162万美元，奥地利11 827万美元，法国11 759万美元，瑞典8 843万美元，西班牙7 652万美元，意大利7 077万美元，芬兰5 499万美元。

进口到货商品前十位依次为：成套设备82 130万美元，各类机械63 320万美元，铁路车辆及设备12 789万美元，船舶9 500万美元，汽车、电车、摩托车及零件5 538万美元，航空设备5 372万美元，电子设备及器材5 087万美元，未分类商品4 181万美元，黑色金属3 591万美元，物理化工仪器2 246万美元。

2.1997年，CMC进口成交完成10.46亿美元。进口货单中国际金融组织和外国政府贷款货单占90.4%，部委和地方自筹外汇货单占9.6%。1997年CMC争取外国政府贷款货单卓有成效，全年共获得外国政府贷款货单7.3亿美元，同比增加了58.5%。

进口成交国家（地区）前十位依次为：德国30 498万美元，日本21 746万美元，香港9 861万美元，法国9 844万美元，美国8 502万美元，瑞士4 600万美元，英国3 523万美元，荷兰3 087万美元，意大利2 731万美元，奥地利2 300万美元。

进口成交商品前十位依次为：各类机械36 124万美元，成套设备21 820万美元，铁路车辆及设备13 926万美元，船舶13 429万美元，汽车、电车、摩托车及零件6 340万美元，电讯设备及器材3 897万美元，黑色金属1 616万美元，医疗器械1 414万美元，石油及制品1 346万美元，化肥农药1 096万美元。

二、出口情况

1.1997年，CMC全年出口出运完成3.27亿美元（不包括国内投标部分），比上年增长22%，创公司自营出口以来的最高水平。

主要出口商品额：船舶12 553万美元，有色金属1 994万美元，化工原料1 670万美元，工业轴承1 676万美元，铁路车辆及设备1 645万美元，工农具1 307万美元，电工设备1 216万美元，箱包及鞋帽1 072万美元，成套设备997万美元，服装830万美元。

主要出口市场：出口额超过1 000万美元以上的国家和地区7个：香港12 127万美元，德国2 815万美元，美国2 312万美元，日本1 840万美元，俄罗斯1 597万美元，伊朗1 479万美元，泰国1 264万美元。出口额为500～1 000万美元的国家有5个：韩国940万美元，巴基斯坦912万美元，巴西818万美元，孟加拉713万美元，波兰567万美元。出口额为100～500万美元的国家有15个：澳大利亚、捷克、法国、意大利、荷兰、乌克兰、白俄罗斯、古巴、印度尼西亚、土耳其、沙特阿拉伯、阿联酋、埃及、南非、智利。

2.1997年，CMC出口成交完成3.64亿美元，比上年增长71%。

3. 自营出口呈现如下特点：

(1)出口始终保持增长势头，增长幅度高于全国出口增长速度；

(2)出口成交有较大幅度增长，特别是大型及成套设备成绩显著，为今后出口发展打下良好基础；

(3)出口商品结构继续得到优化，造船、铁路车辆及设备、成套设备等大型商品出口发展迅速，占全年出口总额的47%，特别是船舶出口突破亿美元，创船舶出口二十多年来的最高水平；

(4)坚持以机电产品出口为主的方向，同时开拓其他商品，努力扩大规模，提高规模效益，使机电产品和非机电产品出口继续保持较为合理的结构；

(5)大力发展大型及成套设备出口、实施出口市场多元化的战略意图得到认真贯彻并取得进展。

三、扩大机电产品进出口贸易采取的主要措施

1. 进口工作

(1)1997年CMC继续加大争取货单的力度。为更好地争取货单，除继续保持和拓展与外经贸部和其他有关部委的密切关系外，还和一些地方政府建立了友好合作关系。

(2)在着力争取货单的同时,加强了对进口工作的管理和协调。对大项目实行备案制,完善了进口项目备案办法,全年备案跟踪项目217个,金额120亿美元。

(3) 做好自营进口工作。

(4) 加强信息和资料工作,完成了1996年以前所有合同的输机工作。

(5)以进口为主的子公司坚持自主经营,自我发展,主动适应市场竞争,并在经营思路上有所创新。4个子公司都全面或超额完成了3项指标,两个子公司进出口贸易总额超7亿美元。

2. 出口工作

(1) 对大型成套设备出口原则上实行了放开经营;设置了大项目开发基金,对大项目出口给予扶持;严格实行备案制度,加强了对大项目出口的协调管理力度。

(2)为优化出口商品结构,出台了有关规定,对"拳头"商品、大型商品和新商品的概念进行界定,使各子公司更明确了自己发展出口的目标和方向。

(3) 在继续巩固东南亚等传统市场的同时致力于多元开拓市场。在开拓非洲、南美市场方面势头很好,有的已取得突破性进展,成交了一些大项目;对独联体、东欧贸易争取到了一部分政府协议项目,贸易额逐步回升。

(4)探索使用援外优惠贷款、扩大出口,并初见成效。

(5)积极开展出口配额的投标、许可证申领及国内外展览工作,为公司增加了出口机会。

(6)采取措施增强出口子公司的市场竞争能力,推进规模经营。

〔撰稿人:中国机械进出口(集团)有限公司王玉龙　审稿人:中国机械进出口(集团)有限公司陈伟根、杜文华〕

中国船舶工业总公司系统

1997年,中国船舶工业总公司系统进出口成交总额215 038万美元,比上年增长27.2%;实际进出口总额175 250万美元,比上年增长13.6%。实际出口比实际进口多88 252万美元,比上年增长4.2%,出超率202.9%,比上年下降了40.9个百分点。

一、进口情况

全年进口订货54 826万美元,比上年增长69.1%。

全年进口到货43 499万美元,比上年增长25.2%,其中:(1)机械设备45万美元,比上年下降99.1%。(2)船用设备到货43 454万美元,比上年增长84.5%。电子计算机、电子仪表及其他类均无产品到货。

二、出口情况

全年出口成交160 212万美元,比上年增长了17.2%,比实际出口多21.6%。成交船舶48艘、111万载重吨,比上年减少23艘,但吨位增加了4.7%。成交金额110 857万美元,比上年增加4.4%,占成交总额的69.2%。成交的主要船舶有:油船10艘,分别为11万t两艘、7.1万t两艘、3.5万t 6艘;成品油船1艘;散货船两艘,分别为7.45万t和4.8万t;液化石油气船8艘,分别为22 000m³5艘、2 000m³两艘和5 340m³1艘;还有集装箱船、多用途船和拖车滚装船等。修船成交9 159万美元,比上年下降9.3%。其他机电产品出口成交40 196万美元,比上年增加97%。

全年实际出口131 751万美元,比上年增长10.3%。出口的主要产品有:(1)船舶50艘、144.1万载重吨,比上年上升了11.9%,出口金额92 501万美元,增长了8.2%。50艘出口船舶中货船35艘、驳船15艘。主要货船有:15万t油船两艘、4.6万t化学品船两艘、散货船24艘(分别为7.3万t两艘、5.2万t大仓口6艘、4.55万t1艘、4.5万t两艘、3.4万t两艘、2.8万t3艘、2.75万t1艘和2.7万t7艘),9 000t水泥船1艘,还有成品油船和多用途船6艘。(2)修船13 145万美元,比上年增加3.3%。(3)其他机电产品26 105万美元,比上年上长了22.7%。

1997年中国船舶工业总公司产品出口的主要特点有以下两方面:

出口成交方面:承接的高新技术高附加值船舶有进一步的增加,表明船舶总公司在高新技术船舶方面的技术实力和竞争实力的增强,尤其是液化石油气船出口成交8艘,占35艘出口成交货船吨位的11.2%,金额比重却占28.3%,出口到德国、美国、荷兰、香港等经济发达的国家和地区。常规船舶中的散货船明显减少,仅两艘12.3万t,占货船吨位的11.2%,占金额比重5.1%。油船10艘,占货船吨位的52.7%,占金额比重32.3%。外轮修理方面有所下降。其他机电产品出口成交额有大幅上升。从出口地区看,增加了对非洲市场的开发,出口成交金额比重为10%左右。

实际出口方面:出口金额有所上升。常规船舶的散货船、油船占全部货船吨位的89.4%,出口金额占76.8%。这是由于1995年承接大量此类船舶订单所致。9 000t自卸散装水泥船被列入国家科技攻关项目,也是我国首次承接的船型,上年接订单,1997年按期交货,表明船舶总公司在这种船型的设计建造方面已有所突破。外轮修理保持上升趋势。从出口地区分布看,同上年相比仍集中在亚洲和欧洲地区,占实际出口比重的90%以上,亚洲地区以马来西亚、香港、新加坡、日本为主,欧洲地区以挪威最多,占欧洲地区出口比重的76.8%,居出口国之最。

〔撰稿人:中国船舶工业总公司裘音浪　审稿人:中国船舶工业总公司郭　泽〕

机械工业六个行业进出口情况

据海关统计，1997年全国机电产品出口创汇593.2亿美元，除金属制品外，机电仪产品及设备创汇达526.1亿美元。详见表1。

表1 1997年机电产品出口统计

类　别	1996年（万美元）	1997年（万美元）	增长%
全国出口总计	15 106 571	18 269 664	21.0
其中：工业制成品出口	12 914 071	15 876 720	23.0
机电产品出口总计	4 820 563	5 931 718	23.1
一、金属制品	541 098	670 511	24.0
二、机电仪产品及设备	4 279 465	5 261 208	22.9
1. 机械及设备	1 089 534	1 371 569	25.9
2. 电气及电子产品	2 016 944	2 455 153	21.7
3. 运输工具	417 354	518 622	24.3
4. 仪器仪表	298 970	399 731	33.7
5. 其他	456 663	516 133	13.0

在整个机械工业中，涉及机械及设备、运输工具等影响较大的六个行业的进出口情况及特点如下：

一、金属加工机床

这里所统计的金属加工机床是指金属切削和成形加工机床，不包括工具、磨具。1997年进出口总额18.7亿美元，比上年下降32.8%，进口额15.8亿美元，比上年下降37.1%，这是在前三年连续增长后的首次大幅度下降（1994年进口20.5亿美元，增长5.9%；1995年进口22亿美元，增长7.3%；1996年进口25.2亿美元，增长14.5%）；出口2.8亿美元，比上年增长10.8%。进口机床中除轧辊磨床、单工位组合机床等6种外，其他各类产品进口都有较大幅度下降。数控车床进口1 796台、达1亿美元，比上年下降50.7%，说明国内需求明显下降；进口金额最多的是磨床，达2.3亿美元，远远超过其他机床的进口量。出口机床普遍增长，其中以数控磨床、齿轮加工机床、镗床和折弯机增长最多。详情见表2。

表2 1997年金属加工机床进出口情况

序号	商品名称	进口 数量（台）	进口 金额（万美元）	进口 比上年增长%	出口 数量（台）	出口 金额（万美元）	出口 比上年增长%
	合计		158 458	−37.1		28 149	10.8
一	金属切削机床						
1	加工中心	1 025	14 444	−39	226	538	26
2	数控机床						
(1)	数控车床	1 796	10 014	−50.7	316	638	7
(2)	数控钻床	522	3 173	−38	25	69	1
(3)	数控镗铣床	930	2 577	−28	8	33	21
(4)	数控镗床	46	1 292	−21			
(5)	升降台式数控铣床	215	450	−47	58	75	1
(6)	其他数控铣床	4 570	3 116	−33	43	77	−33
(7)	数控磨床	804	9 855	−47	37	134	32
(8)	数控齿轮加工机床	78	1 364	−56	3	61	12
3	非数控机床						
(1)	车床	7 173	4 304	−39	41 038	6 949	
(2)	钻床	6 613	1 364	−45		4 101	1
(3)	镗铣床	503	513	−40	625	103	34
(4)	镗床	93	260	−14	2 256	628	336
(5)	升降台式铣床	1 249	598	−35	2 098	811	−13
(6)	其他铣床	4 570	3 116	−33	2 250	454	−51
(7)	攻丝机床	2 693	1 351	−9	1 544	74	157
(8)	磨床	16 244	12 750	−37	56 012	5 538	58
(9)	龙门刨床	25	62	−15	7	234	83
(10)	牛头刨床	90	80	36	383	13	−58
(11)	其他刨床	435	204	−14	86	22	−58
(12)	插床	45	505	212	53	35	−5
(13)	拉床	74	681	−37	8	10	−75
(14)	齿轮加工机床	282	523	−74	2 944	258	67.6

（续）

序号	商品名称	进口			出口		
		数量（台）	金额（万美元）	比上年增长％	数量（台）	金额（万美元）	比上年增长％
(15)	锯床或切断机	4 904	3 926	−20	19 447	290	−17
(16)	未列名金属切削机床	2 830	2 896	−50	4610	487	94
4	组合机床						
(1)	单工位组合机床	263	1 276	9	193	66	−30
(2)	多工位组合机床	475	6 049	−27	371	31	−25
5	用化学、电子束等处理各种材料的加工机床						
(1)	用激光或光子束处理材料的加工机床	204	1 879	−4	8	14	3
(2)	用超声波处理材料的加工机床	893	684	−36	183	42	−48
(3)	用放电处理材料的加工机床	1 913	3 389	−38	175	272	−53
	其中：数控	533	1 549		99	193	
(4)	用其他方法处理	365	2 303	19	163	357	162
二	成形机床						
1	数控成形机床						
(1)	数控锻造或冲压机床	1 413	7 949	−42	104	117	−7
(2)	数控弯曲、折叠、矫直或矫平机床	623	6 063	−8	21	232	87.6
(3)	数控剪切机床	304	3 296	−45	17	81	−32
(4)	数控冲孔或开槽机床	876	3 996	−16	11	2	−94
2	非数控成形机床						
(1)	锻造或冲压机床	10 343	7 979	−29	1 037	549	18
(2)	弯曲、折叠、矫直或矫平机床	2 825	4 258	−47	1 870	799	5
(3)	剪切机床	2 136	1 807	−66	2 492	1 039	38
(4)	冲孔或开槽机床	3 205	3 476	−18	343	79	−9
(5)	液压压力机	4 896	5 352	−18	1 640	659	5
(6)	机械压力机	2 162	2 074	−44	2 309	492	34
(7)	未列名加工金属或硬质合金的压力机	7 970	7 054	−36	3 925	411	−7
(8)	金属杆、管、型材拉拔机	1 133	2 419	−43	262	478	91
(9)	金属螺纹滚轧机	972	1 127	25	890	53	6
(10)	金属丝加工机	1 170	1 646	−53	228	92	2
(11)	未列名的金属非切削加工机床	1 867	2 608	−55	3 348	383	12

二、发电设备

1997年发电设备进出口金额达12.3亿美元，比上年增长52.9％，其中进口10.9亿美元，增长63.7％；出口1.3亿美元，下降1.6％。进口有两大特点：一是关键零部件进口多、增长快，锅炉零件进口1.5亿美元，增长176％；汽轮机零件进口2.6亿美元，增长117％；350MV·A及以上的交流发电机零件进口0.9亿美元，比上年增长431％，三项共计为5亿美元，占合计的46％；二是大容量设备进口多，900t（蒸汽）/h及以上的锅炉进口34台、1.2亿美元；输出功率超过350MW的汽轮机进口6台、5 680万美元，比上年增长515％；功率超过665MV·A交流发电机两台、55万美元；35MW以上贯流式水轮机两台、189万美元；200MW以上水泵水轮机1台、1 330万美元，以上共计1.9亿美元，占合计的17.7％。出口产品中以锅炉出口最多，达6 003万美元，其中900t（蒸汽）/h及以上的有11台、2 739万美元，增长4倍多；其次是水轮机，出口3 018万美元，其中10MW及以下的有7台；再次是75kV·A及以下的交流发电机出口1 473万美元，比上年增长19.2％，详见表3。

表3　1997年发电设备进出口情况

序号	商品名称	进口			出口		
		数量（台）	金额（万美元）	比上年增长％	数量（台）	金额（万美元）	比上年增长％
	合计		109 355	63.7		13 179	−1.6
一	锅炉		52 249	39.9		6 403	34.7
1	≥900t（蒸汽）/h	34	12 042	−6	11	2 739	430.5
2	45～900t（蒸汽）/h	50	687	−52	8	178	458.5
3	锅炉辅助设备		9 666	95		390	−53.9
4	锅炉零件		15 350	176		954	−51

（续）

序号	商品名称	进口			出口		
		数量（台）	金额（万美元）	比上年增长%	数量（台）	金额（万美元）	比上年增长%
二	汽轮机		36 788	117.8		1 934	−58.4
1	＞350MW	6	5 680	515			
2	＞100～350MW	11	3 729	57	4	1 095	
3	＞40～100MW	8	338	−73	44	131	1 606
4	≤40MW	13	1 314	195	19	105	45.7
5	汽轮机零件		25 727	117		603	−87
三	水轮机及水轮		6 398	65.6		3 018	37
1	1～10MW				3	86	−36.8
2	≤1MW	10	69	67	4	5	278.9
3	＞35MW 贯流式水轮机	2	189	−65			
4	＞200MW 水泵水轮机	1	1 330	−9			
5	水轮机及水轮零件		4 799	285		2 926	2 462
四	交流发电机		13 920	60.5		1 823	1.7
1	＞665MV·A	2	55				
2	≤75kV·A	1 127	327		81 537	1 473	19.2
3	＞75～350MV·A	96	1 527	−4.8	14	32	−22
4	＞350MV·A 的零件		9 025	431		377	−71

三、工程机械

1997 年工程机械进出口 22.1 亿美元，下降 11%，其中进口 17.9 亿美元，下降 16.6%，出口 4.2 亿美元，增长 22.6%。进口产品中，轮胎式起重机、振动压路机和 100t 及以上的汽车起重机增长较多；进口金额超过 1 亿美元以上的有：载客电梯、挖掘机；235.2kW（320 马力）及以上推土机、铲运机、装载机、汽车起重机底盘、混凝土搅拌机进口大幅度下降。出口产品中，增长多的有塔式起重机、轮胎式起重机、载客电梯、风动工具、235.2kW（320 马力）推土机等，出口下降多的有 235.2kW（320 马力）以下履带式推土机、18t 以下压路机、铲运机、装载机、沥青混凝土摊铺机等，详见表 4。

表 4　1997 年工程机械进出口情况

商品名称	进口			出口		
	数量（台）	金额（万美元）	比上年增长%	数量（台）	金额（万美元）	比上年增长%
合计		178 862	−16.6		41 714	22.6
其中：轮胎式起重机	46	1 581	406	21	645	306
内燃叉车及升降搬运车	1 260	2 585	−20.5	419	500	−13.8
载客电梯	4 065	43 338	−24	481	1 936	230
235.2kW（320 马力）以上履带推土机	51	323	−62	44	324	50
235.2kW（320 马力）以下履带推土机	190	1 032	70	309	1 280	−23
180t 及以上振动压路机	40	264	29	22	768	7.8
前铲装载机	106	760	−62	2 569	539	−14.8
挖掘机及挖掘装载机	6 623	10 562	−15.6	714	2 851	14.2
100t 及以上汽车起重机	11	738	65			
混凝土或砂浆混合机	159	1 667	−50	966	239	17.2
沥青混凝土摊铺机	105	1 255	35	25	73	−24.3

四、重型矿山机械

1997 年重型矿山机械进出口 13.7 亿美元，下降 20.5%，其中进口 9.9 亿美元，下降 29%；出口 3.8 亿美元，增长 15.3%。进口产品中，炼焦炉、矿用电铲、转炉、炉外精炼设备、轧机零件进口大幅度增长，矿井卷扬机、轧管机、球磨破碎设备进口大幅度下降。出口产品中，矿井卷扬机、装卸船机、炉外精炼设备、板材热轧机、型钢轧机出口大幅度增长；转炉、冷轧机和轧机零件出口下降，详见表 5。

表 5　1997 年重型矿山机械进出口情况

商品名称	进口			出口		
	数量（台）	金额（万美元）	比上年增长%	数量（台）	金额（万美元）	比上年增长%
合计		98 681	−29		38 172	15.3
其中：电动卷扬机及绞盘	829	1 055	−23	787	241	7.2
装卸船机	46	1 390	−14	7	729	8 994
矿用电铲	3	1 413	126			
转炉	53	2 838	103	6	80	−54
板材热轧机	8	924	8	8	177	1 111
型钢轧机	593	6 652	26	35	352	3 173
线材轧机	56	554	14	8	77	−21.4
板材冷轧机	37	4 909	−16	8	16	−46
金属轧机用轧辊		3 184	4		468	−19.7
金属轧机零件		15 824	52		834	−13.6
固体矿物洗选机器	947	3 346	34	588	512	−38.5
固体矿物破碎、研磨机器	816	4 791	−40	4 755	2 112	−12.4

五、汽车及其零部件

1997 年汽车行业产品进出口 22.7 亿美元，比上年下降 3%，其中进口 16.3 亿美元，下降 12%；出口 6.4 亿美元，增长 27%。进口产品中，大中小型客车进口全面增长，大中型客车增长都在 1 倍以上，四轮驱动越野车增长近两倍，小轿车和专用汽车进口下降。出口产品中大客车、小轿车和专用汽车大幅度增长，卡车和非公路用自卸车下降，详见表 6。

表 6　1997 年汽车及零部件进出口情况

商品名称	进口			出口		
	数量（辆）	金额（万美元）	比上年增长%	数量（辆）	金额（万美元）	比上年增长%
合计		162 865	−12		63 697	27
其中：小轿车	32 019	27 439	−26	1 376	1 925.6	63
四轮驱动轻型越野车	1 286	2 547	193.5	1 538	1 196	−13
9 座以下小客车	1 327	1 664	26			
卡车（含整套散件）	6 859	11 632	81	7 919	7 175	−13
非公路用自卸车	160	1 094	−80.7	254	785	−13
专用汽车	2 093	16 057	−35.7	630	640	209
30 座以上大客车	1 366	5 287	129.6	581	4 122	224
10 座～29 座客车	1 959	2 902	182.3	676	738	26
装有引擎的汽车底盘	688	2 100	−16			
汽车零部件		95 760	−10		45 176	26

六、船舶

1997 年进出口 19 亿美元，增长 22.6%，其中进口 2.8 亿美元，下降 31%；出口 16.2 亿美元，增长 41.5%，进口产品中，客运船、挖泥船、拖轮和浮船坞等增长快，油船、冷藏船、客货兼运船等进口减少。出口已连年高速增长，主要是货运和客货兼运船舶出口多，达 11.7 亿美元，增长 41.6%，占合计的 72.2%，其次是油船和起重消防等船。船舶已成为我国新的经济增长点，详见表 7。

表 7　1997 年船舶进出口情况

商品名称	进口 数量（艘）	进口 金额（万美元）	进口 比上年增长%	出口 数量（艘）	出口 金额（万美元）	出口 比上年增长%
合计		28 201	−31		162 071	41.5
其中：机动巡航船、客运船	36	2 834	86	45	4 002	934
油船	13	1 651	−79	26	22 889	232
机动货运及客货兼运船	39	3 621	−83	186	117 453	41.6
非机动货运及客货兼运船	240	1 576	−40	358	5 207	−9
冷藏船	3	291	−29	4	1 235	
机动捕鱼船、鱼品加工船	8	112	−83	40	729	−50.8
拖轮及顶推船	32	999	164	61	2 994	−12.8
挖泥船	12	1 129	96	84	529	−37.9
浮船坞	2	2 209	82	2	197	−12.4
灯船、消防、起重船	5	11 925	1 155	11	306	218.6
其他机动船舶	122	762	−72	458	5 934	−49.8

〔撰稿：机械工业部郑国伟、部机电经济信息〕

附：1997 年机电产品出口创汇超千万美元单位

据国家机电产品进出口办公室统计，1997 年全国机电产品出口创汇 1 000 万美元以上的外（工）贸公司共 246 个，其中：10 000 万美元以上的 25 个；5 000～10 000 万美元的 26 个；1 000～5 000 万美元的 195 个。出口机电产品超 1 000 万美元以上中央及各省市外（工）贸公司名单如下：

1997 年机电产品出口创汇超千万美元单位

地区及单位名称	创汇金额	地区及单位名称	创汇金额
外贸（工贸）总公司		27. 中国轻工业品进出口总公司	2 263
1. 中国船舶工业贸易公司	131 751	28. 中国海外贸易总公司	1 975
2. 中国电子进出口总公司	78 947	29. 中国化工建设总公司	1 915
3. 中国航空技术进出口总公司	59 313	30. 中国原子能工业公司	1 457
4. 中国机械设备进出口总公司	50 832	31. 东方科学仪器进出口公司	1 371
5. 中国北方工业公司	46 277	32. 中国交通进出口总公司	1 323
6. 中国长城工业总公司	24 157	33. 中国轴承进出口联营公司	1 318
7. 中国机械进出口总公司	23 808	北京市	
8. 中国汽车工业进出口总公司	13 396	1. 中国电子进出口北京公司	10 232
9. 中国有色金属进出口总公司	11 410	2. 中国北方工业北京公司	2 387
10. 中国技术进出口总公司	10 841	3. 中国航空技术进出口北京公司	1 807
11. 中国工程与农机进出口总公司	9 057	4. 北京机械进出口有限责任公司	1 141
12. 中国钢铁工贸集团公司	7 830	5. 北京富亿通进出口有限责任公司	1 093
13. 中国出口商品基地建设总公司	7 493	天津市	
14. 中国机械对外经济技术合作公司	5 551	1. 天津机械进出口集团有限公司	7 252
15. 中国仪器进出口总公司	5 253	2. 天津五矿进出口公司	4 884
16. 中国五金矿产进出口总公司	4 923	3. 天津机械设备进出口公司	3 682
17. 中国石油技术开发公司	4 211	4. 天津轻工业品进出口公司	1 448
18. 中国成套设备进出口总公司	4 066	5. 天津电子仪表进出口公司	1 392
19. 中国国际信托投资公司	3 268	河北省	
20. 中国机床总公司	3 215	1. 河北五金矿产进出口公司	3 458
21. 中国电线电缆进出口联营公司	2 784	2. 葆祥河北进出口（集团）公司	3 288
22. 解放汽车进出口公司	2 763	3. 河北机械进出口公司	3 218
23. 中国包装进出口总公司	2 761	4. 河北机械设备进出口公司	2 831
24. 东风汽车进出口公司	2 596	5. 中国机械对外经济技术合作总公司	
25. 中国电气进出口联营公司	2 450	河北分公司	2 118
26. 中国煤机装备集团进出口公司	2 322	6. 河北省进出口贸易公司	1 492

(续)

地区及单位名称	创汇金额
7. 中国电子进出口河北公司	1 191
山西省	
1. 山西机械进出口公司	1 453
辽宁省	
1. 辽宁机械进出口公司	11 292
2. 辽宁机械设备进出口公司	6 466
3. 辽宁五矿进出口公司	2 491
4. 辽宁省轻工进出口公司	1 122
5. 中国汽车工业进出口辽宁公司	1 045
大连市	
1. 大连机械设备进出口公司	1 820
2. 中国北方工业大连公司	1 012
吉林省	
1. 吉林省机械进出口公司	1 700
2. 中国电子进出口吉林公司	1 050
长春市	
1. 长春市机械化工五矿进出口公司	1 201
2. 长春市对外经济贸易公司	1 101
上海市	
1. 上海机械进出口（集团）有限公司	31 518
2. 上海机械设备进出口公司	14 332
3. 上海五矿进出口公司	11 838
4. 上海轻工国际（集团）有限公司	11 352
5. 上海兰生股份有限公司	5 101
6. 上海申航进出口公司	3 392
7. 上海钟表进出口有限公司	3 218
8. 上海汽车进出口公司	3 143
9. 上海仪表电子进出口公司	2 645
10. 中国北方工业上海公司	2 576
11. 中国船舶工业贸易上海公司	2 484
12. 上海土产进出口公司	2 379
13. 中国航空技术进出口上海公司	2 023
14. 上海对外贸易公司	1 780
15. 上海茶叶进出口公司	1 574
16. 上海医药保健品进出口公司	1 466
17. 上海申信进出口公司	1 272
18. 上海华源进出口公司	1 200
19. 上海工艺品进出口公司	1 179
江苏省	
1. 中国机械设备进出口江苏公司	20 626
2. 江苏机械进出口（集团）公司	12 343
3. 江苏国泰国际集团	5 960
4. 常州机械设备进出口公司	5 038
5. 江苏轻工进出口（集团）公司	4 447
6. 江苏五矿进出口（集团）公司	4 137
7. 江苏省技术进出口公司	4 103
8. 江苏省海外企业集团公司	4 097
9. 镇江市对外贸易集团公司	3 385
10. 苏州五矿机械进出口公司	2 998
11. 无锡中润（集团）公司	2 931
12. 武进市对外贸易公司	2 689
13. 中国机械设备进出口无锡公司	2 480
14. 中国机械设备进出口苏州公司	2 198
15. 常州市技贸集团公司	2 102
16. 中国机械设备进出口南通公司	2 080
17. 中国电子进出口江苏公司	1 722
18. 锡山市对外贸易公司	1 676
19. 南通市对外贸易公司	1 641
20. 江阴市对外贸易公司	1 509
21. 连云港市对外贸易公司	1 507
22. 无锡中瑞（集团）公司	1 417
23. 无锡市对外贸易公司	1 433
24. 常熟市外贸集团公司	1 369
25. 丹阳市对外贸易公司	1 321
南京市	
1. 南京机械五矿医保进出口公司	5 584
2. 南京市高新技术产业开发区进出口公司	2 148
浙江省	
1. 浙江机械设备进出口公司	5 353
2. 浙江机械进出口公司	3 841
3. 中国电子进出口浙江公司	3 676
4. 浙江五金矿产进出口公司	3 124
5. 浙江轻工业品进出口公司	2 818
6. 浙江省国兴进出口公司	2 533
7. 浙江粮油食品进出口公司	1 621
8. 中国汽车工业进出口浙江公司	1 222
9. 浙江医药保健品进出口公司	1 152
10. 浙江大学外贸公司	1 066
宁波市	
1. 宁波技术进出口公司	6 082
2. 宁波五矿机械进出口公司	5 994
3. 中国电子进出口宁波公司	5 216
4. 宁波机械设备进出口公司	3 364
5. 宁波市工艺品进出口公司	3 132
6. 宁波市进出口公司	3 124
7. 鄞县进出口公司	2 855
8. 宁波市对外经济贸易公司	2 157
9. 宁波市家电日用品进出口公司	1 909
10. 宁波市轻工业品进出口公司	1 539
11. 中信宁波进出口公司	1 259
安徽省	
1. 安徽技术进出口股份有限公司	6 100
2. 安徽机械设备进出口公司	5 178
3. 安徽轻工进出口公司	2 718
4. 合肥市进出口（集团）公司	1 663
5. 安徽机械进出口公司	1 001
福建省	
1. 福建机械设备进出口公司	7 502
2. 中国航空技术进出口福建公司	3 619
3. 中国电子进出口福建公司	1 527

（续）

地区及单位名称	创汇金额
厦门市	
1. 中国航空技术进出口厦门公司	7 867
2. 中国北方工业厦门公司	3 223
3. 厦门国贸集团股份有限公司	2 827
4. 福建九州集团股份有限公司	2 582
5. 中国汽车进出口厦门公司	1 411
江西省	
1. 江西省机械设备进出口公司	1 650
2. 江西省机械进出口公司	1 277
山东省	
1. 山东机械进出口公司	16 018
2. 山东机械设备进出口公司	7 143
3. 山东五金矿产进出口公司	4 719
4. 山东省外贸集团公司	2 464
5. 山东省钢管联合公司	2 129
6. 中国电子进出口山东公司	1 631
7. 山东省重型汽车进出口公司	1 516
8. 济南五矿机械进出口公司	1 511
9. 烟台轻工进出口公司	1 378
河南省	
1. 中国磨料磨具进出口联营公司	3 076
2. 河南粮油食品进出口公司	1 780
3. 河南机械设备进出口公司	1 232
湖北省	
1. 湖北机械设备进出口公司	4 787
2. 中国电子进出口湖北公司	1 759
3. 湖北机械进出口公司	1 463
武汉市	
1. 武汉机械设备进出口公司	2 975
2. 中国电子进出口武汉公司	1 747
湖南省	
1. 湖南机械设备进出口公司	3 687
2. 湖南省国际经济开发集团公司	1 791
3. 湖南省华隆进出口公司	1 364
4. 湖南省工艺品进出口公司	1 233
5. 湖南省技术进出口总公司	1 159
广东省	
1. 广东机械设备进出口集团公司	13 085
2. 广东机械进出口集团公司	6 738
3. 中国电子进出口珠海公司	6 220
4. 广东轻工进出口集团公司	5 211
5. 中国航空技术进出口珠海公司	4 657
6. 广东省华侨企业进出口公司	2 936
7. 中国电子进出口华南公司	2 793
8. 广东省五矿进出口集团公司	2 431
9. 江门工业产品进出口公司	2 000
10. 汕头机械进出口公司	1 935
11. 中国北方工业公司湛江公司	1 900
12. 阳江轻工业品进出口（集团）公司	1 588
13. 汕特生产资料进出口总公司	1 365
14. 中国技术进出口南方公司	1 260
15. 阳江畜产进出口公司	1 221
16. 珠海轻工工艺进出口公司	1 219
17. 广东省土产进出口（集团）公司	1 201
18. 阳江华阳（集团）公司	1 120
19. 珠海港对外贸易总公司	1 108
20. 珠海大兴实业（集团）有限公司	1 095
21. 珠海斗门县畜产进出口公司	1 082
22. 珠海西部工贸发展公司	1 074
23. 珠海特区工业发展总公司	1 068
24. 阳江五金矿产进出口公司	1 037
25. 珠海粤海国际有限公司	1 036
26. 中国北方工业公司珠海公司	1 024
27. 揭阳轻工业品进出口公司	1 020
28. 珠海泰丰贸易总公司	1 013
29. 珠海国际贸易展览（集团）公司	1 007
30. 珠海外贸开发公司	1 004
31. 中国有色金属进出口珠海公司	1 002
32. 珠海斗门县新腾实业开发公司	1 001
广州市	
1. 中国北方工业广州公司	12 565
2. 广州轻工业品（集团）进出口公司	6 130
3. 中国航空技术进出口广州公司	4 489
4. 番禺对外经济贸易公司	3 624
5. 中国长城工业广州公司	3 028
6. 番禺轻工业品进出口公司	3 011
7. 广州越秀企业（集团）公司	2 988
8. 广州白云区对外贸易基地服务公司	2 735
9. 广州对外经济发展总公司	2 619
10. 广州五金矿产进出口公司	2 019
11. 番禺市对外贸易总公司	1 816
12. 广州爱地国际贸易公司	1 774
13. 广州机械进出口公司	1 304
14. 广州经济技术开发区商业进出口贸易公司	1 230
15. 广州市对外贸易总公司	1 204
深圳市	
1. 深圳市福田对外贸易公司	14 609
2. 深圳市顺安外资实业发展公司	11 862
3. 深圳罗湖区捷诚外资服务公司	11 859
4. 中电深圳投资股份有限公司	10 679
5. 中国北方工业深圳公司	4 466
6. 深圳美芝工业公司	2 703
7. 广东省宝安纺织品进出口公司	2 525
8. 中国精密机械进出口深圳公司	2 146
9. 深圳船舶工业贸易公司	2 020
10. 深圳轻工业品进出口公司	1 636
11. 中国航空技术进出口深圳公司	1 351
12. 中国机械设备进出口深圳公司	1 266
13. 深圳中电照明有限公司	1 037

（续）

地区及单位名称	创汇金额	地区及单位名称	创汇金额
四川省		2. 贵州新联进出口公司	1 169
1. 四川机械设备进出口公司	4 213	云南省	
2. 四川机械进出口公司	2 501	1. 云南机械设备进出口公司	4 490
3. 中国电子进出口四川公司	1 185	2. 云南机械进出口公司	4 250
4. 中国出口商品基地建设四川公司	1 122	3. 中国成套进出口公司云南分公司	3 264
成都市		4. 云南省进出口公司	2 578
1. 成都国际经济技术合作公司	1 170	5. 云岭工业进出口公司	1 813
2. 成都红光电子进出口公司	1 072	陕西省	
重庆市		1. 陕西省机械设备进出口公司	6 876
1. 重庆机械设备进出口公司	1 626	2. 中国电子进出口彩虹公司	6 262
2. 重庆五矿机械有色进出口公司	1 383	3. 陕西省机械进出口公司	4 056
贵州省		4. 西安化工进出口公司	1 485
1. 贵州机械进出口有限公司	1 600	5. 中国电子进出口陕西公司	1 135

〔撰稿单位：机械工业部机电经济信息〕

机械工业技术引进概况及项目简介（1997 年）

编者按：本刊所登载的23项机械工业技术引进项目由煤炭工业部、机械工业部提供，5 项进口生产线设备项目为机械工业部提供的资料。

按引进方式来分，专有技术许可（证）项目（表内以 A 表示）5 项，占技术引进项目总数的 22%；进口设备带制造技术项目（B）12 项，占总数的 52%；技贸结合（C）4 项，为总数的 17%；技术咨询（D）、联合设计（F）各 1 项，占总数的 4%。

技术引进转让方共有 9 个国家，其中日本 5 项，美国、德国各 4 项，英国 3 项，瑞士、奥地利各两项，比利时、芬兰、澳大利亚各 1 项。

进口生产线设备项目 5 项，转让方为美国、德国、日本、芬兰和台湾地区。

机械工业各行业技术引进来源国情况

行　业	合 计	日 本	美 国	德 国	英 国	瑞 士	奥地利	比利时	芬 兰	澳大利亚
合计	23	5	4	4	3	2	2	1	1	1
内燃机	1						1			
金属切削机床	3	1	1	1						
锻压设备	1							1		
铸造机械	2	1		1						
压缩机	1				1					
阀门	1	1								
矿山设备	2	1			1					
建筑材料设备	3		1	1			1			
汽车	1		1							
电线电缆	1								1	
绝缘材料	1									1
电焊机	2			1		1				
模具	2	1				1				
其他	2		1		1					

机械工业技术引进项目简介

序号	行业	部门	引进项目名称	合同号	国内接受单位	技术转让方	合同签约日期、开始生效日期	有效期(年)	技术引进方式	引进技术主要内容
1	内燃机	机械工业部	CL12摩托车汽油机电控喷射系统	97CLRE-2002AU	江苏春兰动力制造有限公司	奥地利AVL李斯特内燃机研究所	1997.02.21		F	CL125摩托车汽油机采用电控喷射系统进行设计开发和应用
2	金属切削机床	机械工业部	数控立车制造技术	沈阳机床股份有限公司	97MMG/49（61）1202JP	日本本间公司	1997.11.15	1.2	A	工作台直径分别为800、1 250、1 600mm，工作台转数分别大于500、300、250r/min，快进速度大于10 000mm/min的数控立车制造技术
3			个人计算机平台数控系统制造技术	97MMG/49（61）1201US	沈阳机床股份有限公司	美国桥堡公司（BRIDGE PORT）	1997.10.07	1.5	A	可控制6通道，4轴联动，扭矩18N·m以下，适合中小普及型CNC车床的数控系统
4			产品设计咨询			德国BRRA公司	1997.07.31	1.5	A	φ160CNC活塞车床、转台式组合机床、TH5656立式镗铣加工中心、TH65400×400卧式加工中心、φ200卧式加工中心、φ200CNC立车、φ275打质量中心孔车床七种产品的设计制造技术
5	锻压设备	机械工业部	锻压设备生产制造技术		黄石锻压机床有限公司	比利时	1997.04		A	折弯机、剪板机18种型号生产技术
6	铸造机械	机械工业部	铸造机改造及中子造型机	97CLRE-2001JP	江苏春兰机械制造有限公司	日本五十铃制作所	1997.02.13		B	SP-1C-S-R-500铸造机设备改造，中子造型机
7			消失模铸造工艺生产线技术改造	97FSBXA	安徽合力股份有限公司	德国	1997.12.12	1	B	注塑机、发泡机、成型机、振实台、雨淋砂斗、电炉
8	压缩机	机械工业部	半封闭制冷压缩机制造技术	96BMSJ/200013CE	北京冷冻机厂	英国ARCTIC CIRCLE LIMITID	1996.03.13 1997.12	10	B	CFC12中型半封闭制冷压缩机转换为HCFC22压缩机
9	阀门	机械工业部	电动执行机构系列产品制造技术	95BQRJA/JS901JP	鞍山阀门总厂	日本西部电机（株）	1995.04 1997.05	10	C	阀门电动装置、电动头6套软件、21套散件、2台实验及部分工装
10	矿山设备	煤炭工业部	S200M掘进机	97CTKX/210513CJ	淮南煤矿机械厂	日本三井三池	1997.04 1997.05	3	C	整套设备设计、制造技术
11			LH-1300掘进机	97CTKX/210514CE	淮南煤矿机械厂	英国多斯科公司	1997.05 1997.06	3	C	整套设备设计、制造技术

（续）

序号	行业	部门	引进项目名　称	合同号	国内接受单　位	技术转让　方	合同签约日期、开始生效日期	有效期（年）	技术引进方式	引进技术主要内容
12	矿山设备	煤炭工业部	AM-75掘进机	97CTKX/210515CO	淮南煤矿机械厂	奥地利奥钢联公司	1997.04 1997.05	3	C	电气接线图，液压原理图，主要元器件说明书，主要部件图，操作、维修手册、易损件表等
13	建筑材料设备	机械工业部	大理石生产模具及辅助设备	SCMC 97005 SCMC 97005-1	新中港华通汽车有限公司	美国TLFFANY大理石模具公司	1997.02	15	B	大理石生产模具及辅助设备工艺技术配方
14			粉煤灰制砖（砌切)成套设备技术		鄂州重型机器有限公司	德国玛荷公司	1997.03	7	B	利用德国KFW银行贷款引进粉煤灰制砖成套设备
15	汽车	机械工业部	17.5万辆捷达轿车灯具		长春海拉车灯有限公司	美国	1997.02.06	1	B	IBM工作台及软件
16	电线电缆	机械工业部	干法交联电缆生产线项目	96CATXY/2207FL	安徽欣意电缆诺基亚公司	芬兰	1996.08 1997	2	B	ϕ45/105/200XLPE 110kV干法交联电缆生产线
17	绝缘材料	机械工业部	绝缘纸板绝缘成型件技改项目	9711-3.01/3.0，9712-8 10-8.21	泰州华威绝缘材料有限公司	澳大利亚GRAZ 瑞士EWINAG 德国ANTHON	1997.12.14	1	B	500kV绝缘成型件多层热压机，500kV IEC-150大张绝缘纸板造纸机等
18	电焊机	机械工业部	热焰喷涂机技术	96EBTO/407M-0348CH	长江机器厂	瑞士SULEER METCQ-AG	1996.03.09 1997.03.09	1	B	热焰喷涂机
19			喷焊重溶设备	STS-97001	中国第二重型机械集团公司	德国GTV公司	1997.03.07		B	辊子表面喷焊设备技术，Uni Spray let-Ⅲ喷枪4把，重溶枪11号6把、10号3把，GTV10.15.6（3309号）喷粉
20	模具	机械工业部	模具加工设备技术	L97FMZ-415100CH	鄂丰精密模具有限公司	瑞士、意大利、美国	1997.10 1997.11		B	数控电火花加工机、数控线切割机、高速电脑铣床、湿拉及精刮生产线、计算机工作站CAD/CAM软件、快速成型机
21			152M发动机汽缸机头模具	97CLRE-3005JP	江苏春兰机械制造有限公司	日本松冈铁工所	1997.05.14		B	152M发动机汽缸头低压压铸模，气道水道泥芯模
22	其他	机械工业部	密烘铸铁铸造技术		沈阳机床股份有限公司	英国国际密烘金属公司	1996.12	5	A	高强度低应力铸造材料的制造技术，对机床铸件不进行消除应力的工序，保证机床精度的稳定性、可靠性，使质量达到ISO9000标准

（续）

序号	行业	部门	引进项目名称	合同号	国内接受单位	技术转让方	合同签约日期、开始生效日期	有效期（年）	技术引进方式	引进技术主要内容
23	其他	机械工业部	管理现代化实施项目	SMTCL-WB003	沈阳机床股份有限公司	美国EDS公司	1996.07.15	2.5	D	世界先进的管理技术：战略规划、销售、财务、生产制造及后勤、产品开发、人力资源

注：技术引进方式字母代表：

A——专有技术许可（证）

B——进口设备带制造技术

C——技贸结合

D——技术咨询

F——联合设计

机械工业进口生产线项目简介　（1997年）

序号	行业	项目名称	合同号	国内接受单位	设备转让方	签约日期生效日期	有效期	进口生产线内容
1	内燃机	化油器磁电机技术改造“双加”工程项目	96LQZA/12J002CN	涪陵三爱工业股份有限公司	台湾省	1997.05 1997.06	0.5年	数控机床生产线两套、数控多工位机床生产线1套
2	铸件	大型铸铁件高压造型生产线技术改造项目	96NKJ84016US-1	中国一拖集团有限公司	美国	1997.05		高压造型生产线及配套的砂处理设备（混砂机、旧砂冷却设备）
3	制冷设备	世界银行赠款项目	96FHN-530040DE/CIB	岳阳恒立冷气设备股份有限公司	德国	1996.11.28		平流冷凝器生产线
4	轴承	摩托车轴承生产线	CAI	贵州虹山恩斯光轴承有限公司	日本精工株式会社	1997.10.15		轴承装配生产线及零备件
5	电线电缆	220～500kV高压大截面交联电力电缆生产线	SCWI-9702FI	上海电缆厂	芬兰NOKIA-MAILLOF-OR公司	1997.01.10		220～500kV交联生产线组成及参数：收线AVR30.20-3647；储线器MHE DB 2500/72；牵引WCA3000V挤出机（3台）MPW60-20D、150-24D、80-20D；硫化装置；收线TUT30.20-40.L

〔第Ⅴ部分责任编辑：王　如〕

机械工业

全国统计资料

第 Ⅵ 部分

机械工业全国统计资料（1997年）

（国家统计局工业交通司供稿）

机械工业总产值及其比重

年　份	工业总产值(亿元)	占全国工业总产值的比重(%)	年　份	工业总产值(亿元)	占全国工业总产值的比重(%)
1976	787.5	24.1	1987	2 439.2	23.7
1977	895.1	24.0	1988	2 985.9	24.6
1978	995.8	23.5	1989	3 193.9	24.7
1979	1 073.2	23.4	1990	3 246.6	23.6
1980	1 061.4	21.3	1991	4 910.6	21.0
1981	996.9	19.2	1992	6 588.07	23.1
1982	1 107.5	19.9	1993	8 898.76	25.1
1983	1 286.0	20.9	1994	10 697.91	25.1
1984	1 523.2	21.7	1995	12 133.06	25.1
1985	1 936.9	23.4	1996	13 324.46	25.4
1986	2 062.1	22.8	1997	14 791.15	25.3

注:1976年～1981年数据按1970年不变价格计算,1982年～1990年数据按1980年不变价格计算,1991年以后数据按1990年不变价格计算。

机械工业总产值指数

（以1976年为100）

年　份	机械工业总产值指数	年　份	机械工业总产值指数
1976	100	1987	309.8
1977	113.7	1988	379.2
1978	126.5	1989	405.6
1979	136.3	1990	412.3
1980	134.8	1991	491.4
1981	126.6	1992	659.3
1982	140.6	1993	890.7
1983	163.6	1994	1 070.8
1984	193.4	1995	1 214.5
1985	246.0	1996	1 333.8
1986	261.9	1997	1 480.6

历年机械工业产品产量

年 份	冶金设备(万t)	矿山设备(万t)	石油设备(万t)	化工设备(万t)	金属切削机床(万台)	锻压设备(万台)
1949		0.07		0.02	0.16	0.03
1950	0.02	0.24		0.04	0.33	0.06
1951	0.02	0.21		0.01	0.59	0.08
1952	0.02	0.18		0.10	1.37	0.11
1953	0.03	0.82		0.26	2.05	0.25
1954	0.37	0.87	0.03	0.79	1.59	0.25
1955	0.44	1.12	0.07	0.21	1.37	0.25
1956	1.60	3.09	0.31	0.36	2.59	0.24
1957	1.38	5.29	0.59	0.72	2.80	0.29
1958	15.10	9.56	0.84	3.11	8.00	0.88
1959	28.38	22.98	1.70	5.68	11.55	1.34
1960	23.23	25.19	2.08	9.15	15.35	2.46
1961	4.61	9.03	0.71	2.75	5.67	1.17
1962	2.22	3.45	0.51	1.55	2.25	0.39
1963	1.22	2.20	0.86	2.15	2.22	0.42
1964	0.88	2.82	1.80	2.69	2.81	0.61
1965	1.74	4.00	1.29	3.42	3.96	0.75
1966	3.49	5.19	2.14	4.75	5.49	0.85
1967	1.71	3.77	1.23	1.81	4.07	0.59
1968	1.33	2.93	1.50	2.30	4.64	0.65
1969	2.40	6.16	1.74	4.10	8.56	0.89
1970	7.25	9.63	3.23	5.90	13.89	2.17
1971	11.12	17.23	4.60	6.03	14.57	2.98
1972	10.47	19.53	5.16	7.20	16.22	3.34
1973	9.65	20.15	5.82	6.57	18.33	4.35
1974	7.78	18.99	5.96	6.51	16.45	3.92
1975	8.21	19.61	6.32	7.59	17.49	4.47
1976	6.15	16.15	6.87	6.05	15.70	3.74
1977	4.85	18.45	7.26	6.52	19.87	4.91
1978	6.82	24.29	8.29	6.75	18.32	3.75
1979	7.29	26.37	9.30	6.64	13.96	3.60
1980	4.10	16.25	5.71	6.98	13.36	4.84
1981	3.51	11.49	9.77	5.46	10.26	5.16
1982	3.82	15.82	9.32	6.32	9.98	4.62
1983	3.88	20.16	10.07	6.96	12.10	4.38
1984	4.97	25.81	12.23	9.30	13.35	4.81
1985	5.06	31.43	16.69	11.39	16.72	6.69
1986	6.16	30.06	18.11	11.54	16.37	6.50
1987	8.47	29.72	20.72	13.30	17.22	7.56
1988	8.96	38.36	20.77	18.11	19.17	9.10
1989	11.01	32.56	16.72	17.33	17.87	6.75
1990	9.02	31.38	20.35	20.46	13.45	4.63
1991	9.27	33.39	20.12	19.06	16.39	6.55
1992	11.68	37.27	19.40	23.66	22.87	9.14
1993	15.08	51.15	15.55	23.45	26.20	10.53
1994	10.31	48.19	14.09	29.16	20.67	10.85
1995	10.69	86.94	30.30	41.34	20.33	17.23
1996	6.09	49.62	15.07	29.13	17.74	9.03
1997	17.31	53.22	21.48	30.51	18.65	7.38

(续)

年份	发电设备 (MW)	交流电动机 (MW)	变压器 (MV·A)	拖拉机 (14.7kW及以上) (万台)	小型拖拉机 (万台)	汽车(万辆)	
						合计	其中：载货汽车
1949			120				
1950		200	540				
1951	2	230	610				
1952	6	640	1 170				
1953	22	920	1 980				
1954	8	960	1 960				
1955	62	610	1 930			0.01	0.01
1956	201	1 070	2 890			0.17	0.17
1957	198	1 460	4 200			0.79	0.62
1958	1 100	6 050	13 020	0.10		1.60	1.29
1959	2 423	12 500	23 320	0.29	0.21	1.96	1.36
1960	3 388	14 010	25 880	1.16	0.12	2.26	1.38
1961	679	6 560	5 890	0.69	0.05	0.36	0.26
1962	152	3 430	3 160	0.71	0.01	0.97	0.78
1963	404	3 130	4 370	0.87	0.02	2.06	1.67
1964	440	3 080	5 720	0.98	0.09	2.81	2.08
1965	683	4 050	8 180	0.96	0.36	4.05	2.65
1966	1 323	6 150	13 030	1.18	1.16	5.59	3.41
1967	619	4 960	9 990	0.85	0.97	2.04	1.09
1968	1 375	4 600	6 500	0.89	1.11	2.51	1.20
1969	2 031	8 100	14 900	1.34	1.94	5.31	3.04
1970	2 918	14 560	27 410	3.19	5.14	8.72	4.71
1971	3 533	18 310	30 110	4.45	8.09	11.10	5.81
1972	4 325	21 950	31 730	4.93	8.95	10.82	6.05
1973	5 018	27 170	34 900	5.79	11.93	11.62	6.44
1974	4 616	26 260	39 890	6.27	13.80	10.48	5.69
1975	4 965	27 990	40 970	7.84	20.94	13.98	7.76
1976	4 002	26 090	36 560	7.37	24.00	13.52	7.45
1977	3 181	26 960	35 810	9.93	32.05	12.54	7.59
1978	4 838	31 950	48 620	11.35	32.42	14.91	9.61
1979	6 216	35 630	58 230	12.56	31.75	18.57	11.67
1980	4 193	25 700	44 610	9.77	21.79	22.23	13.55
1981	1 395	21 260	27 340	5.28	19.89	17.56	10.83
1982	1 645	24 200	31 430	4.03	29.83	19.63	12.18
1983	2 740	28 680	42 280	3.70	49.77	23.98	13.71
1984	4 674	30 510	50 300	3.97	68.86	31.64	18.18
1985	5 630	34 840	80 450	4.50	82.25	43.72	26.90
1986	7 223	39 670	77 300	2.86	77.45	36.98	22.91
1987	9 411	41 720	92 970	3.71	110.60	47.18	29.84
1988	11 093	45 110	100 390	4.72	133.57	64.47	40.33
1989	11 740	40 960	99 310	3.98	111.81	58.35	36.34
1990	12 339	35 280	74 430	3.94	110.14	51.40	28.97
1991	11 642	38 250	77 480	5.27	134.78	71.42	38.25
1992	12 970	52 430	99 490	5.70	139.07	106.67	47.63
1993	14 728	54 500	174 290	3.77	96.14	129.85	59.79
1994	16 740	59 460	193 980	4.67	135.51	136.69	66.30
1995	16 679	60 110	164 480	6.33	206.30	145.57	59.60
1996	23 534	53 130	151 030	8.37	209.66	147.52	62.51
1997	24 050	51 274	161 338	8.24	201.64	158.25	57.36

1997 年全国机械工业主要产品产量

产品名称	单位	产量	产品名称	单位	产量
金属结构制品	t	1 674 238	1.精铝锅	口	30 554 277
铸铁管	t	2 991 118	2.精铝压力锅	口	11 349 460
金属集装箱	件	845 396	3.精铝烧水壶	个	17 337 846
	m^3	32 081 639	4.精铝饭盒	个	10 684 711
金属制包装物品	t	1 026 442	5.其他日用精铝制品	个	566 757 834
1.金属制包装用桶	个	106 441 896	日用不锈钢制品	t	751 248
	t	356 053	菜刀	万把	2 679
2.金属制包装用听、罐、盒	个	9 132 145 414	剪刀	万把	25 328
	t	451 326	锁	万把	212 217
其中:金属饮料用听、罐	个	7 849 982 797	铸铁锅	口	84 537 764
	t	244 574	炉具	个	12 215 794
3.其他金属制包装用品	t	223 826	燃气用具	台	20 892 765
金属制液体贮藏罐	个	8 479 458	其中:燃气灶	台	9 606 955
	t	142 741	燃气烤箱	台	102 211
金属制气体贮藏罐	个	40 414 741	燃气饭锅	台	62 697
	t	247 835	燃气热水器	台	3 167 853
金属切削工具	万件	144 445	饮用水处理器	台	2 027 929
模具	套	16 119 800	理发用具	万把	95 965
手工工具	万把	339 598	打火机	万个	133 936
1.扳手	万把	38 502	缝衣针	万支	1 083 372
2.钳子	万把	18 845	焊条	t	937 002
3.锤子	万把	8 286	其中:电焊条	t	880 080
4.锉刀	万把	9 065	气焊条	t	27 070
5.其他手工工具	万把	264 898	工业锅炉	台	52 578
风动工具	台	840 937		t(蒸汽)	120 727
电动工具	台	32 241 999	合计中:蒸气锅炉	台	19 549
铁制小农具	万件	692 118		t(蒸汽)	57 983
园艺工具	万件	1 845	热水锅炉	台	23 878
金属网(钢丝网)	t	738 478		t(蒸汽)	43 983
金属筛(钢丝筛)	m^2	4 788 732	合计中:10t(蒸汽)/h 及以上锅炉	台	1 366
金属窗纱(钢窗纱)	t	412 864			
钢钉	t	1 756 840	锅炉辅机	t	100 397
钢丝	t	2 376 511	电站锅炉	台	455
1.普通钢钢丝	t	1 539 589		t(蒸汽)	57 527
2.优质钢钢丝	t	836 921	内燃机	台	11 615 843
钢丝绳	t	574 437		MW	206 418
钢绞线	t	281 106	合计中:1.柴油机	台	7 761 972
建筑用金属品	t	6 198 116		MW	140 345
其中:合页	t	70 704	2.汽油机	台	3 853 184
	万副	58 147		MW	65 982
拉手	t	42 644	3.其他燃料内燃机	台	687
	万副	7 229		MW	91
铸铁暖气片	t	1 766 000	电站汽轮机	kW	12 746 612
水暖管件	t	705 974	工业汽轮机	kW	541 136
金属门窗	t	2 342 344	燃气轮机	kW	3 670
搪瓷制品	t	389 894	汽轮机辅机	t	25 048
其中:日用搪瓷制品	t	194 071	电站水轮机	kW	943 722
工业配套用搪瓷制品	t	30 557	水轮机辅机	t	741
卫生洁具用搪瓷制品	t	126 636	内燃机配件	千元	6 117 570
日用精铝制品	t	158 447	金属切削机床	台	186 467

(续)

产品名称	单位	产量	产品名称	单位	产量
合计中:高精度机床	台	633		m	50 324
数控机床	台	9 051	给料机械	台	23 192
其中:加工中心	台	435	装卸机械	台	17 654
大型机床	台	1 532	工矿车辆	辆	75 414
其中:重型机床	台	164	工矿电机车	辆	1 671
合计中:1. 车床	台	95 862	泵	台	10 166 165
2. 钻床	台	16 215	其中:工业泵	台	2 488 687
3. 镗床	台	4 696	农业水泵	台	5 486 582
4. 磨床	台	11 766	真空设备	台	64 438
5. 齿轮加工机床	台	1 312	风机	台	1 216 456
6. 铣床	台	13 581	气体压缩机	台	400 777
7. 刨床	台	4 162	气体分离与液化设备	台	4 472
8. 电加工机床	台	4 293	制冷空调设备	台(套)	398 735
9. 组合机床	台	3 059	减速机	台	857 477
10. 其他金属切削机床	台	30 894	轴承	万套	272 419
金属切削机床附件	件	9 033 786	轴承零件	t	254 335
锻压设备	台	73 842	阀门	t	1 021 569
	t	270 040	1. 低压阀门	t	810 673
其中:重型锻压设备	台	5 804	2. 高中压阀门	t	210 895
	t	63 899	液压元件	件	23 510 426
铸造机械	台	32 956	液力件	件	5 174 161
台钻	台	1 208 376	气动元件	件	4 532 645
机床电器	件	18 569 395	密封件	万件	167 947
起重设备	t	1 615 971	粉末冶金制品	t	205 003
1. 电动双梁桥式起重机	台	4 749	标准紧固件	t	1 377 223
	t	106 056	弹簧	件	1 540 173 866
2. 电动单梁桥式起重机	台	9 258		t	141 950
	t	34 511	工业链条	t	234 212
3. 手动梁式起重机	台	1 010	齿轮	个	185 064 458
	t	1 077		t	239 888
4. 手动单轨起重机	台	41 230	铸件	t	13 234 414
	t	2 749	1. 铸钢件	t	2 255 873
5. 龙门式起重机	台	1 161	2. 铸铁件	t	10 746 036
	t	22 693	3. 有色金属铸件	t	232 503
6. 塔式起重机	台	4 445	锻件	t	1 741 393
	t	80 078	矿山设备	t	532 192
7. 千斤顶	台	15 006 150	1. 采掘设备	t	99 772
	t	1 070 864	2. 提升设备	t	44 882
8. 其他起重设备	t	297 239	3. 破碎设备	t	85 620
升降移动机械	台	73 246	4. 研磨设备	t	46 538
其中:电梯	台	23 703	5. 洗选设备	t	42 620
自动扶梯	台	4 106	6. 其他矿山设备	t	212 758
叉车	台	31 108	工矿配件	t	780 462
输送机械	t	197 057	其中:通用机械配件	t	241 802
	m	1 469 001	重型矿山机械配件	t	195 095
其中:带式输送机	t	116 645	粮食加工机械	台	1 008 944
	m	741 538	油脂加工机械	台(套)	116 528
板式输送机	t	29 249	糖果加工机械	t	2 902
	m	136 119	糕点加工机械	t	11 167
螺旋输送机	t	12 047	乳制品加工机械	t	2 532

（续）

产品名称	单位	产量	产品名称	单位	产量
豆制品加工机械	t	17 504	制药工业专用设备	t	18 976
屠宰及肉类加工机械	t	29 234	橡胶加工专用设备	t	69 335
调味品酿酒加工机械	t	4 546	塑料加工设备	t	294 272
粮油食品加工机械	台(套)	1 864 343	水泥设备	台	17 209
冷藏加工设备	台(套、座)	102 840		t	348 951
其中:冷藏柜	台	80 764	水泥制品设备	台	15 883
食品速冻生产线	套	72		t	6 892
冷库	座	3 317	平板玻璃制造设备	台	240
制糖机械	t	35 798	建筑卫生陶瓷设备	台	4 099
饲料加工机械	台	336 698		t	19 707
饮料酒及饮料加工机械	t	41 179	冶炼设备	t	53 587
茶叶加工机械	台	20 088		台	4 517
烟草加工机械	台(条、组)	4 604	其中:炼钢设备	t	11 875
合成纤维设备	t	8 356		台	453
人造纤维设备	t	5 224	冶金车辆	t	7 042
棉花加工设备	t	19 248		辆	120
棉纺织设备	t	132 466	金属轧制设备	t	103 364
毛纺织设备	t	15 710	冶金专用轧辊	t	69 754
麻纺织机械	t	1 916	搪瓷制品加工设备	台	940
丝绸、绢纺机械设备	t	55 743	包装机械	台	219 851
染整机械设备	t	41 587	1.包装容器制造机械	台	29 319
针织机械设备	t	27 587	2.直接包装机械	台	190 532
纺织专用器材	t	45 897	电工专用设备	台	47 683
纺织专用金属器材	t	39 103	电线电缆制造专用设备	t	17 066
服装机械	台	101 131	原电池制造专用设备	套	858
缝纫机	架	7 026 416	照明器具工业专用设备	台	2 263
1.家用缝纫机	架	4 684 258	半导体器件和集成电路专用设备	台	2 317
2.工业用缝纫机	架	2 342 158			
编织机	台	123 857	电真空器件专用设备	台	6 661
制革机械	台	7 530	电子元件专用设备	台	18 397
木材采伐运输机械	台	644	电子整机装联设备	台(条)	26 166
木材装卸设备	台	40	水纯化设备	台	37 724
木材加工机械	台	904 873	水、气净化设备	台	102 936
木质纤维分离机械	台	2 310	拖拉机	台	2 098 809
造纸机械	台	30 936	1.大中型拖拉机	台	82 369
印刷工业专用设备	t	106 114	2.小型拖拉机	台	2 016 440
1.制版设备	t	2 526	拖拉机配件	千元	6 009 478
	台(套)	1 431	喷雾喷粉机	部	1 600 447
其中:激光排版机	部	315	中小农具	台	15 303 153
2.印刷机	t	69 219	机引耕作机械	台	523 525
	台	29 208	种植机械	台	521 399
3.装订机械	t	10 063	收获机械	台	478 525
	台	9 038	其中:联合收获机	台	76 098
4.其他印刷工业专用设备	t	24 305	场上作业机械	台	761 662
石油钻采设备	t	170 801	其中:机动脱粒机	台	565 222
炼油设备	t	44 048	排灌动力机械	台	88 077
	台(套)	5 923	中耕施肥机械	台	28 392
化工设备	t	305 142	植物保护和管理机械	台	616 927
	台	97 250	营林机械	台	31 221
日用化学工业专用设备	台	1 964	畜牧机械	台	184 880

（续）

产品名称	单位	产量
渔业机械	台	57 253
水工机械	t	36 839
农业运输机械	辆	2 549 422
其中:农用运输车	辆	783 746
农用拖车	辆	169 414
农用机动三轮车	辆	1 526 658
手术器械	千元	372 945
医疗仪器设备	千元	2 980 838
兽医器械	千元	37 929
诊断用品	千元	1 458 716
铲土运输机械	台	36 879
其中:挖掘机	台	4 477
推土机	台	5 631
装载机	台	19 487
压实机械	台	33 959
其中:压路机	台	8 746
打夯机	台	17 793
混凝土机械	台	151 815
沥青地面摊铺机	台	3 559
建筑专用提升设备	台	18 301
地质钻机	台	1 796
商业服务机械	台	32 128
邮政专用设备	台	641
环保设备	台	247 542
其中:大气污染防治设备	台	38 150
	t	145 438
污水处理设备	台	123 096
消防器材	台(套)	10 540 515
道路交通管理器材	台	107 587
安全检查防爆器材	台	3 784
安全防范报警器材	台	1 443 615
铁路机车	台	1 069
	kW	2 885 674
其中:蒸汽机车	台	0
	kW	0
内燃机车	台	873
	kW	1 928 874
电力机车	台	196
	kW	956 800
铁路客车	辆	2 535
其中:硬席车	辆	1 460
双层客车	辆	89
铁路货车	辆	31 170
汽车	辆	1 582 541
合计中:1.载货汽车	辆	573 569
(1)重型载货汽车	辆	20 765
(2)中型载货汽车	辆	119 989
(3)轻型载货汽车	辆	244 116
(4)微型载货汽车	辆	210 536
2.越野汽车	辆	53 909
(1)重型越野汽车	辆	921
(2)中型越野汽车	辆	2 105
(3)轻型越野汽车	辆	50 883
3.自卸汽车	辆	19 889
其中:重型自卸汽车	辆	3 592
中型自卸汽车	辆	10 250
轻型自卸汽车	辆	765
矿用自卸汽车	辆	235
4.牵引汽车	辆	4 861
5.客车	辆	265 559
其中:大型客车	辆	3 118
中型客车	辆	12 673
轻型客车	辆	90 169
微型客车	辆	165 676
6.轿车	辆	486 016
其中:中高级轿车	辆	3 736
中级轿车	辆	273 115
普通型轿车	辆	77 337
微型轿车	辆	131 755
7.专用汽车	辆	3 661
8.汽车底盘	辆	175 077
其中:载货汽车底盘	辆	117 974
汽车配件	千元	79 902 498
改装汽车	辆	221 283
1.载货改装车	辆	35 061
2.客车改装车	辆	111 696
3.自卸改装汽车	辆	25 001
4.牵引改装汽车	辆	4 986
5.专用改装汽车	辆	44 539
挂车	辆	24 691
拖车	辆	86 797
电车	辆	139
地铁电力客车	辆	0
摩托车	辆	10 334 236
自行车	辆	29 992 858
其中:赛车型自行车	辆	800 392
三轮车	辆	1 035 900
民用钢质船舶	艘	5 328
	综合吨	3 845 234
	总吨	2 521 888
	修正总吨	2 196 613
其中:钢质货轮	艘	1 268
	总吨	1 735 673
	修正总吨	1 245 137
	载重量吨	2 535 527
钢质客轮	艘	311
	满载排水量吨	12 811
	客位	13 003

(续)

产品名称	单位	产量
钢质客货轮	艘	36
	总吨	10 213
	修正总吨	18 198
	满载排水量吨	12 573
	客位	3 328
钢质拖轮	艘	95
	总吨	22 250
	修正总吨	58 684
	满载排水量吨	30 654
	kW	72 625
钢质渔轮	艘	829
	总吨	82 608
	修正总吨	173 022
	满载排水量吨	99 597
	kW	125 579
钢质驳船	艘	816
	总吨	288 522
	修正总吨	249 560
	载重量吨	524 100
钢质工程工作船	艘	143
	总吨	44 528
	修正总吨	101 415
	满载排水量吨	47 800
机动渔船	艘	3 275
	满载排水量吨	60 208
	kW	154 033
其中:147.2kW 及以上机动渔船	艘	261
	满载排水量吨	14 010
	kW	69 523
民用飞机	架	13
民用枪	支	29 804
民用枪弹	万发	56 818
发电设备	kW	24 050 520
1.水轮发电机组	kW	3 268 645
2.汽轮发电机	kW	13 612 670
3.一般交流发电机	台	522 129
	kW	7 169 205
交流电动机	台	11 722 533
	kW	51 274 185
直流电动机	台	1 258 552
	kW	4 447 113
中频电机	台	226
	kW	7 017

产品名称	单位	产量
功率扩大机	台	15 473
油泵电机	万台	35
分马力电机	万台	1 827
微电机	万台	93 731
变压器	kV·A	161 338 398
其中:7500kV·A 及以上电力变压器	kV·A	68 551 879
整流器	kV·A	1 579 389
电力电容器	kvar	32 655 220
互感器	台	2 086 176
高压隔离开关	组	297 269
高压断路器	台	478 413
高压开关板	面	755 144
低压开关板	面	6 660 812
高压负荷开关	台	363 305
电磁线	t	218 109
电力电缆	km	4 955 725
通信电缆	km	41 832 623
电线	km	17 805 528
裸铝线	t	52 832
钢芯铝绞线	t	258 504
裸铜线及铜电车线	t	266 119
铜包钢线	t	29 467
绝缘制品	t	135 683
蓄电池	kVA·h	18 754 446
其中:酸性蓄电池	kVA·h	14 224 287
碱性蓄电池	kVA·h	288 891
原电池(折一号电池)	万只	1 315 866
灯具	万只	120 146
灯泡	万只	603 365
1. 普通灯泡	万只	305 271
2. 低压灯泡	万只	30 387
3. 荧光灯	万只	50 527
4. 特种灯泡	万只	217 177
灯头	万只	410 230
灯座	万只	78 594
灯用镇流器	万只	11 910
手电筒	万只	27 438
其他照明器具	万只	147 182
家用洗衣机	台	12 544 828
其中:双桶洗衣机	台	8 178 838
套桶洗衣机	台	3 546 103
滚桶洗衣机	台	751 155
家用干衣机	台	142 372
吸尘器	台	9 763 955
家用电冰箱	台	10 444 280
家用电冰箱压缩机	台	8 287 254
其中:无氟利昂压缩机	台	1 004 664
家用冷冻箱	台	3 562 231
家用冷藏箱	台	220 582

（续）

产品名称	单位	产量	产品名称	单位	产量
电风扇	台	81 714 234	扫描、频谱波形分析仪器	台	14 091
房间空气调节器	台	9 740 105	稳压电源	台	1 399 709
1. 窗式空调器	台	2 188 333	传递标准用计量仪器	台	36 362
2. 分体壁挂式空调器	台	5 452 529	量具	件	82 329 653
3. 立柜式空调器	台	1 265 928	量仪	件	1 016 562
4. 其他空气调节器	台	833 315	台秤	台	7 889 272
空调器用压缩机	台	4 165 423	案秤	台	3 610 643
排油烟机	台	2 875 938	地上衡	台	13 156
电淋浴器	台	1 260 196	地中衡	台	3 791
电熨斗	个	17 014 143	轨道衡	台	171
家用电灶	台	4 831 854	电影机械	台	17 404
其中：微波炉	台	4 324 002	其中：放映设备	台	7 377
家用电热蒸煮器具	个	22 866 998	电教设备	台	254 790
其中：电饭锅	个	16 420 873	照相机	台	46 868 870
家用电热烘烤器具	个	11 660 871	照相器材	台	2 087 783
家用食品切碎机	台	5 627 327	复印机械	台	1 077 543
家用电子消毒碗柜	台	755 590	缩微机械	台	400
家用洗碗机	台	91 639	打字油印机械	台	828 092
电水壶	个	12 345 504	钟	只	81 826 298
家用电取暖器具	台	7 574 114	其中：机械闹钟	只	9 073 502
电热毯	条	8 690 651	机械摆钟	只	832 156
电焊机	台	419 191	石英电子钟	只	56 351 218
工业用电炉	台	15 377	钟零件（商品量）	千元	186 775
自动化仪表及系统	台（套）	37 278 556	表	只	295 046 058
其中：水表	台	16 397 692	1. 机械表	只	28 778 280
煤气表	台	3 494 474	其中：手表	只	25 674 888
电工仪器仪表	台	74 093 602	2. 石英电子表	只	266 267 778
其中：电度表	台	52 503 936	其中：手表	只	229 152 342
光学仪器	台	5 386 690	定时器	个	53 230 986
成分分析仪器	台	109 673	铵梯炸药	t	852 232
试验机	台	17 528	乳化炸药	t	112 370
实验室仪器及装置	台	904 616	铵油炸药	t	76 307
环境保护仪器仪表	台	43 185	雷管	万支	217 073
汽车仪器仪表	台	18 225 939	导火索	km	63 8412
地质勘探、钻采、地震专用仪器	台	23 444	震源药柱	t	18 619
气象仪器	台	240 570	石油射孔弹	发	2 446 868
仪表元件	万件	108 786	磨料	t	1 602 311
			磨具	t	679 621

1997年全部独立核算机械工业企业主要统计指标(一)

行　　业	企　业单位数(个)	工业总产值(亿元)		工　业增加值(亿元)	产品销售收　入(亿元)	职工年平均人数(人)
		1990年不变价	当年价			
机械工业总计	115 334	14 497.95	15 051.60	3 831.03	13 651.21	18 561 474
金属制品业	28 283	1 914.09	2 078.10	516.71	1 802.82	2 577 498
金属结构制造业	2 228	153.32	175.17	46.08	149.08	198 457
铸铁管制造业	1 071	68.40	81.06	21.43	63.87	90 868
工具制造业	3 200	170.27	183.99	54.22	157.32	401 058
切削工具制造业	815	50.92	56.55	17.61	48.22	130 156
模具制造业	1 150	44.18	47.58	14.96	41.33	74 585
手工具制造业	998	61.24	65.74	18.39	55.81	172 041
其他工具制造业	237	13.93	14.12	3.27	11.95	24 276
集装箱和金属包装物品制造业	1861	328.67	326.42	65.90	296.87	207 684
集装箱制造业	86	126.22	130.38	17.60	128.29	30 656
金属包装物品及容器制造业	1 775	202.45	196.04	48.30	168.59	177 028
金属丝绳及其制品业	2 317	176.91	212.97	49.18	192.49	265 944
建筑用金属制品业	6 061	284.48	308.75	81.43	254.54	436 695
建筑小五金制造业	684	26.73	31.40	8.72	26.14	44 033
水暖管道零件制造业	1 142	79.30	85.99	23.79	68.02	154 683
金属门窗制造业	3 774	131.48	144.09	37.55	116.21	205 321
其他建筑用金属制品业	461	46.96	47.26	11.36	44.17	32 658
金属表面处理及热处理业	1 853	101.21	112.94	29.07	95.08	125 674
日用金属制品业	5 386	452.13	468.28	115.81	409.69	604 698
搪瓷制造业	246	31.33	33.77	9.96	28.35	62 390
铝制品业	1 127	116.94	119.10	27.61	101.89	111 934
不锈钢制品业	878	101.35	104.25	24.18	94.68	100 553
刀剪制造业	227	10.79	11.29	4.13	9.69	24 146
制锁业	476	53.04	56.07	15.05	47.84	99 298
炊事用具制造业	1 060	26.15	30.13	7.62	25.47	66 086
燃气用具制造业	350	45.13	43.80	9.09	39.89	47 958
理发用具制造业	75	10.75	12.62	4.62	12.41	9 730
其他日用金属制品业	947	56.66	57.24	13.54	49.46	82 603
其他金属制品业	4 306	178.72	208.53	53.59	183.88	246 420
铁制小农具制造业	2 527	37.47	44.23	12.20	33.81	83 304
焊条制造业	327	42.93	53.32	10.11	50.09	61 046
其他类未包括的金属制品业	1 452	98.32	110.98	31.28	99.97	102 070
普通机械制造业	27 837	2 619.41	2 813.35	794.80	2 472.66	4 657 379
锅炉及原动机制造业	2 436	552.67	605.07	165.16	555.15	874 656
锅炉制造业	1 100	137.57	158.40	42.50	140.39	248 747
内燃机制造业	252	243.35	266.55	68.56	248.90	297 601
汽轮机制造业	50	42.13	48.89	16.46	48.08	54 870
水轮机制造业	41	6.13	6.59	2.47	6.04	16 021
内燃机零部件及配件制造业	763	112.18	111.95	31.51	100.72	235 562
其他锅炉及原动机制造业	230	11.31	12.69	3.66	11.01	21 855
金属加工机械制造业	3 247	259.60	271.13	83.87	234.63	719 511
金属切削机床制造业	661	107.18	111.46	37.78	100.71	374 454
锻压设备制造业	375	53.97	54.78	16.10	46.13	127 689
铸造机械制造业	419	25.80	28.72	8.22	23.79	43 167
机床附件制造业	290	14.93	15.66	4.47	13.17	46 013
其他金属加工机械制造业	1 502	57.72	60.51	17.30	50.83	128 188

(续)

行业	企业单位数(个)	工业总产值(亿元) 1990年不变价	当年价	工业增加值(亿元)	产品销售收入(亿元)	职工年平均人数(人)
通用设备制造业	4 661	738.86	758.53	210.19	711.02	1 082 578
起重运输设备制造业	958	248.17	255.14	64.09	269.16	355 960
工矿车辆制造业	151	19.15	22.71	5.25	19.62	35 756
泵制造业	1 378	118.47	126.15	38.36	98.46	226 184
风机制造业	458	41.72	43.13	13.54	40.09	92 703
气体压缩机及气体分离设备制造业	330	62.93	61.61	17.74	56.82	101 527
冷冻设备制造业	338	111.69	114.64	31.72	107.59	82 538
风动工具制造业	103	7.61	7.80	2.37	6.52	19 704
电动工具制造业	255	72.04	65.20	18.36	57.99	50 802
其他通用设备制造业	690	57.07	62.17	18.76	54.78	117 404
轴承、阀门制造业	2 243	287.47	308.66	92.85	267.37	575 697
轴承制造业	935	187.42	201.24	60.76	176.26	390 213
阀门制造业	1 308	100.05	107.42	32.09	91.11	185 484
其他通用零部件制造业	5 789	360.97	375.95	108.19	312.46	646 995
液压件及液力件制造业	686	56.67	59.04	17.10	49.00	117 864
气动元件制造业	314	17.36	18.00	5.69	14.91	29 673
密封件制造业	287	14.35	15.11	4.19	12.91	22 950
粉末冶金制品业	388	30.68	26.77	7.57	22.07	46 122
紧固件制造业	1 510	79.54	85.27	23.30	73.25	156 225
弹簧制造业	514	21.97	23.48	6.80	19.98	37 208
链条制造业	253	23.26	24.50	6.16	19.56	40 140
齿轮制造业	341	46.25	48.25	16.65	38.22	83 988
其他类未包括的通用零部件制造业	1 496	70.89	75.54	20.73	62.56	112 825
铸锻件制造业	7 064	342.31	406.99	109.29	320.25	575 771
铸件制造业	6 279	295.88	350.50	93.25	273.33	497 456
锻件制造业	785	46.43	56.49	16.04	46.93	78 315
普通机械修理业	1 144	15.65	18.33	6.35	15.02	45 516
其他普通机械制造业	1 253	61.86	68.68	18.90	56.76	136 655
专用设备制造业	17 916	1 923.22	2 071.02	545.35	1 814.72	3 333 283
冶金、矿山、机电工业专用设备制造业	1 759	225.69	246.95	66.02	227.45	606 484
矿山设备制造业	946	114.70	122.97	31.54	115.29	325 661
冶金工业专用设备制造业	260	59.05	72.13	20.29	65.95	197 918
电工专用设备制造业	92	6.99	7.42	2.02	7.09	12 926
电子工业专用设备制造业	184	29.27	28.17	8.48	24.29	42 684
其他机电工业专用设备制造业	277	15.68	16.26	3.69	14.83	27 295
石化及其他工业专用设备制造业	2 433	281.85	292.39	82.29	256.76	515 806
石油工业专用设备制造业	380	43.68	46.63	12.32	44.08	101 584
化学工业专用设备制造业	370	45.16	45.73	12.29	40.58	93 451
化学纤维工业专用设备制造业	48	7.60	6.57	2.15	5.54	7 952
橡胶工业专用设备制造业	127	16.12	17.64	4.98	14.99	31 395
塑料工业专用设备制造业	344	54.34	55.27	16.02	44.78	62 623
森林工业专用设备制造业	170	31.82	31.10	7.79	26.50	45 755
印刷工业专用设备制造业	286	35.23	37.30	12.34	34.03	63 490
制药工业专用设备制造业	126	7.48	7.74	2.49	6.32	17 375
建筑材料及其他制品专用设备制造业	582	40.43	44.40	11.91	39.93	92 181
轻纺工业专用设备制造业	3 391	371.04	377.51	110.57	329.39	667 115
食品、饮料、烟草工业专用设备制造业	602	66.32	70.08	21.50	62.19	113 942
粮油工业专用设备制造业	666	40.32	47.00	15.41	37.58	103 381
饲料工业专用设备制造业	98	10.54	11.02	3.74	9.54	14 235
包装工业专用设备制造业	230	27.01	27.84	9.56	23.60	38 010

（续）

行业	企业单位数（个）	工业总产值(亿元) 1990年不变价	工业总产值(亿元) 当年价	工业增加值（亿元）	产品销售收入（亿元）	职工年平均人数（人）
纺织、服装、皮革工业专用设备制造业	1 240	172.38	161.97	43.45	144.74	298 931
照明器具工业专用设备制造业	136	4.98	5.59	1.99	4.60	9 237
日用硅酸制品工业专用设备制造业	56	4.31	4.59	1.39	3.62	8 840
制浆、造纸工业专用设备制造业	266	36.15	40.53	11.17	35.65	69 332
日用化学工业专用设备制造业	97	9.02	8.87	2.37	7.88	11 207
农、林、牧、渔、水利业机械制造业	3 737	575.56	645.95	142.10	553.93	780 560
拖拉机制造业	184	174.40	207.04	42.26	191.58	228 670
机械化农机具制造业	1 503	96.60	112.04	26.67	94.52	190 204
营林机械制造业	24	1.85	2.14	0.70	1.75	4 589
畜牧机械制造业	91	5.71	6.12	2.33	5.05	13 066
渔业机械制造业	54	6.95	6.99	1.76	5.62	8 285
水利机械制造业	122	7.88	9.07	2.53	7.30	28 966
拖拉机配件制造业	846	76.92	81.82	21.11	65.41	143 274
其他农、林、牧、渔、水利业机械制造业	913	205.25	220.74	44.73	182.71	163 506
医疗器械制造业	1 421	126.38	129.84	35.53	119.35	170 248
手术器械制造业	107	15.13	16.06	5.08	13.88	24 498
医疗仪器、设备制造业	548	40.30	39.80	13.18	41.90	51 551
诊断用品制造业	113	16.75	16.18	3.39	15.60	25 080
医用材料及医疗用品制造业	609	52.79	55.97	13.30	45.97	65 505
假肢、矫形器制造业	44	1.41	1.83	0.59	1.99	3 614
其他专用设备制造业	2 750	295.30	324.63	90.68	281.98	483 118
建筑机械制造业	510	99.60	115.31	29.92	103.84	170 132
地质专用设备制造业	76	4.90	5.29	1.23	5.07	24 934
畜牧兽医医疗器械制造业	8	0.08	0.09	0.03	0.09	251
缝纫机制造业	225	45.26	46.99	11.26	45.24	78 218
商业、饮食业、服务业专用机械制造业	159	8.98	10.01	3.38	8.52	14 662
邮政机械及器材制造业	38	5.99	6.93	1.69	6.49	5 535
环境保护机械制造业	608	46.26	49.62	13.54	39.49	57 089
社会公共安全设备及器材制造业	511	35.45	37.71	11.80	31.11	53 092
其他类未包括的专用设备制造业	615	48.79	52.66	17.82	42.14	79 205
专用机械设备修理业	2 425	47.39	53.75	18.15	45.85	109 952
工业专用设备修理业	278	9.55	10.15	3.84	8.26	20 319
农、林、牧、渔、水利机械修理业	1 556	16.99	20.12	6.05	16.07	36 975
医疗器械修理业	27	0.16	0.20	0.06	0.21	310
其他专用机械设备修理业	564	20.70	23.28	8.20	21.32	52 348
交通运输设备制造业	18 332	3 956.24	4 123.10	1 005.92	3 943.38	4 099 937
铁路运输设备制造业	630	153.57	216.49	58.91	215.06	360 672
机车制造业	18	45.07	58.28	14.25	59.50	63 157
客车制造业	17	25.04	38.99	9.28	39.14	35 626
货车制造业	13	29.87	49.51	13.55	49.43	61 629
机车车辆配件制造业	301	22.34	27.05	8.78	25.72	70 380
铁路信号设备制造业	45	3.17	4.35	1.66	4.30	10 571
铁路专用设备制造业	44	12.06	17.77	5.28	17.01	76 706
铁路专用器材制造业	140	11.78	15.73	4.74	15.30	32 189
其他铁路运输设备制造业	52	4.23	4.80	1.37	4.66	10 414
汽车制造业	6 126	2 245.72	2 281.36	537.90	2 240.09	1 848 742
载重汽车制造业	124	666.14	711.15	155.58	762.51	420 441
客车制造业	115	103.54	113.12	24.33	93.82	76 556
小轿车制造业	20	457.18	401.03	57.36	426.84	29 460
微型汽车制造业	53	91.18	93.69	17.39	84.60	44 326

（续）

行　　业	企　业单位数（个）	工业总产值（亿元）		工　业增加值（亿元）	产品销售收　入（亿元）	职工年平均人数（人）
		1990年不变价	当年价			
特种车辆及改装汽车制造业	415	168.97	188.45	42.98	175.99	220 479
汽车车身制造业	158	25.80	29.40	9.17	24.65	34 402
汽车零部件及配件制造业	5 241	732.92	744.51	231.09	671.68	1 023 078
摩托车制造业	1575	594.37	561.16	124.66	499.93	295 760
摩托车整车制造业	227	402.99	378.91	78.58	341.61	109 618
摩托车零部件及配件制造业	1 348	191.39	182.25	46.07	158.32	186 142
自行车制造业	855	157.12	170.90	39.35	170.09	220 502
电车制造业	7	0.20	0.26	0.04	0.26	418
船舶制造业	616	257.84	305.47	64.05	263.21	300 038
海洋运输船制造业	93	174.27	215.50	40.46	191.00	136 529
内河船制造业	335	34.87	38.47	10.02	27.74	84 878
渔轮制造业	73	13.95	13.32	3.01	9.59	24 087
船舶机械设备制造业	114	34.75	38.19	10.56	34.88	54 534
海洋石油平台制造业	1	0.00	0.00	0.00	0.00	10
航空航天器制造业	156	278.78	276.91	79.48	276.64	495 271
飞机制造业	113	247.83	245.95	70.00	249.57	419 217
其他航空航天器制造业	43	30.95	30.97	9.48	27.07	76 054
交通运输设备修理业	8 281	263.76	305.13	99.76	273.78	572 992
铁路运输设备修理业	190	29.77	47.58	16.41	47.18	116 425
汽车修理业	7 180	132.39	147.54	41.58	138.57	309 273
摩托车修理业	87	1.50	1.68	0.82	1.39	1 520
电车修理业	11	0.24	0.28	0.08	0.25	537
船舶修理业	515	57.33	64.21	20.06	56.10	87 802
飞机修理业	29	35.73	36.26	18.64	23.52	42 177
其他交通运输设备修理业	269	6.80	7.58	2.17	6.78	15 258
其他交通运输设备制造业	86	4.88	5.42	1.77	4.30	5 542
航标器材制造业	9	0.29	0.34	0.19	0.34	1 140
潜水装备制造业	5	0.34	0.37	0.12	0.31	652
公路标志制造业	72	4.25	4.70	1.46	3.66	3750
电气机械及器材制造业	17 773	3 442.55	3 366.09	819.62	3 030.33	3 004 335
电机制造业	1 444	297.56	317.12	87.28	285.27	484 942
发电机制造业	253	69.45	74.54	26.19	63.44	115 464
电动机制造业	724	136.27	148.94	41.91	133.11	263 776
微电机制造业	467	91.83	93.63	19.17	88.72	105 702
输配电及控制设备制造业	5 518	637.65	652.36	177.11	599.21	834 369
变压器制造业	916	144.45	150.46	38.01	136.61	202 730
整流器制造业	157	9.69	9.84	3.16	7.48	15 354
电容器制造业	291	42.21	38.21	7.09	32.27	44 075
开关控制设备制造业	2 060	204.52	215.71	60.22	204.05	295 306
电器设备元件制造业	894	114.49	111.33	29.19	105.42	146 092
其他输配电及控制设备制造业	1 200	122.28	126.81	39.44	113.38	130 812
电工器材制造业	4 477	913.65	936.53	204.72	827.71	696 067
电线电缆制造业	2 608	691.89	708.88	152.86	624.15	412 420
绝缘制品业	377	46.04	44.90	9.64	38.59	46 752
蓄电池制造业	693	75.11	75.04	19.16	65.21	94 852
原电池制造业	250	59.09	63.36	12.89	60.50	75 161
其他电工器材制造业	549	41.52	44.35	10.16	39.26	66 882
日用电器制造业	2 179	1 272.97	1 134.69	266.11	1 025.70	500 522
洗衣机制造业	84	142.27	133.72	29.21	127.34	60 345
吸尘器制造业	71	22.22	22.39	4.73	19.52	8 641

(续)

行　　业	企　业单位数（个）	工业总产值(亿元)		工　业增加值（亿元）	产品销售收　入（亿元）	职工年平均人数（人）
		1990年不变价	当年价			
电冰箱制造业	159	323.06	327.74	72.48	316.32	103 089
电风扇制造业	264	114.72	104.15	26.24	86.58	81 807
空调器制造业	361	464.47	339.43	80.18	290.91	91 563
排油烟机制造业	49	13.51	13.45	3.01	11.71	11 103
其他日用电器制造业	1 191	192.71	193.81	50.25	173.32	143 974
照明器具制造业	2 670	262.89	261.42	66.38	238.54	378 152
电光源制造业	824	111.29	102.37	28.93	89.08	189 097
灯头、灯座制造业	211	17.80	18.35	4.00	19.71	27 160
灯具制造业	952	76.68	83.54	21.66	71.40	92 412
灯用电器附件制造业	426	36.80	36.64	8.05	34.50	31 181
其他照明器具制造业	257	20.31	20.52	3.75	23.85	38 302
电气机械修理业	596	11.64	13.36	4.43	11.55	24 103
其他电气机械制造业	889	46.20	50.60	13.60	42.36	86 180
电焊机制造业	371	19.96	21.60	5.13	17.87	36 195
工业用电炉制造业	151	8.51	8.96	2.41	7.10	20 309
其他类未包括的电气机械制造业	367	17.73	20.04	6.06	17.39	29 676
仪器仪表及文化、办公用机械制造业	5 193	642.45	599.95	148.61	587.30	889 042
通用仪器仪表制造业	2 173	202.49	200.57	56.47	190.82	378 108
工业自动化仪表制造业	725	65.72	67.70	19.81	65.17	119 391
电工仪器、仪表制造业	440	41.13	41.05	9.80	38.09	78 032
光学仪器制造业	234	48.57	44.60	12.35	42.49	91 119
计时仪器制造业	70	6.12	6.87	1.31	6.71	8 040
分析仪器制造业	113	10.44	9.77	2.98	9.23	16 281
试验机制造业	68	5.81	5.94	2.41	5.72	19 638
实验室仪器及装置制造业	85	3.81	3.88	1.64	3.53	12 561
通用仪器仪表元件、器件制造业	178	12.15	11.77	3.20	10.80	15 307
其他通用仪器仪表制造业	260	8.73	8.99	2.98	9.09	17 739
专用仪器仪表制造业	692	60.01	58.75	17.51	51.21	102 592
环境保护仪器仪表制造业	82	2.22	2.44	0.56	2.07	5 003
汽车仪器仪表制造业	63	13.05	11.06	3.24	10.15	11 981
导航、制导仪器制造业	37	8.89	8.88	2.66	7.85	27 223
农、林、牧、渔仪器、仪表制造业	16	0.32	0.36	0.10	0.34	1 550
地质勘探、钻采、地震专用仪器制造业	55	9.59	9.49	2.64	7.93	16 200
气象、海洋、水文、天文仪器制造业	28	0.56	0.73	0.28	0.74	3 029
教学仪器制造业	186	5.78	5.89	2.20	5.18	10 214
核子及核辐射测量仪器制造业	15	1.41	1.40	0.51	1.40	3 578
专用仪器仪表元件、器件制造业	210	18.19	18.50	5.32	15.55	23 814
电子测量仪器制造业	233	18.10	17.49	4.38	27.61	41 535
计量器具制造业	579	35.04	34.78	11.60	31.83	77 673
传递标准用计量仪器制造业	52	2.23	2.12	0.63	1.84	3 463
量具量仪制造业	188	14.13	14.07	5.29	12.81	33 686
衡器制造业	339	18.68	18.59	5.67	17.19	40 524
文化、办公用机械制造业	326	241.65	202.22	33.28	206.34	79 138
电影机械制造业	12	1.39	1.35	0.44	1.13	5 390
幻灯机及投影仪制造业	18	1.05	0.98	0.31	1.07	3 601
照相机及器材制造业	124	114.69	111.82	17.52	111.00	44 878
复印机制造业	36	93.21	55.94	9.23	61.12	9 372
打字机及油印机制造业	37	10.72	11.61	2.89	11.13	6 710
其他文化、办公用机械制造业	99	20.59	20.53	2.89	20.89	9 187
钟表制造业	650	63.63	63.97	17.94	61.97	176 410
仪器仪表及文化、办公用机械修理业	120	1.29	1.56	0.64	1.12	3 030
其他仪器仪表制造业	420	20.25	20.61	6.79	16.39	30 556

1997年全部独立核算机械工业企业主要统计指标(二)

(单位:亿元)

行　　业	年末固定资产原价	年末固定资产净值	流动资产合　计	利润总额	利税总额
机械工业总计	9 405.73	6 404.76	12 004.53	257.66	878.86
金属制品业	1 078.34	779.00	1 286.51	20.25	87.37
金属结构制造业	76.47	55.21	112.90	4.90	10.90
铸铁管制造业	38.36	29.22	43.68	0.61	2.96
工具制造业	132.74	85.66	158.13	−0.29	7.23
切削工具制造业	49.00	29.44	63.76	−0.20	2.17
模具制造业	38.63	27.37	37.58	0.37	2.31
手工具制造业	37.29	23.52	46.31	−0.59	2.06
其他工具制造业	7.82	5.33	10.48	0.14	0.69
集装箱和金属包装物品制造业	167.83	131.57	200.46	2.25	11.21
集装箱制造业	44.34	37.43	72.35	−0.41	0.75
金属包装物品及容器制造业	123.50	94.13	128.11	2.66	10.46
金属丝绳及其制品业	123.15	84.74	128.34	0.99	7.31
建筑用金属制品业	122.45	95.60	177.13	5.81	15.73
建筑小五金制造业	12.25	8.60	14.87	0.40	1.30
水暖管道零件制造业	35.38	31.81	42.67	1.69	4.61
金属门窗制造业	59.60	43.07	92.25	1.83	6.79
其他建筑用金属制品业	15.22	12.14	27.34	1.90	3.03
金属表面处理及热处理业	57.23	40.93	52.49	1.41	5.00
日用金属制品业	256.13	183.08	302.02	−2.29	12.96
搪瓷制造业	24.21	18.01	20.71	−1.19	0.08
铝制品业	74.06	53.09	69.66	−1.23	2.55
不锈钢制品业	47.93	35.96	67.95	0.89	3.62
刀剪制造业	6.46	4.69	7.66	−0.09	0.47
制锁业	21.64	13.84	34.51	0.03	1.91
炊事用具制造业	16.01	10.94	19.40	−0.09	0.84
燃气用具制造业	24.31	16.31	36.57	−0.87	0.85
理发用具制造业	8.70	5.74	8.86	0.76	1.32
其他日用金属制品业	32.81	24.51	36.70	−0.50	1.32
其他金属制品业	103.98	72.99	111.35	6.86	14.07
铁制小农具制造业	14.54	9.88	15.47	1.19	2.55
焊条制造业	26.64	16.63	38.81	−0.18	1.47
其他类未包括的金属制品业	62.80	46.48	57.06	5.84	10.04
普通机械制造业	2 048.66	1 368.50	2 513.68	43.03	170.51
锅炉及原动机制造业	472.97	312.58	642.90	8.28	34.89
锅炉制造业	107.39	66.79	165.22	1.64	9.34
内燃机制造业	197.88	136.89	287.24	4.51	13.03
汽轮机制造业	51.44	33.66	71.79	1.55	4.92
水轮机制造业	9.05	6.00	8.58	0.03	0.46
内燃机零部件及配件制造业	99.75	64.11	98.54	0.47	6.48
其他锅炉及原动机制造业	7.47	5.14	11.53	0.09	0.66
金属加工机械制造业	312.04	198.05	305.11	−1.61	11.57
金属切削机床制造业	187.00	115.34	174.19	−2.83	3.53

（续）

行　　业	年末固定资产原价	年末固定资产净值	流动资产合　计	利润总额	利税总额
锻压设备制造业	52.60	33.79	54.14	-0.45	1.97
铸造机械制造业	15.55	10.42	17.58	0.84	2.00
机床附件制造业	16.08	10.45	16.54	0.15	1.01
其他金属加工机械制造业	40.80	28.06	42.65	0.67	3.06
通用设备制造业	522.37	344.91	720.54	24.91	64.41
起重运输设备制造业	172.75	112.38	279.53	11.42	27.42
工矿车辆制造业	14.38	9.54	16.15	0.27	0.99
泵制造业	74.98	49.00	96.87	2.52	8.49
风机制造业	49.16	27.10	53.21	0.57	3.35
气体压缩机及气体分离设备制造业	57.09	38.82	68.19	0.07	3.20
冷冻设备制造业	71.24	52.53	101.23	8.22	14.01
风动工具制造业	6.98	4.77	8.56	-0.15	0.32
电动工具制造业	26.36	19.89	40.63	0.74	2.42
其他通用设备制造业	49.43	30.88	56.18	1.25	4.21
轴承、阀门制造业	245.73	161.13	307.97	4.07	18.36
轴承制造业	183.50	120.60	228.34	1.80	10.96
阀门制造业	62.23	40.52	79.62	2.27	7.40
其他通用零部件制造业	242.23	168.57	269.69	2.89	19.32
液压件及液力件制造业	46.48	30.50	51.45	-0.25	2.58
气动元件制造业	9.02	6.14	13.03	0.54	1.38
密封件制造业	9.70	7.31	9.62	0.04	0.78
粉末冶金制品业	21.96	15.72	21.91	0.36	1.54
紧固件制造业	49.11	37.25	55.88	-0.46	2.94
弹簧制造业	11.57	7.42	14.26	0.57	1.70
链条制造业	13.64	9.60	16.37	-0.17	0.75
齿轮制造业	44.16	29.30	39.54	0.05	2.21
其他类未包括的通用零部件制造业	36.59	25.35	47.62	2.21	5.43
铸锻件制造业	186.44	135.48	200.10	4.50	18.66
铸件制造业	152.27	111.24	165.90	4.63	16.70
锻件制造业	34.17	24.24	34.20	-0.13	1.95
普通机械修理业	7.44	5.27	10.08	0.37	1.19
其他普通机械制造业	59.44	42.51	57.30	-0.37	2.12
专用设备制造业	1 444.64	930.09	1 700.91	22.95	102.15
冶金、矿山、机电工业专用设备制造业	308.62	189.64	314.36	-5.26	6.97
矿山设备制造业	161.76	103.53	163.51	-3.39	2.71
冶金工业专用设备制造业	111.94	63.44	104.00	-2.51	1.40
电工专用设备制造业	5.20	3.78	8.84	-0.01	0.32
电子工业专用设备制造业	18.95	12.10	22.54	0.75	1.95
其他机电工业专用设备制造业	10.77	6.79	15.47	-0.10	0.58
石化及其他工业专用设备制造业	229.09	150.31	262.82	2.75	16.21
石油工业专用设备制造业	43.59	27.72	50.04	0.28	2.49
化学工业专用设备制造业	40.89	28.06	42.66	-1.11	1.13
化学纤维工业专用设备制造业	4.11	2.51	5.44	0.12	0.35
橡胶工业专用设备制造业	13.24	8.79	15.64	-0.45	0.21
塑料工业专用设备制造业	26.69	18.81	37.92	2.36	4.93
森林工业专用设备制造业	16.19	10.19	18.49	0.63	1.76
印刷工业专用设备制造业	34.88	22.24	39.09	2.15	4.17
制药工业专用设备制造业	5.20	3.23	7.52	-0.25	0.13
建筑材料及其他制品专用设备制造业	44.30	28.77	46.02	-0.98	1.04
轻纺工业专用设备制造业	281.74	181.77	322.53	6.35	22.58
食品、饮料、烟草工业专用设备制造业	47.59	30.87	60.92	0.96	4.08

（续）

行　　业	年末固定资产原价	年末固定资产净值	流动资产合　计	利润总额	利税总额
粮油工业专用设备制造业	33.06	22.26	31.64	0.95	2.70
饲料工业专用设备制造业	5.79	4.15	7.58	0.82	1.12
包装工业专用设备制造业	15.09	11.12	26.03	1.38	2.48
纺织、服装、皮革工业专用设备制造业	131.85	85.16	150.33	1.16	8.50
照明器具工业专用设备制造业	3.56	2.02	2.95	0.08	0.28
日用硅酸制品工业专用设备制造业	3.38	1.65	2.91	−0.01	0.21
制浆、造纸工业专用设备制造业	36.78	21.27	33.68	1.00	2.79
日用化学工业专用设备制造业	4.65	3.28	6.50	0.00	0.41
农、林、牧、渔、水利业机械制造业	297.44	194.16	365.53	9.26	24.54
拖拉机制造业	121.77	74.04	142.59	1.00	4.23
机械化农机具制造业	58.39	38.92	69.82	1.18	3.78
营林机械制造业	1.75	1.17	1.42	−0.14	0.00
畜牧机械制造业	4.04	2.69	5.41	0.05	0.24
渔业机械制造业	3.17	2.17	3.13	0.10	0.33
水利机械制造业	7.17	4.92	8.48	−0.07	0.34
拖拉机配件制造业	41.36	26.52	45.28	0.99	3.84
其他农、林、牧、渔、水利业机械制造业	59.79	43.74	89.40	6.14	11.78
医疗器械制造业	66.67	46.58	109.11	5.21	10.56
手术器械制造业	10.15	6.98	9.81	0.44	1.19
医疗仪器、设备制造业	24.76	16.81	50.38	2.01	3.94
诊断用品制造业	8.46	5.99	13.28	0.38	0.87
医用材料及医疗用品制造业	21.94	15.78	33.68	2.23	4.37
假肢、矫形器制造业	1.36	1.03	1.96	0.16	0.19
其他专用设备制造业	222.42	145.54	293.93	3.33	17.69
建筑机械制造业	98.41	64.32	125.20	−0.04	4.67
地质专用设备制造业	11.00	7.27	8.19	−0.80	−0.45
畜牧兽医医疗器械制造业	0.03	0.02	0.06	0.01	0.01
缝纫机制造业	39.40	23.42	45.76	−0.27	1.60
商业、饮食业、服务业专用机械制造业	4.60	3.13	6.21	0.43	0.92
邮政机械及器材制造业	1.96	1.23	3.14	0.07	0.32
环境保护机械制造业	19.43	13.79	35.06	1.83	4.30
社会公共安全设备及器材制造业	13.84	9.27	26.03	0.91	2.95
其他类未包括的专用设备制造业	33.75	23.07	44.28	1.19	3.37
专用机械设备修理业	38.67	22.10	32.62	1.31	3.60
工业专用设备修理业	3.85	2.55	8.07	0.18	0.63
农、林、牧、渔、水利机械修理业	7.70	5.27	7.29	0.79	1.34
医疗器械修理业	0.07	0.03	0.18	0.00	0.01
其他专用机械设备修理业	27.06	14.25	17.08	0.34	1.62
交通运输设备制造业	2 783.94	1 918.00	3 481.55	88.83	291.27
铁路运输设备制造业	157.97	108.40	139.25	2.12	14.52
机车制造业	43.09	30.07	31.30	0.90	3.98
客车制造业	24.72	17.96	21.12	0.46	2.82
货车制造业	36.78	24.56	23.83	0.67	3.46
机车车辆配件制造业	17.60	11.20	20.10	−0.47	1.15
铁路信号设备制造业	3.50	2.78	3.72	0.29	0.60
铁路专用设备制造业	14.10	9.31	17.29	0.56	1.60
铁路专用器材制造业	14.13	9.68	18.06	−0.43	0.47
其他铁路运输设备制造业	4.05	2.84	3.85	0.15	0.44
汽车制造业	1 527.05	1 055.70	1 966.84	75.26	188.61
载重汽车制造业	544.67	366.07	826.46	12.14	45.88
客车制造业	79.37	59.84	90.98	0.87	6.38

（续）

行　　业	年末固定资产原价	年末固定资产净值	流动资产合　计	利润总额	利税总额
小轿车制造业	186.48	121.94	263.40	32.33	56.55
微型汽车制造业	35.97	26.51	63.61	1.21	5.54
特种车辆及改装汽车制造业	126.28	90.93	147.89	−2.96	3.72
汽车车身制造业	18.15	12.82	23.16	−0.32	0.55
汽车零部件及配件制造业	536.12	377.59	551.34	31.98	70.00
摩托车制造业	187.47	131.85	321.68	10.94	46.87
摩托车整车制造业	104.02	68.88	202.59	6.41	35.47
摩托车零部件及配件制造业	83.45	62.97	119.09	4.53	11.40
自行车制造业	109.82	75.43	160.69	−5.60	−1.67
电车制造业	0.11	0.09	0.10	0.00	0.02
船舶制造业	200.28	149.97	346.68	−2.36	7.24
海洋运输船制造业	127.38	102.23	275.90	−0.56	5.77
内河船制造业	31.15	21.49	26.96	−1.12	0.12
渔轮制造业	10.92	6.71	8.20	−0.56	−0.20
船舶机械设备制造业	30.83	19.54	35.61	−0.12	1.54
海洋石油平台制造业	0.00	0.00	0.01	0.00	0.00
航空航天器制造业	322.42	201.87	341.07	3.62	16.35
飞机制造业	277.76	171.74	295.99	3.66	15.95
其他航空航天器制造业	44.66	30.12	45.08	−0.04	0.40
交通运输设备修理业	276.68	193.16	201.47	4.70	18.93
铁路运输设备修理业	62.14	48.22	32.12	−0.97	2.29
汽车修理业	95.47	67.00	93.46	2.18	9.31
摩托车修理业	0.38	0.33	0.41	0.04	0.09
电车修理业	0.10	0.05	0.16	0.00	0.01
船舶修理业	82.62	58.08	49.32	1.73	3.85
飞机修理业	31.65	16.47	20.53	1.44	2.86
其他交通运输设备修理业	4.32	3.01	5.46	0.27	0.52
其他交通运输设备制造业	2.14	1.53	3.77	0.16	0.41
航标器材制造业	0.29	0.20	0.29	0.00	0.02
潜水装备制造业	0.14	0.09	0.38	0.01	0.04
公路标志制造业	1.70	1.24	3.09	0.15	0.35
电气机械及器材制造业	1 672.60	1 161.43	2 508.72	73.26	195.64
电机制造业	233.30	153.36	312.16	1.26	13.54
发电机制造业	63.58	41.36	111.19	0.13	3.61
电动机制造业	117.66	76.28	144.77	0.26	6.95
微电机制造业	52.07	35.72	56.20	0.87	2.98
输配电及控制设备制造业	362.21	247.71	527.74	21.37	51.57
变压器制造业	100.29	65.43	125.89	3.34	9.66
整流器制造业	6.19	4.14	8.76	−0.31	−0.10
电容器制造业	23.66	16.92	25.67	0.22	1.23
开关控制设备制造业	122.57	84.70	189.42	7.71	19.21
电器设备元件制造业	58.51	40.54	80.54	3.79	7.98
其他输配电及控制设备制造业	50.99	35.99	97.46	6.61	13.59
电工器材制造业	459.72	323.51	552.12	19.97	49.63
电线电缆制造业	327.11	229.88	413.35	18.70	40.62
绝缘制品业	22.17	15.59	26.72	0.58	2.00
蓄电池制造业	47.83	33.01	44.98	0.97	3.58
原电池制造业	40.65	29.82	36.76	−0.79	1.39
其他电工器材制造业	21.97	15.22	30.30	0.51	2.04
日用电器制造业	462.05	327.35	901.19	23.60	61.15
洗衣机制造业	62.45	42.55	122.82	5.17	10.01
吸尘器制造业	7.80	5.98	11.72	0.46	0.94

(续)

行　　业	年末固定资产原价	年末固定资产净值	流动资产合　计	利润总额	利税总额
电冰箱制造业	131.68	89.77	270.80	7.41	18.52
电风扇制造业	37.99	24.66	66.56	−1.02	1.50
空调器制造业	140.47	106.24	284.64	8.31	20.52
排油烟机制造业	5.08	3.75	9.42	0.09	0.77
其他日用电器制造业	76.59	54.39	135.24	3.19	8.90
照明器具制造业	125.44	89.88	167.93	5.50	15.67
电光源制造业	68.01	49.18	72.85	1.00	5.85
灯头、灯座制造业	7.24	5.97	18.98	0.98	1.76
灯具制造业	24.90	17.67	42.10	1.67	4.30
灯用电器附件制造业	10.51	7.34	16.96	1.04	1.83
其他照明器具制造业	14.78	9.72	17.04	0.81	1.94
电气机械修理业	3.74	2.42	6.27	0.44	0.93
其他电气机械制造业	26.13	17.19	41.30	1.12	3.16
电焊机制造业	10.18	6.80	16.90	0.26	1.11
工业用电炉制造业	6.44	4.21	8.60	−0.28	0.04
其他类未包括的电气机械制造业	9.52	6.18	15.80	1.14	2.01
仪器仪表及文化、办公用机械制造业	377.55	247.73	513.17	9.33	31.92
通用仪器仪表制造业	155.97	104.39	205.10	3.38	13.61
工业自动化仪表制造业	48.68	32.22	80.15	1.30	5.06
电工仪器、仪表制造业	26.41	18.25	38.92	0.54	2.31
光学仪器制造业	47.28	31.64	43.91	1.20	3.54
计时仪器制造业	2.57	1.98	3.97	0.06	0.31
分析仪器制造业	7.01	4.76	8.97	0.23	0.76
试验机制造业	7.95	5.24	9.03	−0.24	0.21
实验室仪器及装置制造业	3.99	2.37	4.98	−0.02	0.21
通用仪器仪表元件、器件制造业	5.04	3.39	7.77	0.36	0.78
其他通用仪器仪表制造业	7.04	4.54	7.40	−0.05	0.42
专用仪器仪表制造业	47.28	32.46	61.30	−0.24	2.58
环境保护仪器仪表制造业	1.24	1.16	4.29	−0.64	−0.52
汽车仪器仪表制造业	5.88	4.03	9.57	0.17	0.73
导航、制导仪器制造业	13.67	9.05	11.33	−0.62	−0.29
农、林、牧、渔仪器、仪表制造业	0.42	0.28	0.50	−0.03	−0.01
地质勘探、钻采、地震专用仪器制造业	10.89	7.50	14.70	−0.11	0.18
气象、海洋、水文、天文仪器制造业	1.19	0.84	0.85	−0.03	0.03
教学仪器制造业	2.84	2.02	4.69	0.54	0.93
核子及核辐射测量仪器制造业	2.00	1.33	2.01	0.07	0.19
专用仪器仪表元件、器件制造业	9.16	6.25	13.35	0.42	1.33
电子测量仪器制造业	14.72	8.91	25.58	1.92	3.35
计量器具制造业	26.35	17.51	33.96	0.42	2.24
传递标准用计量仪器制造业	1.00	0.75	2.09	0.07	0.15
量具量仪制造业	11.40	7.31	13.71	0.02	0.78
衡器制造业	13.95	9.45	18.17	0.34	1.31
文化、办公用机械制造业	60.29	39.77	102.67	5.30	8.75
电影机械制造业	2.32	1.05	2.11	−0.05	0.00
幻灯机及投影仪制造业	1.69	1.14	1.14	−0.01	0.04
照相机及器材制造业	33.25	21.91	46.91	3.04	5.38
复印机制造业	14.51	9.57	36.01	1.86	2.39
打字机及油印机制造业	5.47	4.04	6.74	0.08	0.23
其他文化、办公用机械制造业	3.05	2.07	9.76	0.38	0.72
钟表制造业	62.48	37.19	68.54	−2.45	−0.73
仪器仪表及文化、办公用机械修理业	0.29	0.18	0.53	0.08	0.14
其他仪器仪表制造业	10.17	7.32	15.49	0.93	1.97

1997年全部独立核算机械工业企业主要财务分析指标

行　　业	总资产报酬率(%)	产　值利税率(%)	百元销售收入实现的利润(元)	百元固定资产实现的利税(元)	工　　业增加值率(%)
机械工业总计	6.45	6.06	1.89	9.34	25.45
金属制品业	6.21	4.56	1.12	8.10	24.86
金属结构制造业	7.58	7.11	3.28	14.25	26.30
铸铁管制造业	6.31	4.33	0.96	7.72	26.44
工具制造业	5.17	4.24	−0.19	5.45	29.47
切削工具制造业	4.87	4.25	−0.42	4.42	31.14
模具制造业	5.07	5.24	0.89	5.99	31.45
手工具制造业	5.36	3.36	−1.06	5.52	27.97
其他工具制造业	6.34	4.94	1.14	8.79	23.15
集装箱和金属包装物品制造业	5.57	3.41	0.76	6.68	20.19
集装箱制造业	3.25	0.60	−0.32	1.70	13.50
金属包装物品及容器制造业	6.79	5.17	1.58	8.47	24.64
金属丝绳及其制品业	5.63	4.13	0.51	5.94	23.09
建筑用金属制品业	7.62	5.53	2.28	12.85	26.37
建筑小五金制造业	7.31	4.86	1.53	10.60	27.78
水暖管道零件制造业	8.72	5.81	2.48	13.03	27.67
金属门窗制造业	6.73	5.17	1.58	11.40	26.06
其他建筑用金属制品业	8.92	6.45	4.29	19.92	24.04
金属表面处理及热处理业	6.94	4.94	1.48	8.74	25.74
日用金属制品业	5.05	2.87	−0.56	5.06	24.73
搪瓷制造业	3.36	0.26	−4.19	0.33	29.49
铝制品业	5.09	2.18	−1.21	3.44	23.18
不锈钢制品业	5.52	3.58	0.94	7.56	23.20
刀剪制造业	6.07	4.31	−0.96	7.20	36.58
制锁业	6.08	3.61	0.07	8.84	26.85
炊事用具制造业	4.45	3.23	−0.36	5.27	25.27
燃气用具制造业	4.54	1.87	−2.18	3.48	20.76
理发用具制造业	9.07	12.28	6.16	15.17	36.60
其他日用金属制品业	3.96	2.32	−1.02	4.01	23.66
其他金属制品业	8.90	7.87	3.73	13.53	25.70
铁制小农具制造业	11.59	6.81	3.53	17.54	27.58
焊条制造业	5.07	3.43	−0.36	5.52	18.95
其他类未包括的金属制品业	10.40	10.22	5.84	15.99	28.19
普通机械制造业	6.12	6.51	1.74	8.32	28.25
锅炉及原动机制造业	5.20	6.31	1.49	7.38	27.30
锅炉制造业	5.97	6.79	1.17	8.70	26.83
内燃机制造业	4.29	5.35	1.81	6.58	25.72
汽轮机制造业	5.50	11.69	3.23	9.57	33.67
水轮机制造业	5.16	7.44	0.44	5.04	37.51
内燃机零部件及配件制造业	6.40	5.78	0.46	6.50	28.15
其他锅炉及原动机制造业	5.12	5.79	0.82	8.77	28.80
金属加工机械制造业	4.36	4.46	−0.69	3.71	30.93
金属切削机床制造业	3.25	3.30	−2.82	1.89	33.89
锻压设备制造业	4.66	3.65	−0.98	3.74	29.39
铸造机械制造业	9.07	7.76	3.55	12.86	28.63
机床附件制造业	5.49	6.77	1.17	6.28	28.57
其他金属加工机械制造业	6.36	5.30	1.32	7.50	28.59
通用设备制造业	7.20	8.72	3.50	12.33	27.71
起重运输设备制造业	7.93	11.05	4.24	15.87	25.12
工矿车辆制造业	4.81	5.17	1.39	6.88	23.12

（续）

行　业	总资产报酬率（%）	产　值利税率（%）	百元销售收入实现的利润（元）	百元固定资产实现的利税（元）	工　业增加值率（%）
泵制造业	7.88	7.17	2.56	11.32	30.41
风机制造业	6.13	8.03	1.41	6.81	31.39
气体压缩机及气体分离设备制造业	5.06	5.08	0.12	5.60	28.79
冷冻设备制造业	8.43	12.54	7.64	19.66	27.67
风动工具制造业	4.50	4.22	−2.23	4.60	30.38
电动工具制造业	5.29	3.36	1.27	9.20	28.16
其他通用设备制造业	6.38	7.37	2.28	8.51	30.18
轴承、阀门制造业	6.33	6.39	1.52	7.47	30.08
轴承制造业	5.77	5.85	1.02	5.97	30.19
阀门制造业	7.90	7.39	2.49	11.89	29.87
其他通用零部件制造业	6.75	5.35	0.92	7.98	28.78
液压件及液力件制造业	5.57	4.56	−0.50	5.55	28.97
气动元件制造业	8.88	7.97	3.65	15.33	31.60
密封件制造业	6.86	5.44	0.27	8.05	27.75
粉末冶金制品业	6.71	5.02	1.65	7.01	28.26
紧固件制造业	5.59	3.70	−0.63	6.00	27.32
弹簧制造业	8.80	7.74	2.84	14.70	28.97
链条制造业	6.11	3.22	−0.88	5.49	25.14
齿轮制造业	5.98	4.77	0.12	5.00	34.51
其他类未包括的通用零部件制造业	9.21	7.66	3.53	14.84	27.45
铸锻件制造业	7.52	5.45	1.40	10.01	26.85
铸件制造业	7.83	5.65	1.69	10.97	26.61
锻件制造业	6.00	4.20	−0.28	5.71	28.40
普通机械修理业	8.18	7.59	2.44	15.96	34.63
其他普通机械制造业	3.88	3.43	−0.65	3.57	27.52
专用设备制造业	5.75	5.31	1.26	7.07	26.33
冶金、矿山、机电工业专用设备制造业	4.03	3.09	−2.31	2.26	26.73
矿山设备制造业	3.77	2.36	−2.94	1.67	25.65
冶金工业专用设备制造业	3.73	2.37	−3.80	1.25	28.13
电工专用设备制造业	4.84	4.64	−0.16	6.24	27.28
电子工业专用设备制造业	6.64	6.65	3.10	10.27	30.09
其他机电工业专用设备制造业	4.51	3.73	−0.69	5.43	22.66
石化及其他工业专用设备制造业	6.00	5.75	1.07	7.08	28.14
石油工业专用设备制造业	5.61	5.70	0.64	5.71	26.41
化学工业专用设备制造业	4.59	2.50	−2.73	2.76	26.88
化学纤维工业专用设备制造业	5.46	4.59	2.10	8.48	32.75
橡胶工业专用设备制造业	4.40	1.31	−2.98	1.60	28.21
塑料工业专用设备制造业	10.08	9.08	5.27	18.48	28.98
森林工业专用设备制造业	7.95	5.54	2.36	10.90	25.04
印刷工业专用设备制造业	7.23	11.83	6.33	11.95	33.09
制药工业专用设备制造业	3.99	1.80	−3.92	2.60	32.18
建筑材料及其他制品专用设备制造业	3.75	2.56	−2.46	2.34	26.83
轻纺工业专用设备制造业	6.08	6.09	1.93	8.01	29.29
食品、饮料、烟草工业专用设备制造业	5.84	6.16	1.54	8.58	30.68
粮油工业专用设备制造业	7.18	6.69	2.53	8.16	32.78
饲料工业专用设备制造业	9.50	10.61	8.59	19.33	33.95
包装工业专用设备制造业	7.34	9.18	5.84	16.43	34.33
纺织、服装、皮革工业专用设备制造业	5.39	4.93	0.80	6.45	26.83
照明器具工业专用设备制造业	7.58	5.61	1.78	7.86	35.56

（续）

行　　业	总产报酬率（%）	产　值利税率（%）	百元销售收入实现的利润（元）	百元固定资产实现的利税（元）	工　业增加值率（%）
日用硅酸制品工业专用设备制造业	6.42	4.95	−0.22	6.33	30.18
制浆、造纸工业专用设备制造业	6.39	7.72	2.81	7.59	27.55
日用化学工业专用设备制造业	8.12	4.54	0.05	8.81	26.73
农、林、牧、渔、水利业机械制造业	6.15	4.26	1.67	8.25	22.00
拖拉机制造业	3.35	2.42	0.52	3.47	20.41
机械化农机具制造业	6.34	3.91	1.25	6.47	23.81
营林机械制造业	4.54	0.09	−8.25	0.10	32.85
畜牧机械制造业	6.72	4.23	1.09	5.99	38.16
渔业机械制造业	6.82	4.77	1.84	10.47	25.22
水利机械制造业	4.28	4.33	−0.93	4.76	27.90
拖拉机配件制造业	7.92	5.00	1.51	9.29	25.80
其他农、林、牧、渔、水利业机械制造业	9.76	5.74	3.36	19.70	20.26
医疗器械制造业	7.76	8.35	4.37	15.84	27.37
手术器械制造业	8.77	7.83	3.14	11.68	31.65
医疗仪器、设备制造业	6.71	9.78	4.80	15.91	33.11
诊断用品制造业	6.13	5.22	2.42	10.34	20.95
医用材料及医疗用品制造业	9.65	8.28	4.85	19.93	23.75
假肢、矫形器制造业	5.73	13.14	7.90	13.59	32.22
其他专用设备制造业	5.60	5.99	1.18	7.95	27.93
建筑机械制造业	4.22	4.69	−0.03	4.75	25.95
地质专用设备制造业	0.79	−9.28	−15.85	−4.13	23.22
畜牧兽医医疗器械制造业	11.00	12.21	5.95	29.51	28.23
缝纫机制造业	4.12	3.53	−0.60	4.06	23.97
商业、饮食业、服务业专用机械制造业	10.30	10.30	5.02	20.11	33.75
邮政机械及器材制造业	7.55	5.37	1.14	16.38	24.39
环境保护机械制造业	9.68	9.29	4.64	22.13	27.29
社会公共安全设备及器材制造业	9.53	8.33	2.94	21.34	31.30
其他类未包括的专用设备制造业	6.69	6.90	2.83	9.97	33.84
专用机械设备修理业	7.40	7.60	2.86	9.31	33.77
工业专用设备修理业	6.18	6.56	2.19	16.26	37.86
农、林、牧、渔、水利机械修理业	11.40	7.91	4.92	17.45	30.06
医疗器械修理业	5.36	6.09	−1.50	14.32	30.55
其他专用机械设备修理业	6.25	7.83	1.61	5.99	35.22
交通运输设备制造业	6.80	7.36	2.25	10.46	24.40
铁路运输设备制造业	7.15	9.45	0.99	9.19	27.21
机车制造业	8.16	8.82	1.52	9.23	24.45
客车制造业	8.27	11.25	1.17	11.39	23.81
货车制造业	8.08	11.59	1.35	9.42	27.36
机车车辆配件制造业	4.89	5.14	−1.81	6.53	32.47
铁路信号设备制造业	10.75	19.07	6.73	17.31	38.24
铁路专用设备制造业	7.47	13.28	3.28	11.35	29.71
铁路专用器材制造业	3.18	3.97	−2.82	3.31	30.13
其他铁路运输设备制造业	7.13	10.39	3.16	10.85	28.46
汽车制造业	7.48	8.40	3.36	12.35	23.58
载重汽车制造业	5.80	6.89	1.59	8.42	21.88
客车制造业	5.36	6.16	0.93	8.04	21.51
小轿车制造业	12.75	12.37	7.58	30.32	14.30
微型汽车制造业	7.84	6.07	1.43	15.39	18.56
特种车辆及改装汽车制造业	3.85	2.20	−1.68	2.95	22.81
汽车车身制造业	3.59	2.12	−1.28	3.01	31.20

(续)

行业	总资产报酬率(%)	产值利税率(%)	百元销售收入实现的利润(元)	百元固定资产实现的利税(元)	工业增加值率(%)
汽车零部件及配件制造业	8.77	9.55	4.76	13.06	31.04
摩托车制造业	10.64	7.89	2.19	25.00	22.21
摩托车整车制造业	12.33	8.80	1.88	34.09	20.74
摩托车零部件及配件制造业	7.91	5.96	2.86	13.66	25.28
自行车制造业	1.71	−1.06	−3.29	−1.52	23.03
电车制造业	13.09	9.01	1.12	16.26	14.40
船舶制造业	3.20	2.81	−0.90	3.61	20.97
海洋运输船制造业	3.13	3.31	−0.29	4.53	18.77
内河船制造业	2.40	0.35	−4.03	0.39	26.05
渔轮制造业	1.45	−1.43	−5.82	−1.83	22.64
船舶机械设备制造业	4.81	4.45	−0.35	5.01	27.65
海洋石油平台制造业	8.51	226.67	61.32		30.00
航空航天器制造业	5.24	5.86	1.31	5.07	28.70
飞机制造业	5.64	6.44	1.46	5.74	28.46
其他航空航天器制造业	2.64	1.29	−0.15	0.89	30.61
交通运输设备修理业	5.84	7.18	1.71	6.84	32.69
铁路运输设备修理业	4.07	7.69	−2.05	3.69	34.48
汽车修理业	6.87	7.03	1.57	9.75	28.19
摩托车修理业	13.52	6.09	2.58	24.19	48.67
电车修理业	6.07	5.00	0.81	11.60	26.88
船舶修理业	4.66	6.71	3.08	4.66	31.25
飞机修理业	7.65	7.99	6.14	9.02	51.41
其他交通运输设备修理业	7.13	7.64	3.96	12.03	28.56
其他交通运输设备制造业	8.38	8.32	3.61	19.00	32.72
航标器材制造业	4.90	7.02	−1.04	7.03	56.52
潜水装备制造业	8.44	11.06	3.87	26.20	31.31
公路标志制造业	8.86	8.19	4.02	20.43	31.10
电气机械及器材制造业	7.02	5.68	2.42	11.70	24.35
电机制造业	5.01	4.55	0.44	5.80	27.52
发电机制造业	3.78	5.20	0.21	5.68	35.14
电动机制造业	5.65	5.10	0.19	5.90	28.14
微电机制造业	5.54	3.24	0.98	5.72	20.48
输配电及控制设备制造业	7.78	8.09	3.57	14.24	27.15
变压器制造业	6.70	6.69	2.45	9.63	25.26
整流器制造业	1.37	−1.07	−4.14	−1.68	32.08
电容器制造业	5.21	2.92	0.69	5.20	18.55
开关控制设备制造业	8.33	9.39	3.78	15.67	27.92
电器设备元件制造业	7.16	6.97	3.59	13.64	26.22
其他输配电及控制设备制造业	10.01	11.11	5.83	26.64	31.10
电工器材制造业	8.00	5.43	2.41	10.79	21.86
电线电缆制造业	8.76	5.87	3.00	12.42	21.56
绝缘制品业	6.93	4.35	1.49	9.03	21.47
蓄电池制造业	6.51	4.76	1.49	7.48	25.54
原电池制造业	4.24	2.36	−1.30	3.42	20.34
其他电工器材制造业	6.71	4.91	1.30	9.27	22.92
日用电器制造业	6.53	4.80	2.30	13.24	23.45
洗衣机制造业	7.06	7.03	4.06	16.03	21.85
吸尘器制造业	6.66	4.23	2.34	12.03	21.14
电冰箱制造业	6.00	5.73	2.34	14.06	22.12
电风扇制造业	4.87	1.30	−1.18	3.94	25.20

（续）

行　　业	总资产报酬率（%）	产　值利税率（%）	百元销售收入实现的利润（元）	百元固定资产实现的利税（元）	工　业增加值率（%）
空调器制造业	7.03	4.42	2.86	14.61	23.62
排油烟机制造业	8.68	5.68	0.74	15.11	22.35
其他日用电器制造业	6.68	4.62	1.84	11.62	25.93
照明器具制造业	7.18	5.96	2.30	12.49	25.39
电光源制造业	5.90	5.25	1.13	8.60	28.27
灯头、灯座制造业	7.67	9.88	4.95	24.27	21.79
灯具制造业	8.49	5.60	2.34	17.25	25.93
灯用电器附件制造业	8.98	4.97	3.00	17.39	21.96
其他照明器具制造业	8.32	9.54	3.41	13.12	18.26
电气机械修理业	10.90	8.01	3.83	24.94	33.17
其他电气机械制造业	6.97	6.84	2.64	12.09	26.87
电焊机制造业	6.68	5.54	1.46	10.87	23.73
工业用电炉制造业	2.08	0.47	−4.01	0.63	26.91
其他类未包括的电气机械制造业	10.05	11.35	6.57	21.14	30.23
仪器仪表及文化、办公用机械制造业	5.77	4.97	1.59	8.45	24.77
通用仪器仪表制造业	6.21	6.72	1.77	8.73	28.15
工业自动化仪表制造业	6.03	7.70	1.99	10.39	29.27
电工仪器、仪表制造业	6.01	5.61	1.42	8.74	23.88
光学仪器制造业	6.65	7.28	2.83	7.48	27.68
计时仪器制造业	6.45	5.09	0.95	12.12	19.09
分析仪器制造业	7.54	7.32	2.49	10.90	30.46
试验机制造业	3.98	3.63	−4.27	2.66	40.58
实验室仪器及装置制造业	5.54	5.63	−0.62	5.37	42.19
通用仪器仪表元件、器件制造业	8.91	6.45	3.37	15.55	27.17
其他通用仪器仪表制造业	5.10	4.83	−0.57	5.99	33.08
专用仪器仪表制造业	5.15	4.30	−0.46	5.46	29.81
环境保护仪器仪表制造业	−5.07	−23.25	−30.69	−41.84	22.92
汽车仪器仪表制造业	5.95	5.61	1.63	12.45	29.32
导航、制导仪器制造业	2.67	−3.23	−7.86	−2.10	29.99
农、林、牧、渔仪器、仪表制造业	1.58	−2.13	−9.88	−1.62	28.06
地质勘探、钻采、地震专用仪器制造业	3.66	1.86	−1.40	1.64	27.81
气象、海洋、水文、天文仪器制造业	3.85	4.81	−4.31	2.26	38.75
教学仪器制造业	14.24	16.04	10.39	32.70	37.35
核子及核辐射测量仪器制造业	6.43	13.83	4.82	9.73	36.19
专用仪器仪表元件、器件制造业	8.69	7.33	2.70	14.56	28.74
电子测量仪器制造业	9.63	18.51	6.94	22.75	25.06
计量器具制造业	6.66	6.38	1.33	8.49	33.35
传递标准用计量仪器制造业	6.09	6.60	3.53	14.68	29.89
量具量仪制造业	6.48	5.52	0.16	6.84	37.60
衡器制造业	6.86	7.01	1.97	9.39	30.52
文化、办公用机械制造业	6.65	3.62	2.57	14.52	16.46
电影机械制造业	3.44	0.29	−4.66	0.17	32.76
幻灯机及投影仪制造业	3.20	3.53	−1.28	2.20	31.45
照相机及器材制造业	8.23	4.69	2.74	16.17	15.67
复印机制造业	6.01	2.56	3.05	16.46	16.51
打字机及油印机制造业	2.50	2.12	0.75	4.16	24.89
其他文化、办公用机械制造业	5.62	3.49	1.83	23.54	14.07
钟表制造业	1.27	−1.15	−3.96	−1.17	28.04
仪器仪表及文化、办公用机械修理业	17.79	10.75	7.05	48.00	40.84
其他仪器仪表制造业	9.52	9.74	5.66	19.39	32.97

1997年全部独立核算国有机械工业企业主要统计指标(一)

行业	企业单位数(个)	工业总产值(亿元) 1990年不变价	工业总产值(亿元) 当年价	工业增加值(亿元)	产品销售收入(亿元)	职工年平均人数(人)
机械工业总计	16 739	4 339.58	4 619.79	1 195.56	4 444.86	8 451 087
金属制品业	2 227	186.57	220.15	61.40	203.85	512 077
金属结构制造业	251	19.33	26.01	7.71	22.65	38 506
铸铁管制造业	82	3.87	5.61	1.42	5.42	14 061
工具制造业	349	29.81	32.60	11.87	29.50	119 745
切削工具制造业	119	15.70	17.37	6.83	15.69	72 193
模具制造业	135	5.72	6.17	2.15	5.99	17 800
手工具制造业	75	7.45	8.19	2.67	7.02	24 630
其他工具制造业	20	0.92	0.87	0.21	0.80	5 122
集装箱和金属包装物品制造业	168	14.51	15.22	3.27	13.13	28 749
集装箱制造业	8	3.08	3.06	0.63	2.12	1 959
金属包装物品及容器制造业	160	11.43	12.17	2.63	11.01	26 790
金属丝绳及其制品业	213	30.46	42.91	8.39	40.81	83 967
建筑用金属制品业	456	15.42	17.63	5.20	15.19	55 138
建筑小五金制造业	43	1.40	2.08	0.69	1.74	5 263
水暖管道零件制造业	65	3.65	4.15	0.73	3.99	13 074
金属门窗制造业	324	9.41	10.27	3.40	8.60	34 685
其他建筑用金属制品业	24	0.96	1.13	0.37	0.86	2 116
金属表面处理及热处理业	100	4.80	4.64	1.36	3.99	10 550
日用金属制品业	413	42.21	43.95	11.18	40.64	121 318
搪瓷制造业	44	9.44	9.61	2.22	8.63	29 568
铝制品业	83	5.55	5.66	1.48	5.24	22 131
不锈钢制品业	53	8.76	8.08	1.52	6.88	14 122
刀剪制造业	14	0.74	0.62	0.20	0.66	3 394
制锁业	33	5.80	7.09	2.89	6.04	14 796
炊事用具制造业	74	3.29	4.13	0.94	4.48	13 966
燃气用具制造业	33	4.65	3.98	0.70	4.00	8 680
理发用具制造业	8	0.55	0.61	0.03	0.62	2 652
其他日用金属制品业	71	3.42	4.17	1.21	4.07	12 009
其他金属制品业	195	26.17	31.59	11.02	32.52	40 043
铁制小农具制造业	50	0.59	0.72	0.18	0.65	4 782
焊条制造业	43	9.62	13.05	2.18	14.34	20 793
其他类未包括的金属制品业	102	15.96	17.82	8.66	17.53	14 468
普通机械制造业	3 787	816.20	862.26	268.45	812.79	2 154 714
锅炉及原动机制造业	516	245.52	261.69	81.66	245.52	472 580
锅炉制造业	183	44.56	50.85	15.09	48.03	98242
内燃机制造业	115	132.82	141.12	43.26	129.19	202 254
汽轮机制造业	12	16.37	19.60	7.86	19.90	28 713
水轮机制造业	22	5.01	5.37	2.19	4.93	13 340
内燃机零部件及配件制造业	170	44.90	42.45	12.62	41.41	126 936
其他锅炉及原动机制造业	14	1.86	2.31	0.64	2.07	3 095
金属加工机械制造业	598	111.08	111.62	37.34	104.47	433 422
金属切削机床制造业	260	69.50	72.13	25.12	67.90	297 628
锻压设备制造业	73	21.64	18.96	6.35	17.37	57 120
铸造机械制造业	37	3.92	3.85	1.08	3.33	13 792
机床附件制造业	59	5.03	5.41	2.05	4.74	23 053
其他金属加工机械制造业	169	10.98	11.27	2.74	11.13	41 829
通用设备制造业	855	229.41	236.42	69.51	232.17	524 751
起重运输设备制造业	211	87.58	91.21	25.34	92.38	204 683
工矿车辆制造业	39	3.34	3.96	0.68	3.36	16 014

（续）

行　　业	企　业 单位数 （个）	工业总产值（亿元）		工　业 增加值 （亿元）	产品销售 收　入 （亿元）	职工年 平均人数 （人）
		1990年 不变价	当年价			
泵制造业	260	36.50	38.12	13.29	34.05	100 894
风机制造业	50	11.42	11.53	3.98	11.65	28 629
气体压缩机及气体分离设备制造业	67	23.11	22.40	6.93	22.64	63 150
冷冻设备制造业	66	38.49	39.17	10.59	38.85	40 086
风动工具制造业	19	2.06	2.39	0.97	2.07	10 577
电动工具制造业	32	12.46	11.32	2.89	11.23	17 380
其他通用设备制造业	111	14.45	16.31	4.84	15.95	43 338
轴承、阀门制造业	352	96.17	103.47	33.25	97.80	290 797
轴承制造业	220	76.04	82.44	26.06	77.60	229 866
阀门制造业	132	20.13	21.03	7.18	20.20	60 931
其他通用零部件制造业	727	81.10	81.20	27.12	71.40	241 363
液压件及液力件制造业	131	21.15	20.44	7.20	18.52	64 452
气动元件制造业	34	3.27	3.07	0.95	2.58	7 373
密封件制造业	31	1.68	1.77	0.44	1.70	7 392
粉末冶金制品业	54	6.43	4.61	1.27	3.82	12 455
紧固件制造业	180	12.62	13.52	3.83	12.45	58 637
弹簧制造业	33	1.97	2.52	0.67	2.87	4 455
链条制造业	30	2.20	2.34	0.04	2.64	10 161
齿轮制造业	79	22.46	23.13	9.80	17.64	50 894
其他类未包括的通用零部件制造业	155	9.31	9.80	2.92	9.18	25 544
铸锻件制造业	396	34.39	46.61	13.20	42.03	115 489
铸件制造业	337	23.37	31.70	8.84	28.67	85 183
锻件制造业	59	11.02	14.91	4.37	13.36	30 306
普通机械修理业	139	1.68	2.60	1.30	2.49	8 828
其他普通机械制造业	204	16.85	18.64	5.07	16.91	67 484
专用设备制造业	3 797	800.95	878.26	224.17	797.29	1 907 598
冶金、矿山、机电工业专用设备制造业	391	121.69	135.97	35.24	129.55	425 809
矿山设备制造业	238	61.11	65.46	15.64	62.74	211 596
冶金工业专用设备制造业	67	44.36	55.00	15.28	51.52	172 654
电工专用设备制造业	15	2.72	3.06	0.84	3.27	8 568
电子工业专用设备制造业	37	9.84	8.77	2.69	8.54	21 125
其他机电工业专用设备制造业	34	3.66	3.68	0.79	3.48	11 866
石化及其他工业专用设备制造业	459	89.48	91.61	24.84	85.71	275 710
石油工业专用设备制造业	72	20.80	21.90	4.45	21.01	64 348
化学工业专用设备制造业	96	18.09	17.65	4.47	16.19	55 044
化学纤维工业专用设备制造业	10	2.67	2.38	1.09	1.86	3 997
橡胶工业专用设备制造业	29	4.92	5.53	1.31	4.96	17 833
塑料工业专用设备制造业	42	11.18	11.21	3.41	9.61	20 673
森林工业专用设备制造业	33	9.25	9.26	2.54	9.42	23 487
印刷工业专用设备制造业	46	7.34	7.62	2.98	6.82	26 356
制药工业专用设备制造业	23	2.30	2.47	0.93	2.10	8 020
建筑材料及其他制品专用设备制造业	108	12.92	13.58	3.66	13.73	55 952
轻纺工业专用设备制造业	777	122.91	124.52	40.07	112.32	330 797
食品、饮料、烟草工业专用设备制造业	136	25.34	25.36	8.68	22.86	57 211
粮油工业专用设备制造业	257	18.18	20.28	6.62	17.05	58 110
饲料工业专用设备制造业	38	5.95	6.18	2.14	5.71	7 689
包装工业专用设备制造业	47	14.61	14.02	5.73	11.69	22 494
纺织、服装、皮革工业专用设备制造业	218	44.04	42.66	12.44	40.13	142 978
照明器具工业专用设备制造业	19	0.98	1.00	0.26	0.71	3 365
日用硅酸制品工业专用设备制造业	8	0.34	0.38	0.12	0.39	2 643

（续）

行　　业	企　业单位数（个）	工业总产值（亿元）		工　业增加值（亿元）	产品销售收　入（亿元）	职工年平均人数（人）
		1990 年不变价	当年价			
制浆、造纸工业专用设备制造业	42	12.28	13.50	3.79	12.90	32 130
日用化学工业专用设备制造业	12	1.18	1.14	0.28	0.87	4 177
农、林、牧、渔、水利业机械制造业	1 048	330.25	373.71	77.00	328.90	521 445
拖拉机制造业	103	155.50	184.60	36.26	170.73	209 203
机械化农机具制造业	437	53.46	62.26	14.27	54.44	117 612
营林机械制造业	12	0.65	0.76	0.30	0.76	3 448
畜牧机械制造业	25	1.98	2.18	0.76	1.74	7 432
渔业机械制造业	6	1.50	1.14	0.25	1.06	3 014
水利机械制造业	50	3.40	4.10	1.45	3.60	21 788
拖拉机配件制造业	196	20.71	21.06	5.72	16.84	71 215
其他农、林、牧、渔、水利业机械制造业	219	93.05	97.61	18.00	79.73	87 733
医疗器械制造业	250	20.57	22.77	7.76	21.94	62 368
手术器械制造业	21	3.31	3.48	1.35	3.28	14 533
医疗仪器、设备制造业	106	10.08	10.75	4.00	10.92	27 690
诊断用品制造业	19	2.02	2.10	0.67	1.84	6 107
医用材料及医疗用品制造业	78	4.56	5.64	1.42	5.02	11 424
假肢、矫形器制造业	26	0.61	0.81	0.32	0.86	2 614
其他专用设备制造业	472	100.02	112.21	33.63	105.13	245 855
建筑机械制造业	134	44.89	52.49	14.83	50.20	104 681
地质专用设备制造业	43	3.79	4.16	0.91	4.21	22 508
畜牧兽医医疗器械制造业	0	0.00	0.00	0.00	0.00	0
缝纫机制造业	42	13.34	15.75	4.20	16.21	40 774
商业、饮食业、服务业专用机械制造业	39	1.20	1.25	0.36	1.26	4 340
邮政机械及器材制造业	14	4.14	4.70	1.06	4.64	3 823
环境保护机械制造业	49	9.19	9.25	2.93	9.01	14 726
社会公共安全设备及器材制造业	47	6.17	6.23	2.03	5.60	11 294
其他类未包括的专用设备制造业	104	17.30	18.38	7.29	14.01	43 709
专用机械设备修理业	400	16.02	17.47	5.62	13.74	45 614
工业专用设备修理业	52	2.84	2.95	0.68	1.02	5 155
农、林、牧、渔、水利机械修理业	245	4.23	4.85	1.62	4.07	12 258
医疗器械修理业	12	0.12	0.15	0.05	0.16	180
其他专用机械设备修理业	91	8.83	9.52	3.27	8.49	28 021
交通运输设备制造业	3 644	1 815.78	1 955.85	448.29	1 979.38	2 476 547
铁路运输设备制造业	168	121.04	179.15	47.63	180.37	286 313
机车制造业	7	43.05	55.97	13.78	57.25	61 727
客车制造业	9	20.54	34.03	8.44	34.84	33 426
货车制造业	9	29.43	48.95	13.36	48.94	60 371
机车车辆配件制造业	54	5.72	7.51	2.23	7.78	21 674
铁路信号设备制造业	18	1.72	2.83	1.15	2.71	8 099
铁路专用设备制造业	17	11.47	17.14	5.11	16.37	74 410
铁路专用器材制造业	42	6.71	9.99	2.87	9.80	20 838
其他铁路运输设备制造业	12	2.40	2.73	0.69	2.67	5 768
汽车制造业	1 155	998.53	1 026.67	208.51	1 084.15	976 367
载重汽车制造业	61	553.14	584.33	125.31	647.68	337 820
客车制造业	47	61.52	67.28	13.97	61.20	50 454
小轿车制造业	5	65.14	54.01	−11.92	81.15	4 086
微型汽车制造业	11	36.56	35.53	5.29	34.19	12 068
特种车辆及改装汽车制造业	180	87.53	92.47	17.45	87.43	137 281
汽车车身制造业	32	4.74	5.23	1.03	4.85	13 134
汽车零部件及配件制造业	819	189.91	187.83	57.37	167.65	421 524

（续）

行　业	企　业 单位数 （个）	工业总产值（亿元）		工　业 增加值 （亿元）	产品销售 收　入 （亿元）	职工年 平均人数 （人）
		1990年 不变价	当年价			
摩托车制造业	123	85.39	70.28	17.40	65.52	79 540
摩托车整车制造业	40	63.85	51.12	11.88	45.14	40 157
摩托车零部件及配件制造业	83	21.54	19.16	5.52	20.38	39 383
自行车制造业	106	35.17	37.55	5.97	38.94	88 862
电车制造业	0	0.00	0.00	0.00	0.00	0
船舶制造业	190	191.32	234.05	47.41	204.98	243 450
海洋运输船制造业	46	148.59	187.34	34.60	165.84	120 578
内河船制造业	76	14.90	16.61	4.70	11.61	57 255
渔轮制造业	24	6.74	6.11	1.44	5.79	18 027
船舶机械设备制造业	44	21.09	24.00	6.67	21.74	47 590
海洋石油平台制造业	0	0.00	0.00	0.00	0.00	0
航空航天器制造业	141	275.79	274.29	78.73	273.99	492 707
飞机制造业	102	244.89	243.38	69.25	246.99	416 749
其他航空航天器制造业	39	30.90	30.91	9.48	27.00	75 958
交通运输设备修理业	1 742	106.64	131.72	41.53	130.11	306 907
铁路运输设备修理业	65	25.03	41.88	14.06	41.78	95 867
汽车修理业	1 500	29.55	31.98	10.32	35.79	109 219
摩托车修理业	2	0.29	0.26	0.13	0.24	87
电车修理业	1	0.00	0.00	0.00	0.00	12
船舶修理业	109	32.90	38.19	11.30	35.09	60 374
飞机修理业	22	17.36	17.89	5.24	15.88	35 850
其他交通运输设备修理业	43	1.52	1.52	0.47	1.32	5 498
其他交通运输设备制造业	19	1.89	2.14	1.10	1.32	2 401
航标器材制造业	3	0.22	0.27	0.15	0.30	931
潜水装备制造业	2	0.22	0.25	0.08	0.19	425
公路标志制造业	14	1.45	1.62	0.86	0.83	1 045
电气机械及器材制造业	2 268	570.99	564.80	151.42	520.58	953 892
电机制造业	329	107.80	114.47	36.97	107.47	252 155
发电机制造业	75	33.51	36.42	13.69	32.08	69 068
电动机制造业	186	60.25	65.79	20.54	63.50	158 194
微电机制造业	68	14.04	12.26	2.74	11.90	24 893
输配电及控制设备制造业	727	132.62	137.06	40.45	135.88	250 657
变压器制造业	194	39.71	42.69	12.00	40.62	65 385
整流器制造业	25	1.58	1.61	0.28	1.40	5 903
电容器制造业	30	4.60	3.83	0.94	2.92	7 636
开关控制设备制造业	250	55.18	56.92	16.30	61.01	106 815
电器设备元件制造业	99	13.22	13.26	3.91	13.43	33 020
其他输配电及控制设备制造业	129	18.32	18.75	7.02	16.51	31 898
电工器材制造业	526	199.93	193.79	37.94	172.31	232 863
电线电缆制造业	275	154.21	148.17	27.87	128.56	135 075
绝缘制品业	40	6.27	5.65	1.55	5.26	20 427
蓄电池制造业	77	12.02	10.67	2.17	10.26	26 292
原电池制造业	71	20.09	22.02	4.39	21.93	41 380
其他电工器材制造业	63	7.34	7.27	1.94	6.30	9 689
日用电器制造业	223	89.21	76.77	22.77	64.49	76 809
洗衣机制造业	14	12.02	12.49	3.54	11.35	14 772
吸尘器制造业	7	1.25	1.05	0.30	1.03	789
电冰箱制造业	25	15.50	14.20	3.60	11.77	12 962
电风扇制造业	31	21.97	19.53	4.83	15.22	14 796
空调器制造业	28	24.46	17.10	6.80	14.68	13 558

（续）

行　业	企　业 单位数 （个）	工业总产值（亿元） 1990年 不变价	当年价	工　业 增加值 （亿元）	产品销售 收　入 （亿元）	职工年 平均人数 （人）
排油烟机制造业	10	1.81	1.96	0.31	1.81	2 880
其他日用电器制造业	108	12.19	10.43	3.39	8.65	17 052
照明器具制造业	241	30.87	31.33	9.60	29.91	107 685
电光源制造业	110	17.09	17.48	5.17	16.42	82 353
灯头、灯座制造业	19	0.71	0.77	0.27	0.64	3 811
灯具制造业	60	3.90	3.62	0.96	3.24	7 879
灯用电器附件制造业	36	3.13	3.49	0.99	3.69	4 010
其他照明器具制造业	16	6.05	5.96	2.21	5.92	9 632
电气机械修理业	101	0.86	0.97	0.37	0.90	2 734
其他电气机械制造业	121	9.70	10.41	3.33	9.61	30 989
电焊机制造业	51	5.13	5.43	1.83	5.00	13 051
工业用电炉制造业	23	1.96	1.97	0.72	1.53	8 231
其他类未包括的电气机械制造业	47	2.61	3.02	0.77	3.07	9 707
仪器仪表及文化、办公用机械制造业	1 016	149.09	138.49	41.83	130.97	446 259
通用仪器仪表制造业	445	75.24	70.95	20.79	67.75	208 878
工业自动化仪表制造业	145	15.77	15.21	4.72	14.17	54 160
电工仪器、仪表制造业	89	16.44	15.33	3.65	13.66	40 253
光学仪器制造业	67	27.27	25.21	7.00	24.70	69 803
计时仪器制造业	7	0.15	0.16	0.05	0.16	1 475
分析仪器制造业	36	4.11	3.94	1.33	4.04	10 213
试验机制造业	29	4.26	4.21	1.91	4.16	14 543
实验室仪器及装置制造业	23	1.44	1.49	0.57	1.30	7 600
通用仪器仪表元件、器件制造业	18	3.75	3.52	1.02	3.58	4 832
其他通用仪器仪表制造业	31	2.04	1.88	0.54	1.97	5 999
专用仪器仪表制造业	157	26.77	26.35	7.61	23.65	64 306
环境保护仪器仪表制造业	12	0.78	0.85	0.11	0.79	2 530
汽车仪器仪表制造业	6	0.13	0.14	0.04	0.14	389
导航、制导仪器制造业	22	7.87	7.87	2.38	7.26	25 886
农、林、牧、渔仪器、仪表制造业	5	0.10	0.11	0.04	0.10	989
地质勘探、钻采、地震专用仪器制造业	12	7.66	7.44	1.96	6.01	12 789
气象、海洋、水文、天文仪器制造业	12	0.47	0.64	0.25	0.64	2 739
教学仪器制造业	59	1.76	1.92	0.80	1.75	4 598
核子及核辐射测量仪器制造业	5	1.22	1.20	0.48	1.18	2 813
专用仪器仪表元件、器件制造业	24	6.78	6.19	1.57	5.78	11 573
电子测量仪器制造业	75	6.96	6.10	2.01	5.36	25 554
计量器具制造业	88	7.92	7.67	2.89	6.21	28 317
传递标准用计量仪器制造业	9	0.24	0.27	0.04	0.27	1 344
量具量仪制造业	35	4.28	3.79	1.84	3.17	13 612
衡器制造业	44	3.39	3.61	1.00	2.77	13 361
文化、办公用机械制造业	64	15.28	12.19	3.40	14.41	30 901
电影机械制造业	8	1.30	1.27	0.40	1.07	5 213
幻灯机及投影仪制造业	6	0.68	0.58	0.25	0.70	2 993
照相机及器材制造业	31	3.51	3.40	1.24	4.46	13 073
复印机制造业	6	7.49	4.70	0.82	4.55	4 124
打字机及油印机制造业	5	1.29	1.22	0.39	1.23	2 769
其他文化、办公用机械制造业	8	1.01	1.01	0.30	2.41	2 729
钟表制造业	103	13.41	11.73	3.76	10.87	77 358
仪器仪表及文化、办公用机械修理业	25	0.03	0.03	0.01	0.03	255
其他仪器仪表制造业	59	3.49	3.48	1.35	2.69	10 690

1997年全部独立核算国有机械工业企业主要统计指标(二)

(单位:亿元)

行　　业	年末固定资产原价	年末固定资产净值	流动资产合　计	利润总额	利税总额
机械工业总计	4 768.37	3 148.26	5 254.59	−38.87	182.16
金属制品业	239.49	158.50	257.19	−6.97	2.89
金属结构制造业	21.24	14.66	25.25	−0.27	0.79
铸铁管制造业	6.38	4.27	9.06	−0.34	−0.07
工具制造业	49.42	29.35	58.06	−1.62	0.17
切削工具制造业	31.15	17.59	37.67	−0.86	0.16
模具制造业	8.86	5.71	9.24	−0.30	0.04
手工具制造业	8.15	5.30	9.89	−0.33	0.06
其他工具制造业	1.27	0.75	1.26	−0.13	−0.08
集装箱和金属包装物品制造业	15.91	11.71	18.19	−1.51	−0.95
集装箱制造业	1.39	0.93	3.66	−0.16	−0.10
金属包装物品及容器制造业	14.52	10.79	14.53	−1.36	−0.85
金属丝绳及其制品业	53.57	35.36	49.15	−1.75	−0.23
建筑用金属制品业	20.99	15.28	23.93	−1.02	−0.32
建筑小五金制造业	1.93	1.51	2.48	−0.11	−0.05
水暖管道零件制造业	3.89	2.52	4.90	−0.16	0.02
金属门窗制造业	14.76	10.99	15.35	−0.78	−0.35
其他建筑用金属制品业	0.41	0.25	1.19	0.03	0.07
金属表面处理及热处理业	3.66	2.52	3.06	−0.18	0.03
日用金属制品业	43.44	30.19	46.30	−3.60	−1.95
搪瓷制造业	10.74	8.05	9.33	−1.13	−0.74
铝制品业	9.50	6.27	6.20	−0.99	−0.76
不锈钢制品业	5.35	3.50	9.47	−0.35	−0.10
刀剪制造业	0.73	0.43	0.90	−0.14	−0.08
制锁业	4.29	2.82	5.35	−0.19	0.06
炊事用具制造业	4.08	2.67	4.68	−0.21	−0.09
燃气用具制造业	2.83	1.90	4.95	−0.43	−0.26
理发用具制造业	0.88	0.58	1.17	0.06	0.08
其他日用金属制品业	5.03	3.96	4.25	−0.22	−0.07
其他金属制品业	24.88	15.17	24.19	3.34	5.41
铁制小农具制造业	1.34	0.97	1.06	−0.20	−0.17
焊条制造业	10.56	6.75	15.58	−0.40	0.10
其他类未包括的金属制品业	12.98	7.45	7.55	3.93	5.48
普通机械制造业	1 099.97	709.84	1 142.83	−15.82	31.53
锅炉及原动机制造业	277.44	178.93	325.31	−0.04	13.77
锅炉制造业	54.23	33.86	67.88	−0.50	2.79
内燃机制造业	126.96	84.98	158.34	−0.02	5.73
汽轮机制造业	31.78	18.51	33.89	0.94	2.42
水轮机制造业	7.97	5.22	7.76	−0.02	0.36
内燃机零部件及配件制造业	55.19	35.54	54.35	−0.44	2.38
其他锅炉及原动机制造业	1.32	0.82	3.09	0.00	0.08
金属加工机械制造业	219.63	135.57	186.71	−4.97	1.52
金属切削机床制造业	149.94	90.10	129.39	−3.73	0.57
锻压设备制造业	29.56	18.58	26.92	−0.32	0.66
铸造机械制造业	7.65	4.79	5.60	−0.45	−0.25
机床附件制造业	10.34	6.66	9.42	0.04	0.44

（续）

行　　业	年末固定资产原价	年末固定资产净值	流动资产合　计	利润总额	利税总额
其他金属加工机械制造业	22.14	15.44	15.38	−0.50	0.10
通用设备制造业	259.24	164.53	300.89	−0.87	11.87
起重运输设备制造业	102.48	64.69	128.10	−1.78	2.99
工矿车辆制造业	5.54	3.74	5.50	−0.22	0.02
泵制造业	39.29	24.40	41.01	0.27	2.55
风机制造业	15.98	8.58	17.51	0.01	0.95
气体压缩机及气体分离设备制造业	30.79	19.45	35.63	−0.47	1.00
冷冻设备制造业	31.63	21.34	39.12	2.02	3.56
风动工具制造业	4.24	2.75	4.85	−0.18	0.08
电动工具制造业	5.22	3.73	7.32	0.04	0.44
其他通用设备制造业	24.09	15.85	21.84	−0.56	0.28
轴承、阀门制造业	124.21	78.28	149.13	−2.00	4.03
轴承制造业	96.12	60.45	122.16	−1.55	3.03
阀门制造业	28.10	17.83	26.97	−0.44	1.00
其他通用零部件制造业	106.75	69.97	99.65	−3.02	1.68
液压件及液力件制造业	30.34	19.85	28.82	−0.68	0.70
气动元件制造业	3.64	2.40	3.60	0.02	0.18
密封件制造业	2.96	2.08	1.80	−0.13	−0.03
粉末冶金制品业	5.26	3.65	4.80	−0.23	−0.02
紧固件制造业	19.19	12.71	17.68	−1.21	−0.52
弹簧制造业	2.48	1.35	2.09	0.15	0.40
链条制造业	3.14	2.22	4.48	−0.62	−0.47
齿轮制造业	27.83	17.60	23.85	−0.44	0.73
其他类未包括的通用零部件制造业	11.91	8.10	12.53	0.13	0.71
铸锻件制造业	68.48	50.85	47.26	−3.07	−0.55
铸件制造业	50.06	38.28	32.83	−2.00	−0.17
锻件制造业	18.42	12.57	14.43	−1.07	−0.39
普通机械修理业	2.71	1.83	2.76	−0.03	0.17
其他普通机械制造业	41.51	29.89	31.11	−1.82	−0.95
专用设备制造业	926.73	583.08	929.90	−15.93	18.50
冶金、矿山、机电工业专用设备制造业	231.77	139.70	212.70	−6.79	0.92
矿山设备制造业	109.27	69.45	100.54	−4.16	−0.72
冶金工业专用设备制造业	103.03	57.35	90.50	−2.36	0.90
电工专用设备制造业	3.23	2.40	5.41	−0.07	0.10
电子工业专用设备制造业	10.25	6.53	10.67	0.16	0.71
其他机电工业专用设备制造业	5.99	3.96	5.59	−0.36	−0.07
石化及其他工业专用设备制造业	133.39	85.58	129.28	−5.72	−0.84
石油工业专用设备制造业	33.41	20.88	32.26	−1.48	−0.42
化学工业专用设备制造业	27.36	17.94	23.32	−1.62	−0.65
化学纤维工业专用设备制造业	1.86	1.07	2.24	0.00	0.08
橡胶工业专用设备制造业	8.20	5.07	7.52	−0.72	−0.50
塑料工业专用设备制造业	8.31	5.89	9.14	0.27	0.79
森林工业专用设备制造业	10.23	6.75	10.37	−0.17	0.40
印刷工业专用设备制造业	12.63	8.55	11.81	0.07	0.54
制药工业专用设备制造业	2.73	1.63	3.25	−0.34	−0.17
建筑材料及其他制品专用设备制造业	28.66	17.80	29.38	−1.73	−0.88
轻纺工业专用设备制造业	162.51	104.69	151.01	−2.48	3.96
食品、饮料、烟草工业专用设备制造业	29.34	18.90	36.37	−0.48	0.86
粮油工业专用设备制造业	21.24	14.63	17.20	−0.85	−0.08
饲料工业专用设备制造业	3.43	2.67	4.65	0.44	0.59

（续）

行　　业	年末固定资产原价	年末固定资产净值	流动资产合　计	利润总额	利税总额
包装工业专用设备制造业	10.23	7.77	14.95	1.12	1.74
纺织、服装、皮革工业专用设备制造业	68.07	43.75	55.27	−2.24	0.36
照明器具工业专用设备制造业	1.75	0.59	1.26	−0.04	−0.02
日用硅酸制品工业专用设备制造业	1.23	0.46	0.60	−0.03	0.00
制浆、造纸工业专用设备制造业	26.04	15.14	18.57	−0.36	0.52
日用化学工业专用设备制造业	1.18	0.77	2.14	−0.04	0.00
农、林、牧、渔、水利业机械制造业	225.47	144.02	253.00	0.86	8.86
拖拉机制造业	113.62	69.68	130.38	0.41	3.23
机械化农机具制造业	41.49	26.67	46.17	−0.12	1.18
营林机械制造业	1.36	0.84	0.81	−0.05	0.00
畜牧机械制造业	2.70	1.86	3.02	−0.19	−0.12
渔业机械制造业	1.20	0.72	0.86	−0.03	0.01
水利机械制造业	4.98	3.46	4.92	−0.12	0.10
拖拉机配件制造业	24.34	15.39	22.39	−1.09	−0.19
其他农、林、牧、渔、水利业机械制造业	35.78	25.42	44.45	2.06	4.66
医疗器械制造业	23.15	14.95	28.66	−0.24	1.20
手术器械制造业	4.65	3.11	3.25	−0.10	0.19
医疗仪器、设备制造业	10.84	6.77	17.51	−0.02	0.70
诊断用品制造业	2.35	1.35	2.14	−0.12	0.02
医用材料及医疗用品制造业	4.31	3.03	4.76	−0.12	0.17
假肢、矫形器制造业	0.99	0.70	1.00	0.11	0.12
其他专用设备制造业	122.03	79.33	139.51	−1.79	3.75
建筑机械制造业	59.93	38.37	67.17	−0.56	1.93
地质专用设备制造业	10.17	6.84	7.01	−0.65	−0.34
畜牧兽医医疗器械制造业	0.00	0.00	0.00	0.00	0.00
缝纫机制造业	19.15	12.20	21.14	−0.51	0.28
商业、饮食业、服务业专用机械制造业	1.50	1.04	1.61	−0.05	0.06
邮政机械及器材制造业	1.59	0.97	2.39	−0.02	0.16
环境保护机械制造业	5.69	3.80	14.61	0.46	1.08
社会公共安全设备及器材制造业	5.08	3.26	6.62	0.03	0.39
其他类未包括的专用设备制造业	18.92	12.84	18.95	−0.51	0.19
专用机械设备修理业	28.41	14.81	15.73	0.22	0.63
工业专用设备修理业	1.88	1.26	2.21	0.02	0.07
农、林、牧、渔、水利机械修理业	3.72	2.45	3.68	0.15	0.25
医疗器械修理业	0.05	0.02	0.13	0.00	0.01
其他专用机械设备修理业	22.76	11.07	9.71	0.05	0.30
交通运输设备制造业	1 800.77	1 233.48	2 098.38	11.30	105.90
铁路运输设备制造业	144.69	99.36	116.03	1.51	11.95
机车制造业	42.37	29.53	30.48	0.81	3.82
客车制造业	22.69	16.21	18.99	0.57	2.75
货车制造业	36.58	24.41	23.51	0.67	3.42
机车车辆配件制造业	10.37	6.53	9.12	−0.56	−0.13
铁路信号设备制造业	3.24	2.62	2.70	−0.01	0.21
铁路专用设备制造业	13.91	9.21	16.72	0.56	1.57
铁路专用器材制造业	12.14	8.39	11.93	−0.51	0.12
其他铁路运输设备制造业	3.39	2.46	2.58	0.00	0.19
汽车制造业	882.78	603.69	1 112.03	12.88	65.25
载重汽车制造业	457.96	307.09	661.81	12.58	40.70
客车制造业	52.90	38.61	59.22	1.94	4.84
小轿车制造业	57.40	40.63	89.48	4.88	11.71

（续）

行　　　业	年末固定资产原价	年末固定资产净值	流动资产合　计	利润总额	利税总额
微型汽车制造业	14.26	9.34	24.06	－0.15	1.61
特种车辆及改装汽车制造业	84.02	59.16	86.17	－3.62	－0.31
汽车车身制造业	4.90	3.20	5.47	－0.18	0.03
汽车零部件及配件制造业	211.33	145.65	185.80	－2.57	6.67
摩托车制造业	48.76	37.21	67.46	1.77	6.61
摩托车整车制造业	24.79	18.41	36.15	1.84	5.65
摩托车零部件及配件制造业	23.97	18.80	31.31	－0.07	0.97
自行车制造业	43.34	29.92	53.75	－4.23	－3.04
电车制造业	0.00	0.00	0.00	0.00	0.00
船舶制造业	168.71	128.16	296.89	－3.80	3.26
海洋运输船制造业	112.05	91.19	245.87	－1.30	3.82
内河船制造业	21.29	15.06	16.33	－1.10	－0.51
渔轮制造业	9.45	5.81	6.65	－0.74	－0.45
船舶机械设备制造业	25.92	16.09	28.04	－0.66	0.39
海洋石油平台制造业	0.00	0.00	0.00	0.00	0.00
航空航天器制造业	320.49	200.89	337.06	3.61	16.22
飞机制造业	275.84	170.77	292.00	3.65	15.82
其他航空航天器制造业	44.65	30.12	45.05	－0.04	0.40
交通运输设备修理业	190.69	133.30	113.54	－0.38	5.61
铁路运输设备修理业	60.41	47.17	28.23	－1.10	1.77
汽车修理业	42.68	29.69	32.38	－0.22	1.63
摩托车修理业	0.08	0.08	0.07	0.01	0.02
电车修理业	0.00	0.00	0.00	0.00	0.00
船舶修理业	60.70	40.96	34.91	0.65	1.57
飞机修理业	24.95	14.25	16.26	0.34	0.62
其他交通运输设备修理业	1.85	1.15	1.69	－0.05	－0.01
其他交通运输设备制造业	1.33	0.96	1.62	－0.06	0.04
航标器材制造业	0.28	0.20	0.27	0.00	0.02
潜水装备制造业	0.13	0.08	0.28	0.01	0.02
公路标志制造业	0.91	0.68	1.06	－0.07	－0.01
电气机械及器材制造业	499.72	334.51	618.14	－4.93	22.12
电机制造业	122.81	77.81	165.35	－1.47	4.93
发电机制造业	38.74	25.06	66.71	0.02	2.05
电动机制造业	70.69	43.85	87.23	－0.28	3.49
微电机制造业	13.38	8.90	11.40	－1.21	－0.61
输配电及控制设备制造业	134.97	89.00	171.08	0.95	9.49
变压器制造业	39.89	25.60	49.17	0.54	3.09
整流器制造业	1.92	1.14	3.52	－0.17	－0.10
电容器制造业	4.08	3.02	3.59	－0.33	－0.17
开关控制设备制造业	59.24	40.03	73.24	0.20	3.78
电器设备元件制造业	16.57	10.98	22.18	0.04	1.05
其他输配电及控制设备制造业	13.27	8.23	19.38	0.67	1.85
电工器材制造业	144.97	97.55	155.32	－1.69	5.19
电线电缆制造业	104.65	70.71	114.68	－0.10	4.77
绝缘制品业	7.97	5.18	6.75	－0.15	0.20
蓄电池制造业	14.41	9.22	12.08	－0.60	－0.15
原电池制造业	13.71	9.42	15.16	－0.96	－0.07
其他电工器材制造业	4.24	3.03	6.65	0.13	0.44
日用电器制造业	55.09	42.57	77.65	－0.98	2.05
洗衣机制造业	10.80	7.96	12.57	0.39	0.88

（续）

行　　业	年末固定资产原价	年末固定资产净值	流动资产合　计	利润总额	利税总额
吸尘器制造业	0.46	0.35	0.73	0.00	0.05
电冰箱制造业	15.06	12.29	18.89	0.03	0.80
电风扇制造业	7.75	5.60	10.10	−0.39	0.29
空调器制造业	11.78	9.56	18.84	−0.45	0.03
排油烟机制造业	1.04	0.69	2.06	−0.08	0.02
其他日用电器制造业	8.20	6.13	14.47	−0.48	−0.03
照明器具制造业	29.39	19.93	33.54	−1.82	−0.17
电光源制造业	21.00	14.22	21.87	−1.83	−0.75
灯头、灯座制造业	0.69	0.53	0.86	−0.06	−0.04
灯具制造业	2.61	1.81	3.98	0.03	0.19
灯用电器附件制造业	0.95	0.57	1.81	0.09	0.30
其他照明器具制造业	4.14	2.80	5.03	−0.05	0.13
电气机械修理业	0.86	0.53	0.99	0.02	0.08
其他电气机械制造业	11.63	7.13	14.21	0.05	0.56
电焊机制造业	4.64	3.17	6.73	0.02	0.33
工业用电炉制造业	3.41	2.06	3.38	−0.16	−0.08
其他类未包括的电气机械制造业	3.58	1.90	4.10	0.19	0.31
仪器仪表及文化、办公用机械制造业	201.68	128.85	208.16	−6.52	1.23
通用仪器仪表制造业	95.83	62.97	96.18	−0.97	3.50
工业自动化仪表制造业	21.30	13.93	25.06	−0.68	0.39
电工仪器、仪表制造业	14.28	9.66	16.95	−0.49	0.13
光学仪器制造业	40.86	27.18	32.04	0.26	2.02
计时仪器制造业	0.52	0.20	0.45	−0.05	−0.03
分析仪器制造业	4.01	2.47	5.95	0.21	0.51
试验机制造业	6.56	4.35	6.85	−0.16	0.17
实验室仪器及装置制造业	3.07	1.91	3.25	−0.13	−0.01
通用仪器仪表元件、器件制造业	1.83	1.08	3.38	0.07	0.25
其他通用仪器仪表制造业	3.38	2.19	2.25	−0.01	0.06
专用仪器仪表制造业	33.83	22.81	36.05	−1.16	0.06
环境保护仪器仪表制造业	0.72	0.72	1.61	−0.47	−0.42
汽车仪器仪表制造业	0.13	0.09	0.22	−0.01	0.00
导航、制导仪器制造业	13.23	8.74	10.84	−0.65	−0.35
农、林、牧、渔仪器、仪表制造业	0.35	0.23	0.22	−0.03	−0.02
地质勘探、钻采、地震专用仪器制造业	9.89	6.58	12.51	−0.20	0.00
气象、海洋、水文、天文仪器制造业	1.13	0.81	0.72	−0.04	0.01
教学仪器制造业	1.18	0.81	2.23	0.17	0.29
核子及核辐射测量仪器制造业	1.69	1.09	1.58	0.10	0.21
专用仪器仪表元件、器件制造业	5.50	3.74	6.13	−0.05	0.33
电子测量仪器制造业	7.68	4.66	9.28	−0.74	−0.47
计量器具制造业	11.35	7.68	11.48	−0.44	0.05
传递标准用计量仪器制造业	0.30	0.19	0.46	0.00	0.02
量具量仪制造业	5.64	3.65	6.12	−0.18	0.04
衡器制造业	5.41	3.84	4.90	−0.26	−0.02
文化、办公用机械制造业	15.42	8.75	19.66	−0.35	0.18
电影机械制造业	2.28	1.02	2.06	−0.06	0.00
幻灯机及投影仪制造业	1.56	1.03	0.92	−0.01	0.04
照相机及器材制造业	6.35	3.77	7.00	−0.16	0.03
复印机制造业	3.52	1.81	6.92	−0.14	−0.02
打字机及油印机制造业	0.90	0.62	1.14	−0.05	0.02
其他文化、办公用机械制造业	0.80	0.49	1.63	0.05	0.11
钟表制造业	32.64	18.43	31.36	−2.94	−2.38
仪器仪表及文化、办公用机械修理业	0.04	0.02	0.07	0.03	0.03
其他仪器仪表制造业	4.90	3.52	4.07	0.05	0.26

1997 年全部独立核算国有机械工业企业主要财务分析指标

行　　业	总资产报酬率（%）	产　值利税率（%）	百元销售收入实现的利润（元）	百元固定资产实现的利税（元）	工　业增加值率（%）
机械工业总计	4.43	4.20	−0.87	3.82	25.88
金属制品业	3.00	1.55	−3.42	1.20	27.89
金属结构制造业	3.57	4.09	−1.21	3.72	29.66
铸铁管制造业	2.06	−1.92	−6.36	−1.17	25.25
工具制造业	2.55	0.57	−5.50	0.34	36.41
切削工具制造业	2.76	1.00	−5.51	0.51	39.34
模具制造业	1.70	0.69	−5.07	0.45	34.92
手工具制造业	3.23	0.75	−4.71	0.69	32.61
其他工具制造业	−1.27	−9.20	−15.79	−6.69	24.15
集装箱和金属包装物品制造业	0.41	−6.53	−11.53	−5.95	21.46
集装箱制造业	0.57	−3.28	−7.41	−7.25	20.67
金属包装物品及容器制造业	0.38	−7.40	−12.32	−5.82	21.66
金属丝绳及其制品业	1.83	−0.74	−4.29	−0.42	19.55
建筑用金属制品业	1.37	−2.06	−6.71	−1.51	29.47
建筑小五金制造业	0.77	−3.89	−6.22	−2.83	33.12
水暖管道零件制造业	3.04	0.54	−4.13	0.50	17.55
金属门窗制造业	0.78	−3.72	−9.02	−2.37	33.16
其他建筑用金属制品业	5.30	7.07	3.41	16.66	33.06
金属表面处理及热处理业	2.22	0.64	−4.44	0.83	29.23
日用金属制品业	1.46	−4.62	−8.86	−4.49	25.44
搪瓷制造业	−0.53	−7.83	−13.07	−6.89	23.07
铝制品业	−1.01	−13.68	−18.86	−8.00	26.13
不锈钢制品业	4.57	−1.11	−5.16	−1.81	18.79
刀剪制造业	−0.37	−10.15	−20.60	−10.28	31.97
制锁业	4.30	1.10	−3.07	1.49	40.73
炊事用具制造业	1.68	−2.85	−4.65	−2.30	22.77
燃气用具制造业	0.71	−5.68	−10.84	−9.34	17.61
理发用具制造业	6.15	14.81	9.09	9.36	5.04
其他日用金属制品业	1.44	−1.95	−5.44	−1.33	28.96
其他金属制品业	12.16	20.67	10.26	21.74	34.88
铁制小农具制造业	−2.77	−28.26	−30.83	−12.43	25.14
焊条制造业	2.56	1.04	−2.77	0.95	16.68
其他类未包括的金属制品业	27.55	34.32	22.44	42.18	48.60
普通机械制造业	3.92	3.86	−1.95	2.87	31.13
锅炉及原动机制造业	4.42	5.61	−0.02	4.96	31.20
锅炉制造业	4.97	6.26	−1.03	5.15	29.68
内燃机制造业	3.79	4.31	−0.02	4.51	30.65
汽轮机制造业	4.69	14.76	4.74	7.60	40.11
水轮机制造业	4.91	7.27	−0.45	4.57	40.73
内燃机零部件及配件制造业	5.25	5.31	−1.06	4.32	29.73
其他锅炉及原动机制造业	3.37	4.55	−0.19	6.43	27.60
金属加工机械制造业	2.78	1.37	−4.76	0.69	33.46
金属切削机床制造业	2.53	0.82	−5.49	0.38	34.82
锻压设备制造业	3.88	3.05	−1.85	2.24	33.50
铸造机械制造业	1.26	−6.27	−13.61	−3.21	28.13
机床附件制造业	4.35	8.71	0.82	4.24	37.82
其他金属加工机械制造业	2.63	0.89	−4.53	0.44	24.35

（续）

行　　业	总资产报酬率（%）	产　值利税率（%）	百元销售收入实现的利润（元）	百元固定资产实现的利税（元）	工　业增加值率（%）
通用设备制造业	4.69	5.17	−0.38	4.58	29.40
起重运输设备制造业	4.12	3.42	−1.93	2.92	27.78
工矿车辆制造业	2.66	0.50	−6.56	0.30	17.25
泵制造业	6.24	6.98	0.80	6.49	34.87
风机制造业	5.78	8.34	0.08	5.96	34.50
气体压缩机及气体分离设备制造业	4.12	4.32	−2.06	3.24	30.91
冷冻设备制造业	6.26	9.24	5.21	11.25	27.03
风动工具制造业	3.25	3.94	−8.75	1.92	40.53
电动工具制造业	5.93	3.53	0.31	8.43	25.51
其他通用设备制造业	2.80	1.97	−3.53	1.18	29.69
轴承、阀门制造业	4.51	4.19	−2.04	3.25	32.13
轴承制造业	4.60	3.99	−2.00	3.15	31.62
阀门制造业	4.14	4.98	−2.20	3.57	34.15
其他通用零部件制造业	3.94	2.07	−4.23	1.58	33.40
液压件及液力件制造业	4.33	3.33	−3.65	2.32	35.22
气动元件制造业	5.64	5.62	0.82	5.05	30.75
密封件制造业	1.27	−1.74	−7.87	−0.99	25.04
粉末冶金制品业	2.86	−0.38	−6.15	−0.47	27.53
紧固件制造业	1.09	−4.16	−9.75	−2.73	28.31
弹簧制造业	8.95	20.39	5.19	16.24	26.63
链条制造业	−0.83	−21.36	−23.56	−14.99	1.69
齿轮制造业	4.95	3.24	−2.48	2.61	42.38
其他类未包括的通用零部件制造业	6.25	7.65	1.39	5.98	29.82
铸锻件制造业	1.94	−1.61	−7.30	−0.81	28.33
铸件制造业	1.89	−0.72	−6.98	−0.33	27.87
锻件制造业	2.06	−3.51	−8.00	−2.10	29.29
普通机械修理业	4.34	9.94	−1.37	6.18	50.13
其他普通机械制造业	0.70	−5.67	−10.75	−2.30	27.19
专用设备制造业	3.61	2.31	−2.00	2.00	25.52
冶金、矿山、机电工业专用设备制造业	3.23	0.76	−5.24	0.40	25.92
矿山设备制造业	2.69	−1.18	−6.62	−0.66	23.90
冶金工业专用设备制造业	3.62	2.02	−4.58	0.87	27.78
电工专用设备制造业	4.45	3.78	−2.19	3.18	27.49
电子工业专用设备制造业	4.96	7.21	1.84	6.92	30.66
其他机电工业专用设备制造业	2.11	−1.86	−10.26	−1.14	21.50
石化及其他工业专用设备制造业	2.53	−0.94	−6.67	−0.63	27.11
石油工业专用设备制造业	2.33	−2.04	−7.07	−1.27	20.30
化学工业专用设备制造业	1.89	−3.61	−10.03	−2.39	25.35
化学纤维工业专用设备制造业	3.10	2.87	0.15	4.12	45.59
橡胶工业专用设备制造业	1.12	−10.23	−14.55	−6.14	23.66
塑料工业专用设备制造业	7.73	7.04	2.85	9.47	30.41
森林工业专用设备制造业	4.85	4.35	−1.76	3.93	27.47
印刷工业专用设备制造业	3.31	7.31	0.98	4.25	39.10
制药工业专用设备制造业	0.87	−7.57	−16.13	−6.38	37.71
建筑材料及其他制品专用设备制造业	1.04	−6.85	−12.56	−3.09	26.95
轻纺工业专用设备制造业	3.65	3.23	−2.21	2.44	32.18
食品、饮料、烟草工业专用设备制造业	3.27	3.38	−2.11	2.92	34.24
粮油工业专用设备制造业	2.92	−0.46	−5.00	−0.39	32.63
饲料工业专用设备制造业	7.62	9.93	7.68	17.23	34.59
包装工业专用设备制造业	8.47	11.93	9.58	17.04	40.89

（续）

行　　业	总资产报酬率（%）	产　值利税率（%）	百元销售收入实现的利润（元）	百元固定资产实现的利税（元）	工　业增加值率（%）
纺织、服装、皮革工业专用设备制造业	3.02	0.83	−5.57	0.54	29.17
照明器具工业专用设备制造业	1.33	−1.78	−5.81	−1.00	26.38
日用硅酸制品工业专用设备制造业	2.46	−0.37	−6.82	−0.10	30.88
制浆、造纸工业专用设备制造业	3.04	4.20	−2.77	1.98	28.08
日用化学工业专用设备制造业	4.22	−0.29	−4.62	−0.29	24.83
农、林、牧、渔、水利业机械制造业	4.25	2.68	0.26	3.93	20.61
拖拉机制造业	2.94	2.08	0.24	2.84	19.64
机械化农机具制造业	4.83	2.21	−0.23	2.84	22.92
营林机械制造业	3.70	0.12	−6.87	0.06	39.14
畜牧机械制造业	2.66	−6.29	−11.05	−4.60	34.91
渔业机械制造业	3.83	0.66	−2.75	0.83	21.53
水利机械制造业	3.03	2.88	−3.23	1.97	35.43
拖拉机配件制造业	2.82	−0.92	−6.47	−0.78	27.15
其他农、林、牧、渔、水利业机械制造业	8.52	5.01	2.58	13.03	18.44
医疗器械制造业	4.96	5.85	−1.10	5.20	34.09
手术器械制造业	6.04	5.76	−2.89	4.10	38.96
医疗仪器、设备制造业	5.02	6.99	−0.16	6.50	37.23
诊断用品制造业	3.91	0.79	−6.54	0.68	31.83
医用材料及医疗用品制造业	4.18	3.76	−2.32	3.98	25.14
假肢、矫形器制造业	6.04	19.73	12.52	12.14	39.76
其他专用设备制造业	3.81	3.75	−1.70	3.08	29.97
建筑机械制造业	4.10	4.29	−1.11	3.21	28.25
地质专用设备制造业	1.25	−8.89	−15.38	−3.31	21.93
缝纫机制造业	2.73	2.13	−3.15	1.48	26.68
商业、饮食业、服务业专用机械制造业	5.02	4.81	−3.61	3.85	28.76
邮政机械及器材制造业	5.01	3.84	−0.33	9.98	22.52
环境保护机械制造业	6.11	11.81	5.09	19.07	31.73
社会公共安全设备及器材制造业	5.67	6.32	0.57	7.68	32.67
其他类未包括的专用设备制造业	2.84	1.10	−3.61	1.00	39.70
专用机械设备修理业	3.14	3.94	1.61	2.22	32.19
工业专用设备修理业	1.99	2.41	1.70	3.64	23.11
农、林、牧、渔、水利机械修理业	4.94	5.81	3.64	6.62	33.36
医疗器械修理业	8.03	10.43	0.97	24.61	34.83
其他专用机械设备修理业	2.78	3.45	0.64	1.34	34.37
交通运输设备制造业	5.28	5.83	0.57	5.88	22.92
铁路运输设备制造业	6.94	9.87	0.84	8.26	26.59
机车制造业	8.06	8.87	1.41	9.02	24.63
客车制造业	9.02	13.38	1.63	12.12	24.79
货车制造业	8.12	11.62	1.37	9.35	27.30
机车车辆配件制造业	0.77	−2.31	−7.23	−1.28	29.72
铁路信号设备制造业	5.84	12.49	−0.27	6.63	40.72
铁路专用设备制造业	7.56	13.71	3.41	11.31	29.79
铁路专用器材制造业	2.41	1.80	−5.24	0.99	28.70
其他铁路运输设备制造业	4.57	7.83	−0.18	5.54	25.36
汽车制造业	6.03	6.53	1.19	7.39	20.31
载重汽车制造业	6.14	7.36	1.94	8.89	21.44
客车制造业	5.60	7.87	3.18	9.16	20.77
小轿车制造业	12.05	17.98	6.02	20.40	−22.06
微型汽车制造业	7.01	4.40	−0.44	11.27	14.90
特种车辆及改装汽车制造业	2.92	−0.35	−4.14	−0.37	18.87

（续）

行　　业	总资产报酬率（%）	产　值利税率（%）	百元销售收入实现的利润（元）	百元固定资产实现的利税（元）	工　业增加值率（%）
汽车车身制造业	2.28	0.57	−3.73	0.55	19.70
汽车零部件及配件制造业	4.74	3.51	−1.53	3.16	30.54
摩托车制造业	6.52	7.75	2.71	13.57	24.75
摩托车整车制造业	9.20	8.84	4.08	22.78	23.24
摩托车零部件及配件制造业	3.43	4.50	−0.33	4.04	28.79
自行车制造业	−0.93	−8.63	−10.87	−7.00	15.90
船舶制造业	2.73	1.70	−1.85	1.93	20.26
海洋运输船制造业	2.95	2.57	−0.78	3.41	18.47
内河船制造业	0.83	−3.43	−9.47	−2.40	28.28
渔轮制造业	−0.42	−6.65	−12.84	−4.74	23.61
船舶机械设备制造业	3.42	1.87	−3.05	1.52	27.80
航空航天器制造业	5.26	5.88	1.32	5.06	28.70
飞机制造业	5.67	6.46	1.48	5.74	28.45
其他航空航天器制造业	2.64	1.28	−0.15	0.89	30.67
交通运输设备修理业	3.77	5.26	−0.29	2.94	31.53
铁路运输设备修理业	3.66	7.08	−2.63	2.93	33.58
汽车修理业	4.16	5.53	−0.62	3.83	32.27
摩托车修理业	18.94	8.03	2.62	27.82	51.07
电车修理业	18.14	7.72	0.32	30.77	66.88
船舶修理业	3.79	4.76	1.85	2.58	29.59
飞机修理业	3.16	3.59	2.13	2.50	29.29
其他交通运输设备修理业	2.43	−0.68	−3.81	−0.56	31.11
其他交通运输设备制造业	3.85	2.07	−4.65	2.95	51.32
航标器材制造业	5.42	10.08	0.44	7.87	55.62
潜水装备制造业	5.82	10.80	3.15	18.33	32.72
公路标志制造业	2.88	−0.48	−8.36	−0.76	53.50
电气机械及器材制造业	4.71	3.87	−0.95	4.43	26.81
电机制造业	4.25	4.57	−1.37	4.01	32.30
发电机制造业	3.58	6.12	0.06	5.29	37.60
电动机制造业	5.11	5.80	−0.44	4.94	31.22
微电机制造业	1.83	−4.35	−10.15	−4.57	22.32
输配电及控制设备制造业	5.88	7.16	0.70	7.03	29.51
变压器制造业	6.19	7.77	1.34	7.74	28.11
整流器制造业	0.45	−6.35	−12.28	−5.24	17.42
电容器制造业	−0.43	−3.72	−11.40	−4.19	24.59
开关控制设备制造业	5.89	6.84	0.33	6.37	28.64
电器设备元件制造业	5.08	7.97	0.31	6.36	29.48
其他输配电及控制设备制造业	8.24	10.08	4.08	13.92	37.44
电工器材制造业	4.76	2.60	−0.98	3.58	19.58
电线电缆制造业	5.33	3.09	−0.08	4.56	18.81
绝缘制品业	4.07	3.18	−2.87	2.50	27.51
蓄电池制造业	2.36	−1.22	−5.87	−1.02	20.36
原电池制造业	2.66	−0.33	−4.39	−0.49	19.96
其他电工器材制造业	6.41	5.93	2.06	10.26	26.72
日用电器制造业	4.21	2.30	−1.51	3.72	29.65
洗衣机制造业	6.51	7.28	3.42	8.11	28.30
吸尘器制造业	8.87	4.16	−0.21	11.23	28.54
电冰箱制造业	3.41	5.18	0.29	5.33	25.36
电风扇制造业	5.95	1.32	−2.55	3.76	24.72
空调器制造业	3.81	0.13	−3.03	0.26	39.75

（续）

行　　业	总资产报酬率（%）	产　值利税率（%）	百元销售收入实现的利润（元）	百元固定资产实现的利税（元）	工　业增加值率（%）
排油烟机制造业	4.92	1.29	−4.62	2.24	15.74
其他日用电器制造业	2.06	−0.22	−5.55	−0.32	32.53
照明器具制造业	2.26	−0.56	−6.09	−0.59	30.65
电光源制造业	0.72	−4.38	−11.15	−3.57	29.57
灯头、灯座制造业	0.22	−5.77	−9.68	−5.95	35.30
灯具制造业	5.10	4.81	1.04	7.17	26.40
灯用电器附件制造业	15.01	9.61	2.50	31.69	28.40
其他照明器具制造业	3.95	2.11	−0.92	3.09	37.11
电气机械修理业	5.71	9.01	1.75	9.03	38.11
其他电气机械制造业	4.96	5.72	0.55	4.77	31.94
电焊机制造业	5.69	6.37	0.44	7.05	33.74
工业用电炉制造业	0.18	−3.96	−10.17	−2.28	36.66
其他类未包括的电气机械制造业	7.99	11.74	6.07	8.54	25.63
仪器仪表及文化、办公用机械制造业	3.27	0.82	−4.98	0.61	30.21
通用仪器仪表制造业	4.79	4.65	−1.42	3.65	29.31
工业自动化仪表制造业	3.74	2.45	−4.77	1.82	31.05
电工仪器、仪表制造业	3.10	0.78	−3.59	0.89	23.83
光学仪器制造业	5.84	7.42	1.05	4.95	27.75
计时仪器制造业	0.02	−19.31	−28.82	−5.63	31.78
分析仪器制造业	8.25	12.31	5.12	12.60	33.85
试验机制造业	4.07	4.04	−3.79	2.62	45.42
实验室仪器及装置制造业	3.32	−0.73	−9.72	−0.34	38.39
通用仪器仪表元件、器件制造业	9.21	6.78	2.05	13.88	28.86
其他通用仪器仪表制造业	3.92	3.18	−0.48	1.92	28.70
专用仪器仪表制造业	3.51	0.21	−4.91	0.17	28.90
环境保护仪器仪表制造业	−10.66	−53.23	−58.85	−57.39	13.45
汽车仪器仪表制造业	2.55	2.16	−4.73	2.16	26.34
导航、制导仪器制造业	2.45	−4.41	−8.93	−2.63	30.23
农、林、牧、渔仪器、仪表制造业	0.52	−17.10	−26.61	−4.87	34.52
地质勘探、钻采、地震专用仪器制造业	3.18	−0.02	−3.35	−0.02	26.30
气象、海洋、水文、天文仪器制造业	3.42	3.15	−5.75	1.30	38.50
教学仪器制造业	9.51	16.21	9.74	24.30	41.61
核子及核辐射测量仪器制造业	7.99	17.17	8.69	12.33	40.27
专用仪器仪表元件、器件制造业	6.09	4.82	−0.82	5.94	25.29
电子测量仪器制造业	0.99	−6.70	−13.78	−6.07	33.04
计量器具制造业	3.68	0.57	−7.03	0.40	37.62
传递标准用计量仪器制造业	4.59	8.75	0.85	7.19	14.82
量具量仪制造业	4.01	1.02	−5.61	0.78	48.62
衡器制造业	3.25	−0.59	−9.42	−0.37	27.75
文化、办公用机械制造业	2.89	1.20	−2.45	1.19	27.92
电影机械制造业	3.27	−0.25	−5.21	−0.14	31.38
幻灯机及投影仪制造业	3.58	5.58	−0.78	2.44	43.69
照相机及器材制造业	1.64	0.97	−3.53	0.54	36.46
复印机制造业	3.03	−0.20	−3.02	−0.43	17.36
打字机及油印机制造业	3.86	1.39	−4.12	1.99	31.76
其他文化、办公用机械制造业	7.16	11.12	2.25	14.04	30.29
钟表制造业	−1.37	−17.73	−27.05	−7.29	32.07
仪器仪表及文化、办公用机械修理业	29.35	108.88	96.67	75.21	30.05
其他仪器仪表制造业	5.37	7.46	1.75	5.32	38.83

1997 年全部独立核算乡办机械工业企业主要统计指标(一)

行业	企业单位数(个)	工业总产值(亿元)		工业增加值(亿元)	产品销售收入(亿元)	职工年平均人数(人)
		1990 年不变价	当年价			
机械工业总计	35 641	3 394.58	3 647.23	911.08	2 959.07	2 998 036
金属制品业	10 284	792.81	866.07	211.10	700.52	761 009
金属结构制造业	604	63.79	71.80	15.40	55.53	46 020
铸铁管制造业	566	40.16	46.68	12.49	34.08	39 873
工具制造业	966	64.44	69.53	17.77	55.42	98 252
切削工具制造业	250	16.72	17.98	4.54	13.61	18 927
模具制造业	315	17.74	19.51	5.82	15.64	20 318
手工具制造业	326	22.27	24.30	5.49	19.82	52 268
其他工具制造业	75	7.72	7.74	1.92	6.36	6 739
集装箱和金属包装物品制造业	538	122.32	128.38	28.63	110.02	60 408
集装箱制造业	27	50.19	54.61	9.23	50.58	12 229
金属包装物品及容器制造业	511	72.12	73.77	19.40	59.44	48 179
金属丝绳及其制品业	848	73.40	84.11	19.92	71.13	57 677
建筑用金属制品业	1 894	139.46	150.79	40.01	116.72	164 902
建筑小五金制造业	211	10.95	12.42	3.50	10.73	12 084
水暖管道零件制造业	490	50.06	53.96	15.77	40.30	86 981
金属门窗制造业	1 054	64.19	70.55	17.16	53.86	55 773
其他建筑用金属制品业	139	14.25	13.85	3.58	11.83	10 064
金属表面处理及热处理业	813	55.39	59.50	14.53	49.26	61 392
日用金属制品业	1 671	156.36	166.41	40.99	137.09	142 479
搪瓷制造业	81	10.99	11.90	3.56	9.68	12 506
铝制品业	374	48.74	53.34	13.77	42.54	30 611
不锈钢制品业	268	26.55	28.10	6.34	25.89	23 069
刀剪制造业	80	4.99	5.26	2.28	4.24	6 526
制锁业	161	22.57	23.69	6.65	17.73	24 035
炊事用具制造业	333	7.96	9.29	2.13	7.47	14 608
燃气用具制造业	108	14.81	14.30	2.58	12.01	10 639
理发用具制造业	16	1.91	1.89	0.52	1.78	1 506
其他日用金属制品业	250	17.84	18.65	3.17	15.75	18 979
其他金属制品业	2 384	77.50	88.88	21.37	71.25	90 006
铁制小农具制造业	1 816	28.67	33.90	9.06	25.69	47 643
焊条制造业	112	13.83	16.54	3.58	12.82	11 590
其他类未包括的金属制品业	456	35.01	38.45	8.72	32.74	30 773
普通机械制造业	9 846	730.57	806.50	209.57	620.01	805 790
锅炉及原动机制造业	677	75.92	85.27	22.03	66.12	87 988
锅炉制造业	287	34.61	39.93	10.75	30.58	37 366
内燃机制造业	27	3.92	4.30	1.14	2.61	5 420
汽轮机制造业	8	1.71	1.99	0.58	1.01	1 456
水轮机制造业	4	0.53	0.55	0.05	0.53	167
内燃机零部件及配件制造业	294	31.53	34.36	8.32	27.86	38 656
其他锅炉及原动机制造业	57	3.61	4.15	1.19	3.52	4 923
金属加工机械制造业	785	54.89	59.46	14.89	45.66	63 054
金属切削机床制造业	150	11.54	12.24	2.90	8.85	12 049
锻压设备制造业	102	11.69	12.88	3.28	10.53	11 895
铸造机械制造业	178	11.09	12.82	3.04	10.14	13 805
机床附件制造业	82	6.43	6.38	1.25	5.26	7 610
其他金属加工机械制造业	273	14.13	15.13	4.42	10.88	17 695
通用设备制造业	1 328	151.30	160.12	40.87	127.35	147 350

（续）

行业	企业单位数（个）	工业总产值(亿元)		工业增加值（亿元）	产品销售收入（亿元）	职工年平均人数（人）
		1990年不变价	当年价			
起重运输设备制造业	241	34.28	36.88	9.71	29.20	29 372
工矿车辆制造业	48	8.66	9.98	2.46	8.06	9 542
泵制造业	453	35.46	38.68	10.01	27.69	40 468
风机制造业	137	8.88	9.61	2.50	7.73	13 416
气体压缩机及气体分离设备制造业	63	7.05	8.30	2.20	6.06	6 925
冷冻设备制造业	78	22.70	24.34	5.96	22.69	13 711
风动工具制造业	22	2.69	2.55	0.64	1.91	2 569
电动工具制造业	85	16.18	13.01	2.86	10.79	9 755
其他通用设备制造业	201	15.39	16.77	4.53	13.21	21 592
轴承、阀门制造业	803	72.95	78.33	20.26	61.09	93 971
轴承制造业	288	32.77	34.76	8.55	26.49	41 577
阀门制造业	515	40.18	43.57	11.71	34.61	52 394
其他通用零部件制造业	1 922	146.95	160.54	41.83	127.23	150 144
液压件及液力件制造业	197	16.72	19.23	5.03	14.19	19 488
气动元件制造业	108	6.73	7.05	1.67	5.66	7 046
密封件制造业	80	5.19	5.51	1.55	4.40	5 765
粉末冶金制品业	143	10.15	10.74	2.88	8.34	11 482
紧固件制造业	528	36.68	39.92	10.60	34.00	34 999
弹簧制造业	169	11.15	11.75	3.39	9.46	13 177
链条制造业	114	11.30	12.48	3.40	9.33	10 345
齿轮制造业	126	14.56	16.09	3.97	13.29	15 544
其他类未包括的通用零部件制造业	457	34.47	37.78	9.34	28.56	32 298
铸锻件制造业	3 737	207.02	238.47	63.03	173.42	227 573
铸件制造业	3 360	183.43	211.74	55.42	153.18	203 067
锻件制造业	377	23.59	26.72	7.61	20.24	24 506
普通机械修理业	267	5.53	6.33	1.80	4.73	7 234
其他普通机械制造业	327	16.01	17.98	4.87	14.40	28 476
专用设备制造业	5 690	480.73	520.53	133.55	417.56	443 513
冶金、矿山、机电工业专用设备制造业	411	37.93	41.57	11.34	32.70	37 876
矿山设备制造业	231	15.56	17.81	5.21	13.10	16 529
冶金工业专用设备制造业	64	8.67	10.09	2.56	7.85	7 414
电工专用设备制造业	22	1.51	1.48	0.38	1.40	1 382
电子工业专用设备制造业	39	5.76	5.50	1.59	4.52	8 093
其他机电工业专用设备制造业	55	6.43	6.69	1.60	5.84	4 458
石化及其他工业专用设备制造业	753	93.03	96.50	24.05	79.51	76 076
石油工业专用设备制造业	85	9.24	10.14	2.78	9.62	9 361
化学工业专用设备制造业	96	13.38	14.58	3.75	12.18	10 491
化学纤维工业专用设备制造业	17	4.68	3.93	1.00	3.43	3 127
橡胶工业专用设备制造业	53	5.69	6.14	1.78	5.24	5 331
塑料工业专用设备制造业	106	18.15	17.74	3.91	13.29	9 959
森林工业专用设备制造业	58	17.94	17.38	3.76	13.55	11 829
印刷工业专用设备制造业	77	5.05	5.53	1.48	4.73	7 103
制药工业专用设备制造业	40	3.08	2.95	0.82	2.20	3 124
建筑材料及其他制品专用设备制造业	221	15.83	18.10	4.76	15.26	15 751
轻纺工业专用设备制造业	987	108.31	117.89	31.54	97.30	110 185
食品、饮料、烟草工业专用设备制造业	151	19.82	21.90	6.25	19.38	18 464
粮油工业专用设备制造业	171	10.07	12.43	3.96	8.44	14 473
饲料工业专用设备制造业	21	1.22	1.31	0.32	0.82	2 148
包装工业专用设备制造业	52	5.04	6.04	1.61	4.82	5 563

(续)

行　　业	企业单位数(个)	工业总产值(亿元) 1990年不变价	当年价	工业增加值(亿元)	产品销售收入(亿元)	职工年平均人数(人)
纺织、服装、皮革工业专用设备制造业	406	46.42	47.66	11.56	40.03	42 536
照明器具工业专用设备制造业	33	1.98	2.16	0.64	2.07	2 087
日用硅酸制品工业专用设备制造业	16	1.95	2.11	0.52	1.39	1 501
制浆、造纸工业专用设备制造业	106	15.92	18.77	4.99	15.35	18 996
日用化学工业专用设备制造业	31	5.88	5.51	1.70	4.99	4 417
农、林、牧、渔、水利业机械制造业	1 446	108.56	123.47	30.25	98.25	97 539
拖拉机制造业	43	6.93	8.06	1.96	6.42	4 862
机械化农机具制造业	603	25.47	29.79	7.16	25.89	30 702
营林机械制造业	6	1.08	1.24	0.36	0.85	593
畜牧机械制造业	21	0.61	0.71	0.31	0.43	1 336
渔业机械制造业	20	2.54	2.67	0.62	2.37	1 467
水利机械制造业	27	2.51	2.81	0.44	1.92	2 859
拖拉机配件制造业	333	28.77	31.32	7.87	24.47	28 811
其他农、林、牧、渔、水利业机械制造业	393	40.64	46.88	11.53	35.91	26 909
医疗器械制造业	280	37.23	37.64	8.52	29.12	30 941
手术器械制造业	16	9.66	10.16	2.96	8.52	5 291
医疗仪器、设备制造业	46	4.11	3.84	0.71	2.25	2 878
诊断用品制造业	37	5.24	4.12	1.06	3.64	5 585
医用材料及医疗用品制造业	175	17.86	19.16	3.77	14.32	16 816
假肢、矫形器制造业	6	0.37	0.36	0.03	0.40	371
其他专用设备制造业	713	82.10	87.62	23.21	67.61	69 454
建筑机械制造业	134	17.48	20.34	5.30	16.66	16 024
地质专用设备制造业	11	0.41	0.45	0.05	0.35	843
畜牧兽医医疗器械制造业	2	0.04	0.04	0.01	0.04	66
缝纫机制造业	74	12.37	10.70	3.08	8.82	10 632
商业、饮食业、服务业专用机械制造业	26	1.94	2.21	0.55	1.80	2 267
邮政机械及器材制造业	10	1.53	1.87	0.50	1.49	1 130
环境保护机械制造业	186	24.50	26.60	6.49	19.83	15 227
社会公共安全设备及器材制造业	141	12.31	13.07	3.77	10.19	13 150
其他类未包括的专用设备制造业	129	11.53	12.36	3.46	8.43	10115
专用机械设备修理业	1 100	13.56	15.84	4.63	13.07	21442
工业专用设备修理业	32	1.04	1.10	0.42	0.80	1 281
农、林、牧、渔、水利机械修理业	973	10.13	12.14	3.42	9.69	16 629
医疗器械修理业	4	0.01	0.01	0.00	0.01	68
其他专用机械设备修理业	91	2.38	2.59	0.79	2.57	3 464
交通运输设备制造业	4 364	477.84	511.05	133.72	423.36	372 260
铁路运输设备制造业	89	7.33	8.58	2.58	7.15	8 451
机车制造业	3	0.08	0.11	0.02	0.09	107
客车制造业	1	1.64	2.31	0.82	2.17	1 480
货车制造业	0	0.00	0.00	0.00	0.00	0
机车车辆配件制造业	54	3.29	3.75	1.14	2.83	4 166
铁路信号设备制造业	2	0.03	0.03	0.01	0.03	104
铁路专用设备制造业	8	0.23	0.25	0.05	0.23	650
铁路专用器材制造业	9	1.26	1.32	0.27	1.06	1 261
其他铁路运输设备制造业	12	0.81	0.82	0.26	0.75	683
汽车制造业	1 688	217.74	236.32	64.56	189.46	186 145
载重汽车制造业	22	7.60	9.42	1.29	8.49	4 958
客车制造业	27	5.78	6.40	1.54	5.88	4 330
小轿车制造业	4	1.69	1.75	0.33	1.42	564
微型汽车制造业	14	4.28	4.06	0.90	2.35	1 335

(续)

行　　业	企　业单位数（个）	工业总产值(亿元)		工　业增加值（亿元）	产品销售收　入（亿元）	职工年平均人数（人）
		1990年不变价	当年价			
特种车辆及改装汽车制造业	76	22.41	24.31	6.87	20.36	11 313
汽车车身制造业	37	10.89	13.10	5.67	9.03	7 924
汽车零部件及配件制造业	1 508	165.09	177.28	47.96	141.93	155 721
摩托车制造业	518	126.88	130.41	30.34	111.37	61 943
摩托车整车制造业	58	73.75	75.39	16.23	68.30	16 008
摩托车零部件及配件制造业	460	53.13	55.02	14.11	43.07	45 935
自行车制造业	246	50.74	52.65	17.75	46.80	35 008
电车制造业	4	0.17	0.23	0.04	0.23	287
船舶制造业	188	24.27	25.54	6.75	20.71	13 731
海洋运输船制造业	19	3.10	2.93	0.70	2.34	2 361
内河船制造业	110	8.07	9.19	2.31	6.75	6 238
渔轮制造业	22	1.34	1.47	0.49	0.76	1 233
船舶机械设备制造业	37	11.76	11.95	3.24	10.86	3 899
海洋石油平台制造业	0	0.00	0.00	0.00	0.00	0
航空航天器制造业	1	0.02	0.02	0.01	0.01	35
飞机制造业	0	0.00	0.00	0.00	0.00	0
其他航空航天器制造业	1	0.02	0.02	0.01	0.01	35
交通运输设备修理业	1 618	49.67	56.18	11.45	46.87	66 001
铁路运输设备修理业	6	0.49	0.57	0.13	0.32	300
汽车修理业	1 343	37.68	42.84	7.90	35.74	51 449
摩托车修理业	14	0.35	0.41	0.11	0.38	345
电车修理业	3	0.13	0.14	0.02	0.14	98
船舶修理业	151	7.48	8.04	2.17	6.82	9 877
飞机修理业	0	0.00	0.00	0.00	0.00	0
其他交通运输设备修理业	101	3.53	4.17	1.13	3.47	3 932
其他交通运输设备制造业	12	1.01	1.12	0.23	0.76	659
航标器材制造业	4	0.05	0.06	0.04	0.02	180
潜水装备制造业	0	0.00	0.00	0.00	0.00	0
公路标志制造业	8	0.96	1.06	0.19	0.74	479
电气机械及器材制造业	4 693	841.06	869.74	203.92	734.98	548 810
电机制造业	377	58.01	61.49	15.52	49.82	61 055
发电机制造业	60	11.18	11.94	4.04	7.97	8 436
电动机制造业	183	24.61	26.17	6.18	19.78	25 778
微电机制造业	134	22.22	23.39	5.31	22.08	26 841
输配电及控制设备制造业	1 103	135.26	138.87	36.45	113.78	119 053
变压器制造业	147	18.62	20.87	4.14	16.86	22 609
整流器制造业	36	2.07	2.04	0.41	1.75	2 113
电容器制造业	78	10.05	10.59	0.57	8.61	10 241
开关控制设备制造业	401	35.04	37.98	11.36	29.52	30 697
电器设备元件制造业	185	33.26	29.00	7.96	27.05	23 968
其他输配电及控制设备制造业	256	36.22	38.41	12.01	29.98	29 425
电工器材制造业	1 570	351.45	376.87	84.25	327.56	173 784
电线电缆制造业	1 021	290.71	311.42	71.08	272.03	112 409
绝缘制品业	143	18.98	19.08	3.72	17.39	8 492
蓄电池制造业	197	22.63	24.07	6.14	18.91	17 771
原电池制造业	46	5.86	6.92	0.66	5.36	6 472
其他电工器材制造业	163	13.28	15.38	2.65	13.86	28 640
日用电器制造业	567	195.84	186.09	44.74	155.56	100 365
洗衣机制造业	22	4.90	4.97	1.38	4.20	3 071
吸尘器制造业	27	7.37	7.61	1.78	5.20	2 192

（续）

行业	企业单位数（个）	工业总产值（亿元）		工业增加值（亿元）	产品销售收入（亿元）	职工年平均人数（人）
		1990年不变价	当年价			
电冰箱制造业	26	15.47	13.69	1.65	12.02	5 858
电风扇制造业	84	36.77	33.71	8.94	29.19	23 954
空调器制造业	113	66.22	60.06	14.42	47.56	25 506
排油烟机制造业	11	8.15	7.90	2.16	6.36	3 264
其他日用电器制造业	284	56.95	58.15	14.41	51.02	36 520
照明器具制造业	839	84.37	88.59	18.31	75.43	79 648
电光源制造业	264	31.26	31.70	7.89	25.67	29 233
灯头、灯座制造业	69	8.10	8.28	1.42	7.22	7 413
灯具制造业	299	34.33	36.64	6.22	32.66	27 473
灯用电器附件制造业	98	6.41	7.30	1.56	6.00	7 061
其他照明器具制造业	109	4.26	4.67	1.22	3.88	8 468
电气机械修理业	52	1.76	2.10	0.86	1.21	2 708
其他电气机械制造业	185	14.38	15.72	3.80	11.63	12 197
电焊机制造业	75	7.37	8.17	2.16	5.79	6 004
工业用电炉制造业	35	3.37	3.62	0.78	2.74	2 099
其他类未包括的电气机械制造业	75	3.64	3.93	0.86	3.10	4 094
仪器仪表及文化、办公用机械制造业	764	71.57	73.34	19.23	62.65	66 654
通用仪器仪表制造业	300	30.51	31.33	8.24	27.22	25 799
工业自动化仪表制造业	80	9.79	9.82	2.86	8.48	6 909
电工仪器、仪表制造业	64	3.77	4.04	0.97	3.13	4 520
光学仪器制造业	38	8.09	7.83	2.45	6.89	5 754
计时仪器制造业	14	2.69	3.48	−0.08	3.52	2 202
分析仪器制造业	7	0.23	0.22	0.08	0.19	360
试验机制造业	5	0.18	0.20	0.06	0.19	280
实验室仪器及装置制造业	6	0.65	0.59	0.30	0.49	545
通用仪器仪表元件、器件制造业	41	3.29	3.21	0.94	2.56	2 857
其他通用仪器仪表制造业	45	1.80	1.95	0.67	1.78	2 372
专用仪器仪表制造业	117	9.96	9.90	2.91	7.57	8 652
环境保护仪器仪表制造业	13	0.81	0.89	0.19	0.71	982
汽车仪器仪表制造业	13	1.74	1.50	0.47	1.47	1 046
导航、制导仪器制造业	1	0.08	0.07	0.02	0.01	50
农、林、牧、渔仪器、仪表制造业	5	0.09	0.10	0.02	0.10	134
地质勘探、钻采、地震专用仪器制造业	8	0.17	0.18	0.05	0.17	351
气象、海洋、水文、天文仪器制造业	3	0.01	0.01	0.00	0.02	33
教学仪器制造业	13	1.39	1.03	0.46	0.93	1 502
核子及核辐射测量仪器制造业	1	0.00	0.00	0.00	0.00	0
专用仪器仪表元件、器件制造业	60	5.65	6.12	1.69	4.17	4 554
电子测量仪器制造业	15	0.92	1.05	−0.37	0.99	1 056
计量器具制造业	112	9.24	9.75	3.42	8.95	11 403
传递标准用计量仪器制造业	10	0.71	0.74	0.18	0.69	691
量具量仪制造业	56	5.02	5.00	1.74	4.59	6 338
衡器制造业	46	3.50	4.01	1.51	3.68	4 374
文化、办公用机械制造业	43	5.25	4.90	1.08	4.23	4 284
电影机械制造业	1	0.00	0.00	0.00	0.00	20
幻灯机及投影仪制造业	1	0.05	0.06	0.02	0.05	20
照相机及器材制造业	14	0.73	0.75	0.26	0.69	1 270
复印机制造业	3	0.50	0.50	0.09	0.50	216
打字机及油印机制造业	9	2.48	2.07	0.37	1.71	1 579
其他文化、办公用机械制造业	15	1.49	1.52	0.35	1.29	1 179
钟表制造业	89	10.24	10.79	2.57	9.64	10 159
仪器仪表及文化、办公用机械修理业	7	0.27	0.38	0.18	0.11	286
其他仪器仪表制造业	81	5.18	5.24	1.19	3.92	5 015

1997年全部独立核算乡办机械工业企业主要统计指标(二)

(单位:亿 元)

行　　业	年末固定资产原价	年末固定资产净值年平均余额	流动资产年平均余额合　计	利润总额	利税总额
机械工业总计	1 118.29	820.58	1 549.77	124.18	241.42
金属制品业	269.68	208.10	345.53	24.21	49.57
金属结构制造业	19.88	15.79	27.00	2.03	4.07
铸铁管制造业	13.60	10.48	15.28	1.26	2.44
工具制造业	24.77	17.86	33.10	1.80	4.22
切削工具制造业	5.58	3.69	8.34	0.64	1.20
模具制造业	9.24	7.27	10.55	0.33	1.04
手工具制造业	7.49	5.28	10.09	0.46	1.30
其他工具制造业	2.45	1.62	4.11	0.37	0.68
集装箱和金属包装物品制造业	42.51	34.50	59.83	4.01	7.28
集装箱制造业	16.08	12.87	23.69	0.99	1.57
金属包装物品及容器制造业	26.43	21.63	36.14	3.02	5.71
金属丝绳及其制品业	26.75	19.66	28.50	2.39	4.57
建筑用金属制品业	38.20	34.78	52.98	5.25	9.97
建筑小五金制造业	3.47	1.99	4.40	0.40	0.79
水暖管道零件制造业	14.32	16.86	18.35	2.44	4.11
金属门窗制造业	15.85	12.05	24.41	2.13	4.46
其他建筑用金属制品业	4.57	3.87	5.82	0.28	0.61
金属表面处理及热处理业	19.80	14.44	22.48	1.71	3.75
日用金属制品业	57.64	41.69	74.21	3.52	8.40
搪瓷制造业	3.51	2.44	4.52	0.31	0.64
铝制品业	21.92	14.66	20.07	1.33	2.73
不锈钢制品业	11.14	8.93	16.36	0.51	1.42
刀剪制造业	1.40	1.10	1.85	0.20	0.42
制锁业	4.80	3.53	9.85	0.60	1.17
炊事用具制造业	2.87	2.14	3.67	0.30	0.56
燃气用具制造业	4.17	3.14	8.52	−0.20	0.34
理发用具制造业	0.83	0.68	0.98	0.15	0.24
其他日用金属制品业	6.98	5.06	8.38	0.33	0.89
其他金属制品业	26.52	18.91	32.15	2.23	4.86
铁制小农具制造业	8.24	5.93	8.57	1.26	2.24
焊条制造业	4.54	3.03	6.96	0.33	0.84
其他类未包括的金属制品业	13.74	9.95	16.61	0.64	1.79
普通机械制造业	252.01	175.50	346.59	26.33	54.20
锅炉及原动机制造业	26.47	18.73	36.85	2.92	5.84
锅炉制造业	11.33	7.53	18.80	1.79	3.10
内燃机制造业	1.95	1.52	2.55	−0.02	0.12
汽轮机制造业	0.73	0.57	0.53	0.07	0.12
水轮机制造业	0.18	0.12	0.05	0.04	0.04
内燃机零部件及配件制造业	10.88	8.00	12.90	0.91	2.16
其他锅炉及原动机制造业	1.41	0.98	2.01	0.13	0.30
金属加工机械制造业	21.64	14.58	25.86	1.66	3.83
金属切削机床制造业	5.88	4.08	5.98	0.22	0.72
锻压设备制造业	4.21	2.84	5.31	0.36	0.81
铸造机械制造业	3.72	2.57	4.63	0.55	1.01
机床附件制造业	2.80	1.95	3.28	0.21	0.47
其他金属加工机械制造业	5.02	3.13	6.66	0.32	0.82
通用设备制造业	52.28	36.50	78.70	6.44	12.60

（续）

行　　业	年末固定资产原价	年末固定资产净值年平均余额	流动资产年平均余额合　计	利润总额	利税总额
起重运输设备制造业	11.63	8.10	18.93	1.15	2.36
工矿车辆制造业	3.53	2.05	3.85	0.23	0.41
泵制造业	12.25	8.65	17.90	1.26	2.64
风机制造业	2.79	1.86	5.23	0.32	0.69
气体压缩机及气体分离设备制造业	1.78	1.20	3.68	0.40	0.70
冷冻设备制造业	10.11	7.55	14.60	2.26	3.83
风动工具制造业	1.33	1.09	1.39	−0.01	0.07
电动工具制造业	3.24	2.42	4.40	0.26	0.75
其他通用设备制造业	5.62	3.58	8.72	0.57	1.14
轴承、阀门制造业	31.26	21.25	38.16	2.24	5.07
轴承制造业	18.08	12.20	17.81	0.97	1.97
阀门制造业	13.17	9.06	20.34	1.27	3.09
其他通用零部件制造业	49.57	33.70	69.36	5.43	11.38
液压件及液力件制造业	5.42	3.55	7.72	0.52	1.17
气动元件制造业	1.80	1.08	3.69	0.19	0.50
密封件制造业	1.60	1.08	2.27	0.14	0.39
粉末冶金制品业	4.69	3.07	6.48	0.36	0.78
紧固件制造业	10.98	7.47	15.14	1.13	2.54
弹簧制造业	3.38	2.33	4.94	0.43	0.90
链条制造业	2.96	2.11	4.25	0.71	1.10
齿轮制造业	7.91	5.60	8.37	0.51	1.12
其他类未包括的通用零部件制造业	10.83	7.41	16.49	1.46	2.89
铸锻件制造业	63.50	45.67	87.15	7.09	14.08
铸件制造业	54.92	39.35	77.22	6.24	12.45
锻件制造业	8.58	6.33	9.93	0.86	1.64
普通机械修理业	1.60	1.09	2.12	0.18	0.38
其他普通机械制造业	5.69	3.98	8.39	0.37	1.02
专用设备制造业	149.84	104.99	205.31	20.01	36.76
冶金、矿山、机电工业专用设备制造业	12.38	8.71	16.74	1.45	2.74
矿山设备制造业	4.76	3.21	6.40	0.63	1.13
冶金工业专用设备制造业	2.92	2.71	4.40	0.17	0.43
电工专用设备制造业	0.60	0.39	1.06	0.05	0.12
电子工业专用设备制造业	2.27	1.31	1.98	0.34	0.61
其他机电工业专用设备制造业	1.83	1.09	2.90	0.27	0.44
石化及其他工业专用设备制造业	30.99	21.34	45.08	4.47	7.69
石油工业专用设备制造业	2.60	1.78	5.67	0.97	1.27
化学工业专用设备制造业	4.15	3.14	5.89	0.57	1.18
化学纤维工业专用设备制造业	2.06	1.31	2.82	0.12	0.26
橡胶工业专用设备制造业	2.01	1.21	3.23	0.15	0.37
塑料工业专用设备制造业	5.84	4.02	9.38	1.15	1.77
森林工业专用设备制造业	2.88	1.86	4.83	0.77	1.17
印刷工业专用设备制造业	3.16	2.13	3.85	0.11	0.34
制药工业专用设备制造业	0.86	0.59	1.72	0.07	0.16
建筑材料及其他制品专用设备制造业	7.44	5.30	7.69	0.57	1.18
轻纺工业专用设备制造业	40.34	26.93	51.96	4.49	8.58
食品、饮料、烟草工业专用设备制造业	8.20	4.92	8.53	0.94	1.74
粮油工业专用设备制造业	3.18	2.01	4.40	0.59	0.93
饲料工业专用设备制造业	0.30	0.18	0.45	0.02	0.04
包装工业专用设备制造业	1.87	1.36	2.37	0.21	0.43
纺织、服装、皮革工业专用设备制造业	18.17	13.52	25.35	1.28	2.94

(续)

行　　业	年末固定资产原价	年末固定资产净值年平均余额	流动资产年平均余额合　计	利润总额	利税总额
照明器具工业专用设备制造业	0.50	0.40	0.50	0.08	0.20
日用硅酸制品工业专用设备制造业	0.69	0.22	0.48	0.00	0.07
制浆、造纸工业专用设备制造业	5.28	2.59	7.08	1.31	1.83
日用化学工业专用设备制造业	2.15	1.71	2.80	0.06	0.39
农、林、牧、渔、水利业机械制造业	25.73	18.87	35.86	4.32	7.40
拖拉机制造业	1.81	1.29	2.83	0.48	0.67
机械化农机具制造业	7.95	6.04	9.56	1.14	1.86
营林机械制造业	0.24	0.21	0.52	0.01	0.09
畜牧机械制造业	0.25	0.16	0.41	0.01	0.03
渔业机械制造业	0.59	0.43	0.51	0.12	0.14
水利机械制造业	0.91	0.67	1.39	0.16	0.29
拖拉机配件制造业	6.82	4.57	8.91	1.20	2.13
其他农、林、牧、渔、水利业机械制造业	7.16	5.50	11.73	1.20	2.18
医疗器械制造业	11.97	8.98	12.65	1.12	2.30
手术器械制造业	4.33	3.17	4.03	0.52	0.88
医疗仪器、设备制造业	1.26	1.04	1.64	0.05	0.15
诊断用品制造业	1.57	1.29	1.42	0.21	0.38
医用材料及医疗用品制造业	4.65	3.33	5.41	0.33	0.87
假肢、矫形器制造业	0.17	0.15	0.14	0.01	0.03
其他专用设备制造业	24.32	17.15	39.00	3.52	6.90
建筑机械制造业	6.64	4.72	8.84	0.84	1.50
地质专用设备制造业	0.36	0.14	0.47	—0.06	—0.04
畜牧兽医医疗器械制造业	0.02	0.02	0.04	0.00	0.01
缝纫机制造业	3.28	2.22	5.77	0.49	0.93
商业、饮食业、服务业专用机械制造业	0.78	0.49	0.77	0.13	0.21
邮政机械及器材制造业	0.26	0.17	0.46	0.09	0.13
环境保护机械制造业	7.01	5.09	10.88	1.14	2.36
社会公共安全设备及器材制造业	2.46	1.63	5.58	0.41	0.90
其他类未包括的专用设备制造业	3.52	2.66	6.19	0.49	0.91
专用机械设备修理业	4.12	3.00	4.03	0.64	1.15
工业专用设备修理业	0.31	0.23	0.52	0.02	0.06
农、林、牧、渔、水利机械修理业	2.95	2.11	2.59	0.54	0.89
医疗器械修理业	0.00	0.00	0.00	0.00	0.00
其他专用机械设备修理业	0.86	0.66	0.91	0.08	0.20
交通运输设备制造业	154.48	113.65	208.11	18.98	36.02
铁路运输设备制造业	2.36	1.63	3.26	0.59	0.84
机车制造业	0.04	0.02	0.03	0.00	0.01
客车制造业	0.53	0.42	0.59	0.31	0.33
货车制造业	0.00	0.00	0.00	0.00	0.00
机车车辆配件制造业	1.04	0.72	1.46	0.10	0.29
铁路信号设备制造业	0.01	0.01	0.03	0.00	0.00
铁路专用设备制造业	0.07	0.04	0.15	0.01	0.02
铁路专用器材制造业	0.49	0.32	0.76	0.09	0.10
其他铁路运输设备制造业	0.18	0.11	0.24	0.08	0.10
汽车制造业	83.21	60.53	104.24	9.64	18.18
载重汽车制造业	2.66	1.93	3.36	0.14	0.39
客车制造业	2.42	1.89	3.25	0.05	0.32
小轿车制造业	0.79	0.64	0.86	—0.21	—0.14
微型汽车制造业	0.60	0.47	1.30	0.12	0.22
特种车辆及改装汽车制造业	6.44	4.36	8.78	1.28	1.89

（续）

行　　业	年末固定资产原价	年末固定资产净值年平均余额	流动资产年平均余额合　计	利润总额	利税总额
汽车车身制造业	4.87	3.42	5.71	0.26	0.56
汽车零部件及配件制造业	65.43	47.82	80.98	8.01	14.93
摩托车制造业	25.85	20.70	48.67	4.38	8.72
摩托车整车制造业	11.00	9.59	25.55	2.63	5.02
摩托车零部件及配件制造业	14.85	11.10	23.11	1.75	3.70
自行车制造业	12.60	8.52	17.77	1.33	2.31
电车制造业	0.05	0.04	0.07	0.01	0.03
船舶制造业	7.06	5.03	10.00	0.95	1.93
海洋运输船制造业	0.88	0.56	1.12	0.10	0.18
内河船制造业	2.02	1.59	2.68	0.32	0.70
渔轮制造业	0.41	0.26	0.40	0.01	0.03
船舶机械设备制造业	3.75	2.63	5.80	0.51	1.02
海洋石油平台制造业	0.00	0.00	0.00	0.00	0.00
航空航天器制造业	0.01	0.00	0.02	0.00	0.00
飞机制造业	0.00	0.00	0.00	0.00	0.00
其他航空航天器制造业	0.01	0.00	0.02	0.00	0.00
交通运输设备修理业	23.21	17.11	23.36	2.02	3.91
铁路运输设备修理业	0.16	0.10	0.13	0.01	0.03
汽车修理业	15.16	10.64	17.16	1.48	2.94
摩托车修理业	0.06	0.05	0.05	0.02	0.02
电车修理业	0.05	0.02	0.05	0.00	0.00
船舶修理业	6.36	5.15	4.21	0.23	0.54
飞机修理业	0.00	0.00	0.00	0.00	0.00
其他交通运输设备修理业	1.43	1.16	1.76	0.28	0.38
其他交通运输设备制造业	0.13	0.07	0.73	0.07	0.10
航标器材制造业	0.01	0.00	0.01	0.00	0.00
潜水装备制造业	0.00	0.00	0.00	0.00	0.00
公路标志制造业	0.12	0.07	0.72	0.07	0.10
电气机械及器材制造业	269.11	200.87	408.23	31.85	59.46
电机制造业	18.34	12.90	26.82	1.27	2.83
发电机制造业	3.04	2.20	4.58	0.18	0.43
电动机制造业	8.14	5.61	12.19	0.59	1.44
微电机制造业	7.17	5.09	10.05	0.49	0.96
输配电及控制设备制造业	45.09	32.97	70.97	6.54	12.69
变压器制造业	7.21	4.75	9.13	0.57	1.27
整流器制造业	0.66	0.50	1.12	0.04	0.09
电容器制造业	7.68	6.25	5.24	0.43	0.69
开关控制设备制造业	11.87	8.79	18.78	1.87	3.74
电器设备元件制造业	8.02	6.14	14.02	1.56	2.82
其他输配电及控制设备制造业	9.65	6.53	22.68	2.07	4.08
电工器材制造业	123.21	95.11	157.52	15.82	26.56
电线电缆制造业	98.83	75.39	132.88	14.13	23.13
绝缘制品业	4.93	3.92	6.65	0.49	0.96
蓄电池制造业	5.74	4.50	7.68	1.08	1.74
原电池制造业	7.48	6.64	3.31	−0.27	−0.15
其他电工器材制造业	6.24	4.65	6.99	0.39	0.88
日用电器制造业	57.00	41.22	113.53	5.22	10.56
洗衣机制造业	1.54	1.25	2.24	0.27	0.47
吸尘器制造业	1.65	1.40	2.27	0.42	0.51
电冰箱制造业	3.57	2.88	8.47	0.33	0.69

（续）

行　　业	年末固定资产原价	年末固定资产净值年平均余额	流动资产年平均余额合　计	利润总额	利税总额
电风扇制造业	14.60	8.87	25.74	0.20	0.88
空调器制造业	18.11	14.31	38.11	2.09	3.83
排油烟机制造业	1.77	1.31	2.46	0.48	0.89
其他日用电器制造业	15.75	11.19	34.25	1.43	3.28
照明器具制造业	20.86	15.34	32.70	2.48	5.78
电光源制造业	7.97	5.80	10.18	0.90	2.22
灯头、灯座制造业	1.39	0.99	2.40	0.10	0.38
灯具制造业	8.27	6.16	15.46	1.01	2.37
灯用电器附件制造业	2.21	1.61	2.84	0.30	0.45
其他照明器具制造业	1.02	0.79	1.83	0.17	0.36
电气机械修理业	0.84	0.54	0.56	0.09	0.15
其他电气机械制造业	3.77	2.80	6.13	0.42	0.88
电焊机制造业	1.77	1.32	2.95	0.29	0.51
工业用电炉制造业	0.79	0.63	1.17	0.04	0.12
其他类未包括的电气机械制造业	1.21	0.85	2.00	0.10	0.25
仪器仪表及文化、办公用机械制造业	23.17	17.48	36.01	2.81	5.41
通用仪器仪表制造业	9.12	6.98	15.52	1.26	2.36
工业自动化仪表制造业	3.64	2.75	5.52	0.31	0.70
电工仪器、仪表制造业	1.13	0.83	1.99	0.06	0.19
光学仪器制造业	1.56	1.22	3.73	0.54	0.81
计时仪器制造业	0.51	0.70	1.03	0.09	0.16
分析仪器制造业	0.09	0.06	0.16	0.00	0.02
试验机制造业	0.04	0.02	0.07	0.02	0.03
实验室仪器及装置制造业	0.07	0.05	0.18	0.02	0.04
通用仪器仪表元件、器件制造业	0.78	0.53	1.50	0.17	0.25
其他通用仪器仪表制造业	1.29	0.82	1.34	0.05	0.16
专用仪器仪表制造业	3.14	2.38	4.82	0.33	0.75
环境保护仪器仪表制造业	0.28	0.20	0.31	0.01	0.04
汽车仪器仪表制造业	0.67	0.55	0.81	0.06	0.14
导航、制导仪器制造业	0.03	0.03	0.01	0.00	0.00
农、林、牧、渔仪器、仪表制造业	0.03	0.02	0.15	0.00	0.00
地质勘探、钻采、地震专用仪器制造业	0.08	0.04	0.14	0.00	0.01
气象、海洋、水文、天文仪器制造业	0.00	0.00	0.01	0.00	0.00
教学仪器制造业	0.99	0.77	0.62	0.18	0.30
核子及核辐射测量仪器制造业	0.00	0.00	0.00	0.00	0.00
专用仪器仪表元件、器件制造业	1.07	0.76	2.76	0.08	0.25
电子测量仪器制造业	0.28	0.18	0.49	0.03	0.08
计量器具制造业	4.34	3.10	5.97	0.48	0.89
传递标准用计量仪器制造业	0.17	0.11	0.36	0.05	0.07
量具量仪制造业	2.18	1.45	2.69	0.26	0.52
衡器制造业	2.00	1.53	2.93	0.17	0.30
文化、办公用机械制造业	1.56	1.22	2.36	0.27	0.40
电影机械制造业	0.00	0.00	0.00	0.00	0.00
幻灯机及投影仪制造业	0.00	0.00	0.02	0.00	0.00
照相机及器材制造业	0.42	0.28	0.62	0.07	0.10
复印机制造业	0.31	0.25	0.15	0.00	0.01
打字机及油印机制造业	0.53	0.46	1.16	0.12	0.14
其他文化、办公用机械制造业	0.30	0.23	0.40	0.08	0.14
钟表制造业	3.77	2.95	4.94	0.23	0.54
仪器仪表及文化、办公用机械修理业	0.02	0.01	0.03	0.01	0.01
其他仪器仪表制造业	0.94	0.66	1.88	0.19	0.38

1997 年全部独立核算乡办机械工业企业主要财务分析指标

行　　　业	总资产报酬率（%）	产　值利税率（%）	百元销售收入实现的利润（元）	百元固定资产实现的利税（元）	工　业增加值率（%）
机械工业总计	12.07	7.11	4.20	21.59	24.98
金属制品业	10.96	6.25	3.46	18.38	24.37
金属结构制造业	11.59	6.39	3.65	20.50	21.44
铸铁管制造业	11.48	6.07	3.70	17.91	26.76
工具制造业	10.51	6.55	3.25	17.04	25.56
切削工具制造业	12.45	7.20	4.67	21.55	25.27
模具制造业	7.80	5.86	2.13	11.24	29.82
手工具制造业	10.99	5.83	2.32	17.32	22.60
其他工具制造业	13.65	8.81	5.88	27.70	24.76
集装箱和金属包装物品制造业	9.28	5.95	3.65	17.13	22.30
集装箱制造业	5.90	3.13	1.95	9.78	16.90
金属包装物品及容器制造业	11.21	7.92	5.09	21.61	26.29
金属丝绳及其制品业	11.90	6.23	3.36	17.10	23.68
建筑用金属制品业	13.79	7.15	4.50	26.10	26.53
建筑小五金制造业	12.24	7.24	3.72	22.85	28.15
水暖管道零件制造业	15.03	8.21	6.04	28.69	29.22
金属门窗制造业	14.16	6.95	3.96	28.15	24.32
其他建筑用金属制品业	9.53	4.25	2.38	13.28	25.87
金属表面处理及热处理业	11.91	6.78	3.46	18.95	24.43
日用金属制品业	9.24	5.37	2.57	14.57	24.63
搪瓷制造业	12.18	5.79	3.21	18.10	29.90
铝制品业	10.24	5.59	3.12	12.44	25.82
不锈钢制品业	8.29	5.34	1.98	12.72	22.57
刀剪制造业	15.71	8.38	4.60	29.84	43.32
制锁业	7.96	5.21	3.39	24.46	28.06
炊事用具制造业	11.43	7.09	4.01	19.64	22.89
燃气用具制造业	6.09	2.29	－1.67	8.15	18.02
理发用具制造业	14.77	12.38	8.42	28.56	27.40
其他日用金属制品业	7.98	4.96	2.08	12.68	17.01
其他金属制品业	11.57	6.27	3.13	18.32	24.04
铁制小农具制造业	16.77	7.80	4.92	27.11	26.73
焊条制造业	11.35	6.05	2.54	18.42	21.67
其他类未包括的金属制品业	8.92	5.11	1.96	13.02	22.69
普通机械制造业	12.29	7.42	4.25	21.51	25.98
锅炉及原动机制造业	12.48	7.70	4.41	22.07	25.83
锅炉制造业	12.67	8.95	5.87	27.34	26.92
内燃机制造业	4.36	3.07	－0.72	6.16	26.41
汽轮机制造业	10.65	7.06	6.91	16.47	29.24
水轮机制造业	21.15	7.73	7.08	23.29	8.31
内燃机零部件及配件制造业	14.19	6.85	3.26	19.86	24.23
其他锅炉及原动机制造业	11.15	8.40	3.64	21.59	28.65
金属加工机械制造业	11.77	6.98	3.63	17.69	25.04
金属切削机床制造业	9.28	6.21	2.43	12.19	23.69
锻压设备制造业	12.59	6.92	3.43	19.22	25.44
铸造机械制造业	16.33	9.15	5.40	27.26	23.72
机床附件制造业	10.42	7.25	4.00	16.63	19.52
其他金属加工机械制造业	11.33	5.82	2.96	16.36	29.23

（续）

行　　业	总资产报酬率（%）	产　值利税率（%）	百元销售收入实现的利润（元）	百元固定资产实现的利税（元）	工　业增加值率（%）
通用设备制造业	12.12	8.33	5.05	24.09	25.52
起重运输设备制造业	10.56	6.90	3.94	20.33	26.33
工矿车辆制造业	7.39	4.74	2.79	11.62	24.67
泵制造业	12.05	7.44	4.56	21.53	25.89
风机制造业	11.76	7.73	4.14	24.58	25.97
气体压缩机及气体分离设备制造业	15.68	9.92	6.58	39.33	26.53
冷冻设备制造业	15.02	16.88	9.97	37.89	24.48
风动工具制造业	5.46	2.77	－0.71	5.61	25.09
电动工具制造业	12.81	4.66	2.43	23.30	21.95
其他通用设备制造业	11.62	7.40	4.32	20.23	27.02
轴承、阀门制造业	10.88	6.94	3.67	16.21	25.86
轴承制造业	8.68	6.02	3.66	10.90	24.59
阀门制造业	13.21	7.70	3.67	23.49	26.88
其他通用零部件制造业	13.25	7.75	4.27	22.97	26.06
液压件及液力件制造业	13.28	6.98	3.66	21.56	26.18
气动元件制造业	12.09	7.44	3.30	27.79	23.63
密封件制造业	13.21	7.43	3.23	24.14	28.19
粉末冶金制品业	11.20	7.72	4.27	16.69	26.82
紧固件制造业	13.75	6.92	3.32	23.11	26.56
弹簧制造业	13.74	8.06	4.51	26.55	28.87
链条制造业	19.96	9.76	7.57	37.28	27.22
齿轮制造业	10.62	7.68	3.82	14.13	24.65
其他类未包括的通用零部件制造业	13.53	8.39	5.10	26.70	24.73
铸锻件制造业	12.54	6.80	4.09	22.18	26.43
铸件制造业	12.53	6.78	4.07	22.66	26.18
锻件制造业	12.59	6.94	4.23	19.09	28.46
普通机械修理业	13.41	6.96	3.86	24.03	28.35
其他普通机械制造业	10.36	6.34	2.58	17.84	27.07
专用设备制造业	13.63	7.65	4.79	24.53	25.66
冶金、矿山、机电工业专用设备制造业	12.98	7.22	4.43	22.12	27.28
矿山设备制造业	14.34	7.28	4.78	23.79	29.24
冶金工业专用设备制造业	9.48	5.01	2.14	14.89	25.40
电工专用设备制造业	7.57	7.83	3.67	19.87	26.02
电子工业专用设备制造业	18.21	10.63	7.49	26.97	28.84
其他机电工业专用设备制造业	12.64	6.84	4.54	24.01	23.92
石化及其他工业专用设备制造业	13.02	8.27	5.62	24.81	24.92
石油工业专用设备制造业	18.05	13.69	10.07	48.76	27.45
化学工业专用设备制造业	15.73	8.80	4.67	28.35	25.74
化学纤维工业专用设备制造业	7.32	5.55	3.39	12.61	25.43
橡胶工业专用设备制造业	8.83	6.43	2.92	18.20	29.00
塑料工业专用设备制造业	13.96	9.74	8.63	30.26	22.07
森林工业专用设备制造业	18.58	6.55	5.68	40.71	21.63
印刷工业专用设备制造业	8.94	6.80	2.27	10.88	26.73
制药工业专用设备制造业	9.23	5.16	3.03	18.49	27.75
建筑材料及其他制品专用设备制造业	10.62	7.45	3.74	15.84	26.29
轻纺工业专用设备制造业	13.02	7.92	4.61	21.27	26.76
食品、饮料、烟草工业专用设备制造业	14.16	8.80	4.84	21.28	28.54
粮油工业专用设备制造业	16.10	9.25	6.95	29.33	31.87
饲料工业专用设备制造业	9.76	3.49	2.07	14.21	24.53
包装工业专用设备制造业	13.61	8.52	4.26	23.00	26.72

(续)

行　　业	总资产报酬率(%)	产　值利税率(%)	百元销售收入实现的利润(元)	百元固定资产实现的利税(元)	工　　业增加值率(%)
纺织、服装、皮革工业专用设备制造业	10.17	6.34	3.20	16.21	24.25
照明器具工业专用设备制造业	30.88	10.01	4.03	39.35	29.45
日用硅酸制品工业专用设备制造业	10.03	3.62	0.07	10.31	24.55
制浆、造纸工业专用设备制造业	18.16	11.49	8.55	34.61	26.56
日用化学工业专用设备制造业	13.62	6.61	1.25	18.06	30.85
农、林、牧、渔、水利业机械制造业	15.19	6.82	4.40	28.76	24.50
拖拉机制造业	18.31	9.63	7.42	36.82	24.30
机械化农机具制造业	14.40	7.31	4.41	23.41	24.04
营林机械制造业	17.31	8.61	0.70	39.23	29.37
畜牧机械制造业	5.47	5.36	3.22	13.01	43.07
渔业机械制造业	15.86	5.63	4.99	24.26	23.29
水利机械制造业	15.53	11.46	8.58	31.64	15.73
拖拉机配件制造业	17.32	7.41	4.91	31.28	25.14
其他农、林、牧、渔、水利业机械制造业	13.60	5.37	3.34	30.46	24.59
医疗器械制造业	12.38	6.18	3.83	19.24	22.65
手术器械制造业	12.78	9.11	6.06	20.33	29.15
医疗仪器、设备制造业	6.68	3.53	2.13	11.56	18.37
诊断用品制造业	14.70	7.34	5.81	24.52	25.64
医用材料及医疗用品制造业	13.12	4.86	2.27	18.67	19.69
假肢、矫形器制造业	9.40	7.10	3.66	15.16	8.16
其他专用设备制造业	13.95	8.40	5.21	28.37	26.49
建筑机械制造业	12.66	8.56	5.05	22.53	26.06
地质专用设备制造业	−0.96	−11.03	−17.54	−12.53	10.68
畜牧兽医医疗器械制造业	10.18	12.55	7.51	24.44	28.95
缝纫机制造业	12.34	7.50	5.54	28.33	28.79
商业、饮食业、服务业专用机械制造业	17.06	10.67	7.06	26.53	24.83
邮政机械及器材制造业	20.00	8.45	6.10	50.20	26.64
环境保护机械制造业	16.50	9.65	5.73	33.73	24.39
社会公共安全设备及器材制造业	14.87	7.33	4.01	36.70	28.88
其他类未包括的专用设备制造业	12.35	7.92	5.80	25.94	28.00
专用机械设备修理业	17.71	8.47	4.93	27.86	29.22
工业专用设备修理业	9.20	6.20	2.90	20.84	37.74
农、林、牧、渔、水利机械修理业	19.89	8.76	5.54	30.06	28.21
医疗器械修理业	−4.19	−7.13	−11.04	−18.87	18.42
其他专用机械设备修理业	15.33	8.25	3.27	22.96	30.40
交通运输设备制造业	12.67	7.54	4.48	23.31	26.17
铁路运输设备制造业	18.66	11.46	8.30	35.65	30.08
机车制造业	12.63	6.20	4.21	12.47	23.33
客车制造业	31.64	19.90	14.24	61.53	35.49
机车车辆配件制造业	15.58	8.94	3.70	28.36	30.51
铁路信号设备制造业	10.51	5.13	0.78	16.83	37.20
铁路专用设备制造业	9.91	8.19	3.46	24.92	20.78
铁路专用器材制造业	11.63	7.88	8.19	20.49	20.48
其他铁路运输设备制造业	24.90	11.84	10.94	53.21	31.60
汽车制造业	13.19	8.35	5.09	21.85	27.32
载重汽车制造业	10.71	5.16	1.62	14.75	13.73
客车制造业	8.17	5.53	0.78	13.20	24.09
小轿车制造业	5.29	−8.04	−15.16	−17.20	18.61
微型汽车制造业	14.44	5.14	5.28	36.89	22.16
特种车辆及改装汽车制造业	15.05	8.44	6.27	29.34	28.27

(续)

行业	总资产报酬率(%)	产值利税率(%)	百元销售收入实现的利润(元)	百元固定资产实现的利税(元)	工业增加值率(%)
汽车车身制造业	8.11	5.18	2.85	11.59	43.28
汽车零部件及配件制造业	13.77	9.05	5.64	22.82	27.05
摩托车制造业	13.54	6.87	3.94	33.74	23.27
摩托车整车制造业	13.43	6.81	3.86	45.63	21.52
摩托车零部件及配件制造业	13.65	6.97	4.06	24.93	25.65
自行车制造业	10.63	4.55	2.83	18.33	33.71
电车制造业	23.44	15.17	4.92	48.18	16.71
船舶制造业	12.05	7.95	4.57	27.31	26.41
海洋运输船制造业	11.36	5.80	4.39	20.39	23.96
内河船制造业	16.83	8.65	4.73	34.60	25.15
渔轮制造业	6.98	2.38	1.96	7.80	33.34
船舶机械设备制造业	10.55	8.67	4.69	27.14	27.13
航空航天器制造业	8.36	9.61	4.04	19.63	39.48
其他航空航天器制造业	8.36	9.61	4.04	19.63	39.48
交通运输设备修理业	10.11	7.87	4.30	16.83	20.39
铁路运输设备修理业	9.99	5.30	4.61	16.46	23.61
汽车修理业	11.06	7.79	4.13	19.38	18.44
摩托车修理业	22.93	6.72	4.57	42.77	26.29
电车修理业	3.00	2.10	0.24	5.06	11.84
船舶修理业	6.75	7.25	3.38	8.54	26.93
其他交通运输设备修理业	12.18	10.63	7.98	26.17	27.10
其他交通运输设备制造业	11.84	9.59	8.96	77.40	20.86
航标器材制造业	−22.88	−5.70	−19.24	−54.14	69.96
公路标志制造业	12.35	10.38	9.69	83.08	18.29
电气机械及器材制造业	11.83	7.07	4.33	22.10	23.45
电机制造业	9.69	4.88	2.54	15.45	25.24
发电机制造业	9.29	3.83	2.24	14.11	33.81
电动机制造业	11.06	5.87	3.00	17.75	23.61
微电机制造业	8.24	4.32	2.23	13.39	22.70
输配电及控制设备制造业	11.59	9.38	5.75	28.15	26.25
变压器制造业	10.99	6.81	3.38	17.60	19.82
整流器制造业	6.47	4.44	2.23	14.00	19.92
电容器制造业	9.35	6.90	5.05	9.03	5.38
开关控制设备制造业	13.92	10.66	6.34	31.46	29.93
电器设备元件制造业	13.23	8.49	5.75	35.21	27.46
其他输配电及控制设备制造业	10.17	11.27	6.91	42.28	31.27
电工器材制造业	13.01	7.56	4.83	21.56	22.35
电线电缆制造业	13.63	7.96	5.19	23.41	22.82
绝缘制品业	12.26	5.07	2.84	19.53	19.49
蓄电池制造业	15.73	7.68	5.70	30.31	25.51
原电池制造业	0.45	−2.56	−5.01	−2.01	9.51
其他电工器材制造业	9.91	6.62	2.80	14.09	17.21
日用电器制造业	9.79	5.39	3.36	18.52	24.04
洗衣机制造业	14.15	9.57	6.42	30.48	27.85
吸尘器制造业	13.48	6.86	8.08	30.66	23.41
电冰箱制造业	9.82	4.48	2.72	19.39	12.04
电风扇制造业	5.35	2.40	0.68	6.04	26.53
空调器制造业	10.39	5.78	4.39	21.15	24.00
排油烟机制造业	23.21	10.98	7.59	50.67	27.28
其他日用电器制造业	10.72	5.76	2.81	20.84	24.78

（续）

行　　业	总资产报酬率（%）	产　值利税率（%）	百元销售收入实现的利润（元）	百元固定资产实现的利税（元）	工　业增加值率（%）
照明器具制造业	14.17	6.85	3.29	27.70	20.66
电光源制造业	15.32	7.10	3.50	27.84	24.89
灯头、灯座制造业	16.09	4.69	1.40	27.27	17.10
灯具制造业	13.21	6.91	3.10	28.67	16.98
灯用电器附件制造业	12.04	7.02	5.03	20.43	21.34
其他照明器具制造业	16.01	8.39	4.29	35.02	26.12
电气机械修理业	15.46	8.71	7.72	18.20	40.96
其他电气机械制造业	12.53	6.14	3.65	23.43	24.14
电焊机制造业	13.80	6.87	5.02	28.57	26.46
工业用电炉制造业	10.39	3.65	1.35	15.61	21.42
其他类未包括的电气机械制造业	11.96	6.97	3.14	20.97	21.83
仪器仪表及文化、办公用机械制造业	11.74	7.56	4.48	23.34	26.22
通用仪器仪表制造业	11.90	7.75	4.61	25.93	26.31
工业自动化仪表制造业	9.71	7.13	3.67	19.16	29.07
电工仪器、仪表制造业	10.00	5.11	1.94	17.02	23.95
光学仪器制造业	17.54	9.97	7.84	51.58	31.31
计时仪器制造业	14.04	6.13	2.49	32.54	−2.44
分析仪器制造业	11.28	6.50	1.47	16.35	37.88
试验机制造业	35.67	15.83	10.41	65.40	27.92
实验室仪器及装置制造业	17.56	6.54	3.74	61.60	50.00
通用仪器仪表元件、器件制造业	11.54	7.68	6.49	32.52	29.47
其他通用仪器仪表制造业	8.72	8.99	2.81	12.59	34.63
专用仪器仪表制造业	12.38	7.48	4.42	23.74	29.43
环境保护仪器仪表制造业	8.45	5.05	1.66	14.79	21.87
汽车仪器仪表制造业	10.69	8.03	4.32	20.76	31.31
导航、制导仪器制造业	−0.22	−4.25	−35.59	−12.10	24.71
农、林、牧、渔仪器、仪表制造业	3.42	5.38	0.91	16.99	18.95
地质勘探、钻采、地震专用仪器制造业	8.83	6.89	1.41	15.65	30.49
气象、海洋、水文、天文仪器制造业	21.10	16.17	5.69	87.64	29.06
教学仪器制造业	22.45	21.26	19.81	30.01	45.14
专用仪器仪表元件、器件制造业	10.09	4.46	1.81	23.70	27.62
电子测量仪器制造业	11.59	8.30	3.28	27.88	−34.92
计量器具制造业	12.15	9.61	5.33	20.44	35.08
传递标准用计量仪器制造业	15.13	9.99	6.90	42.63	23.78
量具量仪制造业	15.94	10.34	5.58	23.84	34.72
衡器制造业	8.33	8.50	4.72	14.89	37.62
文化、办公用机械制造业	13.32	7.59	6.49	25.53	22.08
幻灯机及投影仪制造业	14.01	7.27	5.12	180.00	26.57
照相机及器材制造业	11.93	14.09	10.18	24.24	34.22
复印机制造业	16.86	2.40	0.38	3.92	18.55
打字机及油印机制造业	9.79	5.83	6.88	27.29	17.85
其他文化、办公用机械制造业	24.38	9.09	6.38	45.64	22.82
钟表制造业	7.12	5.27	2.40	14.29	23.81
仪器仪表及文化、办公用机械修理业	41.30	5.48	7.10	82.55	47.38
其他仪器仪表制造业	17.82	7.36	4.93	40.42	22.67

1997 年各地区机械工业统计资料

地区及行业	企业数（个）	职工年平均人数（人）	工业总产值（1990 年不变价）	工业总产值（当年价）	工业增加值
全国机械工业总计	115 334	18 561 474	15 051.60	14 497.95	3 831.03
金属制品业	28 283	2 577 498	2 078.10	1 914.09	516.71
普通机械制造业	27 837	4 657 379	2 813.35	2 619.41	794.80
专用设备制造业	17 916	3 333 283	2 071.02	1 923.22	545.35
交通运输设备制造业	18 332	4 099 937	4 123.10	3 956.24	1 005.92
电气机械及器材制造业	17 773	3 004 335	3 366.09	3 442.55	819.62
仪器仪表及文化、办公用机械制造业	5 193	889 042	599.95	642.45	148.61
北京机械工业合计	6 842	487 923	363.84	330.76	119.83
金属制品业	2 189	61 799	39.08	37.27	11.14
普通机械制造业	1 087	95 364	47.07	40.56	12.42
专用设备制造业	889	70 652	50.06	47.15	18.19
交通运输设备制造业	1 350	145 904	149.53	134.08	54.65
电气机械及器材制造业	910	77 167	49.26	41.93	16.34
仪器仪表及文化、办公用机械制造业	417	37 037	28.85	29.78	7.09
天津机械工业合计	4 302	526 909	434.57	435.63	109.27
金属制品业	951	100 039	62.70	55.16	15.40
普通机械制造业	803	100 243	73.22	72.76	36.58
专用设备制造业	603	82 131	38.10	33.94	17.62
交通运输设备制造业	917	122 586	174.20	185.13	23.66
电气机械及器材制造业	723	83 162	67.82	70.50	10.89
仪器仪表及文化、办公用机械制造业	305	38 748	18.53	18.14	5.12
河北机械工业合计	5 153	792 458	532.49	493.04	161.98
金属制品业	1 435	138 692	110.85	104.53	32.86
普通机械制造业	1 387	204 980	103.83	99.81	34.40
专用设备制造业	797	175 350	95.17	88.02	27.05
交通运输设备制造业	758	152 153	106.42	94.91	31.55
电气机械及器材制造业	651	100 822	107.90	96.99	33.05
仪器仪表及文化、办公用机械制造业	125	20 461	8.32	8.77	3.06
山西机械工业合计	2 077	441 642	150.58	140.24	45.62
金属制品业	521	108 729	34.56	32.17	11.08
普通机械制造业	723	113 798	36.67	35.51	12.36
专用设备制造业	347	98 526	31.49	29.26	9.65
交通运输设备制造业	239	64 604	25.12	20.92	6.31
电气机械及器材制造业	202	46 360	21.00	20.73	5.66
仪器仪表及文化、办公用机械制造业	45	9 625	1.75	1.66	0.57
内蒙古机械工业合计	1 511	138 440	49.51	43.42	14.92
金属制品业	540	30 885	12.65	10.75	3.71
普通机械制造业	394	45 445	14.87	12.89	4.55
专用设备制造业	195	22 335	5.81	5.06	1.62
交通运输设备制造业	192	19 742	9.46	8.08	3.07
电气机械及器材制造业	170	18 277	6.45	6.36	1.88
仪器仪表及文化、办公用机械制造业	20	1 756	0.26	0.28	0.08

1997年各地区机械工业统计资料见下表。此表由国家统计局工业交通司提供。数据范围为全部乡及乡以上独立核算工业企业。口径包括金属制品业、普通机械工业、专用设备制造业、交通运输设备制造业、电气机械及器材制造业和仪器仪表及文化、办公用机械制造业。

(单位:亿元)

产品销售收入	当年应交增值税	利润总额	利税总额	固定资产净值年平均余额	流动资产合计	流动资产年平均余额	总资产报酬率(%)
13 651.21	509.91	257.66	878.86	6 404.76	12 004.53	11 506.28	6.45
1 802.82	55.18	20.25	87.37	779.00	1 286.51	1 257.43	6.21
2 472.66	111.02	43.03	170.51	1 368.50	2 513.68	2 425.72	6.12
1 814.72	68.55	22.95	102.15	930.09	1 700.91	1 628.59	5.75
3 943.38	148.68	88.83	291.27	1 918.00	3 481.55	3 288.52	6.80
3 030.33	106.85	73.26	195.64	1 161.43	2 508.72	2 407.10	7.02
587.30	19.63	9.33	31.92	247.73	513.17	498.92	5.77
352.06	13.68	−1.53	16.63	191.89	404.47	392.89	3.80
37.94	1.34	−1.49	−0.02	25.08	42.24	40.88	2.46
48.82	1.90	−2.67	−0.63	40.13	78.03	78.12	1.20
46.86	2.01	1.70	4.00	28.04	64.66	59.81	4.80
134.28	4.65	−0.39	7.30	53.99	104.20	105.28	5.15
44.25	1.79	−1.71	0.26	31.25	71.07	69.52	1.48
39.90	1.99	3.02	5.72	13.40	44.28	39.28	8.79
417.66	17.48	7.41	28.49	211.60	436.45	409.99	5.75
58.86	1.47	−0.97	0.65	31.35	65.65	64.05	2.52
62.39	4.18	3.59	8.00	33.93	62.16	58.11	7.46
30.55	1.05	0.43	1.63	18.09	34.27	32.47	4.29
185.81	8.36	6.04	17.31	80.20	183.24	168.05	8.59
62.90	1.91	−1.62	0.40	38.26	69.13	66.67	1.85
17.15	0.51	−0.05	0.50	9.77	22.00	20.65	2.60
465.68	16.96	18.43	38.65	241.29	357.56	347.80	8.38
95.76	2.54	3.85	7.17	39.06	55.50	55.13	9.80
87.62	3.80	2.94	7.56	47.81	73.74	71.95	8.21
82.66	3.25	0.88	4.58	50.25	80.74	76.89	5.46
95.73	3.81	4.44	8.99	66.35	74.45	72.43	8.05
97.41	3.26	6.19	9.89	31.67	64.03	61.81	12.32
6.50	0.30	0.13	0.48	6.14	9.65	9.59	4.89
122.15	5.15	−2.99	3.43	110.25	138.58	137.75	3.34
24.60	0.78	−0.01	1.25	17.42	20.57	19.70	5.52
27.15	1.19	−1.49	0.02	28.03	34.65	34.32	2.29
27.08	1.26	0.13	1.57	29.78	40.78	40.34	3.56
23.19	0.88	−1.45	−0.41	21.73	22.95	23.52	1.25
18.83	0.98	−0.08	1.02	11.08	17.19	17.63	6.13
1.31	0.07	−0.09	−0.01	2.21	2.44	2.23	1.91
44.15	1.91	−0.04	2.25	32.86	51.69	49.49	4.59
11.34	0.35	0.24	0.70	5.03	8.86	8.45	8.11
13.48	0.65	0.01	0.76	6.68	15.05	14.42	5.41
3.88	0.14	−0.24	−0.05	4.30	6.12	5.71	2.37
9.54	0.50	−0.04	0.53	12.02	12.34	11.59	3.62
5.73	0.26	−0.01	0.30	4.54	8.72	8.63	3.68
0.19	0.01	0.00	0.01	0.30	0.60	0.69	1.75

地区及行业	企业数（个）	职工年平均人数（人）	工业总产值（1990年不变价）	工业总产值（当年价）	工业增加值
辽宁机械工业合计	11 302	1 763 897	826.22	771.65	205.13
金属制品业	2 332	191 889	113.95	107.40	27.60
普通机械制造业	3 667	528 677	223.80	202.94	63.86
专用设备制造业	1 552	288 552	102.83	97.41	25.05
交通运输设备制造业	1 565	412 438	216.75	196.55	47.81
电气机械及器材制造业	1 640	257 596	150.78	149.25	35.34
仪器仪表及文化、办公用机械制造业	546	84 745	18.10	18.09	5.47
吉林机械工业合计	3 064	586 181	425.72	387.15	105.59
金属制品业	745	63 616	17.75	16.64	4.63
普通机械制造业	709	97 316	23.83	21.87	6.65
专用设备制造业	459	77 829	23.53	20.84	5.94
交通运输设备制造业	680	275 583	342.05	309.46	83.09
电气机械及器材制造业	369	47 107	14.11	13.74	4.10
仪器仪表及文化、办公用机械制造业	102	24 730	4.46	4.60	1.19
黑龙江机械工业合计	4 234	700 571	285.97	243.91	76.65
金属制品业	1 095	107 975	42.82	34.76	13.40
普通机械制造业	1 041	192 595	62.66	53.52	17.80
专用设备制造业	765	145 267	50.64	43.63	12.81
交通运输设备制造业	547	133 059	79.98	67.73	18.97
电气机械及器材制造业	638	99 382	41.66	36.90	11.39
仪器仪表及文化、办公用机械制造业	148	22 293	8.21	7.37	2.28
上海机械工业合计	5 495	1 084 237	1 610.71	1 570.60	399.54
金属制品业	1 248	155 156	181.30	161.81	40.12
普通机械制造业	1 152	232 574	270.77	249.45	73.29
专用设备制造业	701	170 728	142.35	127.21	39.57
交通运输设备制造业	692	221 515	602.43	607.57	154.90
电气机械及器材制造业	1 221	214 963	328.59	340.62	67.46
仪器仪表及文化、办公用机械制造业	481	89 301	85.27	83.95	24.21
江苏机械工业合计	11 408	2 035 491	2 261.19	2 349.75	543.35
金属制品业	2 504	267 092	320.09	318.70	69.85
普通机械制造业	3 026	642 090	574.98	567.59	146.01
专用设备制造业	1 941	373 081	331.16	324.60	80.35
交通运输设备制造业	1 293	297 313	419.88	434.89	94.07
电气机械及器材制造业	2 155	363 309	539.83	601.66	133.64
仪器仪表及文化、办公用机械制造业	489	92 606	75.25	102.31	19.44
浙江机械工业合计	8 671	940 907	931.97	976.88	215.49
金属制品业	1 731	151 143	134.26	134.57	28.32
普通机械制造业	2 280	250 101	195.21	193.63	50.31
专用设备制造业	1 112	132 980	111.87	126.73	27.45
交通运输设备制造业	1 231	147 251	149.58	154.93	32.85
电气机械及器材制造业	1 732	206 099	297.22	319.01	64.76
仪器仪表及文化、办公用机械制造业	585	53 333	43.82	48.00	11.80
安徽机械工业合计	3 403	523 587	490.19	420.81	131.86
金属制品业	802	68 504	68.19	52.02	17.89
普通机械制造业	934	155 469	130.07	107.80	35.86
专用设备制造业	569	89 509	74.98	66.22	19.30
交通运输设备制造业	414	98 453	76.35	64.58	18.44
电气机械及器材制造业	554	93 516	129.21	120.50	36.93
仪器仪表及文化、办公用机械制造业	130	18 136	11.40	9.68	3.43

（续）

产　　品 销售收入	当年应交 增 值 税	利润总额	利税总额	固定资产净 值年平均余额	流动资产 合　　计	流动资产 年平均余额	总资产报酬率 (%)
768.53	32.27	5.07	43.44	515.12	892.04	852.68	4.88
98.57	3.20	1.90	6.35	41.09	80.17	77.55	6.97
207.22	9.69	3.70	14.77	155.85	253.72	241.34	5.35
97.32	4.67	−2.60	2.79	90.37	143.09	138.34	3.09
208.14	9.40	−0.78	10.55	133.31	254.29	236.88	4.67
140.19	4.55	3.30	8.54	82.86	138.19	135.77	5.33
17.08	0.76	−0.46	0.44	11.63	22.58	22.81	3.17
426.11	18.41	2.16	26.79	254.44	428.36	413.12	6.08
13.82	0.43	−0.55	0.00	12.06	18.30	22.92	1.75
21.65	1.17	−1.14	0.36	19.97	42.52	33.84	2.77
20.94	0.64	−0.72	0.02	15.98	38.61	36.60	2.01
352.78	15.27	5.77	26.56	184.89	295.90	289.10	7.53
12.87	0.67	−0.71	0.05	11.41	25.84	24.09	2.79
4.04	0.24	−0.48	−0.21	10.13	7.18	6.58	2.06
248.22	10.73	−1.92	10.96	160.07	329.04	318.64	4.38
34.00	1.07	0.68	2.03	15.31	34.84	34.50	5.18
54.46	2.70	−1.01	2.16	38.98	105.67	101.46	3.61
40.55	1.57	−0.13	1.71	31.95	62.89	60.27	4.30
75.88	3.64	−1.00	3.45	49.78	68.09	66.67	4.90
37.57	1.48	−0.53	1.20	18.92	49.21	47.70	4.58
5.75	0.27	0.07	0.41	5.14	8.34	8.03	4.35
1 621.53	66.43	91.08	162.55	541.69	1 338.05	1 249.68	8.66
180.44	5.39	6.68	12.53	71.59	127.19	121.98	7.29
272.30	14.96	14.42	30.14	118.94	269.10	261.98	7.61
144.85	6.42	2.53	9.40	56.72	152.66	145.35	5.49
605.66	24.53	61.77	88.65	157.95	401.89	358.37	14.13
331.02	11.89	3.80	16.51	114.41	308.84	286.41	5.43
87.26	3.24	1.89	5.33	22.07	78.36	75.59	6.26
2 008.87	74.35	54.56	143.97	691.69	1 402.19	1 333.72	8.38
274.91	9.07	2.97	13.58	93.85	165.82	160.03	7.62
510.69	20.54	15.61	39.40	184.78	423.85	401.65	7.83
282.81	11.00	5.10	17.87	105.33	199.31	192.87	7.66
394.37	12.37	9.41	26.84	148.87	243.49	231.01	8.31
477.93	18.98	19.87	42.05	133.08	322.10	302.32	10.22
68.15	2.38	1.61	4.22	25.77	47.62	45.85	7.43
857.32	36.69	25.26	69.37	328.00	645.78	629.51	9.25
124.43	4.64	2.05	7.70	43.80	80.34	78.31	8.61
180.50	8.69	4.83	15.39	80.58	156.23	152.63	8.81
100.17	4.76	3.53	9.02	45.28	84.61	84.33	9.32
136.65	5.14	3.34	10.19	58.33	107.67	104.87	8.10
274.97	11.55	9.72	23.10	86.97	183.85	178.08	10.48
40.60	1.91	1.79	3.97	13.04	33.09	31.29	9.91
356.30	11.47	4.08	17.88	154.12	263.18	257.38	6.47
46.16	1.18	1.81	3.34	15.01	19.15	20.45	11.73
86.39	3.15	1.37	5.05	40.96	65.40	64.52	7.26
50.90	1.47	0.79	2.55	20.41	33.91	34.29	6.72
62.45	1.95	−0.26	2.35	32.81	56.49	52.54	4.76
102.57	3.38	0.72	4.54	40.59	79.16	77.74	6.00
7.84	0.35	−0.35	0.06	4.34	9.07	7.85	2.57

地区及行业	企业数（个）	职工年平均人数（人）	工业总产值（1990年不变价）	工业总产值（当年价）	工业增加值
福建机械工业合计	3 115	286 105	289.42	266.04	78.77
金属制品业	749	47 507	58.92	51.89	16.61
普通机械制造业	706	59 639	36.22	33.73	10.79
专用设备制造业	438	41 244	34.67	28.90	9.34
交通运输设备制造业	513	46 989	61.83	56.13	14.87
电气机械及器材制造业	497	68 955	79.52	75.83	21.77
仪器仪表及文化、办公用机械制造业	212	21 771	18.27	19.58	5.40
江西机械工业合计	2 809	407 028	205.74	192.52	57.54
金属制品业	642	40 747	16.90	14.98	4.49
普通机械制造业	622	113 802	35.73	33.35	10.26
专用设备制造业	499	67 855	30.12	28.01	8.97
交通运输设备制造业	616	114 045	86.26	78.24	23.72
电气机械及器材制造业	333	49 000	30.43	31.47	8.06
仪器仪表及文化、办公用机械制造业	97	21 579	6.30	6.47	2.04
山东机械工业合计	5 515	1 375 494	1 432.76	1 360.91	345.95
金属制品业	1 269	209 793	164.04	149.89	38.40
普通机械制造业	1 475	388 520	287.10	264.96	77.73
专用设备制造业	1 074	289 929	344.23	324.57	72.97
交通运输设备制造业	791	220 283	258.04	259.49	61.77
电气机械及器材制造业	718	215 926	349.53	332.92	86.81
仪器仪表及文化、办公用机械制造业	188	51 043	29.82	29.07	8.28
河南机械工业合计	5 771	914 540	529.05	435.81	141.01
金属制品业	1 211	86 777	47.55	36.33	13.11
普通机械制造业	1 431	236 549	111.67	89.99	33.70
专用设备制造业	1 402	303 804	189.96	156.67	49.38
交通运输设备制造业	740	134 457	76.44	62.87	19.14
电气机械及器材制造业	820	122 915	96.26	83.99	23.78
仪器仪表及文化、办公用机械制造业	167	30 038	7.17	5.97	1.89
湖北机械工业合计	4 000	976 835	741.58	708.82	209.41
金属制品业	1 068	129 671	111.51	99.99	36.06
普通机械制造业	874	203 775	108.05	101.25	32.58
专用设备制造业	629	149 406	86.71	82.27	28.00
交通运输设备制造业	910	370 461	350.24	339.67	84.86
电气机械及器材制造业	410	90 115	74.09	73.97	24.42
仪器仪表及文化、办公用机械制造业	109	33 407	11.00	11.67	3.49
湖南机械工业合计	4 273	657 404	318.39	259.64	89.78
金属制品业	880	65 437	39.34	28.48	10.99
普通机械制造业	1 180	188 599	66.25	53.88	19.79
专用设备制造业	649	125 757	39.54	31.68	12.84
交通运输设备制造业	788	148 287	99.45	85.56	26.00
电气机械及器材制造业	663	110 111	68.60	55.16	19.19
仪器仪表及文化、办公用机械制造业	113	19 213	5.22	4.88	0.98
广东机械工业合计	6 776	1 081 619	1 793.37	1 833.59	412.38
金属制品业	2 025	228 867	346.73	331.99	76.75
普通机械制造业	865	127 280	138.49	139.23	36.95
专用设备制造业	829	110 461	104.01	98.07	31.31
交通运输设备制造业	979	152 343	329.43	318.42	78.58
电气机械及器材制造业	1 604	379 183	702.33	761.53	158.37
仪器仪表及文化、办公用机械制造业	474	83 485	172.38	184.34	30.43

(续)

产品销售收入	当年应交增值税	利润总额	利税总额	固定资产净值年平均余额	流动资产合计	流动资产年平均余额	总资产报酬率（%）
258.50	8.57	4.98	16.48	121.85	206.30	194.92	6.15
48.42	1.23	1.61	3.13	31.31	41.74	39.74	5.22
32.51	1.33	0.15	1.87	21.39	26.48	28.27	6.03
31.05	0.99	0.47	1.71	13.16	28.87	28.02	5.37
53.79	2.24	-0.24	3.19	26.69	46.63	40.26	5.29
75.10	2.49	2.59	5.80	25.14	53.01	49.22	8.43
17.62	0.30	0.40	0.79	4.16	9.57	9.40	6.26
177.56	6.77	1.39	10.34	105.02	179.02	172.56	5.69
13.62	0.36	0.01	0.52	6.80	10.53	11.80	5.82
29.19	1.22	-0.39	1.12	24.20	34.91	34.65	4.12
24.78	0.76	0.19	1.16	13.80	22.50	22.30	5.57
82.17	3.38	1.28	6.05	37.60	78.43	72.78	6.79
22.69	0.82	0.35	1.29	17.80	25.47	24.78	4.82
5.11	0.23	-0.05	0.21	4.81	7.19	6.26	4.82
1 219.58	37.12	46.23	92.68	448.32	890.17	861.85	8.38
128.51	4.28	3.25	8.47	55.19	84.48	81.77	8.03
218.17	8.70	8.55	18.38	114.28	180.91	174.01	7.93
287.47	8.61	14.21	23.90	86.46	169.49	160.64	10.51
256.45	5.32	4.86	14.75	107.98	266.21	266.27	5.79
303.23	9.18	15.10	25.73	70.37	168.08	160.13	11.09
25.75	1.04	0.26	1.45	14.03	21.00	19.03	6.52
469.14	16.99	8.86	30.38	236.66	407.04	391.39	6.71
39.93	1.05	0.41	1.91	17.26	25.79	24.27	7.16
94.35	3.52	1.79	6.03	55.67	93.36	90.05	6.57
171.56	5.73	4.01	10.73	74.53	129.98	119.19	6.48
69.66	2.63	-0.99	3.20	43.10	67.23	72.15	5.43
86.90	3.72	3.61	8.10	39.56	81.37	76.62	8.48
6.74	0.34	0.03	0.42	6.54	9.30	9.11	5.84
647.74	20.86	-4.11	23.20	366.12	549.69	532.51	4.30
92.51	2.47	2.09	5.41	31.14	47.39	49.84	8.28
93.32	3.71	0.78	5.45	49.29	80.17	79.70	6.49
71.38	2.40	1.30	4.47	38.88	48.97	48.22	7.41
319.59	10.13	-8.57	4.86	204.69	298.60	280.52	2.74
61.36	1.81	0.76	3.01	34.40	61.09	61.14	4.70
9.59	0.36	-0.48	-0.01	7.73	13.48	13.08	3.02
264.18	13.29	-3.97	13.28	170.31	246.75	244.04	5.41
30.02	1.21	-0.29	1.26	12.04	17.58	18.57	7.09
55.55	2.98	-2.33	1.13	43.46	60.34	60.16	3.63
32.74	1.92	-2.07	0.13	28.17	38.95	39.27	2.94
91.21	4.42	0.56	7.43	50.46	74.00	71.78	7.31
50.14	2.52	0.56	3.48	31.50	49.81	48.45	6.07
4.52	0.23	-0.41	-0.16	4.67	6.07	5.81	3.96
1 640.96	47.32	19.74	82.01	658.75	1 342.67	1 291.14	5.92
316.24	7.95	-0.86	8.31	139.15	220.68	211.74	4.25
122.64	4.58	0.82	6.15	71.18	120.59	115.30	5.23
95.68	3.36	2.19	6.16	47.41	96.42	92.81	5.73
301.27	11.55	0.48	21.68	138.26	312.50	280.35	6.41
626.52	16.75	12.27	31.34	220.54	498.53	488.65	6.57
178.61	3.13	4.84	8.37	42.20	93.94	102.28	6.72

地区及行业	企业数（个）	职工年平均人数（人）	工业总产值（1990年不变价）	工业总产值（当年价）	工业增加值
广西机械工业合计	2 262	270 363	191.69	183.90	48.89
金属制品业	631	36 235	22.68	20.76	6.55
普通机械制造业	476	76 544	45.59	39.36	12.08
专用设备制造业	396	43 132	23.74	20.99	6.69
交通运输设备制造业	450	65 722	70.30	71.57	15.21
电气机械及器材制造业	260	40 074	25.21	26.63	7.08
仪器仪表及文化、办公用机械制造业	49	8 656	4.16	4.58	1.28
海南机械工业合计	212	21 092	36.07	32.30	7.21
金属制品业	62	3 815	3.62	2.57	0.87
普通机械制造业	18	1 588	0.34	0.30	0.07
专用设备制造业	31	3 694	0.52	0.45	0.11
交通运输设备制造业	69	8 978	28.03	25.87	5.20
电气机械及器材制造业	28	2 976	3.50	3.08	0.91
仪器仪表及文化、办公用机械制造业	4	41	0.05	0.03	0.04
重庆机械工业合计	2 405	383 720	238.73	231.29	59.75
金属制品业	491	41 699	13.80	13.12	4.03
普通机械制造业	554	103 216	39.29	40.03	12.39
专用设备制造业	187	21 368	5.76	5.59	1.94
交通运输设备制造业	836	140 902	146.16	139.68	34.34
电气机械及器材制造业	233	43 679	20.20	19.18	3.94
仪器仪表及文化、办公用机械制造业	104	32 856	13.52	13.69	3.12
四川机械工业合计	3 762	767 822	361.05	326.06	100.88
金属制品业	990	83 372	47.13	39.74	13.09
普通机械制造业	1 019	200 192	92.00	79.80	24.79
专用设备制造业	609	159 135	53.80	46.13	14.02
交通运输设备制造业	649	221 958	102.18	92.31	30.83
电气机械及器材制造业	426	89 307	62.16	63.81	17.14
仪器仪表及文化、办公用机械制造业	69	13 858	3.78	4.26	1.00
贵州机械工业合计	969	211 227	81.84	75.07	23.31
金属制品业	285	19 624	11.10	8.95	2.71
普通机械制造业	211	39 676	9.87	9.82	3.40
专用设备制造业	118	23 294	7.15	6.51	2.24
交通运输设备制造业	238	101 060	44.26	40.60	11.60
电气机械及器材制造业	96	20 128	8.19	7.90	2.88
仪器仪表及文化、办公用机械制造业	21	7 445	1.26	1.28	0.47
云南机械工业合计	871	162 492	79.59	72.91	21.92
金属制品业	268	20 558	9.15	7.74	2.28
普通机械制造业	124	32 917	14.46	13.55	5.21
专用设备制造业	176	42 518	17.59	16.23	5.38
交通运输设备制造业	168	31 809	16.49	13.95	3.23
电气机械及器材制造业	102	23 211	15.56	14.14	3.93
仪器仪表及文化、办公用机械制造业	33	11 479	6.34	7.30	1.91
西藏机械工业合计	36	1 499	0.54	0.43	0.42
金属制品业	5	75	0.02	0.01	0.01
普通机械制造业	2	88	0.01	0.01	0.00
专用设备制造业	5	93	0.00	0.00	0.00
交通运输设备制造业	24	1 243	0.51	0.40	0.40

（续）

产　品 销售收入	当年应交 增 值 税	利润总额	利税总额	固定资产净 值年平均余额	流动资产 合　　计	流动资产 年平均余额	总资产报酬率 (%)
175.81	7.89	－1.99	7.04	104.44	168.77	161.94	4.68
18.06	0.75	－0.18	0.70	6.92	13.90	13.02	6.15
42.65	2.12	－0.67	1.63	36.24	50.63	51.98	3.74
21.16	0.82	－0.45	0.50	13.24	21.47	20.69	3.99
68.73	3.06	0.94	4.55	30.91	54.23	48.63	6.42
21.47	0.97	－1.47	－0.37	15.14	23.31	22.58	3.15
3.73	0.17	－0.16	0.03	1.99	5.22	5.05	3.01
32.55	2.01	1.26	4.30	19.86	21.42	21.70	10.05
2.54	0.12	－0.19	－0.04	5.82	2.60	2.53	0.70
0.33	0.01	－0.03	0.00	0.76	0.48	0.39	1.07
0.49	0.01	－0.14	－0.12	0.78	0.85	0.79	－2.63
25.45	1.64	1.05	3.66	10.33	13.58	14.43	13.13
3.73	0.23	0.56	0.80	2.16	3.88	3.53	14.29
0.01	0.00	0.00	0.00	0.01	0.03	0.03	－2.19
223.92	10.22	5.42	17.96	118.99	240.30	227.81	6.79
12.33	0.52	－0.70	－0.06	5.92	11.18	11.52	3.05
38.30	1.89	－0.81	1.36	24.45	45.35	44.21	4.45
5.06	0.30	－0.38	－0.03	3.70	6.18	5.94	2.95
136.38	5.97	8.70	16.33	66.23	140.61	129.97	8.84
18.27	0.88	－0.89	0.12	8.73	18.84	18.51	3.15
13.59	0.66	－0.51	0.23	9.96	18.13	17.66	4.27
341.08	13.00	－3.33	11.77	203.46	372.89	355.14	4.56
42.63	1.30	－0.60	0.96	18.44	31.15	30.72	5.53
86.42	3.67	－0.74	3.41	51.68	107.11	102.90	4.56
52.85	2.07	－1.48	0.89	32.04	63.77	57.63	4.41
96.68	3.30	－1.05	2.94	68.54	93.46	89.29	4.08
58.57	2.40	0.99	3.74	30.05	71.33	69.22	5.33
3.92	0.25	－0.46	－0.17	2.70	6.08	5.39	1.71
74.61	2.85	－3.06	0.24	59.08	104.10	100.53	2.76
9.63	0.40	－0.07	0.40	4.76	7.66	7.27	5.39
8.07	0.46	－0.71	－0.19	9.01	16.41	16.52	1.74
5.62	0.16	－0.59	－0.40	4.44	10.21	9.63	0.08
43.43	1.36	－1.45	0.14	33.18	56.02	55.68	3.09
6.82	0.40	－0.14	0.32	6.38	11.95	9.51	3.20
1.05	0.06	－0.11	－0.04	1.30	1.86	1.94	0.30
75.87	3.16	－0.86	2.63	50.82	84.48	81.19	3.69
8.21	0.32	－0.20	0.18	4.58	7.41	7.46	3.38
13.60	0.82	0.33	1.20	11.00	17.52	16.86	4.97
16.41	0.69	－0.19	0.57	12.66	22.83	22.05	3.45
17.01	0.65	－0.91	－0.17	13.44	19.09	18.32	1.39
14.48	0.53	0.01	0.59	6.54	12.11	11.28	5.40
6.16	0.16	0.10	0.27	2.61	5.51	5.22	7.20
0.46	0.00	－0.01	0.04	1.44	0.96	0.93	2.02
0.03	0.00	0.00	0.00	0.39	0.04	0.05	0.45
0.01	0.00	－0.02	－0.02	0.11	0.01	0.02	－8.67
0.01	0.00	0.00	0.00	0.18	0.03	0.03	0.17
0.41	0.00	0.00	0.06	0.77	0.87	0.83	3.80

地区及行业	企业数（个）	职工年平均人数（人）	工业总产值（1990年不变价）	工业总产值（当年价）	工业增加值
陕西机械工业合计	2 590	606 498	241.36	230.58	64.84
金属制品业	613	47 053	19.44	18.44	5.49
普通机械制造业	645	112 597	30.86	29.81	9.40
专用设备制造业	558	129 816	39.76	36.51	10.82
交通运输设备制造业	300	188 550	86.96	80.72	23.05
电气机械及器材制造业	354	85 631	51.64	52.00	12.79
仪器仪表及文化、办公用机械制造业	120	42 851	12.70	13.10	3.29
甘肃机械工业合计	1 133	215 779	64.86	57.40	20.18
金属制品业	506	31 457	12.30	11.33	4.75
普通机械制造业	180	46 312	13.89	12.27	4.89
专用设备制造业	178	54 307	14.74	12.84	3.09
交通运输设备制造业	131	33 828	6.71	5.49	2.42
电气机械及器材制造业	119	38 369	15.48	13.76	4.43
仪器仪表及文化、办公用机械制造业	19	11 506	1.74	1.71	0.59
青海机械工业合计	299	52 484	13.43	11.57	2.83
金属制品业	92	8 118	2.66	2.44	0.77
普通机械制造业	60	25 338	6.94	5.79	1.04
专用设备制造业	48	5 807	1.42	1.27	0.42
交通运输设备制造业	69	8 541	1.49	1.20	0.39
电气机械及器材制造业	25	3 225	0.52	0.43	0.14
仪器仪表及文化、办公用机械制造业	5	1 455	0.39	0.44	0.08
宁夏机械工业合计	317	65 105	29.71	22.67	7.42
金属制品业	100	11 387	5.75	3.89	1.44
普通机械制造业	72	26 136	13.98	9.35	4.01
专用设备制造业	58	14 694	6.25	5.69	0.86
交通运输设备制造业	43	2 600	0.61	0.56	0.20
电气机械及器材制造业	34	4 886	1.67	1.86	0.38
仪器仪表及文化、办公用机械制造业	10	5 402	1.44	1.32	0.53
新疆机械工业合计	757	82 125	39.46	32.62	9.30
金属制品业	303	19 787	7.27	5.78	2.31
普通机械制造业	120	15 959	5.64	4.57	1.64
专用设备制造业	102	20 029	13.05	10.77	2.38
交通运输设备制造业	140	17 280	5.98	4.67	0.74
电气机械及器材制造业	86	8 884	7.34	6.68	2.18
仪器仪表及文化、办公用机械制造业	6	186	0.18	0.14	0.04

(续)

产品销售收入	当年应交增值税	利润总额	利税总额	固定资产净值年平均余额	流动资产合计	流动资产年平均余额	总资产报酬率(%)
227.60	8.41	−5.05	4.73	183.44	311.62	293.57	4.07
16.22	0.68	−0.21	0.62	10.97	18.33	16.55	4.92
29.66	1.46	−1.50	0.22	27.33	41.85	41.21	3.56
36.22	1.60	−2.48	−0.66	35.09	53.25	50.66	2.71
82.08	1.92	−0.31	1.97	63.78	112.94	105.34	4.32
51.53	2.27	0.03	2.56	29.46	61.54	58.12	5.48
11.89	0.49	−0.57	0.02	16.81	23.70	21.69	3.14
56.93	2.60	−3.82	−0.77	59.07	84.70	83.21	2.22
9.03	0.44	−0.39	0.16	6.95	10.30	10.33	3.39
11.66	0.65	−0.57	0.19	11.30	18.74	18.45	2.21
13.58	0.44	−1.75	−1.23	15.08	22.51	22.64	0.21
6.33	0.29	−0.90	−0.56	11.84	8.90	8.85	−0.18
14.80	0.72	0.20	1.01	11.34	20.12	18.98	6.40
1.53	0.06	−0.41	−0.34	2.56	4.12	3.96	−0.72
10.96	0.51	−3.20	−2.62	14.30	24.33	23.74	−2.18
2.26	0.10	−0.25	−0.11	1.78	3.40	3.32	1.35
5.38	0.25	−1.69	−1.42	8.18	12.57	12.15	−2.86
1.13	0.02	−0.44	−0.42	1.52	3.34	3.37	−2.60
1.42	0.09	−0.38	−0.28	1.88	3.43	3.28	−0.55
0.43	0.03	−0.30	−0.27	0.57	1.10	1.12	−8.99
0.33	0.02	−0.14	−0.12	0.36	0.50	0.51	−9.47
28.34	1.47	−0.48	1.13	17.58	37.11	34.40	6.30
5.57	0.24	0.05	0.30	3.13	5.08	4.70	6.86
13.25	0.77	0.36	1.21	5.99	19.27	17.51	8.65
6.19	0.26	−0.38	−0.10	4.48	7.31	7.15	4.89
0.58	0.04	−0.19	−0.15	0.62	0.95	0.95	−3.61
1.55	0.08	−0.23	−0.14	2.10	2.47	2.24	0.34
1.20	0.10	−0.09	0.01	1.26	2.03	1.86	4.98
36.86	1.35	−1.91	−0.36	32.27	44.81	41.06	2.22
6.25	0.31	−0.38	−0.01	5.81	8.64	8.29	2.56
4.93	0.28	−0.47	−0.16	6.30	7.40	7.06	1.39
12.75	0.21	−0.48	−0.22	7.99	12.30	10.29	2.30
6.24	0.20	−0.93	−0.69	7.48	8.86	8.55	−1.03
6.52	0.34	0.32	0.70	4.58	7.39	6.66	6.35
0.16	0.01	0.02	0.03	0.11	0.22	0.20	10.10

1997年各地区机械工业主要产品产量

地区	金属切削机床（台）	矿山设备（t）	大中型拖拉机（台）	小型拖拉机（台）	汽车（辆）	发电设备（kW）
全国	186 467	532 192	82 369	2 016 440	1 582 541	24 050 520
北京	2 206	31 242	0	3 691	115 936	1 228 000
天津	1 831	2 679	10 450	1 600	158 581	143 312
河北	3 534	79 061	2 211	172 100	12 558	31 755
山西	723	17 459	0	1 987	1 912	1 733 193
内蒙古	279	7 733	0	5 070	723	792
辽宁	11 026	29 972	384	9 469	39 271	14 452
吉林	547	5 181	961	28 547	221 918	1 000
黑龙江	1 828	9 453	609	52 081	50 058	2 418 873
上海	18 700	32 177	19 501	0	233 037	5 415 964
江苏	30 101	38 308	4 236	243 245	97 200	2 008 250
浙江	59 785	12 757	6 208	33 307	9 177	964 971
安徽	2 183	15 905	130	208 672	35 020	56 323
福建	993	14 514	0	41 086	6 083	528 688
江西	3 073	7 879	774	21 642	81 845	281 414
山东	19 820	62 035	14 021	616 703	14 398	1 830 826
河南	970	59 994	18 034	304 190	10 545	184 580
湖北	2 133	13 202	2 551	11 557	165 137	878 140
湖南	1 127	8 317	260	6 484	7 569	132 619
广东	6 766	8 384	0	21 740	9 832	478 605
广西	3 109	8 829	0	107 799	99 669	238 245
海南	0	0	0	100	2 611	0
重庆	1 607	13 502	0	450	160 700	375 395
四川	1 348	10 800	0	38 078	16 164	4 359 000
贵州	390	7 512	0	5 740	3 555	810
云南	6 603	9 563	0	33 471	11 432	152 350
西藏	0	0	0	0	0	0
陕西	4 063	3 961	0	11 389	16 502	23 639
甘肃	468	460	0	14 922	0	568 724
青海	236	6	1	0	2	0
宁夏	938	21 087	240	6 540	0	0
新疆	80	219	1 798	14 780	1 106	600

机械工业

1997 年大事记

第Ⅷ部分

机械工业大事记　（1997年）

1月

1日　根据煤炭工业部煤科教监函〔1996〕389号文的精神，煤机产品生产许可证办公室转发《关于对发放安全标志准用证产品抽样办法的规定》的函，即日起，对生产许可证管理的六种十一类煤矿专用机电产品的"MA"标志统一进行管理发放。

2日　大连机车厂为尼日利亚制造的4台东风4型内燃机车竣工出厂，这是我国首批打入非洲市场的干线电传动内燃机车的一部分。

5日　机械工业部常务副部长邵奇惠赴江苏出席春兰(集团)公司博士后科研工作站揭牌仪式。

南京浦镇车辆厂研制生产的25Z型空调双层客车和长春客车厂与韩国合作生产的不锈钢客车在北京铁科院试验基地的提速试验中，最高时速达212.6km/h。这次提速试验是由株洲电力机车厂生产的韶山8型电力机车牵引的。

8日　全国机械工业工作会议在江苏省泰州市举行。国务院副总理吴邦国致信祝贺，机械工业部部长包叙定作了题为《为"三大战役"全面展开而努力奋斗》的讲话。

8～12日　在铁道部召开全路领导干部会议期间，中车公司在二七机车厂召开机车车辆工业领导干部会议，部有关司局领导和各厂(所)长、党委书记参加会议。铁道部副部长傅志寰出席会议发表重要讲话，中车公司党委书记、董事长杜景新、总经理王泰文分别讲话和作工作报告。

9日　全国人大常委委员、全国人大教科文卫委员会委员张明远率检查组到株洲电力机车厂检查工作。

中国第一汽车集团公司通过GB/T19001(ISO9001)质量体系认证，颁证仪式在人民大会堂举行。一汽集团公司一次性整体通过认证，在国内特大型企业中尚属首家。

9～13日　中国机械工程学会理事长何光远赴上海出席中国机械工业—斯隆教育发展基金首期"现代企业经营与战略管理"高级经理培训班开学典礼。

10日　在北京铁科院试验基地，铁道部部长韩杼滨、副部长孙永福、傅志寰等乘坐南京浦镇车辆厂生产的25Z型空调双层客车参加了时速为202km的提速试验，并召开了中外记者招待会。

10～3月14日　受煤炭工业部委托，中国煤矿工程机械装备集团公司组织专家分别对国家"八五"一条龙日产万吨综采设备技术改造子项竣工进行了验收，通过验收的项目包括天津煤矿专用设备厂和徐州煤矿机械厂的3 300V矿用开关，无锡煤矿机械厂的大流量乳化液泵，西安煤矿机械厂的日产万吨采煤机，抚顺煤矿电机厂和西北煤机三厂的大功率隔爆电机，北京煤矿机械厂的液压支架及大流量阀，西北煤机一厂的大运量转载机，西北煤机二厂的大运量、大倾角皮带机。

13日　机械工业部副部长孙昌基会见了法国法马通公司副总裁和法国阿尔斯通公司中国总裁一行。

国家计划初步安排投产大中型发电机组44台、10 075MW，其中水电机组17台2525MW、火电机组27台7 550MW。

14日　机械工业部以机械生〔96〕1059号文公布了《关于批准1996年第二批特级安全级企业和1996年安全级企业的通知》。

15日　煤机协会在北京召开了全体理事长会议，由规划发展部、秘书处、质量技术部和许可证办公室汇报1996年工作进展和1997年工作安排。

16日　机械工业部以机械政〔96〕1040号文下发了《关于发布车辆识别代号(VIN)管理规则的通知》。

20～22日　中国煤矿工程机械装备集团公司在北京煤机厂召开了1997年工作会议。该集团公司所属煤机厂厂长、书记和公司部室及子公司、分公司负责人出席了会议。煤机公司经理应邀出席了会议。会上高峰书记传达了全国煤炭工业工作会议精神和部党组〔1997〕10号会议纪要。吕金枪总经理作题为《转变观念、振奋精神，顽强拼搏、打好扭亏增盈攻坚战》的工作报告。

21日　机械工业部以机械科〔97〕5号文下发了《关于公布1996年机械工业部科技进步奖奖励项目的通知》。经部科技进步奖评审委员会审定批准，共评出341项，其中特等奖2项、一等奖21项、二等奖117项、三等奖201项。

22日　机械工业部部长包叙定会见日本理光公司社长一行。

23日　四方机车车辆厂制造的天安型公务用内燃机车通过部级鉴定。

24日　机械工业部以机械生〔97〕36号文下发了《关于建立机械工业信息服务网的通知》。

27日　机械工业部以机械计〔97〕24号文下发了《关于表彰"八五"技术改造优秀项目及先进集体和先进工作者(机械部分)的通知》。

机械工业部部长包叙定会见了捷克德士达公司董事长一行。

28日　机械工业部部长包叙定，常务副部长邵奇惠，副部长孙昌基、吕福源、姚明伟，总工程师朱森第出席国机集团暨中国机械装备（集团）公司成立大会。

2月

2日　中国首次出口到基里巴思的一架运十二飞机抵达该国首都塔拉瓦，明日下午在当地举行交接仪式。

株洲电力机车厂研制的韶山8型电力机车通过部级鉴定，铁道部副部长傅志寰出席鉴定会并讲话。

4日　中共中央政治局委员、国务委员、国家体改委主任李铁映，在参加武汉钢铁公司召开的生产一线劳模座谈会期间，会见了两位参加座谈会的江岸车辆厂“二七”烈士后代，并请两位同志代他向工厂“二七”烈士后代和家属转达问候。

12日　国家经贸委以国经贸企〔1997〕48号文件，同意电力工业部机械制造企业成立华电集团。

18日　据报道，日前国家经贸委发出《关于表彰国家“八五”技术改造项目和技术改造先进工作者的通报》，共表彰了110个技改项目，授予105位同志先进工作者称号。其中机械工业有北京第一机床厂数控机床技术改造项目等12项技改项目受表彰，机械工业部行业发展司钱缇获技改先进工作者称号。

由煤炭工业部办公厅组织，在北京西郊宾馆召开了煤机货款清欠会议。大同、开滦、平顶山等17个矿务局局长，北京、张家口等17个煤厂厂长及财务、销售部门的负责同志参加了会议。副部长张宝明、朱登山到会并作了重要讲话，吕金枪总经理介绍了煤机行业和装备集团公司的有关情况。会上各矿务局签订了还款计划。

18～19日　机械工程学会理事长何光远、机械工业部副部长吕福源赴天津出席天津汽车工业（集团）有限公司夏利轿车15万辆扩建项目国家验收大会。该项目投资总额为21.12亿元，建筑面积21.49万m^2，新增主要工艺设备1 409台（套）。

19～22日　我国第一台AC4000交流传动电力机车在北京铁科院环型试验线进行了机车总调整试验，机车最高试验速度为每小时121km，达到了时速120km的设计要求。

20日　机械工业部副部长姚明伟出席顺德特种变压器厂出口伊朗德黑兰地铁干式变压器合同签字仪式。

20～5月28日　由国产新型导弹驱逐舰、护卫舰及综合补给船组成的中国海军两支舰艇编队分别成功地出访了美洲四国和东南亚三国，充分显示了我国舰船研制水平。

21日　机械工业部部长包叙定分别会见缅甸建筑部部长、匈牙利新任驻华大使。

机械工业部副部长吕福源会见美国通用汽车公司中国公司总裁一行。

24日　机械工业部以机械办〔97〕92号文下发了《关于成立“机械工业部GEF工业锅炉项目办公室”有关事宜的通知》，该办公室在项目领导小组领导下开展工作，挂靠在部重大装备司。

煤炭工业部办公厅以煤厅字〔1997〕第68号文，下发了“关于印发《煤炭工业部煤机货款清欠工作会议纪要》的通知”。

25日　由中国机械设备进出口总公司承担的孟加拉国吉大港电厂二期工程进行机组首次整套启动，机组运行平稳，振动性能良好，整套启动一次成功。

25～27日　中车公司安全生产工作会议在资阳内燃机车厂召开，39个厂所的有关领导参加了会议。中车公司副总经理王志泉代表总公司作了讲话。

26日　国家技术监督局与机械工业部、农业部、国内贸易部、化学工业部、全国供销合作总社联合召开全国农业生产资料质量电话会议，国务委员陈俊生出席会议并作重要讲话，机械工业部常务副部长邵奇惠出席会议并讲话。

3月

3日　国务院副总理邹家华为机械工业部技术发展基金委员会成立十周年题词：“发展基金　有偿使用　选准项目　减少风险　立志科技　转化成果　市场导向　开发新品　科企结合　振兴机械。”

机械工业部副部长孙昌基听取了重庆变压器厂关于三峡大型变压器项目的汇报。

4日　国家经贸委、国家技术监督局以国经贸〔97〕46号文下发了《关于印发〈关于推动企业创名牌产品的若干意见〉的通知》。

机械工业部以机械科〔97〕122号文下发了《关于下达1997年机械工业科学技术发展计划（机械工业标准制、修订部分）的通知》。

《国际商报》报道，为制止国外产品倾销对国内相关产业造成损害或损害威胁，中国启动反倾销法。

机械工业部副部长孙昌基出席了1997年度电站铸锻件工作会议。

机械工业部副部长孙昌基会见美国摩托罗拉公司常务副总裁弗来德·塔克一行。

4～5日　由铁道部规划发展司、安全司、装备集团公司在中矿宾馆联合召开了“九五”国家重点技术开发项目方案审查会，熊德昌副总经理等参加会议。

6日　《中国质量报》报道，国家技术监督局宣布，我国等同采用环境管理国际标准GB/T24000（ISO14000）系列标准的5项国家标准，将于1997年4月1日起开始实施。

7日　被誉为“神州第一坞”的大连造船新厂20万吨级船坞，通过了国家有关部门的交工验收。该坞总长365m，宽80m，深12.7m。标志着我国已进入可建造超大型船舶国家行列。

8日　由株洲车辆厂研制的D25型250t长平车通过部级鉴

定。

10 日 由齐齐哈尔车辆厂向韩国现代公司和韩进公司出口的 940 组摇枕、侧架全部完工，在天津新港装船发运。

11 日 机械工业部以机械科〔97〕160 号文下发了《关于在机械行业开展“千厂万组无废品活动”的通知》。

13 日 机械行业又有 8 个企业的技术中心被国家经贸委批准为第四批享受优惠政策的企业(集团)技术中心。

13～27 日 中国电工技术学会理事长赵明生赴台湾参加电工学术交流活动。

14 日 铁道部副部长傅志寰到唐山机车车辆厂视察工作，并重点检查了提速车生产的进度及质量情况。

17 日 机械工业部副部长孙昌基分别会见了美国西屋公司亚洲控制部总裁、伊朗能源部 MATNA 公司董事长一行。

19 日 国家计委批复了渤海造船厂 10 万吨级船台建设项目。该项目完成后将形成年产 10 万吨级船舶 2.5 艘的能力。

机械工业部部长包叙定会见韩国现代株式会社社长一行。

20 日 我国生产的第一台 1000 型重型刮板输送机成套设备交货剪彩仪式在张家口煤矿机械厂举行。煤炭工业部总工程师尚海涛出席交货仪式并剪彩。中国煤矿工程机械装备集团公司高峰书记、薛际贵副总经理等参加了剪彩仪式。

中车公司所属大连、戚墅堰、四方、唐山机车车辆厂，株洲电力机车厂，长春客车厂和南京浦镇车辆厂全面完成铁道部采购的提速机、客车任务，保证了 4 月 1 日新铁路运行图的实施。

机械工业部副部长孙昌基出席第三届中法经济研讨会开幕式，并陪同国务院副总理李岚清会见法国前总理雷蒙·巴尔一行。

广州铁道车辆厂新建工程竣工通过铁道部验收。

25 日 中美合资上海通用汽车有限公司暨泛亚汽车技术中心有限公司的合同和章程在北京人民大会堂签字，国务院总理李鹏、美国副总统戈尔出席了签字仪式。这是迄今为止中美两国之间最大的合资项目。

机械工业部副部长吕福源先后陪同国务院总理李鹏、副总理朱镕基会见美国通用汽车公司总裁一行。

电力工业第五次计算机应用暨信息化工作会议在京召开，国务院副总理邹家华题词。

机械工业部副部长孙昌基会见日本三菱电机株式会社常务董事长一行。

26 日 机械工业部副部长吕福源陪同国家主席江泽民会见美国通用汽车公司总裁一行。

机械工业部副部长姚明伟赴南京出席跃进汽车集团公司创建五十周年庆祝大会。

28 日 西安飞机工业集团有限公司向美国波音公司交付第 500 架转包生产的波音 737-300 飞机垂直尾翼。该公司从 1988 年 3 月成功交付首架垂直尾翼开始，累计交付 500 架，创造了波音公司国外供应商交付大部件的新记录。

28 日 机械工业部以机械汽〔97〕192 号文公布了《关于长安奥拓 7080 型轿车国产化率 80%阶段通过鉴定的通知》。

机械工业部以机械生〔97〕186 号文下发了《关于下达 1997 年电站铸锻件指令性生产计划的通知》。

29 日 煤机产品生产许可证办公室在北京召开金属支柱、金属顶梁发证工作总结会，获证企业及申证企业共 23 个单位参加会议。

31 日 机械工业部农业装备司在北京召开新闻发布会，公布由全国联合收割机主要生产厂家和配套厂向社会作出“质量保证承诺”。

4 月

1～3 日 中车公司多种经营工作会议在眉山车辆厂召开，各厂所有关领导参加了会议。中车公司副总经理朱守礼在会上作了工作报告，党委书记、董事长杜景新到会并作重要讲话。

2 日 哈尔滨飞机制造公司在哈尔滨向肯尼亚空军司令尼克·莱森交付 6 架运十二飞机。至此，运十二飞机已生产交付 95 架，销往亚洲、非洲、大洋洲、南美洲 18 个国家和地区，创汇逾 1.6 亿美元。

上海飞机制造厂成功地向美国麦道公司交付可第 100 架 MD-82 飞机平尾。

机械工业部副部长姚明伟会见德国图林根州经济和基础设施部部长一行。

6 日 中共中央政治局委员、国务院副总理李岚清考察北汽福田公司。

7 日 煤炭工业部以煤办字〔1997〕第 165 号文下发《关于赋予中国煤矿工程机械装备集团公司煤机行业管理职能的通知》，赋予中国煤矿工程机械装备集团公司十一项行业管理职能。

8 日 机械工业部副部长姚明伟陪同国务院副总理邹家华会见日本丰田汽车公司社长一行。

牡丹江机车厂与韩国正元精工株式会社合资兴办的三新建筑材料有限公司正式投产。

9～11 日 由中国发电设备、输变电设备、电机、电器、电工器材、工业锅炉等六个电工行业协会调整合并组成的中国电器工业协会在京召开第一届会员代表大会。机械工业部常务副部长邵奇惠，民政部社团司司长吴忠泽在大会上作了重要讲话。

9～12 日 机械工业部办公厅 1997 年办公室工作会议在大连市召开，按照会议改革的要求，将政务信息、档案、信访等会议合并召开。办公厅主任薛德林在会上作了“努力提高办公室工作的质量和水平，为完成今年‘三大战役’各项任务服好务”的工作报告。

12 日 1997 年北京国际汽车电子暨智能公路展览会举行。

12～13 日 中车公司劳资工作会议在资阳内燃机车厂召开。

14 日　机械工业部副部长孙昌基会见挪威克瓦纳能源公司总裁一行。

15 日　吉林省委书记张德江、省长王云坤等到一汽集团听取耿昭杰关于今年一季度生产经营、资本结构调整、产品改型换代等情况汇报，研究探讨了一汽发展中遇到的问题，并就一汽继续坚持技术进步、大力开拓市场、深化改革、加强与地方合作、带动地方经济发展问题发表重要意见。吉林省和长春市领导表示全力支持一汽发展，千方百计帮助企业解决困难。

中车公司职工医疗保障制度改革研讨会在资阳内燃机车厂召开。

15～16 日　煤炭工业部生产许可证办公室在山西召开1996年度矿灯发证工作会议。全国获得矿灯生产许可证的27个企业的51名代表出席了会议。

16 日　香港《大公报》、《天天日报》、《文汇报》等5个报社记者到贵阳车辆厂进行采访。

机械工业部部长包叙定会见日本神户制钢株式会社社长一行。

机械工业部副部长姚明伟会见美国福特汽车公司副总裁一行。

16～30 日　中国煤矿工程机械装备集团公司配合煤炭工业部安全司对第二批定点生产厂生产技术条件进行了考核，检查8个厂的14种产品。4月23日召开《全国通风安全现场会》，重庆煤矿安全仪器厂获得定点厂铜牌。

18 日　国家主席江泽民为第五届中国国际机床展览会题词："交流先进制造技术　发展国际贸易合作　振兴中国机床工具工业。"

由广州铁道车辆厂、武昌车辆厂和四方车辆研究所共同研制的第二代机械冷板冷藏车通过部级科技成果鉴定。

机械工业部部长包叙定陪同中国人大常委会副委员长王光英会见西班牙蒙德拉贡联合公司总裁一行。

机械工业部部长包叙定会见瑞典SKF公司总裁一行。

日本美能达株式会社向机械工业部赠送了脑血流分析诊断仪和运动试验多功能检测仪。姚明伟副部长接见了日本美能达公司专务取缔役久保田先生一行，表示感谢。

机械工业部副部长姚明伟会见欧盟驻华代表团一行。

19 日　由齐齐哈尔车辆厂与台湾磊思实业有限公司共同投资兴建的佳昌塑化制品有限公司正式开业。

21 日　第五届中国国际机床展览会开幕，机械工业部部长包叙定出席了开幕式。

机械工业部部长包叙定会见美国福特汽车公司董事长一行。

机械工业部以机械科〔97〕191号文下发了《关于1996年机械产品全国统检结果的通知》。

利用日本三批能源贷款引进三井三池株式会社5台掘进机及转让S200M型掘进机全部制造技术举行签字仪式，中国煤矿工程机械装备集团公司高峰书记和淮南煤机厂代表出席了签字仪式。

东风汽车公司一吨半轻型汽车通过国家定型鉴定。

24 日　中国包装技术协会机械工业包装技术分会成立。该分会挂靠机械工业部，秘书处设在机械工业部机械科学研究院。陆燕荪任名誉理事长，许占林任理事长，黄雪任秘书长。

利用日本三批能源贷款引进奥地利奥钢联1台掘进机及转让截割头焊胎图纸举行签字仪式，中国煤矿工程机械装备集团公司和淮南煤机厂代表出席了签字仪式。

机械工业部副部长孙昌基会见美国辛辛那提米拉克龙公司总裁一行。

25 日　机械工业部部长包叙定陪同国务院副总理朱镕基会见马来西亚独立电力公司主席一行。

机械工业部部长包叙定、副部长孙昌基出席了马来西亚玻璃斯650MW联合循环电厂项目合同签字仪式。

永济电机厂与羊城铁路总公司合资组建的粤晋铁道电气有限公司正式挂牌运行。

27 日　齐齐哈尔车辆厂和美国斯潘塞公司合资经营的齐齐哈尔—斯潘塞表面处理设备有限公司举行开业典礼。

28 日　机械工业部部长包叙定陪同国家主席江泽民会见白俄罗斯总统一行。

29 日　机械工业部副部长孙昌基陪同国务院副总理邹家华出访瑞士等国家。

机械工业部部长包叙定与国务院副秘书长石秀诗就支持国产数控机床发展的政策措施等问题交换意见。

机械工业部副部长孙昌基分别会见意大利艾萨格—贝利集团副总裁和美国西屋电气公司中国区总裁一行。

利用日本三批能源贷款引进英国DOSCO公司4台掘进机及转让LH-1300掘进机制造技术举行签字仪式，中国煤矿工程机械装备集团公司高峰书记及淮南煤机厂代表出席了签字仪式。

30 日　机械工业部以机械汽〔97〕303号文下发了《关于捷达CL型轿车通过国产化率80%阶段技术鉴定的通知》。捷达CL轿车到1996年12月底，累计国产化率已达84.02%。

机械工业部副部长姚明伟会见德国大众集团中国事务总裁一行。

5月

1 日　1997年中国国际汽车环保技术展览暨机动车污染控制技术国际研讨会开幕。机械工业部副部长姚明伟出席开幕式。

2 日　《中国经济时报》报道：瓦房店轴承集团公司宣布，全国四大仪表生产基地之一的大连仪表集团公司成建制地加入该集团。将通过资产重组，一方面建成高科技含量、高附加值且能打入国际市场的仪表生产基地；另一方面充分发挥地理优势，将瓦轴技术开发中心、销售服务中心南移到大连市。

5日 机械工业部以机械汽〔97〕318号文下发了《关于北京切诺基BJ2021E6Y、BJ2021A6轻型越野车阶段性国产化技术鉴定的通知》。北京切诺基BJ2021E6Y（CX6）和BJ2021A6（CX9）轻型越野车截止到1996年12月底统计，国产化率已分别达到66.81%和49.13%。

机械工业部以机械办〔97〕321号文下发了《关于印发〈机械工业部破坏性地震应急预案〉和〈机械工业部破坏性地震应急预案实施细则〉的通知》。

6日 《中国经营报》报道：上海轴承公司日前转制为上海轴承（集团）有限公司。新组建的集团将对30余个企业的资产实施联合重组，努力创办成"巨人企业"。

7日 广州文冲船厂10万吨级修船干船坞通过了国家有关部门竣工验收，这标志着我国大型干船坞建设能力和速度已进入国际先进行列。

8日 长春客车厂、北京地铁车辆厂北京地铁"174"项目分包合同签字仪式在长春客车厂举行。

11～17日 机械工业部部长包叙定对东风汽车公司"三大战役"开展情况进行了为期一周的调研。包叙定部长强调，打好"三大战役"是解决深层矛盾的关键。

12日 长征三号甲运载火箭发射的东方红三号通信卫星成功地进入地球同步转移轨道。

机械工业部以机械科〔97〕316号文下发了《关于印发〈机械工业产品质量等级评定暂行管理办法〉的通知》。

13～16日 中国煤矿工程机械装备集团公司在昆明召开了安全、环保工作会议。会议的主要议题为：贯彻中央和部领导关于做好安全、环保工作的重要指示，总结交流工作经验，表彰先进。有21个煤机厂参加会议。煤炭工业部安全司柴司长、环保办王主任和薛际贵副总经理到会并讲话。

15日 "空中快车"100座级飞机项目框架协议在北京人民大会堂签署。国家主席江泽民、法国总统希拉克、意大利运输部长BURLANDO及英国、法国、新加坡、西班牙驻华大使出席了签字仪式。

17日 我国目前载重量最大的半挂罐式汽车在西安车辆厂研制成功。

18日 唐山机车车辆厂与河北丰南东旭平板厂、美国德利国际有限公司共同投资的唐山恒通精密薄板有限公司正式投产。

电力工业部成立武汉华电钢结构有限公司，中国华电电站装备工程（集团）总公司占51%股份，德国OIT公司占25%，武汉电力设备厂占24%。

20日 机械工业部以机械办〔97〕351号文下发了《关于表彰全国机械工业文明单位、文明单位标兵、职工楷模的决定》。为使全行业在两个文明建设中学有榜样，赶有目标，部决定，授予北人集团等112个企事业单位全国机械工业文明单位荣誉称号，授予中国第一汽车集团公司、中国第一拖拉机工程机械公司、春兰集团公司、秦川机床集团有限公司全国机械工业文明单位标兵荣誉称号，授予王涛等8名同志全国机械工业职工楷模荣誉称号。

机械工业部召开1997年机械工业CAD应用发展年新闻发布会暨"CAD应用1215工程"总结表彰会，副部长孙昌基出席。

中车公司向伊朗出口100台（套）东风6B型机车，并转让制造技术合同在德黑兰正式签字。合同总金额约1.28亿美元，此100台（套）机车的制造任务由大连机车车辆厂和永济电机厂共同承担。

23日 中国煤矿工程机械装备集团公司进出口公司组织出口印度的3套综采成套设备运抵加尔各答港。

24日 国务院港澳事务办公室主任鲁平、卫生部部长陈敏章、铁道部有关领导及香港"明天更好"基金会执行主席方黄吉雯女士，视察了由四方机车车辆厂设计、制造的"健康快车"。健康快车是由香港"明天更好"基金会集资，捐赠给卫生部，用于帮助改善革命老区和贫困山区的医疗条件。

28日 《中国财经报》报道：国家经贸委、国家技术监督局联合下发《关于推动企业创名牌产品的若干意见》。

机械工业部以机械科〔97〕396号文下发了《关于推荐机械企业适用的CAD/CAM软硬件的通知》。

中国华电电站装备工程（集团）总公司与美国佛思特惠勒公司在广东成立中外合资电站锅炉公司正式投产。

29日 机械工业部以机械政〔97〕384号文下发了《关于1997年机械行业深入学习推广邯钢经验，加强企业管理，保障"三大战役"全面展开的通知》。

机械工业部部长包叙定陪同国家主席江泽民会见了德国大众集团董事长一行。

机械工业部部长包叙定陪同国务院副总理吴邦国会见孟加拉国邮电部部长一行。

邵奇惠常务副部长主持召开了机械工业部风力发电机国产化领导小组第一次工作会议。他强调了风力发电机项目的重要性，要求领导小组对这项工作给予足够的重视并做好有关工作。

国务院环境保护委员会以国环〔97〕6号文下发了《关于调整和增补国务院环境保护委员会组成人员的通知》。机械工业部总工程师朱森第担任该委员会委员。

30日 机械工业部、国家海关总署等部门经过核定，宣布桑塔纳2000型轿车国产化率超过80%；同时，上海大众累计生产的第80万辆桑塔纳轿车下线。

电力工业部华电集团正式在京西宾馆挂牌。

31日 一汽一大众汽车有限公司全部建成，同时"三喜临门"：第10万辆奥迪轿车下线，20气门捷达王轿车批量投产，捷达车班产达250辆设计能力。

6月

3日 根据铁道部机运函

〔1997〕3 号文要求，“周恩来”号机车由东风 4 型机车更改为东风 11 型机车，戚墅堰机车车辆厂与上海铁路局签署了机车加装改造协议。

以江南造船集团下属钢结构机械事业部为主体进行股份制改造的江南重工股份有限公司在上海证券交易所挂牌上市，成为继广船国际股份有限公司之后第二家跻身股市的船舶企业。

《中国金融时报》报道：为支持机电产品出口，中国银行邀请全国 29 个大型进出口公司的总经理和财务经理座谈，通报中行为进一步支持机电产品出口所采取的措施。

5～6 日 煤炭工业部生产许可证办公室在北京召开了矿用一氧化碳过滤式自救器生产许可证换证准备工作会议，到会的有 26 个企业共 45 人。会上对“换证实施细则及产品质量检查办法和企业质量体系检查要求”进行了宣贯，并集中对企业的申报资料进行了初审。

6 日 机械工业部以机械生〔97〕285 号文发布了《关于印发〈机械工厂安全性评价标准〉（修订版）的通知》。

9 日 1997 年北京——拉萨“黑脸杯”世界屋脊中外名车行活动在北京奥林匹克体育中心发车，车队将经过石家庄、郑州、西安、西宁，最后抵达拉萨。沿途在各省会城市举办名车展示活动。

10 日 长征三号运载火箭发射的风云二号气象卫星成功地进入地球同步转移轨道，于当年 12 月 1 日正式交付使用，这被评为 1997 年国内十大科技新闻之一。

长春机车厂与齐齐哈尔车辆厂共同研制的 254×254 旋压密封式制动缸通过部级质量认证。

11 日 机械工业部以机械办〔1997〕467 号文，批准成立“机械工业部风力发电机国产化工作领导小组”，常务副部长邵奇惠任组长。同时，将原“机械工业部风力发电机国产化工作小组”更名为“机械工业部风力发电机国产化工作办公室”，该办公室挂靠在部农业装备司。

11～16 日 第七届上海国际汽车工业展览会在上海举行。这次展览会是历次国际车展中规模最大的一次，参展的有来自英、法、日、美、韩、德、意、中国及港台等国家和地区的 300 余个汽车、汽车零部件厂商。零部件厂商参展多，是本次车展的一个特点。

14 日 我国第一列“健康快车”在四方机车车辆厂竣工出厂。

18 日 中国煤矿工程机械装备集团公司就天津煤矿专用设备厂《关于假冒伪劣天津煤矿专用设备厂生产煤电钻案的报告》一事向煤炭工业部副部长王显政上报《关于建议部安全司采取措施防止假冒煤电钻流入煤矿的请示》。6 月 23、26 日，熊德昌副总经理等会同部安全司、科教司、生产司针对上述问题进行了研究讨论，安全司已去函责成黑龙江煤管局了解有关问题并向部汇报。

19 日 国家“七五”期间大中型建设项目——四方机车车辆厂客车系统扩建工程通过铁道部验收。

22 日 国务院副总理邹家华考察东南（福建）汽车工业有限公司，强调要注重产品开发工作。

24 日 机械工业部以机械汽〔97〕464 号文发布了《关于上海桑塔纳 2000 型轿车国产化率 80%阶段通过技术鉴定的通知》。该车型至 1997 年 2 月整车国产化率已达到 81.79%。

24～26 日 中国石化总公司物资装备公司在威海市召开了中国石化机械仪表制造企业质量工作会议。会议通过了恢复总公司机械仪表质协分会，并重建中国石化机械仪表信息情报网及定期出版《石化机械仪表通讯》刊物。

25 日 国家经贸委、中国人民银行以国经贸经〔97〕390 号文发布《关于发布 212 户重点国有企业名单的通知》。经国务院批准，国家关于优化资本结构试点城市企业兼并破产、技术改造、技术进步、扩大企业外贸进出口经营权、建立企业技术中心、企业干部培训等方面的政策，优先在 212 个重点国有企业中实施。

26～27 日 中车公司南方内燃机车制造集团筹备组在戚墅堰机车车辆厂召开第一次全体成员会议，就组建南方集团的有关问题进行讨论。

30 日 由中国机械工业安装总公司总承包的缅甸达拱（A 厂）日榨 1 500t 甘蔗糖厂项目总承包合同在京签字。这是该公司首次承担包括成套设备出口在内的国外工程，合同总金额为 7 988 万元。机械工业部总工程师朱森第、轻工总会副会长朱焘等领导出席了签字仪式。

月内 中国一拖股份有限公司的“**第一拖拉机**”H 股在香港上市。首次发售 3 亿股，其中 85% 的股份作为国际配售份额，由全球各大基金会认购，其余 15%的股份在香港由股民抽签认购，实际公开发售给股民的股份已由 15%上升到 34.5%，达 1.035 亿股，这是目前我国在香港上市的唯一的一支纯农业概念股。一拖通过 H 股上市累计筹资 15.52 亿港元。

7 月

3～4 日 中国煤矿工程机械装备集团公司在晋城矿务局主持召开了国家“八五”重大引进技术消化吸收项目“日产万吨综采设备”工作会议。熊德昌副总经理、晋城矿务局副局长袁宗本等出席会议并就有关问题提出了明确要求。会议商议解决了 26 项具体事项。有 16 个单位的 33 名代表参加了会议。

4 日 徐鹏航同志任中国船舶工业总公司党组书记、总经理，王荣生同志不再担任中国船舶工业总公司党组书记、总经理职务。

坦赞铁路总局局长瑞迪到西安车辆厂考察液体罐式集装箱的研制情况。

6 日 中国第一汽车集团公司在北京奥林匹克体育中心隆重举行“1997 年全国爱中华，乘红旗联谊展示活动首发式”，以此掀起促销红旗轿车的新高潮。

8～14 日 1997 年北京国际

汽车、摩托车及工艺装备展览会在北京国际展览中心举行，有12个国家和地区的400多个厂商参展，党和国家领导人吴邦国、王光英为展览会题词。机械工业部部长包叙定、副部长吕福源出席了开幕式。

9日 中船财务有限责任公司正式开业。

17日 机械工业部与中国机械冶金工会以机冶全字〔97〕20号文联合公布了《关于表彰宝钢三期工程1 580mm热连轧机设备制造联合竞赛先进集体和先进个人的决定》。

22日 国务院副总理吴邦国在湖南省委书记王茂林、省长杨正午的陪同下，到株洲电力机车厂视察。

24～26日 中国铁路机车车辆工业总公司厂所长座谈会在大连召开，中车公司董事长、党委书记杜景新，总经理王泰文作了重要讲话，副总经理王志泉、秦刚、杨安立、朱守礼分别作了专题发言。

28日 国务院批准建设外高桥基地。该基地分两期进行，一期工程将在“九五”末形成年造船180万t和曲轴65根的生产能力，二期工程完成后可形成年产低速柴油机440MW的生产能力。

29日 机械工业部以机械科〔97〕540号文发布《关于印发第一批名牌产品评价实施细则的通知》。

8月

1日 机械工业部以机械汽〔97〕548号文发布《关于富康DC7140型轿车通过60%阶段国产化技术鉴定的通知》。

7日 国家机电产品进出口的资料表明，上半年全国机电产品进出口总额突破500亿美元。海关总署统计，进出口总额500.9亿美元，比上年同期增长5.6%，占全国进出口总额的34.8%。其中，出口255.7亿美元，同比增长24.7%；进口245.2亿美元，同比下降9%。出口首次超过进口，实现进出口平衡有余。

12～13日 机械工业部重大装备司在沈阳鼓风机厂召开了“开发能力提高战役”现场经验交流会。电工设备、石化通用机械、重型矿山机械和自控仪表行业近40个大型骨干企业领导到会。结合重大装备司的工作内容，提出了本行业的工作重点和分阶段量化目标。

13日 煤炭工业部以煤科教字〔1997〕第393号文下发由中国煤矿工程机械装备集团公司起草的“关于发布《煤矿机电产品计量器具配备导则》的通知”。通知正式发布修订后的《煤矿机电产品计量器具配备导则》，该导则自1998年5月1日起实施。

13～14日 以尼日利亚交通运输部姆舍里总局长为团长的尼日利亚铁路代表团到四方机车车辆厂考察。

15日 在用户评议推荐的基础上，经机械工业部和电力工业部共同审核确认：哈尔滨锅炉有限责任公司、东方汽轮机厂、上海锅炉厂、沈阳变压器有限责任公司、北京开关厂被评为电站服务优秀企业。

18～19日 国家“八五”重点建设工程——一汽—大众汽车有限公司15万辆轿车项目通过国家竣工验收。国务院副总理邹家华出席验收大会，认为一汽的成功发展过程，代表了我国机械行业一部分国有企业的发展过程。

18～22日 国家科技奖高等级项目复审组到戚墅堰机车车辆厂考察准高速旅客列车运行情况。

20日 长征三号乙运载火箭发射的菲律宾马步海通信卫星，成功地进入地球同步转移轨道。

机械工业部以机械科〔1997〕621号文，公布第一批获得机械工业部颁发的采用国际标准和国外先进标准认可证书的产品及生产企业名录。本证书自颁发之日起五年有效。

21日 国家经贸委批准6个企业(集团)为首批全国技术创新试点企业，其中船舶工业总公司所属的江南造船(集团)有限责任公司是机械行业唯一进入试点的企业。

全国总工会副主席方嘉德到戚墅堰机车车辆厂考察职工消费合作社的运行情况。

25日 机械工业部以机械生〔97〕637号文公布了《关于公布1997年第一批特级安全级企业和安全级企业的通知》。

28日 由东方汽轮机厂承制的伊朗阿拉克工程（4×325MW）的1号汽轮机，顺利通过了通油盘车试验。盘车过程中转动平稳，顶轴油压和转子顶起高度符合要求，工作正常，获得了伊朗业主TAVANIR公司、总承包商MAPNA公司、东方电气集团公司、四川省商检局、监理单位上海发电设备成套设计研究所等单位认可。

30日～9月1日 中国煤矿工程机械装备集团公司在兰州召开煤机行业技术发展工作会议。会议总结了“八五”时期煤机行业技术开发工作进展情况，提出“九五”时期技术发展工作的计划和规划。煤炭工业部科教司领导在会上传达了国家经贸委和部关于企业技术创新和技术开发的新政策和新精神。高峰书记、熊德昌副总经理出席会议并作重要讲话。

9月

1日 长征二号丙改运载火箭发射的美国铱星模拟星（一箭双星）成功地进入地球近地轨道。

1997年度汽车工业科技进步奖评选揭晓，89个项目获奖，其中一等奖1项、二等奖15项、三等奖47项、四等奖26项。各有5人分别获汽车工业科技人才奖和汽车工业优秀青年科技人才奖。

机械工业部以机械科〔1997〕688号文，批准在中国农机化科研院组建机械工业部粮食生产机械化工程研究中心。该中心的目标是：以粮食生产为主的适度规模经营和农机社会化服务体系中急需的粮食生产全过程作业机械为目标，提高我国粮食生产机械化的技术水平，为改变我国粮食生产“靠天吃饭”的落后局面做出贡献。该中心的主要任务是：通过对现有科研成果的工程化研究，对引进技术的消化和创新，不断推出适合我国粮食生产新农艺要求和农机企业需求的工艺技术和装备。

2日 国家经贸委发布第4号令《国家技术创新项目计划管理办法》。

4日 机械工业部发布《关于表彰机械工业技工学校优秀教育工作者的决定》，授予季连海等96位同志“机械工业技工学校优秀教育工作者”称号，并颁发了荣誉证书和奖章。

6日 机械工业部“辉煌的五年——十四大以来经济建设和精神文明建设成就展”在北京开幕，孙昌基副部长、朱森第总工程师参加开幕式。

9～12日 机械工业部“开发能力提高战役”指挥部在洛阳召开“开发能力提高战役”一拖集团现场交流会。副总工程师孟祥恩、农业装备司司长高元恩、科技与质量监督司副司长依英奇等领导及70个工程、农机行业骨干重点企业和科研院所的代表参加了会议。

10～12日 由中国铁道学会组织、长春客车厂等五个单位共同主办的城市轨道交通技术装备国产化研讨会在长春客车厂举行。来自国家科委、国家计委、建设部、铁道部以及北京、天津等城市轨道交通建设部门的代表参加了会议。

28日 国家科委“八五”重点科技攻关项目，我国首辆铝合金车体在长春客车厂组焊成功。

30日 机械工业部副部长吕福源陪同国务院副总理邹家华会见美国通用汽车公司首席执行副总裁一行。

10月

6日 运8F-200（气密型）飞机取得中国民用航空总局（CAAC）签发的型号合格证。

6～8日 机械工业部邀请国内主要汽车企业（集团）、研究机构的领导、汽车行业专家和国务院有关部委的同志，在上海召开了汽车企业形成产品自主开发能力研讨会。

8日 中国国际电力设备及技术展览会开幕，机械工业部副部长孙昌基出席了开幕式。

8～11日 上海市地铁3号线工程建设考察团到长春客车厂参观访问，双方就上海地铁3号线工程项目合作事宜进行了探讨。

10～15日 1997年国际采矿设备展览会在北京召开，中国煤矿工程机械装备集团公司直属企业北京煤矿机械厂、张家口煤矿机械厂、西安煤矿机械厂和淮南煤矿机械厂参加了展览，展示近几年企业的技术进步取得的成果。

12日 中国煤矿工程机械装备集团公司副总经理熊德昌等与西安煤矿机械厂有关人员赴煤科总院上海分院，与该院测检中心协商并达成了西安煤矿机械厂完成国家重大引进吸收项目3.3kV大功率电牵引采煤机型式试验的协议。

15日 重庆8个摩托车整车及发动机零部件企业联合组建中国嘉陵建设摩托车集团协议签字仪式在重庆举行。新组建的集团总资产100亿元，年产摩托车可达400万辆，发动机可达500万台，是目前我国最大的摩托车集团。

15～22日 巴黎航展期间，中、法、新三国联合研制的EC120B轻型5座直升机取得法国民航局颁发的型号合格证。

17日 长征三号乙运载火箭发射的香港亚太2R通信卫星成功地进入地球同步转移轨道。

21日 国务院办公厅国办发〔1997〕35号《国务院办公厅转发国家计委、机械工业部关于加强农用运输车管理意见》的通知下发。文件中对农用运输车行业的存在给予了充分肯定，并就行业现存的主要问题提出了加强管理的有关意见。文件指出：“国家对农用运输车行业将采取鼓励兼并、促进联合、发展规模经济、提高规模效益的政策，以改变目前厂点多、规模小的状况。对在兼并联合中具备一定条件的企业，国家将在筹集发展资金上给予一定的支持，以加快其发展。”

为了规范煤机市场，整顿订货秩序，加强生产许可证管理，中国煤矿工程机械装备集团公司以中煤机综字〔1997〕第208号文下发了《关于加强生产许可证管理，纠正无生产许可证产品订货的通报》，对一些无生产许可证承揽订货的厂家进行了通报。

21～27日 第三届中国农业博览会在北京农业展览馆隆重举办。本届博览会农机展区由农业部农机化司和机械工业部农业装备司联合组织，农业部农机化技术开发推广总站、中国农机工业协会承办。参展企业和科研院校共170个，展品涉及十二大类，700多台（套）。

22～24日 电力工业部召开电力机械制造企业学习十五大厂长、书记研讨会。主管机械制造的副部长查克明做了《认真学习、贯彻党的十五大精神，把电力机械制造企业改革全面推向深入》的报告。

24日 国家主席江泽民会见出席第三届中美工程技术研讨会来宾，机械工业部部长包叙定参加了这次活动。

25～27日 铁路工业企业学习邯钢经验现场会在石家庄车辆厂召开。铁道部财务司、劳资司、五大公司以及全路67个工业企业的领导参加了会议。

28日 机械工业部以机械生〔97〕787号文下发了《关于印发〈机械工业信息化工作“九五”规划纲要〉的通知》。

机械工业部部长包叙定、总工程师朱森第出席第五届中国国际食品加工和包装机械展览会开幕式。

30日 石家庄车辆厂整体购买了辛集纤维板厂和北铜冶铁兴铸钢厂两个地方企业。

30～31日 中国煤矿工程机械装备集团公司副总经理张俊

才赴西安煤矿机械厂，主持召开了MXG-350型采煤机出厂评议会。经过大会评议，代表们一致认为样机质量良好，运行平稳，同意按时出厂并推荐用户使用。

31日 机械工业部发布《关于表彰全国青年岗位能手（车工）技能运动会优胜者的决定》。向谭万斌等获得运动会前十名选手颁发获奖证书和优胜奖杯；授予北京市、江苏省、山东省等机械厅（局）、西电公司、东方电气集团、二重集团等十个单位优秀组织奖。

月内 国内四大联合收割机生产企业之一的黑龙江省佳木斯联合收割机厂与美国约翰·迪尔公司合资，共同组建约翰·迪尔佳联机械有限公司。合资项目总投资为2 990万美元，注册资本为2 215万美元。美方现金投入1 329万美元，占60%，中方以土地、厂房、设备出资886万美元，占40%，合资期限为50年。

11月

4日 煤炭工业部以煤厅字〔1997〕第460号文下发《关于发布〈煤矿机械制造行业管理办法〉的通知》

4～6日 中组部、国家经贸委、国企办联合组织铁道部等9个部委和贵州等6个省在贵阳车辆厂召开加强领导班子建设，促进三线企业扭亏增盈现场会。

中国石化总公司物资装备公司在北京召开了中国石化机械仪表制造工作会议。会议认真总结了两年来的经验，分析形势，统一思想，探讨如何调整产品结构，过好市场关等问题。

6日 机械工业部农业装备司在北京召开新闻发布会，公布由全国拖拉机主要生产厂家和配套厂向社会作出“质量保证承诺”。

7日 机械工业部发布《关于表彰“千厂万组无废品活动”成绩突出的优秀班组和无废品班组的通报》，授予武汉锅炉厂机械加工分厂铣工班等46个班组无废品班组称号，授予上海柴油机股份有限公司柴油机制造二厂小件车间连接组等29个班组优秀班组称号，并颁发了荣誉证书。

10日 在湖北宜昌召开的国务院三峡工程移民暨对口支援工作会议上，国务院对支援三峡库区建设作出贡献的25个单位进行表彰，常柴股份有限公司被国务院授予“对口支援工作先进集体”光荣称号。公司总经理李汉华、党委副书记鲁进先后受到了江泽民总书记、李鹏总理的亲切接见。

1996年我国最大的500家外商投资企业评选揭晓，汽车行业有23家企业被列入，其中上海大众汽车有限公司名列榜首，北京吉普汽车股份有限公司名列第5，庆铃汽车股份有限公司名列第9，一汽—大众汽车有限公司名列第16位。其他企业排在第24位以后。

13日 机械工业部常务副部长邵奇惠陪同国家主席江泽民会见南斯拉夫总统一行。

电力制造企业的上市公司对中介机构——主承销商进行评标，广发证券公司最后中标。

14日 机械工业部总工程师朱森第陪同全国人大常委会副委员长王光英会见美国ITT公司董事长一行。

武昌车辆厂B10型单节机械冷藏车通过部级鉴定。

15日 沪东造船集团制造成功世界首台5S-50MCC型低速船用些油机，标志着我国船用柴油机生产能力、技术水平跃上了世界新的水平。

17日 机械工业部副部长吕福源陪同国务院副总理李岚清会见了波兰总统一行。

17～19日 机械工业部政策法规体改司与日本欧姆龙株式会社在西安共同召开了机械行业中高级企业管理人员研讨会，共有46个单位的73名中高级管理人员参加了会议。朱森第总工程师出席了开幕式并讲话，中国机械企业管理协会会长陆燕荪作了题为“面向市场，加强企业管理”的授课内容，日本欧姆龙株式会社在研讨会上系统地介绍了他们的品质管理、生产管理、企业文化和经营哲学。

18日 石家庄国祥制冷设备有限公司与日本三菱电机株式会社签订了车辆用空调装置技术协作合同。

19日 我国北方最大的10万吨级浮船坞“泰山”号在青岛市的北海船厂通过国家级验收。

20日 机械工业部部长包叙定、常务副部长邵奇惠、副部长吕福源、纪检组组长孙祖梅、总工程师朱森第出席了全国机械工业职工楷模先进事迹报告会。

由国家科委主持的1997年国家工程中心组建论证会在京召开。机械工业部申报的“国家精密工具工程技术研究中心”项目通过了评审。该中心依托部成都工具研究所，按现代企业制度要求，以有限责任公司形式组建。

《中国经济时报》报道：国家计委日前确定16个重点建设地区。其中有：辽宁中南地区，重点发展钢铁工业和门类齐全的重型机电设备制造业等；京津唐地区，加强机械电子工业和高技术产业的发展；长江三角洲地区，加快机械电子工业、石化、汽车等支柱产业以及高新技术产业和第三产业的发展；闽南三角洲地区，以发展劳动资金密集型产业为主；珠江三角洲地区，在目前接纳劳动密集型产业的基础上进一步升级；哈尔滨、长春地区，主要抓好石化、汽车、机电工业的发展和技术水平的提高；陕西关中地区，重点考虑机械电子工业的发展和技术水平的提高；以兰州为中心的黄河干流沿岸地区，为开发新疆石油资源提供钻采设备，接纳东部地区有色冶金、石油化工、化肥向西转移。

21日 机械工业部部长包叙定、常务副部长邵奇惠陪同国务院副总理吴邦国接见了全国机械工业职工楷模先进事迹报告会的代表。

23日 中共中央政治局常委、国务院副总理李岚清到神龙汽车有限公司考察，李岚清对富康轿车国产化情况十分关注。

24日 经国家技术监督局

批准，中国机械安全认证管理委员会暨机械安全认证中心在京成立。孙昌基副部长和国家技术监督局副局长王以铭到会作了讲话，并为中国机械安全认证中心揭牌，王副局长还向委员颁发了聘书。

24～25日 由机械工业部农业装备司、政策法规体改司和行业发展司共同组织的内燃机行业结构调整暨集团发展与产业重组战略研讨会在上海召开。有36个行业骨干重点企业、4个部属研究所、4个汽车和农机系统的大企业集团以及部分省厅和人民大学等85名专家代表参加会议。

25日 中国机械设备进出口总公司再次被美国工程与新闻记者（ENR）杂志评为1996年度225家国际最大承包商，排名从1995年的第106位上升为第95位。

国家计委正式批准山海关船厂15万吨级干船坞开工。

26日 煤炭工业部办公厅以煤厅字〔1997〕第479号文下发了《关于调整中国煤矿工程机械装备集团公司机构设置及人员编制的通知》。同意公司下设办公室、企业发展部、财务审计部、劳资社保部、规划与技术开发部、人事监察部、党委工作部、生产许可证办公室8个部室，承担装备集团和装备集团公司管理职能。集团公司总定员132人（含中国煤炭机械工业协会），其中管理部室56人，部室负责人职数21个。

26～28日 机械工业部重大装备司在北京召开了重型矿山机械行业骨干企业厂长座谈会，重点研讨了重型矿山机械企业低成本运营、资产重组、结构调整、加强企业内部改革与管理等发展战略问题。孙昌基副部长参加了会议并作了重要讲话。

27日 铁道部车辆局、中车公司和四方机车车辆厂与加拿大庞巴迪公司、鲍尔公司合资生产铁路高速客车项目谅解备忘录签字仪式在加拿大多伦多举行，国家主席江泽民出席了签字仪式。

28日 由江苏亚星客车集团与德国梅塞德斯—奔驰股份公司共同投资组建的亚星—奔驰有限公司，在扬州正式开业投产。

机械工业部副部长孙昌基参观机械工业技术发展基金会十周年成果汇报展览会。

中国机械信息网（MachineInfo）正式开通。机械工业部部长包叙定、副部长孙昌基、纪检组组长孙祖梅到部科技信息研究院出席该网开通仪式。

《中国改革报》报道：重庆推进汽车用“气”。具有丰富天然气资源的重庆市正积极推进汽车用天然气作燃料。

29日 1997年北京国际农业机械发展研讨会在北京召开。会议以“跨世纪的农机发展与中国市场”为主题，由中国农机学会、中国农机工业协会、中国农机流通协会、中国农业机械化科学研究院和中国农机化报社5个农机界权威单位联合举办，中国农机化报社和中国农机院承办，得到了机械工业部、农业部主管部门的支持，并获得国家科委批准。

12月

1日 1997年中国国际农业机械展览会在北京展览馆隆重开幕。这是继1978年十二国农业机械展览会后，我国首次举办国际专业农机展览会。由中国农机流通协会、中国农机总公司、中国科协新技术开发中心和香港华展国际有限公司联合举办的本届展览会，得到了国内贸易部、机械工业部、农业部和中国农业银行的大力支持。

机械工业部部长包叙定陪同国务院总理李鹏会见德国奔驰汽车公司董事长一行。

2日 中国工程院以中工函〔97〕14号文公布《1997年中国工程院院士当选通知》。机械工业部黄崇祺、关杰当选为中国工程院院士。

3日 国务院副总理邹家华在铁道部副部长孙永福、蔡庆华的陪同下到贵阳车辆厂视察。

4日 中国科学技术委员会与日本丰田汽车公司签定了电动汽车运行试验及示范项目合作意向书。该项目是国家科委、机械工业部等部委正在组织实施的电动汽车重大科技产业工程的组成部分，于1998年春天开始在广东省汕头市及南澳岛地区建立示范区，探索和研究在我国普及电动汽车的社会条件和环境条件。

6日 北汽福田车辆股份有限公司在山东诸城举办了第10万辆四轮农用运输车下线庆典仪式。该公司通过跨地区、跨行业资产优化重组，盘活存量资产，低成本、高效率发展，取得了较好的经营业绩。

8日 长征二号丙改运载火箭发射的美铱星（一箭双星）成功地进入地球近地轨道。

16日 《机电日报》报道：由吴江变压器厂开发生产的SH11非晶态变压器日前通过了沈阳国家变压器质量监督检验中心的突发短路试验，成为全国第一台通过该试验的非晶态变压器。目前，该产品已在苏州供电局等地挂网试运行。非晶态变压器使用非晶态金属作铁心，它没有硅钢或其他金属的固定晶状结构，能降低70%～80%的空载电能损耗，而且对输电系统无特殊要求，综合经济效益十分显著。

19日 温州正泰集团等11个著名企业合股在巴西圣保罗创办了商品市场——中华商城。

由中国航空技术进出口总公司、哈尔滨飞机制造公司组成的小组与加拿大宇航熊猫公司签订了关于合作改装并在北美销售50架运12Ⅳ型飞机的协议备忘录及加方购买首架运12Ⅳ飞机的合同。协议商定3年内熊猫公司共定购50架飞机，其中40架飞机在4年内交付。

机械工业部以机械科〔1997〕947号文公布了1997年机械工业名牌产品认定和质量信得过明星企业评定结果的通报。1997年中国机械工业名牌产品共58项，信得过明星企业共17个（见本书Ⅰ-24～26页）。

23～25日 全国机械工业工作会议在北京举行。国务院副总理吴邦国致信祝贺，机械工业部部长包叙定作题为《深入贯彻

十五大会议精神　努力实现行业振兴工作的新突破》的重要报告。内容为：第一，解放思想、把握行情，完善工作思路。第二，坚定不移、坚持不懈地打好“三大战役”，大力提高国内外市场竞争力。第三，抓住机遇、深化改革，为机械工业发展提供强大的动力。第四，两手抓、两手都要硬，确保两个文明建设协调发展。

24 日　国家主席江泽民由北京市委书记、市长贾庆林，中共中央办公厅主任曾庆红，铁道部部长韩杼滨、副部长傅志寰陪同到北京二七机车厂视察。

中央国家机关对华电集团公司“双文明”工作进行检查，一致认为：该集团公司为在京国家机关“双文明”单位。

26 日　国家主席江泽民为中国船舶工业总公司题词：“开拓进取，再创辉煌”。

全国科学技术奖励大会在人民大会堂举行。中共中央政治局委员、书记处书记温家宝，国务委员、国家科委主任宋健等为获奖代表颁奖。

据报道，享誉“中国家电第一品牌”的海尔集团披露：该集团销售收入突破百亿元大关，达到108亿元，提前三年实现原定在本世纪末销售收入过百亿元的目标，比上年销售收入净增47亿元。

27～29 日　全国电力工作会议在京举行，国务院总理李鹏、副总理吴邦国接见了与会代表。

30 日　机械工业部以机械科〔97〕949、950 号文发布了《关于公布第一批获得机械工业部产品实施强制性标准认定书的产品和生产企业名录的通知》、《关于公布第二批获得机械工业部产品采用国际标准和国外先进标准认可证书产品及生产企业名录的通知》。

31 日　截至 1997 年 12 月 31 日，全国电力投产机组共 47 台、10 455MW，完成国家下达的 10 345MW计划。

〔第Ⅶ部分责任编辑：张友鹤〕

（上接特－94）

表 1　1997 年柳工集团公司主要经济技术指标

项　　目	单位	完成情况
企业数	个	13
全部职工平均人数	人	8 669
工业总产值：当年价	万元	94 733
不变价	万元	77 022
工业增加值	万元	23 624
产品销售收入	万元	83 956
产品销售税金及附加	万元	205
利润总额	万元	2 646
固定资产原价	万元	81 014
固定资产净值平均余额	万元	62 628
流动资产平均余额	万元	80 033
出口创汇	万美元	302

表 2　1997 年柳工集团主要产品产量

产品名称	单位	产量	比上年增长％
装载机	台	2 754	
挖掘机	台	55	
起重机	台	174	

表 3　柳工集团 1997 年主要产品出口情况

产品名称	出口量（台）	出口额（万美元）
ZL50C 装载机	21	89.4
ZL40B 装载机	10	37.1
ZL60E 装载机	2	22.3
WY20 挖掘机	6	44.3

基本建设及技术改造　柳工把发展的着眼点放在科学管理与技术进步的有机结合上，形成自主创新的技术进步机制。一是加强技术进步的管理，重点是搞好技术改造的市场研究，提高技术改造的技术含量，落实项目责任制。二是充分发挥国家级技术中心的优势，加大技术进步投入，加快新技术的转化和应用，提高产品的质量和技术水平。目前已完成 ZL40G、ZL50G、ZL100 装载机及 18t 振动式压路机的开发、试制工作，进行 20MPA 液压系统的开发设计。

表 4　1997 年柳工集团主要产品出口国家、地区

序号	国家、地区	出口额（万美元）
1	巴布亚新几内亚	10.56
2	越南、老挝、肯尼亚、几内亚	66.30
3	印度尼西亚、泰国	66.61
4	卡塔尔、缅甸、巴基斯坦	37.10
5	科特迪瓦	12.53

对外合作　为了适应日趋激烈的市场竞争，1995 年柳工和德国采埃孚（ZF）集团共同设立合资企业中德柳州采埃孚合资公司，1997 年 11 月双方已完成第一期 3 900 万马克注册资本投入，1998 年 6 月 19 日正式生产工程机械用传动部件（驱动桥和变速箱）。同时与美国凯斯公司联合成立柳州凯斯合资公司，投资 2 000 万美元生产挖掘装载机。

展望未来，作为机械工业行业的排头兵，柳工以改革统揽全局，实施“大公司模式，多元化经济，多角化经营，全球性战略”和贯彻“市场导向，科技领先，从严治厂，创新发展，自成一体”的方针。拓展两个市场，争取到 2000 年实现销售收入 18 亿元，出口创汇 1 000 万美元，真正把柳工建成具有较强竞争力的现代综合性大型企业集团。

〔撰稿单位：柳州工程机械（集团）有限公司〕

〔特约顾问单位介绍部分责任编辑：白　萍〕

机械工业

企业介绍

第Ⅷ部分

企业介绍目录

北京第一通用机械厂

地址：北京市昌平县沙河镇沙阳路15号　邮码：102206　电话：(010) 69731804　传真：(010) 69731804　法人代表：刘贵酉　总工程师：马建平

简介：该厂（附属名称：北京压缩机厂）位于北京市北郊，距北京市区23.5km，有高速公路与市区相连。

该厂是中国机械工业部压缩机行业的大型机械制造企业。现厂区占地面积27.8万m^2，生产建筑面积13.3万m^2。全厂职工1 896人，工程技术人员244人，各类管理人员267人，拥有各种生产设备882台。

该厂是具有72年历史的老厂，曾生产制造过市政机械、农业机械，1958年命名为北京第一通用机械厂，并开始生产制造压缩机，如今已成为中国压缩机行业骨干重点企业之一。

该厂具有较完整的压缩机生产制造与管理体系，技术开发与管理体系和质量控制与保证体系。全厂设有11个生产分厂，包括铸件制造、热处理、机械加工、压力容器制造、工具制造、生产装配、机床修理等。在技术开发系统中设有压缩机研究所，承担压缩机的产品设计开发、技术研究与攻关、产品的试验与测试和技术信息与标准化等工作。此外，还设有工艺工装、设备能源、技术安全等专业职能部门，能进行从原材料进厂到产品出厂的全过程的质量控制，包括材料金相检验、化学元素分析、机械性能测试、各种计量及量值传递。该厂获有中国压缩机制造许可证，压力容器设计与制造许可证和国家二级计量单位资格，是中国压缩机行业协会成员并担任该组织的常务副理事长。

该厂的压缩机产品以大、中型为主，同时还生产以钢筋对焊机为代表的其他机械产品。压缩机产品类型有往复活塞式、隔膜式及螺杆式，目前已形成动力用压缩机、石油化工用压缩机、隔膜压缩机、煤气压缩机及电站用压缩机五大类150余个品种。主导产品见下表：

压缩机类型	主要产品型号
动力压缩机	2D12-100/8，L5.5-40/8，OGFD-10/7（螺杆式），4L-20/8
石油气压缩机	2D12-70/0.1-13
煤气压缩机	2D12-150/3
隔膜压缩机	G2V-5/200，G23V-20/1-25，G3V-20/200-I

其中G2V-5/200型隔膜压缩机荣获国家优质产品银质奖，4L-20/8空气压缩机获机械工业部优质产品称号，G23V-20/1-25隔膜压缩机被评为市优质产品。

该厂的压缩机产品的应用领域广泛，主要用于矿山、冶金、油田、化工、电站、能源、交通、城市建设等领域。产品除供国内市场外，还出口美国、中东、东南亚、东欧及非洲等21个国家和地区。工厂的天坛牌商标是北京市著名商标。从1991年开始该厂连年被评为“重合同守信誉”单位。

该厂致力于压缩机产品技术的开发，在满足国内经济建设的同时还致力于国际的合作与发展。

机械工业部沈阳铸造研究所

地址：沈阳市铁西区云峰南街17号　邮码：110021　电话：(024) 25851304　传真：(024) 25851306　所长：徐人瑞　总工程师：王君卿

简介：该所成立于1957年，是机械工业部直属的专门从事铸造共性技术的综合性研究机构。主要从事铸钢、铸铁、铸造有色金属材料及其熔炼，特种铸造和精密铸造，铸造原辅材料，铸造工艺设计，铸造设备及仪器仪表，信息技术在铸造上的应用，铸造复合材料，铸造钛合金，铸造环保和铸件理化检测等方面的研究、开发和推广工作。

作为全国铸造行业技术归口单位，挂靠该所的全国性组织有：全国铸造学会、全国铸造标准化技术委员会、机械工业部造型材料及重要铸件产品质量监督检测中心、中国铸造材料总公司、全国铸造信息网等，还与沈阳市科委共同组建了沈阳铸造技术研究推广中心。

该所主办的《铸造》杂志向国内外公开发行，还主办《铸造世界报》，在国内有广泛的影响。

经过四十年的发展，该所在组织结构上已形成了以国家先进铸造技术研究中心为“龙头”的科研层，以部级铸造技术工程研究中心为主体的开发层，以科技成果为基础的科技产业层，以信息、推广和行业工作为主干的公益推广服务层。全所现有职工595人，其中高级专业技术人才125人（含教授21名），并拥有铸造专业硕士授予权；全所现有固定资产4 500万元，所区占地面积2万多m^2，中试基地占地5万m^2。截至1996年，全所共取得了包括国家发明奖、国家科技进步奖及部省级科技进步奖等科研成果523项，专利33项，为国家重点工程建设和国防建设解决了一系列难题并提供关键技术，取得了显著的经济效益和社会效益。为此该所曾连续两次被国家科委授予全国技术市场金桥奖，并被沈阳市人民政府命名为火炬型科研院所称号。

大连液压件厂

地址：辽宁省大连市甘井子区香周路11号　邮码：116033　电话：(0411) 6641118　传真：(0411) 6641624　厂长：陈锡仁　总工程师：陈锡仁

简介：该厂是1965年组建的，我国最早的液压元件厂之一。现已成为机械工业部重点企业、特定振兴企业、国家机电产品出口基地企业。1992、1993年曾连续两年进入中国500家最大机械工业企业行列，并被评为大连市先进单位，1994 年被评为辽宁省先进集体。

以车间为单位，利用现有厂房、设备和设施等与国外企业进行合资合作，兴办“多枝嫁接”式企业，是这个企业从 1984 年开始提出并付诸实施的，实践证明这是改造老企业的有效途径。目前厂内的液压泵、阀、油缸、附件和系统五个车间分别同美国、日本、韩国和俄罗斯等国家企业实现了合资经营，并在此基础上向厂外和国外发展，现已同 6 个国家、地区 8 个国外企业兴办了 9 个合资合作企业。

企业应用引进的国外先进技术、设备并运用计算机辅助设计（CAD）、辅助加工（CAM）、辅助测试（CAT）、辅助控制（PC）、辅助管理（CCM）、辅助通讯（CAC）等现代化生产和管理手段，生产具有当代国际同类产品先进水平的汽车转向助力泵、高性能叶片泵、子母叶片泵，压力、流量、方向阀，冶金、工程油缸，液压附件和标准大中小型成套液压系统。其中 ZYB-A5/4-FL 汽车转向助力泵获国家专利，是为一汽集团和东风汽车公司配套的高附加值产品，6m 焦炉机械液压系统获国家重大装备一等奖。产品畅销国内外两个市场。

上海沃马—大隆超高压设备有限公司

地址：上海市光新路光新二村 40 号（大隆机器厂厂区内） 邮码：200061 电话：(021) 62146771 传真：(021) 62161108 法人代表：特欧·萨伍森 总经理：周　丹

简介：该公司是由德国沃马（WOMA）器械制造有限公司与上海大隆机器厂共同投资于 1995 年末创建的。

公司主要从事生产和销售电机或柴油机驱动的高压柱塞泵和高压清洗设备。公司在沪生产 452、752、1502、150Z 等 4 个系列的高压清洗设备（压力 30～100MPa，流量 22～250L/min），选择固定式或移动式电机、柴油机驱动；组装和销售 WOMA 公司的超高压系列产品（最高压力 250MPa，最大流量 980L/min），是德国 WOMA 器械制造有限公司在中国境内的销售总代理，并为德国 WOMA 公司的在华用户提供备件、维修等售后服务。产品具有高压力、大流量、多功能等特点，配有丰富的周边设备和大量的高压水枪，喷嘴、高压管等附件，在清洗、除锈、切削等领域用途广泛。

合资公司拥有 5 台德国 WOMA 公司的高压清洗设备（最高压力达 200MPa，流量 2×20L/min），适用于高压水清洗、除锈和切割等，可为各行各业用户提供一流的工程服务，亦可为工程公司提供设备租赁业务。

上海沃马—大隆超高压设备有限公司愿为中国清洗工业的发展提供具有高科技含量的优质产品和迅捷周到的服务，利用水作为工具，提供新应用和特有难题的解决方案，并有益于环境保护。

国营绿洲机器厂

地址：南京市中华门外新建　邮码：210039　电话：(025) 6700476　传真：(025) 6700325　厂长：郭长武　总工程师：孙　伟

简介：该厂创建于 1958 年，原名南京船用辅机厂，是中国船舶工业总公司所属大型企业，下设 9 个分厂，1 个设备安装公司，1 个国内合资企业，3 个中外合资公司和 4 个设计所，具有产品设计、研制、生产、销售和服务等完善的生产经营管理体系。工厂经营产品有：船用甲板机械、离心分离机械、环保机械、电气设备等 20 多个门类 400 多种产品，广泛用于船舶、电力、冶金、石化、机械、轻工、医药和食品等工业部门，并出口到美、德、韩、泰、瑞典等十多个国家和港、澳地区。工厂是国内最大分离机生产基地之一，分离机产品有 20 多种机型 50 多种规格，远销欧美东南亚各国。工厂与德国、瑞典合作生产甲板机械，已为国内外各种船舶提供了 5 万套近百种大中型甲板机械，并均获中国船检认可，符合国际标准和各船级社规范，并取得相应船检证书。工厂引进英国、挪威、丹麦等国先进环保技术，产品质量达国际水平，广泛用于生活污水，油污水及废弃物处理等，船用防污装置均获 CCS、LR、ABS、NV、NK 等国家船级社认可。工厂已获 ISO9000 论证通过。并把 CAD 技术应用于产品设计、开发，自行开发成功 MIS 系统，利用计算机网络对质量、技术、经营、人事等实行综合管理，大大提高了工作效率。

东风农机集团公司

地址：江苏省常州市新闸镇新冶路 10 号　邮码：213012　电话：(0519) 3260234、3261310　传真：(0519) 3260445、3261722（国际贸易）　总经理：吴建皓

简介：该集团公司（常州拖拉机厂）是国家大型一档企业、国家一级企业、机械工业部骨干重点企业。公司占地面积 26.34 万 m^2，建筑面积 16.79 万 m^2，拥有固定资产 1.78 亿元，正式职工 2 330 人，其中工程技术人员 262 人。拥有设备 1 214 台，其中自动、半自动加工线 19 条，是目前国内最大的小型拖拉机生产企业，国家质量管理奖获得单位。

公司生产拖拉机已有 30 多年历史，主导产品东风牌东风-12 型手扶拖拉机两次荣获国家金质奖，1997 年被命名为机械工业部首批“名牌产品”，累计产销超过 130 万台，占国内保有量的 1/6 以上，遍及国内 30 个省、市、自治区，远销世界 60 个国家和地区。

近年来，公司在质量管理、技术改造、调整产品结构方面狠下功夫，继 1995 年 11 月通过 ISO9002 国际标准质量体系认证后，又于 1996 年 6 月顺利通过 ISO9001 国际标准质量体系认证，1997 年被评为机械工业部首批质量信得过明星企业；同时不断根据市场用户需求开发新品，目前产品有东风牌 4.4、

5.9、7.4、8.8、11kW（6、8 10、12、15hp）系列手扶拖拉机，东风牌 14.7、18.4、22、29.4kW（20、25、30、40hp）系列轮式拖拉机，年生产能力分别达 18 万台、3000 台；有奔富牌农用运输车 4 种系列 16 个品种。此外还有跨行业产品——普令特牌 D61A 自动胶印机，年生产能力 50 台。

常熟开关厂

地址：江苏省常熟市李闸路 68 号 邮码：215500 电话：（0520）2880991（总机） 传真：（0520）2881606、2881465 厂长：唐春潮 总工程师：范鹤森

简介：该厂地处常熟市区经济技术开发区内，是机械工业部百家技术进步示范企业之一，全国 CAD 应用工程先进单位，江苏省高新技术企业，中国 500 家最大电器机械及器材制造单位之一；是主要生产高低压电器、电子产品的专业厂。现有职工 1 257 人，其中大、中专毕业生 284 人。拥有各类专业技术人员近 300 人，其中高级职称人员 14 人、中级职称人员 57 人。厂区占地面积 6.2 万 m^2，生产用房 3.86 万 m^2，全厂固定资产 8097.2 万元，为中型企业。1996 年 12 月，已通过 GB/T19001（ISO9001）质量体系认证。

主要产品：CW1 系列智能型万能式断路器，CM1 系列塑料外壳式断路器，CK1 系列交流接触器，成套开关设备，RY 系列电量变送器等。可年产塑壳断路器 30 万台。

1992 年建立了 CAD/CAM/CAE 系统来设计和制造电器产品及模具。该系统拥有美国 HP 公司的 APOLLO9000/715t、9000/425t 工作站 4 台（套），各种 PC 机 60 台（套），使用美国 EDS 公司的 UGⅡ软件与 CV 公司的 CALMA 软件，并配有德国 HERMLE 公司的 UW851H 数控铣镗床及日本 SODICK 公司的 A350W-E 数控线切割放电加工机、A35R-E 数控电火花加工机等，同时拥有日本天田株式会社生产的 ARIES-245Ⅱ转塔式冲床、FBDⅡ-1253EV（Ⅱ）折弯机、M 型系列剪板机及弯排机等，保证了新品开发的速度、模具制造的精度和产品质量。该厂还拥有进口高精度、高速度、大容量贴片设备两套。

通过 CAD/CAM/CAE 系统设计开发的新型断路器 CM1 系列，在目前国内同类产品中体积最小，通断能力最大，抗振动、倾斜，可以横装，可使用于海运船舶上，属国内首创，达国际 90 年代水平。被国家科学技术委员会、国家外国专家局、国家技术监督局等 5 个部委评为国家级新产品，被江苏省科学技术委员会认定为江苏省名牌产品，目前国内用户已达 5000 多个。

无锡华联焊割设备厂

地址：江苏省锡山市新安镇 邮码：214135 电话：（0510）5380741 传真：（0510）5381880 厂长：吴仲贤

简介：该厂创建于 1987 年，初期以制造各种切割机为主要业务，现已发展为生产焊接、切割设备的专业厂家。产品被广泛应用于冶金、机械、石化、船舶、锅炉、金属结构等行业。现为中国焊接协会会员、中国建筑金属结构协会会员、中国工程建设焊接协会会员、中国船舶工业行业协会会员、上海金属结构协会会员单位。

主要产品有：H 型钢自动焊接成套设备（生产线），CNC 系列数控气割机，CNG 系列数控/多头直条气割机，CNO 系列数控/光电跟踪气割机，WGQ 系列光电跟踪气割机，CG1 系列多头直条气割机，各种焊接辅助机具。

浙江建华集团压滤机有限公司

地址：杭州市沈半路 2 号 邮码：310005 电话：（0571）8036660 传真：（0571）8011506 厂长：徐文跃 总工程师：黄荫堂

简介：该公司是中国通用机械分离机械行业协会成员。公司创立于 1993 年。企业占地面积 21 000m^2，现有员工 238 人，其中具有中高级职称人员 15 名。1997 年实现总产值 3 100 万元，内外贸销售总额 2 900 万元，实力与业绩在同行业中均属前列。公司产品有压滤机、砂磨机、三足式离心机等。其中压滤机品种规格齐全，过滤面积从 0.6m^2 到 1 190m^2，结构形式有厢式、板框式、压榨式，按操作方式又有手动、液动及全自动等。产品广泛应用于化工、轻工、石油、制药、食品、矿山冶金、环境保护等领域。砂磨机系列产品具有技术含量高、自动化程度高等特点，是湿法研磨最理想的设备，广泛应用于染料、颜料、涂料、制药等行业。几年来，企业多次被杭州市拱墅区人民政府授予文明单位，骨干企业，优强企业等称号，被杭州市工商行政管理局命名为“重合同守信用”单位，公司产品被中国环境科学学会认定为中国名优环保产品。公司自创立以来十分重视实施名牌战略，自 1997 年底，积极贯彻和实施 ISO9001 质量保证国际标准，“强化质量管理，创立名牌产品，提供最佳服务”是公司始终不渝的质量方针。

浙江开关厂

地址：浙江省衢州市白云山路 邮码：324000 电话：（0570）3012160 传真：（0570）3012379 厂长：孙国华 总工程师：丁心宝

简介：该厂（又名浙江电工器材厂）是浙江省骨干重点企业，为中国 500 家最大电气机械和器材制造企业之一。

企业占地面积 45.2 万 m^2，建筑面积 19 万 m^2。拥有各类主要生产设备 427 台（套），其中从日本进口了先进的数控剪切、冲压、折弯等加工专用设备，

配备有600kV的高压试验设备等。固定资产12 500万元。有员工1 800余人，其中专业技术人员340人。

企业设有：新产品开发中心、高压电器试验中心、计算机中心。浙江省高压电器开关设备产品质量检测站和电磁线产品质量检测站均设在该厂。

企业主导产品为220kV及以下高压电器、高低压开关设备、成套开关设备和电磁线四大类。企业通过了ISO9001（GB/T 19001）质量体系认证，产品符合国家标准和IEC国际标准。企业生产的产品广泛用于各发电厂、变电所，在城市供电、工矿企业、石油化工和铁路运输等部门的电力系统中起着重要的作用。产品具有运行可靠、维护方便、不检修周期长等特点，在用户中获得一定的好评。

产品获得国家银质奖1种，浙江省优质产品奖8种，有5种产品荣获浙江省科技进步一、二等奖。企业生产的ZQ牌高压开关设备荣获浙江省名牌产品称号。产品覆盖全国30个省、市、自治区。并远销智利、哥伦比亚、土耳其、伊朗、斯里兰卡、巴基斯坦、菲律宾、尼泊尔等21个国家。

宁波耐吉集团有限公司

地址：浙江省慈溪市庵东镇镇东工业区　邮码：315327　电话：（0574）3471701　传真：（0574）3472701　总经理：陈志校　总工程师：魏一钧

简介：该公司是在原慈溪电器开关总厂基础上组建的，现已发展成为集科研、生产和销售于一体的国家中二型企业。

企业始创于1979年，是机械工业部、电力工业部、化学工业部、石化总公司定点生产系列高低压开关设备的企业，国家二级计量单位、宁波市高新技术企业、省管理示范企业，浙江省高压开关设备骨干重点企业。公司总资产1.3亿元，固定资产5 487万元，35kV及以下等级高低压开关设备的年生产能力达3亿元，高压开关柜生产能力3 500面，低压开关柜2 000面。该公司有18种产品获得宁波市级以上新产品称号，有2项被评为国家级重点新产品，2项列入国家星火计划，2项列为国家火炬计划。产品覆盖全国十几个省市，并承担了国家重点工程的配套任务。1997年销售收入1.8亿元，全员劳动生产率连续两年居高压开关行业前茅，连续八年被评为AAA级资信企业。

宁波同步带总厂

地址：浙江省慈溪市龙山镇　邮码：315311　电话：（0574）3780049、3780033、3781177　传真：（0574）3780109、3781500　域名：http://www.fulong-drivingbelt.com　E-mail：fldb@mail.nb.cei.gov.cn　法人代表：林鹏飞　上海办事处电话：（021）63174691　主任：陈如邦　北京办事处电话：（010）64012837　主任：罗连芳

简介：该厂专业生产伏龙牌橡胶同步带、无级变速带、多楔带、平带、双面齿同步带、汽车同步带等橡胶传动带及配套带轮系列产品。总厂下设三个分厂，二个驻外地办事处，经营一家宾馆，并在技术开发区开办一家贸易公司，是目前国内规模最大、品种最全、质量最优的同步带传动产品专业生产厂家，被评为国家中型企业、省骨干重点企业、省技术进步优秀企业、省星火示范企业，已通过ISO9002质量体系认证。厂区占地面积25 000m²，现有员工318名，其中专业技术人员26名，外聘专家8名。拥有胶带生产设备48台，带轮加工机械38台，各种检测仪器、设备26台。1993年与美国合资后，又从德国引进新的胶带生产设备6台，大大提高了生产能力和产品质量。

产品多次荣获国家科委星火产品交易会金奖、省科技进步奖、省优、部优和国家级新产品等称号。现有24种型号1 000多种规格，广泛应用于化工、纺织、印染、机床、烟草、食品加工、仪表仪器、石油等多种行业的机械传动中，行销全国30个省、市、自治区3 000多个用户单位，并出口日本、东南亚和欧美等一些国家。

嘉兴电气控制设备厂

地址：浙江省嘉兴市洪波路58号　邮码：314001　电话：（0573）2084941　传真：（0573）2084828　法人代表：史庭浩　总工程师：沈思滢

简介：该厂创建于1956年，系机械工业部定点生产低压电器和成套装置的国有中一型重点企业，国务院批准的基础机械及基础件特定振兴企业，浙江省电器行业惟一的区外高新技术企业，国家技术改造二期"双加"工程入围企业，浙江省"五个一批"骨干重点企业。曾获省机械工业优秀企业、省行业最佳经济效益工业企业等称号，连续三届获浙江省技术进步优秀企业称号，连续两年被评为市转制好、管理好、效益好"三好企业"，分别被市人民政府、中国工商银行浙江分行授予"重合同，守信用"先进单位和信用AAA级企业，主导产品T系列塑壳断路器被认定为省名牌产品，企业通过了ISO9001质量体系认证。

企业现有职工1 302人，其中各类专业技术人员229人，占地面积82 800m²，拥有固定资产3 979万元。

主要产品：塑壳断路器、漏电保护电器、控制电器、电气成套装置等四大类。其中有独家引进日本寺崎公司专有技术制造的小体积、高分断塑壳断路器：TO、TG、TH、TS、TL五大系列16个品种（T系列为浙江省名牌产品）；引进德国F&G公司专有技术制造的电磁式漏电保护开关和高性能小型断路器：FIN、FI/LS、PX200C。近期开发的T系列四极塑壳断路器及高分断零飞弧塑壳断路器也已投放市场（电流等级15～600A）。成套装置主要有发电机可控硅装置，低压开关屏（柜）GCS、GCK、GDL、GGD

等，高压开关屏 XGN、KYN 等。均获国家生产许可证和认证证书。

嘉控产品蜚声海内外，尤其是引进日本、德国先进技术制造的 T 系列塑壳断路器、PX200C 小型断路器、FIN 和 FI/LS 漏电保护开关，以国内领先的技术和优异的性能不仅为北京中南海、人民大会堂、新客站改造，西昌卫星发射基地等国家重要项目所选用，还远销欧美、东南亚等 50 多个国家和地区。

福州阀门总厂

地址：福州市福兴投资区福新东路　邮码：350014　电话：(0591) 3621141、3660964、3621140　传真：(0591)3635091　厂长：林瑞义　总工程师：陈　萍

简介：该厂创建于 1956 年，是机械工业部、化学工业部、中国石油化工总公司阀门生产定点厂。厂区占地面积 5.3 万 m^2，现有职工 600 多人，各类技术人员 112 人，可年生产铸铁阀门 5 000t，铸钢阀门 500t。企业下辖福州阀门厂、福州轻工造纸机械厂、福州气动元件厂，是集科研、生产、销售为一体的经济实体。

主要产品有：(1) 工业和船用阀门：①种类：截止阀、截止止回阀、止回阀、闸阀、蝶阀；②压力：PN0.5～6.4MPa；③通径：6～1 500mm；④符合标准：中华人民共和国国家标准 (GB)、日本船用阀门标准 (JIS)、英国标准 (BS)、德国标准 (DIN)、美国标准 (ANSI)；⑤传动方式：手动、齿轮传动、电动气动、液动；⑥用途：石油、化工、船舶、冶金、电站、轻纺、造纸、食品、城建水处理、国防科技。(2) 轻工造纸机械：包括各类不锈钢纸浆泵，纸浆筛选、输送、漂白设备，不锈钢刀口阀及其他造纸制浆设备。(3) 气动元件：各类控制阀及各种规格气缸、油缸。

产品曾先后荣获省机械科技进步奖、部一等品等称号，同时通过英国权威质检机构——劳氏船级社工厂认证，企业也荣获省级先进企业、“重合同、守信用”单位、AA 级信用企业等称号。

竭诚欢迎海内外各界同仁来人来函进行合作、合资、洽谈业务。

福建龙马集团公司

地址：福建省龙岩市工业西路 6 号　邮码：364000　电话：(0597) 2215866　传真：(0597) 2219518　总经理：张爱军　总工程师：张桂丰

简介：该公司是跨行业、跨部门的企业集团，是中国机械工业百家重点企业之一。现有职工 3 800 人，企业技术力量雄厚，设备精良。固定资产 2.23 亿元，占地面积 80 万 m^2。公司主导产品为龙马牌系列农用运输车，另有农用客车、环卫扫路车、垃圾车及油泵油嘴等产品。龙马牌农用车以质优价廉服务好，享誉全国，深受用户欢迎。产品销往除西藏、台湾外的全国各地，并出口到印尼、越南等东南亚国家。1997 年生产农用车 21 714 辆，实现工业产值 5.3 亿元，利税 1 311 万元。

1996 年 4 月龙马农用车进中南海，接受江泽民、李鹏等党和国家领导人的检阅。1996 年龙马销售总公司被团中央授予全国“青年文明号”称号；龙马牌系列农用车被省政府授予福建名牌产品称号，被中国消协、省消委会推荐为消费者信得过优质产品。

公司发展目标：1998 年农用车产销 3 万辆，2000 年产销 6 万辆。经营宗旨：“龙马与您共创财富”。

福州大通机电股份有限公司

地址：福州市福马路 81 号　邮码：350011　电话：(0591) 3660233　传真：(0591) 3660592　总经理：陈道彤　总工程师：郑启荣

简介：该公司是由原国营企业福州电线厂改制而成的上市公司，现有职工 900 多人，总资产达 3.3 亿元，净资产 1.5 亿元。1997 年完成销售收入 2.65 亿元，实现利润 2 236 万元。

从 1984 年起，公司利用世界银行贷款先后引进国外先进的生产设备，建成国内第一条特种漆包线生产线，形成年产特种漆包线 7 000t、无氧铜杆 10 000t、绕包线 2 000t 的生产能力，使企业跻身于国内同行业的前列。近年来，为了适应市场的变化，在国内较早地进行了大范围的产品结构调整，适时推出适用于彩电、冰箱、空调、音响、洗衣机等家用电器及特种电机、其他电器所需的特种漆包线，主要供应江苏春兰集团、陕西彩虹集团、上海冰箱压缩机公司、广州三菱电机公司等国内大型空调、电工骨干企业和“三资”企业，并出口东南亚、香港等国家和地区。特种漆包线产量占国内市场 20%以上。

公司注重产品质量管理，聚氨酯漆包线和无氧铜杆先后获得国家优质产品金奖和银奖，1997 年 6 月公司通过 ISO9002 质量保证体系的认证。

1998 年公司将紧紧抓住新一轮经济发展机遇，坚持上规模、上水平、创名牌、增效益的经营战略，引入先进的 MRPII 计算机管理系统，增加引进设备扩大生产能力，创办电线电缆技术研究开发中心，使公司在生产规模、产品质量、经济效益等方面均处于国内领先地位。

福州水表厂

地址：福州市南后街 65 号　邮码：350001　电话：(0591) 7568347　传真：(0591) 7553510　厂长：裴道晓　总工程师：陈含章

简介：该厂创办于 1956 年，1997 年被国家经济贸易委员会、对外贸易经济合作部批准为水表出口基地。全厂职工 767 人，其中专业技术人员 110 人，厂房建筑面积 1.8 万 m^2。主要生产设备 224 台

(套)，配备了精密计量测试设备，建立了长度、压力、流量最高标准，计量达到国家二级。为提高技术水平，稳定产品质量扩大出口，在“六五”、“八五”期间企业引进德国 BOPP & REUTHER 公司水表制造关键技术和部分设备、模具。采用国际 ISO4064 标准制造，生产水表 20 个系列 75 种规格，年生产能力达到 150 万台。1997 年工业总产值 5 000 万元，税利 252 万元。

企业在历经十年全面质量管理的基础上按 ISO9000 标准，先后制订出包括 19 个要素的质量手册，24 个质量程序，60 种各类管理标准和作业指导书，77 种质量记录，健全了关键工序控制点。1997 年经中国商检质量认证中心评审获得 ISO9002 质量保证体系认证。LXSG、LXSHG、LXLG 系列水表被定为中国机械工业名牌产品、福建省名牌产品，产品出口 30 多个国家和地区，曾获得欧共体(EEC)注册编号。

企业还与菲律宾、印度尼西亚合作建立水表组装厂，并与以色列 BERMAD 公司合资组建福州巴密特水表有限公司，与德国 ZENNER 公司合资组建福州真兰水表有限公司。

厦门电机实业总公司

地址：福建省厦门市厦禾路 815 号　邮码：361004　电话：(0592) 2200443　传真：(0592) 2202698　法人代表：黄秋生　总工程师：洪连海

简介：该公司系国有工业企业，机械工业部中小功率电机、门机的定点生产企业，也是机械工业部、电力工业部高级型(即红证)开关成套设备定点生产企业。公司创建于 1957 年，现发展成为拥有固定资产净值 3 182 万元，总资产近 1 亿元的技工贸相结合的外向型企业。

鹰牌 JM、FJM、SM 系列电动型、防火型、遥控型电动门机，系全国首创独家批量出口，具有 90 年代初国际先进水平，通过 ISO9001 质量体系认证，荣获国家专利、机械工业部科学技术成果鉴定证书、省公安消防总队消防产品生产许可证。

鹰牌 Y 系列 H80-280 三相异步电动机荣获部优产品称号、机械工业部可靠性考核达标特别推荐产品、全国电机评比一等奖，通过 ISO9002 质量体系认证；YB 系列隔爆电动机获国家经委新品金龙奖。

公司年出口创汇 200 多万美元，享有进出口自营权。产品质量领先，信誉优良，远销西欧、澳大利亚、新西兰、中东、东南亚及港澳等 20 多个国家、地区，年出口量在省市机械行业中领先。

主要产品产量：1997 年完成电动门机 15 437 台，交流电动机 176.9MW。利润总额 142.3 万元，产销率达 100.4%。

厦门电器控制设备厂

地址：福建省厦门市斗西路 209 号　邮码：361004　电话：(0592) 2022768　传真：(0592) 2036704　厂长：许尔聪　总工程师：洪昆评

简介：厦门电器控制设备厂是创建于 1958 年的国有企业、机械工业部定点的高低压电器成套设备和低压电器元件生产厂、福建省骨干重点企业、厦门市科技先导型企业。该厂现有 14 个职能管理部门和 9 个生产车间。主要生产设备有 150 多台 (套)，其中包括引进比利时 LVD 公司和美国 WIEDEMANN 公司的多工位数控冲床、数控剪床、数控弯板机等先进生产设备。企业内部采用计算机辅助设计和辅助管理，生产经营管理逐步实行现代企业管理方式。该厂坚持以科技为先导，以质量为主线的办厂方针、积极推行 ISO9001 国际质量体系标准，并于 1997 年 2 月取得挪威船级社 (DNV) 和中国商检质量认证中心 (CCIB) 的双重认证。

该厂主要产品有：GCK1 系列高级型抽屉式低压开关柜，其中 GCK1 电动机控制中心 1990 年获省优、部优产品称号；具有国际水平的 MLS 组合式低压开关柜；KYN1-10 (2) /Q 金属铠装移开式真空开关柜等高压成套设备；QSA 系列隔离开关熔断器组，QA 及 QP 系列隔离开关，系独家引进丹麦 LK 公司技术生产制造，获 1988～1993 年度国家火炬计划优秀项目奖。以上产品均采用国际标准组织生产、主导产品达到国际先进水平。

泰安柴油机厂

地址：山东省泰安市灵山大街 268 号　邮码：271000　电话：(0538) 8332301　传真：(0538) 8228562　厂长：宗成林

简介：该厂主导产品是单缸直喷柴油机，同时还生产工程机械、石油机械、木工机械和多缸柴油机等产品。该厂为山东省机械工业销售收入和利税总额双“五十强”企业之一、机电产品出口创汇先进企业，并自 1994 年起拥有自营进出口权。已具有单缸直喷式柴油机年产 30 万台、出口 10 万台的能力。

单缸柴油机产品主要有 ZH185、ZH190、ZH195、ZH1100、ZHS1100、SD1105、SD1110、SD1110L 等 10 个系列的 20 多个品种规格，均采用国际上先进的直喷燃烧技术，具有转速高、功率大、油耗低、易起动、低污染等特点，功率覆盖面从 7.4kW 至 18.4kW，除畅销国内 20 余个省市外，还出口到巴基斯坦等 26 个国家和地区。

工程机械主要有引进德国先进的静压传动技术研制开发的 ZLY10W 型滑移转向多功能工程机产品，填补国内空白。该产品通过属具快换，可实现一机多用，分别具有挖掘、叉装、路面铣刨、清扫等 20 多种功能，是市政建设、公路养护、港口码头以及狭窄区域作业的理想产品。

石油生产机械主要有风动绞车、测井绞车等 10 余种产品，行销国内 14 个大油田。

木工机械主要有向英、美、澳、加拿大等西方发达国家出口的家用木工车床产品。

山东嘉陵恒兴车业有限公司

地址：山东省诸城市西环路北首　邮码：262233　电话：(0536) 6011901　传真：(0536) 6012058　总经理：高安平　总工程师：朱先谷　法人代表：樊晓文

简介：该公司是由中国嘉陵工业股份有限公司(集团)与山东省诸城恒兴机器股份有限公司合资组建的有限责任公司，中国嘉陵集团以51%的股份控股。公司占地面积13万 m^2，其中建筑面积5.4万 m^2。资产总额1亿元，其中固定资产3 600万元。现有员工960名，其中专业技术人员110名。公司实行事业部制职能管理，下辖供应部、财务部、技术质量部、政群部、公司办公室、销售公司和摩托车厂、农用车厂。

公司有近30年生产三轮摩托车和三轮农用运输车的历史，主要产品有嘉陵牌三轮摩托车和旭光牌三轮农用运输车，是机械工业部两轮、三轮摩托车和三轮农用运输车的专业生产企业。三轮农用运输车已形成5大型谱60多个品种，并荣获中国保护消费者基金会"用户信得过优质产品"称号，年生产能力为5万辆。

1997年3月投入生产的摩托车厂，是目前中国嘉陵集团最大的三轮摩托车生产基地，拥有90年代国内一流的摩托车总装线、涂装线和焊接线。摩托车产品有两轮、三轮共4个品种。采用中国嘉陵先进工艺技术并由嘉陵总部提供的四冲程发动机为动力的XG100ZH型三轮摩托车，性能卓越，适应性强，是城乡间客货两用的理想工具和最佳选择，现已形成10万辆年生产能力。

中国长江动力公司（集团）

地址：武汉市武昌关山一路124号　邮码：430074　电话：(027) 87802118、87801370　传真：(027)87801455　董事长兼总经理：夏士杰　总工程师：周正祥

简介：中国长江动力公司(集团)是在国家工商行政管理局登记注册、国有资产管理部门授权经营国有资产和具有外贸自主权的企业法人，组建于1986年2月，是全国512个重点企业之一。公司占地面积82万 m^2，总资产24亿元，注册资金2.5亿元。现拥有职工14 000人，各类专业技术人员5 000余名，公司多次被国家统计局列入全国500家最佳经济效益企业。

长动集团主要从事发电设备、机械设备、电机电器、特种车辆、仪器仪表、建筑材料的设计制造和电站成套工程的勘测、设计、土建、安装、调试、人员培训等总承包，是我国制造火力和水力发电设备的骨干企业。年产发电设备能力2 600MW，可提供200MW以下高压、次高压、中压、低压（余热利用）4大系列、110多种类型汽轮发电机组。其中，次高压等5种热电联供机组的国内市场覆盖率达65%以上。同时，还制造特种工业汽轮机以及0.5～400m水头范围、转轮直径8m以内的各式（轴流式、混流式、冲击式、斜击式、贯流式和全贯流式）水轮发电机组，产品分布在全国各地，并出口东南亚地区。

1997年4月，公司取得了华信技术有限公司颁发的ISO9001质量体系认证证书；7月获得美国FMRC公司颁发的ISO9001质量体系认证证书；11月通过国家机械工业部评审，成为我国为数不多的按新标准认定的国家安全特级企业。长动集团依托企业武汉汽轮发电机厂于1998年4月荣获全国"五一"劳动奖状。

湖北神电汽车电机有限公司

地址：湖北省荆州市北京路102号　邮码：434000　电话：(0716) 8212419　传真：(0716) 8216952　法人代表：周海平（董事长兼总经理）　总工程师：邓辉金

简介：企业性质：中外合资企业。由亚洲战略投资公司与湖北神电汽车电机股份有限公司合资组建。

行业地位：湖北省机械行业综合实力前十名，中国汽车电器行业骨干企业，中国汽车电机行业三强之一。

资产构成：总资产3.7亿元。

人员构成：员工2 378人，其中管理人员350人，工程技术人员249人（含高级工程师45人）。

主导产品：各类车用起动机、发电机、微电机、电动刮水器、调节器、暖风总成、喷水洗涤器系列产品。

生产区域：20万 m^2，分为汽油卡车用电机、柴油卡车用电机、轿车用电机三大生产基地。

生产能力：170万台（不含配件生产）。

产品技术：美国GM滚动技术。现为行星减速式起动机产品技术及双风扇内装电子调节器发电机产品技术。

质量保证：获国际ISO9001质量证书。

湖北沙市久隆汽车动力转向器有限公司

地址：湖北省荆州市沙市区金龙路尾　邮码：434007　电话：(0716) 8254293　传真：(0716) 8262478　董事长：汪爱民　总经理：陈涵霖　常务副总经理：吴其州

简介：该公司是由国有第九六六九厂与香港基隆企业投资有限公司共同投资的，于1993年8月15日成立，1995年开始批量生产JL系列汽车动力转向器。

公司现有员工530人，设八部一室：质管部、技术部、生产部、销售部、供应部、财务部、综合部、

发展部、总经理办公室。

自公司成立以来，合资双方真诚合作，在企业的建设和发展中以人为本，以质量为生命，以不断完善内部管理为动力，以市场为导向，以艰苦奋斗、顽强拼搏、精益求精、不断进取为企业精神，以取他人之长、补己之短、不断创新、信守合约为经营思想，以造一流产品、建一流员工队伍、树一流信誉、创一流企业、立足国内、走向世界为目标。四年来，经过不断努力，取得骄人的业绩。1995年至1997年生产了适用前桥负荷小于63.7kN的JL40、55、65型3个系列、15种规格的整体式动力转向器，产量分别为6 008台、42 000台和62 629台，产销率为99%，仅1997年创产值1.6亿元。一举成为目前国内中重型汽车动力转向器产量最大、水平最高的企业之一。该公司1995年获得省机械工业厅颁发的产品信得过证书，1997年获省科技进步一等奖，1996年被列为省合资企业50强之一。

该公司现有年产动力转向器10万台能力。今后将开发全系列汽车动力转向器，以适应各种车辆的使用，并将形成年产30万台能力。公司的宗旨为"一切为用户着想，为用户提供高品位、高质量的产品"，为中国汽车工业的发展做出贡献。

广州汽车制造厂

地址：广州市黄埔区横沙　邮码：510700　电话：(020) 82279825　传真：(020) 82279748　厂长：何焰辉　总工程师：周举桓

简介：广州汽车制造厂建于1948年，制造汽车已有31年历史，是国家定点客车生产企业；1993年被国家统计局列入全国500家最大交通运输设备制造企业（排名165位）。主要产品是珠江牌客车。厂区占地面积14万m²，厂房建筑面积7万m²；职工人数1 600多人，其中工程技术人员140人；设有6个生产车间，拥有主要生产设备524台（套），客车年生产能力达到2 200辆。

珠江牌客车有GZ6120、GZ6100、GZ6921、GZ6890等四大系列共60多个品种，其中有城市公交车、旅游客车、团体客车、长途客车，有大型豪华旅游客车、中档客车、普通型客车。珠江牌GZ6120大型豪华旅游客车是1998年新开发的适合高速公路的产品，该产品采用了杭州东风日产柴有限公司的日产柴RB46三类底盘，最高时速为120km，是替代同类型进口产品的理想产品，是高速公路营运单位、各种团体、旅游公司的理想交通工具。

珠江牌客车品质优良。1994年珠江牌客车被全国质量管理协会用户委员会评为用户满意汽车品牌（排名第2位）。1995年珠江牌GZ6921型客车被全国城市车辆展览会评为全国城市车辆推荐产品。1996年珠江牌GZ6921K3A型客车被首届中国城市旅游汽车推荐会评为最佳推荐产品。

近年来，该厂坚持走质量效益型的路子，经受了种种严峻的考验。1994年至1997年，该厂每年的产量、销量都达到近千辆。1983年至1997年，该厂连续十五年保持盈利。1994年至1996年，该厂均被评为广州市先进集体。

广东真空设备厂股份有限公司

地址：广东省肇庆市厂排街一巷60号　邮码：526020　电话：(0758) 2822360、2832524　传真：2835572　厂长：王建明　总工程师：王建明

简介：该公司是广东省高新技术企业，ISO9001国际质量体系认证企业，中南地区最大的真空获得设备和真空应用设备的生产厂家。它是由创立于1969年的广东真空设备厂发展而成。目前，已成为拥有8个控股企业，集真空技术的研究、开发，真空产品的生产、销售于一体的集团公司。企业的各项指标在全国同行中均名列前茅。

公司具备多方面的专业人才，建有高水平的真空技术工程研究开发中心。多年来研制出20多个系列、100多种真空产品。其中，国优、部优、省优产品20多个。同时，拥有发明和实用新型专利10项。产品畅销全国各地，并远销欧美、东南亚和港澳地区。产品被广泛应用于国防、科研、电子、光学、轻工、机械、冶金、食品、建材、陶瓷、塑料等行业。主要系列产品有：真空泵、真空镀膜设备、真空浸渍设备、各种彩色高级花岗岩装饰板材及其生产线等。由于产品技术先进，质量保证，售后服务良好，所以，中环牌真空产品获得了国家银质奖章，并被评为广东省首批名牌产品和全国用户满意产品。

广东省吉荣空调设备公司

地址：广东省揭阳市榕城区　邮码：522000　电话：(0663) 8881966　传真：(0663) 8881916　法人代表：林锦填　总工程师：赵　薰

简介：该公司是专业生产工业、商业用空调设备的大型二档工业企业。主要产品有：立柜式空调机系列、冷水机组系列、屋顶式空调机组系列、空气处理机系列四大类，共600多个规格品种，主要配套件均选用国际名牌厂商产品，产品具有自动化程度高、制冷量大、能效比高、噪声低等优点，是一种完全可以和国际名牌产品相媲美的民族工业品牌产品。1994年公司在同行业中首家获得ISO9001质量体系认证合格证书和美国FMRC认证公司的ISO9001质量体系认证认同证书。公司坚持走高科技发展的道路，企业综合效益年年跃上新台阶，是国内同行中品种最多、技术档次最高、营销体系最完善的工业企业之一。

产品畅销全国，远销中东、东南亚和非洲等地区。中共中央办公厅、人民大会堂、国务院办公厅、中宣部等国家重要机关均采用吉荣公司产品。吉荣牌系列空调机先后荣获中国制冷空调设备信得过产品、广东省名牌产品和中国制冷空调工业协会推荐产品等一系列殊荣。据中国制冷工业协会的统计，吉

荣柜机系列产品销量连续三年居全国第一位。

桂林机床股份有限公司

地址：广西壮族自治区桂林市中山北路219号 邮码：541001 电话：(0773)2825568 传真：(0773)2824287 总经理：尹向东 总工程师：刘水养

简介：该公司由原桂林机床厂改组而成，始建于1951年，先后于1993年和1998年分别兼并桂林机床铸造厂和桂林第三机床厂，有30多年机床出口史，现属国家大型二档企业，是机械工业部重点企业，全国500家最大机械工业企业、全国220家特定振兴企业、国家行业百强企业之一，是拥有国家外经贸部批准的自营出口权企业，是国家技术进步示范试点企业、广西出口商品生产基地企业、ISO9001注册认证企业。现有在职员工2 700余人，各类专业技术人员500多人，其中工程技术人员250多人。公司占地面积36万m^2，厂房面积13万m^2。有各类主要生产设备800多台(套)和年产1万t树脂砂铸造能力。固定资产原价13 877万元。

主要产品：立式、卧式滑枕铣床、滑枕式床身铣床、升降台铣床、数控龙门铣床、立式加工中心、线切割及电火花机床、0#至3#系列组合铣床、压力机床、牛头刨床和汽车、摩托车等行业所需零部件专机及生产线等15个大类近300种产品，年产量1 000台以上。其中有6种产品获国家级新产品称号，7种产品获区级科技进步奖，7种产品获市级科技进步奖，6种产品获区级新产品成果奖。产品内销全国各地，外销40多个国家和地区。

广西柳工机械股份有限公司

地址：广西壮族自治区柳州市柳太路一号 邮码：545007 电话：(0772)3611145 传真：(0772)3611147 法人代表、董事长：张 沛 总裁：王晓华 总工程师：刘铸健

简介：该公司前身为柳州工程机械厂，始建于1958年，于1993年改制成立股份公司。该公司是我国工程机械行业规模最大的企业，被誉为工程机械行业排头兵，是国家确定的512个最大工业企业之一，是广西第一个股票上市公司。

公司主要产品有系列轮式装载机和履带式挖掘机、压路机、推土机等。产品通过了ISO9001国际质量体系认证，严格按国际标准生产。公司拥有国内同行第一个国家级技术中心，有一批高素质的工程技术人员，配备有先进的计算机辅助设计系统，能独立研制开发多种高性能工程机械；装备有40多台(套)包括焊接机器人、大型加工中心等具有90年代初国际先进水平的加工生产设备，具备年产4 000台以上工程机械的能力。

产品各种技术性能指标在国内处于领先地位，达到了90年代初国际水平。产品产量，销售收入，市场占有率多年来为国内同行首位。并在全国建立了完善的销售服务网络。另外还有部分产品出口到东南亚、非洲等国家。1997年公司和产品被中国质量协会评为全国用户满意企业、全国用户满意产品、全国用户满意服务，是国内同行业中唯一获得此项殊荣的企业。ZL40B、ZL50C型装载机是机械工业部优质产品，ZL50型装载机还是广西壮族自治区名牌产品。公司还与德国采埃孚公司、美国凯斯公司以控股的方式分别成立了两个合资公司，生产装载机传动部件和挖掘装载机。

柳工正以昂扬之气、扎实的作风、坚定的步伐向新世纪迈进，为在本世纪末把柳工建设成为销售收入15亿元以上，质量信得过的明星、“巨人”企业而努力。

广西梧州起重机器(集团)股份有限公司

地址：广西壮族自治区梧州市莲花山路8号 邮码：543005 电话：(0774)5823951、5822312 传真：(0774)5823988、5822312 法人代表、总经理：严超雄 总工程师：潘玉强

简介：广西梧州起重机器(集团)股份有限公司的前身是梧州市起重设备机械厂，始建于1956年，先后生产过造纸成套设备，制糖、纺织、塑料、水泥等机械设备及一、二类压力容器产品，于1971年成为机械工业部定点生产桥式、门式起重机的专业化工厂和重点企业。1993年3月以梧州市起重设备机械厂为主体，与梧州市通用机械厂、梧州市铸造厂合并，成立了梧州市重型机械工业公司，1994年11月改组成广西梧州起重机器(集团)股份有限公司。

该公司属国家二级企业、大型企业，公司占地面积20万m^2，位于梧州市莲花山工业区，东临桂江，有500m的河岸线，千吨货轮可直接泊岸作业，可年产15 000t起重机械及其他专用设备，拥有机械加工及各类设备710台(套)，职工人数1 458人，各类专业人员205人，其中工程类技术人员113人。公司的厂房规模庞大，技术力量雄厚，生产设备和检测手段齐全，可设计、制造及安装各种机械设备。

经过“七五”、“八五”的技术改造和调整产品结构，公司开发了港口机械及水电站起重机械，主要产品有：1～10t电动单梁桥式起重机，5～250t电动双梁桥式起重机，5～100tA型、L型、H型门式起重机，冶金起重机，5～40t门座式起重机，5～40t集装箱起重机，3～40t固定座旋转起重机，2×16～2×200t水电站启闭机、闸门，制糖设备，及一、二类压力容器。其中桥式、门式起重机为部优或区优产品。

自贡市滤油机厂

地址：四川省自贡市贡井区艾叶街平康路20号 邮码：643020 电话：(0813)3302597、3302077、

3301536 传真：(0813) 3301536 厂长：卢宗信

简介：该厂创建于1955年，是分离机械设备的定点生产厂，属贡井区经委管辖的集体小型企业。职工205人，全厂总占地面积8 126m²，机构设五科一室八个班组。具有年生产2 000台滤油机的能力，市场前景好，技改投入200万元改建车间，增大了规模。ZJCQ透平油过滤机和ZJA双级真空净油机1997年创利税98万元，成为该厂的支柱产品，双双荣获中国1997年新技术新产品博览会金奖。

主要产品有：ZJA (B) 双（单）级高真空净油机，ZJCQ透平油过滤机，ZLSG全自动滤水器，KRZ抗燃油高分子净化机，各类滤油机系列，AY离心式油泵，2CY、KCB、WCB齿轮油泵系列，LSG转动式滤水器，ZY手摇式注油机及各类非标装置共30多个大类、500多个规格的产品。畅销国内外，设备美观，质量优良，服务一流！

企业总产值641.2万元，销售收入1043.88万元，利润50.33万元，税金161.88万元，质量一次交检合格率93.37%，产品每次接受省、市技术监督局抽查时，均为合格产品。

企业1997年6月被评为省重合同守信用企业、四川省工商行A级企业，龙头牌商标被评为自贡市知名商标。1993年被评为市明星企业、市优势工业企业，1995年被评为自贡市文明单位等。

重庆江北机械厂

地址：重庆市北碚区水土镇 邮码：400714 电话：(023) 68230481 传真：(023) 68230242 厂长（法人代表）：钟庆昭 总工程师：张剑鸣

简介：该厂创建于1941年，经过三个"五年"计划的技术改造，企业目前拥有资产上亿元，已形成年产离心机1 100台（套）、铸钢件1 500t的综合生产能力，成为我国机械工业骨干重点企业、国有大型二档企业，是全国最大的离心机专业制造厂。企业非常重视新产品的开发，在1976年成立离心机研究所的基础上，根据机械工业部统一部署，于1998年2月成立了离心机技术开发中心以带动分离机行业的发展。由于新产品开发有突破性进展，企业多次获部、省、市先进单位称号。

1997年，SS800-N、SS1000-N、HR400-N、HR500-N、SG800-N、SG1000-N、SG1250-N、SGZ1000-N、SGZ1250-N离心机被评为机械工业部一等品；同年，中国通用机械行业申报该厂HR400-N、HR500-N、SG800-N离心机列入机械工业部到2000年创名牌产品计划。企业产品销售服务于国民经济各行业，产品遍及全国各地，并出口欧洲、美洲、中东及东南亚等地区。自1996年取得自营出口业务权以来，对外贸易出现新的飞跃，与法国坚纳公司的技术合作取得较大进展，卧螺系列品种、产量逐年增加，1997年出口创历史最高水平。

目前，该厂满怀信心，紧把企业与市场命脉，走集团公司化道路，以崭新面貌迎接新世纪的到来。

兰州石油化工机器总厂

地址：兰州市七里河区西津西路194号 邮码：730050 电话：(0931) 2333611 传真：(0931) 2339794 厂长（法人代表）：王永森 总工程师：张仁俊

简介：该厂始建于1953年，是我国第一个五年计划国家重点建设项目，是国内规模最大的石油钻采和炼油化工设备生产基地、国家独资大型骨干企业。

该厂集科研、设计、制造、安装、承包、进出口为一体，下设钻井机械、炼油化工设备、铸钢、铸铁、锻造热处理、动力、板式换热器、橡胶制品、涡轮钻具、金刚石等12个专业生产厂，2个研究所以及国家一级计量单位、国家进出口商品检验认可实验室等部门。主要产品有石油钻采机械、炼油化工设备、通用机械3个系列500多个品种。其产品性能和质量在国内外享有较高的信誉，多种产品获国家银奖或省优、部优称号，部分产品达到了国际90年代先进水平。

该厂从事石油钻采、炼油化工等机械产品的设计制造已有40多年的历史，实践经验丰富，基础设施完备，技术力量雄厚。工厂获有API、ASME、TEMA、ISO9001等国内外行业制造许可证和质量认证证书。产品均可按国内外先进标准进行设计制造。兰石产品遍及全国，部分产品出口美国、加拿大、新加坡等十几个国家和地区。

甘肃光学仪器工业公司

地址：兰州市段家滩420号 邮码：730020 电话：(0931) 8498980 传真：(0931) 8498209 经理：张永华 总工程师：刘寿彭

简介：该公司是1966年从南京、上海、哈尔滨等地内迁组建的机械工业部大型骨干企业，拥有固定资产原价12000万元，各类专业技术人员700多人，主要设备1 500多台（套），公司占地面积50万m²。主要产品有：照相机、电影放映机、光学镜头、投影仪及家用机床等130多种。

经三十多年的奋斗，甘光公司已发展成可生产集声、光、电、机、磁、塑等诸多产品于一体的现代化企业。公司下设有兰州照相机厂、中西照相机厂（深圳）、产品开发研究所和中外合资企业兰州影宝照相机有限公司、兰州鑫泰光学有限公司等22个分厂、分公司。技术力量雄厚，产品售后服务周到。潘太克斯-甘光PG系列自动照相机等主要产品多次获国家、部、省级荣誉称号，深受广大消费者的欢迎。该公司还具有很强的各类光学镜片、镜头生产加工实力，拥有日本产PC-2型磨边机49台、全自动超声波光学镜片清洗机6台、真空镀膜机28台、光学测试仪器36台及各种光学镜片冷加工设备262台，（下转Ⅳ—30页）

附录

附录一　世界机械和运输设备市场发展和展望

对外经济贸易大学　童书兴

一、世界经济增长和机械及运输设备市场行情发展变化

1996年和1997年，世界机械和运输设备市场行情仍在较好的经济增长大环境下运行。1996年经济合作组织成员国经济增长2.9%，1997年约增长3.5%。美国在高技术基础上经济增长尤为强劲。1996年发展中国家经济增长5.9%，经济增长率较高。东欧和前苏联作为一个整体经济下滑停止，其中东欧国家经济转向增长，但经济增长的不平稳性表现得很突出。1996年，北美国内生产总值(GDP)增长2.3%，西欧增长1.8%，日本4.2%，过渡中的欧洲及中亚地区GDP增长－2.6%，拉美增长3.3%，北非增长5.7%，热带非洲增长4.2%，南亚增长5.4%，西亚增长5%，东南亚增长6.5%，处在过渡中的亚洲经济增长9.2%。世界经济在1997年的增长高于1996年，但1997年下半年受到亚洲金融危机的负面影响，东南亚国家和日本经济处于低迷状态令世界关注。主要工业国国内生产总值增长率见表1。

表1　主要工业国国内生产总值增长率

（单位：%）

国家和地区	1995年	1996年	1997年
经合组织成员国	2.1	2.9	3.5
美国	2.2	3.0	4.3
日本	1.5	4.2	－0.7
欧盟15国	2.7	1.9	3.1
德国	2.1	1.7	2.7
法国	2.2	1.6	2.6
英国	2.9	2.3	3.6
意大利	2.1	1.7	2.7

资料来源：OECD：《main economic indicators》APRIL 1998 P19.

由于存在着多种多样因素的影响，世界经济变化是错综复杂的。影响世界经济发展变化的因素有：

1. 经济周期因素的影响

当前资本主义经济周期虽然已不存在从前那样的四个阶段——危机、萧条、复苏、高涨，但仍存在着上升阶段和衰退阶段。世界经济经历了1990～1993年经济衰退阶段，1994年转向回升至今已经持续五个年头了。这种情况决定机械设备生产和贸易仍处于增长阶段。当前的问题是世界经济会不会进入新的衰退阶段，这是人们所关注的事情。我们认为，从经济增长转向经济衰退需要存在一定的条件，这种条件就是经济过热和通货膨胀，目前西方经济还是低物价下的经济增长，造成经济衰退的条件尚未成熟，一旦出现经济过热和通货膨胀，政府采取紧缩政策就可能导致经济衰退。

2. 产业结构的升级换代

在科技进步和竞争压力下发生的结构性的变化，这是长期起作用的因素。高新技术产业因收入需求弹性高而增长快，传统产业发展缓慢，这种结构性的变化，严重影响着机械和运输设备市场供应和需求，决定着国际贸易增长当中工业制成品增长超过初级产品增长，决定着在工业制成品出口增长当中机械和运输设备增长超过其他工业制成品的增长，机械和运输设备占贸易当中的比重不断提高。这一趋势，不仅出现在工业发达国家，而且也出现在发展中国家。

3. 发展中国家经济的较快增长

发展工业是发展中国家的长期趋势，在以往二十五年来发展中国家的制造业取得长足进步，在发展中国家，制造业占GDP的比重从1970年的17.6%，增长到1995年的24.1%，超过了工业国家制造业占GDP的份额。发展中国家制造业增长超过农业和服务业的增长，制造业对GDP的贡献从70年代的21.3%上升到90年代上半期的32.1%。这种增长在较大程度上由强劲的外部需求所支持，整个时期工业制成品出口年增长率达到9.3%。

二十多年来，发展中国家工业作为一个整体正从劳动密集型和资源密集型为基础的低技术工业转变为建立在高技术基础上的工业结构。1970年低技术的纺织和石油工业是主导的制造业部门，现在已被高技术工业——电力机械工业和运输设备工业所代替，主要是由于这种工业在东南亚快速发展的结果。高技术工业发展强劲，年增长率达到6.9%，它在制造业增加值中所占份额从1970年的11.4%，上升到1994年的17.1%。

这种趋势决定发展中国家日益成为世界上重要的机电产品产场，决定着发展中国家进出口机器设备的结构。发展中国家从发达国家进口机器设备从1990年的2 211.86亿美元，增长到1996年的4 229.45亿美元，在1990～1996年期间增长91%。1995年和1996年，发展中国家每年从工业发达国家进口机器设备金额都在4 000亿美元以上。对机器设备的巨大进口主要是来自亚洲发展中国家，1996年亚洲发展中国家从发达国家进口机器设备占当年发展中国家从发达国家进口机器设备总额的60%。见表2。

工业发达国家在世界机械和运输设备市场上所占主导地位会保持较长时间，但是发展中国家作为新兴机器市场的重要性会越来越突出。

4. 一些短期起作用的因素影响

如利率变动、汇率等。1997年东南亚发生的金融风暴影响十分广泛，成为影响机械和运输设备市场供求变化的重要因素。此外影响这一市场变化的还有价格波动和自然灾害等等。

表 2　发展中国家从发达国家进口机械和运输设备增长情况

（单位：亿美元）

年份	总计	石　油输出国	非洲国家	拉美	亚洲发展中国家
1990	2 211.86	367.08	263.92	458.50	1 124.44
1993	3 199.56	475.80	251.62	688.07	1 779.97
1994	3 517.20	419.22	241.97	794.79	2 069.31
1995	4 126.91	456.41	271.32	865.86	2 547.65
1996	4 229.45	501.10	266.80	881.02	2 555.29

资料来源：Monthly Bulletin of Statistics No. 2 1998 P290

二、1996年和1997年世界工业生产增长一般趋势和结构变化

1. 世界工业生产增长

1996年和1997年，反映世界主要机械和运输设备生产动态的指标基本良好，但是存在着很大不平衡性。经济合作组织成员国1996年工业生产比1995年增长2.4%，1997年增长4.9%。80年代以来工业国家低速增长是常态，这一增长率还是较高的，尤其是美国工业生产增长突出，1996年达4%，1997年6%，主要是由于内需旺盛拉动，使生产能力的利用率达到较高水平。欧盟15国在1996年和1997年的工业生产增长分别为0.2%和3.9%，工业生产的增长在较大程度上是受出口贸易增长的拉动，欧盟生产能力的利用率仍低于长期的平均水平。日本在同一时期工业生产增长分别为2.6%和4%。见表3。

主要工业国制造业生产的增长率：美国在1996年为3.7%，1997年为5.7%，增长率较高（其中美国投资性产品生产在1995、1996、1997年分别增长为5.3%，5.2%，7.7%）；日本在1996年增长2.7%，1997年增长4.2%；德国在1996年增长0.2%，1997年增长4.3%；法国在1996年和1997年分别增长－0.2%和4.7%；英国分别增长0.4%和1.5%；意大利分别增长－2%和2.1%。

主要工业国家制造业收到的新订单增长情况：美国新订单（按月平均计算）1996和1997年分别增长4.7%、5%；日本新订单在1996年和1997年分别增长9.8%和4.7%，日本1997年收到的机器设备的订货单比上年下降一半多；德国分别增长0.1%和6.1%；英国分别增长2.7%和5.3%，意大利增长－4.8%和7%。

工业生产和制造业生产的增长基本动力是固定资本投资的增长，对机器设备的固定资本投资直接表现在对机器设备的需求。表4列出了主要工业国对机械设备的固定资本投资。

主要工业国生产能力利用率较高。美国这一指标在1996和1997年分别为：81.4%和81.7%；日本分别为86.7%和89.1%；德国和法国在80%多，意大利70%以上。

表 3　主要工业国工业生产增长率

国家和地区	1995年	1996年	1997年
经济合作组织成员国	—	2.4	4.9
美国	5.0	4.0	6.0
日本	3.3	2.6	4.0
欧盟15国	—	0.2	3.9
德国	2.1	1.0	4.0
法国	2.0	0.2	3.8
英国	2.1	1.3	1.5
意大利	5.2	−3.1	2.9

资料来源：OECD：《main economic indicators》APRIL 1998 P19，64，76，130，122，210，156

表 4　对机械设备的固定资本投资及比上年增长率

国家	项目	单位	1994	1995	1996	1997
美国	固定资本投资	亿美元	5 507	6 003	6 611	7 304
	比上年增长	%	—	9.0	10.1	10.5
日本	固定资本投资	亿日元	70 840	74 520	81 620	85 270
	比上年增长	%	—	5.1	9.5	4.5
德国	固定资本投资	亿马克	2 498	2 548	2 602	2 706
	比上年增长	%	—	2	2.1	4.0
法国	固定资本投资	亿法郎1990年	2 937	3 130	3 150	3 195
	比上年增长	%	—	6.6	0.6	1.4
英国	固定资本投资	亿英镑	435.8	458.0	467.4	498.8
	比上年增长	%	—	5.0	2.0	6.7
意大利	固定资本投资	亿里拉	1 128	1 284	1 281	1 314
	比上年增长	%	—	13.8	−0.2	2.6

资料来源：OECD：《main economic indicators》APRIL 1998 P20，22，24，28

从上述数字可以看出，在多种因素影响下美国机械和运输设备生产增长势头较强，西欧机械和运输设备的生产增长良好，日本增长趋向下降。

2. 世界制造业的结构继续发生变化

世界高技术产业——电力机械工业和非电力机械工业、运输设备、专门的科学产品的生产增长较快，1995年这些部门的增加值已占世界制造业增加值的23.2%，其增长率分别达到4.2%、4.2%和5.8%，在世界经济低速增长的情况下，这种增长率已经相当可观了。包括传统劳动密集型工业在内的低技术工业——食品制造业、饮料、纺织和服装等四类劳动密集型工业，现在在世界制造业增加值中占18.2%，1995年的增长率分别为3.5%、3.1%、2.2%和3.3%。高技术工业得到较快的增长，低技术工业增长较慢是当代世界制造业结构发生的最显著变化。这种趋势不仅在工业发达国家出现，而且在发展中国家出现。见表5。

世界制造业结构发生的变化，制约世界机械和运输设备市场的需求和供应结构。高技术机械产品，因效率高，附加值高，其需求增长也较快，哪些国家或哪些企业在高技术机械产品市场占据大的份额，意味着它们占领世界市场的制高点。

表5 1990～1995年世界制造业增加值增长率发展变化趋势 （单位：%）

国际标准分类号	工业部门	平均年增长率	年增长率		占世界制造增加值份额
		1990～1994	1994	1995	1995
311	食品	2.7	3.5	3.5	10.0
313	饮料	2.2	3.8	3.1	2.2
314	烟草制品	0.4	4.4	4.0	1.5
321	纺织品	—0.6	2.0	2.2	3.8
322	服装	0.7	3.2	3.3	2.2
323	皮革及毛制品	0.5	3.2	3.8	0.4
324	鞋，不包括橡胶、塑料鞋	—1.2	1.0	2.8	0.4
331	木制及软木制品	1.9	5.3	2.7	1.7
332	家具及固定装置	0.9	3.4	2.9	1.4
341	纸及纸制品	—0.7	6.1	4.0	3.0
342	印刷及出版	2.0	4.8	3.7	5.2
351	工业化学品	—1.0	6.6	3.9	5.0
352	其他化学品	3.3	4.5	4.5	5.9
353	石油炼制品	1.6	3.4	3.5	2.9
354	各种各样的石油及煤炭制品	—0.2	3.3	2.9	0.3
355	橡胶制品	—0.2	3.7	2.9	1.2
356	塑料制品	3.3	5.4	5.2	3.1
361	陶制品及瓷制品	1.4	4.5	3.2	0.4
362	玻璃及玻璃制品	—	4.0	3.6	0.9
369	其他非金属矿产品	1.4	5.8	3.5	2.9
371	铁和钢	—0.6	5.2	3.1	3.7
372	有色金属	—1.4	5.5	3.0	1.5
381	金属制品，机械除外	0.5	4.6	4.2	5.7
382	非电力机械	—1.8	2.9	2.7	10.2
383	电工机械	1.4	6.5	4.2	10.6
384	运输设备	0.5	4.6	4.2	10.0
385	专业及科学产品	1.6	6.7	5.8	2.6
390	其他制成品	1.6	6.7	5.8	2.6

三、几种主要机电产品产销增长情况

1. 世界汽车产销情况

1994年以来，世界汽车的生产和销售低速增长。世界汽车生产属于长期结构性的过剩，西方国家汽车市场已经饱和，对汽车的需求主要来自更新。1991年世界轿车产量3 355万辆，1996年增加到3 519.9万辆，1996年只比1991年增长4.9%，五年期间年平均增长率0.95%。西欧国家轿车产量从1991年的1 311.6万辆增长到1996年的1 336万辆，增长1.86%；北美在这一期间从723万辆增长到814万辆，增长12.6%；日本轿车产量从1991年975万辆下降到1996年的785.4万辆，下降了19.5%。日元升值和日美贸易矛盾的加深促使日本向海外转移汽车生产，这是日本汽车生产下降的重要原因。除日本以外的亚洲市场轿车生产大幅度增长，从1991年的221.2万辆增长到1996年的403.5万辆，增长82%，表现出亚洲逐渐成为新的汽车生产地区，但是金融风暴发生后，使亚洲汽车生产出现下降趋势。

商用汽车同固定资本投资密切，虽然同西方经济增长一样也是低速增长，但是波动更大，往往是大起大落。详见表6，表7。

新注册的轿车和商用车辆数量可视为销售量。统计数字表明，世界汽车销售的增长率属于低速增长。90年代以来，世界轿车销售量增长较高的年份为1996年，该年世界销售轿车达3 510.3万辆，比上年增长3.5%，比1991年增长5%，在1991～1996年期间年平均增长率为1%。商用车辆销售增长最高年份也是1996年，该年世界销售商用车辆1 622.5万辆，比上年增长6.4%，其他年份也多半是低速增长。至今为止，世界汽车最大的销售地区仍然是工业发达国家，特别是美国是汽车最大销售国，1985年以来美国每年销售轿车800～1 100万辆。1996年世界新注册的轿车3510.3万辆，其中西欧占36.5%，北美自由贸易区占26.7%，日本占13%，三个地区合计占76.2%。1996年世界新注册的商用车辆1 622.5万辆，其中西欧占10.5%，北美自由贸易区占46.4%，除日本以外的亚洲占18.8%，日本占14.8%，四个地区合计占90.5%。由此可见，西欧、北美和亚洲是当今世界最大的汽车销

表 6　世界各地区轿车和商用车辆的生产量　（单位：万辆）

项　目	1991	1992	1993	1994	1995	1996	1997	1998	1999
1. 轿车									
西欧	1 311.6	1 336.3	1 129.5	1 274.3	1 318.0	1 336.5	1 382.0	1 412.5	1 407.5
北美自由贸易区	723	747.2	817.2	865.7	836.1	814.0	811.9	819.1	821.1
南美	81.9	103.7	138.7	158.7	152.9	173.7	180.5	193.2	208.0
日本	975.3	937.9	849.7	780.1	761.2	785.4	798.0	775.0	760.0
亚洲(日本除外)	221.2	242.2	287.8	321.5	365.8	403.5	429.8	469.4	492.1
东欧	166.9	150.9	179.0	157.7	166.9	171.2	172.8	177.3	186.4
其他市场	−124.9	8.5	8.7	8.9	9.3	9.6	10.0	10.4	10.8
合计	3 355	3 364.0	3 274.4	3 360	3 399.5	3 519.9	3 602.9	3 673	33 701.4
增长%	—	0.2	−2.7	2.6	1.2	3.5	2.4	2.0	0.8
2. 商用车									
西欧	169.3	168.2	129.7	154.0	175.0	182.7	175.0	172.5	171.5
北美自由贸易区	454.1	536.0	601.0	709.8	690.3	691.4	606.0	637.0	629.5
南美	28.0	29.9	34.7	40.3	39.2	40.9	45.4	48.2	52.0
日本	349.2	312.4	273.1	275.3	258.5	248.2	248.0	245.0	238.0
亚洲(日本除外)	169.7	194.8	216.7	225.0	265.0	305.0	325.0	352.5	395.0
东欧	74.8	71.0	60.0	29.0	23.5	21.5	24.5	27.5	29.0
其他市场	30.0	32.7	33.8	64.1	73.6	77.7	79.1	80.4	85.5
合计	1 275.0	1 345.0	1 349.0	1 497.5	1 525.0	1 582.6	1 517.5	1 572.5	1 615.0
增长%	—	5.5	0.3	11.0	1.8	3.8	−4.1	3.6	2.7
3. 轿车和商用车总计	4 630	4 709.0	4 623.4	4 857.5	4 924.5	5 102.5	5 120.4	5 245.8	5 316.9
增长%	—	1.7	−1.8	5.1	1.4	3.6	0.4	2.4	1.4

资料来源：EIU《Motor business international》lst fourth quater 1997 P154 and fourth quater p184。

注：1. 1991～1995 年为实际数字，1996 年为估计数字，1997～1998 为预测数字。

2. 因用整数，数字相加不等于总和。

表 7　世界各地区的轿车和商用车辆注册量　（单位：万辆）

项　目	1991	1992	1993	1994	1995	1996	1997	1998	1999
1. 轿车									
西欧	1 350	1 349.7	1 145.1	1 193.4	1 202.6	1 280.1	1 308.5	1 307.6	1 302.9
北美自由贸易区	944.5	945.7	965.6	1 015.4	942.4	939.0	944.0	659.0	960.0
南美	89.0	103.6	148.5	176.7	216.8	194.4	205.5	218.5	232.7
日本	486.8	445.4	420.0	421.0	444.4	466.9	473.0	460.0	450.0
亚洲(日本除外)	211.2	235.7	282.6	308.8	328.6	349.4	369.2	398.4	407.3
东欧	169.7	173.4	201.3	153.5	151.0	166.1	172.2	178.3	182.0
其他市场	90.0	102.1	98.8	88.0	107.2	115.0	120.8	126.8	133.1
合计	3 341.2	3 355.5	3 261.8	3 356.9	3 392.5	3 510.3	3 593.1	3 648.6	3 668
增长%	−3.4	0.0	−2.8	2.9	1.1	3.5	2.4	1.5	0.5
2. 商用车									
西欧	170.1	166.8	139.7	145.1	156.1	163.0	156.9	152.0	149.0
北美自由贸易区	504.0	562.1	629.0	709.2	701.4	753.0	671.7	653.8	661.5
南美	37.7	44.0	51.1	56.2	57.6	61.1	65.7	69.6	74.5
日本	265.7	250.5	226.8	231.7	242.1	240.9	233.0	237.0	228
亚洲(日本除外)	175.5	215.9	244.8	245.3	285.0	305.0	315.0	335.0	355.0
东欧	80.0	73.5	74.0	50.0	47.5	46.0	49.5	53.0	56.0
其他市场	32.2	32.4	39.6	37.6	35.3	44.1	58.0	62.5	64.0
合计	1 265.1	1 345.1	1 405	1 475	1 525	1 622.5	1 570	1 570	1 605
增长%	−5.3	6.3	4.5	5.0	3.4	6.4	−3.2	0.0	2.2
3. 轿车和商用车总计	4 606.3	4 700.6	4 666.8	4 831.9	4 917.5	5 132.8	5 163.1	5 218.6	5 273.0
增长%	−3.9	2.0	−0.7	3.5	1.8	4.4	0.6	1.8	0.4

资料来源：EIU《Motor business international》lst fourth quater 1997 P153 and fourth quater p183。

注：1. 1991～1995 年为实际数字，1996 年为估计数字，1997～1998 为预测数字。

2. 因用整数，数字相加不等于总和。

售市场。1996年美、日、欧洲汽车制造商的净收入有较大改善，总额达到227亿美元，反映制造商努力进行技术改革和降低生产成本取得了成果，疲弱的日元也有助于扩大日本汽车的出口改善其制造商的金融状况。

应当指出的是，除日本以外的亚洲由于经济高速增长成为轿车和商用车辆的重要销售市场。除日本以外的亚洲，新注册轿车数量在1991年211.2万辆，1996年增长到349.4万辆，在1991～1996年期间增长65%。1995年在亚洲新注册的商用车辆多达285万车辆，占世界新注册商用车辆总数据的18.7%，超过西欧和日本新注册的数量。尽管工业发达国家新注册的汽车数量仍然较大，但是他们的汽车市场已经饱和，平均每几个人甚至一两个人已经拥有一辆轿车，购买新车只是为了更新旧车。发展中国家和工业发达国家不同，平均百人或每千人才有一辆车，未来市场潜力颇大。特别是亚洲市场被视为解决世界汽车增长问题的途径，面对着亚洲汽车需求的迅速增长，大多数世界汽车制造商对亚洲进行了大量投资。但金融风暴对亚洲汽车市场打击严重，使亚洲市场的汽车销售量在1997年下降5.2%，严重影响日本的出口，引起日本汽车销售量下降。日本1996年月平均注册的轿车数量为39万辆，1997年下降为37.2万辆；1997年日本汽车出口额约下降7%，1998年预计下降23%。韩国汽车受金融风暴影响也发生了下降，1996年新注册的轿车（月平均）为9.6万辆，1997年为9.5万辆。泰国是汽车销售的大市场，1997年它的轿车和卡车销售量约下降20%。

2. 世界船舶产销情况

世界船舶市场行情的变化是波浪型的，1975年世界商船产量曾达到3589.8万总吨的高峰，创历史最高纪录，此后世界制造工业曾多次遭受不景气打击，商船产量多年来处在2 000万总吨以下，1990年初发生的世界经济衰退又一次对世界造船业造成较严重的打击。1993年以后，有所回升。1997年世界已经下水的商船达2 215万总吨，比1996年（1 547.6万总吨）增长43%。在1997年已经下水的商船2 215万总吨中，日本占45%，韩国占32.3%，中国占3.7%，波兰占2.6%。

1997年世界船舶生产增长较快。1997年末世界正在建造中的商船为1 978.8万总吨，比1996年1 795万总吨增长10.2%，其中最大的造船国——日本1996年522.8万总吨，1997年606.2万吨，1997比上年增长16%；韩国在1996年为471.5万长吨，1997年542.0万吨，1997年比上年增长15%；1996年中国正在建造的船舶95.9万总吨，1997年125万总吨，1997年比上年增长30%。日本和韩国是世界上两个最主要的商船生产国和出口国，他们的手持订单已排至1999年，中国在世界造船市场上占据第三位，其生产任务也已排到1999年。国际贸易的发展，使世界造船市场的需求逐渐上升，产销两旺。但值得注意的是世界造船能力扩展过快，已经出现供过于求，船价下跌，市场竞争加剧。日本在世界造船市场占第一位，占40%的份额。日本造船厂商为保持其在世界造船市场所占据的主导地位和扩大自己的份额，多拿订单，一是把提高产品质量和生产自动化放在重要地位，二是抓住日元贬值之机扩大出口，三是将部分造船生产移至发展中国家，以降低成本，增强竞争力。韩国在世界造船市场占第二位，占世界船舶市场30%的份额，它也在努力降低成本，采用新技术来提高自己的竞争力。中国在世界船舶市场占第三位，正在扩大造船能力，引进先进技术，可望在世界船舶市场占据更大的份额。世界近年下水的船舶和近年建造的船舶见表8表9。

表8 世界近年下水的船舶 （单位：万总吨）

年份	合计	日本	韩国	德国	中国	波兰	丹麦	意大利	西班牙
1990	1 468.0	653.1	329.5	65.3	45.3	13.6	40.5	35.2	38.3
1991	1 667.8	770.6	369.7	85.5	27.8	21.9	40.0	32.3	45.4
1992	2 047.4	862.8	546.4	86.0	45.8	34.1	64.1	48.5	57.6
1993	1 869.8	862.6	402.6	81.7	68.4	38.5	74.4	51.2	27.5
1994	1 634.0	799.0	397.8	87.6	—	—	—	—	—
1995	—	—	—	—	—	—	—	—	—
1996	1 547.6	—	—	—	—	—	—	—	—
1996 11月		238.1	201.5	30.3	15.4	14.4	0.8	14.6	1.4
1997 2月		252.3	212.2	34.4	17.3	9.8	8.5	5.7	2.7
5月	—	226.9	139.1	14.5	18.5	14.1	0.9	23.5	3.1
8月	—	225.7	198.2	25.8	27.7	15.2	11.9	10.7	0.5

资料来源：《联合国统计月报》，1998年1月第252～253页。

注：数字为年度或季度数字。

表 9 世界近年建造的船舶 （单位：万总吨）

年份	共计	日本	韩国	中国	德国	意大利	波兰	巴西	芬兰
1990	1 353.3	503.0	179.5	34.0	50.2	82.6	42.5	69.8	35.0
1991	1 589.7	524.5	242.2	49.5	78.0	68.0	60.3	66.9	31.4
1992	1 867.0	690.2	324.0	72.5	78.1	80.5	64.4	65.3	25.0
1993	1 578.7	552.3	244.8	69.3	64.9	82.2	56.8	56.1	20.9
1994	1 803.3	539.1	392.7	50.1	81.4	86.1	30.0	25.2	79.5
1995	1 873.1	578.2	426.1	51.5	107.2	95.2	32.0	24.5	78.2
1996	1 795.0	522.8	471.5	95.9	92.7	94.6	41.1	12.8	48.7

资料来源：《联合国统计月报》1998 年 1 月，第 250～251 页。

3. 世界机床产销情况

1996 年世界 34 个主要机床生产国和地区的生产总值达到 383 亿美元，比 1995 年的 363 亿美元增长 5.5%。1996 年北美机床生产值为 53 亿美元，比上年增长 9%，其中美国机床产值增长 10%。1996 年欧洲机床工业联盟(CECIMO)成员国的机床生产总值达到 173 亿美元，比上年增长 8.5%。

德国是世界上占第二位的机床生产国，1996 年发货额增长 13%，1996 年德国机床出口额按德国马克计算增长 19%。

意大利占世界机床生产的第四位，1996 年意大利机床产值增长 9%（如用美元计算增长率将更高）。

英国在 1995 年占世界机床生产的第九位，其机床总产值占世界机床生产总值 363 亿美元的 2.8%。

亚洲是仅次于欧洲的机床生产地区，1996 年中国、印度、日本、韩国和中国台湾省的机床产值达 142 亿美元，占世界机床生产总值的 37%，1996 年比 1995 年增长 2.5%。日本是世界上最大的机床生产国，1996 年它的机床生产总值达 92 亿美元，占世界机床产值的近 1/4。据日本机床工业协会称，国内外市场对日本机床的需求十分旺盛，1996 年日本机床业接受订单总额达 9875.94 亿日元，比上年增长 21.8%。

1997 年主要工业国世界机床生产和消费继续增长，据美国技术及美国机床分销协会的资料，1997 年美国公司从国内外机床制造商得到的订单总计达 86 亿美元，比 1996 年增长 24%。近几年来美国公司增长了对资本设备的投资，改善了生产效率，在国内外市场具有了更强的竞争力。

4. 世界民航产品产销情况

1997 年波音公司收到 568 个订单，价值 428 亿美元。该公司 1997 年供货 375 架飞机，而 1996 年供货 220 架。供货增长使公司生产吃紧，零部件供应出现短缺。在航空领域，美国波音公司与麦道公司合并成为爆炸性的新闻。波音公司先是以 38 亿美元的价格收购了美国罗克韦尔国际公司的航天和军事部门，随后又以 133 亿美元吞并世界第三大民用飞机制造商——麦道公司，使它成功地把触角伸向军工部门，增强了同空中客车公司争夺世界航空市场的砝码。波音公司虽是世界航空工业的领先者，但它的市场份额受到空中客车公司的严重侵蚀。过去波音公司占世界民用客机市场份额的 60%，空中客车公司占 1/3 的份额，1997 年波音公司减少至占 58.4%，1997 年空中客车公司占世界民用客机订单总额的 41.0%。

四、世界机械和运输设备贸易增长情况

1. 世界机械和运输设备占商品贸易的比重继续提高

1996 年世界机械和运输设备贸易总额 19 851.8 亿美元，其中汽车制品 4 704.8 亿美元，占 23.7%；办公室和通信设备 6 262.8 亿美元，占 31.5%；其他机械和运输设备 8 884.2 亿美元，占 44.8%。

世界机械和运输设备的国际贸易额从 1990 年的 1 212.4 亿美元，增长到 1996 年的 19 851.8 亿美元，在 1990～1996 年期间增长 63%，年平均增长率达 8.6%，国际贸易年增长率一般为 5%，世界机械和运输设备的国际贸易增长速度大大高出整个国际贸易增长速度。这类商品国际贸易由于增长速度高，它占国际贸易的比重在不断上升。1980 年世界机械和运输设备出口额占国际商品出口总额的 26.3%，1990 年上升到占 36.5%，1996 年进一步上升到占 38.8%，占世界工业制成品出口额的 52.9%。在近 16 年来机械和运输设备占国际贸易总额的比重增加了 12.5 个百分点。机械和运输设备已经成为整个国际贸易及许多国家主要出口和进口商品。

2. 世界机械和运输设备贸易在继续增长，但波动较大

1996 年世界机械和运输设备出口虽然在继续增长，与前两年相比，增长率下降较大。世界机械和运输设备出口的增长率在 1994 年和 1995 年增长率分别为 16%和 20%。1996 年只比上年增长 4%。1996 年世界机械和运输设备出口增长率下降表现在地区、国家及商品类别上面。

1996 年世界机械和运输设备出口的增长率，除拉美保持较高的增长而外，西欧、北美、亚洲的增长率都发生了下降。西欧这个世界最大的出口地区，1996 年这类产品出口额 8 690 亿美元，占世界世界机械和运输设备出口额的 43.8%，其增长率从 1995 年的 24%，降至 4%；北美从 1995 年的增长率从 12%降至 8%；亚洲下降幅度最大。亚洲是世界机械和运输设备主要出口地区，1996 年这类产品的出口

额为 6 278.3 亿美元，占世界机械和运输设备出口额的 32%。以往亚洲出口都是高增长，在 1996 年起下降至零增长水平。其中汽车产品出口下降 3%，办公室及电信设备出口只增长 1%，其他机械及运输设备出口下降 1%，1996 年亚洲区域内机械和运输设备出口增长率降至 2%，亚洲对北美出口下降 4%，对西欧出口下降 1%。表 10 列出世界主要国家和地区机械和运输设备出口增长情况。

世界主要国家和地区的机械产品进出口额在 1996 年都发生了相对下降，最大贸易国——美国出口从 1995 年增长 12%，下降为 1996 年的 9%，进口从 1995 年增长 14%，下降到 1996 年增长 3%；日本在世界世界机械和运输设备出口中占第二位，世界和亚洲机械和运输设备出口的下降，深受日本出口

表 10　世界主要国家和地区机械和运输设备出口增长情况

国家和地区	1996 年金额（亿美元）	占世界出口/进口份额			平均年度变化				
		1980	1990	1996	1990～96	1993	1994	1995	1996
出口									
美国	3 061.8	17.0	15.1	15.4	9	5	12	12	9
日本	2 857.6	14.5	16.7	14.4	6	7	9	9	−8
德国	2 545.0	16.3	17.3	12.8	3	—	14	22	−1
英国	1 156.2	7.6	6.2	5.8	8	—	17	22	12
法国	1 155.5	7.0	6.5	5.8	7	—	16	23	—
意大利	962.0	4.8	5.2	4.8	7	—	13	24	11
新加坡	824.9	1.0	2.2	4.2	21	23	43	25	6
本国出口	498.9	0.6	1.5	2.5	19	21	36	23	4
转口	326.1	0.4	0.7	1.6	25	28	58	30	9
加拿大	786.6	3.2	3.9	4.0	9	13	17	13	5
韩国	675.8	0.7	2.1	3.4	18	14	27	40	3
中国台湾	594.8	0.9	2.2	3.0	15	12	13	28	8
中国香港	582.4	—	—	—	18	27	15	18	4
本地出口	76.7	0.5	0.6	0.4	1	0	1	9	−13
转口	505.6	—	—	—	24	35	18	20	7
荷兰	505.5	2.4	2.5	2.5	9	—	11	30	7
比利时	460.5	2.7	2.7	2.3	6	—	17	19	0
马来西亚	432.0	0.3	0.9	2.2	27	28	37	29	6
西班牙	430.0	1.0	1.8	2.2	12	—	21	23	13
以上 15 个国家和地区	16 525.8	79.3	85.7	83.2					
进口									
美国	3 692.5	12.2	17.1	18.0	10	12	18	14	3
德国	1 527.5	6.7	9.2	7.5	5	—	14	20	−2
英国	1 214.4	5.8	6.7	5.9	6	—	16	17	12
法国	997.4	5.5	6.3	4.9	4	—	16	20	—
加拿大②	873.1	5.1	4.7	4.3	7	8	15	11	3
日本	852.0	1.6	2.9	4.2	15	9	29	44	12
新加坡	761.0	1.4	2.2	3.7	19	29	30	24	6
本地进口	435.0	1.3	1.5	2.1	15	29	17	21	3
中国香港	735.5	—	—	—	21	23	18	25	3
本地进口	229.9	0.7	0.7	1.1	17	3	17	34	−5
意大利	624.0	3.8	4.3	3.0	2	—	13	26	4
荷兰	553.8	2.9	3.1	2.7	6	—	13	27	6
中国①	547.6	1.0	1.7	2.7	17	45	16	2	4
韩国	547.0	1.0	1.9	2.7	15	−2	32	32	11
比利时-卢林保	477.3	3.1	3.0	2.3	4	—	14	25	−1
马来西亚①	466.6	0.8	1.2	2.3	21	16	39	30	1
西班牙	452.5	1.2	2.7	2.2	5	—	15	23	12
以上 15 个国家和地区	13 816.2	52.6	67.6	67.5					

资料来源：世贸组织《贸易年度报告》第二卷　第 88 页。

注：①　包括加工区的大量发货。

②　进口按 F. O. B 价格。

下降的影响。1996年日本机械和运输设备出口2 857.61亿美元，比1995年下降8%。办公室及电信设备是日本最主要的出口产品，占日本出口额的2.9%，1996年出口额为939.3亿美元，比上年下降11.9%。1996年日本出口汽车产品750.1亿美元，比上年下降7%。1996年日本出口非电力机械597亿美元，比上年下降3.9%。出口动力发电机械55.4亿美元，比上年下降8.1%。但是日本机械和运输设备的出口在1997年有较大增长。1997年日本汽车出口额达592.67亿美元，比上年增长29%；半导体元器件出口338.99亿美元，比上年增长4.8%；办公设备出口额318.84亿美元，比上年增长20%；光学和科学仪器出口184.25亿美元，比上年增长16.7%；船舶出口93.9亿美元，比上年增长13.2%；电视机、录像机出口91.2亿美元，比上年增长12.5%。

日本机械和运输设备的进口在1995年增长44%，1996年进口只增长12%，1997年日本机械和运输设备进口也有较大增长。德国也是世界机器设备的主要出口进口国，它出口的机器设备在1995年增长9%，1996年下降1%，进口从1995年增长20%，下降为1996年的2%。英国机械和运输设备出口从1995年增长22%下降为1996年增长12%，进口从1995年增长17%下降为1996年增长12%。1996年法国机械和运输设备的进出口比上年没有增长。意大利机械设备的进出口同其他工业国一样是从1995年的高增长转为1996年的低增长。

1996年世界机械和运输设备国际贸易增长率的下降，同样反映在各大商品类别上。按世界贸易组织国际贸易年报，世界机械和运输设备分为三大类：办公室设备和通信装置，汽车制品和其他运输设备。这三类产品的国际贸易在1996年的增长率都发生了下降。见表11。

表11　1990～1996年世界机械和运输设备三大类产品贸易增长动态

项目	单位	1990	1991	1992	1993	1994	1995	1996
总贸易额	亿美元	12 124.0	12 613.8	13 652.0	13 705.0	15 887.0	19 050.0	19 852.0
比上年增长	%	—	4	8.2	0.4	15.9	20.0	4.2
汽车产品贸易额	亿美元	3 220	3 267.1	3 623.1	3 522.9	3 960.5	4 524.9	4 704.8
比上年增长	%		1.46	10.9	−2.8	11.1	14.3	3.9
办公室及电信设备贸易额	亿美元	2 985	3 212	3 496	3 829	4 735	6 023	6 263.0
比上年增长	%		7.6	8.8	9.5	23.7	27.2	4.0
其他机械运输设备贸易额	亿美元		6 135.5	6 542.3	6 433.8	7 191.5	8 502.6	8 884.2
比上年增长	%		—	6.6	−1.7	11.8	18.2	4.5

资料来源：世贸组织《贸易年度报告》第二卷　第88页。

1995年和1996年，世界机械和运输设备市场是在多种因素下，如科技进步、周期因素、竞争、结构调整、利率和汇率变动、各国的政策调整等等的影响下发展变化的，影响较显著的是各国汇率的变动。1995年美元对某些主要贸易伙伴的货币的贬值，导致以美元表现的国际贸易额的急剧增长，1996年美元汇率发生了逆转，引起以美元表现的国际贸易额的下降。一些地区加亚洲地区的日本和东南亚国家经济增长变缓也是机械设备国际贸易额下降的重要原因。

1997年世界整个商品出口额54 550亿美元，比上年增长6.6%。主要国家机电产品的进出口都在增长。1997年头三个季度美国机电产品进出口和进口分别增长15.5%和8.6%，日本在同一期间机电产品出口额2 307.1亿美元，比上年同期增长2.4%，法国机电产品出口额增长13.6%。

五、从1997年世界机械和运输设备的发展看，争夺市场日趋激烈，手段日益多样化

争夺市场日趋激烈，这是世界机械和运输设备市场的新动向。工业国家经济回升已连续多年，随着生产和投资的扩大，市场需求虽然在增长，但是生产能力扩张的更快，结果不少商品出现供过于求，如出现汽车生产能力过剩、造船能力出现过剩等。在这种情况下，争夺市场份额的竞争越演越烈是不可避免的。东南亚是世界经济高增长和高需求地区，该地区需求萎缩加剧了各国厂商争夺市场的竞争。日本经济低迷，加剧日本厂商争夺海外市场的努力。

各国厂商争夺世界机械和运输设备市场的主要手段有：

1. 依靠技术创新获得可能多的市场份额

在市场供过于求的情况下，厂商通过降价进行竞争的余地越来越小，美国《幸福》杂志列举美国最大500家大公司总收入1997年只比上年增长8.7%。一些美国企业经理称“企业已不能再指望依靠降低成本、改建，及其他改造努力来作为取得到高额利润的途径，垂手可得的水果已经收割完毕”，“玩弄改造游戏越来越困难，当然这不是1997年不能获得高额利润的唯一理由，劳动成本上升，亚洲在下半年衰弱，强劲的美元，使得提高价格余地很小，所有这一切使利润额不可能在原有水平上再有提高。”（《幸福》杂志1998年4月28日第132页）。

在市场供过于求情况下，各国厂商把更大的注意力放在依靠技术创新获得可能大的市场份额上面，这种现象表现在许多工业领域。

在机床工业领域，追求快速生产、高效率成为一种大趋势。1996年日本在东京国际机床展览会上推出普通产品主轴可达每分钟2.5万转，高速切削机每分钟可达4万转，1997年汉诺威展览会上瑞士展出每分钟4万转的高速主轴电机，德国研究单位推出每分钟6万转的高速切削机床。另外，利用激光加工金属部件，利用电脑发展起来的开放式结构控制器代替昂贵工业控制器，柔性加工系统已在许多西方国家机床部门流行。

日本是世界上的造船大国，通过技术创新重新夺回在世界造船业中的领先地位。在80年代，世界造船能力过剩，船舶价格下跌，日元升值，成本提高，使日本造船工业遭受沉重打击，日本在世界造船业的领先地位被韩国和台湾代替。1986年日本九大造船公司销售额4万亿日元，亏损额达968亿日元。在这种情况下，日本公司对造船工业进行大规模技术改造，把造船工业由劳动密集型产业改造成高技术产业，广泛应用机器人代替人工焊接，大大提高劳动生产率和质量。在1996年日本造船公司建造一艘有90个储油池的油轮只需要40万人时，大大低于制造100个储油池油轮需要70万人时的行业标准。在1993年日本造船吨位还落后于韩国，到1994年日本的造船业重新占领了世界领先地位，成为世界上最盈利的造船制造商。据日本造船协会资料，在1997年3月为止的财政年度，日本十大造船公司的销售额创历史最高纪录，达6万亿日元（480亿美元）。日本造船业连续两年拿到大批订单。1997年12月份订单（按吨位计算）比11月份增长423%，比上年增长267%。日本造船交货时间比其他国家都快，因而受到用户欢迎。

在汽车工业部门，西方各大集团为适应激烈的竞争形势掀起技术创新热潮。一是各大企业纷纷制造轻型汽车，以降低耗油量，提高行车速度，减少废气排放量。美国钢铁企业用超薄钢板研制出轻型汽车车身，比过去钢制车身的重量减少1/4。二是开发新型燃料装置的车种，以达到环保和经济效益的要求，日本丰田公司于1997年10月推出一种集电动和汽油动力的汽车，每公升汽油可跑28km。美国福特汽车公司与德国奔驰集团，同加拿大的贝勒系统公司，三方投资4.2亿美元，在2004年将共同开发出一种新型燃料装置的车种。美国通用公司董事长预测，目前全球普遍使用的内燃机，将在未来二三十年内更新或淘汰。

2. 通过企业兼并和重组提高竞争力

1997年在全球范围内合并和兼并是创纪录的，仅是在美国合并和兼并公司的金额达到近1兆美元，可见其规模之大。企业兼并既是生产过剩、竞争激烈的反映，同时又是各大厂商集团提高竞争力赢得竞争的手段。企业兼并多发生在生产过剩、竞争激烈的行业，如电信工业、半导体工业、汽车工业、飞机工业等。

在电信领域，英国电信公司以370亿美元的价格收购美国第二大长途通信公司MCI公司是从未有过的最大兼并，成为轰动世界的事件。1997年两大公司联合后收入高达279亿美元，其中长途通信收入183亿美元。电信在传统上系用于传送声音，当它发展到不仅传送声音，而且传送数据时，其意义变得更加重要了。两大电信公司的兼并，对英国电信公司来说可以插足美国市场，而对于美国MCI公司可获得强大的外援，以便使自己在美国市场占据更大的份额（当前该公司占美国电信市场17.8%的份额）。

在汽车工业部门的合并与兼并尤以德国奔驰集团和美国克莱斯勒合并而突出。奔驰集团以生产豪华、高档轿车而闻名。该集团1997年制造汽车114万辆，其中出口52.9万辆，出口占其产量的46%。奔驰集团虽然规模庞大，但其产量不及顶尖企业德国的大众，销售收入不如通用和福特。克莱斯勒是美国第三大汽车公司，拥有美国国内市场16.2%的份额，但它过分依赖美国国内市场，结构也不尽合理。两大汽车公司的合并，可以实现两强在产品结构上优势互补，在欧洲和美洲同时得到发展，增大双方抵御市场风险的能力。汽车领域中的兼并不仅发生在发达国家，也发生在发展中国家，如韩国的大宇集团收购债务累累的双龙集团就是一例。

日本大轴承制造商NSK Ltd. 为推行其全球战略，夺取更大的市场份额，积极同世界各国有关伙伴结盟。NSK已经在美国、德国和其他9个公司建立了子公司，在美国、英国和巴西开展生产活动。以东京为基地的公司已经同通用汽车公司建立合资公司设计和制造汽车用的轴承，并同加里福尼亚的Adept技术公司达成协议销售机器人系统。

3. 适时调整方向，紧跟市场需求变化。

在当代环保问题具有特殊重要性，厂家生产的设备必须适应环保的要求。用高质量高效能而又符合环保要求的机器吸引客户。据日本机床制造协会称，前几年日本机床行业情况都不好，但是在1998年3月31日为止的财政年度订单增长20%以上，预期销售额达到77.5亿美元，达到了六年来的最高水平。海外销售情况也很好，主要用户是美国，在欧洲的销售也得到恢复。日本机床公司经营状况得以改善的主要原因是改进了对汽车用户及金属模具部门的销售，提高生产效率和完善环境保护系统。日本机床工业传统的用户是汽车制造商，但是市场的变化使机床制造商面对更多的用户。1995年和1996年来自电子公司的订单增长39.4%和42.6%，来自精密机械用户、照相机械生产用户的订单分别增长65.5%和66.1%，来自录放装置和数字录像机、硬盘驱动器使用的液体轴承用户的需求特别强劲。

4. 通过扩大海外投资抢占市场

通用汽车公司是世界规模最大的汽车制造商，积极投资于亚洲、东欧和南美等新兴市场，争取到2000年使海外市场的销售额占公司总销售额的50%。通用公司特别看好中国市场，投资15亿美元与上海汽车集团合资建设的上海通用汽车项目，年产轿车生产能力10万辆，1998年末投产。除此外，通用汽车公司还计划投资2亿美元在华生产轻型汽车以取得更多的份额。通用汽车公司还大力向南美洲投资，它在阿根庭年产8.4万辆轿车厂已于1997年12月投产，现在正考虑在那里建设零部件工厂。

六、东南亚金融危机对世界机械和运输设备市场产生影响及厂商的对策

1. 金融风暴引起东南亚国家需求萎缩

东南亚金融危机以本国货币贬值、外汇奇缺为表现形式、为导火线，其显著特点是破坏性大，影响广泛。不仅使发生金融危机的国家：泰国、印尼、韩国、马来西亚、菲律宾等国的经济下降，股市狂跌，大量企业倒闭，城乡失业人数急增，物价上涨，人民生活恶化，甚至有的国家发生政治和社会危机，发生动乱；多种危机交织在一起，使这些国家的经济在短期内倒退很多年，而且还影响周边国家，以及整个世界经济的发展；造成东南亚一些国家资金短缺，需求萎缩，对机械设备市场产生负面影响。需要指出的是，这种影响虽在1997年已出现，因制造业多为一年期订单，并不太显著，在1998年将会更加明显。

IMF于1997年12月下旬公布，东南亚金融危机对世界经济的影响。1998年全球经济增长率将由9月份预测之4.3%，降为3.5%。1997年东盟4国之经济增长估计值从5.6%，降为4%。韩国1997年12月份工业生产指数年增长率仅为2.4%，为三年来之最低增长。韩国因出现资金短缺而撤消一些大项目，其中包括韩国参加欧洲空中客车集团的600座全球最大飞机A ××项目。韩国原来承诺制造飞机机身，现因韩元不断贬值，无力承担而退出。韩国现代集团原先计划在1998年建立年产600万吨钢的钢厂，因资金短缺已被搁置。印尼金狮集团大钢厂的计划也被迫暂停。

日本与东南亚经贸关系非常密切，特别是东南亚是日本机器设备、原材料、配件的大进口地区，东南亚金融风暴对日本机器设备的出口影响很大。1997年从11月份起日本来自海外机械设备订单连续三个月下降，11月份较上月减少14%，东南亚金融危机是重要原因。日本三菱汽车公司因销售疲软和东南亚遭受的金融影响而1997年财政年损失1 018.5亿日元（7.43亿美元）。该公司是日本第五大汽车制造商，这是它二十四年来首次发生亏空。

东南亚金融风暴对美国的影响已经显现出来，在美国各地制造业，已传出亚洲国家取消定单的消息，主要是美国西海岸，涉及项目则是工业器具、建材、飞机零件、食品加工机械等。东南亚金融风暴也对美国的直接投资发生影响。通用汽车公司曾计划投资7.5亿美元在泰国建设一座大汽车制造厂，年轿车生产能力8万辆，1999年投产，现该公司已决定减少投资20%～25%，把生产能力从8万辆缩减为4万辆，投产时间推迟到2000年。波音公司执行总裁1998年5月27日预料，亚洲金融危机引起的需求下降将迫使于1999年缩减波音747飞机的生产，下一代波音737飞机也将推迟供货。

2. 世界一些国家的厂商调整经营战略，大力开拓东南亚地区以外的市场

由于东南亚国家资金短缺，市场需求萎缩，有的国家如印尼甚至无法开出信用证，世界上不少国家的厂商调整其经营战略，大力向东南亚地区以外的市场出口和投资。如日本东芝公司生产的机床主要用户是造船、重型机械、钢铁、和汽车制造商，最大的出口对象国是韩国，1997年对韩国机床出口额高达18亿日元。东芝公司在亚洲金融危机和韩国需求疲软的情况下，大力扩展对美国、加拿大和墨西哥及中国的机床出口。1998年4月东芝公司以独资形式建立“上海东荣机械有限公司”，在中国市场提供零部件库存，保证售后服务，开展机床促销活动。

3. 遭受金融风暴袭击的国家生产萎缩使某些商品供求失调得以缓和

货币贬值虽有刺激出口的作用，但过度的货币贬值使进口原料成本大幅度上升，影响了生产，也影响扩大出口。世界市场传统产品过剩，东南亚生产萎缩有助于暂时缓和这类产品供过于求的局面。

附录二　机械工业管理机构及领导人员

国家机械局
地址：北京市三里河路46号
邮码：100823
电话：68594711、68594710（总值班室）68594114（总机查询）
局　长：邵奇惠
副局长：孙昌基、姚明伟、薛德林、张小虞
中纪委驻局纪检组组长：贾成炳
总工程师：蔡惟慈
内设机构
办公室（外事司）
主　任（司长）：王炳南
副主任（副司长）：杨万胜
副主任：徐　华、于清笈
规划发展司
司　长：杨　桦
副司长：苏　波、陈　林、李　冶
行业管理司
司　长：周建平
副司长：杨学桐、王小木、王富昌、董　扬
重大装备办公室
主　任：隋永滨（兼）
企事业改革司
司　长：王文斌
人事司
司　长：孙元勋
副司长：陆志军、张文宏

教育部
地址：北京市西单大木仓胡同37号
邮码：100816
电话：66096870、66012801（司办）
传真：66096662
条件装备司
司　长：李英惠
副司长：王　富、李兴植

国家科学技术奖励工作办公室
地址：北京市三里河路54号
邮码：100045
电话：68511855
传真：68537567
主　任：黄英达
副主任：魏志渊、郭学武、刘燕美

公安部
地址：北京市东长安街14号
邮码：100741
电话：65204632、65203299
传真：65204633
部　长：贾春旺
副部长：田期玉、牟新生、杨焕宁

国土资源部
地址：北京市阜内大街64号
邮码：100812
电话：66165566（总机）
传真：66175348
部　长：周永康
副部长：蒋承菘、寿嘉华、李　元

中国地质装备总公司
地址：北京市朝阳区东三环北路丙2号
邮码：100027
电话：64636031
传真：64636030
总经理：卢　环
副总经理：孟宪琛、符党替
总工程师：张得众

建设部
地址：北京西郊三里河路9号
邮码：100835
电话：68319275
传真：68393303
部　长：俟　捷
副部长：叶如棠、谭庆琏、李振东、毛如柏
综合财务司
司　长：张允宽（部总经济师）
副司长：王天锡

国家电力公司
地址：北京市白广路二条1号
邮码：100761
电话：66054131
传真：63548039
总 经 理：高　严
副总经理：赵希正、查克明、陆延昌、汪恕诚
电力机械局
局　长：王佩文
副局长：江自生、张体修
总工程师：乔焕儒

国家煤炭工业局
地址：北京市和平里北街21号
邮码：100713
电话：64217766（总机）
局　长：张宝明、
副局长：王显政、王　君

中国煤矿工程机械装备集团公司
地址：北京市和平里北街21号
邮码：100713
电话：64217766（总机）
总经理：张俊才
副总经理：许传播、王满霞、蒲长晏、杨化彭

国家冶金工业局
地址：北京市东四西大街46号
邮码：100711
电话：65133322（总机）
传真：65131910
局　长：王万宾
副局长：吴建常、翁宇庆、单亦和、赵喜子

石油和化学工业局
地址：北京市朝阳区亚运村安慧里4区16号楼
邮码：100723
电话：64914455（总机）
传真：64916344
局　长：李勇武
副局长：陈　根、阎三忠、谢钟毓

中国化工装备总公司
地址：北京市西城区六铺炕一区中街1号
邮码：100011
电话：62044351（总机）
传真：62044373
总经理：孙腾良
副总经理：睦林轩、张祖康、康石永、乔煜国、李秉红

铁道部
地址：北京市复兴路10号
邮码：100844
电话：63241150（总机）
部　长：韩杼滨

副部长：孙永福、傅志寰、
蔡庆华、刘志军
总工程师：华茂昆

中国铁路机车车辆工业总公司
(中车公司)
地址：北京市复兴路10号
邮码：100844
电话：63244055
传真：63960830
董事长：王泰文
总经理：王泰文
副总经理：秦　刚、聂阿新、
杨安立、朱守礼
总工程师：杨安立

交通部
地址：北京市建国门内大街11号
邮码：100736
电话：65293036
传真：65293034
部　长：黄镇东
副部长：李居昌、洪善祥、
胡希捷、张春贤

科教司
司　长：任茂东
副司长：刘家镇、沈以华

信息产业部
地址：北京市西长安街13号
邮码：100804
电话：66014599
部　长：吴基传
副部长：杨贤足、周德强、
刘立清

中国邮电工业总公司
地址：北京市新街口外大街28号
邮码：100088
电话：62021144（总机）
总经理：张庆忠
副总经理：张延爱、王树昌、
路俊海、徐铭文

水利部
地址：北京市宣武区白广路二条2号
邮码：100053
电话：63202126
传真：63202302
部　长：钮茂生
副部长：张春园、周文智、
朱登铨、张基尧

机械局
地址：北京市宣武区白广路二条2号
邮码：100053
电话：63202301
传真：63202302
局　长：郑　贤
副局长：冯丽珍、乔世珊
总工程师：方学田

农业部
地址：北京市农展馆南里11号
邮码：100026
电话：64191114（总机）、
64192687
传真：65002448
部　长：陈耀邦
副部长：万宝瑞、刘成果、
白志健、路　明、
齐景发

农垦局
局　长：曾毓庄
副局长：陈欣成、刘传筑、
赵方田

中国福马林业机械(集团)有限公司
地址：北京市和平里七区25楼
邮码：100013
电话：64214255
传真：64226374
总经理：戈　成
副总经理：孔罗元、赖国康

中国机械进出口(集团)有限公司
地址：北京市西城区阜成门外大街1号四川大厦西塔楼
邮码：100037
电话：68991188
传真：68991000
总　裁：陈伟根
副总裁：肖　刚、周立先、
李　斌、刘德树、
秦瑞娟

国家轻工业局
地址：北京市阜外大街乙22号
邮码：100833
电话：68396114（查号）
局　长：陈士能
副局长：潘蓓蕾、朱　焘

中国轻工业机械总公司
地址：北京市西四东斜街14号
邮码：100032
电话：66053831（总机）
传真：66018076
总经理：严　龙
副总经理：郝守泉、张景尧、
郑培飞

国家纺织工业局
地址：北京市东长安街12号
邮码：100742
电话：63081207（总值班室）
局　长：杜钰洲
副会长：许坤元、王文凯

技术装备部
主　任：凌宝银
副主任：高　勇

中国科学院
地址：北京市三里河路52号
邮码：100864
电话：68597216
传真：68597218

高技术研究与发展局
局　长：桂文庄
副局长：丁晓良、郁小民

国家技术监督局
地址：北京市海淀区知春路4号
邮码：100088
电话：62022288（总机）
传真：62020983
局　长：李传卿
副局长：李志民、王以铭、
朱明暹、李忠海

综合计划科学技术司
司　长：肖德明
副司长：单向东

国家建筑材料工业局
地址：北京市三里河路11号
邮码：100831
电话：68313317（局办值班室）
传真：68311497
局　长：张人为
副局长：杨志远、黄书谋、
乔龙德、雷前治

中国建材技术装备总公司
地址：北京市三里河路11号
邮码：100831
电话：68311329（办）
传真：68311353
总经理：廉级三
副总经理：袁光谱、王新军、
唐宝牲

国家药品监督管理局
地址：北京市北礼士路甲38号
邮码：100810
电话：68313344（总机）
传真：68310909
局　长：郑筱萸
主管副局长：邵明立、任德权

中国地震局
地址：北京市复兴路63号
邮码：100036
电话：68219503
传真：68219503

局　长：陈章立
副局长：何永年、葛治洲、汤　泉、岳明生

计划财务司

副司长：赵和平、王善恩、王延祜

中国航空工业总公司

地址：北京市交道口南大街67号
邮码：100712
电话：64013322－2251
传真：64013648
总经理：朱育理
副总经理：张洪飙、张彦仲、刘高倬、王秦平
总工程师：毛德华

办公厅

主　任：顾仲潮

中国航天工业总公司（国家航天局）

地址：北京市阜成路8号
邮码：100830
电话：68370043（办公厅）
传真：68370043
总经理（国家航天局局长）：刘纪原
副总经理（国家航天局副局长）：王礼恒、栾恩杰、白拜尔、夏国洪
总工程师：曾庆来

中国船舶工业总公司

地址：北京市月坛北街5号
邮码：100861
电话：68038833（总机）
传真：68031579
总经理：徐鹏航
副总经理：孟　辉、黄平涛、陈小津、张广钦

办公厅

主　任：孙文年
副主任：张光兴、王义库

综合计划局

局　长：邱慧辉
副局长：左新生

中国石油化工集团公司

地址：北京市朝阳区惠新东街甲6号
邮码：100029
总经理：李毅中
副总经理：陈同海、王基铭、牟书会、张家仁、于清波

中国石化物资装备公司

地址：北京市朝阳区惠新东街甲6号
邮码：100029
电话：64999416
传真：64942206
经　理：马天增
副经理：王廷俊、陆朱龙、朱仁贵
总经济师：刘纪祥

国家有色金属工业局

地址：北京市复兴路乙12号
邮码：100814
电话：63975588（总机）
传真：68516396
局长：张武乐
副局长：黄春萼、康　益、高德柱

中国石油天然气集团公司

地址：北京市六铺炕
邮码：100724
电话：62094538，62094464（办）
总经理：马富才
副总经理：黄　炎、吴耀文、任传俊、蒋金楚

中国石油物资装备总公司

地址：北京市六铺炕
邮码：100724
电话：62094886
传真：62095244
总经理：郑　虎
副总经理：刘兴和、黄志潜、史习盐

中国核工业总公司

地址：北京市三里河南三巷1号
邮码：100822
电话：68512211（总机）
传真：68533989
总经理（正部级）：蒋心雄
副总经理（副部级）：陈肇博（常务）、张华祝、李定凡、昝云龙、李玉岺、傅　锐
总工程师：马福邦

计划与经营开发局

局　长：邱海福
副局长：贾建平、邱建刚

北京机电工业控股（集团）有限责任公司

地址：北京市宣武区槐柏树街2号
邮码：100053
电话：（010）63011021
传真：（010）63012338
董事长：昌泽泉
副董事长：居之良
总经理：昌泽泉
副总经理：李济生、马来顺、林抚生、侯子波

北京兴东方实业有限责任公司

地址：北京市复兴路2号
邮码：100038
电话：（010）63273336（总）
传真：（010）63466193
总经理：刘振山
副总经理：郭德昌、刘亚清、尹　杰

北京汽车工业集团总公司

地址：北京市宣武区南纬路31号
邮码：100050
电话：（010）63043411（总机）
传真：（010）63012351
总经理：马守平
副总经理：郭新民、安庆衡、韩永贵

北京仪器仪表工业控股（集团）有限责任公司

地址：北京市安定门外西滨河路25号
邮码：100011
电话：（010）64218506（办公室）
传真：（010）64218506
董事长：薛荣康
副董事长：马士华、裴铕才
总经理：马士华
副总经理：单英烈、卞援朝、骆俊明、付之威

北内集团总公司

地址：北京市朝阳区广渠路31号
邮码：100022
电话：（010）67715588（总）
传真：（010）67718807
董事长：冯启泰
副董事长、总经理：李洪炉
副总经理：陶　克、马童立、王静华、续文利

天津市机电工业总公司

地址：天津市和平区锦州道2号
邮码：300020
电话：（022）27303067（总机）
传真：（022）27303280
总经理：杨力恒
常务副总经理：王生甲
副总经理：李秀涛、张文利、赵京华

天津市电子仪表工业总公司

地址：天津市河北区进步道56号

邮码：300010
电话：(022) 24468022
传真：(022) 24468894
董事长兼总经理：单长寿
副总经理：于彦敏、刘桂彦、杜崇谦、由华东、张旭光

河北省机械工业厅
地址：石家庄市合作路81号
邮码：050051
电话：(0311) 8616227（总机）
传真：(0311) 8616228、8616237
厅　长：杜书箱
副厅长：厦士廉、陈　欣、王爱民

山西省机械电子工业厅
地址：太原市并州北路143号
邮码：030001
电话：(0351) 4041646
厅　长：牛建业
副厅长：边鸣涛、王国正
总工程师：霍义民

内蒙古自治区冶金机械工业厅
地址：呼和浩特市新华大街1号自治区政府大院5号楼
邮码：010055
电话：(0471) 6963041
传真：(0471) 6962664
厅　长：宋振国
副厅长：李宝珊、胡书捷
总工程师：天　仓

辽宁省机械工业厅
地址：沈阳市和平区南四马路28号
邮码：110001
电话：(024) 3871987
传真：(024) 3868600
厅　长：周福悦
副厅长：王恩全、甄星耀

大连市机械工业管理局
地址：大连市中山区斯大林路5号
邮码：116001
电话：(0411) 2638811（办公室）
传真：(0411) 2638280
局　长：李学勤
副局长：姜心哲、曲世辉

吉林省机械工业厅
地址：长春市建设街82号
邮码：130021
电话：(0431) 5660606
传真：(0431) 5660696
厅　长：康立国（代）
副厅长：曹峦峰、李宝玉、陈双秋

黑龙江省机械工业厅
地址：哈尔滨市动力区和平路76号
邮码：150040
电话：(0451) 2625678（总机）
传真：2666462
副厅长：刘文汉、成艾东、王允祝、傅景平
总工程师：李志东

上海电气（集团）总公司
地址：上海市四川中路110号
邮码：200002
电话：(021) 63215530、63215834
传真：(021) 63216680
董事长：夏毓灼
总　裁：周飞达
副董事长：罗关龙、史丽雯
副总裁：童天雄、金铈香、蒋珍珍、戴　柳、王　坚、柳振铎
总工程师：周锡生
总经济师：徐域栋
总会计师：江秋霞

上海市区县工业管理局
地址：上海市中山东一路14号3楼
邮码：200002
电话：(021) 63212793
传真：(021) 63290891
局　长：王忠明
副局长：胡长华、梅建政、吴祥麟

上海汽车工业（集团）公司
地址：上海市武康路390号
邮码：200031
电话：(021) 64315137（办公室）
传真：(021) 64330518
总　裁：陈祥麟
副总裁：叶　平、胡茂元、洪积明、蒋志伟、郁子冲、陈因达、唐登杰

江苏省机械工业厅
地址：南京市中山北路32号
邮码：210008
电话：(025) 3210427
传真：(025) 3210607
厅　长：张桂生
副厅长：苏泽民
总工程师：徐王全

浙江省机械工业厅
地址：杭州市大学路高官弄9号
邮码：310009
电话：(0571) 7048124（总机）
传真：(0571) 7046194
厅　长：鲁志强
副厅长：周象太、裘明发

宁波机械控股（集团）有限公司
地址：宁波市解放南路79号
邮码：315020
电话：(0574) 7669400
传真：(0574) 7662503
董事长、总经理：俞志华
副董事长：谢仰民
副总经理：杨建群、俞　进、黄　建、顾　瑾

安徽省机械工业局
地址：合肥市庐江路60号
邮码：230001
电话：(0551) 2646614、2650291
传真：(0551) 2677323、2659121
局　长：许金和
副局长：胡昭耀、陈白琪、程传如

福建省机械工业厅
地址：福州市省府路1号
邮码：350001
电话：(0591) 7552772（办公室）
传真：(0591) 7551141
厅　长：夏玉瑚
副厅长：林茂祺、吴大浩、陈庆友、刘秀基

厦门市经济发展委员会
地址：厦门市湖滨北路61号市府东大楼8楼
邮码：361012
电话：(0592) 5052414
传真：(0592) 5054289
主　任：翁云雷
副主任：李荣玉、陈子强

江西省机械工业厅
地址：南昌市北京西路74号
邮码：330046
电话：(0791) 6226768
传真：(0791) 6263614
厅　长：李立德
副厅长：李朔尧、谢益漳

山东省机械工业厅
地址：济南市解放路134号
邮码：250013
电话：(0531) 6943508
传真：(0531) 6943546
厅　长：张建国
副厅长：藏凤山、房士义

青岛市机械工业总公司
地址：青岛市湖南路37号
邮码：266001
电话：（0532）2865867
传真：（0532）2870542
总经理：高志喜
副总经理：曹 伟、郑明辉、陈德同、戴文治、刘善起

河南省机械电子工业厅
地址：郑州市政七街32号
邮码：450008
电话：（0371）5956637
传真：（0371）5955344
厅 长：顾志平
副厅长：郭益民、杨 铎、郑定文、胡 荃

湖北省机械工业厅
地址：武汉市武昌区武珞路421号
邮码：430070
电话：（027）87814430
传真：（027）87814181
厅 长：曹启佑
副厅长：应起彬、刘世焰、何忠琦、王基连、徐无恙

湖南省机械工业局
地址：长沙市东茅街103号
邮码：410002
电话：（0731）4425374
传真：（0731）4442264
局 长：林国悌
副局长：冯居正、吴启荣、刘 平
总工程师：陈晓临

广东省电子机械工业厅
地址：广州市环市中路315号
邮码：510095
电话：（020）83592998
传真：（020）83590629
厅 长：罗坚生
副厅长：李明端、罗佛光

广西壮族自治区机械工业厅
地址：南宁市民主路17号
邮码：530023
电话：（0771）5623841
传真：（0771）5626568
厅 长：袁 智
副厅长：覃彦瑞、刘南生

海南省工业厅
地址：海口市海府大道59号
邮码：570204
电话：（0898）5330684
传真：（0898）5342577
厅 长：许晓民（代）
副厅长：熊佐文、吴多兴、黄克光、裴 真
机电处处长：陈爱民

四川省机械工业厅
地址：成都市人民东路1号
邮码：610013
电话：（028）6263077
传真：（028）6634892
厅 长：李成云
副厅长：郑时源、范中成、刘永富

重庆市机械工业管理局
地址：重庆市渝中区中山三路155号
邮码：400015
电话：（023）63862674
传真：（023）63600153
局 长：袁兴邦
副局长：丁 权、李建春、杨 林

贵州省机械工业厅
地址：贵阳市瑞金中路80号
邮码：550003
电话：（0851）5823942
传真：（0851）5826720
厅 长：张群山
副厅长：熊开周、张梓钟

云南省机械工业厅
地址：昆明市白塔路27号
邮码：650011
电话：（0871）3166968
传真：（0871）3166968
厅 长：杨树蔚
副厅长：杨永健、侯京珊

西藏自治区经贸体改委
地址：拉萨市林廓北路12号
邮码：850000
传真：（0891）6336757
主 任：毛晓矛
副主任：公觉次仁、索朗多吉、尼 玛、米马顿珠、旺 姆、翟青、杨代刚
总工程师：王宗亚、杨纪朝
机电化工管理处
电话：（0891）6330646（办公室）
处 长：索朗次仁
副处长：吴成斌

陕西省机械工业局
地址：西安市新城省政府大楼6层
邮码：710004
电话：（029）7293410、7292802
传真：（029）7293065
局 长：邱世杰
副局长：何新民、薛一平

甘肃省机械工业总公司
（甘肃机械集团公司）
地址：兰州市农民巷125号
邮码：730000
电话：（0931）8884484（办）
传真：（0931）8825849
总经理：杨书昌
副总经理：丁法斗、吴永高、马艾武、朱 鹏

青海省机械电子工业厅
地址：西宁市西大街66号省政府大院8号楼东门
邮码：810000
电话：（0971）8247915（厅办）
传真：（0971）8247832
厅 长：于锡钧
副厅长：秦宝德、赵宏盛、宋延年

宁夏回族自治区重工业厅
地址：银川市凤凰北街46号
邮码：750001
电话：（0951）5043074
传真：（0951）5043043
厅 长：陈德祥
副厅长：田哲文、刘文正

新疆维吾尔自治区机械电子工业厅
地址：乌鲁木齐市光明路17号
邮码：830002
电话：（0991）2819889
传真：（0991）2823912
厅长（副书记）：艾力更·依明巴海
书记（副厅长）：王士生
副厅长：张惠恩、汪 铁、张启曾、王永吉、齐景廉

〔责任编辑：申建丽〕